HUMAN PERFORMANCE & EXERCISE PHYSIOLOGY

휴먼 퍼포먼스와 운동생리학

제2전정판

정 일 규 저

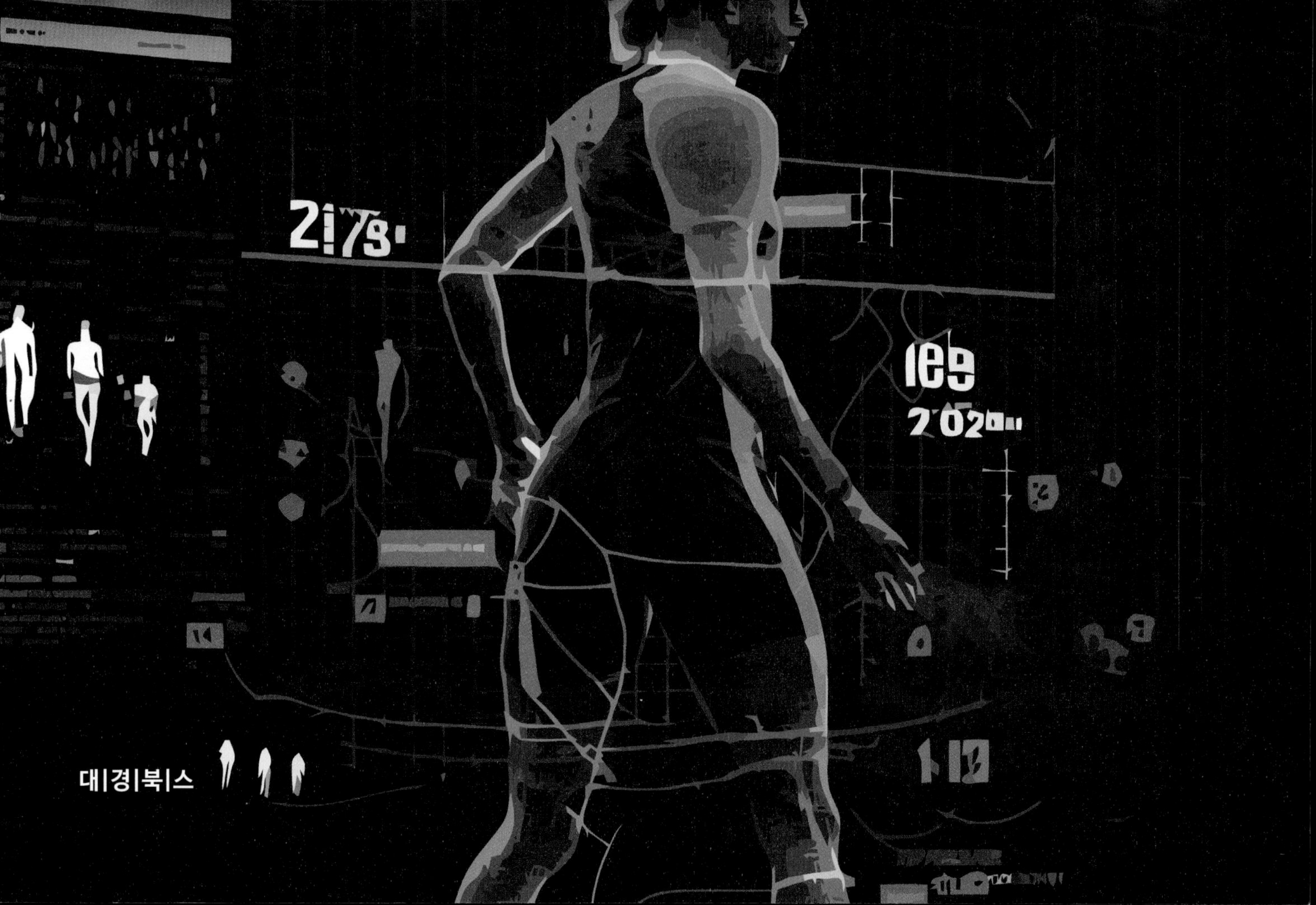

대|경|북|스

지은이 _ 정 일 규

고려대학교 대학원 이학박사
미국 Auburn University Visiting Professor.
미국 Texas Woman's University Research Scholar
미국 Master Fitness Specialist
(Cooper Institute, Dalllas, Tx)
대한스포츠의학회 이사, 한국통합의학회 이사
대한임상건강증진학회 간행위원, 전문위원
대전시 대덕구보건소 자문위원
한국운동생리학회 학술이사
한국발육발달학회 부회장
한국운동영양학회 부회장
대한건강운동관리사 협회 부회장
한국사회체육학회 편집위원장 겸 부회장
국민생활체육회 자문위원회 부위원장
한국체육학회 부회장
한국사회체육학회 회장 및 명예회장 역임
한남대학교 생명나노과학대 스포츠과학과 교수 역임

현 한남대학교 명예교수
서울송도병원 면역진료팀 자문교수

저서
휴먼퍼포먼스와 운동생리학
휴먼퍼포먼스와 운동영양학
트레이너가 꼭 알아야 할 99가지 진실과 거짓
굿다이어터를 위한 지혜서
뇌섹트를 위한 고급지식 외 다수

국내외 논문 및 학술발표
One-year Aerobic Interval Training Improves Endothelial Dysfunction in Patients with Atrial Fibrillation: A Randomized Trial. Internal Medicine(advanced publication): doi: 10.2169/internalmedicine.0947-22. 2023. 01. 외 260여 편.

유튜브 채널

엑서사이언스
(저자 개인 채널)

대경북스
(출판사 채널)

블로그

엑서사이언스
(저자 개인 블로그)

휴먼 퍼포먼스와 운동생리학 제2전정판

1판 1쇄 발행 2023년 7월 10일
1판 2쇄 발행 2024년 3월 10일

발행인 김영대
펴낸 곳 대경북스
등록번호 제 1-1003호
주소 서울시 강동구 천중로42길 45(길동 379-15) 2F
전화 (02) 485-1988, 485-2586~87
팩스 (02) 485-1488
홈페이지 http://www.dkbooks.co.kr
e-mail dkbooks@chol.com

ISBN 978-89-5676-978-3 93690

전정판을 내면서

전정판 초고를 마무리하면서 지난 30여 년을 되돌아봅니다. 한남대학교에 처음으로 자리를 잡으면서 썼던 《운동생리학》 이후로 이 책은 실제적으로는 세 번째 전정판에 해당합니다. 1994년 아직 학자로서 숙성되지 않은 채로 겁 없이 썼던 운동생리학 책이 예상치 못한 큰 사랑을 받아서 많은 대학에서 텍스트북으로, 임용고사 등을 위한 학습서로 선택해 주셨습니다. 그로부터 10년이 지난 2005년 《휴먼퍼포먼스와 운동생리학》이라는 제목으로 발간된 이후 지금까지도 많은 사랑을 받아왔습니다. 지난 2011년에 전정판을 내고 나서 10년이 넘은 지금에서야 다시 전정판을 쓰게 되었습니다.

책을 쓰면서 특별한 감회에 젖게 하는 것은 30여 년을 몸담았던 대학에서도 마무리를 하게 되었다는 점입니다. 지난 1년 간은 학자로서 삶에서 가장 집중했던 시기 중 하나였으며, 그럴 수 있어서 가장 행복했던 시기였습니다. 젊은 시절 처음 책을 쓸 당시에 설레었던 마음을 다시 느낄 수 있었기 때문입니다.

그때 책을 쓰면서 가졌던 고민은 기초가 부족한 사람이라도 운동생리학을 이해하기 쉬운 책을 써보자는 생각이었습니다. 그렇다고 해서 그 안에 담아야 할 정보를 생략하는 것이 아니라 가장 최근의 정보, 심층적인 지식을 담아서 잘 읽히는 책을 쓰는 것이 바람이었습니다.

이해하기 쉬운 책의 가장 중요한 전제조건은 지식을 체계화시키는 것입니다. 그리고 지식을 체계화하는 데 필요한 두 요소는 지식의 카테고리화와 단계화라고 생각합니다. 지식의 카테고리화는 마치 도서관에서 분야별로 서가를 정리하듯이 지식을 재분류하고 정리하여 제시하는 것입니다. 또 지식의 단계화는 어떤 지식을 배우고 나서 그 지식을 바탕으로 다음 단계의 지식을 습득할 수 있도록 주도면밀하게 지식을 배열하는 것입니다.

운동생리학의 응용학문적 특성 때문에 이 일은 매우 도전적인 일이었습니다. 그러나 처음 공부를 시작할 때 워낙 기초가 없었던 내게는 그러한 고민과 경험, 그리고 절실함이 큰 도움이 되었다고 생각합니다.

지난 2년여 동안 전정판을 구상하면서 국제학술지를 중심으로 적어도 천 편이 넘는 논문들을 찾아보고, 그중에 족히 500여 편의 논문은 정독하면서 지난 10년간 새롭게 밝혀진 연구성과나 기전적 설명을 담으려고 노력했습니다. 그러면서 마음에 적지 않은 갈등이 있었습니다. 그것은 이 책에 어느 정도 수준의 정보를 담아야 하는가의 문제였습니다. 요즘 텍스트북은 단순한 수험서로 이용되는 경향이 높아지고 있어서, 이러한 흐름 속에서 과연 이 책을 찾을 사람이 얼마나 될지 의구심이 들기도 했습니다.

그러나 이러한 의구심을 떨쳐낼 수 있었던 것은 처음 책을 썼을 때, 그리고 전정판을 낼 때마다 당시로서는 새로운 정보와 지식을 많이 담고 있었지만-그래서 공부하기에 너무 벅차다고 평가받기도 했지만- 결과적으로는 운동생리학의 세계에 이끌리어 지적인 탐험을 떠나고 싶어 하는 사람이 많다는 것을 알게 되었습니다.

그래서 운동생리학을 기초부터 배우고 싶으면서도, 궁극적으로는 대학원 수준까지 배워가고 싶은 사람들. 그래서 운동생리학을 공부하며 '알아가는 재미'를 느끼게 될 사람들을 머릿속에 그리며 이 책을 썼음을 밝힙니다.

한 가지 아쉬운 점은 내용 중 참고문헌을 제시하지 않은 부분이 꽤 있다는 점입니다. 초판을 썼을 때 이미 보편화된 내용이라고 생각해서 문헌을 일일이 표기하지 않은 탓도 있었지만, 지금 생각하면 아쉬움이 남는 부분입니다. 필자의 부주의와 게으름에 대해 독자의 이해를 부탁드립니다.

이제 오래 몸담았던 대학을 떠나면서 연구자로서, 저자로서 너무나 큰 축복을 허락하신 하나님께 감사드립니다. 그리고 고려대학교에서 본격적인 공부를 시작했을 때 부족한 제자를 품어주시고 학자의 길로 이끌어주신 김성수 교수님, 필자를 암 면역과 심신 운동치유의 세계로 이끌어주신 서울송도병원 이종균 이사장님께 감사드립니다.

그리고 오랜 세월 저자와 함께 하면서 열정을 담아 책의 편집에서 출간까지 수고해주신 대경북스의 김영대 대표님, 민유정 전 대표님께 감사의 마음을 전합니다.

2023년 5월 20일

차 례

Chapter 1. 운동생리학 입문

Chapter 2. 생리학의 기초

Chapter 3. 에너지대사

Chapter 4. 에너지대사의 적응과 연료의 이용

Chapter 5. 운동과 근육계통

Chapter 6. 운동과 신경계통

Chapter 7. 운동과 순환계통

Chapter 8. 운동과 호흡계통

Chapter 9. 인체수행력의 지표와 평가

Chapter 10. 운동과 내분비계통

Chapter 11. 콩팥과 산·염기평형

Chapter 12. 체성분과 체지방

Chapter 13. 운동과 환경조건

Chapter 14. 운동과 면역계통

Chapter 15. 부록

CHAPTER 1
운동생리학 입문

운동생리학에 입문하는 단계에서 운동생리학의 정의와 필요성을 먼저 알아본다. 특히 운동의 생물학적 의미를 '반응과 적응'이라는 개념을 통해 이해하고 인체 내적 환경의 항상성을 유지하기 위해 사용되는 음성되먹이기 기전을 이해한다. 그리고 음성되먹이기 기전을 통한 조절 반응의 경로로서 신경성, 액성 그리고 내인성 경로에 대해 예와 함께 알아본다.

1.1 운동생리학의 정의

운동생리학은 일회적이거나 반복적인 운동으로 초래되는 생리기능적 변화와 그 변화의 원인을 설명하기 위한 학문이다. 즉 여러 가지 형태의 운동으로 인해 야기되는 인체의 반응과 적응에 대해 그 원인을 규명하고, 그러한 반응과 적응이 인체의 기능적 측면, 주로 수행력과 건강 등에 어떠한 생리적 의미를 가지는지를 연구하는 학문이 바로 운동생리학이다.

인간의 수행력이 스포츠라는 형태로 구체적으로 기록되기 시작한 이래 비교적 짧은 기간 동안 놀라운 발전을 거듭해 왔다. 이러한 수행력의 향상은 일차적으로 인간 자신을 이루고 있는 각 계통별 기능과 상호 조절기능의 개선을 바탕으로 이루어진 것이다.

반복적인 운동으로 초래되는 인체의 생리기능과 수행력의 개선은 비단 특정 종목의 기록 향상에만 의미가 있는 것이 아니라, 각 개인이 보다 기능적으로 우월한 개체, 보다 건강한 개체로 살아가는 데 운동이 유용한 수단으로 이용될 수 있다는 것을 뜻한다.

이러한 인체 내 여러 계통의 생리기능적 변화는 운동의 특성뿐만 아니라 그 개인이 처해 있는 여러 가지 내·외적인 조건에 따라 다양하게 나타날 수 있다. 예를 들어 근력운동과 심폐지구성 운동은 인체의 여러 계통에 각기 다른 영향을 미친다. 그리고 그 개인의 성, 연령, 체력 수준, 식사 조건은 물론 그 운동이 실행되는 고온이나 고지대와 같은 외적 환경 조건에 따라서 기대될 수 있는 인체의 기능적 변화는 다르게 나타날 것이다. 따라서 운동생리학은 필연적으로 다양한 형태의 운동과 그 운동을 행하는 유기체의 여러 내·외적 환경 요인이 생리적 기능과 가지는 상호관계를 주된 연구 영역으로 포함하고 있다.

운동으로 인해 일어나는 인체의 기능적 변화와 그 메커니즘에 대한 연구는 체육학을 구성하는 응용적 성격을 갖는 여러 분야의 학문에 필요한 기본적 정보를 제공해 준다. 즉 운동생리학은 체육학의 기본 학문으로서의 성격을 가지고 있어서 수행력 개선과 건강 증진이라는 궁극적 목적을 갖고 있는 여러 학문 분야와 직·간접적인 관련을 맺고 있다.

특별히 운동생리학과 유기적인 관련을 갖는 분야를 열거하면, 수행력 향상과 질병으로부터의 회복을 위한 합리적 운동 수행의 방법, 운동의 질과 양을 결정하는 '트레이닝론'과 '운동처방학', 인체 내 물질대사를 연구하고 스포츠 활동에 적합한 식이의 질과 양을 제시하는 '스포츠영양학', 근활동의 역학적 원리 및 인체 운동의 역학적 법칙을 연구하는 '생체역학', 운동 수행의 의학적 측면과 과학적 측면을 포괄하는 개념의 '스포츠의학' 등이 있다.

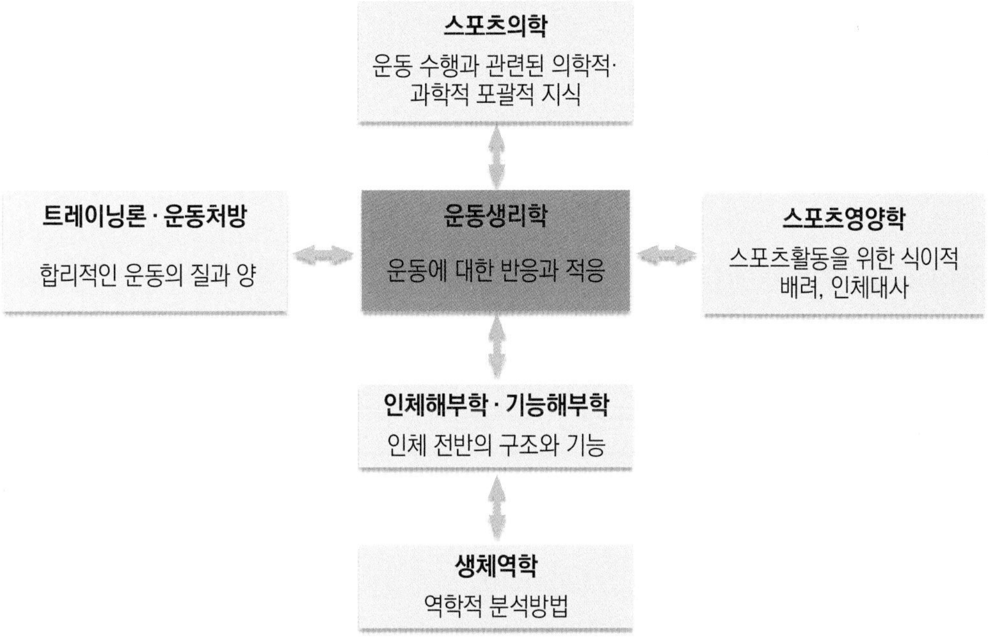

그림 1-1. 운동생리학과 관련 학문 영역

1.2 운동생리학의 필요성

체육 및 스포츠지도자, 그리고 건강운동관리사 등 건강 관련 분야의 전문가들이 운동 시 일어나는 인체의 생리적 과정을 이해하는 것은 지도의 선행조건이 된다. 운동선수를 지도하는 코치의 입장에서 선수의 선발과 훈련에서 과학적인 접근을 시도하는 것은 운동 자극과 반응을 체계적으로 평가하고, 자신의 선수를 보다 객관적으로 이해할 수 있는 바탕을 마련해준다.

물론 운동생리학을 포함한 여러 분야의 과학적 접근이 경기력 향상의 성공을 보장하는 절대적 방법을 제시해 준다고 할 수는 없다. 그러나 인체에 대해 이해하지 못하면 인체의 수행력을 극대화시키기 위한 최적의 방법을 찾을 수 없을 것이다. 때때로 전수받은 기술과 경험에만 의존해서도 커다란 성과를 거두는 경우도 있지만, 그렇다고 해서 그것이 최적의 방법이 적용된 결과라고 할 수 있을까? 즉 전통적인 기술 전수와 경험에만 의존하는 방법은 그 자체가 지도의 중요한 요건이기는 하지만, 지도자 자신의 경험이라는 한정된 범위 내에서만 그 지도 방법이 결정되기 때문에 보다 새롭고 창조적인 방법을 모색할 수 없게 된다.

운동생리학은 다른 모든 운동과학 분야와 마찬가지로 운동 중 일어나는 인체의 기능적 변화에 대해 '왜'라는 질문이 주된 연구 주제가 된다. '왜'라는 물음에 대한 답변을 아는 것은 지도자에게 체계적인 지도 과정과 새로운 지도 방법을 모색할 수 있는 능력 제공해주며, 자신의 선수가 선수로서 뿐만 아니라 장차 뛰어난 지도자가 될 수 있는 바탕을 마련해 준다.

한편 체육 지도자는 신체적 조건과 체력 수준이 다양한 대상자들을 지도하게 된다. 학창 시절에는 활동적인 라이프 스타일을 선호하고, 때로는 경쟁적인 스포츠 참여를 열망한다. 운동생리학적 기초는 다양한 집단의 성차와 개인차에 따른 지도 방법을 고려하는 데 도움을 준다. 또한 인체의 발육과 발달에 미치는 운동의 영향과 발달 단계에 따른 운동 기술의 습득 과정을 이해하는 데 도움을 준다. 따라서 이들에게 학창 시절을 통하여 운동의 중요성을 깨닫고 일생 동안 운동을 습관화하는 태도를 갖도록 동기를 부여하는 데 운동생리학적 지식은 커다란 보탬이 된다.

스포츠 또는 생활체육지도자나 건강 관련 분야의 전문가들에게는 보다 포괄적인 건강 지식이 요구된다. 왜냐하면 스포츠활동의 참여나 전문적인 운동처방을 열망하는 사람들의 가장 중요한 참여 동기는 건강 문제이기 때문이다. 우리나라의 경우에는 90년대 이후로 생활 양식 및 식생활의 서구화가 급속히 확산되어 온 결과 질병의 양상도 완전히 서구화되어 고혈압, 허혈성 심장병, 당뇨병, 비만 등 만성퇴행성 질환의 유병률이 크게 증가하였고, 뚜렷한 연소화 경향을 띠고 있다. 따라서 질병이 없는 사람이나 만성퇴행성 질환자들에게 이러한 질환을 예방하고 치료하기 위해 다양한 환경 조건하에서 나타나는 운동에 대한 반응을 이해하고 적용시킬 전문가가 더욱 더 필요하게 되었다. 특히 예방의학 분야에서 전반적인 건강 관련 영역 중 체육 또는 운동 전문가가 담당하고 협조해야 할 영역이 점차 증대되고 있다. 운동생리학은 다른 건강 관련 영역과 상호 협조하고, 전문가로서 '과학의 언어'로 말할 수 있는 바탕을 제공한다.

1.3 인체구조의 도식화

생리학자들은 인체의 기능을 최대한 이해하기 쉽고 간단하게 표현하려고 노력해왔다. 그러한 노력에 의해 탄생한 것이 그림 1-2인데, 이 그림은 인체기능의 상호 연결구조를 최대한 간단하게 나타낸 것이다. 이 그림은 실제 인체의 모습과는 전혀 다르지만, 각각의 계통이 어떻게 상호 작용하는지를 보여주고 있다.

그림 1-2에서 소화기통은 입구와 출구가 있는 직선으로 표현되어 있는데, 섭취한 음식물을 흡수하고, 나머지를 출구를 통해 배설하는 것으로 나타나 있다. 허파는 주머니처럼 표현되어 있는데, 산소(O_2)를 받아들이고 이산화탄소(CO_2)를 배출한다. 콩팥은 체액을 여과하는데, 여과한 물질 중 일부는 재흡수하고, 일부는 소변으로 배설한다. 심장은 혈관으로 혈액을 펌핑하고, 혈액은 순환하면서 세포

에 필요한 물질을 공급하고 대사되어 나온 산물을 다시 받아들여서 허파나 콩팥으로 운반하여 배출되도록 한다. 이 그림은 한 가지 중요한 사실을 보여주는데, 그것은 인체의 내환경(internal environment)과 외환경(external environment)은 단지 한 겹의 상피조직에 의해 구분된다는 점이다.

1.3.1 인체의 외환경

그림 1-2는 인체 내부를 외부환경으로부터 분리하는 것이 상피세포층임을 명확히 보여주고 있다. 이 상피세포 조직의 장벽은 단순히 피부만을 의미하는 것이 아니라, 소화계통이나 허파의 속벽 조직과 콩팥세관 등을 말한다. 다시 말해서 공기가 허파 안으로 들어오거나 음식물이 위나 창자 속으로 들어왔다고 해도 이들은 상피장벽의 바깥쪽에 있으므로 여전히 인체의 외부환경에 머무르고 있는 것이다.

또한 그림 1-2는 이 상피장벽이 분리되지 않고 연속되어 있음을 보여준다. 즉 피부의 바깥 표면과 허파, 소화계통, 콩팥세관의 안쪽 표면이 실제로는 분리되어 있지 않다는 점을 나타낸다.

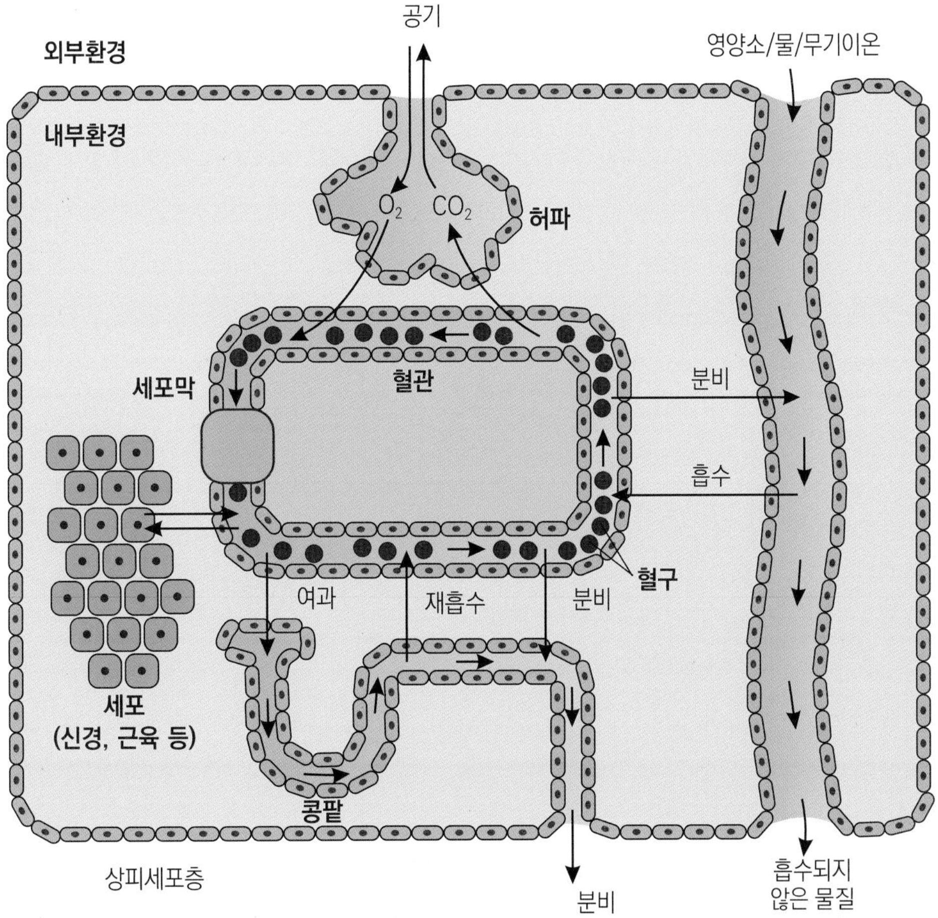

그림 1-2. 간단한 인체구조 도식

1.3.2 인체의 내환경

세포는 살기 위해 자신을 둘러싸고 있는 주변으로부터 산소와 영양소를 받아들이고, 이산화탄소와 대사산물들을 자신의 주변으로 내보내야 한다. 인체가 산소와 영양소를 얻는 궁극적인 장소는 인체의 외환경이며, 이산화탄소와 같은 대사산물을 내보내는 최종 장소도 인체의 외환경이다. 그러나

대부분의 인체세포는 외부환경과 직접적으로 물질을 교환할 수 없는데, 그 이유는 세포들이 외부환경과 직접 닿아 있지 않기 때문이다. 그 대신 세포들은 혈류를 통해 산소와 영양소를 받아들이고 역시 혈류를 통해 이산화탄소와 대사산물을 내보낸다.

그런데 대부분의 세포는 혈액과 직접 닿아 있지 않고 혈액과의 사이에 있는 체액으로 둘러싸여 있다. 이 체액을 사이질액(interstitial fluid)이라고 한다. 사이질액은 대부분 세포와 직접 접하는 환경을 구성하고 있기 때문에 인체의 내환경(internal environment)이라고 한다.

1.3.2.1 내외 환경 간 물질교환

그림 1-2는 혈액과 외환경 사이의 물질교환이 허파, 소화계통, 콩팥 등의 장소에서 이루어짐을 보여준다. 산소는 허파를 통해 흡입한 공기와 함께 혈액에 유입되는 반면, 이산화탄소는 혈액을 나와서 내쉬는 공기와 함께 나간다. 창자 속에서는 소화된 음식으로부터 얻은 물, 무기염, 영양소들이 창자벽을 통해 혈액으로 운반되는 흡수과정(absorption)이 일어난다.

음식의 소화를 돕기 위해 위산과 효소가 풍부한 소화액이 분비(secretion) 과정을 통해 혈액에서 창자로 이동한다. 흡수되지 않은 물질은 창자 속에 남아 있다가 궁극적으로 변을 통해 배설된다. 콩팥에서는 혈액의 수분이 여과(filtration) 과정을 통해 세관(tubules)으로 들어가고, 세관을 통과하면서 필요한 물질(물, 무기염, 영양소 등)은 선택적으로 재흡수(reabsorption)되어 혈액으로 되돌아간다. 그리고 불필요한 물질들은 세관을 통해 계속 이동하여 결국 소변(urine)을 형성한다.

1.3.2.2 체액구획

인체에서 가장 풍부한 구성물은 물이다. 이 물에는 무기이온이나 당, 아미노산, 단백질 등의 물질이 녹아 있다. 그림 1-3은 인체 내부가 상피조직과 세포막이라는 장벽에 의해 물리적으로 분리되어 있으며, 투과성이 있는 이 장벽을 통해 물질교환이 이루어짐을 보여주고 있다.

인체의 총체액(total body water : TBW)은 체중의 약 60%를 차지한다. 그중에서 세포 내에 있는 체액을 세포내액(intracellular fluid)이라고 하며, 세포 밖에 있는 체액을 세포외액(extracellular fluid)이라고 한다. 그림 1-3에는 이해를 돕기 위해 다르게 그려져 있지만, 실제로는 세포내액이 세포외액보다 훨씬 많아서 총체액의 2/3를 차지한다.

세포외액 중에서 약 20%가 혈액을 구성하고, 나머지는 혈관 밖에 존재한다. 혈관 내에 있는 수분을 혈장(plasma)이라고 하고, 혈관 밖에 존재하면서 세포 밖에 있는 체액을 사이질액(interstitial fluid)이라고 한다. 혈장과 사이질액은 구성이 비슷하지만 혈장에는 단백질이 풍부하고, 사이질액에는 단백

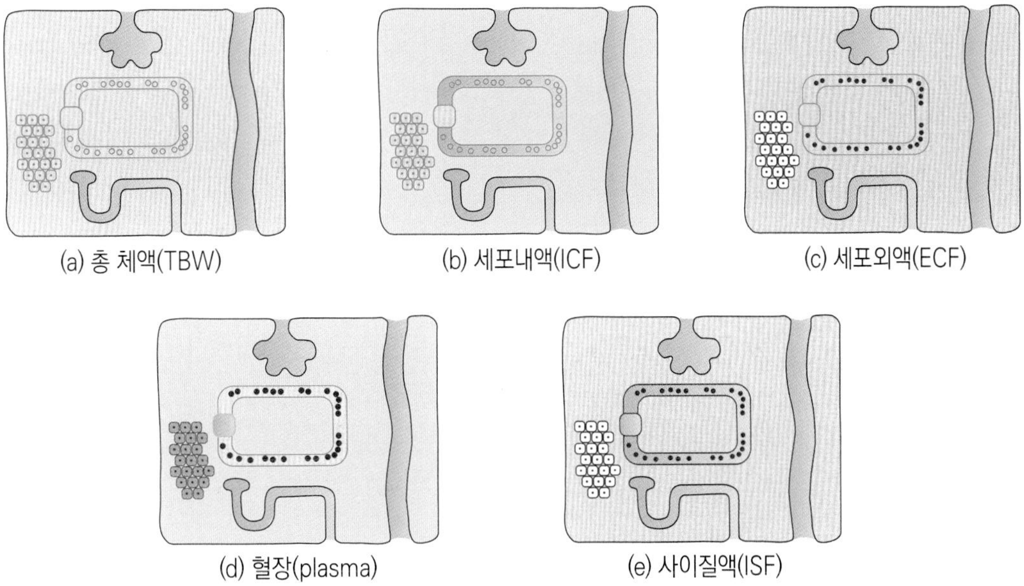

그림 1-3. 인체의 체액구획

질이 훨씬 적다. 혈장과 사이질액의 구성이 비슷한 이유는 단백질을 제외한 그 외의 물질에 대한 모세혈관의 투과도가 매우 높기 때문이다.

1.4 반응과 적응

인간을 포함한 모든 생명체는 무수히 많은 외부의 환경적 자극에 접하여 살고 있으며, 특정 자극에 접하게 될 때 그 생명체는 특정 반응(response)을 통해 체내 항상성(homeostasis)을 유지하려고 한다. 예를 들어 외기(外氣)의 더운 환경 자극에 노출될 때 인체는 피하혈관을 확장시켜 전도라는 양식의 발산 반응을 보이는 한편, 발한 반응(發汗反應)을 통해 증발이라는 열발산 반응을 보이게 된다.

이러한 인체의 열발산 반응에 이상이 생길 때 체내에서 일어나는 열축적은 치명적인 위험을 초래한다. 반대로 추운 환경하에서는 피하혈관을 수축시켜 열손실을 최소화하고, 한편으로는 몸을 떨어서(shiver) 열생산을 증대시킴으로써 체온이 극단적으로 떨어지는 것을 막으려는 반응을 보인다. 또한 산소분압이 낮은 고지환경에서는 호흡수와 심도를 증가시켜 환기량을 증가시킴으로써 산소부족에 대처하는 반응을 보인다.

이처럼 특정한 외적 자극에 대해 적절한 반응을 거듭하면서 그 생명체는 형태적 또는 기능적인 측면의 변화를 경험하게 되는데, 긍정적일 때의 변화를 적응(adaptation)이라고 한다. 예를 들어 고지환경에서 산소분압 감소라는 외적 자극에 직면하면 호흡활동(환기량)을 증대시키는 반응을 거듭하게 된다. 이때 장기적으로는 결국 적혈구수의 증가, 근육세포 내 미오글로빈량 증가와 같은 산소수송과 이용에 관련된 변화, 즉 적응을 경험하게 된다.

운동생리학의 입장에서 '운동(exercise)'이란 수많은 외적인 환경 자극(stimuli) 중에서 인간이 자의적으로 선택할 수 있는 일종의 외적인 자극이라는 데 그 의미가 있다. 운동에 대한 인체 반응의 예로서 심박수 및 호흡수의 증가, 혈압의 상승 등을 들 수 있다. 이러한 반응은 운동 종료 후 수분 이상 지속되지는 않는다.

한편 반복적인 운동 자극, 즉 트레이닝에 의해 지속적인 기능적 변화가 초래될 때 그것을 적응(adaptation)이라고 한다. 대체로 이러한 적응을 위해서는 적어도 수주 간의 트레이닝이 필요하지만, 때로는 4~5일간의 트레이닝에 의해서도 일어날 수 있다. 운동에 의한 적응은 심장 용적의 증가, 총혈액량의 증가와 같은 형태적 변화가 있다. 형태적 변화는 대부분 안정 시 심박수의 감소나 일회박출량의 증가와 같은 기능적인 변화를 수반한다.

안정 시 심박수의 감소나 일회박출량의 증가는 심장 자체의 에너지소비량을 감소시키면서 혈액과 혈액이 운반하는 산소를 인체조직까지 공급할 수 있음을 의미한다. 트레이닝에 의한 적응의 또 한 가지 예는 중량 들기 훈련에 수반되는 근육의 크기 증대(형태적 변화)와 최대근력의 증가(기능적 변화)이다.

그러나 운동이 모든 사람에게 언제나 한결같이 동일한 적응 상태를 유발시키는 것은 아니다. 외적 자극에 대한 반응이 부적절할 때 그 개체가 생명을 존속할 수 없는 것과 마찬가지로 사람에 따라서는 운동이 부적절한 반응을 유발할 수도 있다. 따라서 가장 바람직한 적응 상태를 도출하기 위해 운동이라는 자극의 합리적 적용을 모색하는 것이 '운동과학'의 가장 궁극적인 목적이다. 그 목적을 달성하기 위해서는 우선 다양한 형태의 운동에 대한 인체 반응과 적응 현상을 알고, 그 기전에 대해 이해하여야 한다. 운동생리학은 운동의 합리적 적용 방법을 마련하기 위한 기본적인 토대가 된다.

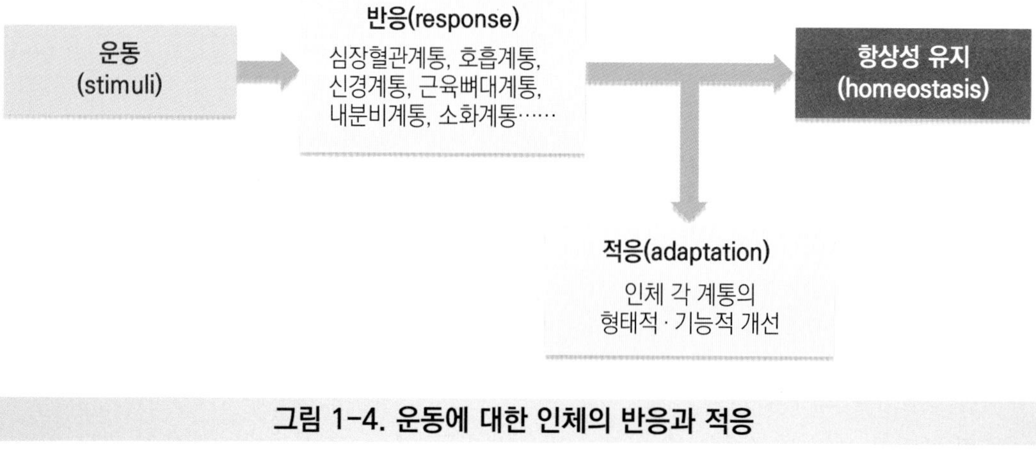

그림 1-4. 운동에 대한 인체의 반응과 적응

1.5 항상성과 음성되먹이기 기전

유기체가 자신을 구성하고 있는 세포들의 내적 환경을 안정되게 유지하려는 경향을 항상성(homeostasis)이라고 한다. 즉 유기체는 생명 유지에 위협이 되는 여러 가지 변화에도 불구하고 내부 환경을 안정 상태로 유지하기 위해 여러 기관들이 상호 협력해 나가고 있다. 예를 들어 인체를 구성하는 세포는 자신의 생명 유지에 절대적으로 필요한 산소와 영양분은 순환계통을 통해 외부로부터 획득하며, 대사 활동의 결과 생성된 CO_2와 기타 부산물은 세포 밖으로 배출시킨다.

이러한 세포 내 내부환경이 일정한 한계 내에서 적절히 조절되지 못한다면 항상성은 붕괴되어 그 세포는 고유의 기능을 상실할 뿐만 아니라 더 이상 살아가지 못하게 된다. 그러므로 인체의 여러 기관은 온도, 글루코스나 전해질 농도, 체액의 산성도, 산소와 이산화탄소 농도 등이 좁은 범위 내에서 유지되도록 민감하게 조절되고 있다. 이러한 항상성을 유지하기 위해 인체가 사용하는 주된 방법은 음성되먹이기 반응(negative feedback response)이다.

예를 들어 운동 시 체온조절이나 호흡 반응의 조절은 전형적인 음성되먹이기 기전에 의해 이루어진다. 운동 시 대사열의 상승에 의한 체온의 발산은 그림 1-5와 같은 경로를 거치게 된다.

① 피부 및 심부 체온의 상승은 피부 및 시상하부에 있는 감지기(온도수용기)에 의해 감지된다.

② 온도수용기는 통합기, 즉 뇌의 시상하부에 있는 체온조절중추라고 하는 신경세포군에 신호를 보낸다. 체온조절중추는 적정 체온(약 36.5℃)과 현재의 체온을 비교한다.

③ 체온조절중추가 현재의 체온이 너무 높아서 감소시켜야겠다고 결정하면 효과기(땀샘과 피부혈관)에 땀분비와 피부혈관을 확장시키도록 원심성 명령을 보낸다.

④ 땀분비로 인한 증발(evaporation)과 피부혈관의 확장으로 인한 열전도(conduction) 등 체온 발산 반응이 촉진되어 체온이 정상 수준으로 저하된다.

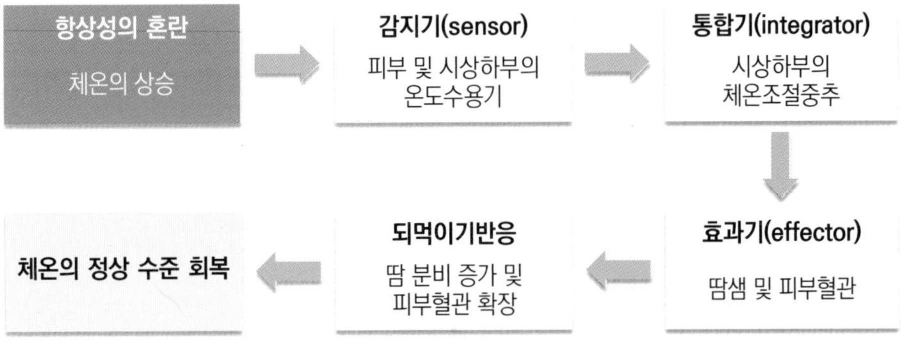

그림 1-5. 체온의 음성되먹이기 기전

반대로 체온이 정상 수준 이하로 저하되면 음성되먹이기 기전을 통해 피부혈관이 수축하여 체열의 발산을 막고 근육의 떨림에 의해 열생산이 촉진되는 반응이 일어난다.

인체의 호흡조절 역시 음성되먹이기 반응의 전형적인 경로를 통해 이루어진다. 예를 들어 체내에 CO_2가 과잉 축적되어 항상성이 혼란될 때 인체는 그림 1-6과 같은 경로를 거쳐 항상성을 유지시킨다.

① 혈중 CO_2 수준의 증가와 O_2의 감소는 뇌와 목동맥에 있는 특수한 화학수용기에 의해 감지된다.

② 감지기(화학수용기)는 통합기, 즉 숨뇌의 호흡조절중추에 신호를 보낸다.

③ 호흡조절중추는 혈중 CO_2, O_2 및 pH의 적정 수준과 현재의 수준을 비교한다.

④ 현재의 혈중 CO_2 수준이 적정 수준 이상이라고 판단되면 통합기(숨뇌의 호흡조절중추)는 효과기, 즉 호흡 근육들(가로막과 갈비사이근)에 더 깊고 강하게 수축하여 호흡 활동을 증가시키도록 명령한다.

⑤ 호흡 활동의 증가로 CO_2 배출량이 증가되고, 혈중 CO_2 수준은 정상 수준으로 회복된다.

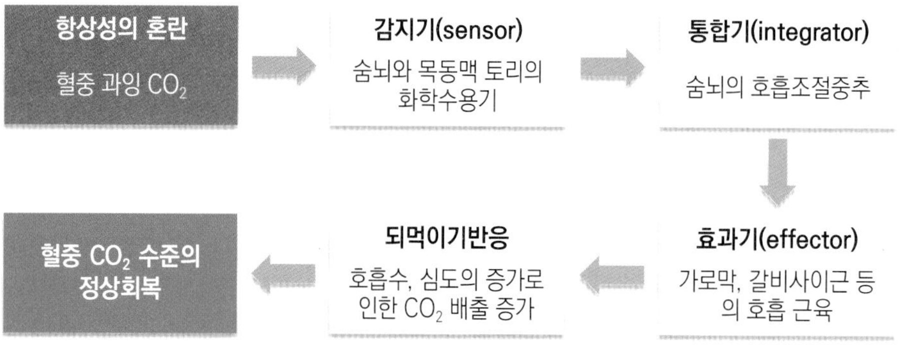

그림 1-6. 혈중 CO_2 조절을 위한 음성되먹이기 기전

이처럼 혈중 CO_2의 과잉 축적은 항상성의 교란을 수정하기 위한 기능적 변화, 즉 호흡 활동의 증대를 초래한다.

만일 과환기(hyperventilation)에 의해 혈중 CO_2 농도가 적정 수준 이하로 낮아지면 음성되먹이기 기전에 의해 반대로 호흡수가 감소하게 된다. 호흡수가 감소하면 CO_2 배출이 억제되어 혈중 CO_2 수준이 정상 수준까지 상승한다.

운동에 따른 반응과 적응이 어떻게 일어나는지를 알려면 음성되먹이기 기전의 원리를 이해해야 한다. 예를 들어 땀의 분비, 호흡 조절, 혈압 조절, 호르몬의 분비 조절 등은 모두 음성되먹이기 기전을 통해 조절되는데, 운동은 이러한 조절 경로를 매우 활성화시키는 자극이 된다.

plus+

양성되먹이기 기전

양성되먹이기 반응(positive feedback response)은 항상성을 유지하는 방향으로 일어나지 않고, 오히려 항상성에 더 큰 혼란을 일으키는 방향으로 일어난다. 그러므로 건강한 사람에게는 일부 특정한 상황 외에는 거의 찾아볼 수 없으며, 대체로 악순환을 초래하여 생명을 위협하는 수준까지도 항상성을 파괴한다. 이는 불충분한 혈액이 공급되는 심장근육이 양성되먹이기 반응을 보이는 한 가지 예이다.

심장근육의 수축에 의해 혈압이 생성되고, 이 혈압에 의해 혈액이 혈관을 통해 조직까지 운반된다. 심장근육에 분포된 심장동맥은 심장근육이 산소를 공급받아 정상적인 수축을 하도록 충분한 혈액을 공급한다. 결국 심장은 자신이 펌프한 혈액을 스스로 공급받는 것이다. 그러므로 인체의 다른 조직과 마찬가지로 심장근육에 충분한 혈액을 공급하기 위해서는 혈압이 정상으로 유지되어야 한다.

극단적으로 혈액 손실이 된 다음 혈압은 심장근육에 충분한 혈액을 공급할 수 없는 수준까지 감소한다. 그 결과 심장근육은 산소부족 상태를 겪게 되어 정상적으로 기능할 수 없게 된다. 심장은 혈액을 더 적게 펌프함으로써 혈압을 더욱 떨어뜨리게 된다. 혈압이 추가적으로 더 떨어지면 더 적은 혈액이 심장근육에 공급되어 심근수축력이 더욱 감소하므로 혈압을 다시 감소시키는 악순환을 한다.

이러한 과정이 지속되면 혈압이 너무 낮아져서 심장근육으로의 혈액 공급을 유지할 수 없게 되어 결국 심장이 멈추게 된다. 그림 1-7은 이러한 양성되먹이기 반응을 보여주고 있다.

반면 혈액 손실이 심하지 않으면 심박수가 증가하는 것과 같은 음성되먹이기 반응에 의해 혈압이 정상으로 회복된다. 많은 질병은 항상성을 유지하는 음성되먹이기 기전이 제대로 작동하지 못하는 결과로 생기는 것이다.

앞서 말한 양성되먹이기 기전이 일어나는 특별한 생리적 상황은 여성의 출산 시에 나타나는 옥시토신(oxytocin) 분비를 한 예로 들 수 있다. 즉 옥시토신은 뇌하수체 후엽에서 분비되는 호르몬으로 분만할 때 자궁수축을 일으킨다. 출산할 때가 다가와서 태아가 산모의 자궁경부를 자극하면 자궁경부에 위치한 기계적 수용기에 의해 그 자극이 감지된다. 이 자극은 뇌하수체 후엽으로부터의 옥시토신 분비를 더욱 자극하여 더 많은 옥시토신을 분비하도록 함으로써 자궁의 수축과 이완을 더욱 촉진하여 분만에 이르도록 한다.

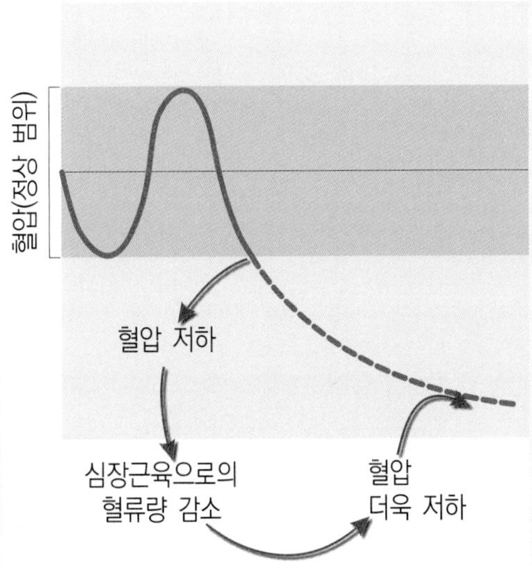

그림 1-7. 양성되먹이기 기전의 예

1.6 운동 반응의 일반적 경로

운동과 트레이닝에 따른 생리적 반응과 적응은 대부분 운동으로 인해 야기된 항상성의 혼란을 최소화시킬 수 있는 음성되먹이기 기전의 결과이다. 이러한 반응과 적응의 기전을 이해하여야 안정 시와는 다르게 나타나는 운동 시의 생리적 반응을 설명할 수 있고, 컨디셔닝이나 수행력 개선을 위한 새로운 훈련 방법을 찾아낼 수 있다. 예를 들어 반복적인 운동은 인체의 산소 공급 체계와 산소 이용 효율을 개선시킨다. 이것은 산소 운반의 역할을 하는 적혈구수와 헤모글로빈량의 증가, 그리고 산소를 이용해 에너지를 발생시키는 근육세포 내 미토콘드리아 함량의 증가에 의해 달성된다. 이는 운동으로 야기된 반복적인 체내 저산소 상태가 적혈구 및 미토콘드리아의 생성을 촉진하기 때문이다. 이러한 기전을 이해한다면 고지 훈련, 즉 저산소 환경에서의 훈련에 의해 이러한 인체적응이 더욱 촉진될 것으로 기대할 수 있다.

일회적 운동에 대한 일반적인 생리적 반응 경로는 그림 1-8에 나타나 있다. 여기에서 운동은 평정 상태의 혼란, 즉 세포의 생리적·화학적 변화를 초래하는 일종의 자극으로 작용한다. 운동은 체온상승, 혈액 산성도 증가, 혈중 O_2 함량의 저하 및 CO_2의 증가 등 생리적 환경 변화를 초래한다. 이러한 체내 환경의 변화는 특수한 감각신경 세포, 즉 수용기에 의해 감지되고, 이어서 복잡한 반응 경로가 촉진된다. 그 경로에는 신경성 경로, 액성 경로(호르몬), 그리고 내인성 경로(특정 기관)가 있으며, 이 경로를 통해 표적 기관(target organ)으로 신호가 전달된다. 신호를 받은 표적 기관은 기능상의 변화, 즉 운동에 대한 반응을 보이게 된다. 이러한 반응을 통해 운동으로 야기된 항상성의 혼란이 일정한 범위 내에서 조절된다.

인체의 세 가지 반응 경로는 독립적으로 작용하거나 상호 협력하여 이루어진다. 특히 신경성 경로와 호르몬 경로는 서로 협력적으로 생리적 조절에 참여하는 경우가 많다.

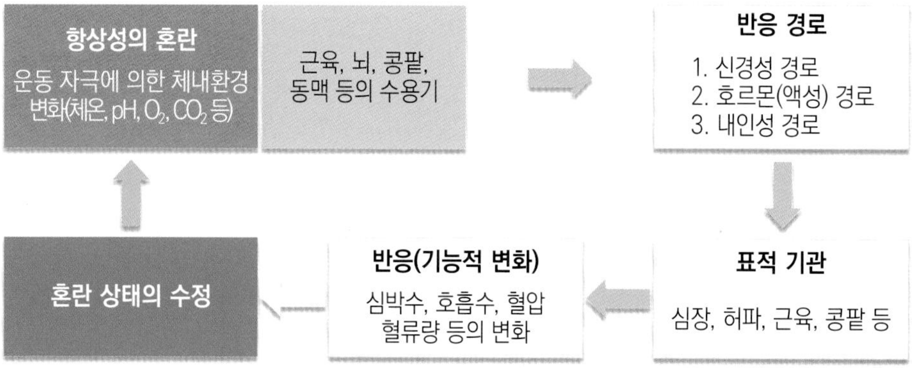

그림 1-8. 운동에 대한 생리적 반응 경로

1.6.1 신경성 경로

대표적인 신경성 조절 경로로 호흡 조절을 들 수 있다. 즉 운동으로 인한 혈중 CO_2 농도의 증가나 혈중 pH의 감소는 숨뇌와 목동맥토리에 있는 특수한 세포군, 즉 화학수용기를 자극한다. 화학수용기는 호흡중추에 구심성 정보를 전달하고, 호흡중추는 전달된 정보를 판단하여 효과기(호흡근육)에 호흡의 빈도와 심도를 증가시키도록 원심성 명령을 내린다. 그로 인해 더욱 많은 CO_2가 날숨을 통해 배출되고 혈액의 pH가 증가된다.

한편 운동 시작과 함께 거의 동시적으로 심박수가 급격하게 증가하는 양상을 보인다. 이는 근육이나 관절에 있는 수용체가 근육 수축과 관절 운동에 대한 정보를 뇌의 심장운동 중추에 전달하고, 심장운동 중추는 심장으로 가는 부교감신경(미주신경)을 억제하여 심박수를 증가시키는 신경성 조절경로에 의한 것이다.

1.6.2 호르몬 경로

운동 시 대사 수요의 증가에 대한 반응으로 부신(adrenal gland)에서 아드레날린과 노르아드레날린의 분비가 증가된다. 이들 호르몬은 간에서부터의 당원(glycogen)을 분해하고, 지방조직으로부터 지질 분해(lipolysis)를 촉진하여 근육에 에너지원으로 이용되는 글루코스(glucose)와 지방산(fatty acid)의 동원이 이루어지도록 돕는다.

또한 운동 시 순환혈액 중 증가된 아드레날린과 노르아드레날린은 심박수를 증가시키고 기관지를 확장시키며 근육의 혈관을 확장시키는 등의 광범위한 생리적 반응을 유발한다.

1.6.3 내인성 경로

내인성 경로는 기관 내에 위치하는 것으로, 그 기관은 수용체와 표적기관으로서의 역할을 동시에 한다. 예를 들면 운동으로 인해 심장근육의 온도가 상승하면 심박수가 증가하고, 심장으로 가는 정맥환류량이 증가하면 심장의 충만압을 증가시켜 페이스 메이커인 동굴심방결절의 흥분도를 높여 심장 박동이 빨라지게 한다. 이러한 반응에는 호르몬이나 신경 반사가 개입되지 않는다. 즉 전 과정이 심장 자체에서 일어나는 것이다.

이상과 같은 세 가지 조절 경로는 상호 협력적으로 일어나는 경우가 많다[그림 1-9]. 예를 들어 운동에 의해 심박수가 증가하는 것은 심장에 직접 분포되어 있는 교감신경에 의해 직접적으로 영향을 받는다(신경성 경로). 한편 교감신경은 부신속질에도 분포되어 있어서 교감신경 자극이 부신속질을 자극하면 부신속질로부터 아드레날린과 노르아드레날린이 순환 혈류로 분비됨으로써 심장 흥분도가 증가하게 된다(액성 경로). 그리고 운동 시 정맥환류량(심장으로 돌아오는 혈액)의 증가와 심장 온도의 상승은 더욱 심박수를 증가시키는 원인이다(내인성 경로).

또 한 가지 신경성 조절과 액성 조절 사이에 이루어지는 협력성 조절의 예를 들면 탈수 상태에 대한 인체의 체액 보존 반응을 들 수 있다. 즉 운동으로 인해 혈액 농축 현상이 일어나면 혈액의 삼투압이 증가하는데, 이는 갈증중추를 자극한다. 갈증중추는 내분비기관인 뇌하수체에 호르몬을 분비하도록 하는 원심성 명령을 내린다(신경성 경로). 이어서 뇌하수체에서는 항이뇨호르몬(ADH)을 분비하고, 항이뇨호르몬은 순환계통을 통해서 표적기관인 콩팥으로 보내져(액성 조절) 소변 생성을 감소시키고 수분의 재흡수를 촉진하여 혈액의 삼투압을 감소시킨다.

이러한 인체의 구체적인 조절 경로에 대해서는 해당 장에서 보다 상세히 배우기로 한다.

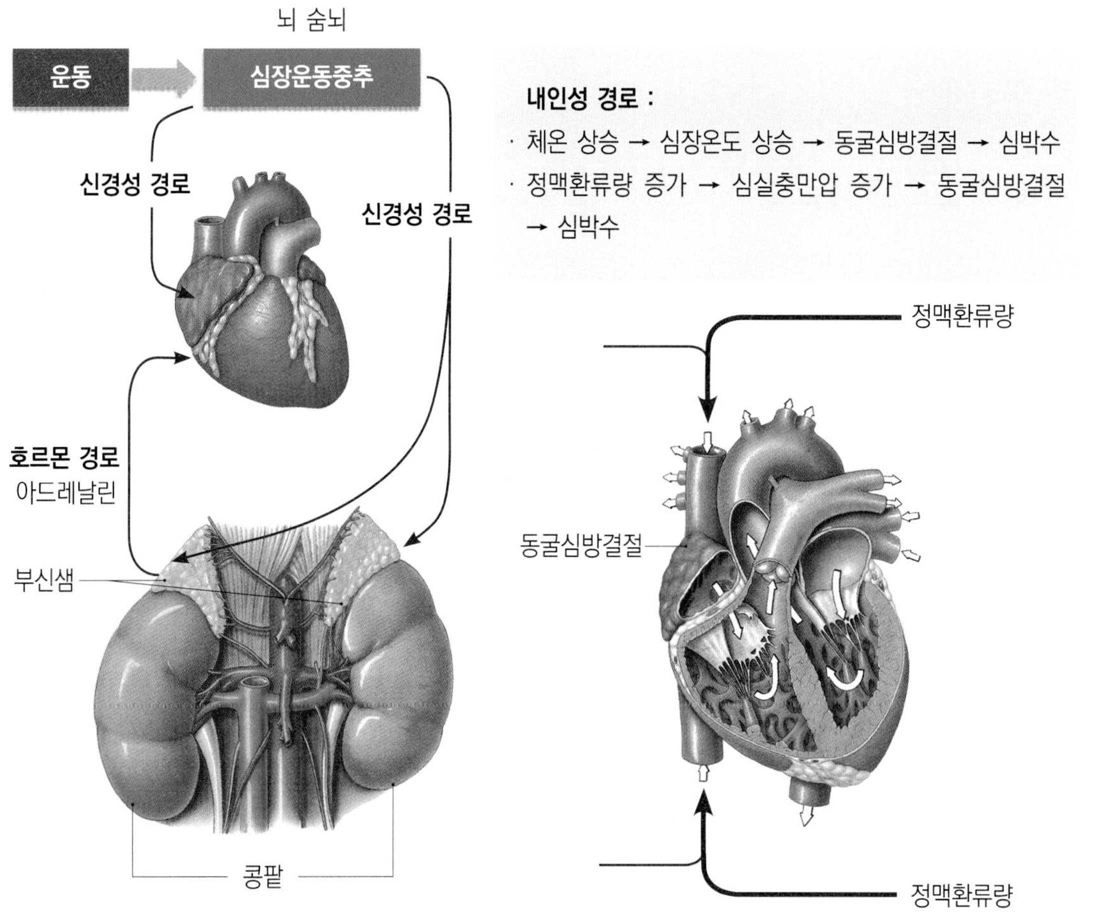

그림 1-9. 운동에 따른 심박수 증가와 세 가지 경로의 협력적 작용

단원요약

>> 운동생리학이란 일회적이거나 반복적인 운동으로 초래되는 생리기능적 변화와 그 변화의 원인을 설명하기 위한 학문이다.

>> 운동생리학은 체육학을 구성하는 응용적 성격을 갖는 여러 분야의 학문에 필요한 기본적 바탕을 제공한다. 즉 운동생리학은 스포츠의학, 운동처방학, 트레이닝론, 스포츠영양학, 생체역학 등과 밀접한 관련을 갖고 있다.

>> 운동생리학은 운동 중에 일어나는 인체의 기능적 변화에 대해 "왜?"라고 하는 질문이 주된 연구 주제가 되며, 다양한 형태의 운동 현장에서 과학적이고 합리적인 지도를 위한 선행 요건이 되는 학문이다.

>> 인체가 특정 자극을 접하게 될 때 특정 반응(response)을 통해 체내 항상성(homeostasis)을 유지하려고 한다. 이러한 특정 자극에 대해 항상성을 유지하기 위해 특정 반응을 거듭하는 가운데 형태적 · 기능적으로 보다 장기적인 변화가 나타나는데, 그러한 변화가 긍정적일 때 적응(adaptation)이라고 한다.

>> 운동(exercise)은 수많은 외적인 환경 자극(stimuli) 중에서 인간이 자의적(自意的)으로 선택할 수 있는 일종의 외적인 자극이라는 점에 그 의의가 있다.

>> 유기체가 자신을 구성하고 있는 세포들의 내적 환경을 안정되게 유지하려는 경향을 항상성이라고 한다. 이 항상성을 유지하기 위해 인체가 사용하는 주된 방법은 음성되먹이기 반응(negative feedback response)이다.

>> 인체는 항상성을 위협하는 자극이나 조건에 대해 감지기(sensor)를 통해 감지하여 통합기(integrator)에 보고하고, 통합기는 보고된 정보를 분석 · 판단하여 효과기(effector)에 명령을 하달하면 효과기가 항상성의 혼란 상태를 정상으로 회복시키는 경로를 이용한다.

>> 인체는 항상성의 혼란 상태에 대해 일반적으로 신경성 경로, 호르몬(액성) 경로, 내인성 경로를 통해 표적 기관의 반응을 유도한다.

>> 대표적인 신경성 경로의 예는 호흡 조절로서 혈중 CO_2 농도가 증가하면, 이것은 숨뇌 그리고 목동맥토리나 대동맥활에 있는 화학수용기(sensor)에 의해 감지된다. 이것은 숨뇌에 있는 호흡중추(integrator)에 보고되며, 이어서 호흡 중추는 호흡 근육(effector)에 자극을 보내 호흡의 빈도와 심도를 증가시킨다.

>> 대표적인 액성(호르몬) 경로의 예는 운동에 의해 교감신경이 흥분하면 부신속질로부터 아드레날린과 노르아드레날린의 분비가 증가하는 것이다. 이들 호르몬은 순환 혈류에 의해 여러 표적 기관에 광범위한 영향을 미친다. 즉 심박수를 증가시키거나 기관지를 확장시키고, 간에서의 당원 분해와 지방조직에서의 지질 분해를 촉진시킨다.

>> 내인성 경로는 그 기관이 수용기와 표적 기관으로서의 역할을 동시에 하는 것이다. 예를 들어 심장의 온도, 심장의 충만압(filling pressure)과 같은 심장 자체의 요인에 의해 심박수가 증가하는 현상을 들 수 있다.

>> 인체의 조절 기능은 대체로 신경성 조절과 액성 조절, 그리고 내인성 조절이 상호 협력적으로 이루어지는 경우가 많다.

연습문제

1. 운동생리학을 정의하라.
2. 운동생리학과 관련 학문과의 관계에 대해 말하라.
3. 운동 지도자에게 운동생리학적 지식이 필요한 이유를 설명하라.
4. 운동생리학의 입장에서 '운동(exercise)'이 갖고 있는 생물학적 의미에 대해 말하라.
5. 인체가 항상성(homeostasis)의 혼란 상태를 회복하기 위하여 사용하는 방법을 무엇이라고 하는가? 그리고 그 예를 들어 보라.
6. 인체가 항상성의 혼란 상태에 대하여 사용하는 세 가지 생리적 반응 경로는 무엇인가?
7. 인체의 신경성 반응 경로를 예를 들어 설명하라.
8. 인체의 액성 반응 경로를 예를 들어 설명하라.
9. 인체의 내인성 반응 경로를 예를 들어 설명하라.
10. 운동 중 심박수가 증가하는 현상을 신경성, 액성, 내인성 경로를 통해 설명하라.

Memo

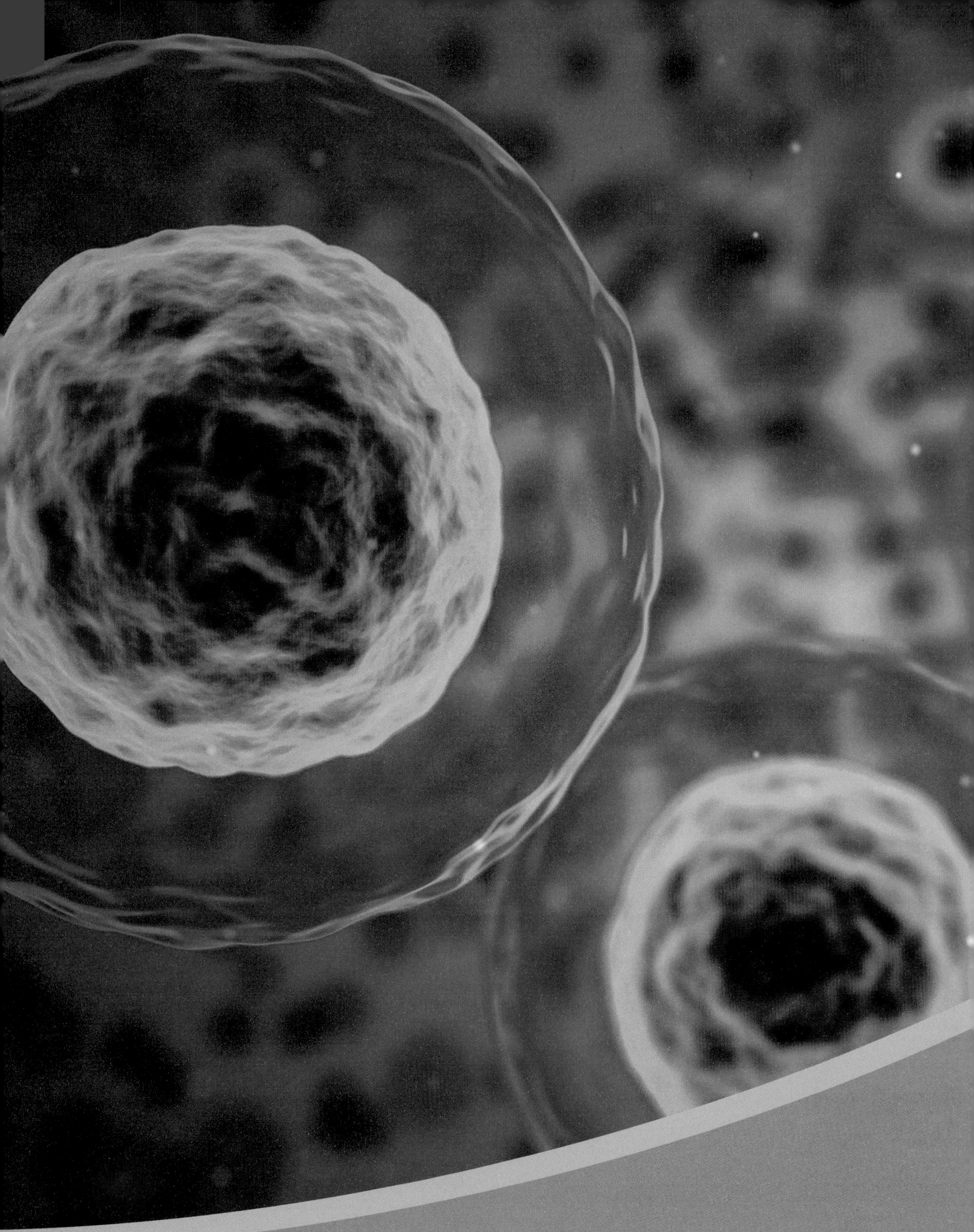

CHAPTER 2
생리학의 기초

이 장에서는 앞으로 생리학을 공부하는 데 기본이 되는 세포에 대해서 배운다.

1절에서는 세포, 조직, 기관, 계통의 구조적 단계와 세포의 항상성에 대한 개념을 배운다. 세포막의 기능적 구조를 알고, 세포질 내 여러 소기관들의 기능을 이해한다. 또한 세포막을 통한 수동적·능동적 물질 운반 방법을 반드시 이해하고 넘어가도록 한다.

2절에서는 인체의 에너지 대사를 이해하기 위한 영양학적 기초를 배운다. 특히 에너지원이 되는 탄수화물과 지방, 그리고 에너지원과 인체 구성 요소로 작용하는 단백질, 유전자를 구성하는 핵산에 대해서 이해하도록 한다.

2.1 세포

세포(cell)는 모든 생물체의 기본 단위로서 생명 활동을 수행하는 최소 단위이다. 단세포 동물의 경우 세포 하나가 독립된 하나의 생물체이지만, 인체는 약 30조~38조 개의 고도로 분화된 세포로 이루어져 있다. 그중 적혈구는 약 25조 개로 가장 많은 수를 차지하고 있다. 인체를 이루고 있는 세포는 여러 가지 고유한 기능을 수행하며, 종류에 따라 모양과 크기가 다양하다. 또한 세포의 수명이나 성장 속도도 종류에 따라 많은 차이가 있다. 세포의 크기를 나타낼 때 ㎛(micrometer)를 사용하는데, 이는 mm의 1,000분의 1에 해당한다.

사람의 난자세포(egg cell)는 약 140㎛인 반면 적혈구는 7.5㎛, 백혈구는 12㎛ 정도이다. 형태를 보면 적혈구, 백혈구, 간세포 등은 대체로 원형을 이루고 있으나 신경세포나 근육세포는 길쭉한 형태를 이루고 있어서 신경섬유 또는 근육섬유라고 한다. 또한 상피세포는 대체로 평평하고 얇은 바닥 타일과 같은 모양을 하고 있어서 그 아래 조직을 가로막는 보호 장벽 역할을 한다. 적혈구는 산소나 이산화탄소를 운반하는 역할을 하고, 신경세포는 전기적인 신호를 받고 전달하는 역할을 하며, 근육

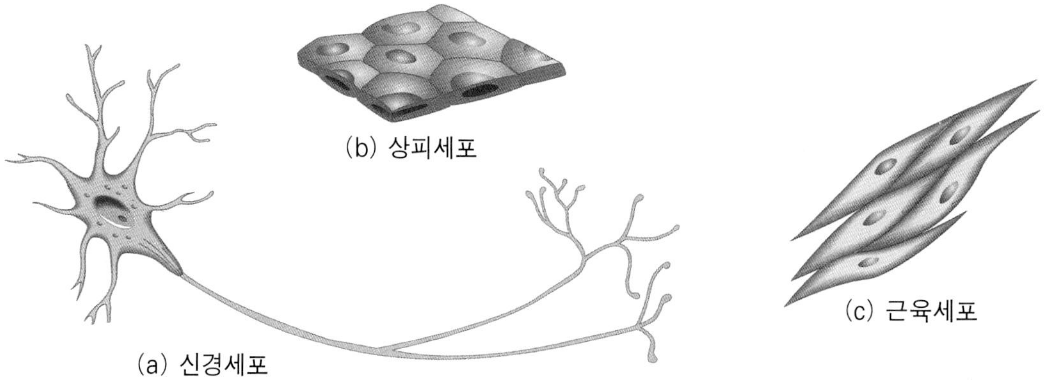

그림 2-1. 여러 가지 형태의 세포

세포는 수축 기능을 가지고 있어 움직임을 가능하게 하고, 간세포는 영양 물질이나 유해 물질을 분해·처리하는 기능이 있으며, B림프구(B lymphocyte)는 항체를 생산하는 공장 기능을 가지고 있다.

2.1.1 인체의 구조적 단계

세포는 인체의 형태를 유지하고 기능을 수행하기 위해 적당한 집단을 이루고 있는데, 그 구조적 단위는 조직(tissue), 기관(organ) 및 계통(system)의 3단계로 설명할 수 있다. 즉 체내에서 특정한 일을 수행하는 데 적합하도록 분화된 유사한 형태의 세포들이 모여서 조직을 형성하며, 몇 종류의 조직이 서로 결합하여 특별한 기능이나 활동을 할 때 이를 기관이라고 한다. 이 기관이 연결되어 하나의 기능적 단위를 이루면 이를 계통이라고 한다.

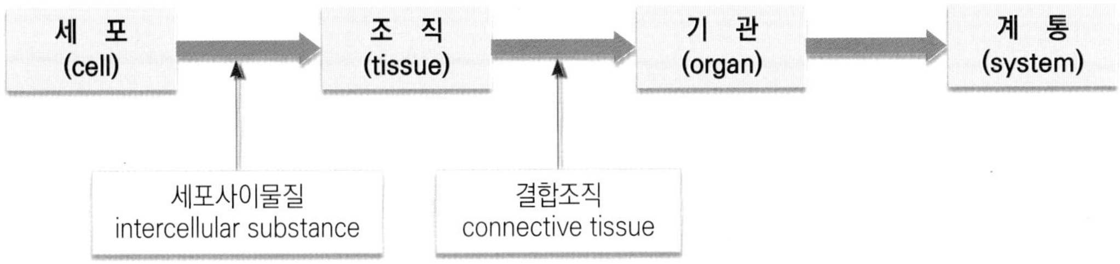

그림 2-2. 인체의 구조적 단계

표 2-1. 인체 주요 계통과 구성 기관 및 기능

계 통	주요 관련기관	대표적 기능
피부계통	피부, 털, 손톱, 발톱	손상과 이물질로부터 체내 구조를 보호하고, 탈수를 막고 체온조절에 기여
뼈대계통	뼈, 연골, 관절	연조직과 기관을 보호하고 지지
근육계통	뼈대근육, 심장근육, 내장근육, 근육막, 힘줄	인체의 수의적·불수의적 운동
신경계통	뇌, 척수, 신경, 특수감각기관	신체 활동의 조절·통합, 고위 정신 기능, 내외 환경을 지각하고 적응
내분비계통	뇌하수체, 갑상샘, 부갑상샘, 이자, 부신, 생식샘	호르몬의 생산과 분비, 신체 활동의 조절·통합
순환계통	심장, 혈관, 혈액, 림프관 등	가스·영양물·노폐물 등의 운반, 림프구 및 항체의 생산
호흡계통	코, 인두, 후두, 기관, 기관지, 허파	기도를 통한 산소와 이산화탄소의 교환 및 배출
소화계통	입, 식도, 위, 작은창자, 큰창자, 간, 이자, 쓸개, 침샘	음식물의 소화 및 흡수
비뇨계통	콩팥, 요관, 방광, 요도	노폐물, 수분의 배설
생식계통	난소, 자궁, 자궁관, 질, 정관, 고환, 전립샘, 음경	난자 및 정자의 생산과 배출, 수정란의 잉태 및 성숙

세포는 인접한 세포와 세포사이물질(intercellular substance)에 의해 서로 연결되어 조직(tissue)을 이룬다. 두 가지 이상의 조직을 함께 결합시키는 역할을 하는 또 하나의 조직을 결합조직(connective tissue)이라고 한다.

인체의 조직(tissue)에는 상피조직, 근육조직, 신경조직, 그리고 조직들을 함께 묶어주는 결합조직의 네 가지 형태가 있다. 기관(organ)은 둘 이상의 조직으로 구성되어 특수한 기능을 수행한다. 예를 들어 심장은 순환계통에 속하는 기관으로 심장의 내외면은 상피조직으로 되어 있고, 그 사이에 심장의 운동을 수행하는 근육조직이 들어가 있으며, 결합조직에 의해 두 조직이 결합되고 심장근육의 운동을 조절하는 신경조직이 분포되어 있다.

위(胃)는 소화계통에 속하는 기관으로 연동운동을 하는 근육조직(내장근육)을 갖고 있고, 근육을 움직이도록 하거나 통증을 자각할 수 있게 하는 신경조직이 분포되어 있다. 또한 위의 안과 밖에서 위를 둘러싸고 있는 상피조직과 이들 조직을 묶어주는 결합조직으로 이루어져 있다.

한편 유사하거나 관련된 기능을 하는 기관들이 모여 한 가지 목적을 수행하는 것이 계통이다. 예를 들어 순환계통은 심장·혈관·혈액이라는 기관으로 구성되어 있어 생명 활동에 반드시 필요한 산소 및 영양분을 혈액에 의해 인체의 여러 조직세포까지 운반해주고, 이산화탄소를 체외로 운반하는 기능을 수행한다.

인체에는 10가지 주요 계통이 존재하는데, 그 구성요소 또는 기관과 대표적인 기능은 표 2-1과 같다.

2.1.2 세포의 구조

세포는 세포의 종류에 관계없이 바깥쪽부터 세포막(cell membrane), 세포질(cytoplasm), 핵(nucleus)으로 구성된다.

2.1.2.1 세포막

세포막의 배열 형태는 그림 2-4에서 보듯이 두 줄의 연속적인 인지질층과 단백질, 그리고 소량의 탄수화물로 구성되어 있다. 두 줄의 인지질층은 다시 머리에 해당하는 친수성기가 막의 바깥쪽으로, 꼬리에 해당하는 소수성기가 안쪽으로 되어 서로 마주보는 형태로 배열되어 있다. 구형의 머리 부분은 인산염을 함유하는 수용성 부분이며, 실 모양의 꼬리 부분은 지질로 되어 있다.

이 지질분자들은 세포막 내에서 상호 옆으로 작용하면서 얇고 안정적인 막(film)을 형성하여 막의 안정성에 기여하며, 대다수 수용성 물질의 투과를 제한하는 울타리 역할을 한다. 예를 들어 아미노산, 당, 단백질, 핵산, 여러 가지 이온(ions)과 같은 수용성 물질들은 인지질층을 쉽게 통과하지 못하지만 O_2, CO_2, 알코올, 스테로이드 호르몬 등의 지용성 분자는 인지질층을 쉽게 통과한다. 또한 세포막에는 이들 인지질층을 관통하거나 표면에 산재하여 막의 특별한 기능에 관여하는 여러 종류의 단백질이 있다.

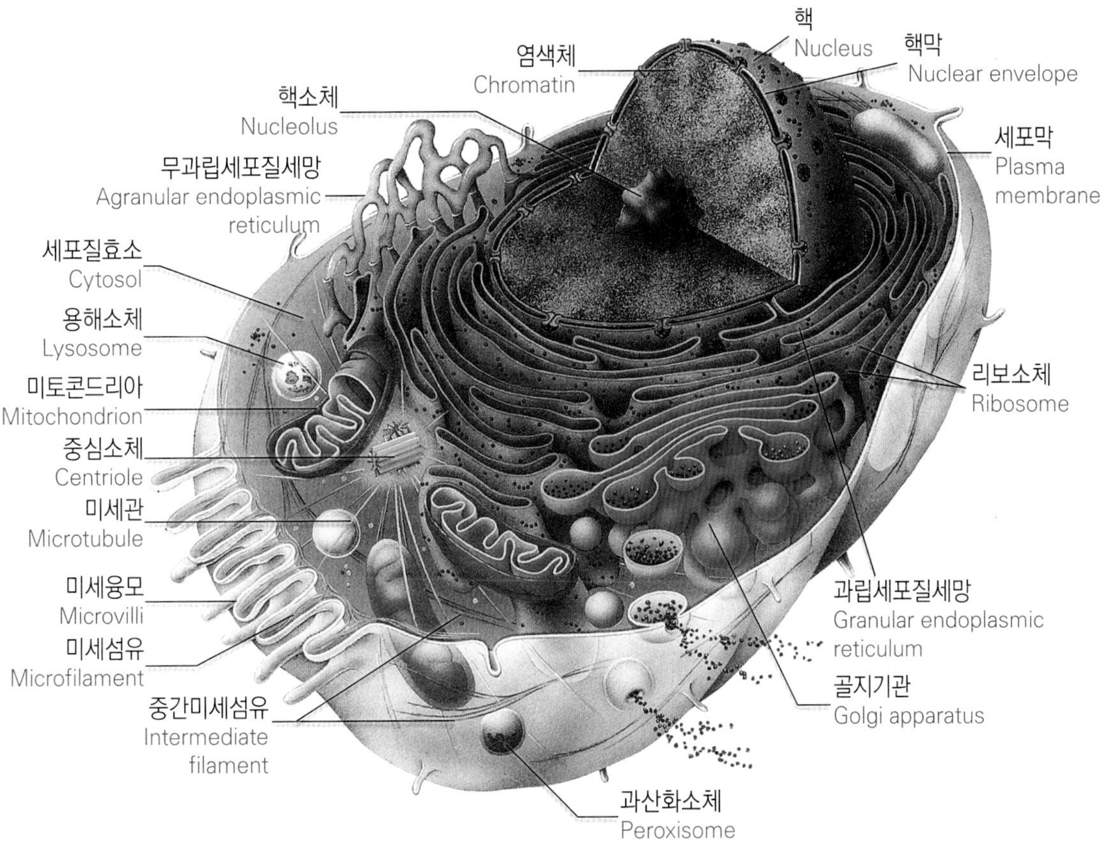

그림 2-3. 세포의 구조와 소기관들

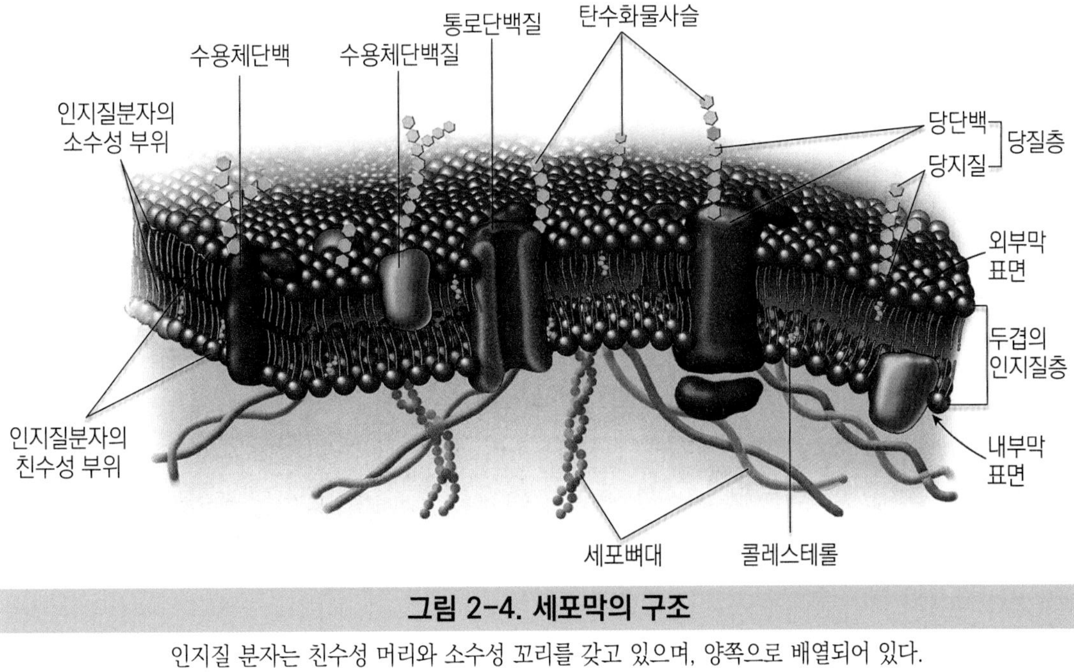

그림 2-4. 세포막의 구조

인지질 분자는 친수성 머리와 소수성 꼬리를 갖고 있으며, 양쪽으로 배열되어 있다.

세포막을 관통하는 단백질질을 통합단백질(integral protein)이라고 하는데, 통합단백질 중에서 길게 세포막을 관통하는 단백질질로서 주로 호르몬과 같은 특별한 종류의 분자들이 결합하는 수용체(receptor)로서의 역할을 하는 단백질질을 수용체단백질이라고 한다. 이 단백질질은 밖으로부터의 신호를 안쪽으로 뻗은 부분을 통해 세포 속으로 전달하는 역할을 한다[그림 2-4].

또 다른 형태의 통합단백질은 약 7Å크기의 구멍(pore)을 갖고 있어서 물 분자를 비롯한 수용성 물질이 드나드는 통로 역할을 하므로 통로단백질(channel protein)이라고도 한다. 통로단백질은 종류에 따라 오직 특정한 이온(ion)만 선택적으로 통과를 허용한다. 예를 들어 신경이나 근육세포에는 근육 수축이나 신경 자극의 전달에 중요한 Na^+과 K^+의 이동을 조절하는 선택적인 통로단백질이 있다.

한편 세포막의 표면에 산재하거나 인지질층에 끼어 있는 단백질은 말초단백질(peripheral protein)이라고 한다. 말초단백질은 주로 막이 관여하는 반응을 촉매하는 효소(enzyme)로 작용하거나 화학적 신호를 전달하는 작용을 한다. 또한 말초단백질과 탄수화물이 결합하여 형성된 당단백질(glucoprotein)은 세포들이 서로 인식하고 함께 결합하도록 도와준다. 이는 세포가 함께 모여 조직을 형성하는 데 중요한 기능이다. 세포 표면의 당단백질은 항원 면역반응에 중요한 기능을 하는데, 즉 각각의 세포를 '자기(self)'로서 표시하는 역할을 한다.

면역계통(immune system)에서는 이처럼 세포 표면에 있는 당단백질을 통하여 '자기세포(self cell)'의 표면과 박테리아처럼 위협이 될 수 있는 '비자기세포(nonself cell)'의 표면을 구분할 수 있게 된다.

한편 많은 콜레스테롤 분자들이 세포막 안쪽의 인지질층 사이에 끼어 있어 수용성 물질의 세포막 이동을 억제하는 역할을 하면서 막의 구조적 안정성에 기여한다.

2.1.2.2 세포질

세포질(cytoplasm)은 세포막과 핵 사이에 있는 세포의 바탕질이다. 핵을 포함한 세포 내 물질을 총칭할 때는 원형질(protoplasm)이라고 한다. 근육세포의 원형질은 특히 근육세포질(sarcoplasm)이라고 한다. 세포질 내에서 일정한 생체 기능을 발휘하는 구조물을 세포소기관(cell organollo)이리고 하며, 활동성이 없는 영양물질이나 미오글로빈, 액포를 세포포함체라고 한다.

세포질 내 소기관으로는 사립체, 소포체 또는 세포질세망, 리보소체, 골지체, 용해소체, 중심소체 등이 있는데, 이들의 기능을 간단히 설명하면 다음과 같다.

① 사립체

사립체(미토콘드리아, mitochondria)는 이중막으로 된 땅콩 모양의 세포소기관으로 바깥막은 매끈하고 사립체 전체를 둘러싸고 있고, 속막은 사립체 중심부까지 주름이 지어져 있어 능선(crista)을 형성하고 있다[그림 2-5]. 사립체 속막의 주름진 벽에는 수많은 산화 효소들이 붙어 있어 이곳에서 산소를 이용한 ATP 합성이 이루어진다.

ATP는 세포의 생명 유지와 세포의 특수한 기능을 수행하는 데 반드시 필요한 에너지 화합물이다. 즉 근육세포의 수축 기능, 샘세포의 분비 기능, 세포막을 통한 물질의 이동, 신경세포의 자극 전달 등 인체 세포가 기능을 수행할 대 사용하는 기본적인 에너지 물질이다. 따라서 사립체, 즉 미토콘드리아는 생명 현상의 원동력이자 에너지의 생산 공장으로서 일명 '세포 내 발전소'라고 한다. 인체 세포 내 미토콘드리아의 수는 평균적으로 약 300~400개이지만, 세포에 따라 수십 개에서 수천 개까지 다양하다.

활동성이 높아서 에너지 수요가 높은 세포일수록 더 많은 미토콘드리아를 갖고 있다. 예를 들어 간세포는 1,000개 이상이고 근육이나 뇌세포는 더 많은 미토콘드리아를 갖고 있다. 특히 심장근육 세포에는 수천 개의 미토콘드리아가 있다. 인체에 있는 미토콘드리아의 총 개수는 무려 1경(1만 조)이며, 총 체중의 10%에 달한다.

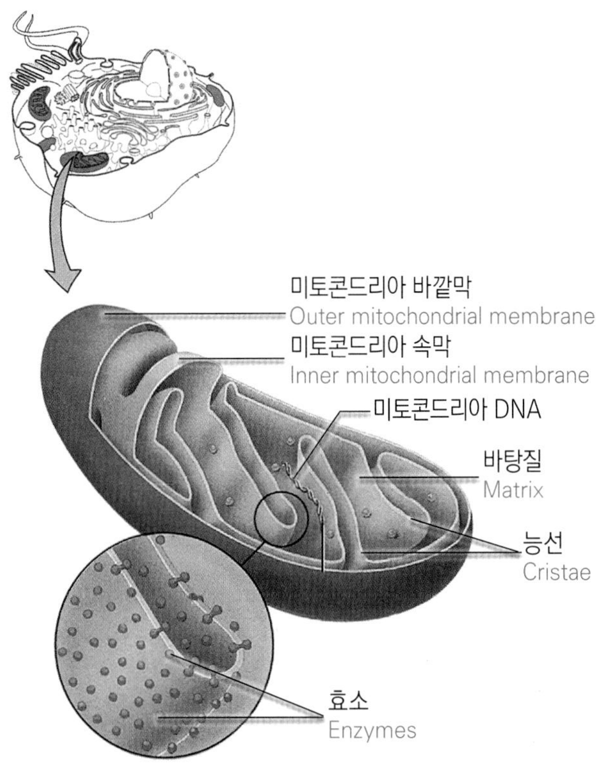

그림 2-5. 미토콘드리아

에너지 수요에 대한 반복적인 자극이 높은 단련자의 근육세포에는 미토콘드리아가 비단련자보다 1.5~2배 정도 많으며, 미토콘드리아 개개의 크기도 크다고 알려져 있다. 미토콘드리아는 모계로만 유전된다. 왜냐하면 난자(egg cell)로 들어가는 정자(sperm)에는 이 소기관이 없기 때문이다.

② **세포질세망**

세포질세망(소포체, endoplasmic reticulum)은 세포 내에 그물 모양으로 발달한 작은 관으로 세포질 전체에 퍼져 있다. 그 주된 역할은 세포의 외부와 내부 사이를 잇는 물질 이동의 통로이다[그림 2-6].

근육세포의 경우 세포질세망을 근육세포질세망(sarcoplasmic reticulum) 또는 근소포체라고 한다. 근육세포질세망(근소포체)은 칼슘을 저장하는 역할을 하여 자극이 전달될 때 칼

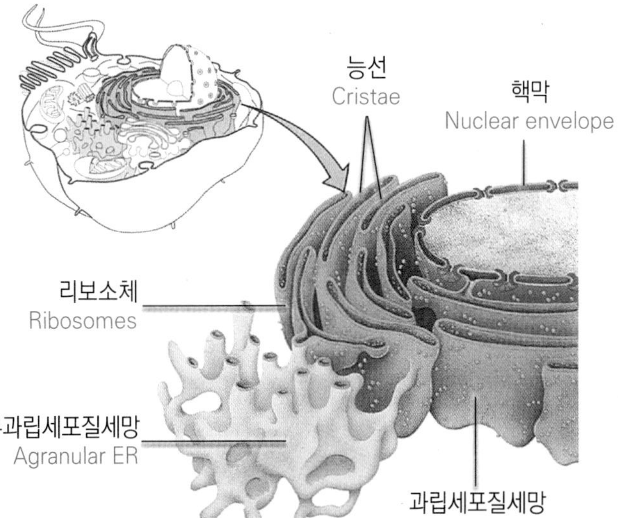

그림 2-6. 세포질세망의 구조

슈을 분비하여 수축 활동이 일어나게 한다. 이에 대해서는 제5장 운동과 근육계통에서 자세히 다루도록 한다.

세포질세망 표면에는 크기가 150Å 정도인 작은 과립이 붙어있는 부분이 있다. 이 과립은 단백질을 합성하는 리보소체이다. 여기에서 리보소체가 붙어 있는 부분을 과립세포질세망, 리보소체가 없는 부분을 무과립세포질세망이라고 한다.

plus+

세포유착분자

세포들은 영원한 결합 상태를 유지하기보다는 보다 역동적으로 상호 작용해야 한다.

세포유착분자(cell adhesion molecules : CAMs)는 세포의 이동을 안내하는 역할을 한다. 혈액 중에 있는 백혈구가 상해 부위로 이동하여 감염과 대항하여야 한다고 생각하자. 예를 들어 손바닥이 나무 파편에 찔렸을 때 백혈구는 일단 혈액의 빠른 흐름 속에서 나무 파편에 가까운 곳에 이르기 전에 미리 속도를 늦추어야 한다. 이때 셀렉틴(selectin)이라는 세포유착분자(CAMs)가 백혈구를 코팅하여 마찰력을 높임으로써 속도를 늦추는 역할을 한다.

백혈구가 혈액의 흐름 속에서 서서히 구르게 되면 모세혈관의 안쪽 표면에 존재하는 탄수화물에 셀렉틴(seletin)이 결합한다.

손상 부위의 조직, 박테리아, 응고 혈액이 백혈구를 끌어당기는 생화학물질(chemoattractant)을 분비하면 마침내 인테그린(integrin)이라는 세포유착분자가 손상 조직 부위의 모세혈관에서 돌출되는 유착수용체단백질(adhesion receptor protein)과 결합한다. 이어서 인테그린(integrin, 세포와 세포외 기질을 연결해주는 당단백질)은 지나가는 백혈구를 잡아당겨서 타일과 같은 모세혈관막의 세포들 사이로 백혈구를 밀어서 나오게 한다.

손상 부위에 모여든 백혈구는 염증(inflammation) 반응을 일으켜 죽어가는 박테리아와 함께 농(pus)을 형성한다.

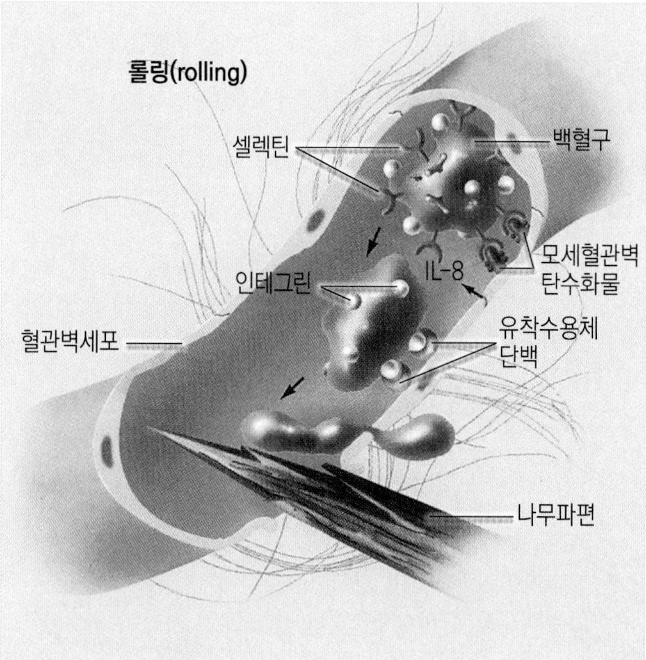

그림 2-7. 백혈구의 혈관 밖 이동과정

세포유착분자(CAMs)가 백혈구를 손상 부위로 유도한다. 셀렉틴(selectin)이라는 CAMs가 백혈구에 들러붙어 백혈구의 구르는 속도를 늦추고, 혈관속벽의 탄수화물과 결합한다. 이어서 인테그린(integrin)이라는 CAMs가 혈관벽에 백혈구를 고정시키는 역할을 하여 백혈구가 혈관 밖으로 빠져 나올 수 있게 한다.

plus+

세포 간 접합

혈액세포와 같은 일부 세포는 체액으로 채워진 공간(사이질액)에서 따로 분리되어 있다. 그러나 다른 대부분의 세포들은 세포막을 함께 결합시키는 세포 간 접합(intercellular junction)이라는 구조에 의해 서로 단단히 연결되어 있다.

세포 간 접합의 한 종류로 융합막(tight junction)이 있는데, 이는 인접한 세포막을 덮어서 융합된 형태이다. 융합 부위는 벨트와 같이 세포를 둘러싸고 있으면서 세포 사이를 붙이고 있다. 소화관 안쪽을 따라 종이처럼 얇고 넓은 형태를 갖고 있는 세포들은 주로 융합막에 의해 서로 결합되어 있다. 뇌에 있는 작은 혈관벽을 구성하는 세포들은 매우 극단적으로 단단하게 결합되어 있다.

세포 간 접합의 또 다른 종류로는 부착반점(desmosome) 또는 세포사이다리(intercellular bridge)가 있다. 부착반점은 인접한 세포를 리벳(rivet)처럼 연결하여 매우 단단한 구조적 단위를 이루도록 한다.

심장근육이나 소화관을 이루는 내장근육과 같은 세포들의 막은 교통반점(gap junction)이라는 통로에 의해 서로 연결되어 있다. 이러한 통로들은 인접한 세포들의 세포질을 서로 연결하여 이온이나 당, 아미노산, 핵산 등의 영양물질이 상호 이동할 수 있게 해 준다.

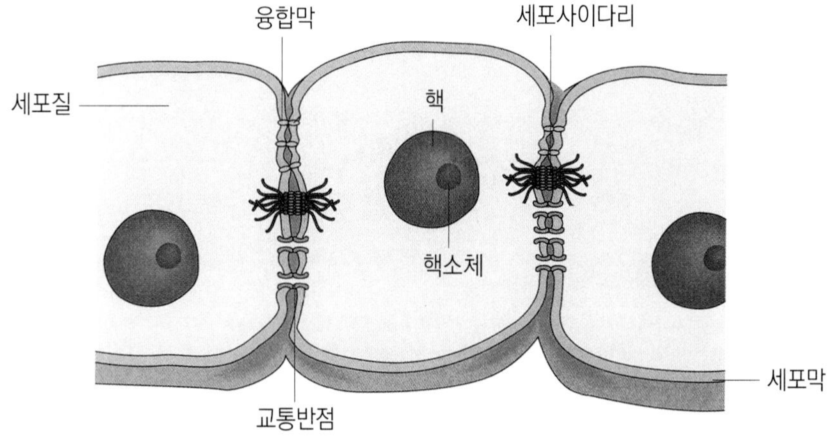

그림 2-8. 세포 간 접합 : 융합막, 세포사이다리, 교통반점

plus+

ATP(아데노신 삼인산)

ATP는 인체의 직접적인 에너지원으로서 '에너지의 현금'이라고 한다. 우리가 섭취하는 지방이나 탄수화물과 같은 열량원이 체내에서 분해되면서 생성된 에너지는 ATP 합성에 이용된다. 인체의 모든 세포는 이 ATP를 이용하여 생명을 유지하고 자신의 특수한 기능을 수행한다.

세포의 원형질에서는 무산소적으로 ATP를 합성하지만, 사립체에서는 산소를 이용하여 유산소적 ATP 합성이 이루어진다. 자세한 내용은 다음 장에서 배우도록 한다.

과립세포질세망의 리보소체는 단백질 합성 장소이다. 합성된 단백질은 세포질세망의 통로를 따라 골지장치(Golgi apparatus)로 보내져서 추가적으로 처리된다. 무과립세포질세망은 지질 합성에 중요한 효소를 갖고 있다. 세포질세망은 특히 내분비세포나 간세포 등 분비 활동이 왕성한 세포에 잘 발달되어 있어 분비물을 방출하는 것으로 보인다.

③ 리보소체

리보소체(ribosome)에는 과립세포질세망에 붙어 있는 고정리보소체와 세포질 내에 유리된 형태로 있는 유리리보소체가 있다. 리보소체의 기능은 핵 속에 있는 유전자로부터의 메신저에 의해 보내진 유전정보에 의해 아미노산을 이용하여 단백질을 합성해내는 것이다.

세포질세망에 붙어 있는 고정리보소체에 의해 합성된 단백질은 세포질세망으로 이동되고, 이 단백질은 골지장치로 보내져 세포 밖으로 운반된다. 유리리보소체는 주로 세포구조물의 보수 및 유지에 필요한 단백질을 합성하는 역할을 한다. 뼈대근육세포는 다른 세포보다 리보소체가 상대적으로 적기 때문에 근육세포(근육섬유)가 손상되면 이를 복구하는 능력이 떨어져 후유증을 남기는 경우가 많다. 즉 근육섬유가 단열되거나 부분적으로 파열되었을 때 상처가 아물더라도 반흔(scar)이 남게 되는 경우가 많은데, 이러한 반흔은 장력이 다시 가해지면 단열되기 쉽다.

④ 골지장치

골지장치(Golgi apparatus)는 모든 세포에 있는 것이 아니라 주로 분비성 세포에 많다. 골지장치는 세포질세망과 연락되어 있기 때문에 앞서 설명한 바와 같이 세포질세망에 부착된 리보소체(고정리보소체)에서 합성된 단백질은 세포질세망을 통해 골지장치로 이동한다.

골지장치(Golgi apparatus)는 납작한 액포(vacuole)들이 서로 포개진 형태로 그 주변부가 둥글게 부풀어올라 결국 구형의 분비과립(소포)으로 떨어져 나간다[그림 2-9]. 리보소체에 의해 만들어져서 세포질세망을 통해 보내진 단백질은 골지장치로 보내진다. 이 단백질이 골지장치 통로를 통해 가장 바깥층에 닿으면 골지체막의 일부가 봉오리처럼 부풀어 합성된 단백질

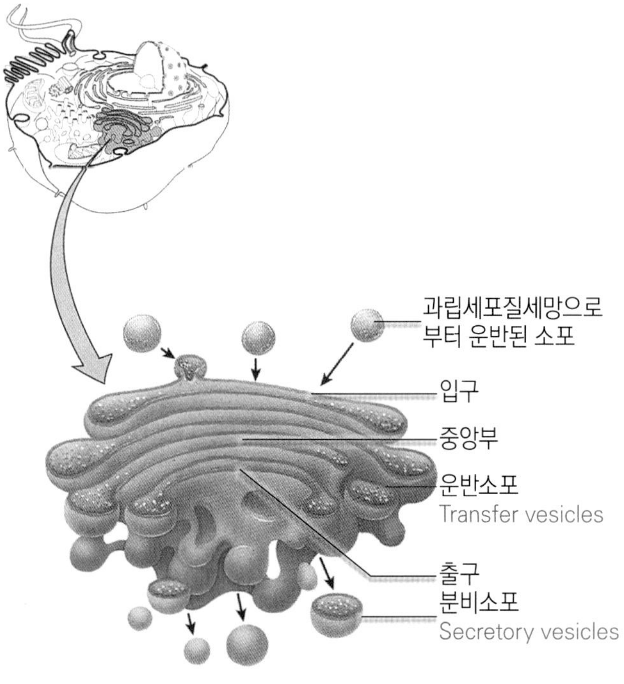

그림 2-9. 골지장치

을 둘러싸고 액포로서 떨어져 나와 운반소포(transport vesicle)가 된다.

이러한 소포들은 세포막으로 이동한 후 세포막과 융합되어 세포막의 일부로 편입되고, 그 안의 내용물(단백질 등)은 세포 밖으로 분비된다. 일부 소포는 내용물을 세포 내의 소기관(organells)으로 운반한다.

그림 2-10은 이러한 과정을 보여주는 그림으로 유즙분비세포가 유즙단백질을 합성하여 분비하는 과정이다. ① 핵 내에서 전령 RNA(messenger RNA)가 복제되어 핵막의 구멍을 통해 세포질로 보내진다. ② 과립세포질세망으로 보내진 전령 RNA가 리보소체에 도달하여 단백질 합성이 시작되는데, 지질은 무과립세포질세망에서 합성된다. ③ 만들어진 단백질이 골지체로 옮겨지면 골지체의 끝부분이 꽃망울처럼 부풀어올라 소포를 형성하며, 단백질은 소포에 의해 세포 밖으로 운반된다. 단백질 합성이 중단되어 완성된 단백질이 만들어지지 못한 경우에는 역시 운반소포에 의해 용해소체(라이소솜)에 보내지며, 용해소체는 이를 분해하여 재흡수되도록 한다.

⑤ 용해소체

용해소체(lysosome)는 과립형의 세포 내 소기관으로 그 안에 각종 소화효소가 들어 있다. 이 효소의 작용에 의해 당원(glycogen)은 포도당으로, 단백질은 아미노산으로, 지질은 지방산과 글리세롤로 분

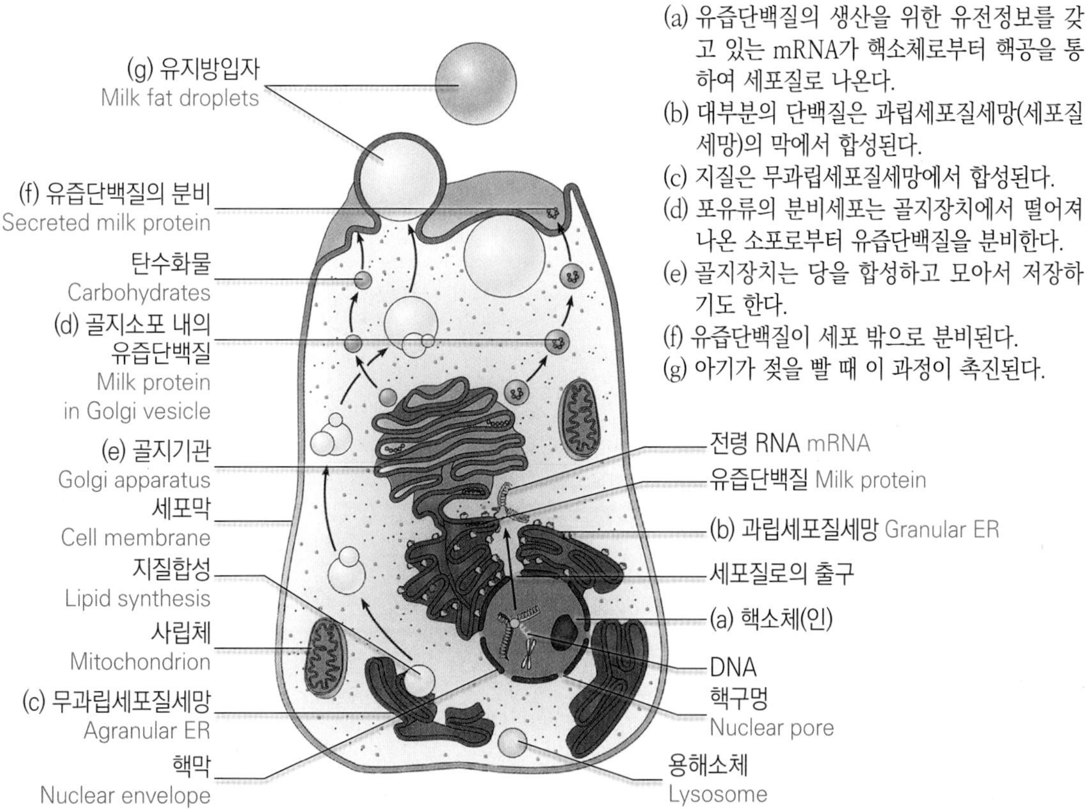

그림 2-10. 세포 내에서 단백질 합성과 분비 과정

해된다. 또한 용해소체는 세포 내로 들어온 박테리아나 기타 이물질, 손상되어 더 이상 정상 기능을 수행하지 못하는 다른 소기관들을 파괴·분해하는 역할을 하기 때문에 '세포 내 청소부'라고 한다.

어떤 백혈구는 많은 용해소체를 갖고 있어서 식균 작용에 의해 세포 내로 들어온 박테리아를 강력한 분해 효소를 이용해 파괴하는 방식으로 감염을 막기도 한다.

⑥ 과산화소체

과산화소체(peroxisome)는 크기나 모양이 용해소체(lysosome)와 유사한 막 모양의 구형 입자이다. 모든 세포에 존재하지만, 특히 간과 콩팥 세포에 풍부하다. 과산화소체는 과산화효소(peroxidase)라는 효소를 갖고 있는데, 이 효소는 부산물로서 과산화수소(H_2O_2)를 생성하는 대사 반응을 촉매한다. 또한 과산화소체는 카탈라제(catalase)라는 효소를 함유하고 있어서 세포에 독성으로 작용하는 과산화수소(H_2O_2)를 분해한다. 이 효소는 과산화수소를 비롯한 과산화물 또는 유리산소기를 분해하여 인체 세포를 보호하는 항산화효소이며, 정기적인 운동 훈련에 의해 이 효소의 활성도가 증가하는 것은 잘 알려져 있다.

⑦ 중심소체

중심소체(centriole)는 가느다란 9쌍의 미세관(microtubule)으로 구성된 매우 작은 구조물로서 핵 근처에 있다. 세포가 분열을 시작할 때 맨처음 중심체가 각각 두 개로 분열하고, 분열된 한 쌍이 핵을 중심으로 하여 세포의 양극으로 이동한다.

염색체가 분열하면 그 반씩을 세포의 양극쪽으로 끌어당기는 역할을 한다. 세포 분열이 완성되면 각각의 딸세포에는 중심소체가 한 쌍씩 있게 된다.

⑧ 원섬유

어떤 세포는 세포질 내에 미세섬유인 아주 가는 원섬유(fibrils)를 갖고 있는데, 원섬유는 다발 형태로 존재한다. 원섬유는 세포의 수축 운동이나 세포 구조를 유지하는 역할을 한다. 근육세포는 근육원섬유(myofibril), 신경세포는 신경원섬유(neurofibril)를 갖고 있다.

⑨ 섬모와 편모

섬모(cilia)와 편모(flagellum)는 특정 세포막의 표면 밖으로 나와 있는 운동성이 있는 돌기이다. 일부 상피세포 표면에 풍부한 섬모는 길이 약 10㎛의 머리카락과 같은 형태로서 세포막 바로 아래의 바닥소체(basal body)라는 변형된 중심체에 붙어 있다.

호흡기관의 조직 표면에 풍부하게 존재하는 섬모는 특유의 연속적인 움직임에 의해 점액(mucus)을 바깥으로 이동시킨다. 담배연기에 포함된 화학물질들은 섬모를 파괴하여 호흡기질환을 유발시킬 수 있다.

하나의 세포는 하나의 편모를 갖는다. 예를 들어 정자세포(sperm cell)의 꼬리는 편모이며, 편모의

plus+

세포 내 단백질 합성 과정과 운반

세포 내에서 단백질이 합성되는 일련의 과정을 대략적으로 설명하면 다음과 같다. 세포 내 소기관의 손상이나 인슐린의 생산과 같은 단백질 합성의 필요성이 발생하면 핵에서 단백질 합성 과정이 시작된다.

유전자(gene)는 특정한 단백질을 만드는 데 필요한 유전정보를 갖고 있는 핵산(DNA)의 일부분으로서, 단백질 합성의 설계도라고 할 수 있다. 핵은 바로 그러한 설계도를 갖고 있는 도서관이라고 할 수 있다.

유전정보란 어떻게 아미노산 등을 폴리펩타이드 결합사슬 속에서 정확히 순서대로 위치시키는가에 대한 정보를 말한다. DNA가 단백질 합성에 대한 유전정보를 저장하는 방법은 유전부호(genetic code)이다. DNA는 핵소체 내에 위치하고 실질적인 단백질 합성은 세포질의 리보소체에서 이루어지기 때문에 그 유전정보는 핵소체로부터 세포질 내의 리보소체로 전달되어야 한다.

그러한 전달은 RNA에 의해 이루어진다. DNA가 갖고 있는 유전부호(genetic code)에서 필요한 유전정보를 전령 RNA(mRNA)로 복사하는 과정을 전사(transcription)라고 한다. mRNA는 핵막의 구멍을 통해 핵으로부터 나와 세포질세망을 따라 세포질로 이동한다. 리보소체에 도달한 mRNA의 유전정보에 따라 정확한 순서대로 아미노산을 결합시키려면 또 다른 종류의 RNA가 필요한데, 그것은 핵에서 만들어지는 전이 RNA(tRNA)이다.

전이 RNA(tRNA)는 특정한 아미노산과 결합할 수 있는 결합 부위를 갖고 있다. 따라서 20개 각각의 아미노산에는 적어도 한 가지 종류 이상의 tRNA가 존재한다. tRNA는 세포 내로 유입된 아미노산과 결합하여 리보소체로 아미노산을 운반하여 mRNA의 유전정보에 따라 순서대로 아미노산이 배열되어 특정 단백질이 합성되는 것이다. 이러한 단백질의 합성을 번역(translation)이라고 한다. 이러한 단백질 합성 과정에는 에너지(ATP)가 소요된다. 왜냐하면 단백질은 수백 개의 아미노산 결합사슬로 이루어지는데, 이러한 아미노산을 결합시키는 데 에너지가 필요하기 때문이다.

세포가 합성하는 단백질의 양은 세포 내에

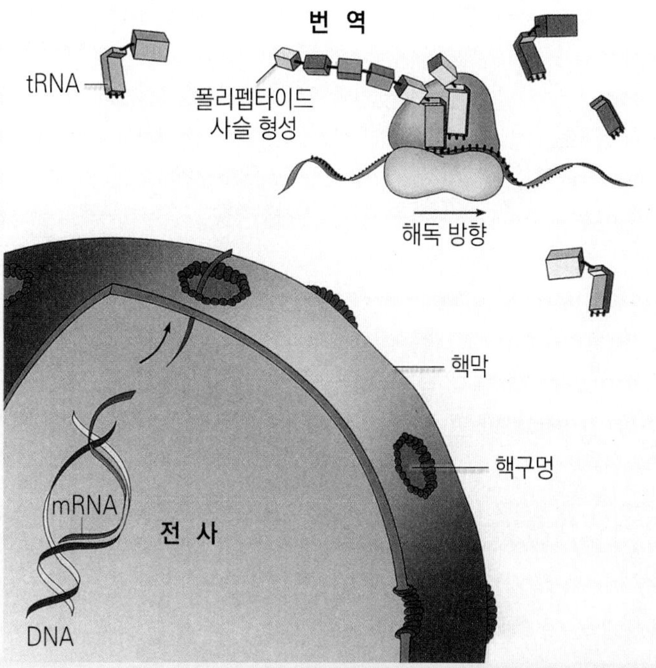

그림 2-11. 핵과 세포질 내에서의 단백질 합성 과정 (전사와 번역)

mRNA가 DNA로부터 전사되어 핵막을 빠져나와 세포질의 리보소체로 보내진다. 리보소체에서는 단백질이 합성되는 번역 과정이 진행된다.

존재하는 mRNA의 양에 비례한다. 핵 내에서 mRNA가 합성되는 속도(전사)와 효소(ribonuclease)에 의해 단백질 합성 속도가 결정된다. 전사인자(transcription factor)라는 단백질은 특정 유전자(gene)를 활성화시켜 어떠한 단백질 또는 얼마나 많은 단백질을 생산할 것인지를 조절한다. 호르몬이나 성장인자(growth factors)와 같은 세포 외부로부터의 신호는 전사인자들을 활성화시킨다.

운동에 의해 정자세포의 수영 운동이 가능해진다.

2.1.2.3 핵

핵(nucleus)은 분열하는 세포에 반드시 존재하며, 적혈구와 혈소판을 제외한 모든 세포에 존재한다. 핵은 두 겹의 핵막으로 둘러싸여 있으며, 핵막에 형성되어 있는 일정한 간격의 구멍(핵구멍, nuclear pores)을 통해 핵 속과 세포질 사이에서 물질 분자의 이동이 이루어진다.

핵 내용물의 대부분은 염색질(chromatin)로서 주로 특수한 핵산, 즉 DNA와 부분적으로는 단백질로 구성되어 있다. 세포 분열 시 이 염색질이 응축되어 막대기 모양의 분명한 형태를 띠게 되는데, 이를 염색체(chromosome)라고 한다. 사람의 세포 속에 있는 핵에는 23쌍(46개)의 염색체가 있는데, 이 중 22쌍(44개)은 보통 염색체이고, 1쌍(2개)은 성염색체이다.

핵은 약 500만 개의 유전자를 저장하는 DNA를 갖고 있어 세포 분열을 주도하며, 단백질 합성에 의한 세포 성장과 세포 내 대사를 조절한다.

핵 안에 있는 소기관으로 핵소체 또는 인(nucleolus)이 있다. 핵소체는 RNA를 합성하는데, RNA는 유전정보를 전달하는 전령 RNA(messenger RNA)와 아미노산을 리보소체로 운반하는 전이 RNA(transfer RNA)로 구별된다.

2.1.3 세포막을 통한 물질 이동

인체의 내환경은 세포 밖의 액체, 즉 세포외액(extracellular fluid)이다. 세포막을 경계로 세포 내에 있는 액체를 세포내액(internal fluid)이라고 한다. 각 세포가 살아가는 환경은 세포외액으로서, 세포는 세포외액에서 영양분을 얻고 세포외액으로 노폐물을 배출한다. 다세포로 이루어진 유기체는 내환경의 물리적·화학적 상태가 일정하게 유지되어야만 생존할 수 있다. 이 내환경이 일정하게 유지되는 것을 항상성(homeostasis)이라고 한다.

한편 세포는 세포막을 통해 세포 안팎으로 끊임없이 물, 영양소, 가스, 노폐물, 전해질 등의 물질분자를 이동시킨다. 세포막을 통한 물질의 이동 방법에는 수동적 운반(passive transport)과 능동적 운반(active transport)이 있다.

수동적 운반은 세포막에서 에너지(ATP)의 소모없이 물리적 현상에 의해 세포내외로 물질이 이동하는 것이다. 여기에는 확산(diffusion), 촉진 확산(facilitated diffusion), 삼투(osmosis) 및 여과(filtration)가 있다. 능동적 운반은 세포막 내외의 압력차, 농도차, 전기적 차이 등 물리적 힘에 반하여 물질을 이동시키는 방법으로, 이 경우 반드시 에너지(ATP)를 소모하게 된다. 능동적 운반으로는 운반체운반, 음세포작용, 토세포작용 등 여러 가지 형태가 있다.

2.1.3.1 수동적 운반

① 확산

용액 또는 가스상태의 분자들은 고체와는 달리 임의의 운동성을 갖고 있다. 따라서 만약 분자 농도가 다른 용액이 막을 경계로 서로 인접하고 있다면 분자 농도가 높은 쪽에서 낮은 쪽으로 이동하는 분자의 수효가 그 반대 방향으로 이동되는 수효보다 많아질 것이다. 결국 이러한 분자 운동의 차이 때문에 분자 농도가 높은 곳에서 낮은 곳으로 분자의 이동이 일어나게 된다. 이 현상은 양쪽 분자의 농도가 같아질 때까지 계속된다[그림 2-12].

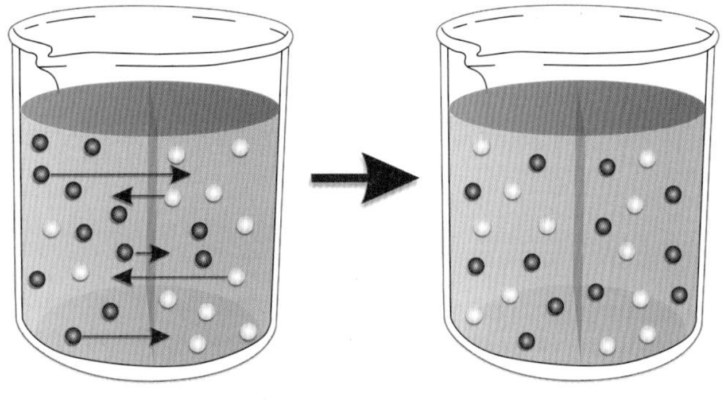

그림 2-12. 수동적 물질 운반 : 확산

세포막의 구멍이 H_2O와 단백질 분자를 통과시킬 수 있을 만큼 클 때 H_2O는 주로 왼쪽에서 오른쪽으로, 단백질 분자는 오른쪽에서 왼쪽으로 이동하여 결국 세포막을 경계로 양쪽의 단백질 농도는 같아진다.

이처럼 용액 또는 가스형태의 분자가 농도가 높은 곳에서 낮은 곳으로 이동하는 현상을 확산(diffusion)이라고 한다. 이때 양쪽 물질 분자의 농도차를 농도경사라 하며, 농도경사가 클수록 확산은 촉진된다.

생체 내에서 확산이 일어나는 대표적인 현상은 허파꽈리와 허파꽈리 주위의 모세혈관 사이에 일어나는 산소와 이산화탄소의 운반이다[그림 2-13]. 세포막을 경계로 포도당이나 젖산, 전해질과 같은 물질의 이동도 확산이 관여하고 있다.

확산은 농도경사 외에도 물질 분자의 전기적 경사의 영향을 받는다. 예를 들어 통과하려는 물질

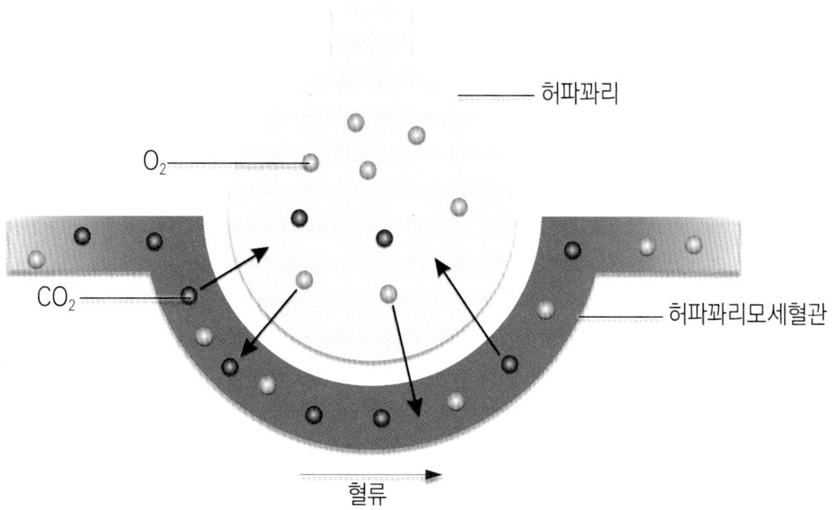

그림 2-13. 허파꽈리에서 확산에 의한 O_2와 CO_2의 교환

분자가 음이온 상태일 때 확산이 잘 된다. 세포막은 안쪽이 음극, 바깥쪽이 양극으로 대전(charge)되어 있다. 음이온은 바깥쪽의 양극에 끌어당겨져서 막을 바깥쪽에서 안쪽으로 통과하기 쉬우나 양이온은 전기적으로 반발하기 때문에 통과하기 어렵게 된다. 세포막의 지질층이 물질 이동의 투과장벽으로 작용하기 때문에 산소, 이산화탄소, 스테로이드, 지방산, 아세트산과 같이 지질에 대한 용해도가 높은 물질일수록 투과성이 커진다. 그리고 물질 분자의 크기가 작을수록 확산 속도가 빨라진다. 물(H_2O)이 지용성 물질이 아님에도 불구하고 확산 속도가 빠른 이유는 물의 지름(3Å)이 세포막의 구멍(7Å)보다 훨씬 작기 때문이다.

② 촉진 확산

대부분의 당과 아미노산은 지질에 녹지 않으며 세포막의 구멍을 통과하기에는 그 입자가 너무 크다. 촉진 확산(facilitated diffusion)은 세포막의 구조를 이루는 단백질이 단순히 단백질 통로(channels)뿐만 아니라 운반체(carrier)로서 작용하여 이러한 분자들을 이동시키는 방법이다. 포도당(glucose)의 촉진 확산과정을 예로 들면 포도당이 우선 세포막 표면의 운반단백질 입자와 결합하면 이 결합체는 모양을 변형시켜 포도당 분자를 세포 내로 이동시킨다.

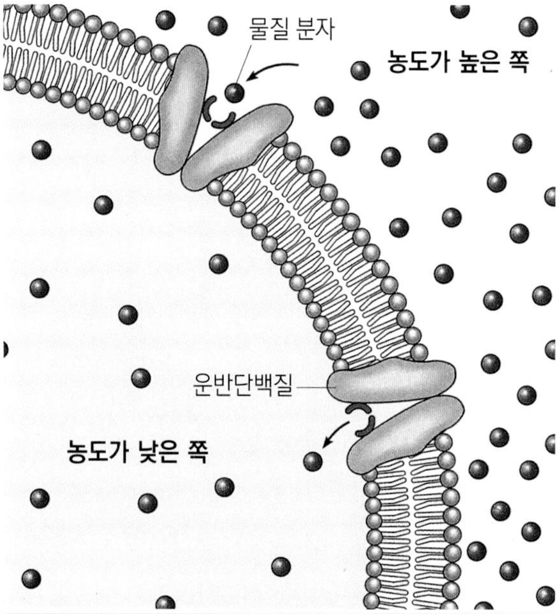

그림 2-14. 촉진 확산

물질 분자가 농도가 높은 쪽에서 낮은 쪽으로 운반단백질에 의하여 세포 내외로 운반되는 현상이 과정을 끝내면 이 운반단백질은 다시 처음의 모양으로 돌아가서 새로운 포도당과 결합할 준비를 한다.

인슐린(insulin)과 같은 호르몬은 특정 세포막을 통한 포도당의 촉진 확산을 촉진시킨다. 촉진 확산은 오직 농도가 높은 곳에서 낮은 곳으로 물질 분자를 이동시킨다는 점에서 단순 확산과 같으며, 농도경사에 역행하여 물질을 운반하지 않는다는 점이 능동적 운반과는 다르다. 확산의 속도는 단순 확산과는 달리 세포막에 존재하는 운반단백질의 수에 의해 결정된다.

③ 삼투

세포 안팎으로의 물 질이동은 근본적으로는 확산에 의해 일어난다. 세포막은 반투과성 막으로 어떤 물질은 쉽게 통과시키지만 어떤 물질은 잘 통과시키지 않는 선택적 투과성을 갖고 있다. 이러한 선택적 투과성에 의해 세포막을 통한 물질 이동은 물질의 종류에 따라 달라진다. 예를 들어 세포막을 통과할 수 없는 물질의 농도가 안팎으로 다를 때 물질 분자의 농도가 낮은 곳에서 높은 곳으로 세포막을 통과하기 쉬운 물의 이동이 일어나 농도가 같아지려고 한다. 즉 물질 분자는 크기가 커서 세포막의 구멍을 통과할 수 없는 반면, 물 분자는 쉽게 세포막을 통과한다[그림 2-15].

물질 분자의 농도가 낮은 곳에서는 물의 농도가 높고, 물질 분자의 농도가 높은 곳에서는 물의 농도가 낮기 때문에 물질 분자의 농도가 낮은 곳에서 높은 곳으로 물의 확산이 일어나게 된다. 이러한 현상을 삼투(osmosis)라고 한다.

그러나 물질 분자의 농도가 같아질 때까지 물의 확산이 무한정 일어나는 것은 아니다. 왜냐하면 그림 2-15에서 보듯이 A쪽 액체 기둥이 더 높아져 경계막에 압력을 가하기 때문이다. 이 압력을 삼투압(osmotic pressure)이라고 한다.

물 분자가 A쪽으로 이동하려는 힘과 삼투압이 평형을 이룰 때 물의 확산은 더 이상 일어나지 않는데, 이와 같은 상태를 삼투평형(osmotic equilibrium)이라고 한다.

생체 내의 모든 세포는 세포외액과의 사이에 항상 삼투적으로 평형 상태에 있다. 만일 세포외액

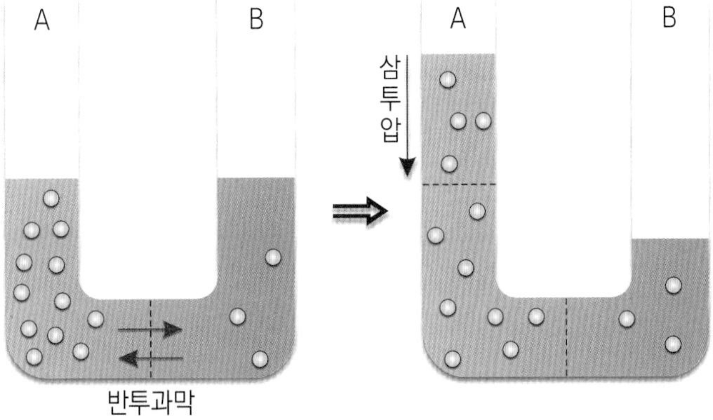

그림 2-15. 반투과막을 사이에 둔 삼투 현상

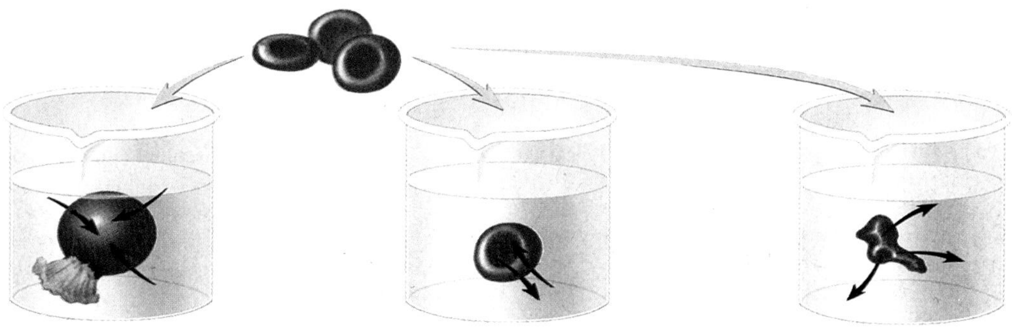

(a) 저장성 용액
(적혈구 팽창, 용혈)

(b) 등장성 용액
(정상크기 유지)

(c) 고장성 용액
(적혈구 수축)

그림 2-16. 저장성 · 등장성 · 고장성 용액과 적혈구

의 농도가 세포의 안쪽보다 낮은 저장성 용액(hypotonic solution)이라면 세포외액에서 세포 내로 물의 이동이 일어나 세포가 부풀어 오르고, 결국 파열되어 내용물이 터져 나오게 되는 삼투성 용혈(osmotic hemolysis) 현상을 볼 수 있다[그림 2-16a].

반대로 고장성 용액(hypertonic solution)에서는 세포 밖으로 물이 빠져나가 세포가 쭈그러들게 된다[그림 2-16c]. 김치, 생선절임 등은 고삼투압 원리에 의한 식품 보존 방법이다. 즉 식품을 소금에 절임으로써 부패를 일으키는 세균에 대해 외부 환경을 고장성 상태로 만드는 것이다. 부패 세균은 고장성 환경에서 수분을 빼앗기게 되어 살아남지 못하게 된다.

정상적인 세포와 삼투압이 같은 용액을 등장성 용액(isotonic solution)이라고 하는데, 생리식염수(0.9% NaCl용액)를 비롯한 모든 주사액은 등장성 용액이어야 한다.

④ **여과**

여과(filtration)는 막 내외의 압력차가 있을 때 막을 통해 압력이 높은 곳에서 낮은 쪽으로 액체가 이동하는 순물리적 현상을 말한다[그림 2-17]. 생체 내에서는 주로 모세혈관막을 통해 여과에 의한 물질 이동이 일어난다. 동맥쪽의 모세혈관에서는 보다 압력이 낮은 조직쪽으로, 조직에서는 정맥쪽

plus+

적혈구 용혈

적혈구막이 삼투 작용, 산성 조건 또는 기계적인 압박에 의해 터지면서 그 안에 있는 헤모글로빈이나 효소 등을 방출하는 현상을 적혈구 용혈이라고 한다. 운동 수행은 적혈구 용혈을 일시적으로 증가시킬 수 있으며, 운동성 빈혈(sports anemia)의 원인이 되기도 한다.

대체로 젊은 적혈구막은 쉽게 용혈되지 않으나, 수명(약 120일)이 다된 노화된 적혈구는 앞에서 설명한 조건에 의해 용혈되기 쉽다.

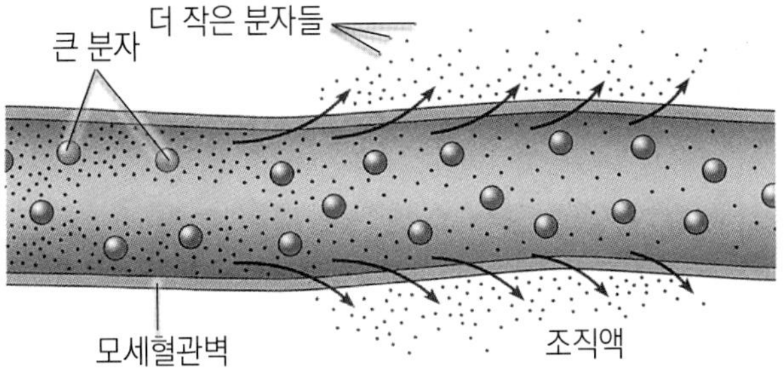

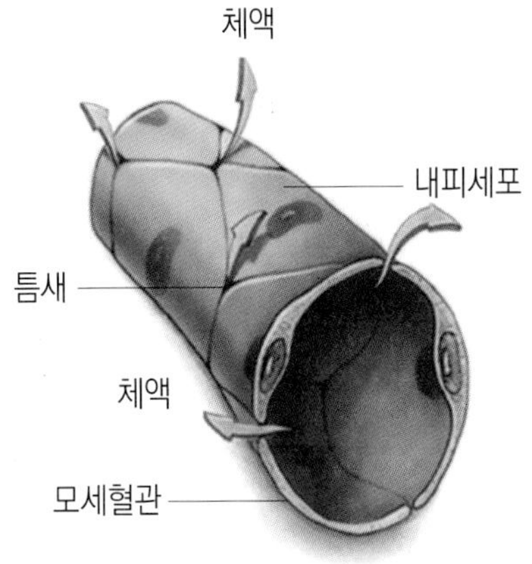

그림 2-17. 여과에 의한 물질 운반

동맥쪽 모세혈관 : 혈관 내→사이질액, 정맥쪽 모세혈관 : 사이질액→모세혈관

모세혈관으로 액체 성분이 이동하며, 콩팥의 토리에서도 여과에 의한 액체 이동이 일어난다.

고혈압 시 부종이 발생하는 것은 혈관 내의 혈액으로부터 사이질액쪽으로 여과에 의해 수분이 이동하기 때문이다. 또 신장염에 의해 단백뇨(proteinuria)가 나타나는 것은 콩팥에서 염증에 의해 단백질에 대한 여과가 비정상적으로 일어나기 때문이다.

2.1.3.2 능동적 운반

세포막을 통한 물질의 이동은 확산, 삼투, 여과와 같은 물리적 법칙에만 지배받지는 않는다. 세포막은 세포의 필요에 의해 농도경사나 전기적 경사에 역행하여 필요한 물질을 능동적으로 받아들이거나 배출한다. 이 경우 반드시 에너지(ATP)를 소모하게 된다. 세포가 사용하는 에너지의 약 40%까지는 막을 통한 물질의 능동적 운반에 사용된다.

① 운반체 운반

능동적 운반이 단순한 확산에 의한 이동보다 속도가 빠른데, 그 이유는 세포막 내에 존재하는 운반체(carrier)에 의해 운반되기 때문이다. 운반체에 의한 물질의 능동적 이동 방식에는 여러 형태가 있다.

그림 2-18은 운반단백질을 통한 능동적 운반에 의해 세포 내외의 Na^+과 K^+이 일정하게 유지되는 것을 보여주고 있다. 이는 세포 내로 물질을 받아들이는 촉진 확산(facilitated diffusion)과 유사한 것처럼 보이지만, 촉진 확산과는 다른 점은 에너지를 사용하여 물질 분자의 농도가 낮은 곳에서 높은 곳으로 농도경사에 역행하여 물질을 이동시키는 것이다. 이처럼 농도가 낮은 곳에서 높은 곳으로 물질을 이동시키는 운반단백질(carrier protein)을 '펌프(pump)'라고 한다.

대표적인 펌프는 모든 인체 세포의 막에서 작용하는 소듐-포타슘 펌프(Na^+-K^+ pump)이다. 인체의 세포외액에서 Na^+농도는 세포 안보다 14배 이상 높고, K^+농도는 세포 안이 35배 정도 높은 상태를

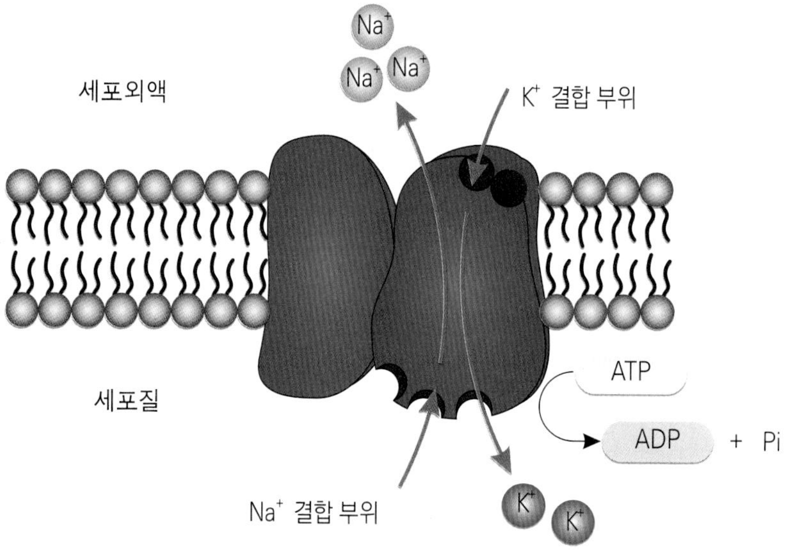

그림 2-18. Na-K 펌프

에너지(ATP)를 이용하여 전기화학적 경사에 역행하여 3개의 소듐을 세포 밖으로 내보내는 대신 2개의 포타슘을 세포 내로 받아들인다.

일정하게 유지한다. 따라서 세포막을 통해 수동적인 이동만이 이루어진다면 Na^+은 세포 밖에서 안으로 확산되고, K^+은 반대로 세포 안에서 밖으로 확산되려고 할 것이다.

그러나 세포막은 끊임없이 에너지를 사용하면서 농도경사에 역행하여 세포 안의 Na^+을 세포 밖으로 배출시키고, 동시에 K^+은 세포 안으로 받아들여서 세포 밖은 Na^+농도가 높고 세포 안은 K^+의 농도가 높도록 일정한 분포 상태를 유지하게 된다.

이처럼 모든 인체 세포의 막에는 Na^+을 세포 밖으로 퍼내고 동시에 K^+을 세포 안으로 퍼넣는 작용을 하는 Na^+-K^+ 펌프가 작동하고 있다. 농도경사에 역행하여 끊임없이 이러한 작용을 수행함으로써 세포막은 삼투 작용을 갖는 Na^+이 세포 내에 축적되는 것을 방지하고, 나아가 세포 내로 물이 유입되어 발생하는 세포의 종창(swelling)을 막는다.

또한 소듐-포타슘 펌프의 작용은 세포막의 전압을 일정하게 유지하는 데 필수적이며, 특히 신경세포나 근육세포에서 자극 전도에 필수적이다. 이외에도 당(sugar), 아미노산, 칼슘, 수소 이온 등이 이러한 능동적 운반에 의해 세포막을 통해 이동된다.

② **음세포 작용**

세포에 따라서는 세포막의 변형에 의해 세포 밖의 물질을 직접 세포 내로 끌어당기기도 한다. 즉 세포외액의 특정 물질이 세포막에 흡착되면 세포막의 그 부위가 함몰하면서 그 물질을 둘러싸는 소포가 만들어지고, 그 물질은 소포에 의해 세포 내로 운반된다[그림 2-19]. 이러한 음세포 작용(endocytosis)은 확산이나 운반체 운반에 의해 운반되기에는 너무 큰 입자를 받아들일 때 주로 이용하는 물질 운반 방법이다.

식균 작용(phagocytosis)은 음세포 작용과 기본적으로는 같은 기전에 의해 발생하며, 백혈구와 같은 세포가 세균이나 이물질 등의 물질을 받아들이는 운반 방법이다. 식균 작용에 의해 세포 내로 외부 물질을 받아들여온 소포는 용해소체와 결합하게 되고, 용해소체 내의 소화효소들은 소포 내의 내용물을 분해시킨다. 더 작은 입자로 분해된 내용물은 세포질로 받아들여지거나 세포 밖으로 배출된다(그림 2-20). 식균 작용은 질병을 야기시키는 미생물에 대항하는 중요한 방어선이다.

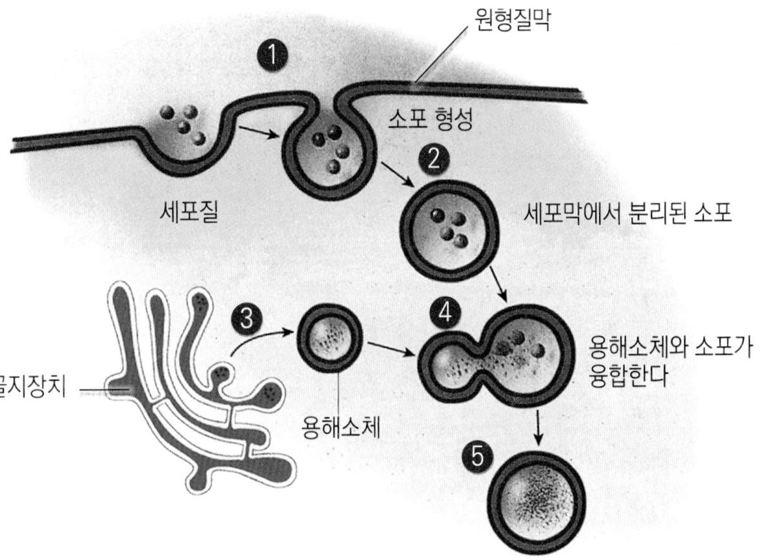

그림 2-19. 음세포 작용과 용해소체의 역할

① 세포 밖 물질을 둘러싸고 소포가 형성된다.
② 소포가 세포막으로부터 분리된다.
③ 용해소체가 골지장치에서 분비되어 나온다.
④ 용해소체와 소포가 융합한다.
⑤ 용해소체의 효소들이 소포 내 물질과 혼합되어 물질을 분해시킨다.

③ **토세포 작용**

토세포 작용은 음세포 작용과 정반대 방향으로 물질을 이동시키는 과정에 의해 세포 내 물질이 세포 바깥으로 방출되는 것이다. 즉 세포 내에 먼저 생긴 분비과립(액포)이 세포 표면으로 밀려가서 세포막과 융합된 후 세포막의 일부가 터지면서 그 내용물을 세포 밖으로 유출시키게 된다. 세포는 이러한 과정을 통해 합성된 단백질을 분비한다. 신경세포는 다른 신경세포나 근육세포·내분비샘 등에 신호를 보내기 위해 신경전달물질(neurotransmitter)을 분비할 때에는 토세포 작용(exocytosis)을 이용한다[그림 2-20].

토세포 작용을 골지체와 용해소체(lysosome)의 작용과 관련해서 설명하면 다음과 같다. 골지체는 그 끝부분에서 부풀어오르는 소포(vesicles)가 형성될 때 기능적으로 세 종류의 소포를 형성하게 된다. 우선 분비소포(secretory vesicle)는 골지체에서 생산된 단백질 등을 세포 표면을 통해 세포 밖으로 내보

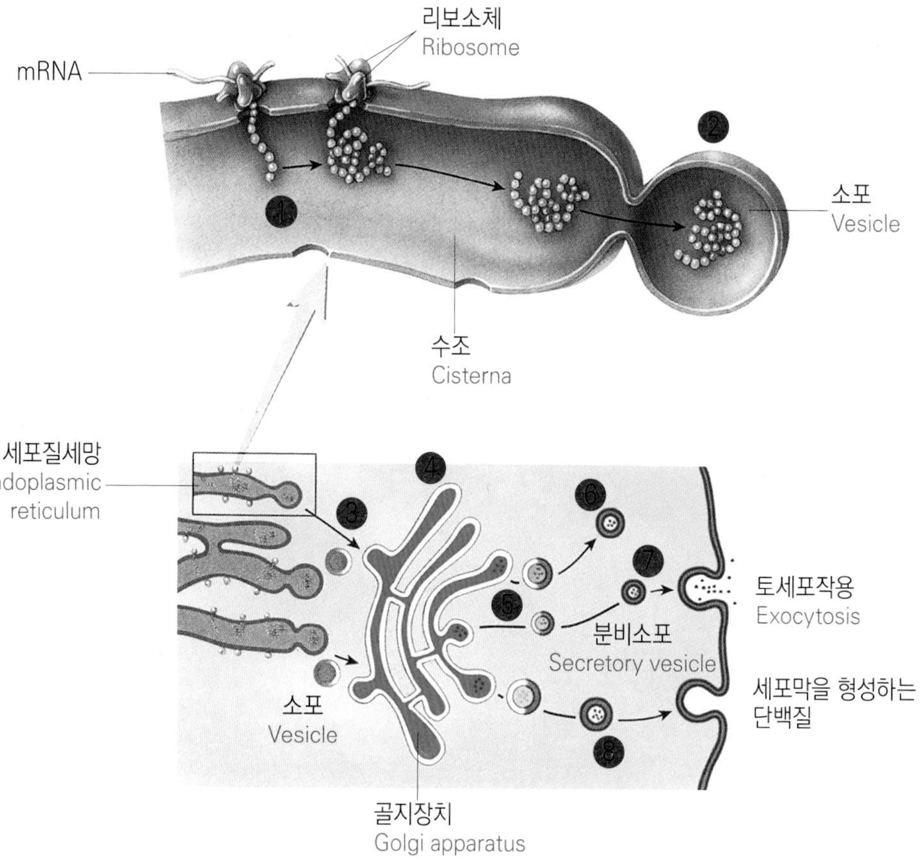

그림 2-20. 토세포 작용

세포에 의해 새롭게 생산된 단백질이 세포질세망, 골지장치를 거쳐 소포에 의해 세포막으로 보내진 후 세포막과 융합하여 세포 밖으로 보내진다.
① 과립세포질세망의 표면에 있는 리보소체에서 생산된 단백질은 세포질세망의 통로를 통해 운반된다.
② 운반된 단백질은 세포질세망의 끝부분이 부풀어올라 형성된 소포 안으로 들어간다.
③ 소포는 세포질세망으로부터 골지장치로 보내져서 골지장치의 막에 융합된다.
④ 골지장치는 단백질을 모으고, 때로는 지질단백질이나 당단백질로 전환시킨다.
⑤ 골지장치의 막으로부터 형성된 소포체가 단백질을 운반한다.
⑥ 용해소체와 같은 일부 소포들은 효소들을 함유하고 있다.
⑦ 분비소포는 세포막까지 단백질을 운반하고, 토세포 작용에 의해 단백질을 세포 밖으로 방출한다.
⑧ 일부 소포는 세포막을 형성하는 단백질을 함유하고 있다.

내는 역할을 한다. 또 다른 소포는 통합단백질 등 세포막을 구성하여 세포막의 구조적 안정에 기여한다.

그리고 골지체가 생성하는 또 한 가지 소포는 용해소체(lysosome)인데, 이 용해소체는 그 안에 분해효소를 저장하고 있으며 세포질 안에 머무르게 된다.

용해소체가 골지체로부터 처음 생성될 때는 그 안에 분해효소들은 불활성화된 상태로 있게 된다. 이 효소들은 다음 세 가지 조건에 의해 활성화된다.

① 세포 내 미토콘드리아 등의 손상된 소기관(organelle)이 있을 때 이것과 융합하는 경우이다. 이

plus+

수용체 매개 음세포 작용

한 가지 세포가 특정한 입자만 선택적으로 받아들이는 방법으로 수용체 매개 음세포 작용(receptor-mediated endocytosis)이 있다. 세포막에는 그 표면에 특수한 물질과만 결합하는 수용체단백질이 있다. 콜레스테롤이 세포 내로 유입되는 과정은 이같은 운반 방식에 의존한다.

간에서 합성된 콜레스테롤은 저밀도지질단백질(low-density lipoprotein : LDL) 형태로 말초조직으로 운반된다. LDL입자는 apoprotein-B라는 결합단백질로 코팅되어 있다.

여러 가지 인체세포막은 apoprotein-B에 대한 수용체를 갖고 있다. 간이 LDL입자를 혈중으로 방출하면 apoprotein-B수용체를 갖고 있는 세포들은 LDL입자를 인식하여 그들과 결합한다. 이러한 결합에 의해 자극되어 세포막이 함몰되고, 이어서 LDL입자를 둘러싸는 소포를 형성한다. 이 소포들이 LDL입자를 용해소체(lysosome)로 운반하면 용해소체 내 효소들은 이를 소화시키고, 콜레스테롤 분자를 방출시켜 세포가 이용하도록 한다.

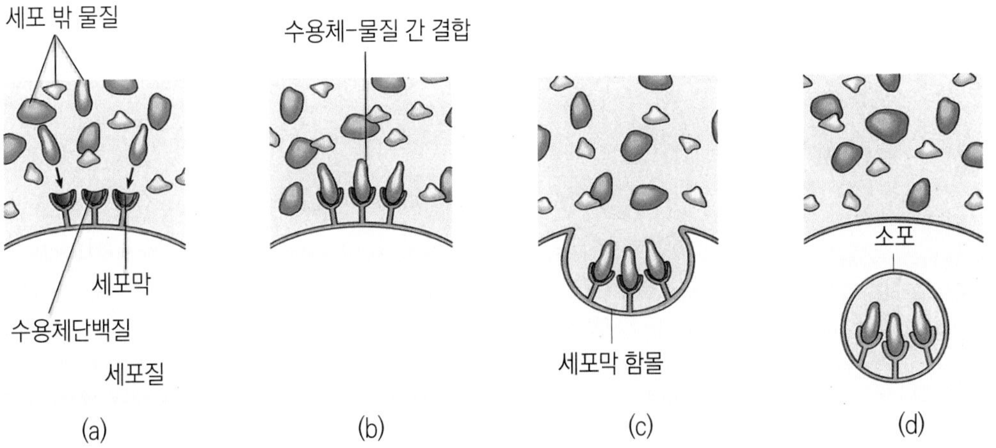

그림 2-21. 수용체 매개 음세포 작용

특정물질이 세포막 표면의 수용체 부위와 결합하면 결합 부위 주변의 세포막이 함몰되면서 소포를 형성한다.

때 용해소체의 효소들은 활성화되어 손상된 소기관을 분해시키고, 이어서 토세포 작용에 의해 세포 밖으로 그 잔존물을 내보내게 된다.

② 세포 밖으로부터 영양물질이나 세균 등을 음세포 작용에 의해 받아들였을 때 이 소포와 융합하면서 용해소체 안의 효소들은 활성화되어 내용물을 분해시키고 그 분해물을 재흡수하고 남은 것은 다시 토세포 작용에 의해 내보내게 된다.

③ 용해소체의 효소가 활성화되는 경우는 용해소체막이 파열될 때이다. 그 결과 세포 손상을 일으키거나 세포의 죽음을 초래하게 된다.

2.1.4. 세포 내 대사 과정과 효소

각 세포에서는 생명에 필수적인 수천 가지의 화학 반응이 일어난다. 이러한 화학 반응의 속도를 조절하는 특수한 단백질을 효소(enzyme)라고 한다. 세포 내의 모든 화학 반응을 함께 묶어 대사(metabolism)라고 한다.

대사 반응에는 두 가지 종류가 있는데, 그것은 동화(anabolism)와 이화(catabolism)이다. 동화는 에너지가 투입되어 작은 분자들이 보다 큰 분자로 결합되는 과정이고, 이화는 큰 물질 분자가 더 작은 분자로 나뉘면서 에너지를 방출하는 과정을 말한다. 세포 내에서 일어나는 많은 화학 반응은 상호 연결되어 일어나는데, 하나의 화학 반응에 의해 방출된 에너지가 또 다른 화학 반응이 일어나도록 이용되는 것을 결합 반응(coupled reaction)이라고 한다.

이러한 화학 반응의 속도는 효소에 의해 결정된다. 효소들은 반응 자체를 일으키는 것이 아니라 반응이 일어나는 속도를 조절하는 역할을 한다. 반응이 시작되는 데 필요한 에너지를 활성 에너지(energy of activation)라고 하는데, 효소는 이 활성 에너지 수준을 낮춤으로써 반응이 보다 쉽게 일어나게 하는 촉매 역할을 한다. 즉 그림 2-22에서 보듯이 효소들은 활성 에너지를 낮춤으로써 화학 반응의 속도를 증가시킨다.

효소들은 각각 작용하는 대상 물질 분자를 인식하는 능력을 갖고 있다. 이러한 인식 능력을 갖는 이유는 각각의 효소가 특정한 작용 물질(바탕질)의 모습과 잘 들어맞는 특이한 융기와 함몰 부위를 갖는 입체적 모습을 갖고 있기 때문이다. 이렇게 바탕질과 결합하는 효소의 특별한 융기와 함몰 부위를 활성 부위(active site)라고 한다. 자물쇠와 열쇠처럼 효소와 바탕질이 활성 부위에 의해 결합되면 활성 에너지가 낮아져서 반응이 더 쉽게 진행된다.

효소들은 적절한 활성 부위가 형성되거나 바탕질과의 결합을 도와주는 비단백성 물질과 결합될

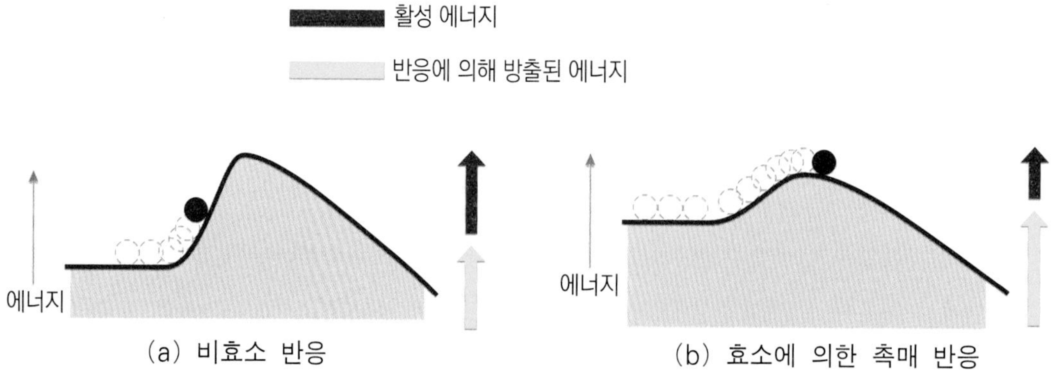

(a) 비효소 반응 (b) 효소에 의한 촉매 반응

그림 2-22. 효소와 활성 에너지

효소는 활성 에너지를 낮춤으로써 반응을 시작하는데, 필요한 에너지를 감소시켜 반응 속도를 증가시킨다.

때만 활성화되기도 한다. 이러한 비단백성 물질이 철, 아연, 구리와 같은 단일 원소의 이온일 때 조인자(助因子 ; cofactor)라고 하고, 유기물 분자일 때 조효소(coenzyme)라고 한다. 조효소는 비타민 분자로 되어 있거나 비타민 분자를 그 일부로 갖고 있는 경우가 많다.

그림 2-23은 이당류인 말토스(맥아당)가 두 개의 글루코스 분자로 분해되는 이화 과정을 보여주고 있다. 맥아당이 분해되려면 우선 말타제(maltase)라는 효소와 결합하여 효소-바탕질 복합체를 형성하여야 한다. 맥아당이 말타제의 활성 부위와 결합하면 활성 에너지가 낮아져서 분해 반응이 보다 쉽게 일어난다. 맥아당이 두 개의 글루코스 분자로 분해되면서 말타제로부터 분리되면 말타제는 다시 다른 맥아당(바탕질)과의 상호 작용이 가능하게 된다.

효소에는 말타제와 같은 분해효소도 있지만 작은 단위의 물질을 더 큰 단위로 결합시키는 합성효소도 있다. 예를 들어 말타제는 장 내에서 소화 작용을 돕는 분해효소이지만, 간이나 근육에 존재하는 글리코겐 합성효소(glycogen synthase)는 글루코스(포도당)를 결합시켜 글리코겐으로 저장하도록 하는 합성효소이다.

효소 활성도에 영향을 주는 요인으로는 온도, 산성도, 각종 화학물질 등을 들 수 있다. 신체 활동 중 체온이 상승하면 대체로 에너지대사에 관여하는 효소의 활성도가 증가함으로써 에너지 생산 반응이 향상된다. 그러나 지나치게 체온이 상승하거나 체온이 감소하면 효소 활성도는 감소한다.

대체로 효소는 체액의 산성도가 일정한 범위 내에 있을 때 최적의 활성도를 갖는다. 그러나 체액이 크게 산성화되면 활성도는 감소한다. 예를 들어 고강도 운동에 의해 생성된 대사산물에 의해 체액이 산성화되면 효소들의 활성도가 감소하는데, 이는 운동 지속을 제한하는 피로 현상과 깊은 관련이 있다.

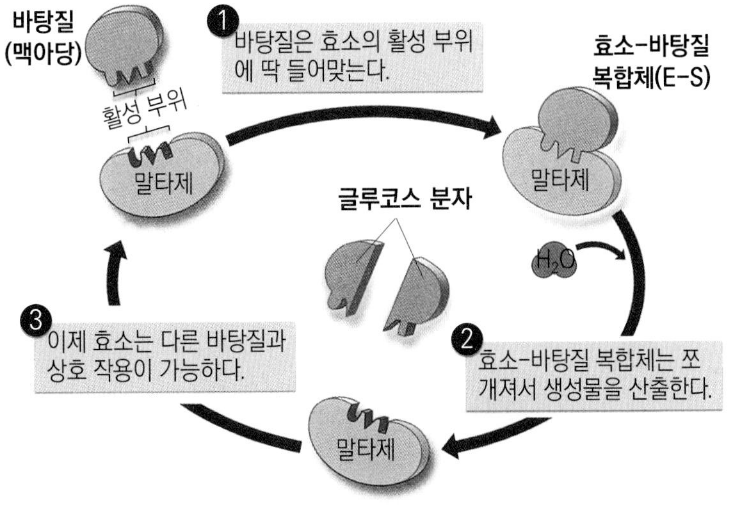

그림 2-23. 효소와 바탕질 간의 상호 작용(자물쇠와 열쇠)

효소 말타제(maltase)의 활성 부위에 맥아당(maltose)이 결합하여 효소-바탕질 복합체가 형성되고, 이어서 맥아당은 두 개의 글루코스 분자로 분리된다.

2.2 인체 에너지원과 핵산

우리는 외부의 식품으로부터 살아갈 에너지를 얻는다. 인체가 생명을 유지하고 움직이는 모든 에너지원은 결국 3대 영양소, 즉 탄수화물, 지방, 단백질로부터 얻는다. 그중에서도 에너지원의 대부분은 탄수화물과 지방으로부터 얻게 된다. 단백질도 에너지원으로 사용되기는 하지만, 탄수화물과 지방에 비해 그 역할이 매우 적다. 단백질은 에너지원으로써보다는 인체를 구성하거나 효소 등을 통한 생리적 조절에 더 많은 역할을 한다.

에너지원인 탄수화물과 지방, 그리고 단백질의 급원은 식물과 동물이다. 우리는 탄수화물을 주로 식물로부터 섭취하지만, 지방과 단백질은 식물과 동물성 급원에서 모두 섭취하고 있다. 사람이 먹는 거의 모든 식량은 결국 식물성 급원을 바탕으로 한다. 왜냐하면 동물성 급원도 결국은 어류를 제외하고는 식물을 기반으로 살아가는 소, 돼지, 양, 닭과 같은 가축이 대부분이기 때문이다.

그림 2-24는 영양소가 우리 몸에 어떻게 들어와서 사용되는지를 보여준다. 옥수수, 쌀, 감자, 콩과 같은 식물은 태양으로부터 빛을 받아서 엽록소에서 광합성을 통해 탄수화물, 지방, 단백질을 합성한다. 즉 식물은 공기로부터 이산화탄소(CO_2)를 받고, 뿌리로부터는 물(H_2O)를 받아들여 탄수화물과

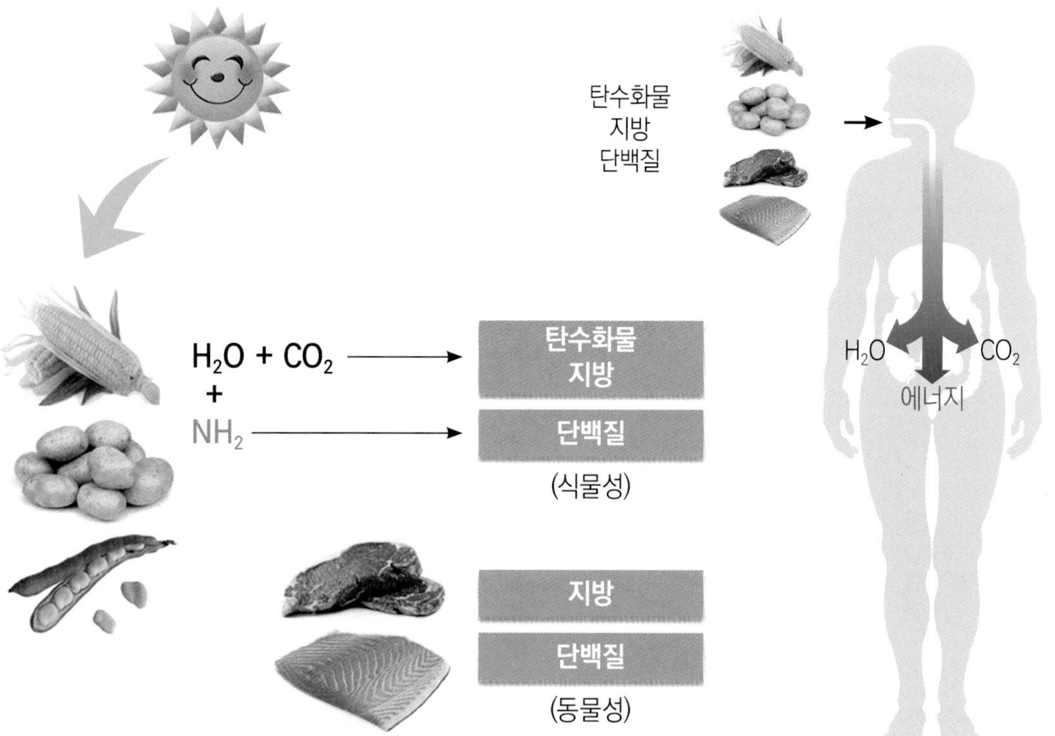

그림 2-24. 탄수화물, 지방, 단백질의 섭취 급원과 체내 이용

지방을 만들어 저장한다. 단백질은 질소 성분(NH_2)을 추가적으로 더 받아들여 합성한다.

우리는 이렇게 식물이 만들어 놓은 탄수화물, 지방, 단백질을 섭취하며, 동물로부터는 대부분 지방과 단백질을 얻는다. 그림 2-24는 이렇게 섭취한 에너지원이 소화·흡수의 과정을 거치고 인체를 구성하는 모든 세포 내에서 유산소적으로 분해되어 다시 물(H_2O)과 이산화탄소(CO_2)라는 최종 산물을 생성하는 것을 보여주고 있다. 이렇게 세포 내에서 생성된 물은 그대로 체액을 구성하며, 이산화탄소는 내쉬는 공기를 통해 다시 배출된다.

그렇다면 탄수화물과 지방, 그리고 단백질이란 무엇인지 좀 더 알아보자.

2.2.1 탄수화물

2.2.1.1 탄수화물의 종류와 구조

탄수화물(carbohydrate)은 세포가 필요로 하는 에너지의 많은 부분을 제공한다. 탄수화물은 C·H·O를 포함하는 수용성 분자로서 단당류, 이당류, 다당류가 있다.

단당류는 3~7개의 탄소원자를 함유하고 직선의 체인 또는 링 구조(ring)를 가진다. 대표적인 단당류에는 포도당(glucose 또는 dextrose), 과당(fructose), 갈락토스(galactose) 등이 있다. 이들의 분자식은 $C_6H_{12}O_6$로서 6개의 탄소를 가져 6탄당이라고 하며, 수소와 산소가 물(H_2O)과 같이 2 : 1의 비율로 결합되어 있다.

이당류는 두 개의 단당류(6탄당)가 합쳐져서 이루어지는 것으로 자당(sucrose), 젖당(lactose)이 있다.

다당류(polysaccharide)라는 복합 탄수화물은 여러 개의 단당류가 모인 것으로, 식물성 전분(starch)이 그 예이다. 사람을 포함하여 동물들은 글리코겐(glycogen)이라는 전분과 유사한 다당류를 합성한다.

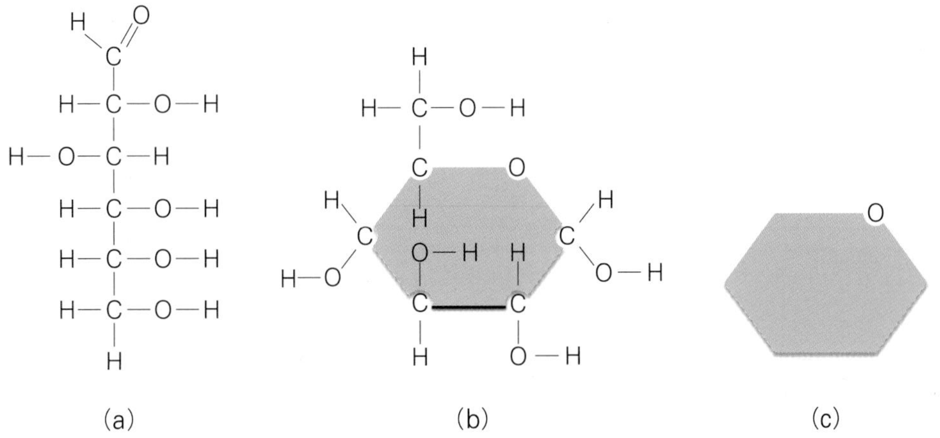

그림 2-25. 글루코스 분자의 링(ring) 구조

(a) 단당류인 글루코스($C_6H_{12}O_6$)는 탄소 원자의 직선 사슬을 갖고 있다.
(b) 글루코스는 일반적으로 링 구조를 형성한다.
(c) 글루코스의 링 구조

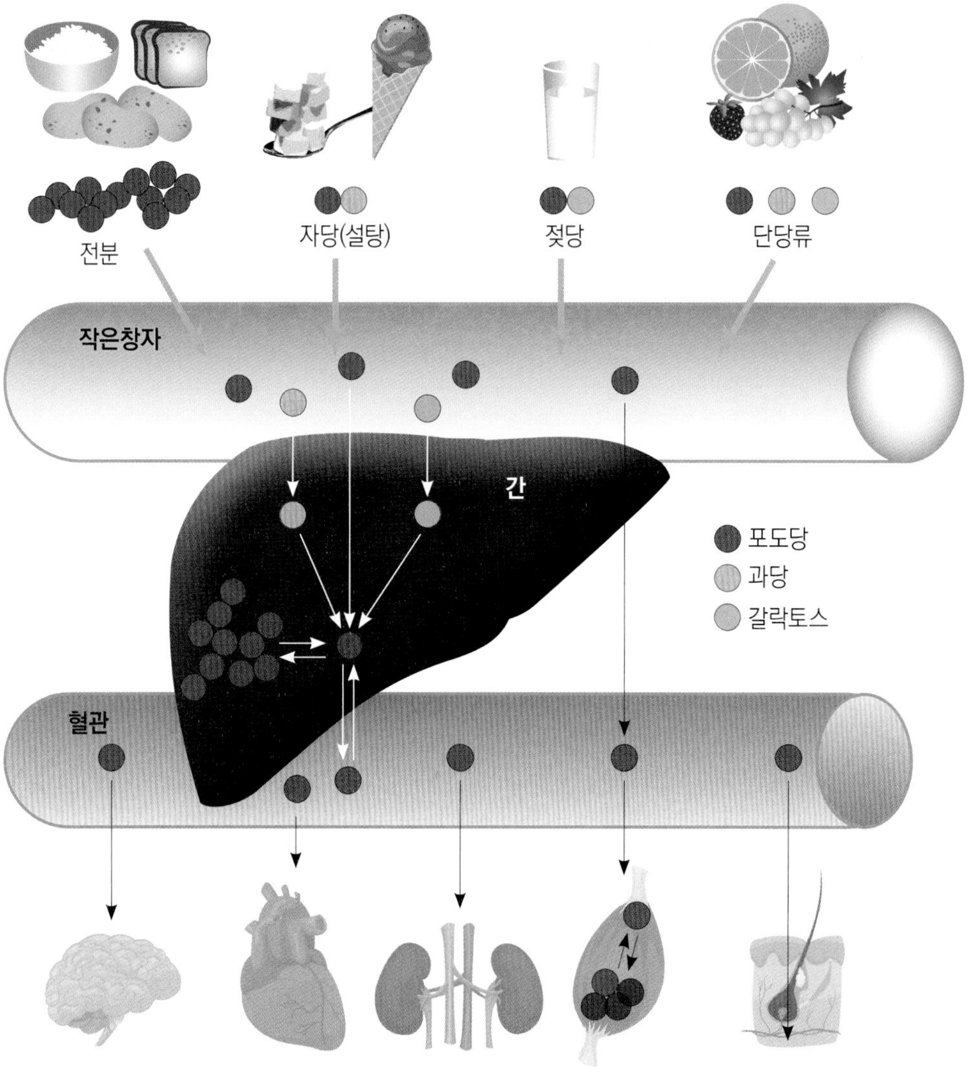

그림 2-26. 탄수화물의 급원과 소화·흡수, 이동 및 저장 경로

2.2.1.2 탄수화물의 체내 운반 및 저장 경로

탄수화물의 에너지원으로서 역할을 이해하기 위해서는 단당류인 글루코스, 즉 포도당을 이해하는 것이 가장 중요하다. 포도당은 인체의 가장 기본적인 에너지원이기 때문이다.

포도당은 포도에서 처음 발견되어서 그 이름을 갖게 되었지만, 사실 포도를 비롯하여 과일에 가장 많은 단당류는 과당이다. 또 하나의 단당류는 우유에 함유된 이당류인 젖당을 구성하는 갈락토스이다. 그림 2-26은 단당류와 이당류, 그리고 다당류인 전분이 섭취되어 인체의 여러 세포로 운반되어 이용되는 전체적인 경로를 나타내고 있다.

그림 2-26에서는 탄수화물의 여러 종류와 급원, 그리고 소화·흡수 과정을 거쳐 어떻게 운반되고 저장되는지를 보여주고 있다. 이 과정을 이해하는 것은 이후 에너지대사를 이해하는 데 매우 중

요한 기초 단계라고 할 수 있다.

① 우리가 섭취하는 여러 형태의 탄수화물(단당류, 이당류, 다당류)은 결국 단당류(글루코스, 과당, 갈락토스)의 형태로 작은창자를 통해 흡수된다.

② 작은창자를 통해 흡수된 단당류는 문맥을 통해 간을 거친다.

③ 인체는 필요하다면 간에서 과당이나 갈락토스를 쉽게 글루코스로 전환시킨다.

④ 일부 글루코스는 간에서 글리코겐(glycogen)의 형태로 저장되며, 대부분의 글루코스는 간을 거쳐 혈액으로 나온다. 이렇게 혈액으로 나온 글루코스(포도당)를 혈당이라고 한다.

⑤ 혈당(혈중 글루코스)이 증가함에 따라 이자로부터 인슐린 분비가 촉진된다. 인슐린은 혈당이 인체의 여러 세포 내로 유입되는 것을 도와주는 역할을 한다.

⑥ 인체의 여러 세포 내로 유입된 글루코스는 분해되어 에너지원으로 이용된다. 그중에서 근육세포는 유입된 글루코스를 글리코겐으로 저장할 수 있다. 인체의 간과 근육만이 탄수화물을 글리코겐 형태로 저장할 수 있다.

⑦ 근육 및 간에 저장될 수 있는 글리코겐의 양(300~400g)은 제한되어 있기 때문에 다량의 탄수화물 섭취로 인해 근육 및 간의 저장고를 초과하는 여분의 혈당은 지방조직으로 운반된다.

⑦ 지방조직으로 운반된 혈당(글루코스)은 중성지방으로 전환되어 저장된다.

2.2.2 지 질

2.2.2.1 지질의 종류와 구조

지질(lipids)은 물에는 용해되지 않는 대신 에테르나 클로로폼(chloroform)과 같은 유기 용매에 녹는 유기화합물이다. 지질은 지방(fats), 인지질(phospholipids), 그리고 스테로이드(steroid)와 같이 세포 기능에 필수적인 화합물을 포함하고 있다. 가장 일반적인 지질은 지방(fats)인데, 세포 활동을 위한 에너지를 제공하는 데 우선적으로 이용된다.

지방 분자는 탄수화물과 같이 C·H·O 원자로 구성된다. 그러나 탄수화물보다는 산소가 차지하는 비율이 훨씬 적다. 지방의 전형적인 분자식($C_57H_{110}O_6$)은 이러한 특성을 보여준다.

지방 분자의 구성 요소는 지방산(fatty acid)과 글리세롤(glycerol)이다. 모든 지방 분자는 글리세롤 부분이 같기 때문에 지방(fats)의 종류는 지방산의 종류에 따라 결정된다. 모든 지방산 분자는 탄소 체인의 끝부분에 카르복실기(-COOH)를 갖고 있으며, 지방산은 종류에 따라 탄소 체인의 길이가 다양하다.

탄소끼리의 결합이 모두 단일 결합(single bond)으로 되어 있는 지방산을 포화지방산(saturated fatty acid)이라고 한다. 여기에서는 모든 탄소가 수소에 의해 최대로 결합되어 있다. 반면 탄소 간의 이중 결합에 의해 탄소에 수소가 최대로 포화되어 있지 않은 지방산을 불포화지방산(unsaturated fatty acid)이라고 한다. 불포화지방산 중에서 이중 결합이 1개인 것을 단일불포화지방산(monounsaturated fatty acid)이라고 하며, 2개 이상인 것은 다불포화지방산(polyunsaturated fatty acid : PUFA)이라고 한다.

각각의 글리세롤 분자에는 3개의 지방산 분자가 결합한다. 그러므로 하나의 지방 분자를 트리글

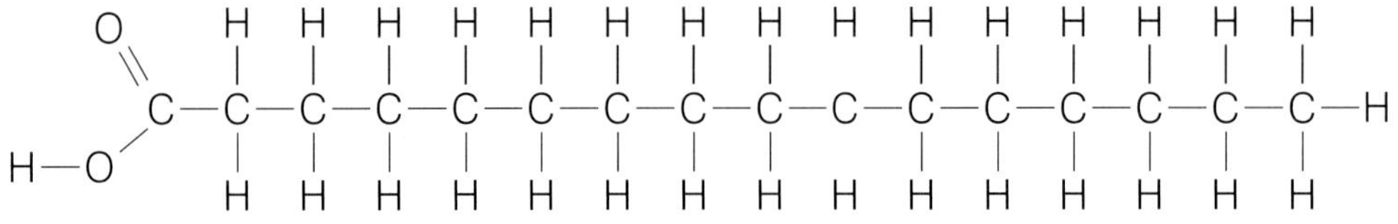

(a)

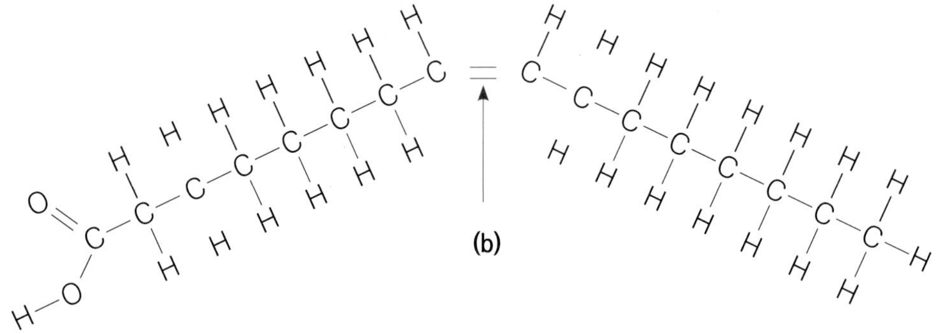

(b)

그림 2-27. 포화지방산(a)과 불포화지방산(b)

탄소끼리의 이중 결합은 붉은색으로 표시하였다. 이중 결합에 의해 분자의 모습이 휘어지게 된다. 그림에서 이중결합이 한 개가 있는 것이 단일불포화지방산이다.

리세라이드(triglyceride : 중성지방)라고 한다. 식물이나 동물의 체내에 저장되는 지방의 형태가 바로 중성지방(트리글리세라이드)이다.

인지질(phospholipid) 분자는 그 안에 글리세롤 분자와 지방산이 함유되어 있다는 점에서 중성지방과 비슷하다. 그러나 인지질은 두 개의 지방산만을 갖고 있고, 세 번째의 위치에 인산기(phospate group)를 포함하는 부분을 갖고 있다. 이 인산을 포함하는 부분은 물에 용해될 수 있는 친수성으로, 분자의 머리 부분(head)을 형성한다. 반면 지방산 부분은 물에 용해되지 않는 소수성으로, 꼬리 부분(tails)을 형성한다. 그림 2-28은 혈중 인지질인 세팔린(cephalin)의 분자 구조를 보여준다. 인지질은 세포의 구조에 중요한 역할을 한다.

스테로이드 분자(steroid molecules) 중에서 콜레스테롤(cholesterol)은 모든 세포에 존재하며, 성호르몬(에스트로겐, 프로게스테론, 테스토스테론)과 여러 부신호르몬의 구성 재료가 된다.

2.2.2.2 지방의 체내 흡수와 운반 경로

그림 2-29는 여러 영양소와 지질의 체내 흡수 경로를 보여준다. 대부분의 영양소들은 작은창자에서 흡수된 후 문맥을 통하여 간을 거치게 되어 있다. 즉 짧거나 중간 사슬 지방산과 거의 모든 영양소들은 작은창자에 분포되어 있는 혈관으로 흡수되고 난 다음 문맥을 통하여 간으로 보내진다. 그러나 대부분의 지방, 즉 긴사슬지방산, 인지질, 콜레스테롤, 글리세롤 등은 작은창자에 분포된 림프

관을 통해서 흡수되어 림프순환의 경로를 거치게 된다.

림프관은 심혈관계통의 심장과 같은 박동 펌프가 없기 때문에 림프액은 주로 근수축 작용에 따라 순환하게 된다. 이때 흡수된 지방들은 가슴림프관(흉관)과 오른림프관을 따라 순환하다가 각각 왼쪽에 있는 왼쪽빗장밑정맥(좌쇄골하정맥)과 오른쪽에 있는 오른쪽빗장밑정맥(우쇄골하정맥)을 통해 위대정맥(상대정맥)으로 들어가고 이어서 심장으로 들어가서 순환하게 된다. 즉 작은창자로 흡수된 대부분의 지

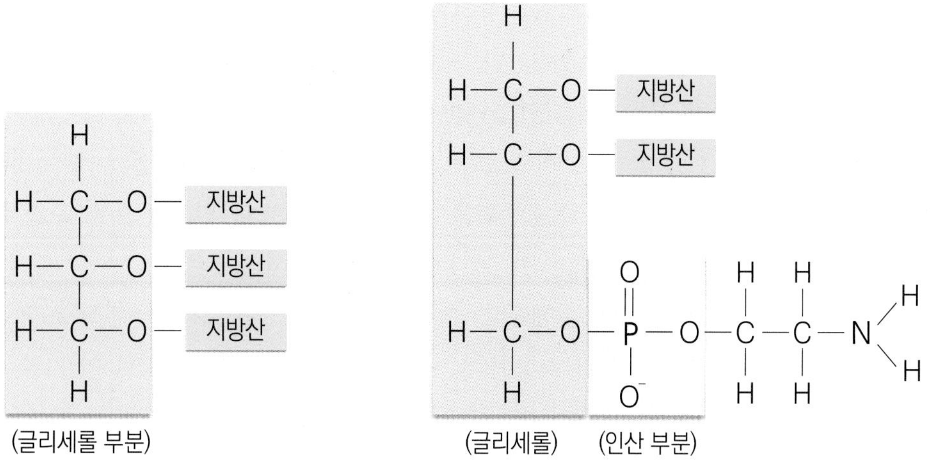

(a) 중성지방(트리글리세라이드)　　(b) 세팔린(cephalin : 인지질 분자의 일종)

그림 2-28. 중성지방(a)과 인지질(b)

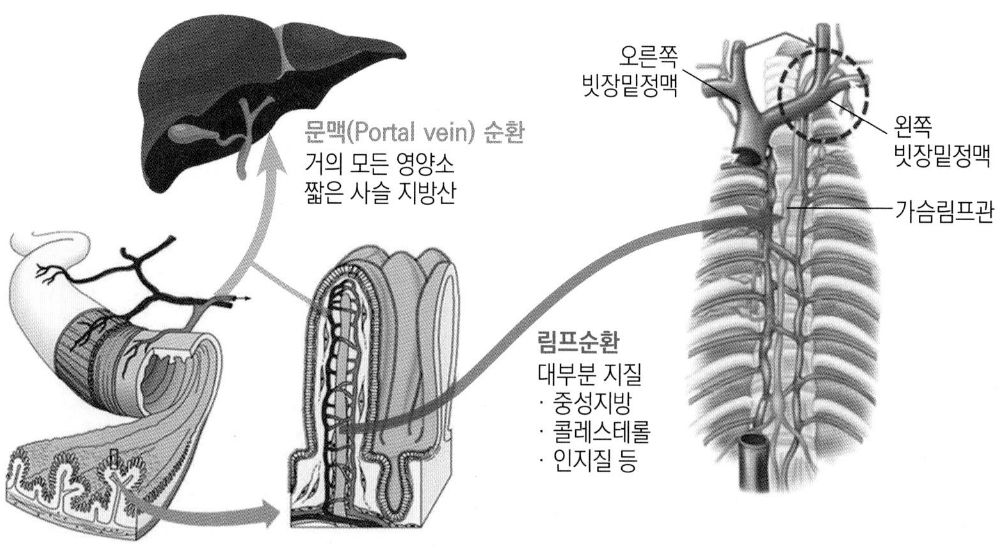

그림 2-29. 여러 영양소와 지질의 흡수 경로(문맥 순환, 림프 순환)

방산(약 70%)은 문맥순환을 거치지 않고 림프순환(임파순환)을 하다가 가슴림프관과 우림프관을 통해서 양쪽의 빗장밑정맥→위대정맥을 통해 심장으로 들어가 온몸순환(체순환)에 합류한다.

2.2.2.3 지방의 운송 수단 – 카일로마이크론과 초저밀도지질단백질(VLDL)

지방의 흡수 및 운반은 좀 더 복잡한 경로를 거치게 된다. 지방대사를 이해하기 위해서는 지질의 운반 경로의 이해가 필수적이다.

우리가 섭취한 여러 형태의 지질 중 대부분(긴사슬지방산, 글리세롤, 인지질, 콜레스테롤)은 림프관으로 들어가서 림프 순환을 한다. 이때 장벽의 상피세포를 통과할 때 단백질이 약 1% 정도 사용되면서 카일로마이크론(chylomicron)이라고 하는 입자로 만들어진다. 이때 지방산과 글리세롤은 중성지방으로 다시 합쳐져서 카일로마이크론에 의해 운반된다[그림 2-30].

가슴림프관을 거치는 림프 순환 끝에 카일로마이크론은 앞서 설명했듯이 결국 좌우 빗장밑정맥을 통하여 혈류로 들어오게 되며, 이후 온몸순환을 하면서 중성지방을 인체의 여러 조직세포로 운반한다. 이때 조직세포에 분포된 작은 혈관벽에 있는 지질단백질분해효소(LPL: lipoprotein lipase)의 작용에 의해 중성지방은 지방산과 글리세롤로 분해된다. 이렇게 분해되어 나온 지방산은 말초 조직세포로 유입되어 에너지원으로 이용되거나 다시 저장된다. 여기서 가장 중요한 점은 바로 이 지방산이 인체의 가장 기본적인 에너지원이라는 것이다.

앞에서 인체가 탄수화물을 에너지로 이용할 때 그 기본 형태가 글루코스(포도당)라는 것을 배웠다.

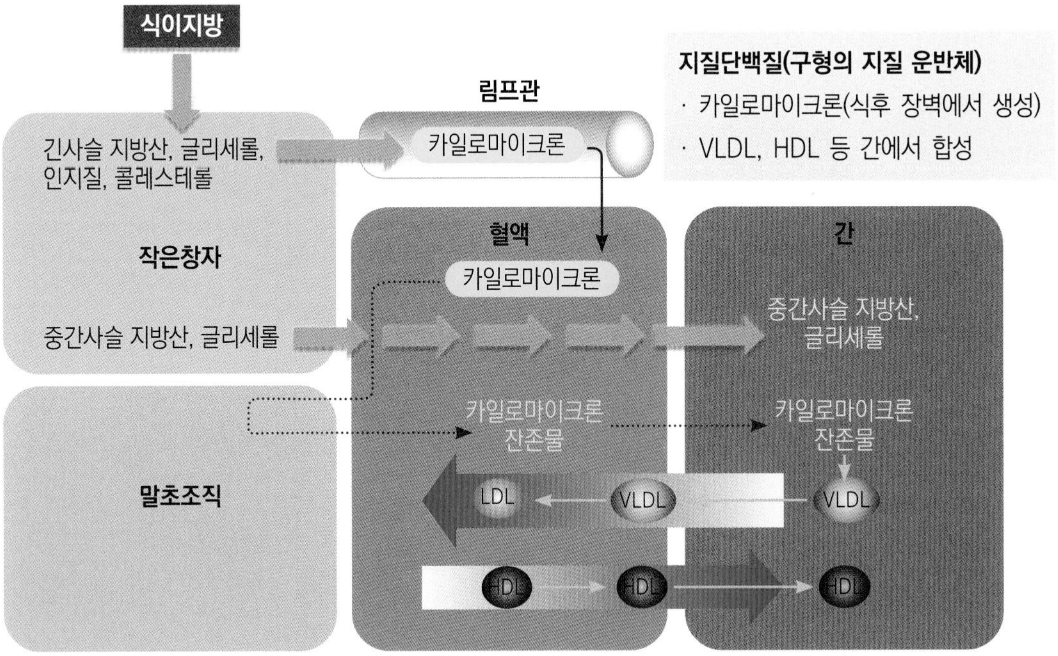

그림 2-30. 카일로마이크론과 초저밀도지질단백질의 생성

이와 함께 지방이 에너지원으로 이용된다고 할 때 가장 기본 형태가 바로 지방산이다. 포도당과는 달리 지방산에는 여러 가지 종류가 있다. 앞에서 배웠듯이 지방산에는 포화지방산, 단일불포화지방산, 다불포화지방산이 있으며, 탄소사슬의 길이에 따라 분류하면 짧은사슬 지방산, 중간사슬 지방산, 긴사슬 지방산으로 구분할 수도 있다.

한편 혈액을 순환하면서 중성지방을 말초조직에 공급한 카일로마이크론 잔존물은 다시 간으로 들어간다. 그러므로 식후 2시간이나 3시간이 경과한 후에는 혈액에서 카일로마이크론은 발견할 수 없다.

간은 카일로마이크론 잔존물과 함께 문맥순환을 통해 직접 간으로 들어간 중간사슬 지방산 등을 단백질을 사용하여 재차 구형의 입자로 만든다. 이렇게 만들어지는 입자로는 초저밀도지질단백질(VLDL), 저밀도지질단백질(LDL), 고밀도지질단백질(HDL) 등이 있으며, 이들 지질단백질은 지질(중성지방, 콜레스테롤 등)을 혈액을 통해 인체의 여러 조직세포까지 운반하는 역할을 한다. 이들 지질단백질에 대해서는 〈제4장 에너지대사의 적응과 운동 시 연료의 이용〉에서 구체적으로 설명하기로 한다.

2.2.3 단백질

2.2.3.1 단백질과 아미노산의 종류와 구조

단백질은 매우 다양한 기능을 수행한다. 단백질은 인체를 구성하는 재료가 되기도 하고, 에너지원, 화학적 메신저(호르몬)의 역할도 한다. 일부 단백질은 탄수화물과 결합하여 당단백질(glycoprotein)을 형성한다. 이 당단백질은 세포 표면에서 특정 물질 분자와 결합하는 수용체로 작용한다. 또 이것은 신체에 침입한 외부 이물질에 대항하는 항체(antibody)로 작용하기도 한다.

많은 단백질은 효소(enzyme)로서 대사 과정에서 중요한 역할을 수행한다. 효소란 생체 내에서 촉매로 작용하는 물질 분자이다. 즉 효소는 특정한 화학적 반응 속도를 증가시키는 역할을 한다.

탄수화물이나 지질과 같이 단백질도 C·H·O로 구성되며, 항상 질소(N)를 함유한다. 때로는 황(S)을 함유하기도 한다. 단백질은 아미노산(amino acid)이라는 더 작은 분자로 이루어져 있다. 각각의 아미노산 분자는 한쪽 끝에는 아미노기($-NH_2$)를, 다른 한쪽 끝에 카르복실기(-COOH)를 가지고 있다[그림 2-31]. 이들 두 기(基, group) 사이에 단일 탄소 원자(central carbon)가 위치하고 있는데, 이 중심 탄소는 한 개의 수소 원자와 곁사슬(side chain or R)이라는 또 다른 원자군(group of atoms)이 결합되어 있다. 이 곁사슬의 구성에 의해 아미노산의 종류가 결정된다. 즉 모든 아미노산은 공통적으로 아미노기($-NH_2$)와 카르복실기(-COOH)를 갖고 있으며, 서로 다른 곁사슬(R)을 갖고 있다.

자연계에는 매우 많은 아미노산이 존재하지만, 그중에서 20여 종의 아미노산만이 단백질을 구성한다. 각각의 단백질은 서로 다른 아미노산이 특별한 순서에 의해 직선적으로 연결되어 있다(일차성 구조). 아미노산 간의 결합은 특별한 공유결합(펩타이드결합)으로 이루어지는데, 이때 아미노산 체인은 100개 미만에서 5,000개 이상의 아미노산으로 구성되기도 한다.

20여 종의 아미노산이 수백, 수천 번 어떠한 순서로 결합되는지에 따라 수많은 단백질이 만들어

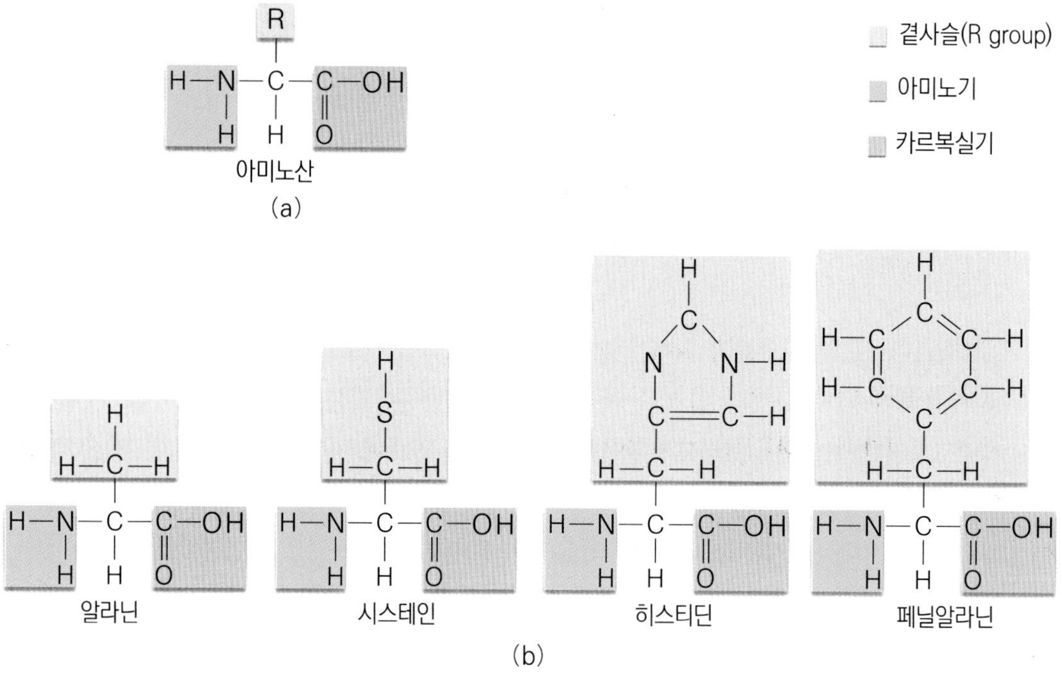

그림 2-31. 아미노산의 일반적 구조

붉은 색은 아민기, 초록색 부분은 카르복실기로 모든 아미노산이 공통적으로 갖고 있다. 파란색 부분이 아미노산의 곁사슬로서 이 곁사슬에 의해 아미노산의 종류가 결정된다.

진다. 그러므로 이러한 아미노산의 결합에 의해 크기, 모양, 색, 감촉, 그리고 맛이 다른 수없이 많은 단백질이 만들어지게 된다. 예를 들어 인체를 구성하는 단백질은 약 200,000여 종이다.

펩타이드결합(peptide bond)은 한 아미노산의 아민기(NH_2)와 다른 아미노산의 카르복실기(COOH)가 물(H_2O) 한 분자를 유리시키면서 결합하는 것을 말한다. 다수의 아미노산이 펩타이드결합을 이룬 것을 폴리펩타이드라고 하는데, 단백질은 수백, 수천 개의 아미노산으로 구성된 폴리펩타이드라고 할 수 있다.

아미노산 체인은 보통 뒤틀려서 코일(coil)을 형성하고(이차성 구조), 이어서 입체적 형태로 접히는 삼차원적 구조를 형성한다. 단백질의 입체 구조(conformation)는 그 기능을 결정한다. 단백질 내 아미노산의 결합 순서와 아미노산 간의 상호 작용에 의해 입체 구조가 결정된다.

각각의 단백질 분자는 독특한 기능을 갖도록 해주는 특별한 입체 구조를 갖는다. 일부 단백질은 긴 섬유 형태를 띠는데, 머리카락을 형성하는 케라틴(keratin)이나 혈액 응고에 작용하는 실모양의 피브린(fibrin)을 그 예로 들 수 있다. 대부분의 단백질은 구형(globular)으로, 그 예로서 혈액과 근육에서 각각 산소를 운반하는 헤모글로빈(hemoglobin)과 미오글로빈(myoglobin)이 있다.

여러 가지 처치에 의해 단백질의 구조가 변화될 수 있다. 예를 들어 높은 온도, 방사선, pH의 변화, 화학물질 등은 단백질의 모습을 변화시킬 수 있다. 때로는 아미노산의 결합 순서(sequence)가 그대로 유지되기 때문에 정상적인 조건에서 단백질의 모습이 원래대로 회복될 수도 있다.

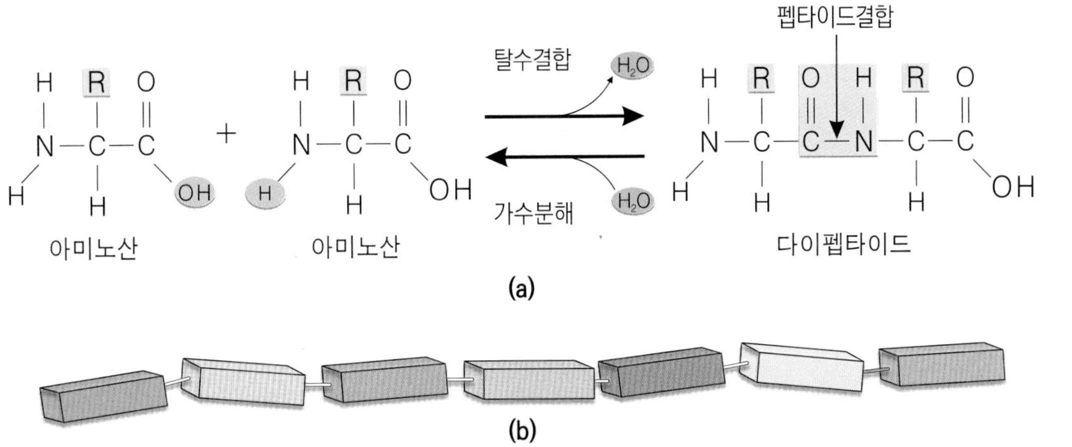

그림 2-32. 단백질의 일차성 구조

(a) 두 개의 아미노산 사이의 펩타이드결합
(b) 단백질의 일차성 구조에서 아미노산 결합 순서(서로 다른 색은 다른 아미노산을 나타낸다)

단백질의 비가역적 변화는 예를 들면 열에 대한 알부민(albumin)의 반응이 있다. 요리할 때 계란의 흰자질은 가열되면 변성한다. 퍼머넌트 웨이브 역시 단백질 변성의 한 예이다. 머리카락의 케라틴(keratin) 내에서 황을 함유한 아미노산이 서로 당기고 있는데, 화학물질은 이러한 결합을 떨어뜨려 놓는다. 이로 인해 머리카락이 이완되며, 이어서 화학물질을 씻어내면 황결합(sulfur bond)이 재형성된다. 그러나 이번에는 결합이 다른 위치에서 형성됨으로써 머리카락 모양을 변화시키는 것이다.

2.2.3.2 단백질의 체내 흡수와 이용

음식을 통해 섭취한 단백질은 소화효소의 작용에 의해서 펩타이드결합이 끊어져서 저분자의 펩타이드로 분해되고, 계속해서 유리아미노산이 된 후 작은창자 벽을 통해 흡수된다. 이렇게 흡수된 아미노산은 문맥을 통해 간으로 이동하며, 간에서 체내의 다른 곳에 쓰일 때까지 아미노산 풀(amino acid pool)을 형성한다.

아미노산 풀이란 가상의 개념으로 체구성과 에너지원으로 쓰이는 단백질 재활용 시스템을 설명하기 위한 용어이다. 예를 들어 단백질 과잉 섭취는 인체가 체구성에 필요한 수준보다 더 많은 아미노산이 들어온 것이므로 아미노산 풀은 넘치게 된다. 그림 2-34에서 넘치는 아미노산(①의 과정)은 간에서 탈아미노 과정(deamination)을 거쳐 포도당이나 지방으로 전환되거나 에너지로 바로 쓰인다(②의 과정).

탈아미노과정은 아미노산으로부터 아민기(-NH_2)가 떨어져 나오는 것이다. 탄수화물과 지방은 C, H, O의 세 가지 원소로 만들어지지만, 단백질(아미노산)은 여기에 질소(N)가 NH_2의 형태로 붙어 있음을 상기하자. 이렇게 탈아미노 과정을 통해 아민기(-NH_2)를 떼어내고 남은 부분을 아미노산의 탄소골격이라고 한다. 간에서는 아미노산의 탄소골격을 갖고 포도당이나 지방을 만든다[②의 과정].

이때 아미노산으로부터 떨어져 나온 아민기(-NH_2)는 즉시 수소 이온(H^+)과 결합하여 암모니아(NH_3)

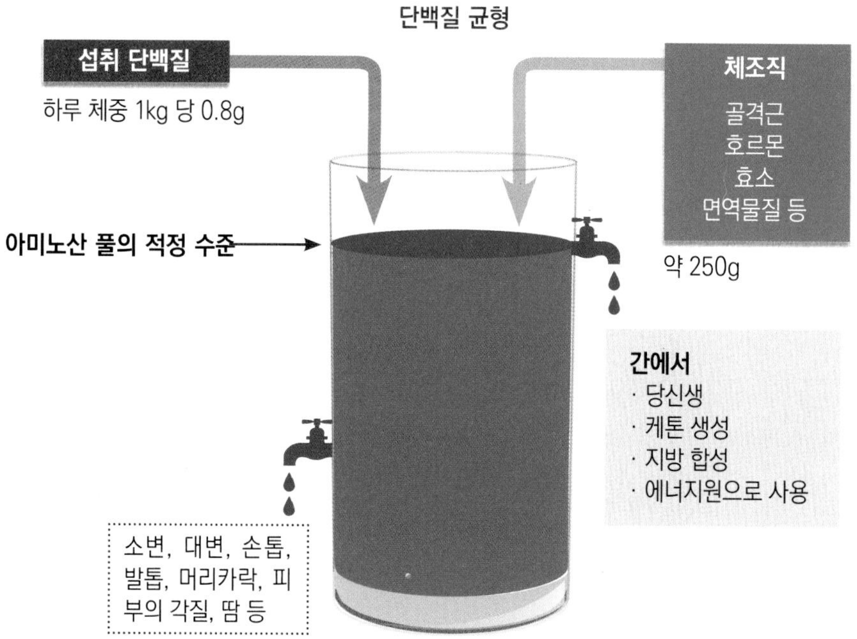

그림 2-33. 아미노산 풀의 적정 수준

를 형성한다[③의 과정]. 암모니아는 혈액 1L에 0.01㎎이 치사량일 정도로 매우 유독한 수용성 가스이므로 간은 생성된 암모니아를 즉시 요소(urea)로 전환시킨 후 혈액으로 내보내어 콩팥을 통해 소변으로 배설되도록 한다[④, ⑤의 과정].

한편 식사를 통한 단백질과 탄수화물의 공급이 부족해도 단백질 분해가 활발하게 일어난다[⑥의 과정]. 이 경우에는 아미노산 풀도 부족하고 혈당도 감소하므로 체단백질을 분해하여 부족한 아미노산 풀을 채우게 된다. 그리고 간에서는 탈아미노 과정을 통해 아미노산을 포도당으로 전환시키는 당신생 과정이 더욱 활발하게 일어난다. 이때 인체에서 일차적으로 분해되는 체단백질은 근육을 형성하는 단백질이다. 근단백질의 분해로 생긴 아미노산들은 알라닌(alanine)이라는 아미노산으로 전환되어 간으로 이동한다. 이 과정을 글루코스-알라닌 회로(glucose-alanine cycle)라고 하는데, 이 과정은 뒷부분에서 더욱 자세히 설명하기로 한다.

지방은 포도당으로 전환되기 어렵기 때문에 혈당이 부족한 영양 부족 상황에서 인체는 단백질을 에너지원으로 쉽게 동원한다. 그러므로 탄수화물 섭취가 매우 부족한 상황에서 체단백질이 에너지원으로 쓰여지는 것을 막기 위해서는 일정량의 탄수화물 섭취가 필요하다는 측면에서 탄수화물은 '단백질 절약 작용'이 있다고 할 수 있다.

2.2.4 핵 산

핵산(nucleic acid)은 탄수화물, 지질, 단백질과 함께 중요한 유기물이다. 핵산은 에너지원으로 이용

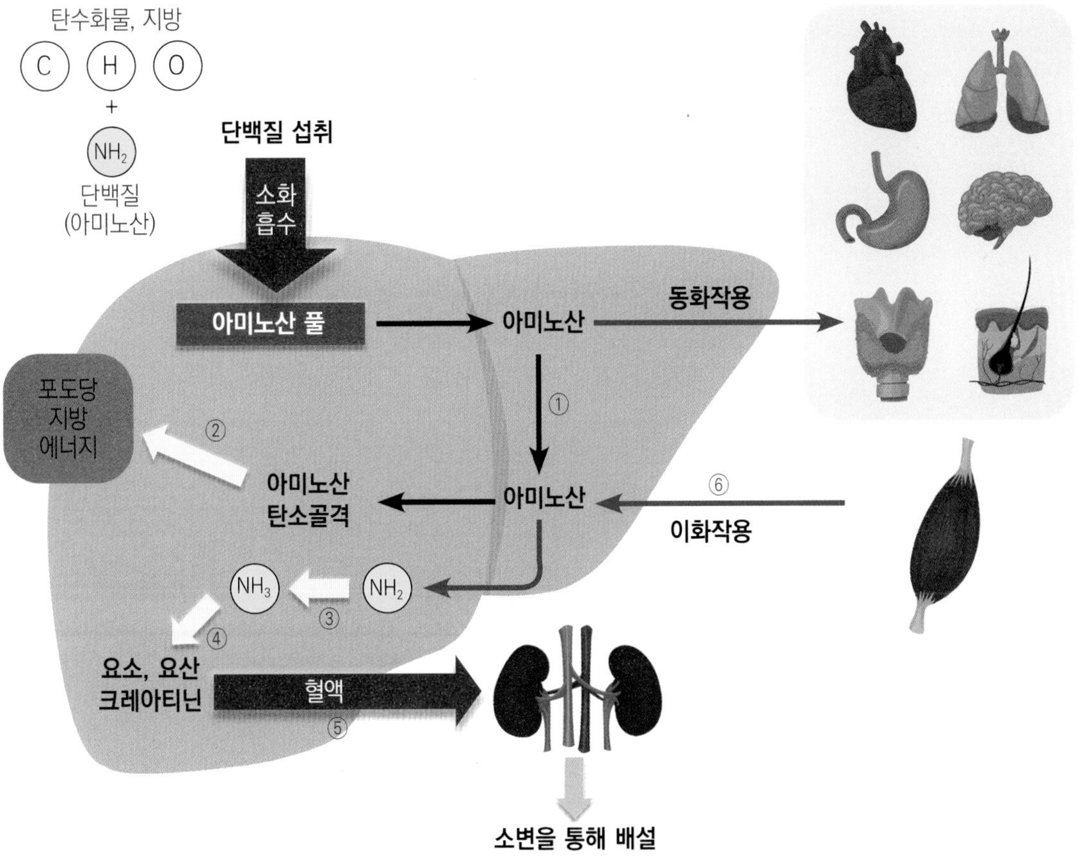

그림 2-34. 단백질 대사 과정

되지는 않지만, 세포 활동을 조절하고 단백질 합성에 중요한 역할을 하는 유전자(gene)를 구성한다. 핵산은 유전정보를 저장하고, 전달하는 기능을 가지고 있다. 인체를 구성하는 물질로서 물과 단백질, 그리고 지질 다음으로 핵산이 많은 부분을 차지한다.

핵산 분자는 뉴클레오타이드(nucleotide)라는 물질로 구성된 매우 크고 복잡한 분자이다. 각각의 뉴클레오타이드는 5탄당(리보스 또는 데옥시리보스), 인산염(phosphate), 유기염기(organic base)로 구성되어 있다. 뉴클레오타이드는 서로 연결되어 폴리뉴클레오타이드(polynucleotide)를 형성하는데, 핵산은 많은 뉴클레오타이드가 결합된 폴리뉴클레오타이드라고 할 수 있다.

핵산에는 두 가지 종류가 있다. 먼저 RNA(ribonucleic acid)는 뉴클레오타이드의 5탄당이 리보스(ribose)로 되어 있고, DNA(deoxyribonucleic acid)는 뉴클레오타이드의 5탄당 부분이 데옥시리보스(deoxyribose)로 되어 있다. DNA와 RNA는 그것을 구성하는 뉴클레오타이드의 염기도

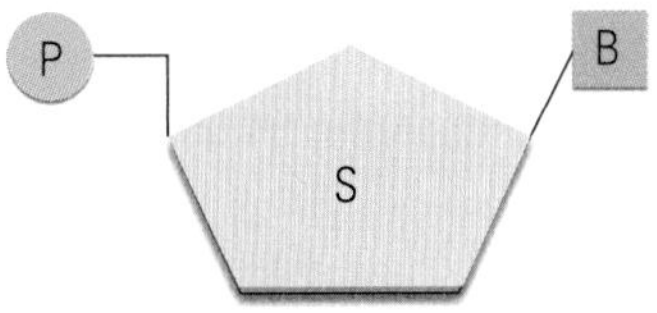

그림 2-35. 뉴클레오타이드의 구성 :
5탄당(S), 인산염(P), 유기염기(B)

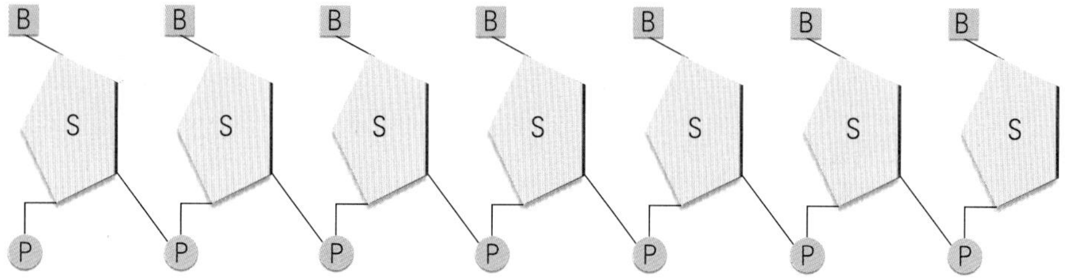

그림 2-36. 폴리뉴클레오타이드의 사슬

핵산은 하나(RNA) 또는 두 개(DNA)의 폴리뉴클레오타이드 사슬로 구성된다.

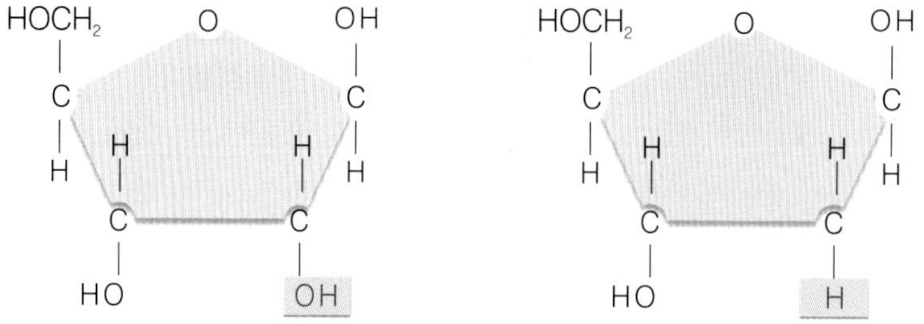

그림 2-37. 리보스와 데옥시리보스(5탄당)의 구조

산소 원자 한 개의 차이로 구분된다.

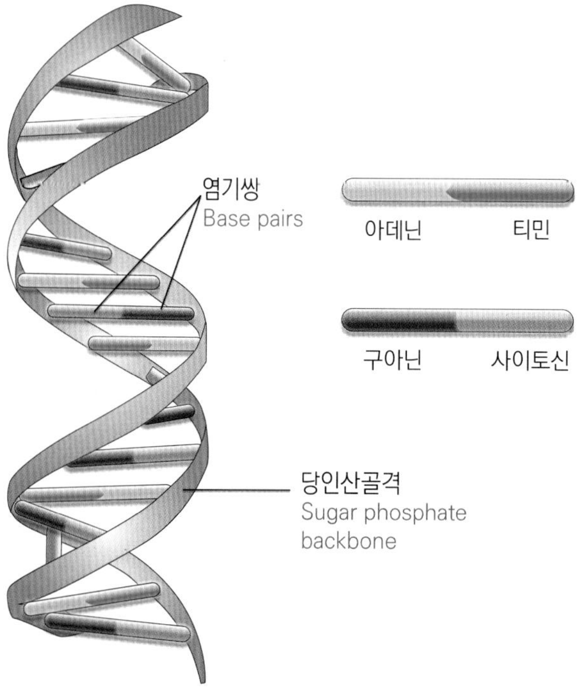

그림 2-38. DNA의 이중 나선형 구조와 염기

서로 다르다.

DNA의 염기는 아데닌(adenine : A), 구아닌(guanine : G), 사이토신(cytosine : C), 티민(thymine : T)의 네 종류이며, RNA의 염기는 티민(T) 대신 유라실(uracil : U)이 들어간다. DNA의 분자 구조는 뉴클레오타이드의 기다란 사슬 두 가닥이 사다리를 비틀어 꼬아놓은 것과 같은 모습을 한 2중 나선 구조(double helix)로 되어 있다[그림 2-38].

그림에서와 같이 뉴클레오타이드 사슬에서 염기가 직각으로 뻗어 나와 서로 마주보고 사다리의 발판과 같이 짝을 이루어 연결되어 있다. 즉 아데닌(A)과 티민(T), 그리고 구아닌(G)과 사이토신(C)이 서로 짝을 이루게 되는데 두 염기 사이에는 수소 결합이 형성되어 있다.

DNA 분자는 분자 코드에 정보를 저장한다. 세포들은 다양한 기능을 갖는 특별한 단백질 분자를 건설할 때 이 정보를 이용한다. RNA분자는 단백질의 합성을 돕는다. 즉 세포가 단백질을 합성할 경우에 세포핵 내에 있는 DNA 사슬 중 일부가 복제되어 RNA가 만들어지는데, 이를 전사(transcription)라고 한다. 여기에는 RNA 중합효소(RNA polymerase)의 작용이 필요하다. 전사를 통해 만들어진 RNA는 세포핵 밖으로 나와 세포질에 있는 리보솜(ribosom)에서 단백질 합성에 이용된다.

DNA 분자는 자신을 복제하는 독특한 능력을 갖고 있다. 세포 번식에 앞서 DNA는 자신을 복제하며, 새롭게 생성된 각 세포는 모세포로부터 DNA 분자의 정확한 복사본을 받는다.

단원요약

》 세포는 생명 활동을 유지하는 최소의 기본단위로서 인체 내에서 특정한 일을 수행하는 유사한 형태의 세포들이 모여 조직을 이루고, 이 조직들은 다시 기관과 계통을 이룬다.

》 유기체 내에서 세포가 살아가는 내적 환경이 일정하게 유지되는 것을 항상성(homeostasis)이라 한다. 세포의 항상성을 유지하기 위해 세포막을 통한 세포내액과 세포외액 간에는 물질의 이동이 끊임없이 이루어진다.

》 세포질에는 세포 내에서 여러 가지 기능을 수행하는 소기관들이 있는데, 그중 사립체는 산소를 이용하여 에너지(ATP)를 합성하는 장소로서 세포 내 발전소라 불린다. 장기간의 운동은 뼈대근육세포의 미토콘드리아 수와 크기를 증가시키는 자극이 된다.

》 세포질세망은 세포 내에 그물 모양으로 펴져 있는 세포 내 물질 이동의 통로로서, 근육세포의 경우 세포질세망을 근육세포질세망 또는 근소포체라고 부른다.

》 세포막을 통해 세포 내외로 물질이 이동되는 방법으로 수동적 운반(passive transport)과 능동적 운반(active transport)이 있다. 수동적 운반이란 세포막에서 에너지(ATP)의 소모 없이 물질 분자가 운반되는 현상으로, 확산 · 삼투 · 여과가 있다. 능동적 운반이란 에너지(ATP)를 소비하면서 물질을 이동시키는 방법이다.

》 확산이란 물질 분자의 농도 등이 높은 곳에서 낮은 곳으로 이동하는 현상이다. 대표적인 확산은 체내에서 허파꽈리와 허파꽈리모세혈관 사이의 가스(O_2, CO_2) 이동이나 조직모세혈관과 조직세포 간의 가스 이동을 들 수 있다.

》 촉진 확산은 세포막의 운반 단백질을 이용하여 물질을 운반하는 과정으로, 항상 농도가 높은 곳에서 낮은 곳으로 물질 분자가 이동한다.

》 삼투란 반투과막을 경계로 물질 분자의 농도가 각각 다른 용액이 있을 때 양쪽의 물질 분자 농도가 같아질 때까지 농도가 높은 곳에서 낮은 곳으로 물질 분자가 이동하는 현상을 말한다. 인체 세포와 삼투압이 같은 용액을 등장성 용액, 그보다 삼투압이 낮은 용액을 저장성 용액, 삼투압이 높은 용액을 고장성 용액이라고 한다.

》 여과란 막을 경계로 막 내외의 압력차가 있을 때 압력이 높은 곳에서 낮은 곳으로 액체가 이동하는 물리적 현상을 말한다.

》 능동적 운반은 확산 · 삼투 · 여과와 같은 물리적 법칙에 지배되지 않고 세포막이 에너지를 소비하면서 필요한 물질을 받아들이거나 불필요한 물질을 내보내는 방법으로서 운반체 운반, 음세포 작용, 토세포 작용 등이 있다. 세포막에는 물질 분자의 농도에 역행하여 물질을 이동시키는 운반체 단백질이 있는데, 대표적으로 소듐-포타슘 펌프(Na^+-K^+ pump)가 있다.

》 탄수화물은 지방과 함께 인체의 가장 중요한 에너지원으로서 체내에서 주로 글루코스, 즉 포도당의 형태로 에너지원으로 이용된다. 글루코스는 혈액 중에는 혈당으로 존재하며, 간과 근육에는 글리코겐으로 저장된다.

》 지방은 체내에서 중성지방 형태로 저장되며, 중성지방은 지질 분해에 의해 지방산과 글리세롤로 분해된다. 지방산은 포화, 불포화지방산이 있으며, 체내에서 주된 에너지원으로 이용된다.

》 자연계에 존재하는 많은 아미노산 중에 20여 종의 아미노산은 단백질을 구성한다. 섭취한 단백질은 아미노산의 형태로 소화· 흡수되어 간과 혈액을 거쳐서 인체의 모든 조직세포에 공급되어 단백질 합성의 재료로 이용된다. 이처럼 유리아미노산의 형태로 흡수되어 조직세포에 공급되는 경로(혈액, 간)에 존재하는 아미노산을 아미노산 풀이라고 한다.

》 핵산(nucleic acid)에는 RNA와 DNA가 있으며, 많은 뉴클레오타이드(nucleotide)로 구성된 폴리뉴클레오타이드이다. 뉴클레오타이드는 오탄당, 인산염, 유기염의 세 요소로 구성되어 있다. 뉴클레오타이드의 오탄당이 리보스(ribose) 또는 데옥시리보스(deoxyribose)로 구성되는 것에 따라 각각 RNA와 DNA로 된다.

연습문제

1. 인체의 구조적 단계를 설명하라.
2. 세포의 항상성을 설명하고, 인체세포의 내환경이 무엇을 뜻하는지 설명하라.
3. 세포의 일반적인 구조를 설명하라.
4. 세포 내 소기관과 세포포함체에 대해 설명하라.
5. 사립체(mitochondria)의 기능은 무엇이며, 장기적인 훈련이 뼈대근육세포 내의 사립체에 미치는 영향을 설명하라.
6. 세포질세망의 기능을 설명하라. 뼈대근육세포에서는 세포질세망을 무엇이라고 부르는가?
7. 세포가 단백질을 합성하여 세포 밖으로 운반하는 과정을 설명하라.
8. 세포막을 통한 물질 이동의 두 가지 방법과 그 차이점을 설명하라.
9. 확산(diffusion)에 대해 설명하고, 인체 내에서 이루어지는 확산 이동의 예를 들라.
10. 삼투평형(osmotic equilibrium)에 대해 설명하라.
11. 수용체 매개 음세포 작용의 과정을 예를 들어 설명하라.
12. 세포막에 존재하는 소듐-포타슘 펌프(Na^+-K^+ pump)의 작용을 설명하라.
13. 글루코스와 글리코겐의 관계를 설명하라.
14. 중성지방과 지방산의 관계를 설명하고, 지방산의 종류에 대해 말하라.
15. 단백질과 아미노산의 관계를 설명하고, 아미노산 풀의 개념을 설명하라.
16. 단백질이 에너지원으로 참여하는 비율이 높아지는 경우와 그 과정을 예를 들어 설명하라.
17. 핵산과 뉴클레오타이드의 관계를 설명하고, RNA와 DNA의 차이점을 설명하라.

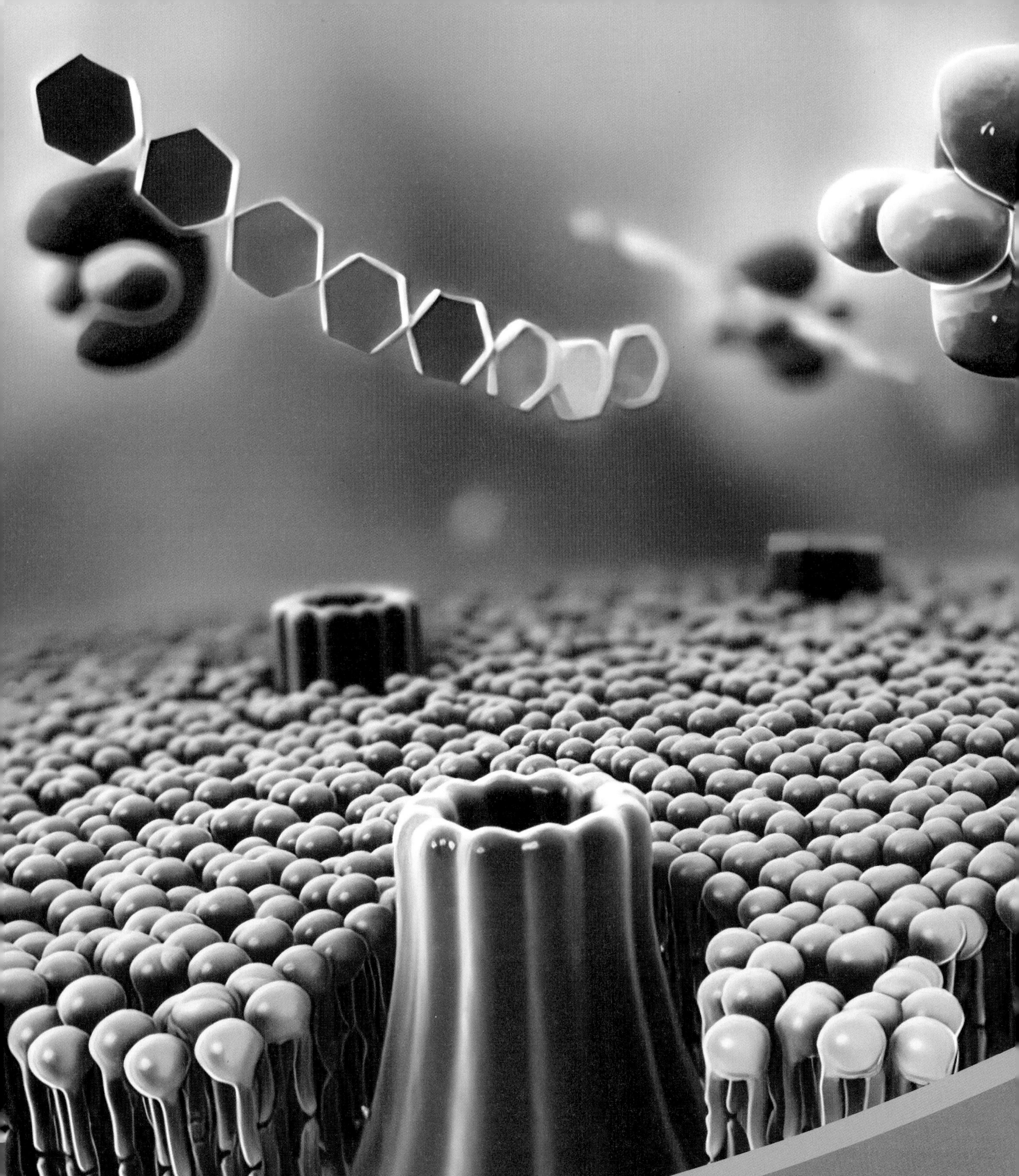

CHAPTER 3
에너지대사

이 장에서는 인체 '에너지의 현금'인 ATP를 생성하는 과정을 운동과 관련지어 설명한다. 인체가 ATP를 합성하는 과정인 유산소 과정과 무산소 과정을 이해하고, 인체의 에너지원인 탄수화물, 지방, 단백질이 분해되어 ATP 합성에 이용되는 과정과 연료로서의 특성에 대해서도 신체 활동과 관련하여 배운다. 또한 무산소성 대사 과정에서 생성된 젖산, 코리사이클, 젖산 셔틀에 대해서도 설명한다.

장시간 운동을 수행할 때 나타나는 인체 에너지 이용 패턴의 변화를 이해하고, 에너지원으로 이용되는 연료들의 상호 전환과 작용에 대해서 전체적인 윤곽을 이해하는 것이 중요하다.

이 장에서 설명하는 ATP 생성 체계는 비교적 어렵게 느껴질 수 있으나 학부 과정에서는 에너지대사의 전반적 개요를 이해하는 데 중점을 두기 바란다.

인체는 섭취하는 음식물로부터 화학적 에너지를 얻고, 그것을 기계적 에너지(인체 동작)로 전환시킨다. 또한 화학적 에너지로부터 생리적인 일(physiological work)을 수행한다. 생리적인 일은 여러 가지 물질 분자들의 화학적 결합으로 저장된 에너지로부터 얻어진다. 어떤 물질의 화학적 결합이 인체 내에서 일어나는 화학적 반응에 의해 깨어질 때 그 결합 안에 저장되어 있던 에너지가 방출된다.

화학적 결합의 분해 ———→ 열 에너지 + 자유 에너지(생리적인 일을 위한 에너지)

방출된 에너지 중 일부는 열에너지로서 체온을 상승시키거나 유지하는 데 쓰이고, 나머지는 자유에너지(free energy)로서 생리적인 일을 하는 데 이용된다. 생리적인 일은 세포막을 통한 물질 이동, 자극의 전도, 탄수화물이나 단백질의 합성, 소화효소나 호르몬의 분비, 모든 종류의 근육 수축(심장활동, 호흡근육활동, 혈관 및 내장근육의 수축)을 포함한다.

3.1 인체의 에너지

3.1.1 생물학적 주기

식물의 엽록소에서는 광합성 작용(photosynthesis)에 의해 탄수화물을 비롯해 단백질, 지질과 같은 영양소(화학물질)를 합성하여 저장한다. 즉 식물은 뿌리를 통해 물(H_2O)을 받아들이고 대기로부터는 이산화탄소(CO_2)를 받아들여 식물의 잎에 있는 엽록소에서 탄수화물($C_6H_{12}O_6$)을 합성한다. 이 합성 과정에는 반드시 태양으로부터의 빛 에너지가 필요하므로 광합성 작용이라고 한다.

$$6CO_2 + 6H_2O \xrightarrow{\text{태양 에너지(빛 에너지)}} C_6H_{12}O_6 + 6O_2$$

(탄수화물)

인간은 광합성을 할 수 없어서 식물이나 다른 동물로부터 에너지의 근원이 되는 영양소를 섭취하여야 한다. 인체 내에서는 광합성과 정반대 방향의 화학적 반응을 통해 에너지를 얻는다. 즉 섭취한 탄수화물을 산소를 이용한 과정을 통해 분해하고, 그 과정에서 방출되는 에너지를 이용한다.

$$C_6H_{12}O_6 + 6O_2 \longrightarrow 6H_2O + 6CO_2 + \text{에너지}$$

(탄수화물) (호흡을 통해 얻음) → (체액 구성) (호흡을 통해 배출)

이러한 화학적 반응은 인체 내에서 실제로는 매우 복잡한 과정을 거치지만, 근본적으로는 대기 중에서 설탕을 태우는 과정과 유사하다. 즉 설탕(에너지원)을 태울 때 반드시 열 에너지(성냥불)가 필요하고, 대기로부터 산소(O_2)가 공급되어야 한다. 설탕이 산화되면 최종 산물로 물(H_2O)과 이산화탄소(CO_2)가 남는다. 그리고 산화 과정에서 열 에너지와 빛 에너지가 방출된다.

우리 인체도 같은 방식으로 반응에 필요한 열 에너지를 이용하면 간단하겠지만, 인체조직은 그 열 에너지(성냥불)를 견디지 못한다. 그러므로 인체는 이러한 반응을 촉매하는 수많은 효소를 갖고 있어 여러 번의 복잡한 과정에 의해 자유 에너지와 열 에너지를 만들어낸다.

3.1.2 ATP(아데노신삼인산) : 에너지의 현금

탄수화물이나 지방과 같은 저장 연료가 분해되면서 얻어지는 에너지는 생리적 일에 직접적으로 이용되지 않는다. 대신 ATP(adenosine triphosphate)라는 고에너지 분자를 합성하는 데 이용된다. 이 고분자 에너지인 ATP가 분해될 때 방출되는 에너지만이 인체의 세포가 자신의 특정한 생리적 일을 수행하는 데 이용할 수 있다. 즉 인체 세포가 직접적으로 사용하는 에너지원은 ATP인데, 이는 에너지의 현금이라고 할 수 있다.

ATP는 리보스(ribose)라는 5탄당과 아데닌(adenine)이라는 유기물이 합쳐져 이루어진 아데노신(adenosine)에 인산염이 결합된 뉴클레오타이드 화합물이다.

화학적 결합 안에 다량의 저장 에너지를 갖고 있는 영양소 분자는 세포 내에서 분해되면서 열 에너지와 함께 자유 에너지를 방출하고, 자유 에너지는 아데노신이인산(adenosine diphosphate : ADP)과 무기인산염(inorganic phosphate : Pi)을 결합시켜 ATP 합성에 이용된다. ATP는 아데노신(adenosine) 1개에 3개의 인산염(P)이 결합되어 있으며, 인산끼리는 높은 에너지 결합 형태로 연결되어 있다[그림 3-2].

이 결합이 깨지면서 ATP는 ADP와 무기인산염(Pi)으로 분해되는데, 이때 방출되는 에너지는 생리적 일에 직접적으로 사용된다. ATP가 ADP와 Pi로 분해되는 과정에는 ATPase(아데노신삼인산 분해효소)가 관여한다.

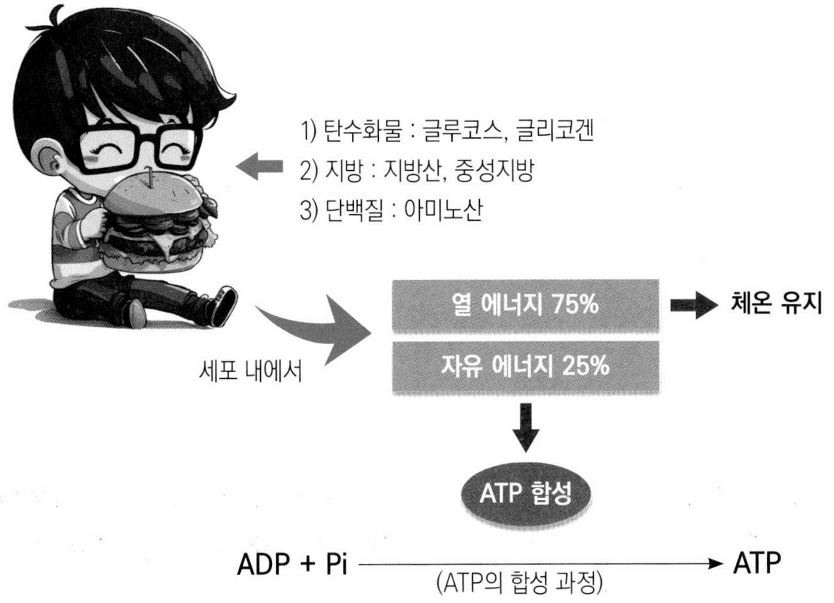

그림 3-1. 영양소의 분해를 통한 자유 에너지 생성과 ATP 합성

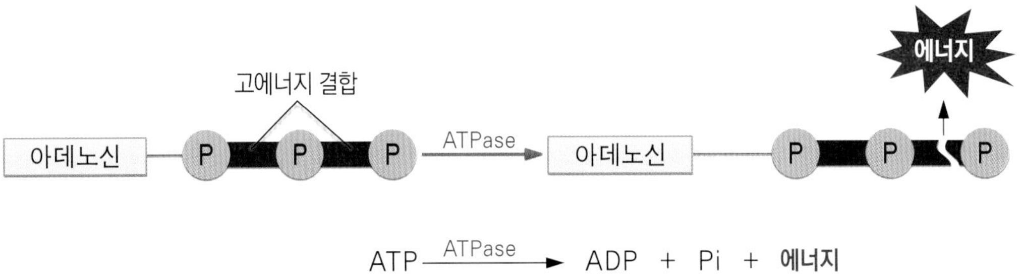

그림 3-2. ATP와 ADP

3.2. ATP생성체계

ATP가 분해되면서 방출되는 에너지는 근육 수축을 비롯한 여러 가지 생리적 일을 수행하는 데 이용된다는 것을 알았다. 인체가 직접적인 에너지원인 ATP를 합성하는 방법에는 세 가지가 있다.

이들 방법은 합성 과정에서 산소의 이용 유무에 따라 무산소 과정과 유산소 과정으로 구분된다.

무산소 과정은 산소를 이용하지 않고 ATP를 합성하는 과정으로 세포질 내에서 이루어진다. 반면에 유산소 과정은 산소를 이용해 ATP를 합성하는 과정으로 미토콘드리아 내에서 이루어진다.

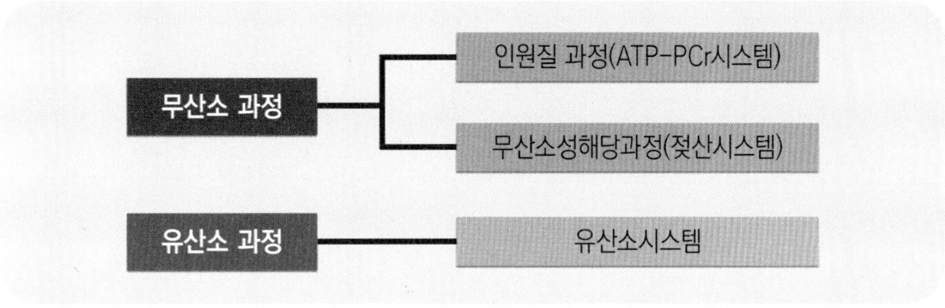

3.2.1 무산소 과정

3.2.1.1 인원질 과정(ATP-PCr시스템)

ATP를 합성하는 데 일차적으로 이용되는 저장 연료는 크레아틴인산(phosphocreatine : PCr)이다. 크레아틴인산 역시 인산기(phosphate group)를 갖고 있기 때문에 이 에너지시스템을 인원질 과정이라고 한다.

근육 수축 활동 중 ATP가 ADP와 Pi로 분해되는 것과 거의 동시에 크레아틴인산이 분해된다. 이러한 반응은 전형적인 결합 반응(coupled reaction)이라고 할 수 있다. 크레아틴과 인산의 결합이 분해되면서 방출되는 에너지는 ADP와 Pi를 결합시켜 ATP를 합성하는 데 이용된다.

크레아틴인산(PCr)이 크레아틴과 인산으로 분해되면서 발생하는 에너지는 ATP가 분해되면서 발생하는 에너지량보다 큰데, 이 분해 반응에는 크레아틴키나제(creatine kinase)가 관여한다. 운동 시작과 더불어 ATP가 분해되면서 근육세포 내에는 ADP의 농도가 증가하며, ADP의 증가는 크레아틴인산(PCr)의 분해를 즉각적으로 자극한다.

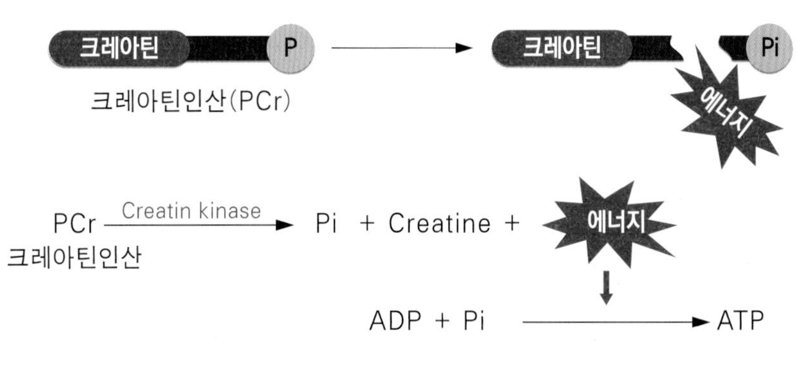

그림 3-3. ATP-PCr 반응

단시간에 폭발적인 운동을 수행할 때 크레아틴인산(PCr)이 분해되며, 이때 방출되는 에너지는 ATP 합성에 이용된다. 운동이 끝난 후 유산소 과정을 통해 합성된 ATP를 이용하여 얻는 에너지로 크레아틴인산을 재합성한다.

한편 Pi와 크레아틴으로부터 크레아틴인산(PCr)을 재합성하는 과정은 반대로 ATP를 분해하여 얻는 에너지에 의해 이루어진다. 그런데 이 과정은 운동이 끝난 회복기에 이루어진다.

단시간에 최대강도로 수행되는 100m 달리기, 도약, 투척운동 등을 수행할 때 인체는 거의 대부분의 에너지를 인원질 과정(ATP-PCr시스템)에 의존하여 공급받는다. 따라서 이러한 유형의 고강도 운동을 수행할 때에는 크레아틴인산의 저장량은 신속히 고갈된다. 예를 들어 100m를 전력 질주할 때 PCr은 약 10초만에 고갈된다[그림 3-4]. 100m를 전력 질주할 때의 속도를 유지하면서 그 이상의 거리를 달릴 수 없는 이유는 근육이 ATP 합성을 위해 즉각적으로 동원할 수 있는 연료인 PCr을 더 이상 이용할 수 없기 때문이다.

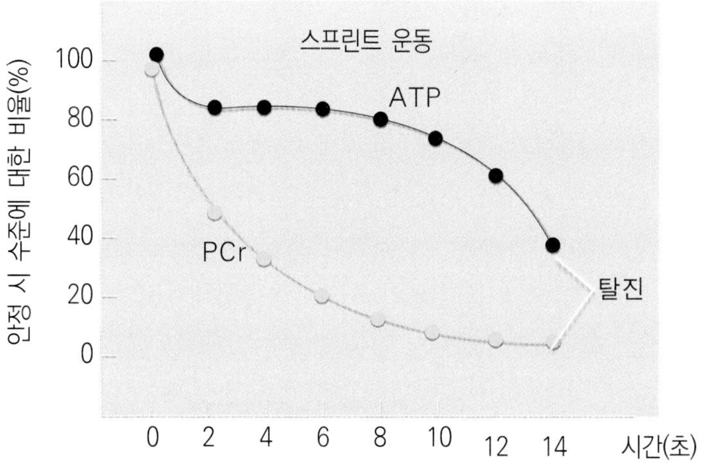

그림 3-4. 초고강도 사이클 운동 시 근육 내 ATP, PCr 함량 변화

PCr은 일정하게 감소하는 반면 ATP는 서서히 감소하다가 PCr 함량이 고갈됨에 따라 후반기에는 급격히 감소한다. 그림 3-4를 보면 PCr이 안정 시의 20% 수준 이하로 감소되는 시점(운동시작 10초 경과)에서부터 ATP 수준이 급격히 감소하는 현상을 볼 수 있다.

ATP 재합성이 이루어지는 또 다른 과정은 아데닐산키나제(adenylate kinase)라는 효소가 관여하는 반응이다. 이 반응은 두 개의 ADP분자가 결합하여 한 개의 아데노신일인산(adenosine monophosphate : AMP)과 한 개의 ATP를 생성하는 반응이다.

$$\text{ADP} + \text{ADP} \underset{}{\overset{\text{adenylate kinase}}{\rightleftharpoons}} \text{ATP} + \text{AMP}$$

plus+

탄수화물의 흡수와 저장

글리코겐은 인간을 비롯한 동물들이 탄수화물을 체내에 저장하는 형태로서 글루코스가 복잡한 사슬로 연결된 글루코스 덩어리이다. 당원 분해과정은 글리코겐으로부터 글루코스를 분리시키는 과정이다. 다음 그림은 탄수화물 섭취 후 체내 이동 및 저장 경로를 표현한 것이다.

① 우리가 섭취한 탄수화물은 소화·흡수의 과정을 거치면서 혈당, 즉 혈중 글루코스(혈중 포도당)를 증가시킨다.

② 혈중 글루코스(혈당)의 상승은 이자로부터 인슐린(insulin)의 분비를 자극한다.

③ 인슐린은 그림 3-5에 표현되어 있듯이 열쇠로 볼 수 있다. 즉 인슐린은 인체의 여러 조직 세포 내로 혈당이 들어가는 문을 열어주는 열쇠(key) 역할을 한다.

④ 인체의 여러 조직 세포로 유입된 글루코스(혈당)는 에너지원으로 분해되어 이용된다. 그중에서 근육이나 간으로 유입된 글루코스는 글리코겐(glycogen) 형태로 저장될 수 있다.

⑤ 간과 근육에 저장할 수 있는 글리코겐의 양은 평균 300~400g으로 제한되어 있다. 그러므로 이 저장량을 초과하는 여분의 혈당은 지방조직으로 운반된다.

⑥ 지방조직으로 운반된 글루코스(혈당)는 중성지방으로 전환되어 저장된다.

※ 탄수화물의 종류와 소화 · 흡수과정 및 저장과정에 대해서는 제2장의 p.68을 참조하면 보다 구체적으로 알 수 있다.

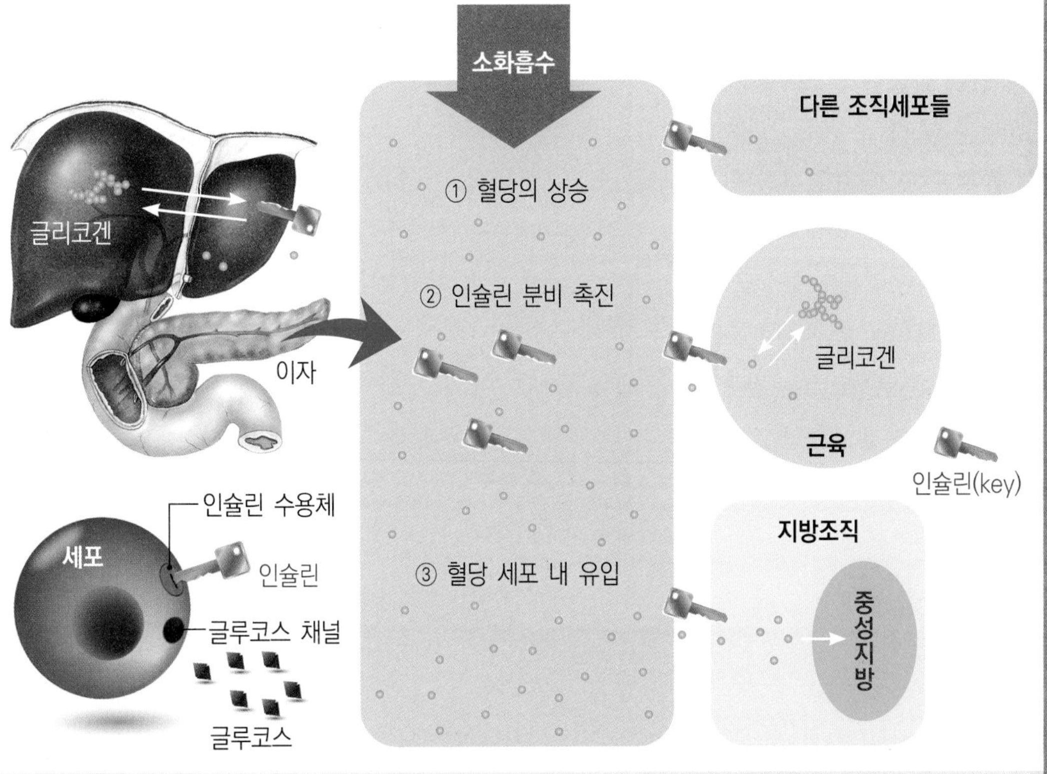

그림 3-5. 탄수화물의 섭취 후 체내 이동 및 저장 과정

크레아틴키나제와 아데닐산키나제의 반응은 운동수행 시 작업 근육이 신속하게 에너지 수요를 충족시킬 수 있게 한다. 또한 이어서 설명할 무산소성 해당과정이나 유산소 과정의 초기 단계를 촉진시키는 여러 부산물인 AMP, Pi, ADP를 생성한다는 점에서 중요하다. 이처럼 폭발적인 에너지가 요구되는 운동에서는 인원질 과정이 주요 에너지 공급 방법인데, 그 이유는 다음과 같다.

① 인원질 과정은 복잡한 화학적 반응에 의존하지 않고,

② 활동 근육까지의 산소 공급에 의존하지 않으며,

③ ATP와 PCr이 모두 근육의 수축 메커니즘 내에 직접 저장되어 있기 때문이다.

3.2.1.2 무산소성 해당과정(젖산시스템)

인체가 무산소적으로 ATP를 만들어내는 과정에는 인원질 과정 외에 무산소성 해당과정(anaerobic glycolysis)이 있다. 이 과정은 글루코스(glucose)가 피루브산을 거쳐서 젖산(lactate)으로 분해되는 과정으로서 그냥 해당과정이라고도 한다.

근육세포에서 일어나는 무산소성 해당과정에 사용되는 글루코스는 다음 두 가지 경로에 따라 근육세포가 이용한다.

① 글루코스 분자가 혈액으로부터 근육 세포막을 통해 세포 내로 유입된다.

② 글루코스 분자가 근육세포 내에 이미 저장되어 있는 글리코겐(glycogen)으로부터 당원 분해 과정(glycogenolysis)에 의해 유리된다.

① 당원 합성

운동을 할 때 운동하는 근육으로 혈당, 즉 혈중 글루코스가 활발하게 유입된다. 혈액으로부터 유입된 글루코스는 ATP로부터 인산(phosphate)을 얻어 6인산글루코스(glucose-6-phosphate)가 되는데, 이 과정에는 헥소키나제(hexokinase)라는 효소가 작용한다[그림 3-6 ⓑ 과정].

거의 모든 조직세포에서 글루코스는 일단 세포 내로 들어가면 다시 나올 수 없다. 그러나 간에는 인산가수분해효소(phosphatase)가 있어서 6인산글루코스(6인산포도당)에서 인산을 다시 분리시킬 수 있기 때문에 분리된 글루코스는 간세포에 의해 인체 어느 부위로도 보낼 수 있다. 세포 내로 유입된 글루코스는 글리코겐 합성효소(glycogen synthase)의 작용에 의해 글리코겐(glycogen)을 형성하는데, 이를 당원 합성(glycogenesis)이라고 한다.

② 당원 분해

운동을 수행하면서 근육세포 안에 이미 저장되어 있던 글리코겐은 더욱 빠르게 분해되기 시작한다. 글리코겐이 글루코스로 분해될 때 인산기가 부착되어 6인산글루코스가 되는데, 이 과정을 당원 분해(glycogenolysis)라고 한다[그림 3-6 ⓐ]. 근육에서뿐만 아니라 간에서도 당원 분해 과정이 일어난다. 간에서는 당원 분해 과정에 의해 생성된 6인산글루코스로부터 인산분해효소(phosphatase)의 작용에 의해 인산기가 탈락하면서 글루코스가 혈액 중으로 나올 수 있다. 그러나 근육에 저장된 글리코

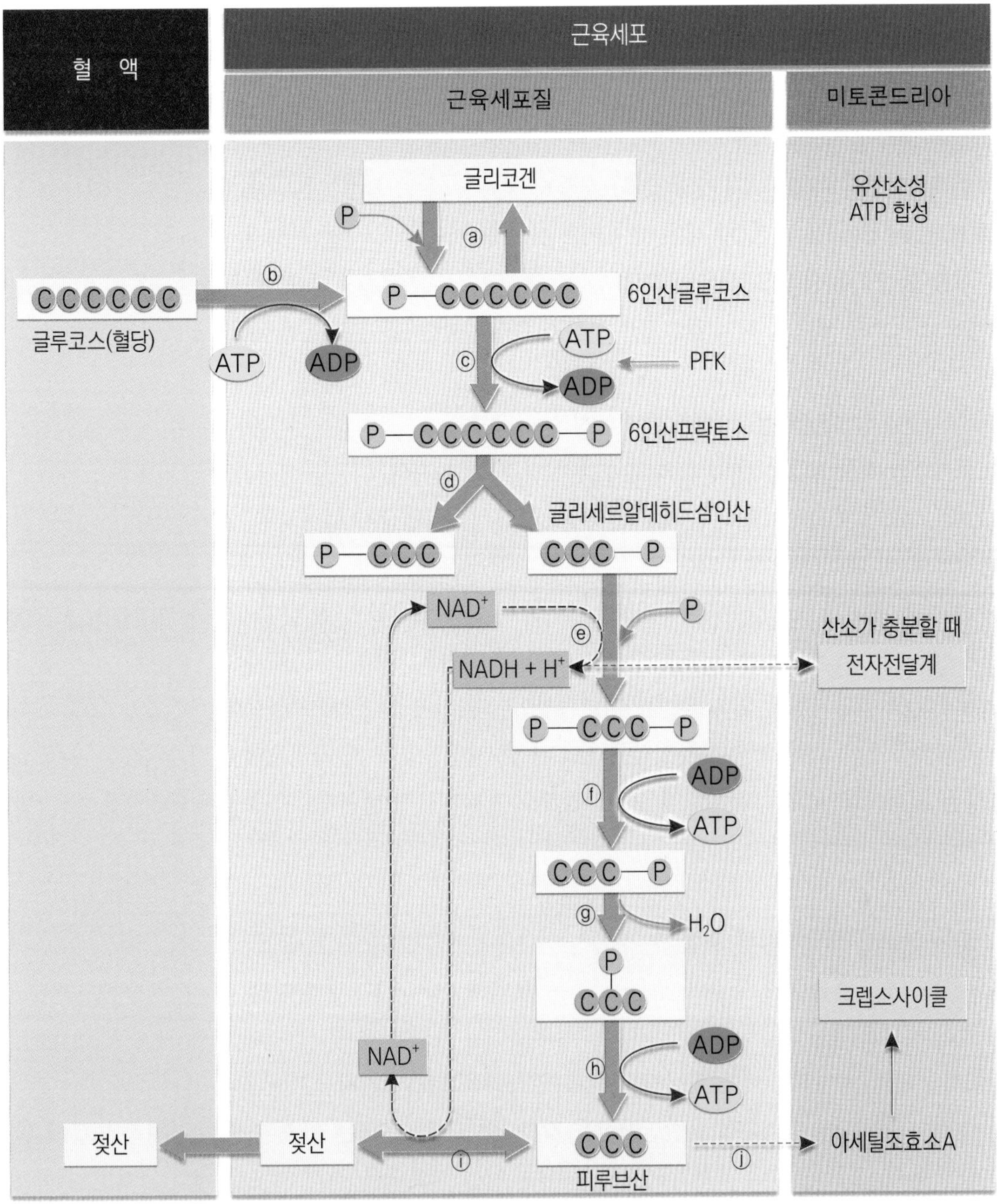

그림 3-6. 무산소성 해당 과정

ⓐ 글리코겐이 분해되면서 인산기가 부착됨.
ⓑ 혈중 글루코스가 세포질로 유입되면서 인산기가 부착됨(ATP가 분해됨).
ⓒ 두 번째 인산기가 부착됨(ATP가 분해됨).
ⓓ 6개의 탄소체인 6탄당이 두 개의 3탄당으로 나뉨
ⓔ 인산기가 부착되고, 두 개의 수소 원자와 전자가 NAD에 수용됨.
ⓕ ATP 한 분자가 생성됨.
ⓖ 물(H_2O)을 방출하며 원자가 재배열됨.
ⓗ 두 번째 ATP를 생성하면서 피루브산이 생성됨.
ⓘ 피루브산(초성포도산)이 NADH로부터 수소 두 개를 넘겨받아 젖산으로 환원됨.
ⓙ 산소가 충분한 조건에서 피루브산은 미토콘드리아로 보내져 아세틸조효소A를 형성함.

겐은 당원 분해 과정에 의해 6인산글루코스로 분해되어도 혈액 중으로 다시 나올 수 없고, 해당과정을 통해 분해될 수 있을 뿐이다.

③ 해당과정

혈액으로부터 유입되거나 글리코겐으로부터 분해된 6인산글루코스는 추가적인 분해 과정을 거쳐 피루브산(pyruvic acid)을 형성하는데(ⓐ 이후의 과정), 이를 해당과정(glycolysis)이라고 한다. 피루브산은 해당과정의 최종 산물로서 초성포도산이라고도 한다. 해당과정은 미토콘드리아 밖의 세포질에서 이루어지는 과정으로 산소를 필요로 하지 않으므로 무산소 과정이며, 이를 무산소성 해당과정이라고도 한다.

④ 무산소성 해당과정에 의한 ATP 합성

그림 3-6에서 ATP는 ⓕ와 ⓗ의 반응에서 각각 한 분자의 ATP를 생성하므로 합하여 2ATP를 생성한다. 그런데 반응 ⓓ에서 두 개의 글리세르알데히드삼인산이 생성되어 각각의 분해 과정을 거치게 되므로 이 과정에서 생성되는 총 ATP는 4ATP가 된다. 한편 ⓑ와 ⓒ의 반응에서는 1분자씩 모두 2분자의 ATP가 소비됨을 알 수 있다. 그러므로 혈중 글루코스 한 분자가 해당과정을 거쳐 2분자의 피루브산으로 분해될 때 최종적으로 2ATP가 생성된다.

무산소성 해당과정에 의해 생성된 피루브산이나 젖산은 여전히 자체의 화학적 결합 내에 에너지를 저장하고 있다. 피루브산이나 젖산은 산소가 충분히 공급될 때 사립체에서 이루어지는 유산소 과정에 의해 H_2O와 CO_2로 분해되면서 추가적으로 에너지를 방출한다. 이 방출된 에너지는 ATP 합성에 이용된다.

⑤ 무산소성 해당과정의 조절

무산소성 해당과정의 조절에 영향을 주는 요인은 여러 가지가 있지만, 제일 먼저 영향을 미치는 것은 세포로 운반되는 글루코스량이다. 글루코스는 특별한 운반단백질에 의해 세포 내로 촉진 확산(facilitative diffusion)된다. 이들 운반단백질 중에서 근육세포와 지방세포는 당수송단백체(GLUT 4: glucose transporter 4)라는 인슐린의존성 운반단백질을 갖고 있다. GLUT 4는 인슐린 또는 신체적 활동에 반응하여 세포 내 소포에 의해 세포막으로 이동하며, 이는 세포막을 통해 세포질 내로 글루코스 이동을 촉진시킨다[제4장 그림 4-24 참조].

세포 내로 유입된 글루코스는 해당과정에 의해 피루브산(초성포도산)으로 분해되는 과정을 밟게 된다. 이 과정에서 ⓐ와 ⓒ의 반응을 촉매하는 효소는 각각 가인산분해효소(phosphorylase)와 인산과당분해효소(phosphofructokinase : PFK)인데, 이들 효소의 활성도는 해당과정의 진행 속도에 커다란 영향을 미친다. 특히 인산과당분해효소(PFK)는 해당과정의 최대 속도를 결정하는 가장 중요한 효소이다.

⑥ 피루브산과 젖산의 상호 전환

피루브산이 젖산으로 전환될 것인지 아니면 미토콘드리아에서 유산소적으로 분해될 것인지는 근육으로 공급되는 산소의 양에 의해 영향을 받는다[그림 3-6ⓘ]. 즉 산소가 충분히 공급되지 않는 조건에서는 피루브산이 젖산을 형성하고, 산소가 충분히 공급되는 조건에서는 피루브산이 미토콘드리아로 보내져 유산소적으로 분해된다.

예를 들어 운동을 중지한 후에는 산소 공급이 충분히 이루어져 역방향으로의 반응이 이루어지므로 젖산이 피루브산으로 전환되고, 이어서 미토콘드리아로 보내져 유산소 과정에 의해 최종적으로 물과 이산화탄소로 분해될 수 있다.

무산소성 해당과정에 의해 생성된 피루브산(초성포도산)으로부터 젖산을 형성하는 과정은 젖산탈수소효소(lactate dehydrogenase : LDH)에 의해 조절된다. LDH는 5개의 동종 효소(LDH1~LDH5)가 있는데 LDH1과 LDH2는 주로 심장근 및 적혈구에 존재하고, LDH4, LDH5는 주로 간과 뼈대근육에 존재한다.

⑦ 무산소성 해당과정의 특징

무산소성 해당과정은 다음과 같은 특징을 갖고 있다.

- 무산소 과정은 전적으로 근육세포의 원형질(근육세포질)에서만 일어나며, 사립체(mitochondria)에서는 일어나지 않는다.
- 산소를 필요로 하지 않는 과정이다.
- 탄수화물(글루코스 또는 글리코겐)만을 이용하고, 지방은 이용하지 않는다.
- 최종 산물로서 피루브산과 젖산을 생성하며, 빠른 해당과정에서 다량 생성되는 수소 이온(H^+)은 근피로의 주요 원인이 된다.

⑧ 전자전달과 보효소 NAD

그림 3-6의 ⓔ와 ⓘ의 반응은 NAD 분자가 관여하고 있음을 알 수 있다. NAD(nicotinamide adenine dinucleotide)는 비타민 B 복합체에 속하는 니코틴산(niacin)을 함유하고 있는 중요한 보효소(coenzyme)다.

NAD^+는 전자수용자(electron acceptor)로서 작용한다. 즉 NAD^+와 같은 전자수용자는 산소를 대신하여 산화 반응에 이용된다. 산화 반응은 반응 ⓔ에서와 같이 어느 화합물이 전자를 잃어버리는 반응이다. 생리적 산화 반응에서 산화에 의해 방출되는 전자(e^-)는 수소 이온(H^+)과 함께 운반된다. NAD^+는 전자와 수소를 받아들여 환원된 형태인 NADH 형태로 미토콘드리아로 보내진다. 미토콘드리아 내로 들어간 NADH는 전자를 전자전달계로 전달한다[그림 3-6].

NAD^+는 다음과 같이 두 개의 음성하전된 전자(e^-)와 한 개의 수소 이온(H^+)을 받아들일 수 있게 된다. 또 한 개의 수소 이온은 세포질액에 남게 됨으로써 그로 인해 체액이 산성화된다.

$$NAD^+ + 2e^- + 2H^+ \longrightarrow NADH + H^+$$

반대로 반응 ⓘ에서는 피루브산이 NADH로부터 전자를 제공받아 젖산으로 환원된다. NADH는 환원 반응에서 두 개의 전자를 줄 수 있게 된다.

$$NADH \longrightarrow NAD^+ + 2e^- + H^+$$

그림 3-6의 산화 반응 ⓔ가 없다면 이어서 ATP를 생성시키는 반응은 일어나지 않는다. 그러므로 반응 ⓔ를 진행시키기 위해서는 충분한 NAD^+가 필요하다. 반응 ⓔ에서 생성된 NADH가 반응 ⓘ에서 다시 NAD^+로 전환되는 과정이 점선으로 표시되어 있다. 반응 ⓘ에 의해 생성된 NAD^+는 반응 ⓔ로 재순환된다. 그러므로 젖산의 생성은 ATP 생산에 필요한 NAD^+를 재생성하는 무산소 과정의 중요한 과정이라 할 수 있다.

⑨ **전자전달과 보효소 FAD**

산화반응에 의해 방출된 전자를 수용하는 또 하나의 전자수용자는 FAD(flavin adenine dinucleotide)가 있다. 이 보효소는 비타민B_2(리보플라빈)를 구성 재료로 갖는다. FAD는 두 개의 전자를 받는 점은 NAD^+와 같지만, 수소는 하나가 아닌 두 개를 받아들여 $FADH_2$의 형태로 환원되어 전자를 미토콘드리아 안에 있는 전자전달계에 전달한다.

심장, 콩팥, 간세포에서는 미토콘드리아 밖에 있는 NADH가 미토콘드리아로 들어간다. 그러나 뼈대근육과 뇌세포에서는 세포질의 NADH가 미토콘드리아 안으로 투과되지 못한다. 결국 미토콘드리아 밖의 NADH로부터 전자가 FAD로 넘겨져서 $FADH_2$의 형태로 간접적으로 미토콘드리아 안으로 들어가게 된다. 이 때문에 인해 글루코스 분자 하나가 유산소 과정에 의해 완전히 분해될 때 심장근육과 뼈대근육에서 생성되는 총 ATP 합성량은 차이가 나게 된다. 이에 대해서는 전자전달계 [p.103]에서 상세히 설명하기로 한다.

3.2.1.3 젖산의 처리

① **코리사이클**

운동 중 생성된 젖산 중 일부는 근육으로부터 바로 혈액으로 확산되어 나온다. 이어서 혈중젖산은 간으로 운반되며, 해당작용의 역방향 반응에 의해 6인산글루코스로 전환된다[당신생과정, 그림

plus+

산화 반응

일반적으로 물질이 산소와 결합하는 반응, 또는 물질로부터 수소를 제거하는 것. 그밖에 물질의 전자(e^-)가 방출되는 과정에 의해서 양이온의 원자가가 증가되는 반응(예, $Fe^{++} \rightarrow Fe^{+++}$). 환원반응은 그 반대 과정이다.

따라서 수소와 전자를 내보낸 NAD^+는 산화형이라고 하고, 수소와 전자를 받아들인 NADH는 환원형이라고 한다.

3-4]. 6인산글루코스는 글리코겐으로 재저장되거나 혈액으로 방출되어 혈당(혈중 글루코스)으로서 근육을 위한 에너지로 다시 공급된다. 이처럼 근육에서 생성된 젖산이 혈액→간→혈액→근육의 경로를 거쳐 에너지원으로 재사용되는 경로를 코리사이클(Cori cycle)이라고 한다[그림 3-7].

한편 운동을 중지하거나 운동강도를 낮추어 해당과정의 속도가 느려지고 산소가 작업 근육으로 충분히 공급되는 조건일 때는 운동 시 생성된 대부분의 젖산은 추가적인 분해 과정을 겪는다. 즉 더 많은 NAD^+가 젖산으로부터 수소를 받아 NADH의 형태로 전자전달계로 보내지면서 추가적인 ATP 합성이 이루어진다. 그리고 젖산으로부터 형성된 피루브산도 미토콘드리아로 보내져 최종적으로 이산화탄소와 물로 분해된다[그림 3-6 ⓙ반응].

근육에서 생성된 젖산 중 코리사이클로 간에서 당신생에 이용되는 젖산은 약 20% 정도이며, 약 10% 내외의 젖산은 아미노산으로 전환된다. 그리고 나머지 대부분의 젖산은 운동하는 근육이나 다른 근육, 심장근육에 의해서 유산소적으로 분해된다[그림 3-7].

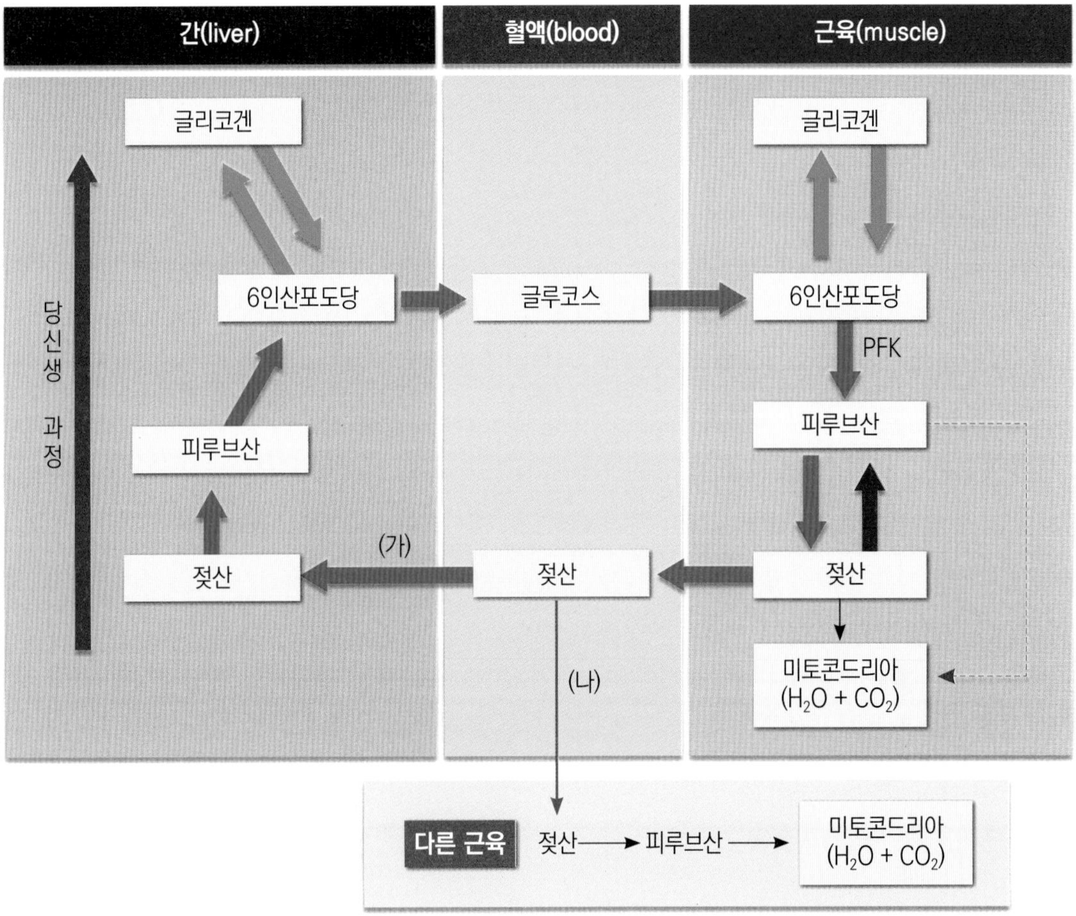

그림 3-7. 젖산 제거의 주요 경로, 코리사이클(녹색 선)

(가) 생성된 젖산의 1/5 → 코리사이클에 의해 당으로 합성(당신생)
(나) 생성된 젖산의 4/5 → 근육이나 다른 근육으로 이동하여 H_2O와 CO_2로 분해

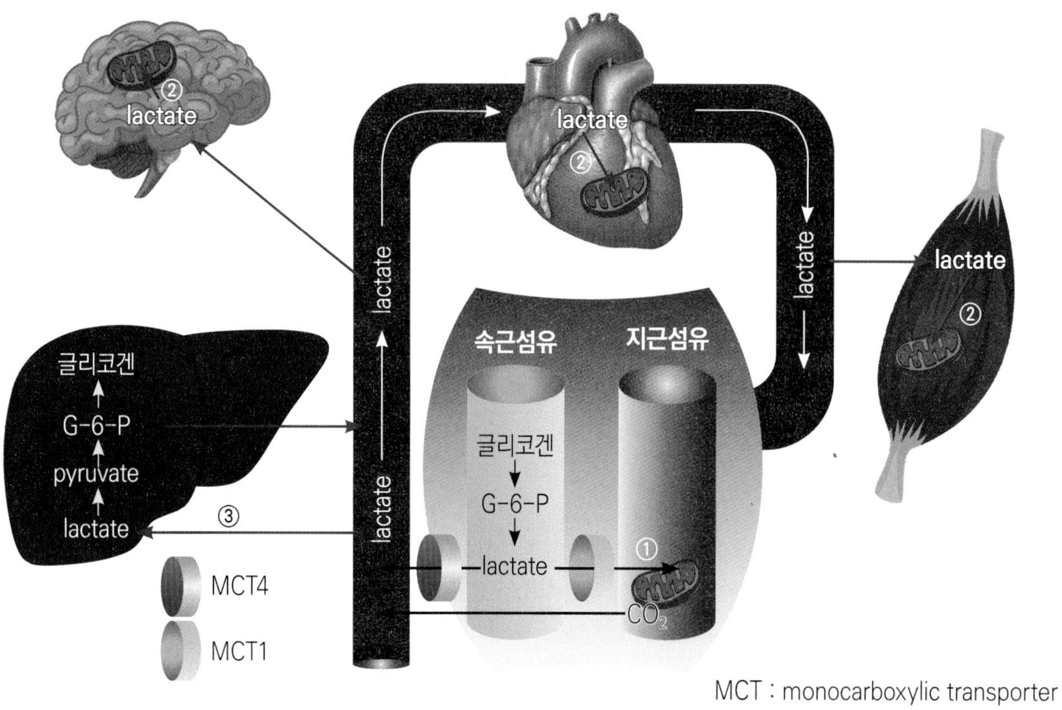

그림 3-8. 젖산(염) 셔틀(lactate shuttle)

② **젖산**(염) **셔틀**(lactate shuttle)

운동 중 운동근육에서 생성된 젖산은 다른 근육뿐만 아니라 인체의 여러 조직으로 보내져 처리된다. 즉 젖산은 인접한 세포나 떨어진 세포로 보내져 산화되거나 간에서 당신생에 이용되는데, 이때 MCT(monocarboxylic transporter)라는 단백질에 의해 젖산의 이동이 가능하게 된다.

그림 3-8은 운동근육의 속근섬유에서 생성된 젖산이 ① 같은 근육의 지근섬유로 보내지거나, ② 심장근육이나 뇌, 비활동 근육 등 산소 가용성이 높은 다른 근육으로 보내져서 피루브산으로 재전환되고, 이어서 미토콘드리아 내에서 유산소적으로 이산화탄소와 물로 산화되거나, ③ 간으로 보내져 당신생에 이용되는 과정(코리사이클)을 보여주는데, 이러한 젖산 이동을 나타내는 개념을 젖산(염) 셔틀(lactate shuttle)이라고 한다.

그림 3-9는 혈당(glucose)이 당수송단백체(GLUT)에 의해 세포 내로 유입되어 해당과정에 의해 젖산(염)을 생성하는 과정을 보여준다. 이렇게 생성된 젖산은 혈액을 통해서 다른 조직 세포로 유입되는데, 이때 MCT가 매우 중요한 역할을 한다. 조직 세포로 들어온 젖산은 역시 MCT에 의해 미토콘드리아로 보내져서 유산소적으로 이산화탄소와 물로 완전히 분해된다.

③ **운동 훈련과 혈중젖산의 제거**

운동으로 인해 젖산이 생성되었다는 것은 무산소 과정에 의존하는 에너지를 이용하여 이것을 수행했다는 의미이다. 젖산 자체가 피로를 유발하기보다는 젖산의 생성에 수반하여 수소 이온 농도의

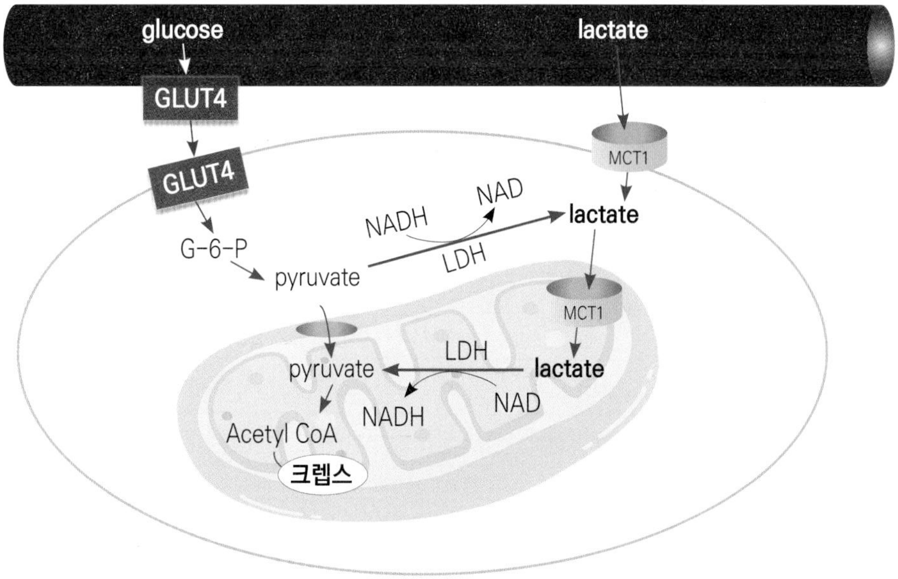

그림 3-9. 젖산(염) 셔틀과 MCT(Monocarboxylic acid Transporter)

축적이나 암모니아 등에 의해 피로가 유발되므로 혈중젖산은 피로의 유력한 지표로 이용될 수 있다는 것을 뜻한다.

지구성 훈련에 의해 동일한 강도의 운동을 수행하면 혈중젖산 농도는 더 낮아진다. 이는 지구성 훈련에 의해 작업 근육에 분포된 모세혈관의 밀도가 증가하여 작업 근육세포 주위를 흐르는 혈류 속도를 감소시키기 때문이다. 그로 인해 작업 근육세포가 산소를 추출할 충분한 시간을 갖게 되고, 더 많은 산소가 작업 근육으로 유입됨으로써 젖산 생산이 감소하는 한편 젖산의 산화도 촉진된다. 이와 함께 훈련에 의해 근육 내 미오글로빈 밀도가 증가하고, 미토콘드리아의 수와 크기가 증가하는 것도 젖산의 산화 능력이 더욱 효율적으로 높아지는 원인이 된다. 그림 3-9는 혈중 젖산(염)이 다른 근육세포로 유입되어 미토콘드리아에서 산화되는 과정인데, 운반체단백질인 MCT에 의해 세포막과 미토콘드리아막을 통과하는 것을 보여주고 있다.

④ **혈중젖산 농도의 결정 요인**

점진적으로 운동강도를 증가시킬 때 낮은 강도에서는 혈중젖산 농도의 변화가 거의 없거나 매우 서서히 증가한다. 그러나 대체로 운동강도가 중간 정도 이상을 넘어서는 시점에서 혈중젖산 농도는 급격하게 증가하기 시작하여 곡선적인 증가 양상을 보인다. 이렇게 혈중젖산 농도가 급격히 증가하는 시점을 젖산역치라고 한다.

젖산 생성에는 다음과 같은 요인이 작용한다.

가) 해당과정의 속도 : 해당과정의 속도가 빨라지면서 NADH의 생성 속도가 미토콘드리아막을 통해 전자와 수소를 넘겨주는 운반 속도를 초과하게 되는데[그림 3-6 ⓔ반응], 이때 세포질

plus+

동적 운동과 혈중젖산 농도의 감소

격렬한 운동으로 인해 형성된 젖산의 제거는 회복기에 현저히 이루어진다. 젖산의 제거는 코리사이클에 의한 글리코겐 재합성보다는 근육이나 기타 조직에서의 젖산 산화가 더 큰 역할을 하는 것으로 평가된다. 왜냐하면 운동 후 10분 동안 혈중젖산 농도는 현저히 감소하는 데 비하여 글리코겐의 재합성은 크게 일어나지 않기 때문이다.

운동 중 생성된 젖산 중 약 70%는 작업 근육이나 심장근육에 의해 산화되고, 20%는 글루코스로 전환되며, 나머지 10%는 아미노산으로 전환되는 것으로 측정되었다.

심한 운동 후 유산소 운동과 같은 능동적 휴식을 행하여 뼈대근육이나 기타 조직으로의 혈류량을 유지시키면 이들 조직에 의한 젖산 산화 수준을 증가시킴으로써 보다 빠른 젖산 제거가 이루어진다. 젖산 제거를 위한 최적의 회복기 운동강도는 최대산소섭취량(VO₂max)의 약 30~40% 수준이다.

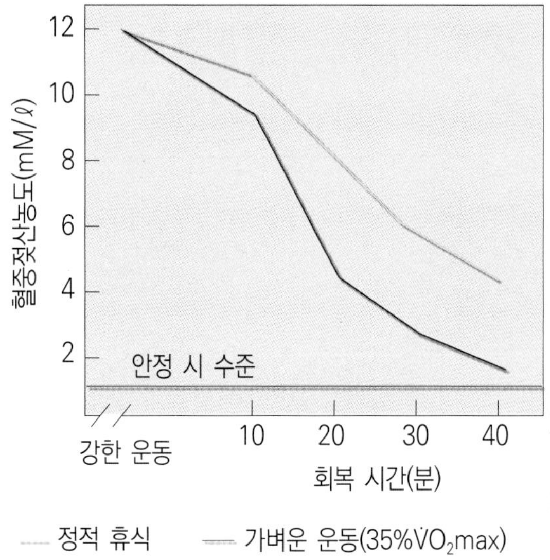

그림 3-10. 심한 운동 후 회복 방법에 따른 혈중젖산 농도의 변화

가벼운 운동(35%$\dot{V}O_2$max)을 할 때가 정적 휴식을 취할 때보다 젖산 제거를 촉진시킨다.

내의 NAD^+/NADH 비율이 낮아진다. 실제로 이 시점에서 해당과정의 속도를 증가시키는 에피네프린과 노르에피네프린의 혈중 농도가 증가한다. 이 호르몬들은 무산소성 대사에 크게 의존하는 운동강도에서 급격히 증가하는 양상을 보인다.

NADH 생산이 지나치게 많아지면 그림 3-6의 반응 ⓘ에서 보듯 피루브산은 NADH로부터 수소를 받아들여(환원되어) 젖산을 형성한다.

나) 속근섬유 동원율 : 피루브산이 젖산으로 전환될 때 작용하는 효소는 젖산탈수소효소(LDH)와 관련이 있다. 이 반응은 어떤 조건에서는 반대 방향으로 진행된다. 젖산탈수소효소에는 5개의 동위효소(isoenzyme)가 있는데, 사람의 근육섬유 종류에 따라 분포되어 있는 동위효소의 종류가 다르다. 속근섬유에서 발견되는 젖산탈수소효소의 동위 효소는 피루브산과 높은 친화력을 갖고 있어 피루브산을 젖산으로 전환시키는 반면 지근섬유에 분포된 동위효소는 젖산을 피루브산으로 전환시킨다. 그러므로 젖산 생산은 속근섬유에서 주로 일어나며, 이 과정에 산소는 개입되지 않는다.

점진적 운동 중 낮은 강도의 단계에서는 지근섬유만이 참여하지만 운동강도가 증가함에 따라 속근섬유의 동원 비율이 높아지고, 그로 인해 젖산생성이 가속화된다고 볼 수 있다.

다) 혈중젖산의 처리 속도 : 혈중젖산 농도는 생성 속도뿐만 아니라 제거 속도에도 영향을 받는다. 작업 근육에 의해 생성된 젖산은 혈중으로 확산되어 나와 간으로 보내지거나 비활동 근육으로 보내져서 산화된다.

작업 근육에서의 산소 결핍은 여전히 젖산 생성의 중요한 인자이다. 즉 산소는 전자전달계에서 수소와 전자를 수용하는 최종 수용자로서 산소가 부족한 상황에서는 NADH나 $FADH_2$가 NAD^+나 FAD^+로 산화되지 못하는데, 그 이유는 산화되지 못한 NADH나 $FADH_2$는 대신 근육 세포질에서 그림 3-6의 반응 ⓘ에서와 같이 피루브산에 수소를 넘겨주게 되어 젖산을 형성시키기 때문이다.

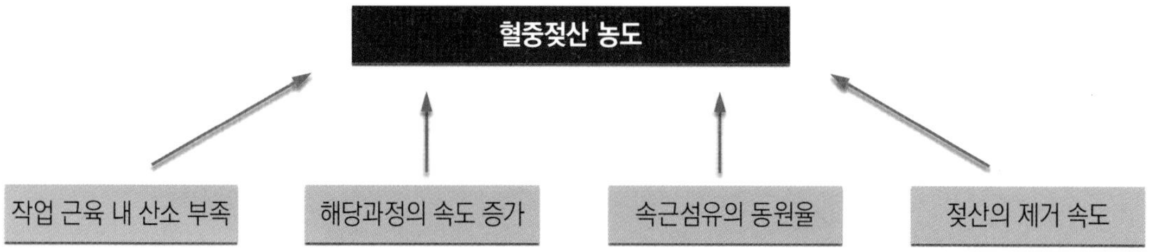

그림 3-11. 운동 중 혈중젖산 농도에 영향을 미치는 요인

3.2.2 유산소 과정

무산소성 해당과정에 의해 단시간에 다량의 ATP를 생성하면 심한 고강도 운동에 필요한 ATP를 공급할 수 있다. 그러나 고강도 운동 시에는 근육 내에 한정된 인원질이 고갈되고 체액 중 수소이온(H^+)이나 암모니아 등 피로 유발 물질이 축적되기 때문에 장시간 운동을 지속시킬 수 없게 된다. 근육의 산성화(acidosis)는 가인산분해효소(phosphorylase)나 인산과당분해효소(PFK)의 활성도를 저하시켜 해당과정을 억제하기 때문이다.

따라서 운동을 지속하기 위해서는 운동강도를 낮추어야 한다. 운동이 약 40~60초 이상 지속될 때에는 혈액으로부터 활동 근육으로 공급되는 산소를 이용하여 ATP를 유산소적으로 합성하는 과정에 의존하게 된다.

3.2.2.1 유산소성 탄수화물 대사

글리코겐이나 글루코스(혹은 6인산글루코스)는 그림 3-6에서 보듯이 우선 해당과정에 의해 세포질에서 무산소적으로 분해된다. 그러나 유산소적 조건에서는 피루브산(초성포도산) 분자가 젖산으로 전환되지 않고 근육 세포질을 경유하여 미토콘드리아로 유입된다.

3탄당인 피루브산 2분자는 미토콘드리아 내에서 일련의 제조 공정(화학반응)을 거쳐 각각 3분자의

plus+

젖산 셔틀의 개선을 위한 인터벌 훈련법

기존의 젖산 셔틀에 의한 능력을 개선하기 위한 훈련 방법, 즉 지구력을 개선하기 위한 훈련 방법은 대부분 다음과 같았다.

① 젖산역치 근처의 운동강도로 지속해서 운동하는 훈련(Tempo workout)

② 낮은 강도에서 서서히 운동강도를 높여나가서 젖산역치 이상으로 운동하는 훈련 방법(Predator run)

그런데 기존의 인터벌 훈련과는 다른 새로운 인터벌 훈련법이 주목받고 있다. 기존의 인터벌 훈련은 고강도의 운동 구간을 달린 다음에 완전히 속도를 늦추어 유산소적인 구간으로 운동을 수행하면서 회복기를 갖는다.

그러나 젖산 셔틀을 개선하기 위한 새로운 인터벌 훈련은 '젖산역치보다 높은 고강도 운동' 다음에 운동강도를 많이 떨어뜨리지 않고 '젖산역치보다 약간 낮은 운동'을 반복하는 것이다. 즉 고강도 운동 다음에 낮은 운동강도로 회복기를 갖는 것이 아니라, 어느 정도 높은 운동강도를 유지하는 것을 반복하는 훈련 방법이다. 이것을 'fast, not as fast'라고 표현할 수 있다[그림 3-12].

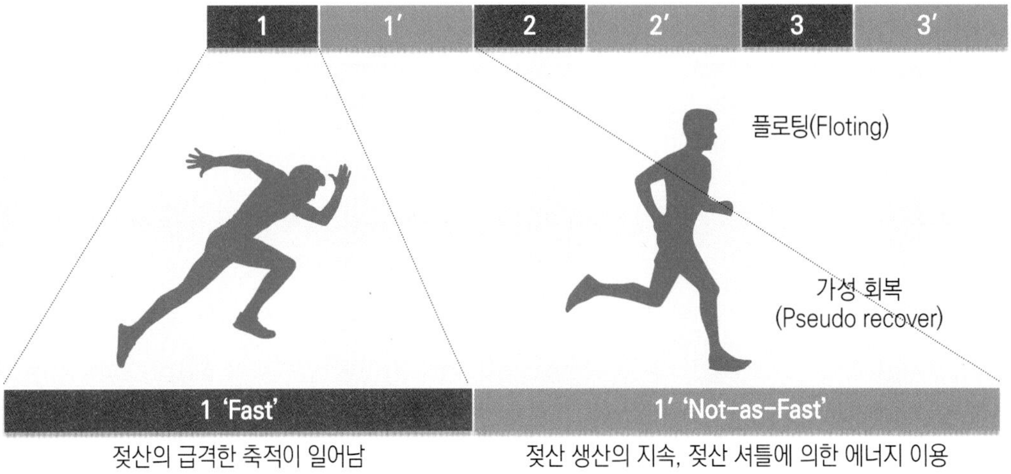

그림 3-12. 젖산 셔틀을 개선하기 위한 인터벌 훈련 방법

다시 말해서 '빠르게 달리고 이어서 그것만큼 빠르지는 않지만 느리지 않게 달리는 것'이다. 'not as fast' 구간은 조깅하듯이 달리는 것이 아니라 속도를 많이 늦추지 않고 달리는 관성을 이용하여 마치 떠서 가는 듯(floating)한 느낌을 살리는 것이다. 이러한 훈련 방법은 빠르게 달리는 구간에 이어서 다음 구간에서도 젖산 생성과 함께 젖산 셔틀의 활발한 작용, 즉 젖산 셔틀을 이용하여 젖산을 에너지원으로 연소시키는 능력을 개선하는데 효과적으로 보인다.

젖산 셔틀의 개념이 제시되기 오래전이지만 이러한 훈련 방법을 적용한 대표적인 선수가 미국의 10,000m 달리기 선수인 스티브 프로폰테인(Steve Profonteine)이다. 그는 1970년대 활약했던 선수로 200m를 30초에 달리고, 이어서 200m를 40초에 달리는 것을 무려 18회나 반복하는 훈련을 했다고 한다.

또 1981년 마라톤 세계 기록(1시간 8분 18초)을 세운 호주의 로버트 데 카스텔라(Robert de Castella)는 400m를 자신의 5,000m 달리기 페이스보다 1초나 2초 빠르게 달리고 나서, 400m를 자신의 5,000m 달리기 페이스보다 8초 정도 느리게 달리는 것을 12회 반복하는 인터벌 훈련을 하였다.

이러한 훈련 방법의 예시로는 'fast'와 'not as fast' 구간을 300→100→300→100m를 반복하며 달릴 수도 있고, 300→200→300→200m를 반복하여 달릴 수도 있는데, 자신의 컨디션이나 종목 특성을 고려하여 다양하게 변화시켜 적용할 수 있다.

CO_2와 H_2O로 분해된다. 따라서 1분자의 글루코스는 유산소 과정을 통하여 최종적으로 6분자의 물과 6분자의 이산화탄소를 생성한다.

글루코스(6탄당) < 피루브산(3탄당) ——→ $3CO_2+3H_2O$
　　　　　　　　　피루브산(3탄당) ——→ $3CO_2+3H_2O$
　　　　　　　　　———————————————
　　　　　　　　　　　　　　　　　　$6CO_2+6H_2O$

미토콘드리아 내에서 피루브산 분자 하나가 물과 이산화탄소로 분해되는 과정은 상당히 복잡하다. 즉 피루브산은 크렙스회로와 전자전달계라는 제조 공정(화학적 반응)에 의해 ATP를 생산하고 최종적으로는 이산화탄소와 물로 분해된다.

그림 3-13은 지금까지 배운 탄수화물의 분해 과정 즉 해당과정과 앞으로 설명할 유산소 과정의 전체 개요를 보여주고 있다.

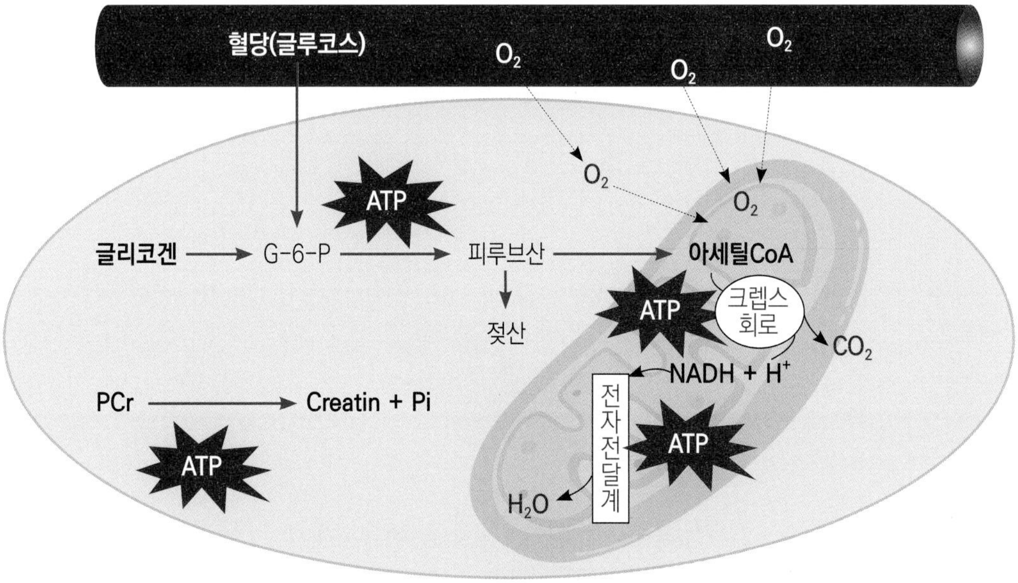

그림 3-13. 탄수화물의 전체 개요(해당 작용과 유산소 과정)

① **크렙스회로**

해당과정에 의해 생성된 피루브산은 산소 공급이 충분할 때 근육 세포질로부터 미토콘드리아막을 통해 미토콘드리아 내로 확산되어 들어간다. 그 과정에서 피루브산은 CO_2를 잃어버리고 NAD^+에 의해 산화되어 두 개의 전자(e^-)와 수소 이온(H^+)을 방출한다[그림 3-14 ⓐ]. 이렇게 방출된 전자는 NADH의 형태로 전자전달계에 전달되기 때문에 ATP 생산에 매우 중요하다.

피루브산이 CO_2를 방출하면서 산화되어 두 개의 전자와 수소 이온을 잃어버린 다음에 아세틸기(acetyl group)가 된다. 이 아세틸기는 조효소 A(coenzyme A)와 결합하여 아세틸조효소 A(acetyl CoA)를 형성한다[반응 ⓐ]. 이 아세틸조효소 A는 TCA회로 또는 크렙스회로(Krebs cycle)라는 일련의 주기적 화학반응에 들어가게 된다. 크렙스회로에서 아세틸조효소A는 옥살아세트산(oxaloacetate, 옥살초산)과 결합하여 시트르산(citric acid, 구연산)을 형성한다. 이 회로의 첫 번째 산물로 시트르산(구연산)이 생성되기 때문에 이 회로를 구연산회로라고도 한다.

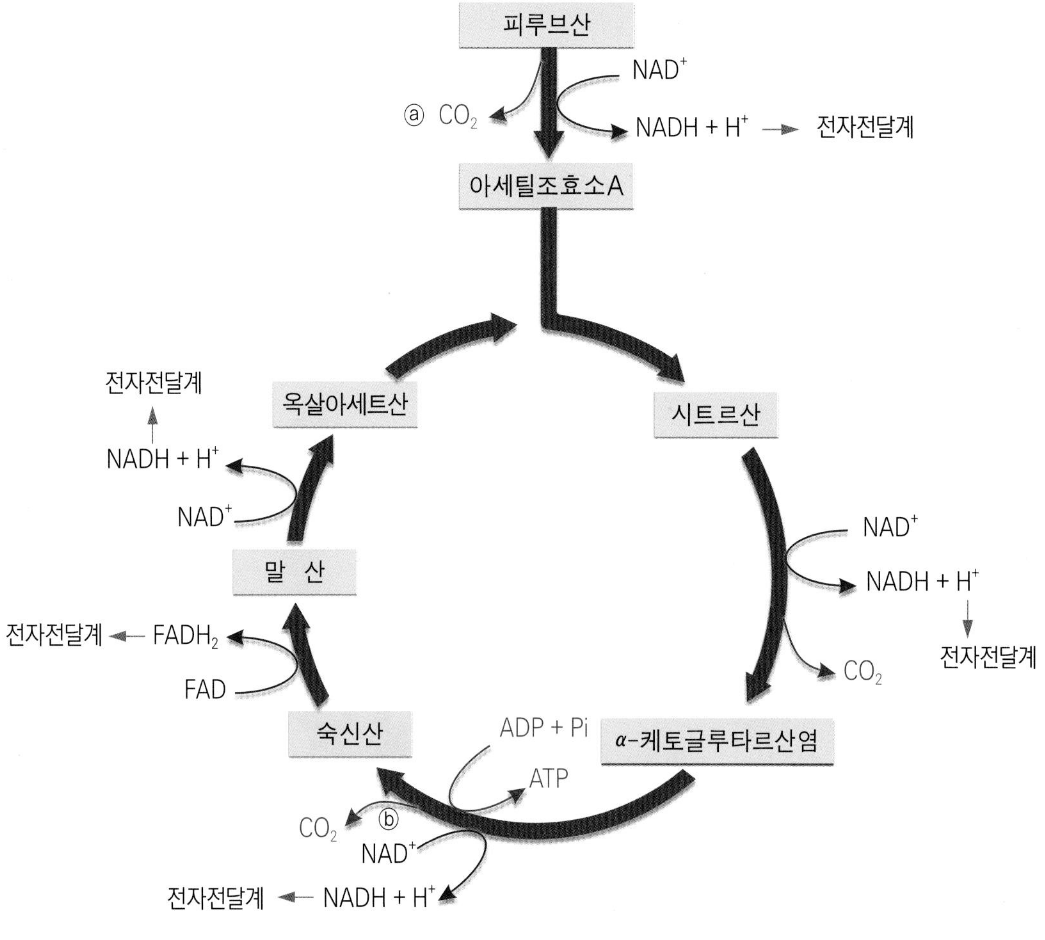

그림 3-14. 크렙스회로(구연산회로)

피루브산이 CO_2, 전자 및 수소 이온으로 분해되는 과정(한 분자의 글루코스에서 2개의 피루브산이 생성된다는 점을 기억하라)

크렙스회로에 들어간 아세틸조효소 A는 회로를 순환하면서 CO_2를 내놓고 산화되면서 전자(e⁻)와 수소 이온(H⁺)을 방출한다[그림 3-14 ⓑ]. 이 과정에서 1개의 ATP가 생성된다[반응 ⓑ]. 결과적으로 피루브산 한 분자는 크렙스회로를 순환하면서 3개의 CO_2를 생성하고, 1ATP를 합성한다. 그리고 각각 2개의 전자와 2개의 수소 이온을 방출하는 총 다섯 번의 산화 반응이 일어난다. 전자와 수소를 방출하는 다섯 번의 산화반응 중 네 번은 NAD^+에 의해 일어나고, 나머지 한 번은 FAD^+(flavin adenin dinucleotide)가 전자수송자 역할을 한다.

피루브산이 유산소적 분해를 통해 다량의 ATP를 생성하기 위해서는 전자수송자인 NAD와 FAD에 의해 수송되는 전자 및 수소 이온이 전자전달계(electron transport system : ETS)를 경유하여 산소(O_2)까지 전달되어야 한다.

② **전자전달계**

해당과정[그림 3-6] 및 크렙스회로[그림 3-14]에서 방출된 전자 및 수소 이온은 급속히 이동하여 산소(O_2)와 결합하여 물(H_2O)을 형성한다. 이 일련의 반응을 전자전달계(electron transport system : ETS) 또는 전자수송계라고 한다. 즉 해당과정 및 크렙스회로에서 방출된 전자 및 수소 이온은 $NADH+H^+$와 $FADH_2$의 형태로 운반되어 전자전달계에서 전자를 방출하는 반응(산화)에 의해서 ATP를 합성하는 에너지를 얻게 된다. 이처럼 전자전달계에서 연속적인 산화과정에 의해 ATP를 생성하는 과정을 산화

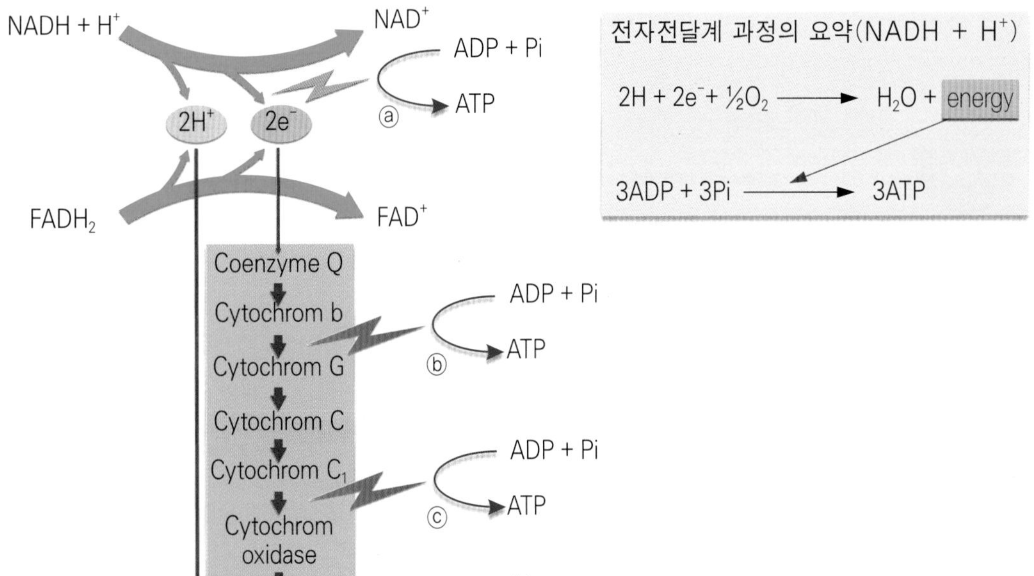

그림 3-15. 전자전달계와 ATP 합성

적 인산화 과정(oxidative phosphorylation)이라고 한다.

근육 수축에 필요한 최대의 ATP 공급은 바로 미토콘드리아에서의 산화적 인산화과정에 의해 이루어진다.

그림 3-15의 ⓐ반응에서 NADH+H^+는 2개의 전자(e^-)와 수소 이온을 방출하면서 NAD^+로 산화된다. 방출된 2개의 수소 이온은 물에 용해된 상태로 마지막 단계인 ⓓ반응에 참여하게 되며, 2개의 전자(e^-)는 운반자인 효소들(사이토크롬)에 의해 운반되어 산소와 결합하게 된다. 전자전달계 내에서 전자운반을 담당하는 효소는 사이토크롬(cytochrome)이며, 그 주성분은 철(Fe)과 단백질이다. 여기서 중요한 것은 NADH+H^+가 전자를 방출하는 ⓐ의 반응에서 1ATP가 생성되고, 이어서 운반자인 효소들에 의해 전자가 운반되는 ⓑ와 ⓒ의 반응에서 2ATP가 생성되어 모두 합해서 3ATP가 생성된다는 점이다.

반면 크렙스회로에 의해 생성된 $FADH_2$ 한 분자는 ⓐ반응을 거치지 않고 다음 단계에 들어가기 때문에 2ATP를 생성한다[그림 3-15]. 심장근육에서는 NADH가 미토콘드리아로 직접 들어가기 때문에 ⓐ~ⓒ 반응을 통해 3ATP를 생성하지만, 뼈대근육에서는 NADH가 미토콘드리아 내로 들어가지 못하고 $FADH_2$가 대신 들어가므로 2ATP를 생성한다.

전자운반을 담당하는 특별한 운반자들(carriers)이 이루는 연속적인 산화적 연결을 호흡체인(respiratory chain)이라고 한다. 호흡 체인의 다음 단계로 갈수록 전자와의 친화도가 높은 전자운반자로 되어 있으며, 마지막 운반자인 사이토크롬산화효소(cytochrome oxidase)만이 전자를 직접적으로 산소에 보낼 수 있다. 산소는 호흡 체인에서 마지막 전자수용자로서 조직 내 산소의 가용 여부는 호흡 체인의 속도에 영향을 준다.

호흡 체인에 영향을 주는 주요인으로 다음의 3가지를 들 수 있다.

① 조직세포 내 산소의 존재

plus+

에너지대사의 조절

세포 내의 해당과정과 크렙스회로, 그리고 전자전달계 등 일련의 에너지 반응은 여러 인자들에 의해 촉진되거나 억제된다. 예를 들어 세포 내 ADP 농도의 증가는 ATP 수준을 회복시키기 위한 에너지 공급의 필요성을 반영하며, 반면 세포 내 ATP 농도가 높다는 것은 에너지 요구 수준이 그만큼 낮다는 것을 의미한다.

그러므로 ATP나 NADH는 해당과정과 같은 에너지 분해 과정의 효소들에 대해서 억제제(inhibitor)로서 작용한다. 반면 ADP, NAD^+, 칼슘 등은 촉진제(activator)로서 작용한다.

예를 들어 운동 시작과 동시에 ATP의 활발한 분해로 인하여 ADP가 증가하면 ADP/ATP 비율이 증가하고, 미토콘드리아 내의 NAD^+/NADH 비율은 감소한다. 그로 인해 해당과정에 작용하는 가인산분해효소(phospholylase)나 인산과당분해효소(phosphofructokinase)의 활성도가 증가함으로써 인체의 에너지 생산 반응을 가속화시킨다.

그밖에 에너지대사 속도에 영향을 주는 인자는 인산, cAMP(cycle AMP), 구연산(citric acid), pH 등이다.

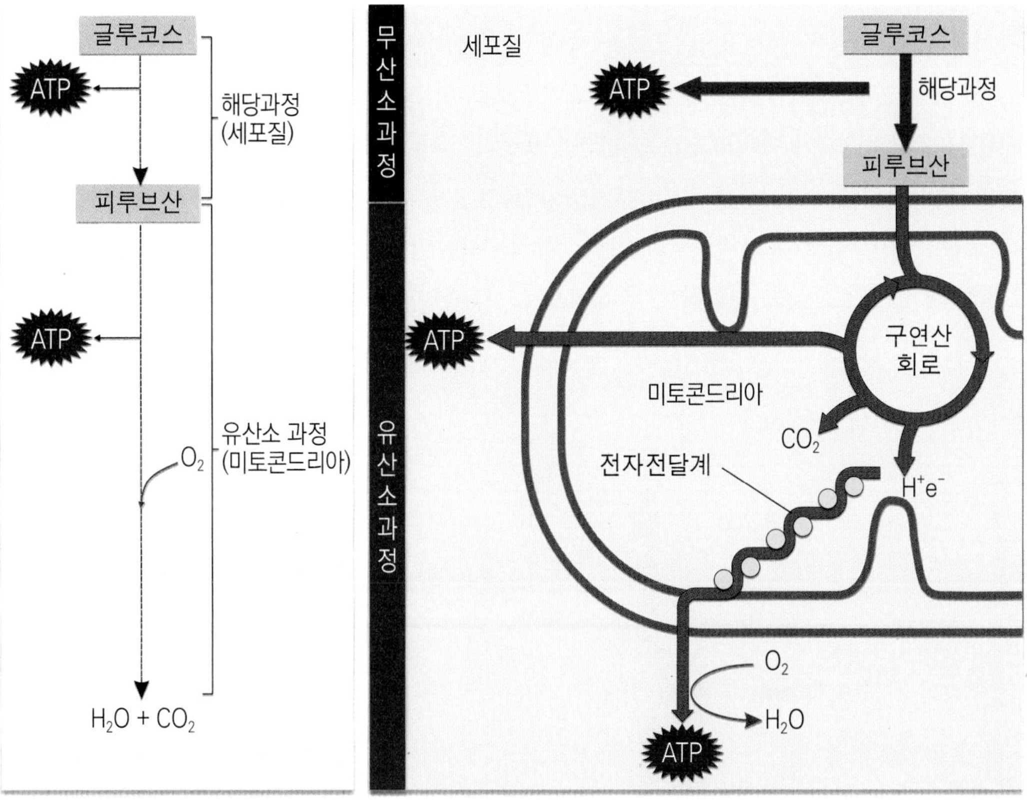

그림 3-16. 무산소성 해당과정과 유산소 과정의 전체 과정

② 조직세포 내 NADH 또는 $FADH_2$

③ 조직세포 내 미토콘드리아의 수와 효소량

그림 3-16에는 글루코스가 해당과정과 크렙스회로, 그리고 전자전달계를 거쳐 분해되는 과정의 전체적인 윤곽을 제시하고 있다.

③ 유산소성 해당과정을 통한 총 ATP 생성량

글루코스(또는 6인산글루코스) 한 분자가 뼈대근육에서 유산소적으로 완전히 분해되어 최종적으로 물(H_2O)와 이산화탄소(CO_2)로 분해될 때 총 36ATP를 생성한다. 그림 3-16을 보면서 지금까지의 에너지 대사 과정을 복습하기 바란다.

해당과정에서 혈중 글루코스나 근육 글리코겐으로부터 유래된 6인산글루코스 1분자가 2개의 피루브산 분자로 분해되는 과정에서 2ATP가 생성된다는 것을 배웠다. 그러나 산소가 충분하다면 그림 3-6의 ⓔ반응에서 방출된 전자와 수소를 넘겨받은 NADH는 피루브산에 전자와 수소를 넘겨주어 젖산을 생성하는 대신에 미토콘드리아의 전자전달계에서 산소에게 전자와 수소를 넘겨주면서 물(H_2O)을 생성한다. 그림 3-6의 ⓔ 단계 이후의 과정은 두 개의 글리세르알데히드삼인산이 각각 산화되는 과정이므로, 2개의 NADH가 전자전달계로 전자와 수소를 전달한다. NADH 한 분자로부터 전자전달계를 통해 3개의 ATP가 생성되므로 ⓔ반응에서 생성된 2개의 NADH는 모두 6ATP를 생성한다.

그러나 앞서 설명했듯이 심장근육과는 달리 뼈대근육에서는 NADH가 미토콘드리아 내로 직접 유입되지 못하고 $FADH_2$에 수소와 전자를 넘겨주므로 이 경우에는 모두 4ATP가 생성된다. $FADH_2$는 NADH와 달리 3개가 아니라 2개의 ATP를 생성하기 때문이다[그림 3-15].

한편 해당과정에 의해 생성된 두 분자의 피루브산은 근육에 산소가 충분히 공급되는 조건에서 미,토콘드리아 내로 유입된다. 피루브산 한 분자는 미토콘드리아에서 아세틸조효소A로 전환되고 이어서 크렙스회로를 순환하며 연쇄적으로 산화된다. 이때 하나의 크렙스회로에서는 1ATP

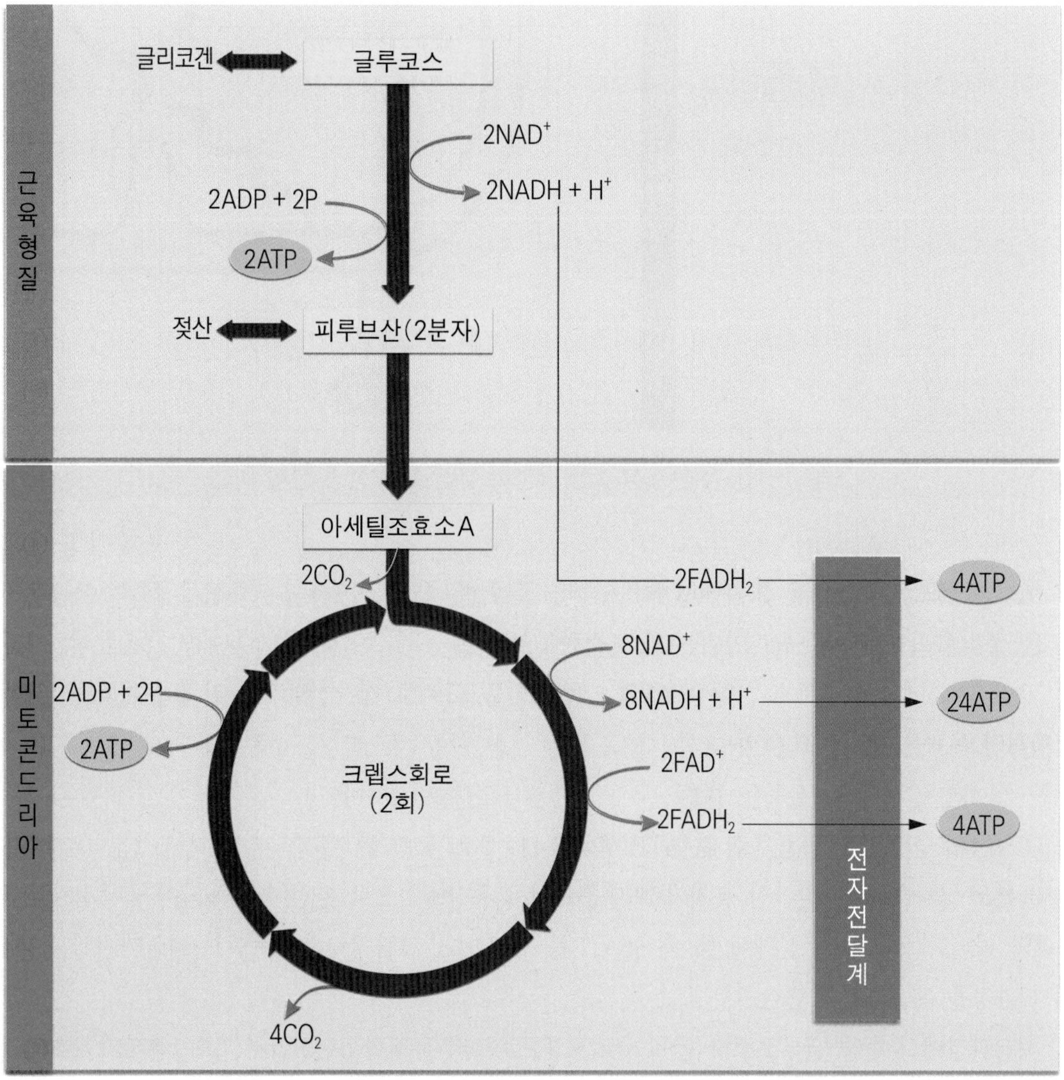

그림 3-17 유산소적인 탄수화물 분해를 통한 총 ATP 생성량

그림에서 해당과정에 의해 글루코스는 2개의 피루브산으로 분해되고, 이어서 미토콘드리아에서 각각 크렙스회로를 순환한다. 따라서 크렙스회로에 의한 ATP와 NADH, CO_2 등의 생성량은 2를 곱한 값이다.
이 그림은 뼈대근육에서의 총 ATP 합성량으로서 총 36ATP가 생산된다. 심장근육에서는 근육세포질에서 해당과정에 의해 생성된 2NADH가 직접적으로 미토콘드리아로 들어갈 수 있기 때문에 전자전달계에서 4ATP가 아니라 6ATP를 생산하므로 총 38ATP가 생산된다.

와 4NADH, 그리고 1$FADH_2$를 생산한다. 한 분자의 NADH는 전자전달계에서 3ATP를 생성하고, $FADH_2$는 2ATP를 생성하므로 피루브산 한 분자는 모두 15ATP(1+4×3+1×2=15ATP)를 생성한다. 그러므로 두 분자의 피루브산은 크렙스회로와 전자전달계를 통해서 모두 30ATP를 생성한다.

그러므로 뼈대근육에서 글루코스 한 분자가 유산소 과정을 통해서 6CO_2와 6H_2O로 완전히 분해될 때 모두 36ATP(2+4+30)를 생성한다. 이 과정을 요약하면 그림 3-17과 같다.

④ 해당과정과 유산소 과정의 요약

지금까지 탄수화물 대사의 전반적인 과정을 설명하였다. 그림 3-18은 탄수화물 대사 과정을 보다 간략하게 보여주고 있다. 그림에서와 같이 근육에 저장된 글리코겐은 당원 분해 과정을 거쳐 6인산글루코스(또는 글루코스)로 분해되며, 이어서 해당과정에 의해 2개의 피루브산을 생성한다. 이때 해당과정의 속도 증가와 산소 결핍 등에 의해 피루브산은 젖산으로 전환된다.

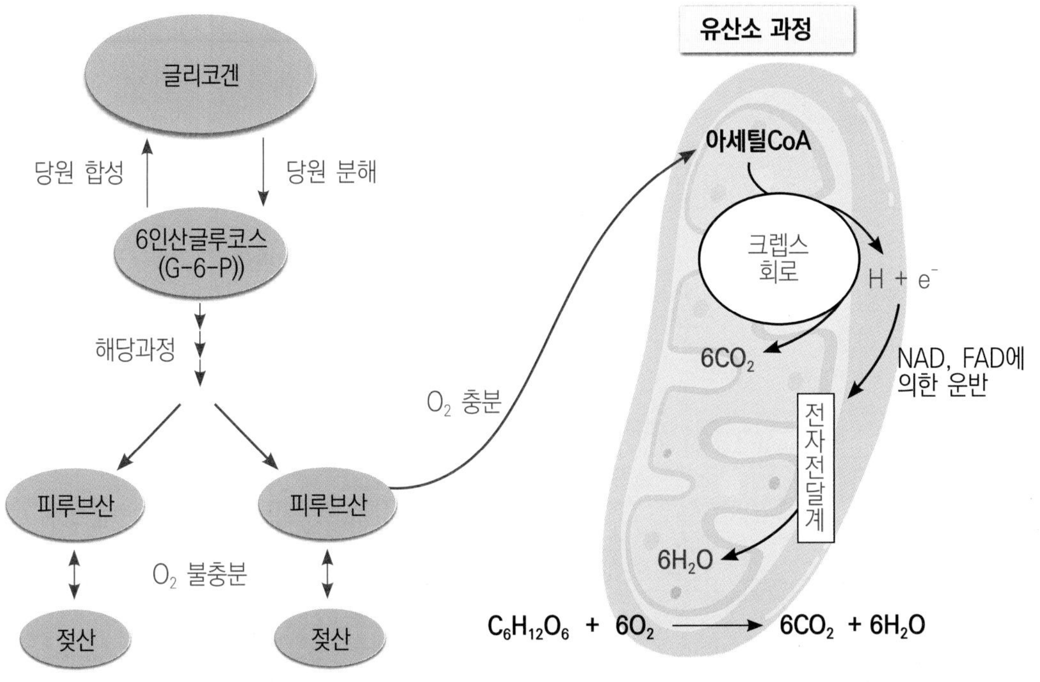

그림 3-18. 탄수화물의 대사(해당과정과 유산소 과정)

그러나 산소의 가용성이 높고, 해당과정의 속도가 빠르지 않은 상황에서 피루브산은 미토콘드리아로 들어가 아세틸조효소A로 전환된다. 아세틸조효소A는 크렙스회로에서 일련의 연속적인 산화과정을 거치면서 ATP를 합성하는 동시에 수소와 전자를 방출한다. 이때 크렙스회로에서 일어나는 산화과정에서 부산물로 이산화탄소(CO_2)가 발생한다.

한편 해당과정과 크렙스회로의 산화 과정에 의해 방출되는 수소와 전자는 전자전달자(NAD와 FAD)에 의해 전자의 최종 수용자인 산소에 전달된다. 그 과정에서 다량의 ATP가 합성되고, 부산물로 물

plus+

양성자 펌프(H^+ pump)와 실제 ATP 생산량의 산정

전자전달계(ETS)란 미토콘드리아 내막의 안팎에서 일어나는 H^+와 전자(e^-)의 이동에 의해 생성된 에너지로 ATP를 생성하는 과정이라고 할 수 있다.

그 구체적인 과정을 설명하면 해당과정에 의해 발생한 전자를 수용한 전자전달자(NADH, $FADH_2$)는 미토콘드리아막을 통해 미토콘드리아기질로 들어가고, 크렙스회로에 의해 발생한 전자를 수용한 전자전달자는 바로 미토콘드리아 기질(미토콘드리아 내막 안)에서 전자전달계(ETS)로 들어간다.

이 과정은 그림 3-19에 나타내고 있다. 그림에서 보듯이 미토콘드리아 내막에는 양성자(H^+)를 미토콘드리아 내막에서 내막과 외막의 사이공간쪽으로 내보내는 특별한 펌프가 있다. 전자전달자에 의해 수송된 수소 이온(H^+)이 이 펌프에 의해 미토콘드리아 내막을 통해 밖으로 펌핑해서 내보내게 되므로 미토콘드리아 내막과 외막 사이에는 H^+의 농도가 높은 상태가 된다. 이렇게 되면 미토콘드리아 내·외막 사이의 농도차가 증가하면서 삼투압차에 의한 잠재적인 에너지를 갖게 된다.

이 삼투압차에 의한 잠재적인 에너지에 의해 ATP가 합성되는 것을 화학 삼투 가설(chemiosmotic hypothesis)이라고 한다. 이처럼 미토콘드리아 내·외막 사이공간에서 형성된 높은 농도의 수소 이온은 삼투압차가 형성되고, 마치 댐에 가둔 물이 높은 낙차에 의한 에너지를 갖듯이 ATP를 합성하기 위한 에너지를 갖게 된다. 즉 수소 이온은 미토콘드리아 내막으로 다시 유입되는데, 이 때 수소 이온의 통로가 되는 ATP 합성효소가 활성화되면서 ATP가 합성된다(ADP + Pi → ATP).

한편 수소 이온이 펌핑되어 미토콘드리아 내막으로 나가는 과정에서 전자(e^-)는 코엔자임 Q(Coenzyme Q)나 시토크롬 c 등에 의해 전달되면서 마지막 전자수용자라고 할 수 있는 산소(O_2)에 전달되면서 수소 이온과 함께 물(H_2O)을 형성한다.

이러한 과정을 통해서 생성되는 ATP는 뼈대

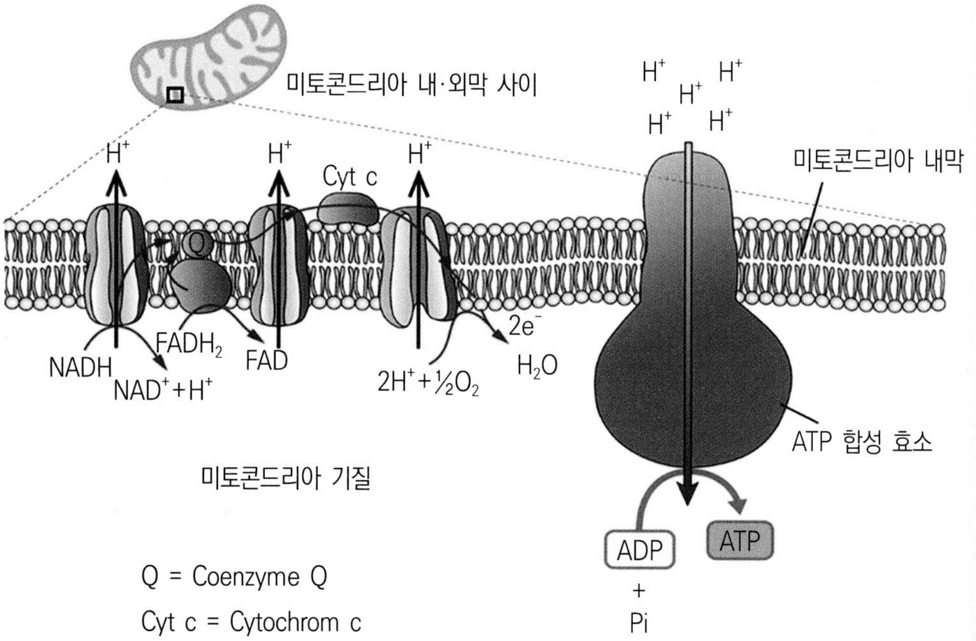

그림 3-19. 전자전달계의 ATP 생성 과정

근육의 경우 총 36ATP이다. 그런데 이렇게 생성된 ATP는 결국 근육의 수축 기전까지 보내져야 하는데, 이는 미토콘드리아막을 통과하여 세포질로 보내야 한다는 것을 의미한다.

이렇게 ATP를 세포질로 이동시키기 위해서는 H^+가 추가로 펌프를 통과해야 하며, 그로 인해 손실되는 에너지를 고려한다면 NADH 1개가 수소와 전자를 전달함에 따라 생성되는 ATP량은 3ATP가 아니라 평균 2.5ATP이며, $FADH_2$의 경우에는 2ATP가 아니라 평균 1.5ATP로 산정된다. 물론 이는 ATP분자가 소수점으로 존재하지 않으므로 한 개의 NADH나 $FADH_2$에 의한 ATP의 평균 생성량을 나타낸다.

이러한 계산을 통해 실제로 혈액에서 유래된 글루코스 한 분자가 생성하는 ATP는 32ATP이고, 글리코겐으로부터 유래된 글루코스 한 분자가 생성하는 ATP는 33ATP라고도 볼 수 있다.

이처럼 생산과정에서 손실되는 에너지량을 고려하여 계산할 경우에는 글루코스 한 분자가 생성하는 ATP량은 36 ATP가 아니라 32 ATP이고, 글리코겐으로부터 유래된 글루코스 한 분자는 33 ATP를 생산한다고도 할 수 있다.

(H_2O)을 생성한다(전자전달계).

3.2.2.2 지방의 에너지대사

탄수화물은 무산소 과정이나 유산소 과정 모두에서 이용되지만, 지방의 대사에는 반드시 산소가 공급되어야 한다. 지방은 미토콘드리아 내에서 유산소적으로만 분해되어 최종적으로 H_2O와 CO_2를 생성한다.

사람이 섭취하거나 인체 내에 저장되어 있는 대부분의 지방은 중성지방인데, 이는 한 분자의 글리세롤에 3분자의 지방산이 결합된 형태이다. 섭취한 지방산이 체내에서 소화·흡수되고 운반되는 과정은 제2장의 '지방의 체내 흡수와 운반 경로'[p.70]에 자세히 설명하였으며, 아래에도 체내 에너지원의 이동 및 이용 경로의 개요에 대해 설명하였다[그림 3-20].

근육 자체에 저장되어 있거나 지방조직에 저장되어 있는 중성지방으로부터 분해되어 나오는 지방산(fatty acid)은 인체의 직접적인 에너지원으로 이용된다. 지방산은 근육세포 내에서 베타-산화(beta-oxidation)라고 하는 과정을 통해 ATP를 합성하기 위한 에너지를 방출한다.

① 지방산의 산화(베타-산화)

운동에 의해 지질 분해(lipolysis)가 활발하게 일어나면 혈중으로 나온 유리지방산(FFA : free fatty acid)은 근육세포로 유입되어 에너지원으로 산화된다. 지방산은 오직 미토콘드리아 내에서 유산소적으로만 산화되기 때문에 세포 내로 유입된 지방산은 카니틴 전이효소(carnitine translocase)의 작용으로 미토콘드리아 내막까지 이동하여 산화 과정을 거치게 된다.

지방산은 탄수화물에 비해 긴 화학적 결합을 갖고 있기 때문에 그 결합의 분해를 통해 에너지를 얻기 위해서는 탄수화물보다 가공 과정(화학적 반응)을 한 번 더 거쳐야 하는데, 그 과정을 베타-산화(β-oxidation)라고 한다.

plus+

체내 에너지원의 이동 및 이용 경로

지금까지 배운 것을 토대로 인체가 이용하는 주에너지원인 탄수화물과 지방의 체내 이동 경로에 대한 전체적인 윤곽을 이해하는 것이 중요하다. 그림 3-20은 그러한 경로를 전체적으로 보여주고 있다.

운동에 의해 인체 에너지원은 녹색선의 방향으로 활발하게 이동한다. 알파벳으로 표시된 경로는 순서를 나타내는 것은 아니며, 운동 강도나 시간, 운동하는 사람의 식사 여부 및 체력 수준 등의 상황에 따라 그 속도와 영향은 다르게 나타난다.

그림의 (E)과정은 지방이 근육에 에너지원으로 동원되는 경로를 나타낸다. (D)과정에서 지질 분해에 의해 혈중으로 나온 지방산을 유리지방산(FFA: free fatty acid)이라고 하며 유리지방산(FFA)은 혈액 중에 가장 많이 존재하는 단백질인 알부민과 결합되어 운반되거나, 글리세롤과 다시 합쳐져 중성지방의 형태로 지질단백질(VLDL)에 실려서 근육 및 기타 조직으로 운반된다.

근육 및 기타 조직의 모세혈관벽에는 지질단백질분해효소(LPL : lipoprotein lipase)가 있어 중성지방을 다시 분해하여 지방산을 세포 내로 받아들일 수 있다.

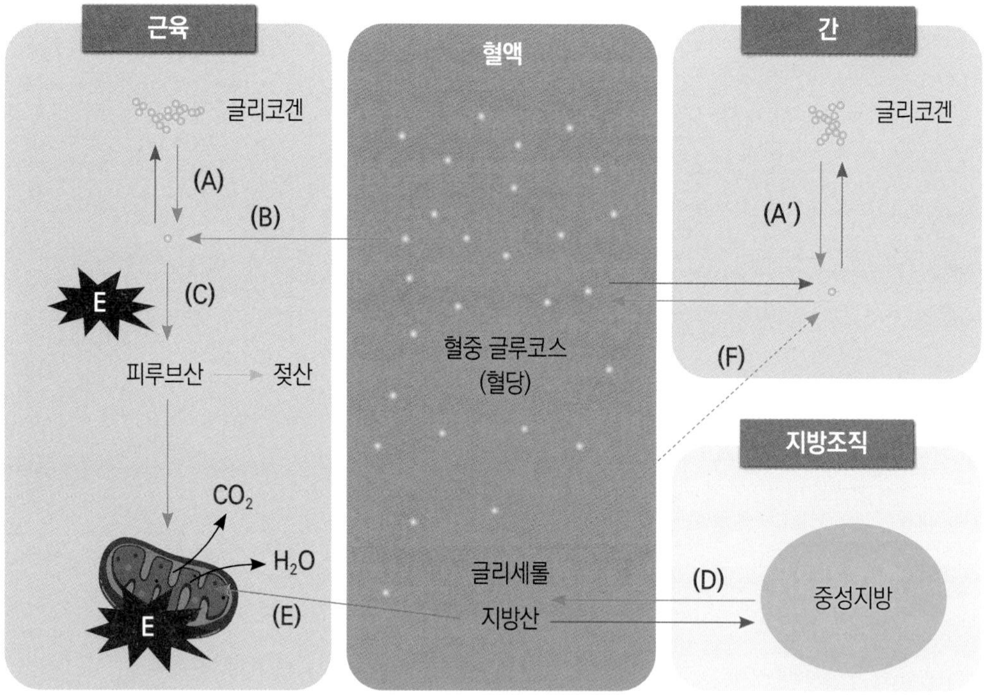

그림 3-20. 운동 시 체내 에너지원(탄수화물, 지방)의 이동 및 이용 경로(녹색 선)

(A) : 근육에서의 당원 분해 과정(글리코겐 → 글루코스)
(A′) : 간에서의 당원 분해 과정(글리코겐 → 글루코스)
(B) : 근육으로의 혈당(혈중 글루코스) 유입 증가
(C) : 해당과정의 촉진(글루코스 → 피루브산)
(D) : 지방조직에서 지질 분해의 촉진(중성지방 → 지방산 3분자, 글리세롤 1분자)
(E) : 근육세포로의 지방산 유입 증가와 미토콘드리아에서의 지방산 산화 촉진
(F) : 혈중 글리세롤은 간에서 당신생의 재료로 이용됨

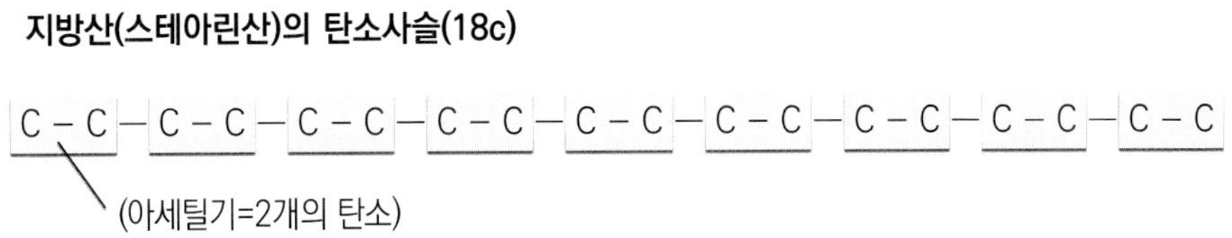

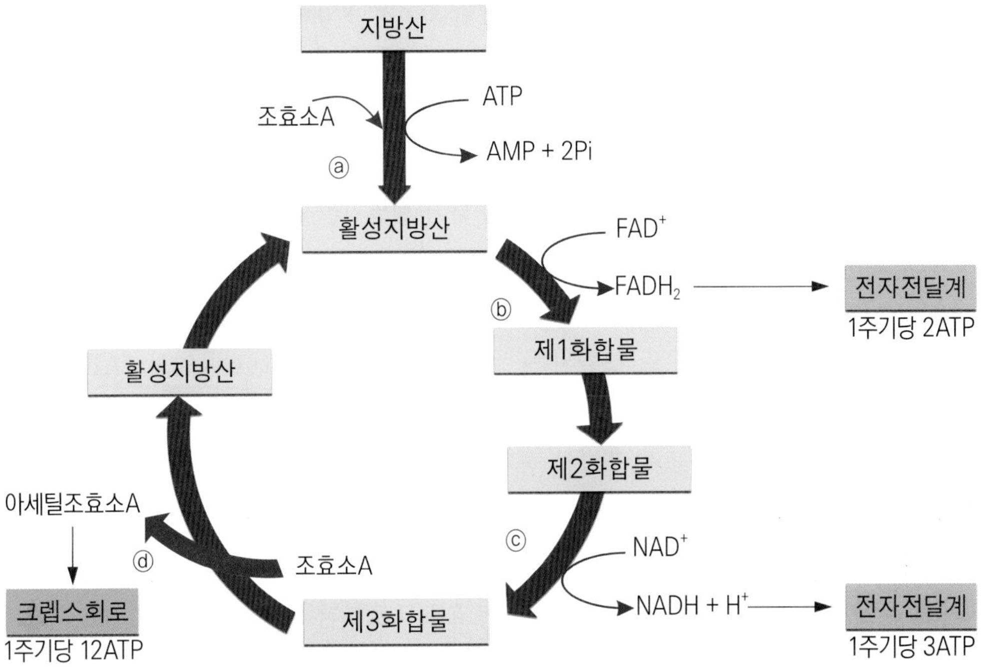

그림 3-21. 지방산의 베타-산화 과정

지방산은 종류에 따라 그 화학적 결합(탄소결합)의 수가 다르기 때문에 결합이 길수록 그 결합을 분해하기 위한 베타-산화 주기의 횟수도 많아진다. 지방산은 종류에 따라 4~28개의 탄소를 갖고 있지만 식품 속에서 흔히 접하는 지방산은 대체로 16~22개 정도의 탄소 결합을 갖고 있다. 탄소 결합의 길이에 따라 긴사슬지방산, 중간사슬지방산, 그리고 짧은사슬지방산으로 구분된다. 탄소사슬의 길이가 길수록 베타-산화 주기를 더 많이 돌면서 더 많은 에너지(ATP)를 합성한다.

② 지방산 산화에 의한 총 ATP 생성량

지방산은 미토콘드리아 내막에서 베타-산화 과정을 1주기 순환할 때마다 1개의 아세틸기(acetyl group)를 방출한다. 아세틸기 하나는 2개의 탄소(C)를 갖고 있으므로 지방산이 베타-산화 과정을 한 주기 순환할 때마다 2개의 탄소가 지방산의 탄소사슬로부터 분리된다.

총 9개의 아세틸기(총 18개의 탄소 결합)를 가지고 있는 소고기에 많은 지방산인 스테아린산(stearic acid)은 베타-산화 과정에 의해 완전히 분해되려면 모두 8회의 산화주기를 거쳐야 한다. 예를 들어 그림 3-21에서 베타-산화 주기에 들어가는 지방산이 스테아린산이라고 한다면, 우선 스테아린산이 활성화 상태(활성지방산)가 되는 ⓐ의 반응에서 1ATP를 사용하게 된다. 그 후 활성지방산은 베타-산화주기의 ⓑ와 ⓒ의 반응을 거치면서 산화되어 전자와 수소 이온을 잃어버리게 된다. 즉 방출된 전자와 수소 이온은 전자수송자인 NAD^+와 FAD^+에 의해 전자전달계에 전달되는데, 이때 각각 3ATP와 2ATP가 생성된다.

ⓓ반응에서는 2개의 탄소를 갖고 있는 아세틸 단위(acetyl unit) 하나가 지방산의 긴 결합(탄소고리)에서 빠져나와 조효소A와 결합하여 아세틸조효소A(acetyl CoA)를 형성한다. 이미 배운 바와 같이 아세틸조효소A는 유산소성 해당과정에서 피루브산이 크렙스회로에 들어가기 전에 전환되는 물질이다[그림 3-22]. 한 분자의 아세틸조효소A는 크렙스회로와 뒤이은 전자전달계를 거치면서 12ATP를 생성한다.

원래 9개의 아세틸기를 갖고 있던 활성화된 지방산은 반응 ⓓ를 거치면서 1개의 아세틸기를 잃어버리고 8개의 아세틸기를 갖게 된다. 이어서 8개의 아세틸기를 갖게 된 이 활성지방산은 다시 ⓑ의 과정을 순환하게 된다. 이처럼 지방산이 베타-산화의 한 주기를 돌 때 반응 ⓑ, ⓒ, ⓓ를 통하여 모두 17ATP(2+3+12=17ATP)를 생성한다.

그러나 지방산이 활성지방산으로 전환되는 베타-산화 첫 주기의 ⓐ반응에서 1ATP를 사용하기 때문에 결국 최초의 산화주기에서 얻어지는 순수한 ATP량은 모두 16ATP가 된다. 그 후 2~7번째까지 총 6회의 산화주기는 반응 ⓐ를 필요로 하지 않으므로 각 산화주기당 17ATP가 생성되어 모두 합해서 102ATP(17×6=102ATP)가 생산된다.

마지막 8번째의 산화주기에서는 두 개의 아세틸기가 함께 빠져나와 2개의 아세틸조효소A가 생성되기 때문에, 17ATP 이외의 여분의 아세틸조효소 A로부터 생성되는 12ATP를 합하여 모두 29ATP가 생산된다. 그러므로 스테아린산이 모두 8회의 베타-산화주기를 거치고, 이어서 크렙스회로와 전자전달계를 통하여 H_2O와 CO_2로 완전히 분해되면 모두 147ATP가 생산된다.

첫 번째 주기		2~7번째 주기		8번째 주기		
16ATP	+	(6×17ATP)	+	29ATP	=	147ATP

아세틸기를 8개 갖고 있는 또 다른 지방산인 팔미틴산은 모두 7회의 베타-산화주기를 거치게 되고, 그 과정에서 총 130ATP를 생성한다.

첫 번째 주기		2~6번째 주기		7번째 주기		
16ATP	+	(5×17ATP)	+	29ATP	=	130ATP

③ 인체 에너지대사의 개요와 상호 연계

그림 3-22는 인체 세포 내에서 ATP를 합성하는 과정을 전체적으로 보여주고 있다. 그림에서 보듯이 인체가 즉각적으로 동원하는 연료로서 근육세포 내에 저장하고 있는 크레이틴인산(PCr)의 분해로부터 0.7의 ATP를 합성한다. 그리고 근육세포는 자신이 저장하고 있는 글리코겐을 분해하거나(당원 분해), 혈액 중의 글루코스(혈당)를 받아들여서 에너지원으로 이용한다. 이때 최종적으로 피루브산을

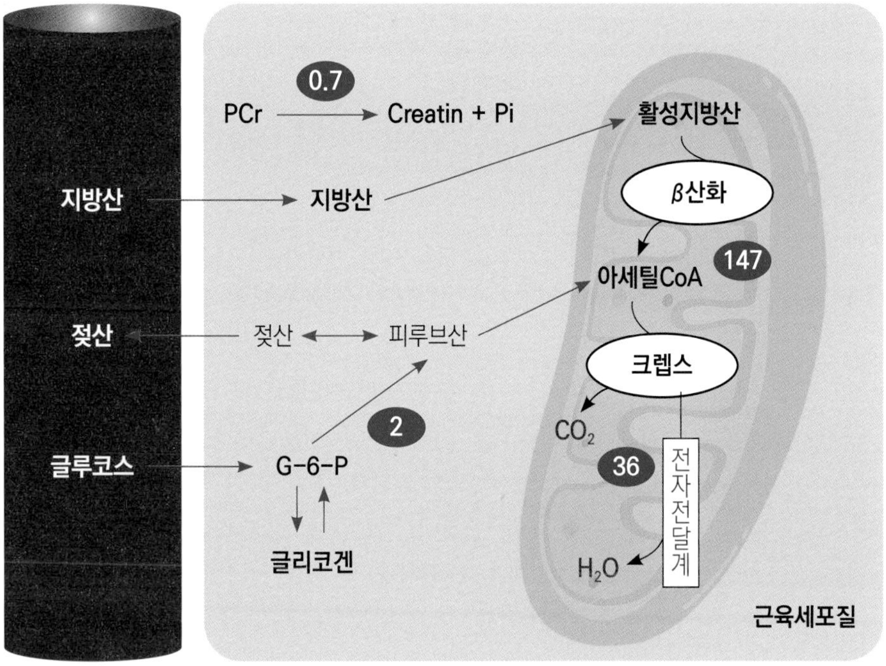

그림 3-22. 근육세포에서의 에너지 대사의 개관

생성하는 해당과정(무산소성 해당과정)을 통해 ATP의 순생성량은 2ATP이다. 이어서 피루브산은 미토콘드리아로 보내져서 아세틸조효소A로 전환되고, 크렙스회로와 전자전달계를 거치면서 36ATP를 생산하게 된다.

한편 혈중 유리지방산(FFA)이나 근육에 저장된 중성지방으로부터 분해된 지방산은 미토콘드리아 내막에서 베타-산화(β-산화)과정을 통하여 다량의 아세틸조효소A를 생산한다. 그러므로 아세틸조효소A는 탄수화물과 지방의 공통 대사물질이라고 할 수 있다.

이렇게 생산된 아세틸조효소A는 역시 크렙스회로에서 추가적인 산화과정을 거치고, 전자전달계의 과정을 거치면서 다량의 ATP를 생산한다. 지방산 탄소사슬의 길이에 따라 대체로 130~147ATP가 만들어진다.

④ 글리세롤, 중성지방의 ATP 생성량

그림 3-23은 에너지대사에 참여하는 탄수화물과 지방의 산화과정에서 상호 연계된 과정, 특히 글리세롤(glycerol) 대사경로를 보여주고 있다. 앞서 중성지방은 한 분자의 글리세롤과 3분자의 지방산으로 구성됨을 알았다. 중성지방으로부터 분해된 글리세롤(glycerol)은 해당과정에서 글리세르알데히드 3인산(3-phosphoglyceraldehyde)으로 전환되어 들어간다[그림 3-6 참조]. 이어서 피루브산으로 분해되고 유산소적으로 완전히 분해되면서 글리세롤 한 분자는 19ATP를 생성한다.

간에서는 글리세르알데히드 3인산으로 전환된 글리세롤은 해당과정의 역방향에 의해 글리코겐으로 재합성되기도 하한다. 이러한 당신생은 탄수화물을 제한하는 식사나 장시간의 운동으로 인해 근육 글리코겐이 고갈될 때 글리코겐 저장량을 유지하는 데 중요한 작용을 한다. 그림 3-22는 이러한 과정을 요약하여 설명하고 있다.

⑤ 연료로서 탄수화물과 지방의 비교

유산소 과정에 의한 탄수화물 한 분자의 분해로부터 36ATP가 생성되고, 지방의 분해에 의해서는 지방산의 종류에 따라 130~147ATP가 얻어진다. 이를 간단한 화학식으로 나타내면 다음과 같다.

$$C_6H_{12}O_6 + 6O_2 \longrightarrow 6CO_2 + 6H_2O + 36ATP$$
(글루코스)

$$CH_3(CH_2)_{16}COOH + 26O_2 \longrightarrow 18CO_2 + 18H_2O + 147ATP$$
(지방산 : 스테아린산)

단위 무게(1g)당 ATP 생성량도 지방이 탄수화물에 비해 2배 이상이다. 또한 탄수화물의 인체 내 주저장소는 근육·간·혈액으로 저장량이 매우 적어 장시간 활동할 때에는 주에너지원으로 이용할 수 없으나, 지방은 거의 무한정 에너지원으로 동원할 수 있다.

그런데 보다 주목해야 할 차이점은 탄수화물(글루코스) 한 분자를 유산소적으로 분해하는 데는 6개의 산소분자($6O_2$)가 소비되지만 지방산(스테아린산) 한 분자를 유산소적으로 물과 이산화탄소로 완전히 분해하고 147ATP를 생성하는 데 필요한 에너지를 얻으려면 26개의 산소분자($26O_2$)가 소비되는 것이다. 즉 1ATP를 생성하는 데 소모되는 산소량은 탄수화물에 비해 지방이 12%가 더 많다. 그러므로 산소 공급이 크게 제한 요소로 작용하는, 즉 산소 결핍이 크게 나타나는 고강도의 힘든 운동일수록 연료로 이용되는 탄수화물의 중요성이 높아진다.

두 영양소의 연료로서의 특징은 탄수화물이 산소가 적은 상태에서도 쉽게 발화되어 폭발적인 에너지를 발생시키는 휘발유라고 한다면, 지방은 산소가 충분히 공급되는 조건에서만 발화되어 서서히 연소하는 양적으로 풍부한 경유라고 할 수 있다. 그러므로 단위시간당 높은 에너지 생성률을 요구하는 강도 높은 운동일수록 인체는 에너지원으로서 탄수화물에 더 의존하게 된다.

반면 단위시간당 에너지 생성률이 낮은 가벼운 운동일수록 탄수화물보다는 지방이 에너지원으로 참여하는 비율이 높아진다. 따라서 운동을 장시간 진행할수록 인체는 양적으로 제한된 탄수화물을 보존하기 위하여 에너지원으로서 지방에 더욱 의존하는 반응을 보이게 된다.

탄수화물의 저장량을 보존하기 위하여 인체 반응이 이렇게 나타나는 이유는 정상적인 상태에서 탄수화물(혈중 글루코스)이 인체의 뇌 및 신경세포가 사용하는 유일한 에너지원이기 때문이다. 뇌·신경세포는 글루코스, 지방산, 젖산 등을 연료로 사용하는 인체의 다른 조직세포와는 달리 혈중 글루코스, 즉 혈당만을 에너지원으로 사용한다. 그러므로 혈당이 어느 수준 이하로 저하되면 인체는 대체 연료

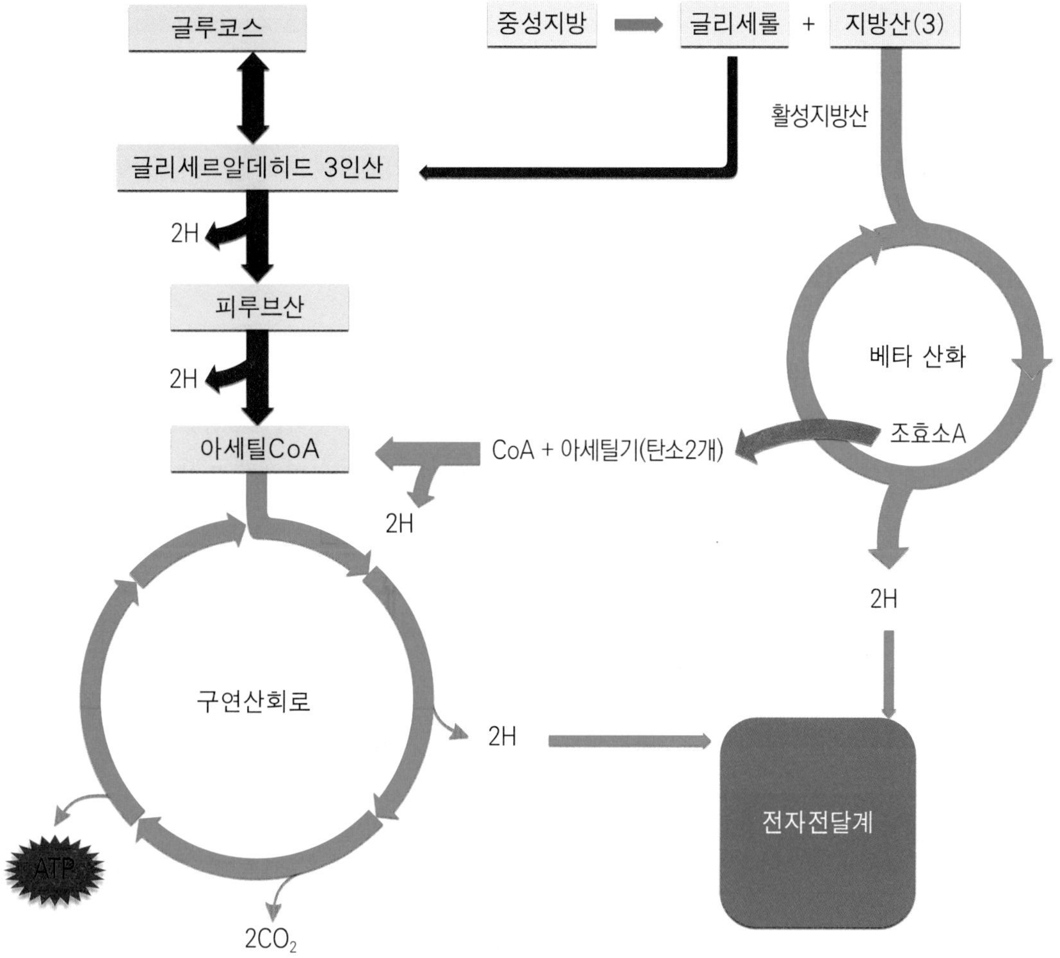

근 원	경 로	ATP생성량
글리세롤 1분자	해당과정과 크렙스	19ATP
지방산(탄소 18개) 3분자	β산화와 크렙스	441ATP

그림 3-23. 중성지방의 구성분인 지방산과 글리세롤분자의 대사 과정 요약

글리세롤은 해당과정의 중간 과정에 들어가며, 지방산은 베타-산화 과정을 거쳐 크렙스회로에 들어간다. 모두 18개의 탄소사슬로 된 중성지방은 총 441ATP를 생성한다.

로서 지방의 이용 비율을 증가시켜 혈당을 보존하려는 반응을 보인다.

⑥ 지질 분해와 지질 동원

중성지방을 지방산과 글리세롤로 분해하는 효소인 리파제(lipase)는 장시간 운동 시 여러 호르몬의 변화에 의해 활성화된다. 운동 시에는 주로 혈중 지방산이 에너지원으로 많이 이용되기 때문에 혈중 지방산농도는 지방대사의 가장 중요한 제한요소(limit factor)가 된다[그림 3-24 참조]. 지방산은 탄수화물인 글루코스(포도당)와 함께 인체의 가장 중요한 에너지원이다.

리파제의 활성을 증가시켜 지방산 방출, 즉 지질 분해(lipolysis)를 촉진하는 주요 호르몬은 에피네프린, 노르에피네프린, 글루카곤이다. 반대로 리파제의 활성을 억제하여 지방산 동원을 억제하는 호르몬은 인슐린이다. 운동 중에는 교감신경 흥분이 증가하여 에피네프린, 노르에피네프린, 글루카곤의 분비가 증가하고 인슐린의 분비는 감소한다.

⑦ 에너지원으로서 유리지방산, 글리세롤, 케톤체

지방조직에 저장된 중성지방이 지질 분해되어 혈액으로 나와 순환하는 지방산을 유리지방산(FFA : free fatty acid)이라고 한다. 운동 중 유리지방산(FFA)은 작업 근육에 의해 연료로 이용되는데, 이 과정을 지질 동원이라고 한다.

한편 지질 분해로 인해 지방산과 함께 혈액으로 확산되는 글리세롤(glycerol)은 수용성으로 혈액에 의해 쉽게 운반된다. 따라서 글리세롤의 혈중 농도는 지질 분해, 즉 지방조직에서 중성지방이 분해되는 정도를 반영한다.

혈중 글리세롤은 간으로 보내져서 당신생(gluconeogenesis)의 재료가 된다. 당신생이란 간에서만 일어나는 특징적인 과정으로, 당 이외의 물질(젖산, 아미노산, 글리세롤 등)을 이용하여 글루코스를 합성하는 과정을 말한다. 이러한 과정은 매우 시간이 걸리기 때문에 운동 중 에너지원으로서 글리세롤을 섭취하여도 별다른 도움을 주지 못한다.

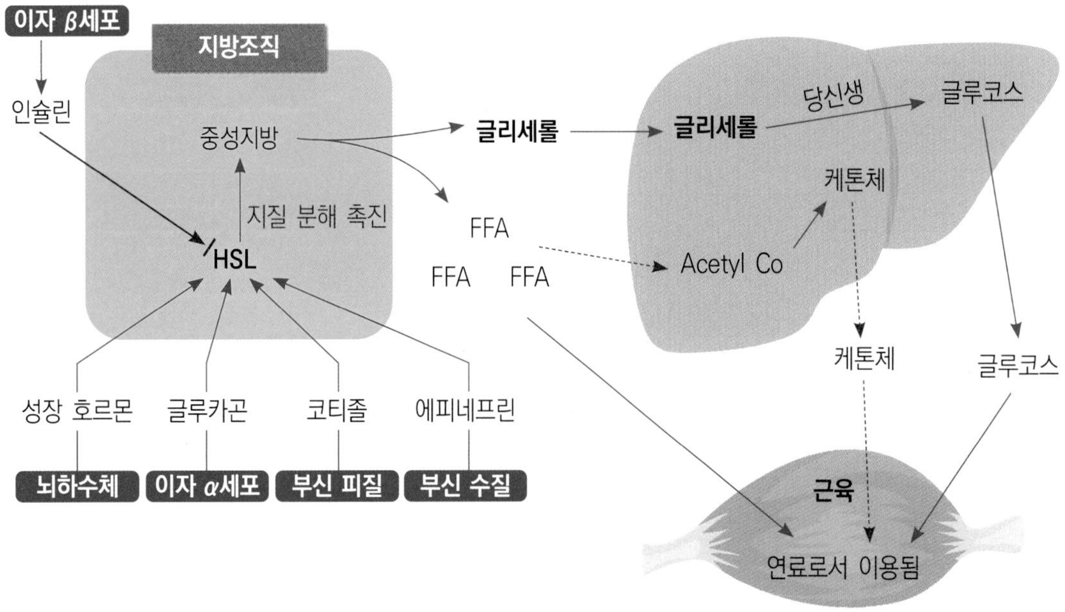

그림 3-24. 지방조직에서의 지질 분해와 지방 동원

한편 그림 3-24에서는 지질 분해로 혈액 중으로 나온 유리지방산(FFA)이 간에 의해 섭취(uptake)되어 케톤체(keton body)를 생성하고, 이어서 혈액으로 케톤체를 내보내는 과정을 보여주고 있다. 이러한 간에 의한 케톤체의 생산은 탄수화물의 섭취를 매우 제한하여서 혈당이 낮고 인슐린 분비가 매우 억제된 상태 그리고 동시에 지방 섭취가 많은 저탄수화물 고지방 식사와 같은 특별한 식이상태에서 나타날 수 있다. 또는 인슐린 분비기능이 상실된 제1형 당뇨병환자의 경우, 공복상태에서 운동을 할 때에도 지질 분해작용이 매우 촉진되기 때문에 근육으로의 유리지방산 유입과 이용 속도에 비하여 혈중 유리지방산 수준이 급격하게 높아진다. 이러한 경우에는 간으로의 유리지방산 유입(uptake)이 빠르게 진행되고, 이렇게 다량 유입된 유리지방산을 간에서는 케톤체(keton body)로 전환시켜 혈중으로 내보내게 된다. 이렇게 혈액으로 나온 케톤체는 뇌나 심장, 운동근육에 의해 연료로 이용될 수 있다. 혈액 중 케톤체가 축적되는 현상을 케톤혈증(ketosis)이라고 하며, 혈액 중 케톤체의 축적이 어느 수준을 넘어서면 혈액이 급격히 산성화되는 케톤산혈증(ketoacidosis)를 초래할 수 있으며, 이는 위험한 상황이라고 할 수 있다. 케톤체에 대해서는 다음 장에서 좀 더 구체적으로 다루기로 한다.

⑧ 지방산의 운반(지방산-알부민 복합체와 지질단백질)

활동 근육에 의해 에너지원으로 이용되는 지방산은 ① 근육세포 내에 저장된 중성지방(triglyceride), ② 인체의 지방조직에 저장된 중성지방, ③ 순환혈액 중의 중성지방이나 지방산으로부터 유래한다.

지질 분해에 의해 지방조직으로 방출된 지방산은 혈액으로 방출되어 거의 모두 혈중 알부민(albumin)과 결합하여 활동 조직으로 운반된다. 활동 조직에서 유리지방산-알부민 복합체로부터 방출된 유리지방산은 조직세포 내로 확산되거나 운반 단백질의 도움을 받아 세포 내로 운반된다.

한편 지질 분해를 통하여 혈액으로 방출되는 지방산과 글리세롤 중 일부는 혈중에서 다시 결합하여 순환 중성지방이 되는데, 순환 중성지방은 지질단백질(lipoprotein)에 실려서 활동 근육으로 보내진다.

지질단백질에 의해 근육세포까지 운반된 중성지방은 지질단백질리파제(lipoprotein lipase : LPL)라는 근육조직의 혈관벽에 존재하는 효소에 의해 분해된다. 그 결과 지방산이 유리되어 에너지원으로 이용될 수 있게 된다[그림 3-25]. 지질단백질 리파제(LPL)는 중성지방의 분해를 통해 지방산의 세포 내 유입을 촉진시킴으로써 지방산이 에너지원으로 이용되거나 근육 내에서 중성지방으로 재합성되도록 한다. 지질단백질리파제 역시 에피네프린, 노르에피네프린, 글루카곤에 의해 활성화되고, 인슐린에 의해 억제된다.

또한 카페인은 지방산의 동원을 촉진하고, 젖산은 리파제 활성을 감소시켜 지방산의 동원을 억제한다. 그러므로 해당과정이 가속화되고 젖산 생성량이 급증하는 강한 운동 시에는 지방산 동원이 상대적으로 억제되어 지방이 에너지원으로 참여하는 비율이 낮아진다.

근육조직에서의 지방산 이용률은 지방조직에서 지질 분해(lipolysis)가 얼마나 활발하게 일어나는가에 의해 큰 영향을 받는다. 그 이유는 혈중 유리지방산(FFA)의 농도와 지질 이용률 간에는 직선적인 비례 관계가 있기 때문이다. 신체적으로 단련된 사람들이 지질 이용능력이 우월한 이유는 근육과 지방조직에서 지질 분해를 조절하는 호르몬인 호르몬민감성 리파제(hormone sensitive lipase : HSL)와 지질단백

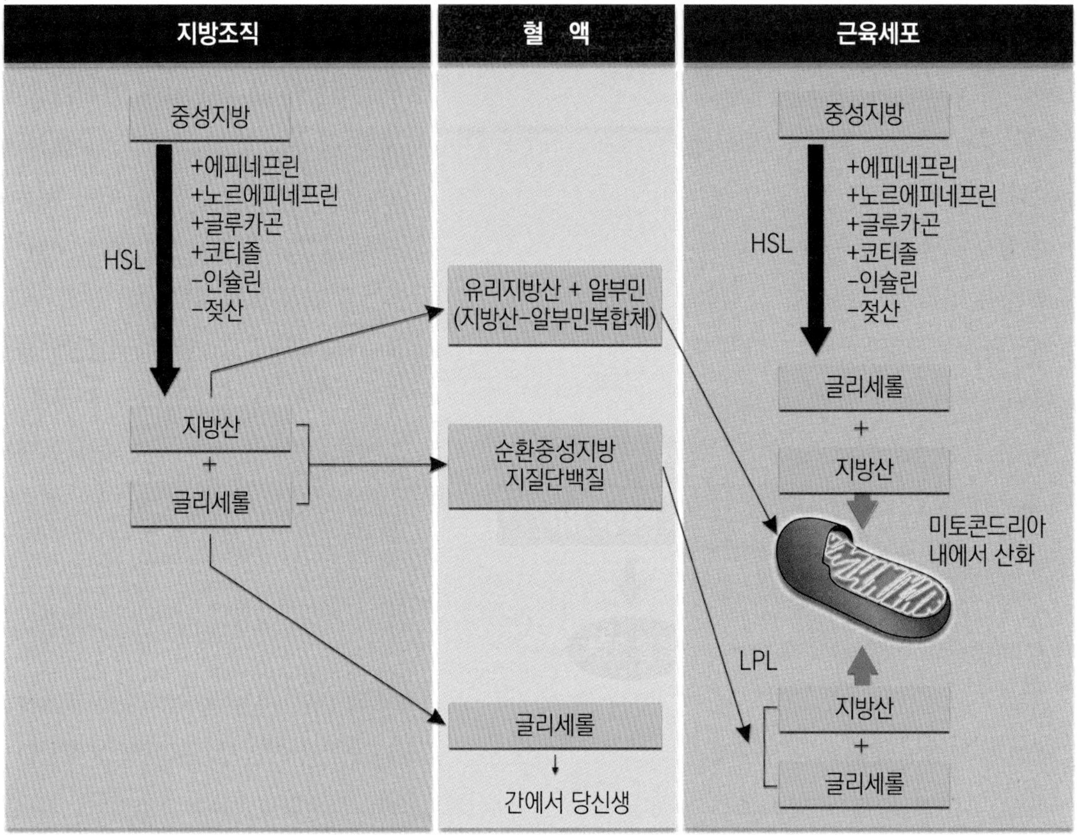

그림 3-25. 호르몬과 젖산에 의한 지방산 대사의 조절(+ 촉진 작용, - 억제 작용)

HSL : 호르몬 민감성 지질 분해효소(hormone sensitive lipase)
LPL : 지질단백질 분해효소(lipoprotein lipase)

질리파제(LPL)의 활성도가 높기 때문이라는 것이 유력한 원인으로 제시되고 있다.

⑨ 지방산의 세포 내 유입과 이용

혈중 유리지방산(FFA)은 혈장 단백질인 알부민(albumin)과 결합하여 지방산-알부민 복합체의 형태로 조직세포로 전달된다[그림 3-26]. 지방산-알부민 복합체가 조직세포에 도달하면 세포막에 위치한 특정 수용체(지방산-알부민수용체)와 결합한 다음 세포 안쪽으로 이동한다. 세포막 안쪽에 있는 아실-조효소A 합성효소(acyl-CoA synthase)는 지방산-알부민 복합체의 지방산과 결합하여 지방산이 활성화된 형태인 지방산아실-조효소A 복합체(fatty acyl CoA)를 형성한 다음 이어서 미토콘드리아로 이동하거나 중성지방을 합성하는 데 이용된다.

미토콘드리아 속막과 바깥막에는 카니틴 전이효소(carnitine translocase)가 위치하고 있어서 지방산을 미토콘드리아 속막 안쪽으로 운반하는 역할을 한다. 즉 카니틴 전이효소는 지방산아실-조효소A 복합체의 조효소A를 분리시키고, 미토콘드리아막 안에 존재하는 카니틴(carnitine)과 결합시켜 미토콘드리아 속막 안쪽으로 운반한다. 속막 안쪽으로 이동된 지방산은 미토콘드리아 안에서 β-산화 과정을

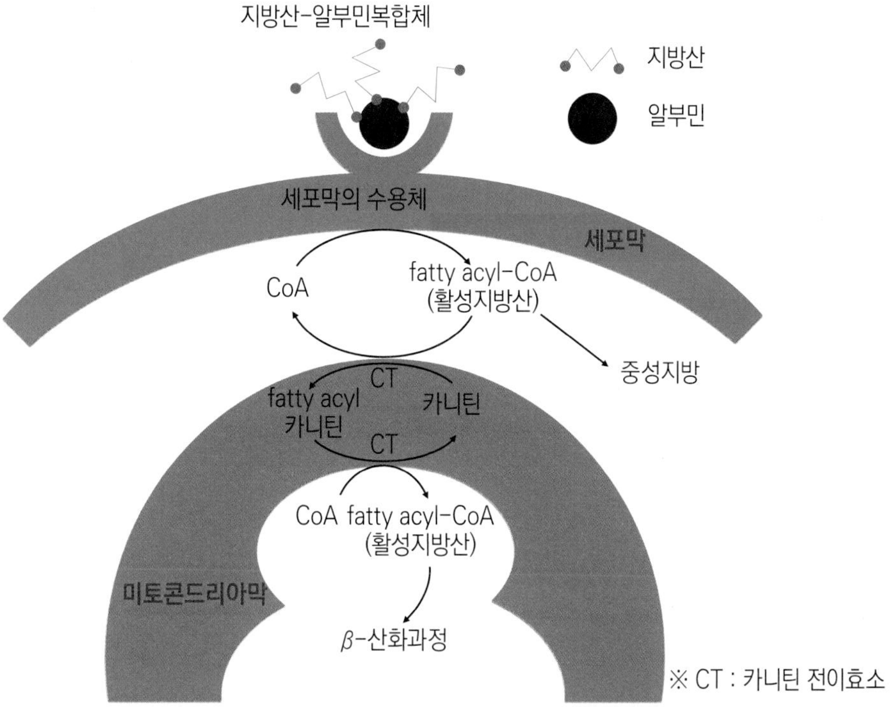

그림 3-26. 근육세포와 미토콘드리아 내에서 지방산의 이동 경로

거쳐 분해된다.

3.2.2.3 단백질의 에너지대사

단백질은 대부분의 조건에서 에너지원으로 참여하는 비율이 매우 적다. 그러나 심한 기아 상태나 장시간 운동 시에는 에너지원으로 참여하는 비율이 점차로 높아진다. 특히 당뇨병과 같이 탄수화물 대사이상이 있을 때는 단백질이 에너지원으로서 참여하는 비율은 높아진다.

① 당생성 아미노산, 케톤생성 아미노산

운동이 장시간 지속되면 근육 단백질을 포함한 일부 단백질이 분해되어 에너지원으로 이용된다. 이러한 단백질의 분해로부터 생성되어 산화되는 대표적인 아미노산은 루신(leucine), 아이소루신(isoleucine), 발린(valine), 글루타민(glutamine), 아스파르트산(aspartate) 등이다.

이들 아미노산이 에너지원으로 이용되기 위해서는 우선 아미노산의 아민기(-NH_2)가 제거되어야 하는데, 이를 탈아미노 반응(deamination)이라고 한다. 그리고 아미노산으로부터 제거한 아민기(-NH_2)와 다른 화합물을 결합시켜 다른 아미노산을 형성하는 과정을 아미노산 전이(transamination)라고 한다.

간과 근육에는 이러한 탈아미노 반응과 아미노산 전이를 위한 효소들이 있다. 근육은 탈아미노 반응에 의해 남은 아미노산의 탄소 골격(COOH)을 에너지원으로 이용할 수 있다.

아미노산 중에서 어떤 아미노산은 탈아미노 반응에 의해 피루브산, 옥살아세트산(oxaloacetate) 등 당신생 과정의 중간 산물을 생성하여 포도당을 합성할 대 이용하는데, 이러한 아미노산들을 당생성 아미노산(glucogenic amino acid)이라고 한다. 당생성 아미노산들은 장시간 운동 중 글루코스의 지속적인 보급에 이용되는 크렙스회로의 중요 구성물들을 제공한다. 즉 피루브산이나 옥살아세트산 등은 간에서 해당과정의 역방향 반응에 의해 글루코스로 재합성된다.

다른 아미노산, 예를 들어 글리신(glycine)과 같은 아미노산은 탈아미노 반응에 의해 아세틸조효소A 또는 아세토아세트산(acetoacetate)과 같은 케톤체(keton body)를 형성하기 때문에 케톤생성 아미노산(ketogenic amino acid)이라고 한다. 이러한 중간 산물들은 글루코스 합성에 이용될 수 없는 대신 중성지방을 합성하거나 크렙스회로에서 분해 과정을 겪게 된다.

② 글루코스-알라닌 회로

인체를 구성하는 단백질 중 에너지원으로 가장 쉽게 이용되는 것은 근육 단백질이다. 이러한 근육 단백질의 에너지원 참여 경로로서 글루코스-알라닌(glucose-alanine) 회로를 들 수 있다.

즉 운동이 장시간 지속되면 근육세포 안에서 근육 단백질 분해가 일어난다. 그로 인해 생성된 아

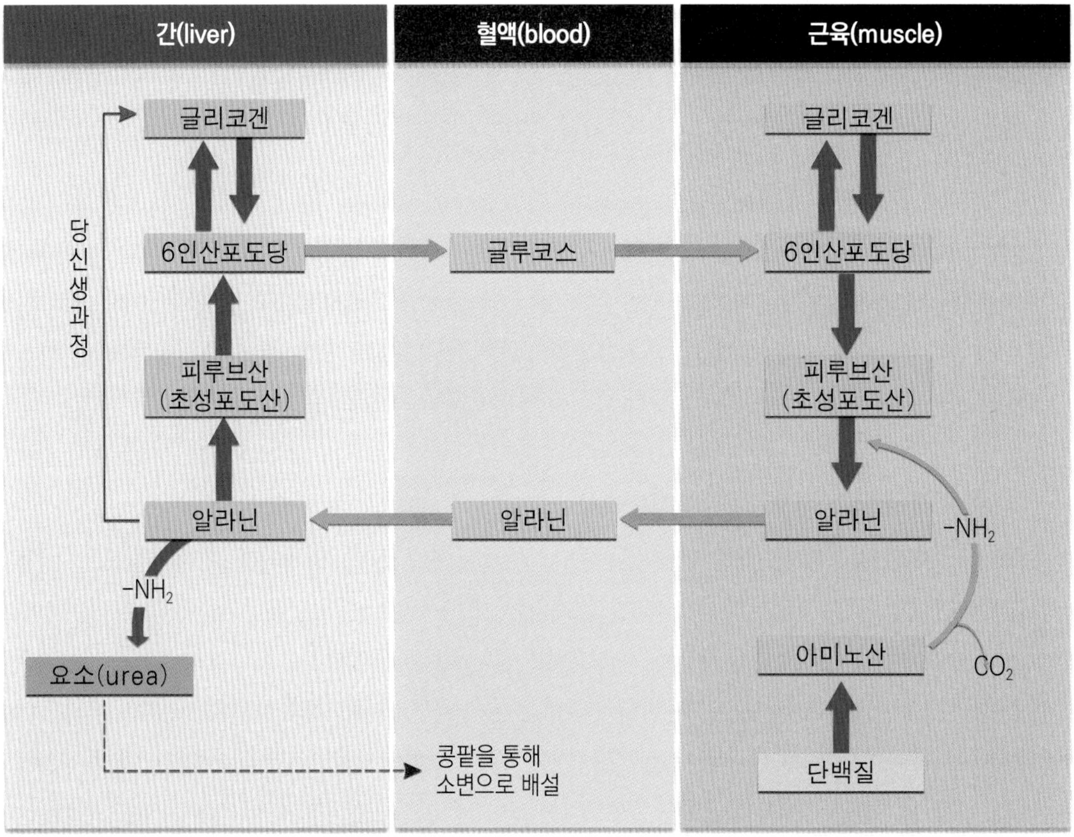

그림 3-27. 글루코스-알라닌 회로

글루코스나 글리코겐이 근육세포 내에서 피루브산으로 분해된다. 피루브산은 아미노산의 분해에 의해 생성된 아미노기(-NH_2)와 결합하여 알라닌을 형성한다.

미노산의 아민기(-NH_2)가 빠져나와 피루브산과 결합함으로써 알라닌(alanine)이라는 또 다른 아미노산을 생성하는 아미노산 전이가 일어난다.

알라닌은 간으로 운반되어 다시 피루브산으로 전환되고, 결국 간 글리코겐이 되거나 혈중 글루코스가 된다. 이처럼 단백질이 간에서 다시 글루코스 또는 글리코겐으로 전환되어 에너지원으로 참여하게 된다[그림 3-27]. 이 글루코스-알라닌 회로는 코리사이클(Cori cycle)과 함께 간 글리코겐이나 혈중 글루코스를 재보급하는 역할을 한다. 특히 장시간 운동이나 회복 시 에너지원의 지속적인 공급에 중요한 역할을 한다. 그림 3-27에서 간으로 운반된 알라닌이 다시 글리코겐으로 전환되는 과정을 당신생 과정(glyconeogenesis)이라고 한다. 즉 당신생 과정은 글루코스 이외의 물질(젖산, 글리세롤, 알라닌 등)로부터 글리코겐을 합성하는 과정으로, 간에서 특징적으로 일어난다.

글루코스-알라닌 회로는 몇 가지 중요한 사실을 시사해주고 있다. 그것은 하루에 십수 km의 거리를 달리는 마라토너가 마른 체형을 갖고 있는 이유를 설명해준다. 그것은 장시간 지속적인 운동을 할 때 근육 단백질의 이용이 지속적으로 일어나기 때문이다.

한편 단백질의 과도한 섭취나 단식과 같은 상황에서도 아미노산을 에너지원으로 이용하는 비율이 높아진다. 단백질이 대사 과정에 이용되는 비율이 높아질수록 탈아미노 반응에 의해 요소나 요산의 생성량이 증가하게 된다. 혈중 요소나 요산은 콩팥에서 소변(尿)을 통해 배설하게 되는데, 요소 생성량이 많을수록 소변의 생성량도 많아진다. 이는 단식 또는 황제 다이어트(고단백질식이)에 의해 단기간에 일어나는 체중감량이 실제로는 주로 수분(尿) 배출을 통한 탈수에 의해 초래되는 것임을 말해준다.

3.3 인체 연료의 상호 전환과 대사 연결

지금까지 인체의 에너지원으로 이용되는 탄수화물, 지방, 단백질의 대사 과정을 설명하였다. 이 3가지 영양소는 인체 내에서 상호 전환될 뿐만 아니라 대사 과정에서 공통된 경로를 사용하는 경우가 많다.

① 에너지원의 상호 대사 작용과 크렙스회로

크렙스회로는 이들 영양소의 대사 과정을 매개하는 중요한 역할을 한다. 즉 크렙스회로는 피루브산 분해뿐만 아니라 지방이나 단백질의 분해로부터 생성된 여러 화합물이 추가적인 에너지를 생성하도록 하는 중요한 역할을 한다.

아미노산으로부터 탈아미노 반응을 거친 잔유물(탄소골격)들은 크렙스회로의 여러 중간 단계에 들어가게 된다. 지방산은 베타-산화(β-oxidation)에 의해 아세틸조효소A를 형성하고 크렙스회로에 직접 들어간다. 지방산은 글루코스 합성에 이용될 수 없는데, 그 이유는 아세틸조효소A가 역방향의 반응에 의해 피루브산으로 전환될 수 없기 때문이다. 한편 중성지방의 분해로부터 생성된 글리세롤은 해

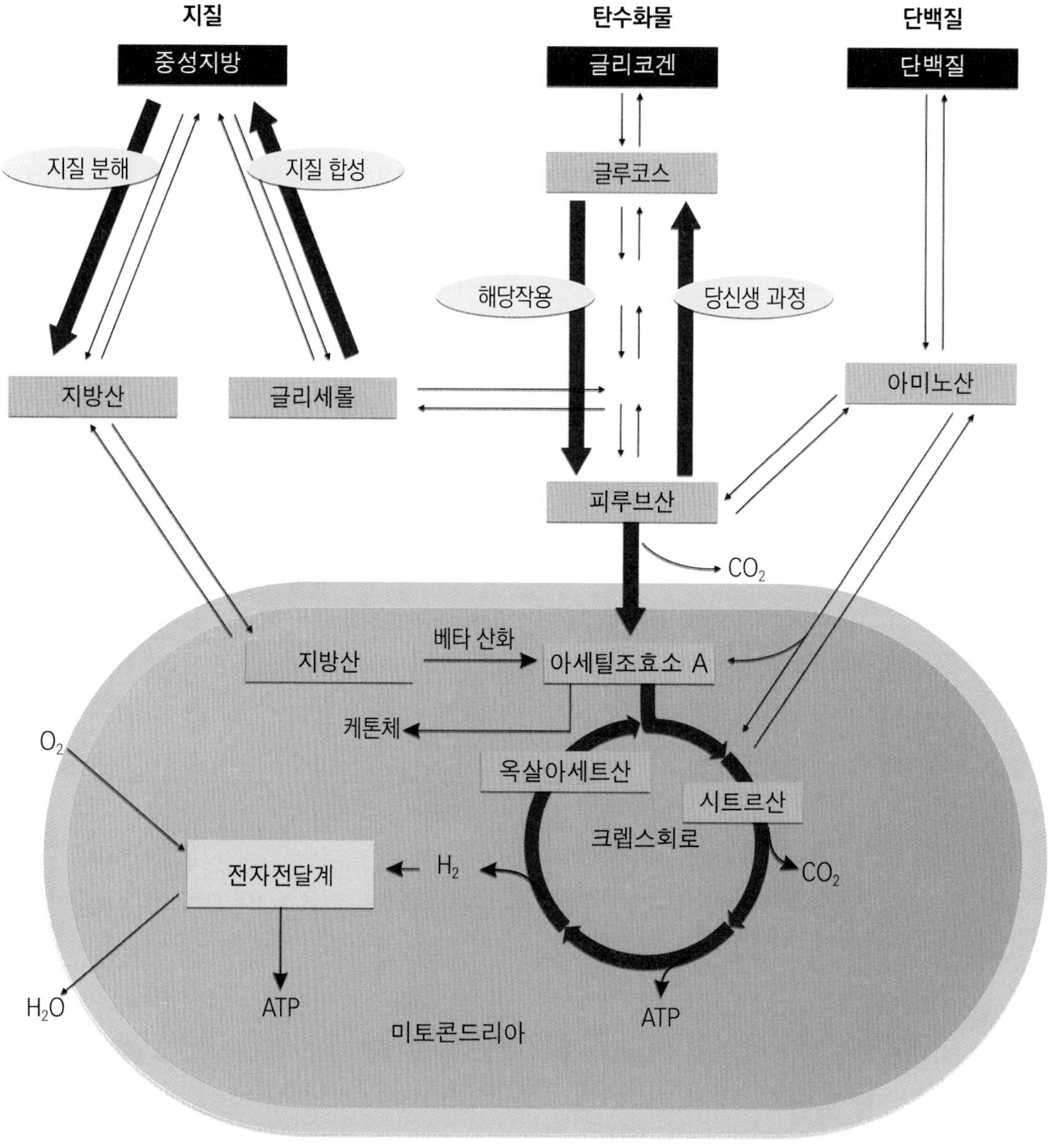

그림 3-28. 탄수화물, 지방, 단백질 대사의 공통 경로

당과정에 들어가거나 간에서 당신생 과정에 의해 글루코스로 합성된다.

과도한 탄수화물 섭취는 글리세롤과 아세틸기를 생성하여 중성지방의 합성을 촉진한다. 탄수화물의 경우와 마찬가지로 과다한 식이단백질은 지방으로 쉽게 전환된다. 작은창자를 통해 흡수된 아미노산은 간으로 운반되고, 이어서 탈아미노 과정을 거쳐 피루브산을 형성한다. 피루브산은 당신생 과정에 의해 글루코스로 합성되거나 미토콘드리아로 들어가서 아세틸조효소A로 전환된다. 아세틸조효소A는 크렙스회로에서 산화되거나 지방산을 합성하게 된다. 아세틸조효소A는 콜레스테롤, 케톤체는 물론 많은 호르몬을 합성하는 시발점이 된다.

② 지방산 산화와 탄수화물의 관계

지방의 분해에 의해 얻을 수 있는 파워는 탄수화물의 분해를 통해 얻을 수 있는 파워의 절반에 불과하기 때문에 근육 글리코겐의 고갈은 근육의 최대 유산소 파워를 감소시킨다. 혈중 글루코스의 저하는 중추성 피로 또는 신경성 피로를 야기하며, 근육 글리코겐의 저하는 말초성 피로 또는 국부적인 작업 근육의 피로와 관련되어 있다.

운동 시 연료로 이요되는 탄수화물의 중요성은 다음과 같다. 지방산의 산화는 충분한 옥살아세트산과 말산(malic acid)이 β-산화에 의해 형성된 아세틸조효소A와 결합할 때 지속적으로 이루어진다. 운동 시 옥살아세트산(옥살로초산)은 크렙스회로에 의해 지속적으로 소모되므로 재보급되어야 지방산의 산화가 지속될 수 있다. 옥살아세트산은 글루코스의 분해 산물인 피루브산으로부터 생성되므로 글루코스의 분해가 지속적으로 이루어져야만 옥살아세트산의 적정 수준을 유지할 수 있고 지방산의 산화가 지속될 수 있다.

그리고 근육 글리코겐과 혈당이 더욱 감소하면 옥살아세트산은 크렙스회로에 지속적으로 참여하는 대신 간으로 보내져서 당신생 과정의 재료(옥살아세트산 → 해당과정 역방향 → 글루코스)로 이용된다[그림 3-29]. 이는 지속적으로 간의 당신생을 증가시켜 혈당의 저하를 막기 위한 인체 반응이다.

이처럼 옥살아세트산이 당신생의 재료로 다량 이용되면 크렙스사이클의 진행 속도가 느려지게 된다. 그로 인해 지방산의 β-산화에 의해 생성된 아세틸조효소A는 크렙스회로에 들어가지 못하고

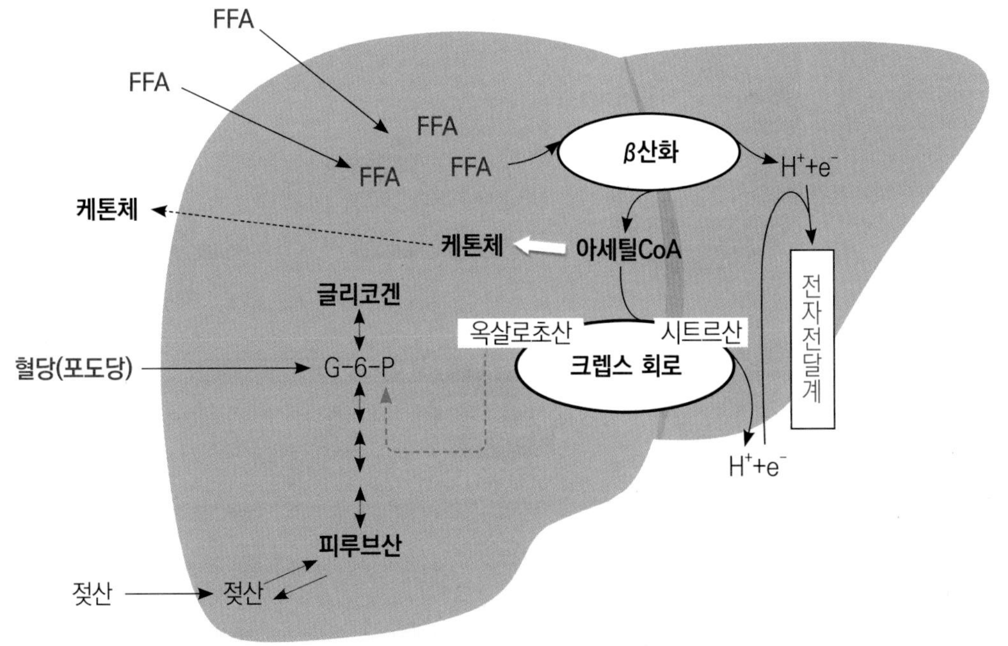

그림 3-29. 간에서 옥살로초산의 당신생 참여와 케톤체 생성

케톤체로 전환된다. 이러한 의미에서 "지방은 탄수화물의 화염 속에서 연소한다."라는 말이 성립되는 것이다.

③ 연료로서의 케톤체

간에서 케톤체를 생산하는 기전을 설명하면 다음과 같다. 간에서 케톤체를 생산하기 위한 기본적인 조건은 탄수화물을 매우 제한하는 것이다. 탄수화물을 제한하거나 단식과 같은 상황에서는 혈당이 매우 감소하고 인슐린 분비가 매우 억제된다. 그 대신 에피네프린, 노르에피네프린, 코티졸, 글루카곤, 성장호르몬과 같은 지질 분해를 촉진하는 호르몬들의 분비가 활발해진다. 인슐린은 지방조직의 모세혈관벽에 존재하는 호르몬민감성 지질 분해효소(HSL : hormone sensitive lipase)의 활성을 억제하는 반면에 에피네프린 등은 HSL의 활성을 촉진하여 지질 분해를 촉진한다.

지방조직에서 지질 분해가 촉진된 결과로 나온 혈중 유리지방산(FFA)은 근육 등을 위한 에너지원으로 사용된다. 그런데 지질 분해가 이보다 더 빠르게 진행되기 때문에 혈중 유리지방산(FFA)의 농도가 급격히 높아지게 된다. 이렇게 높아진 유리지방산은 간으로 유입되고, 이어서 간에서는 케톤체를 다량으로 생산한다. 즉 간에서는 다량으로 유입된 지방산을 베타-산화(β-oxidation) 과정을 통해 연소됨으로서 다량의 아세틸조효소A(acetyl CoA)를 생성하게 된다.

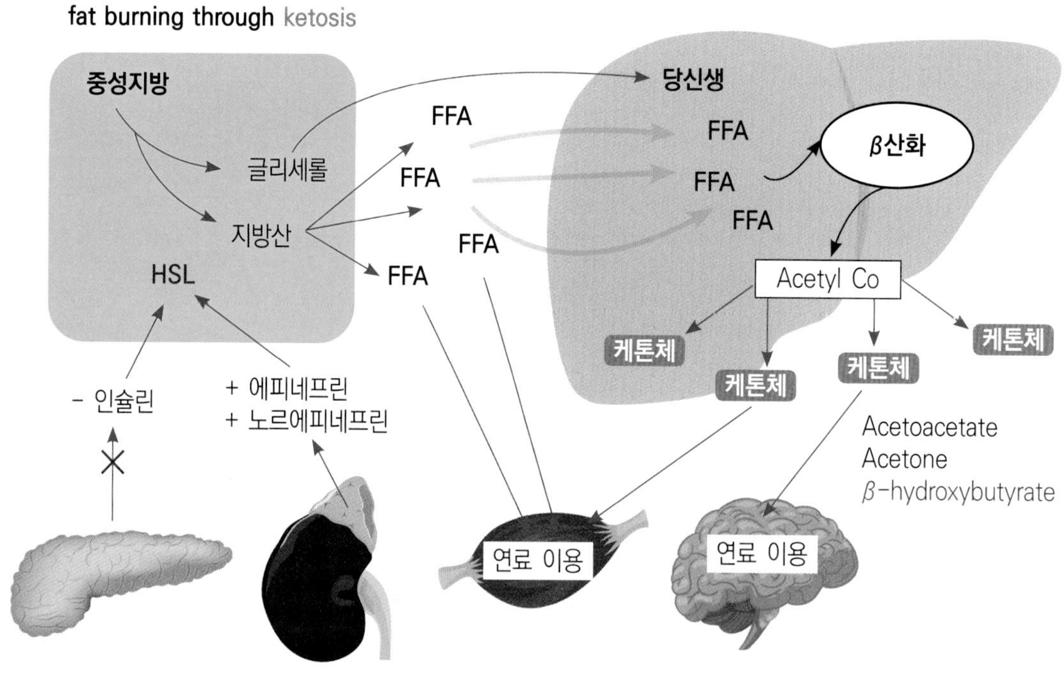

그림 3-30. 간의 케톤체 생성과 근육과 뇌에서 연료로 이용

간에서는 케톤체를 생산하지만 정작 자신은 케톤체를 에너지원으로 이용하지 못하기 때문에 이 케톤체를 혈액 중으로 내보낸다. 이렇게 혈중으로 나온 케톤체는 근육이나 뇌의 연료로 이용된다.
HSL : 호르몬민감성 리파제

그런데 앞서 설명한 것과 같이 혈당이 감소한 결과 간에서는 당신생의 필요성이 높아진 상태에서 크렙스회로의 중간 산물인 옥살로아세트산을 당신생의 재료로 이용한다. 그렇게 되면 크렙스회로가 느려지게 되어 다량 생산된 아세틸조효소A가 크렙스회로에 들어가서 지속적인 산화 과정을 겪는 대신에 케톤체로 전환된다.

간에서 아세틸조효소A를 통해 처음 생성된 케톤체는 아세토아세테이트(acetoacetate)인데, 아세토아세테이트산염은 바로 아세톤(acetone)과 베타 하이드록시부티레이트(β-hydroxybutyrate, β-HB)로 전환되어 간 밖으로 내보낸다. 케톤체는 아세토아세테이트, 아세톤, β 하이드록시부티레이트의 세 가지를 지칭한다. 아세톤은 수용성 가스 형태로 호흡을 통해 배출되며, 혈액 중에 보이는 케톤체는 β-하이드록시부티레이트(β-HB)이다. 뇌와 기타 조직에서 에너지원으로 이용하는 것은 바로 이 β-HB이다.

평소에는 혈당만을 에너지원으로 이용하던 뇌가 혈당이 떨어지고 혈중 케톤체의 농도가 일정 수준 이상(4mM/L)으로 높아지면 이 케톤체를 주된 에너지원으로 전환시켜 사용한다. 이처럼 지방대사 산물인 케톤체를 인체가 주에너지원으로 잘 사용하도록 함으로써 체중감량과 체지방 감소 효과 등을 얻으려고 하는 것이 케톤생성 식사(Ketogenic diet)의 목적이다.

④ 케톤혈증과 케톤산혈증

인체가 케톤생성 식사에 적응하는 과정에서 가장 흔하게 나타나는 부작용을 소위 '케토플루(Keto flu)'라고 한다. 이러한 적응 과정은 보통 수일에서 수주 정도의 시간이 걸린다. 이때 나타나는 증세는 피로, 두통, 현기증, 구역질, 구토 등이다.

그런데 혈액 중에 케톤체가 연료로 이용되기보다는 과잉 생산되어 혈액 중 케톤체의 농도가 일정 수준 이상을 넘어섬으로서 혈액의 산성화(acidosis)가 초래되는 현상을 케톤산증(ketoacidosis) 또는 케토산혈증이라고 한다. 케토산혈증은 혼수까지 초래하는 위험한 증상이다.

예로써 제1형 당뇨병환자가 식전에 운동을 할 경우를 살펴 보자. 이 경우 아침 식전이므로 인슐린 주사를 맞지 않은 상태에서 운동을 하는데, 이때에는 지방조직에서 지질 분해를 통한 혈중 유리지방산이 일시에 증가한다. 이렇게 되면 간에서는 미처 사용하지 못하는 유리지방산을 받아들여서 케톤체를 급격히 생산하기 시작하므로 케톤산혈증이 초래될 수 있다. 그러므로 당뇨병환자, 특히 인슐린생산을 못하는 제1형 당뇨병환자는 아침 식전 공복 상태에서 운동을 피하고 가급적 식후 30분 정도 후에 운동하는 것을 권하고 있다.

한편 체중조절을 위해 케톤혈증(ketosis)을 인위적으로 유발하는 기본적인 조건은 하루 탄수화물 섭취량을 20~50g으로 제한하는 것이다. 그 이상의 탄수화물을 섭취하면 간에서는 케톤체 생산을 잘 하지 않는다. 이때 탄수화물을 최소 20g 이상 섭취해야 하는 이유는 케톤체를 생산하는 간은 정작 케톤체을 에너지원으로 이용하지 않기 때문이다.

이처럼 탄수화물을 엄격히 제한한 상태에서 지방의 섭취를 총섭취열량의 70% 이상의 수준으로 섭취하면 간에서의 케톤체 생성이 더 잘 일어나는 것으로 밝혀지고 있다. 여기에 더하여 단식 등을 병행한다면 케톤혈증(ketosis)이 더 잘 일어나게 된다.

단 원 요 약

- 인체의 활동 수행은 고에너지 결합체인 ATP를 사용함으로써 이루어진다. ATP의 분해로 방출되는 에너지는 근육 수축을 비롯한 여러 생리적인 일에 이용된다.
- 인체가 직접적인 에너지원인 ATP를 합성하는 방법은 산소 이용 유무에 따라 크게 무산소 과정과 유산소 과정으로 구분할 수 있다. 무산소 과정은 다시 인원질 과정(ATP-PCr 시스템)과 젖산 과정(무산소성 해당과정)으로 나눌 수 있다.
- 무산소 과정은 뼈대근육세포의 원형질에서 일어나는 과정이며, 유산소 과정은 세포 내의 미토콘드리아라는 소기관에서 이루어진다.
- 인체의 활동 유형은 이들 ATP 합성 과정과 직접적인 관련이 있다. 즉 10초 이내에 끝나게 되는 매우 강한 운동 시에 인체의 주된 에너지 공급은 인원질 과정에 의존하게 된다.
- 10초 내외의 운동을 전력을 다해 지속시킬 때에는 체내 크레아틴인산(PCr)의 저장량이 한정되어 있기 때문에 더 이상 인원질 과정에만 의존할 수 없게 된다. 따라서 10초에서 90초 정도 사이에서 탈진 상태에 이르게 되는 운동 시에는 탄수화물의 무산소적 분해에 의존하는 무산소성 해당과정이 주요 에너지 공급 과정이 된다.
- 무산소성 해당과정은 탄수화물, 즉 글루코스가 산소 부재 상태에서 분해될 때 그 최종 대사산물로 젖산이 생성되기 때문에 젖산 과정이라고도 한다.
- 운동이 장시간 지속될수록 인체의 에너지 공급은 필연적으로 유산소 과정에 더 의존하게 된다. 유산소 과정의 연료로는 글루코스 외에도 지방산이 이용된다.
- 무산소 과정에 의한 ATP 생성량은 유산소 과정에 비해 적지만, 화학 반응의 속도가 빠르기 때문에 단시간에 다량의 에너지가 요구되는 고강도 운동일수록 인체는 무산소 과정에 의존하는 비율이 커지며, 그중에서도 인원질 과정에 의존하는 비율이 커진다.
- 해당과정과 크렙스회로의 산화 반응에 의해 생성된 수소 이온(H^+)과 전자(e^-)는 전자수용자인 NAD^+와 FAD^+에 의해 전자전달계에 전달된다.
- 무산소성 해당과정에 의해 생성된 젖산은 두 가지 경로에 의해 제거된다. 그 하나는 미토콘드리아로 보내져 산화되는 것이고, 다른 하나는 간으로 보내져 글리코겐으로 재합성되는데, 그 경로를 코리사이클(Cori cycle)이라고 한다.
- 글루코스 한 분자가 유산소적으로 분해될 때 36ATP를 생성하는 데 비해 지방산 한 분자는 130~147ATP를 생성한다.
- 글루코스와 지방산의 연료로서의 특징은 글루코스가 산소를 적게 사용하면서도 폭발적으로 발화되는 휘발유라고 한다면 지방산은 완전히 분해시키는 데 다량의 산소공급이 필요한 경유라고 할 수 있다. 따라서 운동강도가 높을수록 인체는 연료로서 지방보다는 탄수화물에 더 의존하게 된다.
- 지방 조직으로부터 지질 분해(lipolysis)를 촉진하는 호르몬은 에피네프린, 노르에피네프린, 글루카곤, 코티졸 등이다. 이와 반대로 지질 분해를 억제하는 호르몬은 인슐린이다.
- 지질 분해에 의해 지방조직으로부터 혈액으로 방출된 유리지방산(FFA)은 알부민에 의해 근육세포의 미토콘드리아로 운반되며, 글리세롤은 말초조직의 해당과정에 들어가거나 간에서 당

신생 과정(gluconeogenesis)을 통해 포도당으로 합성된다.

- 금식이나 공복 상태에서 장시간 운동함으로서 혈당 및 근글리코겐이 저하될 때, 또는 제1형 당뇨환자와 같이 인슐린 분비 기능이 저하된 상태에서는 지방 분해에 의해 생성된 유리지방산은 때로는 간에서 케톤체로 전환된다. 이 케톤체는 뼈대근육이나 뇌의 연료로 이용되기도 한다.
- 단백질이 안정 시 인체 에너지원으로 참여하는 비율은 매우 적지만, 장시간 운동 시 그 비율은 점차 높아진다. 단백질이 에너지원으로 이용되는 주된 경로는 근육세포에서 알라닌(alanine)의 형태로 간으로 운반되고 간에서 글루코스로 재전환되어 다시 근육 활동을 위한 에너지원으로 공급되는 경로인데, 이 경로를 글루코스-알라닌 회로라고 한다.

연습문제

1. 에너지의 생물학적 주기를 예를 들어 설명하라.
2. 우리가 들이마시는 공기 중의 산소 함량은 내쉬는 공기 중의 산소 함량보다 높다. 호흡을 통해 들어온 산소가 조직 세포의 어느 곳에서 어떻게 쓰이는지 설명하라.
3. ATP란 무엇인지 설명하라.
4. 다음 용어를 정의하라.
   당원 합성(glycogenesis), 해당작용(glycolysis), 당원 분해(glycogenolysis), 당신생(gluconeogenesis), 지질 분해(lipolysis)
5. 스프린트 달리기 시 근육 내 ATP 함량과 크레아틴인산(PCr)의 관련성을 설명하라.
6. 글루코스와 글리코겐의 관계를 설명하라.
7. 무산소성 해당과정을 조절하는 요인들을 설명하라.
8. 무산소성 해당과정의 최종 산물은 무엇인가? 그 과정에서 무엇이 피로를 유발하는가?
9. 글루코스가 해당과정을 거쳐 피루브산으로 분해된 다음 미토콘드리아에서 유산소적으로 분해될 때 거치게 되는 두 가지 중요한 과정을 설명하라.
10. 중성지방과 지방산, 그리고 글리세롤의 관계를 설명하라.
11. 운동 중 생성된 젖산 제거의 경로를 설명하고, 젖산 셔틀의 개념을 설명하라.
12. 혈중젖산 농도에 영향을 미치는 요인들을 설명하라.
13. 연료로서 탄수화물과 지방은 어떤 특성에 차이가 있는지 비교하라.
14. 지방 조직에서 지방 동원을 억제하거나 촉진하는 호르몬 또는 물질을 설명하라.
15. 공복 상태에서 장시간 운동을 할 대는 글루코스-알라닌 회로는 더욱 활성화된다. 그러한 상황을 일으키는 기전을 설명하라.
16. 케톤체가 생산되는 조건과 과정을 설명하고, 케토시스와 케톤산혈증에 대해 설명하라.

Memo

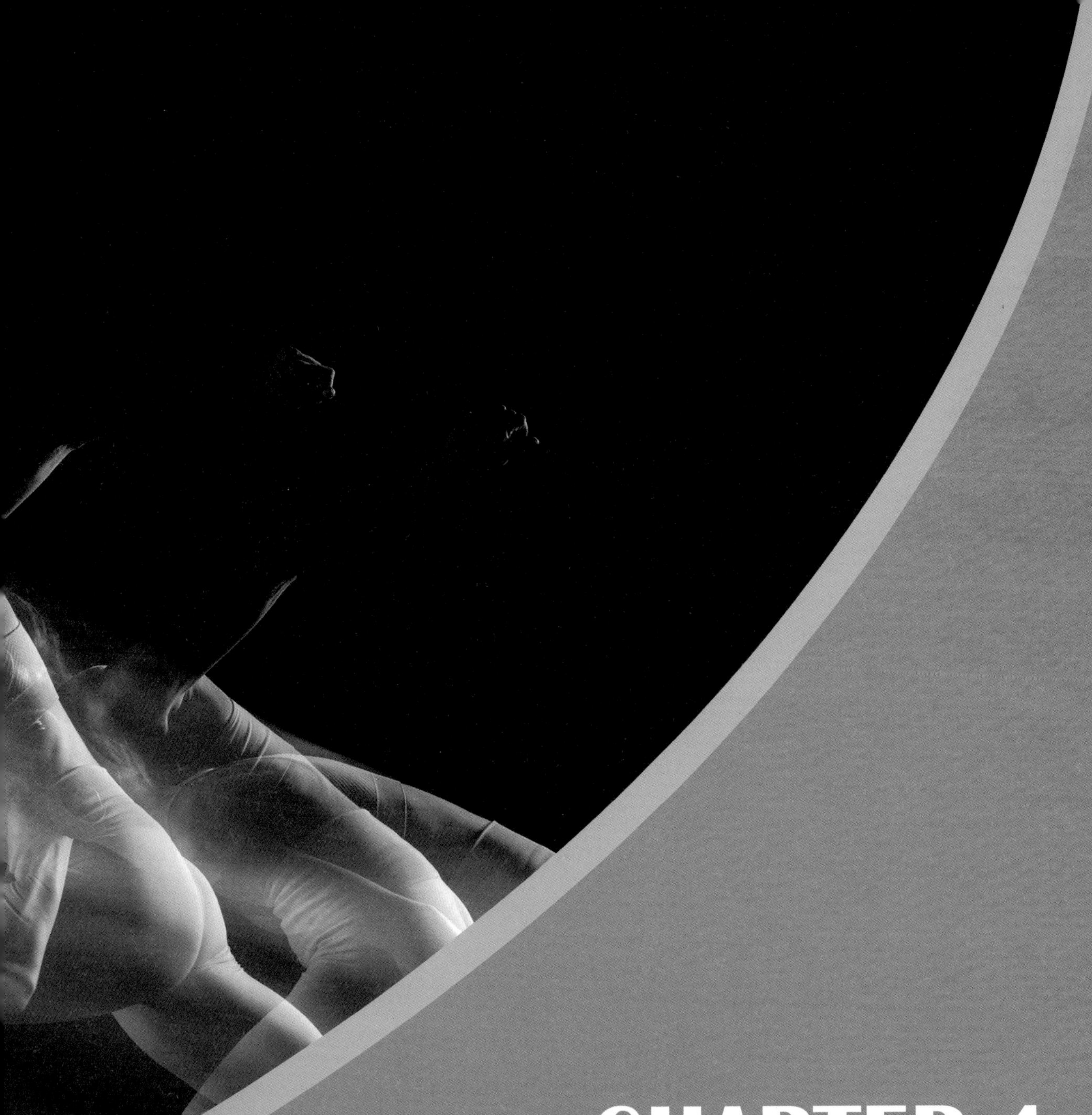

CHAPTER 4

에너지대사의 적응과 연료의 이용

이 장에서는 훈련에 의해 나타날 수 있는 인체 에너지대사계의 적응 현상을 중점적으로 설명한다. 운동에 따른 에너지대사계의 적응에 의해 운동 중 ATP 생성 체계의 상대적인 의존도와 연료의 이용 패턴에 변화가 나타나는데, 이를 운동수행에 따른 피로 현상과 관련시켜 이해한다.

또한 근육 글리코겐과 지구력의 관계, 경기 전 근육 글리코겐을 증가하기 위한 식이조절, 근육섬유 유형과 운동 형태가 근육 글리코겐에 미치는 영향을 살펴본다. 특히 경기를 앞두고 바로 행하는 탄수화물 섭취 방법, 경기 중 섭취하는 탄수화물 용액의 형태와 섭취 방법 등을 중점적으로 학습한다.

3장에서는 우리가 섭취한 음식은 인체 세포에서 분해 과정을 거치면서 그 속의 화학적 결합 안에 가두었던 에너지를 방출하게 되고, 그 에너지는 결국 여러 가지 생리적인 일을 수행하는 데 이용된다는 것을 배웠다. 생리적 일을 수행할 때 이용되는 에너지는 자유 에너지(free energy)인데, 이는 인체의 직접적인 에너지 현금이라고 할 수 있는 ATP를 합성하는 데 이용된다.

인체가 ATP를 합성하는 경로는 그 사람의 활동 수준이나 체력 수준에 따라 다양하다. 가만히 누워 있을 때, 걷거나 조깅을 할 때, 전속력으로 달릴 때 등과 같이 인체는 그 활동에 필요한 에너지 수요를 충족시키기 위하여 각각 다른 ATP의 합성 경로에 의존한다. 한편 똑같은 활동을 하더라도 그 활동을 수행하는 사람의 체력 수준이나 단련 정도에 따라 ATP 합성 경로별 의존 비율이 다를 수 있다.

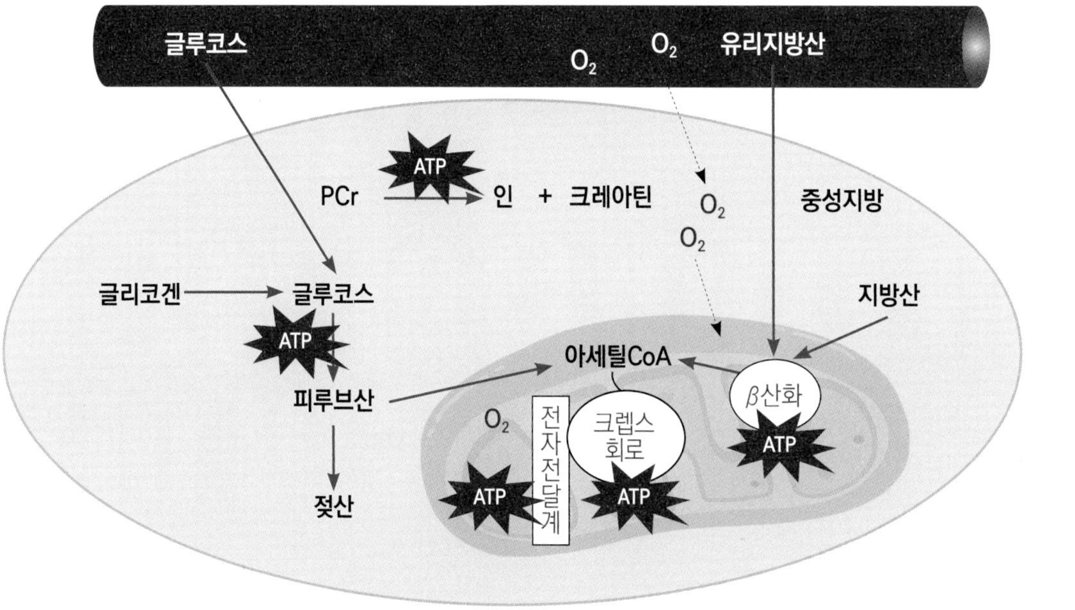

그림 4-1. 근육세포 내 에너지대사의 개요

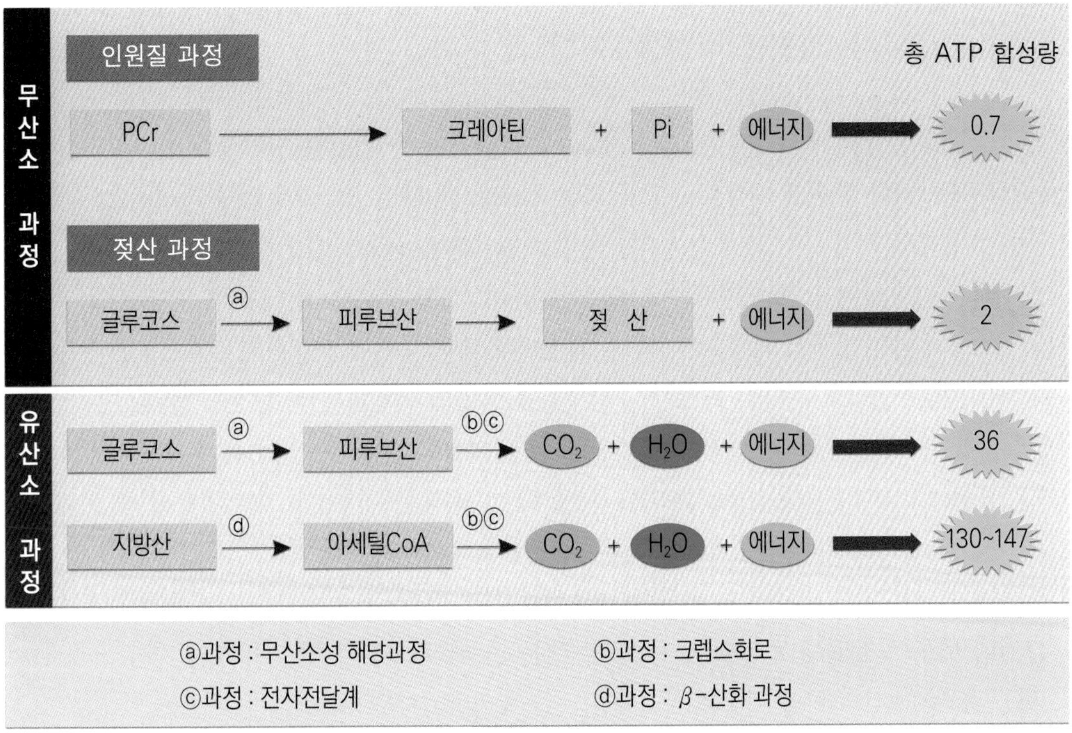

그림 4-2. 무산소 과정과 유산소 과정의 요약

인체가 ATP 합성에 필요한 에너지를 얻는 방법에는 크게 무산소적인 방법과 유산소적인 방법이 있다는 것을 앞 장에서 배웠다.

무산소적인 방법은 세포질 내에서 산소가 개입되지 않고 ATP를 합성하는 방법이다. 여기에는 크레아틴인산(PCr)을 주연료로 사용하는 인원질 과정과 글루코스를 분해하여 피루브산을 거쳐 젖산을 생성하는 젖산 과정이 있다.

유산소적인 방법은 미토콘드리아 내에서 이루어지는 과정인데, 여기에서는 글루코스와 지방산을 연료로 하여 최종적으로 물(H_2O)과 이산화탄소(CO_2)를 생성한다. 이를 그림 4-1과 그림 4-2에 요약하였다.

4.1 인체 에너지대사의 특징과 적응

인체에서 에너지를 생성하는 의존 비율은 활동 수준에 따라 다르며, 그 활동을 수행하는 사람의 체력 수준에 따라서도 다르게 나타난다. 또한 활동 수행에 필요한 연료의 이용 비율도 활동 수준과 체력 수준에 따라 다르다. 에너지 생성 반응의 특징은 다음과 같다.

4.1.1 운동강도가 높을수록 인체의 에너지 의존도는 인원질 과정>젖산 과정>유산소 과정(탄수화물>지방)의 순서를 보인다

운동강도가 높다는 것은 단위 시간당 에너지소비량이 높다는 것을 의미한다. 인체의 에너지 생성방법 중에서 화학 반응의 과정은 인원질 과정이 가장 간단하고, 다음이 젖산 과정이고, 유산소 과정이 가장 복잡하다. 유산소 과정 중에서도 지방보다는 탄수화물의 분해 속도가 더 빠르다.

그러므로 그림 4-3과 같이 단시간에 다량의 에너지 출력이 요구되는 고강도의 운동일수록 화학 반응의 속도가 빠른 무산소 과정, 즉 인원질 과정이나 젖산 과정에 의존하게 된다. 또한 운동강도가 높을수록 인체는 연료로서 지방(석유)보다는 탄수화물(휘발유)에 의존하는 비율이 높아진다.

그림 4-4는 여러 운동강도에서 에너지원의 이용 비율이 변화하는 양상을 보여주고 있다. 매우 가벼운 운동(최대산소섭취량의 25%인 운동, 25% $\dot{V}O_2max$)에서는 이용되는 대부분의 에너지는 혈중 유리지방산(FFA)이고, 근육글리코겐의 사용 비율은 매우 적다는 것을 알 수 있다. 중간 강도의 운동(65% $\dot{V}O_2max$)에서는 근육글리코겐의 사용이 크게 늘어나며, 혈중 유리지방산도 지속적으로 이용됨을 알 수 있다.

그런데 매우 고강도 운동(85% $\dot{V}O_2max$)을 할 때는 근육글리코겐의 연소 비율이 가장 크게 늘어나고, 혈중 유리지방산의 이용 비율은 감소하는 것을 확인할 수 있다.

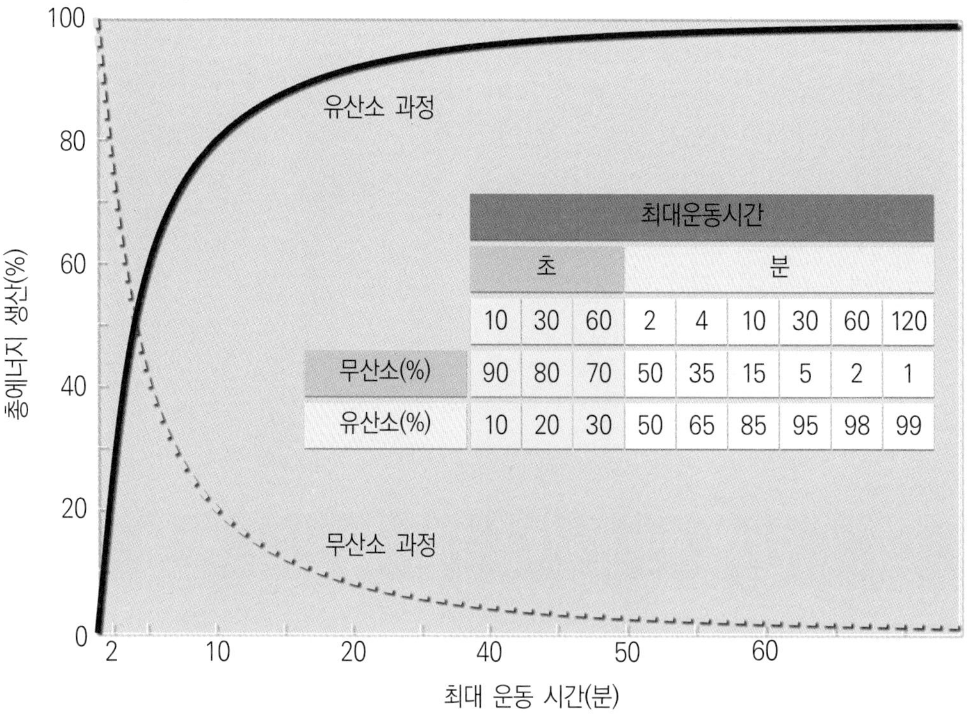

	초			분					
	10	30	60	2	4	10	30	60	120
무산소(%)	90	80	70	50	35	15	5	2	1
유산소(%)	10	20	30	50	65	85	95	98	99

그림 4-3. 탈진에 도달하기까지의 최대 운동 시간(운동강도)에 따른 유·무산소성 에너지 공급의 상대적 공헌도

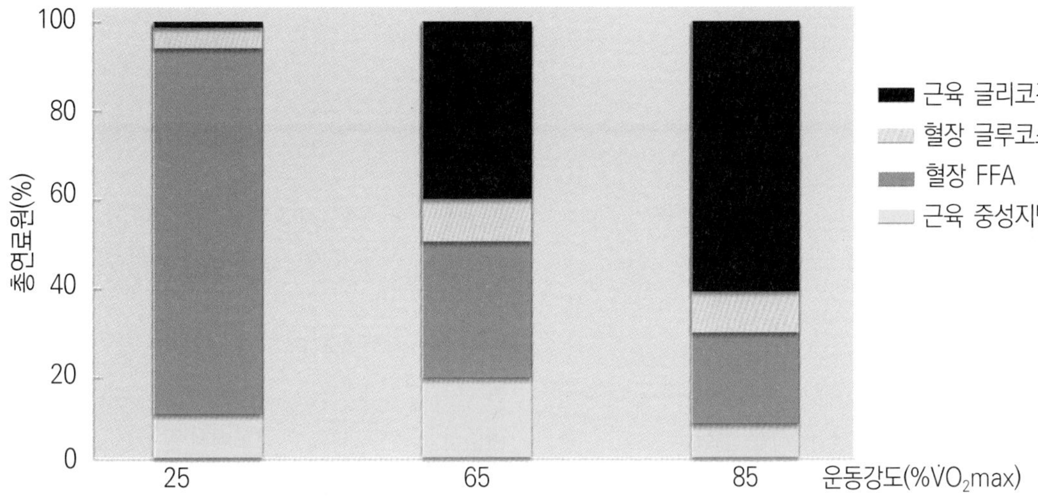

그림 4-4. 운동강도가 근육의 연료 이용 비율에 미치는 영향

4.1.2 운동 지속시간이 길수록 인체의 에너지 의존도는 인원질 과정<젖산 과정<유산소 과정(탄수화물<지방)의 순서를 보인다

무산소 과정(인원질 과정, 젖산 과정)에만 의존하면 장시간 운동을 지속할 수 없게 된다. 그 이유는 무산소 과정에 의해서는 ATP를 합성할 수 있는 에너지를 소량만 얻을 수 있기 때문이다.

인원질 과정에서는 크레아틴인산(PCr)이 고갈되면 운동이 제한되고, 무산소성 해당과정(젖산 과정)에서는 수소 이온(H^+)의 축적에 의한 체액의 산성화(pH 감소)로 운동이 제한된다. 체액의 산성도가 증가하면 무산소성 해당작용의 속도조절효소인 가인산분해효소(phosphorylase)와 인산과당분해효소(PFK)의 활성도를 저하시키므로 해당과정이 느려지게 된다[제3장 그림 3-6 참조]. 그러므로 운동을 지속하기 위해서는 유산소 과정에 의한 에너지 생산 과정에 의존해야 한다.

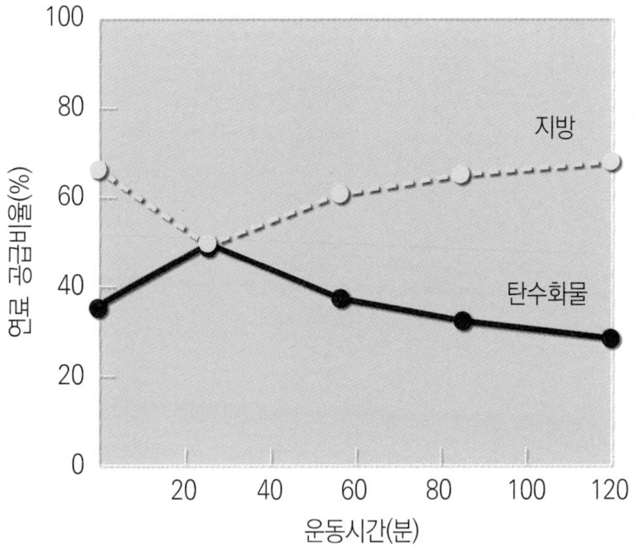

그림 4-5. 장시간의 가벼운 운동 수행 시 에너지원으로 이용되는 지방과 탄수화물의 상대적 공헌도

또한 장시간 운동을 지속하면 지방의 유산소적 분해를 통한 ATP의 공급 비율이 점차 높아진다. 그림 4-5는 장시간 운동이 지속됨에 따라 에너지원으로서 탄수화물(글리

plus+

장시간 중간 강도 운동에 의한 탄수화물의 이용

중간 강도 이상의 운동을 시작할 때 인슐린 분비는 억제되고, 에피네프린, 노르에피네프린, 글루카곤과 같은 호르몬 반응은 증대한다. 이 호르몬들은 간과 활동 근육에서 글리코겐인산화효소(glycogen phosphorylase)를 활성화시켜서 당원 분해를 촉진시킨다.

근육 글리코겐은 산소 요구량에 비해 산소공급이 완전히 충족되지 못하는 운동의 초기에 중요한 에너지원이 된다. 그 후에는 혈당(혈중 글루코스)이 점점 연료로 이용되는 비율이 높아진다. 혈당은 근육으로 유입되고, 이어서 간에서 당원 분해에 의해 글루코스가 혈중으로 방출되는 비율도 높아진다.

약 한 시간 정도의 고강도운동에 의해 간 글리코겐은 약 55% 정도까지 감소된다. 두 시간 정도의 지속적인 고강도 운동에 의해 간과 활동 근육의 글리코겐 저장량은 거의 고갈된다.

그림 4-6은 운동강도가 높을수록 혈중 글루코스가 근육으로 유입되는 속도가 증가한다는 것을 보여준다. 또한 모든 운동강도에서 운동의 초기단계에 근육으로의 글루코스 유입 속도가 급격히 증가하고, 그 이후 서서히 증가하는 양상을 보인다. 약 40분간의 운동이 끝날 무렵 글루코스 유입 속도는 운동강도에 따라 약 7~20배까지 증가한다.

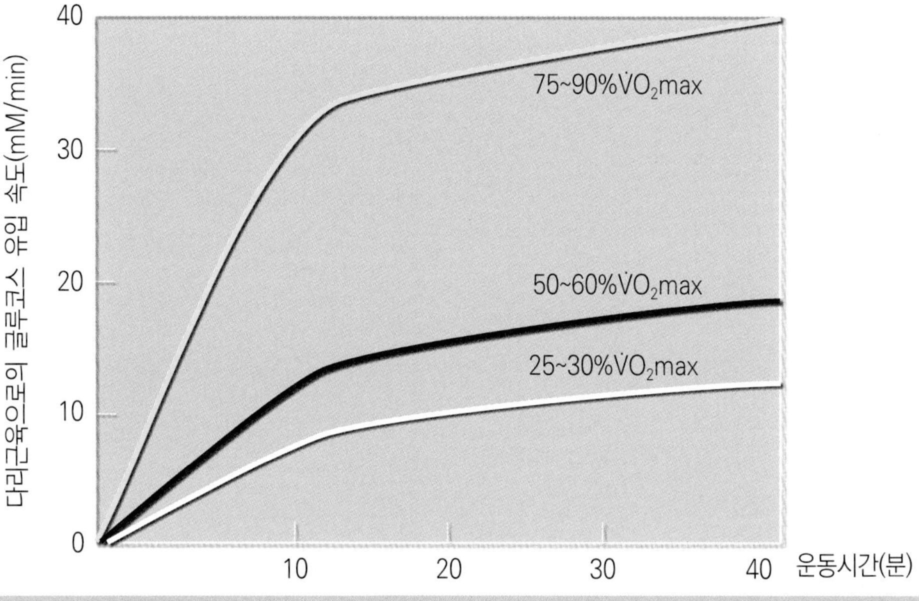

그림 4-6. 세 가지 운동강도에서 사이클 운동 시 다리근육으로의 글루코스 유입 속도

코겐 또는 글루코스)의 이용비율은 점차 감소하고, 지방이 참여하는 비율이 높아지는 것을 보여주고 있다.

4.1.3 각각의 에너지 생성 과정은 운동 유형에 따라 기여 비율이 달라진다

대체로 30초 미만에 종료되는 단시간의 최대 운동 시 인체는 주로 인원질 과정에 의존해서 에너지를 얻는다. 또한 1~3분 사이에 탈진되는 최대 운동 시에는 무산소성 해당과정(젖산 과정)이 주에너지 과정이 되고, 그 이상의 장시간 운동 시에는 유산소 과정이 주된 에너지 과정이 된다. 100m를 전력 질주하는 운동은 거의 전적으로 인원질 과정에만 의존하여 에너지를 얻고, 마라톤과 같은 장거리 달리기에서는 유산소 과정이 전체 에너지 수요의 95% 이상을 충당한다.

그러나 그 중간 형태의 운동은 2~3가지 에너지 공급 과정이 함께 사용된다. 예를 들어 200m를 전력 질주하는 운동은 무산소 과정(인원질 과정, 젖산 과정)에 의해 90%의 에너지를 얻고, 나머지 10%의 에너지는 유산소 과정을 통해 얻는다. 800m 경주 시에는 무산소 과정에서 약 65%, 유산소 과정에서 나머지 35%의 에너지를 공급받는다.

또한 장시간 수행되는 경기는 주로 유산소 과정을 통해 에너지를 공급받지만, 그중에는 무산소적인 활동이 포함된 경우가 많다. 예를 들어 농구경기는 점핑, 슈팅, 디펜스 등 짧고 강도높은 움직임이 경기 전반에 걸쳐 이루어진다. 이러한 유형의 운동은 유산소성 능력과 무산소성 능력이 함께 요구되는 운동이라고 할 수 있다.

이처럼 인체가 활동을 수행할 때 작용하는 에너지 생성 과정별 공헌도는 그 활동 유형에 따라 달라진다. 각 에너지 생성 과정별 공헌도를 여러 활동 유형과 관련시켜 배열한 것을 에너지 연속체(energy spectrum)라고 한다[그림 4-7].

표 4-1. 운동 종목과 주에너지 공급 과정

소요 시간	주에너지 시스템	해당 운동 종목
30초 이내	인원질 과정	투포환, 100m 달리기, 야구에서 도루, 높이뛰기, 넓이뛰기, 테니스에서 스트로크 등
30~90초	인원질 과정, 젖산 과정	200m 달리기, 400m 달리기, 100m 수영, 500m 스피드스케이팅 등
90~180초	젖산 과정, 유산소 과정	800m 달리기, 체조의 마루운동, 200·400m 수영, 복싱, 유도, 태권도, 레슬링 등
180초 이상	유산소 과정	마라톤, 1500m 수영, 크로스컨트리 스키

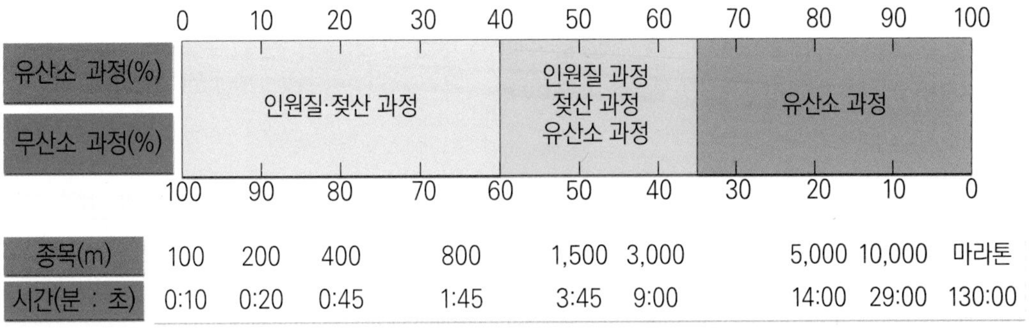

그림 4-7. 에너지 연속체

위 그림에서 에너지 생성 과정을 표시한 것은 표시된 에너지 생성 과정만 이용된다는 것이 아니라 주로 사용되는 에너지 생성 과정을 의미한다.

4.1.4 단련자는 동일한 최대하 운동을 유산소 과정에 더 의존해서 수행한다

트레이닝은 산소 수송을 위한 순환계통의 기능을 개선시키고, 근육세포 내에서 산소를 이용하여 에너지를 얻는 대사 기능을 발달시킨다. 즉 훈련을 하면 혈액을 펌프하는 심장의 용적과 심장근육의 수축력이 강화될 뿐만 아니라 근육세포에 분포된 모세혈관밀도가 증가한다. 이는 조직 세포까지의 산소 수송 체계가 개선되었음을 의미한다.

한편 훈련을 하면 근육세포 내에서는 산소를 이용하여 ATP를 합성하는 미토콘드리아의 수와 크기가 증가된다. 이와 함께 근육세포 내에서 산소를 받아들이는 미오글로빈량이 증가하며, 미토콘드리아 내에서 ATP 합성을 위한 에너지 생산과정을 촉매하는 효소들의 활성도가 증가한다. 즉 ATP를 생산하는 가공 공정에는 크렙스회로, 전자전달계, 지방산 산화를 위한 베타-산화 과정이 있다. 미토콘드리아는 이러한 과정을 촉매하는 많은 일꾼들, 즉 효소를 갖고 있다.

산소 수송에 변화가 없을지라도 미토콘드리아의 기능이 개선되면 근육세포 내로의 산소유입과 이용이 촉진된다. 그러므로 단련자는 체내 산소 수송 체계의 발달 및 산소 이용 능력의 개선에 의해 동일한 운동강도를 보다 유산소적으로 수행할 수 있는 능력을 갖게 된다. 이는 동일한 운동을 수행할 때에는 무산소성 해당과정(젖산 과정)에 덜 의존하게 됨으로써 그 결과 근피로의 원인이 되는 수소 이온(H^+)의 축적을 완화하면서 그 운동을 수행할 수 있음을 의미한다.

그림 4-8은 5개월간의 훈련에 의해 특정 수영 속도에서 혈중젖산 축적 농도가 낮아짐을 보여주고 있는데, 이는 똑같은 운동강도에서 유산소적인 대사를 통해 더 많은 ATP를 합성하는 능력이 개선되었음을 뜻한다.

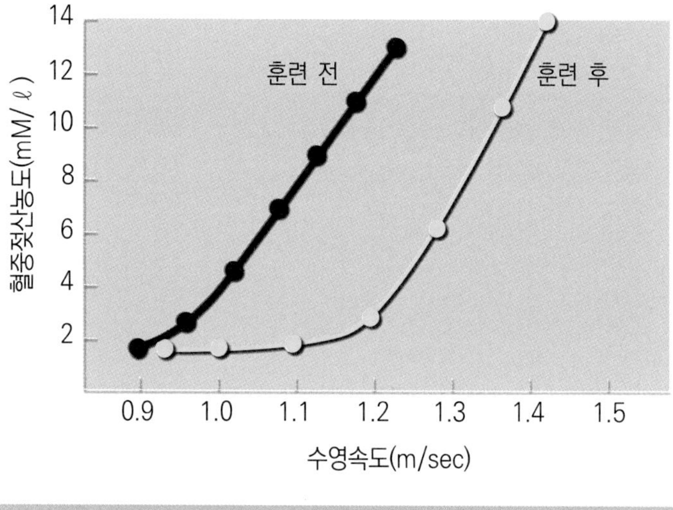

그림 4-8. 5개월 간의 훈련 전후 수영 속도에 따른 혈중젖산 축적농도의 변화

4.1.5 단련자는 동일한 최대하 운동을 지방을 더 잘 이용하여 수행한다

훈련에 의해 산소 이용 능력이 개선됨에 따라서 같은 강도의 운동을 수행하더라도 탄수화물보다는 지방을 더 이용할 수 있게 된다. 탄수화물의 인체 내 저장량은 매우 제한되어 있는 반면에 지방은 인체 내에 매우 풍부하게 저장되어 있다.

장시간 운동을 할 때 간 및 근육 글리코겐 저장량의 고갈이나 혈당(혈중 글루코스)의 저하는 운동피로의 중요한 원인이 된다. 그러므로 탄수화물보다 지방을 에너지원으로 쓰는 능력은 지구성 운동능력을 결정하는 한 요소가 된다.

지구성 훈련에 의한 지질의 이용 능력 개선은 다음과 같은 요인이 관여하고 있다.

① 근육에 분포된 모세혈관의 밀도가 증가한다. 모세혈관의 밀도가 증가하면 작업 근육 세포를 지나는 혈류 속도가 감소하게 되어 유리지방산(FFA)이 세포 내로 운반될 수 있는 더 많은 시간을 갖게 된다.

② 세포질에서 미토콘드리아로 유리지방산을 운반하는 효소는 카니틴-아실 전이효소(carnitine-acyl transferase)이다. 지구성 훈련에 의해 미토콘드리아 수가 증가하면 미토콘드리아의 총표면적과 카니틴-아실 전이효소의 양이 증가하게 된다.

③ 지구성 훈련에 의해 미토콘드리아의 수가 증가하는 것은 유리지방산(FFA)의 산화 과정, 특히 β-산화과정에 작용하는 효소들의 활성도를 증가시킨다. 그로 인해 아세틸조효소 A의 생성 속도가 증가한다. 아세틸조효소 A는 크렙스회로에 들어가 시트르산(citrate)을 형성하는데, 시트르산(구연산)은 세포질에서 해당과정을 촉매하는 인산과당분해효소(PFK)를 억제함으로써 탄수화물 대사를 억제한다.

이처럼 체내 저장량이 제한된 탄수화물을 절약하고 대신 지방을 에너지원으로 사용하는 능력은 지구성 훈련에 의해 개선되는데, 이를 탄수화물 절약 효과(carbohydrate sparing effect)라고 한다[그림 4-9, 4-10 참조].

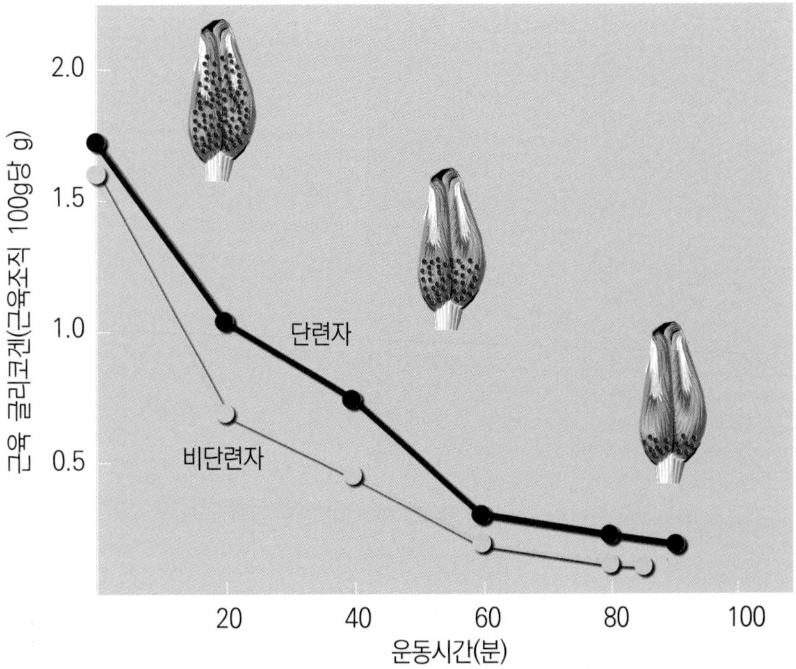

그림 4-9. 장시간 운동 시 단련자와 비단련자의 글리코겐 저장량 변화

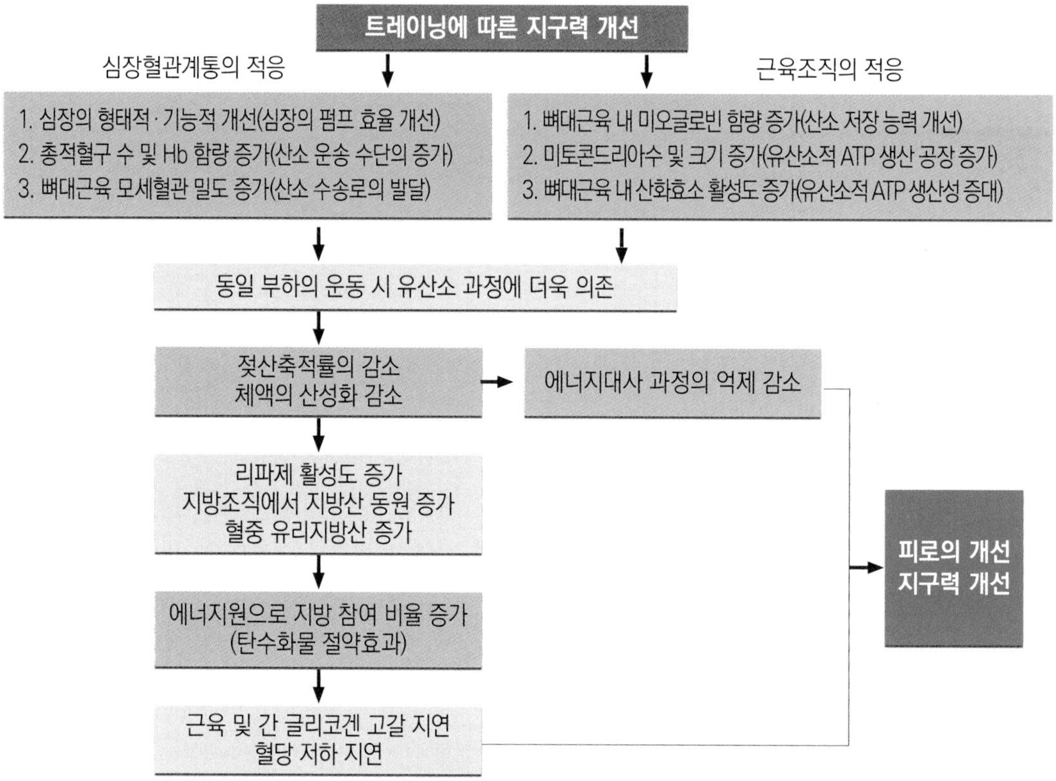

그림 4-10. 트레이닝에 따른 지구력 증가의 기전

4.1.6 단련자는 최대젖산생성능력이 높다

단련자는 최대하 운동을 수행할 때는 그 운동을 보다 유산소적으로 수행하게 되므로 혈중젖산 농도가 일반인보다 낮게 나타난다. 그러나 최대 운동을 수행할 때의 최대젖산축적량은 무산소성 파워 훈련에 의해 증가한다. 스프린트파워 운동선수가 단시간의 최대 운동을 수행할 때 일반인보다 20~30% 정도 더 높은 최대젖산축적량을 보여준다.

이는 높은 강도의 무산소 운동을 수행할 때 수소 이온(H^+)의 축적에 의해 해당과정에 관여하는 효소 활성도가 저하되지만, 훈련을 통해서 산성화 조건에서도 효소의 활성도 수준을 유지하는 능력이 개선됨을 의미한다.

훈련은 해당과정의 속도 조절 효소인 인산과당분해효소(PFK)의 활성도를 약 20% 정도 증가시키는 것으로 알려져 있다. 그러나 이러한 증가율은 유산소 과정에 관여하는 효소들의 활성도가 지구성 훈련에 의해 2~3배 정도 증가하는 데 비하면 낮은 것이다. 이처럼 무산소 훈련에 의해서 체액의 산성화가 초래되는 높은 강도의 운동을 지속적으로 수행할 수 있는 능력, 즉 피로에 대한 내성이 높아지고 그로 인해 운동에 따른 최대젖산축적량은 증가하는 현상이 나타난다.

4.1.7 단련자는 근육세포 내 크레아틴인산과 글리코겐 저장량이 많다

단련자의 경우 크레아틴인산의 저장량이 증가되어 있을 뿐만 아니라 크레아틴인산을 분해하는 효소(creatin kinase)의 활성도가 높다고 보고되고 있다.

$$\text{크레아틴인산(PCr)} \xrightarrow{\text{creatin kinase}} \text{인산(Pi)} + \text{크레아틴(creatin)}$$

크레아틴인산의 저장량이 많다는 것은 고강도의 동일한 운동 시 크레아틴인산의 고갈로 인한 피로가 지연됨을 의미함과 동시에 그 운동을 무산소성 해당과정(젖산 과정)에 덜 의존하면서 수행할 수 있음을 의미한다. 젖산 축적에 의한 체액의 산성화(pH 감소)는 회복기 중 크레아틴인산의 합성을 방해한다. 따라서 스프린트 운동과 휴식을 반복하는 형태의 운동을 할 때 단련자는 휴식기에 크레아틴인산(PCr)의 재합성이 더욱 빨리 이루어진다.

한편 40분~4시간 사이의 탈진적 운동 시 근육 글리코겐의 고갈은 피로의 주된 원인이 된다. 따라서 근육 글리코겐 저장량의 증대는 지구력을 개선시키는 한 요인이 된다.

훈련에 의해서 근육 글리코겐 저장량이 증가하는 원인은 인슐린 수용체 민감도 증가로 인한 근육세포 내로의 글루코스 유입 증가, 근육세포 크기의 증가 등이다.

또한 근육 글리코겐 저장량의 증가는 글리코겐 생성에 관여하는 효소(glycogen synthase)의 활성도가 증가된 결과이다. 즉 반복된 운동으로 인한 인원질 감소와 글리코겐 분해효소(가인산분해효소 등)의 활성화는 그 자체가 화학적 신호로 작용하여 근육의 단백질 합성기구(DNA, RNA 등)를 활성화시켜서 글리코겐합성효소의 생성을 촉진하는 적응 반응을 일으킨다.

4.2 운동 시 연료의 이용과 피로

1966년 이래 근육생검 기술이 발달함으로써 여러 종류의 운동 수행 시 사용되는 연료에 대한 정보가 얻어지게 되었다. 근육생검(muscle biopsy)이란 생체에서 근육조직을 채취하여 근육조직 내 물질을 분석하거나 현미경을 이용하여 조직학적 특성을 조사하는 방법이다. 이를 통해 각종 운동 수행 시 사용되는 연료의 종류와 에너지 생성 비율을 알아낼 수 있다. 표 4-2에는 각종 연료의 사용량을 제시하였는데, 이 표를 통해 운동 수행에 따른 에너지대사의 여러 가지 원리들을 알 수 있다.

첫째, 무산소성 해당과정(glycolysis)에 의해 생성할 수 있는 23.1kcal/hr/kg(체중당 시간당 에너지소비량) 이상의 에너지 소비가 요구되는 활동을 할 때는 인원질(ATP와 PCr)이 주된 연료로 이용되어야 한다[표 4-2에서 칠해진 부분]. 즉 최대 속도의 스프린팅, 원반 던지기, 높이뛰기 등 단시간의 최대운동수행은 무산소성 해당과정(젖산시스템)이나 유산소 과정에 의한 에너지 공급보다 훨씬 빠른 에너지 생성 속

표 4-2 운동 중 각 연료로부터의 최대 에너지 생성률

	최대 에너지 생성률 (mmol/sec/kg)	근육의 이용 가능용량 (mmol/kg)	최대 에너지 생성률 (kcal/hr/kg)	최대 수행 시 고갈속도
ATP	6.0	6	92.6	10초
PCr	6.0	18	92.6	30초
무산소성 해당작용	1.5	76.5	23.1	90초
유산소성 글루코스 분해	0.5	3,000	7.7	100분
지방산 분해	0.24	무제한	3.7	무제한

도가 필요하다.

그러나 근육 내에 저장된 ATP와 PCr의 양은 매우 적어서 이처럼 강한 운동을 수초 이상 지속할 수 없게 된다. 반면 지방산의 유산소적 분해에 의한 에너지 생성 속도는 매우 느리지만, 체내 지방 저장량은 매우 많기 때문에 수시간 이상 활동을 지속시킬 수 있다.

지방의 저장량이 풍부하다고 하지만 지방 분해를 통한 에너지 생성 속도는 느리기 때문에 적어도 5.0kcal/hr/kg 이상의 에너지 소비가 요구되는 에어로빅 댄스, 축구, 달리기, 스키 등의 활동 시에는 지방의 분해만으로 에너지 요구량이 충족될 수 없음을 알 수 있다.

4.2.1 여러 형태의 운동 시 에너지원의 이용과 보급

운동의 강도와 시간, 그리고 운동하는 사람의 체력 수준, 식이 상태 등에 따라 운동 중 에너지원의 동원과 이용 비율은 변화하게 된다. 여기에서는 운동의 강도와 시간에 따른 에너지원의 이용 양태, 운동수행능력의 제한 요건으로서 에너지원의 고갈, 운동 수행을 위한 에너지원의 보급에 대해 설명하기로 한다.

4.2.1.1 단시간의 최대 운동 시 연료 및 피로

대상자들이 1~2분 이상 지속시킬 수 없는 높은 부하로 자전거에르고미터(bicycle ergometer) 운동을 행할 때 근육 내에 저장된 크레아틴인산(PCr)은 10초 이내에 거의 40%가 고갈되고 20초 이내에 50%, 60초 후에는 70%가 고갈된다. 이러한 종류의 고강도 운동 시에는 근육 내 글리코겐의 저장량이 약간 정도만 감소하고 혈중 글루코스나 지방산 역시 변화를 보이지 않는다. 이때 사용되는 소량의 글리코겐은 무산소적으로 분해되어 젖산으로 전환된다. 이러한 활동은 던지기, 도약운동, 800m 이내의 달리기, 200m 수영, 사이클 스프린팅 운동, 역도 등이다. 이 활동의 주된 연료는 ATP, PCr 및 근육 글리코겐이다.

고강도 운동과 짧은 휴식이 반복되는 인터벌 형태의 운동수행 시 운동기 중에는 ATP와 PCr, 그리고 근육 글리코겐이 이용되고, 휴식기에는 근육 글리코겐, 혈중 글루코스 및 지방산의 유산소적 분해에 의해 운동기 중 고갈되었던 ATP와 PCr이 일부분 재보충된다[그림 4-11 참조].

이러한 형태의 운동 시 혈중 글루코스나 지방산의 감소는 나타나지 않고, PCr의 고갈이 가장 뚜렷하게 나타난다. 이때 장시간의 운동과 휴식을 반복하면 결국 근육 글리코겐 수준도 감소하게 된다.

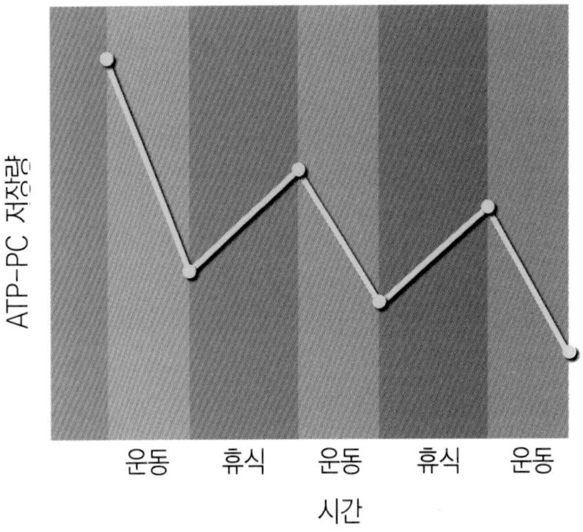

그림 4-11. 운동·휴식을 반복할 때 ATP-PCr 저장량의 변화 양상

15초간의 고강도 사이클 운동과 15초간의 휴식을 반복할 때 PCr 저장량은 최초의 휴식기에는 운동 전 수준의 80%까지 보충될 수 있다. 그러나 운동-휴식을 4~6분간 지속하면 PCr 저장량의 50%를 보충하는 데는 약 3분 정도가 소요된다. 왜냐하면 운동이 지속됨에 따라 더 많은 수소 이온(H^+)이 생성되기 때문이다. 이로 인한 체액의 산성화는 PCr 재합성에 필요한 ATP의 유산소적인 합성과정을 방해한다.

아래팔의 근육을 사용하여 60초간 최대 운동을 수행하면 PCr은 완전히 고갈된다. 또한 PCr저장량을 50% 수준까지 재보충하는 데는 4분이 소요되고, 95% 수준까지 회복하는 데는 7분이 소요된다. 이러한 결과는 최대의 단시간 운동으로 인해 고갈된 PCr을 거의 완전히 회복시키기 위해서는 휴식 시간을 적어도 7분 정도 가져야 한다는 것을 말해 준다.

PCr 이용률과 운동강도 사이에는 직선적 상관 관계가 있다. 운동강도가 강할수록 ATP 공급에 필요한 에너지를 PCr 분해에 의존하게 된다. 또한 운동 초기에는 그 운동의 강도와는 관계없이 PCr이 어느 정도 사용된다.

무산소성 해당과정에 주로 의존하는 2분 이내에 탈진에 도달하는 고강도 운동은 근육세포 내의 pH를 6.4까지 감소시킨다(휴식 시 세포내 pH는 7.4이다). 이처럼 pH 수준이 낮아지면 해당작용의 속도조절 효소인 인산과당분해효소(PFK)의 활성도가 급격히 감소하여 해당작용에 의한 ATP 생성능력이 감소된다.

4.2.1.2 15분 이내에 탈진 상태에 이르는 운동

2~15분 미만 동안 가능한 한 강하게 운동하면 PCr과 글리코겐 모두 주된 에너지원이 된다. 글리코겐은 유산소 과정과 무산소 과정 모두에 의해 분해된다. 이러한 유형의 운동 시에는 글리코겐이 주된 연료로 이용될지라도 글리코겐의 감소 정도는 그렇게 심하지 않다. 근육 글리코겐은 15분 미만의 운동 시에는 단지 10~30%만 감소한다.

이러한 형태의 운동에서는 수소 이온(H^+)이나 암모니아의 축적 등이 피로의 가장 큰 원인으로 지목

plus+

크레아틴의 체내 대사와 크레아틴 보충제

국제올림픽위원회(IOC)에서는 크레아틴(creatine)은 도핑 물질로 규정하고 있지 않다.

크레아틴은 1970년대부터 구 소련 및 동구권 선수들이 사용하기 시작하였으나, 크레아틴이 본격적으로 알려진 것은 1992년 바르셀로나 올림픽이 계기가 되었다. 100m 달리기 우승자인 린포드 크리스티(Linford Christie), 400m 허들 우승자 샐리 군넬(Sally Gunnell), 100m 허들 은메달리스트 콜린 잭슨(Coline Jackson)이 대회 참가 전 크레아틴을 보충한 것으로 알려지면서부터였다.

이후 십수 년 동안 매우 많은 연구 결과가 긍정적인 것으로 보고되고, 상용 제품들이 나와서 보급되어 왔다. 미국의 NCAA(미국대학스포츠연맹)는 대학이 선수에게 보충제를 제공하지 못하도록 규정하고 있다. 그러나 선수가 독립적으로 구하여 이용하는 것은 제재하지 않고 있다.

(1) 내인성 및 외인성 크레아틴

내인성 크레아틴의 생산 기전을 설명하면 다음과 같다.

콩팥에서 비필수 아미노산인 아르기닌(arginine)과 글리신(glycine)이 합성되어 먼저 구아니디노아세테이트(guanidino acetate)를 만드는데, 이때 작용하는 효소가 AGAT(arginine-glycine amidinotransferase)이다.

콩팥에서 만든 구아니디노아세테이트는 간으로 보내지면 간에서는 효소 GAMT(guanidinoacetate N-methyltransferase)의 작용에 의해서 구아니디노아세테이트가 크레아틴으로 전환된다.

이렇게 간에서 만들어지는 크레아틴과 외인성으로 섭취한 크레아틴은 대부분 근육으로 보내지며, 일부만이 뇌 등으로 보내진다. 즉 내인성 및

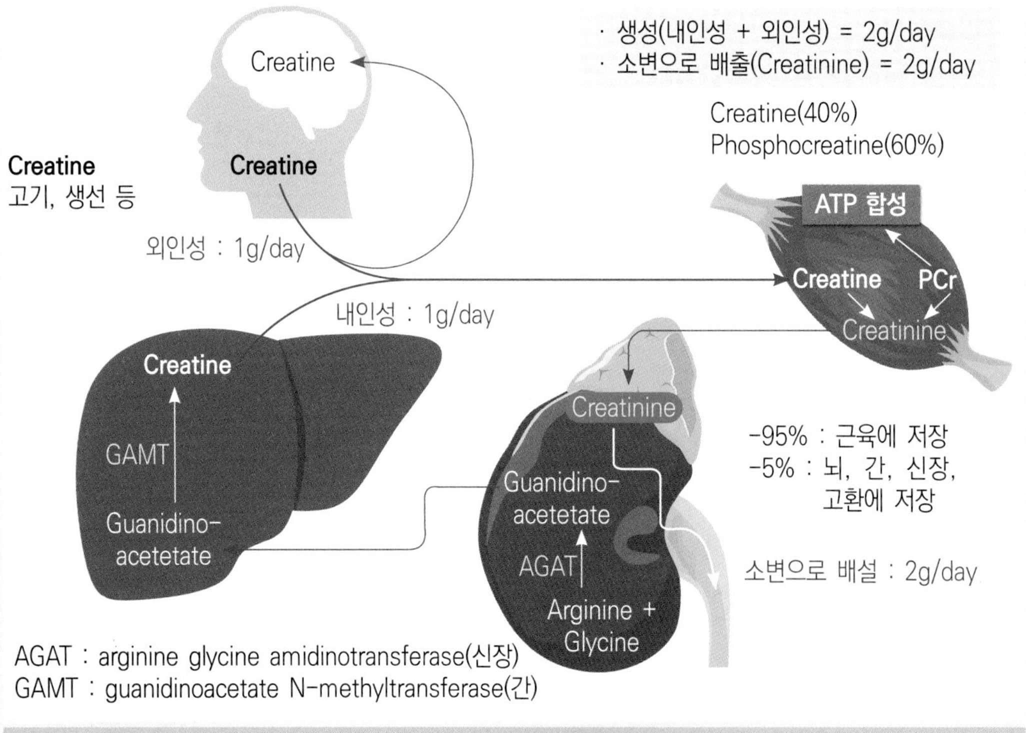

그림 4-12. 외인성 및 내인성 크레아틴의 체내 대사 경로

외인성 크레아틴의 약 95%는 근육으로 보내지는데, 근육에서는 크레아틴 단독의 형태로 40%가 존재하며, 60%는 무기인과 결합하여 크레아틴인산(PCr, Phosphocreatine)으로 근육 내에 저장된다.

근육에서 크레아틴은 대사되어 최종적으로 크레아티닌(creatinine)이 되어 콩팥을 통해 소변으로 배설되는데, 그 양은 약 2g 정도이다. 그림 4-12는 크레아틴이 근육세포에서 어떻게 대사되는지, 즉 ATP를 합성할 때 어떻게 이용되는지 보여주고 있다.

(2) 크레아틴인산의 합성

혈액 중 크레아틴은 크레아틴운반단백질(CrT1, creatine transporter protein)에 의해 근육세포 내로 유입되며, 이어서 60% 정도가 무기인과 결합되어 크레아틴인산(PCr)으로 저장된다.

크레아틴인산은 근육의 세포질(근형질) 내에 있는 크레아틴키나제(CKc)에 의해 크레아틴과 인으로 분해되면서 ADP에 인(Pi)을 제공하여 ATP를 합성하도록 한다.

한편 미토콘드리아에 존재하는 크레아틴키나제(mtCK)는 미토콘드리아에서 생산된 ATP가 분해되어서 나온 인(Pi)을 크레아틴에 결합하도록 하여 크레아틴인산을 합성하는 과정이 일어난다.

(3) 크레아틴인산 보충제와 인터벌 훈련

이러한 과정을 스프린트와 조깅을 반복하는 인터벌트레이닝 상황에 비추어 설명한다[그림 4-14].

세포질 내 크레아틴키나제(CKc)에 의한 크레아틴인산의 분해 과정(스프린팅의 구간)과 미토콘드리아에 위치한 크레아틴키나제(mtCK)에 의한 크레아틴인산의 재합성 과정(조깅 구간, 유산소 구간)을 반복하는 것으로 설명할 수 있다. 대체로 여러 연구에서 저항 훈련이나 스프린트 훈련과 병행해서 크레아틴을 보충하면 근육 내의 크레아틴 함량이 증가하고 근비대나 근력 향상 효과가 있다고 보고하고 있다.

크레아틴을 보충하면 근육의 크레아틴인산의 저장량을 증가시킬 수 있다. 이 것은 뼈대근육에

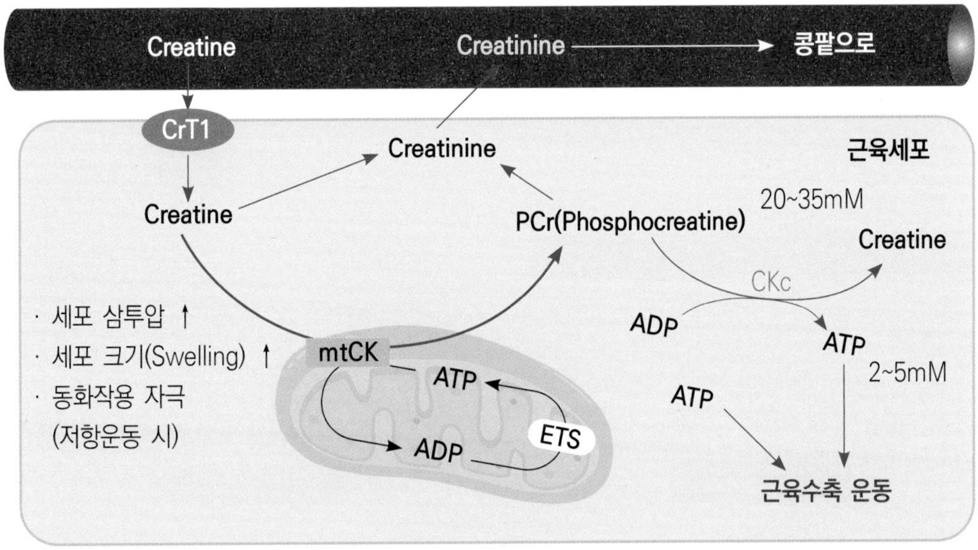

그림 4-13. 근육으로의 크레아틴 이동과 ATP 생성
(CrT1: Creatine Transporter Protein, mtCK : Mitochondrial Creatine Kinase)

는 2~5mM의 ATP가 있고, 크레아틴인산(PCr)은 20~35mM 정도가 있다. 크레아틴의 혈중 농도는 1~12mg/L 정도이며 5g을 섭취하면 섭취 1~2시간에 120mg/L에 도달하게 된다.

크레아틴의 반감기(half-life)는 매우 짧아서 높은 혈중 수준을 유지하여 이용률을 높이기 위해서 2~5g의 크레아틴을 하루 3~6시간마다 나누어 섭취하는 것이 일반적이라고 할 수 있다.

또는 로딩(loading)기로서 처음 5~7일간은 하루에 20g을 섭취하고, 이후 유지기로서 하루 3~5g을 섭취하는 방법도 많이 이용되고 있다. 이러한 방법을 통해서 근육 내 크레아틴 저장량은 10~30%가 증가하고, 크레아틴인산의 저장량은 약 10~40%정도 증가한다.

크레아틴 보충제를 섭취해서 그 효과가 나타나는 사람(responder)은 주로 원래 근육이 큰 사람이나 속근섬유(Type II섬유) 비율이 높은 사람, 또는 원래 크레아틴 저장량이 적었던 사람이다. 또 크레아틴과 당을 함께 보충하면 더 많은 크레아틴이 근육에 저장된다. 이는 당이 첨가되는 경우 인슐린 분비가 증가하며, 뼈대근육 내로의 글루코스 이동이 증가하면서 크레아틴의 근육 내로 이동도 촉진되기 때문으로 생각되고 있다.

2004년 유럽식품안정청(EFSA : European Food Safety Authority)에서는 하루 순수한 크레아틴 3g을 장기간 경구 투여할 때 위험성이 없다고 발표하였다. 그 이후로도 광범위한 연구를 통해 하루 2-5g의 크레아틴을 경구로 섭취하는 것은 안전하며, 부작용은 나타나지 않는 것으로 보고되고 있다.

그러나 크레아틴 보충이 임신과 수유에 미치는 영향에 대해서는 과학적 연구 성과가 부족하며, 신장질환자나 간질환, 그리고 당뇨병이 있는 사람의 경우에게는 부작용이 나타날 위험을 배제할 수 없다.

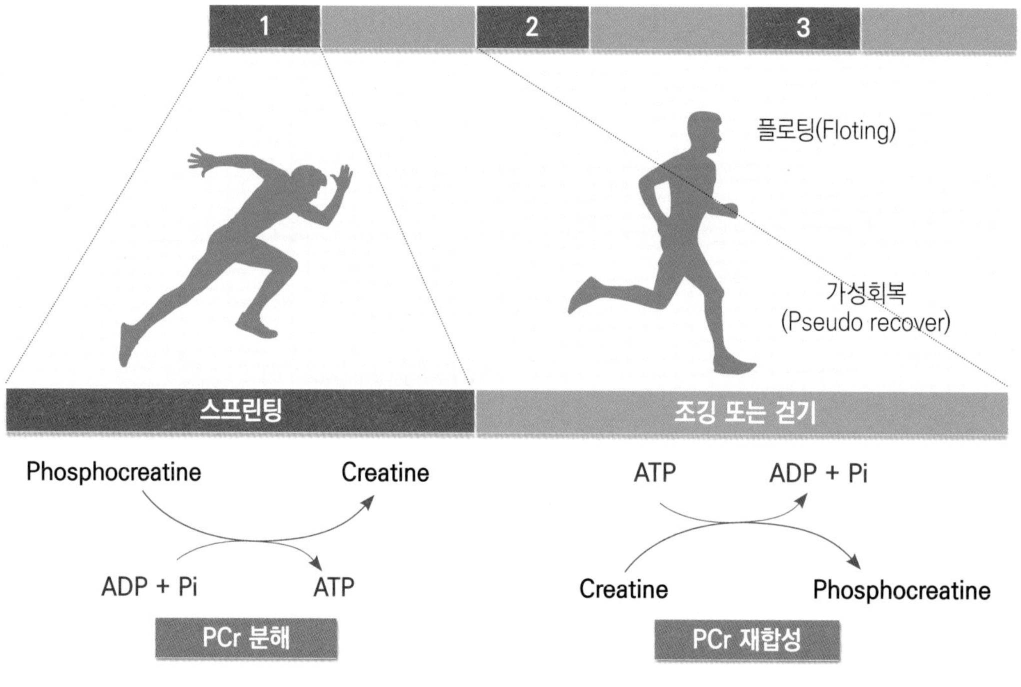

그림 4-14. 인원질 능력을 개선하기 위한 인터벌 훈련

되고 있다. 근육세포 내 pH의 감소는 트로포닌(troponin)에 대한 Ca^{++}의 결합을 감소시키고, 결국 액틴-미오신 연결다리의 활성화를 저해한다[제5장 참조]. 그리고 앞에서 설명했듯이 가인산분해효소(phosphorylase)와 인산과당분해효소(PFK)의 활성도를 저하시켜 해당작용에 의한 ATP 생성 과정의 진행을 억제한다.

운동 중 피로의 원인에 대한 전체적인 설명은 제6장 신경계통까지 학습을 마친 후에 하기로 한다.

4.2.1.3 15~60분 사이에 탈진되는 운동

이 형태의 운동 시에는 글리코겐의 유산소적 분해와 무산소적 분해에 의해 에너지의 대부분을 공급받는다. 지방산이 에너지원으로 참여하는 비율은 10~20% 수준이다. 이 운동 시 무산소성 대사산물인 젖산 수준이나 글리코겐의 고갈 정도는 최대로 되지 않는다.

그러므로 60분 내에 탈진에 이르는 운동을 할 때 나타나는 피로의 원인은 수소 이온과 암모니아

plus+

특정 에너지대사 능력의 향상을 위한 인터벌 트레이닝

적절한 운동과 휴식기의 조합은 특정 에너지대사 능력의 향상을 꾀하면서 운동량을 증가시키기 위한 방법으로 이용될 수 있다.

예를 들어 8초까지 탈진적인 운동 수행을 할 때 주된 에너지는 근육 속에 저장된 고에너지인산인데, 이는 해당과정에는 거의 의존하지 않는다. 이처럼 '운동+휴식'을 반복하는 인터벌 트레이닝은 젖산 축적량을 적게 하면서 회복을 빨리 할 수 있기 때문에 뒤이어 고강도 운동을 수행할 수 있도록 해준다.

표 4-3을 보면 5분 이내에 탈진에 이르는 속도로 달릴 때 달성한 총거리는 1.3km이며, 측정된 평균 분당 산소 소비량은 5.6ℓ/min이며, 탈진 시 혈중젖산농도는 150mg%(혈액 100㎖ 중)이다. 이 대상자가 다른 날 같은 속도로 10초간 달리고 5초간 쉬는 인터벌 운동을 30분간 행하였을 때 달성한 총거리는 6.6km에 이르렀다. 반면 평균 분당 산소 소비량은 5.1ℓ/min였고, 혈중젖산은 매우 낮은 상태인 44mg%에 머물렀다.

이는 운동과 휴식을 적절히 조절하는 인터벌 트레이닝은 특정 에너지대사 능력을 향상시킴과 동시에 피로를 적게 하면서 더 높은 운동량을 달성할 수 있음을 보여준다.

표 4-3. 인터벌 트레이닝과 운동량

운동-휴식	총달린 거리(m)	평균 산소 소비량(ℓ/min)	혈중젖산농도(mg%)
4분 지속운동	1,300	5.6	150
10~5초	6,667	5.1	44
10~10초	4,998	4.4	20
15~30초	3,329	3.6	16

등의 축적, 근육 글리코겐의 고갈, 그리고 체온 상승과 같은 요인이 결합되어 나타난다.

4.2.1.4 60~150분 사이에 탈진되는 운동

운동 초기에는 PCr과 글리코겐의 무산소적 분해가 중요한 역할을 하지만, 대부분의 에너지 공급은 근육 글리코겐, 글루코스 및 지방산의 유산소적 분해에 의해 이루어진다.

150분 이내에 탈진되는 운동 시 총에너지소비량의 25~35% 정도는 지방산의 산화에 의해 공급되며, 나머지 대부분은 근육 글리코겐 및 혈중 글루코스의 유산소적 분해에 의해 공급된다.

축구, 장거리 달리기, 장거리 수영 및 사이클, 크로스컨트리 스키 등 장시간의 강한 운동 시에는 근육 글리코겐이 거의 소모되는데, 이 근육 글리코겐의 고갈이 운동 수행력을 제한하는 주요 원인이 된다. 운동 전 근육 글리코겐의 저장량과 운동 지속 시간 사이에는 높은 상관 관계가 있다.

고탄수화물 식이를 통해 근육 글리코겐 수준을 증가시키면 지구력이 증가하는 현상을 볼 수 있다. 근육 글리코겐 수준이 고갈되는 장시간의 강한 운동 후 근육 글리코겐의 수준을 회복하는 데는 적어도 24시간이 소요된다. 강한 운동을 매일 실시하는 훈련 기간 중에는 근육 글리코겐 수준이 점차 낮아지게 된다. 그러므로 고강도 훈련을 매일 반복할 때는 고탄수화물 식사가 근육 글리코겐 수준을 유지하는 데 도움을 준다[그림 4-15].

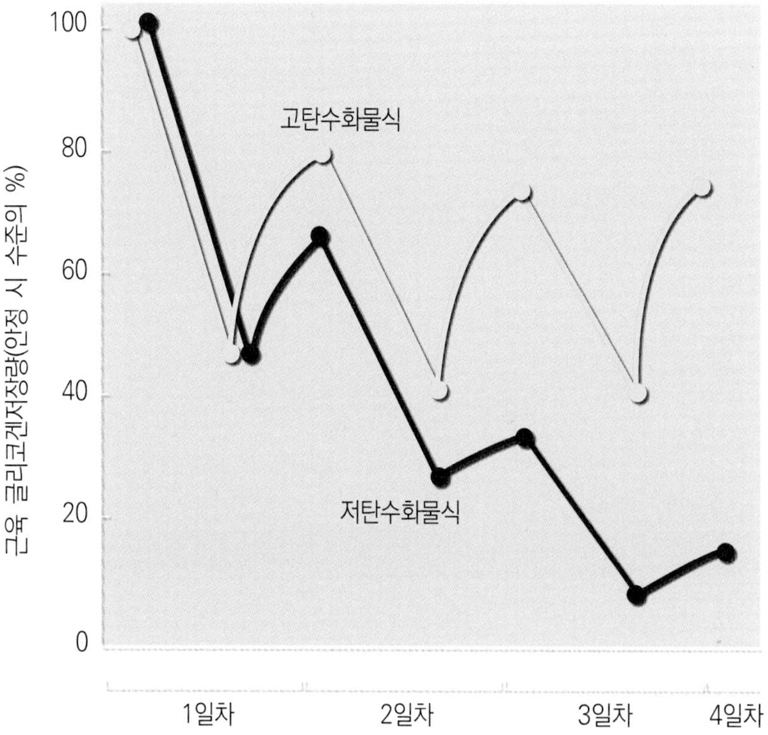

그림 4-15. 3일간의 지구성 훈련 시 탄수화물이 각각 40%와 70% 포함된 식사를 섭취했을 때 근육 글리코겐 저장량의 변화

장시간 지구성 운동의 또 다른 연료는 젖산이다. 활동 중이거나 휴식 상태의 근육, 기타 조직은 활동 근육에 의해 생성된 젖산 중 일부를 연료로 사용한다(젖산→피루브산→H_2O+CO_2+에너지). 젖산의 에너지 참여 비율은 정확히 알려지지 않고 있으나 연료로서 젖산의 역할은 필수적이다.

4.2.1.5 150분 이상 수행하는 탈진운동

운동이 장시간 지속되면 근육세포 내 저장지방과 혈중 지방산이 에너지원으로 참여하는 비율이 점차 높아지게 된다. 이처럼 지방의 이용이 증대되는 것은 점진적인 과정으로, 1시간 내외의 탈진 운동 시에는 총에너지 수요량의 20%를 지방의 분해로부터 얻지만, 4시간 후에는 50% 이상이 된다. 혈당 역시 120분 이상 운동이 지속됨에 따라 점차 감소되어 장시간 운동 시 제한 인자로 작용한다.

따라서 이러한 형태의 운동 시 수행력을 제한하는 주요소는 근육 글리코겐의 고갈과 혈중 글루코스의 감소라고 할 수 있다. 근육 글리코겐 저장량과 지구력의 관계는 그림 4-16에 제시하였다.

한편 사이클과 같이 특정 근육(장딴지근)의 강한 수축이 필요한 운동을 할 때는 달리기와 같은 전신운동에 비해 운동하는 특정 근육의 글리코겐 고갈이 쉽게 일어난다.

더운 환경에서 장시간 운동할 때에는 탈수로 인한 체온조절상의 부담으로 인해 근육 글리코겐 고갈에 앞서 피로가 초래될 수 있다.

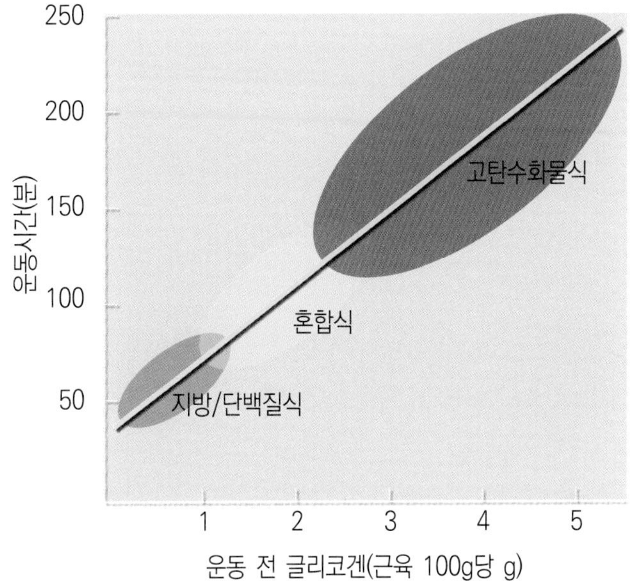

그림 4-16. 근육 글리코겐이 지구력에 미치는 영향

4.2.1.6 가벼운 운동

가벼운 운동 시에는 속근섬유에 비해 지근섬유의 활성화 정도가 높아진다. 그 결과 ATP 공급을 위한 거의 모든 에너지는 지방, 글리코겐 및 글루코스의 유산소적 분해에 의존하게 된다.

한편 운동수행 시간이 길어짐에 따라 에너지원으로서 지방의 연소가 큰 비중을 차지한다. 예를 들어 8시간 동안 행군이나 작업을 수행하다가 활동을 종료할 무렵에는 지방의 연소가 총에너지수요량의 90%를 담당하게 된다.

이러한 활동 시의 피로 현상은 근육 글리코겐 및 간 글리코겐의 고갈, 혈중 글루코스의 저하로 인한 신경계통으로의 에너지 공급 감소, 그리고 전해질 불균형과 탈수, 체온조절 실조 등의 복합적인 결과로 나타난다. 단련된 선수의 혈중 글루코스는 최대산소섭취량의 65% 정도의 수준에서는

90~120분까지 비교적 안정 수준을 유지한다. 따라서 이 수준의 운동 시 혈당 수준이 운동 수행의 제한 요소로 작용하는 것은 적어도 90분 이상 운동을 수행할 경우라고 할 수 있다.

그러나 비단련자에게는 이 수준의 운동이 결코 가벼운 운동일 수 없다. 왜냐하면 65%$\dot{V}O_2$max 수준의 운동강도는 일반인의 무산소성역치(anaerobic threshold) 수준을 상회하는 운동이기 때문이다. 따라서 일반인이 이 수준의 운동을 90분 이상 지속하는 데는 상당한 어려움이 따르고, 탄수화물로부터의 에너지 공급 비율도 상대적으로 높기 때문에 이 시점부터 혈당의 감소가 나타날 가능성이 높다.

표 4-4에 여러 가지 유형의 운동 시 저장 연료의 고갈 정도를 제시하였다.

표 4-4. 여러 유형의 운동 시 저장 연료의 고갈 정도

운동 유형	크레아틴인산	근육 글리코겐	혈중 글루코스 간 글리코겐	근육 중성지방 혈중 지방산
단시간 최대 운동	크다	약간	거의 없다	거의 없다
정적 근육수축 운동				
간헐적 고강도 운동	매우 크다	중간 정도	약간	약간
15분 이내 탈진 운동	중간-크다	중간 정도	약간	거의 없다
15~60분의 탈진 운동	중간 정도	중간 정도	중간 정도	거의 없다
60~150분의 탈진 운동	중간 정도	중간-크다	중간-크다	약간
150분 이상의 고강도 운동	중간 정도	매우 크다	크다	약간
가벼운 운동	거의 없다	거의 없다	약간	약간

plus+

탄수화물 과보상

근육 글리코겐은 운동에 필요한 에너지의 주 공급원이다. 1시간 이상 지속되는 경기에서는 근육 글리코겐의 고갈 현상이 피로와 탈진 현상의 주요한 원인이기 때문에, 경기력 개선을 위한 보조 수단으로서 운동을 시작하기 전 근육 글리코겐저장량을 최대로 증가시키기 위한 시도가 이루어져 왔다.

이처럼 근육 글리코겐 저장량을 증가시키는 방법을 글리코겐 부하(glycogen loading), 탄수화물 과보상(carbohydrate compensation), 또는 탄수화물 패킹(carbohydrate packing)이라고 한다.

스웨덴의 Åstrand가 1960년대 근육생검 연구를 바탕으로 제시한 초기의 글리코겐 부하 방법은 경기 7일 전 탈진 상태에 이르는 훈련을 끝냄으로써 경기 준비를 해야 한다는 것이다. 다음 3일간 선수들은 근육 글리코겐 저장량을 더욱 고갈시키기 위해 고지방·고단백질 식사를 하는데, 그럼으로써 근육세포 내 글리코겐 합성효소(glycogen synthase)의 활동이 촉진된다. 그 후 경기를 앞둔 나머지 3~4일 동안은 탄수화물이 풍부한 식이법을 실시한다.

앞선 저탄수화물 식사기간 중 글리코겐 합성효소의 활동이 증가되어 있기 때문에 뒤이은 고탄수화물의 섭취는 더욱 많은 근육 글리코겐 저장을 유발한다. 이 기간 중 훈련 강도와 양을 감소시켜서 근육 글리코겐의 추가적인 감소를 피하여야 하며, 이를 통해 간과 근육의 글리코겐 저장량을 최대로 축적시킨다.

이 방법은 근육 글리코겐 저장을 평상 시 수준의 2배까지 증가시키는 것으로 알려져 있지만, 고도로 훈련된 대다수의 선수에게도 다소 비현실적인 방법이다. 일반적으로 3일간의 저탄수화물 섭취 기간 동안에는 선수들에게 훈련이 매우 힘들게 느껴지며, 근육의 허약과 방향감 상실, 심리적 긴장 고조, 불안 증대 등 저혈당의 전형적 징후를 나타낸다. 게다가 경기 7일 전에 실시하는 탈진적인 운동은 선수들의 피로감을 가중시키고 부상의 위험을 높인다.

이러한 제한점을 보완하기 위하여 1970년대 후반에 미국의 운동생리학자 마이클 셔먼(Michael Sherman) 교수에 의해 제안된 새로운 방법이 주로 이용되었다. 이 방법은 시합 일주일 전에 처음 3일간은 탄수화물이 55% 정도 포함된 식사를 하면서 훈련량을 약간 줄이는 것이다. 그리고 이어진 3일 동안은 전체 열량의 80% 정도의 고탄수화물 식사를 하면서 훈련량을 줄여나가고, 시합 하루나 이틀 전에는 10~15분 정도의 준비운동 또는 컨디셔닝 운동만을 행하는 것이다.

이러한 방법을 통해 달성할 수 있는 근육 글리코겐 저장량은 초기의 방법과 차이를 보이지 않는다고 보고되고 있다. 그림 4-17은 일반적으로 이용되고 있는 글리코겐 부하 방법이다.

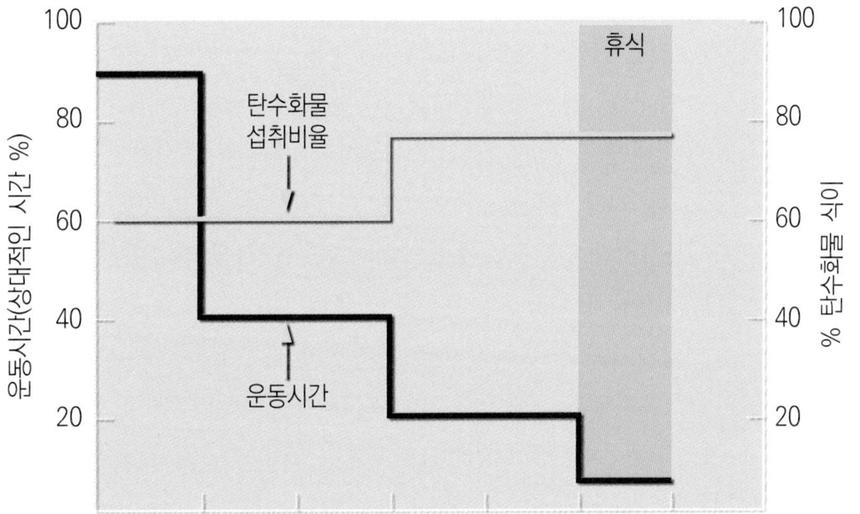

그림 4-17. 경기를 1주 앞둔 탄수화물 부하 방법의 권장(예)

4.3 운동과 탄수화물 섭취

앞 장에서 설명하였듯이 글리코겐의 평상시 체내 저장량은 40분 정도 지속되는 심한 운동을 하는 데 충분한 에너지를 공급할 수 있다. 또한 혈중 글루코스 수준도 심박수가 100~150회/분에 해당하는 작업강도(최대산소섭취량의 30~60%)에서 약 2시간 동안 안정적으로 유지된다. 그러므로 40분 이내에 종료되는 운동에서 탄수화물 섭취에 따른 이점을 기대할 수는 없다.

운동 전 탄수화물 섭취는 보다 장시간 운동을 할 때 창자로부터 흡수된 글루코스를 사용함으로써 근육 글리코겐을 절약하고 혈당을 안정적으로 유지할 수 있다는 이점이 있다.

4.3.1 운동 바로 전에 탄수화물을 섭취하는 경우

운동을 앞두고 충분한 시간을 두지 않은 채 하는 탄수화물 식사는 역설적으로 근육 글리코겐이 보다 일찍 고갈되도록 만들고 조기에 피로를 유발시켜 지구력을 감퇴시키는 요인이 된다. 즉 운동을 앞두고 음식 섭취로 인한 인슐린 반응이 높아진 상태에서 지구성 운동을 하는 것은 피하여야 한다.

예를 들어 경기 시작을 한 시간 이내에 탄수화물 용액을 섭취하였을 경우 섭취한 탄수화물은 글루코스의 형태로 15~45분 이내에 흡수되어 혈류에 도달한다. 혈중 글루코스 수준이 상승함에 따라 글루코스를 근육이나 지방조직, 기타 조직에 운반해주는 이자 호르몬인 인슐린의 분비량이 증가한다.

그림 4-18은 운동 수행을 1시간 앞두고 유동식의 탄수화물 식사를 하였을 때와 수분만을 섭취하였을 때 혈중 인슐린 수준과 혈중 글루코스의 변화를 나타낸 것이다. 운동 수행을 앞두고 탄수화물 용액을 섭취한 경우에는 혈당의 상승에 의해 인슐린 분비가 자극되어 운동 수행을 바로 앞둔 시점까지 혈중 인슐린 수준이 높게 유지된다. 혈중 인슐린의 상승은 운동 수행 내내 지방조직에서 지질의 분해와 동원을 억제하고 탄수화물의 이용을 촉진함으로써 근육 글리코겐을 더 빠른 시간 내에 고갈시킨다.

장시간 운동 중 근육 글리코겐의 고갈은 피로를 유발하는 중요한 요인이 된다. 그림 4-18은 운동 수행을 앞두고 탄수화물을 섭취하였을 때가 수분을 섭취했을 때보다 오히려 혈당이 더 빨리 떨어지는 현상을 보여주고 있다. 그러므로 지구력 경기를 앞둔 경우에는 인슐린 수준이 원래 상태로 돌아올 수 있을 만큼 충분한 시간적 여유를 두고 식사를 마쳐야 한다. 운동 시작 전 인슐린 수준이 정상으로 되돌아가도록 하기 위해서는 다량의 탄수화물 섭취는 적어도 운동 개시 2시간 30분~3시간 전에 마치는 것이 바람직하다.

인슐린 분비와 관련된 이러한 문제를 피하기 위한 한 가지 방법은 탄수화물을 운동 시작 수 분 전에 섭취하는 것이다. 이러한 방법이 효과적일 수 있는 이유는 강한 운동은 혈중 인슐린 수준을 감소시키기 때문이다. 즉 운동이 시작된 이후에 혈류에 흡수되는 글루코스는 인슐린에 최소한의 영향

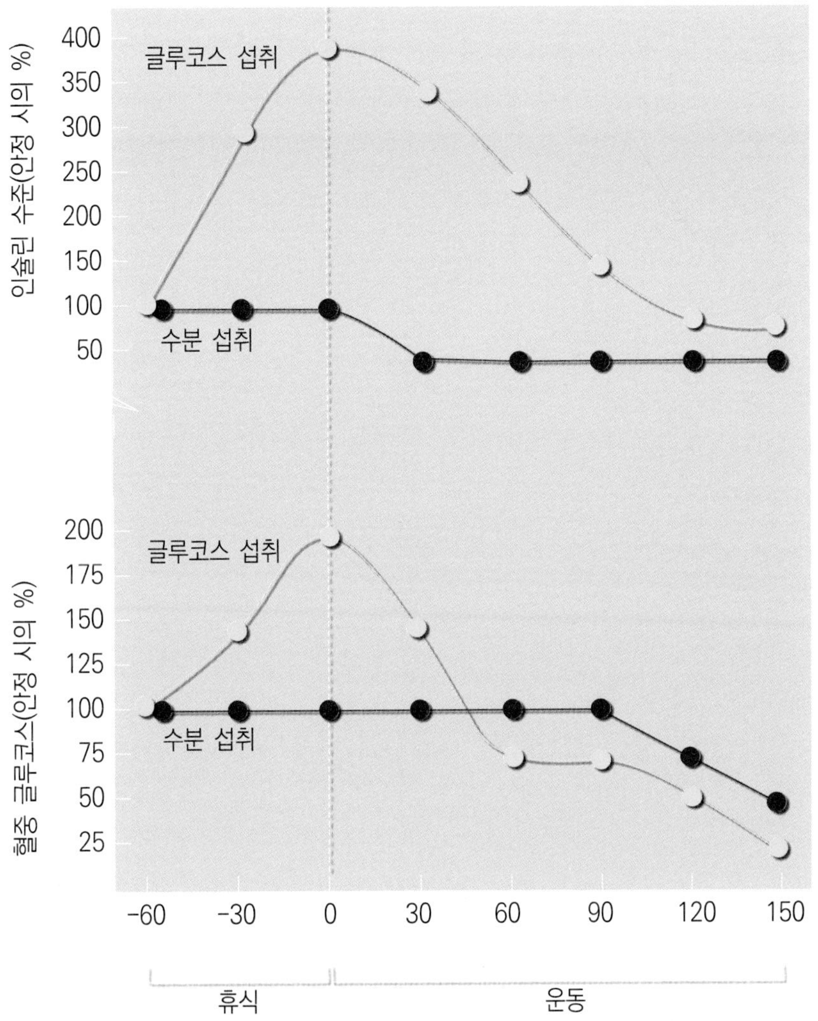

그림 4-18. 운동 1시간 전 탄수화물 섭취가 혈중 글루코스와 인슐린에 미치는 영향

만을 미치게 되므로 지방산 동원이 심하게 억제되지 않고, 혈중 글루코스가 상승된 상태를 유지할 수 있다. 그러나 운동 바로 직전에 섭취하면 비록 용액의 형태라도 소화계통에 부담을 주는 위험이 있다는 것을 고려해야 한다.

4.3.2 운동 중에 탄수화물 용액을 섭취하는 경우

혈중 글루코스 수준은 심박수가 100~150회/분인 중간 강도의 운동을 약 2시간 정도 행할 때 떨어지기 시작하는 것이 일반적이다. 뇌는 에너지원으로 혈중 글루코스에 크게 의존하고, 저혈당 수준이 되면 장시간의 운동 시 수반되는 방향감 상실(disorientation)이 초래되기도 한다. 장시간 운동 중 혈중 글루코스 수준은 탄수화물 용액을 섭취함으로써 유지할 수 있다.

운동 중에는 운동 전과 달리 교감신경계통의 흥분으로 인한 인슐린 분비 억제 기능이 작용한다.

그래서 운동하는 동안 혈중 인슐린 수준의 상승으로 인한 문제는 발생하지 않는다. 운동 중 탄수화물 용액의 섭취는 섭취량과 용액의 농도 등 흡수에 영향을 주는 요인을 고려해야 한다.

최대산소섭취량의 60~80% 강도에 해당되는 운동 시 탄수화물의 섭취는 피로의 발생을 15~30분까지 지연시켜 준다. 영양 상태가 좋은 선수가 비교적 강한 운동을 수행할 때 피로는 약 2시간 동안 운동 수행 시 발생하는데, 적절한 탄수화물의 보충은 피로를 지연시키는 데 도움을 준다. 최근 연구에 따르면 피로 예상 시간보다 약 30분 앞선 탄수화물의 섭취는 탄수화물을 미리 보충했을 때의 효과와 비슷하다고 한다.

그림 4-19는 2시간 동안의 사이클 운동 중 탄수화물 용액과 위약(placebo)을 섭취할 경우의 운동 수행력을 나타낸 것이다. 두 집단의 수행력은 운동 초기 단계에서는 별 차이가 없으나 운동 후반기에 탄수화물 음료의 보충에 의해 수행력이 크게 증가하는 것을 알 수 있다.

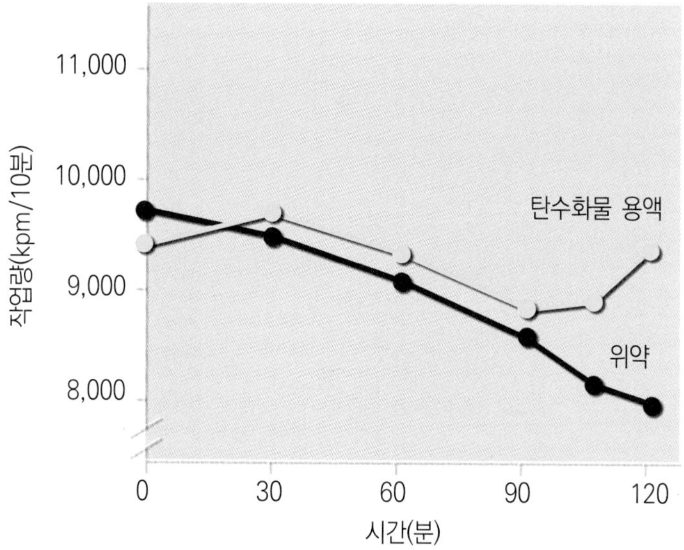

그림 4-19. 탄수화물과 위약 투여가 2시간의 자전거 타기 성적에 미치는 영향

4.3.3 경기 후 근육 글리코겐의 회복

매일 힘든 경기나 훈련을 해야 하는 선수는 가능한 한 빨리 근육 및 간 글리코겐 저장량을 회복시켜야 한다. 소모된 글리코겐 저장량을 신속하게 재보충하지 못하면 계속해서 강도 높은 훈련을 지속하지 못하거나 다음 경기에서 체력 저하를 피할 수 없을 것이다.

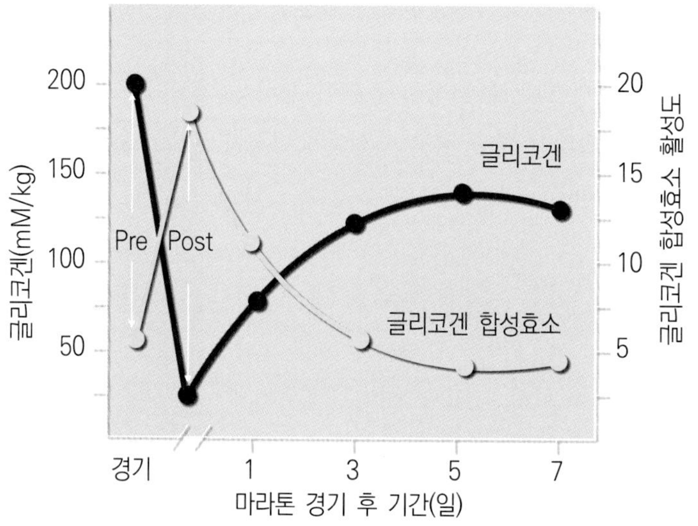

그림 4-20. 마라톤 경기 후 근육 글리코겐의 회복 양상과 글리코겐 합성효소의 활성도 변화

간 글리코겐은 최대산소섭취량의 70% 강도로 2시간 운동하면 완전히 고갈되며, 고탄수화물 식이를 실시하면 몇 시간 이내에 복구될 수 있다. 그러나 근육 글리코겐의 재합성은 매우 느리기 때문에, 마라톤 경기와 같이 탈진 운동을 한 후 정상으로 되돌아가는 데는 많은 시간이 소요된다[그림 4-20 참조].

1980년대 후반의 연구에 의하면 운동 후 2시간마다 적어도 50g(체중 1kg당 약 0.7g)의 글루코스를 섭취하였을 때 근육 글리코겐의 재합성이 가장 빠르다고 한다. 그러나 이보다 더 많은 양을 섭취하였다고 해도 근육 글리코겐의 복구가 빨라지지는 않았다.

운동 후 첫 2시간 동안 근육 글리코겐 재합성의 비율은 시간당 7~8%인데, 이것은 시간당 5~6%의 정상 비율보다 더 빠르다. 그 이유는 운동 직후 체내의 글리코겐이 고갈되었을 때 글리코겐 합성효소(glycogen synthase)의 활성도가 최대가 되기 때문이다. 그러므로 탈진적 지구성 경기로부터 회복하기 위해서는 운동 후 가급적 빠른 시간에 충분한 탄수화물을 섭취하는 것이 효과적인데, 이를 기회의 창(opportunity of window)이라는 말로 표현하기도 한다.

4.3.4 탄수화물 용액의 섭취방법

장시간의 운동 중 연료를 보급하기 위해 탄수화물 용액을 섭취하는데, 탄수화물 용액의 적절한 섭취 방법은 경기수행에 큰 영향을 미칠 수 있다. 가장 먼저 고려해야 할 적절한 탄수화물 음료의 조건은 연료 보급의 목적을 충분히 달성하면서 가급적 빠르게 흡수되어야 한다는 점이다.

4.3.4.1 탄수화물 음료와 위배출 속도

위배출 속도(gastric emptying rate)는 용액의 분자 농도(osmolality)에 의해 지연되기 때문에 비록 소량의 글루코스일지라도 위로부터의 수분 이동을 저해한다. 더구나 수분의 섭취와 흡수가 최우선적인 중요성을 갖는 열환경에서 장시간 운동 시에는 글루코스 용액의 섭취가 수행력을 저해할 수도 있다.

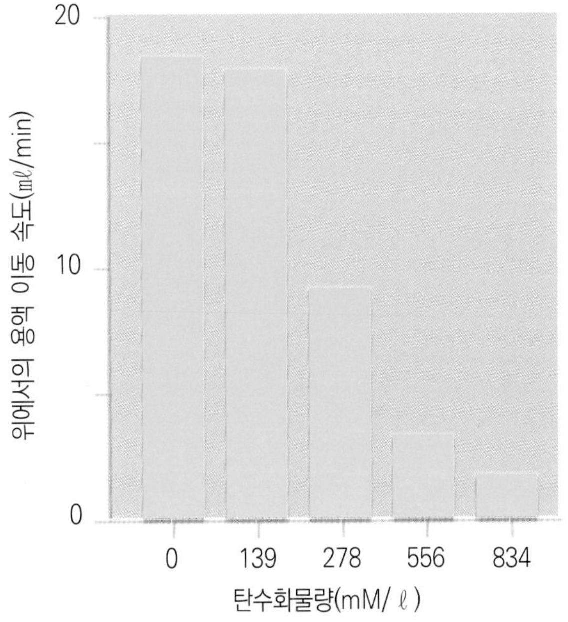

그림 4-21. 용액의 탄수화물 농도와 위배출 속도의 관계

일반적으로 탄수화물 용액은 물이나 저농도의 염화소듐(NaCl) 용액보다 더욱 느린 속도로 소화된다. 섭취 용액의 농도는 위장에서의 소화와 내장에서의 흡수 속도를 결정짓는 주요 요인이 된다. 진한 용액은 물이나 저농도 용액보다 위장에 더 오래 머문다.

그림 4-21은 용액 내 글루코스 농도가 증가됨에 따라 위배출 속도가 현저하게 지연됨을 보여주고 있다. 저농도의 글루코

스 용액 400㎖(139mmol/ℓ)는 20분만에 위에서 거의 소화되었지만, 같은 양의 고농도 글루코스 용액(834mmol/ℓ)은 소화되는 데 거의 2시간이 소요된다.

4.3.4.2 수분 보충과 에너지 보급

용액의 흡수 속도만을 고려한다면 음료에 포함된 탄수화물의 농도가 낮아야 한다. 그러므로 열환경에서 운동할 때 수분 보충이 최우선적인 상황에서 스포츠 음료의 조건은 물 100㎖당 탄수화물이 2.5g 이하로 함유되어 있는 것이다(미스포츠의학회 : ACSM).

그러나 수분 보충보다는 에너지 보급이 우선적 목적일 경우에는 2.5%의 탄수화물 용액으로는 충분한 에너지 보충이 이루어지지 않는다. 지구성 운동 수행에 도움을 주기 위한 탄수화물 섭취량은 적어도 시간당 50g이라고 한다.

이에 따라 실제적으로 권장되는 한 가지 섭취 방법은 다음과 같다. 운동시작 20~30분 후 고농도 설탕 용액(140㎖의 물에 70g의 설탕을 첨가한 용액)을 섭취한 후 15~30분 정도의 간격으로 물 100㎖당 약 2.5g의 탄수화물이 함유된 보다 저농도(2.5%) 용액을 섭취하는 것이다.

또한 글루코스 중합체 용액(glucose polymer fluid)을 사용하는 방법을 고려할 수 있다. 중합된 글루코스 용액 내 분자의 수는 크게 감소하는데, 이는 위에서 흡수 장소인 작은창자로의 수분 이동, 즉 위배출속도(gastric emptying rate)를 단축시킨다.

적절한 탄수화물 용액의 섭취 방법은 운동을 행하는 환경 조건이나 목적에 따라 다르다. 즉 더운 환경에서 다량의 땀 배출로 인한 탈수(dehydration)가 심한 상태에서는 수분 보충이 최우선적으로 고려되어야 한다. 반면 체온이 크게 문제가 되지 않는 조건에서 장시간 운동의 후반기에 나타날 수 있는 근육 글리코겐이나 혈당의 저하를 막기 위해서는 탄수화물 보급이 우선적으로 고려되어야 한다.

4.3.4.3 탄수화물 용액의 섭취 방법

운동 시 탄수화물 용액을 섭취할 때는 다음과 같은 사항을 고려하도록 한다.

① 탄수화물 용액을 경기 시작 30분~1시간 이전에 섭취하는 것은 운동수행력을 저하시킨다. 반면 장시간 운동 중 탄수화물 음료의 섭취는 근육 글리코겐의 고갈이나 혈당 저하를 방지하고, 지속적인 에너지를 보급한다는 측면에서 바람직하다.

② 다량의 체액 손실이 우려되는 열환경에서 장시간 운동할 때처럼 수분 보충이 주된 목적일 경우에는 1~3%의 저농도 글루코스 용액의 섭취가 바람직하다.

③ 장시간 운동 중 탄수화물의 보충이 주목적일 때에는 5~10% 용액을 일정한 시간 간격으로 섭취한다. 또한 운동 시작 20~30분 후에 고농도(50~60%)의 탄수화물 용액을 섭취하고 그 후 약 15~30분 간격으로 저농도(2.5%)의 용액을 섭취하는 방법도 권장한다. 그러나 이러한 방법들은 경기 전 미리 사용해 보아야 한다.

④ 글루코스 중합체(glucose polymer) 형태의 용액은 위에서 작은창자로 이동하는 속도를 증가시킬 수 있다. 왜냐하면 위배출 속도(gastric emptying rate)는 용액 내 물질 분자의 수에 의해 영향을

받는데, 글루코스 중합체 용액은 같은 농도의 글루코스 용액보다 더 많은 분자를 함유할 수 있기 때문이다.

4.4. 대사기능에 미치는 운동 훈련의 효과

운동 수행을 위한 연료로서 탄수화물과 지방은 매우 중요하다. 한편 운동을 통하여 연료의 이용과 관련된 인체의 대사능력을 개선할 수 있다. 인체의 대사 기능이 저하되면 여러 가지 질환의 위험성이 높아진다. 대사기능의 저하나 이상을 야기하는 가장 큰 원인은 운동 부족과 비만이라고 할 수 있다.

여기에서는 병리생리적 관점에서 탄수화물과 지방의 대사기능에 미치는 운동 훈련의 효과를 알아본다.

4.4.1 탄수화물 대사기능의 개선

12시간의 공복 상태일 때의 정상적인 혈당 수준은 70~100mg%(혈액 100㎖ 중)이다. 식후 혈당은 일반적으로 150~170mg% 정도로 증가한다. 혈당이 상승하면 이자(pancreas)의 β-세포로부터 인슐린(insulin) 분비를 자극한다. 인슐린은 신경세포를 제외한 모든 조직세포 내로의 혈당 유입을 도와준다[그림 4-22].

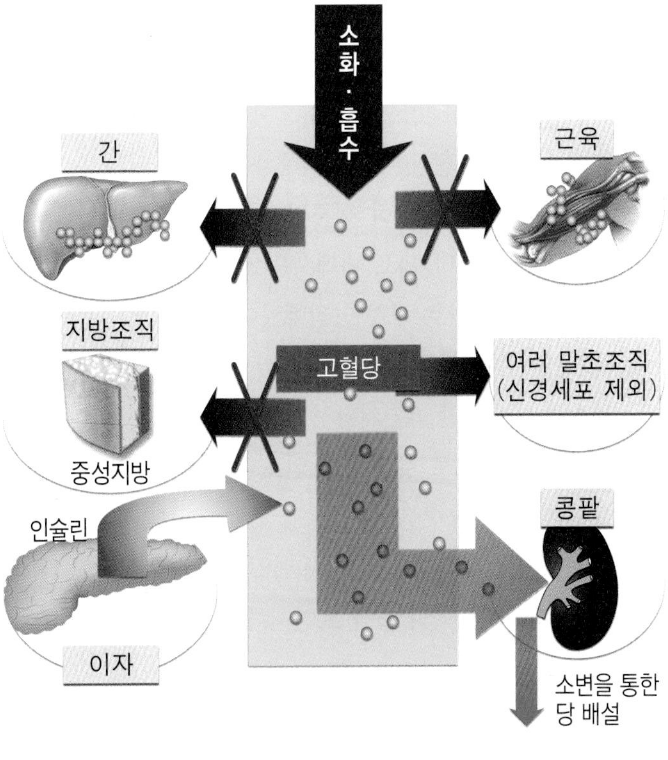

그림 4-22. 인슐린 저항성과 고혈당

4.4.1.1 인슐린과 인슐린수용체

모든 말초조직 세포막에는 인슐린과 결합하는 인슐린 수용체(receptor)가 있는데, 인슐린이 이 수용체와 결합할 때 혈당이 세포 내로 유입되는 일련의 신호 과정이 진행된다.

인슐린과 인슐린 수용체의 이러한 역할은 열쇠와 자물쇠(Key and Lock)의 관계로 설명할 수 있다. 즉 인슐린이라는 열쇠가 세포막의 자물쇠(수용체)와 결합하면 글루코스가 세포 내로 들어갈 수 있는 문이 열리게 되는 것이다.

4.4.1.2 제 I 형 당뇨병과 제 II 형 당뇨병

제 I 형 당뇨병(인슐린 의존형 당뇨병)의 원인은 인체의 면역계통에 이상을 일으켜 정상적인 인체 세포를 공격하여 파괴시키는 자가면역이상(autoimmune disorder) 때문이다. 그 원인으로서, 이 경우 인체면역계가 이자의 β-세포를 공격하여 인슐린 분비 기능을 상실시킨다. 이렇게 되면 인슐린 분비가 부족하게 되어 혈당이 순조롭게 말초조직에 유입되지 못하기 때문에 식후에 고혈당(hyperglycemia)현상이 초래된다. 이러한 자가면역이상으로 인한 제 I 형 당뇨병은 전체 당뇨병의 약 5%를 차지하며, 주로 18세 이전에 발병하는데, 그 명확한 원인은 밝혀지지 않고 있다.

이와는 다르게 제II형 당뇨병의 원인은 이자에서 인슐린을 충분히 분비함에도 불구하고 말초조직에서 인슐린을 받아들이는 기능이 저하되기 때문이다. 그러므로 제II형 당뇨병에서도 혈당이 세포 내로 유입되는 데 장애가 발생하여 식후 고혈당이 초래된다. 식후 고혈당 상태가 지속되어 콩팥역치(약 180mg%)를 상회하면 콩팥에서는 혈당(혈중 포도당)을 여과하지 못하여 소변과 함께 배설하게 된다[그림 4-22].

4.4.1.3 인슐린 저항성

제II형 당뇨병에서처럼 이자로부터 인슐린이 충분히 분비되는데도 불구하고 말초조직에서 인슐린의 기능이 저하되어 혈당 유입에 장애가 나타나는 것을 인슐린 저항성(insulin resistance)이라고 한다.

인슐린이 말초조직 세포막에 있는 수용체와 결합하면 그때부터 세포 내에서는 혈당을 유입시키기 위한 일련의 신호 과정이 진행된다. 이 과정에 결함이 생기는 것이 인슐린 저항성의 발생 원인으로 밝혀지고 있다. 인슐린 저항성의 가장 큰 원인은 운동부족과 비만으로 유전적 요인도 일정 부분 관여하고 있다[그림 4-23].

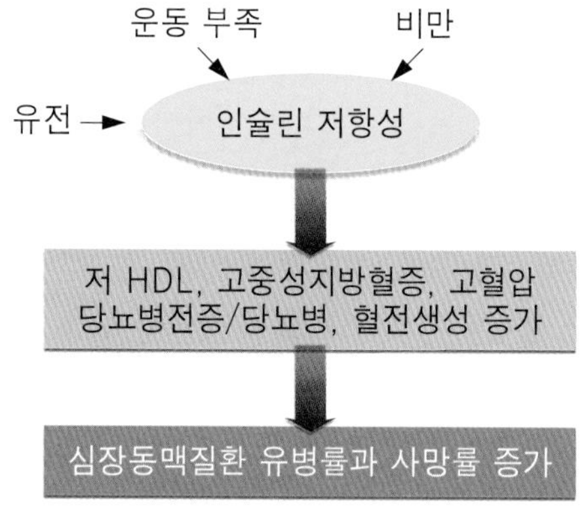

그림 4-23. 인슐린 저항성과 심장동맥질환

인슐린 저항성은 심장동맥질환 등 심혈관계질환의 유력한 병인일 뿐만 아니라 대사증후군(metabolic syndrome)의 중심 요인이다.

4.4.1.4 당수송단백체와 운동

혈당의 세포 내 유입에는 세포 내에 존재하는 당수송단백체(glucose transporter : GLUT)가 중요한 역할을 한다[그림 4-24]. 즉 그림 4-21에서와 같이 세포 내에 있는 GLUT에 신호가 전달되면 GLUT를 갖고 있는 소포(vesicle)가 세포의 표면으로 이동하여 세포막과 융합(fuse)하게 된다. 이때문에 세포 밖의 글루코스가 GLUT를 통하여 세포 안으로 유입되는 것이다.

이처럼 GLUT가 세포막으로 이동하도록 촉진하는 신호 경로에는 두 가지가 있다. 그 하나는 인슐린이 세포막의 인슐린 수용체와 결합하면서 시작되는 인슐린 의존성 경로(insulin dependent pathway)이다. 인슐린 저항성은 이 일련의 효소 반응에 의한 신호 전달과정의 어느 부분에 결함이 발생하여 일어나는 것으로 밝혀지고 있다[그림 4-24, 4-25].

GLUT의 세포막 이동(translocation)을 촉진하는 또 하나의 신호 기전은 AMPK(activated protein kinease)라는 효소의 활성화를 통해서 이루어지는 경로이다. 근수축 활동은 세포 내 AMPK를 활성화시키고, 이어서 여러 단계의 화학 반응에 의해 세포 내에 있는 GLUT에 신호가 전달되면 세포막으로의 GLUT 이동이 촉진된다. 근수축에 의해 AMPK를 매개로 이루어지는 이 신호 경로를 인슐린 비의존성 경로(insulin independent pathway)라고 한다.

운동이 인슐린 비의존성 경로를 통하여 혈당의 근세포 유입을 직접적으로 촉진할 뿐만 아니라

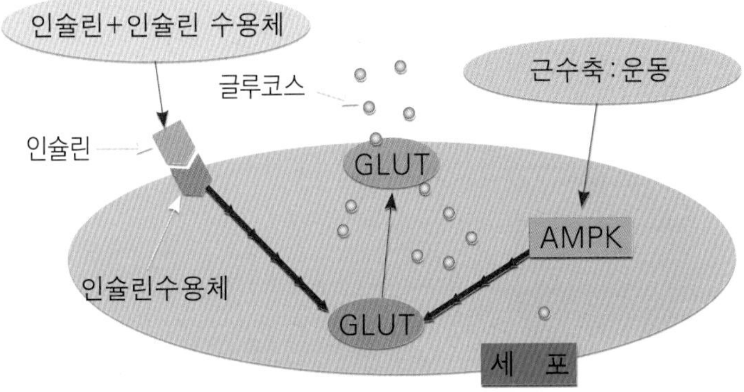

그림 4-24. 당수송단백체(GLUT)의 세포막 이동을 자극하는 두 신호 경로

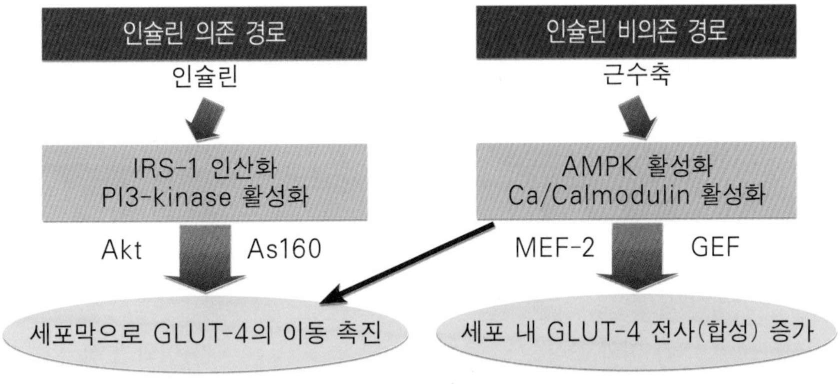

그림 4-25. 운동에 의한 GLUT4의 세포막 이동과 전사 촉진 효과

인슐린 의존성 신호 경로상에서 어떤 결함을 수정하는지에 대한 연구가 이루어지고 있다.

한편 근수축 운동은 세포 안에 있는 GLUT의 세포막으로의 이동(translocation)을 촉진할 뿐만 아니라 세포 내 GLUT 농도 자체를 증가시킨다는 점이 증명되고 있다. 즉 근수축 활동은 AMPK의 활성화와 칼슘(Ca^{++})의 세포 내 유입과 칼모듈린(calmodulin)의 활성화를 통해서 세포핵 내에서 GLUT의 전사(transcription)에 관여하는 중요한 전사인자들(MEF-2 ; myocyte enhancer factor 2, GEF ; GLUT4 enhancer factor)을 활성화시킨다[그림 4-25].

GLUT의 세포막 이동을 촉진시키고 GLUT의 전사를 촉진하여 GLUT량을 증가시키는 운동의 효과는 인슐린 저항성을 낮추어 줄 뿐만 아니라 제 I 형 당뇨병 환자에게도 인슐린 수요량을 감소시켜 이자의 인슐린 분비 부담을 줄이고 당뇨병에 의한 합병증의 위험을 낮추는 데 그 가치가 있다.

4.4.2 지질 대사기능의 개선

식사를 통하여 섭취한 중성지방, 콜레스테롤 등 대부분의 지질은 카일로마이크론(chylomicrons)이라는 입자 형태로 온몸을 순환하면서 근육이나 조직세포에 중성지방을 제공한다[그림 4-26]. 이때 조직세포에 분포된 모세혈관벽에는 지질단백질지질분해효소(lipoprotein lipase : LPL)가 있어서 중성지방을

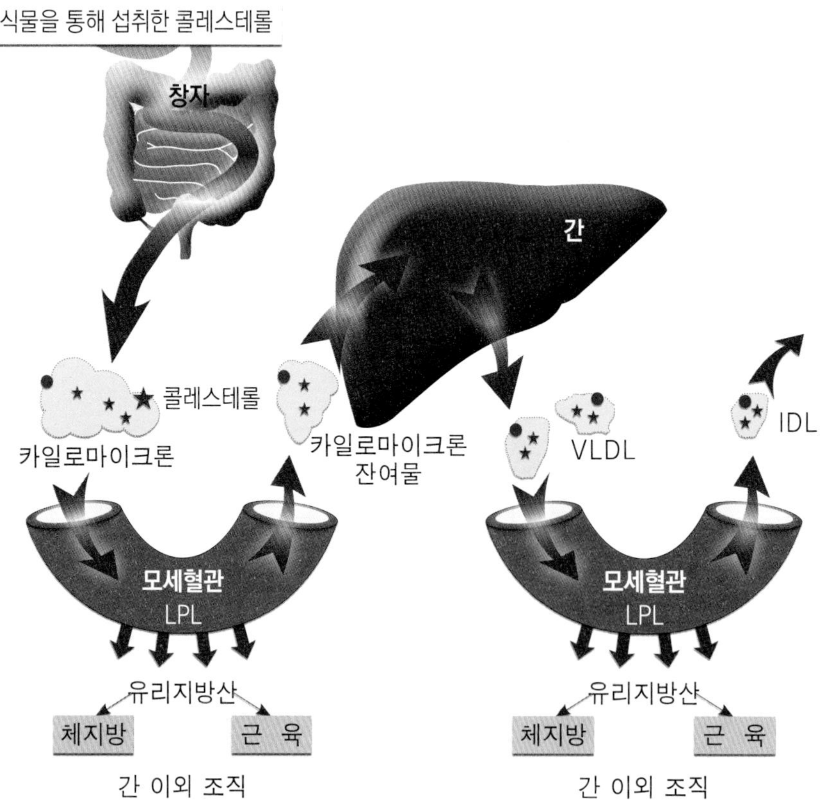

그림 4-26. 지질단백질의 체내 순환 경로

분해하고 유리지방산을 방출하게 하여 조직세포가 이용하도록 한다.

온몸을 순환하면서 중성지방을 제공하고 돌아온 카일로마이크론 잔여물과 문맥을 통해 간으로 직접 들어온 일부 지방산 등은 간에서 지질단백질(lipoprotein)로 합성된다[그림 4-26].

4.4.2.1 지질단백질의 종류와 역할

식사 후 장벽을 통과하면서 바로 만들어지는 카일로마이크론은 중성지방을 온몸의 조직세포에 전달하고, 그 잔여물은 간에 흡수된다. 간에서는 카일로마이크론 잔여물이나 직접 문맥을 통해 흡수된 중간사슬 이하의 지방산 등으로 다시 지질단백질을 합성한다. 그러므로 식후 시간이 어느 정도 경과된 상태에서는 카일로마이크론을 발견할 수 없으며, 혈중에는 간에서 합성한 지질단백질만을 발견하게 된다.

지질단백질(lipoprotein)은 중성지방, 인지질, 콜레스테롤, 그리고 단백질이 결합된 구형의 입자형태로서 혈액을 통해 지질을 운반하는 셔틀(shuttle) 역할을 한다. 만일 이들 지질이 단백질과 결합된 형태가 아니라 제각기 운반된다면 마치 비균질화된 우유의 크림과 같이 혈액을 부유하면서 혈관벽에 침착되어 플라크를 형성할 것이다.

간에서 처음 만들어지는 지질단백질은 초저밀도지질단백질(very low density lipoprotein : VLDL)인데, 이는 간에서 방출된 후 온몸을 순환하면서 말초조직에 중성지방을 제공한다[그림 4-26]. 중성지방을 제공한 후 점점 그 크기가 작아지고 밀도가 높아지면서 중밀도지질단백질(IDL : intermediate density lipoprotein)의 단계를 거쳐 저밀도지질단백질(low density lipoprotein : LDL)이 된다. 저밀도지질단백질(LDL)은 그 입자 안에 대부분 콜레스테롤을 갖고 있어서 조직세포에 콜레스테롤을 공급하는 역할을 한다.

저밀도지질단백질은 간에서 말초조직으로 총콜레스테롤의 60~80%를 운반하는데, 만일 혈액 중 저밀도지질단백질의 수준이 지나치게 높으면 동맥벽에 부착되어 플라크를 형성하는 원인이 된다. 저밀도지질단백질(LDL)은 동맥벽과 가장 높은 친화도를 갖고 있어서 동맥조직 내로 콜레스테롤을 운반시켜 축적시키고, 축적된 콜레스테롤은 화학적으로 변형되어 혈관 중간층을 이루는 민무늬근육(평활근)의 비대를 초래하고 동맥의 속공간(내강)을 좁히고 손상시키는 원인이 된다.

표 4-5. 혈중 지질단백질의 종류와 특성

종류	주요 생성장소	특 징
카일로마이크론	작은창자	식후 작은창자에서 합성되며 중성지방을 주로 운반한다. 생성 후 빠르게 분해되므로 공복 상태에서는 존재하지 않는다.
VLDL	간	간에서 합성되는 밀도가 낮은 지질단백질로 주로 중성지방을 말초조직으로 운반한다.
LDL	혈액 내에서 전환	VLDL이 중성지방을 말초조직으로 제공한 후 LDL로 전환되는데, 효소(LCAT)의 작용에 의해 HDL로부터 콜레스테롤을 받아 조직으로 운반한다.
HDL	간	조직에서 간으로 콜레스테롤을 운반하며, 동맥벽에 침착된 콜레스테롤 등을 싣고 간으로 보내 재처리하게 하므로 동맥경화를 예방하는 역할을 한다.

한편 간에서는 고밀도지질단백질(high density lipoprotein : HDL)도 생성하여 혈류로 방출한다. 간으로부터 방출된 HDL은 혈류를 따라 순환하면서 동맥벽에 침착되어 있는 콜레스테롤을 싣거나 LDL로부터 콜레스테롤을 넘겨 받아 간으로 보내준다[그림 4-27].

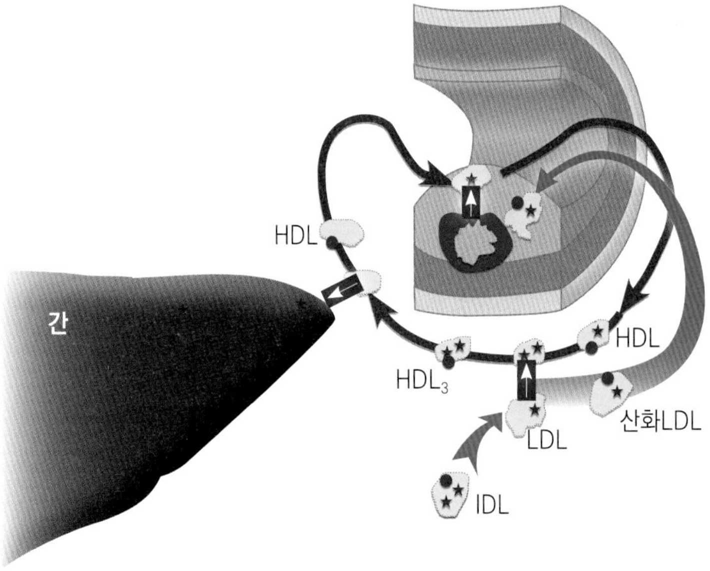

그림 4-27. 고밀도지질단백질(HDL)의 역방향 콜레스테롤 경로

이렇게 HDL의 순환 경로는 저밀도지질단백질과는 반대 방향이다. 즉 말초조직에서 간으로 콜레스테롤을 운반하기 때문에 역방향 콜레스테롤 경로(reverse cholesterol pathway)라고 한다.

4.4.2.2 지질단백질과 동맥경화의 위험

고밀도지질단백질(HDL)은 동맥벽에 침착된 콜레스테롤을 청소하는 역할을 하므로 동맥경화 예방의 지표가 된다. 임상 수준보다 낮은 HDL-C(HDL의 형태로 운반되는 콜레스테롤) 수준은 동맥경화의 위험성이 높다는 것을 의미한다.

심장동맥질환(coronary artery disease : CAD)은 혈중 총콜레스테롤, 중성지방 그리고 LDL-C(LDL의 형태로 운반되는 콜레스테롤)의 수준이 높을수록 그 위험성이 높아지며, HDL-C의 수준이 낮을수록 발병률이 높아진다. 저밀도지질단백질(LDL) 중에서도 크기가 크고 밀도가 더 낮은 LDL_1(large LDL)보다는 작고 밀도가 높은 LDL_3(small and dense LDL)이 동맥경화를 더욱 촉진하는 것으로 알려지고 있다.

4.4.2.3 운동과 혈중 지질의 변화

정기적인 운동은 혈액 중 지질의 상태(lipid profile)를 바람직하게 변화시킨다. 특히 유산소성의 심폐지구성 운동에 의해 기대할 수 있는 혈중 지질의 변화는 다음과 같다.

① 혈중 중성지방 수준의 감소

② 혈중 총콜레스테롤 수준의 감소(총콜레스테롤은 VLDL, LDL, 그리고 HDL에 포함된 모든 혈중콜레스테롤 값을 의미함)

③ 초저밀도지질단백질 콜레스테롤(VLDL-C) 수준의 감소

④ 저밀도지질단백질 콜레스테롤(LDL-C) 수준의 감소

⑤ 고밀도지질단백질 콜레스테롤(HDL-C) 수준의 증가

⑥ LDL-C/HDL-C 비율의 감소

⑦ LDL 중 특히 LDL_3(small, dense LDL)의 감소

⑧ HDL 중 특히 HDL_2(간으로 콜레스테롤 전달하는 역할)의 증가

일회성의 지구성 운동은 일시적으로 지질단백질 분해효소(LPL)의 활성도를 증가시키고, 혈중 중성지방의 수준을 감소시키며, 고밀도지질단백질(HDL)의 수준을 증가시킨다. 즉 반복적인 운동에 의한 지질단백질분해효소(LPL)의 활성도 증가는 VLDL로부터 중성지방의 방출을 촉진하여 에너지원으로의 이용을 촉진한다. 그로 인해 VLDL 잔여물(VLDL remnant)로부터 HDL로의 콜레스테롤 이동이 촉진되고 LDL-C의 수준은 감소하게 된다[그림 4-28].

또한 간에서 생성된 HDL_3를 HDL_2로 전환시키는 효소 LCAT(lecithin cholesterol acyl transferase)의 활성도를 증가시키고, 그로 인하여 동맥벽에 침착된 콜레스테롤과 LDL 등에서 더욱 많은 콜레스테롤을 넘겨받아 간으로 이송할 수 있게 된다[그림 4-28]. 그로 인해 HDL 특히 HDL_2의 수준이 증가하고 LDL-C의 수준은 감소한다.

1. 지질단백질분해효소(LPL) 활성도 ↑ → VLDL의 중성지방 분해 증가 → 혈중 중성지방 감소
- VLDL 잔여물 증가 → HDL로 콜레스테롤 이동 증가
- LCAT의 활성도 증가로 HDL_2의 증가 → 간으로의 콜레스테롤 이동 증가 → 혈중 총콜레스테롤과 LDL- C의 수준 감소

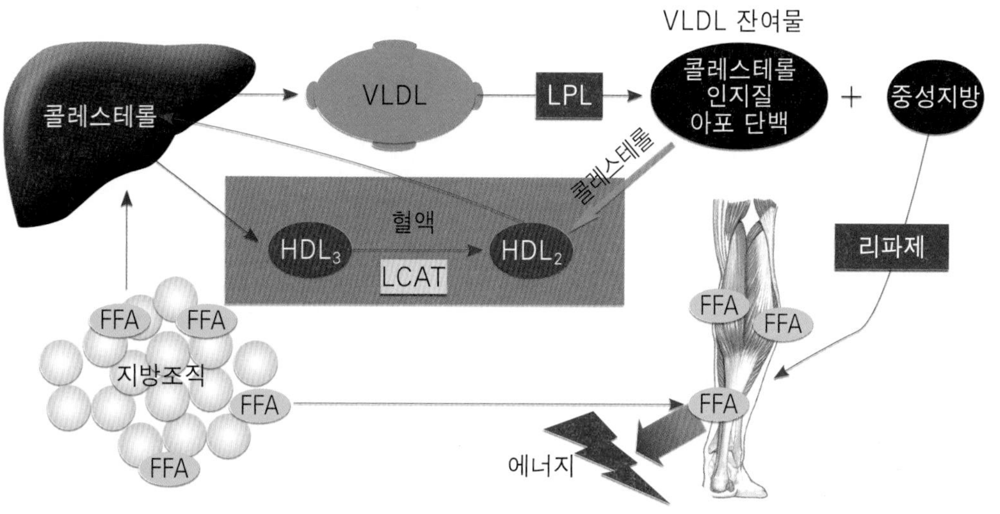

그림 4-28. 운동을 통한 혈중 지질 상태의 개선 기전

단원요약

>> 인체의 에너지 생성 과정에의 의존도는 활동 수준에 좌우되는데, 운동강도가 높을수록 무산소 과정의 의존도가 높아지며, 지방보다는 탄수화물의 이용률이 높아진다.

>> 동일한 강도의 최대하 운동을 수행할 때 단련자는 그 에너지 생성 과정을 상대적으로 유산소 과정에 더욱 의존하여 수행할 수 있다. 그 이유는 산소수송시스템과 산소이용효율이 개선되기 때문이다.

>> 지구성 훈련은 운동에 필요한 에너지원으로서 체내에 양적으로 제한된 탄수화물보다는 지방을 사용하는 능력을 개선시키는데, 이를 탄수화물 절약효과(carbohydrate sparing effect)라고 한다.

>> 에너지대사 측면에서 피로현상은 30초 이내에 탈진되는 운동의 경우 크레아틴인산의 고갈이 그 원인이며, 15분 이내에 탈진되는 운동의 경우에는 무산소성 해당과정과 같은 빠른 대사 과정에 의해 발생하는 높은 수소 이온 농도(H^+)가 피로의 주된 원인이다.

>> 60분 이상 수행되는 운동 시에는 근육 글리코겐 저장량의 고갈이 주된 피로의 원인이 된다. 따라서 장거리 종목의 경기를 앞두고 식이 및 훈련조절을 통해 근육 글리코겐 저장량을 증가시키기 위한 시도가 이루어지고 있는데, 이를 글리코겐과보상(glycogen supercompensation)이라고 한다.

>> 운동 중 탄수화물 이용에 영향을 미치는 중요한 요인은 운동강도인데, 운동강도가 높을수록 속근섬유의 글리코겐 이용률이 높아진다. 또한 특정 부위의 근육을 많이 이용할수록 그 부위의 근육 내 글리코겐의 고갈 속도가 빨라지게 되어 그로 인해 국부적인 근육 피로가 나타날 수 있다.

>> 장시간의 운동을 수행하기 전 식사는 체내 글리코겐 보충을 위한 고탄수화물식이 바람직하다. 그러나 운동 수행 바로 전에 탄수화물 용액 등을 섭취하면 인슐린 반응을 일으킨다. 즉 높은 혈중 인슐린 수준은 지방 조직으로부터 지방산의 동원을 억제하여 지방의 에너지원 참여 비율을 저하시키고 결국 지구력을 감퇴시키게 된다.

>> 장시간의 운동 수행 중 탄수화물 섭취는 근육 글리코겐의 고갈과 혈당 저하를 지연시켜 지구성 능력을 개선시킨다. 운동 중 탄수화물 용액은 피로 예상 시간 30분 전에 섭취하는 것이 효과적이다.

>> 운동 수행 직후 글리코겐 합성효소(glycogen synthase)의 활성도가 최대로 되기 때문에 지구성 운동 수행이 끝난 후 가능한 빠른 시간에 충분한 탄수화물을 섭취하는 것이 좋다.

>> 탄수화물 용액의 형태는 환경적 조건을 고려하여 결정하여야 한다. 예를 들어 빠른 체액의 보충이 우선적인 고려 사항인 열환경에서의 운동 시에는 저농도 탄수화물 용액을 섭취하고, 체온조절이 크게 문제가 되지 않는 환경 조건에서 지구성 운동의 후반기에는 고농도 탄수화물 용액의 섭취가 바람직하다.

>> 정기적인 운동은 당수송단백체(GLUT : glucose transporter)의 세포막 이동과 전사 촉진 효과를 통하여 인슐린 저항성을 효과적으로 감소시킨다.

>> 정기적인 운동은 동맥경화의 위험인자인 혈중 중성지방, 혈중 콜레스테롤 그리고 저밀도지

질단백질 콜레스테롤(LDL-C) 수준은 감소시키는 반면 동맥경화 예방인자인 고밀도 지질단백질 콜레스테롤(HDL-C) 수준을 증가시켜 혈중 지질 상태를 바람직하게 개선한다.

연습문제

1. 운동강도가 클수록 무산소성 대사(ATP-PCr, 젖산 과정)에 의존하는 비율이 커지는 인체 반응이 나타나는 이유는 무엇인가?
2. 운동 지속 시간이 길어질수록 인체의 연료 의존도는 어떻게 변화하는가? 그러한 변화가 나타나는 이유는 무엇인가?
3. 지구성 훈련에 의해 근육세포 내에 저장량이 증대되는 연료들은 무엇이며, 그 생리적인 이점은 무엇인가?
4. 일정 기간 지구성 훈련을 실시한 결과 동일한 운동을 수행할 때의 혈중젖산농도에 어떠한 변화가 나타나는가?
5. 에너지연속체(energy spectrum)에 대해 설명하라.
6. 동일한 강도의 운동 시 단련자가 유산소 과정에 더 의존하여 에너지를 얻는다. 그 주된 이유를 설명하라.
7. 단련자의 '탄수화물 절약효과'가 개선되는 이유는 무엇인가? 그리고 그것이 수행력과 어떠한 관련을 갖는가?
8. 15분 이내에 탈진되는 운동을 수행할 때와 60~150분 사이에 탈진되는 운동을 수행할 때 나타나는 피로의 원인에 대해 설명하라.
9. '탄수화물 과보상'에 대해 설명하라.
10. 지구성 경기를 앞두고 한 시간 이내에 탄수화물 용액 등의 섭취를 피해야 하는 이유를 설명하라.
11. 경기 후 근육 글리코겐의 빠른 회복을 위한 방법을 설명하라.
12. 탄수화물 용액의 농도와 위배출 속도 사이의 관계를 설명하라.
13. 장시간의 운동 수행 중 탄수화물 용액의 섭취 요령을 설명하라.
14. 정기적인 운동을 통하여 인슐린 저항성을 감소시키는 기전을 설명하라.
15. 정기적인 유산소 운동이 혈중 지질상태를 어떻게 개선하는지 설명하라.

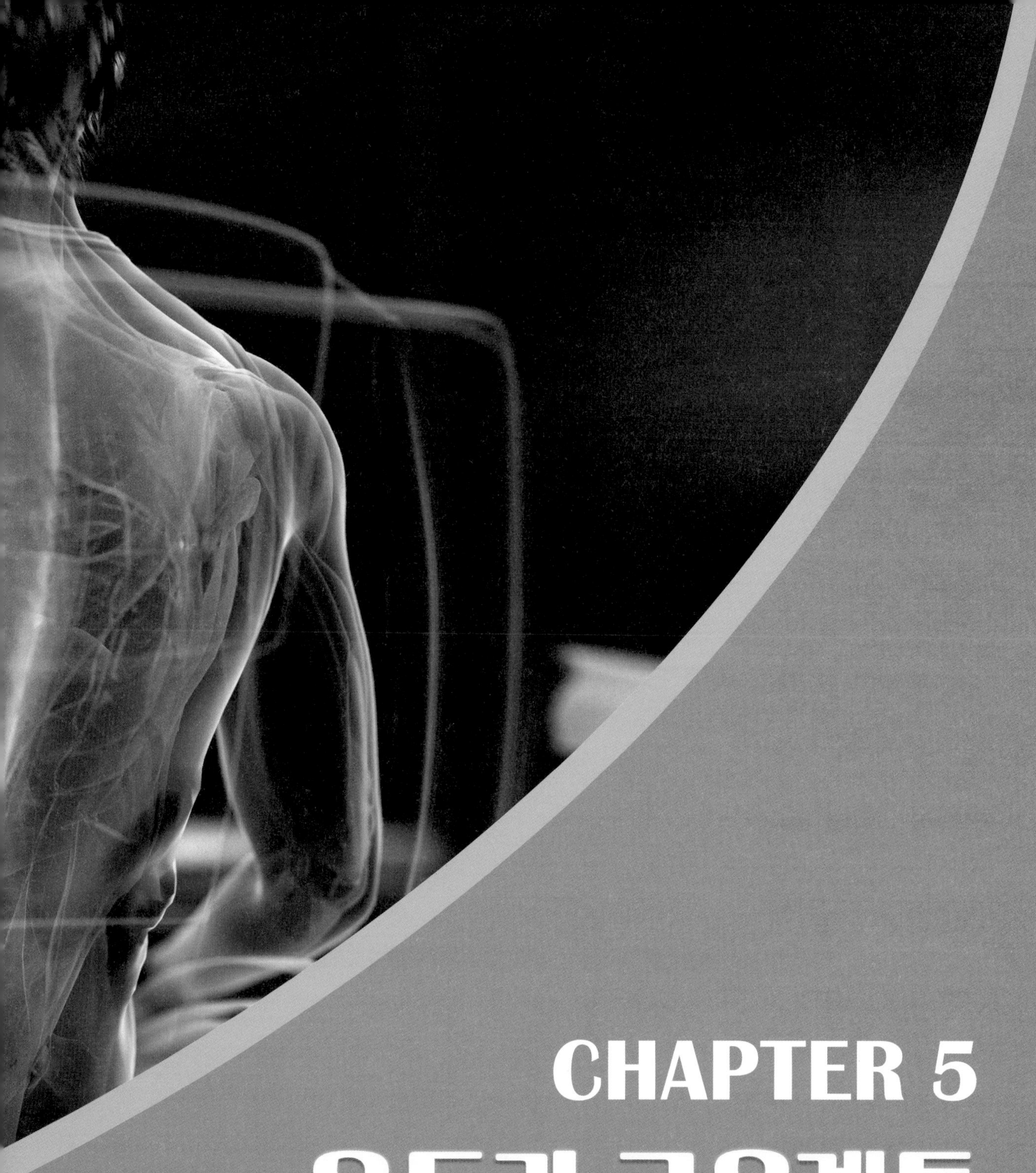

CHAPTER 5
운동과 근육계통

이 장에서는 뼈대근육의 미세구조와 근육 수축의 기전을 공부한다. 근육 수축과정에서 교차결합 주기, 칼슘의 역할, 미오신과 액틴의 상호 작용에 대해 이해한다. 또한 뼈대근육섬유의 종류, 즉 서근육섬유와 속근섬유의 대사적 특성, 신경학적 특성을 배우며, 근육섬유의 형태가 인체의 수행력과 가지는 관계, 훈련에 따른 영향에 대해 배운다. 근육수축의 종류로서 등척성·등장성·등속성 수축을 이용한 근력 훈련, 특히 신장성 수축의 개념에 대해 이해한다.

근력을 결정하는 요인으로서 근육의 길이, 관절각의 각도 등이 실제 운동 동작에서 어떻게 근력에 영향을 미치는지 배우며, 훈련에 의해 초래되는 근육 비대 현상의 원인, 근비대와 근력 향상을 위한 적정 훈련 강도 등에 대해 배우도록 한다.

인체의 운동은 근육(muscle)이 수축하는 힘에 의해 이루어진다. 근육은 화학적 에너지를 직접 기계적 에너지와 열로 전환시킬 수 있는 기계, 즉 에너지 형태를 바꿀 수 있는 일종의 에너지 변환기(energy converter)라고 할 수 있다.

인체의 근육에는 뼈대근육(골격근), 민무늬근육, 심장근육의 세 가지 유형이 있다.

뼈대근육은 골격에 부착되어 있어 신체를 움직여서 위치를 이동하거나 중력에 대항하여 체중을 지탱하는 역할을 한다.

심장근육과 내장의 민무늬근육이 수축하면 심장과 내장 안에 있는 혈액과 소화물질을 압박하게 되는데, 이때 그 기관의 출입구가 닫혀 있으면 내부 압력이 상승하고, 출구가 열려 있으면 근육의 길이가 짧아지면서 혈액이나 소화물질이 압력이 낮은 쪽으로 이동하게 된다.

뼈대근육세포를 현미경으로 관찰하면 일정한 간격의 가로무늬가 규칙적으로 배열되어 있는 가로

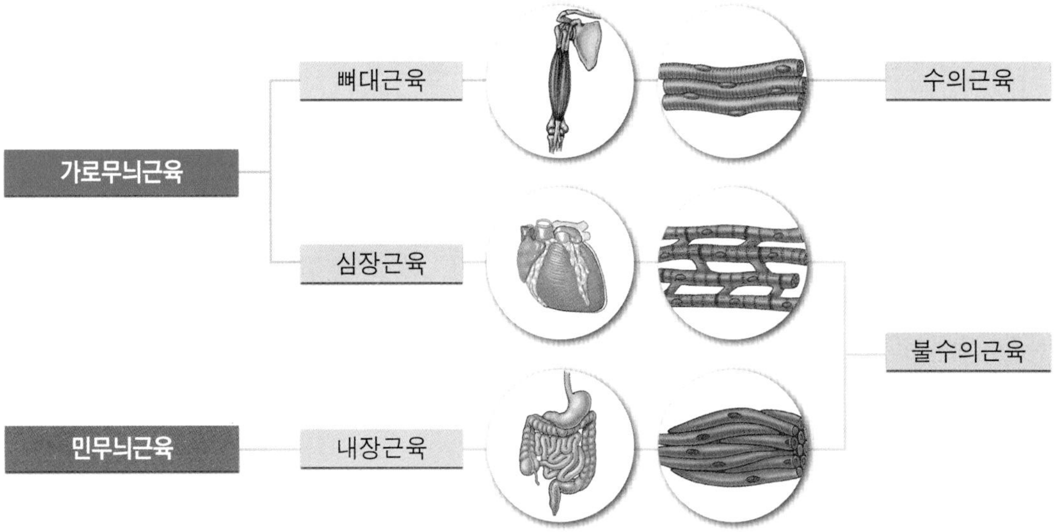

그림 5-1. 인체 근육의 분류

무늬근육으로 되어 있다. 심장근육은 뼈대근육과 같은 규칙성은 없으나 가로무늬근육 구조로 되어 있다. 반면 민무늬근육은 세로 형태의 무늬가 약간 있으며, 심장을 제외한 여러 기관(위, 창자, 혈관 등)의 벽을 형성하고 있어 일명 내장근육(visceral muscle)이라고 한다.

뼈대근육은 근육섬유가 가로로 배열되어 있는 구조이기 때문에 근육섬유가 수축할 때 전체 뼈대근육의 길이가 짧아지는 운동을 일으킨다. 반면 내장근육은 관을 둘러싸고 있는 근육의 동시적 수축이 일어날 때 혈관이나 내장의 가로길이가 감소하는 것이 아니라 지름이 감소하여 근육 수축 부위가 오므라드는 운동이 일어한다.

뼈대근육은 체성신경계통인 운동신경의 지배를 받으며 뼈대근육의 수축에 의해 의도적인 동작이 가능하기 때문에 수의근(voluntary muscle)이라고 한다. 한편 심장근육과 민무늬근육은 자율신경계통의 지배를 받으며 의지대로 조절되지 않기 때문에 불수의근(involuntary muscle)이라고 한다.

본 장에서는 인체의 수의적 조절을 가능하게 만드는 뼈대근육의 구조와 수축의 기전에 대해 알아보기로 한다.

5.1 뼈대근육의 구조

뼈대근육(skeletal muscle)을 이루고 있는 근육세포는 가늘고 긴 섬유모양으로 되어 있어 일반적으로 근육섬유(muscle fiber)라고 부른다. 뼈대근육은 인체에서 체중의 약 40~50%를 차지하며, 근육의 기본 단위인 근육섬유와 이를 결합하는 결합조직으로 구성되어 있다. 근육섬유는 다발을 이루고 있는데, 이를 근육섬유다발이라고 한다. 각 근육섬유를 둘러싸고 이들 근육섬유를 함께 묶어서 근육섬유다발을 만드는 결합조직을 근육속막(endomysium)이라고 한다.

여러 개의 근육섬유다발은 다시 근육다발막(perimysium)에 의해 서로 연결되어 있다. 여러 개의 근육섬유다발을 함께 묶고 있는 근육다발막의 바깥쪽은 다시 근육바깥막(epimysium)과 근육막(fasica)이라는 결합조직으로 둘러싸여 있다. 근육막(fasica)은 모든 근육섬유와 근육섬유다발을 함께 묶어서 근육(muscle)을 이루게 하는 바깥쪽의 결합조직으로서 힘줄(tendon)로 이행하여 뼈에 부착된다[그림 5-2].

힘줄은 근육을 뼈(뼈막)에 부착시키는 결합조직이고, 인대는 뼈 또는 연골 사이를 연결하는 섬유성 결합조직이다. 수분을 제외한 힘줄의 총질량 중 약 70%는 콜라겐(collagen)이라는 단백질로 되어 있다.

5.1.1 근육섬유의 구조

근육세포는 길쭉한 모양을 하고 있어서 신경섬유와 마찬가지로 근육섬유라고 부른다. 개개의 근육섬유는 근육속막(endomysium) 아래에서 근육섬유막(sarcolemma)이라는 얇은 탄성막에 의해 독립된 세포로 외부와 경계짓고 있다. 근육섬유막은 형질막(plasma membrane)과 바닥막(basement membrane)으

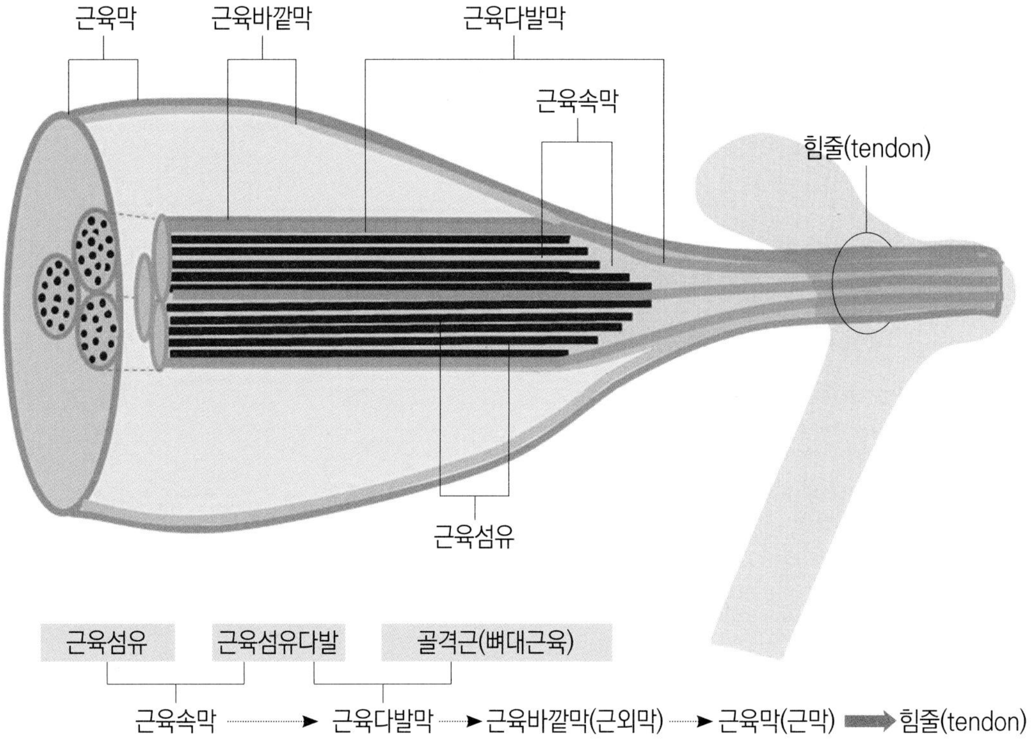

그림 5-2. 뼈대근육과 결합조직의 구조

로 구성되어 있다. 형질막은 2열의 인지질 구조로 되어 있으며, 근육섬유의 표면을 통해 전기적 파장을 전도한다. 바닥막은 힘줄(tendon)의 바깥막에 있는 콜라겐섬유와 융합한다.

형질막과 바닥막 사이에는 위성세포(satellite cell)로 알려진 근육성 줄기세포(myogenic stem cell)가 존재한다. 이 세포는 세포의 재생산, 운동 훈련에 대한 적응(근육비대), 손상으로부터의 회복과 관련된 기능을 갖고 있다. 근육섬유막으로 둘러싸인 근육섬유의 원형질을 근육세포질(sarcoplasm)이라고 한다.

5.1.2 근육원섬유, 근소포체, 가로세관

근육세포(근육섬유)의 특징은 그 안에 규칙적으로 배열된 수백 내지 수천 개의 실린더 모양의 근육원섬유(myofibrils)를 갖고 있는 점이다. 근육의 수축운동은 바로 이 근육원섬유에 의해 이루어진다.

세포 내에서 그물 모양의 물질 운반의 통로 역할을 하는 세포질세망은 근육섬유의 경우에는 근육세포질세망 또는 근소포체(sarcoplasmic reticulum)라고 하며, 각각의 근육원섬유를 둘러싸고 있다. 근소포체는 근육세포질로부터 칼슘을 거두어들이는 칼슘펌프(Ca^{++} pump)를 갖고 있어서 근육세포질 내에서는 칼슘 농도를 낮게 유지하는 반면 근소포체 내에서는 칼슘 농도를 높게 유지한다.

근육세포에서 또 다른 특징적인 구조물로는 가로세관(T-tubules)을 들 수 있다. 가로세관은 근육섬

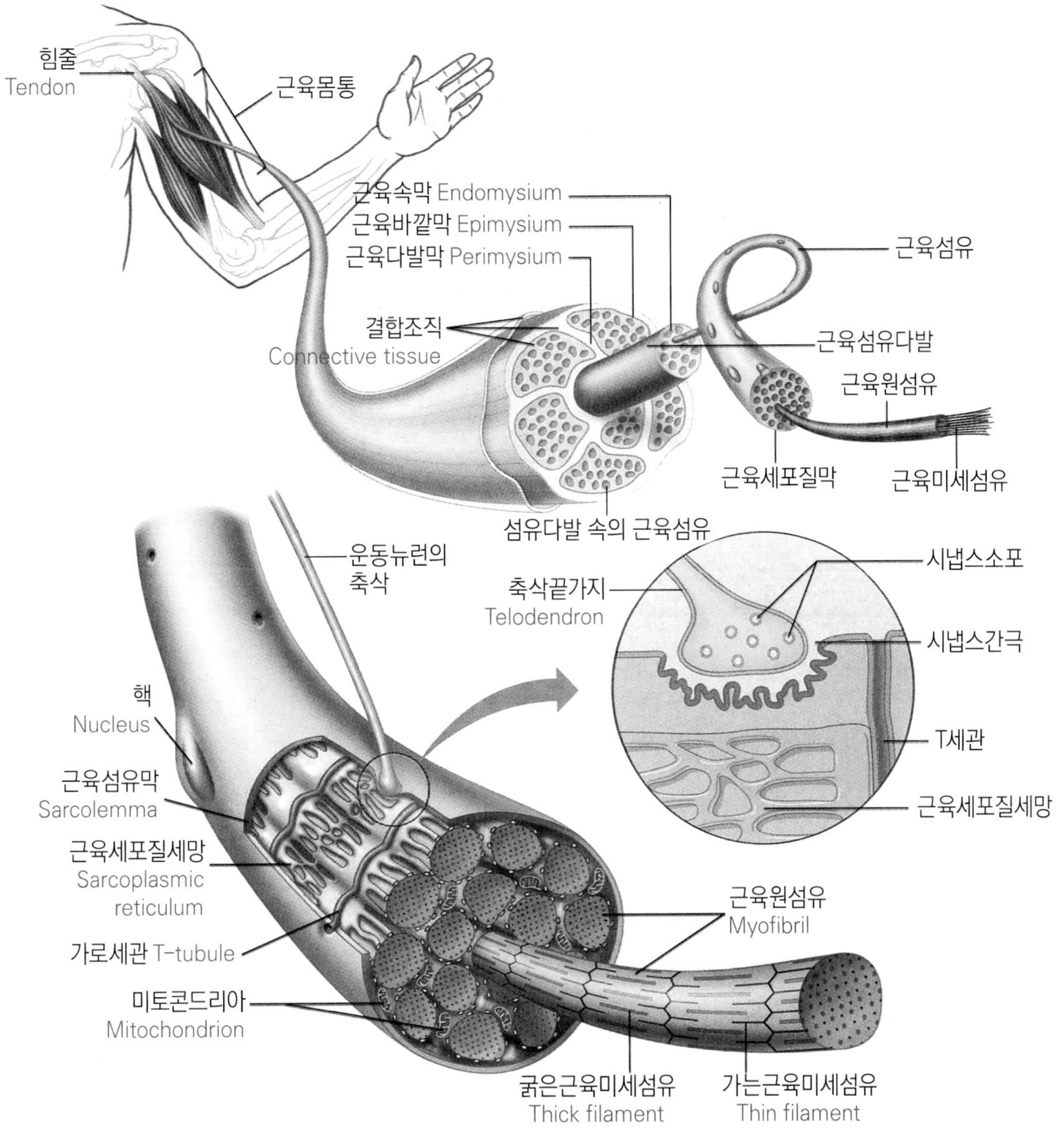

그림 5-3. 뼈대근육의 구조

유막이 함입되어 생성된 것으로 근육세포질 내에서 근육원섬유를 가로로 감고 있는 관이다. 가로세관은 근육원섬유를 평행하게 덮고 있는 근육세포질세망과 서로 연결되어 있는데, 근육세포막에 전달된 흥분을 근육세포의 내부로 전달하는 통로 역할을 한다[그림 5-4].

5.1.3 근육미세섬유와 근육원섬유마디(근절)

근육원섬유는 여러 개의 미세한 단백질섬유, 즉 근육미세섬유(myofilament)로 구성되어 있다. 근육미세섬유는 다시 가는근육미세섬유(thin filament)와 굵은근육미세섬유(thick filament)로 나누어진다. 근육

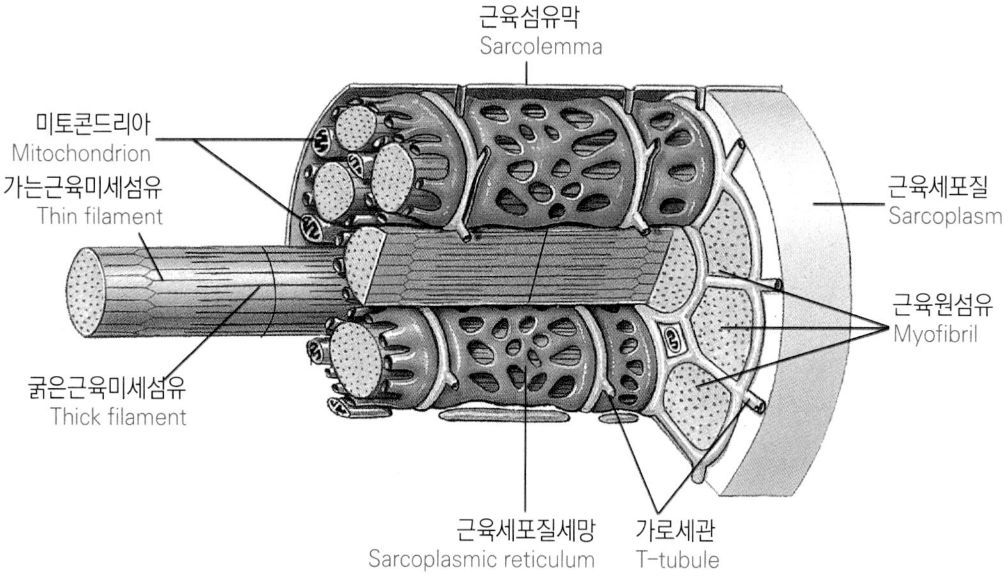

그림 5-4. 뼈대근육의 근육세포질세망과 T세관의 구조

조직을 엷게 잘라 염색한 후 현미경으로 관찰하면 근육미세섬유가 어두운 부분(A band)과 밝은 부분(I band)이 규칙적으로 배열되어 있는 모습을 볼 수 있다[그림 5-5 참조].

I띠(I band)는 대부분 가는근육미세섬유로 되어 있어서 밝게 나타나고, A띠(A band)는 가는근육미

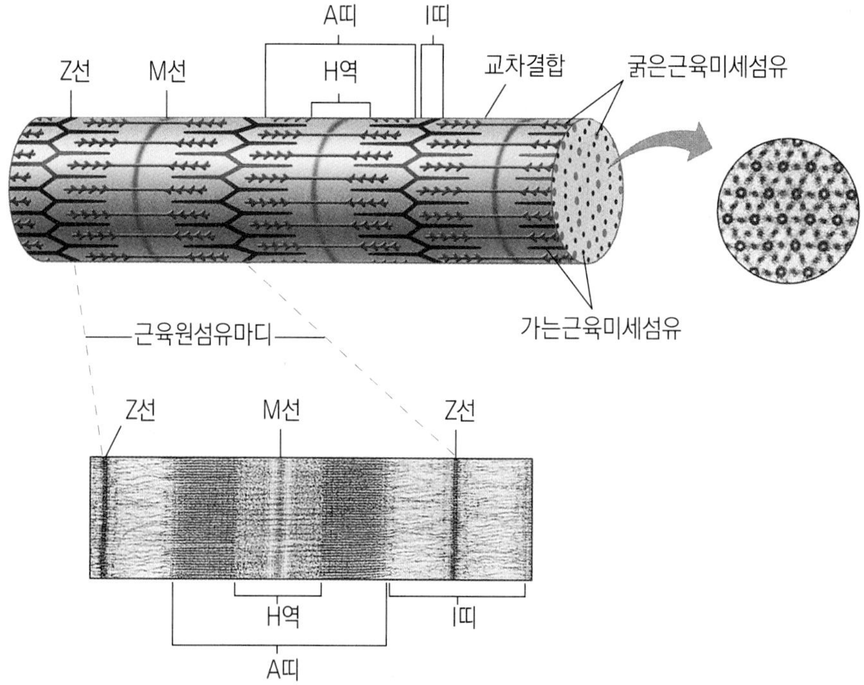

그림 5-5. 근육미세섬유의 배열

세섬유와 굵은근육미세섬유가 서로 겹쳐져 있어서 어둡게 보인다. 이완된 상태의 근육섬유를 보면 어두운 A띠의 중앙 부위에서 약간 더 밝게 보이는 부분이 있는데, 그 이유는 가는근육미세섬유가 A띠의 중앙 부분에서 겹쳐지지 않은 상태이기 때문이다. 어두운 A띠의 중간 부분에 이처럼 약간 밝게 나타나는 부분을 H역(H zone)이라고 한다. 근육이 수축하면 가는근육미세섬유와 굵은근육미세섬유가 A띠의 중앙 부분에서 서로 겹쳐지기 때문에 H역은 사라지게 된다.

각각의 I띠는 가는근육미세섬유를 고정하고 있는 Z선(Z line)으로 나누어져 있는데, 이 Z선과 Z선 사이를 근육원섬유마디(sarcomere) 또는 근절이라고 한다. 근육수축 시에는 Z선 간의 거리가 단축되어 근육원섬유마디(근절)가 짧아진다.

5.1.4 수축성단백질, 미오신과 액틴

근육미세섬유 중 굵은근육미세섬유는 미오신(myosin)이라는 수축성 단백질로 되어 있다. 미오신의 몸체에는 여러 개의 돌기가 튀어나와 있는데, 이를 미오신 머리(myosin head)라고 한다. M선은 H역의 중앙을 가로지르며 근육원섬유마디를 양분하며, 미오신을 지지하는 단백질 구조로 되어 있다.

가는근육미세섬유는 역시 수축성 단백질인 액틴(actin), 트로포미오신(tropomyosin), 트로포닌(troponin)으로 이루어져 있다. 액틴은 구슬 모양의 두 줄 사슬이 나선형으로 감겨져 있다. 트로포미오신은 두 줄의 액틴 사슬에 의해 형성된 홈에 길게 붙어서 액틴의 결합 부위(actin binding site)를 막고 있다[그림 5-6]. 트로포닌은 액틴의 결합 부위를 차단하고 있는 트로포미오신을 액틴 사슬의 안으로 끌어당겨서 액틴의 결합 부위를 열어줌으로써 미오신이 액틴과 결합할 수 있게 해준다[그림 5-6]. 이

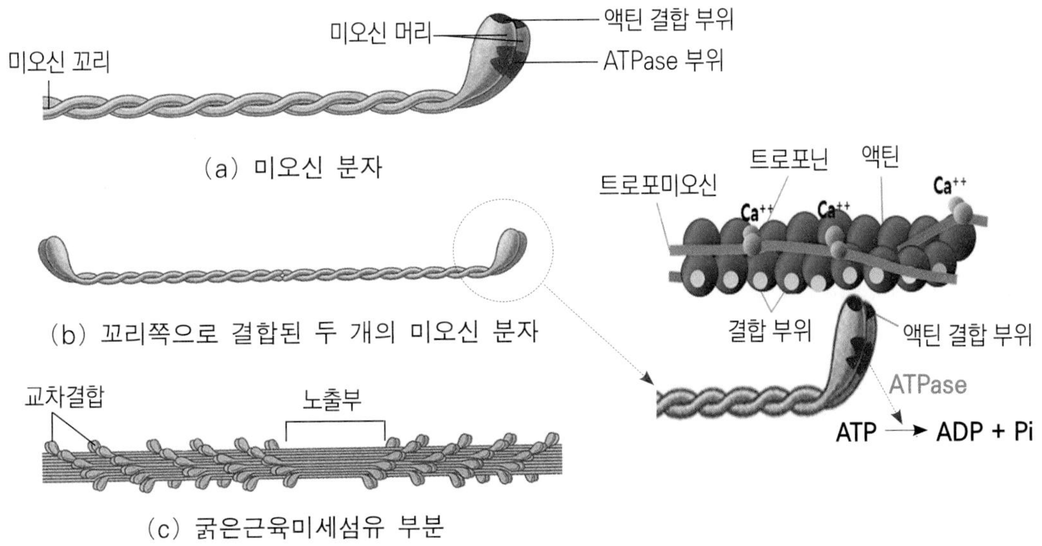

그림 5-6. 액틴과 미오신의 구조

내용은 근육수축 기전에서 보다 상세히 설명할 것이다.

그림 5-7은 미오신, 트로포미오신, 트로포닌의 입체적인 관계를 보여주고 있다. 이 그림에서 M선은 근육원섬유마다 내에서 육면체 모양으로 상호 연결하여 고정시키는 M다리(M bridge)를 형성한다.

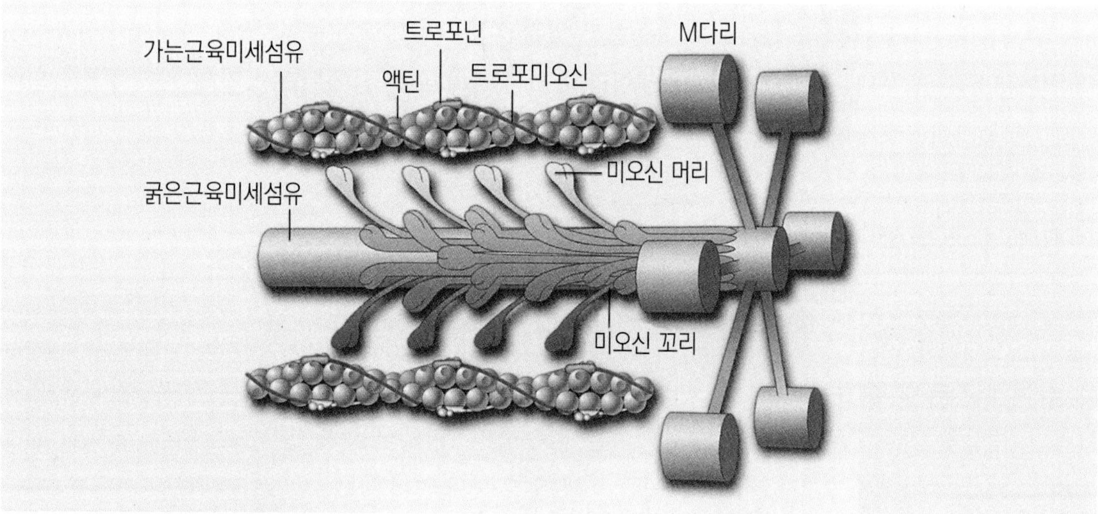

그림 5-7. 미오신, 트로포미오신, 트로포닌의 육면체 구조

5.2. 근육수축기전

근육섬유가 수축할 때와 이완할 때의 구조를 전자현미경으로 상세히 관찰할 수 있게 되었다. 앞에서 근육섬유가 수축할 때 A띠의 길이는 변화하지 않는 반면 I띠는 짧아지고, A띠의 중앙부분인 H역(H zone)은 사라지게 된다고 하였다[그림 5-5].

이러한 현상은 A띠의 중앙 부분에서 가는근육미세섬유가 활주(sliding)하여 서로 교차하는 움직이기 때문이라고 볼 수 있다. 근육수축이 가는근육미세섬유의 활주에 의해 이루어진다고 하여 이것을 근육활주설(sliding filament theory)이라고 한다.

5.2.1 근육수축과정

운동신경섬유가 운동종판(motor endplate)을 통해 뼈대근육세포에 자극(활동전위)을 전달하면 활동전위는 연속적으로 근육섬유막 전체에 신속히 퍼지게 된다. 그와 동시에 활동전위는 가로세관(T-tubules)을 타고 내려가 근육섬유 내부에 전달된다.

가로세관(T세관)은 근육세포질세망과 인접하여 위치하고 있는데, 근육세포질세망(근소포체)은 근육원섬유의 표면을 덮고 있는 그물모양의 세포 내 물질이동 통로이다. 가로세관을 타고 전파된 활동전위는 근육세포질세망에 저장되어 있던 칼슘(Ca^{++})이 유리되도록 한다.

그림 5-8은 칼슘이 근절의 A띠 부분으로 분비되면서 일어나는 미오신과 액틴의 상호작용에 의한 근수축 과정을 다음과 같은 순서로 보여주고 있다.

(1) 근육세포질세망에서 유리된 칼슘은 이어서 가는근육미세섬유의 트로포닌 분자와 결합한다. 칼슘 이온과 트로포닌이 결합하면, 가는근육미세섬유와 미오신 머리간 결합을 차단하고 있는 트로포미오신의 모양이 변형되면서 결합 부위가 열린다.

(2) 액틴의 미오신 결합 부위(binding site)가 열리면 미오신 머리는 액틴과 교차결합(cross bridge)을 형성한다[그림 5-8, 단계 ①].

(3) 미오신 머리는 운동성을 갖고 있으며, 아데노신삼인산(ATP)의 분해로부터 얻어지는 에너지를 이용하여 A띠의 중앙부를 향해 머리를 회전시키는 운동을 한다(ATP→ADP+Pi+에너지). 그 결과 가는근육미세섬유는 A띠의 중앙쪽으로 움직이게 된다[그림 5-8 단계 ②].

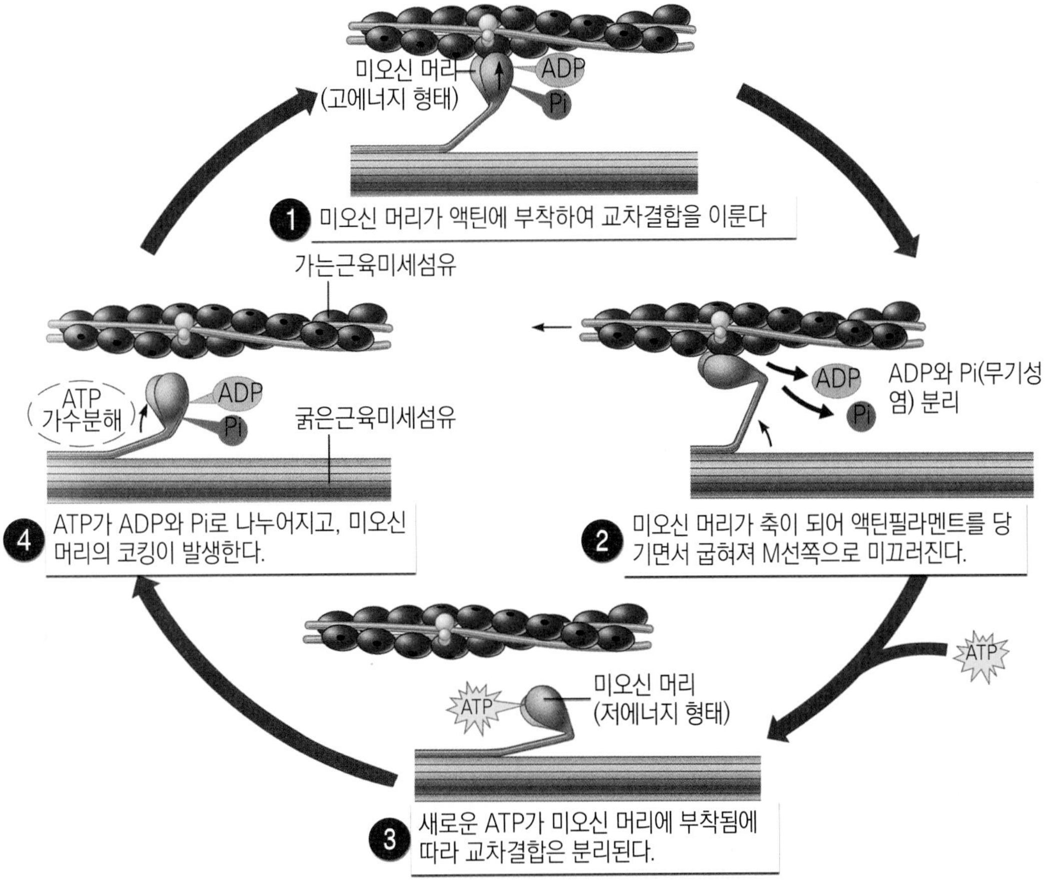

그림 5-8. 근육수축 시 근육미세섬유의 활주설에 따른 근육수축 과정

$$\text{ATP} \xrightarrow{\text{미오신 ATPase}} \text{ADP} + \text{Pi} + \text{근육수축 에너지}$$

(4) 이어서 새로운 ATP가 미오신 머리에 부착되면서 교차결합은 분리된다[그림 5-8, 단계 ③].

(5) 미오신 머리에 부착된 ATP가 분해하면서 미오신 머리는 코킹(cocking) 운동을 하는데(ATP→ADP+Pi+에너지), 이는 미오신 머리가 액틴에 가깝게 일어서는 움직임이다. 이때 새로운 교차결합을 형성할 준비를 한다[그림 5-8, 단계 ④].

이때 미오신 자체가 ATP를 분해하는 효소로서의 역할을 한다. ATP를 분해하는 미오신의 효소작용을 미오신 ATPase 활성이라고 한다. 미오신 ATPase 활성도는 근육수축속도를 결정하는 중요한 요소이다.

한 개의 근육원섬유 내에서 수백 개의 가는근육미세섬유가 각각의 A띠 중앙부를 향해 당겨지면 Z선의 간격은 짧아지게 된다. 즉 근육원섬유마디(근절)의 길이가 단축된다. 수많은 근육원섬유마디의 길이가 짧아지면 뼈에 부착되어 있는 근육이 당겨져서 운동을 일으키게 된다. 만일 부하가 너무 커서 운동이 불가능해지면 근육의 결합조직과 힘줄(tendon)에는 근육원섬유마디의 일부가 단축되어 일어나는 장력(tension)이 발생한다.

예를 들어 벽을 민다거나 너무 무거워서 실제로는 들리지 않는 바위를 드는 동작을 할 때 근육의 길이는 변화가 없이 힘(force)이 발휘되는 상황이 일어난다. 이것은 마치 스프링의 한쪽 끝을 벽에 고정하고, 다른 끝을 잡아당겨서 팽팽하게 긴장된 상태가 유지될 때 그 스프링이 장력을 갖게 되는 것과 같다. 근육 내에서 가는근육미세섬유와 굵은근육미세섬유가 작용하여 근육원섬유마디의 길이가 짧아질 때 부하가 너무 크면 근육섬유를 둘러 싸고 있는 결합조직은 고정된 스프링처럼 장력(tension)을 갖게 된다.

한편 교차결합(cross bridge)에 대한 이론도 제시되고 있다. 즉 미오신 머리는 근육이 수축할 때만이 아니라 이완되어 있는 상태에서도 언제나 액틴의 결합 부위에 결합된 상태를 유지하고 있다는 것이다. 즉 근육이 이완 상태일 경우에는 '약한 결합(weak bond)' 상태로 있다가 수축할 때에는 '강한 결합(strong bond)' 상태를 형성한다는 것이다.

5.2.2 교차결합주기-근육수축의 지속

근육수축의 강도가 클수록 교차결합(cross bridge : 액틴과 미오신 머리와의 결합)이 더 많이 형성된다. 그러나 최대수축 중에도 모든 미오신 머리가 교차결합을 형성하지는 않는다. 즉 일부 미오신 머리가 교차결합을 형성하여 A띠 중앙부로 회전하는 동안 다른 미오신 머리는 결합부위에서 분리되어 다시 액틴과 재결합할 준비를 하게 된다. 이처럼 결합·분리·재결합의 반복적인 움직임에 의해 근육수축이 지속적으로 이루어진다. 이러한 반복적인 움직임을 교차결합주기(cross bridge cycling)라고 한다.

미오신 머리가 Z선에 가까이 있는 새로운 액틴의 결합 부위와 재결합하기 위해 이전의 결합 부위와 분리되려면 반드시 새로운 ATP가 있어야 한다. 사후강직은 가는근육미세섬유(액틴)로부터 미오신의 교차결합을 분리시키는 ATP의 결핍에 의해 나타나는 현상이다.

5.2.3 근육이완 과정

신경 흥분의 전달이 중지되면 트로포닌과 결합하고 있던 칼슘은 근육세포질세망으로 재저장된다. 트로포닌이 칼슘으로부터 분리되면 트로포미오신은 원래의 모양을 되찾게 되고, 트로포미오신은 액틴의 결합 부위를 다시 차단하게 된다. 그로 인해 미오신과 액틴의 결합은 해제되어 다음의 신경 흥분이 전달될 때까지 근육이 이완된다. 근육수축과 이완의 전체 과정과 칼슘의 역할에 대해서는 그림 5-9에 요약하여 제시하였다.

근육의 수축과 이완의 기전은 운동과 관련된 여러 가지 생리적 현상을 이해하는 데 도움을 준다. 예를 들어 칼슘 수준과 근육세포질세망의 기능에 문제가 발생하면 근육 쇠약, 근육 피로 또는 근육 경련이 발생할 수 있다. ATP의 지속적인 보급은 근육수축을 지속하는 데 필수적이다.

plus+

근육수축 및 이완과정의 요약

※ 근육수축 과정

① 운동신경의 종말로부터 신경전달물질인 아세틸콜린이 분비되어 운동종판(motor end plate)에 있는 수용체와 결합하면 신경임펄스가 근육세포로 전달된다[그림 5-9a].

② 이어서 신경임펄스는 근육섬유막(근육섬유 한 개를 덮고 있는 외피막)을 가로질러 퍼지고, T세관을 타고 내려간다[그림 5-9b].

③ T세관을 타고 내려간 신경자극은 인접한 근소포체(근육세포질세망)으로부터 칼슘 유리를 자극한다. 유리된 칼슘은 근육원섬유(특히 A band 부위)로 확산되어 들어간다[그림 5-9c].

④ 칼슘이 트로포닌에 결합하면 트로포닌은 모양이 변형되면서 액틴의 결합 부위를 차단하고 있는 트로포미오신을 끌어당긴다[그림 5-9d].

⑤ 굵은근육미세섬유(미오신)의 머리가 열려진 액틴의 결합 부위와 결합한다. 굵은근육미세섬유의 머리 부분에서 ATP는 ADP와 Pi로 분해되면서 머리는 안쪽으로 회전한다. 그 결과 가는근육미세섬유는 A band의 중앙쪽으로 움직인다[그림 5-9d].

$$\text{ATP} \xrightarrow{\text{미오신 ATPase}} \text{ADP} + \text{Pi} + \text{근육수축에너지}$$

※ 근육이완과정

① 신경 임펄스의 전달이 중지된다. 근소포체로부터 칼슘 유리가 중지된다.

② 트로포닌과 결합하고 있던 칼슘이 근소포체로 들어가 저장된다[그림 5-9 ⓔ]. 칼슘이 근소포체로 다시 들어갈 때에도 1개의 ATP 분해가 필요하다.

③ 액틴의 결합 부위가 다시 닫히게 되고, 굵은근육미세섬유의 머리 부분과의 결합이 차단된다.

④ 가는근육미세섬유는 바깥쪽으로 움직이고 근육원섬유마디의 길이는 길어진다.

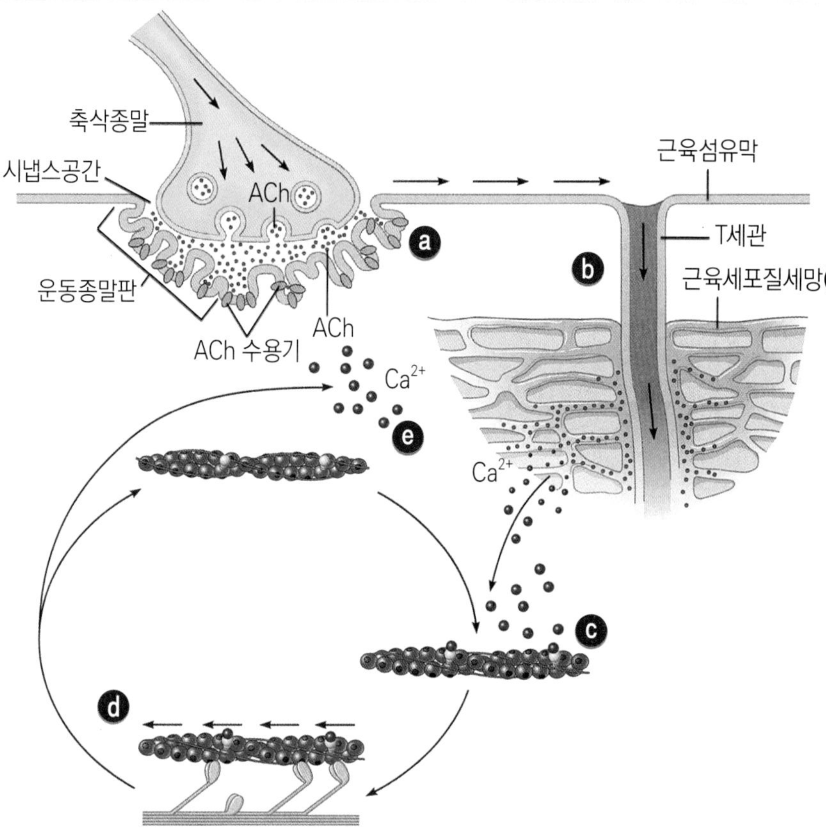

그림 5-9. 근육의 수축 및 이완과정과 Ca^{++}의 역할

plus+

근육섬유, 제3의 단백질 타이틴

최근에는 미오신이나 액틴 외에도 근육섬유에 세 번째로 풍부하게 존재하는 단백질인 타이틴(titin)이 주목받고 있다. 타이틴은 Z선에서 액틴과 미오신이 고정되도록 하는 역할 등 근절의 구조적인 안정성 유지에 중요한 역할을 하는 매우 큰 단백질이다. 타이틴은 26,926개의 아미노산을 갖는 가장 긴 사슬을 갖고 있으며, 그 역할 때문에 커넥틴(connectin)이라고도 불린다.

타이틴은 미오신과 액틴처럼 활주를 능동적으로 일으키는 것은 아니지만, 근절이 늘어나는 신장성 수축이 이루어지는 동안 타이틴도 마치 고무줄과 같이 늘어나면서 근절의 구조적 안정을 유지하면서 장력이 생성된다. 예를 들어 무릎을 펴는 스트레칭을 할 때 햄스트링(슬굴곡근)에 느껴지는 당김(장력)은 힘줄에 의해서 생성되는 것이라기보다는 타이틴의 작용 때문이라는 주장도 제기되고 있다.

타이틴을 비롯하여 수축단위를 구성하는 근절의 보다 상세한 단백질 구조는 그림 5-39[p.220]에서 소개하였다.

plus+

근육피로

단시간의 고강도운동이나 장시간의 지구성 운동은 모두 근력을 감소시킨다. 근육피로(muscle fatigue)는 근육이 발휘할 수 있는 최대의 힘, 즉 근력이 감소되는 현상을 말한다.

근육피로가 발생하는 요인은 수행하는 운동의 유형에 따라 다르다. 예를 들면 짧은 시간에 행하는 스프린트 운동의 피로는 ATP의 지속적인 합성에 필요한 크레아틴인산(PCr)의 고갈이 주원인이다. 400m를 최대속도로 달릴 때 나타나는 근육피로의 주된 원인은 근육섬유 내에 무기 인(Pi)과 수소 이온(H^+)의 축적이다. 이러한 대사물질들은 수축성 단백질과 상호 작용하여 근육의 힘 생성을 감소시킨다.

반면 장시간 운동에 의해 나타나는 근육 피로는 여기에 더하여 암모니아(NH_3)의 축적 등이 작용하는 것으로 생각된다. 이러한 물질의 축적은 근초를 통한 자극의 전도와 근수축 과정, 즉 흥분-수축결합(excitation-contraction coupling)을 방해하는데, 이는 ① 근초와 가로세관을 통한 자극의 전도를 방해하거나, ② 근소포체로부터 칼슘의 유리나 재저장을 방해하거나, ③ 칼슘과 트로포닌의 결합을 방해함으로써 일어난다. 이로 인해 연결교의 형성이 감소하게 된다. 이는 근육의 힘 생성을 저하시키는 결과로 나타난다. 이에 대한 보다 자세한 내용은 제6장 신경계통[p.255]에서 설명한다.

plus+

민무늬근육과 심장근육의 수축

민무늬근육섬유(내장근육)도 뼈대근육과 같이 근육원섬유 내에 미오신과 액틴과 같은 수축성 단백질을 갖고 있다. 그러나 민무늬근육섬유의 근육미세섬유는 매우 가늘고, 뼈대근육처럼 일정하게 배열되어 있지 않다. 내장의 민무늬근육섬유는 교통반점(gap junction)에 의해 인접한 섬유와 단단히 결합되어 있고, 뼈대근육과는 달리 서로 자극을 전달할 수 있어 내장근육섬유 하나의 표면에서 전파되는 자극은 인접한 근육섬유를 자극한다. 이러한 자극의 전도방식에 의해 근육 전체가 리드미컬하게 수축하는 현상이 일어나는데, 연동활동(peristalsys)이 그 대표적인 예이다.

내장근육에서 개개의 근육수축 기전은 막을 타고 전달되는 자극(impulse)에 의해 시작되고, 칼슘이 근육수축 과정에서 중요한 역할을 한다. 액틴과 미오신의 상호 작용에 의해 근육수축이 이루어진다는 점에서 뼈대근육과 같다.

그러나 민무늬근육섬유는 Ca^{++}과 결합하는 단백질인 트로포닌이 부족하기 때문에 트로포닌 대신 칼모듈린(calmodulin)이라는 단백질을 이용한다. 즉 근육섬유가 자극을 받으면 칼모듈린이 칼슘과 결합함으로써 액틴-미오신 수축이 개시된다. 또한 민무늬근육의 수축에 필요한 다량의 칼슘은 세포외액으로부터 세포 내로 확산되어 들어온다. 그 이유는 민무늬근육에는 근육세포질세망(sarcoplasmic reticulum)이 잘 발달되어 있지 않기 때문이다. 또한 민무늬근육은 가로세관(T tubule)도 발달되어 있지 않다.

심장근육도 근소포체가 잘 발달되어 있지 않아 뼈대근육에 비해 더 적은 칼슘을 저장하고 있기 때문에 근육수축 시에 세포외액의 칼슘 유입에 크게 의존한다. 그러나 심장근육은 민무늬근육과는 다르게 T세관이 매우 크고 잘 발달되어 있다. 심장근육의 T세관은 근육섬유가 자극을 받으면 칼슘 이온을 근육세포질 내로 방출하는 역할을 하는데, T세관의 칼슘이온은 근육섬유 밖의 세포외액으로부터 유입되는 것이기 때문에 세포외액의 칼슘은 심장근육수축의 중요한 역할을 담당한다.

칼슘채널차단제(calcium channel blocker)는 세포외액의 칼슘이 심장근육 내로 유입되는 채널을 차단함으로써 심장근육의 경련(spasm)을 억제하는 작용을 하거나 심장의 수축력과 심박출량을 감소시켜 혈압을 낮추는 작용을 한다.

5.3 근육섬유의 종류

뼈대근육섬유의 종류는 유전과 활동 기능에 의해 결정된다. 사람이 직립자세를 유지하기 위해 사용하는 근육섬유는 점프를 하거나 100m 전력질주를 하기 위해 사용되는 근육섬유와는 다른 특성을 갖고 있다.

그 주요 분류 기준은 전기적 자극에 대해 얼마나 빠른 수축 반응을 보이는가에 달려 있다. 즉 근육섬유는 수축 반응 속도에 따라 지근섬유와 속근섬유로 나누어진다. 속근섬유의 수축 반응 속도는 지근섬유의 두 배 이상이다.

지근섬유는 미오글로빈 함량이 높아 붉은색을 띠고 있기 때문에 적색근육(red muscle)이라고도 하고, 속근섬유는 백색근육(white muscle)이라고 한다. 지근섬유를 Type I 섬유, 속근섬유를 Type II 섬유라고 한다. 속근섬유 중에서도 산소 이용 능력이 높은 대사적 특성을 많이 갖고 있는 섬유를 중간근육섬유라 지칭하고 Type IIa 섬유라고 하고, 원래의 속근섬유는 Type IIb 섬유라고 한다.

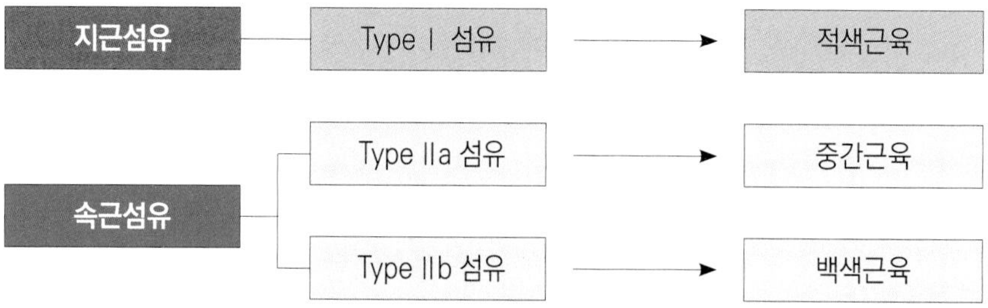

Type I 섬유는 수축 속도는 느리지만 산소 이용 능력이 높은 특성 때문에 SO섬유(slow twitch oxidative fiber)라고도 한다. 또 Type IIb는 빠른 수축 속도와 해당 능력을 갖고 있어서 FG섬유(fast twitch glycolytic fiber)라고 불린다. Type IIa 섬유는 빠른 수축 속도와 해당 능력을 갖고 있는 동시에 유산소 능력도 높아서 FOG(fast twitch oxidative glycolytic fibe)라고도 한다.

그러나 Type Ⅱa와 FOG섬유, Type Ⅱb와 FG섬유의 관계는 반드시 일치하는 것은 아니라는 사실이 밝혀지고 있다.

이 책에서는 지근섬유와 속근섬유로만 분류하여 그 특성을 설명한다. 속근섬유는 수축속도가 빠른 대신 지근섬유에 비해 쉽게 피로해진다. 또한 인체의 여러 근육은 부위에 따라 근육섬유의 구성비가 다르다. 즉 종아리의 자세 유지 근육인 가자미근(soleus muscle)은 거의 지근섬유로 구성되어 있는 반면, 큰가슴근(대흉근)이나 장딴지근(비복근)은 대체로 속근섬유의 비율이 높다.

지근섬유는 속근섬유보다 대체로 더 적은 힘을 발휘한다. 그러나 지근섬유는 에너지 효율이 높아 동일한 에너지로 더 많은 힘을 생산한다. 그러므로 지근섬유는 에너지 공급량이 운동수행의 제한 요소가 되는 장시간 운동이나 자세 유지에 보다 적합하다.

표 5-1. 근육섬유의 유형과 특성

특성	적색근육세포	백색근육세포
수축속도	느림	빠름
피로에 대한 내성	강함	약함
모세혈관밀도	많음	적음
미토콘드리아	많음	적음
미오글로빈	많음	적음
인원질(크레아틴)	적음	많음
글리코겐	적음	많음
ATP분해효소(myosin-ATPase)	적음	많음
근육세포질세망(Ca^{++} 저장)	빈약	발달됨
분포된 운동신경 크기	가늘다	굵다

5.3.1 수축 속도의 차이

두 가지 주요 섬유형태가 서로 다른 수축 속도를 갖고 있는 이유는 미오신 ATPase 활성도의 차이 때문이다. 앞의 그림 5-6에서 나타낸 것과 같이 미오신 머리의 한 부분은 ATP를 분해하는 효소로서 작용한다. 이 효소의 활성도가 클수록 더욱 빠른 수축 속도를 갖게 된다. 근육섬유 형태에 따라 미오신 ATPase 활성도가 다른 이유는 미오신 분자의 종류가 다르기 때문이다. 즉 지근섬유(Type Ⅰ)에는 'slow myosin'이 있고, 속근섬유(Type Ⅱ)에는 'fast myosin'이 있다.

수축 속도와 관련된 또 하나의 차이점은 지근섬유는 속근섬유에 비해 근소포체(근세포질세망)가 잘 발달되어 있지 않다는 점이다. 근소포체는 수축을 개시하게 하는 칼슘을 신속하게 분비시키는 역할을 한다. 이때문에 근소포체가 잘 발달되지 않은 지근섬유는 속근섬유에 비해 자극에 대한 반응이 늦게 나타난다.

트로포닌의 칼슘에 대한 친화력도 지근섬유가 속근섬유에 비해 낮다는 것도 밝혀졌다. 근육세포질세망으로부터 칼슘이 분비되더라도 지근섬유의 트로포닌이 칼슘과 결합하는 속도는 속근섬유에 비해 느리다.

지근섬유(Type I 섬유)	속근섬유(Type II 섬유)
slow myosin-미오신 ATPase의 활성도가 낮음	fast myosin-미오신 ATPase의 활성도 높음
근소포체(근육세포질세망)의 발달 미약	근소포체(근육세포질세망)이 발달됨
트로포닌과 칼슘 친화도 낮음	트로포닌과 칼슘 친화도 높음

5.3.2 대사적 특성의 차이

지근섬유(Type I)는 철분이 주성분인 미오글로빈 함량이 높다. 미오글로빈은 세포 내로 유입된 산소와 결합하여 산소를 임시저장하는 역할을 한다. 지근섬유가 많은 근육은 이 미오글로빈 함량이 높은 까닭에 붉게 보이므로 적색근육이라고 부르기도 한다.

또한 지근섬유는 산소 수송로인 모세혈관그물이 발달되어 있고, 산소를 이용하여 탄수화물이나 지방을 유산소적으로 분해하는 미토콘드리아 수가 많기 때문에 장시간 에너지를 생성하는 능력이 우월하다. 즉 유산소성 에너지대사 능력이 높기 때문에 피로에 대한 내성이 높다. 그러므로 인체의 자세를 유지하기 위해 오랜 시간 수축을 유지해야 하는 인체 심부의 코어근육들은 지근섬유의 구성비가 높다.

반면에 지근섬유는 탄수화물의 저장 형태인 글리코겐량이 적고, 글루코스를 빠르게 분해하여

지근섬유(Type I 섬유)	속근섬유(Type II 섬유)
미토콘드리아수·미오글로빈 함량 많음	미토콘드리아수·미오글로빈 함량 적음
모세혈관그물 발달	모세혈관그물 적음
인원질(ATP, PCr)량 적음	인원질(ATP, PCr)량 많음
글리코겐량 적음	글리코겐량 많음
지방 이용 능력 높음	지방 이용 능력 낮음

에너지를 얻는 해당 능력이 적기 때문에 강한 근육수축 활동에 필요한 에너지 생성 속도가 느리다는 결점이 있다.

이에 비해 속근섬유(Type II)는 미토콘드리아수가 적고 모세혈관그물이 발달되지 않은 대신 인원질량이 많다. 또 미오신 ATPase 활성도가 높기 때문에 무산소적 대사능력이 높다. 또 속근섬유는 신속한 에너지 생성을 위한 다량의 인원질과 글리코겐을 갖고 있다. 그러나 속근섬유는 산소 이용 능력이 떨어지므로 피로에 대한 내성은 적다.

앞에서 속근섬유는 에너지 생성 능력에 따라 다시 두 가지 형태(Type II a와 Type II b)로 분류된다고 설명하였다. 즉 Type II a 섬유는 무산소적인 해당 능력도 높으면서 지근섬유와 마찬가지로 글루코스나 지방산을 완전히 산화(oxidation)하여 에너지를 얻는 유산소 능력을 모두 갖고 있다. 반면 Type II b 섬유는 미토콘드리아가 적고 산소 부재 상태에서 탄수화물을 분해하는 능력이 높기 때문에 단시간의 활동에 가장 적합하다.

5.3.3 신경학적 특성의 차이

하나의 운동신경섬유는 동시에 15~2,000개의 근육섬유를 지배한다. 운동신경섬유 하나와 그에 지배되는 근육섬유들을 합쳐서 운동단위(motor unit)라고 한다.

운동단위는 지근운동단위(slow motor unit)와 속근운동단위(fast motor unit)가 있다. 지근운동단위는 지근섬유를, 속근운동단위는 속근섬유를 지배한다.

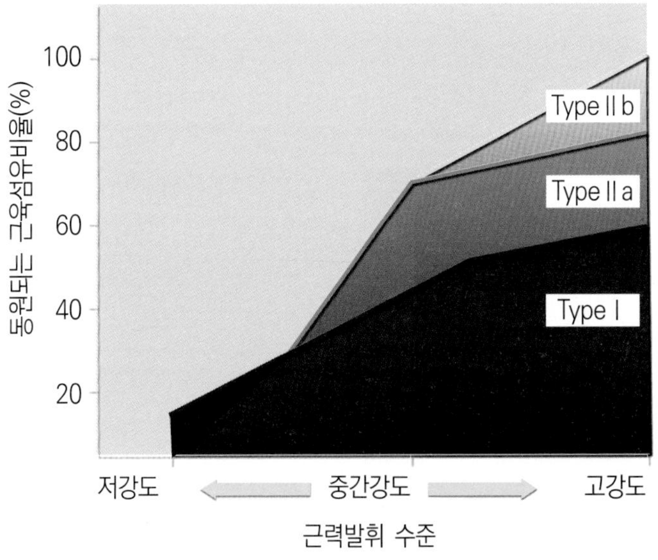

그림 5-10. 근력 발휘 수준과 근육섬유 동원 양상

모든 활동에 Type I 섬유가 먼저 동원된다. Type II 섬유는 점증적으로 운동강도를 높여서 운동할 때 높은 운동강도에서 동원되거나, 순발력 형태의 운동을 수행할 때 동원된다

지근운동단위의 신경섬유는 축삭의 지름이나 척수 내 세포체의 크기가 속근운동단위의 신경섬유에 비해 훨씬 작다. 그러므로 지근운동단위의 신경자극의 전달속도는 속근운동단위에 비해 느리다.

한 가지 중요한 점은 지근 운동단위, 즉 Type I 섬유를 지배하는 신경섬유(neuron)들은 흥분역치가 낮아서 속근 운동단위보다 모든 활동에 먼저 동원된다는 점이다.

속근 운동단위들은 운동강도가 크거나 지근 운동단위가 피로해지면 비로소 활성화된다. 만약 일상적인 일을 하거나 인체의 자세를 유지하는 데 속근 운동단위가 동원된다면 인체는 쉽게 피로해질 것이다. 즉 속근 운동단위는 스프린팅, 점프, 던지기와 같은 순발력 운동을 할 때나 장시간의 지구성 운동 후반기에 지근섬유(Type I)의 글리코겐 저장량이 고갈되거나 피로해질 때 동원된다.

그림 5-10은 근력의 발휘 정도에 따라 근육섬유의 동원 양상이 다르게 나타나는 것을 보여준다. 예를 들어 걷기와 같은 낮은 강도의 운동 중에는 주로 지근섬유가 동원되고, 달리기와 같이 더 높은 근력을 요구하는 운동에서는 중간근육섬유(Type II a)가 추가적으로 동원되며, 전력질주를 할 때와 같이 최대근력이 요구되는 운동에서는 속근섬유(Type II b)가 동원된다.

어떤 운동이든지 지근운동단위가 먼저 동원되므로 대부분의 훈련 시에 속근만을 선택적으로 훈련시킬 수는 없다. 예를 들어 속근 운동단위를 훈련하기 위해서는 낮은 속도로 오래 달리기보다는 인터벌 트레이닝을 이용한 훈련이 효과적이다. 또한 플라이오메트릭 훈련(Plyometric training)과 같이 근육의 매우 짧고 강한 단축성 및 신장성 수축을 반복하는 형태의 운동을 할 때 Type I 보다는 Type II의 발달이 크게 일어나는 현상을 볼 수 있다.

이러한 현상은 빠른 점프 동작을 반복하는 플라이오메트릭 훈련에서도 지근섬유가 먼저 동원되기는 하지만, 지근섬유에 대한 장력(tension)은 매우 짧은 시간 동안 가해지기 때문이다. 즉 장력을 받는 시간(time under tension)이 너무 짧다면 근비대적응을 일으키지는 않는다는 것을 의미한다. 이는 근육비대를 위한 훈련에서 장력을 받는 시간을 고려해야 한다는 것을 시사해준다.

5.4 근육섬유 형태와 운동수행력

지근섬유는 지구성 운동에 적합하고, 속근섬유는 순발력 운동에 적합하다는 사실이 밝혀짐에 따라 운동수행력이 지근 또는 속근 운동단위의 상대적 구성비에 의해 어떠한 영향을 받는지에 대한 연구가 많이 이루어졌다. 예를 들어 엘리트 지구성 달리기선수는 다리근육의 약 80%가 지근섬유로 이루어진 반면 비운동선수는 45%에 불과하다. 반면 단거리달리기선수의 속근 섬유 비율은 약 75%였다. 그런데 중거리달리기선수, 도약선수나 투척선수는 두 가지 섬유 형태의 구성비가 다양하게 나타나 비단련자와 뚜렷한 차이를 나타내지는 않았다. 여성의 섬유 형태는 선수나 일반인 모두 남성과 비슷한 분포를 나타냈다.

비록 특정 운동집단 간 섬유 형태는 뚜렷한 차이가 발견되었지만, 이러한 결과는 많은 예외가 있다. 일부 우수한 단거리달리기선수의 속근섬유 비율이 평균치에 가깝게 나타나거나 일부 장거리달리기선수는 평균적인 지근섬유 분포를 보이기도 한다. 이러한 다양성은 근육섬유 구성비와 운동 수행력 간의 관계를 조사한 연구에서도 나타난다.

예를 들어 지구성 운동선수의 경우 다리근육의 지근섬유 비율과 지구성 운동수행력 사이에는 단지 중정도의 상관도만이 발견되었다. 또 근육섬유의 구성비와 근력 간의 상관도에 대한 연구에서는 높은 스피드로 행해진 수축 조건에서 넓다리근육의 속근섬유 구성비와 근력 간의 유의한 상관관계가 나타났으나, 그 외의 수축 조건에서는 상관도가 나타나지 않았다고 하였다.

요약하면 선천적으로 근육섬유의 구성비가 특징적인 분포를 갖고 있는 사람은 특정 운동종목, 특히 지구성운동이나 단거리운동에서 두각을 나타낼 가능성이 높을 것으로 생각된다. 그러나 근육섬유 구성의 분포 비율이 운동수행력을 결정하는 절대적인 조건이라고는 할 수가 없다. 왜냐하면 이상적인 근육섬유 비율을 갖지 못한 경우에도 성공적인 사례가 발견되고 있기 때문이다.

그림 5-11은 근육섬유 면적의 비율을 나

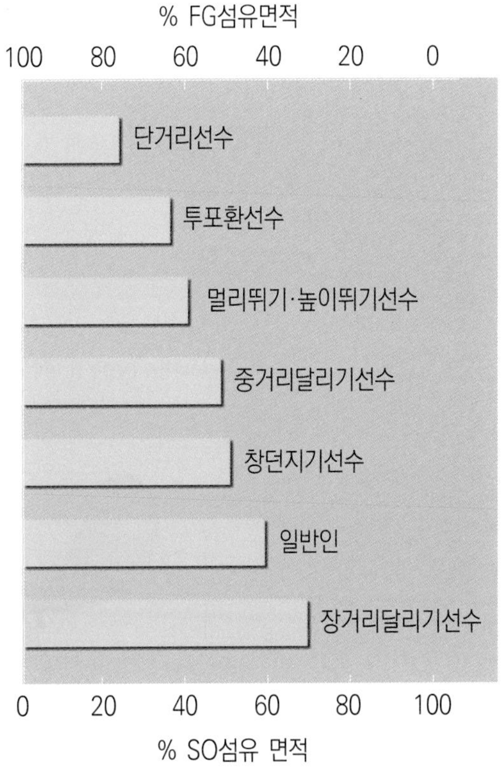

그림 5-11. 여러 종목 선수들의 근육섬유 비율의 평균값

plus+

근육섬유 유형의 분류에 따른 혼선 정리

근육섬유를 분류할 때 개념상·표기상의 혼선이 존재한다. 그 주된 이유는 분류방법과 기준이 연구들 간에 차이가 있고, 동물과 인간에게 존재하는 근육섬유 종류의 차이 때문으로 생각된다.

잘 알려진 바와 같이 가장 일반적인 근육섬유 분류법은 신경학적 특성에 따라 지근과 속근으로 분류하는 것인데, 이것은 신경자극이 전해질 때 근육섬유의 수축 속도에 따라서 구분하는 방법이다. 또는 앞서 설명했듯이 대사적 특성에 따라 SO, FOG, FG섬유로 구분하기도 한다.

또 하나의 분류기준은 미오신 머리의 ATPase 종류에 따라 분류하는 방법이다[그림 참조]. 미오신머리의 특정 부분은 ATP를 분해하는 효소로서 작용하는데, 이 효소를 조직화학적으로 염색했을 때 다음과 같이 여러 가지 근육섬유로 구분된다. 그것은 Type I, Type I c, Type IIc, Type IIac, Type IIa, Type IIab, Type IIb이다.

여기서 통상 근육섬유의 주된 분류로서 Type I, Type IIa, Type IIb 세 가지로만 표기하는 경우가 많으며, 나머지는 중간의 특성을 갖는 subclass로서 볼 수 있다.

Type I 섬유는 신경학적 특성으로는 지근섬유(slow twitch)의 특성을 갖고 있으며, Type II 섬유는 속근섬유(fast twitch)의 특성을 갖고 있다. Type II 섬유의 ATPase는 Type I 섬유의 ATPase보다 가수분해 속도가 세 배 정도 빠른 것으로 밝혀지고 있다.

또 하나의 분류방법은 역시 조직화학적 염색법을 통하여 미오신 머리의 heavy chain부분(MHC : Myosin Heavy Chain)의 종류에 따라 MHC I, MHC IIa, MHC IIx, MHC IIb의 네 가지로 구분하는 것이다. 이때 중요한 점은 작은 포유류와 같은 동물들은 네 가지 섬유 유형을 모두 갖고 있지만, 사람에게는 MHC IIb가 없다는 점이다. 즉 사람은 MHC I, MHC IIa, MHC IIx 세 종류의 섬유만을 갖고 있다. MHC IIx는 수축속도가 MHC IIa와 MHC IIb 섬유의 중간 정도에 해당된다. 사람에게는 MHC IIb가 없기 때문에 동물들에 비하여 민첩성과 순발력이 떨어진다.

현재 이러한 분류를 표기하는데 따른 혼선이 존재한다. 즉 미오신 ATPase를 기준으로 분류하는 원래의 표기법(Type I, Type IIa, Type II b)과 미오신머리(MHC)를 기준으로 분류하는 표기를 혼용하여서 Type IIb 대신에 Type IIx로 표기하는 경우가 있다. 이것이 근육섬유 유형에 따른 표기에 혼선을 초래하는 원인이 된다.

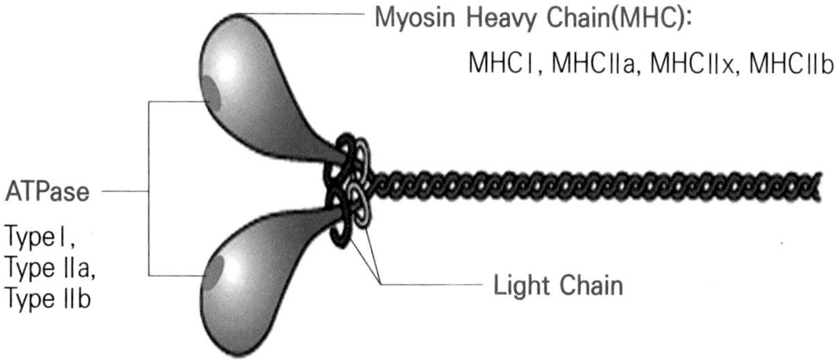

그림 5-12. 미오신 머리의 구조 (미오신 ATPase, Myosin Heavy Chain, Light Chain)

타낸 것으로, 여기에서 고려해야 할 점은 근육섬유 구성비율과는 구분해야 한다는 점이다. 근육섬유의 비율은 근육섬유 개수의 비율을 의미하는 것이며, 면적의 비율을 의미하는 것은 아니다. 또한 수행력을 결정하는 요소는 근육섬유 분포비율 외에도 다른 많은 요인이 관여하므로 근육섬유 비율이 수행력의 절대적인 요인이라고 볼 수는 없다.

5.5 훈련과 근육섬유의 분포

훈련에 의해 유전적으로 타고난 근육섬유 유형이 상호 전환될 수 있는지에 대해서는 지금까지 많은 논란이 있어 왔다. 과거에는 근육섬유 간의 상호 전환이 일어나지 않으며, 단지 근육섬유의 대사적 특성이나 면적이 증가한다는 주장이 대세를 이루어 왔다.

그러나 보다 발전된 기법을 이용한 최근 연구에서는 훈련이 근육섬유 유형을 전환시킨다는 것을 보여준다. 즉 여러 연구들은 지구성 훈련에 의해 TypeⅡb가 보다 높은 유산소 능력을 갖는 TypeⅡa로 전환된다는 것이 밝혀져 왔다.

그러나 지속적인 지구성 훈련에 의해 TypeⅡa 섬유가 TypeⅠ섬유로 전환되는지 여부에 대해서는 일부 연구들의 주장에도 불구하고 그러한 주장은 대체로 부정되고 있다. 요약하면 속근섬유가 지근섬유로 전환되는 것은 명확히 증명되지 않고 있으나, 그 가능성에 대해서는 여전히 증명되어야 할 연구 주제이다.

지구성 훈련 전후 근육생검을 실시한 연구들의 전형적인 결과는 트레이닝이 두 종류의 근육섬유에서 모두 미토콘드리아의 효소 활성도를 증가시키지만 미오신 ATPase 활성도는 변화시키지 않는 것으로 나타났다.

또한 일부 연구에서는 근력이나 순발력 훈련에 의해 TypeⅠ섬유는 TypeⅡa나 TypeⅡb섬유로 전환되지는 않지만, 지근섬유에 대한 속근섬유의 단면적비가 증가되는 것으로 나타났다. 이러한 속근섬유의 면적 증가는 전체적인 근육비대(hypertrophy)와 파워의 증대에 기여하며, 훈련의 특이성(specificity)에 따라 인체적응이 다르게 나타난다는 것을 말해준다.

5.6 근육섬유의 동원과 근글리코겐의 이용

5.6.1 근육섬유의 유형에 따른 근글리코겐 이용

연구자들은 지근(TypeⅠ)과 속근(TypeⅡ)섬유로부터 글리코겐 이용은 운동강도에 의해 좌우된다

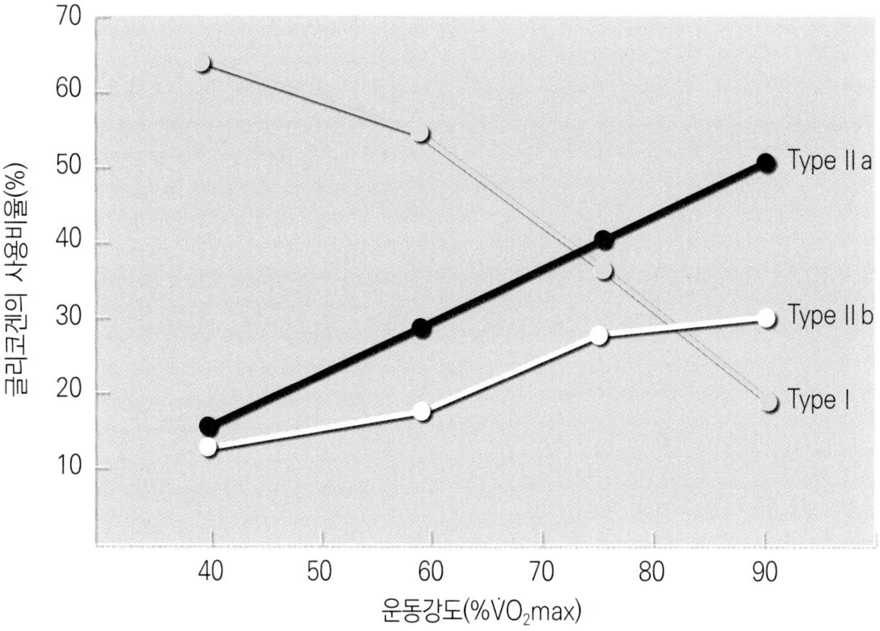

그림 5-13. $\dot{V}O_2$max의 40%, 60%, 75%, 90%에서 운동 시 근육섬유 유형별 글리코겐 사용 비율

는 사실을 밝혀냈다. Type I 섬유는 모든 형태의 운동에 가장 우선적으로 동원되지만, Type II 섬유는 운동강도가 높아질 때 동원된다. 따라서 가벼운 운동 시에는 거의 Type I 섬유만이 동원되고, 운동강도가 높아지면 Type IIa 섬유가 추가적으로 동원되며, 최대운동에 가까운 운동에서 비로소 Type IIb 섬유가 동원된다.

연구들에 따르면 장거리(예:30km)를 달린 후 Type I 섬유 내의 글리코겐 저장량은 거의 완전히 고갈되었지만, Type II 섬유 내의 글리코겐 저장량은 여전히 상당량 남아 있음을 발견하였다. 이것은 30km 달리기와 같이 큰 파워가 요구되지 않는 지구성 운동 시에는 Type I 섬유가 주로 동원되었음을 말해준다.

그림 5-13은 여러 수준의 운동강도(%$\dot{V}O_2$max)에서 사이클 운동을 할 때 가쪽넓은근의 세 종류의 섬유에 의해 사용되는 글리코겐의 양을 나타내고 있다.

40~60%$\dot{V}O_2$max의 낮은 강도에서 운동하는 동안에는 Type I 섬유가 가장 많이 동원되어 Type II 섬유에 비해 글리코겐의 사용비율이 높은 것을 알 수 있다. 그러나 운동강도가 75~90%$\dot{V}O_2$max로 높아지면서 Type IIb 섬유의 동원비율이 높아지고 Type IIb 섬유의 글리코겐의 사용비율이 상승하게 된다.

최대강도로 운동할 때에는 Type I 섬유와 Type II 섬유가 모두 동원되지만, Type II 섬유가 높은 운동강도에서 더 많이 동원되기 때문에 Type I 섬유의 상대적인 참여비율은 낮아지게 된다.

5.6.2 근육 동원 형태와 근글리코겐 이용

운동 형태에 따라 그 운동에 참여하는 근육 내의 글리코겐 사용량이 뚜렷하게 변화하는 현상을 볼 수 있다. 예를 들어 동일한 에너지를 소비하는 사이클 운동과 달리기 운동을 비교하였을 때 허벅지 부위의 무릎 폄 운동에 관계하는 가쪽넓은근(외측광근)의 글리코겐 고갈은 사이클 운동에서 더 심하게 나타난다. 그러나 발목의 폄 운동에 작용하는 장딴지근(비복근)의 글리코겐 저장량은 달리기 시에 더 크게 감소한다.

또 한 가지 예로 트레드밀에서 경사도 없이 수평면을 달릴 때와 경사면을 달릴 때를 비교하였는데, 경사면을 달릴 때는 속도를 낮추어서 수평면에서 달릴 때와 운동강도를 같도록 조절하였다. 운동강도를 동일하게 조절했음에도 불구하고 달리는 데 참여하는 3개의 주동근(가쪽넓은근, 장딴지근, 가자미근)에서의 글리코겐 저장량은 경사면을 달릴 때 더욱 크게 감소하였다.

이러한 사실은 운동강도가 같다고 하더라도 언덕을 달리는 편이 수평면을 달릴 때보다 쉽게 피로가 나타나는 현상을 설명해준다. 즉 언덕을 달릴 때는 이들 근육의 동원 정도가 더 커지며, 그로 인해 다리근육의 글리코겐 고갈 정도가 더 크고 국부적인 피로도 평지보다 크게 나타난다.

5.7 근육수축의 종류

5.7.1 등척성 수축

등척성 수축(isometric contraction)은 근육섬유의 길이는 변화없이, 즉 관절각도의 변화없이 장력(힘)이 발생하는 상태를 말한다. 예를 들어 양손으로 벽을 밀거나, 양손으로 무거운 상자를 운반하거나 철봉에서 매달리기를 하거나, 역기를 들어올린 상태를 유지할 때, 코어운동으로 잘 알려진 플랭크 동작 등이 등척성 수축이다. 등척성 수축을 정적 수축이라고도 한다.

근력을 개선하기 위한 등척성 훈련의 일반적인 방법은 특정 근육에 대한 최대의 수의적 수축을 2~5초간 지속하는 운동을 1~5회 반복하는 것이다. 그리고 각각의 최대수축 운동 사이에 2~3분간의 휴식을 취하고, 휴식시간 중에는 다른 근육을 훈련시킨다.

등척성 훈련은 시간 소요가 적고, 특별한 장비를 필요로 하지 않으며, 어느 장소에서나 할 수 있고, 근육의 통증을 거의 유발하지 않는다는 장점이 있다.

한편 등척성 훈련의 단점은 다음과 같다.

① 운동의 전범위를 통해 근력을 개선시킬 수 없고, 운동범위 내의 여러 각도에서 근력을 개선시키려면 오히려 많은 시간이 소요된다.

② 장력계나 동력계(dynamometer) 없이 자신의 근력 개선 효과를 확인하기 어렵기 때문에 지루해

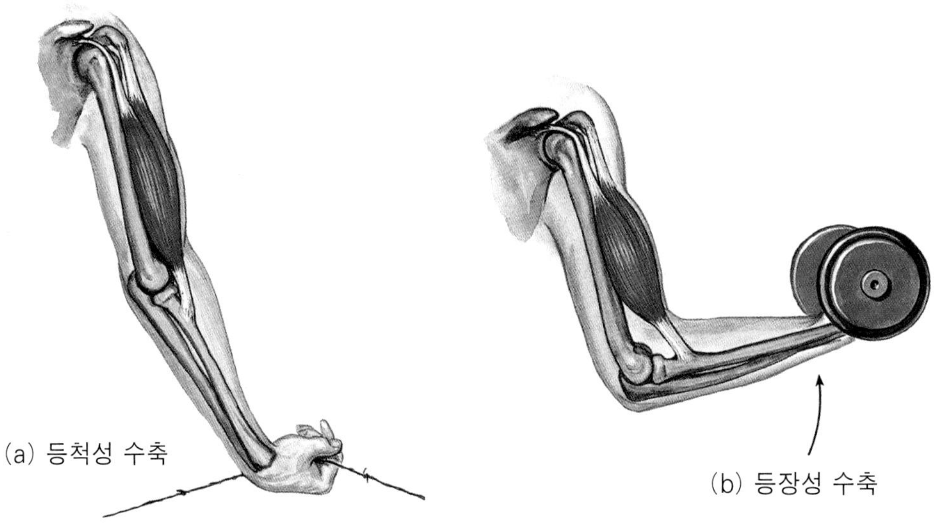

그림 5-14. 등척성 수축과 등장성 수축

지기 쉽다.

③ 등척성 훈련 시 운동근육으로의 혈류가 완전히 차단되기 때문에 수축기 및 이완기 혈압이 급격히 상승한다. 최대등척성 수축의 60% 이상 되는 근력을 발휘할 때 대부분의 혈류가 차단된다.

④ 대체로 근력 개선의 효과가 등장성이나 등속성 운동에 비해 적은 경향을 보인다.

이러한 단점에도 불구하고 등척성 훈련은 재활 프로그램, 플랭크 자세와 같은 코어근력을 개선하기 위한 운동, 특히 근육이나 관절 손상으로 인해 깁스 고정 상태에서 근력을 회복·유지시킬 때 유용하게 이용된다.

5.7.2 등장성 수축

등장성 수축(isotonic contraction)은 근육에 가해지는 부하(저항)는 일정한 상태에서 근육의 길이는 짧아지는, 즉 관절각도가 변화하면서 수축하는 운동을 말한다.

등장성은 '동일한 장력'을 의미하지만, 실제로 근육이 발휘하는 장력은 움직이는 관절의 각도에 따라 변화한다. 예를 들어 팔꿈치 굽힘근육(위팔두갈래근)이 170°의 각도에서 일정한 무게의 덤벨을 들어 올리려면 115°에서 보다 더 큰 장력을 발휘해야 한다. 즉 관절각도에 따라서 발휘되는 근육의 장력은 변화한다. 그러므로 등장성 수축이라는 용어는 개념적으로는 오류가 있으나 수십년 동안 사용되어 왔으므로, 등속성 수축과는 구분되는 광범위한 동적 수축을 나타내는 말로 이해하면 될 것이다.

등장성 훈련은 가장 일반적인 근력 훈련 방법으로서 등척성 훈련과는 달리 관절의 전 운동범위에 걸쳐 근력을 강화시키고, 근력뿐만 아니라 신경계통 적응도 유도한다. 또한 중량 증가를 통해 근

plus+

관절운동의 취약부위

예를 들어 팔꿈치의 굽힘 운동 중 취약부위는 180° 부근이다. 일정한 저항을 들어 올릴 때 팔꿈치각도가 180° 부근일 때 근육과 뼈가 이루는 각도는 역학적으로 가장 비효율적이 된다. 따라서 그 저항은 근육에 대하여 지나친 과부하로 작용할 수 있으며, 근육 손상을 초래할 위험성을 높인다.

그림 5-15는 팔꿉관절의 각도가 90°와 180°인 상태에서 중량을 들어올리려고 할 때 근육이 발휘하는 힘과 중량과의 역학적인 관계를 보여준다. 그림 5-15에서 받침점은 위팔뼈와 자뼈가 만나는 팔꿈치(A점)가 되고, 받침점에서 중량(R)까지의 거리가 D, 중량을 들어올리기 위해 주동근인 위팔두갈래근이 발휘하는 힘 F, 발휘되는 힘의 방향에서 직각으로 받침점까지의 거리를 D_1이라고 할 때 다음과 같은 관계가 성립된다.

$$F \times D_1 = R \times D(\text{일정})$$

위의 식에서 중량(R)과 중량에서 받침점까지의 거리(D)는 일정하므로 RD는 일정하다. 그러므로 D_1의 거리가 늘어날수록 위팔두갈래근이 중량을 들기 위해 발휘하는 힘(F)은 감소한다. 즉 팔꿈치 각도를 90~100°로 유지할 때 D_1의 거리는 가장 커지기 때문에 가장 적은 힘(F)으로 중량을 들 수 있게 된다.

반대로 팔꿈치를 편 상태가 되면 D_1의 거리가 가장 짧아져서 중량을 들기 위해 발휘해야 할 힘(F)을 증가시켜야 한다. 이는 팔꿈치를 180°로 편 상태에서 중량을 드는 것은 더욱 힘이 들게 되며, 저항(R)이 무거울 때 근육에 발생하는 장력이 너무 커져서 근육 상해를 입기 쉽다는 것을 의미한다. 이러한 의미에서 관절운동의 취약부이기도 하지만, 한편으로는 팔꿈치를 편 각도까지 전 운동범위로 운동하는 것에 의해서 더 큰 근육비대효과를 거둘 수 있음을 의미한다.

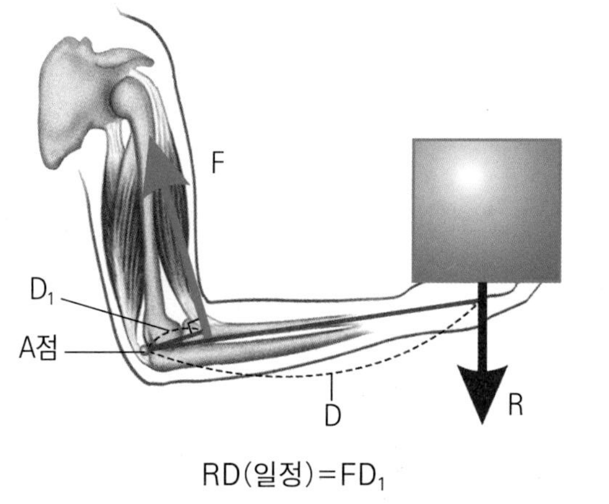

그림 5-15. 팔꿉관절의 각도와 지레의 작용

력 개선의 정도를 확인할 수 있어 흥미를 지속시키기 쉽고, 여러 운동 종목에 적용이 가능하다는 장점이 있다.

그러나 등장성 훈련은 중량을 잘못 선택하면 근육 통증이나 부상의 위험이 있다. 즉 중량이 운동범위 중 취약부위에서 지나친 과부하가 될 수 있어 과도한 근육 긴장으로 인해 근육 손상이나 관절

부상의 위험이 있다. 또한 등장성 훈련은 적응도에 따라 계속적으로 무게를 변화시켜야 하므로 비용상이나 시간상의 제약이 따른다.

5.7.3 등속성 수축

등속성 수축(isokinetic contraction)은 관절각이 동일한 속도로 운동하는 수축을 말한다. 즉 등속성 수축 시 관절의 각도는 정해진 속도(60~300°/sec)로 변화한다. 등속성 수축은 등장성 수축과 함께 동적 수축에 포함된다. 등장성 수축에서는 관절각도에 따라 발휘되는 장력(힘)이 변화되기 때문에 움직임의 속도를 일정하게 조절하기 어렵다.

그러나 등속성 수축 시에 특별히 고안된 장비(nautilus, cybex, biodex)를 이용하여 움직임의 속도(각속도)가 일정하다. 따라서 훈련자가 가능한 한 최대속도로 동작을 시도할 때 동작의 전 범위에서 근육이 발생하는 장력은 최대가 되지만 움직임의 속도는 일정하게 이루어진다.

등장성 수축(중량들기)의 경우에는 관절의 전 가동범위(range of movement : ROM)에 걸쳐 최대의 힘을 발휘할 수 없다는 점이 단점이다. 즉 관절운동의 취약부위에서 가장 큰 힘을 발휘하고, 그 외의 각도에서는 최대근력을 발휘할 수 없게 된다. 그러나 등속성 훈련 장비의 경우에는 등장성 수축운동과는 달리 관절의 전 가동범위에 걸쳐 미리 정해진 속도로 운동할 때 최대근력을 발휘할 수 있는 장점이 있다.

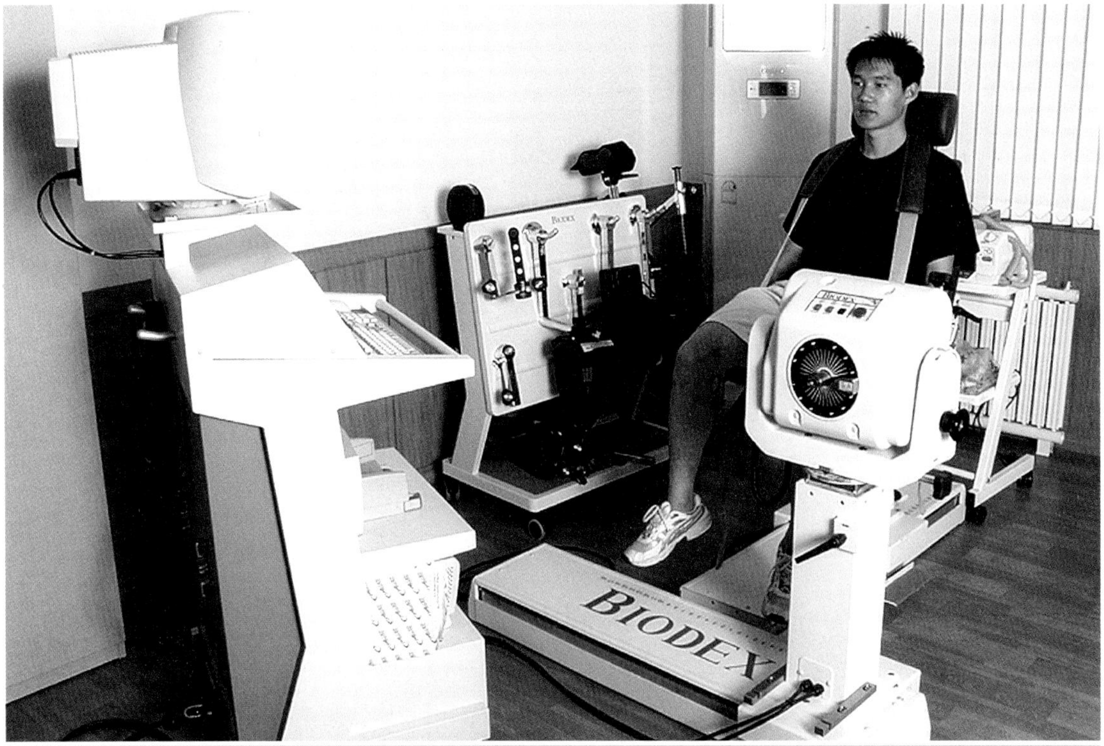

그림 5-16. 등속성 훈련 장비

일반적인 등속성 근력훈련은 30~400°/sec의 속도에서 실시된다. 근력 개선의 최대효과는 훈련 속도에 특이적인 경향을 보인다. 즉 높은 속도로 훈련할 때 근력의 개선은 높은 속도에서 최대로 되는 반면 낮은 속도로 훈련할 때는 낮은 속도에서 근력이 최대로 개선된다.

그러나 근육비대는 등속성 장비의 세팅된 각속도범위 중 높은 각속도에서 더 잘 일어나는데, 이는 주로 속근섬유의 비대를 통해 이루어진다. 따라서 높은 각속도에서 훈련할 때 보다 효과적인 근력의 개선을 기대할 수 있다. 속근섬유의 비율이 높은 사람일수록 높은 각속도에서 체중당 더 높은 힘을 발휘한다.

등속성 훈련은 관절의 전 가동범위에서 근육에 최대저항을 부과하고 시간적 소요가 비교적 적으며, 여러 속도에서 근력을 개선시킬 수 있고, 근육의 상해나 통증의 위험이 적어서 재활훈련으로 가장 적합하다는 장점이 있다. 또한 동일한 장비로 소근육부터 대근육에까지 적용할 수 있으며, 근력을 발휘하는 동안 힘이나 파워를 표시해주는 장비의 경우에는 동기 유발에 효과적이고 트레이닝 효과를 평가할 수 있다는 장점을 갖고 있다.

그러나 현재 등속성 훈련 장비를 더 빠른 속도로 이루어지는 동작의 순발력 훈련에 직접적으로 이용하는 데는 제한점이 있다. 왜냐하면 등속성 훈련 장비를 이용한 관절운동의 최대각속도는 400°/sec인데, 전문적인 야구의 투수가 볼을 던질 때 팔의 펌 속도는 2,000°/sec에 이르기 때문이다. 또한 등속성 훈련 장비의 대부분은 매우 고가로서 일반인이 쉽게 사용하기 어렵다는 결점을 갖고 있다. 수영은 팔의 스트로크 시 물의 저항에 의해 부분적으로 등속성 운동이 가능한 운동이라고 할 수 있다.

각 근력훈련의 장단점은 표 5-2에 제시하였다.

표 5-2. 등척성·등장성·등속성 근력훈련의 특징

기 존	훈련종류		
	등속성	등장성	등척성
근력 개선 정도	우수	우수	보통
관절범위에 따른 근력 개선	매우 우수	우수	낮음
훈련소요시간	보통	많음	적음
비용	고가	보통	적음
훈련의 용이성	보통	어렵다	쉽다
평가의 용이성	쉽다	쉽다	어렵다
특정 운동에의 적용도	우수	보통	낮음
근육 통증의 위험도	낮음	많음	낮음
심장의 위험도	적음	아주 적음	보통

5.7.4. 단축성 수축과 신장성 수축

근육수축은 크게 동적 수축과 정적 수축으로도 구분할 수 있다. 등척성 수축(isometric contraction)이 바로 정적 수축이다. 정적 수축은 근육의 길이가 변하지 않으면서 힘 또는 장력(tension)을 발휘하는 상태이다. 힘(force)이라는 표현이 근육에 의해 외부적으로 발휘되는 형태의 근력을 나타낸다면, 장력이란 근육 자체에서 생성된 물리적인 상태를 나타낸다. 정적 수축에서는 실제적으로 관절의 각도나 근육의 길이에는 변화가 없지만 지속적으로 힘이 발휘되는 상태라고 볼 수 있다.

동적 수축은 근육의 길이가 변하면서 장력이 발휘되는 수축을 의미한다. 이때 근육의 길이가 짧아지면서 장력이 발휘되는 수축을 단축성 수축(concentric contraction)이라고 하며, 반대로 근육의 길이가 길어지면서 장력이 발휘되는 것을 신장성 수축(eccentric contraction)이라고 한다. 신장성 수축은 '편심성 수축' 또는 '이심성 수축'이라고도 표현된다.

그림 5-17에서 (a)는 정적 근육수축을 보여주고 있으며, 그림 (b)는 힘을 발휘하는 중에 근육의 길이가 짧아지는 단축성 수축을 나타낸다. 그림 (c)는 덤벨을 내리면서 힘을 발휘하는 중에 길이가 늘어나는 모습을 보여준다.

그림과 같이 암컬(arm curl) 운동 시 중량을 들어 올리는 과정에서 위팔두갈래근(상완이두근)은 단축성 수축을 하지만, 덤벨을 내리는 과정에서는 신장성 수축을 한다. 즉 덤벨을 내리는 과정에서 위팔두갈래근은 길이가 늘어나면서 여전히 장력을 발휘하는 상태가 된다. 이때 위팔두갈래근의 일부 근육섬유들은 수축하며 장력을 발생시켜서 덤벨이 떨어지지 않도록 지탱한다.

또 벤치프레스(bench press)를 할 때 바벨을 들어올리는 동안 큰가슴근(대흉근)과 위팔세갈래근(상완삼두근)은 단축성 수축을 하지만, 다시 가슴쪽으로 바벨을 내리는 동안에는 신장성 수축을 한다.

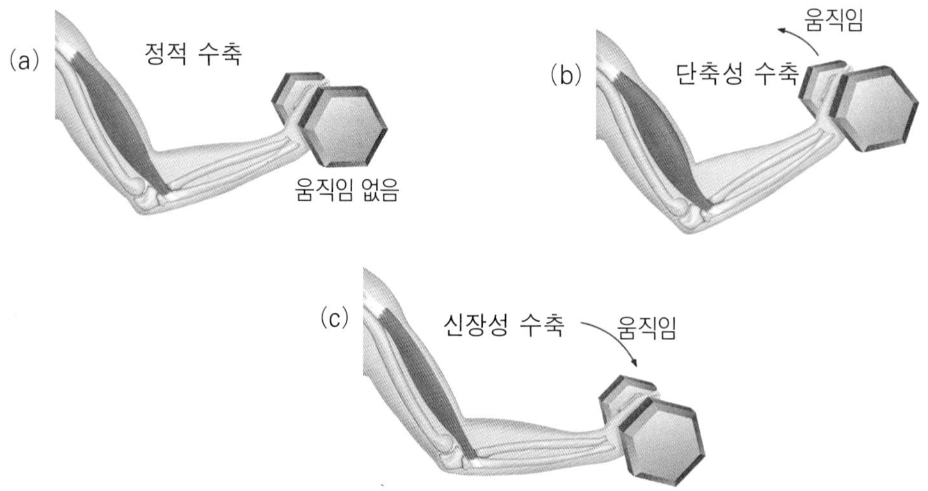

그림 5-17. 근육수축의 형태(정적 수축, 단축성 수축, 신장성 수축)

5.7.5 신장성 수축과 결체조직

신장성 수축의 또 다른 예는 턱걸이(pull-up)를 하는 경우이다. 철봉(bar)쪽으로 몸을 끌어올릴 때는 위팔두갈래근이나 넓은등근(광배근)이 단축성 수축을 한다. 그림 5-18에서와 같이 턱걸이에서 몸을 다시 내릴 때에는 완전히 힘을 빼는 것이 아니라 이들 근육이 여전히 힘을 발휘하는 상태에서 그 길이가 늘어나는 것이다. 이러한 형태를 신장성 수축이라고 한다.

또 의자에서 일어났다가 서서히 앉는 운동의 예를 들어 보자. 의자에 앉은 자세에서 일어설 때에는 허벅지 부위의 넙다리네갈래근(대퇴사두근)은 단축성 수축을 한다. 그리고 다시 서서히 앉을 때 넙다리네갈래근은 신장성 수축을 한다. 즉 넙다리네갈래근의 길이가 늘어나면서 장력을 발휘하는 상태로 앉게 된다[그림 5-18].

이처럼 단축성 수축과 신장성 수축 국면이 교대로 이루어지는 저항운동을 수행하면 단축성 수축은 상대적으로 빠른 동작으로 이루어진다. 이는 중량이나 몸에 작용하는 중력을 극복하기 위해서 빠른 근육수축이 필요하기 때문이다. 반면에 신장성 수축에서는 동작이 서서히 이루어져야만 한다. 즉 철봉에서 너무 빨리 몸을 내린다거나, 의자의 앉는 동작에서 너무 빠르게 털썩 앉는다면 철봉에서 떨어지거나, 부상을 입거나, 또는 근육에 아무런 장력도 발생하지 않는 상태가 된다.

중량부하 운동을 할 때 근력비대를 위한 자극은 단축성 수축뿐만 아니라 신장성 수축에서 더욱 크게 이루어진다는 것은 잘 알려져 있다. 그러므로 중량을 들 때 신장성 수축 국면에 더욱 집중하면서 서서히 실시하는 내적 집중(internal focus)이 강조된다.

그림 5-2는 근육을 이루고 있는 근육섬유와 결체조직인 근막의 관계를 나타낸다. 근육은 무수히 많은 근육섬유와 그것을 묶어주고 있는 결체조직인 안팎의 근막으로 구성되어 있다. 즉 근육은 신경자극이 전해질 때 길이가 짧아지는 수축작용에 의해 움직임 또는 장력을 생성하는 기능을 하는 근

그림 5-18. 턱걸이 하강 국면과 의자에 서서히 앉을 때 근육의 신장성 수축

육섬유와 이들 근육섬유를 묶어주는 역할을 하면서 근육속막(근내막) ⇒ 근육섬유다발막(근주막) ⇒ 근육바깥막(근외막) ⇒ 근(상)막으로 이어지면서 결국 뼈에 부착되는 힘줄(tendon, 腱)을 형성한다.

신장성 수축을 하는 동안 일부 근육섬유들이 수축하여 장력을 발생킨다. 즉 근육의 전체 길이가 늘어나면서 근육속막, 근육섬유다발막, 근외막, 근(상)막으로 이어지는 결체조직들도 늘어난다. 그리고 이들 결체조직으로 이루어져서 뼈에 붙어있는 힘줄(tendon)도 늘어나게 된다.

이렇게 신장성 수축을 하는 동안 수축하는 일부 근육섬유에 의해 근육은 장력(tension)을 발휘하는 상태가 된다. 동시에 근육의 전체 길이가 늘어남으로써 근육의 결체조직과 그 결체조직으로 이루어진 힘줄에는 탄성(원래의 길이로 돌아가려는 힘)이 저장된다. 중량을 이용한 근력운동에서는 신장성 수축 국면이 매우 서서히 이루어지지만, 거의 모든 스포츠 기술(sport skill)에서는 빠르게 힘을 발휘하는 매우 중요한 원리를 담고 있다. 일단 근육이 신장성 수축을 하여 길이가 늘어나 장력이 저장된 상태에서는 뒤이은 단축성 수축 국면에서 더 큰 힘이 발휘될 수 있다.

예를 들어 원반 던지기나 투창 던지기, 야구의 투구 동작 중 마지막 동작에서 최대한 원반이나 공을 멀리 던지기 위해서는 가슴과 팔의 근육들이 마지막 순간 약간 늘어나고 장력이 저장된 신장성 수축 상태가 되어야 한다. 그렇게 할 때 힘줄과 근육의 결체조직에 저장된 탄성이 더해져서 더 강한 힘으로 근력이 발휘될 수 있게 된다. 또 플라이오메트릭 훈련과 같은 순발력 훈련은 근육의 매우 빠른 신전과 뒤이은 단축이 일어나도록 한다. 이에 대해서는 고유수용기의 작용을 이해할 필요가 있으므로 제6장 운동과 신경계통에서 자세히 설명하도록 한다.

plus+

지연성 근육 통증과 반복 바우트 효과

운동이 끝나고 시간이 어느 정도 경과된 다음에 근육에서 통증과 경직된 느낌이 나타나는 것을 지연성 근육통증(DOMS : delayed onset of muscle soreness)이라고 한다. 보통은 운동이 끝나고 24~72시간 사이에 근육 통증의 정도가 크게 나타난다. 주로 신장성 수축으로 구성된 운동에서 자주 나타나며, 정적 근육수축에서는 훨씬 적게 나타나고 단축성 수축 운동에서는 거의 나타나지 않는다.

DOMS는 사이클 운동을 할 때보다 달리기를 할 때 더 잘 나타난다. 왜냐하면 달리기에서는 발을 지면에 내려놓을 때 충격을 흡수하기 위해 대퇴부위의 근육들은 신전성 수축을 하게 되며, 뒤이어 추진하여 나갈 때는 단축성 수축을 하기 때문이다.

반면에 사이클 운동 시 페달을 밟는 국면에서는 넙다리네갈래근(대퇴사두근)이 단축성 수축을 하고, 페달을 고점으로 돌릴 때는 햄스트링스가 단축성 수축을 한다. 이처럼 사이클에서는 신전성 수축이 거의 일어나지 않지만, 달리기에서는 신전성 수축의 국면이 나타난다.

또 평지나 오르막길을 달리는 것보다 그림과 같이 내리막길을 달릴 때 DOMS가 더 많이 초래된다. 그림에서와 같이 발을 딛을 때 무릎관절 굽

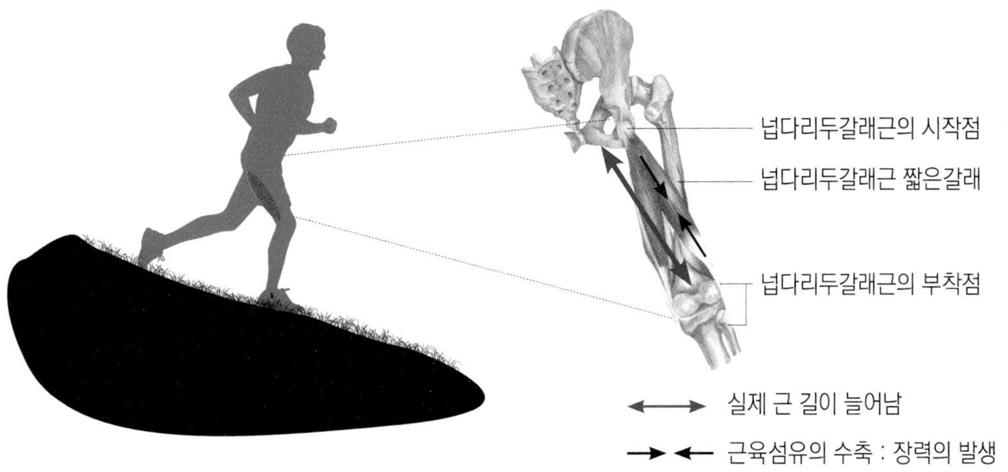

그림 5-19. 내리막길을 달릴 때 햄스트링스의 신장성 수축

힘근(햄스트링스)은 정적인 수축 또는 신장성 수축에 의한 장력을 발생시킨다. 그러한 장력에 의해 몸이 앞으로 넘어지는 것을 막는다.

DOMS를 설명하는 이론으로서 이전부터 ① 젖산 이론, ② 근육경련 이론, ③ 결합조직 손상 이론, ④ 근육손상 이론, ⑤ 염증 이론 ⑥ 효소 유출 이론 등이 제시되어 왔는데, 현재는 근육 미세구조 손상과 그로 인한 염증반응과 효소 유출이 주된 원인으로 여겨지고 있다.

근육 손상 및 염증반응 이론에 대해서 설명하자면 운동 중에는 근절(sarcomere)의 Z선과 근육원섬유와 같은 미세구조에 손상이 일어난다. 이러한 손상은 백혈구가 손상 부위로 이동하는 것을 자극하고, 근육부종 등의 통증 요인을 유발한다.

보다 구체적으로 보면 신전성 운동 중 근육섬유의 길이가 늘어나면서 장력이 증가한다. 이러한 장력의 증가는 근육이 이완되기 전에 액틴과 미오신의 연결교가 분리되도록 한다. 이렇게 되면 활동근육 내에서 그밖의 운동단위(motor unit)에 더 큰 장력이 걸리게 된다. 이는 근절(sarcomere)에 더 큰 손상을 초래하는데, 이러한 미세손상은 근육 결체조직 내에 있는 통증수용기(nociceptors)를 자극하여 통증감각을 일으킨다.

DOMS를 설명하는 또 다른 이론은 '효소유출 이론(enzyme efflux theory)'이다. 미세손상이 일어나면 근소포체(SR : sarcoplasmic reticulum)에 저장되어 있던 칼슘이 손상된 근육에 축적된다. 이렇게 되면 세포 호흡이 억제되고 ATP 합성이 느려지게 되어 칼슘(Ca^{++})을 능동수송에 의해 소포체(SR)로 다시 되돌리기 어렵게 된다. 또 그림 5-20처럼 세포 내 수소 이온(H^{+})의 축적이 함께 일어나면 소포체로 칼슘의 재저장이 어렵게 되고, 칼슘은 미토콘드리아 내에 유입되면서 ATP의 합성속도가 떨어지게 된다.

이는 더 많은 칼슘이 세포질 내에 축적되는 원인이 된다. 이렇게 세포질 내에 칼슘이 축적되면 단백분해효소인 프로테아제(proteases)와 인지질 분해효소인 포스포리파제(phospholipase)가 활성화되고, 이어서 근단백질 분해와 변성을 일으킨다. 이는 염증반응의 과정으로서 히스타민, 프로그타글란딘(prostaglandins) 그리고 포타슘(K^{+})의 축적을 유발하여 통증을 일으키게 된다는 것이다.

지연성 근육통증(DOMS)을 더 이상 운동을 하지 말라는 경고신호로 받아들여야 하는가에 대해 연구들이나 경험적인 사실들은 반드시 그런 것은 아니라는 점을 말해준다. 즉 통증부위의 근육을 사용하는 운동을 하면 실제로는 통증이 완화되는 경우가 많다. 그리고 통증 부위를 지속적으로 운동해도 통증으로부터의 회복에 장애가 되거나 통증을 악화시키지 않는 경우가 대부분이다. 그러므로 DOMS를 더 이상 운동하지 말라는 경고음으로 받아들일 필요는 없다.

익숙하지 않은 신전성 운동을 수행하고 심한 통증을 느낀 후 근육은 신속하게 똑같은 운동에 따른 더 이상의 손상이 감소되도록 적응하게 된다. 이러한 현상을 반복 바우트 효과(repeated-bout effect)라고 한다. 이러한 효과는 통증만을 감소시키는 것이 아니라, 부종, 근력 감소, ROM의 감소와 같은 손상의 지표들도 완화시킨다.

DOMS를 예방하기 위해서는 새로운 운동 훈련을 할 때는 점진적으로 운동강도를 높여 반복 바우트 효과를 갖도록 한다. 그리고 정적 스트레칭과 워밍업이 중요한데, 이때 과도한 스트레칭(overstretching)은 그 자체가 통증을 유발할 수 있으므로 조심해야 한다. 잘 맞는 탄력 양말이나 종아리 슬리브(calf sleeve)도 손상 예방에 도움을 주며, 전해질과 글리코겐의 보충도 도움을 준다. DOMS가 나타나면 통증부위의 혈류를 증가시킬 수 있는 가벼운 운동, 마사지, 따뜻한 찜질 등도 도움을 준다.

주의할 점은 지연성 근육통증(DOMS)을 실제 근육섬유의 파열로 인한 부상과 혼돈해서는 안된다는 점이다. 근육섬유의 파열은 보다 날카롭고 참기 힘든 통증이 지속되는 특징이 있으며, 또 운동 중이나 운동 직후에 바로 나타난다. 실제 근육섬유가 손상되었기 때문에 스트레칭 등을 하면 오히려 상태를 악화시킬 수 있다.

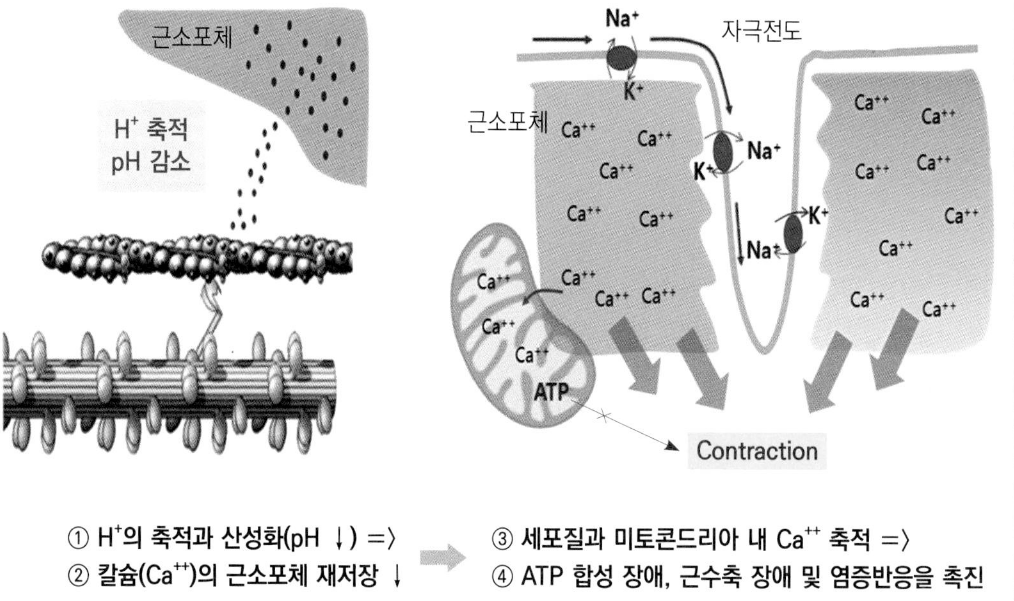

그림 5-20. 칼슘의 세포질과 미토콘드리아 내 축적과 수축장애 및 염증반응

5.8 근육수축과 근력의 발휘

근육에 단일 자극이 주어질 때 근육이 한 번 수축하는 현상을 연축(twitch)이라 한다. 연축(twitch)이 일어나기 위해서는 일정 수준 이상의 자극이 근육에 전달되어야 하는데, 이를 자극역치(threshold stimulus)라 한다.

하나의 근육섬유에 역치 이상의 자극이 전해질 때 근육섬유는 최대로 수축한다. 즉 역치 이상의 자극이 주어진다고 해서 개개의 근육섬유가 더 수축하지는 않는다. 마치 총의 방아쇠를 일정한 힘 이상으로 당기면 격발되어 총알이 발사되는데, 그 이상의 힘으로 방아쇠를 당기더라도 총알이 더 빨리 발사되지 않는 것과 마찬가지이다. 이러한 현상을 실무율(all-or-none response)이라고 한다.

5.8.1 잠복기, 수축기, 이완기

연축은 세 국면으로 구분된다. 첫 번째 국면은 자극이 주어졌을 때 근육이 수축하기 전 잠깐 동안 근육이 반응하지 않는 잠복기(latent period)이고, 두 번째 국면은 근육이 수축하는 수축기이며, 세 번째 국면은 근육이 원래의 길이로 돌아가는 이완기이다.

연축의 각 국면에 따른 시간은 근육섬유의 종류에 따라 다양하다. 근육이 수축하기 위해서는 적절한 양의 자극을 받아야 하는데, 지근은 더 작은 양의 자극에도 반응하기 때문에 모든 형태의 운동에 속근보다 먼저 동원된다. 즉 지근은 흥분역치가 속근보다 작다.

그러나 일단 흥분역치 이상의 자극이 주어질 때는 속근이 훨씬 빠르게 수축한다. 그 이유는 속근은 근소포체가 잘 발달되어 있어 더 빠른 속도로 칼슘(Ca^{++})을 분비하며, ATPase의 활성도도 더 높기 때문이다.

만일 두 개의 자극이 연이어서 근육에 전달될 때 두 자극의 사이가 너무 빠르다면 첫 번째 자극에 의해서는 연축이 일어나지만, 두 번째의 연축은 일어나지 않는다. 그 이유는 하나의 자극에 의해 수축하는 근육은 뒤

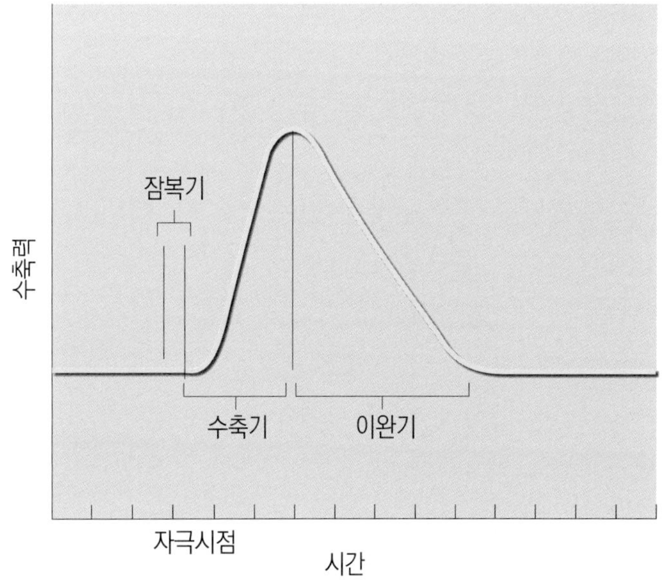

그림 5-21. 단일 근육수축(연축)의 근전도

이은 자극에 대해 반응하기까지 시간이 걸리기 때문이다. 이처럼 근육이 수축에 뒤이어 반응하지 않는 시간을 불응기(refractory period)라고 한다.

5.8.2 시간적 가중, 공간적 가중

불응기가 끝나고 근육섬유가 완전히 이완되기 전에 연이어 자극을 주면 앞선 자극에 의한 수축력에 뒤이은 수축력이 합쳐져서 발휘되는 수축력이 점점 증가하는 현상이 나타나는데, 이러한 현상을 가중(summation)이라고 한다.

지속적인 자극의 전달로 인해 가중현상이 계속되면 결국 근육수축이 지속적으로 이루어지는 강축(tetanus)이 나타난다. 인체가 발휘하는 모든 형태의 지속적인 근육수축은 이러한 가중에 의한 강축현상이라고 할 수 있다.

뼈대근육과는 달리 심장근육은 수축기가 끝나고 완전히 이완하기까지 새로운 자극에 대해 반응하지 않는다. 즉 불응기가 매우 길어서 가중현상이나 강축이 일어나지 못한다.

근육섬유의 가중은 인체가 근력을 조절하는 중요한 기전이다. 앞서의 설명처럼 시차를 두고 개별 근육섬유에 자극을 주었을 때 발생하는 가중현상을 시간적 가중(temporal summation)이라고 한다. 또 하나의 가중현상은 공간적 가중(spatial summation)이다.

근력은 일정한 시점에서 동원되는 운동단위(motor unit)의 수에 의해 결정된다. 운동단위란 하나의 운동신경과 그 운동신경에 의해 지배되는 근육섬유를 일컫는다[그림 5-23]. 즉 하나의 운동단위 내에 있는 근육섬유들은 모두 동시에 자극을 받으며, 전해지는 자극에 대해 실무율에 따라 반응한다.

하나의 근육은 수십 개 또는 수백 개의 운동단위로 이루어져 있으므로 근육이 수축하는 현상은 수십 또는 수백 개의 운동단위가 동원(흥분)되어 일어나는 현상이다. 그리고 그 근육이 발휘하는 근력은 얼마나 많은 운동단위가 동원되었느냐에 따라 결정된다. 이같이 특정한 시점에 여러 개의 운동단위가 흥분되어 나타나는 힘의 생성을 공간적 가중(spatial summation)이라고 한다.

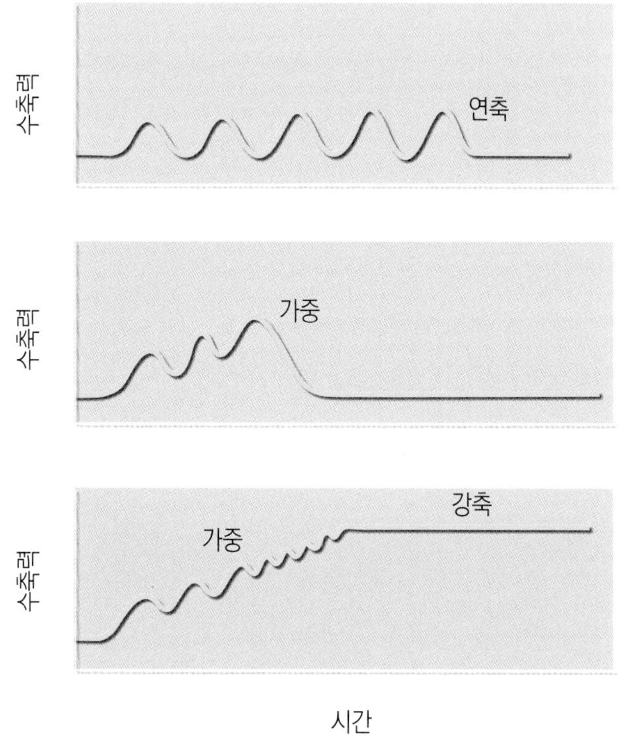

그림 5-22. 연속적인 연축, 가중, 강축

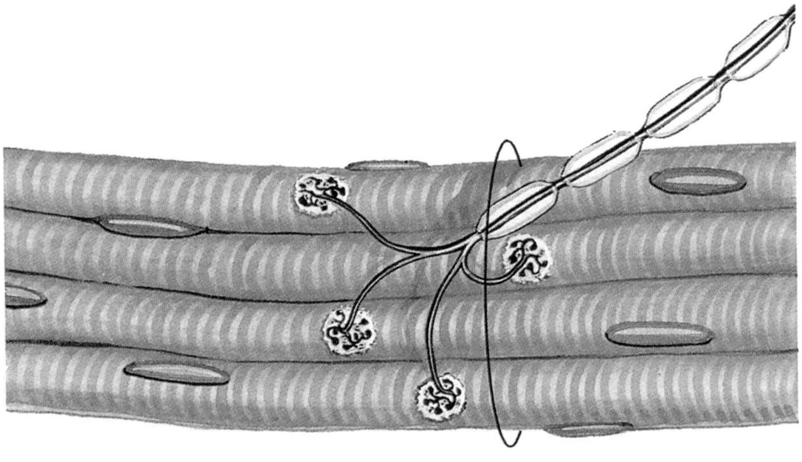

그림 5-23. 운동단위 : 하나의 운동신경섬유와 그것에 의해 지배되는 근육섬유들

plus+

플라이오메트릭 훈련/탄도 훈련

연속적 뜀틀 뛰어넘기와 같이 근육의 신장성 및 단축성 수축을 교대로 활용하는 훈련 방법은 순발력을 향상시키는 데 매우 효과적인 것으로 알려져 있는데, 이러한 훈련 방법을 플라이오메트릭 훈련(plyometric training)이라고 한다[그림 5-24].

플라이오메트릭 훈련은 축구, 배구, 단거리 달리기, 도약경기, 농구 등 폭발적인 점프력과 순발력이 경기력에 중요한 변수로 작용하는 종목의 훈련 방법으로 이용되고 있다. 플라이오메트릭 훈련은 근육의 신전-단축 사이클(SSC, stretch-shortening cycle)을 반복해서 수행하는 형태의 운동을 하는 것이다. 즉 신전-단축 주기의 신전 국면에서 활성화된 근육이 뒤이어 단축성 수축을 할 때 반사적으로 강하게 수축하는 원리를 이용하는 운동 방법으로 점프나 홉(hop), 바운드(bound), 스킵(skip)과 같은 동작을 이용한다.

그림 5-24. 다양한 플라이오메트릭 훈련

플라이오메트릭 운동은 지면과의 접촉시간에 따라서 다음 두 가지 형태로 구분된다.

① 빠른 플라이오메트릭 운동 : 지면과 접촉시간이 0.25초 이하

② 느린 플라이오메트릭 운동 : 지면과 접촉시간이 0.251초 이상

두 가지 형태의 플라이오메트릭 훈련은 모두 상대적으로 빠른 지면과의 작용시간(반작용시간)을 특성으로 하기 때문에 'shock training'이라고도 부른다.

가장 중요한 개념은 신전-단축 사이클(SSC)이라고 하는 주기를 근육이 빠르게 수행하도록 하는 것이다. 그것을 위해서는 지면과의 짧은 접촉시간이 매우 중요한 특성이 된다. 플라이오메트릭 훈련원리에 대해서는 '제6장 운동과 신경계통'에서 보다 상세히 설명하도록 한다.

한편 탄도 훈련(ballistic training)도 신전-단축 주기(SSC)를 이용하는 훈련 방법이어서 혼돈할 수 있으나, 사실 플라이오메트릭 훈련과 탄도훈련은 구별된다. 플라이오메트릭 훈련은 전형적으로 지면과의 빠른 반응성 접촉을 포함하고 있다. 그런데 탄도 훈련은 물체나 도구의 투척을 포함하며, 지면과의 접촉시간에 구애받지 않고 선수 자신의 신체나 물체의 폭발적인 움직임(점프, 던지기, 타격)을 특징으로 하는 파워훈련의 일종이다.

따라서 어떤 동작은 플라이오메트릭 운동이면서 탄도운동(ballistic exercise)일 수 있다. 두 가지 훈련 방법 모두 매우 협응적인 동작 및 기술적인 움직임이 요구되고, 부상의 위험이 있어서 전문적인 지도가 필요하다.

탄도 훈련의 예로 중량을 던지거나 밀기, 바벨이나 메디신볼과 같은 중량을 들고 점프하거나 달리는 훈련을 들 수 있다. 이 훈련 방법은 물체에 힘을 가할 때 그 움직임의 가속단계를 최대화시키고, 감속단계는 최소화시키는 방법을 통해 전체 파워를 높이는 데 목적을 두고 있다.

그림 5-25와 같이 벤치프레스 운동을 할 때는 관절의 운동범위(ROM)가 약 60%가 되는 시점에서부터는 운동속도가 감속되는 현상이 나타난다. 만일 바벨을 들어올릴 때 그 시점부터 감속하지 않으면 팔꿈치 등 관절이 손상을 입게 될 것이다.

벤치프레스 운동과는 다르게 탄도 훈련(ballistic training)에서는 바벨을 던지는 운동을 한다. 그렇게 함으로써 바벨을 던지는 동작 동안 전 운동범위(ROM)에 걸쳐 운동 속도가 증가한다. 이는 평균 파워와 최대파워를 증가시키는 운동이다. 운동의

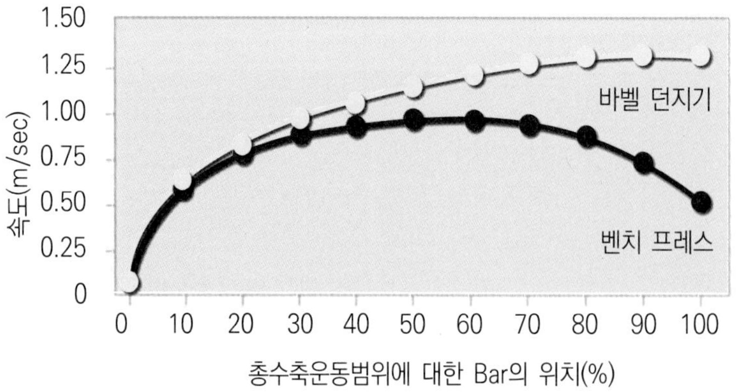

그림 5-25.벤치프레스와 바벨 던지기 비교

마지막 국면에서 가능한 빠르게 중량을 움직이거나 던짐으로써 효과적으로 파워를 증가시키는 훈련 방법이다.

이러한 형태의 운동을 투척저항운동(ballistic resistance training)이라고도 한다. 그림 5-25는 벤치프레스 운동에서는 관절가동범위(ROM)의 마지막 국면에서 속도가 감소하고 파워가 감소하는 반면, 바벨 던지기 운동에서는 부상의 위험없이 ROM의 마지막 국면에 더 큰 파워를 발휘할 수 있음을 보여준다.

5.9 근력의 결정요인

근력을 결정하는 요인은 근육 자체의 요인과 신경 요인으로 나눌 수 있다. 근력을 결정하는 신경적 요인은 운동단위를 동원하는 능력 등을 들 수 있으나, 제6장에서 다루기로 한다. 여기에서는 근력을 결정하는 근육 자체의 요인에 대해서만 설명하기로 한다.

5.9.1 근력과 근육의 단면적

동물들에게서 분리한 근육, 즉 신경적 요인을 배제한 근육의 단면적과 그 근육이 발휘하는 힘 사이에는 거의 완전한 상관관계가 있다. 유기체 내에서는 근력과 근육의 크기와의 관계는 다소 약해지는데, 그것은 신경학적 요인이 관여하기 때문이다. 또한 팔다리의 둘레와 근력 사이의 관계는 대체로 직선적인 관계를 보이지만, 근육의 단면적과 근력과의 상관도만큼 밀접하지는 않다. 그것은 팔다리둘레를 측정한 수치가 근육뿐만 아니라 지방조직과 골격도 포함한 수치이기 때문이다.

근육의 크기가 클수록 더욱 많은 힘을 발휘하는 이유는 근육이 크면 수축성분(액틴과 미오신)의 양도 더 많아서 교차결합을 더 많이 형성할 수 있기 때문이다.

5.9.2 근력과 근육섬유의 종류

속근섬유(Type II)는 지근섬유(Type I)보다 더 큰 힘을 발휘한다. 따라서 속근섬유의 면적이 큰 사람이 보다 큰 힘을 낼 것으로 예상할 수 있다. 속근섬유의 면적이 근력을 결정하는 요인이라는 것은 여러 연구를 통해 밝혀졌다. 쥐의 근육섬유를 이용한 연구에서 속근섬유는 지근섬유에 비해 동일한 단위면적당 10~20% 더 큰 힘을 발휘하였다. 근육섬유에 의한 힘의 생성은 수축 중 얼마나 많은 교차결합이 형성되느냐에 달려 있는데, 속근섬유는 지근섬유에 비해 더 많은 단위면적당 미오신-액틴 교차결합을 갖고 있다.

미오신 머리의 동형 단백질로 분류한 네 가지 근육섬유 유형(MHC I, MHC IIa, MHC IIx, MHC IIb) 중에서 사람에게는 MHC IIb가 없어서 다른 포유류에 비해 스피드와 순발력이 상대적으로 떨어진다.

5.9.3 근력과 관절의 각도

근육수축 운동을 할 때 근력을 결정하는 중요 요인은 근육이 뼈대에 장력을 발휘하는 각도이다. 예를 들어 팔꿉관절의 굽힘 운동을 할 때는 약 100~115°의 굽힘 각도에서 가장 큰 굽힘장력이 발휘된다. 팔꿉관절이 180°로 완전히 펴진 상태에서는 굽힘근력이 최소로 되는데, 그것은 완전히 편 상태일 때 팔꿉관절에서의 근육과 뼈의 부착 각도가 역학적으로 가장 비효율적이 되기 때문이다[그림 5-26]. 예를 들어 윗몸일으키기를 할 때 무릎을 굽히는 것보다 펴는 것이 훨씬 힘들다.

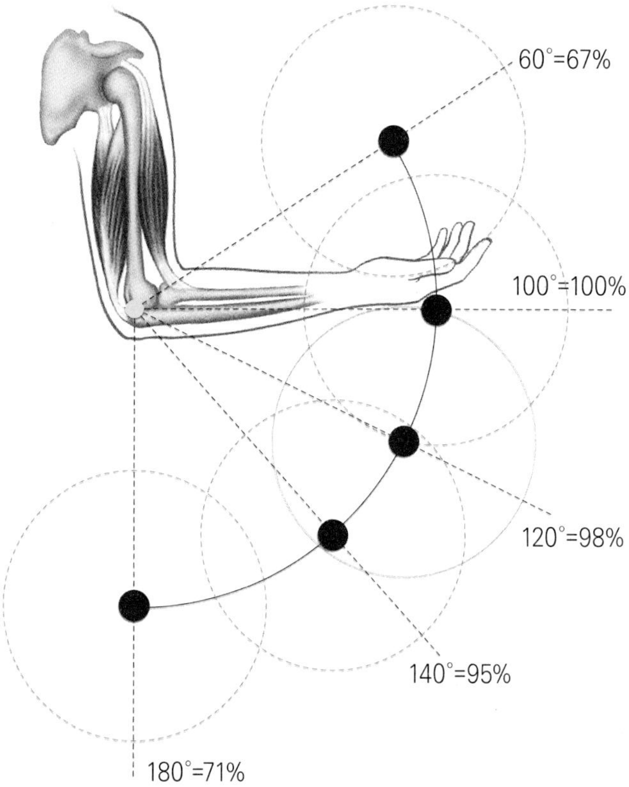

그림 5-26. 팔꿉관절의 각도에 따른 상대적 근력의 변화

그림 5-27에서 받침점은 A, 윗몸의 무게를 R, 받침점에서 윗몸의 무게중심까지 거리를 D, 윗몸를 세우기 위해 근육이 발휘하는 힘을 F, 그리고 받침점과 작용점(힘이 작용하는 지점)까지의 거리를 D_1이라고 할 때 다음 관계가 성립된다.

$$R \times D = F \times D_1$$

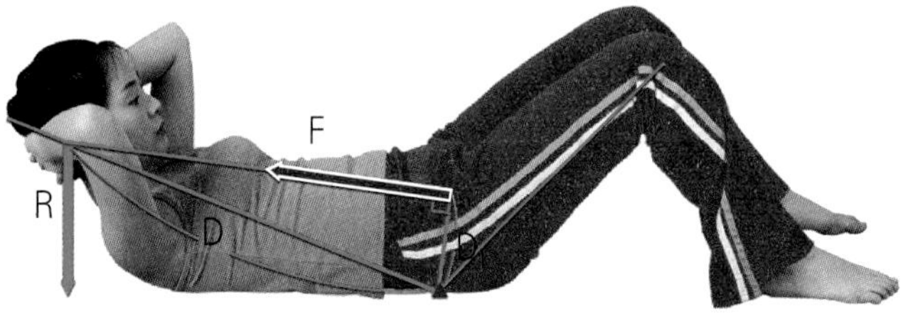

그림 5-27. 윗몸일으키기 운동 시 지레의 작용

위의 식에서 R×D의 값은 일정하므로, 무릎을 굽혀서 D_1의 값이 증가하면 배 근육에 의해 발휘되는 힘(F)은 감소한다. 따라서 윗몸일으키기를 할 때 무릎을 굽히면 더 적은 힘으로 윗몸을 일으켜 세울 수 있다.

그림 5-28은 바닥에 놓여진 무거운 물체를 들 때 자세에 따라 등 부위에 걸리는 장력이 다르다는 것을 보여준다. 허리뼈에 있는 받침점에서 근육이 부착된 힘점까지의 해부학적 거리는 5cm로서 일정하다. 500뉴턴(N)의 무게를 들기 위해 그림의 (a)와 같이 자세를 취할 때 받침점에서 저항까지의 거리는 30cm가 된다. 이 경우에는 F×5cm=500N×30cm 관계가 성립되어 등 부위에 걸리는 힘 F는 3,000N이 된다.

반면에 5-28의 (b)와 같은 자세로 물건을 들 때는 받침점에서 저항점까지의 거리가 20cm로 줄어든다. 이 경우에는 F′×5cm=500N×20cm의 식이 성립되어 등에 걸리는 힘 F′는 2,000N으로 훨씬 적게 된다.

이같이 관절각도와 근력의 관계는 최대파워를 발휘하기 위해 적절한 자세가 중요한 요인임을 말해준다. 예를 들어 100m달리기의 스타트 자세에서 최대한의 폭발적인 제1보를 딛기 위한 엉덩관절, 무릎, 발목관절의 최적각도가 존재한다는 것을 말해준다. 골격과 근육의 적정 각도에 의해 그 근육의 길이가 정해지므로, 근력의 결정 요인으로서 관절각도와 함께 근육의 길이를 고려해야 한다.

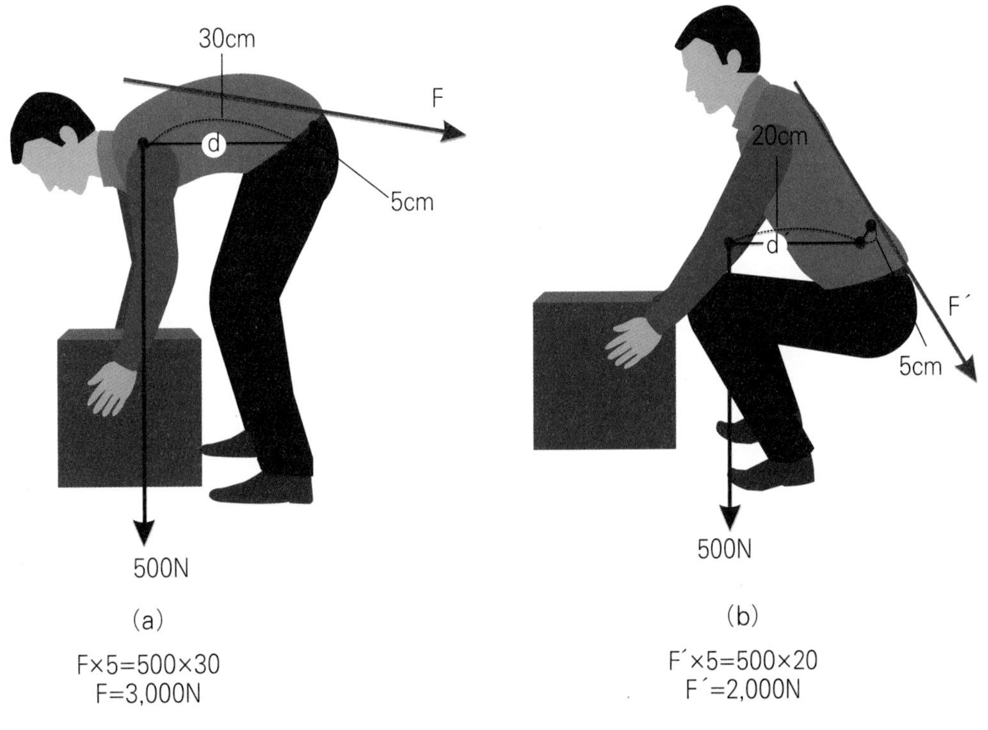

그림 5-28. 중량들기 자세에 따른 지레 작용의 변화

5.9.4 근력과 근육의 길이

근육활주설에 따르면 가장 많은 교차결합을 활성화시키는 근육의 적정길이가 존재한다. 근육이 지나치게 펴지면 가는근육미세섬유(액틴)가 굵은근육미세섬유(미오신)와 교차결합되는 부착부가 양쪽으로 멀어지게 된다. 반면 관절이 굽혀져 근육의 길이가 짧아진 상태에서는 가는근육미세섬유간의 교차로 인해 효과적인 교차결합을 형성하는 데 서로 방해가 된다.

그림 5-29에서 볼 수 있듯이 근육은 대체로 관절이 완전히 편 상태의 정상적인 휴식 시 길이보다 약간 더 늘어난 길이에서 가장 강한 힘을 발휘한다. 이러한 근육의 길이와 힘의 관계는 가는근육미세섬유와 굵은근육미세섬유의 적정한 오버랩(overlap)이 휴식 시에 비해 약 20% 더 편 상태에서 이루어진다는 사실로 설명할 수 있다.

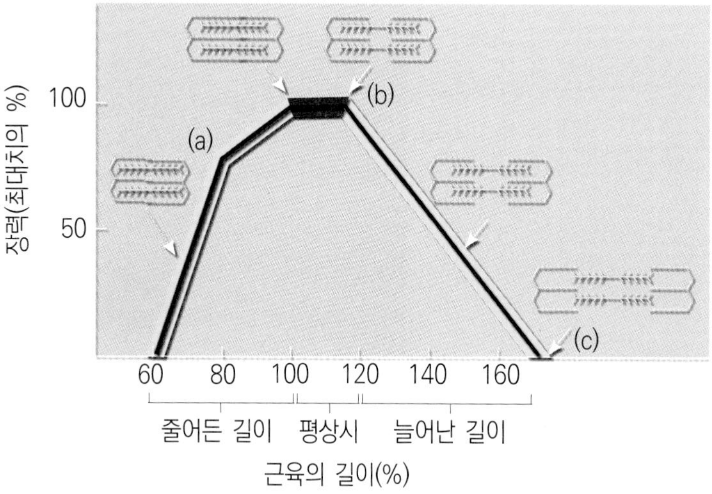

그림 5-29. 근육의 길이에 따른 근력의 변화

또한 근육은 폄상태에서 결합조직이나 근육의 기타 탄력성분의 폄에 대한 저항이 일어나게 되는데, 이처럼 근육의 탄력성분 내 저장된 에너지에 의해 더 큰 수축력이 발휘될 수 있다. 물론 근육의 빠른 폄운동에 의해 그 근육의 α-운동뉴런이 자극됨으로써 일어나는 폄반사도 수축력 증가에 기여할 것이다[제6장 신경계통 폄반사 참조].

근육이 휴식 시 길이보다 약간 늘어난 상태에서 최대근력을 발휘하는 현상은 실험실에서 떼어낸 근육을 대상으로 할 때는 항상 적용되지만, 생체 내에서는 특정 근육이나 동작에서만 발견할 수 있다. 왜냐하면 생체 내에서는 근육의 길이보다 뼈에 부착된 근육의 각도가 근력에 더 큰 영향을 미치기 때문이다. 예를 들어 원반 던지기를 할 때 최후의 릴리스에 앞서 서클 안을 회전할 때, 자신의 팔이 몸통을 뒤따르도록 해야만 더 큰 힘을 발휘할 수 있다. 즉 팔을 몸통 뒤로 젖힌 상태로 회전하는 것은 던지는 어깨와 팔의 굽힘근이 던지기 전에 폄상태를 유지하도록 하는 것이다.

마찬가지로 역도선수는 용상동작에서 바벨을 스쿼트(squat) 자세로 들어올린 후 일어설 때, 무릎을 앞으로 내밀어서 엉덩관절과 무릎폄근을 순간적으로 편 후 들어올린다.

5.9.5 근력과 와인드업

무거운 중량을 들어올리거나 던질 때 빠른 와인드업(wind-up)이나 대항동작을 만들어내야 더 큰 힘을 발휘할 수 있다. 예를 들어 무거운 바벨을 팔꿈치굽힘운동으로 들어올릴 때 위팔두갈래근을 펴면 뒤이어 즉각적으로 강력한 팔꿈치 굽힘 근력을 발휘할 수 있다. 와인드업이나 대항동작의 효과는 투창이나 야구의 투구 및 타격동작, 원반 던지기 등에서 찾아볼 수 있다.

와인드업이나 대항동작이 근력 발휘에 도움이 되는 이유는 신장성 수축 국면 중 결합조직이나 탄력성 근육을 폄으로써 이들 조직에 저장된 에너지가 뒤이은 단축성 수축의 초반기에 즉각적으로 방출되기 때문이다. 이 저장된 에너지는 고무줄을 잡아늘인 후 놓았을 때 방출되는 에너지와 유사하다. 싯업(윗몸일으키기)이나 풀업(턱걸이)을 할 때와 같이 근력을 측정할 때에는 개인 간 수행기술의 차이로 인해 영향을 받지 않도록 와인드업(대항동작)을 금지하거나 표준화된 와인드업만을 허용해야 한다.

5.9.6 근력과 워밍업

동물로부터 분리한 근육의 실험에서 근육을 차갑게 하면 수축력과 수축속도가 감소되고, 반대로 열을 가하면 수축력과 수축속도가 증가하는 현상을 관찰할 수 있다. 신경섬유 또한 높은 온도에서 임펄스를 빠르게 전도하고 인대나 힘줄같은 결합조직은 탄력성이 증가된다.

사람을 대상으로 할 때에도 역시 워밍업(warming up)에 의해 근력이 증가되는 현상을 발견할 수 있다. 그러나 마사지, 전기 투열이나 적외선 램프 조사, 초음파, 사우나, 열팩과 같은 수동적 워밍업은 근력증가에 큰 효과가 나타나지 않는 것으로 보고되고 있다. 그것은 수동적 워밍업의 경우 너무 간단하게 이루어져서 대부분 피부온도는 상승시키지만, 인체 심부에 있는 근육온도를 변화시킬 만큼 충분한 강도를 주지 못하기 때문으로 생각된다.

반면 근육활동에 의한 능동적 워밍업은 대체로 동적 근력의 개선에 효과적인 것으로 알려지고 있다. 능동적 워밍업은 경기나 테스트 전 15분 내에 15~30분간 수행하면 가장 효과적이다. 워밍업은 근육의 수행력을 강화시킬 뿐만 아니라 근육이나 관절의 상해를 예방해 준다는 관점에서 강조되어야 할 것이다.

5.10 훈련과 근육계통의 적응

근육 발달에 충분한 자극을 주는 운동을 근력운동, 또는 저항운동이라고 한다. 저항운동으로서 가장 일반적으로는 저항운동 장비를 사용하거나 덤벨이나 바벨 등을 이용하는 프리웨이트 운동이 있다. 또 팔굽혀펴기(push-up), 윗몸일으키기(sit-up), 턱걸이(pull-up), 플랭크(plank) 등 자기 몸무게를 이용해서 근육에 자극을 주는 운동이나 탄성밴드나 짐볼(gym ball), 슬링(sling) 등을 이용하는 운동이 있다.

그림 5-30는 저항운동을 할 때 근육이 발달하는 양상을 나타내고 있다. 저항운동을 시작하고 처음 5~6주 동안은 근육의 실질적인 크기에는 변화가 나타나지 않는다. 그렇지만 이 초기의 기간에 근력은 증가하는 현상을 경험하게 된다.

이처럼 저항운동의 초기 몇 주동안 근력이 증가하는 현상은 신경기능의 개선에 의해서 이루어진다. 가장 뚜렷한 신경계의 변화는 근력을 발휘하는 동안 운동단위(motor unit)를 동원할 수 있는 능력이 개선되는 것이다.

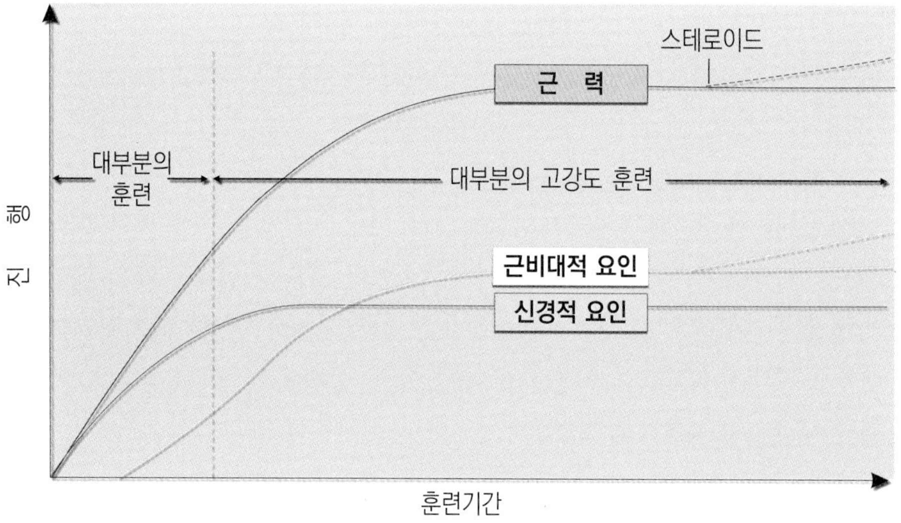

그림 5-30. 저항운동과 근력 개선의 신경 요인과 근비대

근육은 근육세포 내에서 단백질 합성이 본격적으로 촉진되는 5~6주 이후부터 커지기 시작한다. 저항훈련을 시작하고 나서 미오신, 액틴과 같은 수축성 단백질을 포함해서 데스민과 같은 근육세포 내 구조적 안정성에 관여하는 여러 종류의 단백질의 합성이 촉진된다. 이후 저항훈련의 강도나 영양, 유전적 요인에 따라 생리적인 한계에 이를 때까지 근육의 비대가 이루어진다. 경쟁적인 영역에서 근비대와 근력의 한계에 도달할 때 스테로이드제제를 이용하려는 유혹에 직면하는 경우가 많다.

5.10.1 근비대의 계통적 요인(호르몬)

저항훈련은 근육의 질과 양 모두를 변화시키는데, 과정에는 호르몬이 관련되어 있다. 일반적으로 단백질 합성의 증가와 분해의 억제는 근육성장의 일차적 과정이다. 단백질 합성을 촉진하는 주요 호르몬은 성장호르몬(growth hormone), 인슐린, 인슐린유사성장인자(IGF-1, insulin-like growth factor), 그리고 테스토스테론(testosterone)이다. 또한 갑상샘호르몬은 다른 호르몬의 작용을 더욱 증폭시키는 증식허용 효과(permissive effect)를 갖고 있다. 그러므로 운동 중 유리티록신(free T4)의 증가는 이러한 단백동화호르몬의 작용을 도와주는 것으로 볼 수 있다.

운동 중에는 코티졸, 프로게스테론과 같은 단백질 분해작용을 하는 호르몬의 분비도 활발해지는데, 이는 운동에 따른 근육의 재형성(remodeling)과 관계 있다. 근육섬유의 리모델링은 운동 후 회복기 동안 일어나는 단백질 합성 속도와 단백질의 구조적 변화와 관련되어 있다. 운동 중에 동원되는 근육섬유 수가 많으면 많을수록 전체 근육에서 잠재적인 재형성의 범위는 더욱 커진다.

그림 5-31은 저항운동에 의해 뇌하수체로부터 성장호르몬과 인슐린유사성장인자(IGF-1)의 분비

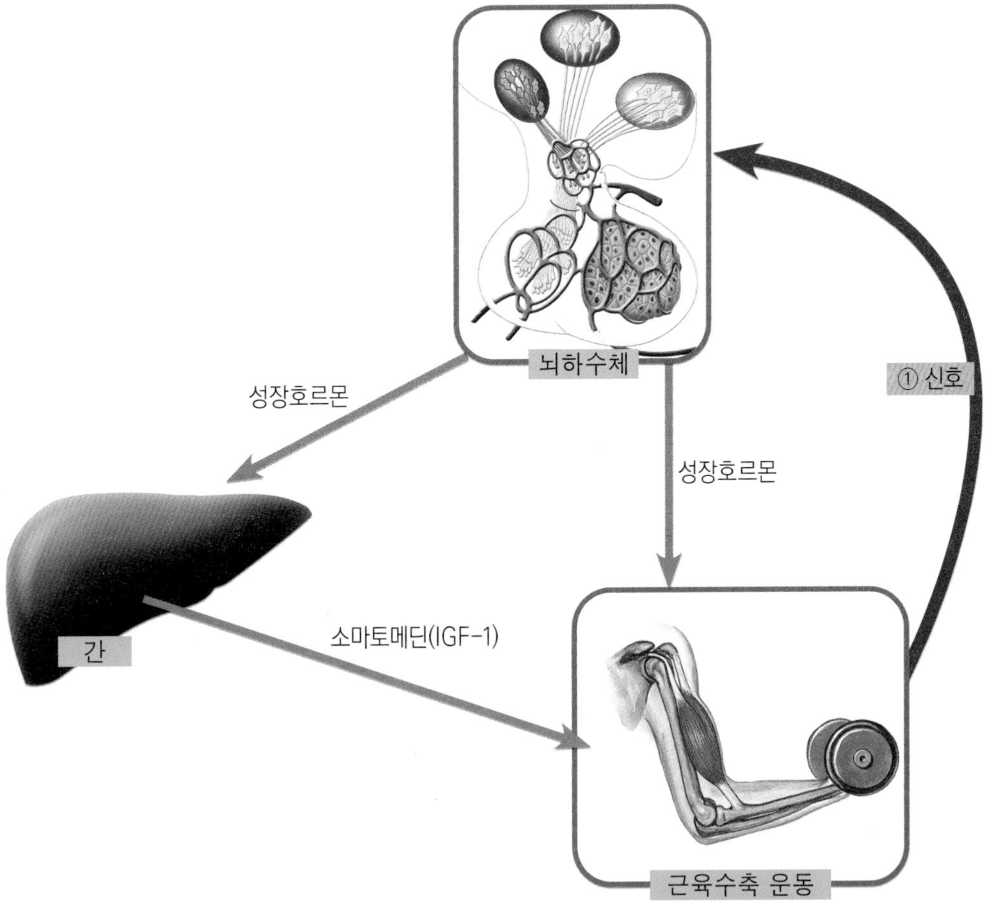

그림 5-31. 근육수축 운동에 따른 성장호르몬과 소마토메딘 분비 촉진

가 촉진되는 과정을 보여주고 있다. 근수축에 의해 근육세포로부터 인터루킨6(IL-6)와 같은 사이토카인(cytokine)이 분비되고, 이는 뇌시상하부를 거쳐 뇌하수체로부터 성장호르몬의 분비를 자극한다[그림 5-31].

성장호르몬은 이어서 간으로부터 이차호르몬인 IGF-1의 분비를 자극한다. IGF-1은 소마토메딘(somatomedin)이라고도 한다. 성장호르몬과 IGF-1은 활동근육에 작용하여 근단백질의 합성을 촉진한다. IGF-1은 간에서뿐만 아니라 뼈나 근육조직에서도 합성되며, 국소적으로 조직 내로 자가분비되어 근육세포핵의 근단백질 합성을 촉진하는 작용을 하는 것으로 밝혀졌다.

5.10.2 근비대의 세포 내 기전

그림 5-32는 단백동화작용을 하는 호르몬인 IGF-1과 인슐린이 세포막에 있는 수용체와 결합함으로써 세포 내에 단백질 합성과 위성세포의 활성화를 위한 신호경로가 자극되는 모습을 보여주고 있다. 이때 이 신호경로의 주효소(master enzyme)로서 mTOR(mammalian target of rapamycin)가 매우 중요한 역할을 한다. 이 단백질 합성의 신호 경로는 매우 복잡한 여러 단계를 거치지만 그림에서는 이를 단순화시켜 나타냈다.

운동 중에는 단백질 합성과 이화를 자극하는 호르몬들의 분비가 동시적으로 이루어지지만, 운동이 끝나고 회복기에는 단백질 합성작용이 이화작용에 비하여 우세하게 되어 근수축단백질(미오신과 액틴 등)의 합성이 활발하게 이루어진다. 즉 운동으로 자극받은 성장호르몬과 테스토스테론 등과 같은 단

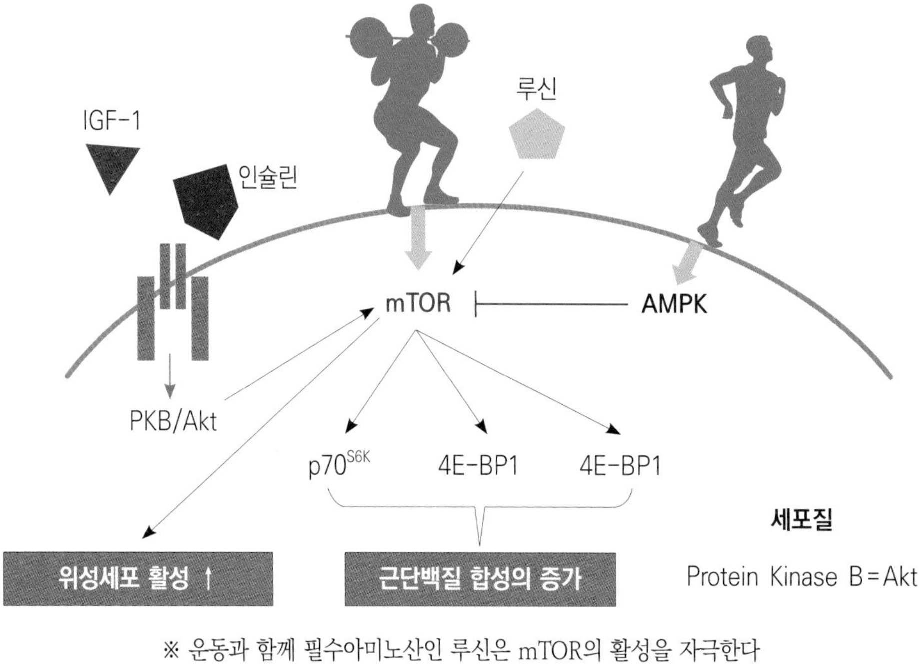

※ 운동과 함께 필수아미노산인 루신은 mTOR의 활성을 자극한다

그림 5-32. IGF-1 등에 의한 mTOR 활성과 근단백질 합성의 증가

백질 합성촉진호르몬은 회복기에 세포핵에서 근육원섬유의 전사(transcription)를 더욱 촉진하여 mRNA 생성을 증가시키고, 이어서 리보솜에서 더 많은 단백질을 합성하는 번역(translation) 작용이 일어난다.

그림 5-33은 저항훈련에 의해 분비가 촉진되는 테스토스테론(testosterone)이 ① 세포막을 직접 통과하여 세포핵의 핵공을 통하여 세포핵 안으로 들어가고, ② 세포 내 단백질수용체와 복합체를 형성하여 세포핵 내에서 ③ 전사과정(transcription)을 촉진하고, ④ 전사과정을 통해 생산된 mRNA가 리보소체(ribosome)로 이동하게 되고, ⑤ 리보소체에서는 세포 내로 들어온 아미노산들을 펩타이드결합을 통하여 필요한 단백질을 합성하는 과정을 나타내고 있다.

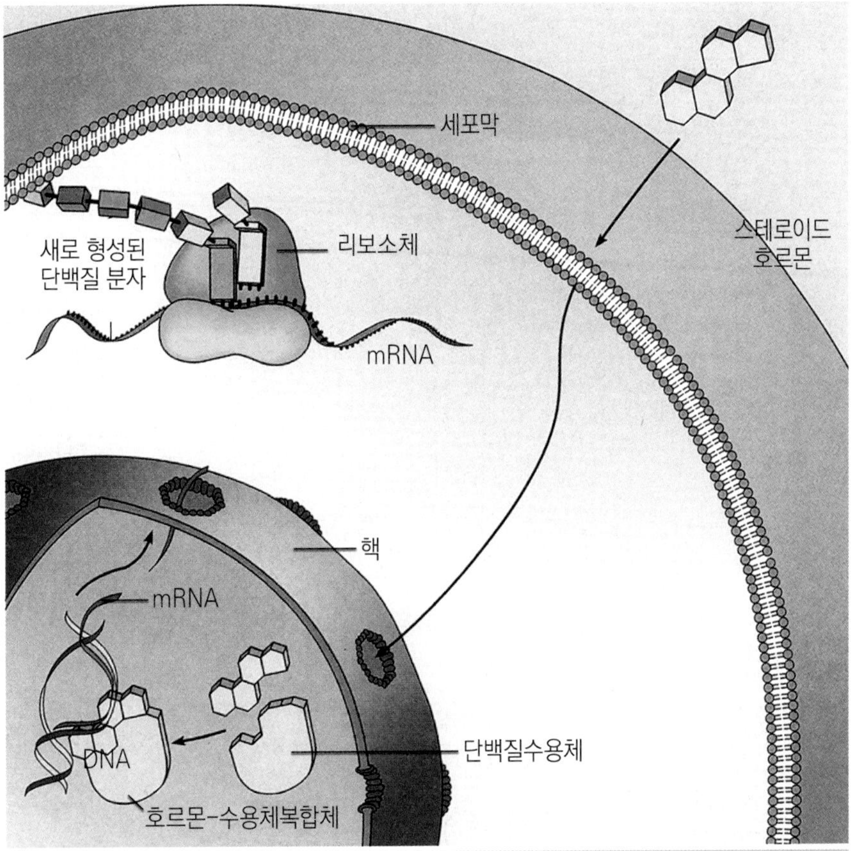

그림 5-33. 스테로이드호르몬에 의한 세포핵 내 전사와 단백질 합성

근육세포에 대한 기계적인 자극도 근단백질 합성의 자극요인으로 제시되고 있다. 이 과정에서는 인테그린(integrin)이라는 단백질이 중요한 작용을 한다[그림 5-34].

인테그린은 근육세포막의 안팎을 통과하는 단백질로서 마치 닻(anchor)과 같이 세포외기질과 세포질 사이를 연결하여 세포막의 안정성에 기여한다. 근수축작용에 의해서 초래된 인테그린의 기계적 동요는 mTOR 경로를 통해 세포핵에서 시작되는 단백질 합성 경로를 촉진하는 것으로 보인다.

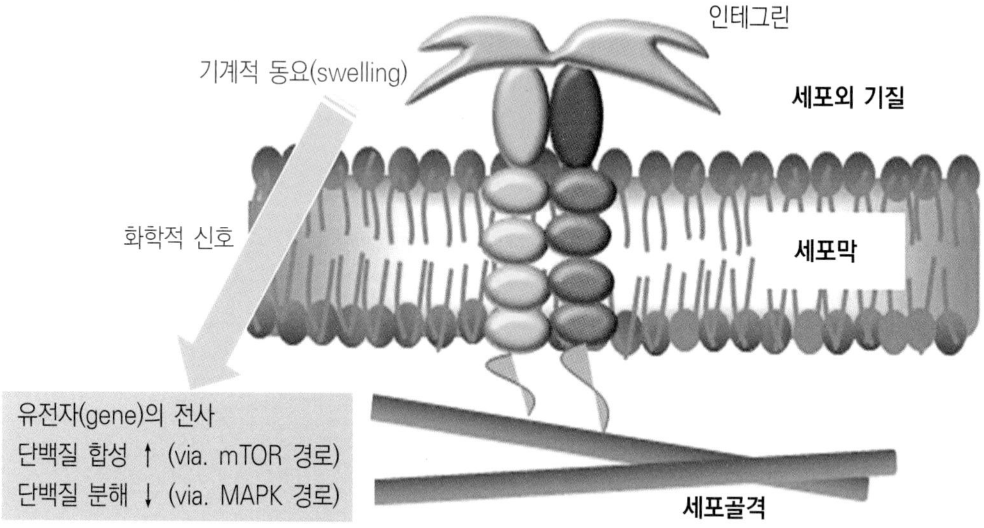

그림 5-34. 인테그린에 의한 기계적 자극과 단백질 합성 촉진

Modified from Camera et al.(2016). Free Radical Biology & Medicine 96:131-134.

5.10.3 위성세포와 근비대, 근재생

근육섬유는 여러 개의 핵을 갖는 다핵세포인데, 이 핵에서 운동자극에 의해 수축성 단백질 합성이 촉진된다. 운동에 의해서 단백질 분해와 합성은 높은 수준에서 이루어지며, 이러한 분해와 합성 과정은 결국 근육의 리모델링이 매우 활발하게 이루어지는 것을 뜻한다. 그리고 운동 후 휴식이나 수면, 그리고 적절한 영양의 공급에 의해서 높은 수준의 단백질 전환(portein turnover)이 촉진된다.

그런데 장기적으로는 자극을 받은 위성세포(satellite cell)에 의해 근육세포핵 수의 증가와 근비대에 기여한다. 이러한 위성세포의 활성화 과정과 근단백질 합성의 직접적인 촉진 작용은 모두 mTOR(mammalian target of rapamycin)의 작용에 의해 매개된다.

그림 5-35은 저항훈련에 의한 근비대, 근육의 성장에 작용하는 두 요인을 보여주고 있다.

① 위성세포(satellite cell)의 활성화와 그로 인한 세포핵의 증가로 인해서

② 단백질 합성 자극, 즉 단백질 전환(protein turnover)의 증가를 통해서

위성세포는 근육세포의 형질막(plasma membrane)과 바닥막(basement membrane) 사이에 위치하고 있다. 위성세포는 근육의 줄기세포(stem cell)의 특성을 갖고 있는 단핵세포로, 하나의 큰 핵이 세포의 대부분을 차지한다.

위성세포는 전체 근세포핵의 약 3~6% 정도를 차지하고 있다. 위성세포는 원래 휴면상태로 존재하다가 근육수축 운동에 의해 자극을 받거나 근육섬유의 미세구조에 손상이 있을 때 활성화되어 분화와 증식을 시작한다. 즉 근육세포에 대한 에너지 요구 수준의 증가나 근육섬유의 손상은 세포의 통합성(integrity)을 일시적으로 혼란시키는데, 이는 잠자고 있는 위성세포를 깨우는 중요한 자극이 된다.

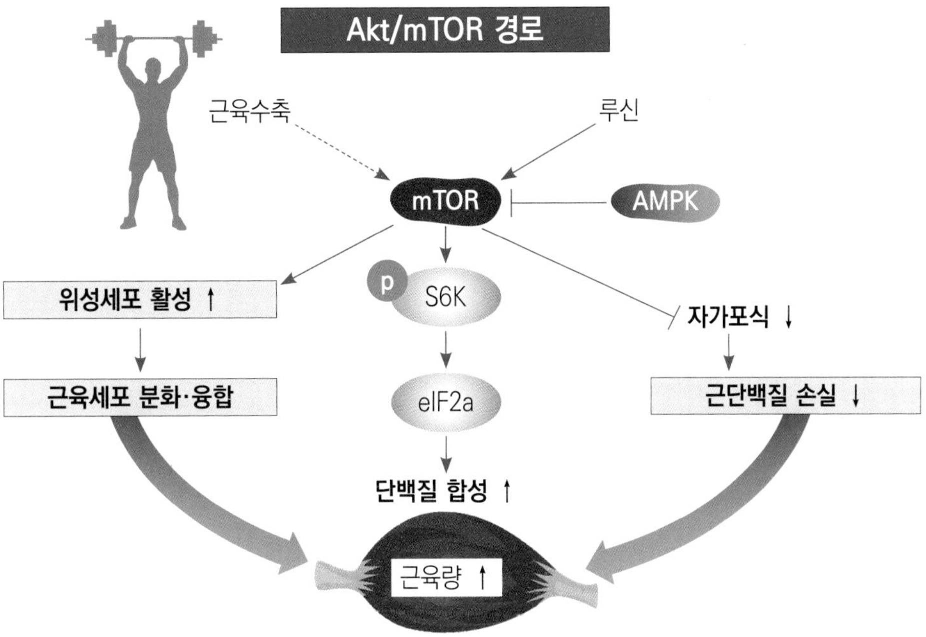

그림 5-35. 저항운동에 의한 위성세포의 활성과 단백질 합성 촉진

즉 위성세포는 세포통합성의 변화나 손상을 감지하고 증식하기 시작한다. 위성세포가 활성화된 다음부터는 약 48시간의 수명을 가지며, 활성화된 위성세포는 대부분 근육세포의 손상 부위로 이동한다.

그림 5-36과 같이 근세포 내로 새롭게 유입된 위성세포는 고정된 자리를 잡고 함께 모여서 근관

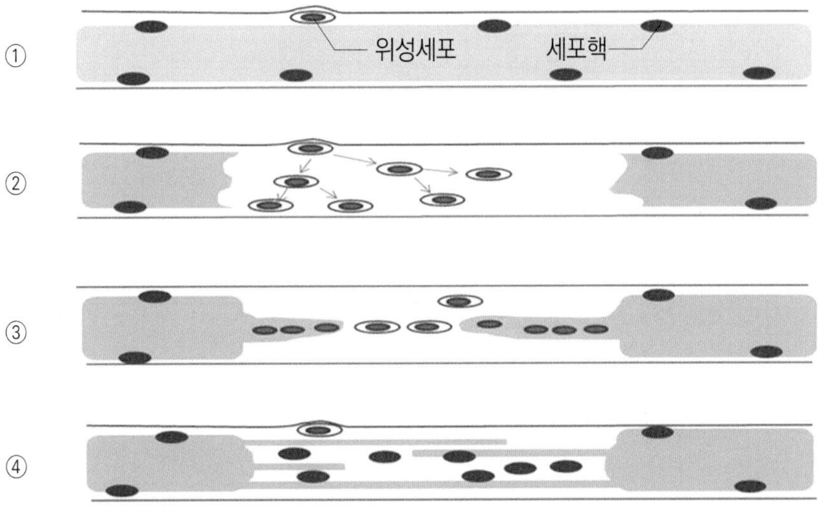

그림 5-36. 위성세포의 활성화와 세포핵으로의 전환 과정

① 위성세포와 세포핵을 갖는 세포
② 근세포손상으로 인한 위성세포의 활성화와 두 개의 딸세포로 증식
③ 하나의 위성세포는 근세포질로 이동하여 근전구세포로의 전환되고 융합됨.
④ 딸세포 중 하나는 잠재된 위성세포로서 다시 형질막과 바닥막 사이에 위치함.

(myotube)을 이루고, 결국 손상된 근세포의 핵이 된다. 더욱 많은 핵을 갖게 된 근세포는 더욱 활발한 근단백질 합성을 통해 근재생 및 근비대가 가능하게 된다.

5.10.4 훈련 중지에 따른 근위축과 훈련 재개에 따른 적응

그림 5-37은 근육세포핵(myonuclei)의 수와 근육 크기 사이의 관계를 보여준다. 이 모델에서 근육세포핵의 변화는 영구적이다. 훈련에 의한 근비대(hypertrophy)에 앞서서 근육은 위성세포(satellite cell)의 융합에 의해 새롭게 형성된 세포핵들을 갖게 된다. 뒤이은 훈련 중지(detraining)에 의해서 근위축(atrophy)이 초래되지만, 획득한 세포핵들은 손실되지 않는다.

근비대의 과정에서 일어난 근육섬유 내에서 증가된 세포핵의 수는 근육의 재형성 기전에 중요한 역할을 한다. 이러한 기전은 이전에 근력훈련에 의해 근비대를 경험한 사람이 훈련 중지 후에 다시 훈련을 재개할 때 보다 쉽게 훈련의 효과를 거두는 현상을 설명해 준다.

이러한 현상은 근육이 매우 가변성(plasticity)이 높은 조직이지만, 젊은 시절 근력훈련에 의해 근비대를 경험한 사람은 나중에 나이를 먹고 다시 저항운동을 하면 더 효과적으로 근육의 크기를 증가시킬 수 있다는 것을 말해준다.

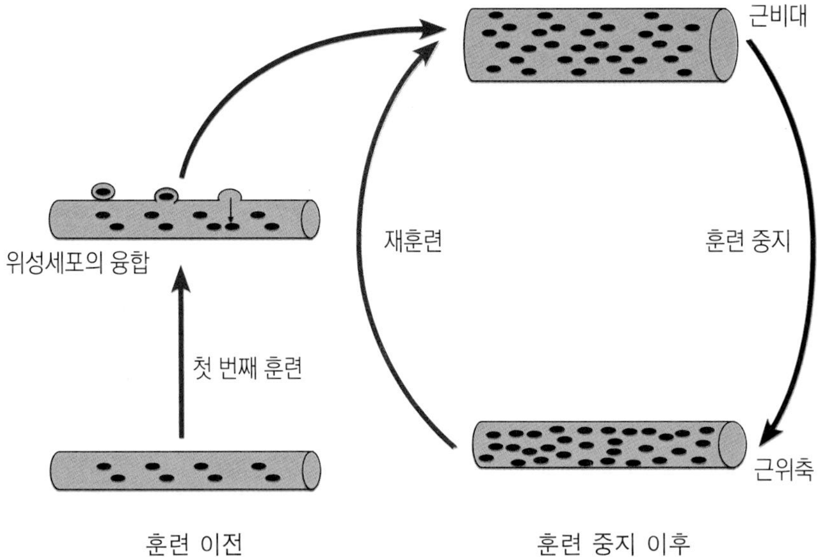

그림 5-37. 훈련과 훈련 중지에 의한 근비대와 근위축 기전

5.10.5 근력과 근비대를 위한 운동강도와 운동량

저항훈련은 근력 개선과 근육 비대라는 두 가지 목표를 갖는다. 그런데 이 두 가지 목표를 효과적으로 달성하기 위한 훈련방법은 각각 차이가 있다. 미국스포츠의학회(ACSM)나 미국체력관리학회

plus+

뉴클리어 도메인과 생리적 비대

근육의 비대는 ① 위성세포의 활성화에 의한 근비대 또는 ② 위성세포의 관여없이 근단백질전환(protein turnover)의 증가로 인해 달성될 수 있다. 위의 두 요인 중에서 근육의 비대에 어떤 요인이 더 관여하였는지 알아보는 방법은 '뉴클리어 도메인(Nuclear Domain)'을 분석하는 것이다.

뉴클리어 도메인은 근육세포핵 한 개당 근세포질의 면적을 측정하는 것이다. 이 비율에 변화가 없이 근비대가 일어났다면, 이는 주로 위성세포의 활성화를 통해 근비대가 일어났다는 것을 의미한다. 반면에 뉴클리어 도메인의 비율이 증가하였다면(세포핵 한 개당 근육세포의 면적 비율이 증가하였다면), 주로 근육단백질 전환의 증가에 의해 근비대가 달성되었음을 뜻한다.

근육의 비대는 이러한 단백질 합성의 증가에 의해서뿐만 아니라 모세혈관 밀도가 증가하고, 미토콘드리아 생합성의 증가에 의해서도 영향을 받는다. 또한 일시적이지만 근육 내 글리코겐이나 수분의 증가에 의해서도 이루어지는데, 이러한 근육의 비대를 '생리적 비대(physiological hypertrophy)'라고 한다.

(NSCA)에서 권장하는 근력 개선을 위한 가이드 라인은 최대중량(1RM)의 85% 이상에 해당하는 무거운 중량을 택하여 운동할 것이 권장된다. 그리고 가급적 경기를 하거나 최대중량을 실제로 측정하는 것과 같은 상황으로 훈련하는 것이 근력 개선에 더욱 효과적이라고 보고했다. 이는 근력 개선을 위한 훈련의 가장 중요한 두 요소는 중량(load)과 훈련의 특이성(specificity)이라는 점을 말해준다.

한편 근육 비대에 우선적인 목표를 둔다면 최대중량(1RM)의 75% 이상의 중량으로 운동할 것을 권장하고 있다. 이는 자신이 최대한 6RM에서 12RM까지 반복할 수 있는 중량을 의미하는데, 예를 들어 12RM이라면 최대한의 노력으로 12회까지 중량을 들고 더이상 반복하지 못하는 정도의 중량을 의미한다.

그러나 근비대에 대한 전통적인 입장과는 다르게 최근 연구 결과들은 최대중량의 30%나 45%와 같이 저중량으로 근피로에 도달할 때까지 운동하여도 마찬가지의 근비대 효과를 거둘 수 있다는 점을 보고하고 있다. 즉 근비대를 위한 저항운동의 강도로서 반드시 고중량이 필수적인 것은 아니라는 것이다.

또한 최근에는 최대의 근비대 효과를 거두기 위해 반드시 매 세트에 완전한 피로에 도달하는 상태, 즉 반복 불능(repetition failure) 상태까지 운동해야 한다는 전통적인 입장에서 벗어난 연구 결과들이 보고되고 있다. 즉 매 세트에 반복 불능까지 도달하지 않더라도 '자발적 중단(volitional interruption) 또는 자발적 피로(fatigue)'에 도달하는 것으로 충분한 근비대효과를 거둘 수 있다는 것이다. '자발적 중단'이란 완전한 피로가 오는 반복 불능에 이르기 전에 운동하는 사람이 스스로 멈추는 지점을 말한다. 즉 앞으로 2~3차례 들면 완전한 피로에 도달할 것 같은 시점에서 스스로 운동을 멈추는 것을 뜻한다.

이때 가장 중요한 요소로 지적되는 것은 세트마다 자발적 중단에 도달할 뿐만 아니라 '내적집중

plus+

부분 가동범위 운동과 전체 가동범위(Full ROM) 운동

중량을 드는 운동을 할 때 근비대나 근력 개선의 측면에서 전체 가동범위의 일부만 사용하여 운동하는 경우와 전체 가동범위를 모두 사용하여 운동하는 경우를 비교하면 당연히 전체 가동범위(Full ROM)를 사용하여 운동할 때의 근비대나 근력 개선 효과가 더 크다는 것은 잘 밝혀져 있다.

그런데 부분적 가동범위만을 사용하는 운동을 했을 때 시작점이 근육의 전체 길이가 이완된 상태에서 운동을 행할 때와 그 시작점이 근육이 어느 정도 단축된 상태에서 운동을 행하였을 때 근육의 비대 효과나 근력 개선의 효과가 다르다는 것이 최근 연구들을 통해서 보고되고 있다.

그림 5-38은 19명의 젊은 여성을 대상으로 한 연구 결과이다. 연구에서는 한 팔은 팔꿈치를 완전히 편 상태(A1: 시작점 0°)에서 팔꿈치가 68°에 달하는 지점(A2)까지 중량을 드는 덤벨 컬 운동을 수행하였고, 다른 한 팔은 팔꿈치를 굽힌 상태에서 시작해서(B1: 시작점 68°), 중량을 완전히 당긴 상태(B2: 끝점 135°)까지 중량을 들도록 하였다. 그 결과 팔꿈치를 편 상태(근육의 길이가 늘어난 상태)에서 시작한 운동(A1-A2)이 팔꿈치가 굽혀진 상태(근육의 길이가 단축된 상태)에서 행한 운동(B1-B2)보다 더 큰 근비대가 나타났다. 특히 먼쪽(팔꿈치에 가까운 쪽)에서 더 큰 근비대가 유발되었다(Pedrosa GF, et al.,2023). 또 전체 가동범위(Full ROM)에서의 최대근력(1RM)도 근육이 늘어난 상태에서 수행한 부분

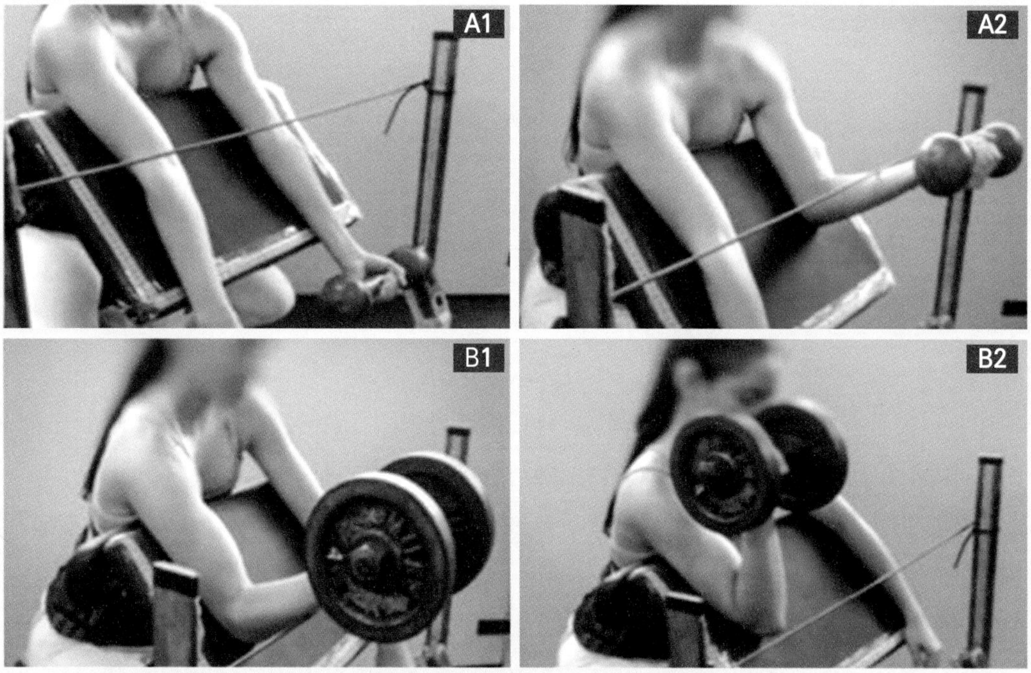

그림 5-38. 부분적 가동범위만 사용하여 운동하는 경우와 전체 가동범위를 사용하여 운동하는 경우의 비교

A1-A2 = 단축성 수축, ROM 시작점에서 끝점 0~68°
B1-B2 = 단축성 수축, ROM 시작점에서 끝점 68~135°

출처 : Pedrosa, G. F. et al.(2023). Training in the Initial Range of Motion Promotes Greater Muscle Adaptations Than at Final in the Arm Curl. Sports 11(2):39.

가동범위 운동(A1-A2) 집단에서 근육이 단축된 상태에서 수행한 부분 가동범위 운동(B1-B2)에 비해 더욱 현저히 증가한 것으로 나타났다. 심지어 그림 5-38에서 보듯이 팔꿈치를 폈을 때(A1-A2) 훨씬 더 작은 중량을 사용할 수밖에 없는데도 불구하고, 더 큰 근비대와 근력 향상을 보였다.

다리의 저항운동에 대해서도 근육이 신장된 상태에서 부분 가동범위 운동을 수행할 때가 근육이 단축되었을 때보다 더 큰 근비대와 근력향상이 보고되었다(McMahon et al., 2014, Pedrosa et al., 2022).

Pedrosa 등(2022)에 의한 연구에서는 12주간의 무릎 저항운동(레그 익스텐션)을 수행하였을 때 무릎의 시작 각도에 따른 가쪽넓은근과 넙다리곧은근의 근비대 효과를 비교하였다. 모두 세 집단으로 나누었는데, A 집단은 시작점이 무릎을 굽혀서 넙다리 앞면의 근육이 늘어난 상태에서 부분운동(시작점 100°, 끝점 65°)을 하였고, B 집단은 무릎을 어느 정도 펴서 넙다리 앞면의 근육이 단축된 상태에서 무릎을 거의 펴는 부분운동(시작점 65°, 끝점 30°)을 수행하였다. 그리고 C집단은 전체 가동범위(Full ROM: 시작점 100°, 끝점 30°)으로 수행하였다. 그 결과 몸쪽(근위부 또는 기시점)에서는 집단 간 차이가 나타나지 않았으나, 먼쪽(원위부 또는 부착점, 무릎에 가까운 쪽)에서의 단면적은 근육이 늘어난 상태로 부분운동을 수행한 A집단과 전체 가동범위로 운동을 수행한 C집단이 근육이 단축된 상태로 부분운동을 수행한 B집단에 비해서 현저하게 근비대가 일어났다.

이러한 결과의 정확한 기전은 밝혀지지 않고 있으나, 관절운동의 취약부(sticking point)에서 근육에 가장 큰 기계적인 부하가 걸리게 되므로[plus+ : 관절운동의 취약부 p.191], 그 각도에서 발휘할 수 있는 힘에 의해 최대근력(1RM)이 결정되는 것과 관련이 있는 것으로 보인다. 또한 근육이 늘어난 상태에서 운동을 수행할 때 더 큰 기계적 스트레스가 가해지는데, 이는 근육의 부위별로 더 큰 대사적 스트레스와 국부적인 IGF-1 농도의 증가를 초래하기 때문으로 추측된다(Pedrosa GF, et al., 2023).

(internal focus)'이 중요하다는 점이다. 즉 중량을 들 때 운동하는 근육의 단축성 및 신장성 수축 국면에 신경을 집중하여 운동을 하여야 한다는 것이다.

또한 훈련의 효과가 나타나는 주당 훈련량의 한계가 있음을 밝히고 있다. 즉 주당 훈련량은 한 근육군당 15세트 이상 행하는 것은 추가적인 근육비대 효과가 나타나지 않는다는 것이다. 이러한 연구 결과는 무조건 훈련량을 많이 늘릴수록 근비대 효과가 크다는 개념, 즉 다다익선의 개념이 반드시 맞는 것은 아니라는 점을 보여준다.

이렇게 저중량으로 많은 반복을 하는 형태의 훈련이 전통적인 고중량 훈련과 비슷한 근육비대 효과를 나타내는 이유는 다음과 같이 설명할 수 있다. 저중량으로 운동하면 지근섬유가 먼저 동원된 다음 속근섬유가 동원되면서 대사적인 스트레스가 더 커지게 되며, 근육섬유가 '부하를 받는 시간(time under load)'이 더 길어진다. 이는 부상 등의 위험도를 낮추고 효과 측면에서도 차이가 없다는 점에서 운동 경험이 없는 초보자나 노인들에게 더 바람직한 운동방법으로 추천되고 있다. 그 이유는 노인들은 심혈관계 위험요소를 갖고 있거나 위성세포의 활성도가 떨어져서 근재생능력이 감퇴되어 있으므로 고중량 운동이 부담될 수 있기 때문이다.

그러나 운동시간이나 효율을 고려할 때 6~10RM, 또는 1RM의 75% 이상의 중량은 여전히 대부분의 사람에게 근비대를 위한 강도로서 가장 적합한 중량으로 권장되고 있다.

5.10.6 불사용 위축과 사르코페니아

중추신경 또는 운동신경의 손상에 의해 흥분의 전달이 차단되어 일어나는 근육마비(paralysis)나 석고를 이용하여 관절을 장기간 고정하면 근육의 불사용으로 인한 근육위축(atrophy)이 일어나는데, 이를 불사용 위축(disuse atrophy)이라고 한다. 이러한 경우에는 특히 수축성 단백질의 함량이 심하게 감소하고, 근육섬유 내 지방의 함량은 증가한다.

근육의 위축 현상은 나이를 먹으면서 보편적으로 일어나는데, 25~50세까지 근육량의 약 10%가 감소한다. 그러나 50세 이후에는 근육량의 소실이 더욱 가속화되어 80세에 이를 때까지 40%가 추가적으로 감소한다. 이러한 근육섬유의 소실은 특히 속근섬유에서 더 크게 일어난다. 이것은 노화와 함께 지구성 능력보다 순발력이 더 크게 감소하는 현상을 설명해준다.

나이를 먹으면서 성장호르몬의 분비도 지속적으로 감소하여 60세 이상이 되면 20대 수준의 절반 이하로 된다. 또한 남성호르몬인 테스토스테론의 분비도 감소하여 근육량, 특히 하체의 근육량이 감소한다.

plus+

사르코페니아와 근비대를 위한 모세혈관 역치

나이를 들면서 일상생활을 하기 어려울 정도로 근육이 감소하는 것을 '근감소증' 또는 '사르코페니아(sarcopenia)'라고 한다. 과거에는 나이가 들면 노화의 과정으로서 자연히 근육이 감소한다고 생각하여 근감소증을 질병으로 여기지 않았다.

그러나 현재 사르코페니아는 일상생활에 심각한 장애를 초래하고, 심혈관계질환·당뇨병과 같은 질병과의 인과관계가 뚜렷해짐에 따라서 노화의 자연스런 과정이 아니라 적극적으로 치료해야 할 질병으로 인식하고 있다.

미국의에서는 2016년에 질병코드를 부여하였고, 세계보건기구(WHO)에서는 2017년에 근감소증의 정식 질병코드를 등재하였다. 일본은 2018년에 근감소증에 질병코드를 부여하였고, 우리나라도 2021년 1월 한국표준질병사인분류(KCD) 8차 개정을 통해 근감소증 질병코드를 부여하였다.

사르코페니아와 같이 근육이 병적인 수준까지 감소하면 근력훈련에 의한 운동효과가 잘 나타나지 않는 경우가 많다. 이러한 경우에는 걷는 형태의 유산소운동부터 시작하는 것이 좋은데, 그 이유는 근육을 유지·발달시키기 위해서는 최소한의 모세혈관 역치(capillary threshold)가 요구되기 때문이다. 즉 근감소증은 모세혈관의 밀도도 현저히 감소시켰기 때문에 아주 낮은 강도의 유산소 운동부터 시작할 필요가 있다. 그리고 노년기에는 식사 중 단백질의 섭취가 감소하는 경우가 많으므로 적정 근육량을 유지하기 위해서는 양질의 단백질을 섭취하여야 한다.

한편 체지방이 증가하면서 근육이 현저하게 감소하여 병적인 수준에 이르른 상태를 '사르코페니아(sarcopenia)' 또는 '저근육형 비만'이라고 한다. 사르코페니아는 노인기에 잘 나타나기 때문에 '노인형 비만'이라고 하기도 한다. 사르코페니아는 인슐린 저항성(insulin resistance)과 가장 깊은 관련을 갖고 있다. 인슐린 저항성이란 인체의 조직세포들이 혈당을 잘 받아들이지 못하는 상황을 말한다. 이러한 체구성의 변화와 함께 인슐린 저항성의 진행은 당뇨병이나 혈관손상에 의한 합병증 발병 위험을 높인다.

5.10.7 지근과 속근의 미세구조와 근비대 반응의 차이

저항훈련을 하고 약 5~6주 지나면 근육섬유가 굵어지는데, 이는 근육섬유 내 여러 단백질 합성이 이때부터 본격적으로 시작된다는 것을 의미한다. 이때 근육의 증가는 속근섬유의 증가로부터 시작된다.

근비대 자극은 근육섬유 내부의 미세구조가 기계적인 자극에 의해 손상이 나타나고, 이를 복구하는 과정에서 촉진된다. 그런데 속근은 지근에 비해 이러한 기계적 자극에 대해 더 취약한 단백질 구조를 갖고 있다. 즉 운동자극에 대해 더 큰 손상이 속근에 나타난다. 이러한 미세손상은 근육바닥막(근기저막)과 형질막 사이에 있는 위성세포를 활성화시켜 mTOR 경로를 통한 근단백질 합성의 자극으로 작용한다.

특히 신장성 수축에 의한 기계적 자극은 속근섬유에서 미세구조의 더 큰 손상을 일으키는 것으로 밝혀졌다. 그로 인한 근비대 자극 역시 신장성 수축에 의해 더 크게 일어난다. 연구들은 신장성 수축운동 72시간 후에 넙다리네갈래근(대퇴사두근)에서 속근섬유의 손상이 더 크게 일어난다는 것을 발견하였다. 또 가쪽넓은근(외측광근), 장딴지근(비복근), 위팔근(상완근)에서 신장성 수축운동을 수행한 후 근육섬유의 손상은 Type I 섬유에 비해 Type II 섬유에서 세 배나 크게 나타났다.

이렇게 속근에서 손상이 더 크게 나타나는 이유에 대해 과거에는 속근섬유가 더 빠른 피로가 나타나므로 그로 인한 대사적 원인에 의해 손상이 나타난다고 생각했다. 그런데 지금은 속근섬유의 미세구조 자체가 기계적 장력에 대해 취약하기 때문이라는 것이 밝혀졌다. 또 하나의 이유는 운동수행 중에 다량으로 발생하는 활성산소(H_2O_2 등)의 양은 지근에 비해 속근에서 2배에 달하며, 반대로 그 활성산소를 처리하는 능력은 1/2에 불과하다는 점이다. 그림 5-39는 지근과 속근의 근절 단위의 구조, 단백질 구조의 차이를 보여주고 있다.

속근과 지근섬유의 미세구조 차이를 구체적으로 설명하면 다음과 같다.

① 근절의 경계를 이루는 Z선(Z-line)은 속근섬유가 현저히 얇다. 이는 근절 내에서 액틴을 포함한 여러가지 단백질의 부착 면적이 더 적다는 것을 의미한다. 이렇게 더 적은 부착면적 때문에 기계적 스트레스가 가해질 때 더 쉽게 손상된다.

② 속근에서는 네블린(nebulin), 미오메신(myomesin)과 같이 구조적 안정에 관여하는 단백질 크기가 더 작다. .

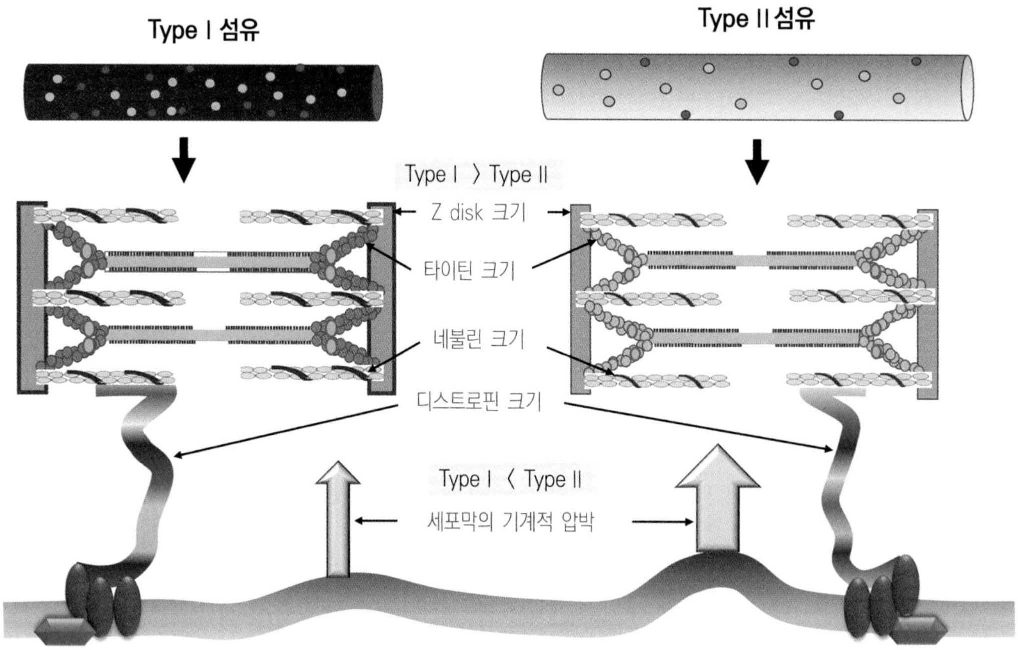

그림 5-39. 지근과 속근의 미세구조 차이

Modified from Qasair, R.(2016). Free Radical & Medicine. 98: 56-67.

③ 속근에서는 티틴(titin)과 같은 부착 단백질도 더 작고, 낮은 탄성을 갖는 동형단백질(isoform)을 갖고 있다.

④ 디스트로핀(dystrophin)과 같은 뿌리집(근초)에 닿아 있어서 세포골격에 중요한 역할을 하는 단백질도 속근에 비해 지근이 2배나 많다. 이는 속근섬유의 근육섬유막에 가해지는 기계적 압력을 흡수하는 능력이 더 떨어진다는 것을 의미한다. 이로 인해 강도높은 운동에 대해 인체 세포의 보호기전인 열충격단백질(HSP, heat shock protein) 발현량도 속근에서 더 크게 나타난다.

⑤ 신장성 수축은 Z선 주변에 주로 분포하여 Z선과 근초, 핵막 등의 연결을 도와주는 세포 내 골격 물질인 데스민(desmin)의 파열을 초래할 수 있는데, 이 역시 속근섬유에서 더 취약한 구조를 갖고 있다.

이러한 구조적 차이는 운동 후 지연성 근육통증(DOMS)이 주로 속근섬유의 손상으로 인해 발생하는 원인이 되기도 하지만, 속근섬유가 훈련자극에 대해 먼저 비대해지며 더 큰 비대효과를 보이는 원인이기도 하다.

속근섬유에서 근력운동에 의한 자극에 더 큰 자극을 보이는 이유는 세포 내 에너지대사 경로의 주효소(key enzyme)인 mTOR의 활성도가 속근에서 더욱 높다는 것으로 설명할 수 있다.

5.10.8 심폐지구성 운동과 근단백질 합성

마라톤을 비롯한 장거리 달리기와 같은 지구성 운동을 하면 일정한 수준에서 근육의 성장이 억제된다는 것은 잘 알려져 있다. 물론 달리기에 필요한 하체 및 심부근육이 기능적으로 발달하는 것은 틀림없지만, 단순히 근육의 크기(volume)만을 볼 때는 지구성 운동을 지속하면 근육 크기의 성장은 일정 수준에서 제한된다.

그림 5-40에서 보듯이 달리기와 같은 지구성 운동은 AMPK의 활성화를 촉진한다. 그리고 AMPK는 mTOR과 상호 억제적으로 작용한다. 또 AMPK는 자가포식을 통해 단백질 분해를 촉진하고, 분해된 단백질에서 나온 아미노산을 에너지원으로 사용하도록 촉진하는 작용을 한다. 물론 이러한 작용은 변성된 단백질이나 손상된 세포 내 소기관들을 처리하여 새롭게 리모델링하는 과정에서 매우 중요하다.

그러나 단순히 단백질의 합성과 손실이라는 차원에서만 보면 AMPK는 mTOR을 억제하고, 단백질 분해를 보다 촉진하는 작용을 한다는 것을 알 수 있다.

운동을 시작하면서 근육세포 내에 미리 저장되어 있던 ATP가 빠르게 분해되어 ATP에 대한 AMP의 비율(AMP/ATP)이 증가하게 된다. 이는 AMPK를 활성화시키고, 이어서 PGC1α - PPAR δ로 이어지는 경로에 의해 미토콘드리아의 생합성을 촉진한다. 이는 결국 미토콘드리아에 의한 지질산화 능력을 증가시킨다. 즉 보다 유산소적으로 에너지를 쓰는 능력이 높아지고, 따라서 지구력이 높은 근육으로 적응되는 것을 의미한다.

이처럼 지구성 심폐운동과 저항운동은 다른 경로를 통해서 근육에 서로 다른 자극을 주고, 그로

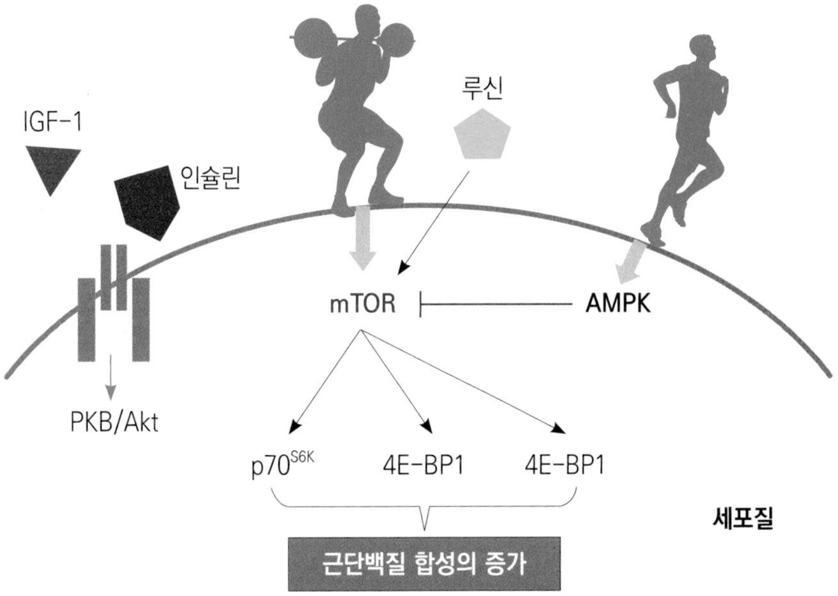

그림 5-40. 저항운동과 심폐지구성 운동에 따른 mTOR 활성화와 억제작용

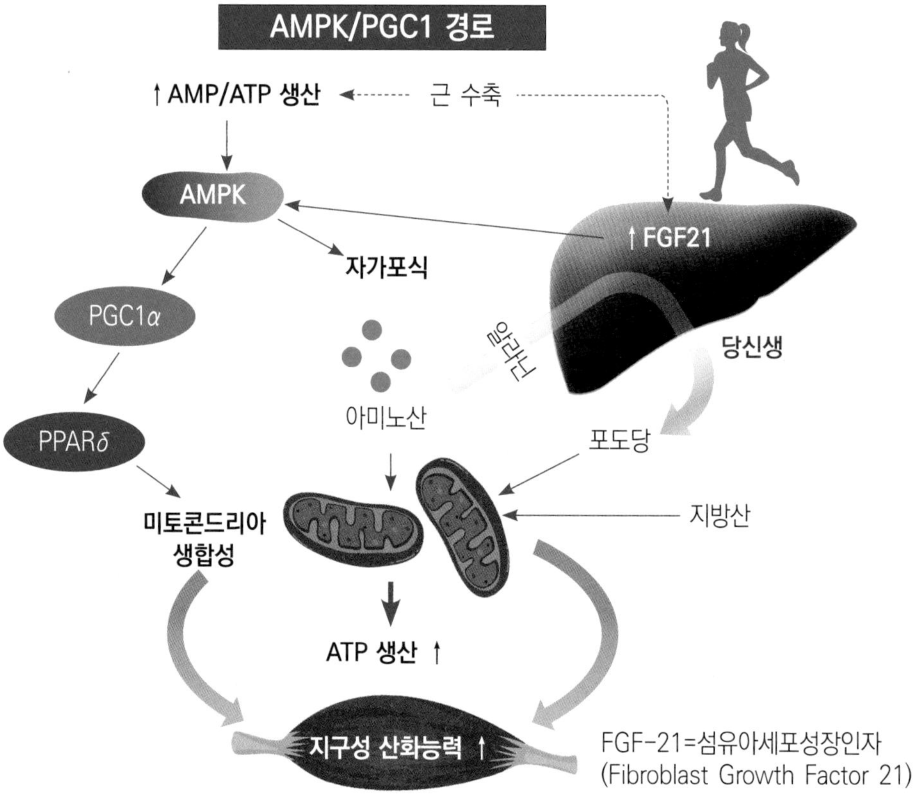

그림 5-41. 심폐지구성 운동과 AMPK 경로를 통한 근육의 유산소대사 능력 개선

Modified from Torre-Villalvazo et al.(2019).
PGC1-α : PPAR-γ Coactivator α
PPAR-γ : Peroxisome Proliferator-activated Receptor-γ

인해 서로 다른 적응현상을 유발한다. 그러므로 장시간의 심폐지구성 운동은 특정 근육의 근력 및 근질량의 증가에 방해가 될 수 있다. 또 근비대를 위한 근력훈련은 근력을 높이지만 그것이 반드시 피로에 대한 내성을 높이지는 않는다.

그러나 AMPK와 mTOR의 관계는 항상 억제적으로 작용하지는 않는다. 예를 들어 근력 수준이 매우 낮은 사람들은 때때로 저항운동에 따른 근비대 효과가 잘 나타나지 않는 경우가 있는데, 이러한 사람을 비반응자(non-responder)라고 한다.

그러므로 근육감소증(sarcopenia)과 같은 매우 낮은 근력 수준에서는 모세혈관 밀도나 미토콘드리아 생합성을 촉진하는 심폐계 유산소운동을 선행하거나, 저항운동과 병행되는 것이 바람직하다.

5.10.9 훈련과 그밖의 적응현상

5.10.9.1 모세혈관 밀도의 증가

훈련, 특히 지구성 훈련은 뼈대근육의 모세혈관 밀도를 증가시킨다. 모세혈관 밀도의 증가는 산소

공급과 영양물질의 공급, 그리고 이산화탄소와 노폐물의 배출에 기여한다. 근육비대현상은 모세혈관 밀도의 증가도 일부 영향을 준다. 운동선수의 모세혈관 밀도는 비단련자에 비해 20~50% 정도 높다[그림 5-42].

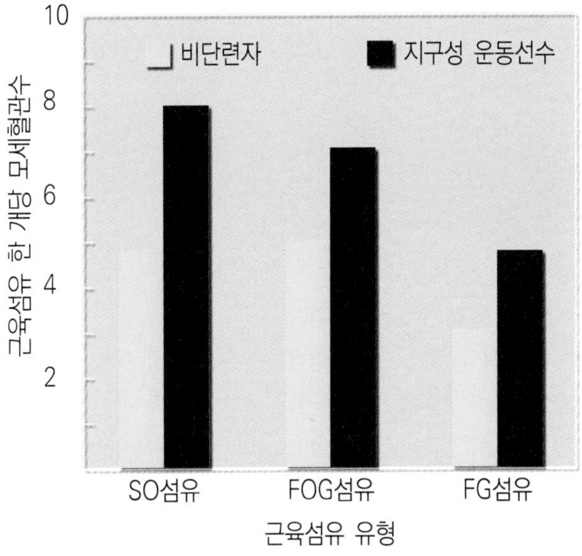

그림 5-42. 근육섬유 한 개를 둘러싸고 있는 모세혈관의 수

5.10.9.2 미오글로빈 함량의 증가

미오글로빈은 세포 내 산소의 임시 저장소 역할을 하는데, 지구성 훈련은 미오글로빈 함량을 증가시킨다. 미오글로빈 함량의 증가는 유산소성 대사능력의 개선에 기여한다.

5.10.9.3 미토콘드리아 수와 크기의 증가

미토콘드리아(mitochondria)는 산소를 이용하여 글루코스나 지방산과 같은 에너지원을 분해시켜 얻는 에너지로 ATP를 합성하는 장소이다. 지구성 훈련에 의한 미토콘드리아 수와 크기의 증가는 뼈대근육의 유산소성 에너지 생성 능력의 개선을 개선시키는 가장 중요한 요인이다.

5.10.9.4 결합조직과 뼈의 변화

훈련은 뼈에 부착되어 있는 인대와 힘줄의 탄력성을 증대시킨다. 이는 근력의 증가와 함께 더 큰 강도의 스트레스를 견딜 수 있게 하여 부상위험을 감소시킨다.

이와 함께 운동은 자극을 받는 부위의 뼈밀도를 증가시킨다는 것은 이미 잘 알려져 있다. 또한 신체구성이 뼈밀도에 영향을 미치는 중요한 요인으로 지목되고 있는데, 그중에서도 제지방량(free fat mass : FFM)이 가장 중요한 요인으로 밝혀졌다. 특히 특정 부위의 근육량과 그 부위의 뼈밀도가 어느 정도 상관관계가 있으며, 특정 부위의 근력은 그 부위의 뼈밀도와 관련이 있는 것으로 밝혀지고 있다.

이러한 현상은 근력이 발휘될 때 기계적 스트레스가 골격에 전해지는데, 이러한 스트레스가 전기적 자극으로 전환되어 뼈모세포의 활동을 자극하고 뼈로의 칼슘 유입을 촉진하기 때문으로 생각된다. 근력 중에서도 굽힘근력보다는 폄근력이 대체로 뼈밀도와 더 높은 상관도를 보인다. 그 이유는 이는 뼈의 긴 축을 따라 기계적 스트레스가 작용하기 때문으로 해석할 수 있다.

plus+

근막과 생체장력계(Biotensegrity), 인체 슬링(Sling)

몸의 움직임은 신경계통과 근육·골격계에 의해서 주도되고 있다. 그런데 그러한 움직임이 하나의 통합성(intergrity)을 유지하면서 안정되게 일어나기 위해서는 단순히 뼈대와 근육의 지렛대 작용만으로는 가능하지 않다.

오늘날 과거에는 해부학적으로 주목받지 못했지만 근막(fascia)이 점차 움직임의 통합성과 관련해서 많은 관심을 받고 있다. 근막은 피부에서부터 근육막과 내장, 그리고 뼈에 이르기까지 그물망처럼 연결되어 있는 결합조직이다. 근막이 갖고 있는 점탄성(viscoelastic)의 특성과 75~80%에 이르는 높은 수분 함유량에 의해 움직임에 따른 높은 변형력과 회복력을 가지게 된다. 그로 인해 3차원적인 장력(tension)을 유지할 수 있도록 해준다.

근막이 제공하는 전체적인 구조의 안정성과 스무드한 움직임은 마치 우리 몸이 입는 'body suit'로 표현되기도 하는데, 이러한 개념을 나타내는 것이 'biotensegrity'이다. 이는 체내에서 서로 그물망처럼 연결되어 있으며 점탄성에 의해 장력을 제공하므로 '생체장력계'로 명명하기로 한다.

지금까지의 기술로 만들어진 로봇(robot)은 인간보다 빠르고 정확하게 움직이지만, 그 움직임은 인간의 그것과 같지 않고 확연히 구분되는 '로봇같은 움직임(movement like robot)'을 한다. 아마도 그것은 로봇에게는 인간이 가진 근막(fascia)이 없기 때문일 것이다.

움직임의 '인간다움'은 아마 피부에서 근육과 뼈까지, 그리고 내장장기에 걸쳐서 그물망처럼 펼쳐져 있는 근막(fascia) 덕분일 것이다. 그중에서 해부학적으로 가장 잘 알려진 "등허리근막(흉요근막, TLF: thoracolumbar fascia)"을 예로 들어보기로 한다. 등허리근막에는 그림 5-45의 왼쪽에서 보듯이 아래로는 큰볼기근과 중간볼기근, 위로는 넓은등근(광배근)과 등세모근(승모근)과 붙어 있다.

그리고 횡단면을 보여주는 오른쪽 그림에서처럼 등허리근막은 앞층, 중간층, 뒤층의 세 개로 뚜렷하게 구분되는 층으로 구성된다. 앞층의 섬유는 큰허리근(대요근, psoas major)과 허리네모근(요방형근, quadratus lumborum)과 붙어 있다. 다리로부터 윗몸으로 힘을 전달하는 수많은 스포츠동작에서

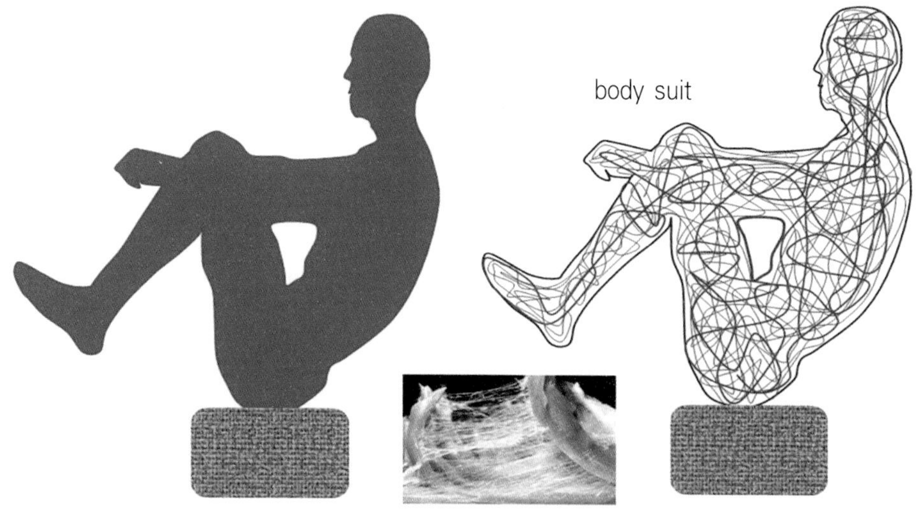

그림 5-43. 근막과 생체장력계(Biotensegrity)

등허리근막의 중요성은 더욱 크다.

포환이나 창을 던지거나 투수가 공을 뿌리는 동작에서 지면을 밟고 전해지는 반작용의 힘은 장딴지근→ 햄스트링스→ 큰볼기근에서 등허리근막을 매개로 하여 반대편 넓은등근(광배근)을 거쳐서 위팔세갈래근으로 연결된다.

이처럼 인체가 어떤 움직임을 만들어낼 때는 근육이 각각 독립적으로 작용하기보다는 하나의 체인처럼 기능적으로 연결되어 하나의 단위처럼 힘을 생성시키는데, 이를 슬링(sling)이라고 한다. 인체에는 인체 움직임을 하나의 기능적 단위로 묶어주어 작용하는 여러 슬링이 있다.

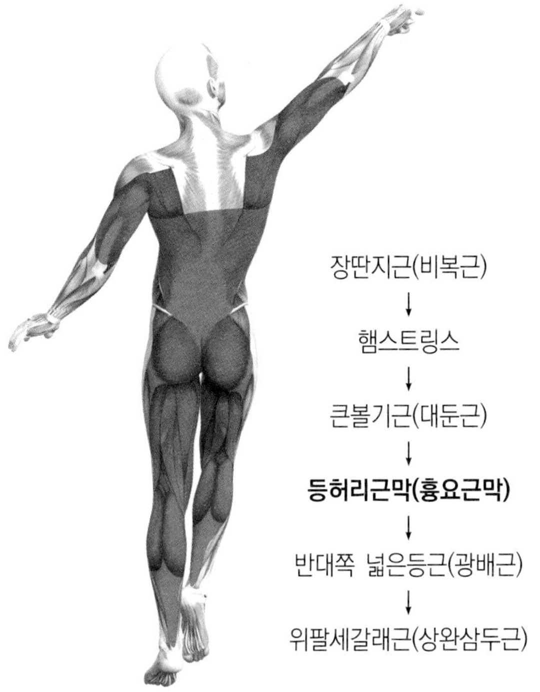

그림 5-44. 몸통근육 뒤사슬 슬링(sling)

등허리근막(TLF)은 하체의 힘을 몸통을 거쳐서 상체로 전달하는 역할을 할 뿐만 아니라 척추 사이에 가해지는 부하(스트레스)를 감소시켜주는 역할을 통하여 척추와 골반의 안정성에 기여한다. 예를 들어 역도선수가 매우 무거운 중량을 들어 올리는 순간 골반의 경사(pelvic tilt)가 일어나면서 요부만곡이 펴지게 된다. 이렇게 되면 척주세움근에 의해서보다는 골반과 등에 가해지는 대부분의 부하를 등허리근막이 감당하게 된다. 예를 들어 250kg을 들 수 있는 역도선수의 경우 척주세움근이 감당하는 부하는 50kg에 불과하고, 나머지는 등허리근막이 감

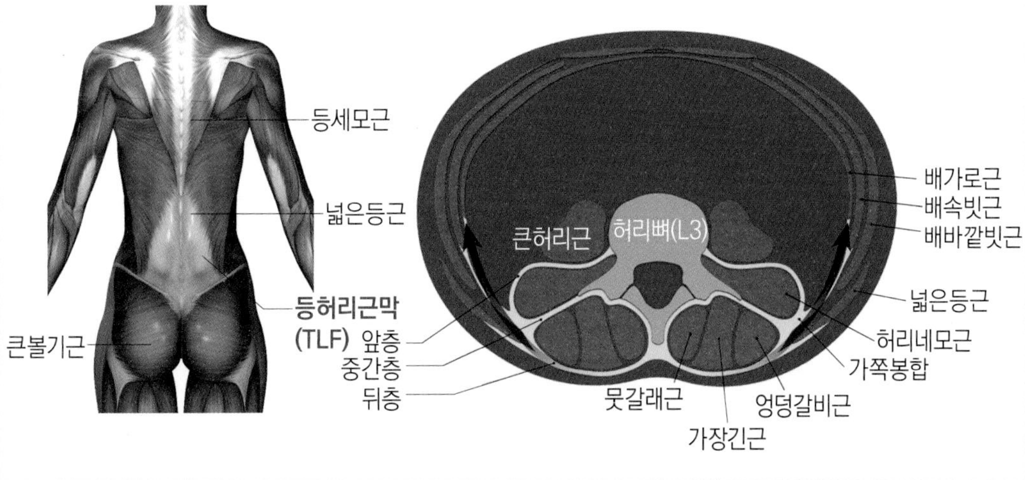

그림 5-45. 등허리근막과 근막으로 연결된 척추 주변의 근육들

당한다(Gracovetsky, 2008).

등허리근막(흉요근막)은 척주와 복부, 골반 주변의 여러 근육과 연결되고, 여러 층으로 구성되어 있어서 움직임에 따라 미끄러짐(glide) 작용이 일어난다. 이는 근막 안으로 수분이 배출되거나 들어오면서 적절한 점탄성을 유지하기 때문이다. 만일 한 자세로 너무 오랜 시간 앉아 있거나 해서 움직임이 없으면 근막의 글라이딩(gliding) 작용과 그로 인한 수분의 재배치 작용이 일어나지 않아 적절한 점탄성을 유지하지 못하면 경직된 상태가 되기 쉽다.

특히 근막에는 매우 많은 신경세포가 위치한다. 등허리근막에 특히 많은 자율신경, 고유수용기, 감각신경이 분포되어 있다고 한다. 우선 등허리근막이 경직된 상태에서는 고유수용기(proprioceptor)를 통한 신체부위의 위치 감각이 둔감해지고, 인체 움직임의 조절이 손상될 수 있다.

또한 등허리근막에는 많은 자유신경종말(free nerve ending)이 위치하고 있어서 등허리근막이 딱딱해지면 통증감각신경(nocioceptor)의 민감도가 증가할 수 있다. 이러한 문제도 허리통증의 한 요인이 될 수 있다.

단원요약

》 근육섬유는 수축활동을 위한 근육원섬유라는 특수한 구조로 되어 있다. 근육원섬유는 굵은 근육미세섬유(myosin)와 가는근육미세섬유(actin)로 구성되어 있다.

》 근육수축과정은 굵은근육미세섬유의 머리가 가는근육미세섬유의 결합부위와 결합하여 회전운동을 함으로써 가는근육미세섬유가 근육원섬유마디(sarcomere)의 중앙부에서 교차하여 활주하는 과정으로 설명할 수 있다(근활주설).

》 근육수축은 운동종판을 통해 근육섬유막으로 전달된 신경흥분이 근육섬유의 근육세포질세망(근소포체)을 자극하여 Ca^{++}을 유리하도록 함으로써 시작된다.

》 인체의 근육섬유는 크게 지근섬유(Type I 섬유)와 속근섬유(Type II 섬유)로 구분된다. 또 속근섬유 중에서도 유산소능력이 높은 근육섬유를 Type II a섬유라고 하며, 원래의 속근섬유 특성을 가진 섬유를 Type II b섬유라고 한다.

》 지근섬유는 미오글로빈 함량, 모세혈관 분포, 미토콘드리아 밀도 등이 발달되어 유산소성 에너지대사능력이 뛰어나기 때문에 피로에 대한 내성이 강하다는 특징이 있다. 그러나 지근섬유는 신경학적 특성상 지근섬유에 비해 수축 속도가 느리다.

》 속근섬유는 미오신 ATPase의 활성도가 높고, 근육세포질세망이 발달되어 있어서 지근섬유에 비해 훨씬 빠른 근육수축을 가능하게 하므로 무산소적인 순발력 운동에 보다 적합하다. 그러나 속근섬유는 지근섬유에 비해 상대적으로 쉽게 피로해진다는 특성이 있다.

》 지근운동단위는 신경섬유가 가늘고 흥분역치가 낮기 때문에 모든 활동에 가장 먼저 동원된다. 속근운동단위는 흥분역치가 높기 때문에 강도높은 운동이나 지구성 운동으로 인해 속근섬유가 피로해질 때 비로소 동원된다.

》 지구성 종목의 선수들은 평균적으로 지근섬유의 분포비율이 높고, 순발력 종목의 선수들은 대체로 속근섬유의 분포비율이 높지만, 여기에는 많은 예외가 있다. 그러므로 특징적인 근육섬유의 분포비율을 갖는 사람이 특정종목에서 유리하지만, 근육섬유비율이 운동 수행력을 결정하는 절대적인 조건이라고 할 수는 없다.

》 훈련에 의해 근육섬유가 상호 전환될 수 있는지에 대해서는 논란이 있다. 지구성 훈련에 의해 Type II b섬유가 보다 유산소능력이 높은 Type II a섬유로 전환되는데, 이어서 Type I 섬유로 전환되는지 여부는 불명확하다.

》 근육수축 양식에는 등척성 수축, 등장성 수축 및 등속성 수축이 있다. 등척성 수축은 근육섬유 길이에 변화가 없이, 즉 관절각도의 변화없이 장력이 발휘되는 수축을 말한다. 등장성 수축은 근육에 가해지는 부하는 일정한 상태에서 근육의 길이가 짧아지는 수축으로, 대부분의 동적 운동이 여기에 해당한다.

》 등속성 수축이란 특수한 장비를 이용하여 관절각도가 동일한 속도로 움직이는 가운데 각각의 관절각도에서 최대의 장력을 발휘하도록 하는 수축이다.

》 세 가지 근육수축 양식을 이용한 훈련 방법 중 등속성 근육수축 훈련이 근력 개선의 효과가 가장 뛰어나며 근육통증이나 손상의 위험이 적다는 장점이 있으나, 고가의 특수장비가 필요하다는 단점이 있다.

- 지연성근육통증(delayed onset of muscle soreness : DOMS)은 운동이 끝나고 24~72시간 경과 후에 근육통증이 나타나는 현상으로, 신장성 운동(eccentric exercise)과 관련이 깊다.
- 한 번의 자극에 대해 근육이 한 번 수축하는 현상을 연축(twitch)이라고 한다. 자극역치(threshold stimulus) 이상의 자극이 전달되어야 수축이 일어나는 것을 실무율(all-or-none response)이라고 한다.
- 가중(summation)이란 근육수축의 불응기가 끝나고 근육섬유가 완전히 이완되기 전에 연이어 자극을 줄 때 수축력이 점점 증가하는 현상이다. 가중현상이 지속되면 결국 근육수축이 지속적으로 이루어지는 강축(tetanus)이 나타난다.
- 가중에는 근육섬유에 대한 자극이 가까운 시차를 두고 일어나는 시간적 가중(temporal summation)과 특정 시점에 여러 개의 운동단위가 흥분되어 힘을 생성하는 공간적 가중(spatial summation)이 있다.
- 근력을 결정하는 요인으로는 근단면적, 근육섬유의 종류, 관절 각도, 근육의 길이 등이 있다. 그 밖에 워밍업(warming up)이나 와인드업(wind-up)은 근력 발휘 시에 유리하게 작용한다.
- 저항훈련에 의한 근육비대 기전에는 계통적 수준에서 성장호르몬, 인슐린, IGF-1과 같은 호르몬분비의 촉진이 있고, 근육세포 내에서 위성세포의 활성화와 근육단백질 합성을 직접 촉진하는 세포 내 신호경로가 활성화되는 과정이 관여한다.
- 훈련에 따른 근육계통의 변화를 살펴보면 근육 단면적의 증가와 그로 인한 근력 개선, 근육 내 모세혈관 밀도의 증가, 근육세포 내 미오글로빈 함량의 증가 및 미토콘드리아수와 크기의 증가, 결합조직의 탄성 증대 등을 들 수 있다.

연습문제

1. 근육까지 전달된 신경자극이 근육 수축을 일으키는 과정을 설명하라? 이때 칼슘의 역할은 무엇인가?
2. 근육수축의 활주설을 바탕으로 이완된 근육과 수축된 근육의 차이(A band, 근육원섬유마디, I band 및 H zone)를 설명하라.
3. 근육섬유, 근육원섬유, 근육미세섬유에 대해 설명하라.
4. 근육의 결합조직에 대해 설명하라.
5. 근육수축 시 가로세관(T-tubule)과 근소포체의 기능은 무엇인가?
6. 교차결합 주기활동이 근육수축의 지속과 어떠한 관련을 갖는가?
7. 근육섬유의 수축속도를 결정짓는 요인을 설명하라.

8. 뼈대근육섬유의 형태, 종류 및 그 대사적 차이점을 설명하라.
9. 높이뛰기와 마라톤 경기시 동원되는 근육섬유 형태는 무엇인가?
10. 근육수축의 종류와 특성을 설명하고, 그 수축을 예를 들어 설명하라.
11. 등척성 · 등장성 · 등속성 훈련의 장단점을 비교 · 설명하라.
12. 단축성 · 신장성 수축을 예를 들어 설명하고, 신장성 수축 시 근육을 구성하는 결체조직이 어떻게 되는지 설명하라.
13. 지연성 근육통증(DOMS)을 설명하라.
14. 연축(twitch), 가중(summation), 강축(tetanus)의 정의와 관계에 대해 설명하라.
15. 윗몸일으키기를 할 때 무릎을 굽히면 힘이 적게 드는 이유를 설명하라.
16. 근육의 길이가 근력에 영향을 미치는 현상을 운동동작의 예를 들어 설명하라.
17. 워밍업(warming up)의 종류와 근력과의 관계를 설명하라.
18. 지근섬유가 지구성 선수에게 유리한 이유를 설명하라.
19. 운동단위(motor unit)에 대해 설명하고, 근육섬유 형태와의 관련에 대해 설명하라.
20. 근육섬유 분포와 수행력의 관계를 설명하라. 근육섬유 분포 형태에 의해 수행력을 정확히 예측할 수 있는가?
21. 저항훈련이 근육비대를 일으키는 기전을 계통적 수준(호르몬)의 변화를 통해 설명하라.
22. 저항운동에 의한 위성세포의 활성화가 어떻게 근육비대를 일으키는지에 대해 설명하라.
23. 불사용위축(disuse atrophy)과 사르코페니아에 대해 설명하라.
24. 근력과 근육비대를 위해 권장되고 있는 적정 중량에 대해 설명하고, 심한 근육위축으로 저항훈련에 대한 비반응자에 대해 새롭게 제시되는 저항운동 방법을 설명하라.

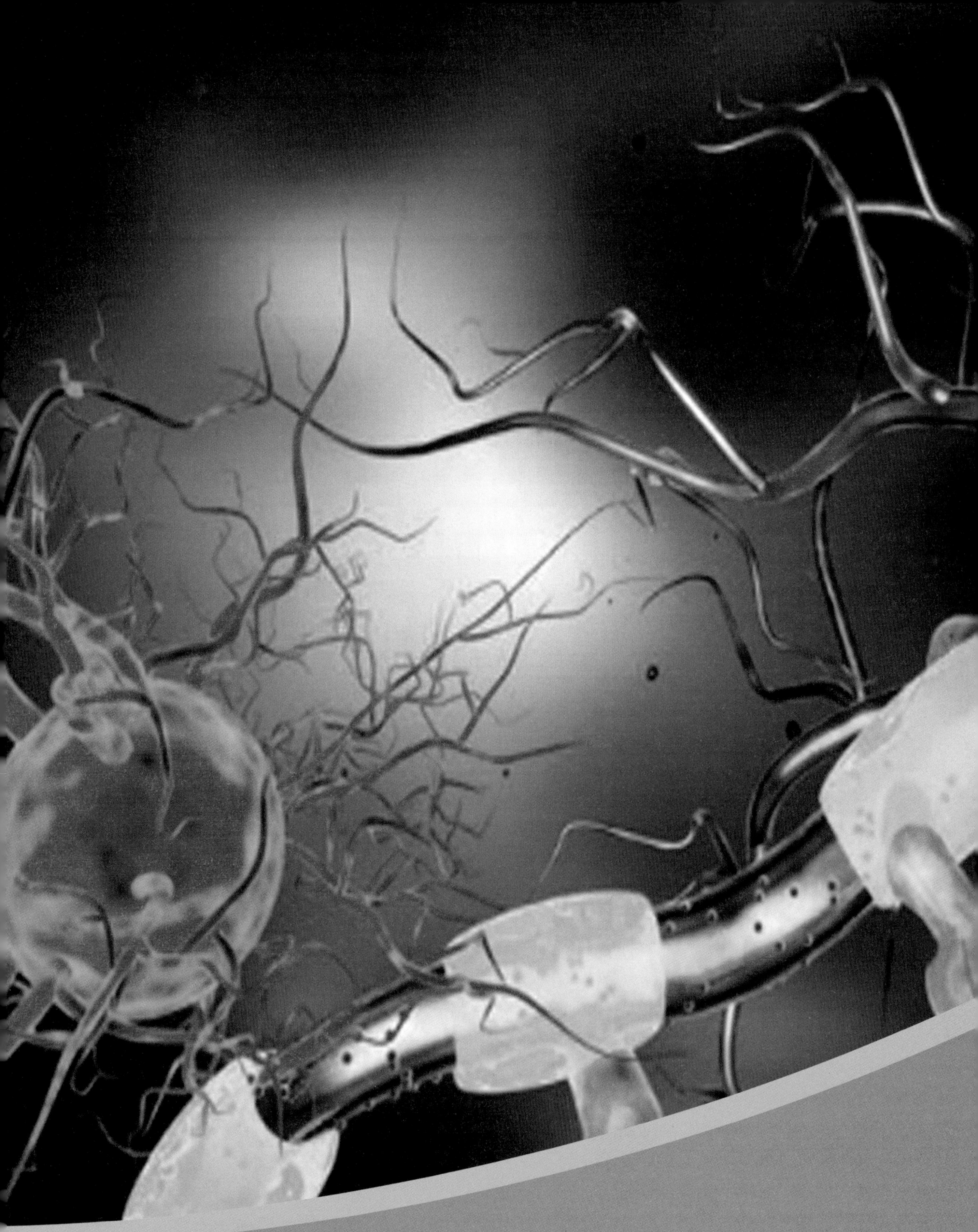

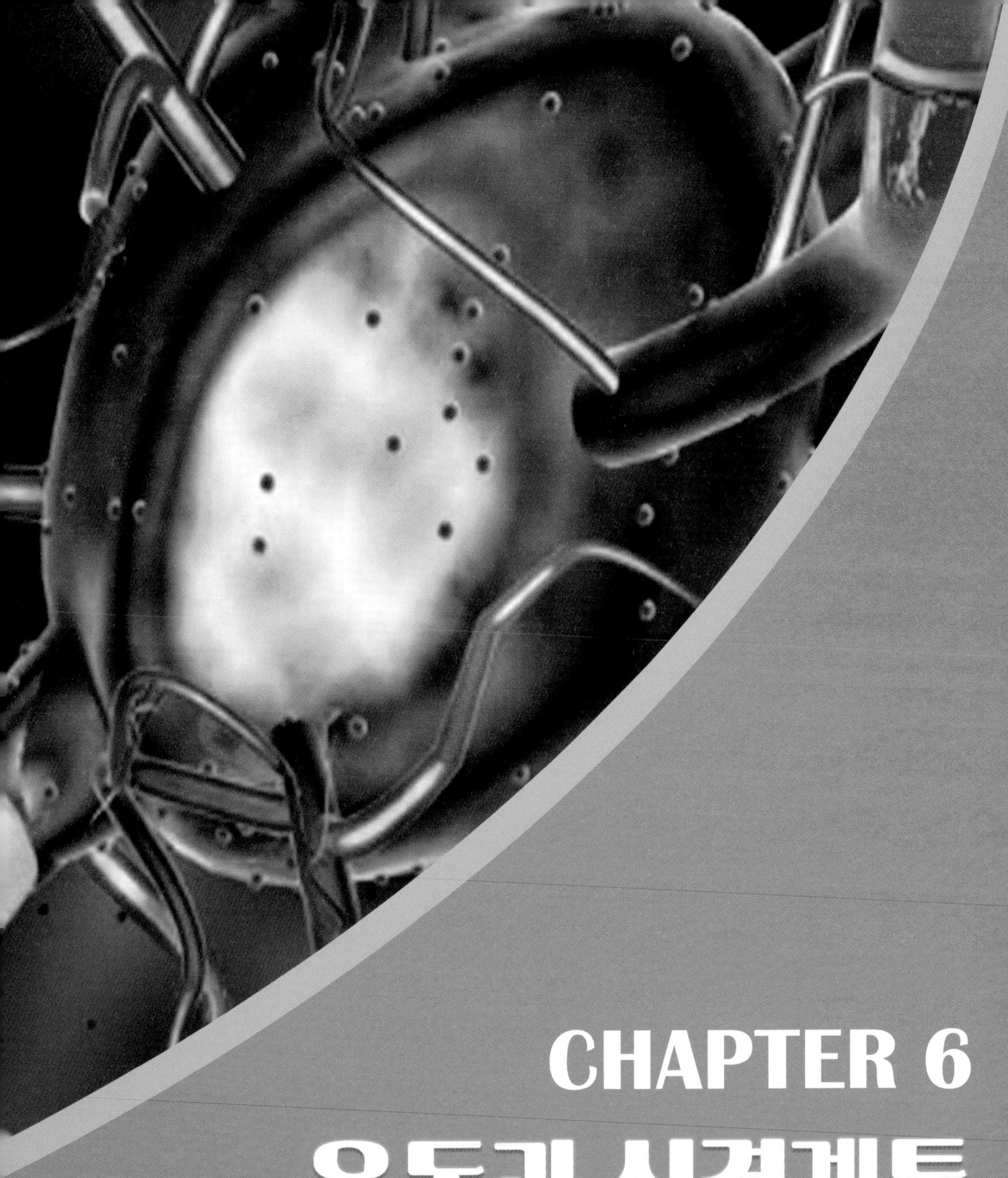

CHAPTER 6
운동과 신경계통

이 장에서는 신경계통의 기본적인 구성에 대해 먼저 이해하도록 한다. 그리고 세포막전압과 자극 전달의 원리를 이해해야 하며, 시냅스의 구조와 시냅스에서 자극이 전달되는 과정, 흥분성 또는 억제성 시냅스후전위에 대해 공부한다.

그리고 운동단위와 근력의 조절과정, 근육방추와 신전반사에 대해서 알아본다. 운동 시 나타나는 인체자율신경계통의 작용과 인체조절을 이해한다. 중추신경의 해부학적 구조와 말초신경과의 연락 구조를 알고 운동학습의 과정을 피라밋계통과 관련시켜 이해한다. 또한 근력의 개선과 신경계통 관련, 뇌에서 이루어지는 정보처리과정과 스포츠활동의 관련성 등을 배운다.

신경계통은 내분비계통과 함께 인체의 여러 가지 생리적 조절을 담당하고 있다. 신경계통은 주로 수 초 미만의 짧은 시간 동안 신체기능을 조절하는 작용을 하며, 내분비계통은 보다 장기적인 신체기능 조절작용을 한다. 이 두 가지 계통은 사실상 매우 밀접한 관련을 갖고 있어서 기능적으로 서로 연결되어 작용하는 경우가 많다.

신경계통은 해부학적 관점에서 중추신경계통(central nerve system : CNS)과 말초신경계통(peripheral nerve system : PNS)으로 나누어진다. 중추신경계통은 뇌와 척수로 구성되어 있고, 말초신경계통은 말초에서 중추(뇌와 척수)로 자극을 전하는 구심성 신경과 반대로 중추에서 말초로 자극을 전달하는 원심성 신경으로 구분된다.

구심성 신경에는 감각신경이 있는데, 감각신경은 시각, 청각, 후각, 미각 및 피부 표면에서의 감각(통각, 온각, 냉각, 압각), 그리고 근육이나 관절에 있는 수용기(고유수용기)로부터의 감각을 중추신경계통으로 전달한다.

중추신경계통은 이 감각정보를 통합·분석하여 적절한 명령을 원심성인 자율신경계통이나 운동

그림 6-1. 중추신경계통과 말초신경계통의 구성

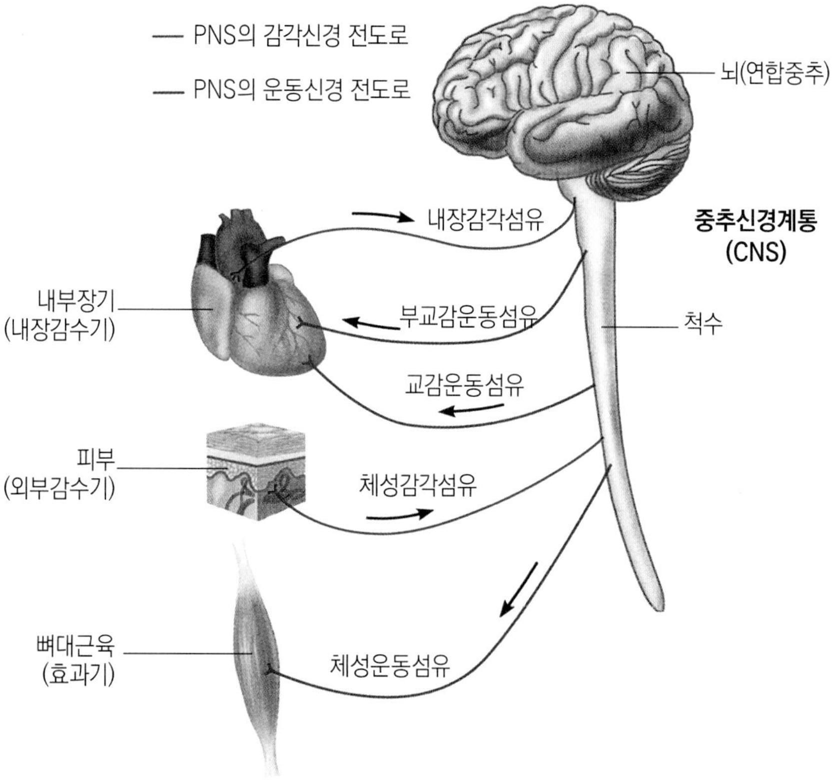

그림 6-2. 신경계통의 기본 모식도

신경을 통해 효과기에 내리게 된다.

6.1 말초신경계통의 개요

말초신경계통은 기능적으로는 체성(몸)신경과 자율신경으로 나누어지지만, 해부학적으로는 12쌍의 뇌신경과 31쌍의 척수신경으로 구분된다. 뇌신경은 중추신경인 뇌에서 직접 빠져 나오는 신경이며, 척수신경은 역시 중추신경인 척수로부터 빠져나와 인체 각 부위에 분포되는 신경을 말한다. 뇌신경은 뇌에서 직접 출발하여 각 기관에 분포되는 말초신경인데, 이는 머리뼈를 빠져 나와서 주로 머리에 분포되어 운동과 감각을 맡는다.

6.1.1 뇌신경

말초신경인 12쌍의 뇌신경은 뇌에서 빠져 나와 얼굴 부위와 온몸에 분포되어 있다. 뇌신경에는

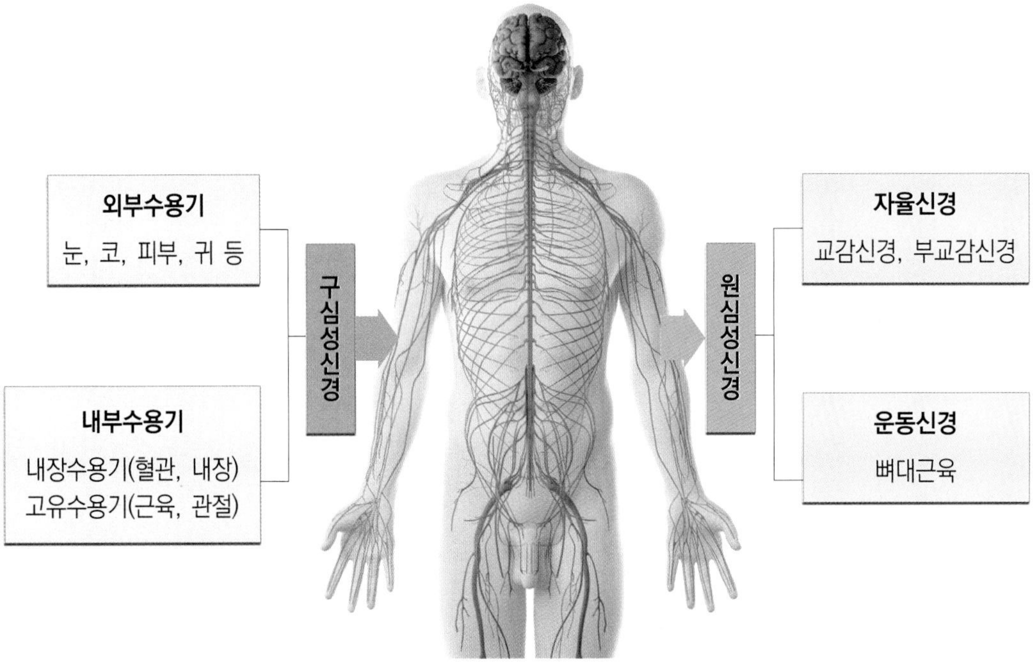

그림 6-3. 말초신경계통의 구조(구심성 신경, 원심성 신경)

후각신경(I), 시각신경(II), 눈돌림신경(III), 삼차신경(V), 얼굴신경(VII) 등이 있다. 이들 뇌신경은 말초신경이므로 감각과 운동 그리고 자율신경으로 되어 있으며 이러한 기능이 혼합된 혼합신경도 있다. 예를 들어 제V뇌신경인 삼차신경은 안면의 감각을 담당하는 감각신경과 씹는 운동과 혀의 움직임을 조절하는 운동신경으로 되어 있다. 제VII뇌신경인 얼굴신경(안면신경)은 얼굴표정을 지을 수 있도록 얼굴의 근육을 지배하는 운동신경뿐만 아니라 혀의 미각을 담당하는 감각신경, 침샘이나 눈물샘을 지배하는 부교감신경이 모두 있는 혼합신경이다.

그중 특기할 만한 신경은 제X뇌신경인 미주신경(vagus nerve)이 있다. 다른 뇌신경은 머리와 목에 분포하고 있는 것에 반하여 미주신경은 연수(숨골)에서 시작하여 머리속공간(두개강)을 빠져나와 인두·후두뿐만 아니라, 목·가슴·배부위의 내장까지 광범위하게 분포되어 있다. 미주신경은 혼합신경으로서 대부분이 부교감신경으로 되어 있다. 즉 미주신경은 심장 및 내장의 운동과 땀 분비 등을 조절한다. 특히 심장에 대해 억제적으로 작용하여 심박동수를 감소시키고, 수축력을 감소시키는 역할을 한다. 미주신경의 구심성 감각신경은 위나 장의 팽창, 화학물질에 대한 정보를 뇌에 보고하는 역할을 하며, 인두나 후두부 근육의 운동 조절에 관여하는 운동신경도 가지고 있다.

6.1.2 척수신경과 신경다발

척수신경은 척수의 양쪽에 출입하는 31쌍의 말초신경을 말하며, 신경근육이 빠져나가는 척추에 따라 이름이 붙여진다. 즉 척수신경은 목신경(8쌍), 가슴신경(12쌍), 허리신경(5쌍), 엉치신경(5쌍), 꼬리신경(1쌍)으로 구성된다. 이들 말초신경의 신경섬유(nerve fiber)는 결합조직인 신경속막에 의해 신경다발을 이룬다. 각각의 신경다발은 신경다발막에 의해 연결되어 있으며, 가장 바깥쪽은 신경바깥막으로 둘러싸여 있다. 신경속막에는 모세혈관이 분포되어 있는데, 이는 신경다발막과 신경바깥막에 있는 보다 큰 혈관에 연결되어 있다.

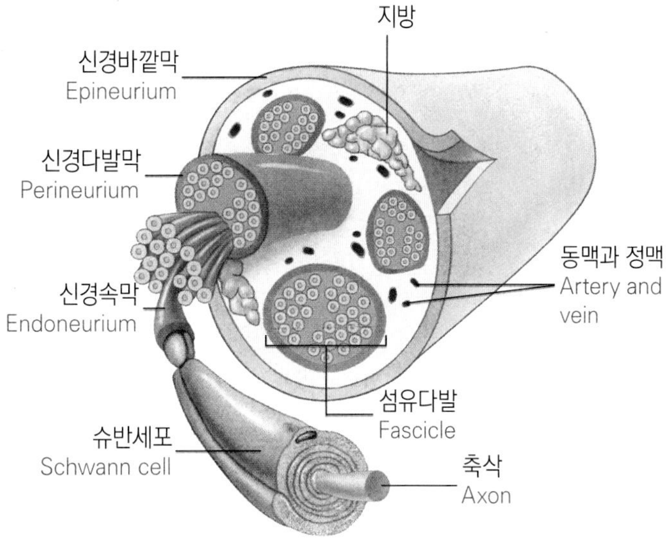

그림 6-4. 말초신경의 구조

6.1.3 척수신경과 신경절

구심성의 감각신경은 척수로 들어갈 때 뒤쪽(뒤뿌리)으로 들어가고, 원심성 신경(운동신경, 원심성자율신경)은 척수의 앞쪽(앞뿌리)로 나온다. 운동신경과 감각신경은 척수에서 말초조직에 이르기까지 다른 신경섬유와 연결되지 않고 하나의 신경섬유로 되어 있다. 즉 운동신경과 감각신경은 척수 밖에서 시냅스(연접, synapse)를 이루지 않으며, 시냅스를 척수 안에 가지고 있다.

반면에 자율신경은 체성(몸)신경계통(운동신경, 감각신경)과 달리 중추신경계통에서 나온 다음 표적장기에 이르는 도중에 한 번은 반드시 다른 신경섬유와 교대한다. 이렇게 신경이 교대하는 부위는 둥글

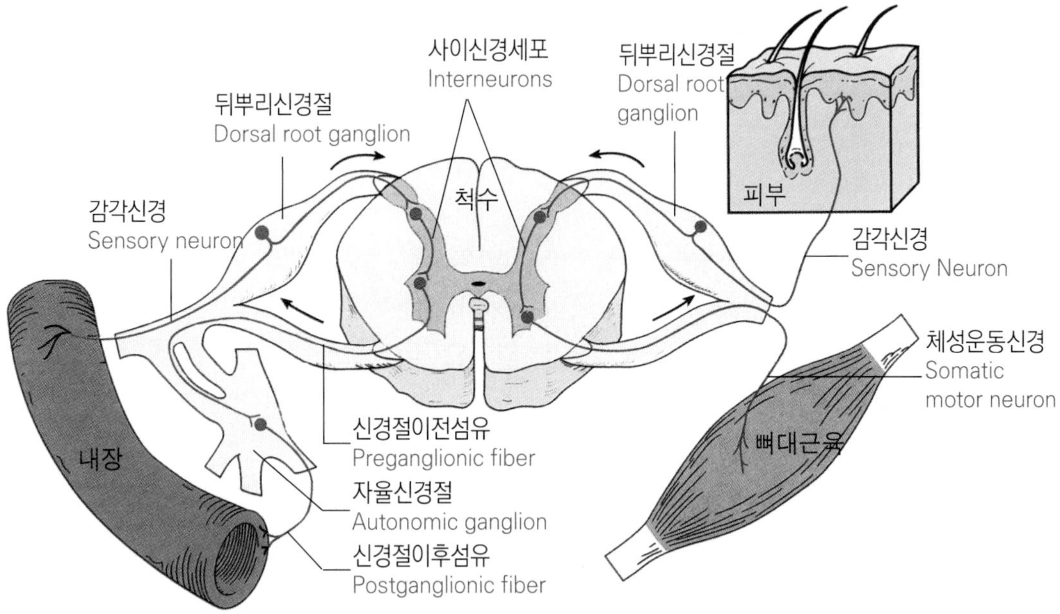

그림 6-5. 척수에서 말초신경의 연결구조

게 부풀어오른 모습을 보이는데, 이를 신경절(ganglion)이라고 하며, 특히 자율신경절이라고 한다. 감각 신경은 뒤뿌리로 들어갈 때 세포체가 모여 있는 부분이 역시 둥굴게 부풀어오른 모습을 보이는데, 이를 뒤뿌리신경절이라고 한다.

중추신경에서 빠져나와 서로 연결된 부위를 갖고 있는 자율신경의 경우 중추신경에서 신경절까지의 섬유를 신경절이전섬유(preganglion fiber)라 하고, 신경절에서 표적장기까지의 섬유를 신경절이후섬유(postganglion fiber)라고 한다[그림 6-5].

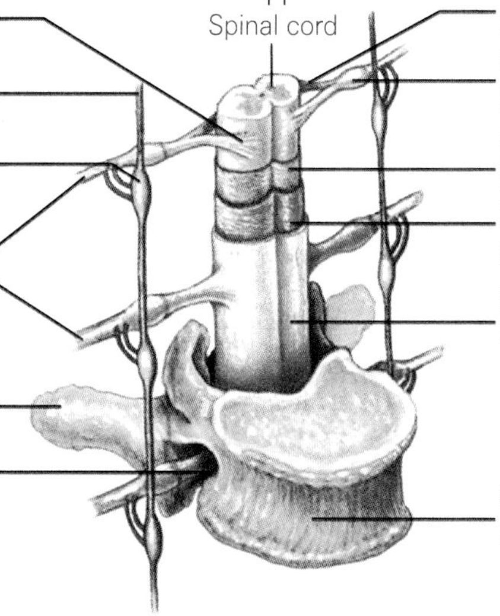

그림 6-6. 척추, 척수, 신경절의 구조

6.2 신경세포의 구조와 기능

신경조직을 이루는 세포로는 신경자극을 전달하는 역할을 하는 신경세포(neuron)와 신경세포를 지지하고 보호하는 신경아교세포(neuroglia)가 있다. 신경세포는 구조와 형태에 따라 홑극, 두극, 뭇극신경세포(neuron)로 나눈다. 있는데, 대부분의 구심성 감각신경은 홑극신경이며, 일부 감각신경(귀의 안뜰기관, 망막 등)만이 두극신경세포로 되어 있다. 그 외에 대부분의 전형적인 세포들, 즉 뇌나 척수 내에서 신경세포 간의 신경자극을 중계하는 사이신경세포(interneuron)나 운동신경세포(motor neuron)는 뭇극신경세포이다.

신경세포(neuron)는 그 안에 공통적으로 핵을 갖고 있는 세포체와 세포체에서 여러 가닥의 가지 모양으로 뻗어 있는 가지돌기(dendrite), 그리고 세포체에서 가늘고 길게 뻗어나온 축삭(axon)으로 되어 있다[그림 6-8].

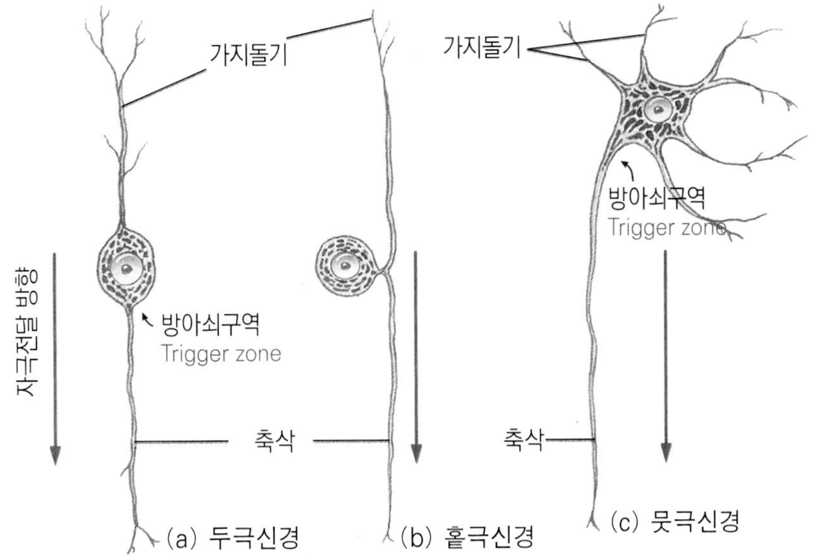

그림 6-7. 신경세포의 종류

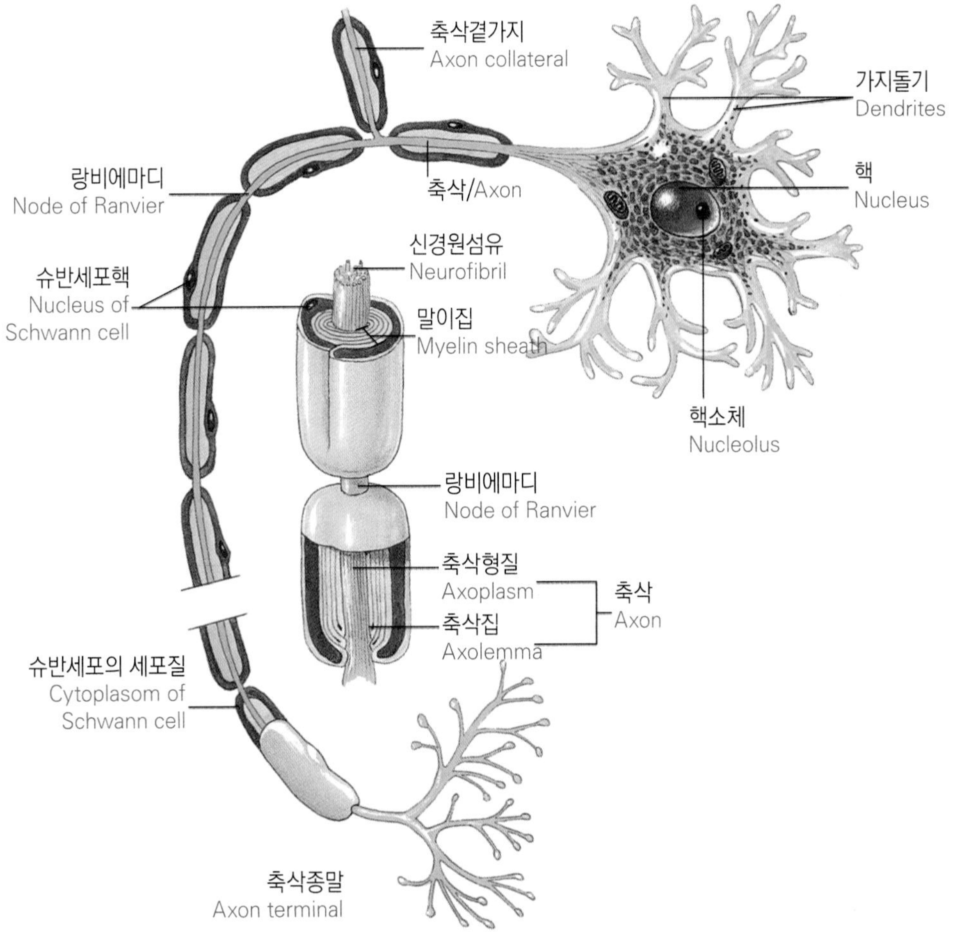

그림 6-8. 척수에서 말초신경의 연결구조

가지돌기는 다른 신경섬유(neuron)로부터 신경자극을 받아들이고, 축삭은 받아들인 자극을 다른 신경섬유에 전달하거나 근육섬유와 같은 최종기관에 전달하는 역할을 한다.

근육섬유를 지배하는 신경섬유는 세포체로부터 뻗어 있는 몇 개의 가지돌기와 하나의 축삭을 갖고 있으며, 축삭은 가지돌기보다 길다. 운동신경섬유의 축삭은 척수 속에 있는 세포체로부터 다리의 근육까지 뻗어 있다. 즉 뭇극신경세포인 운동신경은 세포체를 중추신경 내에 두고 말초까지 하나의 신경으로 뻗어 있다.

감각신경섬유도 하나의 신경섬유가 말초의 수용체로부터 척수까지 뻗어 있다. 주로 홑극신경세포인 구심성 감각신경의 세포체는 뒤뿌리를 통해 중추신경으로 들어가기 바로 전에 위치한다. 그래서 뒤뿌리에 들어가기 바로 전의 위치에는 감각신경들의 세포체가 모여서 부풀어 오른 뒤뿌리신경절(ganglion)을 형성하게 된다.

전형적인 개개의 신경섬유(neuron)의 모습은 그림 6-8에 나타냈다. 신경섬유에는 축삭이 젤리모양의 말이집(myelin sheath)으로 덮여 있는 말이집신경섬유와 말이집이 없는 민말이집신경섬유가 있다. 말이집신경섬유의 축삭을 보면 축삭의 전체구간이 말이집으로 덮여 있는 것이 아니라 일정한 간격으로 수초가 없는 움푹 들어간 틈이 있다. 이 틈을 랑비에마디(Ranvier's node)라고 한다.

6.3 신경세포의 재생과 운동

말초신경에서 축삭을 둘러싸고 있는 말이집(미엘린 수초)은 슈반세포(Schwann cell)라고 하는 신경아교세포로 구성되어 있다. 이 말이집의 바깥쪽에 슈반세포의 세포질 대부분과 핵이 남아 있는 부분을 신경집(neurilemma)이라고 한다.

말이집을 갖고 있는 말이집신경섬유(myelinated fiber)는 하얗게 보이기 때문에 이들 섬유가 모여 있는 뇌와 척수의 백색질(white matter)을 구성한다. 말초신경섬유와는 달리 뇌와 척수의 말이집은 슈반세포가 아니라 희소돌기아교세포(oligodendrocyte)에 의해 만들어진다. 그러므로 뇌나 척수의 말이집신경은 신경집이 발달되어 있지 않다. 한편 민말이집신경섬유(nonmyelinated fiber)는 회색을 띠기 때문에 뇌와 척수 내의 회색질부(gray matter)를 형성한다.

말이집을 감싸고 있는 신경집은 신경세포의 재생과도 밀접한 관련을 갖고 있다. 신경세포는 대체로 세포체가 손상되면 죽게 되며, 재생되지 않는다. 그러나 손상된 축삭부위는 재생될 수 있다.

만약 말초신경섬유의 축삭이 손상되면 손상부위로부터 말초쪽 부분은 수주일 내에 퇴화된다. 이때 큰포식세포(macrophage)가 말이집 등의 잔재물을 제거하고 손상부위로부터 재생되기 시작된다. 즉 가까운 곳에 있는 신경아교세포가 신경성장인자(nerve growth factor)를 분비하면 손상 부위로부터 바닥막과 결합조직에 의해 일종의 튜브(tube)와 같은 구조물이 형성된다.

이와 동시에 남아 있는 슈반세포가 퇴화된 신경섬유의 축삭을 따라서 증식되며, 축삭의 성장과

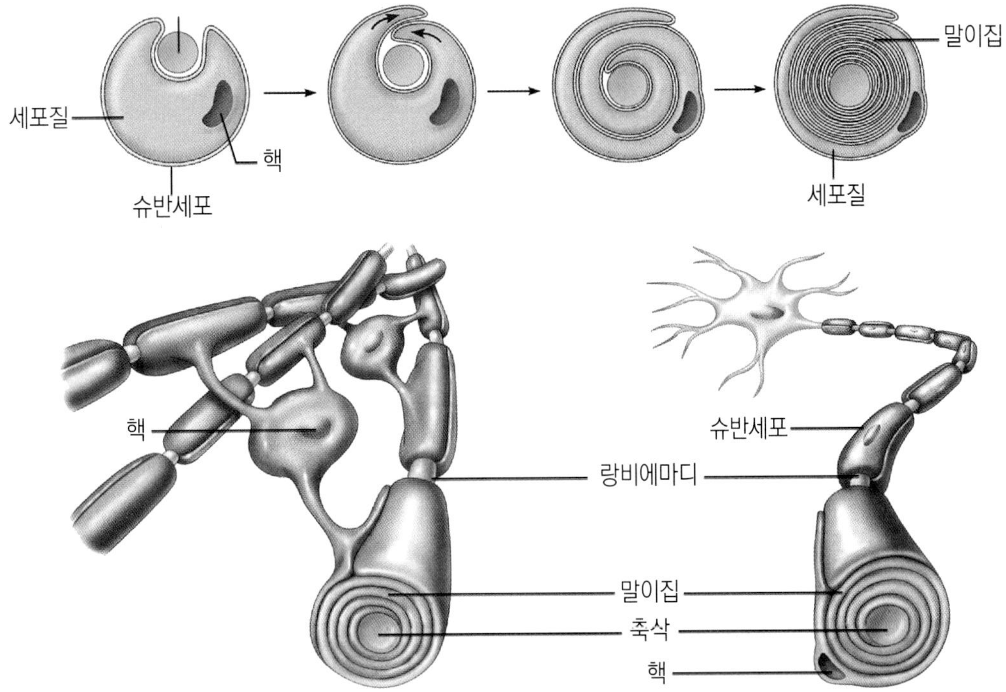

그림 6-9. 슈반세포와 희소돌기아교세포

함께 새로운 말이집이 형성된다. 이러한 과정은 매우 느리게 진행되며(하루 3~4mm씩 성장), 때로는 이전과는 다른 방향으로 진행되어 완전한 기능회복이 이루어지지 않을 수 있다.

축삭이 절단되면 세포체가 있는 쪽의 축삭은 살지만 절단된 반대쪽은 퇴화하면서 죽게 된다. 그리고 적절한 조건하에서 절단부위부터 슈반세포의 신경집을 통해 축삭이 재생되며, 적절한 표적세

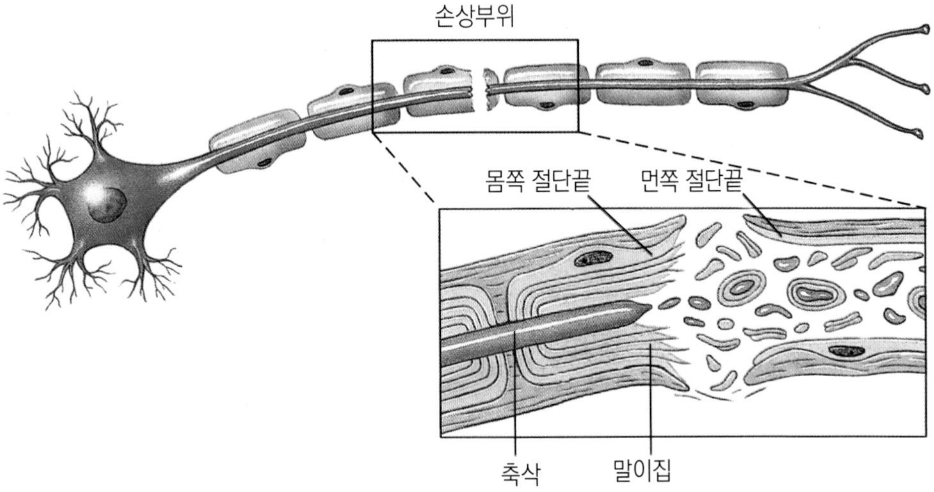

그림 6-10. 신경손상

포나 기관과 시냅스를 형성한다.

반면 중추신경(뇌, 척수) 안에 있는 신경섬유가 손상을 입으면 그 회복은 더욱 어렵다. 그 이유는 중추신경 내 신경섬유의 축삭은 신경집이 발달되지 않았고, 말이집을 생산하는 희소돌기아교세포는 손상 후 증식되지 않기 때문이다. 비록 손상된 축삭을 따라 재생과정이 시작될지라도 재생 방향을 바꿀 수 있는 말이집세포의 튜브가 만들어지지 않기 때문에 손상된 중추신경은 영구적으로 회복되지 않을 수도 있다.

그림 6-11에서는 말초신경이 손상된 쥐를 대상으로 트레드밀을 이용한 운동 프로그램을 적용하여 걷기 기능의 회복과 말초신경 재생에 어떠한 영향을 미치는지에 대한 실험적 연구과정을 보여주고 있다. 말초신경(궁둥신경)을 인위적으로 손상시킨 쥐를 대상으로 운동 프로그램을 실시하였을 때 손상된 신경에서 단백질의 발현이 더욱 활발하게 일어났는데, 이는 신경의 재생과정이 더욱 빠르게 진행된다는 사실을 말해준다.

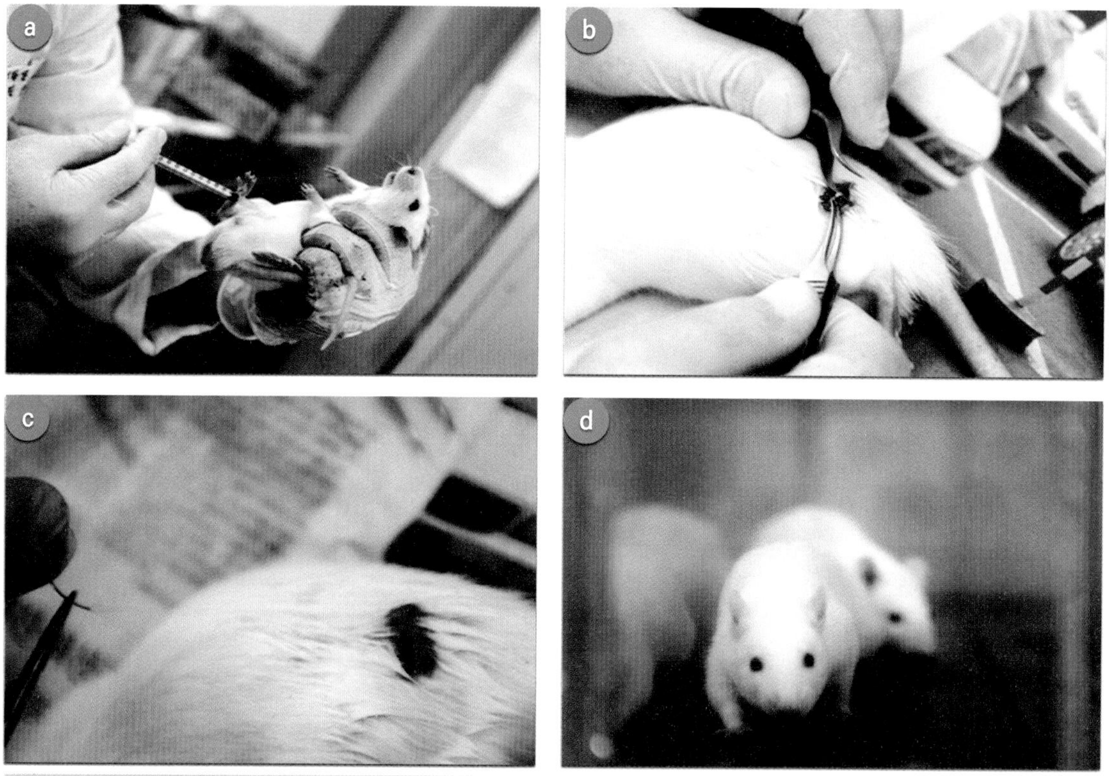

그림 6-11. 인위적인 말초신경 수술 후 회복과정(한남대학교 스포츠의학연구소)

(a) 쥐의 배에 마취제 주사, (b) 쥐의 궁둥신경(좌골신경)을 노출시켜 인위적으로 손상 유발, (c) 손상부위 봉합, (d) 수술 후 트레드밀을 이용한 재활과정
재활훈련을 한 집단이 통제집단(궁둥신경 손상 후 재활운동을 하지 않은 집단)에 비해 손상된 궁둥신경이 현저하게 회복되었음을 시사하는 단백질 발현을 볼 수 있는데, 이는 기능회복의 속도가 앞당겨지는 현상과 일치한다.

plus+

척추손상 후 신경재생과 운동

손상 후 자발적인 재생이 가능한 말초신경계 통과는 달리 척수신경을 포함한 중추신경계통의 신경섬유는 손상되면 재생능력을 갖지 못하고 세포의 퇴화 및 해당 조직의 영구적 결함을 초래한다. 그 이유는 척수 손상 후 말초신경과는 달리 중추신경의 세포체에서는 성장 관련 유전자(growth-related gene)가 발현되지 않고 몸쪽 절단끝에서 말림현상(die back)을 보이기 때문이다.

먼쪽 절단끝은 미엘린 파편(debris)이 상대적으로 서서히 처리되고 손상부위 근처의 별아교세포가 반응성 별아교세포(reactive astrocyte)로 전환된다. 반응성 별아교세포에서는 CSPG(chondroitin sulfate proteoglycan)가 발현되면서 아교상흔(glial scar)에 의해 공간(cavity)이 형성되어 축삭의 재성장을 억제한다.

최근에는 손상된 척수에 줄기세포를 이식하거나 척수 재생을 억제하는 단백질이 그 수용체와 결합하는 것을 차단하는 연구가 진행되고 있다. 손상 후 별아교세포가 반응성 별아교세포로 전환되는 것을 막고 이들 세포에서 발현되는 CSPG를 감소시키려는 시도도 이루어지고 있다. 이는 축삭의 재생을 막는 아교상흔의 크기를 줄일 수 있기 때문이다.

한편 중추신경계통의 재생 가능성과 관련하여 손상 후 신경 및 비신경세포의 증식을 유도하는 여러 요소들 중 신경성장인자(neurotrophic factors)의 과발현이 주목되고 있다.

일반적으로 잘 알려진 신경성장인자는 BDNF(brain-derived neurotrophic factor), NGF(nerve growth factor), NT3(neurotrophins-3) 등이다. 이들 중 특히 BDNF는 신경계의 성장과 분화 그리고 생존에 필수적 역할을 담당하는 신경인자로 주목받고 있다. 뇌졸중이나 척수손상 동물 모델 실험을 통해 신경 손상을 방지하고, 축삭 성장을 유도하여 기능적 회복을 촉진시키는 중요한 역할을 한다.

인위적으로 척수손상을 유발시킨 동물 모델을 운동시킨 후 척수신경의 재생과 기능 회복 기전이 연구되고 있다. 한 연구로서 실험동물을 마취상태에서 척추부위를 절개하여 9번 등뼈 부위를 노출시키고 일정한 강도로 타박손상을 입힌 후에 다시 손상을 봉합하는 수술을 한 다음에 7주 동안 주 5회 30분씩 동물 트레드밀을 이용하여 재활운동을 수행하여 나타난 효과를 그림 6-12, 13, 14에 나타냈다.

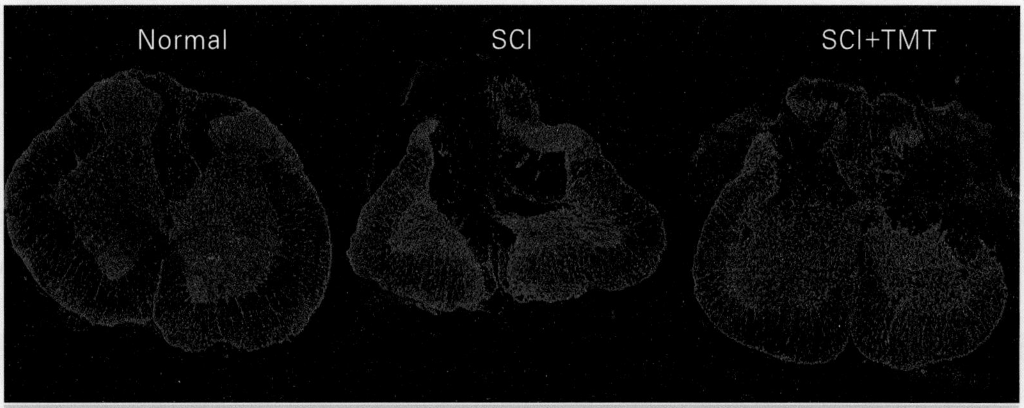

그림 6-12. 척수손상 8주 후 손상부위 공간(cavity)의 크기 변화

SCI: 척수손상(spinal cord injury), TMT: 훈련(treadmill training)

그림 6-12를 보면 척수 타박 후에 그대로 놔둔 통제군(SCI)에 비해 7주간의 재활운동을 수행한 훈련군(SCI+TMT)에게서 손상된 척수부위의 형태가 현저히 회복되고, 아교상흔의 크기도 현저하게 줄어들었음을 알 수 있다. 손상부위에서의 신경성장인자인 BDNF를 비롯한 신경성장인자의 발현량도 척수손상 후 훈련을 시켰을 때 현저하게 증가하는 것으로 나타난다[그림 6-13].

그리고 그림 6-14에서와 같이 척수손상 이후에 통제군은 가자미근의 면적이 현저히 감소하였으나 손상 후 훈련을 행한 그룹에서는 가자미근의 면적이 손상 이전의 상태가 거의 유지되었다. 훈련군에서는 이러한 신경과 근육의 형태적 회복과 더불어 보행기능도 통제군에 비해 현저히 개선된 결과를 보여준다.

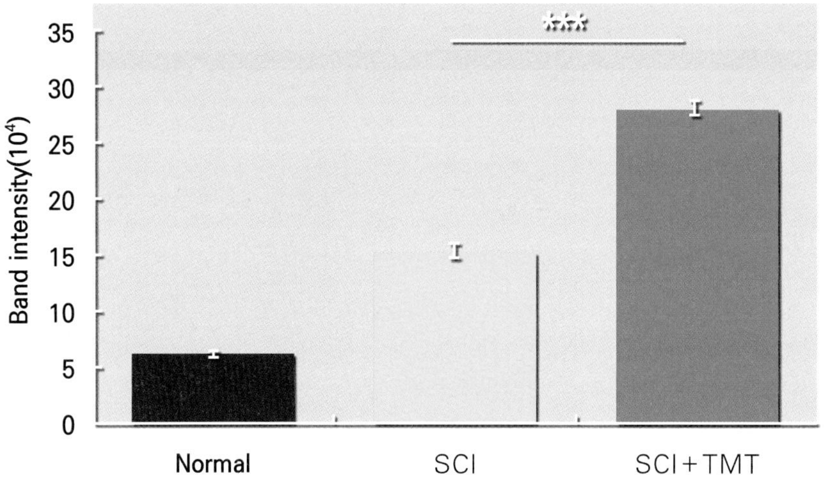

그림 6-13. 척수손상 8주 후 BDNF 발현량의 변화

SCI : 척수손상(spinal cord injury), TMT : 훈련(treadmill training)

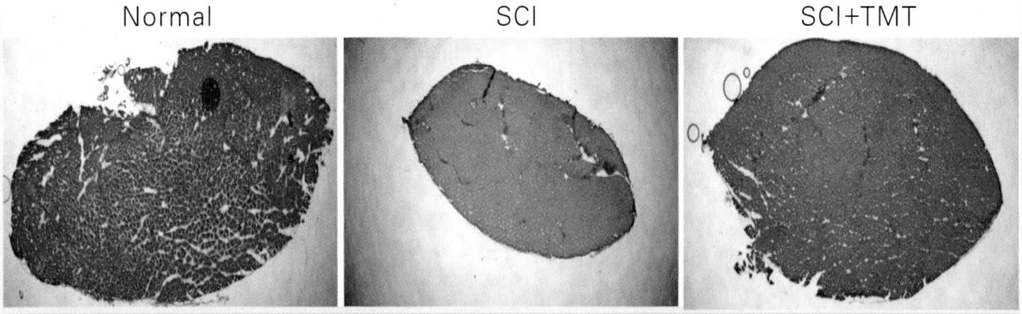

그림 6-14. 척수손상 8주 후 가자미근 형태의 변화

SCI: 척수손상(spinal cord injury), TMT: 훈련(treadmill training)

6.4 세포막전압과 자극전달의 원리

6.4.1 안정막전압의 형성원리

세포막을 기준으로 그 안쪽은 전기적으로 음극을 띠고 바깥쪽은 양극을 띠고 있다. 이러한 분극 현상이 생기는 이유는 세포막 내외에서 전기적으로 양성인 이온과 음성인 이온이 불균형하게 분포되어 있기 때문이다. 이러한 이온의 분포는 신경자극과 근육수축에 매우 중요하다. 세포 안에서는 포타슘(K$^+$, potassium)이 주요 양이온이고, 세포 밖에서는 소듐(Na$^+$, sodium)이 주요 양이온이다. 세포 내에는 PO_4나 SO_4, 단백질과 같은 세포막을 잘 통과하지 못하는 음이온이 많다.

세포막에 있는 단백질로 된 이온통로는 어떤 이온은 잘 드나들 수 있게 하지만 다른 이온에 대해서는 열리지 않는 선택적 투과성을 갖고 있다. 세포가 자극을 받지 않는 안정상태에서는 이러한 세포막 통로의 선택적 투과성 때문에 포타슘(K$^+$)은 세포 안에서 밖으로 쉽게 나가는 경향이 있지만, 반대로 세포 밖의 소듐(Na$^+$)은 세포 안쪽으로 잘 들어오지 못한다.

안정상태의 세포는 매 순간 양이온인 포타슘(K$^+$)이 세포막을 통해 세포 밖으로 나가는 현상과 음전하를 갖는 세포 안의 단백질로 인해서 세포막 바깥쪽은 약간 양전하를 띠고 세포막 안쪽은 음전하를 띠는 전위차를 갖는데, 이를 분극이라고 한다.

이러한 이유로 분극된 세포막 안쪽과 바깥쪽 사이의 전위차(potential difference)는 약 -70mV인데, 이를 안정막전압(resting potential)이라고 한다. 이 안정막전압으로 인해 세포는 신경자극을 보낼 수 있게 된다.

6.4.2 탈분극과 활동전압

세포막 안쪽에서 -70mV의 안정막전압은 여러 가지 요인의 영향을 받는다. 예를 들어 온도나 빛, 압력 등 신체외부의 자극이나 다른 신경세포로부터 전달되는 신호(신경자극)에 의해 세포막 특정부위에서 안정막전압은 변화될 수 있다. 만약 그 자극에 의해 막의 전압이 안정막전압보다 양성이 되면 탈분극(depolarization)되었다고 한다. 반면에 그 자극에 의해 막의 전압이 안정막전압보다 음성이 되면 과분극(hyperpolarization)되었다고 한다.

탈분극되기에 충분한 자극이 주어졌을 때 그 최소의 전압을 역치전압(threshold voltage)이라고 한다. 역치전압에 도달하면 막의 전압 변화에 민감한 특정 이온통로가 열리게 된다. 그런데 단일자극은 역치전압에 도달할 만큼 충분한 자극이 되지 못하는 경우가 많다.

그러나 이전의 자극에 이어 새로운 자극이 연속적으로 주어지면 특정부위의 막전위가 더 크게 변화하는 현상이 나타나는데, 이를 가중(summation)효과라고 한다. 가중효과에 의해 역치전압에 도달하면 활동전압(action potential)이 생성된다.

6.4.3 자극의 전달과정

세포막에 존재하는 이온통로들은 막전압의 변화에 민감하게 반응한다. 즉 안정막전압의 상태에서 이들 이온통로는 닫혀 있지만, 역치전압에 도달하면 즉시 통로가 열리게 된다. 신경섬유의 방아쇠구역(trigger zone)이라는 특정 부위는 전압의 변화에 민감한 소듐통로(sodium channels)를 많이 갖고 있다.

신경섬유에 의해 자극이 미세한 전류의 형태로 전달되는 과정을 순서대로 설명하면 다음과 같다.

(1) 자극에 의해 안정막전압이 역치전압에 도달하면 방아쇠구역의 소듐통로가 열리고, 세포 밖의 소듐(Na^+)이 세포 내로 확산되어 들어온다. 양이온인 소듐이 세포 내로 다량 유입되면 세포막 안쪽은 양성이 되어 막전압이 +30mV까지 뛰어 오른다. 이러한 현상을 탈분극(depolarization)이라고 하며, 탈분극에 의해 발생하는 막전압을 활동전압(action potentials)이라고 한다[그림

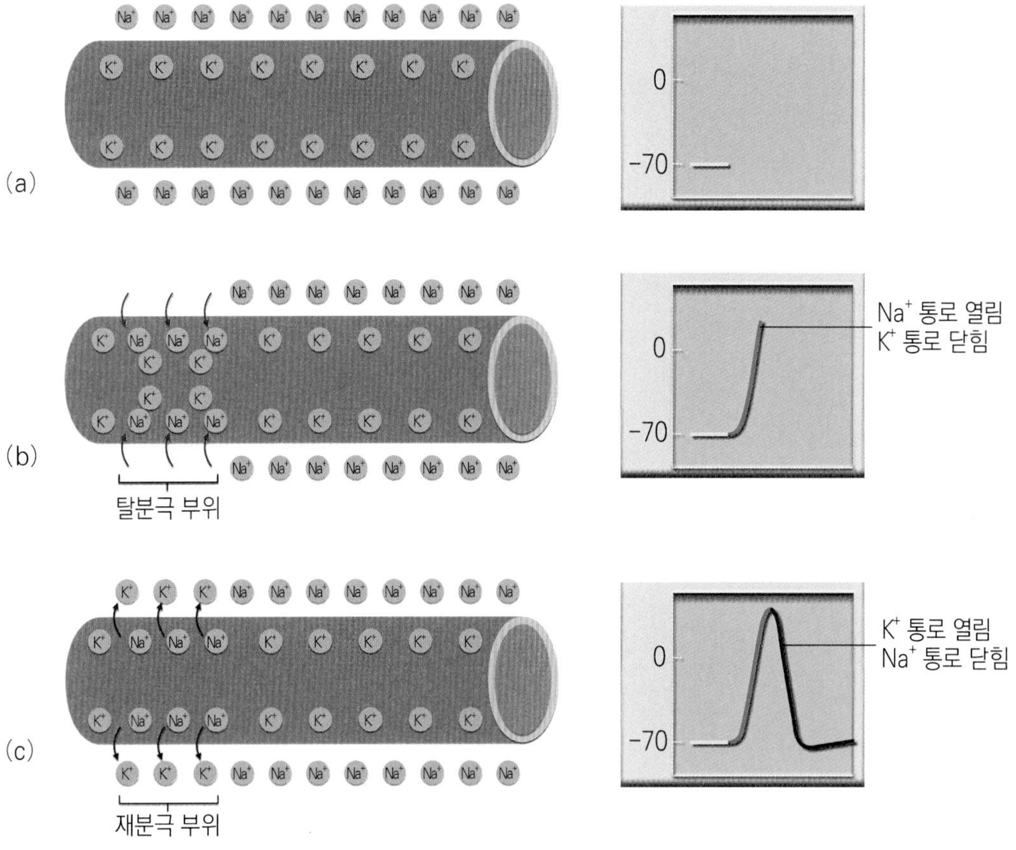

그림 6-15. 탈분극과 재분극 시 이온의 이동

(a) 막전압은 약 -70mV
(b) 자극이 역치에 도달할 때 Na^+ 통로가 열려 Na^+이 세포 안으로 들어오면 탈분극이 일어난다.
(c) 뒤이어 K^+ 통로가 열려서 K^+이 세포 밖으로 유출되면서 재분극이 일어난다.

6-15b].

(2) 활동전압이 발생한 신경섬유 부분은 Na^+의 유입으로 세포 내 하전이 음성에서 양성으로 바뀌었지만, 인접한 부분은 전기적으로 음성이어서 전류는 섬유 안의 +부분에서 -부분으로 흐르게 된다.

(3) 활동전압이 최고값(약 +30mV)에 도달함과 동시에 전압변화에 민감한 세포막의 포타슘 통로가 열리면서 세포 안의 포타슘(K^+)이 세포 밖으로 확산되어 나간다. 포타슘이 세포 밖으로 나가면 세포막 안쪽은 다시 음극상태로 돌아간다. 이처럼 탈분극에 이어 세포막 안쪽이 다시 음극으로 돌아가는 현상을 재분극(repolarization)이라고 한다[그림 6-15].

(4) 그런데 재분극 과정에서는 포타슘이 세포 밖으로 더 많이 나가기 때문에 세포막전압은 안정막전압보다 약간 더 감소하는데 이를 과분극(hyperpolarization)이라고 한다[그림 6-16].

(5) 한편 재분극이 된 후에 더 이상의 자극을 받지 않은 신경섬유막 부위에서는 소듐-포타슘 펌프에 의해서 세포 내로 유입된 소듐(Na^+)을 밖으로 배출시키고, 세포 밖의 포타슘(K^+)은 다시 세포 내로 받아들인다. 이렇게 원래의 상태로 돌아가서 안정막전압을 회복한 세포부위는 다시 새로운 자극을 받아서 지속적인 탈분극을 일으킬 수 있게 된다.

(6) 인접한 부분에 미세한 전류의 형태로 자극이 도달하면 소듐통로가 열려 소듐이 세포 안으로 확산되어 들어오는 것을 시작으로 앞서 설명한 동일한 과정이 일어나면서 지속적으로 인접한 부위로 전류를 흐르게 한다.

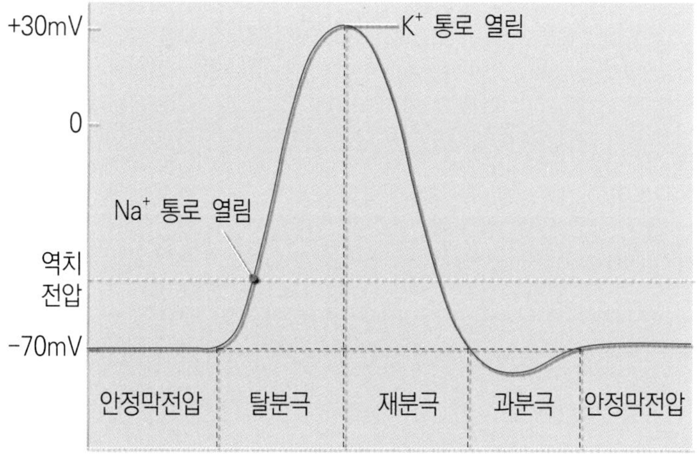

그림 6-16. 안정막전압과 활동전압

6.4.4 소듐-포타슘 펌프

모든 세포의 세포막에는 소듐-포타슘 펌프(Na^+-K^+ pump)라고 하는 특수한 펌프가 존재한다. 이 펌프는 소듐(Na^+)을 바깥쪽으로 내보내고, 포타슘은 세포 안으로 받아들이는 작용을 한다[그림 6-17]. 이

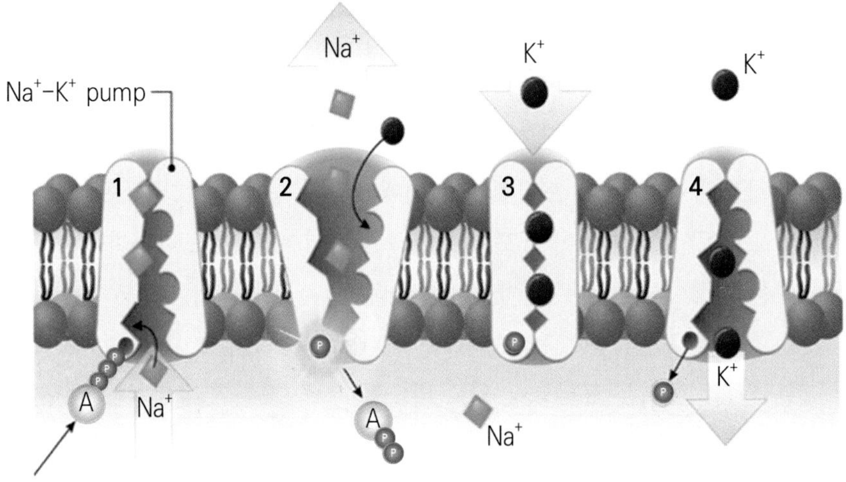

그림 6-17. 소듐-포타슘 펌프(Na⁺- K⁺ pump)

소듐-포타슘 펌프에 세 개의 소듐이 결합함과 동시에 1개의 ATP가 부착된다. ATP가 분해되는 에너지로 펌프의 모양이 변형되며 소듐을 밖으로 내보낸다. 이어서 두 개의 포타슘이 펌프와 결합되어 세포 내로 들어온다

펌프의 작용에 의해서 세포 밖은 소듐(Na⁺)의 농도가 높게 유지되고, 세포 안은 포타슘(K⁺)의 농도가 높게 유지되는데, 이는 신경자극의 전달에 매우 중요하다.

모든 세포는 바로 이 소듐-포타슘 펌프를 이용하여 쉬지 않고 소듐을 퍼내고 포타슘을 받아들이면서 생명을 유지한다. 우리가 쓰는 에너지 대부분은 이 펌프를 작동하는 데 소비한다. 신경세포에서는 자극을 전달하고 나서 뒤이은 연속적인 자극전달을 위해서 소듐-포타슘 펌프의 쉴 새 없는 작용에 의해 세포 밖에는 소듐, 세포 안에는 포타슘의 농도를 높게 유지해야 한다.

6.4.5 말이집신경섬유와 도약전도

탈분극과 재분극을 포함하는 활동전압의 발생 과정은 1/1,000초 이하의 순간 동안 일어난다. 한 신경세포의 방아쇠구역(trigger zone)에서 발생한 활동전압이 인접한 막으로 전류를 보내면 이는 연쇄적으로 인접한 막에서 새로운 활동전압을 일으키게 된다. 이처럼 활동전압이 신경섬유를 따라 연쇄적으로 일어나는 것을 신경자극(nerve impulse)이라고 한다.

민말이집신경섬유(무수신경섬유)에서는 이러한 자극의 전달은 신경섬유의 전체 표면에 걸쳐 이루어진다. 반면에 말이집신경섬유(유수신경섬유)의 경우에는 축삭을 따라 말이집이 덮여 있는 부분에서는 탈분극이 일어나지 않는다. 축삭을 덮고 있는 말이집은 대부분 지방으로 이루어져 있어서 전기적으로 절연체로서 작용할 뿐만 아니라 대부분 수용성인 이온에 대해 비투과성으로 작용하기 때문이다.

그러나 말이집신경섬유의 축삭이 노출된 부위(랑비에 마디)에서는 소듐 통로와 포타슘 통로가 있어

서 전류가 도달하면 탈분극이 일어나고 활동전압이 발생한다. 랑비에 마디에서 생성되는 활동전압은 다음 마디로 전류를 보내게 된다. 이처럼 활동전압은 마디에서 마디로 점프하듯이 전달되기 때문에 이를 '도약전도'라고 한다. 말이집신경섬유는 이러한 도약전도를 하기 때문에 신경자극의 전달속도가 무수신경에 비해 수 배에서 수십 배 빠르게 이루어진다.

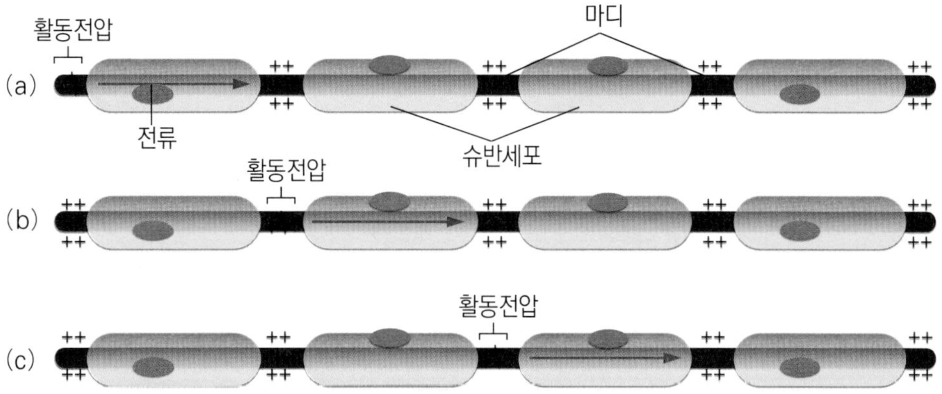

그림 6-18. 랑비에마디와 도약전도

말이집 신경섬유에서는 신경자극이 마디에서 마디로 도약하는 것처럼 보인다.

6.5 신경연접부

6.5.1 시냅스의 구조

신경자극의 전달은 두 신경섬유 간의 연접부위인 시냅스(synapse, 연접)를 통해 가능하게 된다. 축삭의 끝은 다른 신경섬유의 세포체나 가지돌기와 시냅스를 이루어 자극을 전달해준다. 시냅스를 이루기 전에 자극을 전달해주는 신경섬유를 시냅스이전섬유라고 하고, 시냅스를 통해 자극을 받는 신경섬유를 시냅스이후섬유라고 한다.

시냅스의 구조는 그림 6-19에 제시되어 있다. 시냅스는 자극을 전달하는 쪽의 세포막인 시냅스이전막과 자극을 받아들이는 쪽의 세포막인 시냅스이후막, 그리고 시냅스이전막과 이후막 사이의 시냅스틈새(synaptic cleft)로 구성되어 있다. 시냅스이전섬유의 축삭종말은 약간 부풀어오른 주머니모양을 하고 있는데, 그 안에는 신경전달물질을 저장하고 있는 소포(vesicle)가 있다.

시냅스에서의 자극전달과정을 대략적으로 설명하면 신경자극이 축삭을 따라 종말부위의 시냅스단추(synaptic knobs)에 이르면 전압의 변화에 민감한 칼슘통로가 열리면서 세포외액의 칼슘이 세포 내(종말단추 부위)로 유입된다. 세포 내의 칼슘 농도가 증가하면 시냅스단추의 많은 소포(vesicle)들이 시냅스

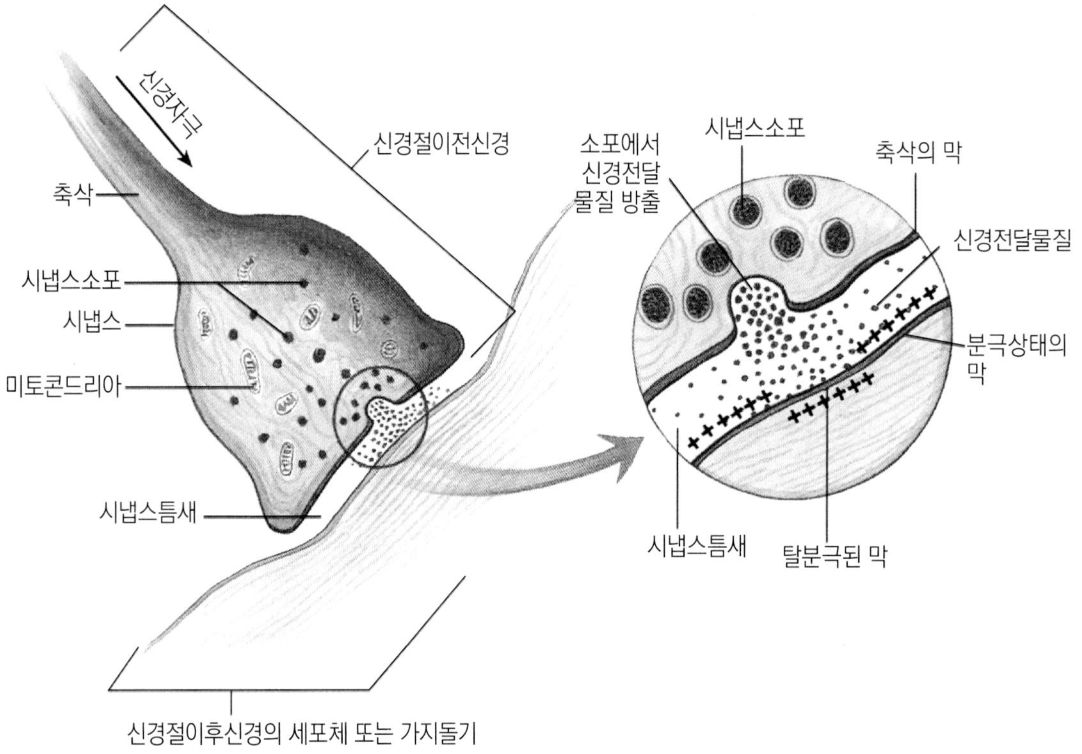

그림 6-19. 시냅스에서의 자극 전달

이전막과 융합된다. 이 소포들은 신경전달물질이라고 하는 화학물질을 저장하고 있는데, 시냅스이전막과 융합하여 토세포작용(exocytosis)에 의해 이들 신경전달물질을 시냅스틈새로 방출하게 된다.

시냅스틈새로 방출된 신경전달물질이 시냅스이후막의 수용체와 결합하면 시냅스이후막에 탈분극이 일어나고, 자극의 전달이 이루어지게 된다.

6.5.2 시냅스전압

시냅스이전막으로부터 방출된 신경전달물질이 시냅스틈새로 확산되어 시냅스이후막의 수용체와 결합하면 특정 이온통로가 열리거나 닫히게 된다. 이러한 이온통로의 개폐로 인해 특정이온이 시냅스이후막을 통해 이동하면 시냅스전압(synaptic potential)이 발생함으로써 자극의 전도가 이루어진다.

시냅스전압은 자극을 받는 신경섬유막, 즉 시냅스이후막을 탈분극시키거나 과분극시킨다. 예를 들어 신경전달물질이 시냅스이후막의 수용체와 결합할 때, 소듐통로가 열리면서 세포 밖의 소듐(Na^+)이 세포 내로 유입되면 시냅스이후막은 탈분극된다. 세포막이 탈분극된다는 것은 그만큼 안정막전압에 비해 양극을 띠게 된다는 것을 의미하는데, 이는 역치전압에 더욱 가까워져 활동전압이 보다 쉽게 발생한다는 것을 의미한다. 이러한 형태의 막전압 변화를 흥분성 시냅스후전위(EPSP : excitatory postsynaptic potential)라고 한다.

반면 다른 신경전달물질이 시냅스이전막으로부터 방출되어 시냅스이후막의 특정수용체와 결합할 때 염소이온(Cl^-)에 대한 투과성이 증가한다면 반대의 현상이 일어난다. 즉 세포 밖의 염소가 염소이온통로를 통해 세포 안으로 이동하면 시냅스이후막은 과분극된다. 과분극된다는 것은 안정막전압보다 더 음극을 띠게 된다는 것을 의미한다. 시냅스이후막이 음극을 더 띠게 되면 역치전압에 도달하기 힘들어지는데, 이는 활동전압이 일어나기 어렵다는 것을 의미한다. 시냅스이후막에서 일어나는 이러한 막전압의 변화를 억제성 시냅스후전위(IPSP : inhibitory postsynaptic potential)라고 한다.

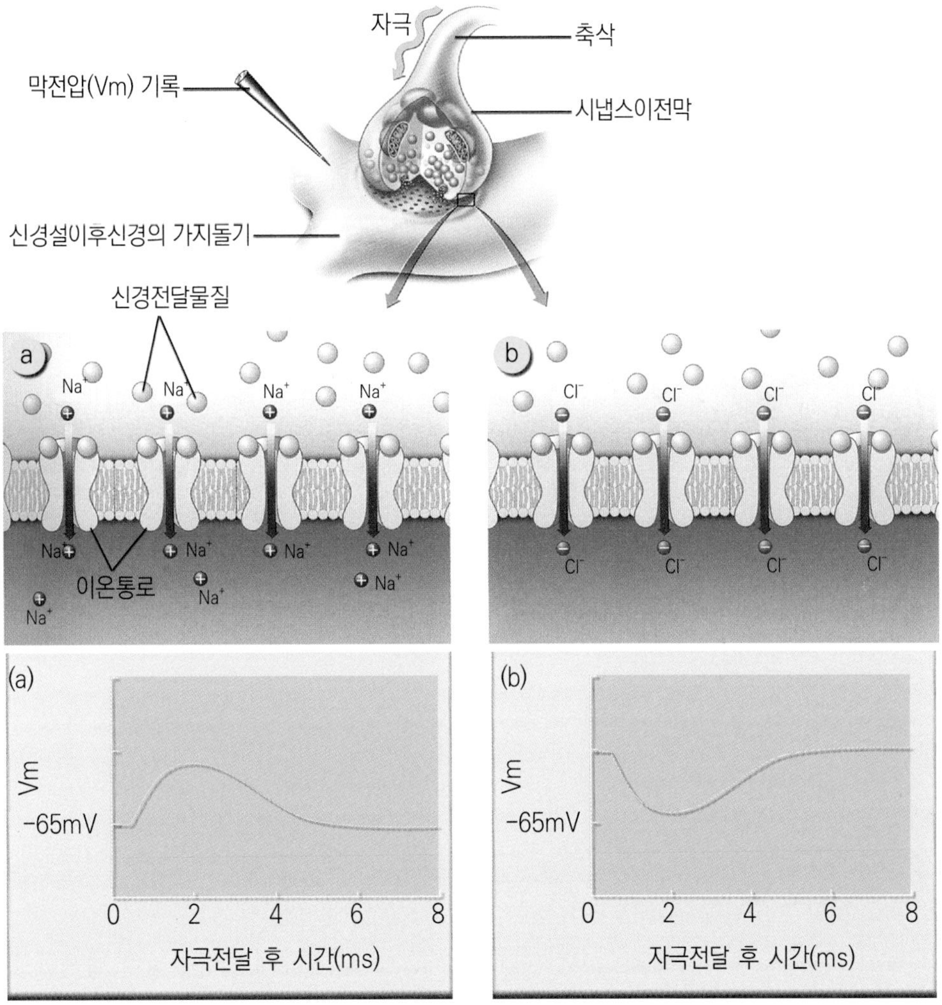

그림 6-20. 흥분성과 억제성 시냅스후전위

(a) 흥분성 시냅스후전위 : 시냅스이전막에서 도달한 자극이 신경전달물질의 분비를 유발하고, 신경전달물질이 시냅스이후막 이온 통로의 수용체와 결합한다. 이어서 Na^+가 시냅스이후막 안으로 들어가면 흥분성 시냅스후전위(EPSP)가 발생한다.

(b) 억제성 시냅스후전위 : 시냅스이전막에서 도달한 자극이 신경전달물질의 분비를 유발하고, 신경전달물질이 시냅스이후막 이온 통로의 수용체와 결합한다. 이어서 Cl^-가 시냅스이후막 안으로 들어가면 억제성 시냅스후전위(IPSP)가 발생한다.

plus+

신경전달물질의 종류

아세틸콜린이나 노르에피네프린 외에 주로 중추신경 내의 시냅스에서 작용하는 신경전달물질에는 도파민, 세로토닌과 같은 아미노산전이물질이나 글리신, 글루탐산, 아스파르트산, 그리고 감마-아미노뷰틸산(gamma-aminobutyric acid : GABA)과 같은 아미노산, 엔케팔린이나 substance P와 같은 펩타이드가 있다.

대부분의 신경전달물질은 신경섬유의 세포질에서 합성되고, 종말단추의 소포 내에 저장된다. 이러한 신경전달물질은 분비된 후에는 효소에 의해 분해되거나 시냅스이전막에 의해 재흡수된다. 분비된 신경전달물질을 분해하거나 재흡수함으로써 시냅스이후섬유가 지속적으로 자극받는 것을 방지할 수 있다. 만일 유전이나 기타 요인에 의해 신경전달물질을 합성하거나 분해하는 효소가 부족하다면 여러 가지 질환이 발생할 수 있다.

즉 신경전달물질의 불균형은 여러 가지 중추신경질환과 관계가 있다. 예를 들어 알츠하이머병은 아세틸콜린, 파킨슨씨병은 도파민, 불면증은 세로토닌의 결핍과 각각 관련이 있는 것으로 알려져 있다. 간질증상은 과도한 GABA의 분비와 연관되어 있고, substance P는 뇌나 척수에서 통증자극을 전달하는 역할을 하며, 엔케팔린이나 엔도르핀은 반대로 통증을 전달하는 신경세포로부터 substance P의 분비를 억제함으로써 통증을 경감시키는 작용을 한다.

일정 강도 이상의 운동은 엔케팔린 또는 엔도르핀(β-endorphin), 또는 엔도카나비노이드의 분비를 촉진시키는데, 이러한 신경전달물질 또는 호르몬의 분비는 운동유발성 무통감각(exercise-induced analgesia)과 관련있는 것으로 연구되고 있다.

억제성 후전위는 염소이온통로 대신에 포타슘 이온 통로를 통하여 발생하기도 한다. 예를 들어 시냅스이전막에서 분비된 신경전달물질에 의해 포타슘 이온 통로가 열려 세포 안의 포타슘이 세포 밖으로 유출되면 세포막(시냅스이후막)은 더 음극을 띠게 된다.

뇌 또는 척수에서 하나의 신경섬유세포체나 가지돌기는 다른 신경세포들과 수천 개 이상의 시냅스를 형성한다.

자극을 전달하는 신경섬유(뉴런)에는 억제성 뉴런과 흥분성 뉴런이 있다. 억제성 뉴런은 억제성 신경전달물질을 방출하며, 흥분성 뉴런은 흥분성 신경전달물질을 방출한다. 하나의 신경섬유에 활동전압이 일어날 것인지 아닌지를 결정하는 것은 EPSP와 IPSP의 총합에 의해 결정된다. 즉 EPSP가 IPSP에 비하여 더욱 커서 역치전압에 도달한다면, 시냅스이후섬유에 활동전압이 발생하고 자극은 전도된다. 반대로 IPSP가 상대적으로 크다면 활동전압은 일어나지 않고 자극은 더 이상 전달되지 않게 된다.

이러한 흥분성과 억제성 자극의 총합에 따른 효과는 시냅스이후섬유의 방아쇠구역(trigger zone)에서 일어나는데, 이 구역은 축삭의 시작부위에 주로 위치한다[그림 6-22].

6.5.3 신경근육연접과 아세틸콜린

시냅스에서 자극전달을 담당하는 신경전달물질은 신경의 종류에 따라 여러 가지가 있다. 부교감신경은 신경절이전섬유나 신경절이후섬유 모두 아세틸콜린(acetylcholine)을 분비하여 작용하므로 콜린작동성 뉴런이라고 한다. 교감신경의 신경절이전섬유도 말단에서 아세틸콜린을 분비하므로 콜린작동성 뉴런이다. 그러나 교감신경의 신경절이후섬유에서는 노르에피네프린(norepinephrine)을 분비하므로 아드레날린작동성 뉴런이라고 한다.

시냅스는 두 신경섬유 간의 연접을 가리킨다. 신경이 근육과 연접하는 것은 '신경근육연접'이라고 한다[그림 6-21]. 뼈대근육의 신경근육연접에서 자극전달의 역할을 하는 신경전달물질은 아세틸콜린이다.

신경섬유의 종말단추에서 아세틸콜린이 분비되면 분비된 아세틸콜린은 연접부위의 근육섬유막이 함입된 부위에 존재하는 아세틸콜린수용체와 결합하게 된다. 아세틸콜린과 근육섬유 수용체 간 결합이 이루어지면 근육섬유막의 소듐 통로가 열리면서 세포외액의 소듐이 근육섬유 내로 유입되고

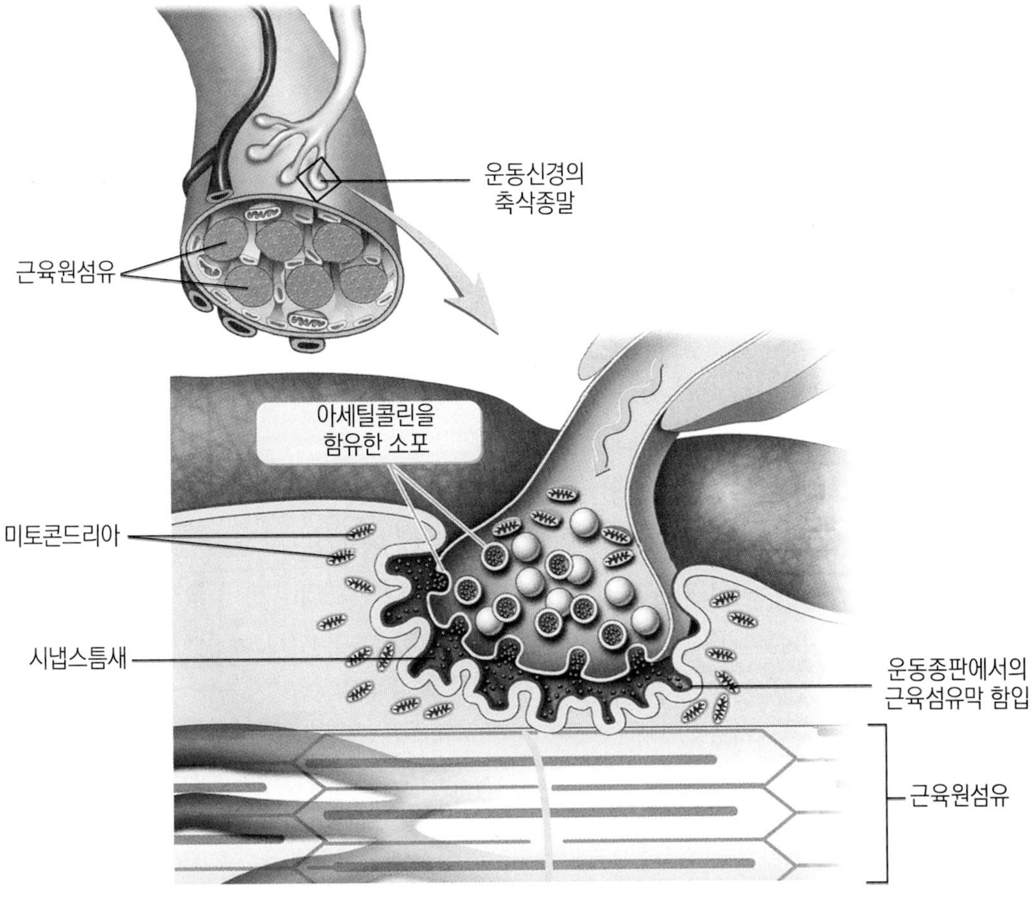

그림 6-21. 신경근육연접

이어서 활동전압이 발생한다. 이 활동전압은 근육섬유막을 타고 전파되다가 T세관 내로 전달되면서 근육수축과정이 시작되도록 한다.

시냅스나 신경근육연접에서 분비된 아세틸콜린은 분해효소(acetylcholinesterase)에 의해 분해되어 자극이 전달되기 전의 상태로 되돌아가며, 시냅스이후신경 또는 근육섬유는 다시 새로운 자극을 받을 준비를 하게 된다.

이처럼 아세틸콜린은 뼈대근육의 신경근육연접에서는 흥분성으로 작용하지만, 심장근육에서는 억제성으로 작용한다. 즉 심장근육에는 부교감신경섬유 끝에서 분비된 아세틸콜린이 심장근육세포의 수용체와 결합하면 뼈대근육에서와는 달리 포타슘 이온 통로가 열리게 된다. 심장근육세포 내의 포타슘이 세포 밖으로 이동함에 따라 심장근육의 세포막은 과분극을 일으키고, 그로 인해 IPSP가 발생하여 심장근육의 흥분을 억제하게 된다.

6.6 근력의 신경성 조절

6.6.1 신경섬유로의 억제성·흥분성 자극

앞서 설명했듯이 신경섬유(neuron)는 다른 뉴런으로 소량의 화학물질(신경전달물질)을 보냄으로써 신호를 전달한다. 이 신경전달물질에는 뉴런을 흥분시키는 흥분성 신경전달물질과 뉴런을 억제하는 억제성 신경전달물질이 있다.

뉴런은 두 가지 중 어느 한 가지만을 분비하기 때문에 흥분성 뉴런과 억제성 뉴런으로 나누어진다. 어느 한 개의 뉴런은 그 가지돌기와 세포체에 흥분성 뉴런과 억제성 뉴런이 여러 개 접합(시냅스)되어 있다. 이 운동뉴런이 어느 순간 흥분하거나 억제되는 것은 그순간 이 뉴런에 도달한 모든 흥분성 및 억제성 자극의 순효과(net effect)에 달려 있다.

예를 들어 어떤 운동뉴런의 방아쇠구역(trigger zone)의 흥분역치가 100mV라고 가정하자. 어느 시점에 이 운동뉴런의 세포체나 가지돌기를 통해 전달된 흥분성 시냅스후전위(EPSP)가 150mV이고, 반면 억제성 시냅스후전위(IPSP)는 100mV라고 한다면, 그 순효과는 50mV만이 방아쇠구역(trigger zone)에 작용한다. 그렇다면 흥분역치(100mV)에는 미치지 못하므로 탈분극은 더 이상 일어나지 않는다. 따라서 이 운동뉴런은 자극을 더 이상 전달하지 않게 되는 것이다.

반면 이 뉴런에 어느 순간 150mV의 EPSP와 20mV의 IPSP가 도달한다면, 그 순효과는 130mV로서 흥분역치를 초과하여 이 운동뉴런은 흥분하게 된다. 운동뉴런이 흥분하게 되는 경로에는 다음 세 가지가 있는데, 가장 일반적인 것은 ③의 경로이다.

① 억제성 자극은 일정한 상태로 흥분성 자극이 증가할 때

② 흥분성 자극은 일정한 상태로 억제성 자극이 감소할 때

③ 흥분성 자극은 증가하고 억제성 자극은 감소할 때

흥분성 및 억제성 자극은 모두 뇌의 하위영역으로부터 척수의 운동뉴런으로 내려간다. 억제성 자극은 갑작스런 흥분성 자극이 전달될 때 나타나는 경련성 근육수축을 억제하는 데 중요하다.

구심성 감각신경도 억제성 작용이 없다면 중추신경계통이 일일이 반응해야 할 자극이 무수히 많아질 것이다. 예를 들어서 앉아 있거나 서 있을 때의 계속적인 압박감, 옷에 의한 피부감촉, 무수히 많은 냄새와 소음 등은 억제뉴런의 자극에 의해 중추신경계통에 선택적으로 도달하게 되는데, 우리는 그중에서 일부만 느끼게 되는 것이다.

그림 6-22는 시냅스이후섬유의 방아쇠구역(trigger zone)에서 활동전압이 어떻게 발생하고 또 어떻게 억제되는지를 보여주고 있다. 이처럼 시냅스이후섬유에 동시에 도달하는 여러 개의 흥분성 자극의 순효과 총합이 방아쇠구역의 흥분역치에 도달하여 활동전압이 발생할 때, 이를 공간적 가중(spatial summation)이라고 한다.

한편 최대근력을 발휘하고자 할 때 뇌줄기로부터 내려오는 억제성 자극은 대부분 차단된다. 근력에 개인차가 나타나는 이유는 억제성 자극을 차단하여 더 많은 운동뉴런이 흥분역치에 도달하도록 하는 능력이 다르기 때문이라고 할 수 있다. 차에 깔린 어린아이를 구하기 위해 어머니가 차를 들어올리는 불가사의한 힘을 발휘하는 일이 일어날 수 있는 것은 순간적으로 이러한 억제성 자극이 완전히 차단되어 초인적 힘이 발휘된 것으로 생각할 수 있다. 근력 훈련에 의해서도 운동뉴런으로 전달되는 뇌의 억제성 자극을 감소시키는 능력이 개선되는 것으로 볼 수 있다.

시냅스이후섬유의 방아쇠구역에서 활동전압이 일어나기 위해서는 공간적 가중이 필요하다. 공간적 가중이란 어느 시점에 시냅스이후섬유에 동시에 도달한 흥분성 자극의 총합이 신경섬유의 흥

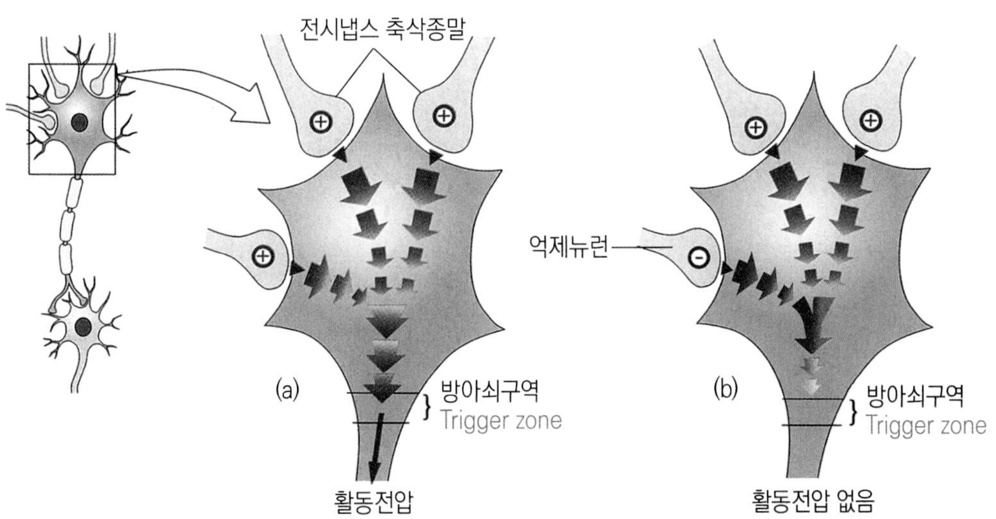

그림 6-22. 신경자극의 공간적 가중

분역치에 도달함을 의미한다. 만일 시냅스이후섬유에 자극이 시간차를 두고 도달할 때 시간간격이 크다면 각각의 자극은 방아쇠구역에서의 흥분역치에 도달하지 못한다[그림 6-23a]. 그러나 그림 6-23의 (b)와 같이 두 자극 사이의 시간차이가 짧다면 흥분역치에 도달하게 되어 활동전압이 발생하게 되는데, 이를 시간적 가중(temporal summation)이라고 한다.

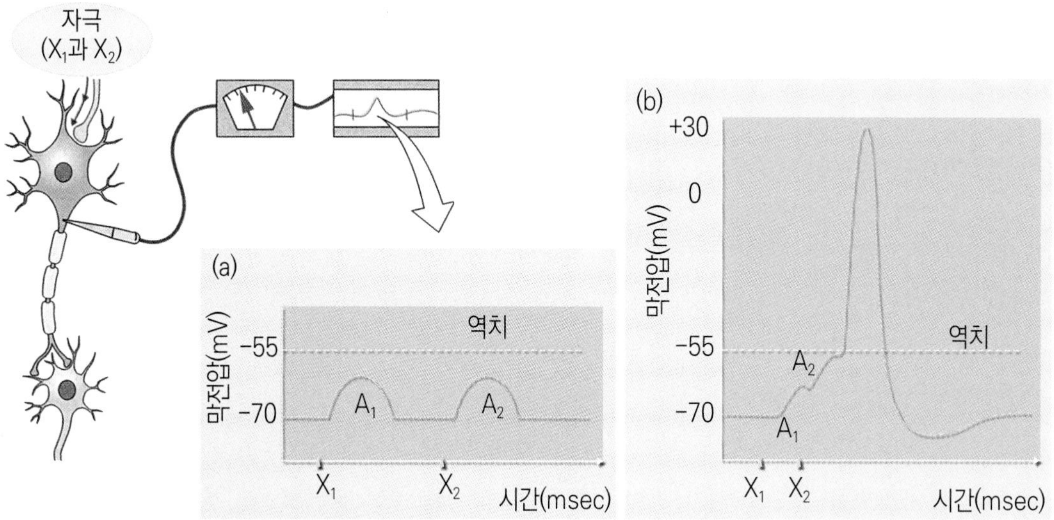

그림 6-23. 신경자극의 시간적 가중

6.6.2 운동단위와 근력조절

인체가 근육의 수축력을 조절할 때는 두 가지 방법이 이용된다. 하나는 힘을 발휘하는 데 동원되는 운동단위(motor unit)의 총수효를 조절하는 것이고, 다른 하나는 일정한 수의 운동단위를 흥분시키는 자극의 빈도를 변화시키는 것이다.

하나의 운동단위는 척수에서 나온 하나의 운동신경섬유(운동뉴런)와 그 신경섬유에 의해 지배되는 여러 개의 근육섬유로 이루어진다[그림 6-24]. 한 개의 운동뉴런에 의해 지배되는 근육섬유의 수는 5~1,000개로 매우 다양하다. 눈 근육이나 손가락근육과 같이 세밀한 조절이 필요한 근육에서는 1개의 운동뉴런이 지배하는 근육섬유 수가 각각 45개와 평균 340개 정도로 적지만, 세밀한 조절이 필요하지 않은 장딴지근(gastrocnemius)과 같은 큰 근육에서는 1,000개 이상이 되기도 한다.

한 개의 운동뉴런에 의해 지배되는 근육섬유들은 모두 동일한 근육섬유 형태, 즉 속근섬유나 지근섬유 중 어느 한 가지에 속한다. 근력은 얼마나 많은 운동단위가 동원되는가에 의해 영향을 받는다. 그러나 이 운동단위들은 자의적 근육수축 시에는 동시에 흥분되지 않고 일부 운동단위가 힘을 발휘하는 동안 나머지 운동단위는 휴식상태에 있으므로 교대로 힘을 발휘하게 된다. 그렇게 함으로써 특정 운동단위가 피로해지지 않도록 한다. 따라서 동일한 운동단위가 동원될지라도 자극의 빈도

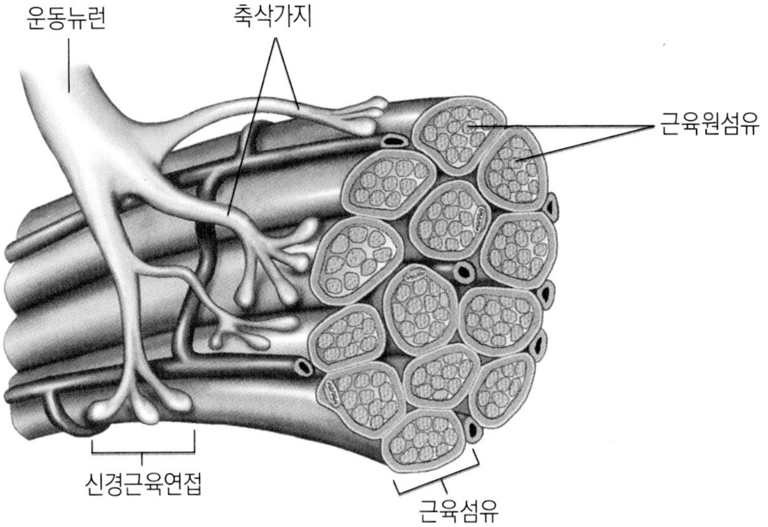

그림 6-24. 운동단위

를 높여서 어느 순간 동시에 힘을 발휘하는 운동단위의 수가 많아지면 근력은 증가하게 될 것이다.

동원되는 운동단위의 총수효는 최대한의 단시간 수축 시의 첫단계에서 중요한 역할을 하며, 그 후 근육수축시간을 지속시키는 데는 자극빈도를 증가시키는 것이 보다 큰 역할을 한다고 생각된다.

6.6.3 신경근의 피로와 근력 감소

피로란 반복적인 자극에 의해 발휘되는 근력이 감소하는 현상이다. 근력 발휘에는 다음 네 가지 주요 구성요소가 참여한다.

① 중추신경계통, ② 말초신경계통, ③ 신경근육연접부, ④ 근육섬유

어떠한 이유든지 피로는 중추신경과 근육섬유 사이의 자극전달과정에 문제가 있기 때문에 발생한다. 그 이유를 열거하면, 다음과 같다.

6.6.3.1 중추신경의 피로

뇌의 여러 영역에서 중추신경전달물질(세로토닌, 도파민, 아세틸콜린 등)의 수준이 운동으로 인해 변화될 수 있다. 운동은 암모니아(NH_3) 또는 면역세포에 의해 분비되는 사이토카인(cytokines)의 생성을 일시적으로 증가시킨다. 이들 물질은 중추신경전달물질의 수준을 변화시켜 사람의 정서적·인지적 능력에 영향을 준다.

반복적인 인터벌 저항운동의 휴식기에 암산을 하도록 할 때 뒤이은 운동기에서 더 큰 작업량을 달성한다든지, 눈을 감고 반복적인 중량 들기를 하여 피로에 도달한 시점에서 단순히 눈을 뜬 것만으로도 근육의 장력이 회복되는 현상이 보고되고 있다. 이러한 결과들은 중추신경계통의 각성

(arousal)이 근력을 증가시키기 위한 운동단위(motor unit)의 동원을 촉진시킴을 보여준다.

6.6.3.2 인원질 등 에너지원의 고갈

활동근육에서 글리코겐의 수준이 현저히 감소하면 비록 충분한 산소가 공급되더라도 피로를 느낀다. 또 총인원질(PCr+ATP)량의 감소도 피로를 초래한다. 즉 ATP의 생산속도가 ATP 이용속도를 따르지 못할 때 피로가 발생한다. 크레아틴인산(PCr)이 고갈되면 마이오키나제(myokinase)의 작용에 의한 ATP 생성량이 증가한다(ADP+ADP → ATP+AMP).

그러나 계속해서 ATP 요구량이 ATP 공급량을 초과하면 세포는 ATP의 수준을 유지하기 위해 작업속도를 제한함으로써 자신을 손상으로부터 보호한다. 왜냐하면 ATP는 이온(ion)을 세포 내외로 펌프하거나 세포구조를 유지하는 데 필수적 역할을 하기 때문이다. ATP 분해에 의해 무기인산(Pi)이 축적되면 무기인산은 교차결합에 직접 작용하여 액틴과의 결합을 감소시킨다.

6.6.3.3 수소 이온의 축적과 산성화

짧고 강한 운동을 하면 활동근육으로의 산소 부족과 무산소대사의 속도 증가로 인한 산성화가 피로를 초래한다. ATP가 분해되면 활동근육에서는 수소 이온(H^+) 농도의 급격하게 증가(산성화)한다.

$$ATP \rightarrow ADP + Pi + H^+$$

즉 수소 이온 농도의 증가는 미오신 ATPase와 해당과정의 속도조절효소인 가인산분해효소(phosphorylase)와 인산과당분해효소(PFK)의 활성도를 감소시킨다. 또한 근육수축을 개시하는 칼슘이 근육세포질세망에서 분비되는 것이 억제되고 칼슘과 트로포닌의 결합을 방해한다.

6.6.3.4 신경근육연접부에서의 피로

근육피로현상은 신경근육연접 부위에서도 발생할 수 있다. 반복적인 신경자극은 운동신경 끝에서 아세틸콜린의 반복적인 분비와 분해과정을 통해 근육에 전달된다. 정확한 기전은 알려지지 않고 있으나 연접부에서 이러한 과정에 문제가 있을 때에는 근육섬유막에서 활동전압(action potential)이 발생하지 않는다.

6.6.3.5 흥분-수축결합 장애 : 자극전도의 장애

하나의 유력한 가설은 운동 중 수소 이온(H^+)의 축적이나 암모니아(NH_3), 암모니아 이온(NH_4^+)의 축적이 근육섬유의 흥분-수축결합(excitation-contraction coupling)을 방해한다는 것이다. 즉 수소 이온이나 암모니아의 축적 등은 근육섬유막과 T세관에 계속적으로 자극이 전달될 때 Na^+/K^+ 펌프작용의 속도가 Na^+의 세포 내 유입과 K^+의 세포 밖 유출 속도를 따라잡지 못하는 원인이 된다. 그 결과 세포 내의 K^+은 감소하고 세포 밖에 K^+이 축적되어 활동전압을 재차 발생시키기 어렵게 된다. 즉 근육섬유막 내외의 전해질 균형이 변하면서 가로세관을 통한 활동전압의 전달이 차단되면 근육세포질세망을 통한 Ca^{++}의 분비가 감소되고 교차결합활동은 일어나지 않게 된다.

6.6.3.6 칼슘의 미토콘드리아 내 축적

반복적으로 근소포체로 자극이 전달되어 방출된 Ca^{++}가 수소 이온의 축적으로 인한 산성화나 ATP의 고갈에 의해서 Ca^{++}을 근소포체로 다시 받아들이는 과정이 느려지게 된다. 그렇게 되면 미토콘드리아 내에 Ca^{++}가 축적되면서 ATP를 생산하고 근육수축 기전까지 전달하는 것에 문제가 발생한다는 이론이다[그림 6-25].

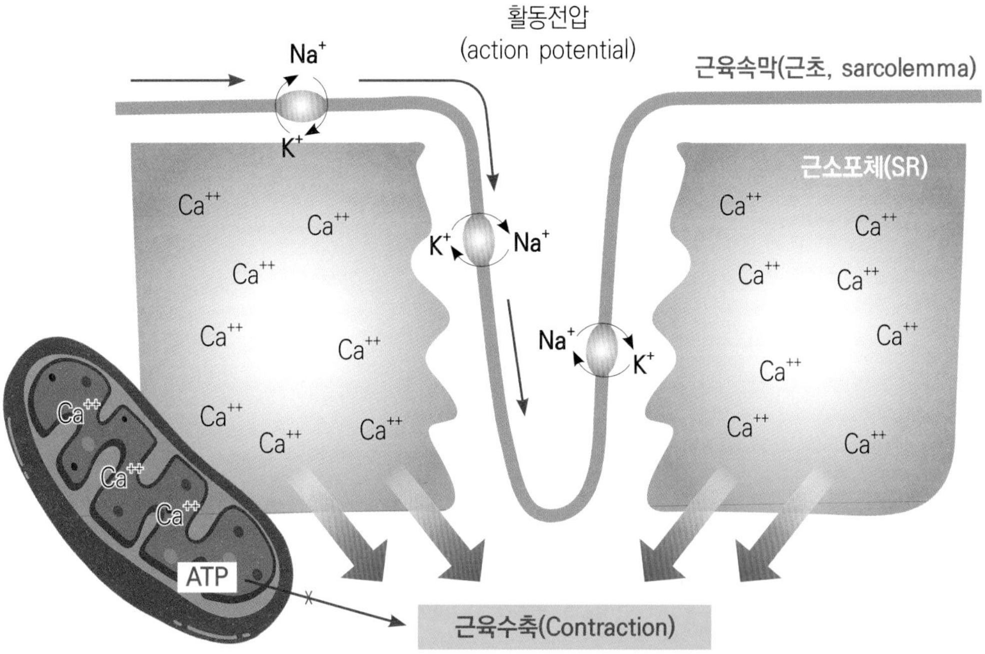

그림 6-25. 반복적인 근육수축 운동에 의한 미토콘드리아 내 칼슘 축적

6.7 고유수용기와 근력의 말초성 조절

감각수용기 중에서 근육, 힘줄, 그리고 관절에 있는 특별한 감각기관을 고유수용기(proprioceptor)라고 한다. 고유수용기의 기능은 관절운동의 상태, 근육수축의 스피드, 팔다리의 위치, 근력, 근육이완 정도, 근육폄의 스피드 등 근육·인대·힘줄·관절에서 오는 여러 가지 감각정보를 중추신경(뇌와 척수)에 보고하는 역할을 한다. 고유수용기에는 근육방추(muscle spindle), 골지힘줄기관(Golgi tendon organs), 그리고 관절수용기(joint receptor)가 있다.

- 감각수용기
  - 외부수용기 — 촉각, 시각, 청각, 통감각 등
  - 내부수용기
    - 내장수용기 : 압력수용기, 화학수용기, 온도수용기 등
    - 고유수용기 : 근육방추, 골지힘줄기관, 관절수용기

6.7.1 근육방추

근육방추(muscle spindle)는 근육 자체 내에 묻혀 있는 특수한 수용체로서 근육길이의 변화와 변화 속도를 감지하는 역할을 한다[그림 6-26].

근육방추와 근육방추를 둘러싸고 있는 방추바깥근육섬유(extrafusal muscle fiber)는 결합조직에 의해 연결되어 있어 근육이 수축하거나 이완할 때 근육방추 역시 수축하거나 이완하게 된다. 근육방추의 내부에는 방추속근육세포(intrafusal fiber)로 불리는 2~12개의 작고 특수한 근육섬유가 있다.

방추속근육세포의 가운데부분은 비수축성 부분이고, 양쪽 끝부분은 수축성 성분으로 이루어져 있다. 방추속근육세포의 중앙부가 펴지면 중앙부를 둘둘 감고 있는 감각신경종말에 의해 폄의 정도와 속도가 감지된다. 감각신경은 그 정보를 척수에 보내어 대뇌겉질과 소뇌로 전달하도록 한다. 근

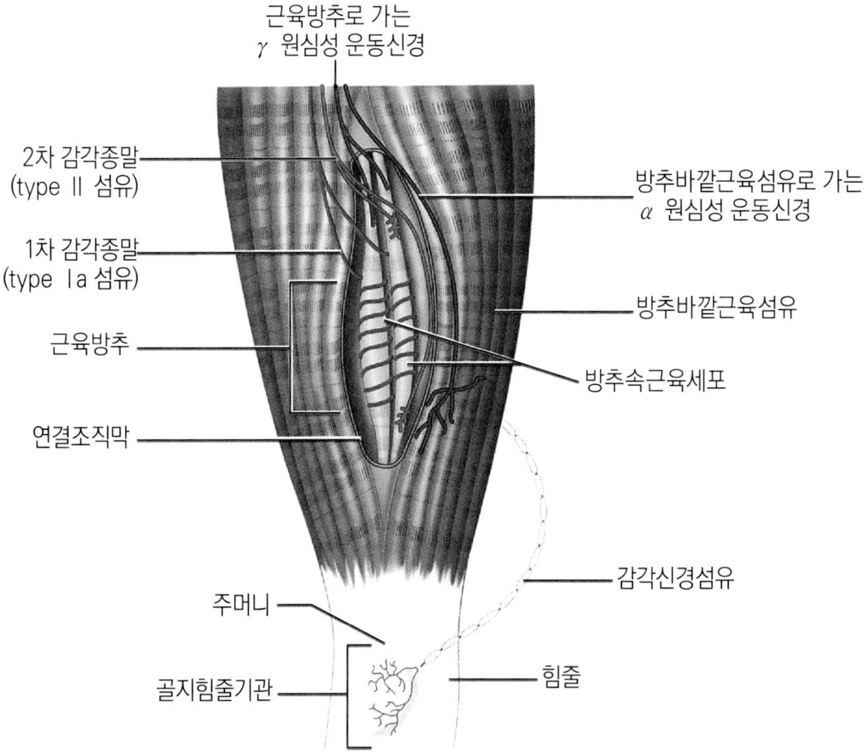

그림 6-26. 근육방추와 골지힘줄기관

육방추는 이처럼 근육의 길이가 변화함에 따라 변화하는 상태(근육의 길이, 근육길이의 변화속도)를 뇌와 척수에 보고하는 역할을 한다.

이렇게 전달된 정보는 대뇌겉질의 운동영역과 소뇌에서 종합 분석되어 근육수축에 필요한 조절이 이루어진다. 이러한 조절은 운동신경을 통해 이루어진다.

운동신경은 두 가지가 있다. 하나는 감마운동신경(γ motor neurons)으로, 방추속근육세포의 끝부분에 분포하는 가는 신경을 말한다. 방추속근육세포의 양쪽 끝부분은 수축성을 갖고 있어서 감마운동신경을 통한 자극에 의해 끝부분이 수축하면 방추속근육세포의 중앙부는 수동적으로 늘어난다.

다른 하나의 운동신경은 근육방추를 둘러싸고 있는 방추바깥근육섬유, 즉 실제의 근육섬유를 지배하는 운동단위를 구성하는 굵은 신경으로, 이를 알파운동신경세포(α motor neurons)라고도 부른다.

방추속근육세포의 비수축성 부분인 중앙부가 펴지는 경우는 다음의 두 가지이다.

① 전체 근육이 늘어나면 결합조직을 통해 근육방추 역시 펴진다.

② 신경자극이 감마운동신경세포에 전달되면 방추속근육세포의 양쪽 끝부분이 수축하여 중앙부를 잡아당김으로써 중앙부가 펴진다.

6.7.1.1 근육방추와 폄반사

근육방추는 많은 인체운동과 관련하여 중요한 척수반사인 근육폄반사를 조절한다. 이러한 반사적 수축은 뇌에 의한 의식적 사고를 거치지 않고 척수 수준에서 이루어진다.

척수 수준에서 이루어지는 폄반사의 예로 그림 6-27과 같이 40kg의 중량을 간신히 들고 버티고

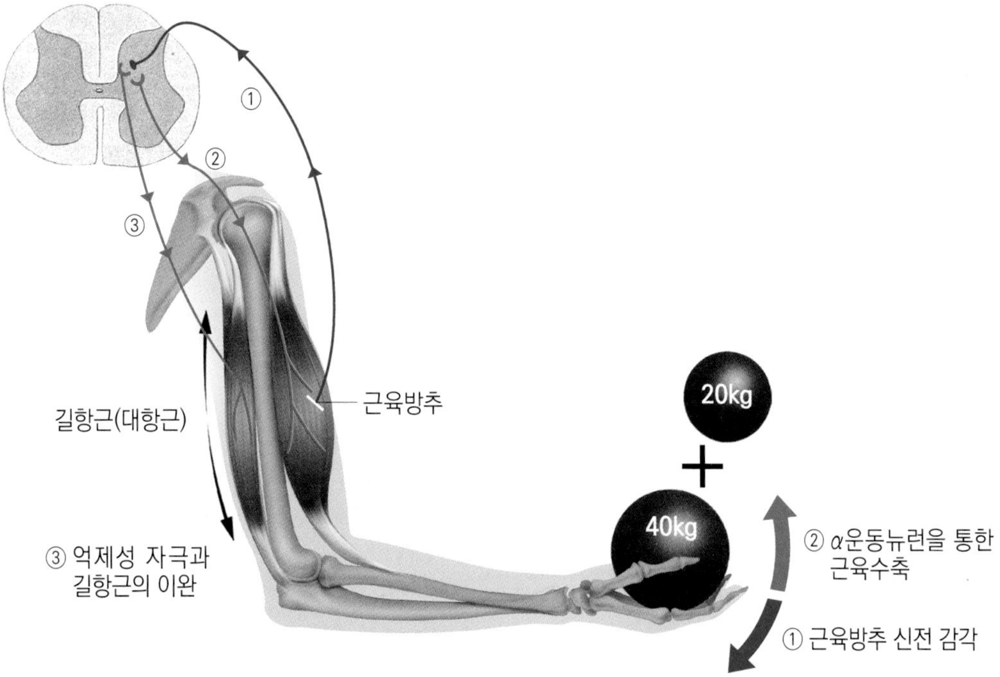

그림 6-27. 근육방추에 의한 폄반사와 상호억제

있는 상황에서 갑자기 20kg의 중량이 더 가해지면 위팔두갈래근의 순간적으로 빠르게 늘어나면서 매우 강한 기계적 압력이 근육방추에 전해지는 경우이다[그림 6-27]. 그렇게 되면 근육방추에서 감지된 강한 신경임펄스는 감각신경을 통해 척수로 전해지는데(①), 척수에서는 바로 α-운동뉴런을 통해서 동일한 근육(위팔두갈래근)을 강하게 수축하도록 하는 흥분성 자극을 내려보낸다(②).

한편 팔 뒤편에 있는 길항근(대항근), 즉 위팔세갈래근(상완삼두근)으로는 억제성 자극을 내려보내서 위팔세갈래근이 이완되도록 한다(③). 이로 인해서 그림 6-27과 같이 팔은 순간적으로 더 크게 위로 들어 올려지게 된다. 이러한 반사(reflex) 작용은 가동범위(ROM)을 넘어서는 힘에 대해 관절(joint) 연부조직이나 근육을 보호하기 위한 작용이라고 할 수 있다.

이처럼 주동근의 신전에 대해서 근육방추가 감지하여 동일한 근육에 대해서는 흥분성 자극을 내려보내 수축하도록 하고, 반대편의 길항근에 대해서는 억제성 자극을 내려보내 이완되도록 하는 작용을 '상호억제(reciprocal inhibition)'라고 한다.

이러한 상호억제 작용을 이용하여 길항근의 더 큰 이완을 유도하고, 그것을 통해 관절에서의 더 큰 가동범위(ROM), 즉 유연성(flexibility)을 증가시킬 수 있는데, 이러한 원리를 이용한 스트레칭을 PNF스트레칭(고유수용성 신경근촉진 스트레칭)이라고 한다. PNF스트레칭에 대해서는 p.266의 plus+에서 자세히 설명하기로 한다.

근육폄반사의 또 다른 예는 무릎힘줄반사이다[그림 6-28]. 나무망치로 무릎힘줄을 치면 넙다리네갈래근은 급작스럽게 펴진다. 무릎힘줄이 순간적으로 늘어나면 이와 연결된 넙다리네갈래근(방추바

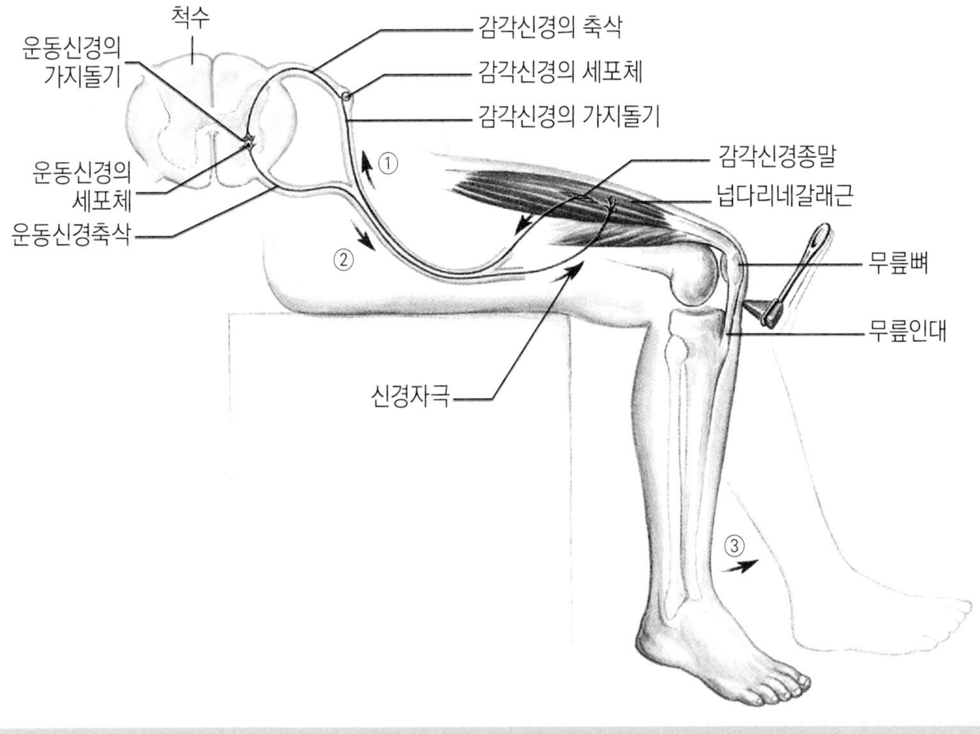

그림 6-28. 무릎힘줄반사

깥근육섬유)에도 작지만 빠르게 펴지는 힘이 전달된다. 이 힘은 결합조직을 거쳐서 근육방추와 그 내부의 방추속근육세포에 전달된다[①].

이로 인해 방추속근육세포의 중앙부가 펴지면서 방추속근육세포의 중앙부를 둘러싸고 있는 감각신경종말이 자극된다. 이 자극은 척수에서 시냅스를 이루는 α-운동뉴런을 통해 흥분성 임펄스를 보내게 된다[②]. α 운동신경을 통해 자극을 받은 넙다리네갈래근육은 수축하여서 발을 올리는 동작을 일으키게 된다[③]. 그림 6-28에는 나타내지 않았으나 동시에 억제성 임펄스가 길항근(넙다리두갈래근)으로 전달되어 길항근을 이완시킨다. 이러한 과정은 매우 빠르게 일어나면서 뇌를 거치지 않고 척수 수준에서 일어나는 반사작용이다.

6.7.1.2 알파-감마 동시활성화

방추속근육세포의 끝부분에 분포된 조그만 운동뉴런을 감마운동뉴런(γ-motor neuron)이라고 한다[그림 6-26, 29 참조]. γ-운동뉴런은 대뇌겉질의 운동중추, 즉 고위중추에 의해 직접적인 자극을 받는다. 이 뉴런이 흥분하면 방추속근육세포의 끝부분을 수축시킴으로써 결국 방추속근육세포의 중앙부가 펴지게 된다.

방추속근육세포 중앙부의 폄은 감각신경종말에 의해 감지되고, 이어서 α-운동뉴런의 반사적 흥분을 야기시킨다. α-운동뉴런의 흥분은 근육방추를 둘러싸고 있는 방추바깥근육섬유에서 보다 강력한 수축을 유발한다. 예를 들어 γ-운동뉴런이 없다면 지속적인 근육수축 중에 방추속근육세포의 중

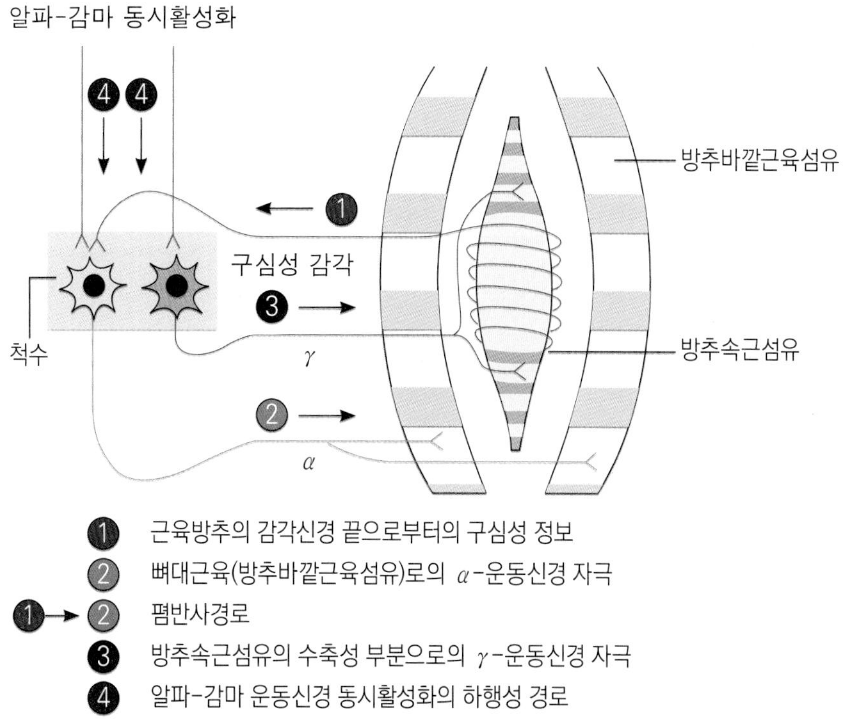

그림 6-29. 알파-감마 운동신경의 동시활성화 경로

앙부는 점차 장력이 감소하여(펌자극이 전달되지 않기 때문에) 감각신경의 흥분도가 점차 저하되고, 이어서 α-운동뉴런의 흥분도 감소하기 때문에 계속적인 근육수축이 이루어지지 않게 될 것이다.

그러나 근육수축 중에 고위중추로부터 γ-운동뉴런으로 자극이 지속적으로 내려오면 방추속근육세포 끝부분이 수축함으로써 방추속근육세포 중앙부는 펌 상태를 유지하게 되는데, 이는 구심성 감각신경을 통해 α-운동뉴런에 의한 보다 강력한 근육수축이 유지되도록 한다.

이처럼 대뇌겉질 및 뇌의 여러 중추로부터의 자극이 γ-운동뉴런을 활성화시키는 동시에 방추바깥근육세포의 알파운동뉴런을 흥분시키는 조절기전을 알파-감마 동시활성화(alpha-gamma coactivation)라고 한다.

6.7.2 골지힘줄기관

골지힘줄기관(Golgi tendon organ)은 힘줄(tendon)에 위치하는데, 특히 근육과 힘줄의 경계 부위에 위치하고 있다[그림 6-30]. 골지힘줄기관(GTO)은 근육이 발휘하는 장력(tension)의 자극을 받아 장력의 수준을 척수 및 뇌에 보고하는 수용체이다.

골지힘줄기관(GTO)의 작용을 이해하기 위해 그림 6-31에서와 같이 40kg의 중량을 최대에 가까운 힘으로 가까스로 들고 있는 상황을 생각해 보기로 한다. 이때 20kg의 중량을 추가로 올려놓을

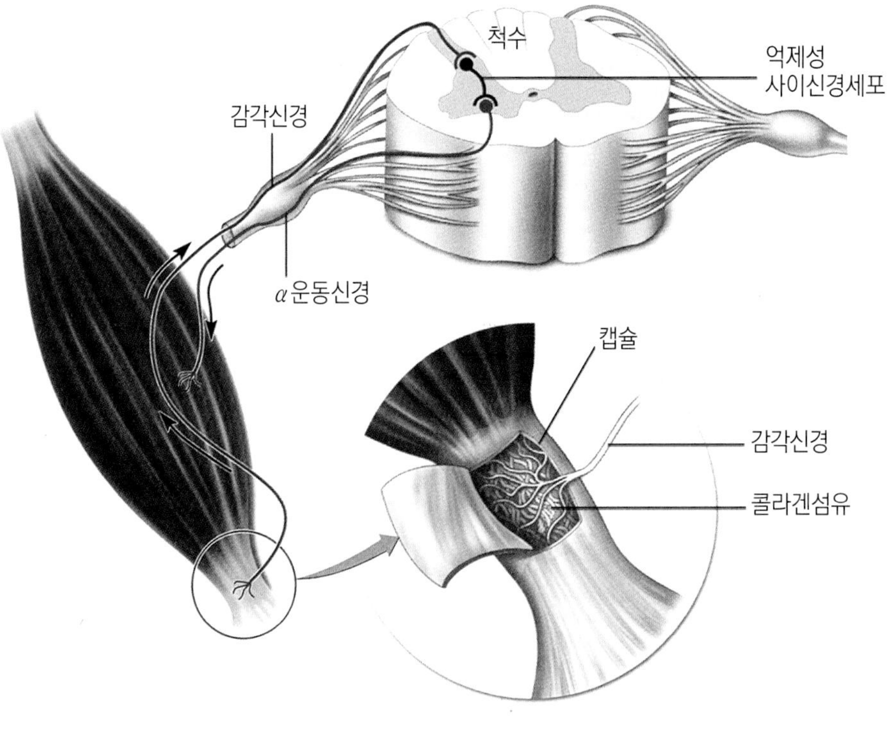

그림 6-30. 골지힘줄기관(GTO : Golgi tendon organ)

때 위팔두갈래근이 발휘하는 최대의 힘을 넘어서는 장력(tension)이 걸리게 된다.

이러한 과도한 장력은 골지힘줄기관에 의해 감지되어 바로 척수로 보고된다[①]. 척수에서는 즉각적으로 억제성 자극이 동일한 근육으로 보내져서 근육이 더 이상 수축하지 않고 짐을 떨어뜨리도록 한다. GTO의 이러한 작용이 없다면 위팔두갈래근은 과도한 장력에 의해서 찢어지고 말게 될 것이다. 이러한 GTO의 작용을 자가억제(autogenic inhibition)라고 한다.

이러한 반사작용은 과도한 근육수축으로 인해 힘줄이 뼈로부터 분리되는 것을 방지해주는 안전장치 역할을 한다. 일부 보고는 근력훈련으로 인해 높은 수준의 장력에 대한 힘줄기관의 억제성 임펄스가 감소될 수 있다는 가설을 제시하고 있다.

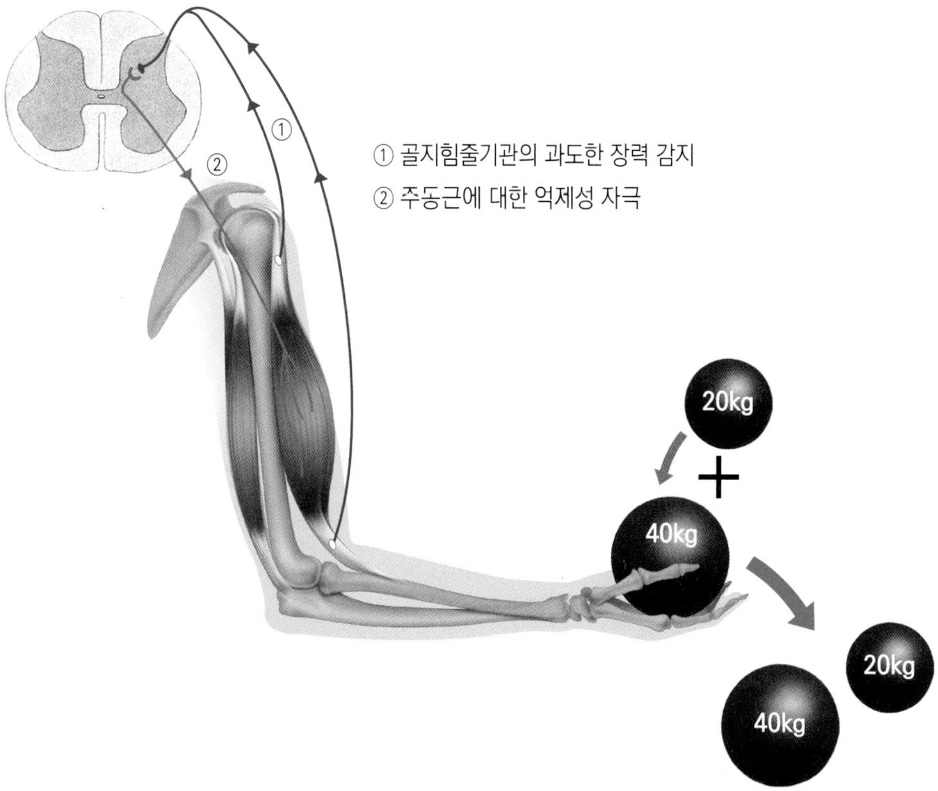

그림 6-31. 골지힘줄기관과 자가억제

6.7.3 관절수용체

팔다리 및 관절의 위치를 감지하는 관절수용체는 관절주머니(joint capsule)를 둘러싸고 있는 결합조직과 인대에 위치하고 있다. 이 감각기는 매우 민감하여 척수와 뇌에 정보를 전달하여 신속하게 동작의 수정이 이루어질 수 있도록 한다. 예를 들어 장대높이뛰기 중 최고점에서 어떻게 인체의 각 부위가 정렬되어 있는지에 대한 정보를 관절수용체에서 감지하여 뇌의 고위중추에 정보를 전달한다.

만일 선수 자신이 봉에 더 접근해야 되겠다는 정보를 감지하면 팔에 더욱 많은 힘을 주어 봉쪽으로 몸을 이동시킨다. 반대로 인체가 봉에 너무 앞서 나갔다고 위치를 감지하면 팔의 수축력을 감소시켜 잘못된 위치를 수정하게 된다.

6.7.4 고유수용기의 상호억제, 자가억제

앞서 근육방추의 상호억제와 골지힘줄기관의 자가억제에 대해 설명하였다. 근육방추와 골지힘줄기관은 상호억제(reciprocal inhibition)와 자가억제(autogenic inhibition)를 통해서 인체의 움직임을 조절하고, 과도한 부하에 노출될 때 관절과 근육의 손상으로부터 인체를 보호하는 작용을 한다.

상호억제작용을 이해하기 위해 축구선수가 킥을 하려는 순간을 떠올려 보기로 한다[그림 6-32]. 공을 차기 위해 발을 뒤로 보내는 동작에서 넙다리(대퇴부) 앞면에 있는 넙다리네갈래근(대퇴사두근)은 순간적으로 길이가 늘어나는 신전을 한다. 이러한 근육의 신전은 근육방추를 통해서 척수에 보고된다[①]. 척수의 뒤뿌리를 통해 들어간 감각신경은 한편으로는 흥분성 게재신경과 시냅스를 이루고, 이는 α-운동뉴런을 통해 동일한 넙다리네갈래근을 강하게 수축하도록 자극을 보낸다[②].

또 한편으로는 척수에서 억제성 게재신경과 시냅스를 이루어서 길항근인 햄스트링근에는 억제성 자극을 보내어 햄스트링근육이 이완되도록 함으로써[③] 강하게 공을 킥(kick)할 수 있도록 한다.

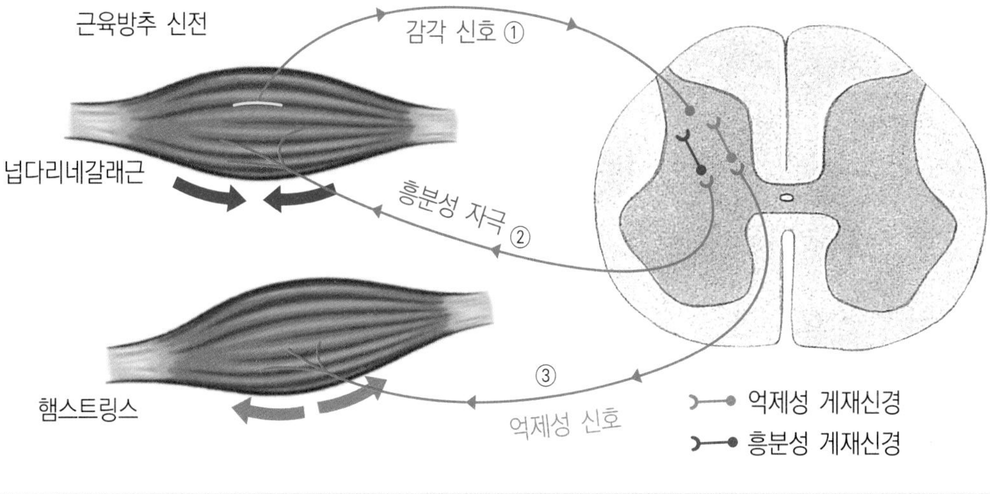

그림 6-32. 근육방추에 의한 상호억제작용

이처럼 주동근의 신전에 뒤이어서 주동근의 강한 수축과 함께 길항근의 이완을 동시에 일어나게 함으로써 더 큰 가동범위(ROM)와 근력이 발휘될 수 있는데, 이를 상호억제라고 한다.

그림 6-33은 골지힘줄기관의 자가억제 작용을 설명하기 위한 것이다. 앞서의 예처럼 시멘트 40kg을 두 손으로 간신히 들고 있는데, 그 위에 20kg짜리 모래주머니를 추가로 올려놓는다고 생각

해보자. 20kg의 모래주머니를 추가로 올려놓은 순간 순간적으로 팔이 아래로 쳐지면서 위팔두갈래근이 빠르게 신전하여 근육방추를 강하게 자극함으로써 신전반사(stretch reflex)를 일으킨다. 그 결과 강하게 위팔두갈래근을 수축시키면서 총합 60kg의 무게를 버티려고 할 것이다.

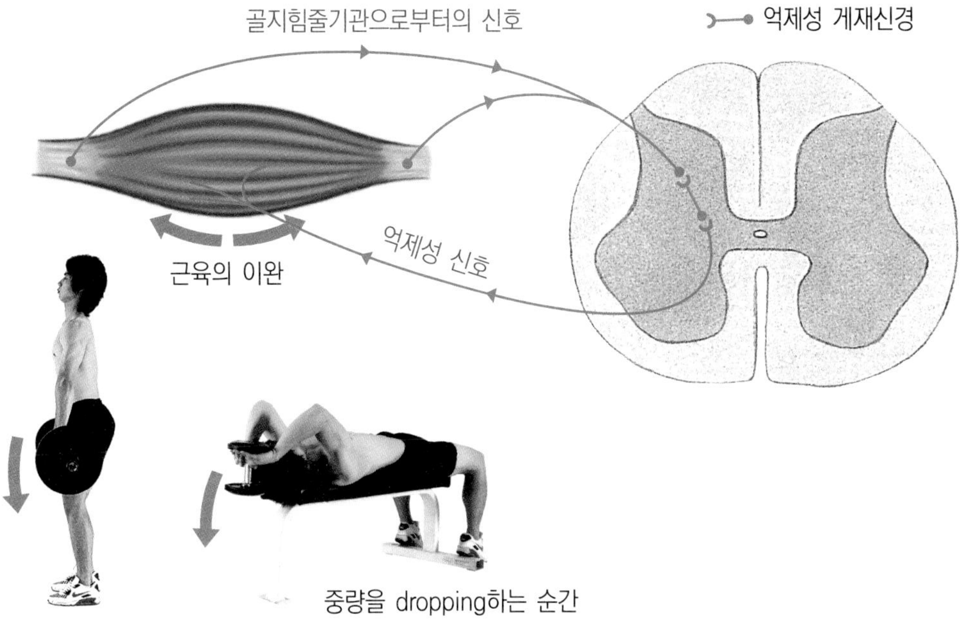

그림 6-33. 골지힘줄기관의 자가억제 작용

그러나 골지힘줄기관(GTO)은 자가억제를 통해서 위팔두갈래근을 억제하여 시멘트와 모래주머니를 떨어뜨리게 한다. 이는 근육이 과도한 장력에 의해서 찢어지는 것을 막기 위해서이다. 이처럼 근육방추와 골지힘줄기관은 협력하여 인체를 보호하는데, 위와 같은 상황에서 골지힘줄기관이 근육방추에 대해 우세하게 되는 데는 약 6초 정도가 걸린다. 그러므로 20kg의 모래주머니가 추가로 더 올려질 때 한동안은 버티다가 결국 골지기관의 자가억제 작용에 의해 시멘트와 모래주머니를 아래로 떨구어서 근육의 부상을 막는 것이다. 이러한 상호작용이 실패할 때는 부상 위험이 높아진다.

반복적인 근력 트레이닝은 이러한 길항근의 공동 활성화(antagonist co-activation)를 감소시킴으로써 주동근 활성화 경로(agonist activation pathway)를 더 증대시키는 것으로도 볼 수 있다. 즉 고유수용기에게 근육이 감당할 수 있는 최대 안전 한계치를 상향하도록 교육을 함으로써 자가억제가 일어나는 한계를 더 높이도록 한다. 물론 고유수용성 기능이 개선되는 것과 함께 훈련에 의해 실제적인 근육의 기계적인 강도, 관절이나 힘줄 등의 강도도 증가한다. 이것을 '속도와 운동패턴의 효율성(speed and motor pattern efficiency)'이 높아진 것으로 표현할 수 있다.

나이를 먹음에 따라 관절의 안정성(stability)을 위해 관절 주변의 '길항근 공동활성화' 작용이 커지게 된다. 그로 인해서 운동패턴의 효율성이 감소하는 것과 함께 파워(power)도 감소한다.

6.7.5 고유수용성 감각기능과 스포츠

고유수용기는 근육과 관절이 움직이는 상태를 우리의 중추신경(뇌, 척수)에 실시간으로 보고하는 역할을 한다. 고유수용기로부터 올라온 정보들은 중추신경이 처리함으로써 그때그때 신체의 자세와 움직임을 조절할 수 있게 된다. 우리가 서 있거나 앉아 있거나 걷거나 달리는 중에 균형을 잡고 넘어지지 않는 것도 이 고유수용기 덕분이다. 또 전등이 꺼져서 컴컴한 가운데에서도 손에 들고 있는 음식을 얼굴에 묻히지 않고 입안으로 가져갈 수 있는 것도 고유수용성 감각 덕분이다.

체조선수가 공중제비를 돌고 두 발로 착지하는 멋진 장면을 연출할 수 있는 것도 훈련을 통해 고유수용성 감각이 고도로 발달했기 때문이다. 근육이나 관절이 부상당한 후의 재활운동은 손상된 근관절의 물리적 특성 회복뿐만 아니라, 고유수용성 감각의 회복에도 의미가 있다. 인대와 관절을 아무리 강하고 정교하게 제작해도 이것을 흉내낼 수는 없다. 아무리 잘 만든 로봇도 사람처럼 자연스럽게 걷지 못하는 이유는 인체의 근육과 관절 부위에 무수히 많은 고유수용성 감각과 중추신경의 상호작용을 흉내내기 어렵기 때문이다.

고유수용성 감각기능을 테스트하는 아주 간단한 방법이 있다. 한 발을 들고 선 자세를 유지하는 것이다. 이때 두 손은 가슴 앞에서 포갠 자세를 취한다. 이렇게 균형을 유지하는 데에는 귀속에 있는 전정기관도 관여하지만, 고유수용기의 역할이 훨씬 중요하다. 50세를 기준으로 약 40초 정도 자세를 유지할 수 있다면 균형감각이 평균 이상으로 평가된다.

눈을 감으면 한 발로 선 자세를 유지하기가 훨씬 힘들다. 50대일 경우 눈을 감은 상태에서는 5초 정도를 유지하는 것이 평균값이다. 나이를 먹을수록 이 시간은 짧아지는데, 이는 노화가 진행되면서 근력도 감소하지만 고유수용성 감각기능이 쇠퇴하기 때문이다.

고유수용성 감각의 훈련은 어린 시기부터 시작하는 것이 좋다. 어린 시기에는 자극에 의해 신경의 발달이 더욱 크게 나타나기 때문이다. 젊은 시절부터 운동을 하면 후일 몸을 안전하게 조절하는데 큰 도움이 된다. 젊은 시절 운동과 거리가 먼 생활을 영위해왔던 사람일수록 훗날 돌부리에 걸리거나 물기가 있는 바닥에 미끌어질 때 중심을 잃고 다칠 위험이 더 크다고 볼 수 있다.

plus+

고유수용성 신경근육촉진 스트레칭(PNF 스트레칭)

고유수용기의 상호억제와 자가억제를 이용해서 관절의 가동범위(ROM, range of motion)와 유연성의 향상, 순발력 향상을 위한 기법으로 선수나 재활현장에서 활용하는 것이 고유수용성 신경근육촉진법(PNF technique)에 의한 스트레칭이다.

PNF스트레칭은 신전성 등장성 근수축(eccentric isotonic contraction)과 등척성 근수축(isometric contraction)을 이용한다. 신전성 등장성 근수축이란 근육에 가해진 힘에 저항하면서 근육의 길이가 늘어나는 형태의 근육수축을 말하고, 등척성 근수축이란 근육의 길이는 변화가 없이 근육을 수축시키는 정적 수축을 말한다.

특히 골지건 기관은 근육섬유의 주행방향에 위치하기 때문에 근육의 수동적 신전(passive stretch)과 능동적 수축(active stretch)에 의해 모두 자극된다. 골지힘줄기관은 피드백회로를 통해 근육의 억제와 이완을 조절하는 전환기와 같은 역할을 한다.

PNF스트레칭을 할 때에 고유수용기는 자가억제(autogenic inhibition)와 상호억제(reciprocal inhibition)를 통해 근육 이완을 촉진시킨다. PNF스트레칭의 예로서 햄스트링스에 대한 Contract-Relax기법과 Hold-Relax+길항근 수축기법을 소개하기로 한다.

Contract-Relax 기법

그림 6-34와 같이 대상자는 누운 상태에서 한쪽 다리는 펴서 바닥에 놓고, 다른 쪽 다리도 편 상태에서 공중에 들어 올리도록 한다.

① 트레이너는 대상자의 편 다리를 대상자의 햄스트링스가 약간 불편함을 느낄 정도의 각도까지 다리를 밀어서 '수동적 신전'을 10초간 지속한다.

② 대상자는 자신의 햄스트링스를 파트너의 손에 저항하여 밀면서 단축성 수축을 한다(contract). 이때 트레이너는 대상자의 다리가 바닥쪽으로 움직일 수 있도록 허용하면서 적당한 저항을 준다.

③ 대상자는 다리의 힘을 빼고, 바로 이어서 트레이너는 대상자의 발을 밀어서 두 번째 수동적 신전을 30초간 행한다.

이때 대상자의 펴진 다리는 햄스트링스에서 '자가억제'가 일어나서 이전보다 더 몸통으로 굽혀지는 엉덩관절 굴곡이 일어난다.

Hold-Relax + 길항근 수축기법

① 트레이너는 대상자의 편 다리를 대상자의 햄스트링스가 약간 불편함을 느낄 정도의 각도까지 밀어서 '수동적 신전'을 10초간 지속한다.

② 대상자는 그림과 같이 자신의 햄스트링스를 파트너의 손에 저항하여 밀면서 등척성 수축을 한다. 파트너는 정적 상태가 유지될 만큼의 힘만을 사용하여 각도를 유지한다(hold).

③ 대상자는 힘을 빼도록 하고, 트레이너는 바로 이어서 발을 몸통쪽으로 밀어 두 번째 수동적 신전을 30초간 실시한다.

④ 이와 동시에 대상자는 트레이너가 미는 방향 쪽(몸통쪽)으로 넙다리네갈래근을 수축하여 편 다리를 자신의 몸통쪽으로 당긴다.

이렇게 길항근(넙다리네갈래근)을 수축시키는 동작은 '상호억제'를 유발하여 목표근육인 햄스트링스가 더 크게 이완되도록 한다.

그림 6-34. 햄스트링스의 PNF 스트레칭

6.8 자율신경계통과 운동

6.8.1 자율신경계통의 구조와 기능

자율신경계통은 의식적인 노력 없이 지속적이고 독립적으로 작용하는 말초신경계통의 일부이다. 인체의 여러 불수의적인 생리적 조절, 즉 심장 및 혈관운동 조절, 호르몬 분비, 내장운동 등은 자율신경계통에 의해서 조절된다. 자율신경계통의 조절중추는 시상하부(hypothalamus)에 있으며, 이 조절중추는 교감신경과 부교감신경을 통해 심장 등의 효과기에 원심성 명령을 내린다.

교감신경은 운동이나 스트레스 상황, 긴급상황에 대비하여 인체가 에너지를 활발하게 소비해야 할 때 인체가 준비하도록 하는 반면, 부교감신경은 안정상태에서 보다 활발하게 작용한다. 예를 들어 운동이나 기타 스트레스 상황에서 교감신경계통이 흥분하게 되면 심장운동이 촉진되고 심장에 분포되어 있는 혈관, 즉 심장동맥과 활동근육의 혈관은 확장되며, 기관지도 확장되어 더 많은 산소를 받아들이려는 반응이 일어난다.

이는 인체가 당면하고 있는 상황에 대처하여 더 많은 에너지를 활동 근육에 공급하기 위한 자연스런 반응이다. 반면 활동 근육에 더 많은 혈액을 보내기 위해서 소화기관에 분포된 혈관은 수축하여 혈류량을 감소시키고, 장의 연동활동도 억제된다.

표 6-1. 교감신경과 부교감신경의 기본작용

구 분	중 추	척추기시	작 용				
			심장운동	심장혈관	내장혈관	기관지	소화관연동
교감신경	시상하부	등뼈, 허리뼈	촉진	확장	수축	확장	억제
부교감신경		뇌줄기, 엉치뼈	억제	수축	확장	수축	촉진

스트레스 상황이 끝나면 교감신경 흥분도가 점차 감소하고, 대신 부교감신경의 활동이 우세하게 되어 인체를 안정 시 상태로 돌아가게 한다. 예를 들어 운동이 끝난 후 시상하부의 심장혈관중추로 보내는 구심성 자극이 감소하면서 부교감신경인 제10뇌신경(미주신경)을 통해 표적기관인 심장에 원심성 명령을 내려보낸다. 그로 인해 심박수 및 심박출량을 감소하고, 혈압은 점차 안정 시의 수준으로 돌아가게 된다.

자율신경계통의 신경섬유는 원심성이며, 운동신경섬유이다. 교감신경은 척주의 등뼈와 허리뼈로부터 빠져나오며, 부교감신경은 뇌줄기와 엉치뼈로부터 빠져나와 여러 내장부위에 분포한다. 그리고 체성신경인 감각신경과 운동신경은 중추신경(뇌, 척수)에서 단 한 개의 신경이 말초조직까지 뻗어 있지만, 자율신경은 두 개의 신경이 중추신경과 말초조직을 잇는다. 두 개의 신경이 연결되는 장소

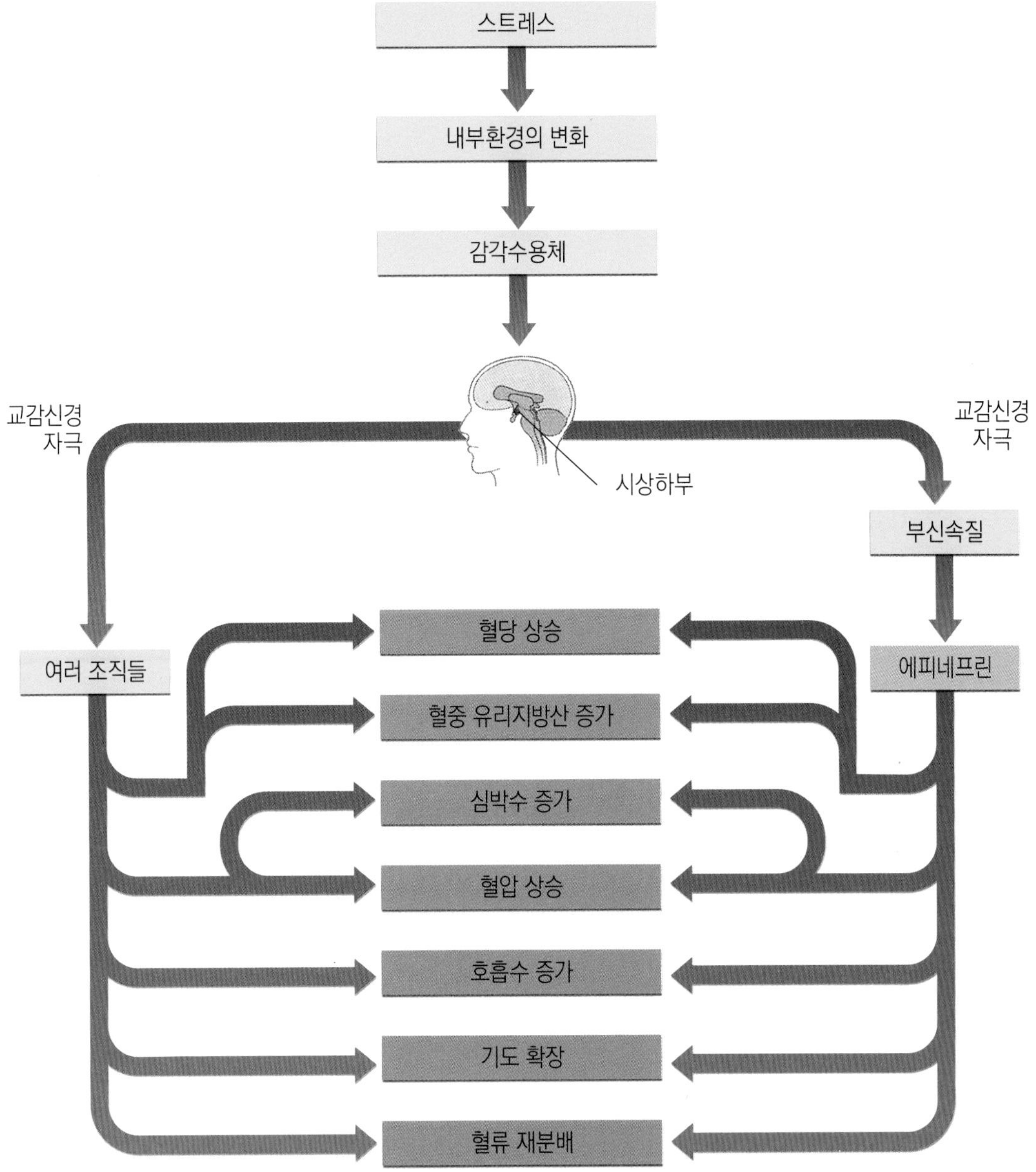

그림 6-35. 스트레스에 대한 자율신경계통의 반응

를 자율신경절(autonomic ganglion)이라고 한다. 뇌나 척수에서 나와 신경절까지의 신경을 신경절이전신경, 신경절이전신경과 말초까지 연결하는 신경을 신경절이후신경이라고 한다.

신경절이전신경은 그 세포체가 뇌나 척수에 위치하고 있으며, 그 축삭이 빠져나와 신경절에 이르게 되며, 신경절에서 하나 이상의 다른 신경, 즉 신경절이후신경과 시냅스를 형성한다.

자율신경과는 달리 감각신경의 세포체가 위치하고 있는 신경절을 뒤뿌리신경절(dorsal root ganglion)이라고 한다[그림 6-5 참조]. 한 가지 예외는 부신속질에 분포되어 있는 교감신경인데, 이는 척수에서 빠져나와 시냅스를 이루지 않고 부신속질에 직접 분포한다. 이 교감신경의 자극을 받은 부신속질은 노르에피네프린(20%)과 에피네프린(80%)을 혈액으로 방출한다.

뇌줄기에서 빠져나와 가슴안과 배안의 여러 기관에 광범위하게 분포되어 있는 부교감신경으로서 제X뇌신경인 미주신경(vagus nerves)은 특히 중요한 역할을 한다. 미주신경은 전체 부교감신경의 약 75%를 차지하며, 허파, 심장, 간, 위, 이자, 작은창자 등에 광범위하게 가지를 이루어 분포하고 있다. 장기간의 훈련에 따른 안정 시나 최대하운동 시 심박수가 감소되는 현상은 이 부교감신경인 미주신경의 긴장도(tone)가 증가하기 때문이다.

6.8.2 신경전달물질과 수용체

6.8.2.1 신경섬유의 종류에 따른 신경전달물질

신경섬유와 신경섬유, 그리고 신경섬유와 말초조직까지의 자극 전달은 신경섬유의 말단(끝부분)에서 분비되는 신경전달물질에 의해서 이루어진다. 신경섬유의 종류에 따라서 신경말단에서 분비하는 신경전달물질의 종류는 다르다.

부교감신경의 신경절이전신경과 신경절이후신경, 교감신경의 신경절이전신경은 끝부분에서 신경전달물질인 아세틸콜린을 분비한다[그림 6-36. a, b, c]. 그러므로 이들 신경섬유를 콜린작동성 섬

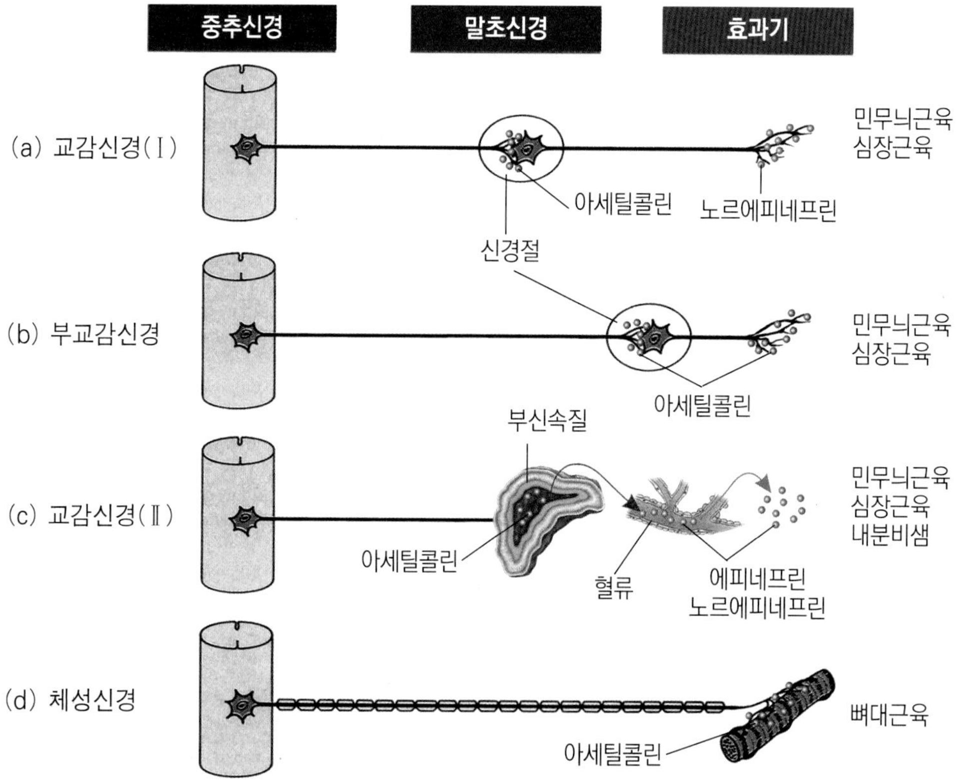

그림 6-36. 자율신경과 체성신경의 신경전달물질

유(cholinergic fiber)라고 한다.

그러나 교감신경의 신경절이후신경은 대부분 노르에피네프린을 분비하므로 아드레날린작동성 섬유(adrenergic fiber)라고 한다[그림 6-36 a]. 예외로 땀샘이나 피부혈관에 분포된 교감신경의 신경절이후신경은 아세틸콜린을 분비하므로 콜린작동성으로 혈관을 확장시키는 작용을 한다[그림 6-36 c].

6.8.2.2 아드레날린수용체

교감신경계통이 흥분되면 부신속질에서는 에피네프린과 노르에피네프린이 분비된다. 그리고 교감신경의 끝부분에서는 노르에피네프린만이 신경전달물질로 분비된다. 에피네프린과 노르에피네프린은 분비된 후 효과기 세포막에 있는 수용체들과 결합함으로써 그 효과기에 영향을 미치게 된다.

에피네프린과 노르에피네프린이 결합하는 수용체를 아드레날린수용체(adrenergic receptor)라고 하는데, 이 수용체에는 알파(α)와 베타(β)의 두 종류가 있다[그림 6-37]. 이 두 수용체는 각기 다른 반응을 나타낸다. 예를 들어 혈관의 민무늬근육에 있는 α수용체가 자극을 받으면 혈관이 수축하고, 기관지의 민무늬근육에 분포된 β수용체가 자극을 받으면 기관지가 확장된다. 에피네프린과 노르에피네프린은 이 두 가지 수용체 모두에 영향을 미치는데, 노르에피네프린이 다소 더 강한 작용을 갖고 있다.

이들 신경전달물질이 효과기에 어떠한 영향을 미칠 것인지는 그 효과기의 세포막에 존재하는 α와 β수용체의 상대적인 수에 달려 있다. 즉 심장동맥혈관은 α수용체보다 β수용체가 많기 때문에 교감신경이 흥분될 때 혈관확장작용을 하며, 내장에 분포된 혈관벽에는 α수용체가 많으므로 혈관수축작용을 하게 된다.

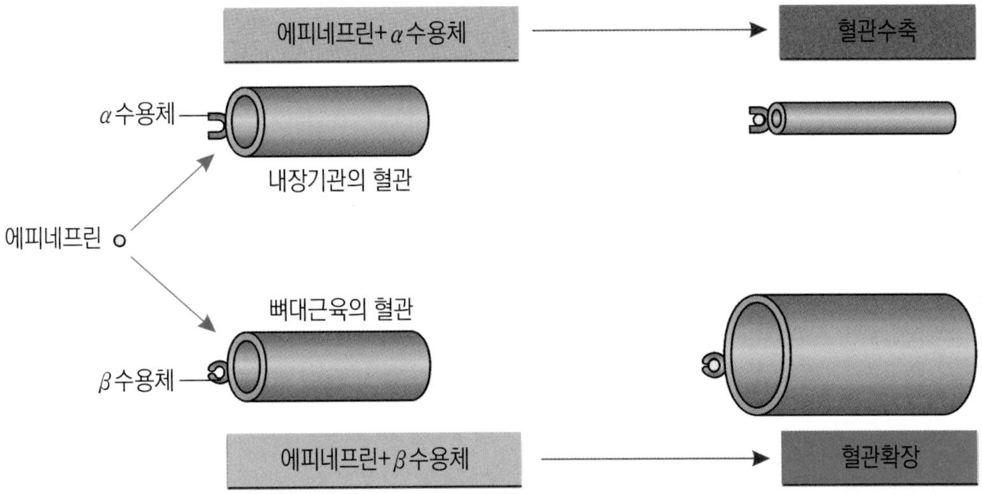

그림 6-37. 표적기관의 수용체에 따른 반응의 차이

6.9 중추신경계통과 운동

중추신경계통은 뇌(brain)와 척수(spinal cord)로 구성되며, 말초신경계통에서 전달된 정보를 수집하고 비교·통합하여 체내 각 기관들의 기능을 조절한다. 신체의 각 부위로부터 대뇌로 전달되는 정보는 말초신경계통의 구심성 감각신경을 통해 전달된다. 구심성 감각신경은 감각수용체 또는 감각기관으로부터 받아들인 시각, 청각, 촉각, 후각, 압각 및 통각과 같은 각종 감각정보를 대뇌로 전달한다. 대뇌가 이러한 감각정보를 '인식'함으로써 비로소 여러 가지 감각을 느낄 수 있게 된다.

대뇌의 각종 중심센터에서는 보내진 각종 정보를 분석하고, 원심성 신경을 통해 그에 맞는 명령을 인체의 효과기에 내려보냄으로써 적절한 신체반응을 주관한다. 원심성 신경은 뼈대근육의 수축, 혈관의 민무늬근육수축 및 내분비샘과 외분비샘의 분비과정 등을 조절한다. 뼈대근육은 대뇌겉질의 운동영역, 대뇌바닥부분 및 척수 등의 세 단계로부터 각각 시작된 원심성 신경, 즉 운동신경을 통해 전달되는 자극에 의해 수축기능이 조절된다. 척수로부터 대뇌겉질의 운동영역으로 그 조절중추가 올라감에 따라 단순한 반사적 움직임에서부터 기본적인 사고과정이 요구되는 복잡한 움직임으로 이행된다.

6.9.1 뇌의 구조와 기능

뇌는 해부학적으로 대뇌, 사이뇌, 뇌줄기 및 소뇌로 구분된다. 뇌줄기(뇌간, brain stem)는 대뇌와 소

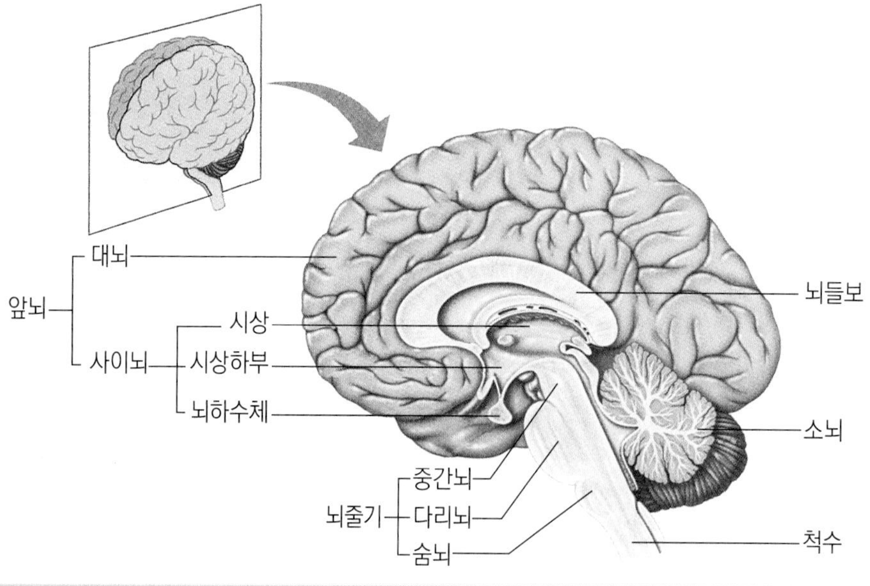

그림 6-38. 뇌의 기본구조

뇌 및 척수의 연결부 역할 외에 생명유지에 필요한 부분으로서 많은 뇌신경이 시작되거나 정지한다. 뇌의 기본적인 구조는 그림 6-38과 같다.

6.9.1.1 대 뇌

대뇌반구(cerebral hemisphere)는 뇌의 가장 많은 부분을 차지하고 있으며, 인체에서 가장 발달한 부분으로 대뇌겉질, 대뇌속질, 바닥핵, 가쪽뇌실로 구성되어 있다. 그중 대뇌겉질은 기능상 가장 중요한데, 많은 주름이 잡힌 회색질(gray mater)로 튀어나온 부분을 이랑(gyrus), 들어간 부분을 고랑(sulcus)이라고 부른다.

대뇌겉질은 깊게 들어간 고랑을 경계로 하여 이마엽, 마루엽, 관자엽, 뒤통수엽으로 구분된다. 대뇌겉질에서는 각 부분마다 특징적인 기능을 수행하는 곳이 정해져 있다. 중심고랑의 앞뒤로 중심앞이랑과 중심뒤이랑이 있는데, 전자는 운동신경섬유가 시작하는 운동영역(운동중추)이고, 후자는 체성감각을 인식하는 지각영역(지각중추)이다[그림 6-39].

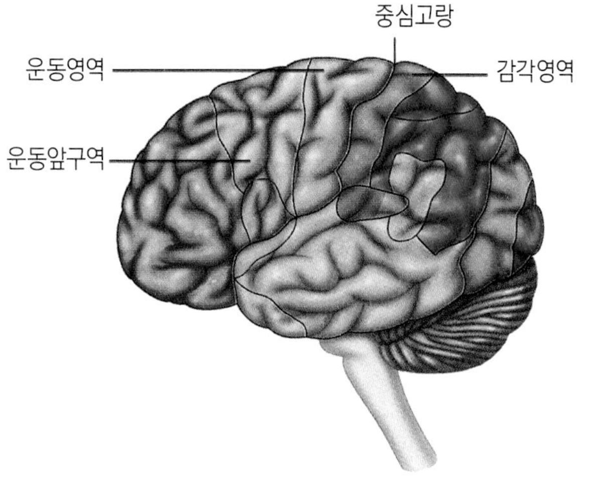

그림 6-39. 대뇌겉질의 특수영역

운동영역은 대뇌겉질 중 운동기능에 가장 중요한 역할을 하므로 일차운동영역이라고도 한다. 대뇌겉질의 운동영역을 전기적으로 자극하면 인체의 한 부위에 있는 근육들이 수축하는데, 이러한 방법으로 대뇌겉질에서 인체 각 근육을 지배하는 신경중추의 위치를 알 수 있다[그림 6-40].

운동영역의 앞부분에서 보다 넓게 분포되어 있는 운동앞구역(premotor area)을 자극하면 자세의 조정 또는 다리관절의 굽힘과 같이 몸의 여러 부위에서 근육의 협력운동이 일어난다.

대뇌반구 중 발생적으로 가장 오래된 구조물은 주로 뇌의 바닥에 존재하며, 후각과 관계하는 구조물로서 이를 후각뇌(rhinencephalon)라고 한다. 이들은 후각과 관계할 뿐만 아니라 기능적으로 가장자리계통(limbic system)으로 분류된다.

가장자리계통은 변연계라고도 하며 끝뇌, 사이뇌 및 뇌줄기에 분포된 다양한 구조물의 집합체로서 생존을 위한 섭식행동, 음수행동, 투쟁 등 본능적 행동에 깊이 관여하며, 공포, 분노, 도피반응 등 본능적인 정서반응에 관여하기 때문에 정서뇌로 불리기도 한다.

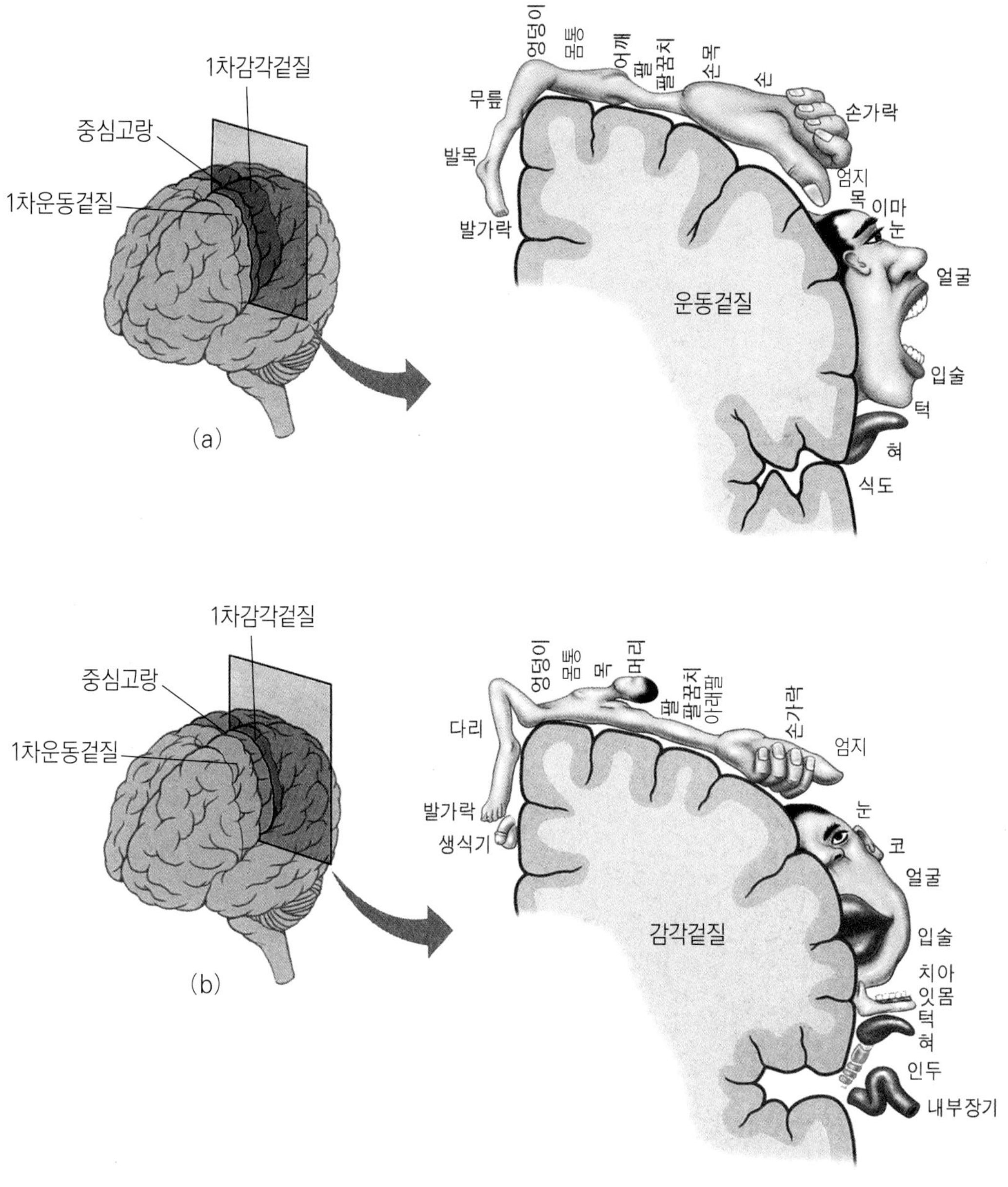

그림 6-40. 대뇌 운동영역과 감각영역

6.9.1.2 사이뇌

사이뇌(간뇌, diencephalon)는 대뇌반구에 둘러싸여 뇌의 중앙에 위치하며 시상, 시상하부(hypothalamus)와 뇌하수체(pituitary gland)로 구성된다. 시상은 감각의 연결 중추로서 모든 감각을 종합하여 대뇌겉질로 전달하는 역할을 한다. 시상하부는 시상 아래쪽에 있으며, 체온조절, 체액 및 전해질균형 조절(갈증중추), 식욕 조절(식욕중추) 등 신체항상성 유지에 관여한다. 뇌하수체는 시상하부에 붙어 있는 작은 내분비기관으로 앞엽과 뒤엽으로 나누어지며, 인체기능을 조절하는 각종 호르몬을 생성·분비한다.

plus+

혈액-뇌장벽(blood-brain barrier : BBB)

중추신경 내에서는 다른 조직과 마찬가지로 산소, 글루코스 등의 물질교환이 모세혈관벽을 통해 이루어진다. 모세혈관벽은 단지 한 겹의 상피세포로 되어 있어 최단거리에서 확산이 이루어진다.

대부분의 조직에서 가스, 무기이온, 단당류, 아미노산과 같은 조그만 분자들은 자유롭게 모세혈관벽을 통과한다. 소수성 분자(hydrophobic molecules)는 상피세포막을 가로질러 확산되는 반면에 친수성 분자는 상피세포 사이에 있는 상대적으로 큰 구멍(pores)을 통해 확산된다.

그러나 세포나 단백질처럼 큰 분자들은 너무 커서 이러한 구멍을 통과할 수 없고, 대신에 세포막의 능동적 운반기전(운반체단백)에 의해 세포 내외로 이동한다.

중추신경계통에서는 소수성 분자들은 다른 조직들과 마찬가지로 모세혈관의 상피세포를 가로질러 확산된다. 그러나 중추신경계통에 있는 모세혈관 상피세포에서는 음세포 또는 토세포작용이 일어나지 않고, 친수성 분자의 모세혈관벽을 통한 이동은 혈액-뇌장벽(blood-brain barrier)에 의해 제한된다[그림 6-41].

혈액-뇌장벽은 중추신경계통의 사이질액인 뇌척수액(cerebrospinal fluid : CSF)과 혈액 사이에 존재하는 물리적 장벽이라고 할 수 있다. 이 장벽은 중추신경계통의 모세혈관 상피세포 사이에 존재하는 융합막(tight junction)에 의해 형성된다. 융합막 때문에 중추신경계통의 모세혈관벽에는 구멍(pore)이 없고, 따라서 친수성 분자의 확산도 제한된다.

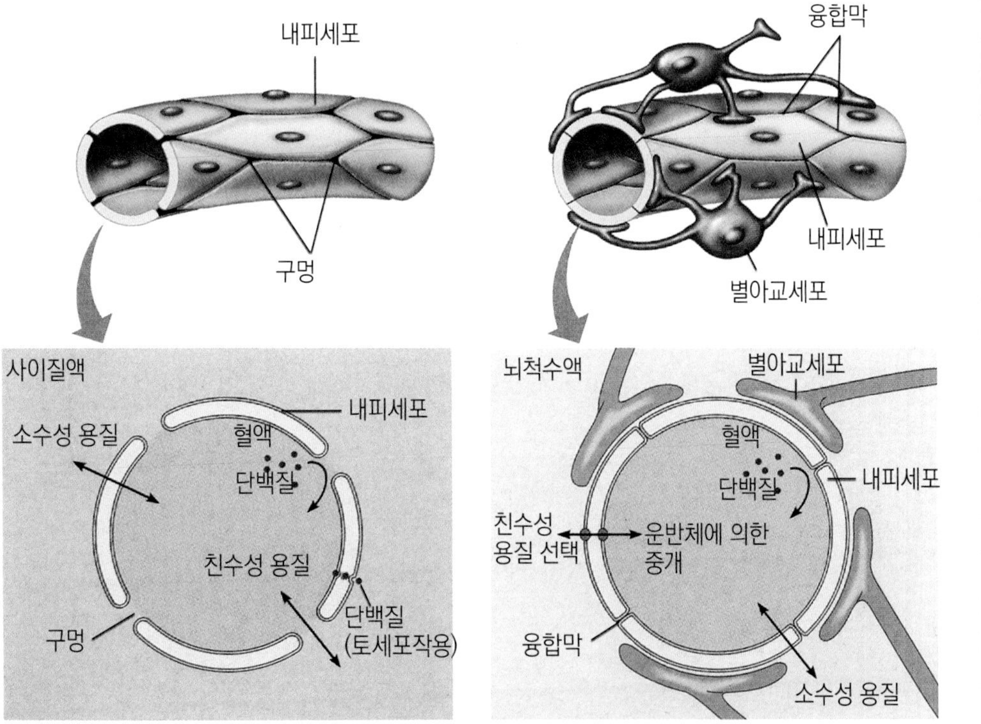

그림 6-41. 혈액-뇌장벽

별아교세포(astrocyte)는 모세혈관 상피세포를 자극하여 융합막을 발달시킴으로써 혈액-뇌장벽을 형성하는 데 중요한 역할을 한다. 혈액-뇌장벽은 혈액에 있을 수 있는 해로운 물질이 중추신경계통으로 유입되지 않도록 한다.

분자들이 모세혈관 내로 들어가거나 모세혈관 밖으로 나오기 위해서는 상피세포 자체를 가로질러야 한다. 가스와 같은 소수성 분자들은 2겹의 지질층인 세포막을 비교적 쉽게 단순확산에 의해 통과하므로 혈액-뇌장벽을 자유롭게 이동한다. 예를 들어 에탄올은 중추신경계통 기능에 쉽게 영향을 미친다.

반대로 이온, 당, 아미노산과 같은 친수성 물질은 중추신경계통에서 단순확산에 의해 모세혈관의 상피세포막을 통과할 수 없다. 그러므로 모세혈관벽을 통과하려면 촉진 확산(facilitated diffusion)에 의존해야만 한다. 촉진 확산은 특정 분자를 운반하는 운반단백질을 이용하기 때문에 혈액-뇌장벽은 특정 화합물에 대한 선택적 투과성(selective permeability)을 갖고 있다.

글루코스나 아미노산은 혈액-뇌장벽을 비교적 쉽게 통과할 수 있는데, 그것은 이들 화합물에 대한 운반 단백질이 세포막에 존재하기 때문이다. 기타 수소 이온(H^+)과 같은 무기이온이나 특정약물은 이 장벽을 잘 통과할 수 없다. 그 이유는 중추신경계통 내의 모세혈관 상피세포에는 이들 화합물을 운반하는 단백질이 존재하지 않기 때문이다.

6.9.1.3 뇌줄기

뇌줄기(뇌간, brain stem)는 중간뇌(mesencephalon), 다리뇌(pons), 숨뇌(연수, medulla oblongata)로 구성되어 있다. 다리뇌는 중간뇌와 숨뇌 사이에 있으며, 호흡중추와 뼈대근육의 긴장을 조절하는 중추가 위치한다.

숨뇌는 뇌와 척수의 경계부분에 위치하여 양쪽을 연결하는 신경섬유의 통로가 된다. 숨뇌에는

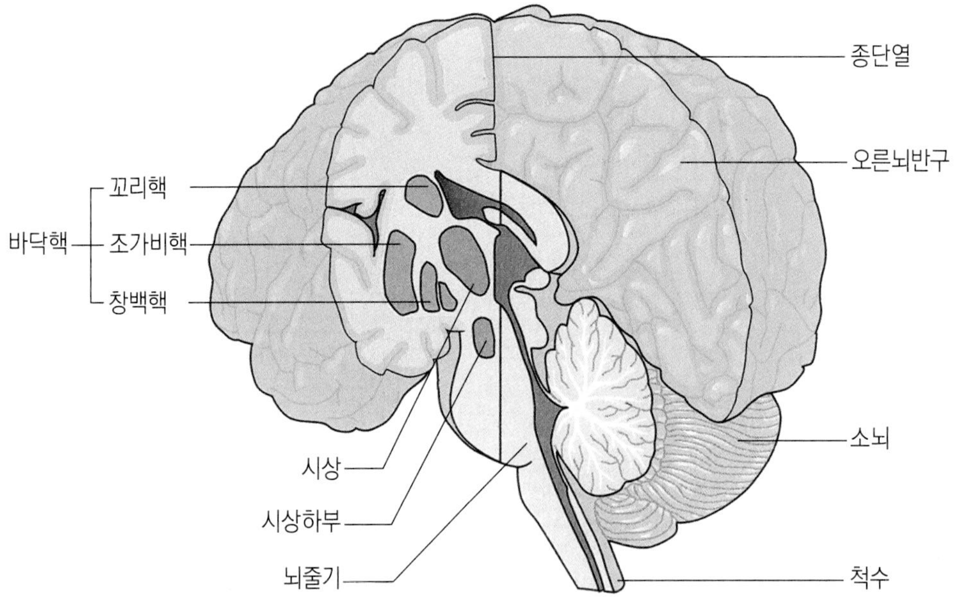

그림 6-42. 뇌의 가로 단면과 세로 단면

피라밋(pyramid)이 있어 대뇌겉질에서 척수로 가는 운동신경섬유의 통로가 되며 숨뇌의 아래끝부분에서 좌우로 교차되기 때문에 이를 피라밋교차(pyramidal decussation)라 한다. 숨뇌에는 심장운동, 혈압, 호흡, 침분비, 발한 등을 지배·조절하는 많은 중요한 중추들이 위치하고 있다.

6.9.1.4 소 뇌

소뇌(cerebellum)는 뇌줄기의 뒤편에 위치하며 많은 신경섬유에 의해 뇌줄기의 중간뇌, 다리뇌, 숨뇌와 기능적으로 연락되고 있다. 소뇌는 속귀의 안뜰기관, 시상, 대뇌바닥핵, 대뇌겉질의 운동영역과 직접 또는 간접적으로 연관을 맺으면서 신체의 자세와 평형, 그리고 운동조절에 관여하고 있다.

소뇌는 근육의 운동을 직접 명령하는 소위 운동중추는 아니지만 운동기관(뼈대근육)과 대뇌겉질 운동중추의 중간에서 중재자로서 운동영역에 의해 수행되는 신체활동을 조정하는 역할을 한다.

plus+

기억(memory)과 운동

기억은 학습의 결과로서 단기기억과 장기기억의 두 가지 종류가 있다. 기억은 단순히 정보의 저장기간에만 차이가 있는 것이 아니라 그 특성에서도 많은 차이가 있다.

단기기억(short-term memory)은 전기적인 형태로 존재하며, 순환되는 신경섬유(뉴런)가 상호연결된 회로를 형성한다. 즉 이 회로의 한 부분이 자극되면 이 회로를 통해 전기적 자극이 지속적으로 순환함으로써 기억이 나게 되며, 전기적 자극이 순환을 멈추면 기억도 멈추게 된다.

장기기억(long-term memory)은 신경섬유의 구조나 기능의 변화에 의한 것으로, 특히 시냅스의 전달기능이 강화되기 때문으로 생각된다. 특히 해마(hippocampus)라고 불리는 뇌겉질부위가 기억과 관련되어 있는데, 이 부위의 뉴런을 자주 반복적으로 자극하면 시냅스의 연결이 더욱 강화된다고 한다. 즉 반복적인 자극에 대해 연접이후신경섬유의 활동전위가 더 쉽게 일어나는 현상을 볼 수 있다.

최근의 연구는 인위적으로 치매를 유발시킨 쥐를 대상으로 운동을 시켰을 때 해마 치아이랑 부위에서 신경세포의 사멸이 억제되고 새로운 신경세포가 생성된다는 결과가 보고되고 있다.

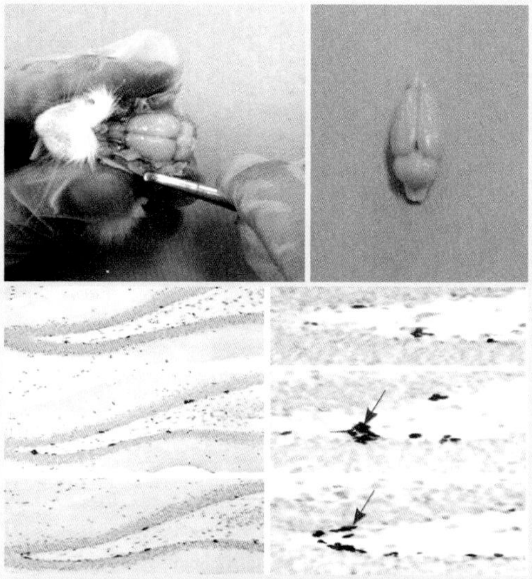

그림 6-43. 흰쥐의 뇌 적출과정과 해마에서의 신경세포 생성
(한남대학교 스포츠의학연구소)

인위적으로 치매를 유발시킨 후 운동을 일정 기간 부하했을 때 해마에서 신경세포의 사멸(aptosis)이 억제되고 새로운 신경세포가 생성됨을 알 수 있다. 신경조직의 염색에 의해 해마부위에서 새롭게 생성된 신경세포들이 진하게 염색되어 나타난다(화살 표시).

plus+

운동과 수면

수면장애자의 40%가 불안이나 우울증환자인 것으로 알려지고 있으며, 과다 수면(10시간 이상)이나 과소 수면(5시간 이하)은 조기사망과 밀접한 관련이 있다고 알려지고 있다.

또한 수면성무호흡증(sleep apnea)은 고혈압, 뇌졸중, 심근경색 등과 높은 상관이 있는 것으로 밝혀지고 있다.

일반적으로 수면은 렘수면이라고 불리는 급속안구운동(rapid eye movement : REM) 수면과 논렘수면이라고 하는 비급속안구운동(non-REM) 수면으로 구분된다. 렘수면이라는 명칭은 이 수면 중 안구의 운동이 매우 활발하게 움직이는 특징 때문에 붙여진 이름이다.

논렘수면은 뇌파(EEG)의 유형에 따라 1~4단계로 구분되며, 단계가 진행될수록 깊은 수면을 의미한다. 특히 3, 4단계에서 서파인 델타파의 출현이 많아지므로 이 단계를 서파수면이라고 한다. 렘수면에서의 뇌파는 각성된 사람에게서 나타나는 것과 유사하게 파장이 짧고, 빠르게 움직인다. 렘수면 중에는 호흡, 심박수, 혈압 등은 증가하지만 근육 자체는 매우 이완되어 있기 때문에 역설적 수면(paradoxical sleep)이라고도 한다. 논렘수면과 렘수면은 약 90분을 주기로 4~6회 반복하면서 하룻밤 동안의 수면을 구성한다.

여러 역학적 연구들은 적절한 운동이 수면의 가장 깊은 단계인 서파수면 시간을 증가시키는데, 특히 최대운동능력의 80% 강도에서 서파수면이 크게 증가하며 무산소운동에 비해 유산소운동이 보다 효과적인 것으로 보고되고 있다. 또한 운동이 렘수면시간을 지연시키고, 그 시간을 줄이는 것으로 알려지고 있다.

이러한 효과는 운동의 정신건강 증진효과, 특히 우울증을 치료하는 효과와 관련이 있음을 말해준다. 우울증환자들은 정상인에 비해 렘수면시간이 증가하며, 실제로 우울증을 치료하는 약물요법이나 전기충격요법은 렘수면을 감소시키는 작용을 한다. 지금까지의 연구들은 대체로 적당한 운동이 서파의 출현을 높이는 등 수면의 질을 높여준다는 결과를 보고하고 있다.

또한 수면 중에 뇌하수체로부터 분비가 증가하는 성장호르몬(growth hormone)은 논렘수면 중에 주로 분비되는 것으로 밝혀지고 있다. 특히 수면에 들어간 후 첫 번째 논렘수면, 즉 잠이 들고 약 60~90분의 3, 4단계 서파수면 단계에서 성장호르몬의 분비가 최대 수준에 이른다. 따라서 수면초기에 깊은 수면에 들어갈 수 있도록 수면환경을 잘 조성하는 것이 근육과 뼈의 성장, 피로의 회복에 유리하다.

반면 수면 직전에 과도한 운동을 하면 오히려 서파수면을 감소시키는 등 수면장애를 초래할 수 있다는 점이 지적되고 있다. 과도한 운동은 코티졸 농도를 증가시키는 반면 안정 시의 남성호르몬, 성장호르몬, 멜라토닌 등은 감소하면서 면역억제, 에너지대사 불균형, 피로와 스트레스 증가를 초래하는데, 이러한 요인들이 복합적으로 작용하여 수면장애를 야기할 수 있다고 한다.

6.9.2 척수와 척수신경의 연결

척수는 숨뇌의 연장으로 지름 약 1cm, 길이 45cm인 장기로서 척추사이구멍(추간공: 척추와 척추 사이의 공간)에 들어가 있어 보호받고 있다. 척수는 뇌와 말초(피부, 관절, 근육, 내장 등) 사이에서 양방향으로 정보를 전달하는 주요 통로이다. 중추신경인 척수의 양쪽에서 척추뼈사이구멍을 통하여 말초신경인 척수신경이 빠져나오는데, 각 척수신경은 분지되는 위치에 따라 목신경, 가슴신경, 허리신경, 엉치신경 및 꼬리신경으로 부른다.

척수의 단면을 보면 H 모양의 회색질과 그것을 둘러싼 백색질로 이루어져 있다. 회색질 부위에서 앞쪽으로 돌출된 부위를 앞뿔(ventral gray horn), 뒤쪽으로 돌출된 부위를 뒤뿔(dorsal gray horn)이라고 한다.

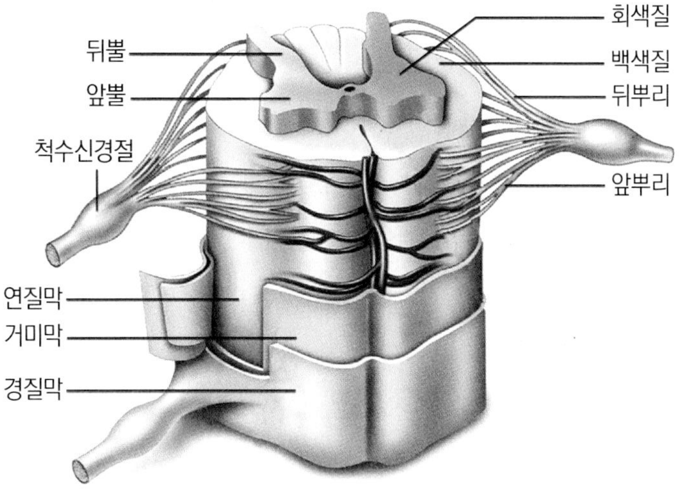

그림 6-44. 척수의 구조

척수는 세 가지 유형의 신경을 포함하고 있는데, 그것은 운동신경, 감각신경, 사이신경이다. 운동신경은 원심성으로 척수회색질의 앞뿔에서 빠져나와 방추바깥근육섬유(α-운동뉴런)와 방추속근육세포(γ-운동뉴런)에 분포한다.

감각신경은 구심성으로 말초부위로부터 척수회색질의 뒤뿔로 들어간다. 척수 내에서 회색질을 둘러싸고 있는 백색질은 여러 오름신경경로와 내림신경경로를 포함하고 있다.

6.9.3 오름신경경로 및 내림신경경로

오름신경경로는 말초로부터의 감각정보를 뇌로 전달하는 경로이다. 세 가지 신경이 감각신경경로를 구성하며, 말초수용기에서 척수로 자극을 전달하는 첫 번째 감각신경의 세포체는 뒤뿌리신경절(dorsal root ganglion)에 위치한다. 두 번째 신경의 세포체는 척수에 위치하고, 그 축삭은 척수를 따라 상행하여 뇌의 시상(thalamus)에 이른다. 세 번째 신경섬유의 세포체는 시상에 위치하여 두 번째 신경과 연접하고, 그 축삭이 뇌겉질의 감각중추에 이른다.

한편 뇌로부터 척수로 내려오는 내림신경경로는 피라밋계통(pyramidal system)과 바깥피라밋계통(extrapyramidal system)으로 나누어진다.

6.9.4 중추신경계통과 운동의 학습

피라밋계통은 수의적 운동을 관장하는 대뇌겉질을 포함하는 고위 운동중추로부터 척수까지 하행하는 운동신경로이다. 그리고 바깥피라밋계통은 뼈대근육의 긴장이나 협동운동, 불수의적 운동과 관계가 있다. 우리가 운동기술을 학습하는 과정, 즉 우리의 생각대로 근육을 잘 움직이도록 스포츠 기술을 배우는 과정은 바로 이 내림신경경로를 형성하는 과정이라고 할 수 있다.

6.9.4.1 피라밋로

피라밋로는 대뇌겉질의 운동중추에서 기시한 신경섬유가 중간뇌, 다리뇌, 숨뇌를 경유하여 척수 앞뿔의 운동신경세포까지 직접 이어주는 신경전도로이다[그림 6-45]. 신경의 전도로 중 숨뇌의 앞부분을 지나갈 때 숨뇌 앞부분이 피라밋모양을 하고 있어서 피라밋로라고 부르게 되었다.

피라밋로는 약 100만 개의 신경섬유로 구성되어 있으며, 이중 대부분의 섬유(75~90%)는 숨뇌의 피라밋교차에서 반대쪽으로 서로 교차하여 척수로 내려간다. 피라밋로의 교차성에 의해 왼쪽대뇌반구는 오른쪽의 반신운동을 지배하고, 오른쪽대뇌반구는 왼쪽의 반신운동을 지배한다. 그러므로 뇌출혈 등에 의해 대뇌겉질의 운동영역에 장애가 오면 반대쪽 마비를 초래하며, 특히 신경섬유가 모두 통과하는 시상과 바닥핵 사이의 속섬유막이 손상되면 반대쪽에 반신불수가 초래된다.

6.9.4.2 바깥피라밋로

바깥피라밋로는 숨뇌의 피라밋을 통과하지 않는 모든 신경로를 말한다. 피라밋계통이 존재하지 않는 하등척추동물의 운동은 틀에 박힌 본능적인 양상으로만 일어나며, 고등동물일수록 피라밋계통이 잘 발달되어 있다.

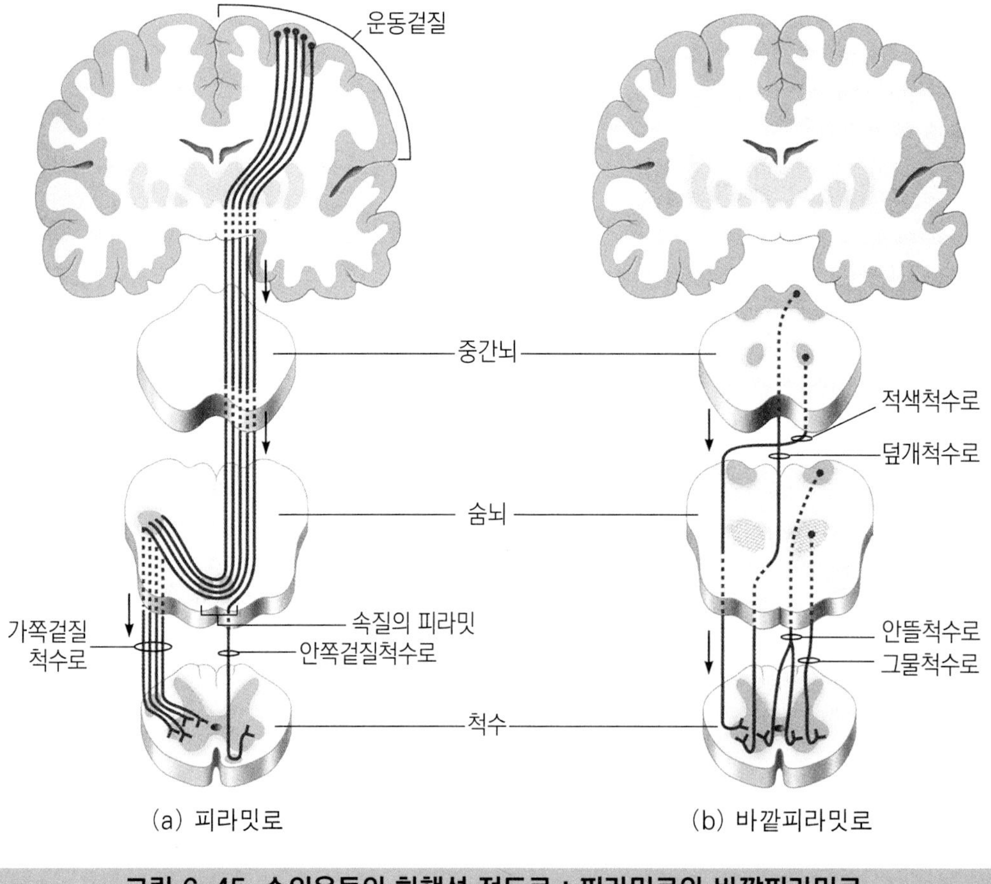

그림 6-45. 수의운동의 하행성 전도로 : 피라밋로와 바깥피라밋로

그러나 피라밋계통에 의한 다양하고 수의적인 운동이 부드럽게 조절되기 위해서는 반드시 바깥피라밋계통의 작용이 있어야 한다. 즉 피라밋계통과 바깥피라밋계통의 기능은 서로 조화되어 있어 부드럽고 정밀하며 통합된 운동이 수행될 수 있다. 바깥피라밋계통의 가장 기본적인 기능은 지속적으로 하위운동신경으로 보내지는 흥분성 자극의 전달을 억제하는 일이다. 따라서 바깥피라밋계통이 손상되면 근육의 긴장도가 지나치게 높아진다.

예를 들어 바깥피라밋계통를 경유하면서 시냅스를 형성하고 있는 바닥핵이나 중간뇌에 장애가 발생하면 파킨슨씨병(Parkinson's disease)을 일으킨다. 파킨슨씨병에 걸리면 근육이 경축되고 얼굴근육이 변형되며, 특히 팔의 이완시 근육의 불수의적 떨림(진전, tremor)이 심하게 일어난다. 그밖에 바깥피라밋계통이 손상되면 무의미하고 불수의적인 경련이 급격하게 일어나는 무도병(無蹈病, chorea)이나 불수의적으로 근육이 뒤틀리는 무정위운동증(athetosis)이 일어난다.

운동학습과 관련하여 특정 운동기술(motor skill)을 처음 익힐 때는 의식을 집중하여 그 기술을 흉내내려는 노력을 기울이게 된다. 이처럼 처음 의식적으로 운동기술을 학습하는 과정은 피라밋계통의 경로를 통해 이루어진다.

그러나 그 기술을 반복하여 연습하면 크게 의식하지 않고도 자동화된 패턴에 의해 수행할 수 있게 된다. 이처럼 무의식적이고 자동화된 동작을 가능케 하는 운동신경로는 바깥피라밋로이며, 특히 협응동작과 관련이 깊은 대뇌겉질의 운동앞구역(premotor area)이 관여한다고 생각된다. 즉 운동앞구역은 특정 운동기술의 습득과 관련이 깊은 스포츠기술 영역이라고 할 수 있다. 바깥피라밋로는 주로 대뇌겉질의 운동앞구역에 기시하여 내려오면서 중간뇌, 바닥핵, 소뇌와 광범위한 연결망(network)을 이루고 있다.

plus+

알츠하이머병과 운동

치매에 의해 나타나는 가장 뚜렷한 뇌의 퇴행성 변화는 정보의 수용과 처리와 관련된 특정 영역, 특히 뇌 해마 치상핵에서 신경세포가 비정상적인 속도로 죽는 현상이다. 그 주된 원인으로는 알츠하이머병(Azheimer's disease)이나 뇌경색을 들 수 있고, 그밖에 알코올성 치매나 당뇨병성 치매가 있다.

치매초기에 나타나는 경도인지장애(MCT, mild cognitive impairment)는 전형적으로 나이를 먹음에 따라 뇌로의 혈류 감소에 의해서 초래되며, 뇌 해마(hippocampus)에서 신경의 결손으로 인해서 발생한다.

그림 6-46에서 보듯이 알츠하이머병이 진행됨에 따라 뇌해마부위와 대뇌피질부가 현저히 위축되는 동시에 뇌실(ventricles)은 확대되어서 결국 뇌에 대한 뇌실 면적비율(VBR, ventricle to brain ratio)이 현저히 커지는 현상을 볼 수 있다.

중추신경에서 작용하는 뇌척수액의 순환 또는 배액(drainage) 시스템인 글림프시스템의 기능이상이나 뇌척수액 생성의 결함이 노화의 중요한 원

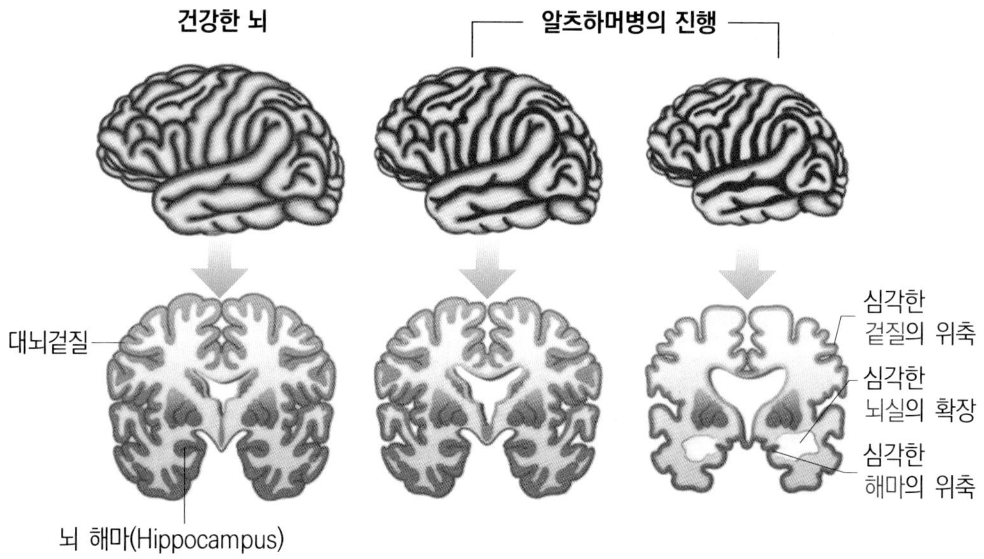

그림 6-46. 알츠하이머병에서 해마와 대뇌겉질의 위축, VBR(ventricle to brain ratio)의 증가

인이라는 점은 잘 알려져 있다. 특히 알츠하이머병(Alzheimer's disease)은 아밀로이드베타(amyloid β)나 타우단백질(Tau protein)이 잘 처리되지 못하고 뇌실질에 축적되면서 뇌세포를 죽이는 것이 원인이라고 밝혀졌다. 즉 수막림프계를 통한 아밀로이드베타나 타우단백질의 배수장애가 이들 물질의 축적을 촉진한다. 이는 시냅스결손, 신경활동의 변화, 신경망의 기능장애 등을 일으키고 결국 질병의 중증도와 인지능력의 저하에 영향을 미친다.

알츠하이머병뿐만 아니라 근위축성측삭경화증(amylotrophic lateral sclerosis), 파킨슨씨병(Parkinson's disease), 헌팅턴씨병(Huntington's disease)과 같은 신경퇴행성 질환은 신경세포의 점진적인 손실, 인지장애, 운동장애, 감각손상 등의 특징을 보이며 이들은 결국 이러한 노폐물의 처리 장애와 관련있는 것으로 보인다.

그림 6-47은 아밀로이드베타(Aβ)와 타우단백질(tau protein)이 제대로 제거되지 못해서 몇 개가 모이고(Olygomers), 결국 아밀로이드플라크(amyloid plaque)를 형성하고 있는 것을 보여준다. 이러한 플라크의 형성은 신경세포(neuron)의 신호전달물질의 전달을 방해하고, 시냅스를 차단하여 신경망의 기능을 저해하고, 결국 신경세포를 죽이게 된다.

사실 아밀로이드베타의 제거는 효소에 의한 분해, 미세아교세포(microglia)와 성상교세포(astrocyte)에 의한 식균작용, 혈관-뇌관문(BBB)을 통한 수용체매개배출(receptor-mediate drainage), 지주막하공간과 혈관주위강을 통한 배출(글림프시스템), 수막림프관을 통한 배출 등 여러 기전이 있다.

그중에서 글림프시스템과 수막림프관을 통한 배출은 가장 주목받고 있지만, 최근에는 인위적으로 혈관내피세포성장인자(VEGF-C, Vascular endothelial growth factor C)의 과발현을 유도했을 때 수막림프기능이 강화되었고, 늙은 쥐의 인지행동이 개선되었다는 보고 등이 있어 주목되고 있다.

글림프시스템을 발견한 로체스터대학 연구팀은 수면상태와 깨어 있는 상태에서 뇌척수액(CSF)과 사이질액(ISF) 사이에 물질 교환의 효율성에 있어 커다란 변화가 나타난다는 것을 발견하여 보고하였다(Nedergaard M. et. Al., 2013). 즉 이러한 뇌척수액에 의한 물질교환은 수면 중 세포외 공간

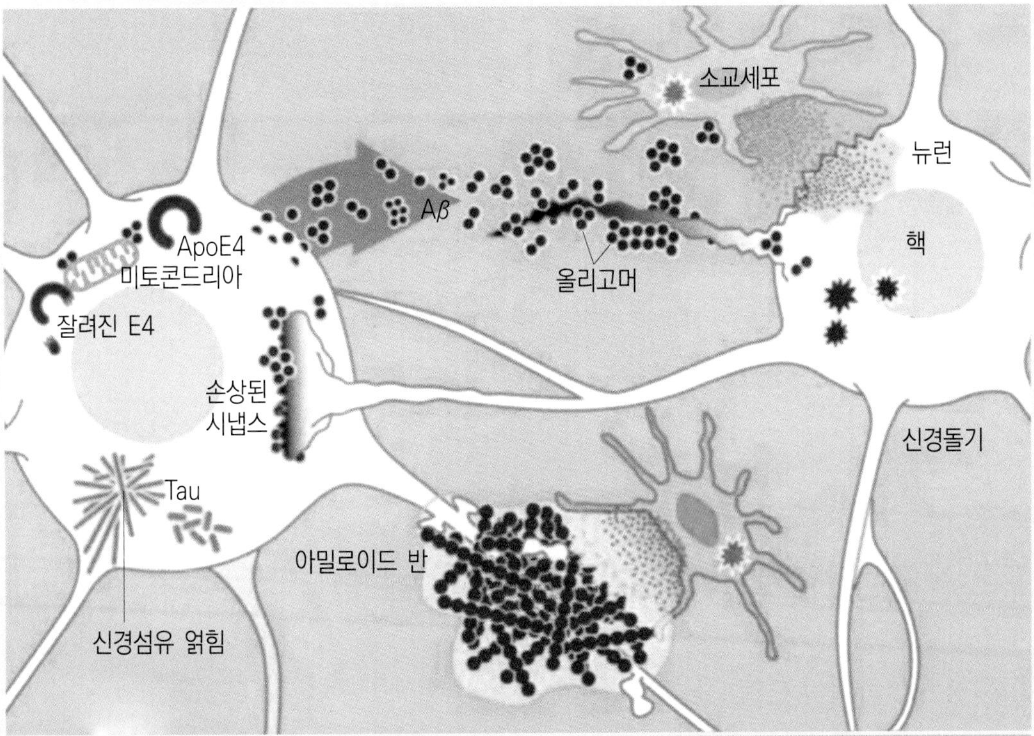

그림 6-47. 아밀로이드베타의 축적으로 인한 신경전달의 장애

의 확장과 수축에 의해 이루어지는데, 세포 외 공간의 확장과 수축에 의해 아밀로이드베타와 같은 간질액의 노폐물 제거가 60%까지 증가한다는 것이다. 특히 서파수면에서 더욱 활발한 글림프시스템의 활동이 높아진다. 이러한 발견을 토대로 깨어 있는 동안 신경활동에 의해 생산된 대사노폐물을 제거하는 글림프시스템의 작용의 증가가 수면의 회복력과 밀접한 관련이 있다는 것을 말해주고 있다.

운동이 수면 중 서파의 출현을 증가시키고, 논렘수면을 증가시킨다는 점은 잘 알려져 있다. 그러므로 운동 자체가 직접 뇌혈류의 증가와 뇌유래신경성장인자(BDNF)의 성장을 촉진할 뿐만 아니라, 수면 중 수막 및 글림프시스템을 통한 뇌척수액의 청소효과를 촉진할 것이라는 논리적인 추론이 가능하다.

6.10 근력향상과 신경계통 트레이닝

최대근력을 개선시키는 기전에는 두 가지를 들 수 있는데, 그것은 더 많은 운동단위를 동원시키는 것과 각각의 운동단위가 더 많은 힘을 발휘하는 것이다.

전자는 근력 개선에서 신경계통의 역할을, 후자는 근육 자체의 역할을 나타내는 것이다. 근력을

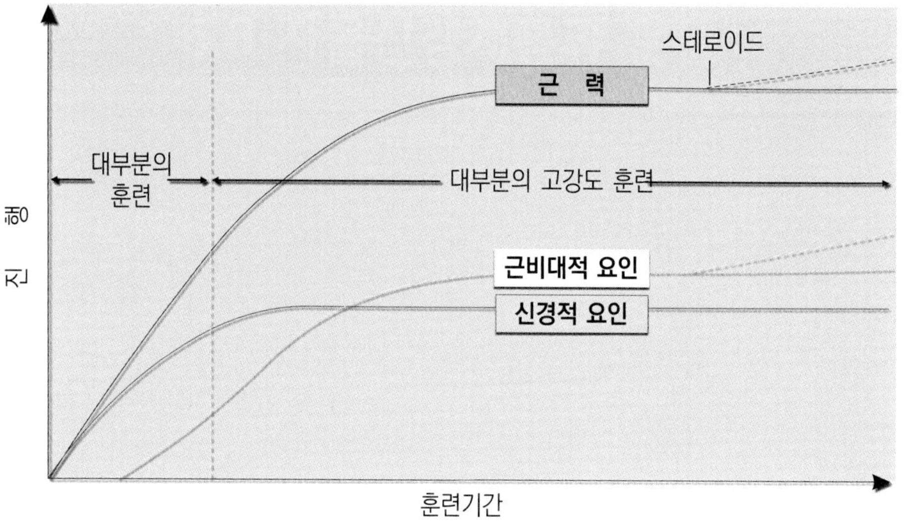

그림 6-48. 저항운동에 따른 근력개선의 신경요인과 근비대 요인의 기여도

개선시키기 위해 저항성 트레이닝을 수행할 때 근육비대현상은 훈련 초기에는 나타나지 않고 대체로 5~6주 이후에 나타난다. 저항성 트레이닝 초기에 근육비대 없이 근력이 개선되는 현상은 주로 신경적 요인의 변화에 의해 이루어진다[그림 6-48]. 특히 장딴지근과 같은 근육은 훈련에 의한 근육 단면적의 증가는 매우 적으면서도 근력은 크게 증가한다. 이는 훈련에 의한 근력 증가의 상당 부분이 신경계통적응에 의한 것임을 보여준다.

이처럼 훈련 초기의 근력 증가는 더 많은 운동단위를 적시에 동원하는 능력이 개선되는 것에 따른다. 또 하나의 신경계 요인은 근력을 발휘할 때 뇌에서 시작되는 억제성 자극을 차단하는 능력이 높아진다는 점이다. 우리가 최대로 힘을 쓸 때는 뇌의 고위중추에서 운동신경을 통해 근육에까지 흥분성 자극을 내려보낸다.

그러나 우리가 아무리 의식적인 차원에서 최대의 힘을 발휘하여도 뇌의 하위영역에서는 억제성 자극이 동시에 내려가서 흥분성 자극의 일부분을 도중에 차단한다. 이는 무의식 영역에서 인체를 보호하기 위한 신경계의 작용이라고 할 수 있다. 반복적인 훈련은 이러한 억제성 자극을 다시 억제함으로써 더 많은 흥분성 자극이 근육까지 내려갈 수 있도록 해준다.

근력증가에 신경계통이 중요한 역할을 한다는 것을 말해주는 예는 다음과 같다.

① 양쪽 팔다리 중 한쪽만을 훈련시킬 때 그 반대편에도 훈련의 효과가 나타난다. 예를 들어 오른쪽무릎의 굽힘근력이 훈련에 의해 20% 증가하면 훈련받지 않은 왼쪽무릎의 폄근력도 동시에 10% 정도 증가하는 현상을 볼 수 있다. 이러한 결과는 척수뉴런의 경로를 통해 오른쪽다리의 훈련효과가 왼쪽으로 일부 전이되었기 때문이다.

② 근력발휘 중 기합을 넣거나 근력검사 수 초 전 총소리에 의해 근력 증가 현상이 나타난다. 또한 근력증가에 대한 최면적 예시에 의해 근력이 증가되는 현상을 볼 수 있다. 이는 근력조절

plus+

러너스하이와 엔도카나비노이드

운동을 시작한 초기에 가슴이나 옆구리통증, 심한 숨참, 두통이나 현기증, 근육통 등의 증상을 경험하는 경우가 많은데, 이를 사점(dead point)이라고 한다. 이 시기를 거치고 나서 자신도 모르게 편안하고 고통이 경감된 상태가 나타나는데, 이를 세컨드윈드(second wind)라고 한다. 그런데 여기에 더하여 운동 중에 느끼는 심리적 행복감을 나타내는 러너스 하이(runner's high)라는 용어가 보편적으로 사용되고 있다.

러너스하이는 달리기 중 나타나는 현상으로 달리기할 때 숨이 차고 힘든 상황을 지나고 나서 몸이 어느덧 가뿐해지고 구름 위를 걸어다니는 듯한 기분 좋은 상태가 찾아오는 것을 표현한다. 러너스하이는 보통 4분에서 30분까지 지속되며 분당 120회 정도의 강도로 30분 이상 달릴 때 주로 나타난다. 러너스하이는 불안감의 감소, 통증에 대한 둔감성, 마음의 평온함, 그리고 막연한 행복감이 가장 특징적인 효과라고 볼 수 있다.

이러한 현상과 관련하여 그동안 가장 많이 알려진 것은 베타-엔도르핀(β-endorphin)이다. 엔도르핀은 뇌하수체로부터 피코그램 단위로 극미량 분비되는 호르몬으로서, 인체 내부를 뜻하는 엔도(endo)와 모르핀(morphine)의 합성어이다.

이처럼 엔도르핀은 운동할 때 그 운동에 따른 통증을 경감시키거나 힘든 상태를 견디는 운동 내성과 관련되어 있으며, 또 심리적, 정서적 상태와도 관련되어 있는 것으로 알려져 있다. 그런데 최근에는 운동할 때 나타나는 심리정서적 변화에는 베타엔도르핀보다 엔도카나비노이드(endocannabinoid)가 더 깊게 관여하는 것으로 밝혀지고 있다. 즉 운동할 때 통증감각의 차단과 정서적 행복감에 엔도카나비노이드가 더욱 중요한 작용을 한다는 것이다. 엔도(endo-)는 내인성으로 생성되는 물질이라는 것을 의미하고, 카나비노이드는 이스라엘의 화학자인 루미르 하누스박사가 1980년 대마에서 처음 발견한 물질이다.

최근 연구들은 엔도카나비노이드의 작용을 차단하는 길항약물을 투여했을 때 운동에 따른 통증감소 효과가 사라지는 것을 확인할 수 있었다. 엔도카나비노이드와 결합하는 수용체는 인체의 뇌와 척수, 그리고 말초기관, 면역관련 조직에 광범위하게 분포하고 있다.

이러한 물질들의 작용기전에 대한 발견은 정기적인 운동이 긴장의 완화, 유쾌한 기분, 행복감 등을 통해 심리적·정서적 문제가 있는 사람을 위한 요법적 수단이 될 수 있다는 근거가 된다.

에 관여하는 중추신경계통의 역할을 말해주는 것이다.

③ 인간이 발휘할 수 있는 최대의 자의적 수축력은 근육에 전기적 자극을 가해 얻어지는 수축력이 비해 약하다. 즉 인간은 자의적으로는 모든 운동단위를 흥분시키도록 뇌로부터 척수의 운동뉴런으로 자극을 보낼 수 없는데, 그것은 억제성 자극이 함께 작용하기 때문이다. 이러한 사실을 바탕으로 인간은 훈련에 의해 뇌로부터의 흥분성 자극을 증가시키고 억제성 자극을 감소시킴으로써 근력을 증가시키는 방법을 학습할 수 있다고 하겠다.

④ 근력훈련 결과 최대수축운동 중 근육의 전기적 활동(근전도)이 증가함을 들 수 있다. 이는 훈련 후 더 많은 운동단위가 동원되고 자극의 빈도가 높아졌음을 의미한다.

⑤ 동물실험 결과 신경근육연접부는 지구성 훈련을 시킨 동물이 훈련을 시키지 않은 동물보다 크다고 보고되고 있다. 또한 훈련받은 쪽이 축삭종말도 길고 시냅스부위도 커서 신경전달물질의 운반에 보다 효과적이라고 알려지고 있다.

또한 관절고정(immobilization)으로 근육운동이 제한되면 신경근육연접부의 피로가 쉽게 발생하는 것으로 알려져 있다. 신경근육연접부의 피로는 신경종말로부터 화학전달물질인 아세틸콜린의 방출이 감소하기 때문으로 생각된다. 따라서 지구성 훈련은 신경근육연접부에 대한 적응을 유발함으로써 반복적인 근육수축에 따른 근육피로현상을 지연시킬 수 있다.

6.11 정보처리능력과 신경지배경로 형성

다양한 스포츠활동은 인체가 많은 시공간 또는 청각 등의 정보를 받아들여 종합·분석하여 적절하게 정보를 판단하고 대응하는 능력을 개선시킨다. 즉 스포츠활동 중에 우리는 눈과 귀, 피부 등의 감각기를 통해 순간적으로 전달되는 정보를 뇌에 전달하며, 사령탑인 뇌에서는 전달된 정보를 순식간에 종합·분석하여 신경경로를 통해 효과기인 뼈대근육에 명령을 내려서 인체를 적절히 움직이도록 한다[그림 6-49].

예를 들어 축구경기 중 날아오는 축구공을 보고 그 축구공의 속도, 방향, 공간위치, 동료선수의 외침과 같은 청각적 정보 등이 뇌에 전달된다. 뇌에서는 이러한 외부의 감각정보뿐만 아니라 자신의 신체 내부의 고유수용기나 안뜰기관에서 전해오는 정보를 함께 분석하여 그 공을 발로 트래핑할 것인지, 가슴으로 트래핑할 것인지, 아니면 헤딩할 것인지 등을 판단한다. 이러한 판단에 따라 뇌는 원심성 운동신경경로를 통해 뼈대근육에 명령을 하달함으로써 적절한 대응이 이루어지는 것이다. 이러한 과정은 사실상 순식간(0.1~0.3초)에 이루어지며, 이 과정에서 가장 중요한 과정은 뇌에서 이루

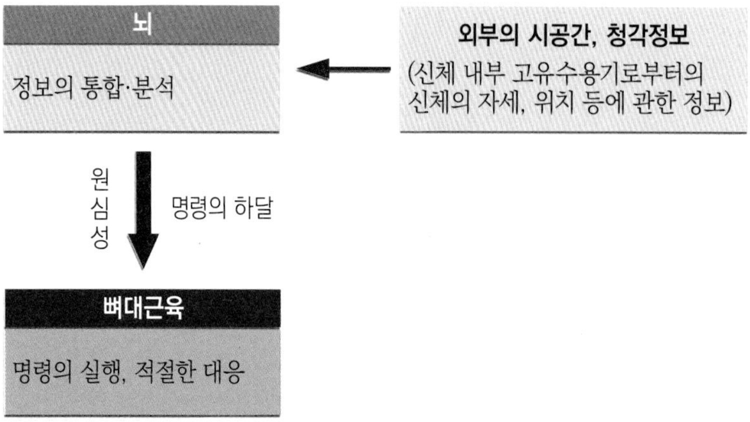

그림 6-49. 스포츠에서 정보 처리와 실행의 과정

어지는 정보 처리의 과정이다. 스포츠 활동은 바로 뇌에서 이루어지는 수많은 정보처리의 연습기회를 제공해 준다.

또, 한 가지의 신경훈련으로는 적절한 신경지배경로를 형성하는 과정이다. 예를 들어 1세 미만의 어린이가 바닥에 떨어진 콩알을 집는 동작을 수행하는 것은 매우 힘들다. 왜냐하면 엄지와 검지에만 적절한 신경자극이 내려가는 것이 아니라 다섯손가락 모두에 신경자극이 전달되기 때문이다. 이후 많은 연습에 의해 불필요한 신경자극이 제거되고 엄지와 검지만을 사용하여 콩알을 자연스럽게 집을 수 있게 된다.

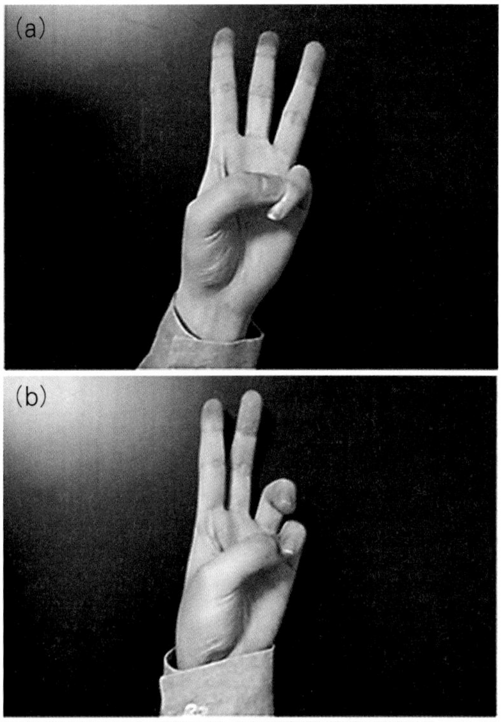

그림 6-50. 엄지와 새끼손가락을 바꾸어 힘을 줄 때 나타나는 신경지배 경로의 차이

그림 6-50a와 같이 가운데 세 손가락을 편 상태로 엄지손가락으로 새끼손가락을 강하게 구부리는 것은 누구나 쉽게 할 수 있다. 그리나 반대로 새끼손가락으로 힘을 강하게 주어 엄지손가락을 누르게 한다면 그림 6-50b와 같이 새끼손가락 옆의 넷째손가락도 함께 구부러지려고 한다. 새끼손가락에 힘을 강하게 주는 상태로 가운데 세 손가락을 펴는 것이 어렵다는 것을 발견하게 된다. 이러한 현상은 새끼손가락쪽으로만 자극이 내려가지 않고 그 옆에 인접한 넷째손가락쪽의 신경경로에도 불필요한 신경자극이 내려가기 때문이다. 엄지손가락은 나머지 손가락과 비교적 많이 떨어져 있어서 다른 신경 경로에 영향을 주지 않는 것이다.

스포츠 활동 중 폼(form)을 배우는 과정은 이처럼 불필요한 신경자극 경로를 제거하고 적절한 신경자극 경로를 형성하는 과정이다. 잘못된 폼을 익히는 것은 잘못된 신경 경로를 형성하는 것을 의미하며, 이후에 그것을 교정하는 것은 더욱 힘이 들게 된다.

plus+

태권도 격파의 비밀 : 억제성 자극과 키네틱 링크

태권도의 격파 시범에서 벽돌이나 기왓장을 맨손으로 격파할 수 있는 비결은 무엇일까? 무심코 생각하면 주먹을 무쇠처럼 단단하게 단련시켰기 때문에 벽돌을 깰 수 있는 것으로 생각하기 쉽다. 그러나 단련을 통해 굳은 살이 배기고 가격하는 부위의 뼈도 단단해져서 골절 등의 부상을 예방하는 효과를 갖지만, 그 자체가 벽돌을 깰 수 있는 힘을 생성시키지는 않는다.

벽돌을 깰 수 있는 비결은 주먹 자체에 있는 것이 아니라 신경계톡과 근육계통의 훈련에 의한 것이다. 그 둘 중에서도 신경계통의 단련이 더 큰 역할을 한다. 벽돌을 격파하기 위해서는 몇 가지 조건이 필요한데, 그것은 벽돌을 내려치는 순간의 최대파워가 발휘되어야 한다는 것이다.

최대파워를 내기 위해서는 충격이 가해지는 순간, 즉 가격하는 순간에 최대의 질량으로 최대속도에 이르게 해야 한다. 충격의 순간에 최대질량을 만들기 위해서는 가격의 순간에 자신의 전체 체중을 실어야 한다. 즉 몸통과 함께 어깨, 팔, 손이 완전히 굳건하게 고정되어 하나의 물체로서 타격에 가담하는 질량을 증가시켜야 하는데, 그러기 위해서는 신경계통의 협응작용이 매우 중요하다. 최대의 속도로 가격하기 위해서는 몇 가지 요인이 필요한데, 그것은 최대근력, 근육의 이완, 그리고 협응동작의 세 요소가 가장 중요하다.

최대근력은 근육의 크기와 신경계통의 작용에 의해 좌우된다. 태권도의 격파에 있어서는 근육의 크기보다는 근육을 동원하는 신경계통의 작용이 더욱 중요하다. 우리가 평상시 힘을 발휘할 경우에는 대뇌겉질로부터 의식적인 명령에 의해서 흥분성 자극을 내려보내 근육이 수축하도록 하지만, 이때 동시에 뇌의 전운동겉질 및 그 하부영역에서 억제성 자극이 함께 내려지면서 발휘하는 힘의 조절이 이루어지도록 한다.

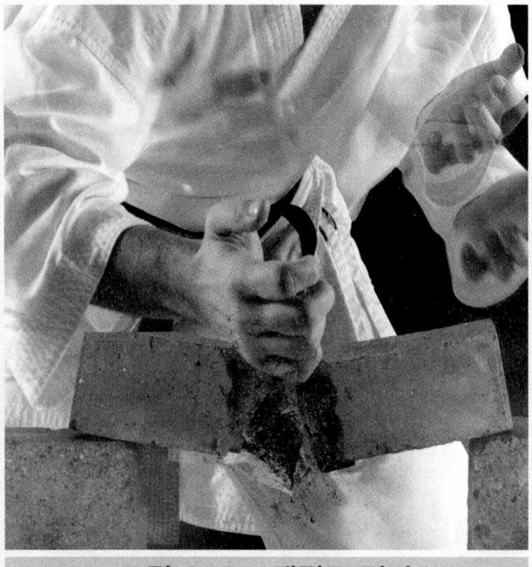

그림 6-51. 태권도 격파

의식적으로 최대로 힘을 발휘하는 경우에도 우리 뇌의 무의식 영역에서는 억제성 자극을 내려 보내는 것이다. 그러므로 실제로 의식적으로 발휘하는 힘은 생리적으로는 자신이 낼 수 있는 최대의 힘이라고 볼 수 없다.

장기간의 수련은 이러한 억제성자극을 차단하는 능력을 향상시키는 것으로 보인다. 그래서 마지막에 벽돌에 충격을 가하는 순간에 최대의 파워가 발휘될 수 있도록 한다.

이때 기술적으로 중요한 것은 최대파워를 내기 위해서 가격의 속도를 빠르게 해야 하는데, 그러기 위해서는 내려치는 과정에서 근육을 이완시켜야 한다는 점이다. 근육섬유의 동원특성은 근력을 증가시키면 속도가 느려지고, 근력의 수준을 줄이면 속도가 증가하기 때문이다.

최대 근파워(순발력)를 낼 수 있는 근력의 수준은 최대근력의 약 1/3 정도이다. 이러한 이유로 '힘을 쓰려면 힘을 빼야한다'라는 말이 성립된다. 즉 최대의 힘을 가하는 것은 마지막 충격을 가하는 순간에만 필요하고, 나머지 국면에서는 근육의 긴장을 빼고 움직임의 속도를 증가시켜야 한다는 점이다. 이를 위해서는 운동단위를 동원하는 신경흥분의 집중성과 타이밍이 절대적으로 중요하다.

끝으로 속도를 증가시키기 위해서는 인체의 협응동작이 무엇보다 중요하다. 가격을 할 때 몸을 수직으로 뛴 상태에서 팔만으로 내려치는 것이 아니라 몸통의 굽힘, 어깨, 위팔근, 주먹으로 이어지는 동작의 시퀀스(sequence)가 부드럽게 연결될 때 가격의 순간에 최대속도에 도달할 수 있는데, 이러한 협응적인 동작연결을 '키네틱 링크(kinetic link)'라고 한다.

이처럼 태권도 격파의 비밀은 인체분절 간의 협응적 동작, 필요한 운동단위를 적시에 동원하는 일련의 과정을 반복적인 수련에 의해 고도로 최적화시킨 일종의 운동학습이라고 할 수 있다.

단원요약

- 신경계통은 내분비계통과 함께 인체의 생리적 조절기능을 담당한다. 즉 인체가 내외적 환경 자극에 대처하는 방법 또는 명령을 전달하는 경로는 신경계통과 내분비계통을 통해서 이루어진다.
- 신경계통은 크게 중추신경계통(CNS)과 말초신경계통(PNS)으로 구분된다. 중추신경계통은 뇌와 척수로 구성되어 있으며, 말초신경은 해부학적으로는 뇌신경과 척수신경으로 구분된다.
- 자율신경계통은 인체기능의 자율적 조정을 주로 담당하는 신경으로 체내의 심장, 혈관, 소화관, 내분비샘 등에 분포한다. 체성신경과는 달리 자율신경계통은 뇌와 척수에서 빠져 나온 다음 다른 신경섬유와 연결되어 있는데, 그 연결부위를 신경절(ganglion)이라 한다.
- 신경세포 또는 신경섬유를 뉴런(neuron)이라 하며, 그 구조는 세포체에서 여러 가닥의 가지 모양으로 뻗어 있는 가지돌기와 축삭으로 되어 있다. 가지돌기는 신경자극을 받아들이고, 축삭은 다른 신경섬유나 기관에 자극을 전달해주는 역할을 한다.
- 한 신경섬유의 축삭종말이 다른 신경섬유의 가지돌기나 세포체와 연결되어 있는 부위를 시냅스(synapse)라고 하고, 신경섬유의 축삭종말이 근육과 연결되는 부위는 신경근육연접이라고 한다.
- 말초신경섬유를 둘러싸고 있는 말이집은 슈반세포(Schwann cell)라고 하는 신경아교세포로 구성된다. 말초신경세포의 축삭이 손상되면 말초쪽 신경은 퇴화되며 손상부위부터 튜브가 먼저 만들어지고 튜브를 따라 축삭과 말이집이 매우 느리게 재생된다. 운동은 신경의 재생을 촉진한다.
- 세포막을 경계로 하여 세포 안에는 PO_4나 단백질과 같은 음이온이 많고, 매 순간 양이온인 포타슘이 세포 밖으로 확산되어 나가는 현상에 의해 세포막 안쪽은 음극을 띠게 된다. 세포막 안쪽과 바깥쪽의 전위차는 약 -70mV인데, 이를 안정막전압이라고 한다.
- 자극에 의해 세포막의 Na^+에 대한 투과도가 증가하면서 Na^+이 세포 안으로 유입되어 세포막 안쪽의 막전압이 증가하는 현상을 탈분극이라고 하며, 탈분극에 의해 발생된 막전압을 활동전압이라고 한다.
- 시냅스에서 자극이 전달되는 과정은 시냅스이전막의 종말단추에 있는 소포로부터 신경전달물질이 분비되면 신경전달물질이 시냅스이후막에 있는 수용체와 결합하게 된다. 이어서 Na^+에 대한 이온통로가 열려서 Na^+이 시냅스 후신경으로 유입되면서 탈분극이 발생하게 됨으로써 자극이 전달된다.
- 신경섬유의 trigger zone에 흥분성 시냅스후전위(EPSP)와 억제성 시냅스후전위(IPSP)의 순효과(net effect)가 역치자극 이상으로 도달될 때 신경흥분이 축삭을 따라 전달된다.
- 한 개의 운동신경섬유(운동뉴런)와 그 신경섬유에 의해 지배되는 여러 개의 근육섬유로 이루어진 것을 운동단위(motor unit)라고 한다.
- 근력은 동원되는 운동단위의 수에 의해 결정된다. 그러나 근력을 발휘할 때 모든 운동단위가 동시에 흥분되지 않고 교대로 흥분하여 특정 운동단위가 피로해지지 않도록 한다. 따라

서 동일한 운동단위가 동원될지라도 자극의 빈도에 따라 발휘되는 근력의 수준이 결정된다.

- 근육과 힘줄, 그리고 관절에 위치하여 관절의 상태, 근육수축 속도, 발휘되는 근력수준 등의 감각정보를 감지하는 특별한 형태의 감각기관을 고유수용기(proprioceptor)라고 하는데, 근육방추, 골지힘줄기관, 관절수용기 등이 여기에 속한다.
- 근육방추는 현재 근육의 폄 정도와 폄 속도를 감지하여 중추신경계통에 보고하는 역할을 한다.
- 근육이 갑자기 펴지면 그 폄속도가 근육방추에 의해 감지되어 척수에서 뇌를 거치지 않고 바로 원심성 운동신경섬유를 흥분시켜 반사적인 근육수축이 일어나도록 하는데, 이러한 현상을 폄반사라고 한다.
- 고유수용기는 인체의 근육이나 관절, 신체 부위의 공간적 위치를 중추신경에 보고하며, 자가억제나 상호억제 등의 작용을 통하여 인체 자세와 운동을 조절하고 갑작스런 자세나 동작의 변화에 의한 부상의 위험으로부터 인체를 보호하는 역할을 한다.
- 인체의 불수의적 조절을 담당하는 자율신경의 중추는 시상하부에 있다. 이 조절중추는 교감신경과 부교감신경을 통해 심장운동, 호르몬분비, 내장운동 등의 원심성 명령을 내린다.
- 운동의 수의적 조절은 주로 대뇌겉질의 운동영역, 그리고 운동영역의 앞부분에 있는 운동앞구역, 소뇌 등의 상호유기적인 협력에 의해 이루어진다. 인체의 수의적 운동조절이 이루어지는 신경경로는 피라밋로와 바깥피라밋로가 있다.
- 피라밋로는 대뇌겉질의 운동중추에서 시작되는 신경섬유가 숨뇌의 피라밋을 지날 때 서로 교차하는 경로를 말한다. 이 피라밋교차로 인해 왼쪽대뇌반구는 인체의 오른쪽반신을 지배하고, 오른쪽대뇌반구는 왼쪽반신을 지배한다.
- 바깥피라밋로는 숨뇌의 피라밋을 통과하지 않는 모든 신경로를 의미하며, 바깥피라밋로의 가장 기본적인 기능은 피라밋계통에 의한 수의적 운동을 부드럽게 조정하는 역할을 한다.
- 운동학습과 관련하여 특정한 운동기술(motor skill)을 습득하는 과정은 대뇌겉질의 운동앞구역과 바깥피라밋계통이 큰 역할을 한다. 예를 들어 처음 운동기술을 학습할 때에는 매우 의식적인 사고와 동작의 수정이 필수적인 과정이지만, 점차 그 동작은 특별한 의식의 작용 없이 자동적으로 이루어진다. 이러한 자동화된 동작이 가능한 것은 전 운동영역에서 시작되는 바깥피라밋로에 일정한 조절경로의 형성, 즉 패턴화가 이루어졌기 때문이다.
- 근력의 개선은 근육단면적의 개선 외에도 신경계통의 개선이 관여하고 있다는 여러 가지 증거가 있다. 근육질의 남자가 마른 사람과 팔씨름을 할 때 마른 사람이 이길 수 있는 것은 근력이 근육단면적 외에도 동원되는 운동단위의 수, 자극의 빈도와 같은 신경적 요소에 의해 결정되기 때문이다.

연습문제

1. 중추신경계통과 말초신경계통의 기능적 구성과 해부학적 구성을 설명하라.
2. 신경절, 신경절이전섬유와 신경절이후섬유에 대하여 설명하라.
3. 말이집신경섬유와 민말이집신경섬유의 구조적 · 기능적 차이를 설명하라.
4. 시냅스(synapse)의 구조와 자극이 전달되는 과정을 설명하라.
5. 체성신경, 자율신경(교감신경과 부교감신경)의 신경전달물질에 대해 설명하라.
6. 안정막전압과 활동전압의 형성과정을 설명하라.
7. 흥분성 시냅스후전위(EPSP)와 억제성 시냅스후전위(IPSP)의 발생과정을 설명하라.
8. 운동단위와 근력과의 관계에 대하여 설명하라.
9. 폄반사를 설명하고, 폄반사에서 근육방추의 역할을 설명하라.
10. 지속적인 근육수축을 유지하는 데 감마운동뉴런(gamma motor neuron)의 역할을 설명하라.
11. 근육방추의 상호억제 작용과 골지힘줄기관의 자가억제 작용에 대해 예를 들어 설명하라.
12. 심장운동, 뼈대근육 혈관, 내장 혈관운동에 대한 교감신경과 부교감신경의 작용을 비교 설명하라.
13. 뇌에서 시상하부와 연수에 있는 주요 신경중추를 열거하라.
14. 피라밋로와 바깥피라밋로를 수의적 운동과 관련하여 설명하라.
15. 대뇌겉질의 운동영역과 운동앞구역의 위치와 기능에 대하여 설명하라.
16. 운동기술(motor skill)이 학습을 통해 자동화되는 경로를 설명하라.
17. 팔씨름경기에서 마른 사람이 근육질의 덩치 큰 사람을 이길 수 있는 이유를 설명하라.
18. 말초신경의 손상에 뒤이은 신경재생과정과 운동과의 관련을 설명하라.
19. 근력 개선에 신경계통이 관여한다는 증거를 세 가지만 제시하라.
20. 뇌에서 이루어지는 정보처리와 실행의 과정을 스포츠활동과 관련시켜 설명하라.
21. 스포츠기술을 익히는 과정에서 폼(form)을 익히는 것이 왜 중요한지 신경지배경로를 형성하는 과정과 관련하여 설명하라.

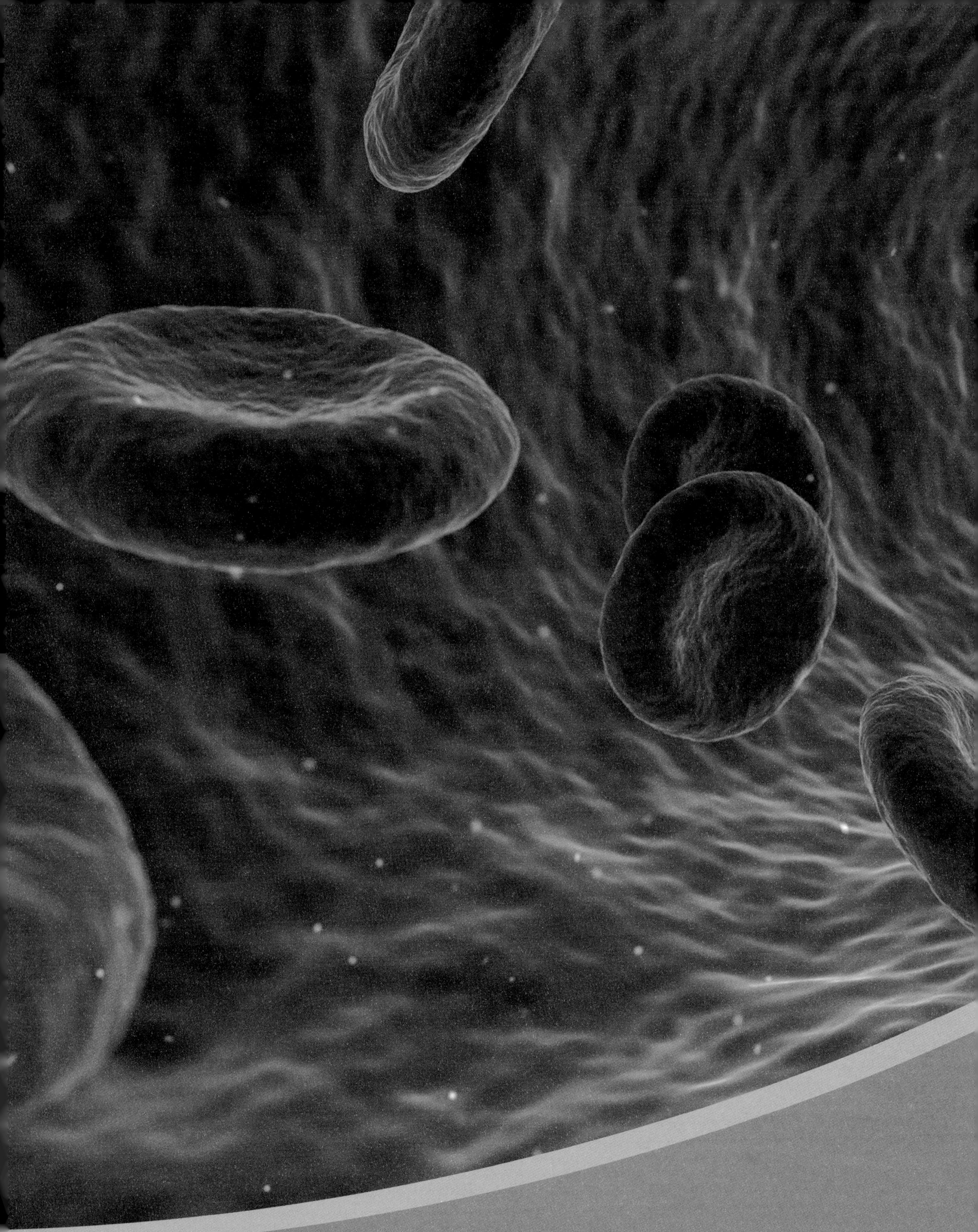

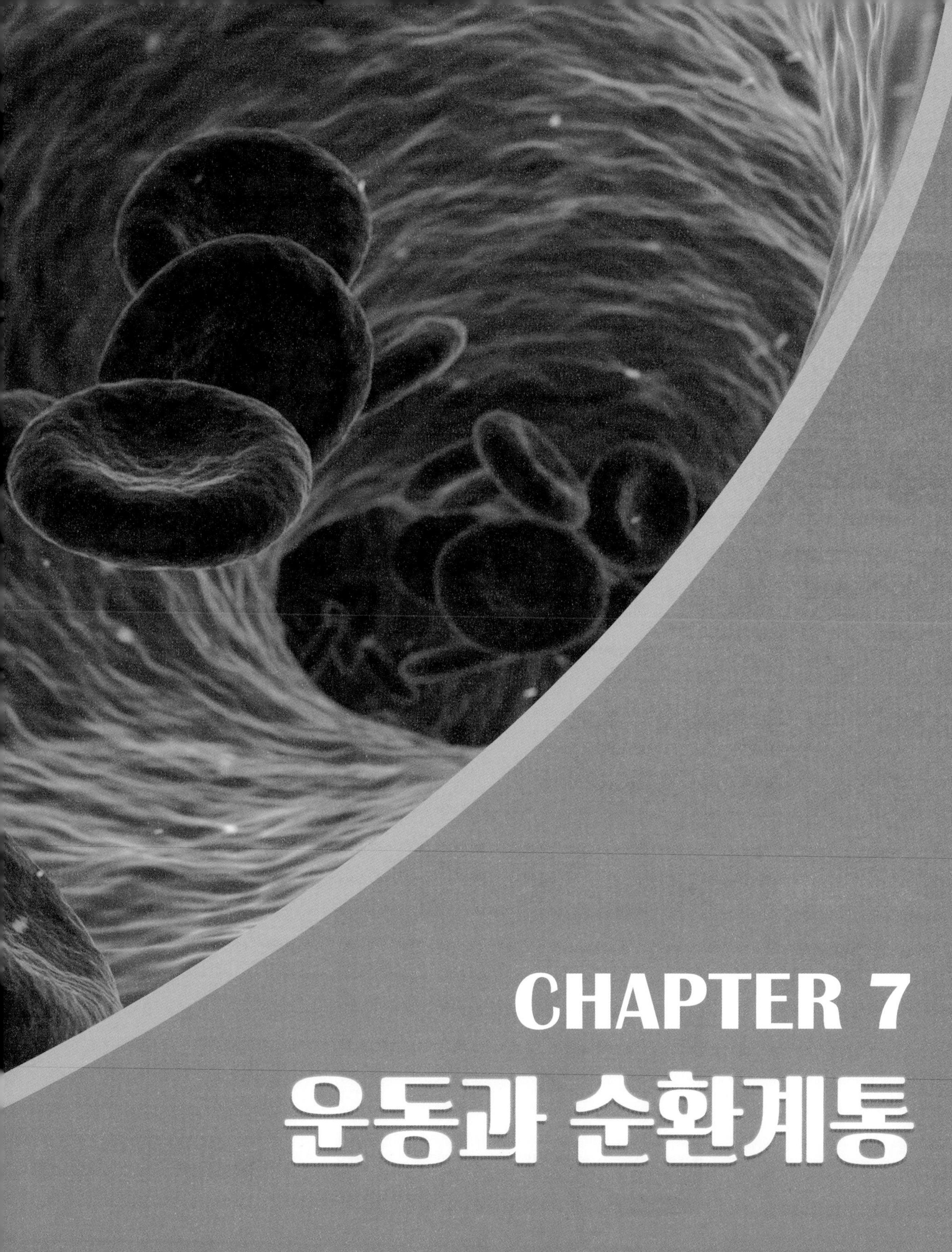

CHAPTER 7
운동과 순환계통

인체의 두 가지 순환경로(온몸순환과 허파순환)와 함께 심장의 구조, 특히 들어가고 나오는 혈관, 판막과 자극전도계에 대해 이해하도록 한다.

순환계통은 운동과 관련하여 가장 현저한 변화를 보이는 계통이다. 그러므로 가급적 기전적 설명에 중점을 둔다. 즉 심장의 조절인자, 혈류재분배의 원리, 혈류순환의 원리 등의 이해가 중요하다. 또한 운동 시 나타나는 심박출량·일회박출량 등의 변화, 혈류변화, 혈액구성의 변화에 대한 개관과 함께 장기적 훈련에 따른 순환계통의 적응현상도 알아두도록 한다.

순환계통은 물질의 흡수와 운반을 담당하는 체내 운송계통이다. 즉 호흡계통으로부터는 산소를, 소화계통으로부터는 영양분을 흡수하여 인체의 세포에 전달한다. 또 세포의 대사산물인 노폐물질과 이산화탄소는 각각 콩팥과 허파로 운반하여 배출되도록 한다. 그 외에 내분비계통에서 형성된 호르몬을 표적기관(target organ)까지 전달해 주기도 한다.

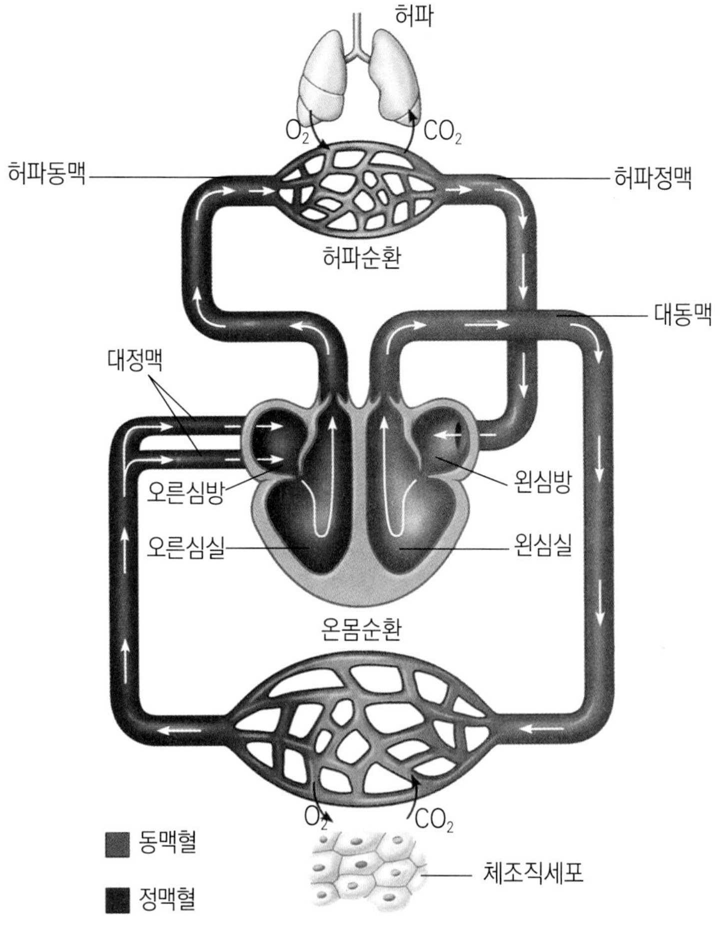

그림 7-1. 온몸순환과 허파순환

운동 시에는 안정 시 수준 이상으로 에너지대사 수요가 증가하므로 물질의 운반을 담당하는 순환계통의 활동이 크게 촉진된다. 예를 들어 운동으로 인해 산소 수요가 증가하는데, 이는 심장의 수축활동의 증가와 내장기관 등 비운동 영역에서 활동 근육으로 가는 혈류 재분배를 통하여 충족된다.

순환계통은 혈액을 운반하는 혈관계통과 림프를 운반하는 림프계통으로 구성된다. 혈관계통은 심장, 혈관 및 혈액의 세 부분으로 나누어 생각할 수 있다. 심장은 순환의 동력이 되는 펌프, 혈관은 도로망, 혈액은 운송수단 역할을 한다.

순환계통은 혈액흐름의 경로에 따라 허파순환과 온몸순환으로 구분된다. 심장의 오른심실은 허파로 혈액을 보내는 펌프 역할을 하며, 왼심실은 허파를 제외한 인체 모든 부위로 혈액을 보내는 펌프이다. 온몸을 순환하고 돌아오는 혈액은 오른심방→오른심실을 거쳐 다시 허파로 보내지며, 허파에서 가스교환(CO_2를 주고 O_2를 받음)을 마친 혈액은 왼심방→왼심실을 거쳐 다시 온몸으로 보내진다.

오른심실→허파→왼심방의 순환경로를 소순환 또는 허파순환(pulmonary circulation)이라 하고, 왼심실→온몸→오른심방의 순환경로는 온몸순환(systemic circulation)이라고 한다[그림 7-1].

7.1 심장의 구조와 기능

심장은 가슴우리 중앙에 위치하여 정중에서 약간 왼쪽으로 기울어져 있으며, 보통 자신의 주먹 정도의 크기이다. 심장벽은 심장속막, 심장근육층, 심장바깥막의 3개 층으로 구성되며, 심장의 외부는 섬유심장막(fibrous pericardium)이라는 두겹의 두꺼운 섬유주머니가 둘러싸고 있다[그림 7-2]. 섬유심장막과 심장바깥막 사이의 간격을 심장막공간이라고 하는데, 이 속에는 소량의 심장막액(pericardial fluid)이 들어 있어 섬유심장막 속에서 심장이 마찰 없이 수축운동을 할 수 있게 해준다.

심장의 내부는 4개의 방, 즉 두 개의 심방(atrium)과 두 개의 심실(ventricle)로 나누어져 있으며, 두 심방 사이는 심방사이막, 두 심실 사이는 심실사이막에 의해 완전히 막혀 있다. 또한 심방과 심실 사이에는 혈액을 한 방향으로만 흐르도록 해주는 판막(valve)이 있다. 오른심방과 오른심실 사이의 판막은 끝이 뾰족한 3개의 판으로 되어 있는 삼첨판막, 왼심방과 왼심실 사이에는 반달모양의 두 개의 판으로 이첨판막(승모판막)이 있다.

심실과 혈관 사이에도 반달모양의 판막이 있어 심실의 수축으로 박출된 혈액이 다시 심장으로 역류하는 것을 방지해주고 있는데, 허파동맥(폐동맥)의 시작부위에 있는 것을 허파동맥판막(오른심실-허파동맥 사이), 대동맥 시작부위에 있는 것을 대동맥판막(왼심실-대동맥 사이)이라고 한다.

심장과 직접 연결되어 있는 혈관에는 네 가지가 있다. 왼심실과 오른심실로부터 나오는 혈관을 각각 대동맥과 허파동맥이라 하고, 왼심방과 오른심방으로 들어가는 혈관을 각각 허파정맥과 대정맥이라고 한다. 이들 혈관 안을 흐르는 혈액이 정맥혈인지 동맥혈인지와는 관계없이 심장에서 나가는 혈관을 동맥, 들어오는 혈관을 정맥이라고 부른다.

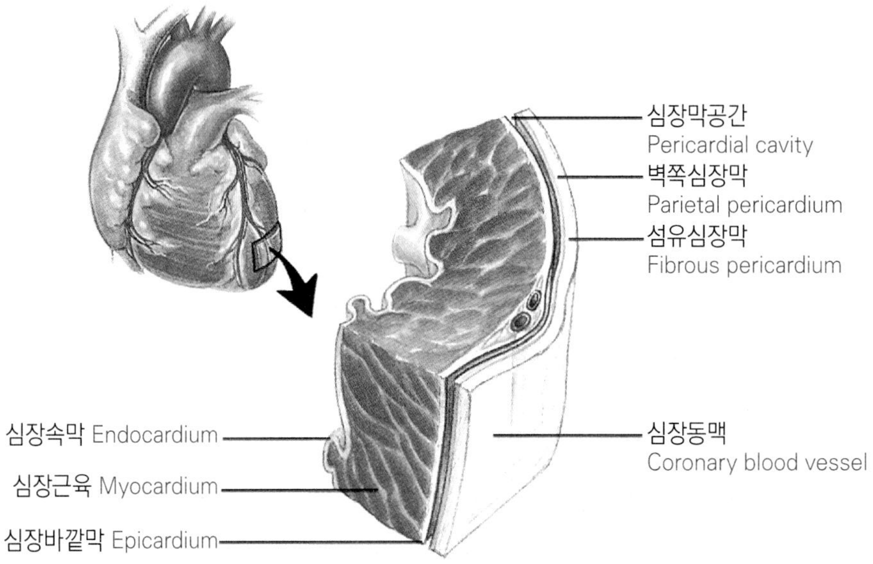

그림 7-2. 심장벽의 구조

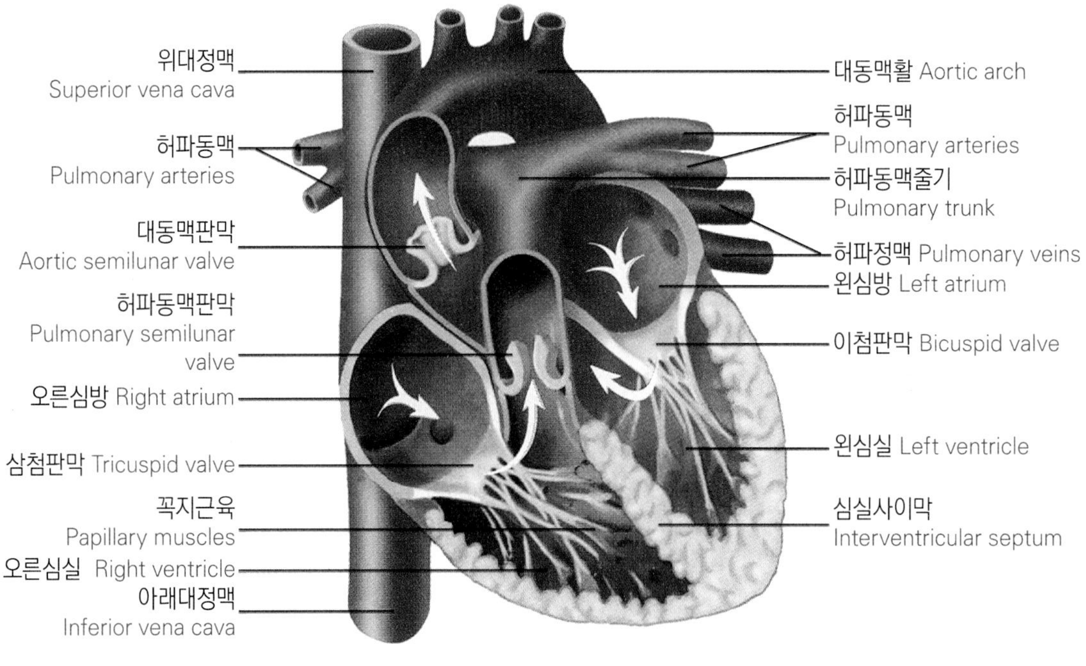

그림 7-3. 심장의 내부구조와 혈액순환

심장근육 자체에 혈액을 공급해주는 혈관을 심장동맥이라고 하는데, 심장동맥은 심장 뒷면의 대동맥에서 빠져나와 다시 심장근육에 분포한다. 심장동맥은 오른심장동맥과 왼심장동맥으로 분지하여 심장근육에 혈액을 공급하는 역할을 한다.

심장근육은 뼈대근육과 마찬가지로 가로무늬근육으로서 굵은근육미세섬유와 가는근육미세섬유를 가지고 있다. 뼈대근육은 개개의 근육섬유마다 신경세포가 분포되어 있으나 심장근육세포는 사이원반에 의해 끝과 끝이 서로 연결되어 있어서 신경흥분이 전달되면 심장근육 전체가 마치 하나의 근육섬유처럼 수축한다.

7.1.1 심장주기

심장에서는 주기적으로 수축과 이완을 반복하는 심장박동이 일어난다. 심실로 들어온 혈액을 신체 각 부위와 허파로 내뿜는 단계를 수축기(systole)라고 하고, 허파와 신체의 각 부위로부터 심방과 심실로 혈액이 유입되는 단계를 이완기(diastole)라고 한다. 안정상태에서 1회의 심장주기에 소요되는 시간은 약 0.8초로서 각 시기별 시간소모는 심방수축기는 0.11초, 심실수축기는 0.27초, 이완기는 약 0.4초로 가장 길다.

7.1.1.1 자극전도계

이러한 심장의 주기적인 수축과 이완은 오른심방 안쪽 위대정맥의 입구에 자율적인 흥분을 발생시키는 동굴심방결절(S-A node)에 의해 이루어진다. 동굴심방결절은 심장의 주기적인 수축을 조절하는 기능을 가지기 때문에 페이스 조절기(pacemaker)로 불린다[그림 7-4].

동굴심방결절에서 자극이 발생하면 오른심방의 벽을 따라 전도되어 심방 전체를 흥분시킨다. 이 흥분은 심실과 접하고 있는 오른심방 부위의 방실결절(A-V node)을 통해 심실로 전해진다. 즉 이 자극

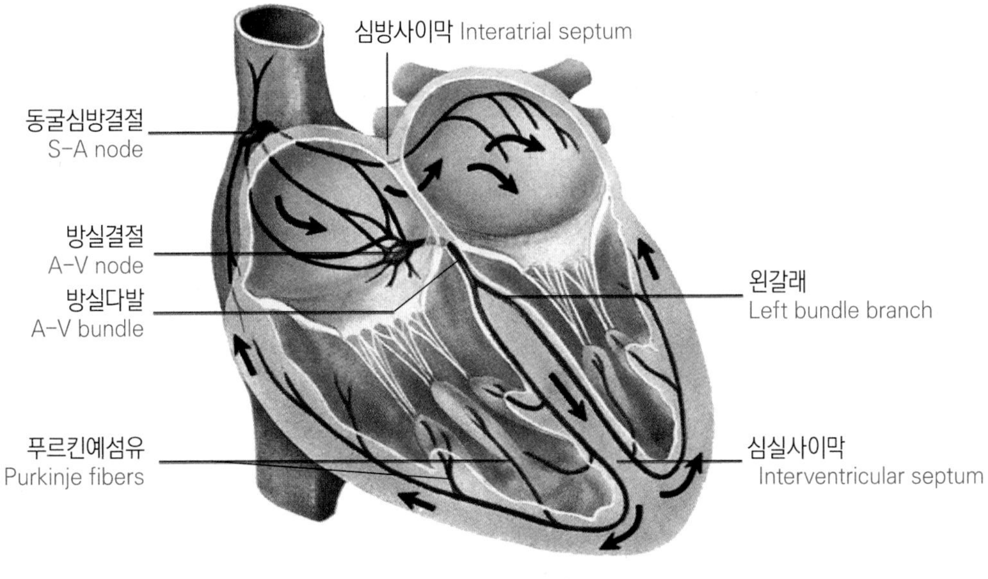

그림 7-4. 심장의 자극전도계

은 방실결절로부터 방실다발(bundle of his)로 신속히 전도된 후 왼·오른심실벽에 분포된 푸르킨예 섬유(Purkinje fibers, 심장전도근육세포)를 따라 심실 전체로 퍼지게 된다. 이처럼 동굴심방결절로부터 시작되어 심방벽-방실결절-방실다발(방실속)-푸르킨예 섬유로 자극이 퍼져나가는 경로를 자극전도계(impulse conducting system)라고 한다.

동굴심방결절에서 발생한 전기적 흥분은 양쪽 심방에 퍼져 심방 전체를 수축시킨 후 방실결절에 집결된다. 방실결절에서는 심방을 지나온 자극이 심실로 전달되는 속도를 0.2초 정도 늦추어 심방과 심실 수축기간에 차이를 발생시킨다. 방실결절을 통과하는 자극이 아주 빠른 속도로 방실다발과 푸르킨예 섬유를 통해 심실 전체로 파급되면 심실 전체가 일제히 수축하여 결국 허파동맥과 대동맥을 통해 허파와 인체 각 부위에 혈액을 보내게 된다.

7.1.1.2 심장주기 중 판막의 개폐와 혈액의 흐름

그림 7-5는 심장의 수축기와 이완기 시 판막의 개폐와 혈액 흐름을 보여주고 있다.

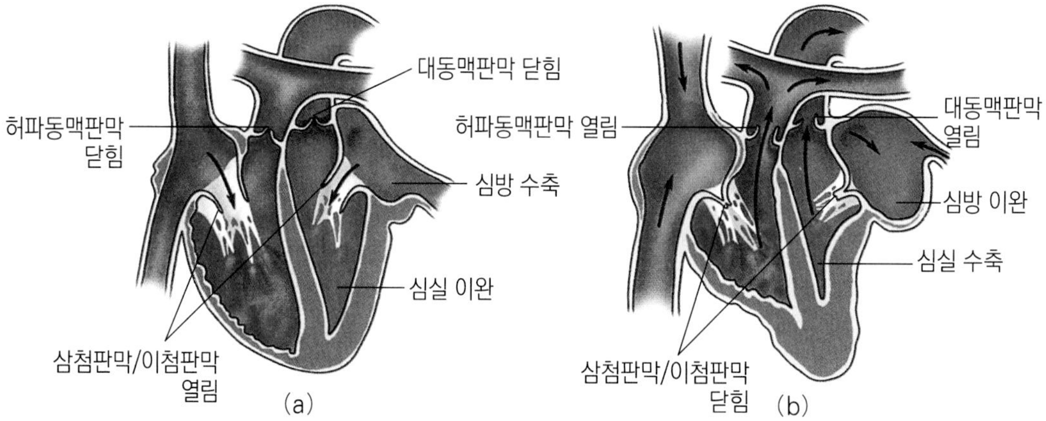

그림 7-5. 심방수축기와 심실수축기 시 혈액의 흐름

심장의 주기 동안 심장에서 판막과 혈액의 움직임을 단계적으로 설명하면 다음과 같다.

① 이완기 초기에는 모든 판막(방실간판막, 허파동맥판막, 대동맥판막)이 닫혀 있는 상태에서 허파정맥과 대정맥으로부터 심방 안으로 혈액이 유입된다.

② 심방 안에 혈액이 차면서 심방이 수축을 시작하고, 심방압력이 심실압력보다 커져서 양쪽 심방과 심실 사이에 있는 두 개의 판막(삼첨판막, 이첨판막)이 심실쪽으로(아래를 향하여) 열린다(심방수축기).

③ 판막이 열린 상태에서 심방 안의 혈액이 심실로 유입된다.

④ 혈액이 계속해서 심실 내로 유입되어 마침내 심실 내의 압력이 심방압을 초과하면 방실 간의 판막이 닫히게 되고, 심실근육의 긴장이 증가되어 수축할 준비를 한다.

⑤ 이어서 수축이 이루어지고 심실의 강력한 수축력에 의해 심실의 내압이 대동맥압을 초과하면

plus+

심장판막증과 심음

심장이 매 주기 마다 판막의 열리고 닫힘, 혈류의 변화 등에 의해 독특한 진동음이 발생하는데, 이를 심음(heart sound)이라고 한다.

첫 번째 심음은 심실이 수축할 동안 심실-심방 간 판막이 닫힐 때 들리며, 두 번째 심음은 심실이완기 중 허파동맥판막과 대동맥판막이 닫히면서 들린다. 심내막염 등에 의해 판막의 모양이 변형되어 판막이 불완전하게 열리거나 닫히면 비정상적인 심음이 들리는데, 이를 심잡음(heart murmur)이라고 한다.

심장의 판막이 충분히 열리지 않는 것을 판막협착증이라 하고, 판막이 닫히지 않는 것을 폐쇄부전이라고 한다. 판막협착증인 경우에는 혈액을 충분히 보내지 못하게 되고, 폐쇄부전인 경우에는 일단 박출한 혈액이 역류하여 심실 내로 되돌아오게 된다.

그 밖에 승모판막탈출증(mitral valve prolaps : MVP)이 흔한 판막 이상인데, 이는 승모판막의 하나 또는 두 개 모두가 늘어나서 왼심실이 수축할 때 승모판막이 왼심방쪽으로 부풀어오르는 현상이다. 이로 인해 혈액이 심방으로 역류하기도 하며, 심실수축기 말에 클릭(click)음이나 심잡음이 들린다. 이러한 판막이상은 선천적으로 태아기의 약물중독에 의해 발생하거나 특정 박테리아에 의해 유발될 수 있다.

대동맥판막과 허파동맥판막이 대동맥과 허파동맥쪽으로(위쪽을 향하여) 열려 혈액이 온몸과 허파로 흘러가게 된다(심실수축기).

⑥ 수축이 종료되면서 심실내압은 급속히 감소되어 대동맥판막과 허파동맥판막은 다시 닫히게 되고 이완기가 다시 시작된다.

7.1.2 심전도

심장에서 일어나는 전기적 활동을 피부표면에서 유도해낸 것을 심전도(electrocardiograph : ECG)라고 한다[그림 7-7]. 동굴심방결절에서 발생한 흥분이 심장 전체로 확산되기까지 심전도의 파형은 P, Q, R, S, T로 이름이 붙여져 있다.

① P파……P파는 동굴심방결절에서 발생한 전기적 흥분이 심방근육 전체로 확산되면서 만들어진다. P파가 시작된 후 곧바로 심방의 수축이 일어난다.

② P-Q간격……P-Q파 간의 간격은 방실결

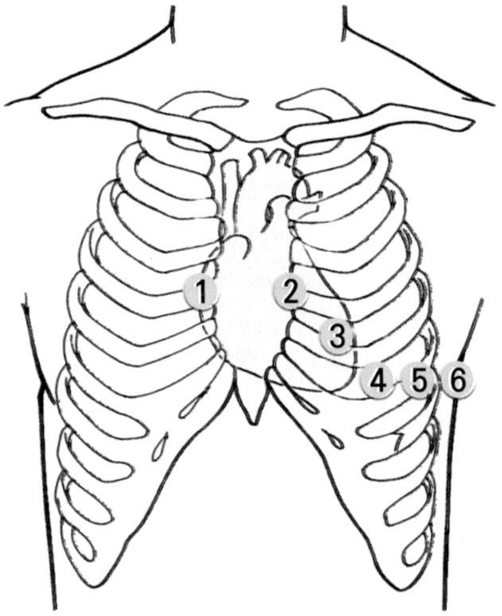

그림 7-6. 심전도 흉부유도의 전극부착 부위

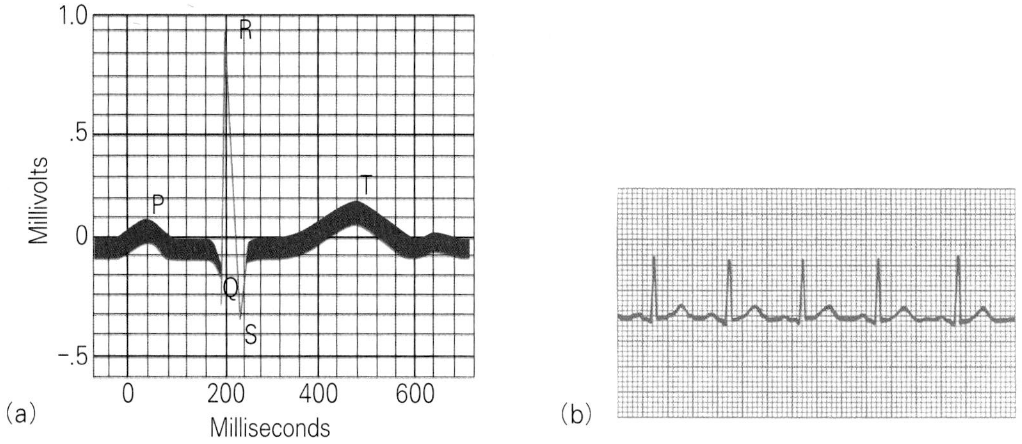

그림 7-7. 심전도의 파형과 명칭(a), 심장의 자극전달에 따른 심전도 파형의 형성(b)

절에 도달한 흥분이 심실로 전도되기까지 시간적인 지연이 나타남을 의미한다.

③ QRS파……QRS파는 심실근육 전체로 흥분이 확산되는 현상을 나타내며, QRS파가 시작된 후 0.01초 후에 심실의 수축이 일어난다.

④ T파……T파는 심실의 재분극을 나타내며 심실이완기 동안 나타난다. ST부분(ST segment)은 임상적으로 중요시되는데, 이 부분이 상승되거나 함몰되는 현상은 심장근육 허혈, 심장비대, 전도차단, 약물(digitalis) 투여 등에 의해 나타나는 경우가 많다.

⑤ R-R간격……분당심박수가 많을수록 R-R간격은 짧아진다. 즉 운동 시에는 R-R간격이 짧아지고, 부정맥일 경우에는 R-R간격이 일정하지 않게 나타난다.

심전도에 의해 모든 심장이상을 알 수 있는 것은 아니며, 협심증이나 심근경색과 같은 허혈성 심장질환, 심실비대나 심근염과 같은 심장근육의 이상이나 부정맥을 진단할 때 특히 유용하게 이용될 수 있다.

안정 시 심전도상에는 이상이 나타나지 않으나 운동을 부하하면 심장근육에 허혈상태가 나타나 심전도상의 이상이 나타나는 경우가 있다. 이처럼 안정 시에는 나타나지 않던 잠재적인 심장질환을 찾아낼 때 운동부하심전도가 이용될 수 있다.

7.1.3 심장혈관과 심장근육의 대사

7.1.3.1 심장혈관의 분포

매일 약 7,500 ℓ 의 혈액이 심장 안으로 흘러들어가지만 이 혈액은 심장근육에 직접적으로 공급되지 않는다. 그 대신 왼심실에서 뿜어져 나온 혈액 중 안정 시에는 약 5%의 혈액이 승모판막 바로

plus+

운동부하심전도와 심전도파형 이상

가장 일반적인 심장질환의 원인은 심장혈관 속벽에 지질플라크가 형성되는 심장동맥경화증(athero-sclerosis)이다. 이 지질플라크(plaque)는 심장근육으로의 혈류를 감소시킨다. 비록 심장혈관이 어느 정도 막히더라도 안정 시에는 심장근육으로의 혈류공급이 부족하지는 않는 경우가 많다.

그러나 운동 시에는 심장근육 자체의 산소요구량이 증가하면서 심장근육으로의 혈류공급이 상대적으로 부족해진다. 운동으로 인해 심장근육으로의 혈류공급이 부족한 상태, 즉 심장근육허혈상태가 되면 심전도상에 심장근육허혈을 나타내는 파형이상이 나타난다. 따라서 점진적인 운동을 부하하고 심전도의 이상 유무를 판단하는 운동부하심전도는 심장의 기능을 평가하는 매우 유용한 방법이다.

심장근육허혈을 나타내는 대표적인 파형이상은 ST부분이 비정상적으로 상승하거나 함몰되는 것이며, 그 외에 T파가 역전되거나 QRS파형에 이상이 나타나면 심근경색이나 부정맥 등을 판단할 수 있다.

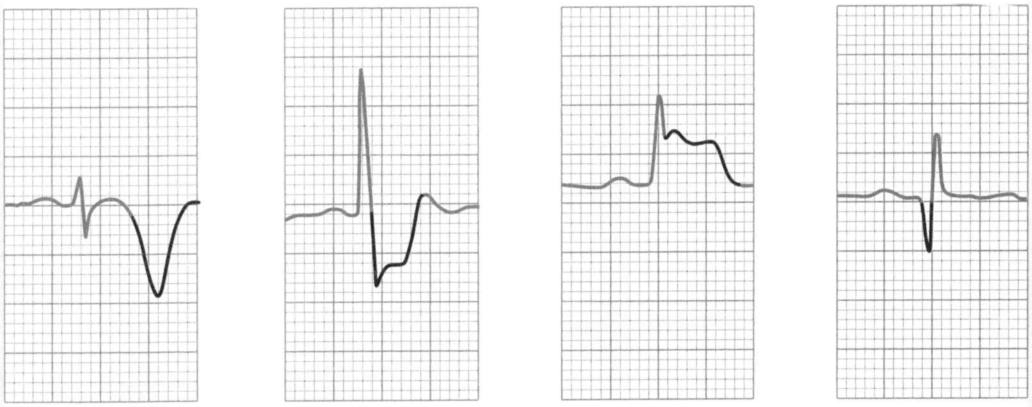
(a) T파 역전 (b) ST저하 (c) ST상승 (d) Q파 이상

그림 7-8. 심근허혈의 전형적 심전도 이상파형

위의 대동맥활 뒷면에서 빠져나온 심장동맥에 의해 심장근육에 공급된다. 오른심장동맥은 주로 오른심방과 오른심실에 혈액을 공급하고, 왼심장동맥은 왼심방과 왼심실 전부와 오른심실 일부까지 분포되어 있다. 이 동맥은 분지하여 심장근육 내에 밀집된 모세혈관그물을 형성한다.

심장이 수축할 때는 심장근육이 혈관을 압박하기 때문에 심장혈류는 최소가 되고, 심장이 이완할 때는 많은 양의 혈액이 심장동맥으로 유입된다. 휴식 시 심장근육은 심장혈관을 흐르는 혈액으로부터 약 70~80%의 산소를 추출하여 이용한다. 이는 다른 조직들이 안정 시 혈액으로부터 보통 25%만의 산소를 추출하는 데 비해 매우 높은 비율이다. 결국 운동 시 심장혈류가 비례적으로 증가하는 것은 심장근육의 산소요구량을 충족시키기 위한 가장 중요한 요건이라 할 수 있다.

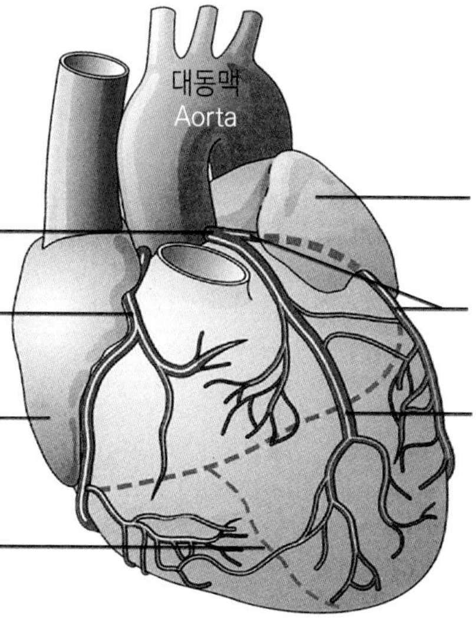

그림 7-9. 심장동맥의 분포

운동 중 조직의 저산소상태(hypoxia), ATP분해산물인 아데노신(adenosine)의 증가는 심장혈관이 확장되도록 자극하는 요인이다. 또한 교감신경의 흥분에 따른 에피네프린 등의 호르몬 분비 증가도 심장동맥을 확장시켜 더 많은 심장혈류가 흐르도록 한다.

7.1.3.2 심장근육의 특성과 허혈성 심질환

심장근육의 조직은 뼈대근육에 비해 무산소성 대사능력은 약하지만 유산소성 대사능력을 매우 높다. 즉 심장근육섬유는 미토콘드리아의 농도가 가장 높으며, 모세혈관도 매우 풍부하게 분포되어 있다. 심장근육은 글루코스, 지방산, 케톤체, 해당과정의 결과로 생성된 젖산 등을 에너지원으로 이용한다. 예를 들어 강도 높은 무산소성 운동으로 인해 뼈대근육에서 다량의 젖산이 생성되면 이 젖산 중 일부는 심장으로 보내져서 에너지원으로 산화된다.

만일 심장혈류가 혈전 등에 의해 부분적으로 막히면 가슴에 통증과 압박감 등을 유발하는 협심증(angina pectoris)이 나타나는데, 특히 신체활동 시에 잘 나타난다. 그 이유는 심장의 활동 수준이 증가함에 따라 심장근육의 산소요구량이 높아지는 데 반해 심장근육으로의 혈액 공급은 방해를 받기 때문이다. 더 나아가 심장혈류가 혈전 등에 의해 완전히 막히면 심장근육이 괴사하는 심근경색(myocardial infarction)이 초래된다.

7.2 심장의 조절기전

7.2.1 심박수의 조절

심장의 운동은 신경성, 액성(호르몬성), 내인성 인자에 의해 조절된다. 그중에서 신경성 인자에 의한 영향을 가장 크게 받는다.

7.2.1.1 심박수의 신경성 조절

심장은 자율신경계통의 교감신경 및 부교감신경의 지배를 받는다. 교감신경섬유는 심장에 분포된 신경말단에서 신경전달물질인 노르에피네프린과 약간의 에피네프린을 분비하여 심장흥분을 촉진시킨다. 즉 교감신경은 심장의 수축리듬을 증가시킬 뿐만 아니라 심장근육을 더욱 강하게 수축시킨다. 부교감신경인 미주신경(vagus nerve : 제X뇌신경)은 그 끝부분에서 심장의 수축 리듬을 감소시키는 아세틸콜린(acetylcholine)이라는 신경전달물질을 분비한다.

교감신경과 미주신경은 뇌의 숨뇌(연수)에 있는 심장운동중추에 의해 조절된다. 이 심장운동중추는 정서적 흥분, 근육의 화학수용기로부터의 신호, 혈압, 동맥혈액의 pH 등 많은 요인으로부터 자극받는다. 이러한 인자들의 변화는 교감신경을 자극하거나 미주신경을 자극하여 심장운동을 변화시킨다.

그림 7-10은 교감신경과 부교감신경이 심장에 분포된 양상을 도식적으로 나타낸 것이다. 운동 시 심박수가 증가하는 것은 교감신경의 흥분에 의해서뿐만 아니라 미주신경이 억제되기 때문이다.

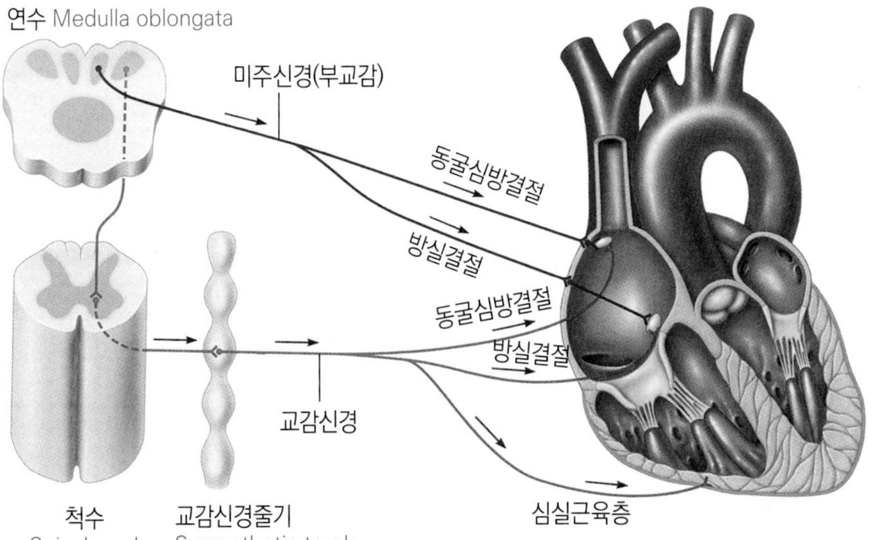

그림 7-10. 심장의 교감신경과 부교감신경

7.2.1.2 심박수의 액성 조절

혈액 중 순환호르몬들은 심장의 리듬에 직접적인 영향을 미친다. 특히 부신에서 분비되는 에피네프린과 노르에피네프린은 가장 강력한 심장 흥분작용이 있다. 즉 운동을 할 때 심장에 분포된 교감신경에 의해 심장이 자극되기도 하지만, 한편으로는 부신속질에 분포된 교감신경에 의해 자극되어 부신속질로부터 혈액 중으로 분비된 순환에피네프린과 노르에피네프린은 심장을 더욱 흥분된다. 갑상샘호르몬 역시 심박수를 증가시키는 작용을 한다.

7.2.1.3 심박수의 내인성 조절

심장근육의 온도가 상승하면 심장박동이 빨라지고, 온도가 낮아지면 박동이 느려진다. 심장의 충만압(심방으로의 혈류 유입)이 증가하여 심장의 페이스조절기인 동굴심방결절(S-A node)이 신장되면 동굴심방결절의 흥분도가 증가하여 심장박동이 빨라진다.

또한 심장조직 내의 포타슘(K^+)과 칼슘(Ca^{++})과 같은 전해질 균형에 변화가 생기면 심박수가 느려지거나 빨라지게 된다. 예를 들어 포타슘 농도의 변화는 세포막의 전위를 변화시켜 자극전도를 위한

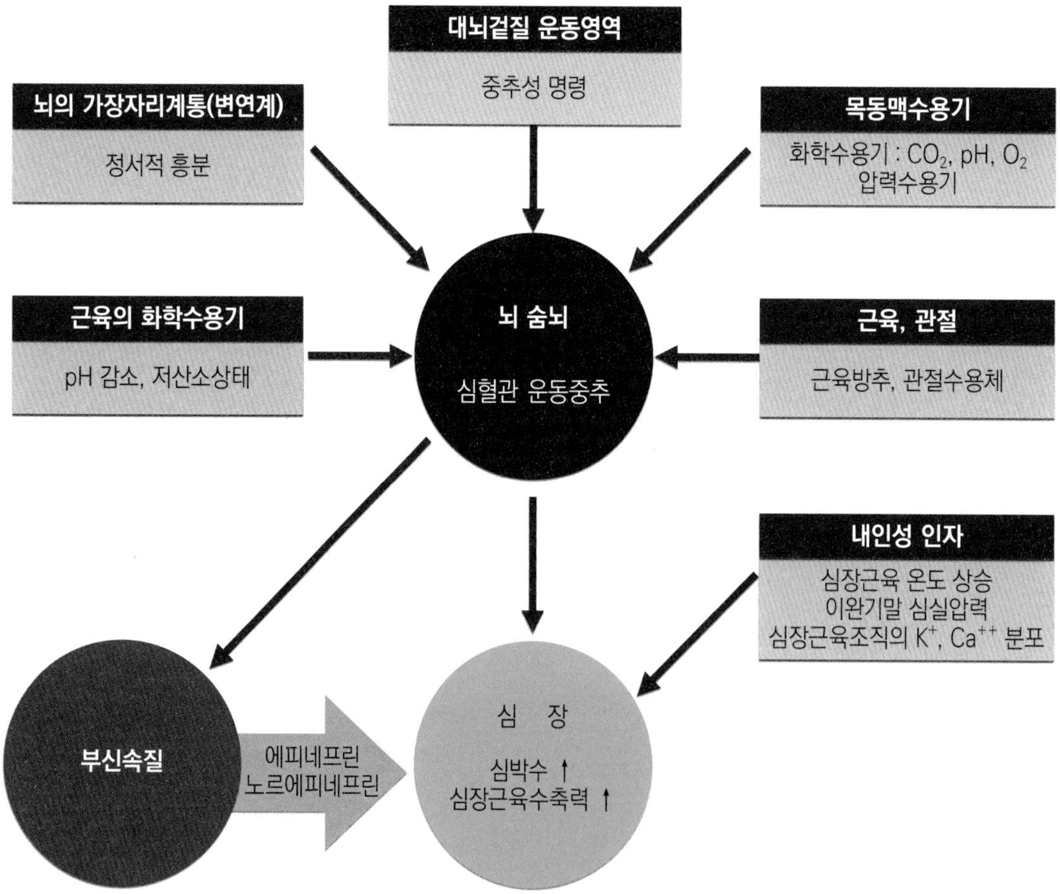

그림 7-11. 심박수 증가에 작용하는 요인들

역치에 도달하는 데 영향을 준다. 한편 심장은 뼈대근육과는 달리 칼슘을 저장하고 있는 근소포체가 발달되어 있지 않으므로 세포외액의 칼슘 농도의 영향을 많이 받는다.

심장근육의 온도, 동굴심방결절에 대한 신장성 자극, 전해질 균형과 같은 인자들은 신경계통이나 호르몬 작용 없이도 심장에 직접적인 영향을 미치는데, 이러한 요인들을 심박수 조절의 내인성 인자(intrinsic factor)라고 한다.

7.3 운동 시 심박수의 조절

7.3.1 운동 전 심박수의 상승

운동 전의 정서적 흥분이나 불안은 숨뇌의 심장운동중추(흥분중추)를 자극한다. 이러한 흥분의 발생은 뇌의 가장자리계통(변연계)에서 발생하여 심장운동중추로 이어진 신경섬유를 흥분시킨다.

7.3.2 운동 시 심박수의 상승

운동 시작과 더불어 거의 동시적으로 심박수가 급격히 상승하는 양상을 보이는데, 이는 작업 근육과 관절부위의 수용체로부터의 신경반사가 그 원인으로 생각된다. 즉 근육이 수축하고 관절이 일정 범위의 운동을 시작하면 신경임펄스가 척수를 지나 뇌의 심장운동중추에 이르게 되고, 심장운동중추는 미주신경을 억제함으로써 심박수를 증가시킨다.

그 후 운동이 지속됨에 따라 부신속질 및 교감신경 끝부분에서 분비되는 순환에피네프린과 노르에피네프린의 수준이 증가된다. 이 호르몬들은 심장운동을 촉진시키는 작용을 한다. 또한 운동 시 혈중산소와 이산화탄소 농도, 그리고 pH의 변화와 같은 화학적 변화는 대동맥활과 목동맥토리에 있는 화학수용기를 자극한다. 화학수용기는 심장운동중추에 구심성 신호를 보내어 심장운동에 영향을 미치게 된다.

한편 운동 시 오른심방으로의 정맥환류량이 증가하면 동굴심방결절에 대한 신장성 자극에 의해 동굴심방결절의 흥분 발사 속도가 증가된다. 또한 심장근육 자체의 온도 상승도 심장 흥분을 증가시켜 심박수를 증가시킨다.

7.3.3 운동 후 심박수

운동 종료 후 심박수가 급격히 감소하는데, 주 요인은 근육과 관절의 압박수용기로부터 구심성 신호가 중지되기 때문이라고 볼 수 있다. 그 후 심장근육의 온도가 감소하고, 순환에피네프린이 대사되고, 수소 이온(H⁺)의 증가로 인한 혈액의 산성화가 점차 완충된다. 그로 인해 심장운동중추에 대한 흥분성 자극이 감소되면서 심박수가 서서히 감소하게 된다.

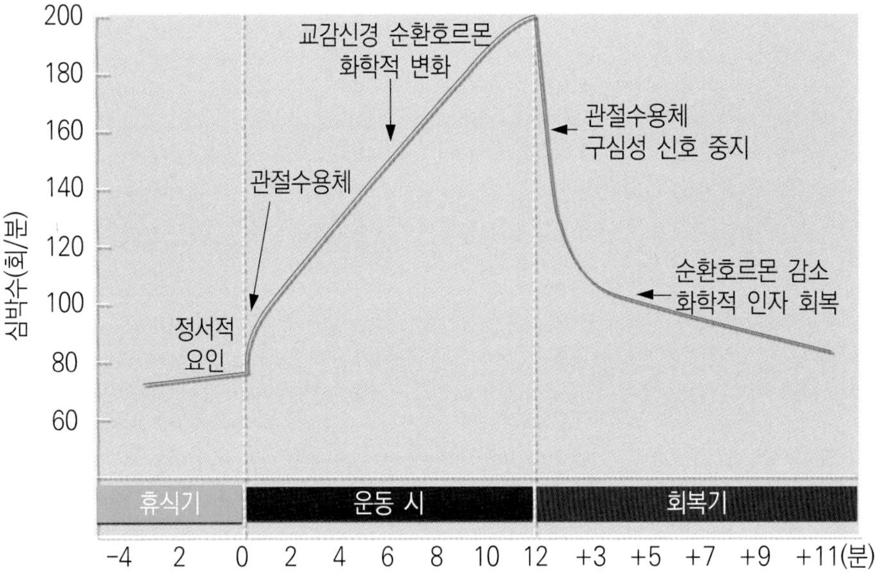

그림 7-12. 운동 시 심박수의 변화 양상과 조절인자

plus+

맥파와 동맥경직도

심장이 일정량의 혈액을 품어내면 혈액이 도달한 지점의 동맥혈관은 반사적으로 확장되어 혈액을 수용하고, 바로 이어서 다시 수축하여 심장에서 먼쪽으로 혈액을 밀어 보낸다. 이렇게 혈관의 근육이 확장하고 수축하는 움직임에 의해서 혈관은 마치 꿈틀거리는 움직임을 보인다. 이 혈관의 꿈틀거리는 움직임에 의해서 심장이 품어낸 혈액은 심장에서 먼 쪽으로 흘러나가게 된다. 이 혈관의 꿈틀거리는 움직임이 만들어내는 파동을 맥파(pulse wave)라고 한다.

인체 표면 가까운 곳을 지나는 동맥으로부터 이러한 맥파를 느낄 수 있는데, 이를 맥박이라고 한다. 노동맥(요골동맥), 관자동맥, 목동맥, 겨드랑동맥, 위팔동맥, 오금동맥, 발등동맥, 뒤정강동맥에서 맥파를 느낄 수 있다. 정상적으로 맥박과 심박수는 일치한다.

노화가 진행되면 동맥경지도(arterial stiffness)가 높아지면서 혈관의 팽창성에 장애가 발생한다. 이렇게 되면 안정상태에서도 맥파가 더욱 빠르게 전달된다. 즉 노화가 진행될수록 혈관의 평활근세포가 내피하 공간으로 이동하면서 증식하고, 콜라겐이나 엘라스틴, 프로테오글리칸 등의 물질이 과도하게 침착되며, 여기에 석회화가 진행됨으로써 동맥의 경직도가 높아진다. 또 혈관 중간막에 있는 평활근 세포들은 세포사멸(apoptosis)로 인해 그 수가 감소하면서 혈관의 탄성을 더욱 잃어버리게 된다.

동맥경직도는 맥파속도를 이용해 측정하기도

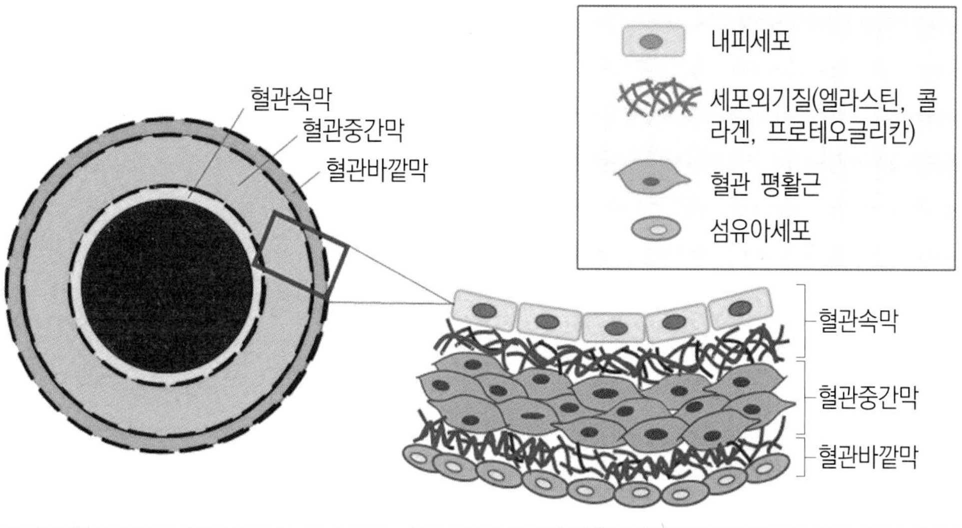

그림 7-13. 동맥혈관의 구조

한다. 즉 동맥경직도가 증가할수록 혈류 및 맥파 전달속도(PWV: pulse wave velocity)가 빨라진다.

그림 7-14는 오실로메트리(Oscillometry)와 토노그래피(Tonography)를 이용하여 맥파전달속도(PWV)를 측정함으로써 동맥경직도를 측정하는 원리를 보여주고 있다. 여기서 동맥경직도가 높을수록 맥파는 발목에서 위팔동맥까지 빠르게 도달된다. 마치 기타줄이 많이 당겨져서 딱딱할수록 더 빠르고 진폭이 낮은 진동을 보이는 것과 같은 원리이다.

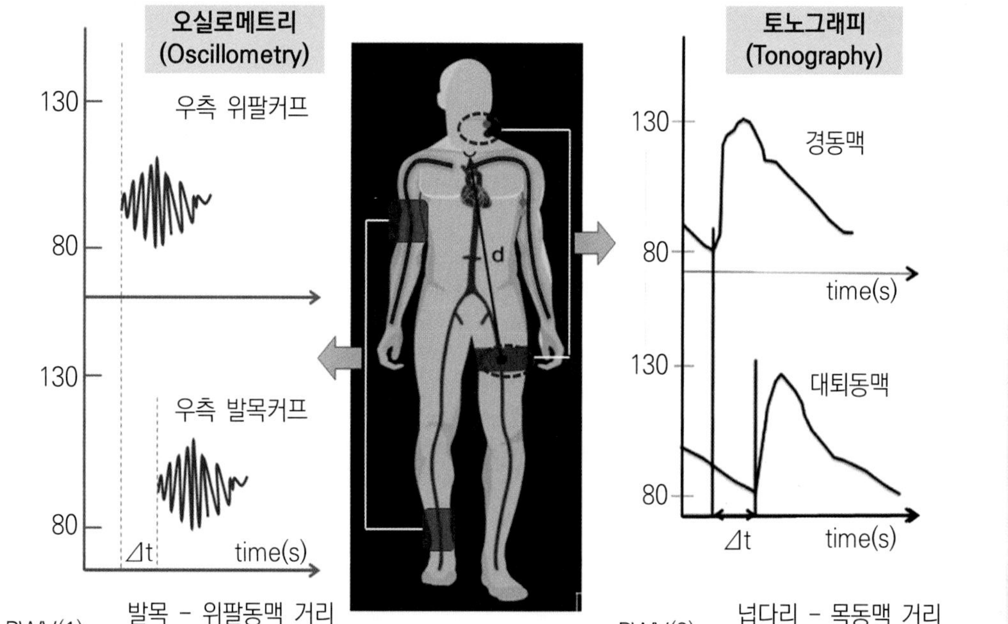

$$PWV(1) = \frac{\text{발목 - 위팔동맥 거리}}{\Delta t}$$

$$PWV(2) = \frac{\text{넙다리 - 목동맥 거리}}{\Delta t}$$

그림 7-14. 맥파와 동맥경직도의 측정

7.4 운동과 심박출량

7.4.1 심박출량

심박출량(cardiac output)은 심장의 수축운동에 의해 1분 동안 박출되는 혈액량으로, 안정 시 성인의 심박출량은 4~6ℓ 정도이다. 심박출량은 심박수(heart rate)와 1회박출량(stroke volume)에 의해 결정된다. 일반 성인 남녀의 최대운동 시 심박출량은 안정 시 수준의 4배 정도까지 증가한다. 잘 훈련된 남자 운동선수들은 최대 심박출량이 30ℓ/분 수준까지 증가하기도 한다.

최대운동 중 심박수는 안정 시 수준의 3배 정도(190~200회/분)까지, 1회박출량은 2배인 150㎖ 정도까지 증가하며, 최대심박출량은 30ℓ/분(150㎖×200회) 정도에 이르게 된다. 심박출량에 영향을 미치는 주요 인자는 그림 7-15에 제시하였다.

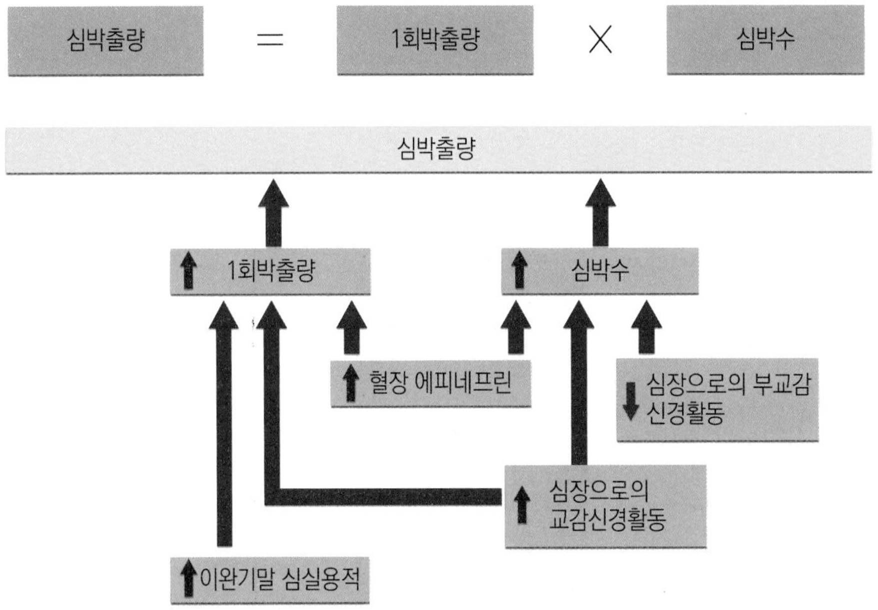

그림 7-15. 심박출량에 영향을 미치는 주요 인자

7.4.2 1회박출량

7.4.2.1 1회박출량 결정요인

1회박출량(stroke volume)은 심장이 1회 수축하면서 내뿜는 혈액의 양이다. 1회박출량을 결정하는 요인은 ① 심실이완기말(EDV:end diastolic volume)의 혈액량, ② 심장의 수축력, ③ 평균동맥압의 세 가지를 들 수 있다.

운동 시에는 정맥혈관에 대한 근육수축의 압박작용(근펌프)과 호흡펌프로 인해 심장에서 돌아오는 혈액의 양 즉 정맥환류량이 증가한다. 정맥환류량의 증가는 심실이 수축하기 바로 직전에 심실을 채우는 혈액량 즉 심실이완기말(EDV) 혈액량을 증가시킨다. 이렇게 심실이완기말 혈액이 증가하면 심실의 수축력이 높아지는데, 이를 프랭크-스탈링 법칙(Frank-Starling Law)라고 한다. 즉 심실 내 혈액량의 증가로 심장근육의 길이가 늘어나게 되는데, 이 때문에 뒤이은 심실이 더욱 강하게 수축하며 심장의 1회박출량은 증가한다. 심실이완기말 혈액량이 늘어날수록 이를 박출하는 심장의 일은 늘어나는데, 이를 전부하(preload)라고 한다.

또한 심장의 1회박출량은 대동맥 혈압의 영향을 받는다. 고혈압과 같이 동맥혈압이 높아져 있다면 심장은 더 큰 힘으로 혈액을 박출하여야 혈관을 통해 혈액을 보낼 수 있다. 이 대동맥 혈압을 후부하(afterload)라고 한다. 후부하가 클수록 1회박출량은 감소하여 심장의 부담이 커진다는 것을 의미한다.

운동할 때는 대동맥 혈압 또는 평균동맥압이 증가하면서 후부하가 증가하지만, 교감신경의 끝부분과 부신속질에서 분비되는 에피네프린과 노르에피네프린이 더욱 증가하므로 심근의 수축력이 더욱 증가한다. 또 운동을 하는 동안에 일어나는 세동맥의 확장은 후부하의 증가를 완화시키는 작용을 한다. 평균동맥압(MAP: mean arterial pressure)에 대해서는 운동과 혈압[p.317]에서 좀더 자세히 설명하기로 한다.

7.4.2.2 운동 훈련에 따른 1회박출량 증가

안정 시 일반인의 직립자세에서 1회박출량은 여자가 50~70㎖/회, 남자가 70~90㎖/회 정도이다. 운동선수들은 심장용적 및 수축력이 증가되어 남자선수는 안정 시 100~120㎖/회, 여자선수는 70~90㎖/회 정도로 일반인보다 높게 나타난다. 운동 시 선수들의 1회박출량은 더욱 크게 증가하여 남자선수는 150~170㎖/회, 여자선수는 100~120㎖/회로 증가한다.

점진적으로 운동강도를 증가시키면 심박수는 최대운동에 이를 때까지 직선적으로 증가하다가 거의 종료 시에 고원현상(plateau)을 보이지만, 1회박출량은 최대강도의 40~60% 되는 강도(또는 심박수가 120~130회 수준)에서 더 이상 증가하지 않고 고원현상을 보인다. 따라서 그 이상의 운동강도에서 심박출량의 계속적인 증가는 1회박출량에 의해서가 아니라 주로 심박수의 증가에 의해 달성되는 것이다. 그러나 고도로 훈련된 운동선수들은 최대강도의 40~60% 이상에서도 1회박출량이 지속적으로 증가하는 경우가 많다.

이러한 현상은 지구성 운동선수들은 비훈련자에 비해 정맥환류량이 많아 심실의 이완기말에 유입되는 혈류량이 많기 때문이다. 즉 이완기말 용적이 크기 때문에 뒤이어 보다 강한 힘으로 수축하게 되어 심장의 1회박출량이 증가한다

7.4.2.3 자세 변화와 1회박출량

안정 시 누운 자세에서의 1회박출량은 직립자세보다 훨씬 많다. 즉 누운 자세에서 서 있는 자세로 변화시킴에 따라 1회박출량은 감소하는데, 이를 보상하기 위해 심박수가 증가하면서 심박출량은 일정하게 유지된다. 한편 누운 자세에서 일어날 때 1회박출량의 감소가 대동맥활의 압력수용기에 감지되어 심장운동중추에 보고되고, 이어서 반사적인 심박수 증가반응이 일어난다. 이러한 반사반응이 제대로 일어나지 않을 때 기립성 저혈압(orthostatic hypotension)이 발생한다[그림 7-16].

선 자세에서 1회박출량이 감소하는 이유는 중력의 영향에 의해 다리에 혈액이 체류하는 시간이 길어지고, 그 결과 심장으로의 정맥환류량(venous return)이 감소하기 때문이다. 목욕탕에서 뜨거운 물에 오랜 시간 몸을 담그고 있거나 뜨거운 곳에 장시간 서 있는 경우 혈액이 정맥에 저류하게 되어 정맥환류량이 감소하고, 이어서 일회박출량(SV)이 감소하여 실신현상이 일어나기도 한다.

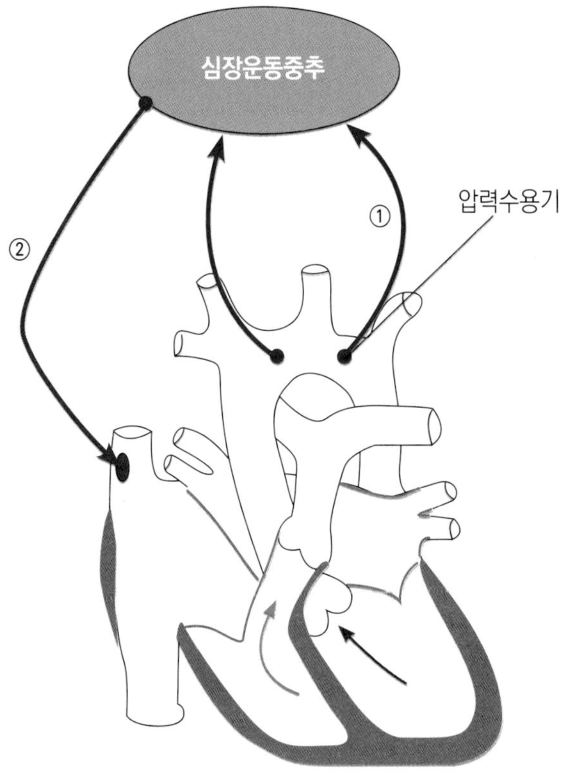

그림 7-16. 선 자세로 전환할 때 1회박출량 감소에 대한 심박수 반사

① 대동맥활에서 압력 저하를 감지하여 심장운동중추에 보고함
② 심장운동중추에서 즉시 교감신경로를 통해 동굴심방결절로 자극을 내려보내 심박수를 증가시킴으로써 혈압을 회복시킴

7.5 운동과 혈류변화

7.5.1 활동근육 혈류의 변화

7.5.1.1 운동과 혈류 재분배

유산소적 지구성 활동 중 활동근육은 휴식 시에 비해 10~20배 빠른 속도로 산소를 소비한다. 활동근육의 산소수요량을 충족시키기 위해서는 심박출량의 증가뿐만 아니라 활동근육으로의 혈류량도 크게 증가되어야만 한다. 증가된 심박출량을 활동근육까지 보내기 위해 혈관계통에서는 다음과 같은 두 가지 변화가 일어난다.

① 활동근육에 분포된 혈관의 확장

② 반복적인 혈관의 수축과 이완에 따른 혈류 속도의 증가

안정 시 장딴지근(gastrocnemius muscle)에는 분당 약 25㎖의 혈류가 흐르지만, 달리기와 같은 리드미컬한 운동 중에는 장딴지근의 혈류가 15배까지 증가하여 분당 375㎖에 이르게 된다. 안정 시에는 온몸을 순환하는 총혈액량의 20%만이 근육으로 보내지고, 나머지는 소화기관, 간, 심장, 뇌 등으로 보내진다. 그러나 최대운동 시에는 혈류재분배가 이루어져 활동근육은 전체 혈액량의 85~90% 정도를 분배받는다.

운동시간, 소화기관 등 비활동 부위의 조직에 분포된 혈관은 수축하여 혈류의 유입이 제한되는 대신, 뼈대근육(활동근육)에 분포된 혈관은 확장되어 혈류량을 증가시킨다.

7.5.1.2 모세혈관이전조임근과 혈관운동 조절 요인

모세혈관으로 혈액을 전달하는 세동맥벽에는 민무늬근육(평활근, smooth muscle)이 있다. 이 민무늬

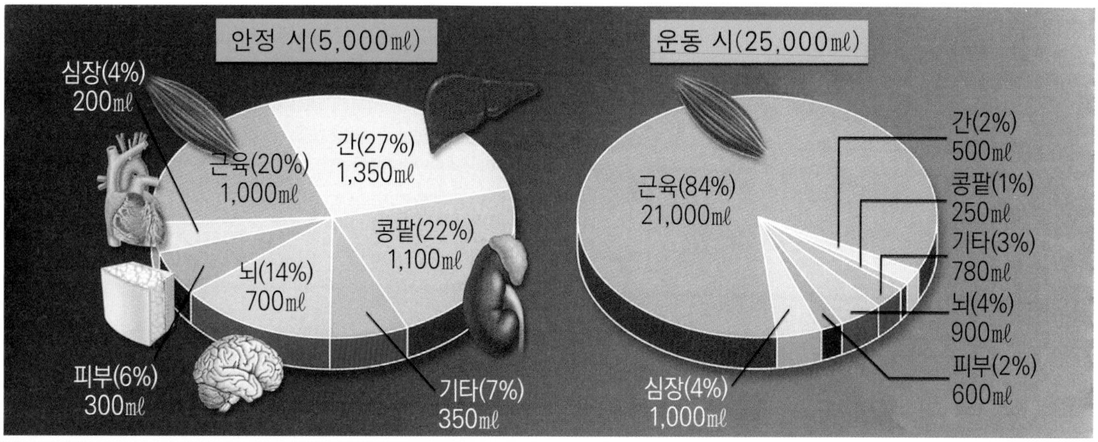

그림 7-17. 안정 시와 운동 시 각 기관의 혈류배분

근육이 수축하면 세동맥으로의 혈류량은 감소되지만, 민무늬근육이 이완하면 세동맥이 확장되어 혈류량이 증가한다. 또한 모세혈관가지의 입구에는 모세혈관이전조임근이 있어서 수축하거나 이완하여 모세혈관으로의 혈류를 차단하거나 유입시키는 밸브 역할을 한다[그림 7-18].

혈관의 수축과 이완은 혈관벽의 민무늬근육에 분포된 자율신경섬유(교감신경과 부교감신경)에 의해 조절되고, 혈관 내 내인성인자의 영향을 받는다. 즉 혈액 내 O_2 감소, K^+ 증가, CO_2 증가, pH 감소 등 화학적 변화는 세동맥 민무늬근육세포를 이완시키는 내인성 인자로 작용한다.

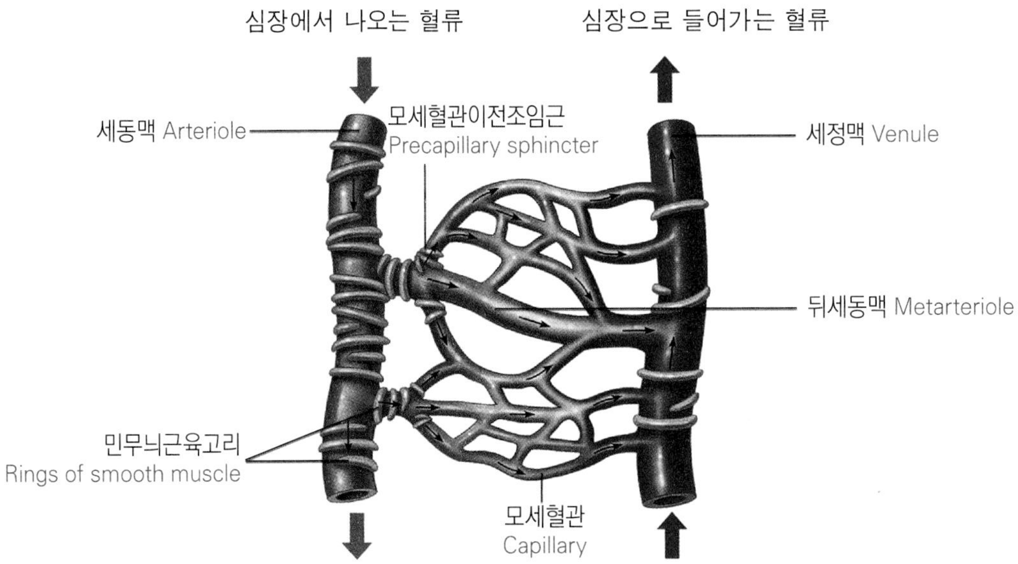

그림 7-18. 세동맥벽 민무늬근육과 모세혈관이전조임근

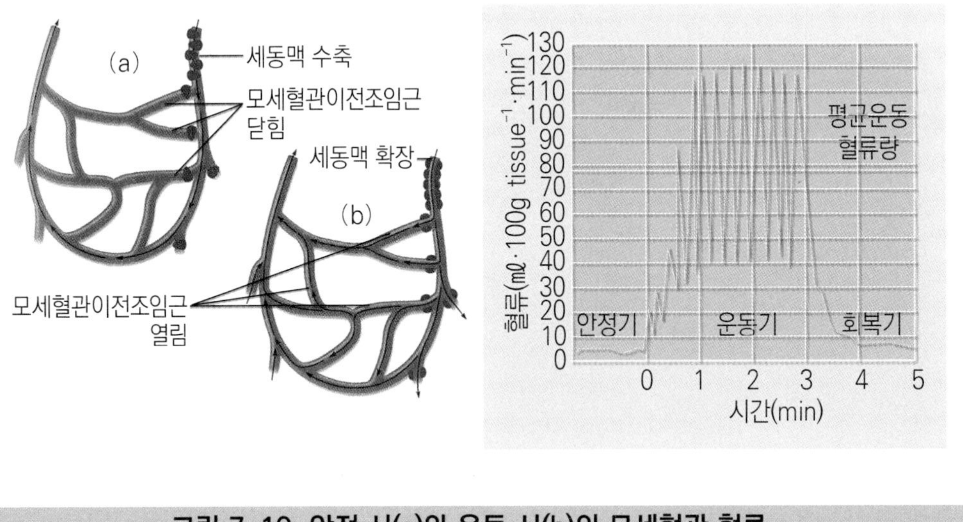

그림 7-19. 안정 시(a)와 운동 시(b)의 모세혈관 혈류

plus+

모세혈관의 투과도와 혈액-뇌장벽(BBB)

모세혈관벽을 이루는 상피세포 사이에는 구멍(opening)이 있는데, 이 구멍의 크기에 따라 모세혈관의 투과도(permeability)가 결정된다. 조직에 따라 이 구멍의 크기는 다양하게 나타난다. 내장근육, 뼈대근육, 심장근육 등에 분포된 모세혈관의 구멍은 작고, 내분비샘, 콩팥, 작은창자의 벽에 분포된 모세혈관의 구멍은 상대적으로 크다. 간, 지라, 적색골수에 분포된 모세혈관은 가장 큰 구멍을 가지고 있어 커다란 단백질 분자나 세포까지도 드나들 수 있다.

반면 다른 모세혈관과는 다르게 뇌에서 모세혈관벽을 형성하는 세포들은 서로 겹쳐져서 융합막(tight junction)이라는 장벽을 형성한다. 이 장벽이 혈액-뇌장벽(blood-brain barrier : BBB)인데, 이것은 뇌의 신경조직으로 물질 분자가 쉽게 드나들지 못하도록 한다. 따라서 독성이 있는 물질이나 약물이 뇌의 신경조직에 들어오는 것을 막는다.

연구자들은 이러한 장벽을 통과하거나 장벽의 수용체에 결합할 수 있는 약물을 고안하거나 장벽을 형성하는 융합막을 일시적으로 이완시키는 약물을 이용하여 알츠하이머나 파킨슨씨병 등을 치료하는 데 이용한다.

모세혈관의 투과도는 물질 분자가 지용성인지 아닌지에 의해서도 결정된다. 예를 들어 산소나 이산화탄소, 지방산과 같은 지용성 물질은 모세혈관을 이루는 세포막을 통해 쉽게 확산된다. 반면 물, 소듐 이온, 염소 이온 등 수용성 물질은 모세혈관의 구멍을 통해 확산된다. 혈장단백질은 지용성도 아니고, 구멍에 비해 크기가 크기 때문에 혈관 내에 주로 남아 있게 된다.

또한 모세혈관의 세동맥 끝은 정맥보다 압력이 약간 높아서 이 압력의 차이에 의해서 조그만 입자들이 혈관 내에서 사이질액으로 여과(filtration)되어 나온다.

그러나 혈액이 모세혈관을 거쳐 지나가면서 압력은 감소하게 되고, 정맥쪽의 모세혈관에 이르면 삼투압에 의해 오히려 사이질액에서 혈관 내로 물질이동이 이루어진다. 정상적으로 혈관 내로 되돌아오는 수분보다 더 많은 수분이 모세혈관을 떠나게 된다.

림프관은 과도한 수분을 받아들여서 정맥으로 되돌려 준다. 때때로 히스타민(histamine)과 같은 특정 화합물에 의해 혈관이 확장되고 모세혈관투과도가 증가하여 과도한 수분이 혈관 내에서 사이질액으로 이동하게 되면 부종(edema)이 발생한다.

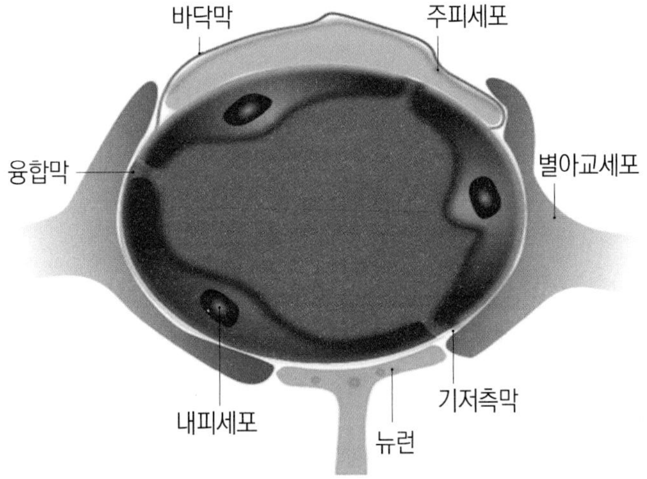

그림 7-20. 혈액-뇌관문(BBB : blood-brain barrier) 구조와 융합막

plus+

동정맥 연결(arteriovenous anastomosis)

일반적으로 동맥과 정맥은 모세혈관에 의해 연결되어 있으나, 그 이전에 세동맥과 세정맥이 서로 직접 연결되어 있는 것을 동정맥연결이라 한다.

순환장애가 발생하면 연결은 곁순환로로 이용된다. 그러나 뇌겉질, 간, 콩팥, 지라, 망막 등에 분포된 혈관은 연결이 없는데, 이들 혈관을 끝동맥(end artery)이라 한다. 심장에 분포된 동맥(심장동맥)은 연결을 이루지만 너무 가늘어서 정상적인 혈액 공급에는 큰 도움이 되지 않는데, 이를 기능적 끝동맥(functional end artery)이라고 하며, 심장동맥은 이러한 혈관 구조를 갖고 있기 때문에 질환이 발생하기 쉽다. 정기적인 운동은 심장동맥의 곁순환로를 발달시켜 심장동맥질환을 예방하는 효과가 있다.

7.5.2 내장영역의 혈류

운동 시 간, 지라, 위, 작은창자, 콩팥 등 내장영역의 혈액은 활동근육으로 이동하여 심한 운동 시에는 약 80%까지 감소한다. 이것은 내장영역의 혈관에 분포된 교감신경계통의 작용 때문이다. 이들 기관이 안정 시 혈류의 20%만을 공급받으면서도 살아남을 수 있는 이유는 이들 기관의 세포들은 안정 시에는 혈중산소의 10~25%만을 사용하고 있기 때문이다.

따라서 운동으로 인해 혈류량이 급격히 감소하더라도 소량의 혈류로부터 상대적으로 더 높은 비율로 산소를 추출할 수 있는 여력을 갖고 있다.

내장기관의 혈관 수축 정도는 수행하는 운동의 상대적 강도에 좌우된다. 운동을 강하게 할수록 교감신경의 흥분도는 높아지고, 내장영역의 혈관근육에 분포된 교감신경 끝부분과 부신에서는 강력한 내장혈관 수축작용을 갖고 있는 노르에피네프린과 에피네프린의 분비량이 증가된다.

7.5.3 피부혈류

최대하운동 초기에는 피부혈류가 다소 감소하다가 운동이 지속되면서 혈액 중 일부가 피부로 전환되어 작업 근육에 의해 생성된 열을 외부, 즉 피부 쪽으로 전도한다. 이러한 혈류 전환은 휴식 시의 4~7배에 이른다. 그러나 탈진상태에 이르는 최대운동 시 활동근육은 혈액을 최우선적으로 요구하므로 증가되었던 피부 혈류량의 일부는 다시 활동근육으로 되돌아간다[그림 7-21].

열환경에서 운동할 경우에는 체온조절상의 필요에 의해 피부 혈류가 보다 증가하는 반응이 나타난다[그림 7-22].

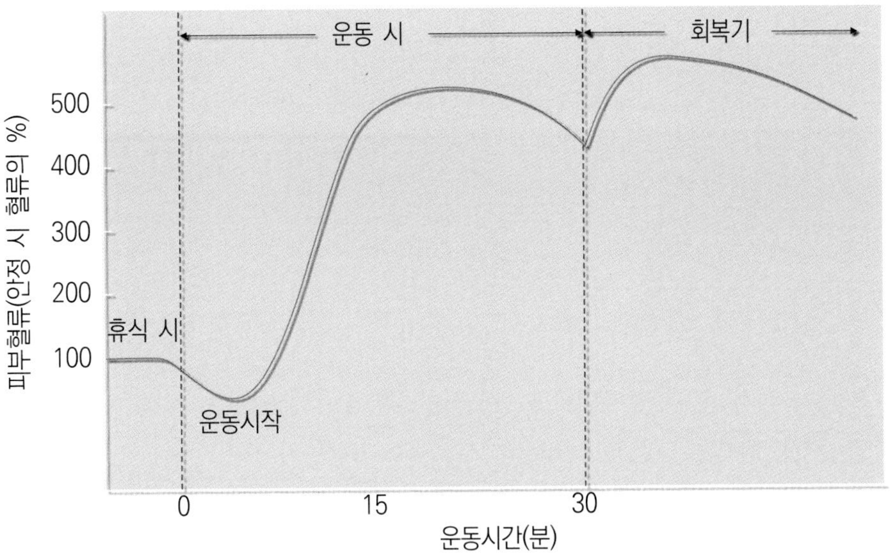

그림 7-21. 장시간 탈진적 운동 시 피부혈류 변화

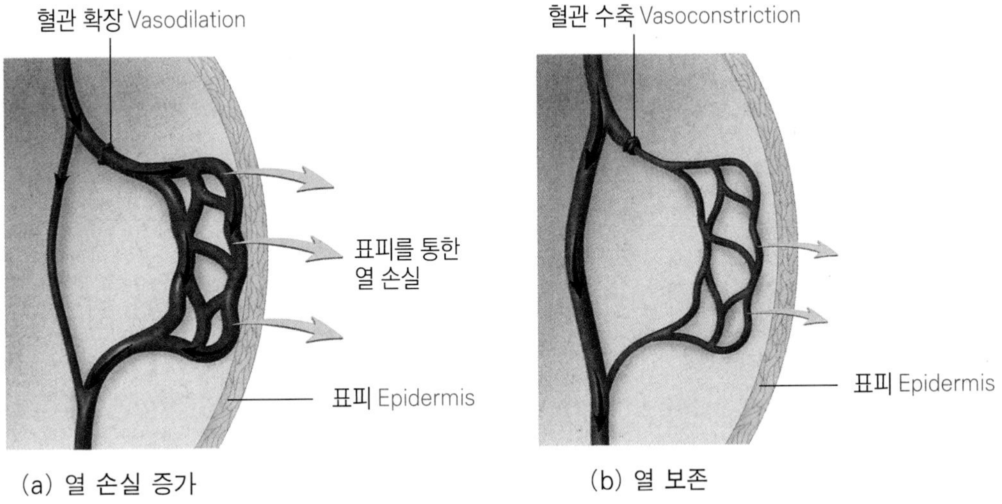

그림 7-22. 피부혈관 확장(a)과 피부혈관 수축(b)

7.5.4 심장의 혈류

강도 높은 운동을 수행할 때 심장근육 자체의 산소수요량을 충족시키기 위해 심장동맥(심장에 분포된 혈관, 관상동맥)의 혈류는 5배까지 증가한다. 심장동맥의 혈액 공급은 심장동맥에서는 혈관확장작용을 하는 에피네프린과 노르에피네프린에 의해 이루어진다. 여기에 더하여 심장근육의 상대적인 산소부족(내인성인자)은 심장동맥의 확장을 촉진한다.

심장동맥은 심장에서 대동맥이 연결된 지점에 그 입구가 있다. 그러므로 운동할 때는 대동맥압의 상승에 의해 왼심실에서 박출된 혈액이 심장동맥으로 더 많이 유입된다. 신체적 훈련에 의해 동일한 강도의 운동 시 심박수가 감소된다는 것은 심장의 이완기가 더욱 길어진다는 것을 의미하는데, 그 결과 심장동맥으로의 혈액유입량이 더욱 증가한다. 심장동맥으로의 혈액 유입은 심장의 이완기에 이루어지기 때문이다.

7.5.5 지방조직의 혈류

장시간 운동 시 피하 및 콩팥 주변의 지방조직혈류는 4~7배까지 증가한다. 이러한 혈류 증가는 그 원인이 정확히 증명되지는 않았으나 장시간 운동 시 지방조직에서 지방의 저장 형태인 중성지방으로부터 지방산을 동원하는 데 중요한 역할을 한다고 볼 수 있다.

7.5.6 뇌혈류

과거에는 운동수행에 따른 뇌혈류량의 변화가 증명되지 않았으나, 연구들에 의해서 운동 시 뇌혈류 역시 안정 시에 비해 약 25~30% 증가한다는 사실이 밝혀졌다. 특히 운동조절에 관여하는 뇌의 국소적 영역, 즉 대뇌겉질의 운동영역, 소뇌 및 척수혈류가 증가한다.

plus+

운동형태와 뇌혈류

뇌조직에는 분당 약 700~840mℓ의 뇌혈류가 흐르는데, 속목동맥(내경동맥, internal carotid artery)에서 각각 1/3, 척추뇌바닥동맥에서 1/3의 혈류를 담당한다. 뇌혈류량은 뇌관류압(평균동맥압-평균뇌정맥압)에 비례하고, 뇌혈관 저항에 반비례한다. 뇌혈류가 원활하지 못하거나 충분한 양을 공급하지 못하면 허혈성 뇌질환이 발생될 수 있다.

운동수행 중 뇌혈류는 운동형태에 따라서도 차이가 나타난다. 정적 근육수축운동 시에는 중간대뇌동맥(MCA)에서의 뇌혈류가 다소 감소하는 반면 리드미컬한 암에르고미터 운동 시에는 뇌혈류가 증가하며, 부하가 증가함에 따라 증가폭이 더 커짐을 알 수 있다(정일규 등, 2005).

특히 저항운동을 수행하는 동안 숨을 참고 힘을 주는 발살바 동작(valsalva maneuver)을 실시할 때 뇌혈류량이 더욱 크게 감소하는 현상이 나타난다. 발살바를 실시하는 동안 성대문이 닫힌 상태에서 가슴안과 배안의 내압이 급격히 증가하여 동맥벽에 압력이 가해지므로 일시적으로 혈압이 상승한다. 그러나 계속해서 대정맥에 압박을 가해 정맥환류량이 감소되고, 이어서 심박출량이 감소하면서 평균동맥혈압이 낮아지게 된다. 이로 인해 뇌혈류는 결국 감소하는 현상을 보인다. 그러므로 저항운동 중 발살바 동작의 실시는 일시적인 혈압상승에 따른 뇌출혈의 위험성을 높이고, 이어서 뇌혈류 감소에 따른 뇌빈혈과 실신의 위험성을 높인다. 발살바 호흡에 대해서는 다음 장 '호흡계'에서 더 자세히 설명하기로 한다.

7.6 운동과 혈압

7.6.1 혈압과 혈류순환

7.6.1.1 맥압과 평균동맥압

혈압(blood pressure)이란 혈관을 흐르는 혈액이 혈관속벽을 미는 힘 또는 압력이라고 할 수 있다. 심장 수축 시 대동맥벽에 미치는 혈액의 압력이 높아져서 최고치에 이를 때의 혈압을 수축기혈압(systolic blood pressure)이라고 하고, 심장 이완기 시 혈압이 낮아져서 최저치에 이를 때의 혈압을 이완기혈압(diastolic blood pressure)이라고 한다. 안정 시 정상혈압은 각각 120mmHg와 80mmHg이다. 수축기혈압과 이완기혈압의 차이를 맥압(pulse pressure)이라고 한다.

평균동맥압(MAP : mean arterial pressure)은 한 번의 심장주기 동안 동맥의 평균압력으로서, 그 생리적 의미는 온몸순환에 있어서 장기에 충분한 산소공급과 관류(perfusion)에 필요한 관류압력을 나타낸다. 평균동맥압은 수축기혈압과 이완기혈압을 이용하여 다음과 같이 구할 수 있다.

$$평균동맥압(MAP) = 이완기혈압 + \frac{1}{3}(수축기혈압 - 이완기혈압)$$

안정 시 정상적인 평균동맥압은 70~110mmHg 사이이며, 심장혈관과 뇌, 콩팥에 충분한 혈액을 공급하는데 필요한 최소한의 평균동맥압은 60mmHg이다.

7.6.1.2 동맥혈액의 순환 원리

유체(액체와 기체)는 압력이 높은 곳에서 낮은 곳으로 흐르는데, 혈액 역시 압력의 차이, 즉 혈압의 차이에 의해 인체 각 부위를 순환한다. 예를 들어 심장의 왼심실에서 박출된 혈액은 대동맥벽에서는 120~80mmHg의 압력을 갖지만, 세동맥→모세혈관→세정맥→정맥의 순으로 압력이 점차 낮아져서 오른심방으로 돌아오게 된다.

동맥계(대동맥-소동맥-세동맥-모세혈관)에서 모세혈관쪽으로 갈수록 압력이 낮아지는 것은 그 혈관들을 모두 합친 용적과 관련이 있다. 즉 각 혈관의 지름은 대동맥이 가장 크고 모세혈관이 가장 작지만, 대동맥에서 가지를 이루어 세동맥이 되고, 계속해서 가지를 이루어 결국 무수히 많은 모세혈관을 이루게 된다. 따라서 대동맥에서 모세혈관으로 갈수록 혈관의 총용적은 점차 증가한다. 모세혈관의 총단면적은 대동맥의 130배에 이른다[그림 7-23].

관을 흐르는 유체의 압력은 그 관의 용적에 반비례하기 때문에 혈압은 대동맥에서 가장 높고 모세혈관에서는 4~6mmHg까지 낮아지게 된다. 이에 따라 모세혈관에서의 혈류가 매우 느려져서 조직세포와 모세혈관 사이에서 충분한 가스 및 물질 교환 시간을 가질 수 있다.

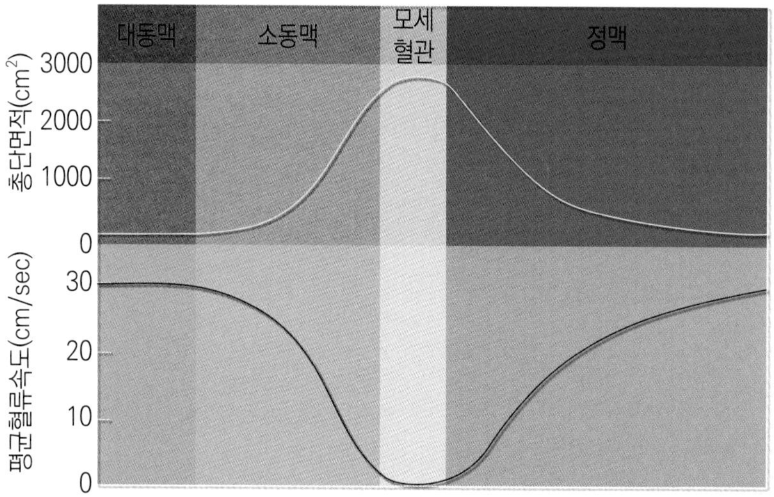

그림 7-23. 온몸순환 시 혈관 종류에 따른 총단면적과 혈류속도의 관계

7.6.1.3 정맥혈액의 순환 원리

말초조직에서 가스교환을 마친 정맥혈액은 세정맥에서 소정맥, 대정맥을 거쳐 오른심장으로 돌아온다. 이렇게 온몸을 순환한 혈액이 심장으로 돌아오는 것을 정맥혈 회귀(venous return) 또는 정맥환류라고 한다.

심장으로 정맥혈액이 되돌아오는 것은 ① 근육수축과 ② 호흡에 의한 펌프작용에 의해서 이루어진다. 즉 근육의 펌프작용은 근육의 리드미컬한 수축작용에 의해 정맥혈관이 기계적으로 압박되어 정맥혈액이 심장쪽으로 흐르게 되는데, 이때 혈액이 역류되지 않는 이유는 정맥혈관에 있는 수많은 판막때문이다. 정맥혈관 내 판막들은 한쪽 방향, 즉 심장방향으로만 열리게 되어 있다[그림 7-24].

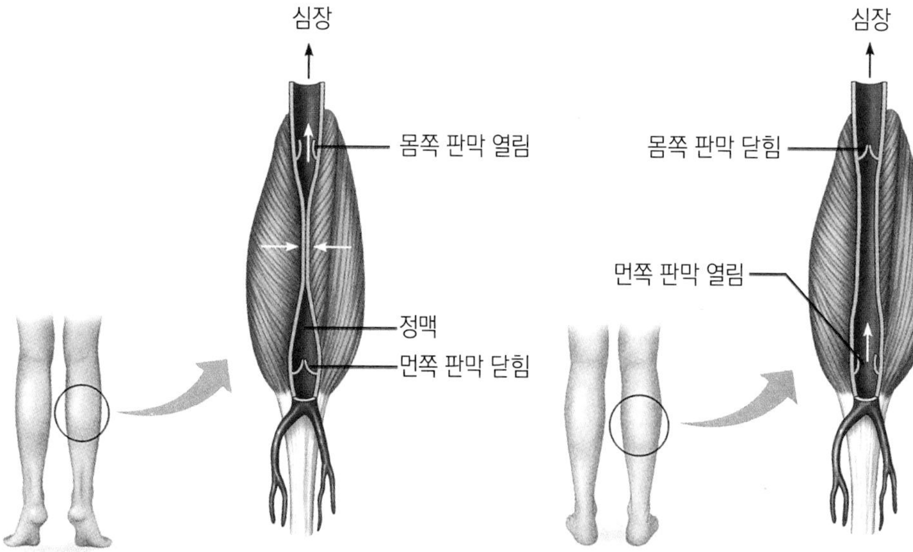

그림 7-24. 근육수축에 의한 정맥혈의 펌프작용

호흡에 의한 펌프작용은 숨을 들이마실 때는 가로막(횡격막)이 배 안쪽으로 내려가 배안의 압력이 증가하고, 반대로 가슴안의 압력이 낮아져 정맥혈액이 오른심방쪽으로 밀려들어간다. 숨을 내쉴 때는 반대로 배안의 압력이 감소되어 다리쪽으로부터 혈액이 배안의 정맥혈관으로 들어가고, 뒤이은 들숨작용에 의해 정맥혈 회귀(venous return)가 촉진된다. 운동 시에는 호흡의 빈도와 심도가 증가되어 정맥혈 회귀가 효과적으로 이루어진다.

plus+

혈압측정 원리와 방법

혈압계는 압력 게이지에 연결된 공기 주입기와 커프(cuff)로 구성되며, 측정 시 청진기를 이용한다.

① 측정부위는 위팔동맥 부위로, 심장과 수평면에 위치하는 팔꿈치 바로 윗부분이다.

② 위팔에 커프를 감고 공기를 주입시켜 커프 내의 압력이 200mmHg 정도까지 되도록 한다[그림 7-25a]. 이로 인해 위팔동맥의 혈류는 완전히 차단된다.

③ 공기주입기에 부속된 압력조절나사를 돌려 커프 내 공기를 서서히 빼서 압력을 낮추기 시작한다. 커프로 봉쇄된 위팔동맥 아래에 청진기를 대고 소리를 듣는다. 이때 커프의 압력이 서서히 낮아지는 것을 압력 게이지를 통해 알 수 있다.

④ 커프 내 압력이 수축기혈압 이하로 되는 순간 봉쇄되었던 혈관에 처음으로 혈류가 흘러 혈관벽에 부딪치는 '톡'하고 흐르는 소리를 들을 수 있다. 이때의 압력게이지에 나타나는 수치가 수축기혈압 또는 최고혈압이다[그림 7-25b].

⑤ 그 후 심장수축 시마다 일정한 간격으로 혈류음이 서서히 약하게 들리다가 마침내 커프의 압력이 이완기혈압과 같아지면서 혈관의 봉쇄가 완전히 풀리며 '톡'하는 혈류음이 완전히 사라지게 된다. 이때의 수치가 이완기혈압 또는 최저혈압이다[그림 7-25c].

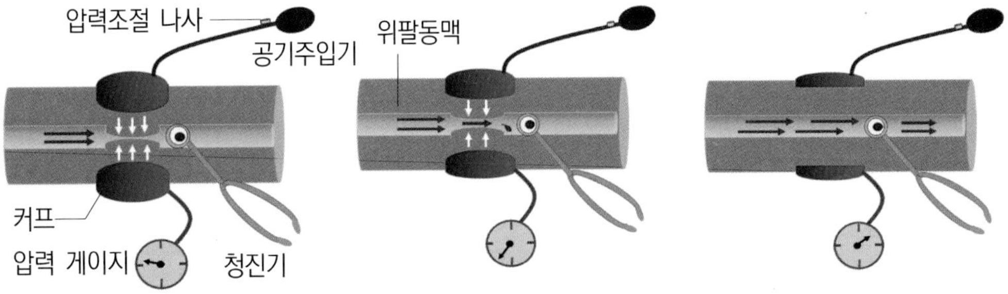

ⓐ 공기주입기를 이용해 커프 내의 압력이 200mmHg이 되도록 공기를 주입하면 혈류는 완전히 차단된다.

ⓑ 공기주입기에 달린 압력조절 나사를 풀어서 서서히 커프 내 압력을 내린다. 커프 내 압력이 줄면서 혈관의 봉쇄가 풀려 처음 혈류음이 들릴 때의 압력을 읽는다(수축기혈압)

ⓒ 커프의 압력이 낮아져서 혈관의 봉쇄가 더욱 풀리면서 '톡'하는 혈류음이 약하게 들리다가 사라지는 시점의 압력을 읽는다(이완기혈압).

그림 7-25. 혈압 측정의 원리

7.6.2 운동 시 혈압 변화

동맥혈압의 변화는 심박출량, 혈관의 내경, 혈액량의 변화에 의해 일어난다. 심박출량의 증가는 혈압의 1차적인 상승요인이다. 세동맥의 수축과 이완은 혈류저항을 변화시켜 혈압을 변화시킨다. 따라서 세동맥을 저항혈관이라고 하고, 혈액이 세동맥을 통과할 때의 저항을 말초저항이라고 한다. 말초저항은 세동맥의 지름에 반비례한다.

혈압은 심박출량(CO : cardiac output)과 총말초저항(TPR : total peripheral resistance)에 의해 결정되므로 다음과 같이 표현할 수 있다.

혈압(blood pressure) = 심박출량(CO) × 총말초저항(TPR)

운동 중에는 총말초저항이 약간 감소한다[그림 7-26]. 총말초저항이 감소하는데도 불구하고 운동 중 혈압이 상승하는 이유는 심박출량의 증가에 따른 영향이 총말초저항의 감소보다 훨씬 크기 때문이다.

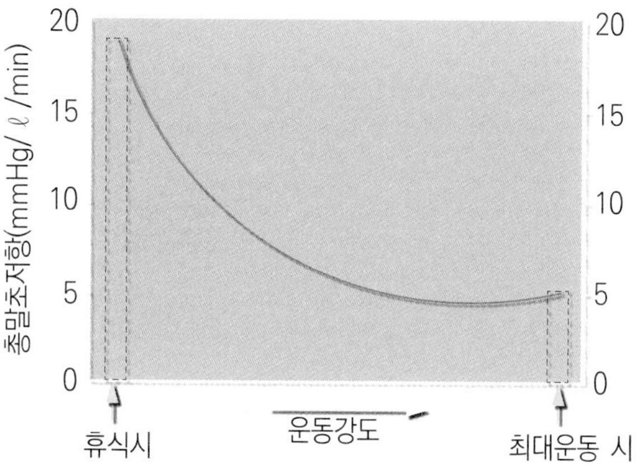

그림 7-26. 점진적 최대운동 시 총말초저항의 변화

총말초저항이 운동 중에 약간 감소하는 이유는 다음과 같다. 총말초저항은 인체에 분포된 모든 소동맥의 지름에 의해서 결정된다. 즉 소동맥의 지름이 수축하면 총말초저항은 증가하고, 소동맥의 지름이 확장하면 총말초저항은 감소한다.

운동을 할 때는 내장영역의 혈관들은 수축을 하고 운동근육에 분포된 혈관들은 확장되는데, 이는 운동하는 근육에 더 많은 혈액을 공급하기 위한 반응이다. 그런데 운동 중 내장영역의 혈관이 수축되는 정도에 비해서 활동근육의 혈관들이 확장되는 정도가 상대적으로 더 크게 일어나며, 그 결과 총말초저항은 운동 중에 다소 감소하게 된다. 그림 7-27은 혈압에 영향을 미치는 요소들의 상대적인 기여도를 화살표의 방향과 크기로 나타낸 것이다.

동적 운동 중 이완기혈압은 보통 변화가 없거나 약간 상승 또는 저하하는 양상을 보인다. 그것은 수축기혈압이 주로 심박출량의 영향을 받는 반면 이완기혈압은 세동맥의 저항에 의해 조절되기 때문이다. 동적인 운동 중에서도 팔과 같은 소근육운동이 다리와 같은 대근육운동보다 더 높은 혈압상승을 초래한다. 그 이유는 소근육운동은 대근육운동에 비해 혈류저항의 감소폭이 적기 때문이다.

정적 근육수축운동 시에는 수축기 및 이완기혈압이 모두 급격히 상승하는데, 이는 작업 근육에서의 신경반사가 증가된 결과로서 강한 근육수축으로 기계적인 압박을 받는 혈관 내로 혈액을 밀어

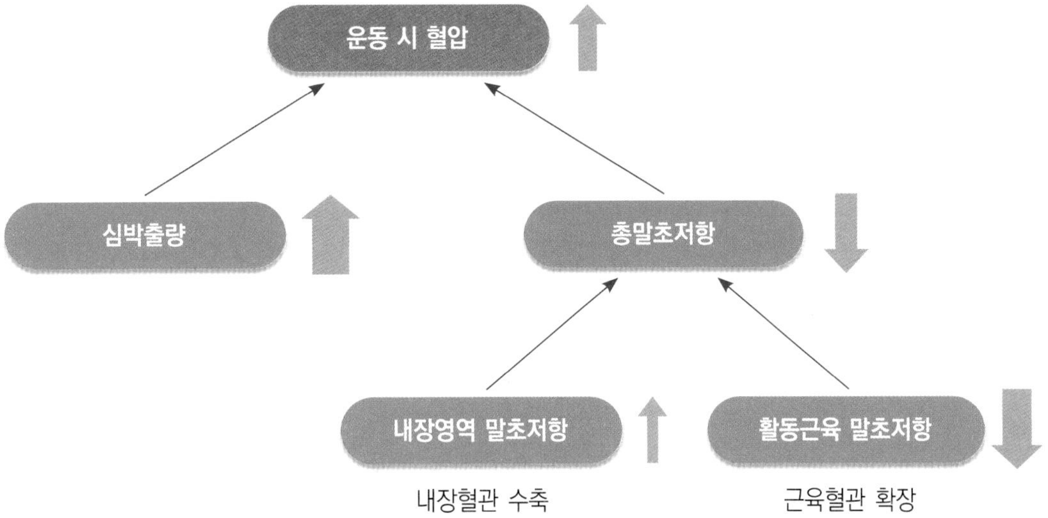

그림 7-27. 혈압에 영향을 미치는 요소들의 상대적 기여도

보내기 위한 작용으로 생각된다.

그림 7-28은 탈진상태까지 지구성 운동을 수행할 때 수축기혈압의 변화를 나타낸 것으로, 운동이 종료된 직후 혈압이 급격히 하락하는 현상을 보여주고 있다. 이는 선 자세에서의 운동 시 운동종료와 동시에 근육활동을 일시에 중단한 경우에 나타나는 현상이다. 운동종료와 동시에 혈압이 급격히 저하되는 현상은 활동근육 부위의 정맥혈관에 대한 근육수축의 펌프작용이 중단되고, 확장된 혈관 내에 혈액이 저류하기 때문이다. 이로 인해 심장으로 돌아가는 정맥환류혈량이 감소되고, 이어서 심박출량의 급격한 감소로 뇌빈혈(cerebral anemia) 현상이 초래된다. 뇌혈류 부족으로 인한 졸

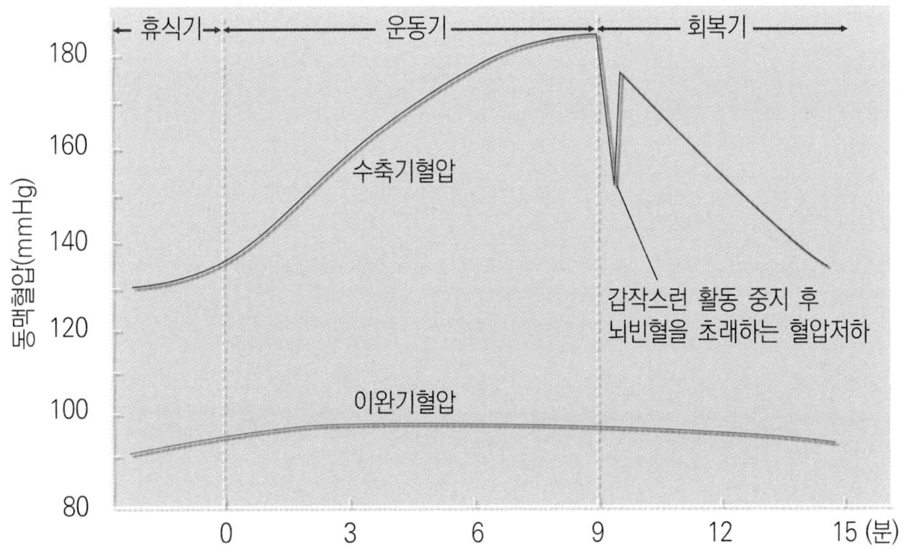

그림 7-28. 점진부하 최대운동 시 수축기 및 이완기혈압의 변화

도 등의 위험을 방지하기 위해서는 주운동이 종료된 후에도 수분간 가벼운 운동을 지속하는 것이 바람직하다.

완전히 탈진되어 가벼운 운동조차 할 수 없다면 뇌빈혈을 방지하기 위해 누운 자세로 휴식하는 것이 바람직하다. 운동 시 혈압은 대체로 안정 시 혈압이 높은 사람일수록 증가하는 경향이 있다.

plus+

정맥류(varicose vein)와 운동

정맥 내의 판막에 결함이 있어 혈액의 역류를 방지하는 기능을 하지 못하는 경우가 있는데, 이를 정맥류(varicose veins)라고 한다.

정맥판막이 형태적으로 이상이 있을 때 서 있는 자세에서 주로 다리부위의 표피정맥에 중력의 영향에 의해 혈액이 고이는 정맥류가 발생한다. 왜냐하면 표피정맥은 피부 가까이 있어서 주변 조직으로부터 외적인 압력을 적게 받기 때문이다. 결국 판막이상 부위에 혈액이 고이면 점점 그 범위가 커져 고통을 느끼게 된다. 심한 경우 정맥벽이 감염되어 점점 약화되는 정맥염(phlebitis)이 유발된다.

정맥류를 갖고 있는 사람은 저항운동과 같이 강한 근육긴장을 초래하는 운동을 피하여야 한다. 지속적인 정적 근육수축은 근육과 호흡펌프 작용에 의한 정맥환류를 방해한다.

또한 가슴안 및 배안의 압력이 증가됨으로써 정맥환류가 더욱 어렵게 된다. 이는 다리의 정맥에 혈액이 저류되게 하여 정맥류를 더욱 악화시킬 수 있다.

운동훈련에 의해 정맥류를 예방할 수 없지만, 정기적이고 리드미컬한 운동은 근육펌프작용에 의한 정맥환류를 촉진시킴으로써 정맥류로 인한 합병증을 최소화하는 데 도움을 준다.

운동을 할 경우에는 다리를 적절하게 압박해 주는 탄성 소재로 된 스타킹을 신는 것이 좋다.

7.7 운동과 혈액

7.7.1 혈액의 일반적 구성과 기능

혈액(blood)은 혈관 내를 순환하는 유동성 조직으로, 혈관과 조직세포막 사이에는 여러 가지 물질 교환이 이루어져 항상 신체의 내부환경을 일정하게 유지한다. 혈액량은 체중의 약 8%인데, 크게 구분하여 세포성분(고형성분)과 액체성분으로 나누어진다. 세포성분에는 적혈구(RBC), 백혈구(WBC), 혈소판(platelet)이 있다. 그리고 액체성분은 혈장(plasma)인데, 혈장 안에는 단백질(알부민, 글로불린 등), 무기염류(Na^+, K+, Ca^{++}, Cl^-, Mg^{++} 등), 그리고 섬유소원(fibrinogen) 등 각종 물질이 거의 일정하게 유지되고 있다. 혈액용적 중 세포성분은 약 45%이고, 나머지 55%는 혈장이다.

혈액의 구성과 기능은 다음과 같다.

- **혈액**
  - 세포성분(약 45%)
    - 적혈구 — O_2, CO_2 운반, pH 조절
    - 백혈구 — 감염 방어, 이물 처리, 항체 생산
    - 혈소판 — 혈액 응고(출혈 방지)
  - 혈장(약 55%)
    - 수분 — 물질 운반, 혈압 조절, 체온조절
    - 염류 — 삼투압 조절, pH 조절, CO_2 운반
    - 유기물 — 영양물질 및 대사산물, 교질삼투압 조절
    - 섬유소원 — 혈액의 응고

혈장 중에는 수용성 단백질인 섬유소원이 약 0.3%를 차지하고 있어서 혈액의 응고에 중요한 역할을 한다. 혈액을 채취하여 시험관에 방치하면 섬유소원의 응고작용에 의해 세포성분은 서로 엉겨 붙어 가라앉고 투명한 액체성분이 위에 남는데, 이것을 혈청(serum)이라고 한다. 혈청은 혈장에서 섬유소원을 제거한 것이다.

채혈한 혈액을 시험관에 넣고 응고방지제를 첨가하여 원심분리하면 혈구성분이 침전하는데, 침전된 세포성분이 혈액 중 차지하는 백분율(%)을 헤마토크리트(hematocrit : Hct)라고 한다[그림 7-29]. 혈구성분의 대부분은 적혈구가 차지하고 있기 때문에 헤마토크리트치가 낮으면 적혈구 수가 적다는 것을 의미한다. 그러므로 헤마토크리트치는 빈혈(anemia)을 진단하는 유용한 기준이 된다. 평균치는 남자가 45%(43~52%), 여자는 40%(35~48%)이다.

적혈구 내에는 산소와 이산화탄소와 결합하는 혈색소(hemoglobin)가 상당량 존재한다. 헤모글로빈은 단백질인 글로빈(globin)과 비단백부분은 헴(heme)을 포함하고 있고, 글로빈과 헴의 결합은 철을 매

그림 7-29. 헤마토크리트와 혈장

혈액을 원심분리하면 무거운 세포성분은 가라앉고, 수분성분(혈장)이 튜브의 윗부분을 이룬다.

개로 이루어진다. 헤모글로빈의 함유량은 혈액 100㎖당 g수로 나타내는데, 평균치는 남자 16g/dℓ(14~17g), 여자 14g/dℓ(12~16g)이다. 헤모글로빈 농도 역시 헤마토크리트치와 함께 빈혈을 판단하는 기준이 된다.

7.7.2 적혈구의 생산과 순환

7.7.2.1 적혈구의 생성

적혈구는 뼈의 적색골수에서 조혈세포(hematocytoblast)에 의해 만들어진다. 새로 형성된 적혈구는 핵을 가지고 있지만, 성숙함에 따라 바로 핵을 밀어내고 헤모글로빈을 수용하기 위해 더 많은 공간을 갖는다. 적혈구는 핵을 갖지 않으므로 전령 RNA(mRNA)를 합성할 수 없으며, 분열되지 않는다. 또한 미토콘드리아를 갖고 있지 않으므로 오직 해당과정(glycolysis)에 의해서만 ATP를 생산하며, 자신들이 운반하는 산소를 이용하지 않는다. 안정 시 혈액 중에 존재하는 약 1mM/L의 젖산은 이 적혈구에 의해서 생산된 것이다.

핵을 밀어내고 새롭게 형성된 젊은 적혈구는 하루나 이틀 동안 그물망과 같은 구조를 포함하고 있는데, 그것은 세포질세망의 잔여물로서 이때의 적혈구를 세망적혈구(reticulocyte)라고 한다. 이 단계에서 골수를 나와 혈액으로 들어가고, 점차 그물망 구조가 사라지면서 성숙한 적혈구가 된다.

적혈구의 평균수명은 120일이며, 생애주기 동안 신체를 약 75,000번 순환한다. 적혈구 수는 단위부피(mm³)당 여성은 420~540만 개, 남성은 460~620만 개 정도이다.

적혈구의 생산속도는 호르몬인 에리스로포이에틴(EPO : erythropoietin)에 의한 음성되먹이기 기전에 의해 조절된다[그림 7-30]. 에리스로포이에틴은 대부분 콩팥에서 산소결핍에 의해 자극받아 분비되고, 일부 소량은 간에서 분비된다. 예를 들어 고지대에 올라가거나 운동을 하면 콩팥의 혈류가

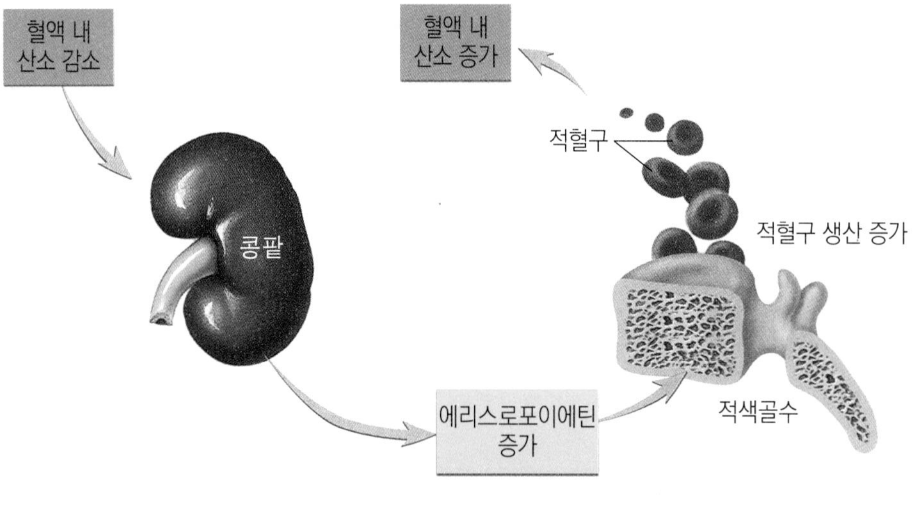

그림 7-30. 에리스로포이에틴에 의한 적혈구 생산 자극

감소하고, 혈액 중 산소농도도 감소함으로써 에리스로포이에틴의 분비를 자극한다. 분비된 에리스로포이에틴은 적색골수를 자극하여 적혈구 생산을 촉진한다. 일부 장거리 종목의 선수들이 자신의 수행력을 높이기 위해 에리스로포이에틴을 사용하는 사례가 과거부터 있어서 도핑물질로 규정되어 있다.

7.7.2.2 적혈구용혈과 처리

적혈구는 탄성이 매우 커서 자신의 지름보다 작은 혈관을 통과할 때에는 모양을 변형시켜 통과한다. 그러나 수명이 다 된 적혈구는 탄성을 잃고 깨지기 쉬운 상태가 되어 모세혈관을 통과할 때 손상을 입기 쉽다. 특히 운동 시 활동근육의 기계적 압박에 의해 적혈구막이 파괴되기 쉬운데, 이처럼 적혈구막이 터지는 현상을 적혈구용혈(erythrocyte hemolysis)이라고 한다.

손상된 적혈구들은 지라나 간을 통과하면서 완전히 파괴된다. 이들 조직에서는 큰포식세포(macrophages)가 적혈구를 파괴하거나 식균작용에 의해 처리한다. 큰포식세포는 백혈구의 일종으로 단핵구(monocyte)가 변화한 것이다.

적혈구로부터 빠져나온 헤모글로빈은 글로빈(globin)과 헴(heme)으로 분해되고, 헴은 다시 철분(iron)과 빌리버딘(biliverdin)으로 분해된다. 철분은 적색골수로 이송되어 새로운 헤모글로빈 합성에 이용되거나 간세포에 저장된다. 빌리버딘은 시간이 지나면서 노란색을 띤 빌리루빈(bilirubin)으로 전환되어 소화액인 쓸개즙을 구성하며, 쓸개에 저장된다.

7.7.3 백혈구의 종류와 기능

7.7.3.1 백혈구의 종류

백혈구는 세포질에 과립을 갖고 있는 과립형 백혈구와 과립이 없는 무과립형 백혈구로 나눌 수 있다. 과립형 백혈구는 과립 안에 특별한 화합물(superoxide)이 들어 있다. 따라서 백혈구가 일단 외부의 박테리아를 삼켜서 받아들이면 이 화합물을 이용해 박테리아를 파괴시킨다. 과립형 백혈구에는 호중구, 호염기구, 호산구의 세 가지가 있다.

호중구는 감염부위에 가장 먼저 나타나는 백혈구인데, 이는 박테리아나 균, 일부 바이러스를 식균작용으로 처리하며, 전체 백혈구의 54~62%를 차지한다. 호산구는 알러지반응에 관여하고 기생충에 대항하는 역할을 하며, 전체 백혈구의 1~3%에 해당한다. 호염기구는 손상된 조직으로 이동하여 히스타민(histamine)과 헤파린(heparin)을 분비하는데, 히스타민은 손상부위의 혈류를 증가시켜 염증반응을 일으키고, 헤파린은 혈액응고를 억제하는 작용을 한다.

무과립형 백혈구에는 단핵구(monocyte)와 림프구(lymphocyte)가 있다. 단핵구는 가장 큰 혈구세포로서 적색골수에서 만들어져 혈액으로 보내지며, 혈액을 순환하다가 혈관 밖으로 나올 때는 큰포식세포(macrophages)로 되어 박테리아나 죽은 세포, 그리고 조직 내 기타 파편을 식균작용으로 처리한다. 단핵구는 전체 백혈구의 3~9%를 차지하고, 수명은 수주일 또는 수개월 정도이다.

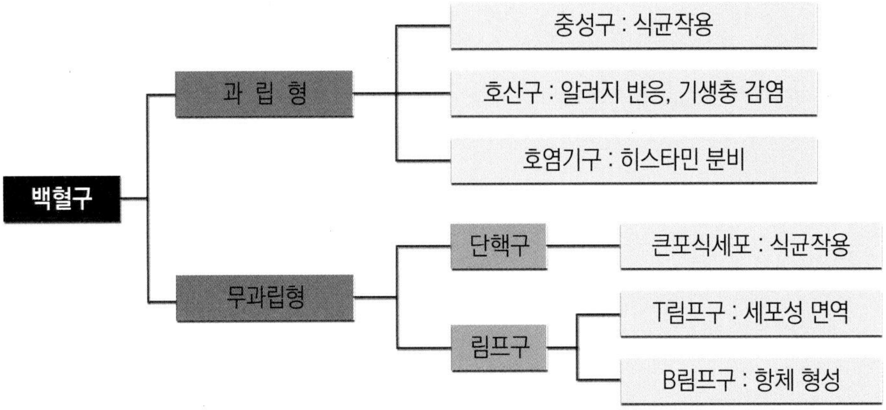

그림 7-31. 백혈구의 종류와 기능

림프구(lymphocyte)는 크게 T림프구와 B림프구로 나뉜다. T림프구는 직접 미생물이나 암세포 또는 이식세포를 공격하고, B림프구는 항체(antibody)를 생성하여 외부의 세포나 단백질을 공격한다. 림프구는 전체 백혈구의 25~33%를 차지한다.

7.7.3.2 백혈구와 면역기능

백혈구는 적혈구와는 달리 아메바운동으로 혈관벽을 빠져나올 수 있다. 가장 운동성이 높은 백혈구는 호중구와 단핵구이다. 특히 단핵구는 혈관으로 순환하다가 조직으로 이동하여 큰포식세포(macrophage)로 분화한다. 큰포식세포는 대식세포로도 불리는데, 큰 박테리아를 삼킬 수 있으며, 많은 용해소체(lysosomes)를 갖고 있어 유입된 박테리아를 소화시키는 능력이 높다.

미생물이 인체 내부에 침입하였을 때 특별한 세포들은 침입부위의 혈관을 확장시키는 화학물질을 분비한다. 그중 대표적인 물질이 히스타민(histamine)인데, 이는 혈관을 확장시켜 손상부위의 모세혈관에 더 많은 혈액이 흐르도록 한다. 그로 인해 더 많은 체액이 혈관 내에서 사이질액쪽으로 빠져나와 부종을 일으키는 염증반응(inflammatory reaction)이 일어난다. 이러한 염증반응으로 인해 침입한 미

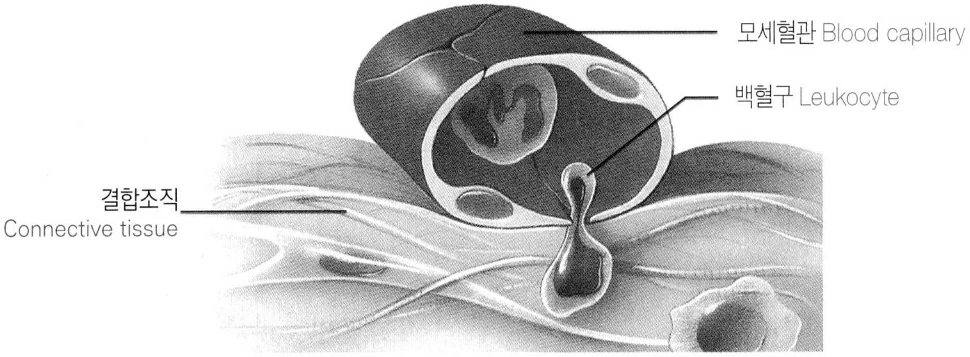

그림 7-32. 모세혈관 밖으로 이동하는 백혈구

생물이 다른 부위로 확산되는 것을 지연시킬 수 있다. 이와 동시에 손상된 세포들은 백혈구를 끌어들이는 화학물질을 분비한다.

염증부위에 박테리아, 백혈구, 그리고 손상된 세포가 축적되어 고름(pus)을 형성하며, 박테리아가 활동 상태에 있는 동안 남아 있게 된다. 고름이 형성된 부위에서 빠져나오지 못하면 한동안 그 조직에 남아 있다가 주변 조직의 세포에 흡수된다.

정상적인 백혈구 수는 단위부피(mm³)당 5,000~10,000개이며, 감염이 발생하면 백혈구 수는 그 이상으로 증가한다. 보다 자세한 내용은 '제14장 운동과 면역계통'에서 설명한다.

7.7.4 운동 시 혈액 변화

혈액의 여러 가지 특징은 유산소적인 지구성 운동수행에 매우 중요한 역할을 한다. 헤모글로빈량과 적혈구 수는 작업근육으로의 산소운반량을 결정하는 중요한 요인이다. 일회적 운동에 따른 혈액성분들의 변화는 운동유형과 운동강도 및 운동시간, 수분섭취 및 탈수상태 등에 따라 일정한 양상을 보이지는 않는다.

여기에서는 탈진상태에 이르기까지 1시간 이상 지구성 운동을 수행할 때 나타나는 혈액 특성의 변화에 대해 설명한다.

7.7.4.1 운동과 혈장이동

일회적인 지구성 운동수행 시 총혈액량은 운동의 유형이나 단련 정도, 그리고 운동강도 및 기온의 영향에 따라 다르게 나타난다. 혈액량의 일시적 변화는 혈장이 혈관을 통해 사이질액쪽으로 이동하거나 사이질액 또는 세포외액이 혈관 내로 이동하여 일어나게 된다.

혈장의 혈관 밖으로의 이동은 혈액농축(hemoconcentration)의 원인이 되고, 혈관 내로 사이질액이나 세포내액이 이동할 때, 또는 한 번에 다량의 물을 섭취할 경우에는 혈액희석(hemodilution)이 초래된다[그림 7-33]. 장시간 최대운동을 실시하면 일반적으로 땀분비로 인한 수분 손실과 함께 혈액농축현

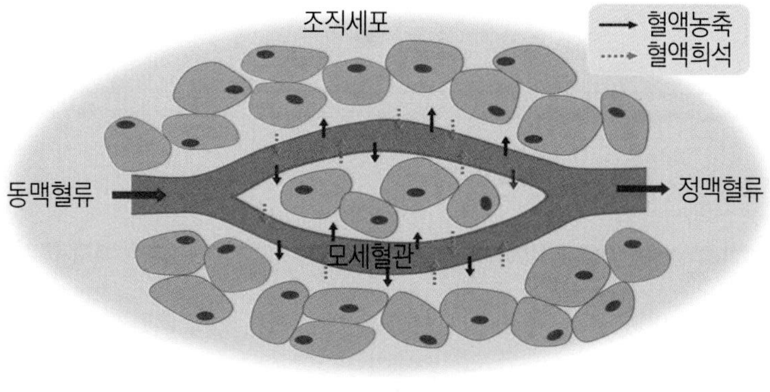

그림 7-33. 혈액농축과 혈액희석

상이 나타나는데, 이때 혈장량의 최대감소량은 약 15%에 이른다.

혈장량 손실의 원인은 ① 활동근육의 국부적인 수축으로 인해 정맥이 기계적으로 압박되고, 그 결과 모세혈관압이 상승하여 여과(filtration)에 의해 모세혈관 밖으로의 혈장 이동이 증가하고, ② 조직세포로부터 포타슘, 인, 젖산과 같이 삼투성이 있는 물질이 유출되어 사이질액에 축적되면 삼투압차에 의해 혈장이 모세혈관에서 사이질액쪽으로 이동하고, ③ 땀을 통한 수분의 손실에 의해 사이질액의 삼투질 농도가 증가하기 때문이다.

7.7.4.2 적혈구 수와 헤모글로빈 농도

혈액농축이 일어날 때에는 단위면적당 적혈구 수와 헤모글로빈 농도, 헤마토크리트치는 상승하지만, 혈액희석 시에는 반대현상이 일어난다. 이러한 변화가 총적혈구 수나 총헤모글로빈량의 변화를 의미하지는 않는다. 왜냐하면 적혈구는 운동성을 갖고 있는 백혈구와 달리 모세혈관 밖으로 빠져나오지 못하며, 일회적 운동에 의해 생성되지 않기 때문이다.

안정 시 혈액의 단위부피당 남자의 평균 적혈구 수는 500만 개/mm^3 정도인데, 운동 후에는 520~620만 개/mm^3로 10% 이상 증가하는 경우도 있다. 이러한 적혈구 수의 증가로 인해 헤모글로빈농도 역시 5~10% 증가한다. 이처럼 혈액의 단위부피당 적혈구 수가 증가하는 이유는 혈액농축현상 외에 지라에 저장되어 있던 적혈구가 방출되기 때문이다. 즉 운동 시에는 교감신경계통의 흥분에 의해 부신속질에서 에피네프린의 분비량이 증가한다. 이 에피네프린은 적혈구저장기관인 지라를 수축시켜 지라로부터의 적혈구 방출을 증가시킨다. 지라에 저장되어 있는 혈액량은 약 350㎖인데, 지라의 혈액은 농도가 매우 진해서 순환혈액에 비해 적혈구 수가 40%나 많다.

7.7.4.3 운동과 백혈구 수

일회적인 운동 후에는 전형적으로 백혈구 수가 증가하는 현상이 나타난다. 일반적으로 단시간의 심한 운동 후에는 백혈구의 일종인 림프구(lymphocyte)가 증가하고, 장시간의 운동 후에는 림프구와 호산성 백혈구는 감소하는 반면 호중성 백혈구가 증가하는 현상을 볼 수 있다.

백혈구 수의 증가는 순환혈류의 증가로 인해 허파, 골수, 간 및 지라에 있는 저장장소로부터 백혈구가 빠져나오기 때문이다. 이러한 백혈구 수의 일시적인 증가는 대체로 회복기 수시간 만에 정상수준으로 돌아가는데, 이러한 현상이 장기적으로 인체면역 시스템에 어떠한 영향을 미치는지에 대해 많은 연구가 이루어지고 있다. 자세한 내용은 '제14장 운동과 면역계통'에서 설명한다.

7.7.4.4 운동과 동정맥산소차

동맥혈액과 정맥혈액 간 산소함량의 차이(동정맥산소차, a-vO_2 difference)는 조직에 의해 혈액으로부터 추출되어 사용된 산소량을 나타낸다. 운동 시에는 근육에 의한 산소 소비가 증가함에 따라 동정맥산소차는 증가하게 된다.

7.7.4.5 운동과 혈액 pH

운동 시 혈액의 산성도 또는 pH는 젖산 생성량의 증가를 반영한다. 운동강도가 높을수록 인체의 에너지 생산체계는 무산소 과정에 의존하게 되고, 수소 이온(H^+)의 축적에 의해 혈액 pH가 더욱 감소하게 된다.

7.7.4.6 운동과 혈액온도

운동 시 근육 내 탄수화물과 지방분해로 얻어지는 화학적 에너지 중 일부는 열에너지로 손실되며, 근육수축과정 자체에서 발생하는 열에 의해 혈액온도는 상승한다.

7.7.5 혈액도핑

혈액도핑(blood doping)은 사전에 채혈된 자신이나 타인의 혈액을 경기 전에 주입하는 것을 말한다. 혈액도핑의 궁극적인 목적은 혈액을 증가시켜 산소운반능력을 개선시키고자 하는 데 있다.

혈액도핑의 구체적인 방법은 경기 5~6주 전에 자신의 혈액을 400~1200㎖ 정도 채혈해서 냉장 또는 냉동 보관 후 경기시작 전에 재주입하는 것이다. 경기 5~6주 전에 채혈하는 이유는 인체가 손실혈액을 완전히 보충하는 데 5~6주가 소요되기 때문이다.

혈액도핑의 방법으로는 전혈을 주입하거나 적혈구만을 따로 분리하여 주입하는 방법이 이용되고 있다. 혈액도핑은 비록 IOC에 의해 금지되고 있으나 혈액도핑을 검사할 어떤 방법도 찾아낼 수 없기 때문에 현재까지 지구력 종목의 선수들이 혈액도핑을 하는 사례가 많이 보고되고 있다.

혈액도핑의 효과에 대해서는 최대산소섭취량의 증가, 심박출량의 증가, 지구력의 개선 등 다소간의 긍정적인 결과를 보고하는 연구들이 있으며, 부가적으로 적혈구 수의 증가에 의한 혈액 산성도의 완충효과가 보고되고 있기도 하다. 그러나 일부 연구에서는 혈액도핑의 효과를 부정하고 있으며, 특히 적혈구의 재주입에 의해 혈중 적혈구 농도가 지나치게 상승하면 혈액의 점성도 증가로 인해 오히려 혈류순환이 저해된다는 점이 지적되고 있다. 최근의 증거들은 혈액도핑을 통한 유산소 능력의 증가 효과를 거두기 위해서는 적어도 800~1,200㎖의 혈액을 재주입하여야 한다고 보고되고 있다.

7.7.6 운동성 빈혈

빈혈은 적혈구 수나 헤모글로빈량이 감소된 상태를 의미하는데, 주 원인은 적혈구 생산과 파괴의 균형이 깨지는 것이다. 운동성 빈혈(sports anemia)은 주로 훈련 초기에 많이 발생하는 현상으로, 주된 원인은 갑작스런 훈련량의 증가로 인해 적혈구 용혈(erythrocyte hemolysis)이 증가하기 때문이다. 용혈이란 적혈구막이 어떤 원인에 의해 파괴되어 적혈구 내의 헤모글로빈이나 효소 등이 방출되는 현상을 말한다.

운동 시의 근육수축이나 지면과의 반복적인 충돌은 모세혈관을 기계적으로 압박하여 적혈구 파괴율을 증가시킨다[그림 7-34]. 그림과 같이 달리기 중 발바닥과 지면의 반복적인 충돌로 일어나는 적혈구 파괴현상을 지면충격 용혈(foot strike hemolysis)이라고 한다. 또한 운동으로 인해 혈액이 일시적으로 산성화되면 노후된 적혈구막이 산성도를 견디지 못하여 터질 수도 있다.

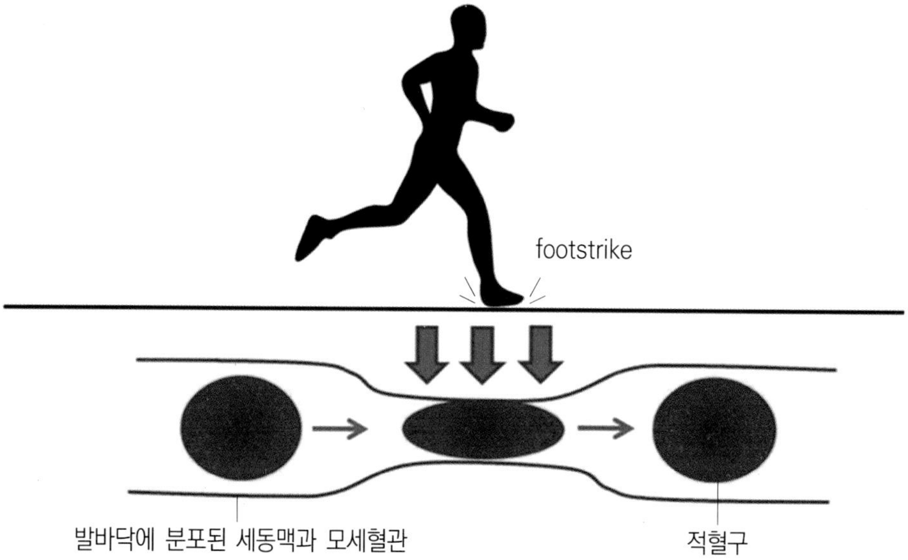

그림 7-34. 발바닥과 지면과의 충격 시 적혈구에 대한 기계적 압력

적혈구 용혈에 의해 방출된 헤모글로빈(hemoglobin)은 간으로 보내져 철분과 단백질로 재처리된다. 일시에 다량의 용혈이 발생하면 그 처리능력이 한계에 도달하여 소변으로 헤모글로빈이 배출되기도 한다. 이것이 갑작스런 심한 운동 후 혈뇨가 나타나는 현상이다.

운동으로 인해 적혈구 파괴율이 증가하면 수명(120일)을 다한 노화된 적혈구를 소멸시키고 골수에 의한 적혈구의 신생능력을 항진시켜 장기적으로는 산소운반능력이 좋은 젊은 적혈구의 비율을 높여 전반적인 수명 분포를 젊게 한다고 볼 수 있다.

그러나 심한 운동을 지속적으로 행하면서 조혈 영양소를 적절하게 섭취하지 않으면 운동성 빈혈의 위험성이 높아진다. 체중당 단백질 섭취 수준을 2배로 증가시키고, 철분 및 비타민 B_{12}, 엽산 등을 충분히 섭취하여야 훈련 초기에 주로 발생하는 운동성 빈혈을 방지할 수 있다.

장기간 훈련해 온 선수들, 특히 지구성 선수들에게서도 철분 결핍성 빈혈 발생이 보고되고 있으며, 빈혈로 판정될 만큼 혈중 적혈구 수 및 헤모글로빈 농도가 낮지는 않더라도 잠재적인 철분 결핍성 빈혈(latent iron deficient anemia)의 빈도가 많은 것으로 나타나고 있다. 즉 장시간 심한 운동을 하면 적혈구 용혈과 땀을 통한 철분 손실은 증가하지만 반대로 식사를 통한 체내의 철분 수요량이 충족되지 않을 때 체내 철분 저장량의 감소로 인한 잠재적인 철분 결핍성 빈혈이 초래될 가능성이 높아진다.

여름철 지구성 훈련에 의해 선수들은 하루에 1~3ℓ의 땀을 흘리게 된다. 땀 100㎖에는 약 30~40㎍의 철분이 포함되어 있으므로 하루 중 땀을 통해 추가적으로 손실되는 양은 약 0.3~1.2mg 정도이다. 식사를 통한 철분 흡수율이 2~10%인 것을 고려한다면 하루에 적어도 2.4~12mg의 철분을 추가적으로 섭취할 필요가 있음을 말해준다. 특히 체중감량을 위해 감식하는 체급별 선수나 월경혈에 의해 추가적인 철분 손실이 일어나는 여자 지구성 운동선수는 특히 세심한 식이적 배려가 필요하다.

plus+

운동성 빈혈(sports anemia)의 해석

'운동성 빈혈'이라는 용어는 강한 훈련으로 인해 헤모글로빈 농도가 임상 하한치에 가까운 수준(남 : 13g/dℓ, 여 : 12g/dℓ)으로 감소되는 상태를 표현하는 말이다. 실제로 지구성 운동선수들에게 이러한 헤모글로빈 농도의 저하는 매우 일반적인 현상으로 보고되고 왔다.

그러나 이러한 현상은 대부분 훈련 초기에 나타나는 일시적인 현상으로 밝혀졌다. 즉 훈련초기에 나타나는 헤모글로빈 농도의 저하현상은 혈장량(plasma volume)이 큰 폭으로 증가하기 때문에 일어난다. 예를 들어 최대하 운동 훈련을 시작한 지 4일만에 혈장량은 20%까지 증가하지만, 적혈구량은 비교적 큰 변화를 보이지 않는다. 그 후 계속적인 훈련에 의해서 총헤모글로빈량은 증가하기 시작하지만, 혈장량의 증가폭이 상대적으로 더욱 크기 때문에 헤모글로빈 농도는 훈련기간 중 낮은 수준에 머물게 된다. 이러한 변화는 산소 운반에 유리하게 작용하여 유산소성 운동수행력의 개선에 도움을 준다.

따라서 이러한 혈장량 증대(혈액희석 : hemodilution)로 초래된 헤모글로빈 저하현상을 빈혈이라고 지칭해서는 안 된다는 것이 지배적인 견해이다. 이러한 요인에 의한 단위면적당 적혈구 수의 감소나 헤모글로빈 농도의 저하, 헤마토크리트의 저하에 대해서는 가성 운동성 빈혈(Pseudo- exercise anemia)이라고 부르기도 한다.

즉 운동성 빈혈이라는 용어는 혈액의 산성화나 근육에 대한 기계적 충격으로 적혈구 용혈과 철분 손실이 증가하는 반면 적절한 조혈 영양소(단백질, 철분, 비타민 B12, 엽산, 비타민 C 등)의 섭취가 뒤따르지 않아서 발생하는 보다 지속적인 빈혈 증세에 국한하여 사용되어야 할 것이다.

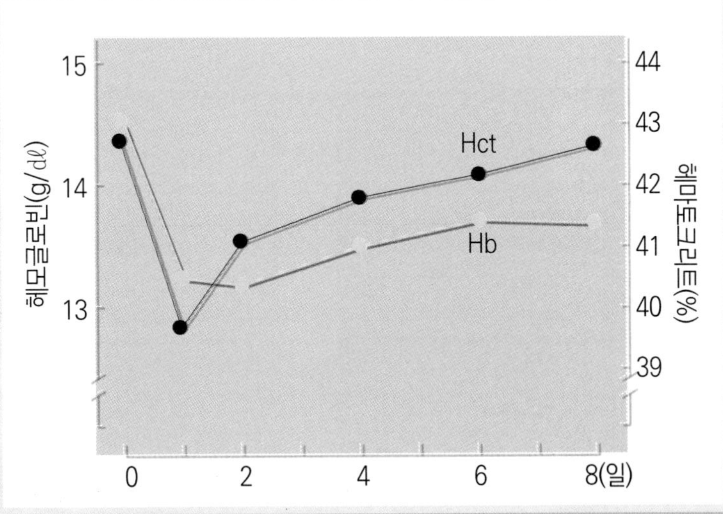

그림 7-35. 훈련기간 중 헤모글로빈 농도와 헤마토크리트 수준의 변화

plus+

횡문근융해증(Rhabdomyolysis)

더운 날 무리한 등산을 하거나, 크로스핏과 같은 높은 강도의 운동을 하다가 횡문근융해증으로 쓰러지는 일들이 간혹 일어난다. 횡문근융해증(Rhabdomyolysis)은 뼈대근육에 고강도로 반복적이고 빠른 자극이 요구되는 운동을 할 때 주로 발생하지만, 그 원인은 사실 매우 다양하다.

근육의 외상과 압박, 약물이나 고온, 탈수, 탄수화물의 심한 고갈상태, 당뇨, 열사병 등을 들 수 있으며, 이것이 과도한 운동과 병행될 때 그 위험성은 더욱 커진다. 횡문근융해증은 축구선수, 마라토너, 철인삼종경기 선수에게서도 나타나서 사망한 사례도 보고되고 있다.

횡문근융해증은 과도한 근육수축이 반복되어 이로 인한 근세포막의 통합성(integrity)이 파괴되고 근에너지 고갈과 탈수, 세포막 내외의 이온 불균형, 열축적, 대사물질의 축적 등이 그 원인이 된다. 이러한 원인에 의해 근육세포의 자체 손상 복구능력이 상실되어 근육세포가 괴사되면서 횡문근융해증이 진행된다. 일단 병적 진행이 시작되면 괴사가 매우 빠르고 급하게 대규모로 진행되는 특성을 갖는다.

과도하고 반복적인 운동

↓

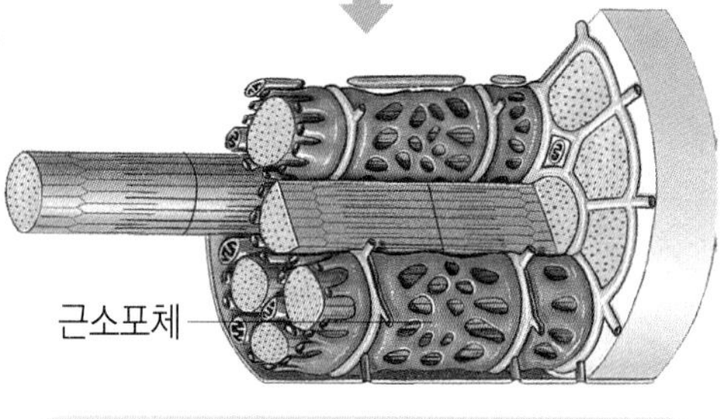

근소포체의 과신전(overstretch)

↓

근육세포 내로 Ca^{++}의 누출(leakage) 증가

↓

힘줄집의 활성도 증가,
효소의 분해, 투과도 증가

↓

근육세포 내에서 혈액으로
미오글로빈, CK 등 증가, 혈전 생성
신부전 위험, 심부정맥 위험 증가

그림 7-36. 횡문근융해증의 발생기전

근세포막이 파괴되면서 세포질 내에 있는 칼륨, 크레아틴키나제(CK) 등이 혈액으로 대량으로 유출되고, 미오글로빈(myoglobin)도 빠져나온다. 그런데 문제는 이 미오글로빈이 콩팥으로 들어가면 콩팥 세뇨관을 파괴해서 급성신부전을 일으키는 것이다. 횡문근융해증의 약 50%까지 신장 손상을 초래한다고 알려져 있다. 횡문근융해증으로 인해 미오글로빈이 소변으로 나오는 미오글로빈뇨증(myoglobinuria)이 나타난다.

혈액 중의 미오글로빈은 혈액 중에 정상적으로 존재하는 햅토글로빈(haptoglobin)에 의해서 운반되어 간 등에서 처리되지만, 이 경우 햅토글로빈의 처리용량을 초과하는 미오글로빈이 콩팥 세뇨관에 축적되어 문제를 일으킨다. 미오글로빈은 콩팥의 네프론(신장의 여과장치)에 있는 특수한 단백질인 Tamm-Horsfall protein과 작용하여 세뇨관이 막히게 하는 일종이 조직절편(casts)을 형성한다.

콩팥의 증세는 근육 손상 후 약 12-24시간에 나타나며, 그렇게 되면 콩팥은 요소나 요산을 걸러내지 못해서 요독증 등을 초래한다. 또한 칼륨과 같은 전해질이 대량으로 혈액 중으로 빠져나와서 고칼륨혈증을 보이거나 저칼슘혈증을 보여 심장기능에 영향을 미칠 수도 있다.

횡문근융해증의 증세는 근육의 심한 통증, 부종, 쇠약감과 함께 미오글로빈이 소변으로 나오기 때문에 소변색이 콜라색처럼 보이기도 한다. 경우에 따라서는 혈액이나 소변 중 미오글로빈은 검출되지 않고 칼륨이나 크레아틴키나제(CK)가 비정상적으로 높은 농도를 보인다. 혈액으로부터 손상된 근육으로 수분이 흘러들어가서 저혈압과 쇼크(shock)를 일으키기도 한다.

고강도의 운동에 더하여 위험성을 더욱 높이는 요인은 지나친 저염식을 병행하거나, 수분을 잘 섭취하지 않거나 반대로 한꺼번에 너무 많은 물을 마셔 체액의 전해질 균형이 파괴되는 경우이다. 또한 더운 환경에서는 운동하면서 저탄수화물 식이를 병행할 때 더욱 위험할 수 있다.

운동하는 중에 근육의 불수의적인 떨림과 경련, 구토, 어지럼증 등이 나타나면 즉시 운동을 중지하고 휴식을 취하여야 한다. 증세가 나타날 때 뜨거운 찜질이나 목욕은 더욱 증세를 악화시킬 수 있으므로 절대 금하여야 한다.

횡문근융해증이 의심되면 즉시 병원에서 치료를 받는 것이 가장 안전하다. 치료는 보통 수일간 전해질과 포도당 수액을 공급하여 미오글로빈 배출을 돕고, 체내 이온 균형을 회복하도록 한다.

7.8 훈련과 순환계통 적응

훈련에 의한 순환계통 적응은 인체의 산소공급체계가 개선된다는 것을 의미한다. 단지 산소공급체계의 개선뿐만 아니라, 성인병의 주종을 이루고 있는 허혈성 심장질환, 동맥경화증, 뇌졸중, 고혈압 등 순환계통질환에 대한 예방적·치료적 효과를 갖고 있다는 점에서 그 가치가 높다.

7.8.1 심장의 형태적·기능적 변화

일정 기간의 훈련은 심장의 형태적·기능적 변화를 초래한다. 그 변화를 열거하면 다음과 같다.

형태적 변화
- ① 심장용적의 증대
- ② 심장벽두께의 증가

기능적 변화
- ③ 심장근육수축력의 증대
- ④ 심장의 1회박출량의 증대
- ⑤ 최대심박출량의 증대
- ⑥ 안정 시 및 최대하운동 시 심박수의 감소

이와 같이 반복된 운동자극에 대한 형태적·기능적 변화를 겪은 심장을 스포츠심장(sports heart)이라고 한다. 심장의 형태적 변화는 운동의 유형에 따라 다르게 나타난다. 즉 지구성 운동선수는 심장벽의 두께보다는 심실 용적이 크고, 포환 던지기나 역도와 같이 순발력을 요구하는 종목의 선수들은

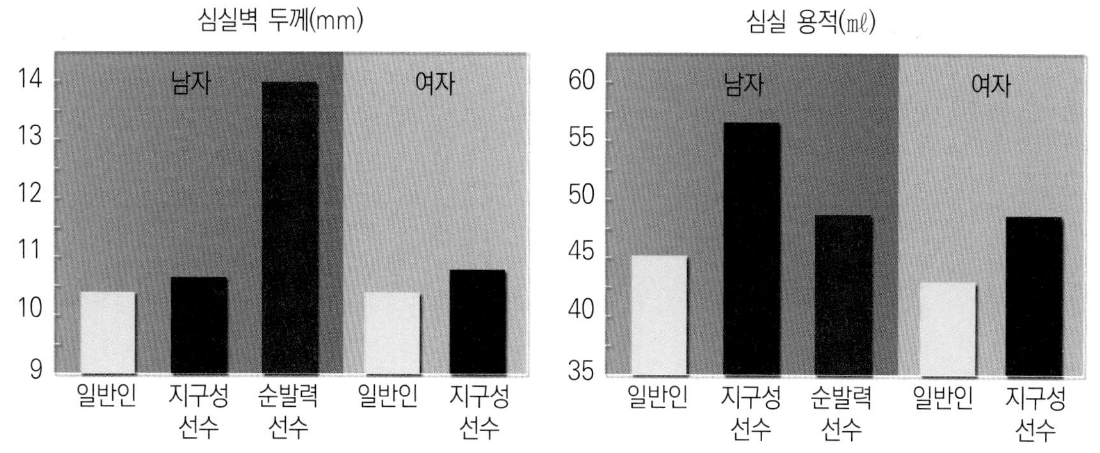

그림 7-37. 일반인, 지구성 선수, 순발력 선수의 심실벽두께와 심실용적 비교

심장벽 두께가 증대되는 현상을 보인다[그림 7-37].

심장 용적의 증대는 이완기말 심실로 유입되는 혈액의 양이 커짐을 의미하고, 심실벽 두께의 증대와 함께 심장근육 수축력의 증대라는 기능적 변화를 일으켜 심장의 1회박출량을 증가시킨다. 이러한 변화는 장기간의 집중적인 훈련을 통해서만 기대할 수 있다. 즉 비훈련자가 수개월의 훈련을 통해 달성하기는 어렵다고 할 수 있다.

안정 시 및 동일부하의 최대하운동 시 1회박출량의 증가는 상대적으로 심박수의 감소를 초래한다. 왜냐하면 분당심박출량(1회박출량×심박수)은 단련자와 비단련자 간에 차이가 나타나지 않기 때문이다. 안정 시 및 최대하운동 시 심박수의 감소는 동일한 일을 수행하는 데 따른 심장의 작업부담이

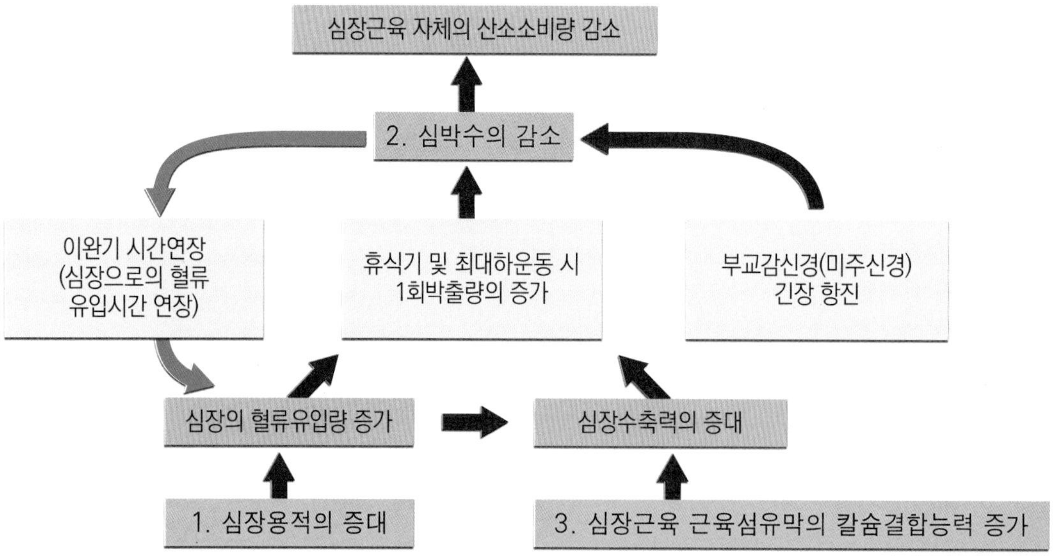

그림 7-38. 심장근육의 산소소비량 감소와 1회박출량 증가의 기전

경감됨을 의미하는데, 이를 심장의 예비력(heart reserve)이 증대되었다고 표현한다.

이처럼 운동 훈련에 의한 심박수의 감소 현상을 운동성 서맥(exercise bradycardia)이라고 한다. 그 원인은 반복적인 운동에 의해 부교감신경, 즉 미주신경의 흥분도 증가함으로써 심장에 대한 제어작용이 증가하였기 때문이다.

심장의 1회박출량 증대와 심박수의 감소는 심장의 작업 부담을 경감시킴으로써 심장근육 자체의 산소소비량을 감소시키는 효과가 있다. 협심증이나 고혈압같은 질환이 있는 경우에도 심장비대현상이 나타난다. 그러나 병적 심장비대는 모세혈관의 발달이 심장근육섬유의 비대와 더불어 증가하지 않기 때문에 심장근육이 산소부족상태에 빠지기 쉽기 때문에 기능적으로는 저하되는 현상을 보인다. 즉 1회박출량은 오히려 감소하고, 안정 시 및 최대하운동 시 빈맥(심박수 증가) 현상을 보이는 경우가 많다. 운동으로 인한 심장혈관(심장동맥계)의 발달은 동맥경화로 인한 심장동맥의 혈류장애(협심증, 심근경색 등 허혈성 심장질환)를 예방하는 효과가 있다.

7.8.2 훈련에 따른 일회박출량 증가 기전

트레이닝으로 인해 1회박출량이 증가하는 것은 다음 세 가지 기전이 독립적 또는 협력적으로 작용하기 때문으로 볼 수 있다.

① 심장 용적의 증대로 인해 심장의 이완기말에 심실로 유입되는 혈액량이 증가하기 때문에 1회박출량이 증가한다.

② 심박수의 감소는 심장의 이완기 시간을 연장시켜 혈액이 심장으로 유입되는 시간을 충분히 갖게 된다. 그 결과 더욱 많은 혈액이 심실로 유입된다.

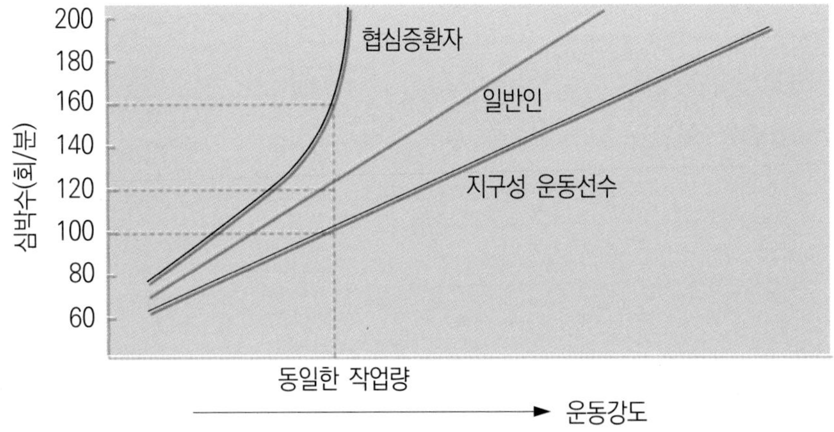

그림 7-39. 운동강도와 심박수 변화

동일한 작업량을 수행할 때 협심증환자의 심박수는 160회/분, 일반인은 120회/분, 지구성 운동선수는 100회/분으로, 지구성 운동선수의 심장 부담이 가장 적다는 것을 알 수 있다.

심방의 혈류유입량 증대는 심장근육의 신장(등척성 긴장도 증가)을 초래하여 더 큰 수축력을 발휘할 수 있도록 해준다. 이처럼 심장근육의 신전상태로 인해 뒤이은 수축기에 더 강한 수축력을 발휘하게 되는 현상을 프랭크-스탈링의 법칙(Frank-Starling's law)이라고 한다.

③ 훈련은 심장근육섬유의 근육섬유막이 세포외액의 칼슘(Ca^{++})과 결합시키는 능력을 높여준다. 근육섬유막과 칼슘 간의 결합능력 증대로 인해 심장근육의 근육원섬유는 더욱 많은 교차결합(cross bridge)을 형성하게 되는데, 이는 심장수축력이 증대하는 원인이 된다.

plus+

운동과 노화 그리고 혈관생성(Angiogenesis)

운동은 혈관 생성(angiogenesis)을 촉진하는 작용을 하는데, 특히 세동맥이나 모세혈관과 같은 작은 혈관의 생성과 관련된 성장인자들의 생성을 촉진한다. 이들 혈관 생성을 자극하는 인자들로는 혈관내피세포성장인자(VEGF: vascular endothelial growth factor), 섬유아세포성장인자(FGF: fibroblast growth factor), 저산소증유도인자(HIFs: hypoxia-inducible factors) 등이 있다. 이들 혈관 형성에 작용하는 인자들은 세포막수용체인 타이로신인산화효소수용체(TKR: tyrosine kinase receptor)와의 결합을 통해서 혈관 형성에 관여하는 것으로 밝혀졌다(Komarova YA, 2017).

특히 혈관내피세포성장인자(VEGF)는 운동할 때 골격근에서 AMPK의 인산화(활성화)로부터 시작하는 신호경로를 통해서 그 발현이 증가한다. 결과적으로 운동은 혈관내피세포의 증식을 자극함으로써 혈관 생성을 촉진하게 된다.

한편 여러 연구들은 노화와 함께 골격근에서의 모세혈관 밀도는 감소하게 된다는 것을 밝혀내고 있다. 예를 들어 62~72세 집단의 가쪽넓은근(외측광근)에서 TypeⅡa 섬유의 모세혈관 밀도를 19~25세 집단과 비교하면 현저히 감소되어 있는 것을 발견할 수 있었다(Drubaix I et al., 1998).

또 평균나이 65.4세의 좌업적인 생활을 유지하는 남성을 대상으로 12년간 종단적 연구를 한 결과 넙다리부위의 등속성 근력이 감소하고, 넙다리 크기가 감소하였을 뿐만 아니라 근육섬유 한 개당 모세혈관의 비율이 12년 동안 1.39에서 1.08로 감소하였다(Frontera WA, et al., 2000).

노화의 과정으로서 혈관내피세포에 의해 생성되는 산화질소합성효소(eNOS:endothelial nitric oxide synthase)가 감소한다. eNOS는 혈관확장작용을 하는 산화질소(NO:nitric oxide)를 생산하는데 중요한 작용을 하는 효소이다. eNOS의 감소 원인은 노화와 함께 활성산소로 인한 미토콘드리아의 산화적 스트레스가 증가하고, 에스트로겐 분비가 감소하며, 시르투인(SIRT1: sirtuin1)의 활성도가 감소하기 때문으로 생각되고 있다(Lahteenvuo J, et al., 2012). SIRT1은 뇌, 간, 콩팥 등의 조직에서 만들어지는 단백질 탈아세틸화효소(protein deacetylase)로서 세포 노화와 함께 증가하는 산화스트레스에 대한 보호작용과 세포의 사멸을 억제하는 기능을 갖고 있다. 특히 노화의 진행과 함께 혈관내피세포성장인자(VEGF)가 감소하게 되는데, 이는 내피세포의 eNOS에 의한 산화질소(NO)의 생성이 감퇴하는 원인이 된다.

반면 노화를 겪는 사람에게 있어 운동은 VEGF 단백질의 현저한 발현을 자극하는 것으로 증명되고 있다(Gavin TP, et al., 2009, 2015). 예를 들어 50분 정도의 가벼운 운동에 의해서 VEGF는 현저히 증가하였음을 확인할 수 있다(Ryan NA, et al., 2006).

7.8.3 뼈대근육 모세혈관 밀도의 증가

장기간 지구성 훈련을 하면 활동근육에 분포된 모세혈관의 수가 증가한다. 대체로 지구성 운동 선수들은 뼈대근육의 모세혈관 수가 일반인에 비해 20~50% 높다고 보고되고 있다. 모세혈관 밀도 증가는 산소수송로의 발달을 의미하는데, 이는 산소수송 및 영양물질의 공급, 이산화탄소 및 대사산물 제거 능력의 향상에 기여한다.

7.8.4 안정 시 및 운동 시 혈압의 변화

장기간의 지속적 운동은 혈압의 안정적 유지에 기여한다. 운동 시 심박수와 심박출량의 증가로 인해 동맥벽은 기계적인 수축과 이완을 더욱 활발하게 하는데, 이는 동맥혈관의 탄성을 유지하도록 하는 효과가 있다. 또한 장기간의 비활동적인 생활은 동맥혈관의 혈류속도를 항상 느린 상태로 유지하기 때문에 동맥벽 내의 플라그 형성으로 인한 동맥경화의 위험이 높아진다. 동맥경화로 인한 혈관벽의 탄성 저하와 동맥혈관의 내경 감소는 혈압을 상승시키는 원인이 된다.

여러 연구에서 원인이 밝혀지지 않은 중간 정도 이상의 본태성 고혈압환자를 대상으로 일정 기간의 운동을 실시한 결과 안정 시 혈압의 현저한 저하가 나타났음을 보고되고 있다. 비만인은 체중 감소로 인한 이차적 효과에 의해 혈압이 감소하게 된다.

한편 혈압이 정상인 사람은 운동으로 인한 혈압저하현상이 나타나지 않는데, 그것은 총혈액량의 증가 등 순환계통의 전반적인 변화가 동반되기 때문이다.

한편 최대운동 시 혈압이 훈련에 의해 변화한다는 증거는 아직 발견되지 않고 있다. 훈련에 의해 최대심박출량과 총혈류량이 증가하는 데도 불구하고 최대운동 시의 혈압이 변화하지 않는 것은 명

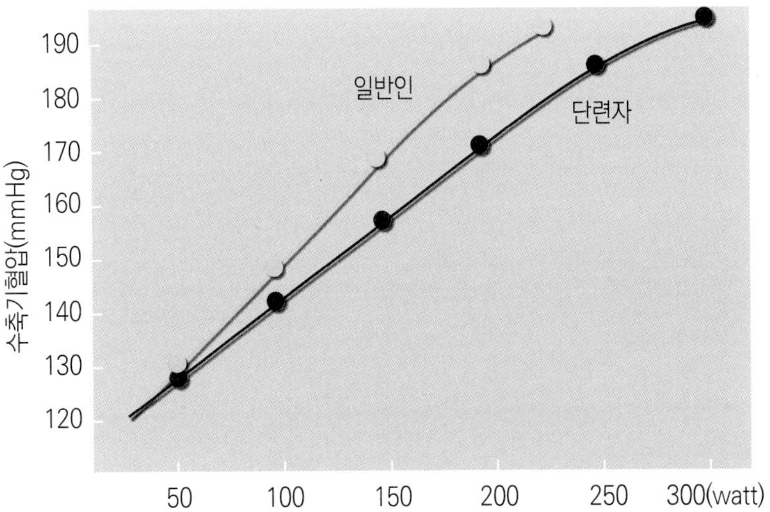

그림 7-40. 점진적 운동부하 시 수축기혈압의 변화

백히 총말초저항(세동맥의 지름에 의해 결정됨)이 감소된다는 사실을 뜻다. 즉 단련된 사람은 운동 시 콩팥이나, 간, 피부와 같은 비활동조직에 분포된 세동맥의 수축이 완화되어 일어난다. 그것은 말초저항을 감소시켜 동일한 작업부하에서 훈련 전보다 더 낮은 혈압을 유지시키도록 해준다.

plus+

산화질소(Nitric Oxide : NO)와 혈관 건강

산화질소(NO:natric oxide)는 전구체인 L-arginine이라는 아미노산으로부터 세동맥의 내피세포에서 생산된다. 산화질소는 세동맥 민무늬근육을 이완시켜 혈관을 확장시키므로 혈류량을 증가시키는 작용을 한다. 신경전달물질로부터의 자극이나 혈관에 대한 기계적 스트레스는 혈관 내피세포에 의한 산화질소의 합성과 분비를 자극한다.

분비된 산화질소는 신속히 동맥벽을 이루는 민무늬근육까지 이동하여 특정 효소(guanylyl cyclase)와 결합하여 이를 활성화시킨다. 이는 다시 일련의 반응에 의해 세동맥민무늬근육을 이완시키고 혈관을 확장시킴으로써 혈류량을 증가시킨다. 산화질소에 대한 혈관벽수용체는 운동이나 정서적 스트레스에 의한 혈압의 조절에 관여한다. 심장동맥질환의 경우 내피세포가 산화질소를 적게 생산한다고 알려져 있다. 협심증 증세를 완화시키기 위하여 응급약으로 이용하는 니트로글리세린(nitroglycerin)은 산화질소를 방출하는 작용에 의해 혈관을 확장시킨다.

그림 7-41은 혈관의 염증, 이상지질혈증, 고혈당, 인슐린 저항성과 같은 요인들 때문에 활성산소(반응성산소종, ROS)에 의한 산화적 스트레스가 증가하게 되면, 산화질소를 생산하는 혈관내피세포의 기능이 떨어지고 혈관의 확장능력이 떨어지게 되는 현상을 보여주고 있다. 즉 상시 혈압이 높은 상태가 유지되는 고혈압과 함께 비만이나 고혈당, 이상지질혈증과 같은 문제를 갖고 있으면 활성산소와 같은 해로운 분자들이 많이 증가하며, 이로 인해서 혈관 확장작용을 갖는 산화질소를 만들어내는 혈관내피세포의 기능이 저하된다. 그로 인해서 혈압이 더욱 악화되는 악순환이 초래되기 쉽다.

운동을 하는 중에는 심장이 품어내는 혈액량

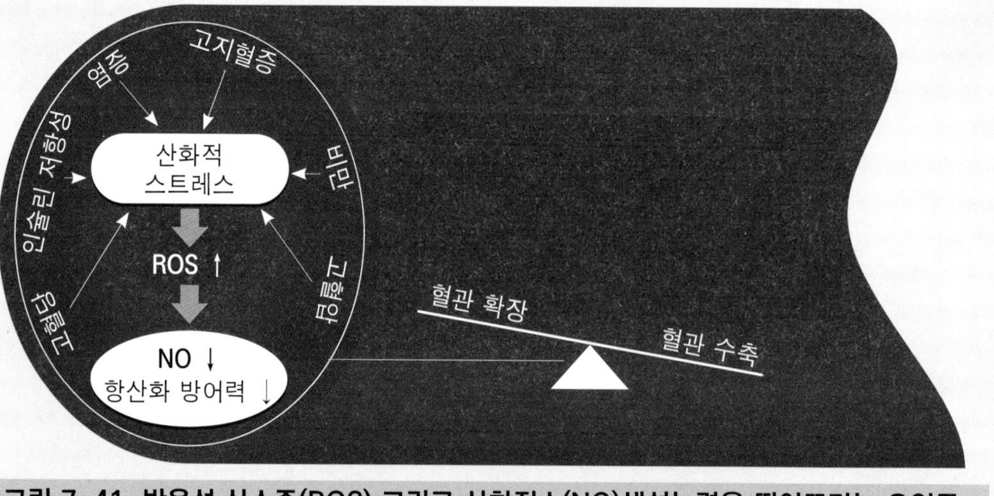

그림 7-41. 반응성 산소종(ROS) 그리고 산화질소(NO)생성능력을 떨어뜨리는 요인들

이 증가하므로 혈압도 상승한다. 혈압은 혈관내벽에 미치는 혈액의 압력을 의미하는데, 이 압력이 일시적으로 높아지면 혈관의 내벽을 이루고 있는 혈관내피세포가 자극을 받는다. 이로 인해서 혈관내피세포는 산화질소를 생성하여 혈관내로 분비한다. 산화질소는 혈관을 확장시켜서 혈류저항을 감소시키고 에너지가 더 필요한 근육이나 심장과 같은 기관에 더 많은 혈액이 흐르도록 해준다.

사실 운동이 끝나고 나면 이 산화질소의 혈관확장 작용에 의해서 안정 상태보다도 일시적으로 더 혈압이 감소하는 현상이 나타난다. 이 현상을 운동유발성 저혈압(exercise-induced hypotension)이라고 하는데, 이 상태는 운동이 끝나고 수시간 또는 길게는 20여 시간까지 지속되기도 한다. 이러한 효과는 장기적으로도 산화질소를 생성하는 내피세포의 기능을 개선시키는 것으로 보인다.

7.8.5 훈련과 혈액성분의 변화

지구성 훈련은 총혈액량을 증가시킨다고 보고되고 있다. 연구에 의하면 신체 훈련에 의하여 총적혈구수는 10~20%, 혈장량은 20~30% 정도 증가한다고 알려져 있다. 혈장량의 증가는 혈장단백(알부민)의 증가에 의해 이루어진다. 즉 혈장단백이 증가하면 혈액의 삼투질 농도(osmolality)가 높아져 혈관 내 수분보유력이 증가하기 때문에 혈장량이 증가하게 된다.

적혈구의 증가기전은 운동으로 인해 초래되는 일시적인 저산소상태가 콩팥(콩팥의 토리곁세포)으로부터 적혈구신생에 관여하는 에리스로포이에틴(EPO: erythropoietin)이라는 호르몬의 분비를 촉진하기 때문이다[그림 7-30 참조].

총적혈구 수 및 헤모글로빈 함량의 증대는 산소 운반의 기능성이 개선됨을 의미한다. 또한 훈련에 의한 혈장량의 증가폭은 적혈구 수의 증가를 능가하기 때문에 혈액의 점성도를 낮추어 혈류저항을 감소시키는 효과를 갖는다. 특히 혈장량의 증대는 다량의 땀 분비로 인한 탈수가 일어나는 열환경에서의 운동할 때 커다란 생리적 이점을 제공한다.

열환경에서의 운동 시에는 체온조절을 위한 피부혈류와 활동을 지속시키기 위한 활동근육 혈류에 대한 요구가 모두 증가한다. 훈련으로 인한 체내 수분보유력의 증가, 즉 혈장량의 증가는 피부혈류와 활동근육 혈류에 대한 요구를 충족시킬 수 있게 해준다는 점에서 생리적 이점이 크다.

7.9 순환계통의 개선과 최대산소섭취량

최대산소섭취량은 $\dot{V}O_2max$로 표시하며, 보통 분당 소비되는 산소량은 ℓ 또는 ㎖로 나타낸다. 최대산소섭취량은 최대산소소비량(maximal oxygen consumption)으로도 표시하며, 궁극적으로 최대운동 시 미토콘드리아에서의 에너지생성을 위해 소비된 산소량을 의미한다. 대체로 휴식 시 산소섭취량은 약 0.25ℓ/분이며, 심한 운동 시에는 10배 또는 20배 이상 증가한다.

산소는 모든 인체조직에서 사용되기 때문에 체중이 많이 나가는 사람은 체중이 적게 나가는 사람보다 더 많은 산소를 소비한다. 따라서 보다 정확한 신체적성 수준을 알기 위해서는 체중 1kg당 산소섭취량을 이용하며, mℓ/kg/분으로 표시한다.

최대산소섭취량은 심장을 비롯한 순환계통의 최대기능적 능력을 평가하는 유력한 지표로 이용되고 있다. 즉 허파질환을 갖고 있지 않은 정상인의 최대산소섭취량을 결정하는 요인은 ① 심장의 기능, ② 활동조직으로의 혈류순환 능력, ③ 근육조직에서 산소를 이용하여 대사하는 능력이다. 즉 최대산소섭취량은 산소운반체계(순환계통 기능)와 산소이용효율(근육조직세포 내의 유산소적 대사능력)에 의해 결정된다 [그림 7-42].

$$최대산소섭취량(\dot{V}O_2max) = 최대심박출량 \times 최대동정맥산소차$$

심장의 기능은 심박출량(cardiac output)에 의해 반영된다. 조직에서의 산소 추출 및 이용 능력은 동정맥산소차(a-v O_2 difference)에 의해 알 수 있다. 최대동정맥산소차의 증가는 모세혈관 밀도 증가와 함

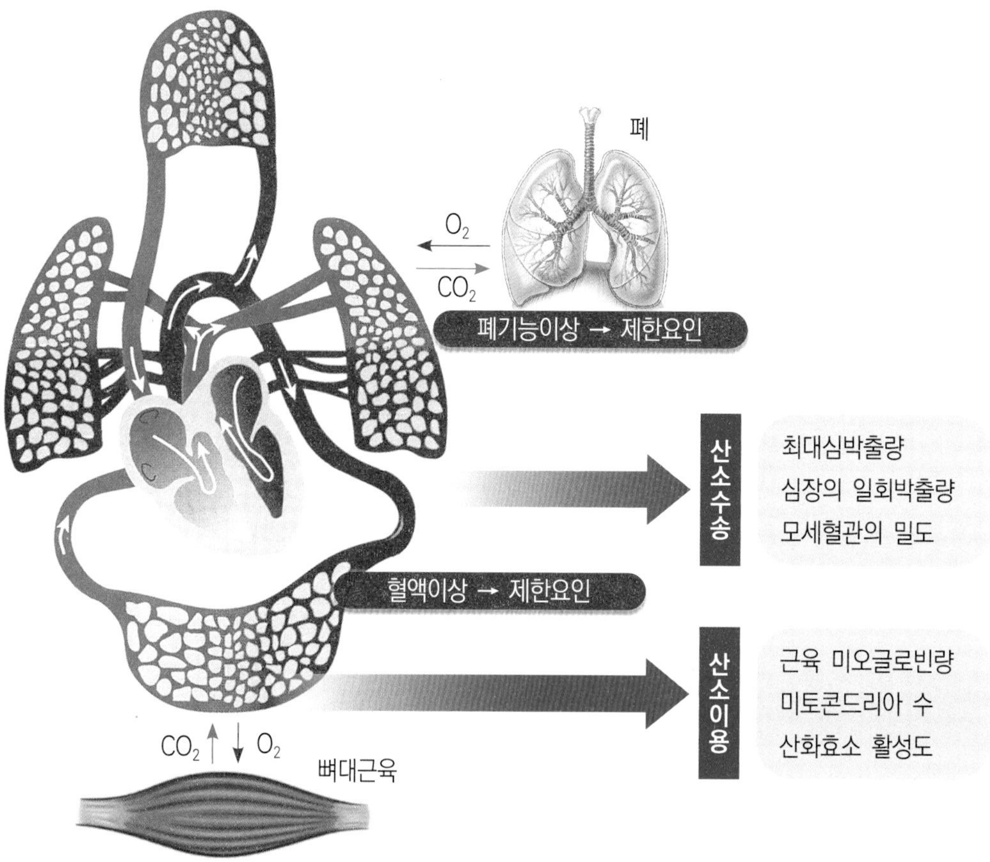

그림 7-42. 최대산소섭취량의 결정 요인(+)과 제한 요인(-)

께 근육조직 내 미토콘드리아 수와 크기의 증가, 미오글로빈 함량의 증가로 인한 근육조직의 산소 추출 및 이용 능력 개선을 반영한다.

결론적으로 최대산소섭취량은 허파와 혈액의 특성이 정상이라면 최대심박출량과 최대동정맥산소차에 의해 결정된다.

그림 7-43은 최대산소섭취량과 최대심박출량의 비례적 관계를 보여주고 있다. 지구성 운동선수의 최대운동 시 심박출량은 안정 시의 5~6배인 30ℓ/min에 이른다. 대체로 동일한 산소섭취 수준에서 여성의 심박출량은 남성보다 5~10% 정도 높게 나타난다. 이러한 현상은 여성들의 헤모글로빈 농도가 10% 정도 낮은 것을 보상하기 위한 현상으로 볼 수 있다.

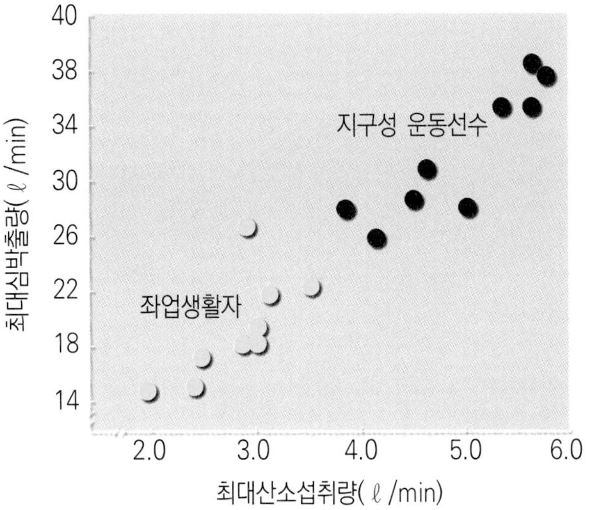

그림 7-43. 최대심박출량과 최대산소섭취량의 관계

한편 지구성 운동선수는 안정 시의 20배 이상에 달하는 산소섭취량을 달성할 수 있는데, 이것은 최대심박출량 증가에 의해서만 달성되지 않는다. 즉 조직에서의 산소 추출 및 이용 능력에 의해서도 최대산소섭취량이 결정된다. 안정 시 동맥혈 100㎖ 당 산소농도는 약 20㎖이고, 오른심방에서 혼합정맥혈액의 산소 농도는 15㎖ 정도이다. 따라서 안정 시 동정맥산소차는 5㎖가 된다.

그림 7-44는 휴식 시부터 최대운동까지 운동강도를 점차적으로 증가시킬 때 동맥혈과 정맥혈의 산소 농도 변화를 보여준다. 운동강도의 증가에 따라 동맥혈의 산소농도는 거의 변화가 없으나 정맥혈의 산소 농도는 2㎖ 수준까지 감소하였다. 이때 최대동정맥산소차는 18㎖가 된다. 예를 들어 어떤 사람의 최대심박출량이 25ℓ/분이고 최대동정맥산소차가 18㎖일 때 이 사람의 최대동정맥산소차를 혈액 1ℓ당으로 환산하면 180㎖

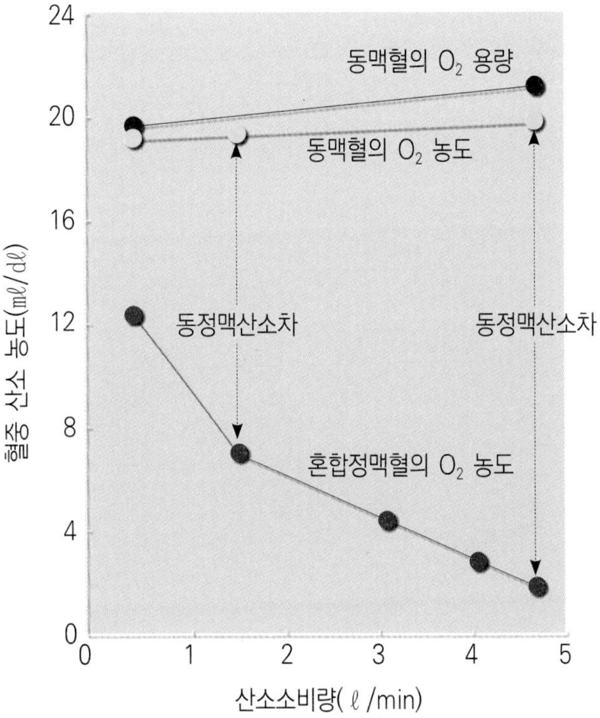

그림 7-44. 운동 시 동정맥산소차의 변화

(0.18ℓ)이다. 따라서 이 사람의 최대산소섭취량은 최대심박출량 25ℓ/분에 최대동정맥산소차 0.18ℓ를 곱하여 4.5ℓ/분이 되고, 만약 체중이 70kg이라면 체중당 최대산소섭취량은 4,500㎖/분을 체중 70kg으로 나눈 값인 약 64.3㎖/kg/분이 된다.

최대산소섭취량($\dot{V}O_2max$)은 신체적성 수준(physical fitness level)을 나타내는 유력한 지표로서 신체적성 수준에 따라 그 범위가 매우 크게 나타난다. 일반인은 대체로 30~55㎖/kg/min 정도이고, 운동선수나 신체적성 수준이 높은 사람은 55~90㎖/kg/min의 수준을 보인다. 최대산소섭취량에 대해서는 제9장 인체수행력의 지표와 평가에서 자세히 다루기로 한다.

plus+

고혈압과 운동, 혈관내피세포의 기능

상시 혈압이 높은 상태가 유지되는 고혈압과 함께 비만이나 고혈당, 이상지질혈증과 같은 문제를 갖고 있으면 활성산소와 같은 해로운 분자들이 많이 증가하는데, 이는 혈관 확장작용을 갖는 산화질소(NO : nitric oxide)를 만들어내는 혈관내피세포의 기능을 저하시킨다. 이로 인해 혈압이 더욱 악화되는 악순환이 초래되기 쉽다. 그림 7-45 처럼 혈관내피 사이에 콜레스테롤이 침착되고, 이어서 섬유소원(fibrinogen)과 같은 단백질이 달라붙어서 플라그(plaque)가 형성되며, 여기에 칼슘 등이 침착되면서 동맥경화가 진행된다. 고혈당이나 과도한 스트레스, 흡연, 이상지질혈증과 같은 요인들은 아래 그림에서 표현된 것처럼 마치 타일처럼 혈관벽을 이루고 있는 타일벽을 손상시키는 곡갱이라고 비유할 수 있다. 그런데 여기에 더하여 고혈압이 있다면 마치 해머처럼 전체 혈관벽에 충격으로 주어 손상이 가속화된다. 그림 7-45는 혈관내피세포의 산화적 손상을 일으키는 여러 요인들(고인슐린혈증, 이상지질혈증, 염증, 고혈당, 고혈압 등)에 노출된 반면에 항산화 방어능력, 그리고 산화질소의 생성 능력이 저하될 때 혈관 손상이 본격적으로 진행된다는 것을 나타낸다.

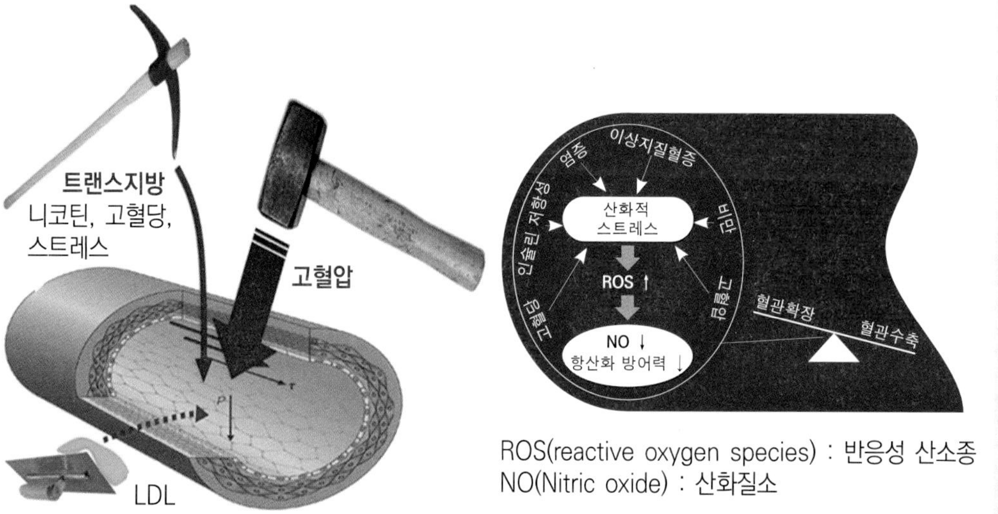

그림 7-45. 고혈압과 혈관 손상 기전

최근 연구들은 운동이 혈관내피세포에 미치는 새로운 효과들을 밝히고 있다. 즉 운동을 하면 산화질소를 생산하는 내피세포의 기능이 향상될 뿐만 아니라 내피세포 자체의 손상을 복구하고, 혈관의 신생을 돕는 순환내피기원세포(EPCs)의 생산이 촉진된다는 점이다. 이 순환내피기원세포는 골수에서 만들어져서 혈액 중에 순환하는 희귀한 세포로서, 내피세포로 분화되어 혈관을 더욱 건강하게 만들어주는 역할을 한다. 그림 7-46은 운동은 혈관내피세포로부터 NO의 생성을 자극할 뿐만 아니라 골수에서 순환내피기원세포의 생성을 촉진하는 것을 나타낸다. 순환내피기원세포는 이어서 손상된 내피세포를 대체하여 손상된 혈관의 재생에 중요한 역할을 한다. 그뿐만 아니라 운동 중에는 혈관의 재생 또는 신생을 촉진하는 산화질소합성효소(eNOS : endothelial nitric oxide synthase)나 혈관내피성장인자(VEGF : vascular endothelial growth factor)의 생성도 활발하게 이루어진다.

결론적으로 운동은 혈관의 운동을 의미하며, 혈관에 대한 기계적 자극은 혈관내피세포의 기능을 개선시키게 된다.

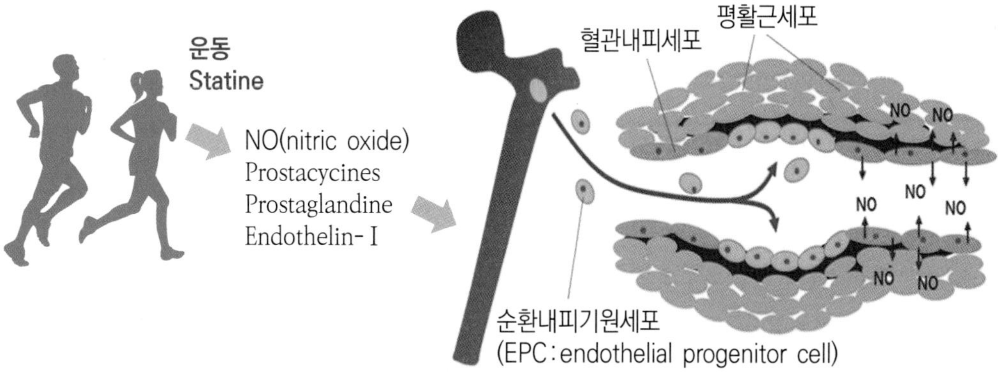

그림 7-46. 혈관내피세포의 기능과 운동

단 원 요 약

» 순환계통은 순환의 동력이 되는 심장, 가스 및 물질수송을 담당하는 혈액, 그리고 도로망 역할을 하는 혈관으로 구성되어 있다. 운동 시에는 안정 시 수준 이상으로 대사 수준이 크게 증가하므로 순환계통의 활동이 크게 촉진된다.

» 심장은 4개의 방으로 구성되어 있는 기관이다. 왼심실에서 대동맥을 거쳐 온몸을 순환하고 다시 오른심방으로 돌아오는 경로를 체순환이라고 하고, 오른심실에서 허파동맥을 통해 허파에서 가스교환에 참여한 후 왼심방으로 돌아오는 순환경로를 허파순환이라고 한다.

» 심장은 동굴심방결절(S-A node)이라고 하는 페이스조절기에서 주기적으로 자율적인 흥분을 발사하는데, 이 흥분자극은 방실결절, 방실다발, 푸르킨예섬유를 거쳐 심장 전체를 흥분시킨다. 이러한 심장의 흥분전도경로를 자극전도계라고 하며, 심장에서 발생한 전기적 현상을 인체표면에서 유도하여 기록한 것을 심전도(ECG)라고 한다.

- 〉〉 운동강도가 증가함에 따라 심박수와 심박출량은 비례적인 증가를 나타내어 최대심박수는 안정 시 수준의 3배(190~220회/분), 최대심박출량은 2배(150㎖)에 이르게 된다.
- 〉〉 1회박출량은 운동강도에 따라 점진적으로 증가하다가 심박수가 120~130회에 이르는 수준에서 더 이상 증가하지 않고 고원현상을 보이게 된다. 따라서 그 이상의 운동강도에서 심박출량의 지속적인 증가는 주로 심박수의 증가에 의해 달성된다.
- 〉〉 심장의 운동을 조절하는 인자로는 신경성 인자, 액성 인자, 내인성 인자가 있다. 신경성 인자는 교감신경계통과 부교감신경계통의 작용을 말하고, 액성 인자는 부신에서 분비되는 순환에피네프린과 노르에피네프린 등 호르몬의 작용을 뜻하며, 내인성 인자에는 심장온도, 심장의 동굴심방결절에 대한 신장성 자극 등이 있다.
- 〉〉 심박출량은 심장이 1분 동안 펌프해 낸 혈액량을 의미하며, 다음과 같은 식이 성립된다.

  심박출량(ℓ/분) = 1회박출량(㎖/회) × 심박수(회/분)
- 〉〉 운동 시에는 활동근육의 혈류량이 안정 시에 비해 크게 증가하는 반면 내장영역의 혈류량은 크게 감소한다. 이러한 혈류재분배는 세동맥의 수축 및 이완운동, 모세혈관가지의 입구에 있는 민무늬근육(모세혈관이전조임근)의 운동에 의해 이루어진다.
- 〉〉 심장에서 박출된 혈액이 대동맥으로부터 조직세포에 분포된 모세혈관까지 순환하게 되는 원리는 압력의 차이에 있다. 대동맥에서 모세혈관으로 갈수록 혈관의 내경을 모두 합한 총용적은 커지고, 이에 반비례하여 압력은 낮아진다. 따라서 혈액(유체)은 압력이 높은 곳에서 낮은 곳으로 순환하게 된다.
- 〉〉 조직모세혈관에서 가스교환을 마친 정맥혈은 근육수축에 의한 펌프작용과 호흡에 의한 펌프작용에 의해 오른심방으로 되돌아가게 된다(정맥혈환류).
- 〉〉 심한 운동 후 갑자기 운동을 중지하면 뇌빈혈현상이 나타나는데, 이는 근육 및 호흡의 펌프작용이 정지된 결과 정맥환류혈량이 감소하고, 이어서 심박출량이 감소되어 뇌혈관으로의 혈류가 부족하게 되기 때문에 일어나는 현상이다.
- 〉〉 일회적 운동 시에는 주로 혈액 중의 수분(혈장)이 사이질액쪽으로 이동하여 일어나는 혈액농축 현상이 일어나는데, 단위혈액당 적혈구수 및 헤모글로빈 농도 증가, 백혈구수 증가, 동정맥산소차의 증가, 혈액의 산성도 증가(pH 감소) 현상 등이 일어난다.
- 〉〉 혈액도핑(blood doping)이란 경기력을 향상시키기 위하여 자신의 혈액을 경기 5~6주 전에 채혈해서 냉장 보관하다가 경기를 앞두고 재주입하는 행위를 말한다.
- 〉〉 훈련 초기에는 혈액의 산성화에 의해서 적혈구막이 파열되거나 뼈대근육수축이나 지면과의 충돌에 의해 모세혈관이 압박되어 적혈구막이 파열되는 현상이 많이 발생하게 된다. 이러한 적혈구용혈(erythrocyte hemolysis)에 의해 적혈구 수와 헤모글로빈농도가 정상치 이하로 떨어지는 현상을 운동성빈혈(sports anemia)이라고 한다.
- 〉〉 장기간의 훈련은 심장의 용적과 심장벽 두께를 증가시키고 기능적으로는 1회박출량 증가, 안정 시 및 동일부하 운동 시 심박수 감소현상이 나타난다. 운동에 의해 이러한 형태적 · 기능적 변화를 겪은 심장을 스포츠심장(sports heart)이라고 한다.
- 〉〉 안정 시나 동일한 운동부하에서 심박수가 감소되면 심장근육 자체가 소비하는 산소량이 감소하게 되는데, 이것은 그만큼 심장의 작업부담이 경감되었음을 의미한다.

》 훈련은 뼈대근육 모세혈관 밀도의 증가, 안정 시 및 운동 시 혈압의 안정적 변화, 총적혈구 수와 혈장량의 증가 등 순환계통 전반의 기능적 개선을 초래하는데, 이는 최대산소섭취량의 증대에 기여한다.

》 최대산소섭취량($\dot{V}O_2max$)은 최대심박출량과 최대동정맥산소차에 의해서 결정된다.

》 정기적인 운동은 산화질소(NO)를 생성하는 혈관내피세포의 기능을 개선한다. 이는 장기적으로 혈압조절 등 혈관의 건강에 유익한 변화를 초래한다.

연습문제

1. 순환계통의 혈액이동경로(대순환, 소순환)를 설명하라.
2. 심장의 심방과 심실, 심실과 혈관 사이의 판막에 대해 설명하라.
3. 심장의 자극전도계와 심전도파형에 대해 설명하라.
4. 점증부하 최대운동 시 심박출량, 1회박출량, 심박수가 어떻게 변화하며, 단련자와 비단련자의 차이에 대해 설명하라.
5. 운동 시 심박수 반응과 그 조절기전을 간단히 요약하여 설명하라.
6. 운동 시 인체의 뇌, 심장, 내장, 간, 콩팥, 운동근육의 혈류량 변화에 대해 설명하라.
7. 동맥혈과 정맥혈의 순환원리를 설명하라.
9. 점증부하 최대운동에 의한 수축기와 이완기혈압의 변화에 대해 설명하라.
10. 운동 시 혈압에 영향을 미치는 심박출량과 총말초저항의 변화에 대해 설명하라.
11. 헤마토크리트(hematocrit)란 무엇이며, 탈수상태에서 어떻게 변화하는지 설명하라.
12. 운동 시 혈액농축(hemoconcentration)은 어떻게 일어나는지 설명하라.
13. 반복적인 운동이 적색골수로부터 적혈구 생성을 어떻게 촉진하는가?
14. 혈액도핑(blood doping)에 대해 설명하라.
15. 운동성빈혈(sports anemia)의 원인과 대처방안은 무엇인가?
16. 스포츠심장(sports heart)에 대해 간단히 설명하라.
17. 훈련으로 인한 혈액 구성분의 주요 변화를 설명하라.
18. 최대산소섭취량의 결정인자와 제한인자에 대해 설명하라.
19. 정기적인 운동이 혈관의 건강에 어떠한 영향을 미치는지 설명하라.

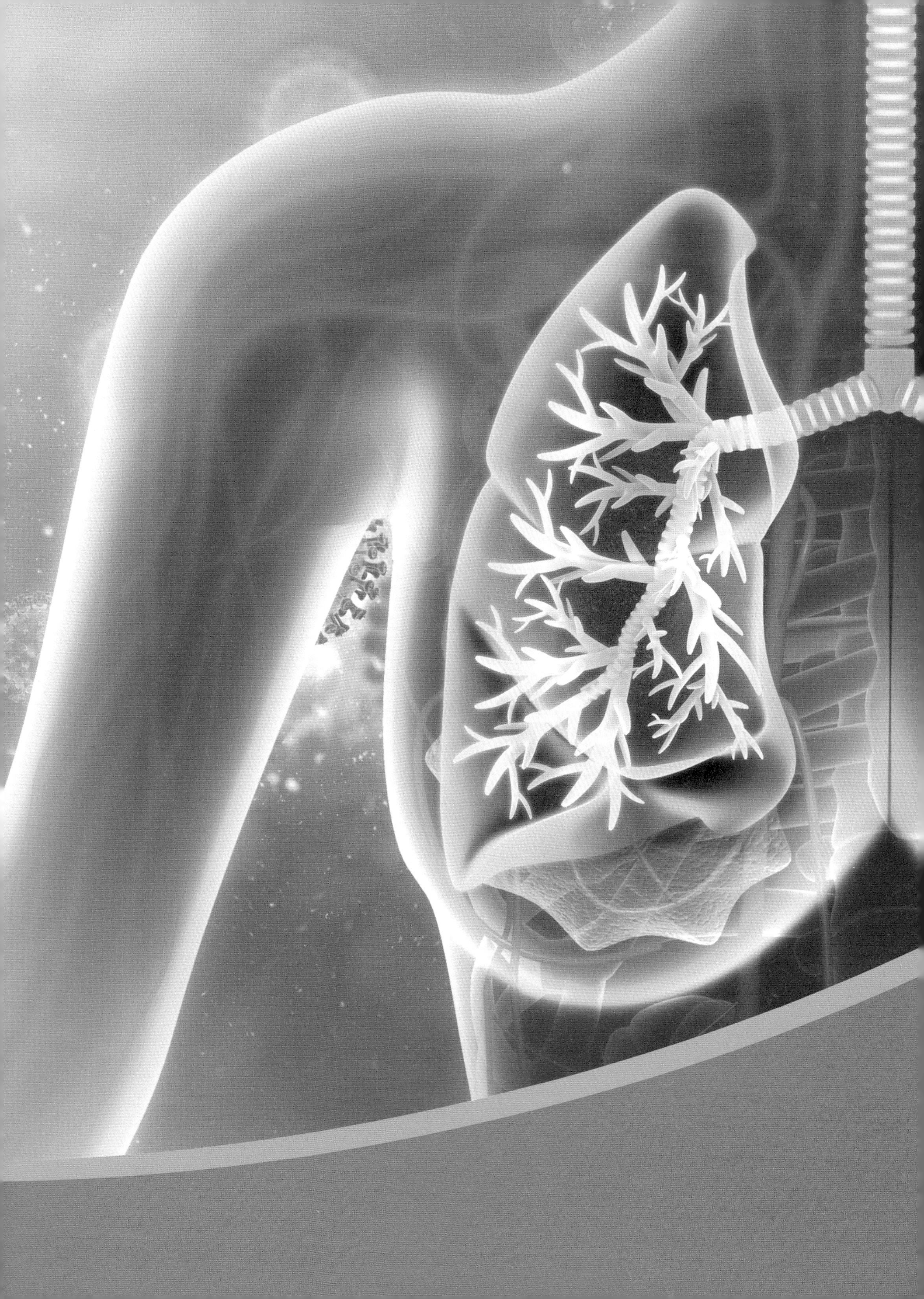

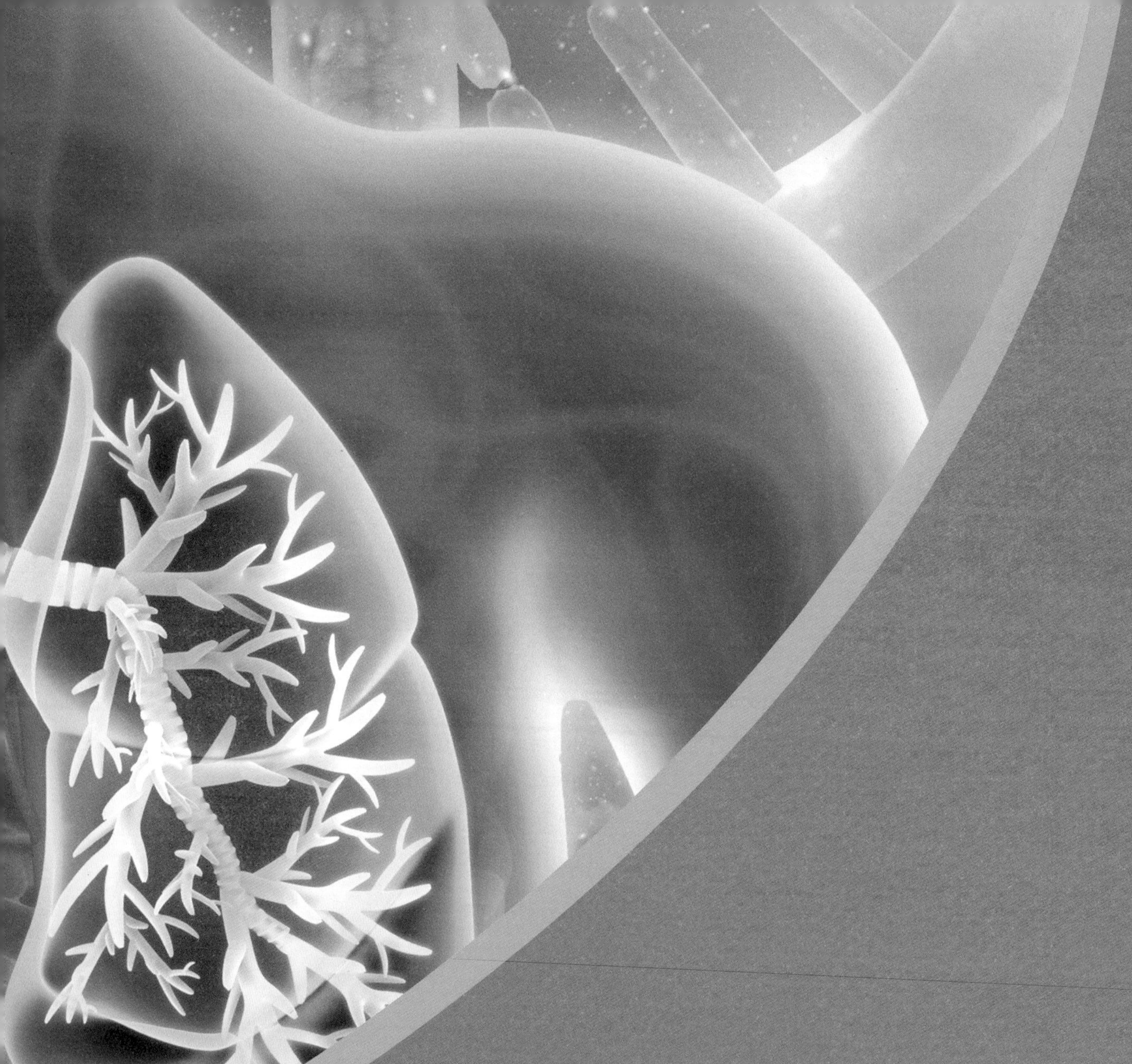

CHAPTER 8
운동과 호흡계통

이 장에서는 호흡작용 시 호흡근육의 역할, 운동 시 환기반응과 조절인자, 그리고 가스교환 시 분압과 확산의 개념을 이해하는 것이 중요하다.

학부 과정이라면 가스의 운반에 대해서는 동정맥산소차와 산소해리곡선의 개념만 이해하는 것으로 충분하다고 생각한다. 점증부하운동 시 나타나는 환기량, 혈중젖산 농도의 변화와 함께 무산소성역치, 환기역치, 젖산역치, OBLA, 호흡보상점 등의 개념에 대해 확실히 이해하도록 한다.

생명체가 생명활동에 필요한 산소를 받아들이고, 물질대사 과정에서 생성된 이산화탄소를 배출하는 과정을 호흡(respiration)이라고 한다. 인체의 호흡활동은 바깥호흡(external respiration)과 속호흡(internal respiration)의 두 가지로 구분된다.

바깥호흡은 허파호흡(폐호흡)이라고도 하며, 허파꽈리(폐포) 내 공기와 혈액 사이의 가스교환과정을 말한다. 속호흡은 조직호흡으로서 혈액과 조직세포 사이의 가스교환과정을 말한다. 들숨활동에 의해 허파꽈리 내로 유입된 외부의 신선한 공기와 허파꽈리모세혈관(폐포모세혈관)을 흐르는 정맥혈 사이에 허파꽈리-모세혈관막을 통한 산소와 이산화탄소의 교환이 이루어진다. 즉 산소는 허파꽈리 내에서 가스분압차에 의해 허파꽈리모세혈관을 흐르는 혈액으로 이동하고, 이산화탄소는 반대로 허파꽈리모세혈관 내에서 허파꽈리 내로 이동하여 결국 날숨을 통해 대기로 배출된다.

이처럼 호흡활동을 통한 허파 내외로의 공기 이동을 환기(ventilation), 특히 폐환기(허파환기, pulmonary ventilation)라고 한다. 이러한 환기작용은 숨뇌의 호흡중추에 의해 쉴 새 없이 자동 조절되고 있다.

8.1 호흡기관의 구조와 기능

8.1.1 기도와 허파꽈리

호흡기관은 기도(air pathway), 허파꽈리(폐포, alveolus), 가슴우리로 구성된다. 공기의 통로인 기도는 입(mouth) 혹은 코안(비강, nasal cavity)에서부터 시작되어 인두-후두-기관-기관지-세기관지 등 20회 이상의 분지를 거듭하여 허파꽈리에 이른다[그림 8-1]. 가지의 끝부분인 허파꽈리관(폐포관, alveolar duct)에는 지름 0.1~2mm의 공기주머니인 허파꽈리가 마치 포도송이처럼 달려 있다.

좌우 허파에는 약 3억 개 이상의 허파꽈리가 있는데, 이들은 모세혈관그물(capillary network)로 둘러싸여 있다[그림 8-2]. 1개의 허파꽈리를 둘러싸고 있는 모세혈관의 수는 2,000개 정도로 추정되며, 이들 허파꽈리와 모세혈관 사이에 궁극적인 가스교환이 이루어진다. 허파꽈리 전체의 표면적은 신체표면의 약 40배에 달하는 약 $70m^2$로 매우 넓어서 효율적인 가스교환이 가능하다.

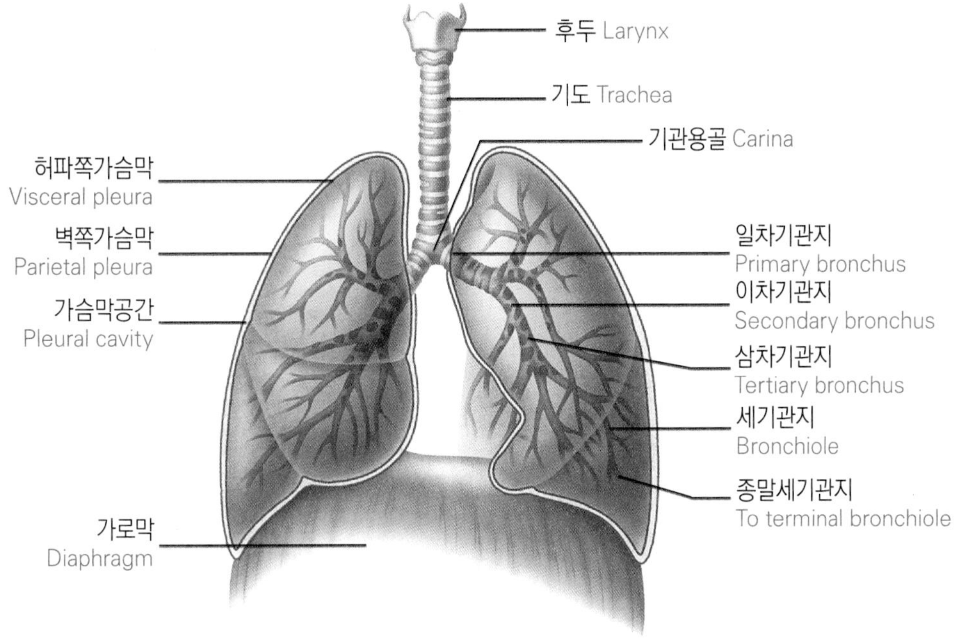

그림 8-1. 허파 속 기관지 분포

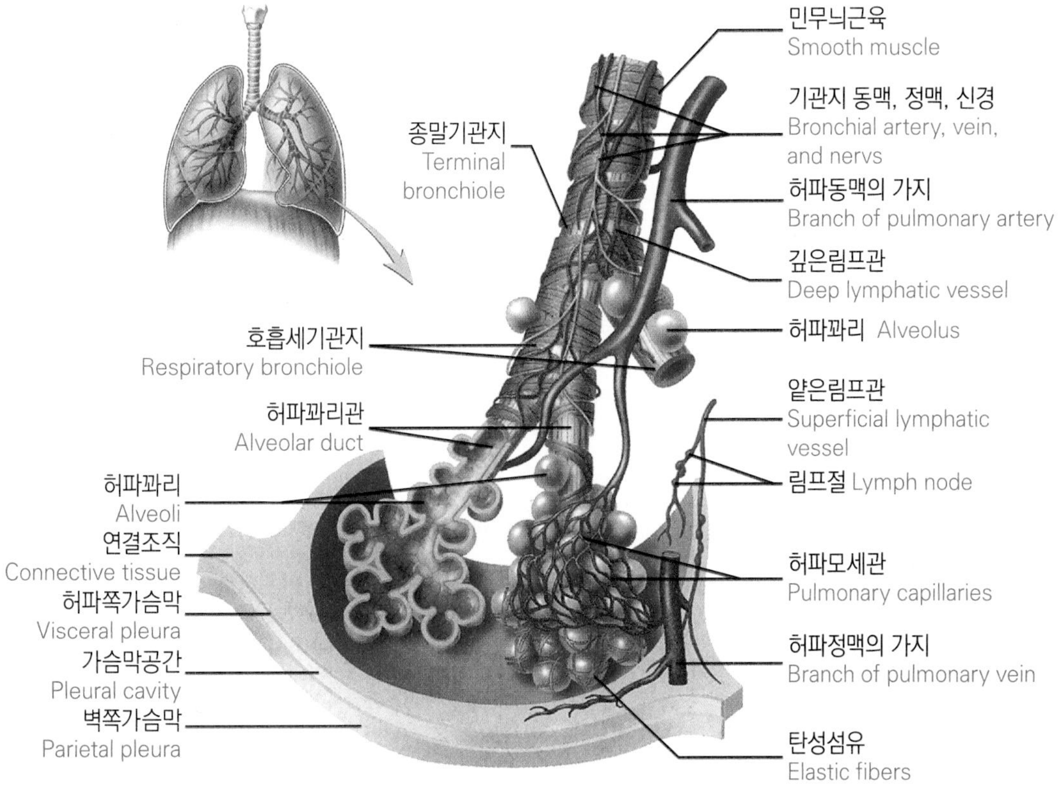

그림 8-2. 허파꽈리의 미세구조

8.1.2 확산 경로와 Kohn구멍

허파꽈리에서 적혈구로 산소가 확산되기 위해서는 허파꽈리상피(호흡상피)→바닥막(사이질액)→모세혈관내피→혈장→적혈구 세포막의 경로를 지나게 된다. 그러나 허파꽈리상피에서 모세혈관내피까지 호흡 표면의 두께는 전체가 약 0.2~0.6μm에 불과하다. 따라서 산소 또는 이산화탄소는 극단적으로 얇은 허파꽈리벽과 모세혈관세포를 가로질러 이동한다.

모든 허파꽈리에는 미세한 구멍(pores of Kohn)이 있다. 이 구멍을 통해 허파꽈리 속막에 계면활성제(surfactant)가 퍼져서 표면장력을 감소킨다. 계면활성제는 허파꽈리의 상피세포가 생산하는 지질단백질, 칼슘 이온, 단백질 혼합물인데, 이는 숨을 들이마실 때 허파꽈리막에 작용하는 표면장력을 감소시켜서 허파꽈리가 쉽게 확장될 수 있도록 해준다. 또한 이 구멍을 통해 인접한 허파꽈리 사이에 가스가 혼합될 수 있어서 폐기종(폐공기증, emphysema)과 같은 폐쇄성 호흡질환으로 인해 허파꽈리가 손상되거나 차단되었을 때 그 부위의 간접적인 환기를 가능하게 한다.

8.1.3 가슴안과 가슴막공간

허파는 가슴막이 직접 접하여 있지 않고 그 사이에 두 겹의 얇은 가슴막(pleura)이 있다. 이 중 바깥쪽의 가슴벽과 가로막에 접하고 있는 가슴막을 벽쪽가슴막(parietal pleura)이라고 하고, 허파와 직접 접하고 있는 가슴막을 허파쪽가슴막(visceral pleura)이라고 한다. 이 두 가슴막 사이를 가슴막공간(pleural space)이라고 한다.

가슴막공간은 공기가 없어서 허파내압이나 대기압보다 항상 5mmHg 정도 압력이 낮은 음압(negative pressure) 상태이다. 이로 인해 들숨 시 허파의 확장에 대한 저항이 없다. 또 가슴막공간 안에는 소량의 가슴막액이 있어 호흡 시 허파의 확장과 수축에 따른 마찰을 방지하는 윤활제 역할을 한다.

8.2 호흡역학

허파와 대기 간의 공기이동은 가슴안의 크기 변화에 의한 대기압과 허파내압 간의 압력차에 의해 이루어진다. 가슴안의 크기 변화는 호흡근육(respiratory muscles)의 주기적인 수축에 의해 일어난다.

8.2.1 들숨(흡기)작용

안정상태의 들숨작용 중 가슴우리의 용적은 증가된다. 즉 가로막(횡격막, diaphragm)의 수축에 의해 아래방향으로 증가하고, 바깥갈비사이근(외늑간근, external intercostal muscles)의 수축에 의해 바깥위쪽으로 증가한다. 들숨의 주동근인 가로막이 가로막신경(횡격막신경, phrenic nerve)의 흥분에 의해 수축하면 가슴안쪽으로 좌우에 볼록하게 올라가 있는 돔 모양의 부분이 배안쪽으로 내려가면서 평평해진다[그림 8-3]. 한편 갈비뼈와 갈비뼈 사이의 바깥쪽에 위치하며, 수축하면 갈비뼈 사이를 벌리면서 위쪽으로 갈비뼈를 끌어올려 가슴안의 크기를 증가시킨다.

이같이 가슴안(흉강)의 용적이 커지면 가슴안 내압이 감소하여 들숨이 시작된다. 이때 허파를 덮고 있는 허파쪽가슴막과 가슴우리를 안으로 싸고 있는 벽쪽가슴막이 서로 밀착되면서 허파를 끌어당기게 된다. 따라서 허파는 순간적으로 팽창되면서 허파내압이 감소하여 결국 공기가 허파 속으로 흡입된다. 보통 정상적인 안정상태에서 호흡할 때 가로막과 바깥갈비사이근이 하는 역할은 7:3의 비율이다.

운동 시에는 흡기용량(들숨용량)이 더욱 커지게 되는데, 그것은 보조들숨근의 작용에 의해 가능해진다. 예를 들어 목갈비근(사각근)은 첫째·둘째갈비뼈를 위쪽으로 들어올리고, 목빗근(흉쇄유돌근)의 수축은 가슴뼈를 들어올린다.

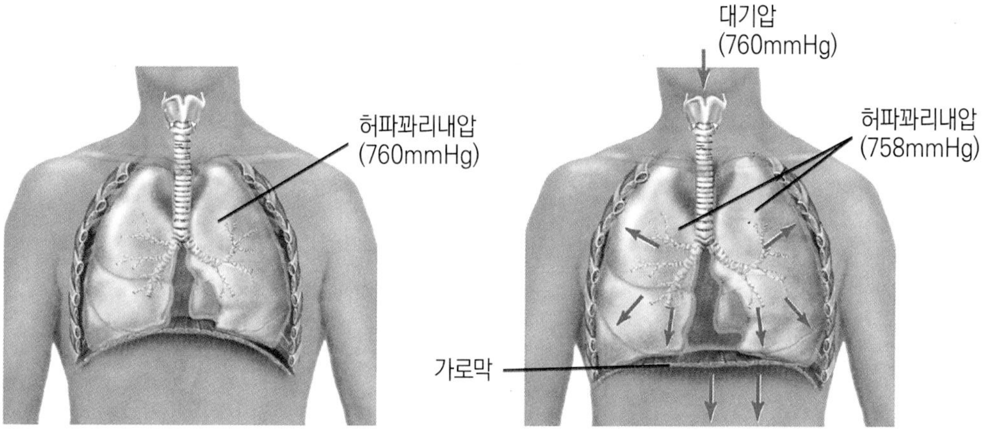

그림 8-3. 들숨 시 허파 내 압력의 변화

8.2.2 날숨(호기)작용

안정상태의 날숨 시 가로막(횡격막)과 바깥갈비사이근(외늑간근)의 이완에 의해 가슴안이 원래의 크기로 돌아간다. 즉 안정 시의 날숨작용은 수동적으로 이루어지며, 날숨근육(expiratory muscle)은 관여하지 않는다. 들숨으로 인해 신전되었던 가슴벽이 허파의 탄성조직에 의해 원래 상태로 위축되면서 가슴안의 내압이 증가하고, 그로 인해 허파 속에서 대기로 나가게 된다.

그러나 운동 시에는 날숨작용이 능동적으로 이루어진다. 즉 날숨작용은 날숨근육, 특히 배근육(abdominal muscle)에 의해 촉진된다. 배근육의 수축에 의해 아래갈비뼈들이 압박되고, 복압이 상승하여

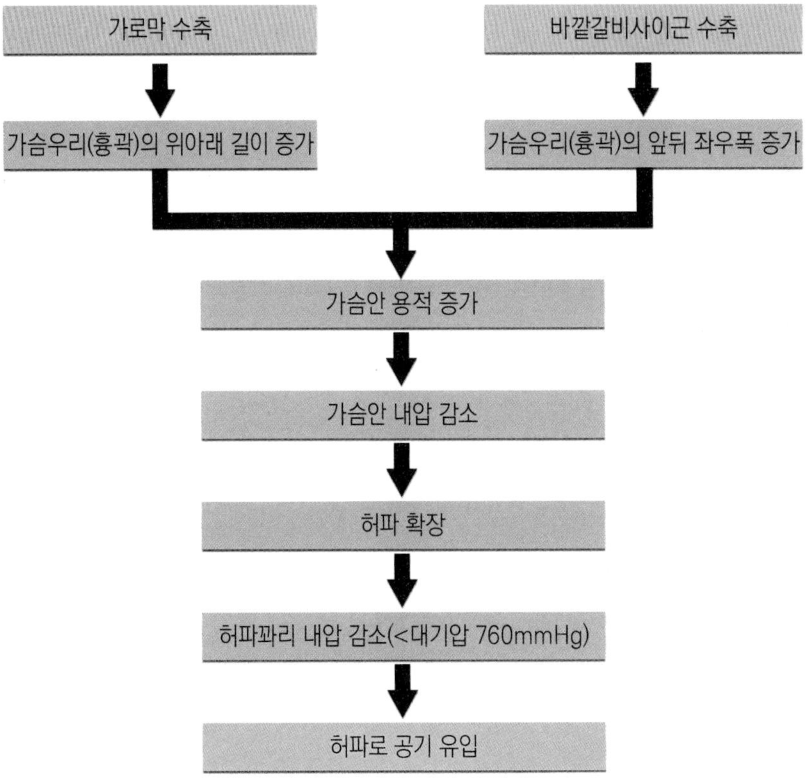

그림 8-4. 안정 시 들숨작용 기전

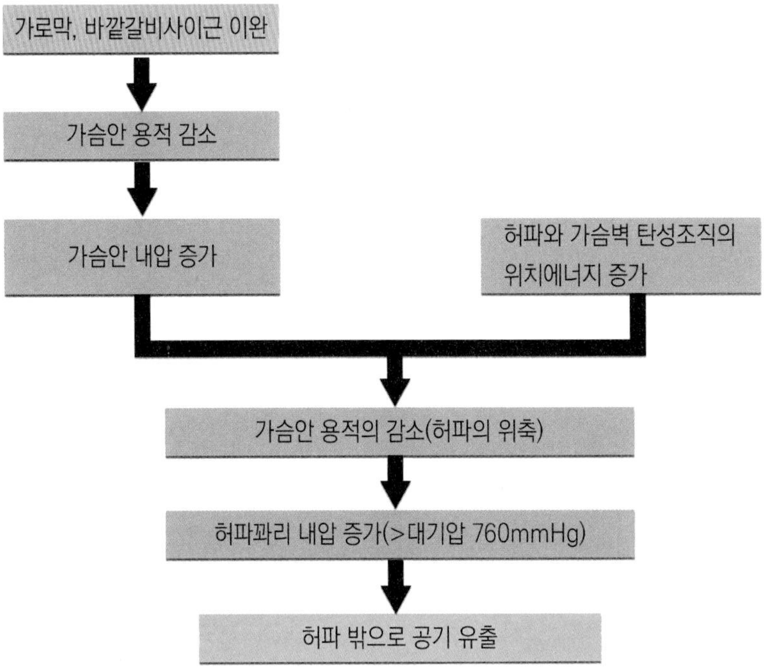

그림 8-5. 안정 시 날숨작용 기전

가로막을 가슴 안쪽으로 밀어올리게 된다.

속갈비사이근(내늑간근) 역시 날숨근육으로서, 바깥갈비사이근의 안쪽에 섬유배열이 반대로 이루어져 있다. 속갈비사이근의 수축에 의해 갈비뼈는 안쪽으로 이동되어 갈비뼈사이의 간격이 좁아지면서 가슴안의 크기가 줄어든다. 능동적 날숨 시 배근육과 속갈비사이근의 작용에 의해 가슴안의 크기가 안정 시보다 더욱 작아짐으로써 가슴 내압이 한층 증가되어 날숨을 촉진시킨다.

표 8-1. 안정 시 및 운동 시 주호흡근육의 작용

호흡작용	안정 시 작용근	운동 시 작용근	작 용
들숨과정 (흡기과정)	가로막 바깥갈비사이근	가로막 바깥갈비사이근 목갈비근 목빗근	평평해짐 갈비뼈의 바깥쪽위로 이동 첫째·둘째갈비뼈의 바깥쪽위로 이동 복장뼈(흉골)의 바깥쪽 이동
날숨과정 (호기과정)	없음	속갈비사이근 배근육	갈비뼈의 안쪽아래로 이동 아래갈비뼈 안쪽 이동 가로막의 가슴안쪽 이동

8.3 안정 시 및 운동 시 환기작용

8.3.1 운동 시 분당환기량의 변화

분당환기량(minute ventilation)은 1분 동안 들이마시거나(들숨) 내쉬는(날숨) 공기의 양으로, 두 가지를 모두 합친 값이 아니라 들숨량(흡기량, inspiratory volume)과 날숨량(호기량, expiratory volume) 중 한 가지 값을 의미하는데, 대개 들숨량(VI)보다는 날숨량(VE)의 측정을 통해 얻어진다. 분당환기량은 1회호흡량(tidal volume : TV)과 분당호흡수(f)를 곱한 값으로도 얻어진다.

$$분당환기량(\dot{V}_E) = 1회호흡량(TV) \times 분당호흡수(f)$$

안정 시 환기량은 개인차가 심하지만 약 6ℓ/min 정도이다. 안정 시 분당호흡수는 12회 정도이므로 1회호흡량은 0.5ℓ(500㎖) 정도이다. 장시간의 지속적인 지구력 운동 시 일반 성인남자의 최대환기량은 약 80~100ℓ/min이며, 여자는 45~80ℓ/min 정도이다. 그러나 단련자의 경우에는 최대환기량이 남녀 각각 180ℓ/min과 130ℓ/min에 달하는 경우도 있다.

환기량의 증가는 호흡의 빈도와 호흡의 심도(1회호흡량)가 증가함으로써 이루어진다. 즉 분당호흡수는 안정 시 12회 정도이지만, 심한 운동 시에는 40~50회에 달하며, 1회호흡량은 휴식 시 0.5 ℓ 에서 운동 시에는 2.5 ℓ 까지 증가하게 된다. 이러한 환기량의 증가를 과호흡(hyperventilation)이라고 한다.

8.3.2 운동과 환기당량

운동 시 나타나는 환기량의 증가는 대체로 작업 근육에 의한 분당산소소비량($\dot{V}O_2$)과 이산화탄소 배출량($\dot{V}CO_2$)의 증가에 비례한다.

그림 8-6은 단련자와 비단련자의 운동 시 환기량 변화를 나타낸 것이다. 분당환기량($\dot{V}E$)은 최대값 근처에 이르기 전까지는 산소소비량과 직선적인 비례 관계를 보이지만, 그 후 급격히 증가하는 양상을 보인다[그림 8-6a].

그러나 그림 8-6b에서 분당환기량은 최대값에 이르기까지 이산화탄소 배출량과 완전한 비례관계를 보인다. 이러한 사실은 분당환기량이 적어도 최대하운동하에서는 산소소비보다 이산화탄소 제거의 필요성에 의해 조절되고 있음을 말해준다.

또한 그림 8-6a에서 최대운동 근처에 이를 때 분당환기량이 산소소비량에 비해 훨씬 큰 증가폭을 보인 것은 최대산소섭취량($\dot{V}O_2max$)이 분당환기량에 의해 제한되지 않음을 나타낸다. 다시 말해 최대유산소능력 또는 최대산소섭취량이란 단순히 호흡계통의 기능에 의해 결정되는 것은 아니라는 것을 의미한다.

이 그림에서 특정 운동부하 또는 산소소비 수준에서 단련자가 비단련자에 비해 더 적은 분당환기량을 보인다. 산소소비량에 대한 환기량의 비율을 환기당량($\dot{V}E/\dot{V}O_2$; EQO_2)이라고 하는데, 대체로 동일한 작업 부하에서 단련자가 적게 나타난다. 이처럼 운동에 대한 환기반응이 감소하는 이유는 정확히 알려지지 않고 있으나, 지구성 운동선수에게서 주로 발견되고, 동일한 양의 산소소비에 대한 호흡작용의 부담이 경감되는 것으로 생각할 수 있다.

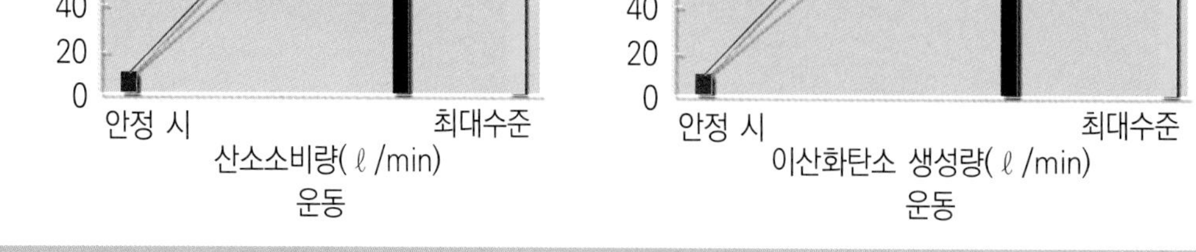

그림 8-6. 단련자와 비단련자 간 환기량의 변화 양상

8.3.3 운동성 과호흡의 조절기전

운동 시 환기량 변화는 운동 직전, 운동 중 및 회복기의 세 단계로 나누어 살펴볼 수 있다. 이러한 환기조절은 신경성 조절인자와 화학적 조절인자에 의해 이루어진다.

8.3.3.1 운동 전 환기 변화

운동을 시작하기 직전 환기량이 증가하는 현상이 나타나는데, 이는 뒤이은 운동을 예상하여 대뇌겉질로부터의 자극이 뇌줄기의 숨뇌에 있는 호흡중추를 흥분시키기 때문으로 생각되고 있다.

8.3.3.2 운동 중 환기 변화

운동 시작 후 수초 내에 환기량이 급격히 증가하는 현상이 일어난다. 그러므로 이 시기의 신속한 호흡반응은 CO_2나 젖산과 같은 액성 조절물질(화학적 인자)에 의해 일어나는 것이 아니라 신경성 조절에 의해 일어난다. 즉 운동 초기의 급격한 환기량 증가는 작업 근육의 활동 개시와 더불어 근육과 관절수용체로부터의 신경자극이 증가하기 때문이다[그림 8-7].

최대하의 가벼운 운동 시에는 운동이 지속됨에 따라 환기량의 급격한 증가가 멈추고 일정 수준까지 서서히 증가하여 운동이 종료될 때까지 지속적인 항정상태를 유지한다. 그러나 고강도 운동 시에는 이러한 항정상태가 나타나지 않고, 운동 종료 시까지 환기량이 지속적으로 증가하는 양상을 보

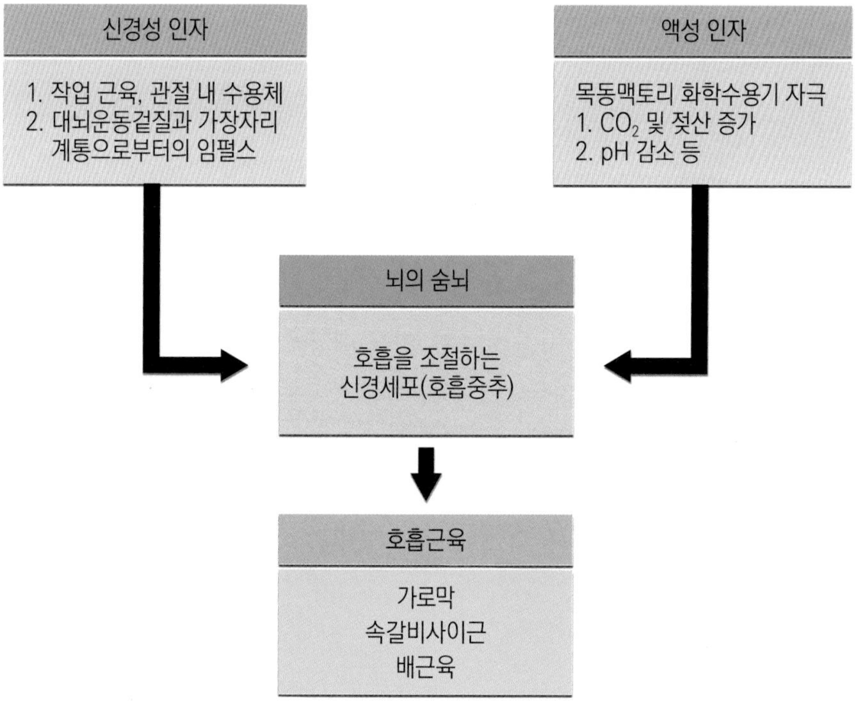

그림 8-7. 운동 시 환기 조절의 신경성 및 액성 인자

인다[그림 8-8]. 이는 고강도운동 중 대사활동의 지속적인 증가로 인한 체액의 화학적 환경 변화가 그 주된 원인으로 볼 수 있다. 즉 대사활동 결과 생성된 혈중 CO_2 및 수소 이온 농도(H^+)의 증가, 그로 인한 혈액 pH의 감소는 목동맥토리와 대동맥활에 존재하는 화학수용기를 자극하고, 화학수용기에 의해 감지된 정보는 숨뇌의 호흡중추로 보내져 호흡활동을 자극한다.

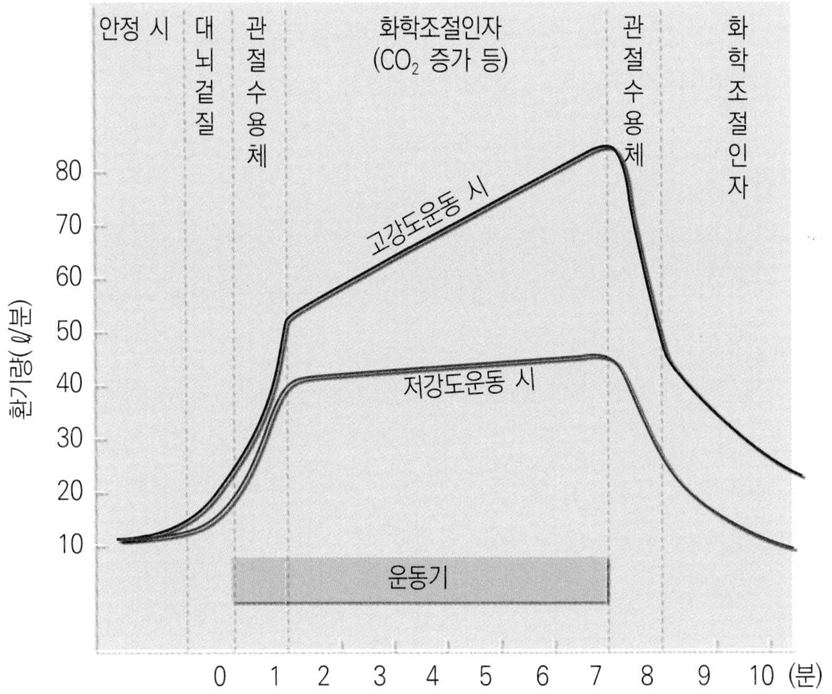

그림 8-8. 운동 및 회복기의 환기량 변화와 조절인자

8.3.3.3 회복기 중 환기 변화

운동 종료 직후 환기량은 급격히 감소하는데, 이는 근육 및 관절수용체로부터의 신경자극이 중지되기 때문이다. 그 후 환기량은 안정 시 수준에 이를 때까지 서서히 감소하게 되는데, 이는 CO_2 생성량의 감소로 인한 화학수용체의 자극 감소와 관련된 것으로 볼 수 있다.

8.3.4 환기량과 무산소성역치

점진적으로 운동강도를 증가시켜 나갈 때 산소소비량은 운동강도와 비례하여 직선적인 증가 양상을 보이는 데 비해 환기량은 최대강도에 근접하는 어느 시점에서 직선적인 증가를 벗어나 급격한 증가 양상을 보인다. 이처럼 환기량이 급격하게 증가하는 시점을 무산소성역치(anaerobic threshold : AT)라고 하는데, 이는 무산소성 대사에 의한 에너지공급의 가속화와 관련이 있다[그림 8-9].

표 8-2. 운동 전, 운동 중 및 회복기의 환기량 변화

구 분	변 화	조절인자
1. 운동 전	가벼운 증가	대뇌겉질
2. 운동 중		
운동 초기 수 초 내	급격한 증가	근육 및 관절수용체
운동지속기	항정상태 또는 점진적 증가	화학적 인자
3. 회복기		
회복 초기	급격한 감소	운동의 중지
회복지속기	휴식수준까지 느린 감소	CO_2의 감소

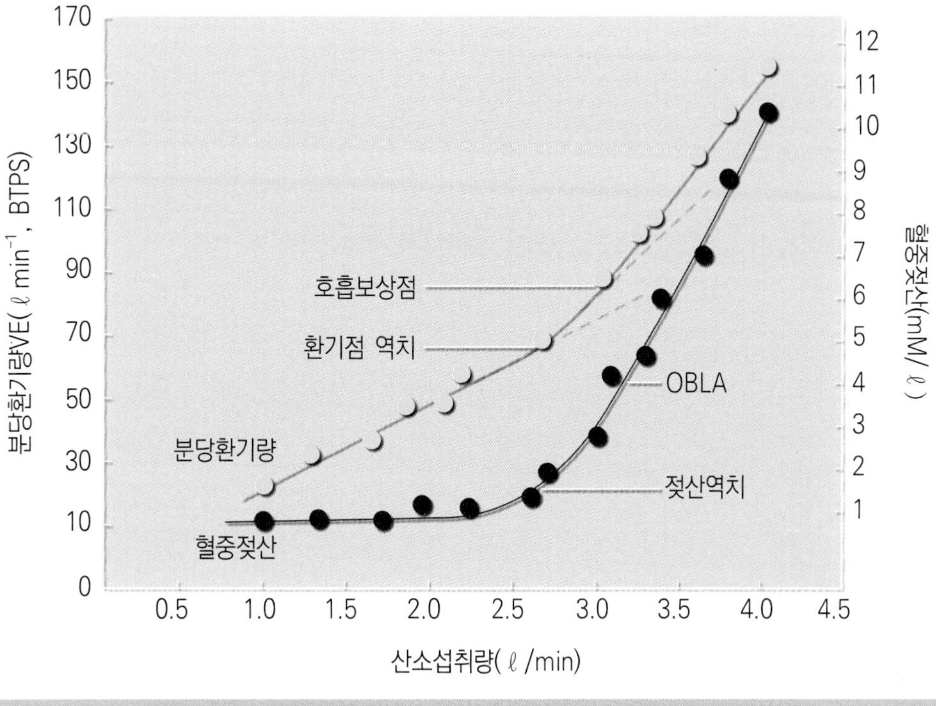

그림 8-9. 점진부하운동 중 분당환기량 및 혈중젖산의 변화

일반인의 경우 대체로 운동강도가 최대산소섭취량의 약 60%를 초과하는 시점에서는 체내에서 급격히 증가된 대사 요구를 유산소 대사를 통한 에너지공급에 의해서만 충족시키지 못하고 무산소성 해당과정(glycolysis)을 통한 에너지공급에 더 많이 의존하게 된다. 그 결과 무산소성 해당과정의 산물로서 젖산생성률이 크게 증가하면서 젖산생성률이 젖산제거율을 초과할 때 혈중젖산축적이 시작된다. 젖산역치(lactate threshold)란 부하를 점증시켜나갈 때 혈중젖산 농도가 급격하게 증가하기 시작하는 시점의 운동강도를 의미한다.

혈액에서는 젖산을 완충시키는 과정이 신속하게 진행된다. 즉 젖산은 혈액 중에 완충제인 중탄산소듐($NaHCO_3$)과 결합하여 젖산소듐과 탄산(H_2CO_3)을 형성한다. 이어서 탄산은 물(H_2O)과 이산화탄소

(CO_2)로 분해된다. 이러한 과정은 에너지생산과는 관계없이 에너지생산과정의 부산물인 젖산을 완충시키는 과정에서 다량의 CO_2가 발생한다는 것을 의미한다.

젖산의 완충과정에서 추가로 발생된 CO_2의 증가는 화학수용기를 자극하여 환기량을 증가시키도록 호흡중추에 대한 자극 신호를 활성화시킨다. 그로 인하여 환기량이 산소소비량의 증가 속도에 비해 훨씬 빠르게 증가하는 현상이 나타나는데, 이를 환기역치라고 한다. 이 시점은 젖산역치와 일치하거나 약간 뒤에 나타난다.

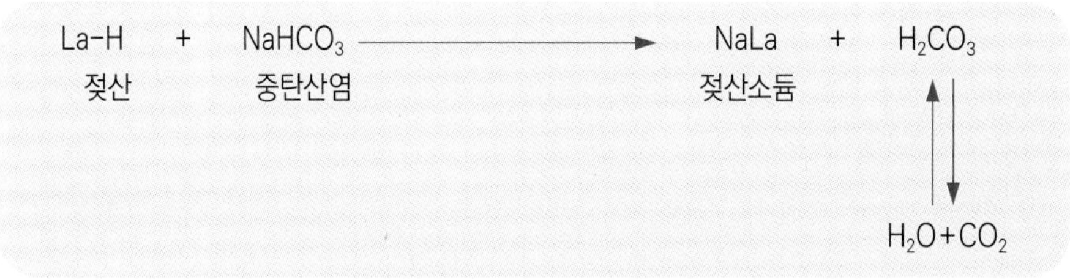

따라서 무산소성역치란 환기량이 급증하는 시점의 환기역치(ventilation threshold), 혈중젖산농도가 급격히 증가하는 시점의 젖산역치(lactate threshold)로 구분하여 부를 수도 있다.

한편 일률적으로 혈중젖산의 농도가 4mM에 달하는 시점을 젖산축적개시점(onset of blood lactate accumulation : OBLA)이라고 부르기도 한다. 젖산축적개시점(OBLA)은 그 용어에 따른 혼선 때문에 젖산역치와 혼용되어 사용되는 문제가 발생하기도 한다. 그러나 혈중젖산농도가 4mM에 달하는 시점을 뜻하는 OBLA는 혈중젖산농도가 급격히 증가하는 시점인 젖산역치와는 다르게 대체로 무산소성 대사가 활발하게 진행되는 임의의 시점으로서 정한 것이다. 많은 경우, 특히 잘 훈련된 사람에게 젖산역치는 결정하기 모호한 경우가 많으므로 OBLA를 기준으로 삼는 경우가 많다. 즉 이 기준은 운동능력이나 훈련강도를 설정하는 임의의 지표로 의미가 있다.

무산소성역치는 일반인이 대체로 최대산소섭취량의 55~70%에 해당하는 운동강도에서 나타나는 반면 지구성 운동선수는 70~85%의 범위에서 나타난다. 단련자에게서 무산소성역치가 지연되어 나타나는 것은 그만큼 단련자의 유산소 과정에 의한 에너지 생성 능력이 높다는 것을 말해준다. 한편 점증부하운동 시 환기역치(VT) 이후에 환기량이 다시 한번 증가하는 현상이 나타날 수도 있는데, 이것을 호흡보상점(point of respiratory compensation)이라고 구분하여 부르기도 한다.

무산소성역치에 대해서는 제13장 인체수행력의 지표와 평가에서 더욱 상세히 설명한다.

8.3.5 폐용적과 폐용량

8.3.5.1 폐용적

폐용적(허파용적, lung volume)은 일반적으로 다음의 네 가지로 구분하며, 체격, 성, 연령, 질병, 신체활동 등의 영향을 받는다.

① 1회호흡량(tidal volume : TV)……안정상태에서 1회에 들이마시거나 내쉬는 공기의 양을 나타내며, 성인은 약 500㎖이다.

② 예비호기량(expiratory reserve volume : ERV)……1회호흡량을 내쉰 후 다시 최대로 내쉴 수 있는 공기량을 말하며, 약 1,000~1,200㎖이다.

③ 예비흡기량(inspiratory reserve volume : IRV)……1회호흡량을 들이쉰 다음 다시 최대로 들이쉴 수 있는 공기량을 말하며, 약 3,000~3,200㎖이다.

④ 잔기량(residual volume : RV)……최대로 숨을 내쉬었을 때 예비호기량(예비날숨량)을 내보내고도 허파 안에 남은 공기의 양으로, 약 1,200㎖이다.

8.3.5.2 폐용량

폐용량(허파용량, lung capacity)은 두 가지 이상의 용적(volume)을 합한 것으로 역시 네 가지가 있다. 즉 흡기용량(inspiratory capacity : IC)은 1회호흡량(TV)과 예비흡기량(IRV)을 합한 값을 말하며, 기능적 잔기용량(functional residual capacity : FRC)은 안정 시 날숨 후, 즉 1회호흡량을 내보내고 허파 속에 남아 있는 공기량으로서 예비호기량(ERV)과 잔기량(RV)을 합한 값이다.

폐활량(vital capacity : VC)은 최대로 공기를 들이쉰 후 최대한 내쉴 수 있는 공기의 양으로서 예비흡기량(IRV)에 1회호흡량(TV)과 예비호기량(ERV)을 합한 값이다.

총폐용량(총허파용량, total lung capacity : TLC)은 최대로 공기를 흡입했을 때 허파 속에 있는 공기를 말하며, 폐활량(VC)에 잔기량(RV)을 합한 용량이 된다.

8.3.5.3 무효공간과 폐포환기량

우리가 한 번에 들여 마시는 공기 중에서 허파꽈리까지 들어간 공기만이 가스교환에 참여한다.

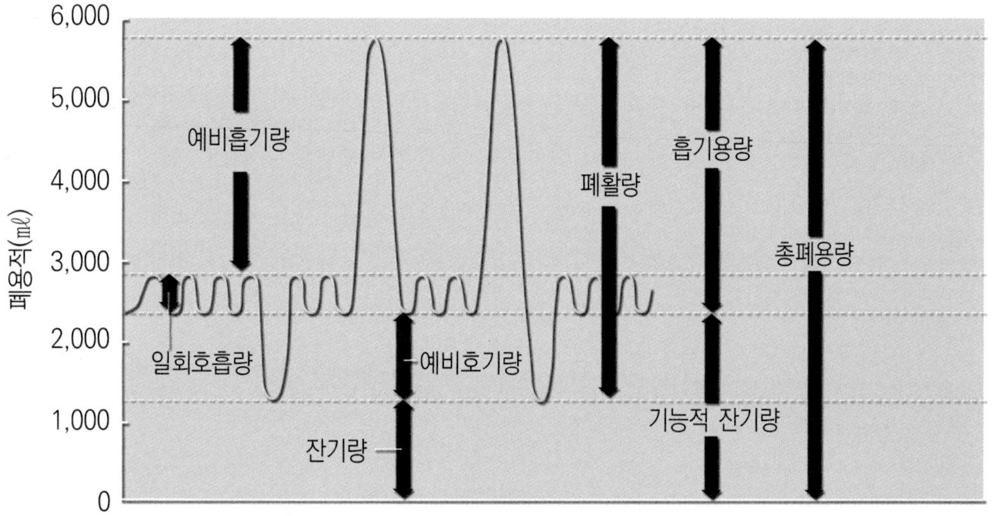

그림 8-10. 폐용적과 폐용량

다시 말해서 숨을 들이마실 때마다 코안부터 허파꽈리(폐포)까지의 기도(airway)를 채우는 공기는 실제로는 가스교환에 참여하지 못하는데, 이를 무효공간 또는 사강(dead space)이라고 한다. 사강의 용적은 보통 1회호흡량의 30%인 150㎖ 정도이며, 1회호흡량(500㎖)에서 무효공간을 뺀 나머지 350㎖가 허파꽈리 내에서 실제로 환기에 참여하게 되는데, 이를 폐포환기량(alveolar ventilation volume)이라고 한다.

폐포환기량은 실질적으로 가스교환에 참여하는 공기량으로, ① 호흡의 빈도, ② 호흡의 깊이(1회호흡량), ③ 무효공간의 용적에 의해 영향을 받는다. 만일 가로막(횡격막)에 의한 복식호흡보다 흉식호흡에 상대적으로 더 많이 의존하는 비정상적인 호흡을 한다면 폐포환기량이 감소하게 된다.

예를 들어 분당환기량이 6ℓ/min이고 사강용적이 150㎖인 두 사람(A, B)이 있다고 하자. A는 1회호흡량이 500㎖이고 분당호흡수가 12회/분으로 정상적인 호흡을 하고 있다. 그렇다면 A의 1회 폐포환기량(분당환기량 - 무효공간)은 350㎖가 된다.

반면에 B는 흉식호흡에 더 의존하여 일회호흡량이 300㎖이며 분당호흡수는 20회/분이었다. 이 경우 B의 1회 폐포환기량은 150㎖에 불과하게 된다. 즉 두 사람 모두 분당환기량은 6ℓ로 똑같지만, 실제로 가스교환에 참여하는 폐포환기량은 큰 차이가 난다.

분당폐포환기량의 경우에도 A의 폐포환기량은 4ℓ(350㎖ × 12회 = 4,000㎖)인데 비하여, B의 폐포환기량은 3ℓ(150㎖ × 20회 = 3,000㎖)로 큰 차이가 나타난다. 즉 B의 호흡은 폐포환기량의 감소로 허파꽈리에서 가스교환이 충분히 이루어지지 못하는 비효율적인 호흡이라고 할 수 있다.

8.3.5.4 기능적 환기량

기능적 환기량은 강제호기량(forced expiratory volume : FEV)이나 최대수의환기량(maximal voluntary ventilation : MVV)을 측정함으로써 얻을 수 있다. 강제호기량은 최대로 숨을 들이마신 후 가능한 한 신속하게 최대로 숨을 내쉴 때 1초 또는 3초간 배출되는 공기의 양을 말한다. 보통은 1초 후에 배출된 기체량(FEV1 : 1초량)을 폐활량에 대한 비율(1초량/폐활량)로 나타내는데, 20대에는 0.80, 40대에는 0.75, 그리고 60대에는 0.70 정도이다. 이 비율은 폐기종과 같이 허파의 탄성이 감소하거나 천식과 같이 기도저항이 높은 상태에 있을 때 감소하는데, 이러한 상태를 폐쇄성 환기장애라고 한다.

한편 폐섬유증과 같이 허파에 섬유성 결합조직이 증식하면 폐활량이 현저히 감소하지만 강제호기량(1초량)에는 거의 변화가 없다. 이와 같은 상태를 구속성 환기장애라고 한다.

최대수의환기량(MVV)은 12초 또는 15초간 가능한 최대호흡을 한 후 그 결과를 12초일 때는 5배, 15초일 때는 4배로 셈한다. 최대수의환기량은 대체로 일초량의 35~40배 범위에 속하게 된다. 성인 남자의 최대수의환기량은 100~180ℓ/min이고, 여성은 70~120ℓ/min이다. 최대수의환기량은 운동 시 최대환기량(maximal expiratory volume : V̇Emax)보다 높게 나타나기 때문에 환기능력에 의해 최대산소섭취량이 제한되지는 않는 것으로 생각된다.

그러나 허파나 기도에 질환이 있거나 고령이 되면 최대수의환기량(MVV)이 감소되기 때문에 허파의 기능에 의해 최대산소섭취량이 제한을 받게 된다. 폐쇄성 환기장애가 있는 사람들은 최대수의환기량이 정상의 40% 정도에 불과한 경우가 많다.

표 8-3. 1회호흡량, 호흡수, 폐포환기량과 분당환기량의 관계

1회호흡량(㎖) ×	분당호흡수(회) =	분당환기량(㎖/min) −	무효공간(㎖/min) =	폐포환기량(㎖/min)
150	40	6000	(150㎖×40)	0
250	24	6000	(150㎖×24)	2400
500	12	6000	(150㎖×12)	4200
1000	6	6000	(150㎖×6)	5100

plus+

운동유발성 천식

천식은 기도가 좁아지는 증상(bronchospasm)에 의해 숨을 쉴 때 많은 노력이 필요하고 숨이 가빠지는 질병이다. 천식의 원인은 여러 가지가 있지만 운동 중이나 직후에 증세가 나타나는 천식환자가 있는데, 이런 경우를 운동유발성 천식(exercise-induced asthma)이라고 한다.

운동 중 천식증세가 나타나면 호흡하기 매우 힘들게 느껴지며, 숨을 내쉴 때 휘파람 소리가 나기도 한다. 천식발작이 심하면 호흡곤란 때문에 아주 낮은 운동강도에서도 운동하는 것이 불가능하다.

운동유발성 천식을 예방하기 위해서는 가급적 춥고 건조한 날씨에 운동하는 것을 피하고, 분진이나 오존, 아황산가스와 같은 미립자의 농도가 높은 시간과 장소를 피해 운동하여야 하며, 차갑지 않은 물을 자주 마시는 것이 도움이 된다.

8.3.5.5 환기-관류비

환기(ventilation)란 호흡을 할 때 공기가 폐의 허파꽈리(폐포)에 들어가거나 나오는 것을 뜻한다. 관류란 심장의 폐동맥을 통해 박출된 혈액이 폐포 모세혈관을 통하여 흐르는 것을 의미한다.

정상적으로는 서 있는 자세에서 분당 4.2ℓ 정도의 공기가 허파꽈리로 환기되고, 평균 분당 5ℓ 정도의 혈액이 폐모세혈관을 흐른다. 그러므로 환기-관류비(V/Q ratio)는 0.84(4.2÷5)가 된다. 이 비율은 매분 1ℓ의 폐포혈류당 0.84ℓ의 공기가 허파에서 환기된다는 것을 뜻한다.

가벼운 운동 중 환기-관류비는 거의 0.8 정도를 유지하지만, 강한 운동 중에는 분당 환기량이 100ℓ/min 이상 크게 증가하고, 분당심박출량은 20~30ℓ/min 정도 증가하므로 환기-관류비는 5.0 이상 증가한다. 이처럼 인체의 수요에 맞추어 환기량과 관류량은 균형을 이루어야 하지만, 이 균형이 깨진 것을 환기-관류 불균형(V/Q mismatch)이라고 한다.

안정 시 전체 환기-관류비는 0.8 정도이지만, 폐의 각 부분에 따라서 그 비율은 다르다. 그림 8-11에서 보듯이 폐동맥으로부터 박출된 혈액은 중력의 영향을 많이 받는 허파(폐)의 아래부분으로 더 많이 흐르게 되고, 윗부분은 혈액이 거의 흐르지 않기 때문이다.

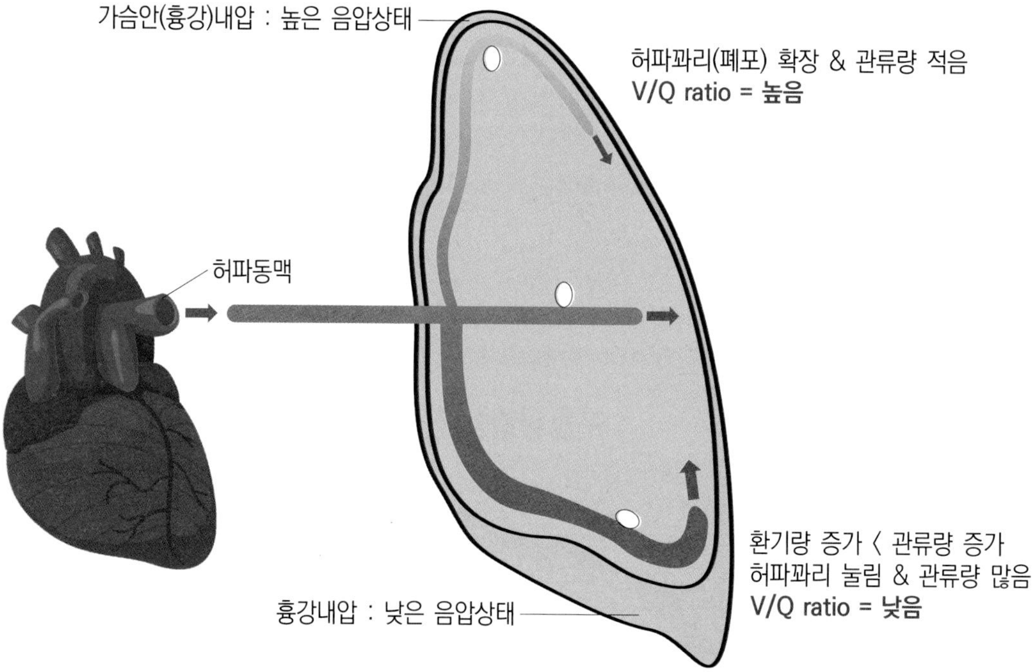

그림 8-11. 허파에서의 위치에 따른 환기량과 관류량의 차이

허파의 아래쪽은 많은 양의 혈액이 거의 일정하게 흐르게 되며, 중간 부분은 규칙적인 심장의 박동에 따라 혈류가 흐르게 되며, 윗부분은 혈액이 흐르지 않는다. 이처럼 폐의 위부분은 혈액이 거의 흐르지 않기 때문에 환기-관류비(V/Q ratio)는 높은 상태를 보여서 환기-관류비(V/Q ratio)가 3.3에 달한다[그림 8-12].

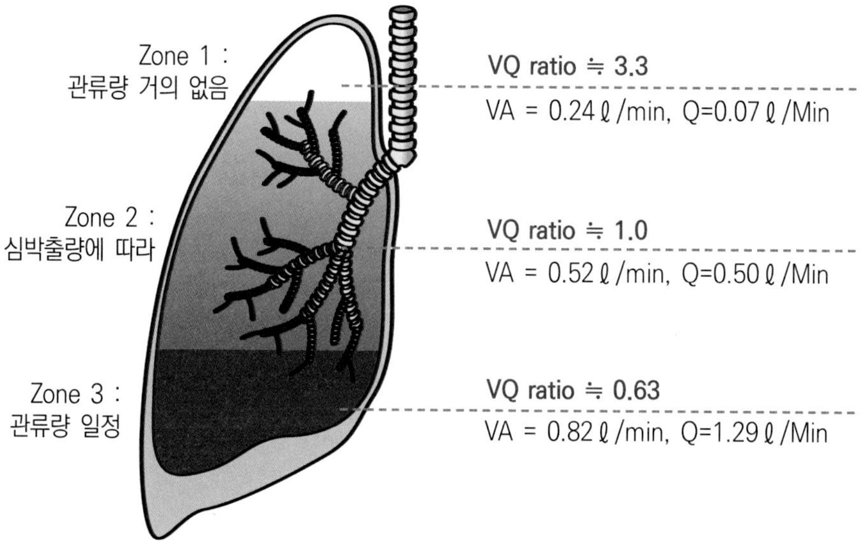

그림 8-12. 심장의 위치에 따른 환기-관류비

한편 환기량의 경우도 중력이 작용하므로 폐의 위쪽에 비해 아래쪽에 더 많은 공기가 들어가게 되지만 관류량만큼은 증가하지는 않는다. 즉 폐의 아래부분은 허파 자체의 무게에 눌리게 되므로 허파꽈리로의 공기 유입은 혈액의 유입에 비해서는 상대적으로 더 적다. 그러므로 폐의 아래쪽 환기-관류비(V/Q ratio)는 0.63 정도이다.

허파꽈리와 모세혈관 사이의 확산경로에 장애가 발생하면 환기-관류비의 불균형이 초래될 수 있다. 예를 들면 폐조직의 염증과 섬유화가 진행되어 확산 경로가 두꺼워지는 경우인데, 이를 확산 제한(diffusion limitation)이라고 한다.

질병 이외에 심한 운동을 할 때에도 일시적으로 확산 제한이 초래된다. 특히 매우 높은 심박출량(cardiac output)을 달성할 수 있는 선수의 경우, 증가된 허파혈류량에 의해 허파모세혈관을 지나는 혈액의 이동시간이 더 많은 산소를 받아들이기에는 너무 짧은 상태가 된다(Petersson, J., 2014). 즉 매우 높은 심박출량 수준에서는 허파모세혈관을 지나는 가스교환을 위한 이동시간이 너무 짧아지므로 허파꽈리의 산소분압(PA O_2)과 허파모세혈관 혈액의 산소분압(Pec O_2)의 균형을 이루기 위한 충분한 시간을 갖지 못한다.

최대운동에 가까운 운동을 수행할 때 동맥혈로부터 산소가 운동조직으로 빠른 속도로 공급되면서 동맥혈의 산소분압(Pa O_2)도 감소한다. 동맥혈의 산소분압을 유지하기 위해서는 더 많은 산소를 폐모세혈관에서 받아들여야 하지만, 심한 운동 중에는 혈액이 허파꽈리의 가스교환에 참여하는 시간(허파꽈리와 접촉하는 시간)은 짧아진다. 이 역시 저산소혈증(hypoxemia)를 초래하는 원인이 된다.

이러한 확산제한에 따른 저산소혈증은 고지대에서 운동하는 정상적인 사람에게서도 나타난다. 이 경우에는 흡기 중의 산소분압(PO_2)이 낮기 때문에 확산(diffusion) 속도가 감소한다.

plus+

환기-관류비 불균형(V/Q ratio mismatch)의 원인

분당환기량과 관류량 사이의 균형은 심한 운동과 같은 생리적인 원인으로 일어나기도 하지만, 병리적 원인에 의해 발생하는 환기-관류비의 불균형(V/Q mismatch)을 살펴보면 다음과 같다.

환기-관류비가 높은 경우

폐색전(pulmonary embolism, thromboemblolism)과 같은 원인으로 호흡은 정상이지만 폐(허파)의 혈관이 막혀 허파혈류량이 감소하는 경우에는 환기-관류비가 높아진다. 이처럼 환기는 되지만 관류(perfusion)는 이루어지지 않은 상태를 생리적 무효공간(physiological dead space)이라고 한다.

이 경우 혈액이 흐르지 않는 부분에서는 무효공간이 초래되고, CO_2를 제대로 내보낼 수 없게 되어 낭비되는 환기량(wasted ventilation)이 증가한다. 또 동맥혈의 CO_2 분압을 정상적으로 유지하기 위한 호흡충동 때문에 분당환기량이 증가하고 호흡활동이 증가한다.

환기-관류비가 낮은 경우

폐기종(emphysema)이나 폐확장부전(무기폐, atel-ectasis)과 같이 허파 또는 허파의 일부가 팽창된

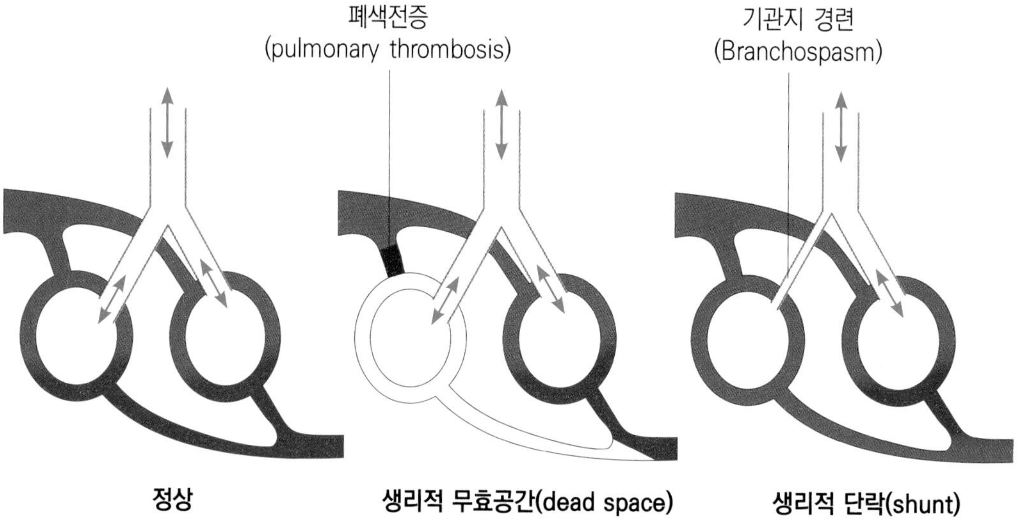

그림 8-13. 생리적 무효공간과 생리적 단락(shunt)

상태를 유지하지 못하고 쭈그러든 상태에서는 허파를 통과하는 정맥혈이 산소를 받아들이지 못하고, 동맥혈에 섞이게 된다. 이때 당연히 동맥혈의 저산소혈증(hypoxemia)이 초래된다.

즉 관류(perfusion)는 정상이지만 환기는 허파꽈리의 붕괴로 인해 감소하게 되므로 환기-관류비(V/Q ratio)는 낮아지는데, 이것을 단락(shunt)이라고 한다. 단락에 의해 초래된 저산소혈증은 산소보충(산소흡입)에 의해서 잘 반응하지 않는다. 즉 고농도의 산소를 흡입해도 저산소혈증(hypoxemia)으로부터 회복되지 않는다. 만성 심부전환자나 노약자에게서 나타나는 호흡근육의 약화는 생리적 무효공간(physiological dead space)을 증가시키는데, 이는 환기-관류비(V/Q ratio)의 불균형(mismatch)을 더욱 악화시킨다(Hamazki, N 등, 2017).

확산 제한에 의한 환기-관류 불균형

저산소혈증(hypoxemia)을 초래하는 원인으로는 허파꽈리와 모세혈관 사이의 확산 경로에 문제가 생기는 경우를 들 수 있다. 예를 들면 간질성 폐질환(interstitial lung disease) 같은 것이 있다.이 경우는 산소교환이 일어나는 허파꽈리(폐포)벽을 형성하는 조직, 즉 허파간질부에 다양한 염증세포의 침윤 및 섬유화가 동반되어서 비정상적인 콜라겐 침착이 일어난다.

이렇게 되면 허파꽈리와 모세혈관 사이의 가스확산이 장애를 받게 된다. 간질성폐질환자의 경우에는 휴식을 취할 때 동맥혈의 산소분압(PaO_2)은 정상이지만 운동할 경우에는 저산소혈증이 진행되기 쉽다. 왜냐하면 두꺼워진 허파꽈리-모세혈관막을 통한 확산저항(diffusion resistance)이 높아진 것에 더하여 정맥혈의 산소분압(PvO_2)은 감소하고, 혈류이동시간(transit time)이 짧아지는 것과 같은 복합요인이 작용하기 때문이다. 이러한 경우의 저산소혈증은 산소 흡입에 잘 반응하는 것을 볼 수 있다.

plus+

발살바 동작(Valsalva Maneuver)

호흡근육은 무거운 중량을 들 때 복강 및 가슴안을 안정시키는 역할을 한다. 안정 시 호흡할 때 가슴안의 압력, 즉 가슴내압은 내쉴 때는 대기압보다 단지 3mmHg 정도 낮아지고, 들이마실 때는 역시 대기압보다 3mmHg 정도 높아진다.

그러나 무거운 중량을 들 때와 같이 최대로 공기를 들이마시고 후두(larynx)의 가장 좁은 부위인 성문(glottis)을 닫고 힘을 최대로 발휘할 때 가슴내압은 대기압보다 무려 150mmHg 이상 증가한다.

성문이 닫힌 채로 배근육에 강제로 힘을 주어 숨을 내쉬는 동작을 발살바 동작이라고 하는데, 이는 역도 등 단시간에 최대의 힘을 발휘하는 동작에서 많이 나타난다. 발살바 동작은 척주와 연결되어 있는 가로막과 가슴우리(흉곽)를 고정시켜서 가슴내압과 복부내압(IAP: intra-abdominal pressure)과 높이고, 척주를 안정화시켜 무거운 중량을 감당하도록 한다.

혈압의 급격한 하락은 발살바 동작을 긴 시간 유지할 때 나타나는 현상이다. 발살바 동작 동안 가슴내압은 증가하며, 그 힘은 가슴안을 지나는 얇은 정맥벽에 전달된다. 그로 인해 가슴안 안의 정맥이 압박을 받으면 심장으로 돌아가는 혈류량, 즉 정맥환류량이 감소한다. 정맥환류량이 급격히 감소하면 심장의 일회박출량(SV)이 감소하고, 이어서 혈압이 안정 시 수준 이하로 현저히 떨어진다. 이로 인해 뇌빈혈이 발생하고 현기증이나 실신상태, 눈 앞에 별이 보이는 상태가 초래될 수 있다. 앞서 저자는 정적 근육수축을 하는 동안 중대뇌동맥의 뇌혈류가 감소하며, 발살바 동작을 행할 경우에 뇌혈류는 더욱 급격히 감소하는 현상을 보고하였다(정일규, 2005).

일단 다시 성문(glottis)이 열리고 가슴내압이 회복되면, 동맥혈압은 재차 급격히 상승하는 현상을 보인다.

단시간 힘을 발휘하는 경우에는 발살바 동작을 행하는지 여부와 관계없이 혈류저항을 증가시키고 혈압을 증가시킨다. 따라서 심장혈관계통의 질환자나 고혈압환자가 무거운 저항운동을 하는 것은 바람직하지 않다. 그러나 중간 정도 이하의 중량을 리드미컬하게 드는 운동은 혈압의 커다란 상승을 야기하지 않고 심장의 작업 부담도 적다.

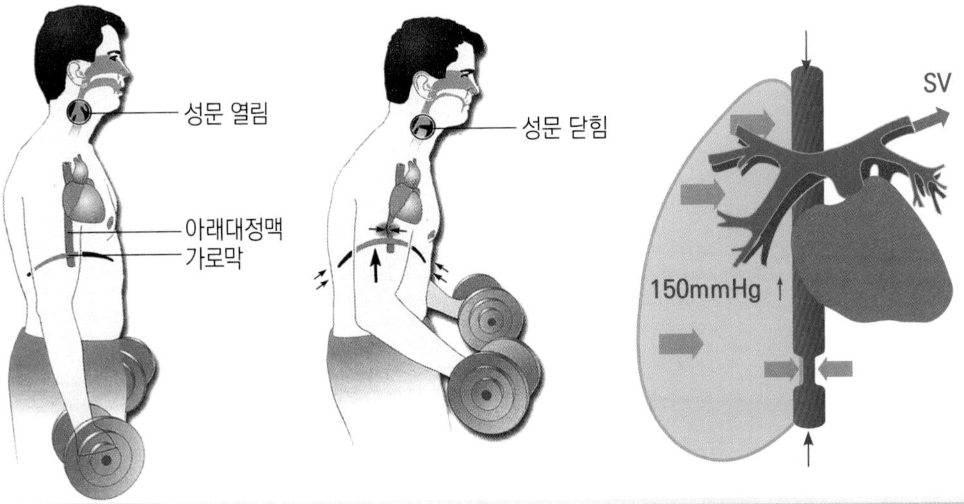

그림 8-14. 발살바 동작 중 가슴안 내압의 상승과 대정맥의 차단

8.4 가스교환

8.4.1 대기와 가스분압

허파꽈리(폐포)와 모세혈관, 그리고 조직세포와 모세혈관 간의 가스교환은 확산(diffusion)이라고 하는 물리적 과정을 통해 일어난다. 이러한 확산은 분압(partial pressure)의 차이에 의해 이루어진다. 분압이란 대기나 허파꽈리 안에 있거나 혈액과 같은 액체 내에 존재하는 혼합가스 중 각각의 단일가스가 갖는 압력을 나타낸다. 가스분자는 분압이 낮을 때보다 높을 때 운동성이 높아지기 때문에 분압이 높은 곳에서 낮은 곳으로 확산된다.

가스분압은 그 가스가 속해 있는 혼합가스의 총압력에 그 가스의 농도를 곱하여 산출한다. 예를 들어 해수면에서의 대기압은 760mmHg이며, 대기가스는 질소 79.04%, 산소 20.93%, 이산화탄소 0.03%로 구성되어 있다. 따라서 해수면에서 각 가스의 분압은 다음과 같이 구할 수 있다.

$$\text{질소분압}(PN_2) = 0.7904 \times 760 = 600.7\text{mmHg}$$
$$\text{산소분압}(PO_2) = 0.2093 \times 760 = 159.1\text{mmHg}$$
$$\text{이산화탄소분압}(PCO_2) = 0.0003 \times 760 = 0.2\text{mmHg}$$

그러나 고지대로 올라가면 총압력, 즉 대기압이 감소하여 가스분압 역시 감소한다. 예를 들어 3,000m 높이에서는 대기압이 523mmHg로 낮아지므로 산소분압도 109.5mmHg(0.2093×523)으로 감소된다.

8.4.1.1 허파(폐)에서의 가스교환과 확산

대기의 가스가 호흡기도를 통해 허파로 흡입되면 수분으로 포화되기 때문에 37℃인 허파꽈리 내에서 수증기분압(PH_2O)은 47mmHg이다. 따라서 O_2, CO_2 및 N_2에 의한 압력은 대기압에서 수증기의 압력을 뺀 값인 713mmHg(760-47mmHg)가 된다. 그러므로 허파꽈리내 산소분압(PO_2)은 713×0.2093 =149mmHg가 되어 대기 중의 산소분압(159mmHg)에 비해 약 10mmHg가 감소한다. 이 경우 이산화탄소분압은 수증기분압(PH_2O)의 영향을 거의 받지 않는데, 그 이유는 들숨 중 이산화탄소량은 무시해도 될 만큼 극소량이기 때문이다.

수증기가 포함된 공기가 허파꽈리로 들어올 때 PO_2는 현저히 감소하고 PCO_2는 현저히 증가한다. 그것은 허파 속에 남아 있던 기능적 잔기량(PO_2=98mmHg, PCO_2=40mmHg)과 혼합되기 때문이다. 결국 허파꽈리의 산소분압(PO_2)은 평균 100mmHg가 되고, 이산화탄소분압(PCO_2)은 평균 40mmHg가 된다[그림 8-15].

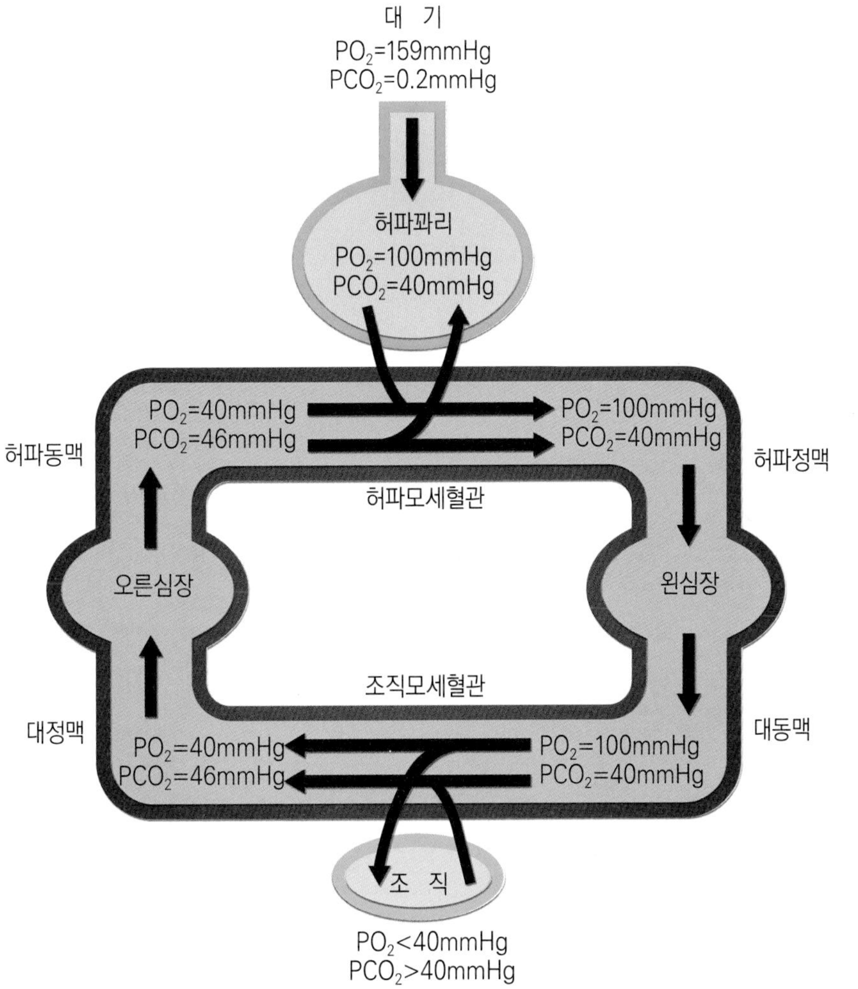

그림 8-15. 허파꽈리, 모세혈관 및 조직에서의 가스분압

허파꽈리모세혈관을 흐르는 정맥혈의 산소분압은 40mmHg로 허파꽈리 내 산소분압과는 약 60mmHg의 분압차가 있다. 이 분압차에 의해 산소가 허파꽈리에서 허파꽈리모세혈관으로 확산되어 들어간다.

반대로 허파꽈리 내의 이산화탄소분압은 허파꽈리모세혈관 내의 이산화탄소분압보다 낮기 때문에 이산화탄소는 허파꽈리모세혈관에서 허파꽈리로 확산되어 나간다. 이때문에 정맥혈의 산소분압은 증가하는 반면 이산화탄소분압은 거의 허파꽈리 수준으로까지 감소하여 허파꽈리모세혈관을 흐르던 정맥혈은 동맥혈이 된다. 이산화탄소는 산소보다 물에 대한 용해도가 20배가 크기 때문에 적은 압력차로도 충분한 확산이 이루어진다.

8.4.1.2 조직에서의 가스교환과 혼합정맥혈

조직과 모세혈관에서도 허파(폐)에서와 비슷한 현상이 일어난다. 동맥혈의 산소분압이 조직 내보

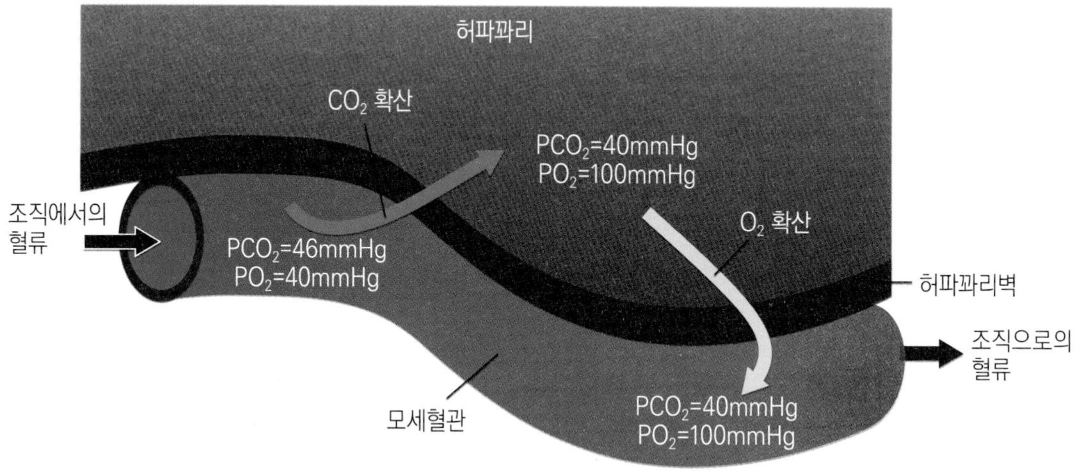

그림 8-16. 허파꽈리와 허파모세혈관 사이의 가스교환

다 높으므로 산소는 혈액으로부터 조직으로 확산되고, 이산화탄소는 반대방향으로 확산된다[그림 8-16]. 조직 내에 분포된 모세혈관에서는 허파와는 정반대로 동맥혈은 정맥혈이 되어 대정맥을 통해 오른심방으로 들어간다. 오른심방으로 들어간 정맥혈은 다시 허파로 보내져 허파순환을 한다.

특정 조직의 대사활동이 증가할수록 그 조직을 흐르는 정맥혈의 산소분압은 감소하고, 이산화탄소분압은 높아진다. 예를 들어 운동 중에는 활동근육 내 정맥혈의 이산화탄소분압은 콩팥이나 피부와 같은 비활동조직의 정맥혈 내 이산화탄소분압보다 높아진다. 인체의 여러 조직에서의 정맥혈은 대정맥을 통해 오른심방에서 합쳐져서 허파순환에 참여하는데, 이를 혼합정맥혈(mixed venous blood)이라고 한다. 따라서 혼합정맥혈 내 이산화탄소분압은 활동근육 내 정맥혈의 이산화탄소분압보다 언제나 낮게 나타나고, 산소분압은 높게 나타난다.

표 8-4에서 최대운동을 수행할 때 동맥혈의 O_2 함량에는 차이가 없으나 활동근육 내 정맥혈과 혼합정맥혈에서의 산소분압은 단련자가 일반인에 비해 더욱 낮은 것을 볼 수 있다. 이것은 단련자가

표 8-4. 안정 시 및 최대운동 시 일반인과 단련자의 혈중가스분압의 변화

혈중가스농도 및 분압	안정 시	최대운동 시		훈련 후 최대운동에 따른 변화
		일반인	단련자	
동맥혈 O_2 함량(㎖/100㎖)	19.5	19.5	19.5	무변화
넙다리정맥 O_2 분압(mmHg)	30	13.0	10.0	감소
혼합정맥혈 O_2 분압(mmHg)	40	18.0	15.0	감소
동맥혈 CO_2 분압(mmHg)	40	38.0	38.0	무변화
넙다리정맥 CO_2 분압(mmHg)	47	63.0	70.0	증가
혼합정맥혈 CO_2 분압(mmHg)	45	60.0	67.0	증가
동정맥산소차(㎖/100㎖)	6.5	14.0	15.5	증가

그만큼 더 많은 산소를 추출하여 운동을 수행하는 능력이 높다는 것을 보여준다.

8.4.2 가스교환에 영향을 미치는 기타 요인

분압차 외에 가스교환에 영향을 미치는 요인은 ① 확산 경로의 길이, ② 폐허파꽈리(폐포) 주위 모세혈관의 혈류량, ③ 혈액 내 적혈구 수 또는 헤모글로빈, ④ 폐포환기량이다. 확산 경로가 허파꽈리막의 섬유성 증식이나 사이질액 부족 등으로 길어지면 확산이 저해된다. 최대운동 중 산소에 대한 허파꽈리확산능력은 300%까지 증대한다. 이러한 변화는 주로 허파꽈리막에 흐르는 혈액량의 증가에 의해 이루어진다.

안정 시 선 자세에서는 중력에 의해 혈액이 허파 아래부분으로 몰리는 경향을 보이기 때문에 많은 허파모세혈관, 특히 허파 윗부분의 모세혈관은 닫히게 된다[p.361, 환기-관류비 참조]. 그러나 운동 시에는 심박출량이 증가하여 더 많은 혈액이 허파동맥으로 보내지기 때문에 휴식 시 폐쇄되었던 대부분의 허파모세혈관이 혈액으로 채워지게 된다. 그로 인해 허파꽈리 안의 공기로부터 혈액으로 확산하는 면적이 증가한다. 또 빈혈로 인해 산소와 이산화탄소를 운반하는 역할을 하는 적혈구 수가 감소하면 가스교환에 영향을 미친다.

8.5 가스의 운반

8.5.1 산소의 운반

8.5.1.1 헤모글로빈과 산소포화도

산소는 혈장에 의해 용해된 상태로 운반되거나 적혈구 내 헤모글로빈(hemoglobin : Hb)에 의해 운반된다. 용해된 상태로 운반되는 산소량은 매우 적어서 안정 시 분당산소소비량(250~300㎖)의 3~4%에 불과하다. 그 외 대부분의 산소(약 97%)는 적혈구 내로 확산되어 헤모글로빈(hemoglobin)과 화학적으로 결합하여 산화헤모글로빈(HbO_2) 형태로 운반된다. 산소를 조직에 유리하고 난 헤모글로빈을 환원헤모글로빈이라고 부른다.

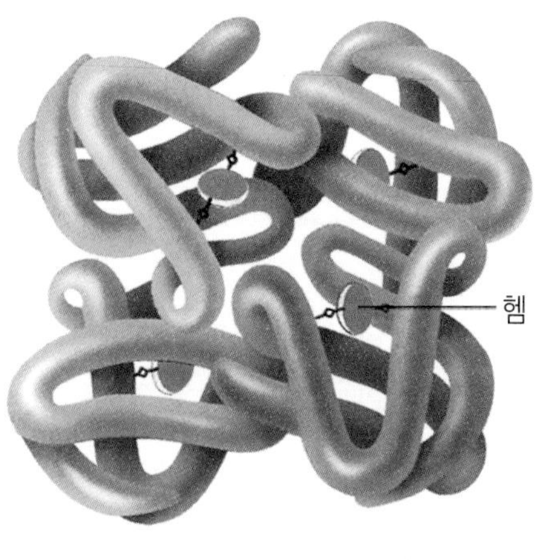

그림 8-17. 헤모글로빈의 구조

적혈구 내에 있는 헤모글로빈은 단백질(globin)에 철분이 주성분인 헴(heme)이 결합된 형태의 복합체이다. 헤모글로빈 한 분자에는 네 개의 헴(heme)이 있어 각각의 헴은 한 분자의 O_2와 화학적으로 결합할 수 있다[그림 8-17]. 양적으로 헤모글로빈 1g은 산소 1.34㎖와 결합할 수 있는데, 혈액 100㎖ 당 헤모글로빈 함량은 약 15g 정도(남자 : 14~16g, 여자 : 12~14g)이다. 따라서 안정 시에는 혈액 100㎖ 당 15×1.34 = 20.1㎖의 산소를 운반할 수 있다.

그러나 고지적응로 인해 헤모글로빈 농도가 증가하거나 일회적인 운동 시의 혈액 농축(hemoconcentration)으로 인해 Hb농도가 16.5g으로 증가했다면 혈액의 O_2 운반능력은 16.5×1.34 = 22.1㎖로 증가한다. 이러한 Hb농도의 개인적 변동을 고려한 것이 Hb의 산소포화도(%SO_2)인데, 이는 Hb의 O_2 결합능력에 대해 실제로 Hb와 결합하는 O_2량의 비율을 의미한다.

$$\text{Hb의 산소포화도}(\%SO_2) = \frac{\text{Hb와 실제로 결합한 } O_2\text{량}}{\text{Hb의 } O_2 \text{ 운반능력}} \times 100$$

예를 들어 앞에서와 같이 혈액 100㎖ 당 Hb함량이 15g에서 16.5g으로 증가하였을 때 Hb의 산소포화율이 50%라고 한다면, 실제로 Hb와 결합하는 O_2양은 20.1×0.5≒10㎖가 아니라 22.1×0.5≒11㎖가 된다.

안정 시 동맥혈 100㎖당 산소함량은 20㎖이지만, 정맥계의 모세혈관으로 이동하면서 100㎖당 15~16㎖의 산소함량을 갖게 된다. 동맥과 정맥혈액 간 산소함량의 차이(동정맥산소차 : a-v O_2 diff)는 혈액 100㎖당 조직에서 소비한 산소가 4~5㎖임을 나타낸다. 높은 강도에서 운동할 때 활동근육의 동정맥산소차는 혈액 100㎖당 15㎖에 이르게 된다.

한편 헤모글로빈의 산소포화에 영향을 미치는 요인은 ① 혈중 O_2 분압, ② 혈액온도, ③ 혈액의 pH, ④ 혈중 CO_2 농도 등이다.

8.5.1.2 운동과 산소해리곡선

그림 8-18의 노란색 곡선은 혈액 pH 7.4, 온도 37℃의 정상상태일 때 산소포화도(%SO_2)와 산소분압(PO_2)의 관계를 나타낸 것으로 산소해리곡선이라고 한다. 안정 시 동맥혈의 PO_2가 100mmHg일 때 헤모글로빈(Hb)은 산소로 97.5%가 포화되고, 양적으로는 동맥혈 100㎖당 19.5㎖(20×0.975)의 O_2를 함유하게 된다. PO_2가 40mmHg일 때인 정맥혈의 산소포화도는 75%로서 정맥혈의 O_2 농도는 혈액 100㎖당 15㎖(20×0.75)가 된다. 따라서 동정맥산소차(a-v O_2diff)는 19.5-15 = 4.5㎖인데, 이 양은 조직에서 소비된 산소량을 나타낸다.

산소해리곡선(O_2 dissociation curve)의 윗부분은 거의 평평한 모습을 보인다. 이는 산소분압(PO_2)이 크게 변화하더라도 헤모글로빈의 산소포화도는 약간만 변화한다는 것을 나타낸다. 따라서 순수한 산소를 들이마셔서 동맥혈의 산소분압을 100mmHg 이상 증가시켜도 Hb가 추가로 결합할 수 있는 산소량은 1.5㎖%(혈액 100㎖당 산소 1.5㎖)에 불과하다.

산소해리곡선 윗부분이 평평하기 때문에 고지 등반과 같은 조건에 의해 동맥혈의 산소분압이

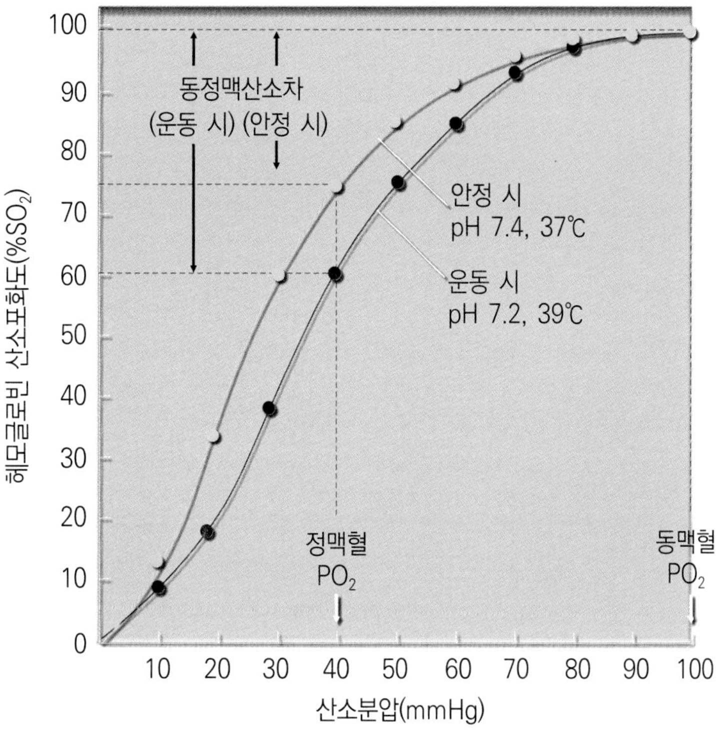

그림 8-18. 산소해리곡선

운동 시 산소해리곡선은 오른쪽으로 이동한다. 그로 인해 동정맥산소차는 증가한다.

100mmHg에서 70mmHg로 낮아진다고 해도 산소포화도는 단지 97.5%에서 93%로 감소하며, 혈중 산소농도는 1㎖의 감소만을 보인다. 이러한 것은 산소분압이 크게 변화하더라도 동맥혈의 산소분압(PO$_2$)을 유지하기 위한 보호작용이 있음을 나타내준다.

한편 곡선의 중간 및 아랫부분의 급격한 경사 역시 다른 측면의 보호기능을 나타낸다. 산소분압이 50mmHg 이하인 구간에서는 산소분압의 작은 감소에 의해서도 산소포화도가 크게 감소한다. 이는 산소분압의 작은 감소에도 불구하고 헤모글로빈의 산소 해리가 촉진되어 조직에서 다량의 산소를 추출할 수 있도록 해준다.

그림 8-18에서 보라색 곡선은 운동 시의 산소해리곡선을 나타낸 것이다. 산소해리곡선은 CO_2 증가, 온도 증가 및 pH의 감소(산성화)에 의해 오른쪽으로 이동한다. 운동 시에는 CO_2가 증가하고 체액의 수소 이온 농도가 증가함에 따라 pH가 낮아지고 열 생산에 의해 체온이 상승한다.

산소해리곡선이 오른쪽으로 이동함에 따라 곡선의 윗부분(PO$_2$ 90~100mmHg 구간)은 아주 약간만 이동하고, 곡선의 경사부분(PO$_2$ 20~50mmHg)은 그 이동폭이 더욱 커짐을 알 수 있다.

운동으로 인한 이러한 변화는 ① 허파모세혈관에서 O_2 포화율은 큰 변화가 일어나지 않고, ② 특정 산소분압 수준에서 조직으로 더욱 많은 산소의 이동이 이루어질 수 있음을 나타낸다. 즉 산소해리곡선이 그림과 같이 오른쪽으로 이동할 때 동정맥산소차는 크게 증가한다.

8.5.2 이산화탄소의 운반

대사 활동 결과 생성된 이산화탄소는 모세혈관으로 확산되어 정맥혈이 된다. 혈액이 CO_2를 운반하는 형태는 용해된 상태, 중탄산 이온(HCO_3), 카바민화합물(carbamino compound)의 3가지이다.

8.5.2.1 용해된 상태로 CO_2 운반

이산화탄소는 산소에 비해 물에 대한 용해도가 약 20배 가량 높다. 혈장 내에 용해된 이산화탄소는 농도차에 따라 적혈구 내로 이동하여 적혈구와 평형상태를 이루게 된다. 물리적으로 용해된 형태로 운반되는 CO_2 양은 전체의 약 9%이다[그림 8-19].

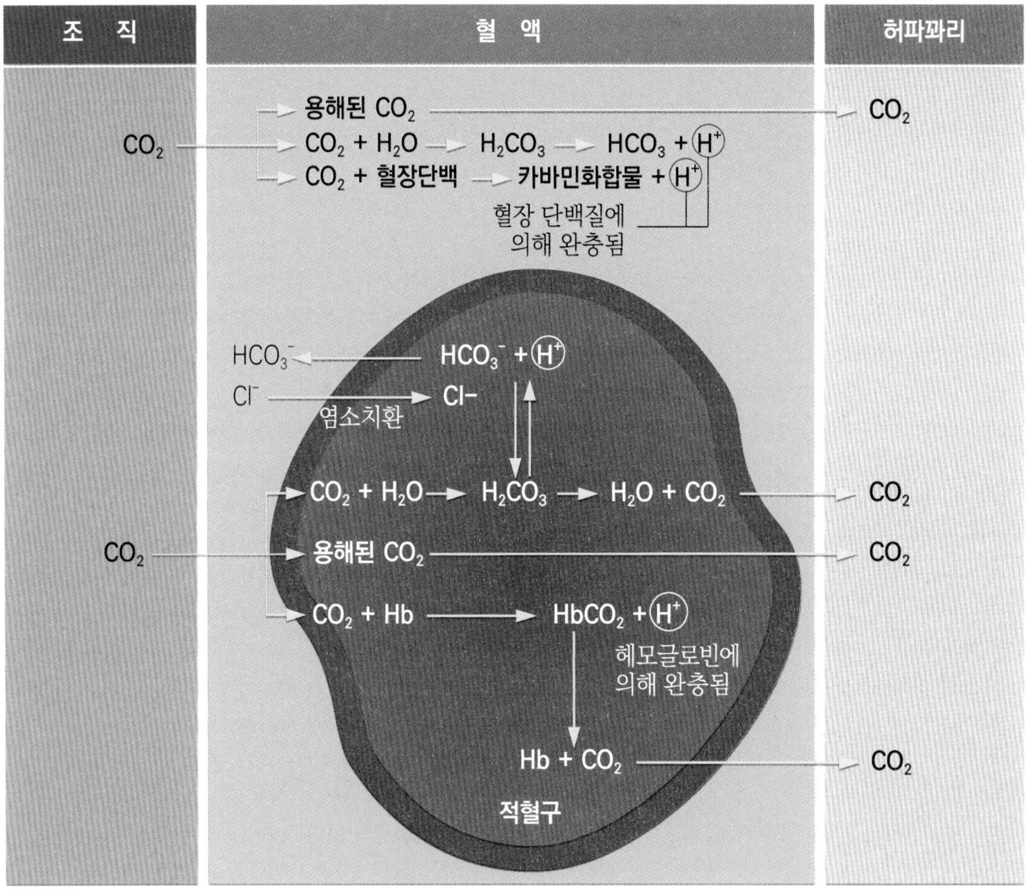

그림 8-19. CO_2의 운반 과정

8.5.2.2 중탄산이온 형태로 운반

대부분(78%)의 CO_2는 중탄산 이온(HCO_3^-)의 형태로 운반된다. CO_2가 조직에서 모세혈관으로 확산됨에 따라 즉시 혈장과 적혈구 내 수분과 반응하여 탄산(H_2CO_3)을 형성한다[그림 8-19]. 이 반응에는

plus+

적혈구 2, 3-DPG

적혈구는 미토콘드리아를 가지고 있지 않기 때문에 오직 해당과정(glycolysis)에 의해서만 에너지를 얻는다. 그로 인해 안정 시 혈중젖산 농도는 적혈구에 의해 결정된다. 적혈구는 해당과정 중 2, 3-diphosphoglycerate(2, 3-DPG)라는 화합물을 생산한다.

2, 3-DPG는 헤모글로빈과 느슨하게 결합하여 산소에 대한 헤모글로빈의 친화도를 감소시킨다. 그로 인해 더 많은 산소를 조직으로 방출하여 혈액의 산소분압(PO_2)을 감소시킨다.

심폐계질환이 있거나 고지대 거주자들은 적혈구 2, 3-DPG의 수준이 증가되어 있다. 이는 조직세포로의 산소 방출을 촉진하기 위한 보상성 적응이라 할 수 있다. 심한 운동 중에도 2, 3-DPG는 근육으로의 산소 운반을 도와준다. 단련자가 상대적으로 더 많은 안정 시 2, 3-DPG를 갖고 있다고 보고(Kim, Sung-Soo & Jeong, Il-Gyu, 1986)되고 있다.

대체로 강한 운동과 함께 2, 3-DPG는 증가하며, 이는 활동조직으로의 산소공급을 증대시키기 위한 적응 반응으로 생각된다. 비슷한 체력과 활동 수준의 남녀를 비교할 때 여성이 더 높은 2, 3-DPG 수준을 갖고 있다. 이는 상대적으로 낮은 여성의 헤모글로빈 수준을 어느 정도 보상해준다.

탄산탈수효소(carbonic anhydrase)의 작용이 필요하다. 이 효소는 혈장에는 없고 적혈구 내에 많이 있어서 탄산의 형성은 주로 적혈구 내에서 일어난다. 탄산은 형성되자마자 곧 수소 이온(H^+)과 중탄산이온(HCO_3^-)으로 분리된다.

조직에서

$$CO_2 + H_2O \longrightarrow H_2CO_3 \xrightarrow{\text{탄산탈수효소}} H^+ + HCO_3$$

대부분 적혈구 내에서 형성된 중탄산 이온(HCO_3^-)은 적혈구 내의 농도가 높아짐에 따라 농도 경사에 의해 혈장으로 확산된다. 중탄산 이온과 함께 형성된 수소 이온(H^+)은 헤모글로빈(Hb)에 의해 완충된다.

한편 혈장 내에서 탄산탈수효소의 작용 없이 서서히 이루어진 반응으로 생성된 소량의 수소 이온(H^+)은 혈장 단백에 의해 완충되어 콩팥을 통해 배출된다. 이러한 반응은 허파에서는 반대방향으로 진행된다. 즉 혈액이 허파모세혈관에 도달하면 헤모글로빈은 O_2와 결합하고, 이로 인해 헤모글로빈은 자신과 결합되어 있던 수소 이온(H^+)을 방출하게 된다. 수소 이온(H^+)이 방출되면 중탄산 이온과 재결합하여 탄산(H_2CO_3)을 재형성한다. 탄산은 이어서 H_2O와 CO_2로 다시 분해되며, CO_2는 농도가 낮은 허파꽈리 안으로 확산되어 나간다. 이 과정은 조직에서 일어나는 과정과는 반대방향으로 일어난다.

허파에서

$$H^+ + HCO_3 \longrightarrow H_2CO_3 \xrightarrow{\text{탄산탈수효소}} H_2O + CO_2$$

허파모세혈관에서 혈장 중탄산 이온의 농도가 감소함에 따라 염소이온(Cl^-)은 적혈구 내에서 혈장으로 다시 빠져나온다.

plus+

염소치환(Cl^- shift)

중탄산 이온(HCO_3^-)이 적혈구막을 통해 혈장으로 확산될 때 적혈구 내의 전기적 중성을 유지하기 위해서는 혈장의 염소 이온(Cl^-)이 적혈구로 확산되는데, 이를 염소 치환 작용이라고 한다. Cl^-이 적혈구 내로 이동하면 정맥혈액 내의 적혈구는 더 많은 Cl^-를 함유하게 되므로 삼투질 농도가 증가하여 적혈구로 수분(H_2O)을 이동시키게 된다. 그 결과 정맥혈의 적혈구 용적이 동맥혈의 적혈구 용적보다 커지게 된다. 즉 정맥혈의 헤마토크리트(hematocrit) 값이 동맥혈보다 크게 된다.

8.5.2.3 카바민 화합물 형태로 운반

혈액 내 총 CO_2 중 약 13%는 헤모글로빈이나 혈장단백질의 아미노기(NH_2)와 결합하여 카바민 화합물(carbamino compound) 형태로 운반된다. 그중 대부분(90%)은 헤모글로빈과 결합하고, 나머지 10%는 혈장단백질과 결합한다.

$$\underset{\text{헤모글로빈}}{Hb - NH_2} + CO_2 \rightleftharpoons \underset{\text{카바민 화합물}}{Hb - NH - COO^-} + H^+$$

이러한 반응 결과 생성된 수소 이온(H^+)도 앞서 설명한 바와 같이 혈장단백과 헤모글로빈에 의해 완충된다.

산소를 내보낸 환원헤모글로빈(Hb)은 산소와 결합된 산화헤모글로빈(HbO_2)보다 완충능력이 크다. O_2가 조직으로 공급되면 산화헤모글로빈은 환원헤모글로빈으로 전환되기 때문에 환원헤모글로빈이 많은 정맥혈액에서 더 높은 완충능력을 갖고 있다.

헤모글로빈이 수소 이온(H^+)을 완충함으로써 적혈구 내 H^+의 농도가 감소하면 $CO_2 + H_2O \rightarrow HCO_3^- + H^+$ 반응이 더 쉽게 일어나게 되므로 적혈구는 더 많은 양의 CO_2를 운반할 수 있게 되는데, 이를 홀데인 효과(Haldane effect)라고 한다.

8.6 환기능력과 기타 고려사항

8.6.1 세컨드윈드

환기와 관련된 현상 중의 하나로 세컨드 윈드(second wind)가 있다. 세컨드 윈드는 운동 초기에 나타나는 불편감과 통증 또는 피로가 사라지면서 보다 편안하고 고통이 경감된 상태로 돌입하는 현상을 말한다. 운동 초기에 나타나는 통증이나 불편감으로는 강한 호흡곤란, 빠르고 얕은 호흡, 가슴통증, 두통이나 현기증, 여러 부위의 근육통증을 들 수 있다.

세컨드 윈드의 정확한 생리적 원인은 밝혀지지 않았으나 Shephard(1974)는 그 원인에 대해 ① 운동 초기에 환기적응 미비로 초래된 호흡곤란의 해소, ② 작업 근육의 혈류이동 지연에 의해 운동 초기 축적된 젖산 산화(제거), ③ 체온상승, ④ 호흡근육의 국부적 피로경감, ⑤ 심리적 요인 등을 들고 있다. 즉 근육 온도의 상승, 혈류의 재분배, 폐쇄되어 있던 모세혈관의 개방, 정맥환류(venous return)의 증가, 세포내외에서의 에너지원 동원, 호흡중추의 감수성 변화 등은 운동 시작 직후에는 거의 나타나지 않고, 어느 정도의 시간적 간격을 두고 일어나는 것과 관련이 있다.

또 이러한 현상과 관련이 있을 것으로 여겨지는 호르몬은 뇌하수체로부터 분비되는 베타-엔도르핀(β-endorphin)이다. 즉 일정 수준 이상의 운동강도에서 분비되는 베타-엔도르핀은 운동에 의한 기분전환(mood change)의 효과와 통증의 경감 효과와 관련이 있다고 생각되고 있다. 최근에는 운동 중에 느끼는 심리적 행복감(euphoria)을 나타내는 용어로서 러너스 하이(runner's high)가 더욱 일반적으로 쓰여지고 있는데, 여기에는 베타-엔도르핀보다는 엔도카나비노이드(endocannabinoid)라는 물질이 더 크게 관여하는 것으로 밝혀지고 있다[p.376 plus+ 참조].

8.6.2 숨참기와 수의적 과환기

의식적으로 과환기를 하면 허파꽈리 및 동맥혈의 이산화탄소분압이 40mmHg에서 15mmHg까지 감소되며, 혈중 pH 역시 증가한다. 그러나 동맥혈의 산소는 이미 100% 가까이 포화되어 있는 상태이므로 과환기에 의해 동맥혈의 산소분압은 증가하지 않는다.

과호흡에 이어 혈중 이산화탄소분압이 낮아지면 호흡중추에 대한 자극이 억제되므로 숨멈춤시간이 연장된다. 즉 과환기 후 숨멈춤시간이 연장되는 것은 혈액의 산소 함량이 증가되기보다는 혈중이산화탄소의 분압이 낮아져서 호흡중추를 다시 자극하기까지의 시간이 지연되기 때문이다.

잠영의 거리를 늘리기 위해 심호흡하는 경우를 예로 들어보자. 잠영의 거리를 늘리기 위해서는 당연히 심호흡을 해야 한다. 그런데 잠수 전에 너무 지나치게 심호흡을 많이 하는 것은 안전을 생각해서 하지 않도록 권하고 있다.

plus+

러너스 하이와 엔도카나비노이드

러너스 하이(runner's high)는 달리기 중 나타나는 현상으로 달리기를 할 때 숨이 차고 힘든 상황을 지나고 나서 몸이 갑자기 가뿐해지고 구름 위를 다니는 것과 같은 신체적·심리적 상태가 나타나는 것을 표현한다. 러너스 하이는 불안감의 감소, 통증에 대한 둔감성, 마음의 평온함, 그리고 막연한 행복감이 가장 특징적인 효과라고 볼 수 있다. 러너스 하이는 보통 4분에서 30분까지 지속되며, 분당 심박수가 120회 정도의 강도로 30분 이상 달릴 때 나타나는 것으로 알려져 있다.

러너스 하이와 관련해서 가장 많이 연구되어 온 호르몬은 베타-엔도르핀(β-endorphin)이다. 베타-엔도르핀은 뇌하수체에서 피코그램 단위로 극미량 분비되는 호르몬으로, 인체 내부를 뜻하는 엔도(endo)와 모르핀(morphine)의 합성어이다.

베타-엔도르핀의 작용은 운동할 때 그 운동에 따른 통증을 경감시키거나 힘든 상태를 견디는 운동내성과 관련되어 있으며, 또 심리적, 정서적 상태와도 관련되어 많이 연구되어 왔다.

그런데 최근에는 운동할 때 나타나는 심리정서적 변화에는 베타-엔도르핀보다 엔도카나비노이드(endocannabinoid)가 더 깊게 관여하는 것으로 밝혀지고 있다. 즉 엔도카나비노이드가 운동할 때 통증감각의 차단과 정서적 행복감에 더욱 중요한 작용을 한다고 보고 있다. 엔도(endo-)는 내인성으로 생성되는 물질을 의미하고, 카나비노이드는 이스라엘의 화학자인 루미르 하누스 박사가 1980년 대마에서 처음 발견한 물질이다.

최근 연구들은 엔도카바미노이드의 작용을 차단하는 길항약물을 투여했을 때 운동에 따른 통증감소 효과가 사라지는 것을 확인하였다. 엔도카나비노이드와 결합하는 수용체는 인체의 뇌와 척수, 그리고 말초기관, 면역 관련 조직에 광범위하게 분포되어 있는 것이 발견되었다.

이러한 물질들의 작용기전에 대한 발견은 정기적인 운동이 긴장의 완화, 유쾌한 기분, 행복감 등을 통해 심리적·정서적 문제가 있는 사람을 위한 요법적 수단이 될 수 있다는 근거가 된다.

심호흡을 여러 번 한다고 해서 혈중 산소농도를 크게 증가시킬 수 없지만, 혈중 이산화탄소분압은 평소의 40mmHg에서 15mmHg 수준까지 감소시킬 수 있다. 이렇게 혈중 이산화탄소분압이 감소하면 숨을 참는 시간을 연장시킬 수 있다. 왜냐하면 뇌 연수에 있는 호흡중추는 혈중 산소농도의 감소보다는 혈중 이산화탄소 농도의 증가에 더 민감하게 반응하기 때문이다. 잠영하기 전 심호흡을 여러 번 해서 미리 혈중 이산화탄소 농도를 낮추면 호흡억제자극의 한계치인 50mmHg에 도달하기까지 숨멈춤시간을 늘릴 수 있고, 잠영거리를 늘릴 수 있다.

그러나 문제는 동맥혈의 CO_2 분압이 호흡억제자극의 한계치인 50mmHg에 도달하기 전에 지속적인 산소소비에 의해 산소분압(PO_2)이 낮아진다는 점이다[그림 8-20]. 극단적으로 혈중 산소분압이 낮아지면 중추신경계통의 기능을 유지하기 어려워져 실신(faint)하게 된다. 실신하면 다시 호흡을 시작하게 되는데, 이는 조직의 산소섭취를 위한 인체의 방어적 수단이라고 볼 수 있다. 이러한 이유로 물속에서 실신하면 익사의 위험이 있기 때문에, 잠수시간을 늘리기 위해 지나치게 많은 과호흡을 하는 것은 피하도록 권고하고 있다.

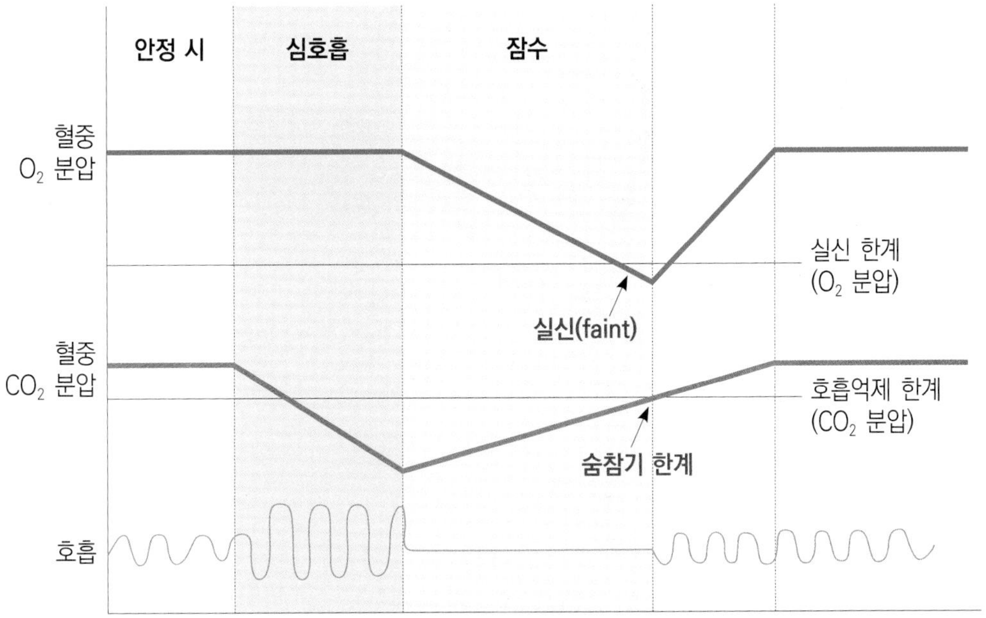

그림 8-20. 과호흡 및 숨멈춤 시 혈중 PO_2와 PCO_2의 변화

그러나 경영의 출발선에서 여러 번 심호흡을 하는 것은 특히 단거리 경기에 유리하다. 경영 경기에서 다이빙을 한 다음 호흡을 한동안 멈추고 물속에서 머리를 넣은 채 한동안 매우 빠르게 치고 나가는 모습을 볼 수 있다. 이때 고개를 돌리지 않고 호흡을 멈추는 것이 역학적으로 이득이기 때문이다.

8.6.3 두 개의 가로막과 호흡조절, 자세의 문제

정상적으로는 가로막(횡격막)이 호흡에서 7의 역할을 하면, 갈비사이근(늑간근)은 3의 역할을 한다. 가로막을 주로 활용한 호흡을 복식호흡(배호흡) 또는 횡격막호흡이라고 하며, 가로막(횡격막)보다는 갈비뼈 사이의 갈비사이근(늑간근)에 더 의존하는 호흡을 흉식호흡이라고 한다.

정상적인 호흡은 가로막과 갈비사이근의 작용에 의해 가슴우리가 확장되면서 가슴내압을 감소시키고, 그로 인해 허파의 확장이 순조롭게 이루어진다. 그러나 그림 8-21과 같은 자세의 문제는 이러한 폐의 확장을 제한하는 원인이 된다. 즉 호흡을 할 때 가슴우리는 복장뼈(흉골)와 갈비뼈의 버킷 핸들(bucket handle)과 펌프 핸들(pump handle)의 작용을 통해 확장되어야 하는데, 이러한 움직임이 제한된다[그림 8-21].

이렇게 되면 얕은 호흡을 보상하기 위해 가슴 윗부분을 들어올리는 근육이 관여된다. 가슴 위쪽에 있는 목빗근(흉쇄유돌근)이나 목갈비근(사각근)까지 평상시의 호흡에 참여하면서 목이나 가슴 위부분의 긴장도가 올라가게 되는데, 이는 목과 등 부위의 경직과 통증·두통 등을 일으키는 원인으로 지목된다.

요즘 카페 등에서 낮은 테이블에 노트북을 올려놓고 열심히 일하는 모습을 흔히 볼 수 있다. 앞으

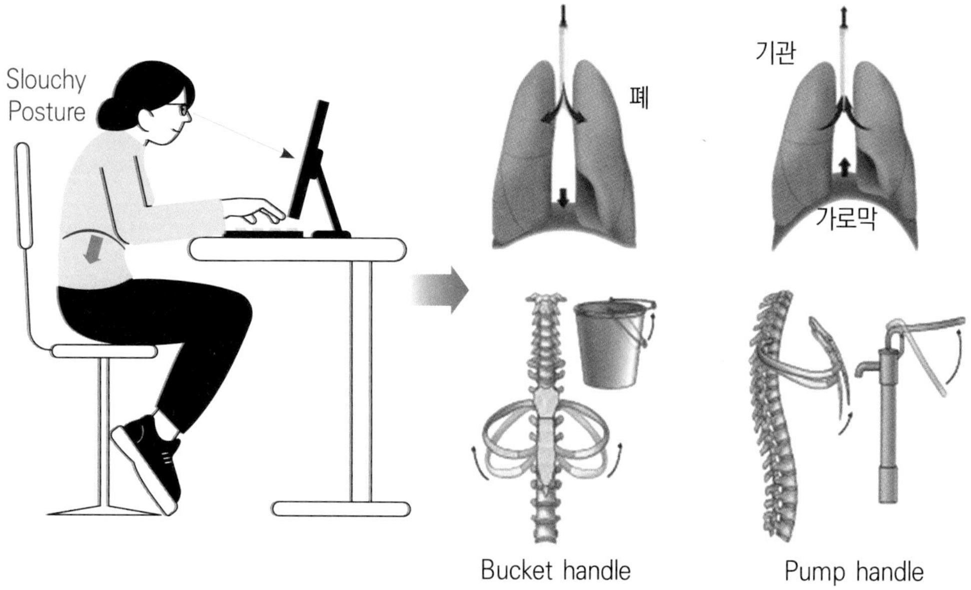

그림 8-21. 자세와 들숨 시 가슴우리의 움직임(버킷 핸들과 펌프 핸들)

로 상체를 구부정하게 숙인 자세로 몇 시간이고 일하면 가로막의 자연스런 움직임과 가슴우리 확장은 방해를 받게 된다. 이 자세로는 환기효율이 감소될 뿐만 아니라 복부에 있는 근육들이 비활성화된다. 즉 모니터 자판 위에 양손을 올리고 팔꿈치로 상체 무게를 지지한 상태가 되기 때문이다. 이렇게 되면 신경자극을 받지 않은 복부근육들은 점차 약해지는데, 이는 요통의 원인이 될 수 있다. 왜냐면 배가로근(복횡근), 배빗근(복사근) 등은 근막에 의해서 허리부위에서 척주세움근, 등허리근막과 연결되어 있어 척추를 잡아주는 역할을 하기 때문이다[그림 8-22].

이와는 반대로 척추를 반듯이 세운 자세에서는 숨을 들이쉬고 내쉴 때마다 가로막(횡격막)의 위아래 움직임에 연동되어 복부근육이 적절한 긴장과 이완을 반복하게 되며, 적절한 복강내압(IAP, Intra-abdominal pressure)을 형성할 수 있게 된다.

호흡과 관련하여 협응적 작용을 하는 또 하나의 가로막이 있는데, 그것은 골반바닥근(골반저근)이다. 골반바닥근은 골반의 바닥을 이루고 있으면서 골반 안의 장기들, 즉 창자와 방광, 그리고 자궁(여성)을 받쳐주는 근육층이다. 이 골반바닥근도 좌식 생활과 잘못된 자세로 인해 그 기능이 약화되는 대표적인 근육이다.

호흡할 때 이 골반바닥근과 가로막(횡격막)의 협응적 움직임에 관심이 모아지고 있다. 숨을 들이마시거나 내쉴 때 의식하지 못하는 가운데 골반바닥근도 호흡의 리듬을 조정하는 데 참여한다. 정상적이고 자연스런 호흡에서는 숨을 들여 마실 때 가로막과 마찬가지로 골반바닥근도 아래로 내려가고, 숨을 내쉴 때도 위로 올라간다. 그렇지만 내려갈 때 수축하는 가로막과는 반대로 골반바닥근은 내려가면서 약간의 긴장과 함께 늘어나며, 올라갈 때는 수축하게 된다.

이 골반바닥근의 움직임은 자세에 의해서 직접적으로 영향을 받는다. 예를 들어 골반바닥근은

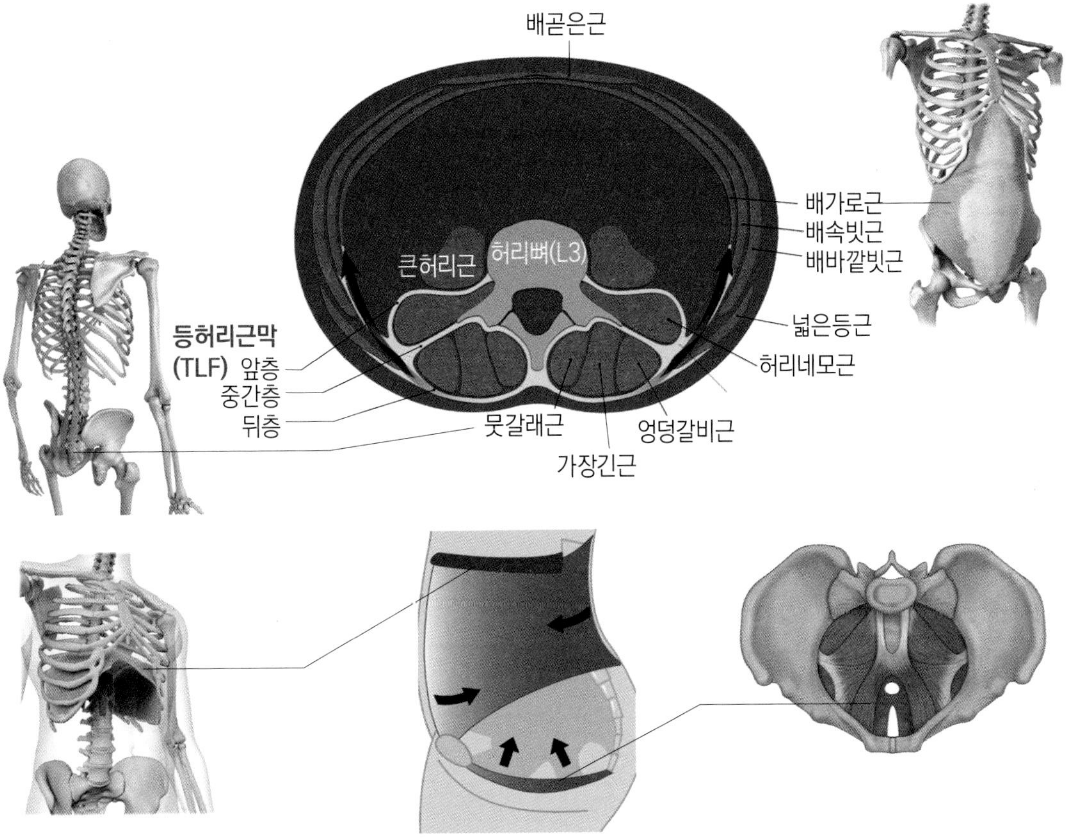

· 복강내압(IAP : Intra-abdominal pressure) : 배가로근, 뭇갈래근, 가로막, 골반바닥근
· 심부등근육(뭇갈래근, 가장긴근, 엉덩갈비근)은 배가로근, 배속빗근과 연결되어 있음 → 등허리근막(흉요근막)

그림 8-22. 복강내압을 형성하는 근육들과 척주 주변의 근육들

상체를 앞으로 기울인 상태에서는 완전히 이완된다. 화장실 변기에 앉아서 볼일을 보기 위해 허리를 세우지 않고 앞으로 기울이는 이유가 여기에 있다. 그러나 화장실이 아니라 평소에 앉는 자세가 그렇다면 골반바닥근은 호흡 리듬에 따른 움직임이 아니라 항상 이완된 상태가 되고 마는데, 이는 결국 골반바닥근의 약화와 조절능력 상실로 이어진다. 이는 또 요실금과 같은 문제와도 관련되어 있다. 결론적으로 몸에 있는 두 개의 가로막은 서로 협조하며 적절하게 복압을 조절하고, 자율신경의 균형을 유지하는 데도 기여한다.

8.6.4 흡연과 호흡기능

흡연이 호흡에 영향을 미치는 두 가지 주요 기전은 ① 기도 저항의 증가로 인해서 환기 자체를 하기 위한 산소소비량의 증가, ② 헤모글로빈에 의해 운반할 수 있는 산소(O_2)의 감소이다.

첫번째 기전은 습관적 흡연은 기도 저항의 증가를 초래한다는 것이다. 이는 호흡근육이 더 힘들게 일해야 함을 뜻하고, 일정량의 공기를 환기하기 위해 호흡근육에 의해 소비되는 산소량이 증가함을 의미한다. 즉 습관적 흡연자가 운동 시작 1시간 이내에 여러 개피의 담배를 피웠을 때 심한 운동 중 습관적 흡연자의 환기 자체를 위한 산소소비량(호흡근육의 산소소비량)은 비흡연자의 2배에 달한다고 보고되고 있다. 이처럼 호흡근육에 의한 산소소비량의 증가는 작업근육에 보내져야 할 산소량을 감소시킨다.

두번째 기전은 흡연의 부산물 중 하나인 일산화탄소(CO)는 헤모글로빈과의 친화력이 산소보다 210~250배 높다는 점이다. 이는 같은 양의 일산화탄소를 헤모글로빈과 결합시키는 데 필요한 일산화탄소의 분압이 산소의 1/250에 불과함을 의미한다. 그러므로 담배연기를 흡입하면 일산화탄소는 산소보다 훨씬 빠르게 헤모글로빈과 결합한다.

일단 일산화탄소와 결합한 헤모글로빈은 산소와 다시 결합할 수 없게 된다. 그 이유는 일산화탄소가 산소와 마찬가지로 헤모글로빈의 헴(heme)과 결합하기 때문이다. 그 결과 혈액의 산소운반능력이 감소하는데, 심각한 습관적 흡연자는 그 감소량이 10%에 달할 수 있다.

plus+

과환기증후군(Hyperventilation syndrome)

스포츠현장에서 간혹 볼 수 있는 현상으로 수의적 과환기와는 달리 생체가 필요로 하는 이상으로 발작적인 과환기를 하며, 뒤이어 호흡곤란, 졸도, 현기증, 가슴중압감, 손발의 긴장성 울혈, 다량의 발한, 팔다리 또는 얼굴마비 등이 나타나는 증상이다.

과환기증후군이 발생하는 원인은 명확하지 않지만 주로 불안신경증적 요인에 의한 것으로 생각된다. 필요 이상으로 과환기가 일어나면 체내 이산화탄소가 과잉 배출되면 혈중 PCO_2 분압이 현저히 낮아져 중추신경계통의 조절에 이상이 나타난다. 즉 과환기에 의해 혈중 PCO_2 분압이 낮아지고, 혈중 pH가 높아지는 혈액의 알칼리화가 진행됨에 따라 뇌 부위의 세동맥이 수축하고, 이어서 뇌혈류가 감소하게 된다.

과환기증후군 증상이 나타나면 호흡을 멈추거나 적게 하고, 봉투 또는 병을 이용하여 자신의 날숨을 재차 흡입하도록 하여 동맥혈의 PCO_2를 재차 상승시켜야 한다. 그리고 무엇보다도 심리적으로 안정시키는 것이 중요하다.

plus+

코호흡 vs 입호흡

코호흡의 중요한 기능으로는 다음 세 가지가 잘 알려져 있다. 즉 ① 들이마시는 공기를 여과하고, ② 따뜻하게 데우며, ③ 적당한 습도를 머금게 한다.

이에 반하여 입으로 공기를 들여 마시면 외부의 차갑고 건조한 공기가 바로 기관과 기관지로 유입되고, 이는 기도의 벽으로부터 점성이 높은 점액의 분비를 초래한다. 점액질이 과도하게 분비되면 호흡기 통로에 있는 섬모의 운동을 방해하고, 결국 허파꽈리와 모세혈관 사이에 이루어지는 가스교환을 방해하므로 산소섭취를 감소시키는 원인이 된다.

코와 부비동에서는 산화질소(NO : natric oxide)를 생성한다. 부비동은 코 주변 뼈속에 있는 빈공간을 말한다[그림 8-23]. 코를 통해서 받아들인 공기는 이곳 부비동 안에서 산화질소와 잘 섞인 상태로 기도와 허파꽈리까지 도달하게 한다. 산화질소(NO)는 강력한 기관지 확장 작용과 혈관 확장 기능이 있어서 고혈압을 감소시키고, 산소섭취를 증가시키는데 도움을 준다. 또 주로 입호흡에 일어나는 과호흡을 예방하는 데도 코호흡은 도움을 준다.

최근에는 이 공간의 역할에 대해 매우 중요한 사실이 제시되고 있다. 부비동의 역할은 마치 컴퓨터의 환풍장치와 같다는 것이다. 즉 두개골에 의해 둘러싸여 있는 뇌는 매우 많은 에너지를 쓰는 기관이다. 그것은 그만큼 많은 양의 열에너지를 생산한다는 것을 뜻한다. 그렇지만 뇌는 두꺼운 두개골에 둘러싸여 있어서 그 열을 발산시키기 못하므로 열이 축적되기 쉬운 구조라고 할 수 있다. 또 뇌의 단백질 조직도 열에 취약하여 열을 발산시키지 못하면 매우 치명적인 결과를 초래할 수도 있다. 극단적인 예를 들면 뜨거운 날 운동을 할 때 발생하는 열을 제대로 밖으로 내보내지 못하면 뇌에 열이 축적되어 돌이킬 수 없는 뇌조직의 변성을 초래하게 되는데, 그것이 바로 열사병이다.

이처럼 코로 숨을 쉴 때는 부비동을 통해 공기의 순환이 이루어진다. 이 경우는 뇌를 식히는 작용을 할 뿐만 아니라 눈 뒤편의 공간을 통해 망막도 식히는 작용을 한다. 망막도 뇌에 못지 않게 대사 수준과 열생성량이 높아서 혈액의 순환만으로 열 발산을 전부 감당하기 어렵다.

또 뇌에는 뇌하수체라고 하는 매우 중요한 호르몬분비샘이 있다. 이 호르몬 분비기관을 둘러싸고 있는 뼈의 공간이 있는데, 이 공간을 접형

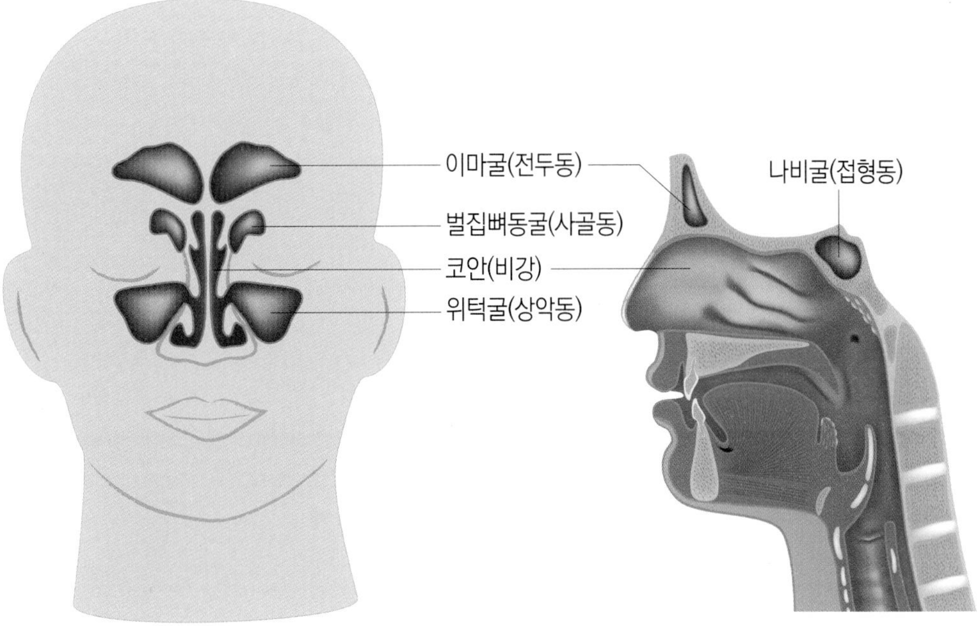

그림 8-23. 코안의 공간들(부비동)

동이라고 한다. 이 접형동도 공기가 순환하면서 뇌하수체의 열발산을 도와주는 작용을 한다. 뇌하수체에서는 인체의 생리적 조절에 중요한 작용을 하는 성장호르몬이나 갑상샘자극호르몬, 부신겉질자극호르몬, 항이뇨호르몬 등이 분비된다.

또 남성과 여성호르몬의 분비를 자극하는 성선자극호르몬도 여기에서 분비되므로 여성의 출산과 임신, 성기능과 관련을 갖고 있다.

입으로 호흡할 때는 기관으로 바로 공기가 들어가므로 부비동이나 접형동에 의한 공기 순환 기능을 기대할 수 없고, 대신에 혈류 순환의 속도를 높여서 열을 식히려고 하므로 혈압이 상승하고 심장에 부담을 주게 된다. 또 입호흡을 하게 되면 과호흡의 위험이 높아지는데, 코호흡은 이러한 위험을 낮추어 준다. 과호흡을 하면 혈액 중 이산화탄소 농도가 현저히 감소하고 혈액이 지나치게 알칼리화된다. 혈액이 알칼리화되면 헤모글로빈과 산소의 결합이 너무 강해져서 조직에 이른 헤모글로빈이 산소를 내보내지 못해서 조직이 산소를 공급받는 것에 방해가 된다. 이러한 이유로 입호흡과 비교해서 코호흡을 할 때는 산소섭취량은 약 10~20% 정도 증가한다고 알려져 있다. 비염이나 축농증은 코호흡을 방해하는 가장 흔한 원인이다. 다음 말을 기억하자. "코로 꽃향기를 마시고, 입으로는 캔들을 불어 꺼라."

단원요약

》 인체가 필요한 산소를 받아들이고 대사 과정에서 생성된 이산화탄소를 내보내는 과정을 호흡이라고 한다. 호흡활동은 가로막, 갈비사이근 등 호흡근육에 의해 이루어진다.

》 들숨 시에는 가로막과 바깥갈비사이근의 수축으로 인해 가슴우리(흉곽) 용적이 커지고, 가슴우리용적에 반비례하여 가슴우리 내 압력이 감소하므로 쉽게 공기가 허파 속으로 유입된다. 반면 날숨 시에는 가로막과 바깥갈비사이근이 이완하여 가슴우리 용적을 감소시킴으로써 공기가 허파로부터 쉽게 배출된다.

》 운동 시에는 호흡활동이 활발해져 1회호흡량과 분당호흡수가 증가하기 때문에 분당환기량 역시 증가한다. 운동 시 환기량을 증가시키는 요인으로는 신경성 인자와 액성 인자가 있다.

》 신경성 인자는 운동 시 대뇌겉질에서의 자극, 활동하는 근육과 관절 내 수용체로부터의 자극을 들 수 있고, 액성 인자는 목동맥토리의 화학수용기에 의해 감지되는 혈중 CO_2의 증가, 혈중젖산의 축적과 그로 인한 혈중pH의 감소를 들 수 있다.

》 점진적으로 운동강도를 증가시켜 나갈 때 산소소비량은 운동강도와 더불어 직선적인 증가 양상을 보이지만, 환기량은 어느 시점에서 급격하게 증가하는 현상을 보인다. 이처럼 환기량이 급증하는 시점을 무산소성역치(AT: anaerobic threshold) 또는 환기역치(VT: ventilation threshold)라고 한다.

》 젖산역치(LT: lactate threshold)란 점증적으로 부하를 증가시켜 나갈 때 혈중젖산농도가 급증하기 시작하는 시점의 운동강도를 의미한다.

》 혈중젖산 농도가 4mM에 이르는 시점을 젖산축적개시점(OBLA)이라고 부르는데, 이 시점을

젖산역치(LT)와 혼동하여 사용하는 경우가 있다.

- 허파꽈리와 허파꽈리모세혈관, 조직과 조직 내 모세혈관 사이에 일어나는 가스교환은 확산(diffusion)에 의해 이루어진다. 산소와 이산화탄소의 확산은 분압차에 의해 이루어진다. 즉 허파꽈리 내의 산소분압은 허파꽈리모세혈관을 흐르는 혈액의 산소분압에 비해 높기 때문에 허파꽈리 내에서 허파꽈리모세혈관으로 산소가 확산되어 들어간다. 이산화탄소의 확산은 산소와 반대방향으로 진행된다.
- 안정 시와 가벼운 운동 중 환기-관류비는 거의 0.8 정도를 유지하지만, 강한 운동 중에는 분당환기량이 100ℓ/min 이상 크게 증가하고, 분당심박출량은 20~30ℓ/min 정도 증가하므로 환기-관류비는 5.0 이상 증가한다.
- 분압차 외에 가스교환에 영향을 미치는 요인으로는 확산경로의 길이, 허파꽈리주위 모세혈관의 혈류량, 혈액 내 적혈구 수 및 헤모글로빈 농도, 폐포환기량 등을 들 수 있다.
- 무효공간(dead space)은 기도에 머물며 실제로 가스교환에 참여하지 않는 공기량으로 약 150㎖이며, 폐포환기량은 허파꽈리로 유입되어 실제로 가스교환에 참여하는 공기량으로 일회호흡량에서 무효공간의 양을 뺀 값이다.
- 최대운동 시 산소에 대한 폐확산능력은 300%까지 증가하는데, 이는 주로 허파꽈리모세혈관을 흐르는 혈류량의 증가에 기인한다. 혈액에 의한 산소운반은 대부분 적혈구 내 헤모글로빈에 의해 이루어지고, 단지 3~4%만이 용해된 상태로 운반된다.
- 안정 시 동맥혈액의 산소함량은 정맥혈의 산소함량보다 언제나 높은데, 동맥혈과 정맥혈 간의 산소함량 차이를 동정맥산소차(a-v O_2 diff)라고 한다. 운동 시에는 조직에서의 산소소비가 증가되어 동정맥산소차가 안정 시 4~5㎖%에서 15㎖%까지 증가하게 된다.
- 혈액의 산소포화도(%SO_2)와 산소분압(PO_2)의 관계를 나타내는 곡선을 산소해리곡선이라고 한다. 이 산소해리곡선은 산소분압 외에 혈액온도, 혈액pH, 혈중 CO_2 농도의 영향을 받는다.
- 운동 시에는 혈액온도와 혈중 CO_2 농도가 상승하고 혈액 pH가 감소된 결과 산소해리곡선이 오른쪽으로 이동한다. 산소해리곡선이 오른쪽으로 이동함에 따라 조직의 동맥혈에서 헤모글로빈의 산소해리가 활발하게 일어나 조직세포에서 더 많은 산소를 추출하여 사용할 수 있게 된다. 그로 인해 운동 시 동정맥산소차가 커진다.
- 이산화탄소는 대부분 중탄산이온(HCO_3^-)의 형태로 운반되며, 나머지는 카바민화합물이나 용해된 상태로 운반된다. 조직에서 생성된 이산화탄소는 적혈구 내 수분(H_2O)과 결합하여 탄산(H_2CO_3)을 형성하고, 곧이어 중탄산이온(HCO_3^-)과 수소 이온(H^+)으로 분리된다.
- 중탄산이온은 혈장으로 확산되어 허파로 이송된다. 허파에서는 중탄산이온이 다시 수소 이온과 결합하여 탄산(H_2CO_3)을 형성하고, 이어서 물과 이산화탄소로 다시 분리되어 날숨을 통해 이산화탄소가 배출된다.
- 조직에서 생성된 이산화탄소 중 일부는 헤모글로빈이나 혈장단백의 아미노기(NH_2)와 결합하여 카바민화합물의 형태로 운반된다. 이러한 반응에 의해서 생성된 수소 이온(H^+)은 헤모글로빈이나 혈장단백에 의해 완충된다.
- 운동 중에 느끼는 심리적 행복감(euphoria)을 나타내는 용어로서 러너스 하이(runner's high)가 쓰여지고 있는데, 여기에는 베타-엔도르핀보다는 엔도카나비노이드(endocannabinoid)라는 물질이 더

크게 관여하는 것으로 밝혀지고 있다.

〉〉 의식적으로 호흡횟수와 심도를 높이는 수의적 과환기가 혈중 CO_2의 분압을 낮추어 숨멈춤 시간을 지연시키는 효과를 갖고 있다. 이러한 효과로 인해 수영경기에서 출발 시에 이용되고 있으나, 잠수시간을 늘리기 위한 심호흡(수의적 과환기)은 호흡중추가 자극되기 전에 혈액의 산소분압이 극단적으로 낮아져서 발생하는 실신(faint)의 위험성이 있다.

연습문제

1. 허파꽈리와 허파꽈리모세혈관 내 적혈구 사이의 확산경로를 설명하라.
2. 들숨와 날숨 시 가슴우리(흉곽)의 용적과 압력의 변화를 설명하고, 이때 작용하는 호흡근육에 대해 설명하라.
3. 1회호흡량, 분당환기량에 미치는 일회적 운동과 훈련의 영향에 대하여 설명하라.
4. 운동 시 호흡활동을 자극하는 요인과 그 기전에 대해서 설명하라.
5. 환기-관류비(V/Q ratio)에 대해 설명하고, 이 비율이 허파에서의 위치에 따라 차이가 나는 이유와 운동 시 변화하는 이유를 설명하라.
6. 무산소성역치(anaerobic threshold)에 대해 정의하고, 그 원인에 대해 설명하라.
7. 다음 용어를 정의하라.

   ① 환기역치(VT) ② 젖산역치(LT)

   ③ 젖산축적개시점(OBLA) ④ 호흡보상점
8. 인체의 폐용적과 폐용량에 대해 설명하고 나이에 따른 변화를 설명하라.
9. 일초량(FEV1)과 최대수의환기량(MVV)에 대해서 설명하라.
10. 산소 및 이산화탄소분압이 허파꽈리와 모세혈관 사이의 확산에 의한 가스교환에 미치는 영향은 무엇인가?
11. 혼합정맥혈에 대해서 설명하고, 운동강도가 높을수록 혼합정맥혈의 산소분압과 이산화탄소분압이 어떻게 변화하는지 설명하라.
12. 발살바 동작(Valsalva maneuver)을 행할 때 가슴내압과 정맥환류량이 어떻게 변화하는지, 그 위험성에 대해 설명하라.

13. 가스교환에 영향을 미치는 요인들에 대해 설명하라. 폐섬유증과 빈혈은 가스교환에 어떠한 영향을 미치는가?
14. 산소해리곡선에 대해 설명하고, 운동할 때 산소해리곡선의 이동이 조직에서 헤모글로빈과 산소의 결합에 어떤 영향을 미치는지 설명하라.
15. 이산화탄소의 운반과정 중에서 중탄산 이온의 형태로 운반되는 과정을 요약 설명하라.
16. 세컨드윈드(second wind)와 러너스하이(runner's high)에 대해서 설명하라.
17. 잠수를 하기에 앞서서 수의적 과환기를 할 때 일어날 수 있는 위험에 대해 설명하라.
18. 흡연이 호흡기능에 미치는 영향을 설명하라.

asics
10

CHAPTER 9
인체수행력의 지표와 평가

산소소비량의 측정 원리와 호흡상, 운동 후 초과산소소비량(EPOC)과 무산소성역치(AT)에 주안점을 두고 학습한다. 또한 최대산소섭취량의 의미와 단위, 측정원칙을 이해한다. 특히 학부 과정이라면 이러한 용어의 개념적인 측면에 중점을 두어 학습하기 바란다. 자전거 에르고미터나 트레드밀 검사법, 무산소성 파워와 능력의 측정, 최대 및 최대하운동검사에 대해 이 책에서 제시한 방법들을 자료로 활용하기 바라며, 대체적인 측정 원리를 파악하는 것이 필요하다.

또한 간접적으로 에너지소비량을 추정하는 여러 가지 방법의 기본 원리를 이해한다.

운동 시에 나타나는 여러 가지 생리적 반응은 그 사람의 운동수행능력이나 건강상태를 파악하는 자료가 된다. 인체의 수행능력은 에너지대사적 측면에서 크게 유산소성 능력과 무산소성 능력, 그리고 무산소성 파워로 구분할 수 있다.

유산소성 능력은 주로 최대산소섭취량(최대산소소비량)의 측정을 통해 평가된다. 왜냐하면 최대산소섭취량은 심장혈관계통의 최대기능적 능력을 반영하고, 심장혈관계통의 기능은 유산소성 지구력, 즉 심폐지구력을 결정하는 가장 중요한 요인이기 때문이다. 최대산소섭취량 외에 무산소성 역치가 유산소성 지구력을 결정하는 중요한 지표로 이용되고 있다.

무산소성 능력은 무산소성 에너지공급에 주로 의존하는 형태의 운동수행력을 의미하는 것으로, 주요 에너지 공급과정은 젖산 과정이다. 반면 무산소성 파워는 인체가 수행할 수 있는 최대작업속도로서 주로 순발력(power)을 의미하며, 주요 에너지 공급과정은 인원질 과정(ATP-PCr시스템)이다.

이러한 수행능력의 측정방법에는 최대운동부하 검사방법과 최대하운동부하 검사방법이 있다. 또한 운동검사에 사용되는 장비로는 트레드밀이나 에르고미터 등이 있으며, 운동 중 여러 가지 생리적 변인들이 측정된다. 그러한 측정변인으로는 심박수, 산소섭취량, 호흡상(호흡률, respiratory quotient), 혈압, 혈중젖산 농도 등이 있으며, 그밖에 검사목적에 따라 많은 항목들이 측정되고 있다.

인체수행력을 나타내는 여러 가지 측정항목 중 개인의 수행능력을 나타내는 가장 타당한 방법은 에너지 소비능력의 평가이다. 이 장에서는 주로 에너지 소비능력과 관련하여 실험실에서 통제된 상황에서 측정되는 인체수행력의 지표와 측정방법에 대하여 기술한다.

9.1 에너지대사량의 측정

인체가 대사활동을 통해 생산하는 에너지를 측정하는 방법에는 통열량계(bomb calorimeter)를 이용한 직접측정법과 산소소비량을 측정하여 에너지량으로 환산하는 간접측정법이 있다.

직접측정법은 인체 대사활동의 결과 생겨난 열량이 에너지 생산량과 같다는 사실을 바탕으로 밀폐된 통열량계 안에서 활동을 수행할 때 발생하는 열을 열량계를 이용하여 측정하여 에너지 생산량을 직접 측정하는 방법이다[그림 9-1].

그림 9-1에서 보듯이 통열량계의 외부는 절연체에 의해 완전히 차단되어 있기 때문에 운동으로 인해 발생한 열량(칼로리)은 순전히 통 속을 둘러싸고 있는 일정량의 물에 흡수되어 물의 온도를 상승시키는 데 이용된다. 1kcal는 1kg의 물을 섭씨 1도(15℃에서 16℃로) 상승시키는 데 소모되는 열량이다. 그러므로 만일 통열량계의 물이 3ℓ이고, 통열량계 안에서의 운동에 의해 물의 온도가 15℃에서 20℃로 5℃ 상승하였다면 이때 발생한 열량은 15kcal(3ℓ×5℃)이다.

그러나 실질적으로 이러한 방법은 매우 특수한 시설과 장비를 필요로 하기 때문에 광범위한 활동수행의 에너지를 측정하기 어렵다. 가장 보편적인 방법으로는 산소소비량을 측정함으로써 에너지를 간접적으로 측정하는 방법이 이용되고 있다.

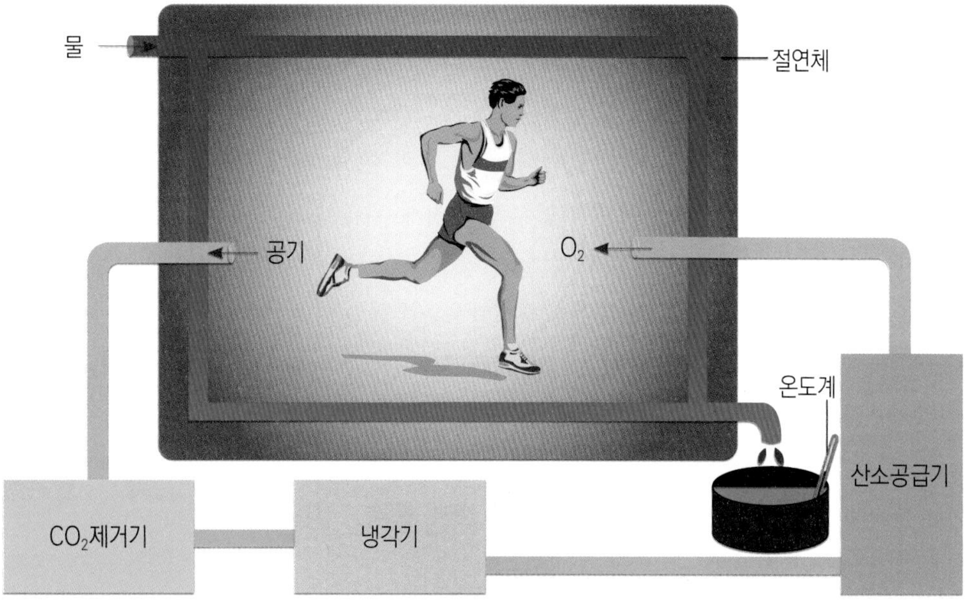

그림 9-1. 인체 에너지소비량의 직접적인 측정방법

9.1.1 호흡가스분석기의 측정원리

제3장에서 배웠듯이 인체가 생리적인 일이나 운동을 수행할 때 필요한 에너지는 외부로부터 섭취한 열량원(탄수화물, 지방, 단백질)을 호흡으로 섭취한 산소를 통해 분해함으로써 얻어진다. 그 과정에서 물과 이산화탄소가 최종산물로 생성된다. 그러므로 인체의 대사활동이 증가할수록 산소소비량과 이산화탄소 생성량은 증가한다.

따라서 내쉬는 공기(날숨) 중의 산소농도는 들이마시는 공기(들숨) 중의 산소 농도보다 언제나 낮

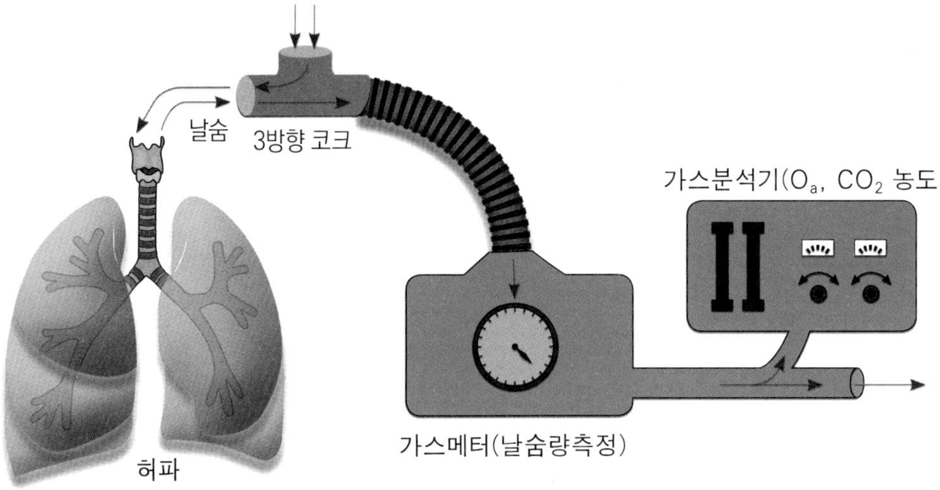

그림 9-2. O_2 소비량과 CO_2 배출량의 측정

고, 대사활동이 증가할수록 날숨(호기) 중 산소 농도는 낮아진다. 즉 들숨과 날숨 중 산소 농도의 차는 인체 내에서 소비되는 산소량을 반영한다.

반대로 들숨 중의 이산화탄소 농도에 비해 날숨 중의 이산화탄소 농도는 언제나 높을 것이고, 그 농도차는 인체 대사활동의 수준이 증가할수록 커지게 된다. 그러므로 일정 시간 동안 신체활동 중 들이마시는 공기량(환기량)을 알고, 들숨과 날숨 중의 산소 농도와 이산화탄소 농도를 측정한다면 단위시간, 즉 분당산소소비량과 이산화탄소 생성량을 알 수 있다.

그림 9-2는 보편적으로 이용되고 있는 자동가스분석기(automatic gas analyzer)의 측정원리를 나타내고 있다. 자동가스분석기를 통해 실내공기의 O_2와 CO_2 농도를 측정하고, 이어서 피검자는 3방향코크(3-way cock)에 부착된 마우스피스를 통해 공기를 흡입하여 내쉬도록 되어 있다. 3방향코크는 호흡밸브가 있어 공기를 들이마실 때는 압력에 의해 가스미터쪽 밸브가 닫혀서 흡입한 공기가 허파 속으로만 유입되도록 되어 있고, 반대로 내쉴 때는 실내공기쪽 밸브는 닫히고 가스미터 방향의 밸브만 열리기 때문에 가스미터로 날숨이 보내지도록 되어 있다.

가스미터는 단위시간당 날숨량을 측정하고, 여기에서 배출되는 날숨공기 중 일부는 가스분석기에 보내진다.

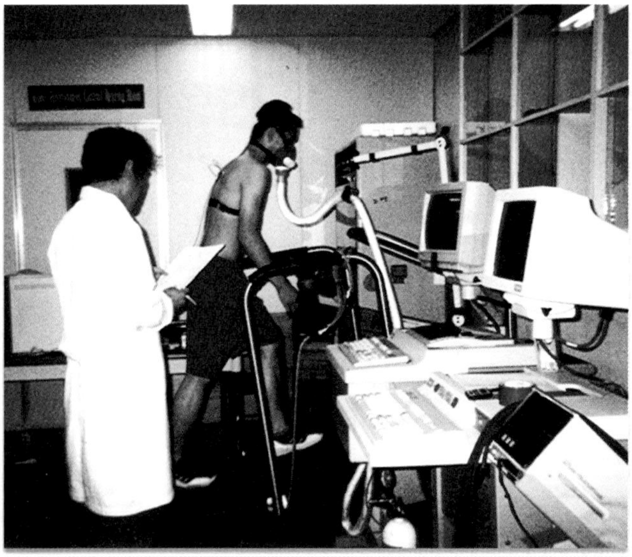

그림 9-3. 트레드밀에서의 운동부하검사

가스분석기는 보내진 날숨 중의 산소와 이산화탄소 농도를 분석한다.

이처럼 호흡가스분석기를 통해 환기량(주로 날숨량)을 측정하고, 들숨(실내공기) 중 O_2와 CO_2의 농도, 날숨 중 O_2와 CO_2의 농도를 측정함으로써 휴식 시나 운동수행 중 O_2 소비량과 CO_2 생성량을 측정할 수 있다.

9.1.2 산소소비량의 측정

산소소비량($\dot{V}O2$)을 알기 위해서는 동일한 시간 동안 들숨 중 O_2량에서 날숨 중 O_2량을 빼야 한다. 들숨량과 날숨량은 같기 때문에 보통 가스미터를 통해 날숨량을 측정하면 된다. 그리고 들숨 중 O_2 농도와 날숨 중 O_2 농도를 측정하면 산소소비량을 구할 수 있다.

$\dot{V}O_2$ = 들숨 중 O_2량 − 날숨 중 O_2량
들숨 중 O_2량 = 들숨량 × 들숨 중 O_2 농도
날숨 중 O_2량 = 날숨량 × 날숨 중 O_2 농도이므로
$\dot{V}O_2$ = (들숨량 × 들숨 중 O_2 농도) − (날숨량 × 날숨 중 O_2 농도)

예를 들어 분당들숨량이 100ℓ이고, 들숨 중 O_2 농도가 20%라면 분당들숨 중 O_2량은 100×0.2 ℓ/min = 20ℓ/min이 된다. 분당날숨량이 100ℓ이고 날숨 중 O_2 농도가 15%라면, 날숨 중 O_2량은 100×0.15ℓ/min = 15ℓ/min이다. 이 경우, 분당산소소비량은 20-15 = 5ℓ/min이다.

해수면에서 들숨 중 O_2 농도는 20.93%로 일정하므로 분당들숨량이 100ℓ라면 들숨 중 O_2량은 0.2093×100=20.93ℓ/min이다. 날숨 중 O_2 농도는 날숨가스를 채집하여 가스분석기를 이용하여 측정해야 한다.

9.1.3 들숨량 또는 날숨량의 측정

날숨 중 질소(N_2)의 농도를 측정하면 들숨량 또는 날숨량을 알 수 있다. 체내에서 N_2는 사용되지 않고 그대로 배출되므로, 들숨 중 질소량과 날숨 중 질소량은 같다.

들숨중 N_2량 = 날숨 중 N_2량
들숨중 N_2량 = 들숨량 × 들숨 중 N_2 농도
날숨중 N_2량 = 날숨량 × 날숨 중 N_2 농도이므로
들숨량 × 들숨 중 N_2 농도 = 날숨량 × 날숨 중 N_2 농도

해수면에서 대기 중 N_2 농도는 79.04%로 일정하다. 그러므로 날숨량은 다음과 같다.

$$날숨량 = \frac{들숨량 \times 0.7904}{날숨\ 중\ N_2\ 농도}$$

위의 식을 이용하여 산소소비량($\dot{V}O_2$)을 다음과 같이 구할 수 있다.

$\dot{V}O_2$ = (들숨량 × 들숨 중 O_2 농도) - (날숨량 × 날숨 중 O_2 농도)이므로

$$\dot{V}O_2 = (들숨량 \times 0.2093) - (\frac{들숨량 \times 0.7904}{날숨\ 중\ N_2\ 농도} \times 날숨\ 중\ O_2\ 농도)$$

예를 들어 5분간의 운동 중 들숨량이 200 ℓ 이고, 채집된 날숨가스 중 O_2와 N_2 농도가 각각 17%와 78%라고 한다면,

$$\dot{V}O_2 = (200 \times 0.2093) - (\frac{200 \times 0.7904}{0.78} \times 0.17) = 7.41\ \ell$$

가 되며, 분당 산소소비량은 7.41 ℓ /5min = 1.48 ℓ /min이 된다.

날숨가스 중 N_2 농도는 보통 100-(날숨 중 O_2 농도+CO_2 농도)의 식으로서 알 수 있다. 왜냐하면 대기 중 기타 가스의 양은 무시해도 좋을 만큼 극소량만 존재하기 때문이다. 따라서 날숨 중 O_2 농도와 CO_2 농도가 각각 18%와 3%로 측정되었다면 날숨 중 N_2 농도는 100-(18 + 3) = 79%가 된다.

9.1.4 이산화탄소 생성량의 측정

이산화탄소 생성량($\dot{V}CO_2$)은 산소소비량과 같은 방법으로 산출한다.

$$\dot{V}CO_2 = (날숨량 \times 날숨\ 중\ CO_2\ 농도) - (들숨량 \times 들숨\ 중\ CO_2\ 농도)$$

들숨 중 CO_2 농도는 0.03%에 불과하기 때문에 무시해도 좋다.

따라서 $\dot{V}CO_2$ = 날숨량 × 날숨 중 CO_2 농도의 식이 성립된다.

$$\dot{V}CO_2 = \frac{들숨량 \times 0.7904}{날숨\ 중\ N_2\ 농도} \times 날숨\ 중\ CO_2\ 농도$$

이렇게 측정된 가스량은 국제적으로 공인된 표준기압, 온도, 습도에 따른 조건(standard conditions for temperature and pressure : STPD)으로 전환시켜야 한다. 왜냐하면 측정된 가스량은 환경 조건의 영향을 받으므로 직접적으로 비교할 수 없기 때문이다. 예를 들어 온도가 높고 기압이 낮은 조건에서는 가스가 팽창하고, 습도 역시 가스량에 영향을 미친다.

STPD조건은 기온 0℃, 압력 760mmHg의 건조한 공기(dry air)를 말한다.

9.2 호흡교환율

9.2.1 호흡교환율의 개념

호흡교환율(respiratory exchange ratio : RER)은 분당 소비된 산소량($\dot{V}O_2$)에 대해 분당 배출된 이산화탄소량($\dot{V}CO_2$)의 비율을 뜻하며, 다음과 같이 표시된다.

$$RER = \frac{\dot{V}CO_2}{\dot{V}O_2}$$

안정 시나 운동 중 인체의 대사연료로는 탄수화물, 지방, 단백질이 이용된다. 이들 연료를 미토콘드리아에서 대사시키는 데 필요한 산소 소모량과 이산화탄소 생성량은 연료마다 각각 다르다. 즉 연료에 따라 O_2 소비에 따른 CO_2 생성량의 비율이 달라진다. 그러므로 호흡교환율(RER)은 안정 시 및 운동 시 각 대사연료의 기여도를 반영한다고 할 수 있다. 예를 들어 글루코스(glucose) 한 분자를 완전히 산화시키는 데 소모되는 산소량은 6분자이고, 그 결과 6분자의 CO_2가 생성된다.

$$\underset{\text{(탄수화물)}}{C_6H_{12}O_6} + 6O_2 \longrightarrow 6CO_2 + 6H_2O$$

$$RER = \frac{6CO_2}{6O_2} = 1.00$$

그러므로 글루코스(glucose)만을 에너지대사의 연료로 이용할 때 RER은 1이 된다.

한편 지방산(fatty acid) 한 분자를 완전히 산화시키는 데는 더 많은 산소량을 필요로 하며, 소모된 산소량에 비해 이산화탄소 생성량은 상대적으로 적다.

전형적인 지방산인 팔미트산(palmitic acid)을 CO_2와 H_2O로 완전히 연소시키기 위해서는 23개의 산소분자가 요구된다. 순수하게 지방산만 산화시킬 때 RER은 0.7이다.

$$C_{16}H_{32}O_2 + 23O_2 \longrightarrow 16CO_2 + 16H_2O$$

(지방산)

$$RER = \frac{16CO_2}{23O_2} = 0.70$$

단백질은 안정 시 및 단시간의 운동 시에는 연료로서의 기여도가 매우 낮지만 마라톤과 같이 장시간의 운동 시에는 연료로 참여하는 비율이 높아진다.

단백질은 에너지대사 과정 중 단순히 CO_2와 H_2O로 산화되지 않는다. 단백질은 우선 간에서 탈아미노화되어 질소와 황부분이 떨어져나간 후 소변과 대변을 통해 배설된다. 결국 케토산(keto acid) 부분이 산화되어 에너지를 방출하고, 최종적으로 CO_2와 H_2O를 생성하게 된다. 단백질인 알부민(albumin)의 산화과정은 다음과 같다. 단백질의 일반적인 호흡교환율(RER)은 0.82이다.

$$C_{72}H_{112}N_2O_{22}S + 77O_2 \longrightarrow 63CO_2 + 38H_2O + SO_3 + 9CO(NH_2)_2$$

(알부민) (삼산화황) (요소)

$$RER = \frac{63CO_2}{77O_2} = 0.818 \fallingdotseq 0.82$$

단백질대사로 인한 소량의 O_2 소비 및 CO_2 생성량을 알기 위해서는 운동 시 배설하는 소변 중 질소량까지 측정하여야 한다. 왜냐하면 단백질에는 질소, 황 등이 포함되어 있어서 열량계 내에서 완전히 산화될 때와는 달리 인체 내에서는 이들 질소나 황이 산화되지 않고 체외로 배출되므로 단백질의 체내 연소에 의한 에너지 생산량은 열량계에서 직접 연소시켜 얻은 값보다 적어지기 때문이다.

그러나 실제로는 소변 중 질소 배출에 따른 에너지 손실량은 무시할 수 있을 정도의 미량이기 때문에 단백질대사를 제외하고 탄수화물과 지방의 대사반응만을 토대로 에너지량을 산출하는 비단백성 RER값이 실질적으로 이용되고 있다[표 9-1].

표 9-1에서 RER이 1일 경우 탄수화물만을 연료로 이용할 때이며, 이때 1ℓ의 산소소비에 따른 에너지생성량은 5.047kcal임을 알 수 있다. 이는 RER값이 1보다 적어질수록 상대적으로 지방대사의 참여율이 높아짐을 의미하며, RER이 0.7일 때는 순수하게 지방만을 연료로서 이용할 경우로서 에너지생성량은 산소 1ℓ당 4.686kcal이다. 많은 실험에 의해 운동 시 산소 1ℓ당 에너지생성량은 5.0kcal 정도인 것으로 밝혀져 운동으로 인한 에너지소비량을 대략 산출할 경우에 이용되고 있다.

RER값에 의한 보다 정확한 에너지생성량을 알기 위해서는 소변 중 질소 배출량을 측정하여 단백질대사에 의한 에너지 생성 비율을 산출하여야 한다. 그런데 이 경우 소변 중 질소 배출량 측정에 따른 오차의 가능성이 매우 크기 때문에 실제적이지 못하다고 볼 수 있다.

표 9-1. 비단백성 RER과 연료의 에너지 기여 비율

비단백성 RER(RQ)	산소1ℓ당 에너지생성량(kcal/ℓO_2)	연료의 에너지기여도	
		지방(%)	탄수화물(%)
1.00	5.047	0	100
0.98	5.022	6	94
0.96	4.997	12	88
0.94	4.973	19	81
0.92	4.948	26	74
0.90	4.928	32	68
0.88	4.900	38	62
0.86	4.875	47	53
0.84	4.850	53	47
0.82	4.825	62	38
0.80	4.801	68	32
0.78	4.776	74	26
0.76	4.752	81	19
0.74	4.727	88	12
0.72	4.702	94	6
0.70	4.686	100	0

9.2.2 호흡교환율 해석의 주의점과 호흡상

순수한 탄수화물과 지방만을 연소한다면 호흡교환율(RER)은 1보다 크거나 0.7 이하가 되지 않을 것이다. 그러나 실제적으로는 심한 운동 시 RER값이 1보다 크게 나타나거나 뒤이은 회복기에 0.7보다 적게 나타나는 경우가 많다. 그것은 연료의 연소와는 관계없이 CO_2 배출과 O_2소비에 영향을 미치는 다음과 같은 요인들 때문이다.

첫째, 피검자의 심리적 요인에 의한 과환기(hyperventilation)로 인해 미토콘드리아 내에서의 유산소성 에너지대사와는 무관하게 날숨을 통한 CO_2 배출은 호흡교환율(RER)을 상승시킨다.

둘째, 심한 운동 시 무산소성 대사작용 결과 생성된 젖산의 축적은 RER값을 상승시킨다. 이러한 현상이 나타나는 이유는 다음 두 가지가 있다. ① pH의 감소는 뇌의 호흡중추를 자극하여 호흡을 증가시키고, 이로 인해 CO_2 배출량이 증가된다. ② pH의 감소는 혈중탄산(H_2CO_3)의 분해를 촉진하여 H_2O와 CO_2를 생성시킨다. 즉 젖산에 의한 혈액 pH의 감소(산성화)를 완충하기 위해 탄산이 H_2O와 CO_2로 분해되는 과정에 의해 추가적으로 생성된 CO_2가 날숨을 통해 배출된다. 그로 인해 RER이 상승하게 된다.

셋째, 심한 운동 후 인체는 CO_2를 체내에 보유하려는 경향을 보이는데, 그 이유는 운동 중 젖산을 완충하는 데 사용된 중탄산염(HCO_3)을 재보충하려고 하기 때문이다. 회복기에 CO_2를 보유하려는 인체반응에 의해 회복기 수 분에서 1시간 이상 RER이 0.7 이하로 낮아질 수도 있다.

$$LA\text{-}H + NaHCO_3 \longrightarrow NaLA + H_2CO_3$$
(젖산) (중탄산염완충제) (젖산소듐) (탄산)

$$H_2CO_3 \longrightarrow H_2O + CO_2\text{(날숨 중 배출)}$$

이처럼 허파 수준에서의 O_2 섭취량과 CO_2 배출량을 이용한 호흡교환율(RER)은 연료의 연소뿐만 아니라 인체의 완충작용의 영향을 받기 때문에 강하고 비지속적인 운동 시에는 에너지연료의 연소비율을 정확하게 반영하지 못한다. 따라서 RER의 적용은 보통 최대하의 지속적인 운동 시로 제한하는 것이 바람직하다.

호흡교환율(RER)과는 달리 연료의 대사비율만을 고려한 것을 호흡상(respiratory quotient : RQ)이라고 한다. 호흡교환율은 허파 수준에서 결정되지만 호흡상은 세포 수준에서 O_2 소비량과 CO_2 생성량을 이용하기 때문에 에너지연료의 기여비율을 정확히 나타낼 수 있으며, RQ값이 언제나 0.7~1의 범위에 있게 된다.

9.3 운동 시 에너지 소비

운동 시 순에너지 소비(net caloric cost)는 운동 시 및 회복기의 총에너지소비량에서 동일 시간 동안의 안정 시 에너지소비량을 뺀 값이다. 이러한 에너지소비량의 측정은 산소소비량을 측정하여 간접적으로 산출할 수 있다. 즉

운동 중 순에너지소비량 = 운동 중 순산소소비량(ℓ) × 산소1ℓ당 에너지발생량(kcal)

예를 들어 운동 중 순산소소비량이 17.83ℓ이고, 산소 1ℓ당 5.0kcal의 에너지를 발생시킨다면 운동 중 에너지소비량은 17.83 × 5.0 = 89.15kcal가 된다.

9.3.1 운동 중 각 연료의 기여도

인체의 에너지원으로 이용되는 탄수화물, 지방, 단백질 중 단백질은 정상적인 조건에서 에너지원으로서의 중요성이 크지 않다. 일반적으로 고강도 운동 시에는 탄수화물이, 저강도의 장시간 운동 시에는 지방이 인체운동의 주연료로 이용된다.

총에너지 소비 중 각 연료의 보다 정확한 기여도를 알기 위해서는 지속적인 운동 중 산소 소비량, 이산화탄소 배출량 및 소변 중 질소 배출량을 측정하여야 한다.

표 9-2. 에너지 소비에 대한 각 연료의 기여도 산정

① 활동 중 사용된 단백질(g)=6.25×소변 중 질소 배출량(g)

② 활동 중 사용된 탄수화물(g)=4.12×$\dot{V}CO_2$(ℓ)−2.91×$\dot{V}O_2$(ℓ)−2.56×소변 중 질소 배출량(g)

③ 활동 중 사용된 지방(g)=1.69×$\dot{V}O_2$(ℓ)−1.69×$\dot{V}CO_2$(ℓ)−1.94×소변 중 질소 배출량(g)

④ 총소비에너지(kcal)=3.78×$\dot{V}O_2$(ℓ)+1.16×$\dot{V}CO_2$(ℓ)−2.98×소변 중 질소 배출량(g)

⑤ 단백질에 의한 에너지(kcal)=4.1×단백질 소비량(g)

⑥ 탄수화물에 의한 에너지(kcal)=4.1×탄수화물 소비량(g)

⑦ 지방에 의한 에너지(kcal)=9.4×지방 소비량(g)

표 9-2는 총에너지 소비 중 각 연료의 기여도를 산정하는 방정식이다. 이 방정식을 이용하여 체중조절을 위한 운동의 효과를 산정할 수 있다. 예를 들어 체중이 80kg인 사람이 1시간 정도의 지속적인 자전거 운동을 통한 체중감량 효과를 평가하려면 우선 운동 중 산소소비량, 이산화탄소 배출량 및 소변 중 질소 배출량을 측정하여야 한다.

이때 측정된 소변 중 질소 배출량이 0.01g, 산소소비량이 68ℓ, 이산화탄소 생성량이 60ℓ였다고 하면 각 연료의 사용량은 다음과 같이 구할 수 있다.

단백질 사용량(g) = 6.25 × 0.01 = 0.0625g

탄수화물 사용량(g) = (4.12 × 60) − (2.91 × 68) − (2.56 × 0.01) ≒ 42.29g

지방 사용량(g) = (1.69 × 68) − (1.69 × 60) − (1.94 × 0.01) ≒ 13.50g

운동 중 소비에너지(kcal) = (3.78 × 68) + (1.16 × 60) − (2.98 × 0.01) ≒ 327kcal

위의 식을 통하여 운동을 수행하기 위한 각 연료의 사용량은 단백질이 0.0625g, 탄수화물이 49.29g, 지방이 13.50g임을 구할 수 있다. 각 연료의 g당 칼로리 소비량은 단백질과 탄수화물이 4.1kcal이고, 지방이 9.4kcal이므로 단백질로부터는 0.0625 × 4.1 = 0.26kcal, 탄수화물로부터는 49.29 × 4.1 ≒ 202kcal, 지방으로부터는 13.5 × 9.4 ≒ 127kcal의 에너지를 얻었음을 알 수 있다. 이 사람이 6개월간 매일 운동을 실시하였을 때(총 180회) 지방의 분해로부터 소비한 에너지는 모두 127 × 180 = 22,860kcal가 된다.

순수한 지방 1g을 연소시킬 때 9.4kcal의 에너지가 생성되지만, 인체의 지방조직 1g은 순수한 지방 외에 물과의 결합조직으로 되어 있기 때문에 지방조직 1g을 제거하면 7.7kcal의 에너지가 발생한다. 그러므로 이 사람의 식습관에 변화가 없다면 이 운동에 의해 22,860 ÷ 7.7 ≒ 2,969g(즉 2.969kg)의 지방조직을 제거하게 된다. 그러나 운동 후에도 지속적인 지방의 분해를 통하여 얻어진 에너지를 이용하여 운동 중 소비된 글리코겐이나 단백질과 같은 연료를 우선적으로 보충하기 때문에 실제의 지방 손실은 그보다 훨씬 커진다(약 2.6배).

각 연료의 에너지 기여도를 이용하여 체중조절의 효과를 알아보는 또 다른 방법은 호흡상을 이용하는 것이다. 예를 들어 어떤 사람이 트레드밀 운동으로 50ℓ의 산소를 소비하였고, 이 운동을 수행할 때의 평균 R값이 0.9였다면 산소 1ℓ의 에너지 발생량은 4.93kcal이며[표 9-1 참조], 총에너지소비량의 32%를 지방 분해를 통해 얻었음을 알 수 있다. 그러므로 총에너지소비량은 50 × 4.93 = 246.5kcal가 되고, 그중 지방의 연소를 통해 246.5 × 0.32 = 78.88kcal의 에너지를 얻었음을 알 수 있다.

9.3.2 운동이 대사율에 미치는 효과

운동 시에는 휴식 시보다 에너지대사율이 수 배에서 수십 배까지 증가한다. 운동 시 대사율의 증가 이유는 주로 근육활동과 심장혈관계통 활동 수준이 급격하게 증가하기 때문이다.

운동 시 대사율에 가장 큰 영향을 미치는 요인은 운동강도이다. 운동강도는 단위시간당 산소소비량(ℓ/min) 또는 에너지소비량(kcal/min)으로 표시될 수 있다. 운동강도가 높을수록 단위시간당 산소소비량은 증가한다. 이러한 관점에서 대체로 휴식 시 산소소비량(또는 에너지소비량)의 3배까지 요구되는 운동은 가벼운 운동으로 분류된다. 중간 정도 운동은 휴식 시 에너지소비량의 6~7배에 이르는 운동을 말하며, 힘든 운동은 휴식 시 에너지소비량의 8배 이상에 해당하는 운동을 말한다[표 9-3].

표 9-3. 운동 시 산소소비량(에너지소비량)에 따른 운동의 분류

수 준	에너지소비량			
	kcal/min	ℓ/min	mℓ/kg/min	METs
남 자				
가벼운 운동	2.0~4.9	0.40~0.99	6.1~15.2	1.6~3.9
중간 정도 운동	5.0~7.4	1.00~1.49	15.3~22.9	4.0~5.9
힘든 운동	7.5~9.9	1.50~1.99	23.0~30.6	6.0~7.9
매우 힘든 운동	10.0~	2.00~	30.7~	8.0~
여 자				
가벼운 운동	1.5~3.4	0.30~0.69	5.4~12.5	1.2~2.7
중간 정도 운동	3.5~5.4	0.70~1.09	12.6~19.8	2.8~4.3
힘든 운동	5.5~7.4	1.10~1.49	19.9~27.1	4.4~5.9
매우 힘든 운동	7.5~	1.50~	27.2~	6.0~

1MET=3.5mℓ/kg/min의 O_2소비

일상적인 생활은 대체로 휴식 대사율의 3배 수준 이하에서 이루어진다. 대체로 여자의 경우는 남자보다 유산소능력이 낮기 때문에 약간 더 낮은 기준으로 분류하여야 한다.

그러나 이러한 분류는 어디까지나 좌업생활을 하는 일반인을 기준으로 한 것이므로 휴식대사율의 20배 이상에 해당되는 최대유산소능력을 갖고 있는 운동선수는 이 기준이 상향 조정되어야 한다.

운동은 운동이 끝난 후 회복기의 대사율을 상승시킨다. 운동으로 인해 높아진 심장혈관계통·호흡계통의 활동 수준이 안정 시 상태에 도달하기까지는 시간이 소요되며, 운동 중 분비된 아드레날린, 글루카곤, 코티졸 등의 호르몬은 세포의 활동에 지속적인 영향을 미친다. 또한 운동 시 생성된 젖산 등의 대사산물을 처리하는 과정에서도 추가적인 에너지 소비가 요구된다. 연구에 의하면 운동 후 휴식대사율은 정상시보다 7.5~28% 정도 증가하는데, 이러한 대사율의 상승은 2~6시간 동안 지속된다.

9.3.3 METs와 체중당 에너지소비량

운동강도 또는 에너지 소비율을 보다 정확하게 나타내기 위한 단위로 METs가 사용되고 있다. 1MET는 휴식 시의 체중당·분당 산소소비량인 3.5㎖/kg/min을 나타낸다. 예를 들어 5METs는 휴식 시 산소소비량의 5배에 해당하는 운동강도 또는 에너지소비량을 나타내며, 이때의 산소소비량은 3.5 × 5 = 17.5㎖/kg/min이다.

METs는 다음 공식에 의해 분당 에너지소비량(kcal/min)으로 전환할 수 있다.

$$\text{METs} = \frac{\text{운동 시 대사량}}{\text{휴식대사량}} = \frac{\text{운동 시 } O_2 \text{ 소비량}}{\text{휴식 시 } O_2 \text{ 소비량(= 3.5㎖/kg/min)}}$$

표 9-4는 여러 가지 스포츠활동에 따른 분당·체중 에너지소비량(kcal/kg/min)을 나타낸다.

분당 에너지소비량(kcal/min) = METs × 3.5 × 체중(kg)/200

여기에 제시된 체중당 에너지소비량은 휴식대사량이 포함되어 있는 값이다. 이 표를 이용하여 일정 시간 동안 수행된 에너지소비량을 산출할 수 있다.

예를 들어 체중 70kg인 사람이 4.8km를 30분 동안 달렸을 때 소비한 에너지(kcal)는 다음과 같다.

① 이 사람의 분당 달리기속도(m/분) = 4,800m ÷ 30분 = 160m/분

② 표 9-4에서 체중당 에너지소비량 = 0.170kcal/kg/min

③ 운동 시 총에너지소비량 = 0.170 × 체중(kg) × 운동시간(분)
= 0.170 × 70 × 30
= 357kcal

9.3.4 운동 시 에너지소비량에 영향을 미치는 요인

운동 시 에너지소비량은 체중, 수행기술, 속도, 체력 수준, 기후 등 여러 가지 요인의 영향을 받는다.

대체로 체중을 이동시키는 운동은 많은 에너지 소비가 요구된다. 특히 걷기나 달리기운동 시 소비되는 에너지량은 체중과 비례적인 상관관계를 보인다. 기술적 요소가 적은 걷기와 같은 운동을 체중이 같은 사람이 동일한 속도로 수행할 때 두 사람의 산소소비량(에너지소비량)은 차이가 거의 없다. 그림 9-4는 걷기운동 시 산소소비량과 체중 간의 비례적인 상관관계를 잘 나타내고 있다.

반면 안장으로 체중이 지지되는 자전거 운동은 달리기와 같은 체중 이동 운동에 비해 에너지소모가 적고, 체중에 의한 영향을 상대적으로 적게 받는다. 왜냐하면 주로 다리 운동에 의존하는 자전거 운동보다 달리기 운동에 참여하는 근육군의 수가 많기 때문이다. 그러므로 체중 부담에 따른 관절상해의 위험성을 고려하지 않는다면 체중이 무거운 사람의 입장에서는 에너지 소비 측면에서 체

표 9-4. 각종 활동에 따른 체중당 에너지소비량

활동종류	kcal/kg/min	활동종류	kcal/kg/min
누워서 휴식	0.017	체조	0.066
앉기, 읽기	0.018	태권도	0.195
서기	0.021	유도	0.195
걷기		볼링	0.060
60m/분	0.051	라켓볼	0.178
70m/분	0.058	스키(레저)	
80m/분	0.065	남자	0.111
90m/분	0.074	여자	0.098
100m/분	0.082	스쿼시	0.212
120m/분	0.097	탁구	0.068
달리기		테니스	
130m/분	0.133	단식	0.150
145m/분	0.157	복식	0.103
160m/분	0.170	배구	0.083
175m/분	0.184	스케이팅	0.167
200m/분	0.208	농구	0.138
230m/분	0.228	야구	0.124
265m/분	0.252	축구(게임)	0.152
수영(같은 속도로 가벼운 수영)		축구(연습)	0.083
배영	0.169	자전거	
평영	0.162	8km/h	0.042
펜싱	0.146	10km/h	0.060
양궁	0.065	13km/h	0.076
배드민턴		16km/h	0.093
단식	0.137	19km/h	0.127
복식	0.097	등산	
복싱	0.222	짐 없이	0.121
카누(레저)	0.044	5kg 짐 지고	0.129
카누(경기)	0.103	10kg 짐 지고	0.140
스킨다이빙	0.206	20kg 짐 지고	0.147
에어로빅댄스		승마	
중정도	0.103	질주	0.037
강하게	0.135	속보	0.110
필드하키	0.146	걷기	0.041
골프	0.085		

중을 이동시키는 형태의 운동이 보다 효과적일 수 있다.

수영은 부력에 의해 체중이 지지되므로 체중 이동에 따른 추가적인 에너지소비량은 적지만, 많은 근육군을 사용하기 때문에 에너지소모량이 비교적 높다. 특히 수영에서 속도를 높일 때는 물의 저항에 따른 에너지소비량이 급격히 증가한다.

운동의 효율성도 에너지소비량에 영향을 미치는데, 예를 들면 수영 초보자와 숙련자 간의 에너지소비량에 매우 큰 차이가 있는 것이다. 숙련자가 편안한 속도로 수영할 때는 에너지소비량이 그리 높지 않지만, 초보자는 일상생활에서 사용하지 않는 근육을 사용해야 하므로 에너지소비량이 매우 높아진다.

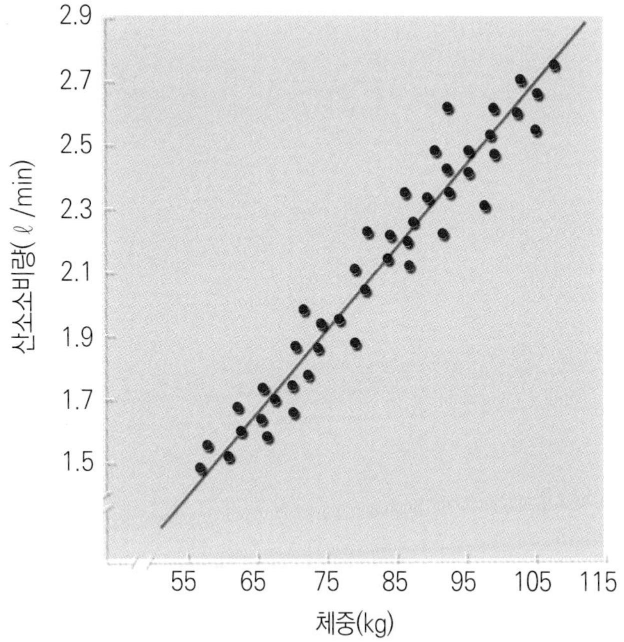

그림 9-4. 트레드밀 걷기 운동 시 산소소비량과 체중 간의 상관관계

※ Laboratory of Applied Physiology, Queens College, N.Y.

9.3.5 심박수를 이용한 에너지소비량 추정

운동수행 시 심박수와 산소소비량은 직선적인 상관관계를 갖는다. 이러한 상관관계를 정확히 측정한다면 운동 시 심박수는 달리기, 걷기, 사이클, 수영과 같은 여러 가지 형태의 운동 중 소비되는 산소량(또는 에너지소비량)을 측정할 때 이용될 수 있다. 그림 9-5는 실험실의 트레드밀에서 걷기 및 달리기운동을 수행할 때 심박수와 산소소비량의 직선적 관계를 나타낸 것이다. 운동강도가 증가함에 따라 심박수도 직선적으로 증가하고, 심박수의 증가에 비례하여 산소소비량도 증가한다.

개인에 따라 이러한 심박수 – 산소소비량의 관계 직선을 그릴 수 있다. 그림 9-5에서 피검자 B는 산소소비량의 증가에 따른 심박수 증가율이 피검자 A에 비해 크다는 것을 알 수 있다. 이것은 피검자 A가 동일한 심박수 수준에서 보다 많은 산소섭취량을 달성할 수 있으며, 이는 곧 보다 효율적인 심장기능을 갖고 있음을 의미한다

이러한 심박수-산소소비량 간의 관계 직선을 이용하여 여러 가지 운동수행에 따른 산소소비량(에너지소비량)을 알 수 있다. 그림에서 피검자 B의 분당심박수가 140회일 때 분당 산소소비량은 1.6ℓ인 것을 알 수 있다. 반면 피검자 A의 산소소비량은 동일한 심박수 수준에서 2.4ℓ에 해당한다.

피검자 B가 평균 심박수가 140회/분인 운동을 30분간 지속하였을 때 다음과 같은 공식을 이용

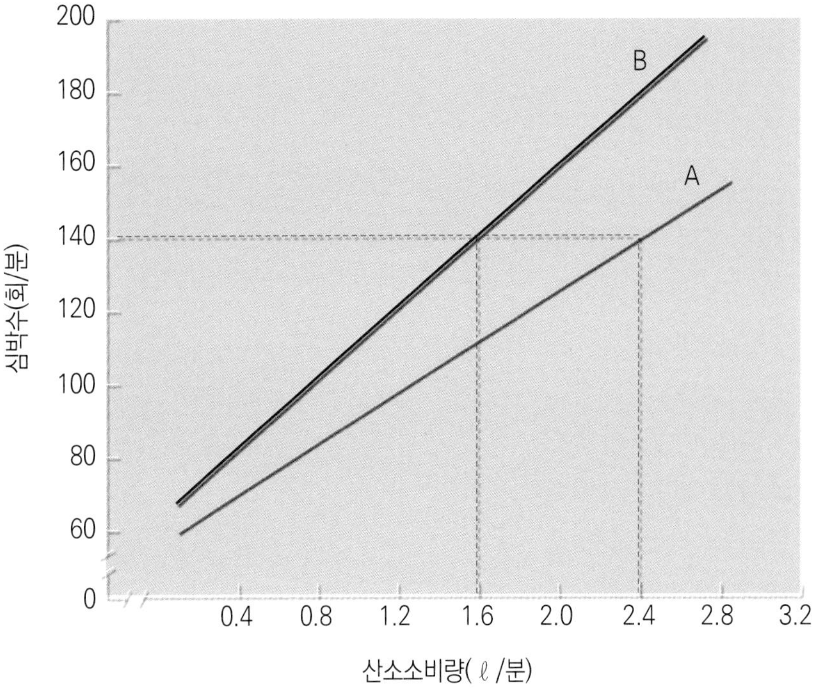

그림 9-5. 트레드밀 운동 시 심박수와 산소소비량의 직선적 관계

※ Laboratory of Applied Physiology, Queens College, N.Y.

하여 에너지소비량을 추정할 수 있다(산소 1 ℓ 의 에너지발생량 = 5kcal).

즉 에너지소비량(kcal) = 분당산소소비량(ℓ /분) × 운동시간(분) × 5(kcal)

= 1.6×30×5

= 240kcal

비록 심박수-산소소비량의 관계직선을 이용하는 방법이 산소소비량을 추정하는 실제적인 방법이기는 하지만, 이것은 실험실에서 사용한 운동형태와 유사한 운동에만 적용해야 한다. 왜냐하면 산소소비량 외에 기온, 정서상태, 음식섭취, 자세, 운동에 사용하는 근육 등의 요인이 심박수에 영향을 미칠 수 있기 때문이다.

한편 심박수는 운동 형태가 지속적 운동인지 간헐적 운동인지, 근육수축 형태가 정적인지 동적인지에 따라서도 영향을 받는다. 예를 들어 특정 심박수 수준에서 달리기 운동을 할 때보다는 에어로빅 댄스를 할 때 산소소비량이 현저하게 높게 나타난다. 또 특정한 산소 소비 수준에서 팔 운동이나 정적 근육수축 활동 중의 심박수는 동적인 다리 운동을 할 때의 심박수보다 대체로 높은 경향을 보인다.

따라서 달리기나 자전거 운동 시 측정된 심박수-산소소비량 관계의 직선을 팔 운동이나 정적 운동에 적용하면 실제적으로 소비된 산소량보다 과대평가하게 된다.

9.3.6 걷기·달리기운동 시 에너지소비량의 측정

트레드밀의 경사면을 달리거나 에르고미터 운동을 수행할 때와는 달리 평지에서 걷기와 달리기 운동을 수행할 때는 기계적 작업량을 통해 에너지소비량을 구할 수 없다. 왜냐하면 기구를 이용하여 수행한 작업량은 수직거리를 이동한 힘(체중×수직거리), 즉 kgm으로 나타낼 수 있지만, 평지를 걷거나 달리는 것은 수직 이동의 작업량을 산출할 수 없으며, 팔과 다리의 상호 운동에 따른 작업량 산출이 불가능하기 때문이다.

9.3.6.1 걷기, 달리기 속도와 에너지 소비

여러 연구에 따르면 평지에서 걷기운동 시 시간당 3~6km 속도에서는 속도 증가에 따라 산소소비량이 거의 직선적인 증가를 보인다. 그 이상의 속도에서는 속도 증가에 따른 산소소비량이 더욱 급격한 곡선적인 증가 양상을 보이게 된다. 이는 6km/hr 이상의 속도에서는 그 이하의 속도에서보다 걷기 운동의 효율성이 감소한다는 것을 의미한다.

평지에서 걷기 운동을 할 때 3.2~6.4km/hr 범위의 속도에서 체중에 따른 에너지소비량은 비교적 정확하게 예측할 수 있다. 표 9-5는 속도에 따른 시간당 에너지소비량을 제시하고 있다. 이 추정값은 실제 측정값과 15% 이내의 오차 가능성이 있다. 이것은 2시간 동안 걷기 운동을 수행하였을 때 약 50~100kcal의 오차만이 발생한다는 것을 의미한다.

표 9-5. 걷기속도에 따른 에너지소비량(kcal/hr)

속도(km/hr)	체중(kg)						
	36	45	54	64	73	82	91
3.22	1.9	2.2	2.6	2.9	3.2	3.5	3.8
4.02	2.3	2.7	3.1	3.5	3.8	4.2	4.5
4.83	2.7	3.1	3.6	4.0	4.4	4.8	5.3
5.63	3.1	3.6	4.2	4.6	5.0	5.4	6.1
6.44	3.5	4.1	4.7	5.2	5.8	6.4	7.0

※ Passmore, R. and Durnin, J. V. G. A.(1955). Physiol. Rev. 35:801.

만일 속도를 8km/hr 이상 올려서 걷는다면 같은 속도에서의 달리기보다 높은 산소소비량을 보인다[그림 9-6]. 즉 8km/hr 이상의 걷기 속도에서 산소소비량은 속도가 증가함에 따라 더욱 급격한 증가를 보이는데, 그 기울기는 달리기 운동 시 속도-산소소비량 관계의 직선 기울기의 2배에 달한다. 즉 8km/hr 이상의 속도에서는 달리기가 걷기보다 에너지 효율 측면에서 경제적이라고 할 수 있다.

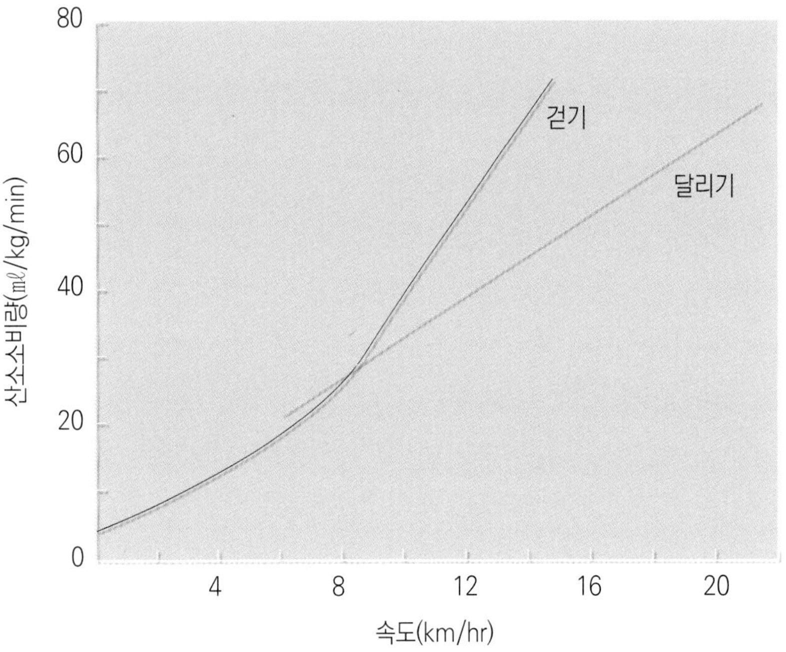

그림 9-6. 트레드밀에서의 걷기·달리기 속도와 산소소비량의 관계

※ Menier, D. R. and Pugh, L. G.(1968). J. Appl. Physiol., 197:717.

9.3.6.2 달리기 거리에 따른 에너지소비량 추정

걷기와 달리기는 운동 유형면에서 명백한 차이가 있다. 즉 걷기는 이동 시 항상 한쪽 다리가 지면에 접촉하고 있지만, 달리기는 어느 순간 양쪽 다리가 지면에서 동시에 떨어져 공중에 머무는 순간이 존재한다.

그림 9-6에서 보듯이 달리기 속도와 산소소비량은 직선적인 관계를 보인다. 여러 연구에 의해 밝혀진 중요한 사실은 같은 거리를 달린다면 속도가 빠르거나 느리거나 상관없이 총에너지소비량은 동일하다는 점이다.

달리기 시 에너지소비량(kcal) = 체중(kg) × 달린 거리(km)

예를 들어 5km의 거리를 20km/hr의 속도로 달릴 때의 분당 에너지소비량은 10km/hr의 속도로 달릴 때의 2배가 될 것이다. 그러나 이 두 가지 방법(속도)로 달렸을 때의 전체에너지소비량은 차이가 없는 것으로 측정된다. 왜냐하면 시간당 20km로 달릴 때의 소요시간은 15분이고, 시간당 10km로 달릴 때의 소요시간은 30분으로 운동시간이 두 배가 되기 때문이다. 결국 다른 속도로 동일한 거리를 달릴 때 소비되는 총에너지소비량은 같다는 것을 알 수 있다.

평지를 달릴 때 1kg의 체중을 1km를 이동시키는 데 소비되는 에너지는 거의 1kcal이다. 그러므로 달리기 시 에너지소비량은 속도와 관계없이 체중(kg)과 거리(km)를 곱하여 얻을 수 있다.

예를 들어 체중 78kg인 사람이 3km를 달렸을 때 에너지소비량은 속도와 관계없이 78×3≒234kcal가 된다. 같은 거리를 수영할 때는 이 값의 약 4배의 칼로리가 소비되며, 자전거 타기의 칼로리는 이 값의 약 1/3 정도이다. 높은 속도로 수영하거나 자전거를 타면 물이나 공기 저항으로 인해 에너지소비량은 더 증가한다.

plus+

카보넨 공식을 통한 목표심박수 구하기

본격적인 ICT 산업사회 시대가 도래됨으로써 운동할 때 인체가 나타내는 생리적 지표들을 측정하는 센서와 이를 디스플레이하고, 기록하고, 분석해주는 장비가 비약적으로 개발·보급되고 있다. 그중에서 가장 손쉽고 정확하게 운동강도나 훈련효과를 평가할 수 있는 지표가 바로 심박수이다. 스마트워치나 스마트폰, 머리띠나 팔찌, 의류 등에 부착된 센서를 이용하여 심박수는 비교적 정확하게 측정할 수 있는 시대가 되었다. 즉 여러 종류의 웨어러블 디바이스(wearable device)를 이용하여 측정한 심박수를 활용하여 자신에게 적정한 운동강도를 결정하거나 운동 효과를 평가할 수 있게 된 것이다.

심박수를 이용하여 자신에게 맞는 운동강도를 설정하려면 최대심박수(HRmax, maximal heart rate)를 알아야 한다. 최대심박수를 직접적으로 알기 위해서는 점진적으로 운동강도를 높여가는 운동 프로토콜에 의해 완전히 탈진(exhaustion)될 때까지 최대강도로 운동해야 한다. 이는 신체에 너무 큰 부담을 주고, 심장 돌연사와 같은 위험성을 수반한다.

그래서 보통은 나이(age)를 이용한 최대심박수 추정법이 많이 이용된다.

최대심박수(HRmax, 회/분) = 220 − 나이(년)

이러한 추정값은 근사치를 말하는 것일 뿐이어서 개인 간 차이가 나타날 수 있다. 젊을 때보다 나이를 많이 먹을수록 개인차가 커진다. 예를 들어 50대 후반이나 60대라고 하더라도 꾸준히 마라톤과 같은 활동에 참여한 사람이라면 운동의 경험이 없는 사람보다 높은 최대심박수를 갖는 경향이 있다. 그러나 젊은 사람이라면 개인 간 차이가 크지 않으므로 나이를 이용하여 최대심박수의 근사치를 얻을 수 있다.

이렇게 해서 최대심박수의 몇 %로 운동하는지에 따라 운동강도를 나타낼 수 있다. 예를 들어 50%HRmax 이하는 낮은 운동강도이고, 60~80%HRmax는 중간강도, 그리고 80%HRmax 이상은 높은 강도의 운동이라고 할 수 있다.

구체적인 예를 들면 나이가 30세인 사람의 경우 70%HRmax나 85%HRmax에서의 목표심박수는 다음과 같이 얻어진다.

HRmax = 220 − 30(년) = 190 회/분

70%HRmax 수준에서 목표심박수

= 190 회/분 × 0.7 = 133회/분

80%HRmax수준에서 목표심박수

= 190 회/분 × 0.8 = 152회/분

그런데 %HRmax는 최대산소섭취량에 대한 비율(%$\dot{V}O_2max$)과 잘 일치되지 않고, 그보다는 낮은 강도에 해당된다. 즉 일반적으로 70%HRmax는 55~60%$\dot{V}O_2max$에 해당한다.

최대산소섭취량($\dot{V}O_2max$)에 의한 운동강도와 더 잘 일치되도록 개발된 방법이 카보넨 방식(Karvonen's method)이다.

이 방법을 적용하려면 먼저 안정 시 심박수(HRrest)를 구하여야 한다. 최대심박수에서 안정시 심박수를 뺀 값을 여유심박수(HRR : heart rate reserve)라고 한다.

여유심박수(HRR)
= 최대심박수(HRmax) − 안정시심박수(HRrest)

예를 들어 나이가 20세이고, 안정시심박수가 68회/분으로 측정된 사람의 최대심박수와 여유심박수는 다음과 같다.

최대심박수(HRmax) = 220 − 20세 = 200 회/분

여유심박수(HRR)
= 200회/분 − 68회/분 = 132회/분

즉 최대심박수는 200회/분, 여유심박수는 132회/분이다. 이렇게 얻어진 여유심박수를 이용해서 자신의 체력에 비추어 각각의 운동강도에 해당하는 목표심박수(THR : Target Heart Rate)를 구할 수 있다.

목표심박수(THR)
= 안정시심박수 + (여유심박수 × 운동강도)

※ 이때 운동강도는 %를 100으로 나눈 값을 의미한다(예: 50%는 0.5, 85%는 0.85).

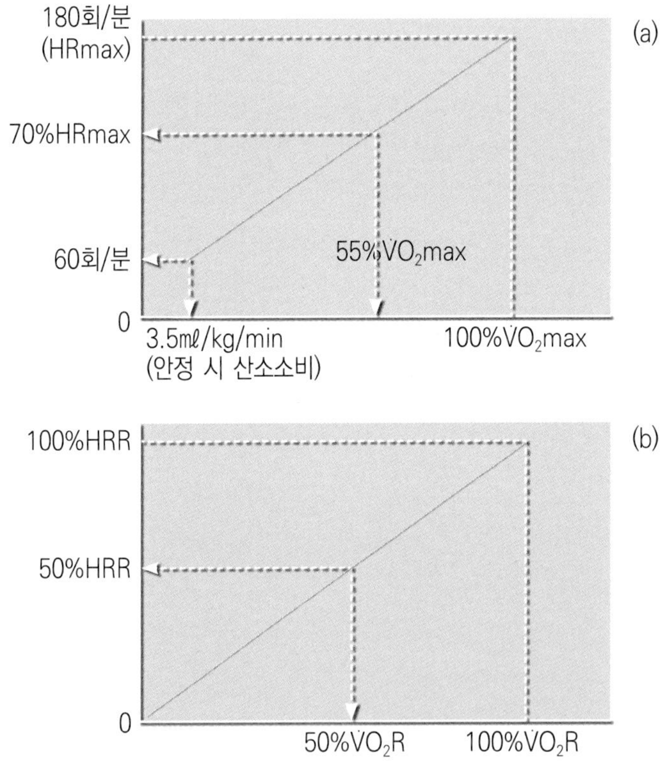

그림 9-7. %HRR을 이용한 운동강도의 표시

그림 (a)에서 %HRmax는 %$\dot{V}O_2$max의 값과 일치되지 않음을 보여준다. 반면 그림 (b)에서 %HRR과 %$\dot{V}O_2$R로 보정하였을 때 운동강도가 상호 잘 일치되는 것을 알 수 있다. $\dot{V}O_2$R은 최대산소섭취량($\dot{V}O_2$max)에서 안정 시 산소소비량(3.5ml/kg/min)을 뺀 값이다.

이 공식을 활용해서 이 사람의 최대운동능력이 각각 50%, 60%, 85%일 때의 목표심박수(THR)는 다음과 같이 구할 수 있다.

50%HRR 수준에서의 목표심박수(THR)
= 68 + (132 × 0.5) = 134회/분

60%HRR 수준에서의 목표심박수(THR)
= 68 + (132 × 0.6) = 147회/분

85%HRR 수준에서의 목표심박수(THR)
= 68 + (132 × 0.85) = 180회/분

이처럼 %HRmax와 %HRR에서의 목표심박수는 차이가 있으며, %HRR은 산소소비 수준과 더욱 깊은 관계를 보이므로 운동처방의 영역에서 더 큰 실용성을 갖고 있다.

9.4 운동 후 초과산소소비량(EPOC)과 산소부채

9.4.1 고전적 개념 : 산소부채

운동 수행의 초기에는 무산소성 대사를 통한 ATP 합성에 의존하는 비율이 한동안 높아진다. 즉 주로 운동 초기나 장거리 달리기의 마지막 스프린트와 같은 상황에서는 총에너지수요량 중 유산소 과정에 의해 충당시킬 수 없는 에너지의 부족분을 무산소대사에 의존해서 공급하게 되는데, 이때 발생하는 산소의 부족분을 산소결핍(oxygen deficit)라고 한다. 이러한 산소결핍의 원인으로 다음과 같은 이유가 제시되고 있다.

① 운동으로 인해 추가적으로 소요되는 산소량을 작업근육으로 전달하기 위한 순환계통의 적응에는 수초의 시간이 걸린다.

② 유산소 과정은 미토콘드리아 내에서 ADP 수준이 증가될 때 활성화된다. 즉 일단 ATP가 분해되어 ADP가 축적되어야 미토콘드리아에 의한 O_2 소비 및 ATP 생산이 개시된다. 그러므로 미토콘드리아 내에서 ATP의 유산소적 생성이 시작되기 전까지는 무산소적 방법에 의해서만 ATP를 생성할 수 있다.

③ 특히 고강도 운동 시 인체의 단위시간당 ATP 소비속도가 매우 커서 유산소 과정으로는 그 수요량을 충당할 수 없다. 작업근육의 빠른 에너지 소비 속도를 충족시키기 위해서는 크레아틴인산(PCr)과 글리코겐(glycogen)의 분해가 불가피하다

이처럼 운동 중에 발생한 유산소성 에너지의 부족분은 운동 후 회복기에 안정 시 이상의 산소를 소비하면써 보충될 수 있다고 보았다. 따라서 운동 후 안정 시 수준 이상으로 소비하는 여분의 산소

량을 산소부채(oxygen debt)라고 부르게 되었다. 즉 산소부채라는 용어는 인체가 운동 중에 빚진 산소 부족분을 운동 후에 갚는다는 개념을 갖고 있다.

그러나 운동 중 부족한 산소를 운동 후에 갚는다는 산소부채의 개념은 운동 후에 추가적으로 산소를 소비하게 되는 현상에 여러 생리적 요인들이 관여하고 있다는 점이 밝혀지면서 운동 후 초과산소소비량(EPOC: excess postexercise oxygen consumption)이라는 용어가 보다 보편적으로 쓰이게 되었다.

9.4.2 운동 후 초과산소소비량의 산출

운동 후 초과산소소비량(EPOC)의 개념을 보다 잘 이해하기 위해 그림 9-8을 보면 최대하운동을 수행할 때 산소소비량의 변화를 나타내고 있다. 그림에서 안정 시 산소소비량은 0.20ℓ/min으로 나타나는데, 이 양은 운동을 수행하지 않더라도 휴식하는 동안 소비되는 산소량이다. 운동 개시 후 4분간은 산소결핍, 즉 유산소성 에너지 생산에 의해서가 아니라 무산소적인 대사에 의해 에너지가 공급되는 부분이 표시되어 있다.

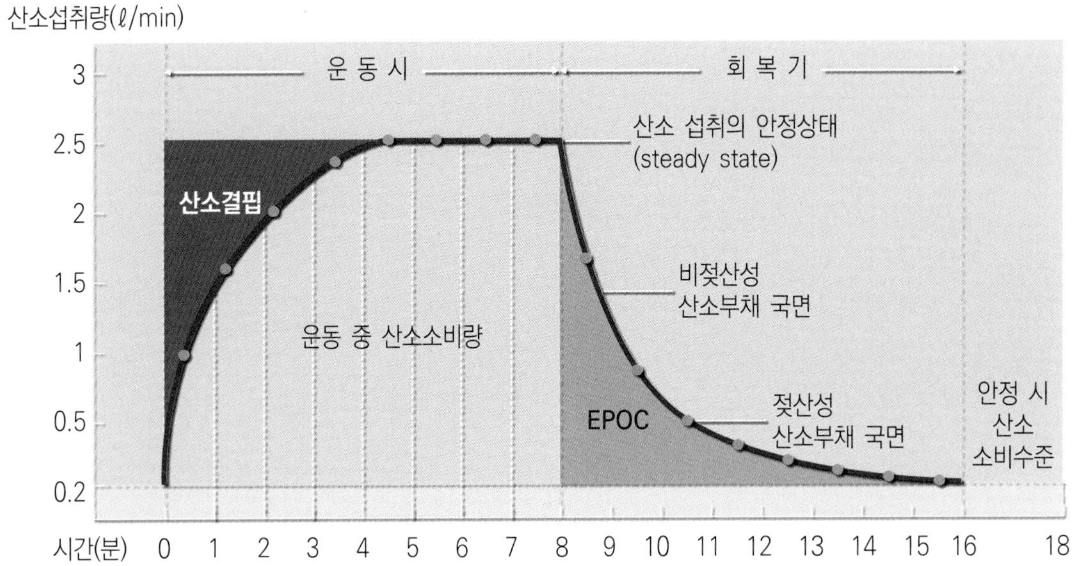

그림 9-8. 운동 시 및 회복기 산소소비량과 운동 후 초과산소소비량(EPOC)

그리고 운동 후반 4분간은 분당 3ℓ의 산소섭취 수준이 일정하게 유지되는데, 이 시기에는 피검자가 운동에 필요한 모든 에너지수요량을 유산소 과정으로 충족시키고 있음을 알 수 있다.

이 경우 산소결핍은 운동 초반 4분 동안에만 발생하였다. 따라서 산소결핍량은 총에너지수요량에서 운동 시 실제로 소비한 산소량을 빼면 구할 수 있다. 그림에서 회복기의 초록색 음영 부분이 안정 시 산소 소비 수준 이상으로 운동 후에 섭취한 산소량, 즉 '운동 후 초과산소소비량(산소부채)'을 나타낸다.

산소결핍량 및 운동 후 초과산소소비량은 다음과 같이 구할 수 있다.

산소결핍량 = 운동 시 총산소수요량−운동 중 산소소비량
운동 시 순산소소비량 = 운동 및 회복기 산소소비량 − (휴식 시 분당 산소소비량 × 운동 및 회복시간)
EPOC = 회복기 산소소비량 − (휴식 시 분당 산소소비량 × 회복시간)

산소결핍량은 최대하의 점진적 운동 중 항정상태(steady state)에 도달할 때의 산소섭취량에서 항정상태에 도달하기 전까지 실제로 소비한 산소량을 뺀 값이다. 예를 들어 그림 9-8에서와 같이 대상자는 운동을 시작하고 나서 처음 1분 동안의 산소소비량이 1ℓ이고, 1~2분 사이는 1.6ℓ, 2~3분 구간은 2ℓ, 3~4분 구간은 2.3ℓ의 산소소비량을 보였다.

그리고 운동시작 4분이 경과한 시점에서부터 항정상태에 도달하여 운동이 끝나는 시점(8분 경과시점)까지 분당 2.5ℓ의 산소소비량을 보였다. 이때 산소결핍량은 운동 시 총산소수요량(2.5ℓ×8분)에서 운동 중 산소소비량(1+1.6+2+2.3+2.5+2.5+2.5+2.5)을 뺀 값으로 20ℓ- 16.9ℓ = 3.1ℓ가 된다.

한편 위의 그림 9-8에서 회복기 산소소비량은 운동 직후 1분(8~9분 구간) 동안 1.7ℓ이고, 그 이후 각각 0.9ℓ, 0.5ℓ, 0.4, 0.3ℓ, 0.25ℓ, 0.22ℓ, 0.21ℓ로 산소소비량이 점차 감소하다가 16분 이후에 안정 시 수준(0.2ℓ/분)으로 회복되었다. 이때 회복기 산소소비량은 1.7+0.9+0.5+0.4+0.3+0.25+0.22+0.21=4.48ℓ가 된다.

그러므로 운동 후 초과산소소비량(EPOC)은 다음 식으로 구할 수 있다.

EPOC = 회복기 산소소비량 − (휴식 시 분당 산소소비량 × 회복시간)

이 식으로부터 구한 회복기 산소소비량은 4.48ℓ이고, 휴식 시 분당산소소비량은 0.2ℓ이고, 회복시간은 총 8분이므로 EPOC=4.48-(0.2×8)=2.88ℓ가 된다.

또한 운동 시 순산소소비량은 운동 중과 회복기를 모두 포함하여 운동에 의한 휴식상태 수준 이상으로 소비된 산소량을 의미하며, 다음 식으로 구할 수 있다.

운동 시 순산소소비량 = 운동 및 회복기 산소소비량 − (휴식 시 분당산소소비량 × 운동 및 회복시간)

이 식으로 구한 운동 시 순산소소비량은 (16.9+4.48)-(0.2×16)=18.18ℓ이다.

그러나 고강도 운동 중에는 이러한 항정상태가 나타나지 않기 때문에 운동 시 총산소수요량을 정확히 측정할 수 없으므로 산소결핍량도 알 수 없다. 그리고 단시간의 고강도운동 시 측정된 운동 후 초과산소소비량(산소부채)은 산소결핍량보다 훨씬 많기 때문에 이를 이용하여 산소결핍량을 정확하게 평가하기 어렵다[그림 9-9].

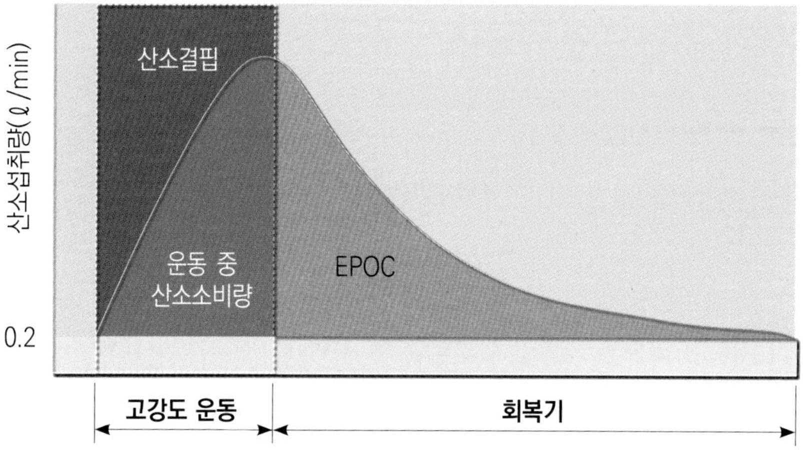

그림 9-9. 고강도 운동 시 산소결핍과 산소부채(운동후 초과산소소비량)의 발생

이는 산소부채(운동후 초과산소소비량)가 전적으로 무산소성 대사의 결과로 발생하는 것은 아니라는 점을 의미한다. 그러나 산소부채(운동후 초과산소소비량)는 주로 고강도의 최대운동 후 무산소성 대사능력의 평가에 이용되고 있다. 즉 단시간 동안 최대강도의 운동을 수행하여 얻은 최대산소부채량(최대 EPOC)은 그 사람의 무산소 능력, 즉 운동 시 발생하는 인원질(ATP, PCr)의 결핍에 대한 내성이나 체액의 산성화 등 피로에 대한 내성을 반영하는 것으로 생각된다.

9.4.3 EPOC, 산소부채의 원인

운동 후 안정 시 수준 이상으로 섭취하는 산소량은 회복기 1, 2분 이내에 급격히 감소하다가 그 후 장시간에 걸쳐 서서히 감소하여 안정 시 수준으로 되돌아간다.

초기의 연구자들은 회복기의 산소섭취량이 급속하게 감소하는 국면을 '비젖산성 산소부채(alactic O_2 debt)'라고 하였고, 그 후 완만하게 감소하는 국면을 '젖산성 산소부채(lactic O_2 debt)'라고 하였다. 그들은 운동으로 인해 상승된 혈중젖산 농도가 운동 후 회복 초기 국면에는 거의 감소하지 않다가 그 후 시간이 경과하면서 점차적으로 많이 감소하는 현상을 발견하였다. 이를 통하여 운동 후 산소 소비 곡선 중 초기의 빠른 감소 국면이 젖산의 제거와 직접적인 관련이 없다는 의미로서 '비젖산성 산소부채'라고 하였다.

회복 초기의 이 국면에서 초과섭취된 산소는 고갈된 ATP와 PCr을 재합성하고, 근육 내 미오글로빈에 산소를 재보충하며, 혈액 중 용해된 형태의 산소를 공급하는 데 이용된다고 믿어지고 있다. 반면 운동 후 산소 소비 곡선의 완만한 감소는 젖산의 제거와 관련되었다고 생각하여 '젖산성 산소부채'라고 하였다.

그러나 그 후 연구들에 의해서 운동 후 산소 소비 곡선의 완만한 감소 국면은 젖산대사 외에 여러 가지 요인과 관련되어 있음이 명백히 밝혀져 젖산성 산소부채나 그에 대응하는 비젖산성 산소부채라는 용어는 부적절하다는 점이 제기되었다.

산소부채, 즉 운동 후 초과산소소비량(EPOC)에 관여하는 기타 요인은 다음과 같다.

① 운동 중 상승된 체온은 미토콘드리아의 산소 소비를 자극한다.

② 회복기 중에도 호흡근육은 얼마간 높은 활동 수준을 유지한다. 또한 심장박동도 안정 시 수준으로 회복될 때까지는 수분이 소요된다. 이 두 기관의 기능에 의해 추가적인 산소 소비가 요구된다.

③ 운동 중에는 아드레날린이나 갑상샘호르몬 등의 분비가 증가하는데, 이들 호르몬이 순환혈액 중에서 처리되기 전까지는 미토콘드리아의 추가적인 산소소비를 자극한다.

요약하면, 운동 후 안정 시 수준 이상으로 추가적인 산소섭취를 일으키는 원인은 단지 무산소성 대사에 의해서만 초래되는 것이 아니라 운동으로 인한 인체의 여러 가지 항정상태의 교란(disturbance)이 관여한다. 이는 심한 운동 시에는 산소부채가 산소결핍량의 두 배 정도에 이르는 현상을 설명해 준다. 그러므로 운동 중 무산소성 대사로 충당한 산소부족분을 운동 후에 되갚는다는 개념의 산소부채(O_2 debt)보다는 운동 후 초과산소소비량(EPOC : excess postexercise oxygen consumption)이라는 용어가 많이 사용되고 있다.

이처럼 EPOC가 운동 중 무산소성 대사를 전적으로 설명할 수는 없지만, 최대로 수행되는 자전거 에르고미터나 트레드밀을 이용한 주로 단시간의 특정한 운동부하검사를 통해 얻어진 최대산소부채량(최대 EPOC)은 무산소성 능력의 유력한 지표이다.

9.5 최대산소섭취량 검사와 유산소성 지구력

9.5.1 운동부하검사의 형태와 장단점

최대산소섭취량은 체력 수준 또는 심폐지구력을 예견할 수 있는 유력한 지표로 이용되고 있을 뿐만 아니라 심장혈관계통질환의 임상적 증후를 검사하는 유용한 방법이다.

최대산소섭취량을 측정할 때 주로 트레드밀·자전거 에르고미터·벤치 스텝 검사 등이 이용되고 있다. 각 운동 검사방법은 운동특성상 장단점을 갖고 있다.

벤치 스텝 검사는 비용이 적게 들고 손쉽게 실시할 수 있다는 장점이 있다. 자전거 에르고미터 검사는 수행하는 작업량을 정확히 측정할 수 있고, 운동수행 시 상체의 움직임이 비교적 적기 때문에 심전도나 혈압·채혈 등 생리적 측정이 용이하다는 장점이 있다. 트레드밀 검사는 검사방법 중 가장 높은 최대산소섭취량을 얻을 수 있고, 피검자의 기술이나 운동효율에 의해 발생할 수 있는 오차가 적다는 장점이 있다.

반면 벤치 스텝 검사는 체성분 수준이 높은 사람을 대상으로 검사할 때 운동강도를 높이기 위해 벤치의 높이와 분당 스텝 횟수를 증가시키면 균형 유지와 스텝의 리듬을 유지하기가 점차 어려워진다는 단점이 있다. 그리고 스텝 검사와 자전거 에르고미터는 트레드밀보다 비교적 작은 근육군(주로 다리근육)에만 부하가 주어지기 때문에 최대산소섭취수준에 도달하기 전에 국부적인 근육통증으로 운동을 중지하는 경향이 있다. 그러므로 벤치 스텝 검사는 주로 체성분 수준이 낮은 환자를 대상으로 하는 것이 바람직하고, 자전거 에르고미터 검사는 트레드밀 검사에 비해 최대산소섭취량이 5~10% 정도 낮게 평가된다는 것을 고려해야 한다.

9.5.2 최대운동지점(탈진상태)의 결정

운동검사 수행 중 최대산소섭취량 수준에 도달하였음을 알 수 있는 가장 효과적인 기준은 운동부하를 증가시켜도 산소섭취량이 고원상태(plateau)를 보이거나 약간 감소하는 현상을 보일 때이다. 산소섭취량은 운동강도의 증가와 더불어 직선적으로 증가하기 때문에 운동강도의 증가에도 불구하고 산소섭취량이 더 이상 증가하지 않는다면, 그 시점이 최대능력에 도달한 시점이라는 것을 알 수 있다. 이 시점에서 운동수행이 최대에 도달하였음을 나타내는 말은 탈진(exhaustion) 또는 올아웃상태(all-out status)이다.

산소섭취량이 고원상태에 도달한 후 다소 감소하는 경우도 있는데, 그것은 심박출량이 감소하기 때문이다. 즉 탈진상태에 가까워질수록 피부로의 혈류가 증가하고, 그에 따라 1회박출량은 감소하게 된다.

최대산소섭취량에 도달하였음을 알 수 있는 또 다른 생리적 지표는 높은 수준의 혈중젖산 농도(70~80mg/혈액100㎖)나 최대수준의 심박수를 통해 간접적으로 알 수 있다. 탈진상태(exhaustion)가 되면 산소섭취량과 마찬가지로 심박수도 최대에 도달한 이후 변화가 없거나 오히려 약간 감소하는 경향을 보인다.

9.5.3 최대산소섭취량 측정 시의 주의사항

최대산소섭취량을 측정할 때에는 다음과 같은 사항을 고려하여야 한다.

① 운동 시의 자세가 최대산소섭취량에 영향을 미친다. 즉 누운 자세로 페달링하거나 수영할 때에는 직립자세나 앉은 자세에서 수행할 때보다 최대산소섭취량이 5~29% 낮게 나타난다.

② 운동 시 최대산소섭취량은 대근육군을 사용할 때가 소근육군을 사용할 때보다 높게 나타난다. 예를 들어 전신을 이용하는 트레드밀 운동 시에는 다리근육만을 주로 사용하는 자전거에르고미터보다 5~10% 정도 높은 값을 얻을 수 있다. 또한 팔만을 사용하는 암 에르고미터(arm ergometer)는 자전거 에르고미터보다 10~20% 정도 낮게 나타난다.

③ 최대산소섭취량을 얻기 위해서는 심장혈관계통의 최대반응을 유도하기 위한 운동강도와 시간이 충분히 주어져야 한다. 즉 운동시간은 워밍업을 포함하여 적어도 15~20분이 필요하며, 최

대강도에 도달할 때까지 점진적으로 부하를 증가시켜 나가야 한다. 보다 단시간(3~4분)의 점진 부하법에 의해서도 비슷한 수준의 최대산소섭취량을 얻을 수 있지만, 이 경우는 피검자가 운동강도에 대해 갖는 자각도는 더욱 힘들게 느끼게 되어 심리적 요인이 실험 결과에 영향을 줄 수 있다.

④ 최대산소섭취량을 정확히 측정하기 위해서는 기술적 요인이나 피검자의 동기화 수준에 큰 영향을 받지 않는 운동형태가 바람직하다. 트레드밀이나 에르고미터와 같이 간단한 운동도 달리기나 페달링 효율에 의한 개인차가 발생할 수 있다. 따라서 최대산소섭취량을 검사하기 전에 미리 그 운동형태에 적응하는 절차를 갖는 것이 바람직하다.

⑤ 자전거에르고미터는 안장에 체중이 지지된 상태로 운동하기 때문에 특정 운동강도에서 피검자들의 총산소소비량은 비슷한 수준을 나타낸다. 그러므로 체중당 산소소비량으로 표시할 때에는 체중이 큰 사람이 적게 평가되는 경향이 있다.

9.5.4 최대산소섭취량의 부하법

최대산소섭취량을 얻기 위한 운동검사는 낮은 강도의 초기부하에서 점차 최대강도로 부하를 증가시키는 점증부하법을 이용하며, 운동시간은 10~20분 사이가 이상적이다. 초기 부하수준 및 부하의 증가폭은 피검자의 신체적 조건에 따라 다르게 정해져야 한다. 예를 들어 심질환자를 대상으로 할 때는 초기부하 및 부하의 증가폭을 작게 하고, 지구성 운동선수일 때는 초기부하 및 부하의 증가폭을 증가시켜야 한다.

9.5.4.1 자전거에르고미터

자전거에르고미터에서 운동부하는 주로 기계식이나 전기식으로 조절되는 브레이크강도(kg)와 분당회전수(rpm)에 의해 결정된다. 즉 운동검사 시 자전거 에르고미터의 회전수는 주로 50~80rpm에 고정하고, 브레이크 강도는 1~8kg의 범위에서 점증시킨다.

자전거 에르고미터의 부하강도는 kpm/min 또는 watt로 표시하며, 다음 식을 이용하여 구할 수 있다(1watt = 6kpm/min).

부하강도(kpm/min)
= 브레이크 강도(kg) × 분당회전수(rpm) × 1회전 시 전진거리(바퀴의 원주 : 6m)

예를 들어 보편적으로 이용되고 있는 모나크(Monark)사의 에르고미터를 이용하여 회전수를 50rpm으로 정하고, 브레이크 강도를 2kg으로 할 때 이 운동의 부하강도는 다음과 같이 구할 수 있다(모나크사의 에르고미터 바퀴의 둘레는 6m이다).

부하강도(kpm/min) = 2(kg) × 50(rpm) × 6(m) = 600kpm/min 또는 100watt

자전거에르고미터 검사의 초기부하는 대체로 50~100watt이고, 그 후 최대강도에 이를 때까지 20~50watt씩 부하를 점증시킨다.

표 9-6. 자전거 에르고미터 운동 시 산소소비량 추정치(㎖ O_2/kg/min)

운동부하		체중(kg)					
(kgm/min)	(watt)	50	60	70	80	90	100
300	50	17.8	15.0	13.0	11.2	10.2	9.1
450	75	24.2	20.0	17.2	15.0	13.3	11.9
600	100	31.2	24.8	21.4	18.9	16.8	15.0
750	125	36.0	30.1	25.6	22.4	20.0	17.8
900	150	42.0	35.0	30.1	26.2	23.4	21.0
1050	175	48.0	39.9	34.3	30.1	26.6	24.2
1200	200	53.9	45.2	38.5	33.6	30.1	27.0
1350	225	59.9	50.2	42.7	37.2	33.5	30.2
1500	250	65.9	55.1	46.9	40.8	36.9	33.4
1650	275	72.0	60.2	51.2	44.5	40.4	36.7
1800	300	78.3	65.5	55.7	48.4	44.1	40.2
1950	325	84.3	70.6	60.0	53.1	47.6	43.6
2100	350	90.4	75.6	64.4	56.8	51.2	47.0

※ MET값으로 환산하기 위해서는 산소소비량을 3.5로 나눈다.

9.5.4.2 트레드밀

트레드밀(treadmill)은 모터를 이용한 러닝벨트의 속도와 %경사도(%grade)를 조절하여 부하강도를 결정한다. 러닝속도는 시간당 마일(mph) 또는 시간당 킬로미터(km/hr)로 표시된다. 트레드밀의 경사도(%grade)는 트레드밀에 부착된 경사계를 통해 각도(θ)를 측정하고, sinθ값에 100을 곱하여 얻은 것이다. %경사도는 대체로 0~20%의 범위에서 조절할 수 있도록 되어 있다[그림 9-10].

%경사도(%grade)는 다음과 같이 산출된다.

$$\%grade = \sin\theta \times 100$$
$$= \frac{\text{트레드밀의 높이(b)}}{\text{트레드밀벨트의 길이(a)}} \times 100$$

예를 들어 트레드밀 벨트의 길이(a)가 2.5m이고 높이(b)가 15cm라고 하면 %grade는

$$\%grade = \frac{15cm}{2.5m} \times 100$$
$$= \frac{1500cm}{250cm} = 6\%grade$$

가 된다.

트레드밀에서의 작업량을 kpm으로 나타내면 다음과 같다.

$$\text{트레드밀 작업량} = \text{체중(kg)} \times \text{수직이동거리(m)}$$
$$\text{수직이동거리(m)} = \text{트레드밀 속도(m/분)} \times \frac{\%grade}{100} \times \text{운동시간(분)}$$

예를 들어 체중이 70kg인 사람이 트레드밀 속도를 200m/분, 경사도를 7.5%grade로 10분간 운동하였을 때의 작업량은 다음과 같이 구할 수 있다.

$$\text{수직이동거리(m)} = 200\text{(m/분)} \times \frac{7.5\%grade}{100} \times 10\text{(분)} = 150m$$
$$\text{트레드밀 작업량(kgm)} = 70kg \times 150m = 10{,}500kgm$$
$$\text{트레드밀 부하강도(kgm/min)} = 1{,}050kgm/min$$

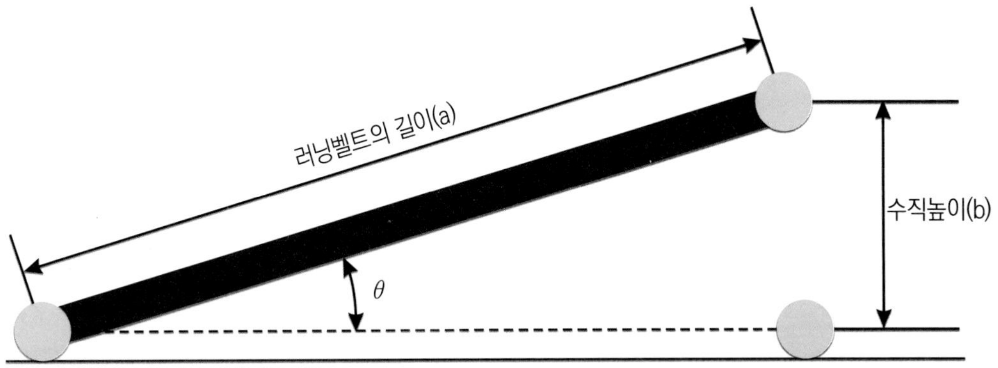

트레드밀 경사각도(θ)는 지면과 러닝벨트가 이루는 각도를 의미한다.

$$\sin\theta = \frac{\text{수직높이(b)}}{\text{러닝벨트의 길이(a)}}, \quad \%grade = \sin\theta \times 100$$

그림 9-10. 트레드밀의 경사각도(θ)와 %grade

표 9-7. 트레드밀달리기와 걷기 시 산소소비량 추정치(㎖ O_2/kg/min)

속도 (mph)	트레드밀 경사도(%grade)							
	0.0	2.5	5.0	7.5	10.0	12.5	15.0	17.5
1.7	8.0	10.2	12.2	14.4	16.1	18.2	20.3	22.4
2.0	8.8	11.2	13.6	16.1	18.6	21.0	23.1	25.6
2.5	10.2	13.3	16.1	19.2	22.0	25.2	28.4	31.2
3.0	11.6	15.0	18.9	22.4	25.9	29.8	33.2	36.8
3.4	12.6	16.8	20.6	24.8	29.0	33.2	37.1	41.3
3.75	13.6	18.2	22.8	27.3	31.8	36.4	41.0	45.1
5.0	30.1	33.2	36.0	39.2	42.0	45.2	48.3	–
6.0	35.7	39.2	43.0	46.6	50.0	53.9	57.4	–
7.0	41.0	45.2	49.4	53.6	57.8	62.0	66.2	–
7.5	43.8	48.3	52.8	57.4	62.0	66.5	71.0	–
8.0	46.6	51.4	56.4	60.9	65.8	70.7	75.6	–
9.0	51.8	57.0	62.6	67.9	73.3	78.8	84.4	–
10.0	57.0	63.0	69.0	74.9	81.2	87.2	93.1	–

1. MET값으로 환산하기 위해서는 산소소비량을 3.5로 나눈다.
2. 시간당 마일(mph)을 분당 m로 환산하기 위해서는 26.82를 곱해준다.

9.5.4.3 운동부하검사 프로토콜

심질환자를 검사할 때는 초기부하를 약 8㎖/kg/min의 산소소비량이 요구되는 수준으로 정하고, 단계별로 3~4㎖/kg/min 수준의 산소요구량이 추가되도록 부하를 점증시키는 것이 바람직하다.

몸에 이상이 없고 건강한 사람은 산소소비량이 약 20~25㎖/kg/min 요구되는 작업강도에서부터 부하를 점증시키고, 지구성 운동선수는 단계별로 3~7㎖/kg/min의 산소소비가 추가되도록 부하를 점증시키는 것이 바람직하다.

단계별 시간은 심질환자는 3분, 일반인은 초기단계에서는 2~3분 정도로 하여 인체의 운동에 대한 생리적 적응이 이루어지도록 하고, 운동 후반기에는 최대산소섭취량에 도달하기 전에 근육피로현상이 먼저 나타날 가능성을 줄이기 위해 단계별 시간을 1~2분으로 하는 것이 바람직하다.

가장 일반적으로 이용되는 점증부하검사방법에는 Balke 프로토콜과 Bruce 프로토콜 등이 있으며, 노인이나 심질환자를 대상으로 할 경우에는 변형된 Bruce 프로토콜이나 Naughton 프로토콜이 보편적으로 많이 이용된다. 그러나 운동처방실이나 스포츠클리닉에서 이용되는 운동부하검사방법은 주된 이용자의 연령이나 성별, 건강상태 등에 따라 변형된 부하검사방법을 이용하는 경우가 많다.

다음 표 9-8과 그림 9-11은 보편적으로 이용되는 트레드밀 운동부하검사법을 보여준다.

표 9-8. 여러 가지 트레드밀 운동부하검사법(treadmill protocol)

protocol	초기 부하	부하의 증가	비고
Balke	속도 : 3.3mph 경사도 : 0% 시간 : 2분간 지속	속도 : 3.3mph로 고정 경사도 : 매 1분마다 10%씩	건강한 성인남자 여자 : 3.0mph
Bruce	속도 : 1.7mph 경사도 : 10% 시간 : 3분간 지속	속도 : 1.7, 2.5, 3.4, 4.2, 5.0, 5.5, 6.0mph 의 속도로 3분마다 경사도 2%씩 증가	정상인
BruceⅡ	속도 : 1.7mph 경사도 : 0% 시간 : 3분간 지속	속도 : 1.7, 2.5, 3.4, 4.2, 5.0, 5.5, 6.0mph 의 속도로 3분마다 경사도 2%씩 증가	심질환자, 고위험자, 고령자
Naughton	속도 : 1.0mph 경사도 : 0% 시간 : 2분간 지속	속도 : 2mph로 일정 경사도 : 매 2분마다 3.5%씩 증가	심질환자, 고위험자, 고령자
Ellestad	속도 : 1.7mph 경사도 : 10% 시간 : 3분간 지속	속도 : 3.0, 4.0, 5.0, 6.0mph 경사도 : 4단계까지 10%, 이후 15%	정상인
McHenry	속도 : 2.0mph 경사도 : 0% 시간 : 3분간 지속	속도 : 3.3mph로 일정 경사도 : 매 3분마다 3%씩 증가	신체허약자
Kattus	속도 : 1.5mph 경사도 : 10% 시간 : 3분간 지속	18분 이전 : 10%, 3분마다 0.5mph 18분 이후 : 4.0mph, 3분마다 4%	심질환자, 고위험자
Taylor	속도 : 7mph 경사도 : 0% 시간 : 3분간 지속	속도 : 7mph로 일정 경사도 : 매 3분마다 2.5%씩 증가 휴식 : 매 단계마다 10분 휴식	고훈련자

※ mph=mile/hour

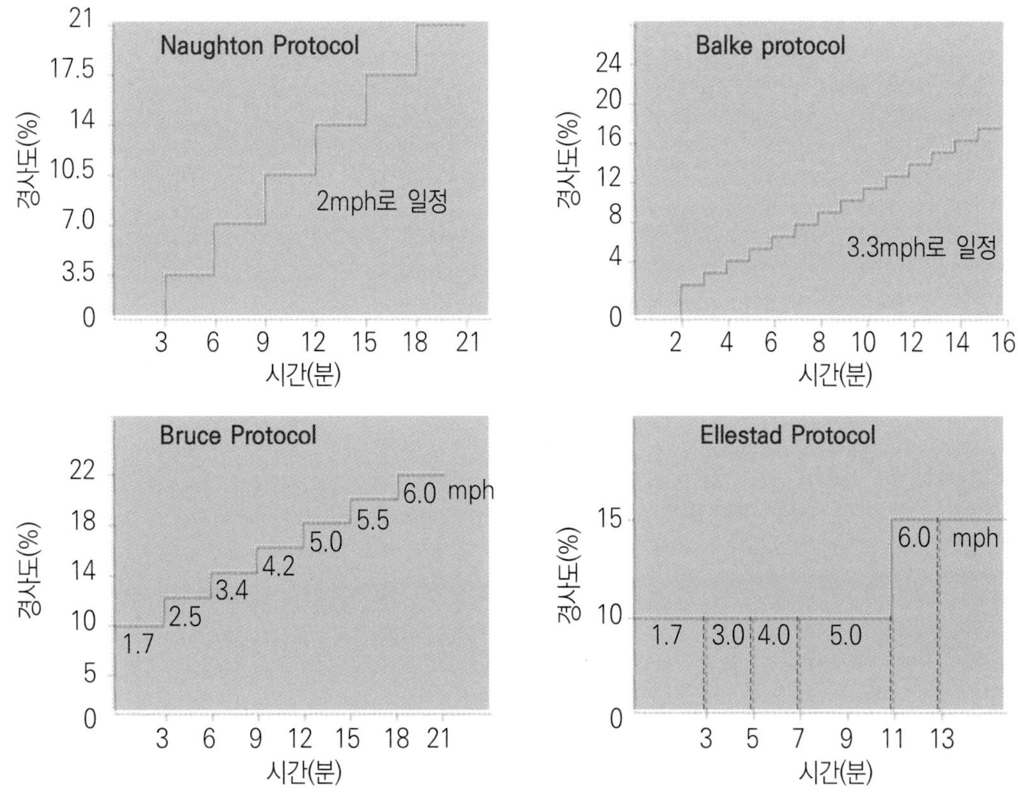

그림 9-11. 여러 가지 트레드밀 운동부하검사법

9.5.5 최대산소섭취량과 유산소성 지구력

최대산소섭취량($\dot{V}O_2max$)은 심장혈관계통의 최대기능적 능력을 반영한다. 심장혈관계통의 기능은 유산소성 지구력을 결정하는 가장 중요한 인자로 볼 수 있다. 왜냐하면 최대산소섭취량은 심장의 기능 및 활동 조직으로의 혈류 순환 능력에 크게 좌우되기 때문이다.

그밖에 유산소성 지구력에 영향을 주는 요인으로는 동기화 수준, 운동 수행 기술, 체온조절 능력 등이 있다. 물론 최대산소섭취량이 높은 지구성 선수들은 동일한 강도의 최대하운동을 수행할 때 더 낮은 산소소비량을 나타낸다. 그 이유는 단련된 선수일수록 동일한 운동이라고 할지라도 더 적은 운동단위(motor unit)만을 동원하여 그 운동을 보다 경제적으로 수행할 수 있기 때문이다.

최대산소섭취량은 체성분 수준뿐만 아니라 체격, 연령, 성별에 따라 차이를 나타내기 때문에 보다 정확한 심장혈관계통 기능을 반영하기 위해서는 체중 kg당 산소섭취량(㎖/kg/min)으로 나타낸다.

신체에 이상이 없는 건강한 일반 대학생 연령층의 평균산소섭취량은 여자는 35~42㎖/kg/min, 남자는 40~55㎖/kg/min인 것으로 보고되고 있다. 25~30세가 지나면서 비활동적인 일반 성인은 최대산소섭취량이 1년에 1%정도 감소하고, 체성분 수준이 빈약한 일반 성인은 20㎖/kg/min 이하를 나타내기도 한다.

한편 우수한 지구성 운동선수(마라톤 또는 크로스컨트리스키 선수)의 최대산소섭취량은 연구자에 따라 광범위한 차이를 보이지만, 대체로 여자선수는 55~70㎖/kg/min, 남자선수는 65~85㎖/kg/min의 범위를 갖는 것으로 보고되고 있다.

표 9-9에는 한국 성인 남녀의 평균 최대산소섭취량의 기준치를 제시하였다.

표 9-9. 한국 성인 남녀의 최대산소섭취량 평가기준치(㎖/kg/min)

성 별	연 령	매우 약함	약함	보통	우수	매우 우수
남자	20~29세	40.6 이하	40.7~45.3	45.4~51.4	51.5~56.1	56.2 이상
	30~39세	34.5 이하	34.6~40.0	40.1~47.1	47.2~52.6	52.7 이상
	40~49세	29.4 이하	29.5~34.9	35.0~42.0	42.1~47.5	47.6 이상
	50~59세	24.2 이하	24.3~29.7	29.8~36.8	36.9~42.3	42.4 이상
	60~69세	18.4 이하	18.5~23.9	24.0~31.0	31.1~36.5	36.6 이상
여자	20~29세	27.4 이하	27.5~31.9	32.0~37.8	37.9~42.3	42.4 이상
	30~39세	22.2 이하	22.3~26.9	27.0~33.0	33.1~37.7	37.8 이상
	40~49세	18.0 이하	18.1~22.7	22.8~28.0	28.1~33.5	33.6 이상
	50~59세	14.9 이하	15.0~19.6	19.7~25.7	25.8~30.4	30.5 이상
	60~69세	12.2 이하	12.3~16.9	17.0~23.0	23.1~27.7	27.8 이상

plus+

여러 형태의 운동 시 에너지소비량 추정법

트레드밀 걷기 시 에너지소비량 추정

트레드밀 걷기의 속도가 50~100m/min의 사이일 때 다음 공식을 이용하여 산소소비량(VO₂)을 비교적 정확하게 추정할 수 있다.

$$VO_2(m\ell/kg/min) = \underbrace{속도(m/min) \times 0.1}_{수평성분} + \underbrace{(\%grade/100) \times 속도(m/min) \times 1.8}_{수직성분} + \underbrace{3.5}_{휴식성분}$$

예) 체중 50kg인 사람이 트레드밀 속도가 2.5mph이고, 경사도(%grade)가 12%로 30분간 운동할 때 추정되는 분당산소소비량(ℓ/min)과 총에너지소비량(kcal)은?

① 시간당 마일(mph)을 분당 미터 단위(m/min)로 환산한다.

2.5mph = 4km/hr

=4,000m/60min≒67m/min

② 위의 산소소비량 추정식에 대입하여 체중당 산소소비량을 구한다.

$VO_2(m\ell/kg/min)$

$= 67 \times 0.1 + 0.12 \times 67 \times 1.8 + 3.5$

$= 24.7m\ell/kg/min$

③ 체중당 산소소비량에 체중(kg)을 곱하여 분당 산소소비량(ℓ/min)을 구한다.

$VO_2(\ell/min) = 24.7 \times 50kg$

$= 1235m\ell/min = 1.235\ell/min$

④ 산소 1ℓ의 소비는 5kcal의 에너지를 생성하므로 30분간 운동할 경우 총에너지소비량(kcal)은 다음과 같이 구한다.

총에너지소비량(kcal)

$= 1.235\ell/min \times 5kcal \times 30min$

$= 185.3kcal$

트레드밀 달리기 시 에너지소비량의 추정

트레드밀 달리기운동 시 산소소비량도 트레드밀 속도와 경사도(%grade), 그리고 휴식성분(3.5mℓ/kg/min)을 이용하여 구한다.

$$VO_2(m\ell/kg/min) = \underbrace{속도(m/min) \times 0.2}_{수평성분} + \underbrace{(\%grade/100) \times 속도(m/min) \times 1.8 \times 0.5}_{수직성분} + \underbrace{3.5}_{휴식성분}$$

예) 체중 70kg인 사람이 트레드밀 속도가 5mph, 경사도(%grade)가 16%로 30분간 달리기운동을 실시하였다. 이때 추정되는 분당산소소비량(ℓ/min)과 총에너지소비량(kcal)을 구하시오.

① 시간당 마일(mph)을 분당 미터(m/min)로 환산한다.

5mph=5×1.6km/hr

=8000m/60min≒133m/min

② 위의 공식에 대입하여 체중당 산소소비량을 구한다.

$VO_2(m\ell/kg/min) = 133 \times 0.2 + 0.16 \times 133 \times 1.8 \times 0.5 + 3.5$

$= 49.3m\ell/kg/min$

③ 체중당 산소소비량에 체중(kg)을 곱하여 분당 산소소비량(ℓ/min)을 구한다.

VO_2(mℓ/kg/min)=49.3×70kg
=3451mℓ/min
=3.451ℓ/min

④ 분당산소소비량(ℓ/min)에 운동시간(분)과 5kcal를 곱하여 총에너지소비량(kcal)을 구한다(산소 1ℓ의 소비는 5kcal를 생성).

총에너지소비량(kcal)
=3.451ℓ/min×5kcal×30min
=517.7kcal

자전거에르고미터 운동 시 에너지소비량의 추정

자전거에르고미터를 이용해 운동할 경우의 산소소비량은 체중당으로 표시하지 않고 분당산소소비량(mℓ/min)으로 표시한다.

VO_2(mℓ/min)

$$= \frac{\text{자전거부하강도(kgm/min)} \times 2}{\text{저항성분}} + \frac{3.5 \times \text{체중(kg)}}{\text{휴식성분}}$$

예) 체중 70kg인 사람이 자전거에르고미터를 150watts로 20분간 운동할 때 추정되는 분당산소소비량과 총에너지소비량을 구하시오.

① 먼저 watts의 단위를 kgm/min의 단위로 환산한다(1watt=6kgm/min).
150watts=900kgm/min

② 위의 공식에 대입하여 분당산소소비량을 구한다.
VO_2(mℓ/min)
=900kgm/min×2+3.5×70kg
=2045mℓ/min=2.045ℓ/min

③ 분당산소소비량(ℓ/min)에 운동시간(분)과 5kcal를 곱하여 총에너지소비량(kcal)을 구한다(산소 1ℓ의 소비는 5kcal을 생성).
총에너지소비량(kcal)
=2.045ℓ/min×5kcal×20min
=204.5kcal

9.6 무산소성역치

9.6.1 혈중젖산 수준과 유산소성 지구력

제3장의 에너지대사에서 이미 배웠듯이 젖산은 무산소성 해당작용(glycolysis)에서 생성되는 최종 산물이다. 우수한 지구성 선수의 특징은 높은 수준의 최대산소섭취량을 갖고 있을 뿐만 아니라 높은 %VO_2max 수준으로 지속적으로 운동할 수 있다는 점이다. 또한 같은 강도의 운동을 보다 유산소적으로 수행할 수 있어서 혈중젖산 수준이 높지 않은 상태로 운동을 지속할 수 있다.

그러므로 혈중젖산이 높지 않은 상태로 높은 강도의 운동을 지속할 수 있는 능력은 장거리 달리기에서의 수행력을 결정짓는 가장 유력한 지표로 이용된다.

운동 시 혈중젖산의 변화 양상은 손끝이나 귓불에서 약간의 혈액 샘플을 채취하여 분석함으로써

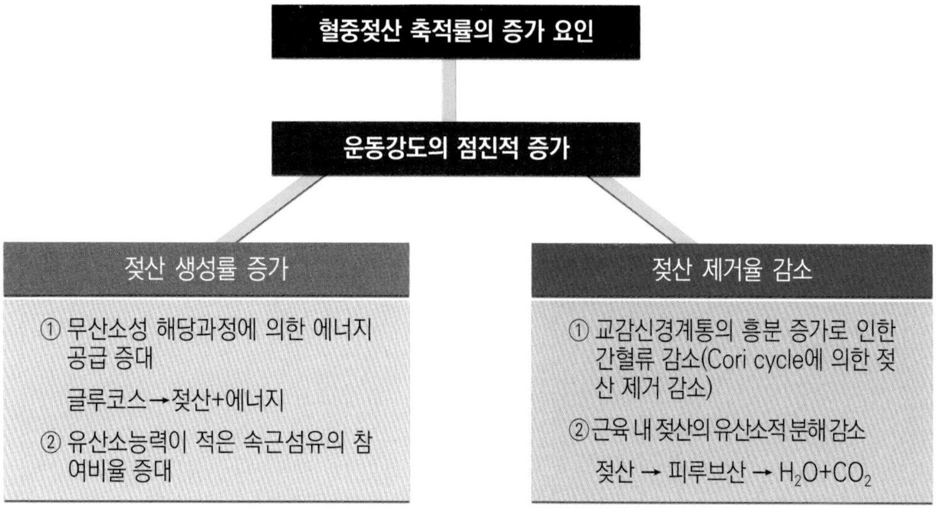

그림 9-12. 혈중젖산 축적률의 증가 요인

살펴볼 수 있다. 운동 중 혈중젖산의 농도는 무산소성 해당과정에 의한 젖산생성률의 증가뿐만 아니라 혈중젖산의 제거율이 감소할 경우에 상승한다. 예를 들어 고강도 운동일수록 간으로 가는 혈류가 감소되기 때문에 간에 의한 젖산의 제거 속도도 감소하게 된다[제3장 Cori cycle 참조]. 동일한 최대하운동을 수행할 때 단련자는 비단련자에 비해 내장영역의 혈류제한이 상대적으로 심하게 일어나지 않는다.

9.6.2 환기역치와 젖산역치

점진적 부하의 운동 시 환기량은 어느 시점까지는 산소섭취량과 병행하여 직선적인 증가 양상을 보인다. 그러나 심박수가 약 140~160회/분인 강도일 때의 환기량은 산소섭취량에 비해 급격하게 증가하는 양상을 보인다. 이 시점을 환기역치(ventilation threshold) 또는 환기급증점(ventilation breaking point)이라고 한다. 일반인의 경우 이 시점은 대체로 최대산소섭취량의 40~60% 수준에서 나타난다.

한편 이 환기역치의 시점은 혈중젖산 수준이 휴식 시 수준 이상으로 급격하게 증가하는 시점과 일치하거나 약간 뒤에 일어난다. 이처럼 혈중젖산 수준이 안정 시 수준보다 1mM 증가되는 시점의 운동강도를 젖산역치(lactate threshold)라고 한다.

환기역치가 나타난 이후에 계속적으로 운동강도를 점증시키면 환기량이 2차적으로 급격한 증가 양상을 보이는데, 이 시점을 호흡보상점이라고 표현하기도 한다. 또 혈중젖산 농도가 4mmol/ℓ에 도달하는 시점을 젖산축적개시점(OBLA: onset of blood lactate accumulation)이라고 부른다. 그러나 이 시점은 개인에 따라 불명확하게 나타날 수도 있으며, 개인 간의 차이도 커서 심박수가 160~190회/분에 도달하는 시점이나 최대산소섭취량의 60~90% 수준에서 나타난다.

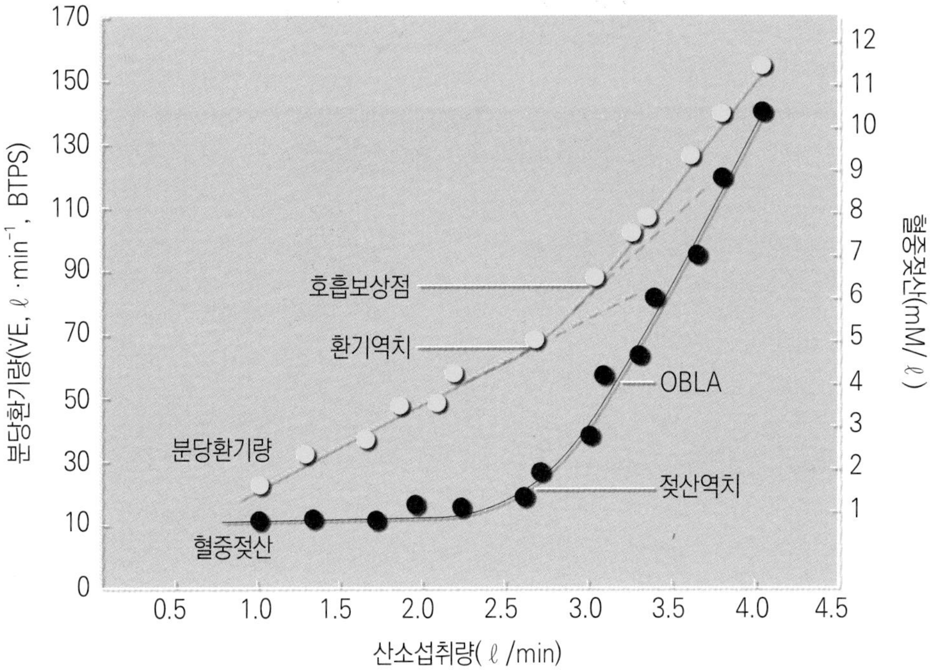

그림 9-13. 환기역치와 젖산역치

9.6.3 환기역치의 발생기전

점진부하운동 시 환기량이 직선적인 관계를 벗어나 급격한 증가양상을 보이는 것은 혈중젖산이 축적되기 시작하는 현상과 관련이 있다고 설명되고 있다.

운동강도가 높아짐에 따라 혈중젖산의 농도가 높아지고 젖산에 의한 체액의 산성화를 중탄산염($NaHCO_3$)이 완충시키는 과정에서 다량의 CO_2가 발생하는데, 그 과정은 다음과 같다.

$$\underset{(\text{젖산})}{LA\text{-}H} + \underset{(\text{중탄산염})}{NaHCO_3} \longrightarrow \underset{(\text{젖산소듐})}{NaLA} + \underset{(\text{탄산})}{H_2CO_3}$$

$$H_2CO_3 \longrightarrow H_2O + CO_2$$

젖산의 완충과정에 의해 추가로 발생한 과도한 CO_2는 목동맥토리 등에 있는 화학수용기를 자극하여 환기증가반사를 일으키므로 환기량이 급증하게 된다. 즉 인체는 환기증가반사를 통해 추가적으로 발생한 과도한 CO_2를 체외로 배출시킨다. 그러나 이러한 환기역치의 발생 기전은 젖산축적 외에 다른 여러 요인이 관여하는 것으로 생각된다. 왜냐하면 글리코겐 분해효소인 가인산분해효소(phosphorylase : 해당과정의 속도조절효소)가 결핍된 환자에게도 환기역치가 발견되기 때문이다. 즉 가인산분해효소가 결핍된 환자는 글리코겐을 분해하여 에너지원으로 이용하는 능력이 없기 때문에 젖산을 생성시킬 수 없다[제3장 그림 3-6 ⓐ과정].

무산소성역치(AT : anaerobic threshold)라는 용어는 점증적인 운동부하 중 어느 시점에서 무산소성 대사가 시작되기 때문에 환기량과 혈중젖산 수준이 급격하게 증가한다고 생각하여 명명되었다. 그러나 앞에서 설명한 바와 같이 혈중젖산 수준의 증가나 환기량의 증가에는 젖산 생성률의 증가(무산소성 대사의 증가) 외에도 젖산 제거율의 감소나 다른 생리적 요인이 관여하고 있으므로 무산소성역치라는 용어 대신 각각 환기역치나 환기급증시점(ventilation breaking point) 그리고 젖산역치라는 용어를 사용할 것이 제안되기도 한다.

9.6.4 무산소성역치와 스피드의 지구력

무산소성역치는 스피드의 지구력을 결정하는 매우 중요한 요소이다. 즉 최대산소섭취량이 같더라도 무산소성역치가 높은 사람이 더 빠른 속도로 운동을 수행할 수 있는데, 이는 승부를 결정짓는 가장 중요한 요소이다.

마라톤의 예를 들어보자. 똑같이 60㎖/kg/min의 최대산소섭취량을 가지고 있는 A와 B라는 두 선수가 있다고 하자. 그런데 무산소성역치가 A는 최대산소섭취량의 70% 시점이고, B는 80% 시점이라고 가정해 보자[그림 9-14].

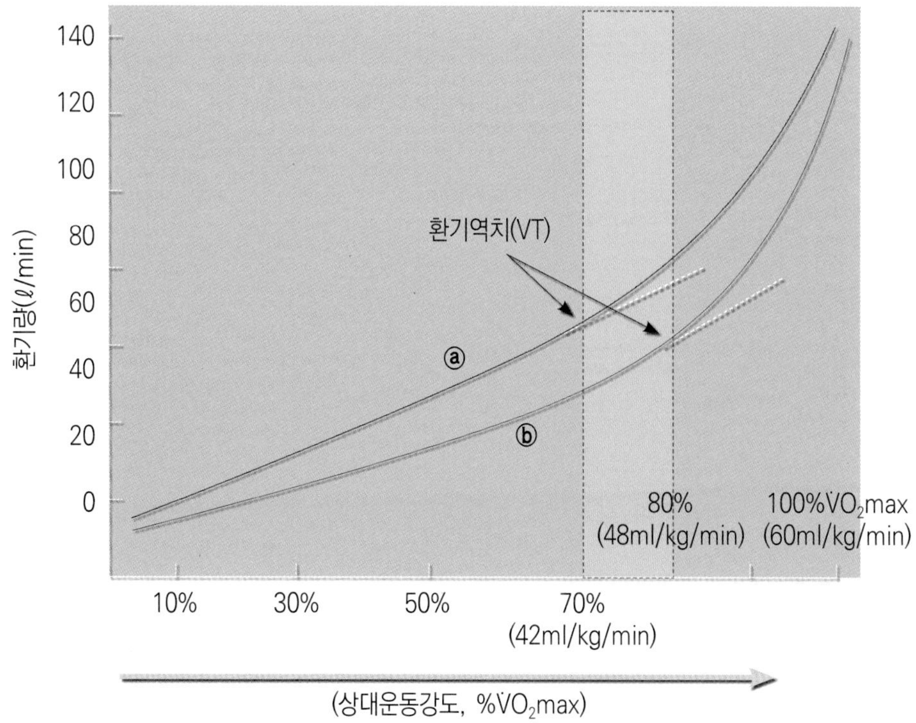

그림 9-14. 무산소성역치와 스피드의 지구력

그런데 두 선수가 마라톤 경기에 참가하였다. 두 선수가 30km 지점까지 똑같은 속도로 달렸는데, 이 시점까지 두 선수 모두 자신의 무산소성역치 수준 보다 낮은 운동강도로 달렸기 때문에 두 선수는 크게 피로감을 호소하지 않았다.

그런데 30km 지점을 통과하면서 B가 속도를 올리며 스퍼트를 하였다. 그 스피드는 자신의 최대산소섭취량의 75%에 해당되는 운동강도였다. 그런데 A의 입장에서는 B의 속도를 따라잡기 위해서 자신의 무산소성역치 수준인 최대산소섭취량의 70%를 상회하는 운동강도로 달려야 한다는 것을 의미한다.

한동안은 A가 B의 속도에 맞추어 달릴 수 있지만 몇 km를 가지 못해서 급격한 피로가 나타나면서 속도를 줄이고 뒤처지게 되었다. A의 입장에서 B가 달리는 속도를 유지하기 위해서는 무산소성대사에 더 많이 의존해야 했기 때문이다. 그로 인해 수소 이온이나 암모니아와 같은 피로물질이 근육 내와 혈액에 급격하게 축적되면서 스피드를 더 이상 유지하기 어렵게 되었던 것이다.

무산소성역치는 이처럼 '스피드의 지구력'과 관련된 심폐지구력을 말해주는 좋은 지표가 된다. 그뿐만 아니라 어떤 사람의 훈련효과를 평가하여 그 훈련의 강도를 재설정하는 지표로도 매우 유용하다. 예를 들어 무산소성역치가 최대산소섭취량의 65%인 사람이 2개월간의 운동 훈련을 한 다음 다시 측정해 보니 그 역치가 70%로 상향되어 나타났다고 하자. 그렇다면 이 사람의 달리기 기록, 즉 스피드의 지구력을 향상시키기 위해서는 훈련의 강도를 최대산소섭취량의 70% 내외로 다시 설정하여야 한다.

사실 무산소성역치는 최대산소섭취량과 마찬가지로 어떤 사람의 심폐순환계의 기능과 근육의 산소이용능력을 모두 말해준다. 따라서 그 자체가 중요한 건강의 지표가 될 수 있다. 특히 무산소성역치는 '스피드의 지구력'이 중요시되는 중장거리 지구성 경기에서 운동수행능력을 나타낼 때 더 잘 활용되는 지표이다.

9.6.5 젖산축적개시점(OBLA)

대다수의 연구에서는 운동선수들을 대상으로 할 때 혈중젖산축적개시점(onset of blood lactate accumulation : OBLA)을 4mM/ℓ로 정하고 있다. 왜냐하면 운동선수들은 4mM/ℓ 이하의 젖산 수준에서는 수시간 동안 운동을 수행할 수 있으므로 휴식 시 수준보다 1mM/ℓ 정도 높은 젖산역치시점은 단련된 선수에게 중요성이 실제로 크지 않기 때문이다.

혈중젖산축적개시점은 훈련효과의 지표로서나 적절한 훈련강도를 결정하는 데 유용하게 이용할 수 있다.

최대산소섭취량은 훈련 초 몇 개월 이내에 대부분 개선되고, 그 이후 증가율은 뚜렷하게 둔화된다. 반면 혈중젖산축적개시점은 훈련에 의해 보다 지속적이고 큰 폭으로 개선되기 때문에 훈련효과를 판단하는 유용한 지표가 된다.

또한 OBLA(혈중젖산 4mM/ℓ의 수준)는 훈련강도를 결정하는 데 유용하다[그림 9-15]. 예를 들어 훈련

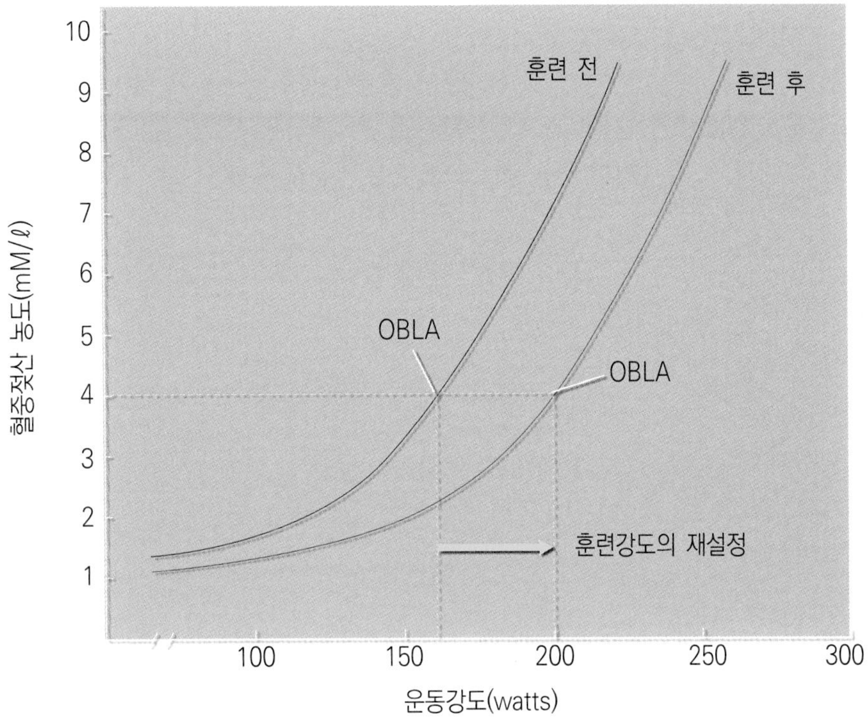

그림 9-15. 훈련 후 젖산축적 개시점에 의한 훈련강도의 재설정

전에 비해 OBLA가 지연되어 나타난다면 운동강도를 다시 결정할 때 OBLA를 유발할 만큼 충분한 운동강도를 설정할 필요가 있다. 즉 이미 단련된 선수의 최대산소섭취량과 OBLA를 충분히 개선하기 위해서는 OBLA 수준 이상의 운동을 부하하여야 한다.

9.7 무산소성 파워와 무산소성 능력

무산소성 파워(aneaerobic power)는 유산소성 에너지공급에 거의 의존하지 않고 수행할 수 있는 단위 시간당 최대작업량을 의미한다. 무산소성 능력(anaerobic capacity)은 무산소성 에너지공급에 의존하여 강한 근육수축활동을 반복하거나 유지하는 능력을 말한다.

9.7.1 무산소성 파워의 측정

무산소성 파워는 인체가 수행할 수 있는 최대작업속도로서, 무산소성 해당과정인 인원질(ATP와 PCr)과정을 주요 에너지공급원으로 한다. 무산소성 파워의 측정은 대체로 30초 이내의 단시간 검사를 통해 이루어진다. 투포환이나 점프는 최대무산소성 파워에 의존하는 종목이다.

무산소성 파워를 측정하는 대표적인 검사방법으로는 마가리아-칼라멘 계단오르기 검사(Margaria-Kalamen power test)와 윈게이트 검사(Wingate test)가 있다.

9.7.1.1 마가리아-칼라멘 계단 오르기 검사

마가리아-칼라멘 계단 오르기 검사는 피검자가 계단의 6m 앞에 서서 시작한다. 피검자는 시작 신호와 함께 계단으로 달려가 한 번에 3개의 계단을 가능한 빠르게 오른다. 3번째 계단을 디딜 때 스위치매트의 계시기가 작동하고, 9번째 계단을 밟을 때 스위치매트의 계시기가 정지하여 3번째와 9번째 계단 사이의 시간 경과를 1/100초 단위로 계시한다.

피검자의 체중(kg), 3번째와 9번째 계단 간의 수직높이(m), 측정된 시간(sec)을 이용하여 파워를 구할 수 있다.

파워(kg·m/sec) = 질량(kg) × 거리(m) ÷ 시간(sec)

예를 들어 계단 하나의 높이가 15cm라면 3번째와 9번째 계단 간 수직거리는 15×6=90cm, 즉 0.9m가 된다. 체중이 70kg이고 두 스위치매트 간 경과시간이 0.65초라고 하면 파워는 다음과 같이 구할 수 있다.

파워 = (70 × 0.9)/0.65 = 96.9kgm/sec

이를 watt 단위로 수정하려면 9.8을 곱하면 된다. 계단 오르기 검사를 통해 측정한 무산소성 파워의 약 90%는 유전적인 것으로 평가되고 있다. 이는 연령에 따라 감퇴되어 60대에는 20대의 약

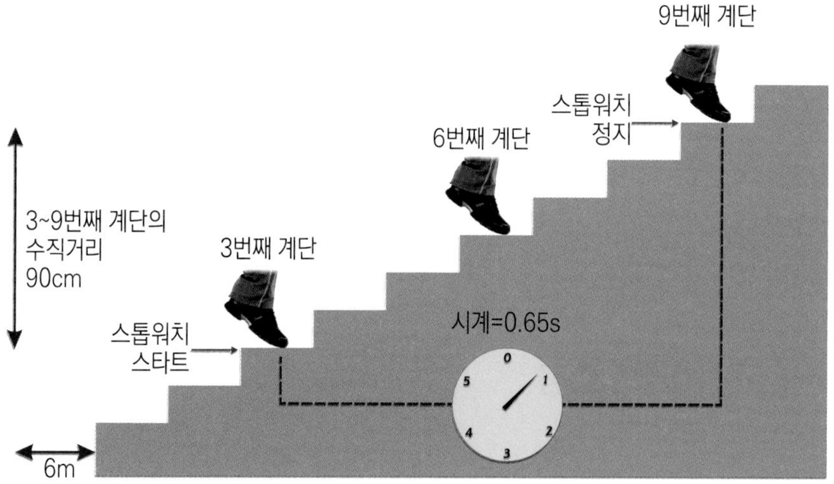

그림 9-16. 마가리아-칼라멘 계단 오르기 검사법

표 9-10. 계단 오르기 검사를 통한 무산소성 파워의 기준치(18~35세)

구 분	남자(kg·m/sec)	여자(kg·m/sec)
매우 빈약	70 이하	60 이하
빈약	71~94	61~84
보통	95~105	85~95
우수	106~120	96~110
매우 우수	120 이상	110 이상

60% 수준에 불과하게 된다. 계단오르기 검사는 계단을 오른다는 심리적 불안감이나 다리가 짧은 사람은 한 번에 두세 개의 계단을 뛰기 어렵다는 단점이 있으나, 주로 ATP-PCr시스템에 의한 무산소성 파워를 측정하는 가장 유효한 방법으로 인정되고 있다. 표 9-10은 계단 오르기 검사를 통한 무산소성 파워의 기준치가 제시되어 있다.

9.7.2.2 윈게이트 무산소성 자전거 검사

이 검사에서는 30초간 최대자전거운동을 수행함으로써 무산소성 파워와 무산소성 능력을 측정한다. 무산소성 파워는 ATP와 PCr분해를 통한 최대작업속도를 말하고, 무산소성 능력은 ATP와 PCr 분해뿐만 아니라 무산소성 해당작용(젖산 과정)을 통해 30초간 수행된 평균작업속도를 의미한다.

이 검사의 절차는 다음과 같다.

① 워밍업……심박수가 150~160회/분에 도달할 만큼 충분한 강도로 2~4분간 자전거운동을 한다. 자전거운동 중간에 4~8초간의 최대운동을 2~3회 포함시킨다.

② 휴식기……검사를 시작하기 전 3~5분간 휴식한다.

③ 본검사……자전거의 관성을 극복하기 위해 가능한 빠르게 페달링한다. 최종부하에 도달한 시점부터 30초간 가능한 빠르게 페달을 밟고, 5초 간격으로 페달회전수를 기록한다. 최종부하의 결정은 표 9-11에서 제시된 체중당 저항(브레이크강도)에 체중을 곱하여 결정한다.

④ 정리운동……고강도 운동 시 나타나는 뇌빈혈 등의 위험을 최소화하기 위해서는 가벼운 부하에서 2~3분간 페달을 밟는다. 재검사를 위해서는 적어도 45~60분의 휴식이 필요하다.

⑤ 결과 산출……다음 공식에 의해 30초간의 운동시간 중 각 5초간의 기록을 watt로 환산한다(Monark사의 ergometer). 5초단위의 파워 중 최대치가 최대무산소성 파워(peak anaerobic power)로서 보통 1~2번째 구간에서 나타난다.

표 9-11. 윈게이트 검사의 적정 부하강도(체중 1kg당 kg)

자전거 에르고미터		암 에르고미터	
여 자	남 자	여 자	남 자
0.075	0.083~0.092	0.050~0.058	0.058~0.067

Watt = 부하(kg) × 회전수(rpm) × 11.765

무산소성 능력(anaerobic capacity)은 6개 구간의 파워를 평균한 것이다. 또한 6개 구간의 값 중 최대 및 최소파워를 이용하여 다음 공식으로 피로지수(fatigue index)를 구한다.

피로지수(%) = (최대파워 - 최소파워) / 최소파워 × 100

9.7.2 무산소성 능력과 산소부채능력

산소부채능력은 대체로 1~3분간의 최대운동 후 초과산소소비량을 측정함으로써 구할 수 있다. 산소부채능력을 무산소성 능력의 지표로 이용하는 이론적 근거는 무산소성 대사 결과 운동 중 고갈된 ATP 및 크레아틴인산, 그리고 글리코겐을 보충하기 위해 운동 후 미토콘드리아에 의한 추가적인 산소 소비가 일어나기 때문이다.

그러나 앞서 배웠듯이 산소부채능력은 ATP의 무산소적 생성만 관련되어 있는 것이 아니라 여러 가지 요인이 관여하고 있다. 즉 운동으로 인한 에피네프린 등 호르몬의 증가, 체온상승, 심장 및 호흡근육의 활동 수준 증가 등의 요인이 운동 후 초과산소섭취량(EPOC : excess post-exercise oxygen consumption)의 원인으로 작용한다. 그러므로 산소부채능력과 무산소성 능력 간에는 제한적인 관계만이 성립된다.

그럼에도 불구하고 산소부채능력은 많은 연구자들에 의해 신체적성 수준을 나타내는 훌륭한 지표로 이용되고 있다. 단련된 남녀 선수의 산소부채능력은 각각 11.0ℓ와 6.0ℓ 정도이고, 일반인 남녀는 약 5.0ℓ와 3.0ℓ 정도로 알려지고 있다. 그러나 신체적성 수준이 비슷한 집단에서는 단시간의 활동수행력(무산소성 능력)을 직접적으로 비교할 때는 산소부채능력을 이용할 수 없다.

9.7.2.1 극최대 자전거운동검사

최대의 산소부채능력을 얻기 위한 검사로 극최대운동(supramaximal exercise)이 있다. 이 검사의 일반적인 절차는 다음과 같다.

① 우선 점증부하 최대운동부하검사를 통하여 최대산소섭취량($\dot{V}O_2max$)을 측정하여 운동강도와 산소섭취량 간의 관계식(회귀식)을 구한다.

② 점증부하 최대운동부하검사를 통하여 얻은 최대운동강도에 40%를 더한 강도를 구한다.

③ 최대운동강도에 40%를 더한 극최대운동강도로 탈진될 때까지 운동한다.

④ 운동강도와 산소섭취량 간의 회귀식을 이용하여 극최대운동강도(최대운동강도에 40%를 더한 운동강도)에서 추정되는 총산소요구량을 구한다.

⑤ 다음 식에 의해 최대누적산소결핍량을 구할 수 있다.

최대누적산소결핍량 = 추정된 극최대운동에서의 총산소요구량 - 실제 측정된 산소소비량

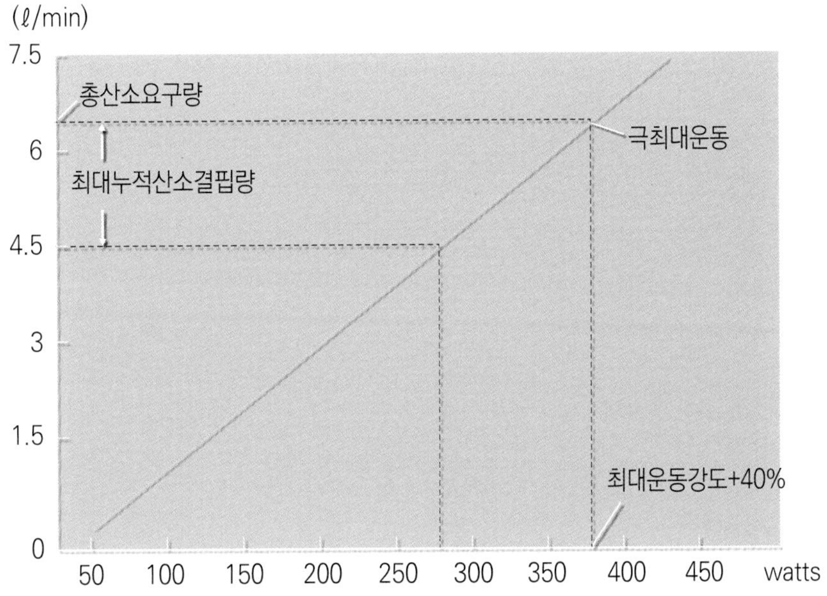

그림 9-17. 극최대운동을 통한 최대누적산소결핍량 추정

9.7.2.2 트레드밀 무산소능력 검사

트레드밀을 이용한 무산소능력 검사는 아이스하키, 800m 육상선수, 축구선수, 알파인스키선수 등에 적합하며, slow test와 fast test의 두 가지 형태가 있다.

① **측정 절차**

① 트레드밀 경사는 20%로 정하고, 검사형태에 따라 두 가지 속도(slow test : 6mph or 2.67m/s, fast test : 8mph or 3.58m/s)로 한다.

② 피검자는 손잡이를 잡은 채 트레드밀 위로 오른다.

③ 손잡이를 잡은 채 트레드밀 벨트의 속도에 맞추어 달린다.

④ 손잡이를 놓는 순간부터 시간을 계측한다.

⑤ 손잡이를 다시 잡는 순간까지의 시간을 측정한다.

⑥ 트레드밀 경사와 속도를 낮추어 정리운동을 실시한다.

② **결과 산출**

작업량 W(kgm) = F × Dv(F : 체중(kg), Dv : 수직거리)

수직운동거리 Dv = (%grade/100) × Dh

수평운동거리 Dh = 트레드밀 속도(mph or m/s) × 운동시간(hour or sec)

※ 1mph = 27m/min = 0.45m/s

예를 들어 체중 60kg인 사람이 slow test 결과 3분 45초간 운동을 수행하였을 때 수행한 총작업량은 다음과 같이 산정할 수 있다.

작업량 W = F × Dv,

Dv = (%grade/100) × Dh = (%grade/100) × (트레드밀 속도 × 운동시간)

= 0.20 × 2.67m/sec × 225sec = 120.15m

작업량 W = 60kg × 120.15m = 7,209kgm 또는 72,090J(72.09KJ)

9.8 최대하검사를 통한 최대유산소능력의 측정

최대산소섭취량을 직접적인 방법으로 검사하기 위해서는 피검자가 최대로 운동을 수행하여야 한다. 이것은 피검자에게 커다란 심리적·생리적 스트레스가 되며, 특히 피검자에게 잠재적인 심장혈관계통질환이 있을 경우 안전상의 문제를 야기한다. 또한 최대운동에 이르기까지 높은 수준의 동기화를 부여해야 하고, 산소섭취량의 직접적인 측정에 따르는 기술적 복잡성과 비용과 시간적 소요가 요구된다.

이에 따라 표준화된 최대하운동으로부터 측정된 심박수 등의 생리적 변인을 통해 최대산소섭취량을 예측하기 위한 많은 시도가 이루어져 왔다.

그러나 최대하운동검사에 의해서는 최대산소섭취량의 근사치는 얻을 수 있지만 10% 내외의 추정오차를 피할 수 없다. 최대하부하검사방법으로 최대산소섭취량을 정확하게 예측할 수는 없지만, 많은 사람을 대상으로 대체적인 심장혈관계통 기능을 평가하는 데 유효하다고 할 수 있다.

보편적으로 이용되는 검사방법으로는 Fox의 자전거 에르고미터 검사, PWC_{170} 검사, YMCA의 자전거 에르고미터 검사, Åstrand-Ryhming 검사 등이 있다.

9.8.1 Fox의 자전거 에르고미터 검사

일반 남자 대학생 연령층을 대상으로 하는 검사로서, 자전거 에르고미터의 회전수를 60rpm으로 하고, 150watt(900kpm/min)의 부하강도에서 5분간 운동을 수행한다. 그리고 운동수행 4~5분 후에 분당심박수(HR150)를 측정하여 다음의 방정식을 통해 최대산소섭취량을 산출한다.

$$\dot{V}O_2max(\ell/min) = 6.3 - 0.0193 \times HR150$$

예를 들어 피검자의 4~5분째 분당심박수(HR150)가 160회/분이라면 추정되는 최대산소섭취량은 6.3-(0.0193×160)=3.212ℓ/min이 된다. 만일 이 사람의 체중이 60kg이라면 체중당 최대산소섭취량은 3212/60=53.5㎖/kg/min가 된다.

9.8.2 PWC_{170} 검사

PWC는 Physical Work Capacity의 약자이며 PWC_{170}은 분당심박수가 170회/분에 도달할 때까지의 작업량을 나타낸다. PWC_{170}검사방법은 3단계로 구성되며, 각각의 단계는 4분으로 한다. 자전거 회전수는 일정하게 유지되도록 한다. 보통 분당 회전수가 50rpm이나 60rpm을 유지되도록 한다.

여기서는 PWC_{170}(physical work capacity 170)은 심박수가 170회/분에 도달했을 때 일의 양을 kg·m/min으로 표시하였다. 심박수가 170회/분에 도달할 때까지의 일의 양은 피검자의 지구성 능력에 따라 다르게 나타난다.

이 검사방법의 절차를 구체적으로 설명하면 다음과 같다.

① 각 검사단계에서 심박수가 표에 제시된 범위에 들어갈 정도의 운동강도(watt나 kpm/min)를 세팅한다. 각 단계의 심박수를 기준으로 한 적절한 부하강도는 표 9-12에 제시하였다.

② 각 단계(1, 2, 3단계)가 끝나갈 무렵의 분당심박수를 측정한다.

③ 각 단계의 작업강도(watt나 kpm/min 등)를 X축, 심박수를 Y축으로 하는 그래프에서 작업량과 심박수의 교점을 표시한다.

④ 그래프상에 작업강도와 심박수가 만나는 세 교점을 잇는 직선을 그린다. 이때 세 교점은 정확히 직선상에 위치하지 않더라도 세 점을 가장 가깝게 지나는 관계 직선을 그린다. 이는 최소자승법이라는 기법을 통해 컴퓨터상에 자동으로 그릴 수 있으며, 육안으로 판단하여 그릴 수도 있다.

예를 들어 보자. 그림 9-18과 같이 제1단계 작업강도를 300kpm/min(50watt), 제2단계는 450kpm/min(75watt), 제3단계는 600kpm/min(100watt)로 세팅하여 각 단계를 4분간으로 하여 총

표 9-12. 적절한 부하강도의 선택기준

단 계	검사시간	적정 심박수 범위(회/분)
1단계	4분째	115~130
2단계	8분째	130~145
3단계	12분째	160~180

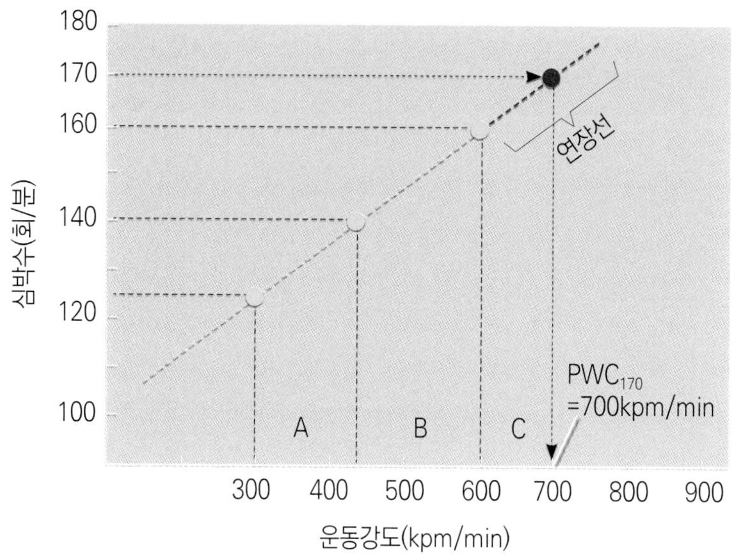

그림 9-18. PWC_{170} 검사 : 운동강도와 심박수의 관계 직선

A : 1단계 운동강도, B : 2단계 운동강도, C : 3단계 운동강도

12분간 운동하였다. 그리고 각 단계의 분당심박수를 측정한 결과 1단계는 125회/분, 2단계는 140회/분, 그리고 3단계에서는 160회/분을 기록하였다.

이렇게 측정된 심박수와 작업강도가 만나는 교점을 그림과 같이 얻을 수 있고, 그 세 교점을 가장 가깝게 지나는 직선을 그릴 수 있다. 다음에는 다음과 같은 순서로 PWC_{170}을 구한다.

① 심박수 직선이 만들어지고 나면 심박수가 170회/분일 경우의 지점에서 수평으로 선을 그어서 심박수 직선과 만나는 교점(빨간색 점)을 얻는다.

② 교점(빨간색 점)에서 수직으로 내려서 X축 선상에 표시되는 작업강도가 바로 PWC_{170}이 된다. 이 경우에 PWC_{170}은 700kpm/min이다.

그런데 PWC_{170} 검사의 제3단계에서 목표로 하는 심박수가 160~180회/분에 도달하게 되는 운동강도를 설정해야 하는데, 이는 체력이 약한 사람이나 나이가 든 사람에게는 부담을 줄 수 있다. 따라서 좀 더 체력이 약한 사람을 대상으로 할 경우에는 PWC_{150}이나 PWC_{130} 검사를 사용하는 것이 바람직하다.

9.8.3 YMCA의 자전거 에르고미터 검사

이 검사방법은 우선 1단계의 자전거운동(150kgm/min)을 3분 동안 실시한 후 심박수 수준에 따라 나머지 단계의 운동부하 프로토콜에 따라 운동을 실시하는 방법이다. 다음 단계별 운동부하강도(kgm/min)와 심박수와의 관계 직선을 구하고, 연령을 통해 추정된 최대심박수(HRmax)를 외삽법(extrapolation)을 이용하여 최대운동강도를 구한다. 이렇게 구해진 최대운동강도(kgm/min)를 이용하여 최대산소섭취량을 구한다. 이 검사의 절차는 다음과 같다.

① 1단계 자전거 운동을 수행한다. 이때의 작업강도는 150kgm/min으로 한다. 이때의 심박수를 측정하여 그 심박수 수준에 따라 2단계의 작업강도를 선택한다. 1단계의 심박수에 따른 2단계의 운동강도를 선택하는 방법은 다음 표에 제시하였다.

1단계 : 150kgm/min(0.5kg)

구 분	HR 80 이하	HR 80~90	HR 90~100	HR 100 이상
2단계	750kgm/min(2.5kg)	600kgm/min(2.0kg)	450kgm/min(1.5kg)	300kgm/min(1.0kg)
3단계	900kgm/min(3.0kg)	750kgm/min(2.5kg)	600kgm/min(2.0kg)	450kgm/min(1.5kg)
4단계	1050kgm/min(3.5kg)	900kgm/min(3.0kg)	750kgm/min(2.5kg)	600kgm/min(2.0kg)

② 단계별 운동시간은 3분으로, 2단계 이후의 심박수는 110~150회/분의 범위 내에서 얻어져야 보다 정확한 최대산소섭취량($\dot{V}O_2max$)을 추정할 수 있다.

③ 각 단계의 평균심박수는 각 단계의 2분과 3분 시점의 심박수를 평균한다. 이때의 심박수가 5회/분 이상의 차이를 보이면 그 부하단계를 1분간 연장하여 실시한다.

④ 대체로 3단계까지 수행하되 필요하면 제4단계의 운동까지 실시한다.

⑤ 각 단계의 부하강도와 측정된 심박수 사이의 교점을 구하여, 그 교점을 잇는 관계 직선을 그린다. 이때 모든 교점을 최대한 가깝게 통과하는 직선을 최소자승법에 의해 그릴 수 있다.

⑥ 연령을 이용해 추정되는 최대심박수를 구하고, 그림과 같이 추정된 최대심박수와 관계 직선과의 교점으로부터 수직으로 선을 그어 최대작업량(kgm/min)을 구한다.

⑦ 최대작업량을 이용하여 분당 최대산소섭취량(mℓ/min)을 구한다.

최대산소섭취량(mℓ/min) = 최대작업량(kgm/min) × 2 + 3.5 × 체중(kg)

예를 들어 연령 40세, 체중 60kg인 남자가 YMCA의 자전거에르고미터 최대하검사를 실시하고, 제1단계에서 85회/분, 2단계에서 110회/분, 3단계에서 130회/분, 4단계에서 152회/분의 심박수를 보였을 때 추정되는 최대산소섭취량은 다음과 같은 절차에 의해 구할 수 있다.

① 이 남자의 1단계 검사 결과에 의해 정해진 2~4단계 운동부하강도는 다음과 같다.

제2단계의 부하강도 = 600kpm/min, HR = 110회/분

제3단계의 부하강도 = 750kpm/min, HR = 130회/분

제4단계의 부하강도 = 900kpm/min, HR = 152회/분

② 각 단계의 부하강도(kpm/min)와 평균심박수 사이의 교점을 잇는 각 단계의 관계 직선을 그린다.

③ 연령을 이용하여 이 사람의 추정 최대심박수를 구한다.

최대심박수(HRmax) = 220 - 연령(years)에서

= 220 - 40 = 180회/분

④ 추정된 최대심박수와 관계 직선과의 교점을 구하고, 교점으로부터 수직으로 선을 그어 최대 작업량을 구한다. 이때의 최대작업량은 1,100kgm/min이 된다.

⑤ 최대작업량을 이용하여 최대산소섭취량($\dot{V}O_2max$)을 다음과 같이 추정할 수 있다.

최대산소섭취량(㎖/min) = 최대작업량(kgm/min) × 2 + 3.5 × 체중(kg)

= 1,100kgm/min × 2 + 3.5 × 60kg

= 2410㎖/min

⑥ 체중당 최대산소섭취량(㎖/kg/min)은 2410 ÷ 60 = 40.16㎖/kg/min이다.

⑦ 체중당 최대산소섭취량 40.16㎖/kg/min의 수준은 한국인의 최대산소섭취량 기준치[표 9-9]에 의하면 '보통'에 해당되는 수준임을 알 수 있다.

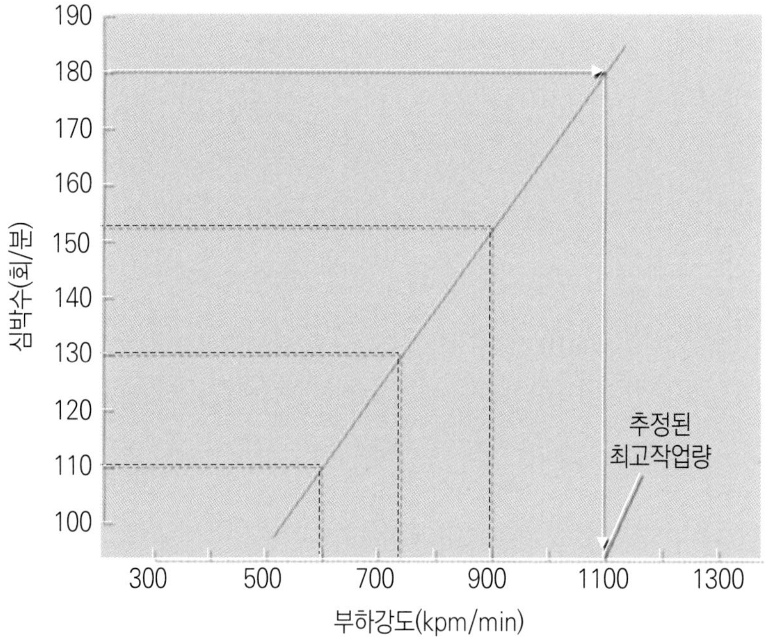

그림 9-19. YMCA의 자전거 에르고미터 검사에서 심박수와 부하강도의 관계

9.8.4 Åstrand-Ryhming 검사

Åstrand-Ryhming 검사는 1954년 개발된 이래 최대산소섭취량의 간접 측정방법으로서 가장 널리 이용되어 왔다. 이 검사방법은 자전거 에르고미터의 회전수를 50rpm으로 하여 6분간 운동을 수행한다. 대상별 운동부하는 남자의 경우 600~900kpm/min, 여자는 450~600kpm/min의 범위에서 결정되며, 신체허약자나 고령자는 300kpm/min에서 운동을 수행하도록 한다.

6분간의 운동수행 시 5~6분째의 심박수를 측정하고, 이때 측정한 심박수가 130회/분 이하일 경우에는 300kpm/min씩 부하를 점증시켜 분당심박수를 다시 측정한다.

그림 9-20의 노모그램(nomogram)에서 측정한 심박수와 운동부하강도를 잇는 선을 그려 최대산소섭취량의 예측값을 구한 후 여기에 연령에 따른 보정계수를 곱하면 된다. 예를 들어 연령이 35세이고 체중이 60kg인 남자의 경우 운동종료

표 9-13. 최대산소섭취량과 연령 수정 계수

연 령	수정계수
15	1.10
25	1.00
35	0.87
40	0.83
45	0.78
50	0.75
55	0.71
60	0.68
65	0.65

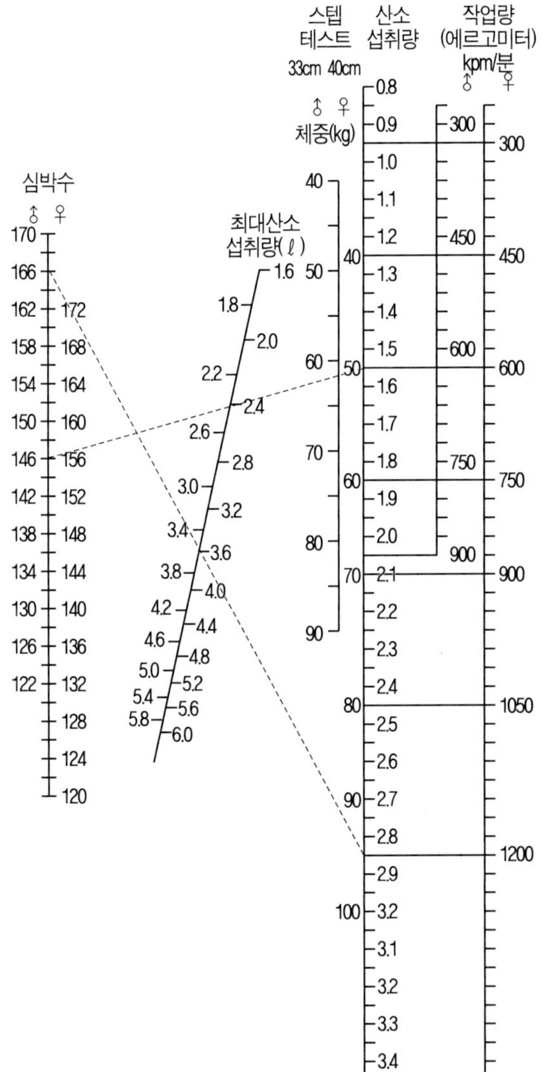

그림 9-20. Åstrand-Ryhming의 노모그램

시의 작업부하가 1,200kpm이고, 이때의 분당심박수가 166회/분을 기록하였다면 노모그램을 통해 최대산소섭취량 추정치가 3.6ℓ/min임을 알 수 있다.

이 사람의 연령에 따른 보정계수는 0.87이므로 최대산소섭취량은 0.87 × 3.6 = 3.132ℓ/min이 된다. 또한 이 사람의 체중은 60kg이므로 체중당 최대산소섭취량의 추정치는 3132/60 = 52.2㎖/kg/min이 된다.

스텝 검사에서는 남자 40cm, 여자 33cm의 벤치에서 분당 30회의 속도로 6분간 스텝 운동을 실시하도록 한다. 이때 4분 50초와 5분 50초 두 차례에 걸쳐 10초간의 심박수를 측정하고, 평균 분당심박수를 산출한다. 측정된 분당심박수와 피검자의 체중으로부터 역시 노모그램에 의해 최대산소섭취량의 추정치를 구할 수 있다.

9.8.5 스텝 검사를 통한 최대하운동 검사

스텝 검사를 이용하여 최대하운동을 검사할 때는 퀸즈대학 스텝 검사, 하버드 스텝 검사, 테쿰쉐 스텝 검사(Tecumseh step test) 등이 많이 이용된다.

9.8.5.1 퀸즈대학(Queens College) 스텝 검사

먼저 높이가 남자는 43.18cm, 여자는 40.64cm인 벤치에서 스텝 운동을 실시한다. 스텝 횟수는 남자는 분당 24회, 여자는 22회이다. 메트로놈에 맞추어 하나에 오른발로 벤치 위를 딛고, 둘에 왼발을 딛으며, 셋에 오른발을 다시 내리고, 넷에 나머지 발을 내려서 처음 자세로 돌아오는 것을 1회의 스텝으로 한다. 이러한 운동을 3분간 실시한 후 회복기 5~15초 사이의 10초간 심박수에 6을 곱하여 분당심박수를 산출하고, 그 값을 다음 공식에 대입하여 최대산소섭취량($\dot{V}O_2max$)을 추정한다.

$$\text{남자 } \dot{V}O_2max(\text{㎖/kg/min}) = 111.33 - (0.42 \times \text{분당심박수})$$

$$\text{여자 } \dot{V}O_2max(\text{㎖/kg/min}) = 65.81 - (0.1847 \times \text{분당심박수})$$

9.8.5.2 하버드(Harvard) 스텝 검사

높이가 남자 50cm, 여자 40cm인 벤치에서 분당 30회의 속도로 5분간 실시한다. 스텝 운동이 종료된 시점에서 1분~1분 30초 사이, 2분~2분 30초 사이, 3분~3분 30초간의 심박수를 측정하여 다음 식에 의해 신체효율지수(PEI)를 구한다.

$$PEI = \frac{\text{운동 지속시간(초)}}{2 \times 3\text{회 심박수 측정값의 합}} \times 100$$

보다 간편한 형태(short form)로 3분간 스텝 운동을 실시한 다음 운동 종료 시점에서 1분~1분 30초 사이의 심박수를 측정하여 다음과 같이 구할 수도 있다.

$$\text{PEI} = \frac{\text{운동지속시간(초)}}{5.6 \times \text{심박수}} \times 100$$

표 9-14. 신체효율지수에 따른 체력 수준의 등급

체력 수준	남 자	여 자	간편식
매우 우수	96 이상	90 이상	85이상
우수	82~95	80~95	70~84
보통	68~81	68~79	55~69
약함	54~67	55~67	45~54
매우 약함	54 이하	55 이하	44 이하

9.8.5.3 테큠쉐(Tecumseh) 스텝 검사

높이 20.3cm의 벤치에서 메트로놈을 이용하여 분당 24회의 속도로 3분간 운동을 수행한다. 운동 종료 직후부터 선 자세에서 30초간의 심박수를 측정한다. 이때의 심박수값으로 다음 표를 이용하여 심폐지구력을 평가한다.

표 9-15. 테큠쉐 스텝 검사를 이용한 심폐지구력 등급

등 급		심박수(30초간)			
		20~29	30~39	40~49	50 이상
남자	I	34~36	35~38	37~39	37~40
	II	37~40	39~41	40~42	41~43
	III	41~42	42~43	43~44	44~45
	IV	43~47	44~47	45~49	46~49
	V	48~51	48~51	50~53	50~53
	VI	52~59	52~59	54~60	54~62
여자	I	39~42	39~42	41~43	41~44
	II	43~44	43~45	44~45	45~47
	III	45~46	46~47	46~47	48~49
	IV	47~52	48~53	48~54	50~55
	V	53~56	54~56	55~57	56~58
	VI	57~66	57~66	58~67	59~66

I: 가장 우수함
Montoye, H. J.(1975). Physical Activity and Health : An Epidemiologic Study of an Entire Community. Englewood Cliffs, N. J. : Prentice-Hall.

9.9 필드에서의 유산소능력검사

필드에서 가장 많이 이용하는 검사방법은 Cooper의 12분 달리기 검사, Rockport의 1마일 걷기 검사, Balke의 15분간 달리기 검사 등이다.

9.9.1 12분 달리기 검사

검사방법은 우선 적응단계로 12분간 걷기나 천천히 달리기로 시간에 대한 개념을 갖도록 한 다음 실제로 12분 동안 달리게 한다. 이러한 적응 과정을 거친 후 12분 동안 가능한 먼 거리를 달린다. 이때 힘들면 걸을 수도 있고, 12분간 최대로 달린 거리를 측정하여 체력을 평가한다.

이 기록을 이용하여 최대산소섭취량(VO2max)을 다음과 같이 추정할 수 있는데, 그 상관도는 실험실에서의 최대하검사방법만큼 높지 않다.

최대산소섭취량(㎖/kg/min) = 0.021875 × 12분간 달린거리(m) - 10

12분 달리기 기록에 따른 체력등급은 표 9-16과 같다. 여기에는 2,400m 달리기나 1,200m 달리기 기록에 따른 체력등급도 함께 제시하였다.

표 9-16. 12분 달리기, 2,400m 달리기, 1,200m 달리기의 체력 등급과 최대산소섭취량

체력 등급	12분 달리기(m)		1,200m 달리기(분·초)		2,400m 달리기(분·초)		최대운동능력	
	남자	여자	남자	여자	남자	여자	METs	VO_2max
Ⅰ	1599 이하	1299 이하	7.01 이상	9.01 이상	18.01 이상	22.01 이상	7 이하	25 이하
Ⅱ	1600~1999	1300~1599	5.40~7.00	7.21~9.00	14.30~18.00	19.00~22.00	7~9	25~33.7
Ⅲ	2000~2399	1600~1999	5.10~5.39	6.31~7.20	12.00~14.29	15.00~18.59	9~12	33.7~42.5
Ⅳ	2400~2799	2000~2299	4.40~5.09	5.40~6.30	10.11~11.59	12.30~14.59	12~15	42.5~51.25
Ⅴ	2800~3199	2300~2499	4.15~4.39	5.21~5.39	8.45~10.16	11.20~12.29	15~17	51.25~60.00
Ⅵ	3200~3499	2500~2799	3.40~4.14	4.51~5.20	8.01~8.44	10.00~11.19	17~19	60.00~67.00
Ⅶ	3500 이상	2800 이상	3.39 이하	4.50 이하	8.00 이하	9.59 이하	20 이상	67 이상

9.9.2 Rockport 1마일 걷기 검사

이 검사방법은 1마일(1,608m)을 가능한 빠르게 걸은 다음 연령, 성, 체중, 심박수를 이용하여 최대산소섭취량을 추정하는 방법으로, 다음과 같은 절차를 이용하여 최대산소섭취량을 구한다.

① 1마일(1,608m)을 가능한 빠르게 걷는다.

② 운동 종료 직후 15초간 심박수를 측정한다.

③ 체중, 성, 연령, 심박수를 이용해 $\dot{V}O_2max$를 추정한다.

$\dot{V}O_2max$(㎖/kg/min) = 132.853 − (0.0769 × 체중 lb) − (0.3877 × 나이) + (6.315 + 성) − (3.2649 × 시간) − (0.1565 × 심박수)

체중=Ib, 성=여성 0, 남성 1, 시간=분, 심박수=15초간의 심박수

단원요약

» 인체수행력은 에너지대사 측면에서 유산소성 능력, 무산소성 능력과 무산소성 파워로 구분할 수 있다.

» 운동 중 산소소비량에 대한 이산화탄소배출량의 비율을 호흡교환율(RER)이라고 하며, 호흡교환율을 통해 운동수행 시 사용되는 각 대사연료의 기여도를 대체적으로 파악할 수 있다.

» 호흡교환율은 과환기나 인체산성화에 대한 완충작용의 영향을 받기 때문에 단시간의 강한 운동 시보다는 최대하의 지속적인 운동 시에 적용하는 것이 타당하다.

» 산소부채(O_2 debt)는 운동 후 안정 시 수준 이상으로 소비되는 산소량을 뜻하는데, 이 용어는 운동수행 시 발생한 산소결핍을 운동 후에 보충한다는 의미를 갖고 있다. 그러나 산소부채는 전적으로 무산소성 대사의 결과로만 발생하는 것이 아니라 체온상승과 함께 회복기 중에도 호흡근육과 심장근육의 활동수준이 상승된 상태를 수분간 지속하며, 운동 중 분비 증가된 호르몬의 처리에 추가적인 산소가 소모되기 때문이다. 따라서 산소부채는 운동 후 초과산소소비량(EPOC)이라는 용어로 대체되어 보편적으로 사용되고 있다.

» 최대산소섭취량($\dot{V}O2max$)은 심장혈관계통의 능력을 판단하는 유력한 지표라고 할 수 있다. 최대산소섭취량은 분당 소비되는 최대산소섭취능력으로서 ℓ/min으로 표시된다. 체중당 최대산소섭취량(㎖/kg/min)은 상대적인 심폐적성 수준을 나타내기 위해 일반적으로 사용된다.

» 최대산소섭취량과 함께 최대산소섭취량의 보다 높은 비율(%$\dot{V}O_2max$)로 운동할 수 있는 능력이 장거리 지구성 종목의 수행능력을 결정하는 가장 유력한 지표이다. 이러한 능력은 점진적인 운동부하 시 분당환기량, 혈중젖산 농도를 측정하여 평가할 수 있다.

» 점진부하운동 시 혈중젖산 농도가 안정 시에 비해 1mM 이상 급격하게 상승하기 시작하는 시점을 젖산역치라고 한다. 젖산역치와 동시에 또는 약간 뒤이어서 환기량이나 이산화탄소배출량이 직선적인 증가 양상에서 벗어나 급격하게 증가한다. 이 시점을 젖산역치에 대하여 환기역치라고 한다.

» 젖산역치 및 환기역치가 발생하는 원인을 운동부하의 증가와 함께 어느 시점에서 무산소성

에너지대사가 시작되기 때문이라고 생각하여 그 시점을 무산소성역치(anaerobic threshold : AT)라고 명명하였다.

- 혈중젖산 농도의 상승이 젖산생성뿐만 아니라 제거능력의 영향을 받으며, 젖산 축적이 환기량을 증가시키는 유일한 요인이 아니라는 것이 밝혀지면서 무산소성역치라는 용어 대신 환기역치, 환기급증시점(ventilation breaking point) 그리고 젖산역치 등의 용어를 사용하는 경우가 많다. 또 혈중젖산 농도가 4mM에 도달하는 시점을 정하여 운동강도나 훈련효과의 지표로 삼기도 하는데, 이를 젖산축적개시점(OBLA)이라고 한다.
- 무산소성 파워나 무산소성 능력을 평가하는 방법으로는 마가리아-칼라멘 계단오르기 검사나 윈게이트 무산소성 자전거 운동 검사방법이 보편적으로 이용되고 있다. 최대산소부채능력을 무산소성 능력을 측정하기 위한 지표로 사용하기도 한다.
- 최대산소섭취량을 직접적으로 측정하는 데 따르는 피검자의 안정상의 문제, 기술적 어려움, 시간 · 비용상의 문제를 해결하기 위해 최대하운동검사로부터 최대산소섭취량을 추정하기 위한 여러 가지 방법이 개발되어 왔다.
- 최대하운동 검사방법들은 주로 운동 시 심박수와 산소섭취량이 비례적으로 직선적인 증가를 한다는 점에 착안하여 표준화된 최대하운동검사 중 측정된 심박수를 이용하여 산소섭취량을 추정하고 있다.
- 최대하검사를 통해 추정된 최대산소섭취량은 실제값과 10% 정도의 오차를 피할 수 없다. 그러나 잠재적인 심장혈관계통의 위험요소가 있을 수도 있는 대부분의 일반 사람을 대상으로 할 때 매우 유용하게 이용될 수 있다.

연습문제

1. 분당날숨량이 80ℓ/min이고 들숨 중 O_2 농도가 20%, 날숨 중 O_2 농도는 5%일 때 분당산소소비량을 구하라.
2. 10분간의 들숨량이 300ℓ이고, 날숨가스 중 O_2와 N_2 농도가 각각 13%와 78%라고 한다면 분당산소소비량은 얼마인가?
3. 호흡교환율(R)에 대하여 간단히 설명하라. 또 호흡교환율이 1을 넘는 경우와 0.7 이하로 되는 경우를 설명하라.
4. 어떤 사람이 운동 시 40ℓ의 산소를 소비하고, 평균호흡상(RQ)이 0.9였을 때 이 운동을 통한 총에너지소비량과 지방감소량을 추정하라.
5. 운동 후 초과산소소비량(EPOC)을 정의하라.

6. 휴식 시 산소소비량이 0.25ℓ/min, 회복기 총산소소비량이 5.43ℓ이고, 휴식 시 8분만에 안정 시 수준으로 회복되었다면 운동 후 초과산소소비량(산소부채량)은 얼마인가?
7. 운동 후 초과산소소비량(EPOC)의 원인에 대하여 설명하라.
8. 최대산소섭취량의 측정을 위한 트레드밀, 자전거에르고미터, 스텝 검사의 장단점을 비교 설명하라.
9. 자전거에르고미터(Monark사)의 회전수를 60rpm으로 하고 브레이크강도를 4kg으로 할 때 이 운동의 부하강도를 kpm과 watt로 표시하라.
10. 체중 65kg인 사람의 트레드밀 속도가 6mph, 경사도(%grade) 5%로 20분간 달리기운동을 했을 때 추정되는 산소소비량(ℓ)과 총에너지소비량(kcal)을 구하라.
11. 체중 80kg인 사람이 자전거 에르고미터를 120watts로 30분간 운동할 때 추정되는 분당 산소소비량(ℓ)과 총에너지소비량(kcal)을 구하라.
12. 연령이 30세 체중 70kg인 사람이 YMCA 자전거 에르고미터 최대검사를 수행하였다. 1단계에서 84회/분의 심박수를 보였고, 이어서 2~4단계에서 각각 112회/분, 137회/분, 158회/분의 심박수를 보였을 때 추정되는 최대작업량(kgm/min)과 최대산소섭취량(VO_2max)을 구하라.
13. 심질환자와 건강한 일반 성인을 대상으로 하는 점진부하운동 검사방법을 설명하라.
14. 점진적인 운동부하시 혈중젖산축적률을 상승시키는 요인에 대해 설명하라.
15. 환기역치와 젖산역치에 대해 설명하라.
16. 무산소성 파워와 무산소성 능력에 대해 설명하라.
17. 무산소성 능력과 산소부채능력과의 관계에 대해 설명하라.
18. 연령이 40세이고 체중이 70kg인 남자가 Åstrand-Ryhming 검사 결과 운동 종료 시의 작업부하가 1,000kpm이고, 이때 심박수가 160회/분을 기록하였다. 이 사람의 최대산소섭취량을 노모그램을 이용하여 구하라.

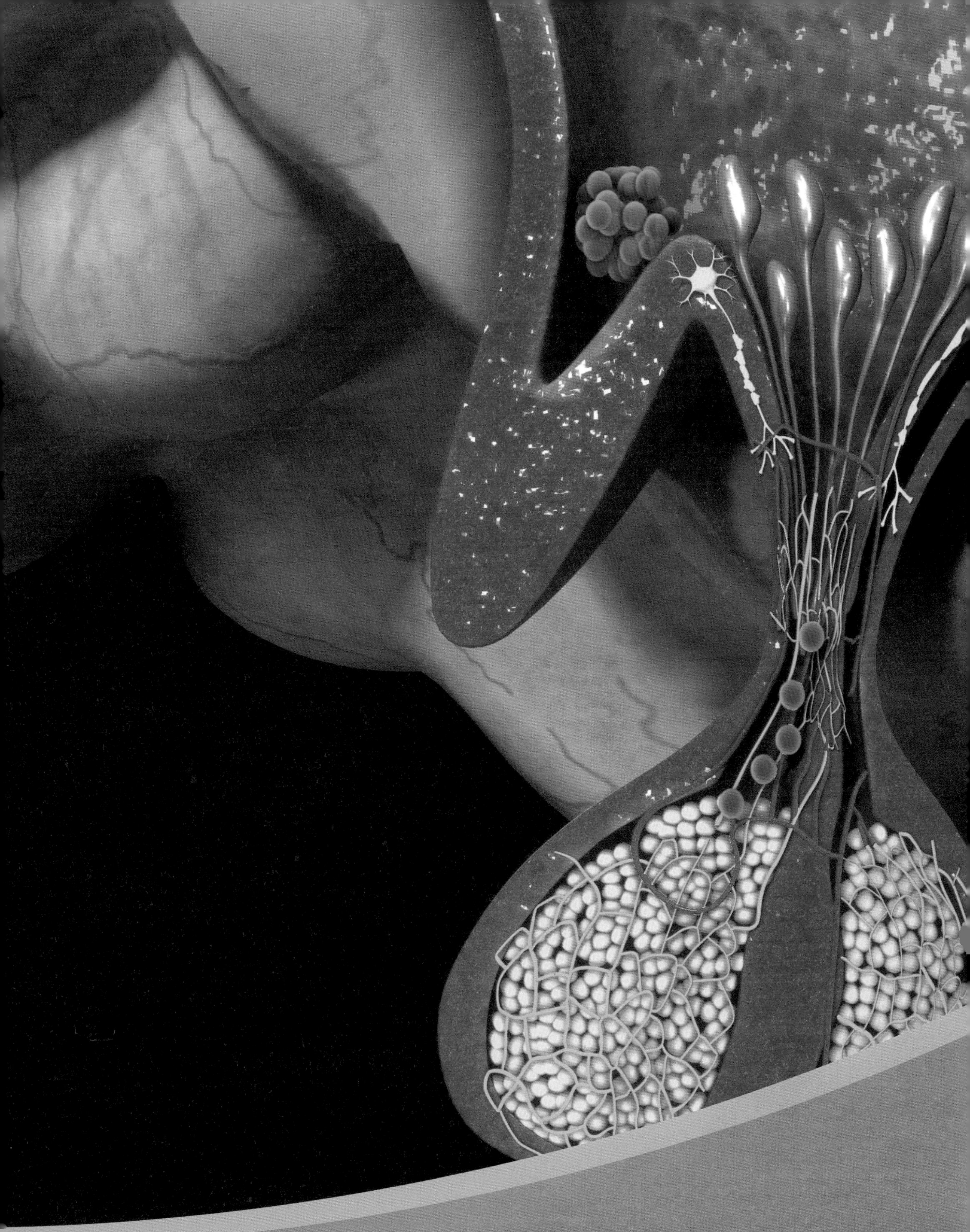

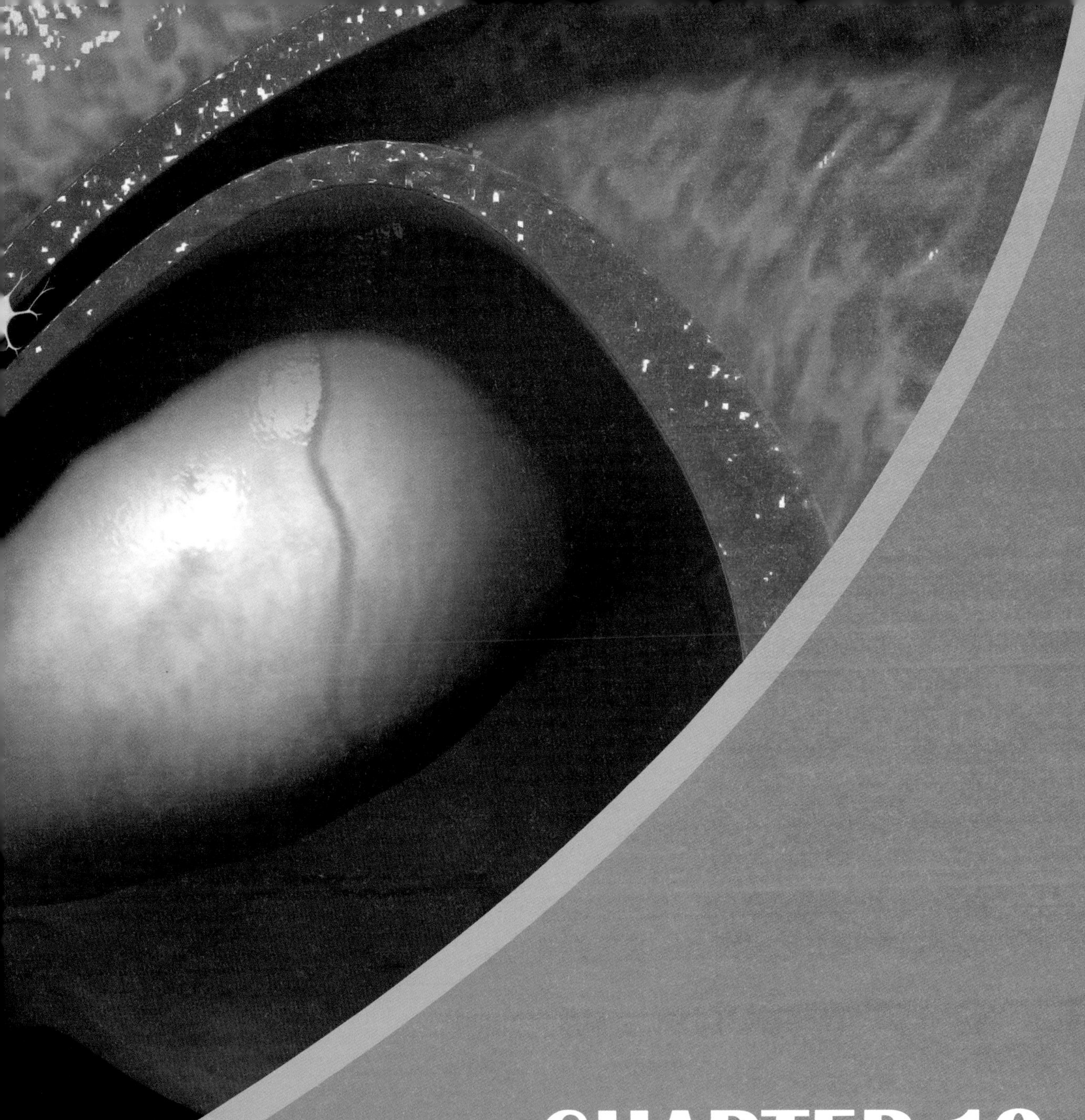

CHAPTER 10
운동과 내분비계통

인체 내분비기관과 각 내분비샘에서 분비되는 주요 호르몬에 대한 명칭에 먼저 친숙해진다. 특히 호르몬의 작용기전과 호르몬의 효과에 영향을 미치는 요인들에 대해 이해하도록 한다.

혈당의 조절과 지질동원과 같은 인체 대사와 관련하여 상호 길항적인 인슐린과 글루카곤의 작용을 알고 운동에 따른 반응과 적응을 이해한다. 그리고 스트레스 반응으로서 시상하부-뇌하수체-부신겉질 축의 기능을 이해하고 교감신경-부신호르몬(sympathetic adrenal hormone)의 작용을 이해한다. 또한 인체의 체액조절과 관련해서는 항이뇨호르몬(ADH)의 작용과 레닌-안지오텐신-알도스테론계의 작용을 배운다.

내분비계통은 신경계통과 함께 여러 조직세포들이 수행하는 생체의 생리적 활동을 조절한다. 즉 신체 내 여러 기관의 기능은 신경섬유를 통해 중추신경계통에 의해 통합되고 있지만, 체내를 순환하는 혈류에 의해 운반되는 여러 종류의 호르몬(hormone)에 의해서도 조정된다.

내분비샘에 의해 분비된 미량의 호르몬이 혈액에 의해 운반되어 표적기관에 도달하면 그 표적기

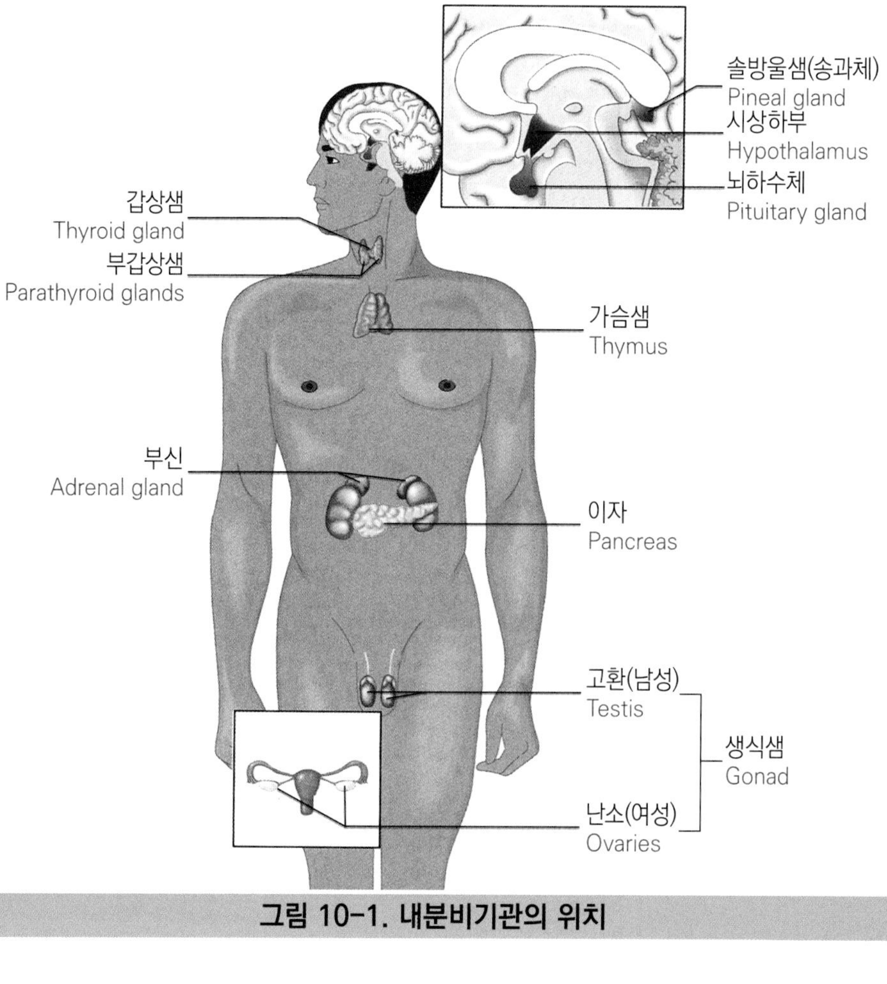

그림 10-1. 내분비기관의 위치

관의 특정한 활동 속도에 변화가 나타난다. 다시 말해서 내분비샘은 인체의 상황을 감시하여 지령을 내리는 기관이라고 할 수 있다. 혈액 속으로 방출되는 호르몬은 전령 역할을 하고 호르몬이 혈액 순환에 의해 표적기관에 도달하면 표적기관은 명령을 수행하게 된다. 이처럼 호르몬에 의한 생체의 기능 조절을 자율신경계통에 의한 신경성 조절에 대응하여 액성 조절이라고 한다.

신경계통은 외적 환경의 변화나 정서적 환경 변화에 따른 세포의 항상성이 교란되는 것에 대해 신속히 반응하는 특징을 갖고 있다. 한편 내분비계통은 대체로 신경계통에 비해 반응속도는 느리지만 세포의 활동에 더욱 지속적으로 깊은 영향을 미치는 경향이 있다.

호르몬 중에는 신경활동에 의해 분비가 자극되어 다른 내분비샘을 표적기관으로 하여 그 내분비샘의 호르몬 분비를 촉진시키는 것이 있다. 이러한 호르몬을 조절 호르몬이라고 하는데, 대표적인 호르몬에는 시상하부호르몬과 뇌하수체호르몬인 부신겉질자극호르몬(ACTH)이나 갑상샘자극호르몬(TSH) 등이 있다.

한편 조절 호르몬 이외의 호르몬은 기능 호르몬이라고 한다. 조절 호르몬에 의해 신경활동과 기능 호르몬의 분비가 연락되고 있는데, 이와 같은 신경계통과 내분비계통의 연락에 의해 인체의 많은 생리적 기능이 조절되고 있다.

세포기능에 미치는 내분비계통 조절의 광범위한 효과로 인해 내분비계통 기능 변화는 운동에 대한 많은 생리적 반응과 적응에 영향을 미친다. 이 장에서는 내분비계통의 일반적 기능과 운동에 대한 반응과 적응에 대해 전반적으로 알려져 있는 사실을 중심으로 살펴보기로 한다.

10.1 호르몬의 종류와 분비양식

호르몬은 생성 장소에 따라 뇌하수체호르몬, 갑상샘호르몬, 부신호르몬 등으로 분류한다. 한편 호르몬의 화학적 구조에 따라 단백질펩타이드호르몬(peptide hormone), 스테로이드호르몬(steroid hormone), 아미노산유도체호르몬의 세 가지로 구분한다.

호르몬의 분비 양식은 내분비샘에서 혈액 내로 직접 분비되기도 하고 신경분비에 의해 분비되기도 한다. 신경분비는 시상하부에 세포체를 두고 있는 신경-분비신경(neurosecretory)에 의해 이루어진다. 신경-분비신경은 호르몬을 합성하고 분비하도록 특수화된 신경세포(뉴런)이다. 이것은 일반 신경이 가진 모든 특성을 공유하고 있으나, 시냅스를 형성하지 않고 대신 호르몬을 직접 혈액 속으로 유리시킨다는 점이 다르다.

신경-분비신경의 세포체는 시상하부에 존재하며, 세포체에서 생산된 호르몬은 축삭 수송에 의해 운반된다. 그 분포형태는 뇌하수체뒤엽에 직접 분포되어 있거나, 뇌하수체문맥계에 분포되어 있는 두 가지이다[그림 10-2].

뇌하수체뒤엽에 직접 분포되어 있는 신경-분비신경의 축삭 끝부분 주위에는 모세혈관이나 혈관

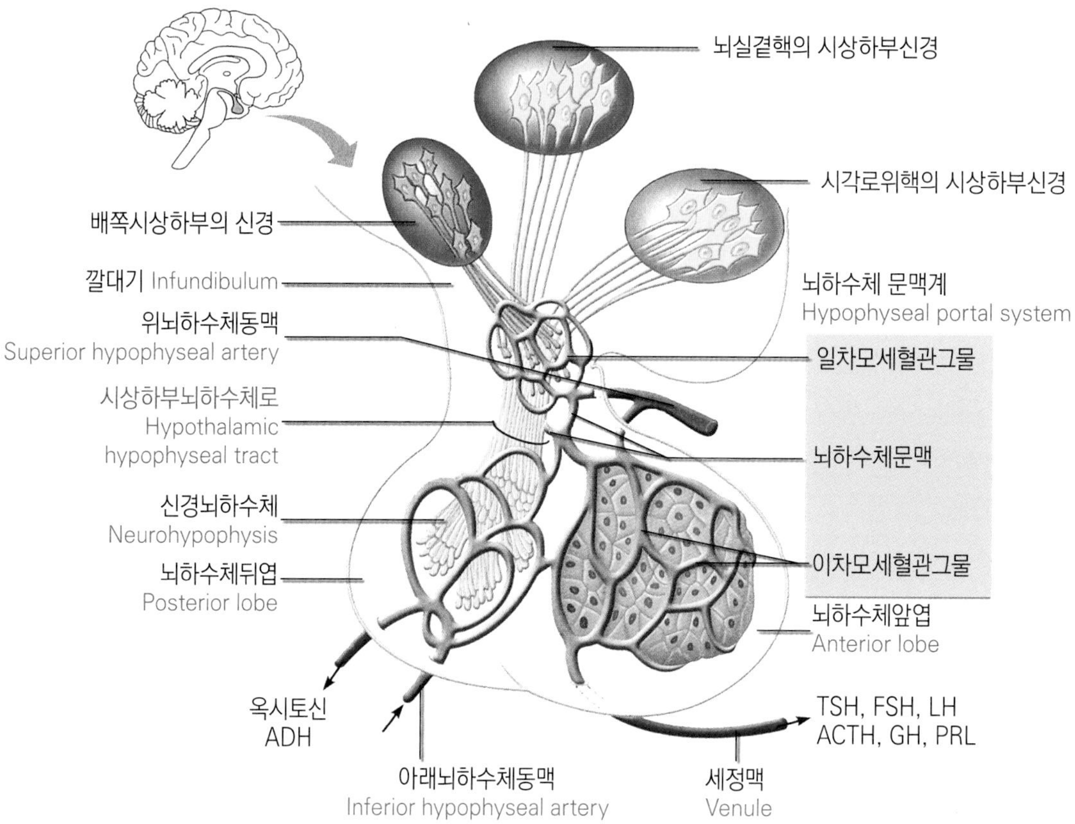

그림 10-2. 시상하부와 뇌하수체의 연결구조

동이 모여 있어 호르몬을 혈액 중으로 분비하는데, 이것을 신경분비라고 한다[그림 10-2].

또 뇌하수체문맥계에 분포되어 있는 신경-분비신경으로부터 분비된 호르몬은 뇌하수체문맥계의 모세혈관망을 통해 분비되어 뇌하수체 앞엽의 분비세포를 자극하게 된다. 이렇게 분비를 자극받은 뇌하수체앞엽에서는 황체형성호르몬(LH), 성장호르몬(GH)과 함께 다른 내분비샘을 자극하는 여러 가지 호르몬을 분비한다[그림 10-2].

호르몬은 이처럼 내분비샘에 의해 직접 분비되거나 신경성으로 분비되는 것 이외에도 안지오텐신(angiotensin)과 같이 혈액 중 전구물질로부터 유래되거나 프로스타글란딘(prostaglandin)과 소마토메딘(somatomedin)과 같이 전신의 여러 세포에서 생산되기도 한다.

10.2 호르몬의 작용기전

근육섬유로부터 뇌세포에 이르기까지 모든 세포는 호르몬으로부터 보내진 운송자나 신호를 조절하는 수용체를 가지고 있다. 내분비학에서 기본적인 원리 중 하나는 해당 호르몬이 특정 수용체와 함께 상호작용한다는 것이다. 이것이 자물쇠-열쇠 원리(lock and key theory)로 알려진 현상이다.

호르몬이 특정 세포에 작용하여 그 세포의 활동을 조절하는 기전은 ① 세포막에서 물질 운반 속도를 조절하거나, ② 세포의 핵 내에서 DNA를 자극하거나, ③ 세포 내 2차전령(second messenger)의 이용을 통해서이다.

10.2.1 세포막에서 물질운반속도를 조절

인슐린이나 성장호르몬 등과 같은 폴리펩타이드(polypeptide) 호르몬은 세포막을 통과하지 못하는 대신 세포막에 존재하는 수용체와 결합하여 세포 외부로부터 세포 내부로의 물질 운반 속도에 변화를 일으키거나, 세포 내 2차전령을 이용하여 일련의 활성반응을 유발한다. 즉 세포막에 존재하는 특정 호르몬 수용체에 호르몬이 결합하면 특정 이온이나 물질에 대한 세포막의 투과도가 변화하여 그 이온이나 물질의 세포 내 유입이 촉진된다.

예를 들어 인슐린이 세포막 표면의 인슐린 수용체와 결합하면 세포막에 존재하는 글루코스 운반체(glucose transporter : GLUT) 단백질이 활성화되고, 이어서 막 내부로 포도당을 운반할 수 있도록 한다.

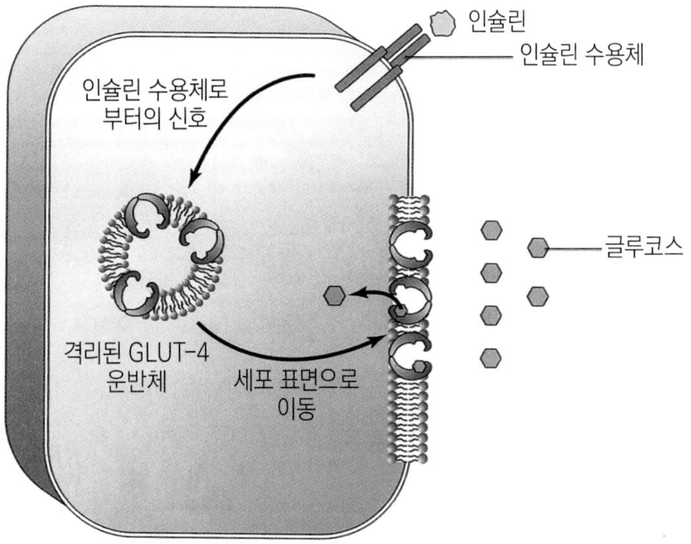

그림 10-3. 인슐린과 글루코스운반단백질(GLUT)의 작용

10.2.2 핵 내의 DNA 활성화

스테로이드호르몬(steroid hormone)의 수용체는 세포 DNA의 핵 조절 부분(nuclear regulatory portion)에 위치해 있다. 스테로이드호르몬은 지질과 유사한 특성을 갖고 있어서 세포막의 인지질층을 쉽게 통과할

수 있다.

스테로이드호르몬이 세포 내로 확산되어 들어가면 세포질 내의 운반단백질과 결합하여 세포핵 내로 운반되고, 이어서 DNA와 연결되어 있는 특수한 수용체 단백질과 결합한다. 스테로이드호르몬-수용체 결합이 이루어지면 특정 mRNA를 합성하는 단계가 시작된다[그림 10-4].

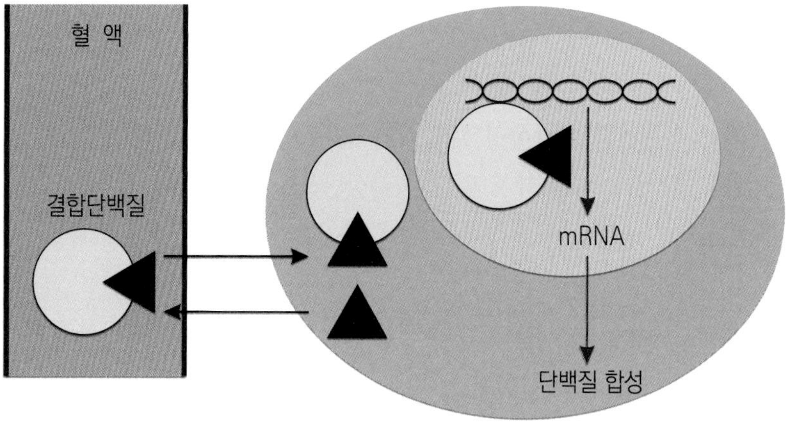

그림 10-4. 스테로이드 호르몬의 세포 내 작용 기전

10.2.3 2차전령을 통한 조절

펩타이드호르몬이 세포막 수용체와 결합하면 세포막에 존재하는 G단백질을 활성화시킨다. 이어서 G단백질은 세포막의 칼슘 이온 채널을 열어 칼슘(Ca++)이 세포 내로 유입되도록 하거나, 아데닐사이클라제(adenylate cyclase)라는 효소를 활성화시켜 세포 내에서 일련의 반응이 연쇄적으로 일어나도록 한다[그림 10-5].

10.2.3.1 G단백질과 칼모듈린 경로

G단백질이 활성화되면 칼슘 이온 채널을 통해 세포 밖으로부터 세포 내로 칼슘 유입이 증가된다. 그 결과 세포질 내의 칼슘농도가 높아져 칼슘은 칼모듈린(calmodulin)이라는 단백질을 활성화시키는데, 활성화된 칼모듈린은 2차전령으로서 세포 내에서 여러 가지 반응을 야기시킨다.

10.2.3.2 G단백질과 아데닐사이클라제 경로

또 다른 2차전령을 통한 세포 내의 작용경로는 활성화된 G단백질이 아데닐사이클라제를 활성화시키면 세포질의 ATP는 순환AMP(cyclic AMP : cAMP)로 전환된다. 이 순환AMP가 세포 내에서 2차전령으로서 호르몬 역할을 대신하게 된다[그림 10-6]. 이와 같은 과정을 거쳐 세포질 내 순환AMP

의 농도가 증가하면 근육세포 내에서는 당원분해가 촉진되고, 지방조직에서는 지질분해가 활발히 일어난다.

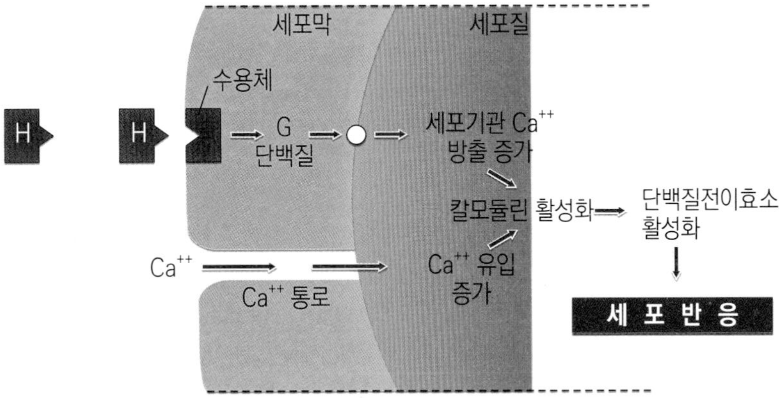

그림 10-5. 2차전령(calmodulin)을 통한 호르몬의 작용 기전

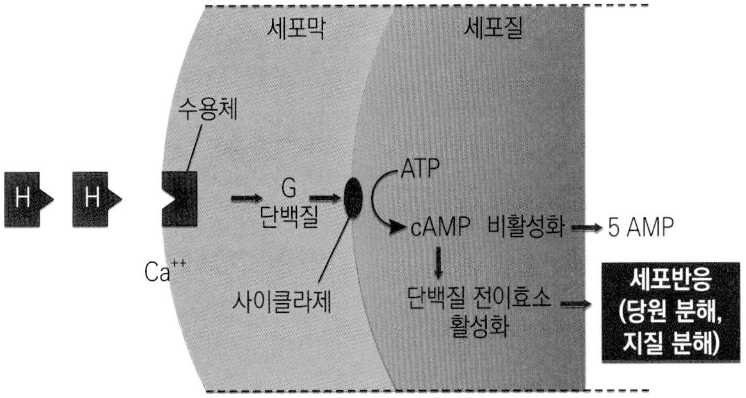

그림 10-6. 2차전령(cAMP)을 통한 호르몬의 작용 기전

10.3 호르몬의 효과에 영향을 미치는 요인

내분비샘에서 혈중으로 분비된 호르몬이 표적기관에 어느 정도의 효과를 미치는가는 혈중 호르몬의 농도와 표적기관에서 호르몬과 결합하는 수용체의 수 또는 활성도에 의해 결정된다. 혈장의 호르몬 농도를 결정짓는 요인으로는 내분비샘에서의 분비율, 분비된 호르몬의 대사율 또는 제거율, 혈중 운반단백질의 양, 혈장량 자체의 변화 등을 들 수 있다.

10.3.1 호르몬의 혈장농도

10.3.1.1 내분비샘에서의 분비율

내분비샘에서의 호르몬 분비율은 내분비샘에 대한 흥분성 또는 억제성 자극 여부와 신경이나 혈액을 통해 전달되는 화학적 자극의 크기에 달려 있다. 예를 들어 이자에서의 인슐린 분비는 교감신경계통의 자극과 혈중 에피네프린의 농도에 의해 억제되고, 혈중 포도당이나 아미노산 농도의 상승과 부교감신경 흥분에 의해 자극받는다.

10.3.1.2 대사 및 제거율

혈중 호르몬 농도는 호르몬 분비율뿐만 아니라 분비된 호르몬이 얼마나 빨리 대사 또는 제거되는가에 의해서도 영향을 받는다. 체내에서 호르몬을 제거하는 주요 기관은 간과 콩팥이다. 운동 중에는 간 및 콩팥으로의 혈류량이 감소하기 때문에 호르몬 제거율이 감소한다. 따라서 운동 중 나타나는 혈중 호르몬 농도의 증가는 호르몬 분비율의 증가뿐만 아니라 호르몬 제거율이 감소된 결과이다.

호르몬의 반감기(half-life)란 혈중 호르몬의 농도가 최고치로부터 절반 수준으로 감소될 때까지 걸리는 시간인데, 이는 호르몬 작용의 지속시간을 나타낸다.

10.3.1.3 운반단백질

호르몬의 작용은 그 호르몬과 결합하는 운반 단백질의 양에 의해서도 결정된다. 혈액 중에는 호르몬을 운반하는 다양한 결합 단백질(binding protein)이 존재한다. 이러한 다양한 결합 단백질은 펩타이드 호르몬과 스테로이드 호르몬 모두를 운반한다. 결합 단백질은 혈액을 순환하는 동안 호르몬의 저장장소로도 활용되는데, 호르몬의 퇴화를 어느 정도 억제하고 반감기(half-life)를 연장해주는 것과 관련있다.

대부분의 호르몬은 그들의 특정 결합 단백질로부터 분리되지 않으면 활동하지 않는다. 예를 들어 혈장 단백질과 결합하여 운반되는 스테로이드 호르몬과 티록신의 표적세포에 대한 작용은 단백질과 결합하지 않는 유리 호르몬(free hormone)의 양에 의해 결정된다. 즉 분비된 호르몬이 혈장 단백질과 결합하면 표적세포에 대한 작용이 불활성화되는 반면 단백질과 결합하지 않은 유리호르몬 농도가 높아지면 그 호르몬의 작용이 증대된다.

그러나 일부 호르몬 결합 단백질은 그들 스스로 실질적인 생리적 활동을 가지기도 한다. 그러므로 혈액 속에서 순환하든 세포에 결합되어 있든 결합 단백질은 내분비계통의 기능에 중요한 영향을 미치는 요인이 되며, 때로는 수용체로서의 역할(예 : 성장호르몬 결합단백질)을 수행하기도 한다.

10.3.1.4 혈장량의 변화

혈장량 자체에 변화가 발생하면 호르몬농도에도 변화가 생겨 호르몬의 작용에 영향을 미친다. 호르몬 분비율이 같더라도 운동 시 탈수로 인해 혈장량이 감소하면 혈중 호르몬 농도가 상승하는데, 이는 표적기관에 더 큰 영향을 미친다.

10.3.2 수용체의 작용

내분비샘에서 분비되는 호르몬이 인체의 특정 표적기관에만 영향을 미치는 이유는 그 세포에 특정 호르몬에만 결합되는 수용체가 있기 때문이다. 어떠한 요인에 의해 세포막의 수용체 수가 감소하거나 호르몬과 결합하는 수용체의 민감도가 저하되면 혈중 호르몬 농도가 높더라도 표적기관에 미치는 영향력은 감소하게 된다.

또한 호르몬이 다량으로 분비되어 특정 표적기관의 수용체와 모두 결합한 포화상태일 때는 호르몬이 추가적으로 분비되어도 표적기관에 더 이상의 영향을 미치지 못하게 된다.

일반적으로 혈액 중 호르몬 수준이 만성적으로 높은 상태에 노출되면 수용체의 수가 감소하고, 반대로 만성적으로 낮은 수준에 노출되면 수용체의 수가 증가하는 경향을 보인다. 이러한 현상을 각각 하향조절(down regulation)과 상향조절(up regulation)이라고 한다.

한편 특정 호르몬과 비슷한 화학물질(약물)을 이용하여 특정 표적기관의 수용체를 차단할 때 나타나는 생리적 반응을 조사함으로써 그 특정 호르몬의 생리적 작용을 연구할 수 있다. 예를 들어 베타차단제(β-blocker)는 사전에 에피네프린 수용체와 결합함으로써 에피네프린이 에피네프린 수용체와 결합하는 것을 차단하므로 에피네프린의 작용을 방해하는 약물이다. 고혈압환자가 베타차단제를 복용하면 심장수축의 속도와 수축의 강도가 지나치게 높아지는 것을 억제함으로써 혈압 상승 현상을 완화시키게 된다.

10.4 내분비샘과 호르몬

인체의 내분비샘은 그림 10-1과 같다. 여기서는 이들 내분비샘에서 분비되는 호르몬들의 일반적 기능과 운동에 대한 반응을 중심으로 설명한다.

10.4.1 시상하부호르몬

시상하부에는 내분비기능을 갖고 있는 신경분비세포라는 세포군이 있는데, 이 세포들이 신경계통(중추신경계)과 내분비계통(뇌하수체)을 형태적·기능적으로 연결한다[그림 10-2 참조]. 이러한 신경세포들은 앞에서 설명한 신경분비에 의하여 뇌하수체의 여러 호르몬 분비를 촉진하거나 억제한다. 이들 호르몬은 특히 방출인자(releasing factor : RF) 또는 억제인자(release inhibiting factor : IF)라고 부른다.

호르몬 반응을 일으키는 최초의 자극은 대부분 중추신경계통에서 시작된다. 고위 뇌중추로부터의 신경회로는 시상하부와 시냅스를 통해 연결되어 있어 시상하부에서 신경자극에 의한 호르몬 분비(신경분비)가 시작된다. 시상하부를 거치는 메시지는 뇌하수체에서 증폭되어 두 번째 호르몬(second

표 10-1. 시상하부호르몬

분비촉진인자(RF)	분비억제인자(IF)
성장호르몬 방출인자(GHRF)	성장호르몬 억제인자(GHIF)
프롤락틴(prolactin) 방출인자(PRF)	프롤락틴(prolactin) 억제인자(PIF)
갑상샘자극호르몬 방출인자(TRF)	
부신겉질자극호르몬 방출인자(CRF)	
난포자극호르몬 방출인자(FSH-RF)	
황체형성호르몬 방출인자(LH-RF)	황체형성호르몬 억제인자(LH-IF)

hormone)을 분비하게 된다.

뇌하수체뒤엽에서 분비되는 호르몬은 표적기관에 직접 영향을 미치지만, 뇌하수체앞엽호르몬의 대부분은 표적기관이 다른 내분비샘이어서 이 내분비샘을 자극하여 제3의 호르몬인 최종호르몬(end hormone)을 분비시킨다. 따라서 시상하부의 신경분비세포에서 생성되고 분비되는 호르몬 중 뇌하수체앞엽으로 이동하여 뇌하수체앞엽호르몬의 분비를 촉진하거나 억제하는 호르몬을 특히 시상하부호르몬이라고 한다.

운동에 대한 이들 호르몬의 반응을 해석하려면 인체의 음성되먹이기 기전을 고려하여야 한다. 예를 들어 성장호르몬(GH)의 상승에 앞서 성장호르몬 방출인자(GHRF)의 상승이 나타나고, 뒤이어 성장호르몬의 지나친 상승을 억제하기 위해 성장호르몬 억제인자의 상승현상이 나타난다. 또 어느 강도 이상의 운동에 의해서 뇌하수체앞엽에서 부신겉질자극호르몬(forticotropin : ACTH)과 갑상샘자극호르몬(thyrotropin : TSH)의 분비가 증가하는데, 이는 앞서서 부신겉질자극호르몬 방출인자(CRF)와 갑상샘자극호르몬 방출인자(TRF)의 분비가 먼저 촉진되었기 때문으로 볼 수 있다.

시상하부의 방출인자에 대한 운동 시 반응을 명확하게 규명하기 어렵다. 그 이유는 이들 호르몬의 분비량을 정량화하기 어렵고, 이들 호르몬의 분비가 대체로 뇌하수체앞엽의 국부적인 위치에서 미량으로 이루어지기 때문이다.

10.4.2 뇌하수체호르몬

시상하부의 신경세포흥분은 뇌하수체뒤엽으로 내려가 신경섬유의 끝부분으로부터 뒤엽호르몬을 직접 혈액 중으로 분비하는데, 이것은 앞에서 신경분비라 설명하였다. 똑같이 신경분비에 의해 뇌하수체문맥계에 분비되는 시상하부호르몬은 앞엽으로 들어가 앞엽의 샘세포에 작용하여 앞엽호르몬의 분비를 촉진하거나 억제한다[그림 10-7].

이처럼 자율신경계통의 중추인 시상하부와 각종 내분비조절기인 뇌하수체 간에는 매우 밀접한 관련이 있는데, 이것을 시상하부 - 하수체조절계라고 한다. 이 조절계를 통해 자율신경계통에 의한 신

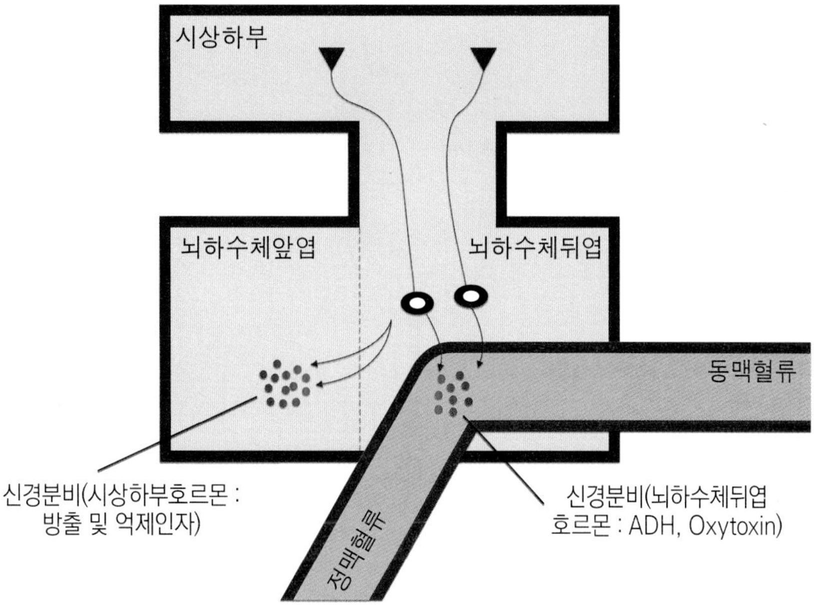

그림 10-7. 시상하부와 뇌하수체 관계의 모식도

경조절과 내분비샘에 의한 액성조절이 상호 연계된다.

뇌하수체앞엽호르몬으로는 성장호르몬, 갑상샘자극호르몬, 부신겉질자극호르몬, 난포자극호르몬, 황체형성호르몬 및 프롤락틴, 엔도르핀 등을 들 수 있다. 뇌하수체뒤엽에서는 항이뇨호르몬(vasopressin : ADH)과 옥시톡신(oxytoxin)이 분비된다.

10.4.2.1 성장호르몬

① 일반적 기능

성장호르몬(growth hormone : GH)은 출생부터 성장기에 걸쳐 많은 양이 분비되다가 성인이 되면 분비량이 감소되지만, 일생 동안 계속해서 분비된다. 작용은 신체 각 부위의 발달과 증식의 촉진이다. 즉 성장호르몬은 세포에서 단백질 합성을 촉진하고, 기타 세포성분의 양을 증가시켜 세포에서 비대와 분열이 일어나게 된다.

성장기에 성장호르몬이 과잉분비되면 거인증(giantism)이 된다. 거인증은 샘뇌하수체의 산호성 세포에 종양이 있을 때 일어나는 경우가 많다. 성장기 이후 산호성 세포에 종양이 발생하면 키는 커지지 않으면서 뼈대의 물렁조직부분만 거대해지는 말단거대증이 발생할 수 있다. 반대로 성장기에 성장호르몬 분비가 정지되면 난장이가 된다.

그밖에 성장호르몬은 간에서의 포도당(glucose) 방출을 촉진시켜 혈당을 상승시키는 작용을 하는 한편, 지방조직에 저장된 중성지방의 분해를 촉진시켜 혈액 중 유리지방산(free fatty acid)을 증가시키는 작용을 한다.

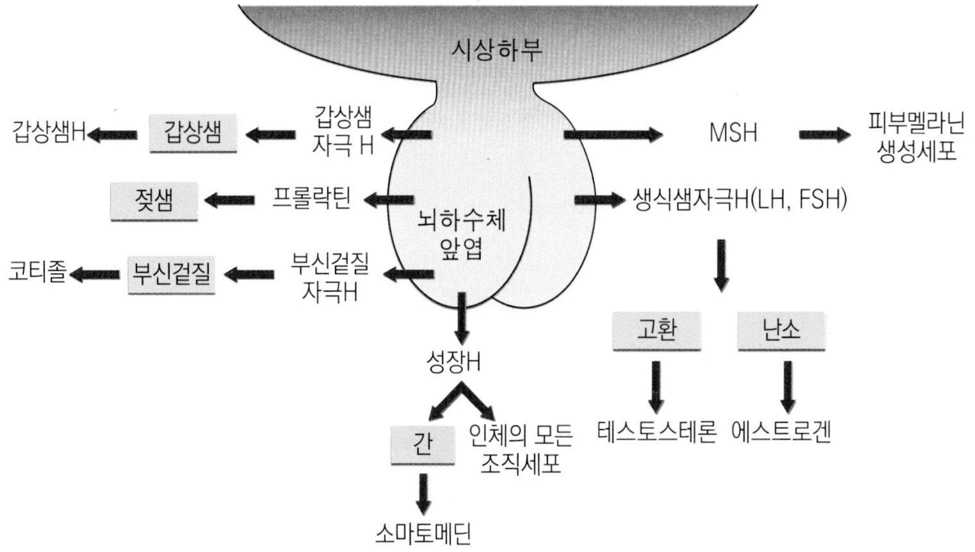

그림 10-8. 뇌하수체앞엽호르몬

이러한 효과는 성장호르몬이 조직에 대해 직접적으로 작용함으로써 나타나기도 하지만, 한편으로는 성장호르몬이 간으로부터 인슐린유사성장인자(insulin-like growth factor : IGF) 또는 소마토메딘(somatomedin)의 방출을 자극함으로써 이루어지기도 한다. 소마토메딘은 여러 말초조직에서의 단백질 합성, 특히 근육단백질과 뼈밀도의 증가와 밀접한 관련이 있다.

② 운동과의 관계

운동 시 성장호르몬의 분비 증가는 결합조직 및 근육의 성장에 미치는 성장호르몬의 효과를 생각할 때 유용한 것으로 생각된다. 즉 성장호르몬은 간에 작용하여 소마토메딘(somatomedin)의 합성 및 분비를 촉진시킴으로써 동화를 촉진하는 작용을 한다[그림 10-9]. 이러한 동화 촉진작용은 신체적으로 단련된 사람에게 나타나는 뼈의 굵기, 힘줄, 인대, 근력 증가와 부분적으로 관련되어 있다.

또한 성장호르몬은 지방조직에서 지방산의 유리를 돕고, 혈중 지방산 농도를 상승시킨다. 제3장에서 배웠듯이 혈중 지방산 농도는 근육에서 연료로서 지방의 이용률을 결정하는 중요한 요인이다. 따라서 운동 시 성장호르몬의 증가는 작업근육으로의 연료공 급을 돕는 유익한 반응이라고 할 수 있다.

성장호르몬의 운동에 대한 반응은 일반적으로 운동 시작 15~20분까지 현저한 변화가 없다가 그 후 운동의 지속과 함께 증가하기 시작한다[그림 10-10]. 따라서 성장호르몬의 지방산 동원효과는 장시간의 운동 시에 중요한 것으로 생각된다.

성장호르몬의 반감기(half-life)는 약 17~45분으로 간에서 처리된다. 따라서 조직의 성장과 지방산 동원에 현저한 효과를 미칠 만큼 충분한 시간적 여유를 가질 수 있다.

성장호르몬은 중간 정도의 운동 시 증가하며 심폐지구성 운동을 수행하거나 저항운동에 의해서 분비가 자극된다. 성장호르몬은 강도 의존성이 있어서 특히 고강도 운동에서 더욱 많이 분비된다. 예

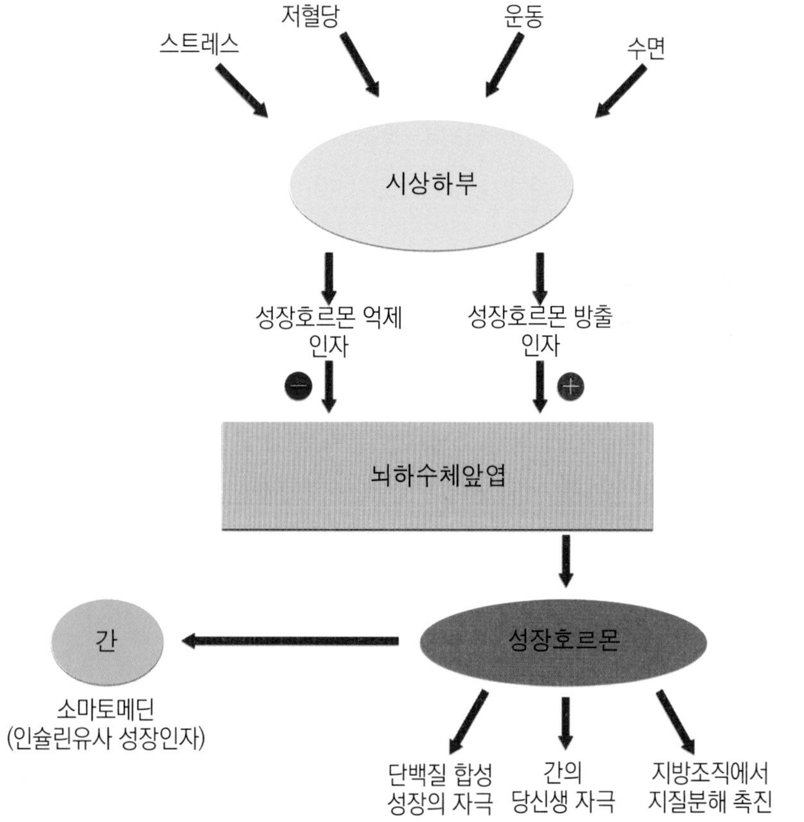

그림 10-9. 성장호르몬의 분비 조절

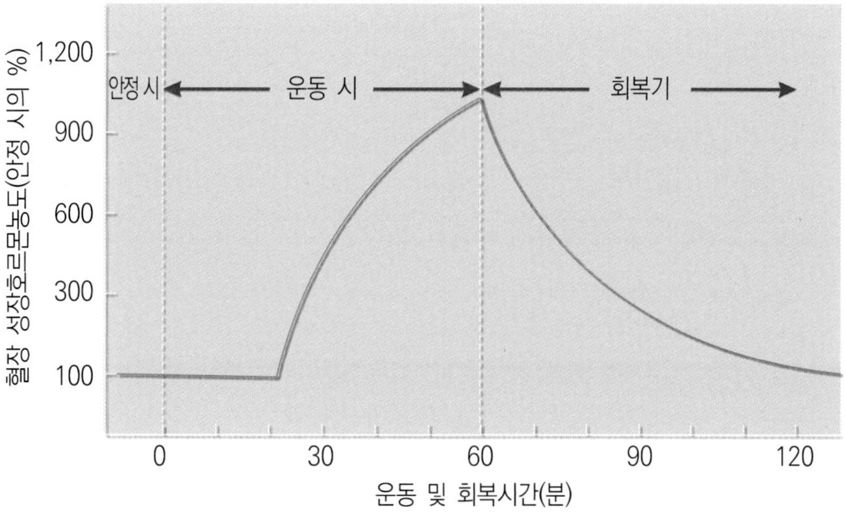

그림 10-10. 운동 및 회복기 혈중 성장호르몬 농도의 변화

성장호르몬(GH)은 운동 초기 15~20분간 변화를 보이지 않다가 그 후 운동의 지속과 함께 증가한다.

를 들어 10분 이상의 고강도 운동은 혈중 성장호르몬을 300%까지 증가시키고, 24시간까지 증가된 상태가 유지된다. 특히 고강도 인터벌훈련(HIIT)이나 저항운동(근력운동)은 가장 효과적인 분비자극이다.

성장호르몬에 미치는 훈련의 효과에 대해서는 대체로 일회적인 운동에 대한 성장호르몬의 반응이 훈련 후에 감소된다고 보고하고 있다. 이러한 적응은 부분적으로 단련자에게 운동에 따른 심리적 스트레스가 경감되었거나 운동강도 자체가 상대적으로 감소되었기 때문으로 생각된다.

③ **성장호르몬 분비자극 요인들**

운동은 성장호르몬의 분비를 자극하는 가장 강한 요인이며, 이 외에도 성장호르몬 분비와 관련된 요인들은 다음과 같다.

우선 수면은 성장호르몬과 관련이 높다. 성장호르몬이 가장 큰 폭으로 증가하는 시점은 수면에 들고 나서 맞이하는 첫 번째 논렘수면(non-REM)이다. 특히 논렘수면의 세 번째 단계인 서파수면 단계에서 성장호르몬이 가장 활발하게 분비된다. 반면에 수면부족은 성장호르몬 분비를 현저히 감소시킨다.

또 연구들은 복부지방이 성장호르몬의 감소와 직접적으로 관계되어 있음을 밝히고 있다. 즉 복부지방이 많을수록 혈중 성장호르몬은 정상인 사람에 비해 감소되어 있다. 정제된 탄수화물이나 설탕을 섭취하여도 성장호르몬의 분비를 방해한다. 당류의 섭취는 인슐린 분비를 촉진하는데, 이는 성장호르몬 분비를 억제하는 요인이다. 특히 밤에 자기 전에 먹는 음식은 인슐린 분비는 촉진하고 성장호르몬 분비는 억제한다. 분비된 인슐린이 식전 상태로 돌아가려면 적어도 2시간이 걸린다.

반면에 낮은 혈당 수준은 성장호르몬의 분비를 촉진하는 자극이 된다. 따라서 하루중 대부분의 시간 동안 혈중 인슐린 수준을 낮게 유지하는 금식이 성장호르몬 분비에 도움을 줄 수 있다. 즉 인슐린 저항성이 높은 비만한 상태에서 혈당 수준을 낮게 유지하는 것은 성장호르몬의 분비를 촉진하고, 인슐린 저항성을 개선하는 방법으로 금식은 도움이 된다.

그러나 지나친 금식은 성장호르몬의 분비를 반대로 억제할 수 있으며, 단식을 할 때 적정량의 단백질을 섭취하면 성장호르몬의 분비에 도움을 줄 수 있다. 예를 들어 아르기닌(arginine)과 같은 아미노산은 성장호르몬 분비에 도움을 주는 것으로 알려져 있다.

현재까지 성장호르몬 분비 촉진효과와 관련하여 연구되고 있는 물질들은 대부분 아미노산인데, 아르기닌(arginine), 가바(GABA), 베타-알라닌(β-alanine) 등이 있다. 그밖에 멜라토닌 보충제가 수면을 도와줄 뿐만 아니라 직접 성장호르몬 분비를 촉진한다고 보고되고 있다.

10.4.2.2 갑상샘자극호르몬

뇌하수체에서 분비되는 갑상샘자극호르몬(thyroid stimulating hormone : TSH)은 갑상샘의 성장과 발달을 촉진시키고 갑상샘호르몬인 티록신(thyroxine : T4)과 삼아이오딘티로닌(triiodothyronine : T3)의 분비를 자극한다. 운동 시에는 갑상샘호르몬인 티록신(T4)의 분비가 증가하기 때문에 갑상샘자극호르몬의 분비 역시 증가될 것으로 생각할 수 있으나, 대부분의 연구에서는 일회적 운동 시 갑상샘자극호르몬의 농도 변화를 찾아볼 수 없었다. 그러나 일부 연구에서는 점증부하법에 의해 아주 강한 운동을 수행하

plus+

성장호르몬과 IGF-1

성장호르몬(hGH: human growth hormone)은 키의 성장뿐만 아니라 인생 전체에 걸쳐 광범위한 대사작용을 한다. 그러한 작용의 중요성 때문에 호르몬의 왕이라는 별명까지 가지고 있다.

성장호르몬은 30세가 되기 전에는 혈중 성장호르몬 수준은 500~1,000ng/ml 정도이지만, 그 후 10년마다 10~15%가 감소하여 60세 이상이 되면 200ng/ml 이하로 감소한다. 그러나 그 범위는 개인차가 매우 크고 수면, 영양, 운동, 스트레스, 질병, 부상 등과 같은 생활환경 요인에 크게 영향을 받는다.

성장호르몬이 뇌하수체로부터 분비되면 혈중 성장호르몬은 간이나 기타 조직에서 인슐린유사성장인자(IGF-1)라는 이차호르몬의 분비를 자극한다. 그러므로 혈중 IGF-1 수준에 대한 검사를 통해 성장호르몬 결핍 여부를 판단하기도 한다. 이 역시 개인차가 매우 크다. 그런데 청소년기에서 20대 초반까지 정상값은 91~450ng/ml 정도이며, 나이를 먹으면서 점차 감소하여 65세 이상이 되면 35~192ng의 범위를 보인다.

IGF-1은 인슐린처럼 혈당을 낮추는 작용을 갖고 있어서 인슐린유사성장인자(insluin-like growth factor 1)라는 명칭을 갖게 되었는데, 인슐린만큼 강력한 혈당저하작용을 하지는 않는다.

성장호르몬과 IGF-1호르몬이 나이와 함께 감소함에 따라 근육 손실, 체지방 증가, 피부탄력 감소, 눈가 처짐, 탈모, 기억력 감소, 활력의 감소와 같은 노화현상이 일어난다. 그러므로 성장호르몬이 결핍되면 성장호르몬 주사요법이 시행된다. 성장호르몬이 결핍되지 않은 성인에 대한 성장호르몬 투여는 그 효과가 불명확하며, 상반되는 연구결과들이 보고되고 있다. 또 성장호르몬을 촉진시

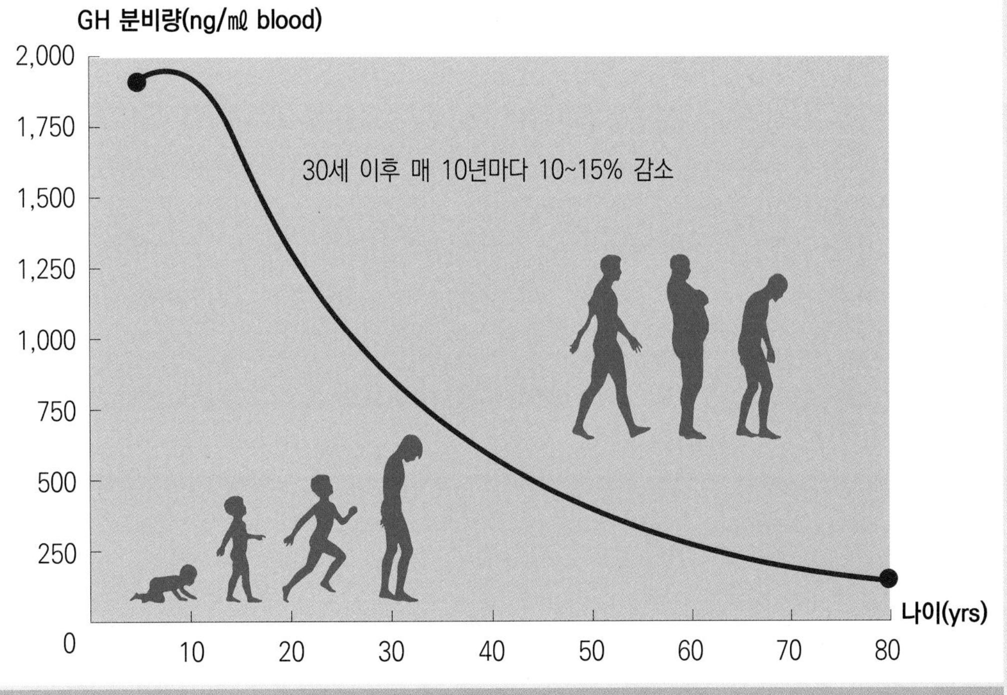

그림 10-11. 나이와 성장호르몬 분비

킨다고 광고하는 식이보충제가 분말, 액체, 알약 등의 형태로 판매되고 있으나, 과학적 연구들에 의해 그 효과가 명확히 뒷받침되고 있지는 않다.

성장호르몬 주사로 혈중 성장호르몬 수준이 과도하게 높아지면 그 부작용으로 인슐린 민감도가 감소한다. 이러한 이유로 성장호르몬 주사를 남용하는 보디빌더들은 당뇨병의 높은 위험에 노출되게 된다. 또 너무 높은 성장호르몬이나 IGF-1 수준은 특정한 암의 발생위험을 높이고, 수명을 단축시키는 것으로 알려져 있다.

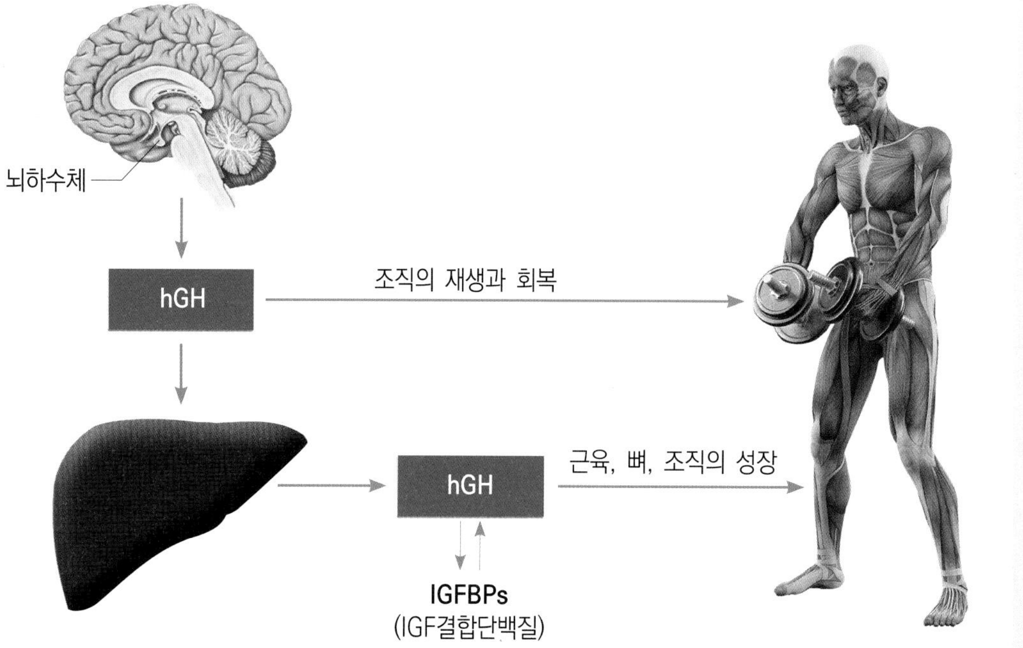

그림 10-12. 성장호르몬(hGH: human Growth Hormone)과 IGF-1

면 갑상샘자극호르몬의 수준이 상승한다고 보고된 바 있다.

10.4.2.3 부신겉질자극호르몬

부신겉질자극호르몬(adrenocorticotropic hormone : ACTH)은 정신적·신체적 스트레스나 혈중 글루코스의 저하로 자극받은 시상하부의 신경분비세포가 부신겉질자극호르몬방출인자(CRF)라는 물질(호르몬)을 분비하여 뇌하수체앞엽의 샘세포를 자극함으로써 분비된다. ACTH는 부신호르몬 분비의 강력한 자극제이다[그림 10-13].

일회적 운동에 대한 ACTH의 반응은 운동강도와 가장 밀접한 관련을 갖고 있어 최대산소섭취량의 60% 수준 이상의 강도에서 현저한 증가를 보이며, 최대운동 시에는 안정 시 수준의 10배까지 증가한다.

한편 동일 운동부하에서는 운동시간일 길수록 ACTH의 증가폭이 커진다. 훈련에 의해서 안정 시

ACTH 수준은 영향을 받지 않으며, 동일한 상대운동강도에서 혈중 ACTH의 수준은 더 큰 증가를 보이지만, 최대하의 절대운동강도에서는 혈중 ACTH 농도가 훈련 후 감소한다고 알려져 있다.

혈중 ACTH의 반감기는 4~18분이다. ACTH는 1~2분 내에 부신에서의 코티졸(cortisol) 분비를 자극하는데, 코티졸은 서서히 제거되기 때문에 반감기가 4시간에 이른다. 그러므로 운동 시 ACTH의 분비 증가는 코티졸 분비와 코티졸에 의한 효과에 큰 영향을 미치는 것으로 생각된다.

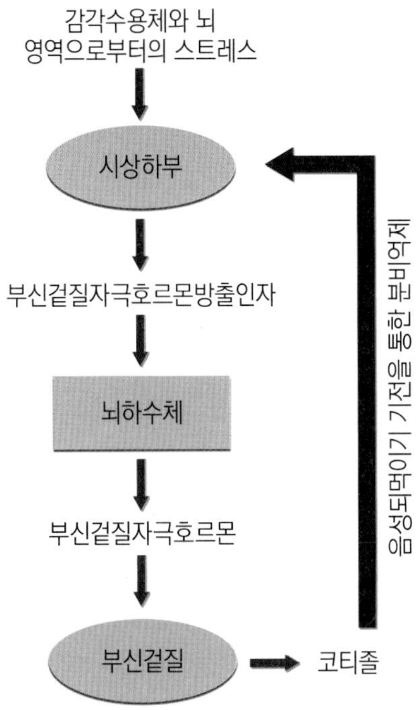

그림 10-13. 시상하부-뇌하수체-부신축(HPA axis) 호르몬의 분비기전

10.4.2.4 난포자극호르몬과 황체형성호르몬

난포자극호르몬(follicle stimulating hormone : FSH)은 여성생식기인 난소에 있는 난포를 자극하여 발육시켜 난자의 성숙이 일어나도록 하며, 난소를 자극하여 여성호르몬의 일종인 에스트로겐(estrogen)의 분비를 증가시킨다. 한편 남성에서는 정자의 발생 유지 및 생식상피(germinal epithelium)를 자극하여 정자의 형성을 촉진한다.

황체형성호르몬(luteinizing hormone : LH)은 여성에서 난포가 파열되도록 하여 성숙한 난자가 난소에서 배안으로 배출되어 난관에 이르도록 하며, 배란 후 황체형성을 촉진한다. 또한 황체호르몬인 프로게스테론(progesterone)의 분비를 자극하고, 남성의 고환에 있는 사이질세포를 자극하여 남성호르몬인 안드로겐(androgen)의 분비를 촉진한다.

대부분의 연구에서는 일회적 운동 시에 FSH 및 LH 수준은 변화하지 않는다고 보고하고 있다.

10.4.2.5 프롤락틴

프롤락틴(prolactin : PRL)은 젖샘의 발육과 유즙분비를 자극하는데, 에스트로겐의 분비가 증가하면 프롤락틴의 분비도 증가된다. 한편 프롤락틴은 임신 중에는 유방의 발달을 촉진하여 출산 후 유즙분비를 가능케 한다. 그밖에 콩팥에 대한 항이뇨효과를 통해 체내 수분을 보존하고, 에너지원으로서 지방의 동원에 관여한다.

운동 시 혈중프롤락틴 수준이 증가한다고 보고되고 있으나, 운동강도 및 시간에 따른 정확한 반응 및 생리적 의미는 알려지지 않고 있다.

프롤락틴의 반감기는 15~30분이다. 운동 시 프롤락틴의 분비가 증가되는 것은 교감신경의 흥분도 증가의 영향을 받는 것으로 생각된다. 즉 에피네프린 및 노르에피네프린 수용체를 약물로 차단하면 운동에 대한 프롤락틴의 반응은 현저히 감소한다.

plus+

인슐린유사성장인자

성장호르몬의 몇 가지 효과는 인슐린유사성장인자(insulin-like growth factor : IGF) 또는 소마토메딘(somatomedin)이라는 작은 폴리펩타이드(polypeptide)를 통해 조절된다. IGF에는 IGF-Ⅰ과 IGF-Ⅱ가 있는데, IGF-Ⅱ의 작용은 잘 알려져 있지 않다.

간은 성장호르몬이 간세포 DNA를 자극한 후 IGF를 합성·분비하는데, 이는 약 8~29시간이 소요되는 과정이다. 혈액 속에 IGF 이동은 결합단백질에 붙어서 이루어지고, 수용체와 상호작용하기 위해 유리호르몬으로 방출되는데, 이는 다양한 요소에 의해 조절된다. 혈중 IGF 수준은 총 IGF 수준(결합+유리IGF) 또는 유리 IGF 농도로 측정된다.

순환 IGF는 결합단백질과 관련되어 있다. 혈장에서 이용 가능한 IGF의 양을 조절하는 적어도 6가지의 순환 결합단백질이 확인되었다.

IGF-Ⅰ은 단백동화 촉진작용이 있어 운동과 관련해서 우선적으로 연구된 IGF이다. 혈중 IGF-Ⅰ의 수준이 일회적으로 증가하는 정확한 원인은 알려지지 않고 있으나 지방이나 근육세포를 포함하는 여러 세포들의 파괴와 관련이 있는 것으로 생각된다. 왜냐하면 이러한 세포들이 IGF를 생산하고 저장하기 때문이다.

즉 IGF는 성장호르몬의 중개 없이 간세포 이외의 세포에서 분비되기도 한다. 덧붙여 세포들은 말초순환에 들어가지 않고, 그들이 작용하는 곳에서 IGF를 생성하고 유지할 수 있다. 비록 IGF-Ⅰ이 일부 연구에서 운동에 대해 반응하는 것으로 나타나고 있지만, 이는 전형적인 내분비 반응을 따르고 있지 않다. 즉 운동에 의해 내분비샘이 자극되어 혈중으로 호르몬이 분비되는 양식을 따르지 않는다.

IGF-Ⅰ은 여성이나 남성의 저항운동에 반응하지만, 이러한 결과는 운동 전 안정 시 혈중 IGF-Ⅰ의 농도가 낮은 대상자에게 보편적으로 나타난다. IGF-Ⅰ의 초기 농도가 더 높은 대상자는 성장호르몬의 농도가 증가해도 IGF-Ⅰ가 전혀 증가하지 않았다. 이러한 연구로부터 IGF-Ⅰ의 초기 수준이 운동 시 이 호르몬의 증가 여부를 결정짓는 인자일 것으로 가정할 수 있다. 즉 초기농도가 높으면 증가하지 않고, 초기농도가 낮으면 증가한다. 그러나 IGF-Ⅰ농도는 운동 전후의 탄수화물이나 단백질 보충과 같은 일회적 칼로리 섭취에 보다 민감한 것으로 보인다.

장기간의 저항훈련에 대한 IGF-Ⅰ의 반응은 불명확하다. 그러나 안정 시 농도가 낮으면 IGF-Ⅰ이 증가하며, 안정 시 IGF-Ⅰ수준이 높으면 변화가 없거나 감소하는 것으로 보인다. 성장호르몬과 함께 IGF-Ⅰ의 훈련유발성 적응은 분비, 수송, 수용체와의 상호작용에 관련된 여러 가지 기전에서 나타난다.

10.4.2.6 엔도르핀

엔도르핀(endorphin)은 뇌하수체앞엽에서 분비되는 호르몬이다. 엔도르핀이라는 용어는 인체 내부를 뜻하는 endogenous와 모르핀(morphins)의 합성어이다.

내인성 진통효과를 갖는 여러 화합물이 최근까지 여러 가지 발견되었는데, 그중에서 특히 베타엔도르핀(β-endorphin)이 운동과 관련하여 주목되고 있다.

베타 엔도르핀은 부신겉질자극호르몬(ACTH)과 함께 운동이나 기타 스트레스 자극에 반응하여 분비된다. 일회적 운동 시 베타 엔도르핀 반응에 대한 여러 연구 결과를 종합하면 다음과 같다. 대체

plus+

베타 엔도르핀과 사교적 웃음

엔도르핀(endorphin)은 우리에게 가장 잘 알려지고 친숙한 호르몬이다. 이 호르몬은 마음을 즐겁고 고양된 상태에서 분비된다고 해서 '행복 호르몬'이라고도 한다. 혈액 중 검출되는 엔도르핀의 양은 피코그램(1조분의 1g) 단위로, 뇌하수체에서 극미량이 분비된다. 따라서 단지 뇌에 국소적으로 작용하는 정도의 수준만이 분비되는 자극만으로는 이를 입증하기 어려웠다.

그런데 2010년 이후 엔도르핀의 뇌에서 국소적인 분비를 확인할 수 있는 여러 실험적 방법들이 적용되면서 실제로 웃음이 뇌에서 엔도르핀 분비를 자극한다는 사실이 명확히 확인되는 연구들이 발표되기 시작하였다. 그중 2017년 영국 옥스퍼드대학(Oxford Univ.), 핀란드의 Aalto University, 그리고 핀란드 Turku 양전자방출분석센터(PET centre)에서 발표한 연구논문을 소개하면, 친밀감을 나타내는 웃음 즉 사교적 웃음(social laughter)은 각성상태와 긍정적 정서를 높여주는 엔도르핀 및 다른 내인성 아편양 펩타이드(endogenous opioid peptide)분비를 촉진하는 것이 확인되었다(Snadra M. et al.,2017).

이 연구에서는 양전자방출단층촬영(PET : positron emission tomography)을 이용하였는데, 대상자들에게는 뇌의 아편양수용체(opioid receptors)와 결합하는 방사성화합물(radioactive compound)을 정맥 내에 주입한 후 뇌에서 나타나는 방사성 활동을 PET 카메라로 촬영하였다. 대상자들은 자신들과 가장 친한 친구와 함께 웃은 후에 실험실에서 개별적으로 비교를 위한 측정을 받도록 하였다.

그림 10-14는 사교적인 웃음과 기준상태를 비교한 것으로 뇌영역에서 붉은색은 내인성 아편양 펩타이드의 분비 증가를, 파란색은 감소를 나타

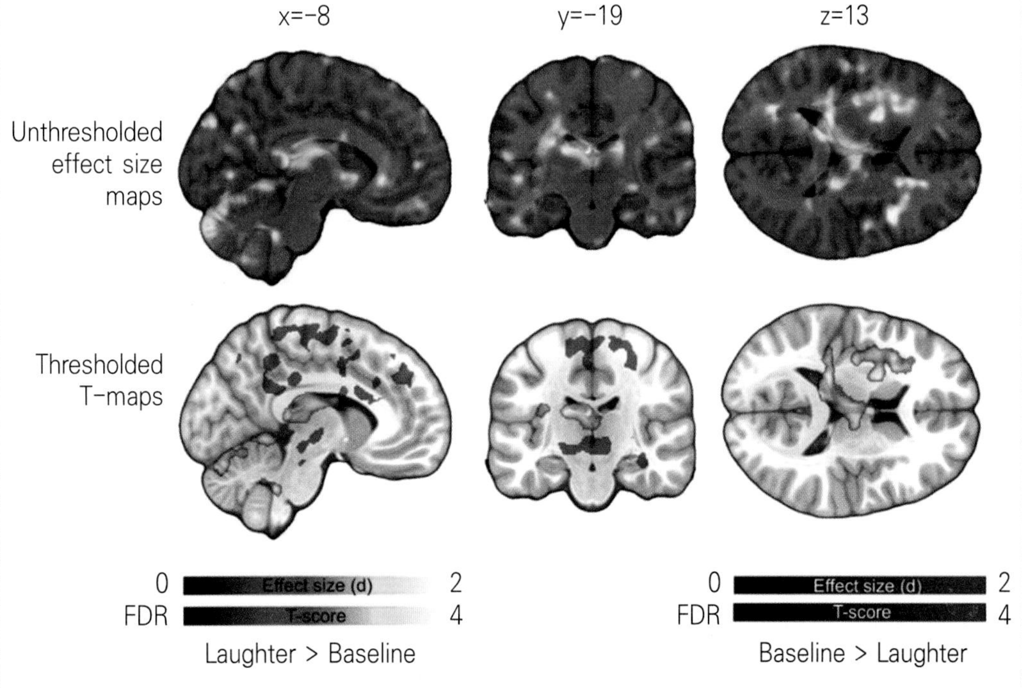

그림 10-14. 내인성 아편양펩타이드 분비량과 사회적 웃음의 관계

from Sandra Manniene, et al.(2017)

낸다. 이 연구에서 뇌영역의 내인성 아편양펩타이드수용체(μ-opioid-recptor) 밀도와 웃음 빈도 사이에 유의한 관계가 있음을 보여준다.

결론적으로 사교적 웃음은 실제로 엔도르핀 및 아편양 펩타이드 분비를 촉진시키며, 더 많은 아편양수용체를 갖고 있는 사람일수록 더 많이 웃는다는 것을 보여주었다. 즉 아편양수용체(opioid receptor)의 밀도와 웃는 빈도 사이에 나타나는 관계성은 개인의 사교성(sociality)의 차이를 설명해준다.

사교적 웃음(social laughter)은 사회적 연대감을 형성하는 하나의 방법이며, 그 연대를 강화시키고 지속시키는 중요한 방법이다. 웃을 때 분비되는 엔도르핀에 의한 효과는 즐겁고 불안을 가라앉히면서 안전하다는 신호를 준다. 그리고 이 웃음은 매우 전염성이 커서 집단의 규모가 클수록 엔도르핀 반응이 더 증폭되어 나타나며 함께 웃는 것에 의해 그 반응이 쉽게 퍼지게 된다.

한편 운동할 때 분비되는 엔도르핀은 통증감각의 감소와 관련되어 있다. 연구에 따르면 15분간의 웃음은 통증 역치를 약 10% 상향시킬만큼 충분한 엔도르핀 분비를 자극한다. 그러므로 경쟁적인 운동을 할 때에도 전략적으로 얼굴표정을 조절하는 것, 즉 진심으로 웃으면서 운동하는 것은 경기력을 높이는 매우 훌륭한 전략이 될 수 있다.

한 예로 마라톤 세계기록(2시간 1분 39초)을 보유하고 있는 케냐의 엘리우드 킵초게 선수는 달리는 중에 계속 웃는 것으로 유명하다. 그는 "달리는 것은 다리가 아닙니다. 그것은 심장과 마음이죠."라고 하였다. 최근 우리나라 육상에서 높이뛰기 선수로는 최초로 세계 선수권을 차지한 우상혁 선수가 높이뛰기 전에 웃는 표정을 짓는 것은 이러한 측면에서 매우 바람직한 경기 전략이라고 할 수 있다.

로 무산소성역치 이하의 운동강도에서는 베타 엔도르핀 수준에 현저한 변화가 나타나지 않으나 그 이상의 수준에서 곡선적인 증가 양상을 보인다. 또한 탈진상태에 이르는 최대운동 시에는 최대치에 도달하는데, 이는 휴식 시 수준의 2~5배에 이른다. 훈련이 베타 엔도르핀 반응에 미치는 영향에 대해서는 명확히 알려지지 않고 있으나, 일부 연구에서는 훈련 후 최대하의 상대운동강도나 최대운동 시 베타 엔도르핀 반응이 증가되었다고 보고한 바 있다.

운동 시 베타 엔도르핀의 상승은 ① 단련자에게서 볼 수 있는 운동내성의 증가, ② 운동 후 기분의 변화와 관련된 운동 탐닉(exercise addiction) 경향, ③ 장시간 운동 시 나타나는 유쾌한 기분, 즉 소위 runner's high, ④ 면역기능 등과 관련하여 주목받고 있다.

최근에는 러너스 하이와 같은 정서적 변화는 이 엔도르핀의 작용은 물론이고 엔도카나비노이드(endocannabinoid)의 작용이 더욱 크게 작용한다는 사실들이 밝혀지고 있다.

10.4.2.7 항이뇨호르몬

항이뇨호르몬(antidiuretic hormone : ADH)은 뇌하수체뒤엽에서 분비되며, 일명 바소프레신(vasopressin)이라고 한다. 주요 작용은 콩팥의 먼쪽세관과 집합관에서 수분의 재흡수를 촉진하여 소변량을 감소시키는 항이뇨작용이다. 따라서 ADH가 없으면 물의 재흡수가 이루어지지 않아 저장성의 소변을 다량으로 배설하고 체액이 감소된다.

운동 시, 특히 다량의 수분이 땀으로 배설되는 열환경하에서 운동을 할 때에는 항이뇨호르몬의 분비가 크게 증가하는데, 이는 체내 수분 보존의 필요성을 반영한다. 예를 들어 운동이나 열환경 자극에 의한 발한반응으로 체내 혈장량이 10% 이상 감소하거나 혈장 삼투압이 1~2% 이상 증가하는 탈수상태가 되면 수분 섭취 욕구가 유발된다.

갈증(thirst)은 입안연질막, 후두, 식도연질막 등의 습윤로나 위장 등의 여러 말초수용기에서 구심성 임펄스나 시상하부의 신경세포에 의한 삼투압 정보가 갈증중추(thirst center)를 흥분시킴으로써 일어난다. 갈증중추의 흥분은 뇌하수체뒤엽에 전해져 항이뇨호르몬(ADH)의 혈중 분비를 촉진한다.

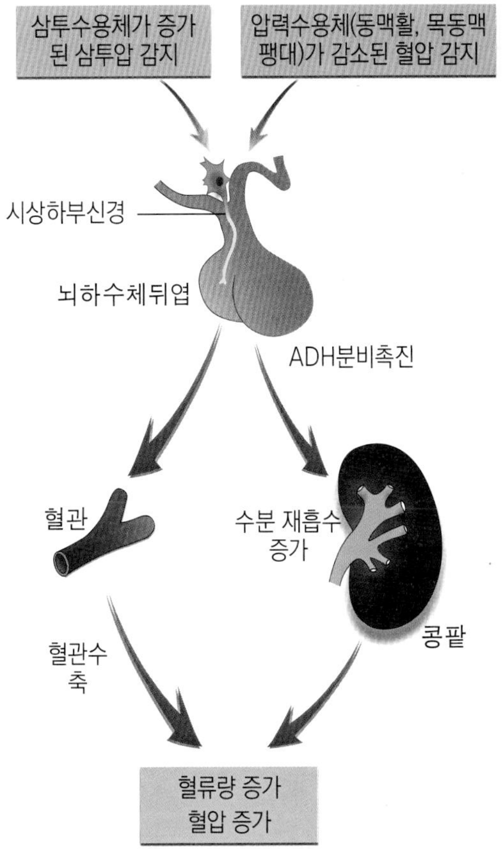

그림 10-15. 뇌하수체앞엽호르몬

출혈 또는 탈수로 인해 혈액량이 감소하면 항이뇨호르몬분비가 자극되고, 반대로 다량의 물을 마시거나 수액을 주입하면 혈액량의 증가로 혈장 항이뇨호르몬 농도가 감소된다. 혈액량이 증가되어 왼심방벽에 있는 용량수용기에 의해 감지되고, 미주신경 중 상행하는 자극이 증가되어 뇌하수체뒤엽에서의 항이뇨호르몬분비가 억제된다[그림 10-15].

운동은 항이뇨호르몬의 혈중 수준을 300~ 800%까지 증가시킨다. 운동강도를 증가시킬수록 항이뇨호르몬 수준은 점차 증가하며, 증가를 유발하는 역치는 최대산소섭취량의 약 40% 수준이다. 항이뇨호르몬의 반감기는 5~20분으로서 운동 후 휴식 시 수준으로 회복되는 데 약 1시간이 소요된다.

운동 수행 전에 미리 수분을 섭취하면 운동 중 항이뇨호르몬의 증가폭이 적다. 운동 전 수분을 섭취하면 운동으로 인한 항이뇨호르몬의 증가폭이 탈수상태에서보다 적어지는 것은 수분 손실에 따른 스트레스가 그만큼 완화되었음을 의미한다. 훈련에 의해 안정 시 항이뇨호르몬의 수준이 변하지는 않지만, 동일한 절대운동강도에서 단련자는 증가폭이 더 적게 나타난다.

10.4.2.8 옥시톡신

옥시톡신(oxytoxin)은 뇌하수체뒤엽에서 분비되는 호르몬으로서 임신 시 자궁의 근육층을 강하게 수축하고, 유방근육을 수축시켜 유즙의 유출을 촉진한다. 또한 자궁의 민무늬근육을 수축시키는 작용이 있는데, 임신 말기 에스트로겐의 혈중 농도 상승에 의해 자궁근육의 옥시톡신에 대한 감수성이 증가됨으로써 분만을 촉진한다. 대부분의 호르몬 분비는 음성되먹이기 기전에 따라 조절되지만 출산 시 분비되는 옥시톡신은 산모의 자궁 수축을 일으키고, 그로 인한 자궁 경부의 기계적 압박이 옥시톡신의 분비를 더욱 자극하는 양성되먹이기 기전에 의해 조절된다.

10.4.3 솔방울샘호르몬

솔방울샘(송과체)는 눈으로부터의 자극을 받아들인다. 즉 눈으로부터 받아들이는 빛에 의존하여 멜라토닌(melatonin)을 분비한다. 멜라토닌은 생체리듬을 조절하는 작용을 한다. 즉 24시간 동안 분비량이 변화하며, 수면-활동의 사이클을 조절한다. 멜라토닌은 강한 항산화작용을 갖고 있으며, 면역계통에도 영향을 미친다.

멜라토닌의 분비가 부족하면 수면이상과 면역기능 저하가 나타나고 자유기에 의한 산화적 손상에 대한 인체방어력이 감소한다. 멜라토닌은 세로토닌(serotonin)에 의해 생성되기 때문에 우울증과 같이 세로토닌의 분비 수준이 저하되면 멜라토닌의 생성량도 저하되어 불면증과 같은 수면장애가 발생한다.

10.4.4 갑상샘호르몬

10.4.4.1 티록신, 삼아이오딘티로닌

갑상샘에서 분비되는 티록신(thyroxine : T4)과 삼아이오딘티로닌(triiodothyronine : T3)을 갑상샘호르몬이라고 한다. 갑상샘호르몬의 합성은 식품과 물의 섭취로 얻어지는 아이오딘(iodine)을 재료로 하여 이루어지며, 토양 중 아이오딘의 함량이 큰 영향을 미친다. 갑상샘호르몬의 작용은 거의 모든 조직에서 신진대사율을 증대시켜 체내 산소소비량을 증가시키고, 조직의 성장 및 성숙에 영향을 미친다.

또한 티록신과 삼아이오딘티로닌은 지방조직에서 지방산을 동원하고 심장비대를 촉진하는 작용이 있는데, 이는 장시간 운동에 따른 신체요구에 쉽게 적응하는 데 도움을 줄 것으로 생각된다. 티록신(T4)은 특히 6~7일간의 반감기를 갖고 있어서 운동 스트레스에 대한 인체의 장기적인 적응에 중요한 역할을 한다.

일회적 운동에 따라 갑상샘호르몬(T4와 T3)의 총농도는 변화하지 않으나 유리티록신(free T4)은 운동 시 약 35%까지 증가된다. 갑상샘에서 분비되는 티록신 중 약 99.6%는 혈장 단백질과 결합하며, 나머지 0.04%만이 유리티록신으로서 대사적으로 활성화된 기능을 한다. 유리티록신의 수준은 티록신과 혈장단백의 결합이 감소됨으로써 증가한다. 운동 시 유리티록신이 증가하는 것은 지방산의 수준이 증가되어 티록신과 단백질의 결합을 방해하기 때문으로 생각된다.

단련자의 휴식 시 총티록신농도는 약간 감소하는 반면 유리티록신 농도는 다소 증가되는 양상을 보인다. 그러나 단련자와 일반인 간의 기초대사율에 차이가 나타나지 않기 때문에 그 생리적 의미는 명확하지 않다.

10.4.4.2 칼시토닌과 부갑상샘호르몬

① 일반적 기능

갑상샘에서 분비되는 칼시토닌(calcitonin)은 부갑상샘호르몬과 함께 혈중 칼슘과 인(phosphate)의 수준을 조절하는 역할을 한다. 칼시토닌은 혈중 칼슘 농도를 감소시키는 작용을 한다. 즉 뼈의 칼슘이 혈중으로 유리되는 것을 억제하여 뼈의 침착을 증진시킨다. 다시 말하면 혈중 칼슘 수준이 지나치게 상승하는 고칼슘혈증(hypercalcemia)을 예방하고, 부갑상샘호르몬(parathyroid hormone : PTH)과 길항작용을 한다.

반면 부갑상샘호르몬은 창자, 뼈, 콩팥세관에서 혈중으로 칼슘 수송을 증진시켜 혈중 칼슘 농도를 상승시키는 작용을 한다[그림 10-16]. 따라서 부갑상샘호르몬이 과잉 분비되면 혈중 칼슘 농도가 상승하여 신경이나 근육의 긴장도가 낮아지며, 결석이나 구토, 뼈바탕질의 파괴 부위가 섬유질로 대치되는 뼈의 감퇴현상이 나타난다.

부갑상샘호르몬이 결핍되어 혈중 칼슘 농도가 낮아지면 신경근육자극성의 증가로 근육경련을 동반하는 강직증(tetany)이 나타난다.

② 운동과 뼈밀도

일상의 체중부하운동은 뼈의 발달 및 재형성에 영향을 미쳐 뼈밀도를 증가시킨다.

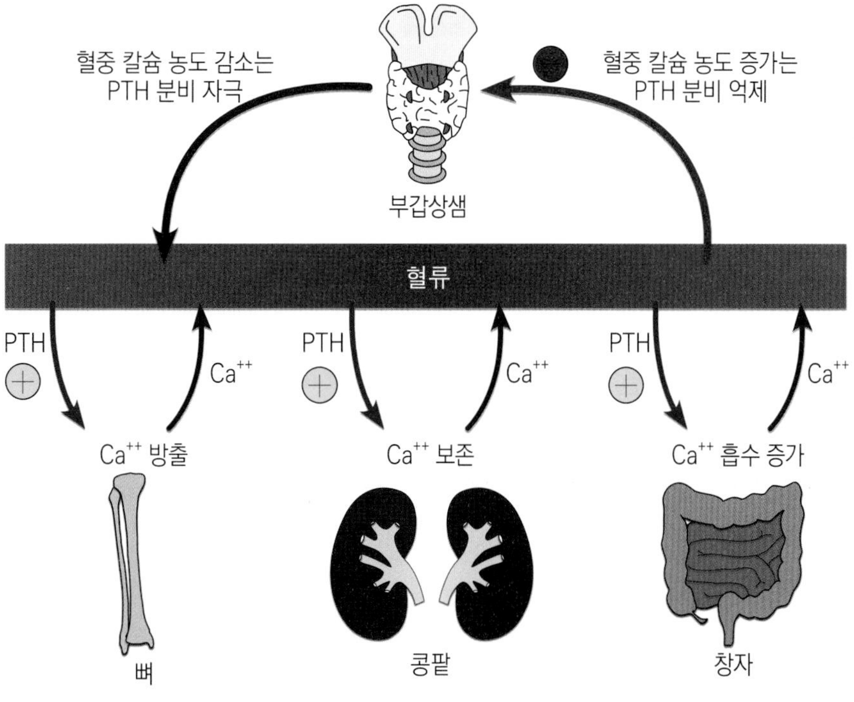

그림 10-16. 부갑상샘호르몬과 혈중 칼슘 농도의 조절

뼈대는 성장기부터 30~40세까지 지속적으로 생성되어 뼈밀도가 증가하지만, 이후 연령이 증가함에 따라 재형성보다 손실률이 증가하게 된다. 여성은 남자보다 뼈밀도가 낮고, 뼈손실이 시작되는 연령도 빠르다. 폐경기 이후 에스트로겐의 분비 감소는 골다공증(osteoporosis)의 중요한 원인이 된다. 이 경우 에스트로겐 투여와 운동을 통해 골다공증의 진행을 억제할 수 있다.

운동형태에 따라 인체 여러 부위의 뼈밀도는 영향을 받는다. 즉 뼈끝부위에 기계적인 압력 자극이 가해질 때 그 뼈의 밀도가 선택적으로 증가하게 된다. 예를 들어 테니스선수나 야구선수를 대상으로 사용하는 팔과 사용하지 않는 팔의 뼈밀도를 비교한 결과 사용하는 팔의 뼈밀도가 높으며, 체중부하가 가해지지 않는 수영선수에 비해 체중부하가 가해지는 종목의 선수들에게서 뼈밀도가 더 높게 나타났다[그림 10-17].

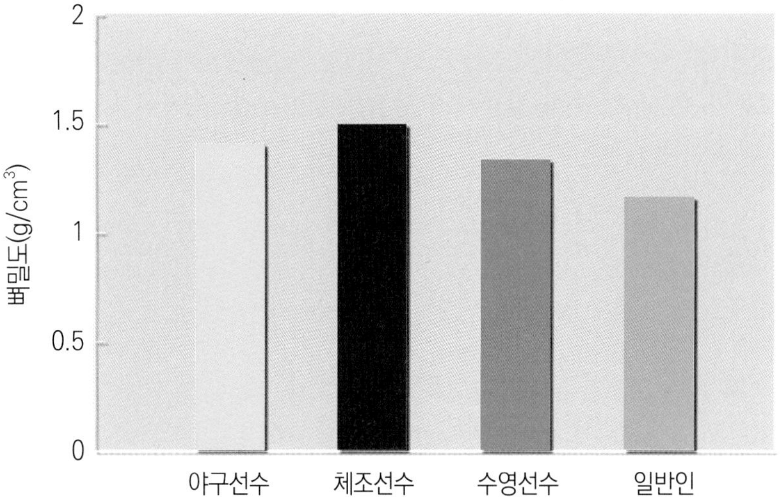

그림 10-17. 종목별 선수 및 일반인의 허리뼈밀도 비교(이계영, 1994)

한편 장기간 침대에 누워 있거나 깁스 고정에 의해 운동이 제한되면 뼈손실이 일어나는데, 이러한 현상은 무중력상태에서 장기간 생활하는 우주선 승무원에게서도 발견된다.

10.4.5 부신겉질호르몬

사람의 부신(adrenal gland)은 첫째허리뼈 높이에 위치하고 양쪽 콩팥 윗부분에 붙어 있는 작은 내분비기관으로, 부신겉질(cortex)과 부신속질(medulla)로 구성되어 있다.

부신겉질은 뇌하수체호르몬인 부신겉질자극호르몬(ACTH)의 자극을 받아 당질코르티코이드(glucocorticoids), 전해질코르티코이드(mineralocorticoids), 성호르몬인 안드로겐(androgen)을 분비한다. 안드로겐은 난소 또는 고환의 기능이 정상인 사람에게는 큰 의미가 없지만, 당질코르티코이드과 전해질코르티코이드는 정상적인 생존에 필수적인 역할을 한다. 이 두 호르몬 그룹에는 각각 20여 종 이상의 호르몬이 포함되어 있지만, 당질코르티코이드에서는 코티졸(cortisol)이, 전해질코르티코이드에서는 알도스테론(aldosterone)이 각각 95% 이상을 차지하며 생리적으로 중요한 의미를 지닌다.

10.4.5.1 시상하부-뇌하수체-부신겉질계

당질코르티코이드의 분비는 부신겉질자극호르몬(ACTH)에 의해 자극되며, ACTH는 시상하부호르몬인 부신겉질자극호르몬방출인자(CRF)에 의해 자극된다. 이처럼 시상하부-뇌하수체앞엽-부신겉질계(hypothalamus-pituitary-adrenal gland)는 기능적으로 연결되어 외적 자극(stress)이나 내부의 평정상태 교란에 반응하여 활성화되는데, 이를 줄여서 HPA축이라고 한다[그림 10-18].

한편 인체가 스트레스에 직면하면 시상하부-뇌하수체-부신겉질계(HPAaxis)의 내분비경로와 함께 시상하부-교감신경계-부신속질의 신경 경로가 활성화되어 부신속질에서 에피네프린과 노르에피네프린이 분비된다. 이 두 가지 경로는 상호작용하여 인체의 중요한 스트레스 대응기제로 작용한다. 예를 들어 신체적·정신적 스트레스로 인해 자율신경계통의 교감신경이 활성화되면 신경 흥분이 부신속질에 도달하여 부신속질호르몬(에피네프린과 노르에피네프린)이 방출된다.

한편 HPA축도 활성화되는데, 이는 혈액 중 순환하는 에피네프린과 노르에피네프린이 뇌하수체앞엽을 자극하여 ACTH의 방출을 가속화시킴으로써 더욱 가속화된다. ACTH는 혈류를 통해 부신겉질에 도달하여 당질코르티코이드, 특히 코티졸(cortisol)의 합성과 분비를 촉진시킨다.

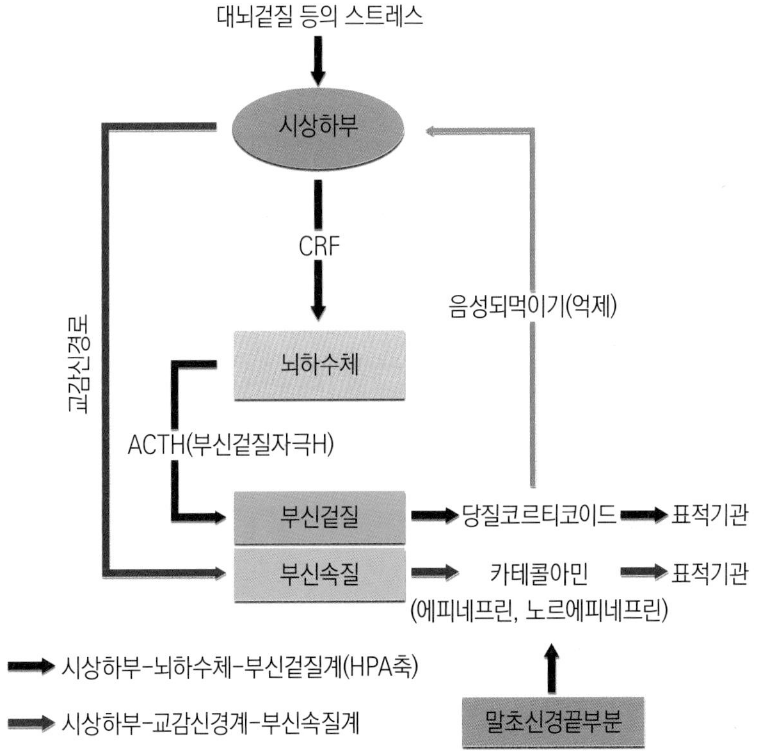

그림 10-18. 스트레스에 대한 HPA축 호르몬반응

당질코르티코이드 분비는 음성되먹이기(negative feedback) 기전에 의해 조절된다. 즉 혈중 당질코르티코이드농도가 목표치 이상으로 증가되면 이 호르몬은 다시 시상하부로부터의 부신겉질자극호르몬방출인자(CRF)의 형성을 억제하고, 이어서 ACTH 형성을 감소시킨다.

10.4.5.2 코티졸

코티졸(cortisol)과 기타 당질코르티코이드는 혈당량(혈중 포도당 농도)을 상승시키며, 근육에 있는 단백질을 아미노산으로 분해한다. 아미노산이 유리되어 혈중으로 운반되다가 간에 이르면 간에서 아미노산을 포도당(glucose)으로 전환시킨다. 이처럼 간에서 포도당 이외의 물질을 포도당으로 전환시키는 과정을 당신생(gluconeogenesis)이라고 한다.

코티졸은 당신생을 촉진하며, 지방조직에서 지방산을 동원하여 조직의 지방 이용을 촉진하는 한편 조직세포의 포도당 이용을 억제하여 혈당량을 증가시키는 작용도 한다. 이러한 혈중 글루코스 수준의 보존은 장시간 운동 시 뇌 및 신경조직에 충분한 에너지원을 보급하는 데 중요한 의미를 가지고 있다. 왜냐하면 신경조직은 에너지원으로서 혈중 포도당에 크게 의존하기 때문이다.

또한 에너지원으로서 지방산의 동원은 장시간 활동 중 매우 유용한 반응이다. 코티졸을 비롯한 당질코르티코이드는 심한 운동과 같은 스트레스 상황에 대응하는 데 필수적 역할을 한다.

동물 실험에서 부신을 제거한 동물은 정상 동물에 비해 지구성 운동능력이 현저히 저하되는 현상을 보였는데, 이때 코티졸을 재주입하면 지구성 운동능력이 회복되는 것을 볼 수 있다.

한편 심한 운동은 작업 근육에서 일종의 염증반응을 유발하는데, 이는 백혈구의 조직침윤 지연과 근육섬유의 손상으로 특징지을 수 있다. 이러한 반복된 근육섬유 손상에 대한 적응반응으로 코티

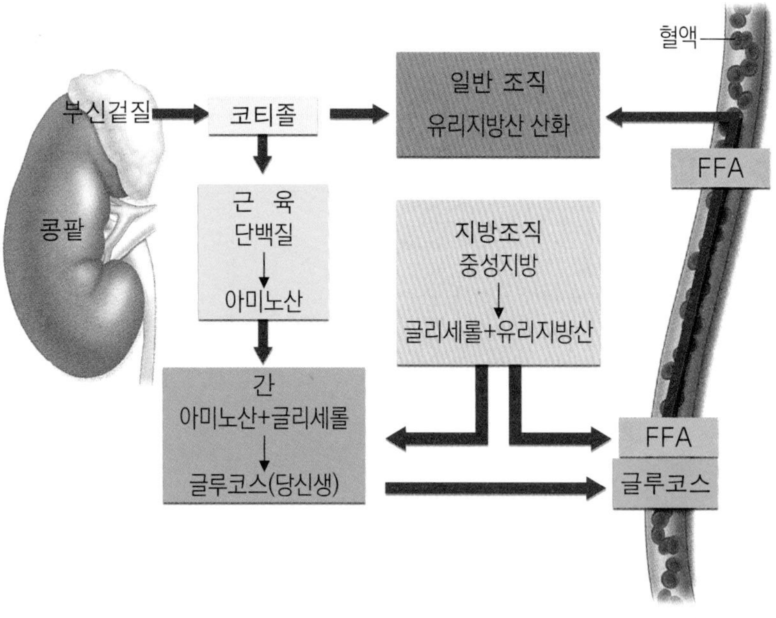

그림 10-19. 코티졸의 에너지대사 과정

졸의 항염증작용(anti-inflamatory effect)이 관련되어 있는 것으로 생각된다.

장기적인 신체훈련에 의한 운동스트레스는 부신겉질로부터 반복적인 당질코르티코이드분비를 촉진하여 결국 부신의 비대(hypertrophy)와 비후(hyperplasia)를 유발하는 것으로 알려져 있다.

일회적 운동에 대한 코티졸 반응에 대한 많은 연구를 종합해 볼 때 대체로 단시간의 저·중간 강도 운동 시에는 혈중 코티졸 수준에 변화가 나타나지 않으나 무산소성의 강한 운동 시에는 코티졸 분비가 자극된다.

운동으로 인한 혈중 코티졸 상승은 운동 후 90~120분 동안 지속되어 운동 후에도 장시간의 효과를 발휘한다. 신체 훈련과 HPA축 호르몬 반응과의 관계에 대해서는 대체로 동일한 절대 운동강도에서 단련자가 적게 증가하는 경향을 보인다. 이는 단련자가 동일한 작업에 대해 그 작업 자체에 대한 숙련뿐만 아니라 동일한 운동수행을 보다 쉽게 실시하는 것에 기인한다. 그러나 운동부하가 최대능력에 대한 상대적 강도로 수행될 경우에는 대체로 단련자가 더욱 큰 폭의 상승을 보인다는 보고가 우세하다.

10.4.5.3 알도스테론

전해질코르티코이드의 대부분을 차지하는 알도스테론(aldosterone)은 콩팥에 작용하여 콩팥에 의한 수분, 소디움(Na)과 포타슘(K)의 조절에 관여한다. 알도스테론의 체액조절기구는 레닌-안지오텐신-알

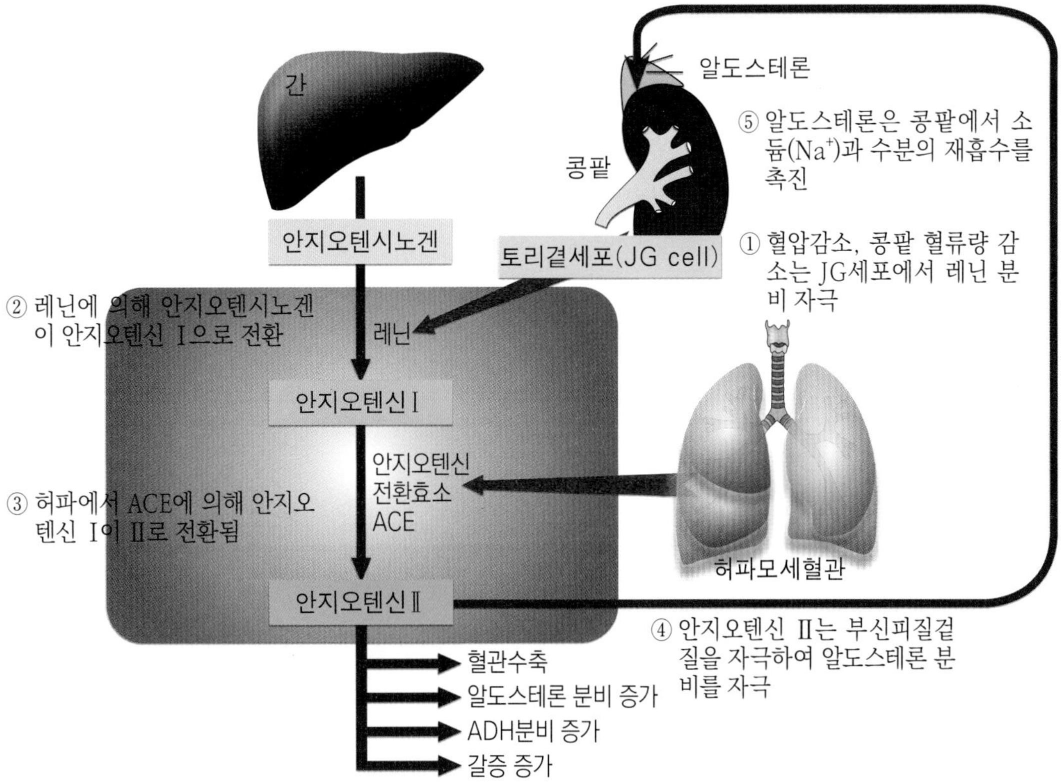

그림 10-20. 레닌-안지오텐신-알도스테론계에 의한 체액량의 보존 기전

도스테론계에 의해 이루어진다. 레닌(renin)은 콩팥의 토리(사구체, nephron)에 들어가기 직전 들세동맥(수입세동맥) 안쪽에 위치한 토리곁세포(juxtaglomerular cell : JG세포)에 의해 분비된다.

토리곁세포는 체액량의 감수기로 작용하는데, 운동이나 출혈 등에 의해 콩팥동맥의 혈류량이 감소하면 하나의 압력수용기로서 작용하는 토리곁세포(JG세포)는 레닌을 방출한다. 레닌은 혈액 중의 안지오텐시노겐을 안지오텐신 I 으로 전환시키고, 안지오텐신 I 은 다시 허파 등의 내피세포에 있는 전환효소에 의해 안지오텐신 II 가 된다. 안지오텐신 II 는 이어서 부신겉질로부터 알도스테론의 분비를 자극한다[그림 10-20].

레닌은 세포외액량의 감소, 혈압저하, 교감신경흥분 등에 의해 분비가 촉진되므로 알도스테론의 분비도 그러한 경우에 촉진된다. 알도스테론은 콩팥먼쪽세관과 집합관에 의한 Na^+의 재흡수 및 수분재흡수를 촉진하여 체액량을 보충시킴으로써 혈압이 저하되는 것을 막는다. 이때 콩팥에서의 Na^+ 재흡수와 동시에 그와 교환되어 K^+, H^+의 분비가 증가되도록 한다. 운동강도를 점증시킬 때 이처럼 레닌-안지오텐신-알도스테론계는 항이뇨호르몬(ADH)의 신경분비와 함께 체액량조절에 중요한 역할을 한다. 알도스테론 수준은 휴식 시의 6배 수준까지 증가한다. 운동 시 알도스테론수준의 상승은 6~12시간 동안 지속된다. 훈련은 휴식 시나 일회적 운동에 대한 알도스테론의 반응에 영향을 미치지 않는 것으로 알려지고 있다.

plus+

과훈련증후군과 기능적 과수행

선수생활을 하면서 한 번쯤은 경험하게 되는 것이 과훈련증후군이다. 어느 수준 이상의 강도 높은 훈련이 계속되었을 때 일시적 신체기능의 저하를 거치면서 인체의 적응현상에 의해 기능이 향상되는 것을 기능적 과수행(functional overreaching)이라고 한다. 이 과정에서 적절한 회복이 이루어지지 않고 장기간에 걸쳐 기능이 저하할 뿐만 아니라, 심한 신체적 증상을 수반하는 것을 과훈련증후군(OTS : overtraining syndrome)이라고 한다. 과훈련증후군은 회복까지 수주에서 수개월 이상 지속될 수 있다.

과훈련증후군의 발생기전

과훈련증후군은 과도한 훈련에 의해 신경-내분비-면역시스템의 상호 조절기능에 이상이 초래된 결과로서 스트레스 대응 반응인 시상하부-뇌하수체-부신축(HPA axis)의 스트레스에 대한 반응이 둔화되어 나타난다. 이는 스미스의 사이토카인 가설(Smith's cytokine hypothesis)에 의해 설명되기도 한다(Angeli 등, 2004).

이 이론에 의하면 신체적 훈련은 근육이나 결체조직, 그리고 골격에 일종의 손상(trauma)을 초래할 수 있으며, 이어서 국소적인 염증 반응(inflammatory reaction)을 초래한다. 반복적인 과도한 훈련은 이러한 국소적 염증 반응을 인체 시스템 전체에 걸쳐 발생시키며, 이러한 과정에서 손상조직은 사이토카인(cytokine)을 합성 분비한다. 분비된 사이토카인은 뇌의 안팎에서 HPA 축을 반복적으로 자극하게 되고, 이러한 반복적 자극에 지속적으로 노출될 때, 운동에 대한 HPA 축의 반응이 둔화되어 나타나게 된다[그림 10-22]. 스트레스에 대

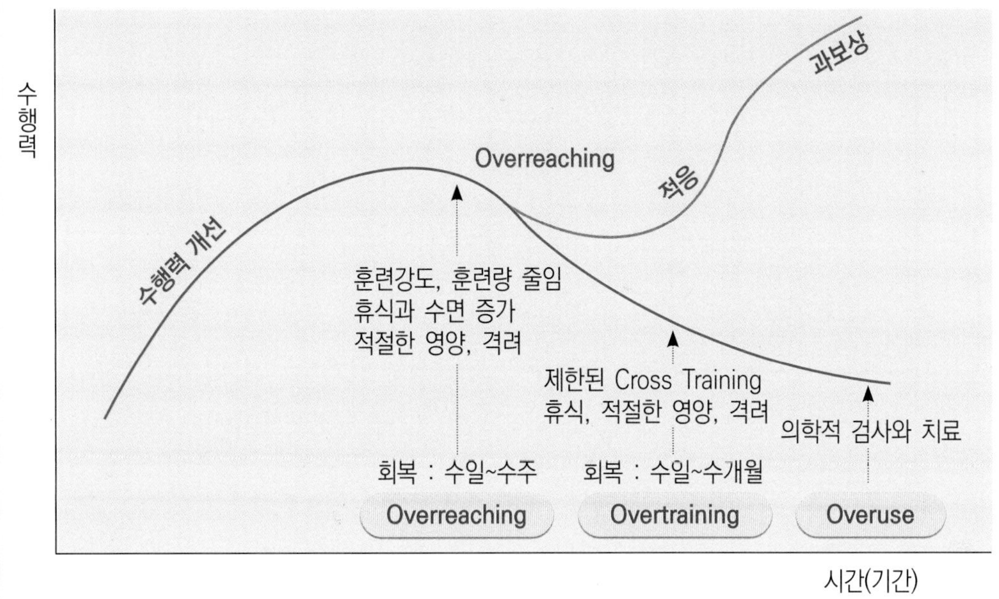

그림 10-21. 과훈련(overtraining)과 기능적 과수행((overreaching)

한 HPA축 반응이 둔화된 결과로 저코티졸혈증이 초래되면 피로, 체중 손실, 관절통, 근육통, 수면과 기분 장애와 같은 만성피로 증세가 나타난다. 또한 제어 T림프구(Treg) 생성과 그로 인한 사이토카인(TGF-β, IL-10 등)의 분비 증가는 뇌에서의 신경 기능 저하와 저항력의 감소를 유발한다. 과훈련증후군의 증세는 정서나 기분의 침체, 혈액 중 성분의 증가나 감소, 면역기능의 변화와 같이 다양하

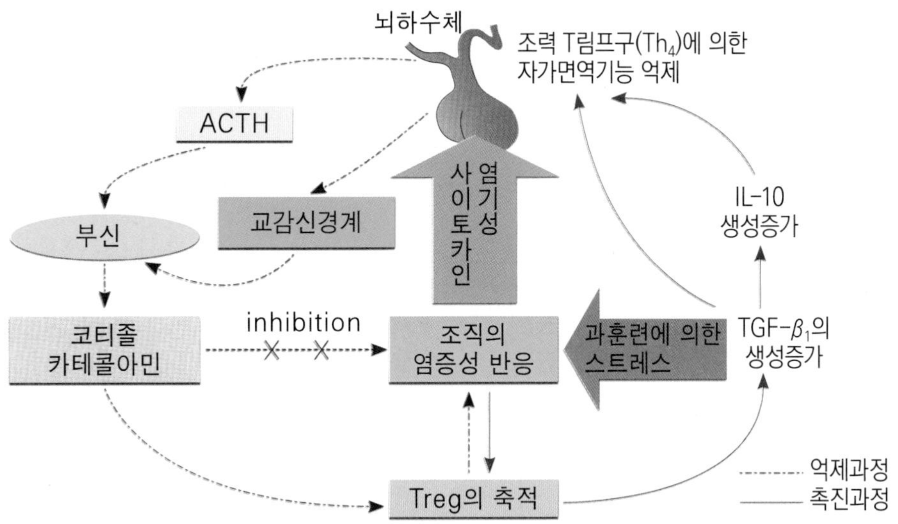

그림 10-22. 과훈련(overtraining)에 의한 피로증후군 발생 기전

※ J. Neuroimmunology(2008, 196:135)에서 원용

TGF-β : transforming growth factor -β, Treg: regulatory T cell, IL-10: interluekin

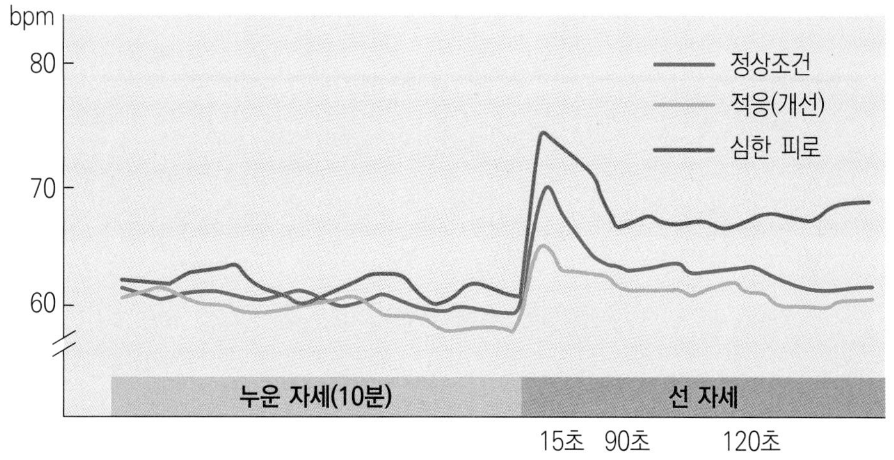

그림 10-23. 과훈련증후군의 검사: 기립성 심박수 검사

From Training for the uphill athletes, HeikkiRusko

게 나타나는데, 소위 '다리가 무거운 느낌'이 일반적으로 호소하는 증세 중 하나이다.

과훈련증후군에 의해 나타나는 또 한 가지 변화는 훈련적응에 의해 나타나는 혈액 희석(hemo-dilution)현상과는 반대로 혈액의 점성도(viscosity)가 증가하고 적혈구 응집반응이 증가한다고 보고되고 있다(Varlet-Marie 등, 2004).

과훈련증후군의 검사와 대처

과훈련증후군을 검사하는 한 가지 일반적 방법은 특정한 운동강도와 스피드에서 심박수를 관찰하는 것이다. 즉 운동의 페이스는 떨어졌는데도 불구하고 특정한 운동강도에서 심박수가 증가할 뿐만 아니라 안정 상태의 심박수도 높은 상태를 보이게 된다.

또 한 가지 방법은 Heikki Rusko에 의해 개발된 기립성 심박수 검사(orthostatic heart rate test)이다. 이 방법을 소개하면 다음과 같다.

① 누워서 매일 동일한 시간에 10분간 편하게 휴식을 취한다. 아침시간이 가장 좋다.
② 10분이 지난 후 분당 심박수를 기록한다.
③ 그 후 일어난다.
④ 일어난 상태로 15초 후, 90초 후, 그리고 120초 후의 분당 심박수를 각각 측정한다.

휴식을 잘 취한 선수는 측정된 심박수 간의 차이가 거의 없지만, 오버트레이닝의 가능성이 있는 선수는 처음 누운 상태의 심박수에 비해 120초 후의 심박수가 10회/분 이상 증가하는 것으로 나타난다. 이는 앞서의 훈련에 따른 피로에서 완전히 회복되지 못했음을 보여주는 것이다.

오버트레이닝증후군에 대한 최선의 대처는 휴식과 회복이다. 운동의 강도를 줄이거나 운동을 몇 일간 멈추도록 한다. 그리고 충분한 수분을 섭취하고 필요하면 식사의 내용을 변화시키도록 한다. 스포츠마사지나 폼롤러 등을 이용한 근막이완법 등도 신체적으로나 정신적으로 이완하는데 도움을 줄 수 있다. 그리고 복합적인 훈련 방법을 적용하는 크로스 트레이닝(cross training)으로 전환하는 것도 도움을 줄 수 있다. 예를 들어 달리기가 훈련의 주된 내용이라면 일부 수영이나 사이클로 전환하여 훈련하거나 수영이 주된 훈련이라면 일부를 구기훈련으로 전환하는 것이 도움이 된다.

운동 전이나 운동 중 수분을 섭취할 때는 운동에 대한 알도스테론의 반응이 감소되지만, 탈수상태에서는 알도스테론 수준의 증가폭이 더욱 커진다.

10.4.6 부신속질호르몬

10.4.6.1 카테콜아민

부신속질은 에피네프린, 노르에피네프린, 도파민을 합성·분비하는데, 이들 세 호르몬을 카테콜아민(catecholamine)이라고 한다. 부신속질에 분포된 교감신경이 흥분하면 부신속질에서 카테콜아민 분비를 자극한다. 부신속질에서 분비되는 카테콜아민의 약 80%는 에피네프린이고, 나머지는 대부분이 노르에피네프린이다. 도파민은 소량만 분비된다. 에피네프린과 노르에피네프린을 각각 아드레날린과 노르아드레날린이라 부르기도 한다.

에피네프린과 노르에피네프린은 부신속질 외에 인체의 모든 교감신경 끝부분에서도 분비된다. 혈관 및 기타 조직에 분포된 교감신경 끝부분에서는 대부분 노르에피네프린을 분비하고, 에피네프린은 상대적으로 소량을 분비한다.

이처럼 에피네프린과 노르에피네프린은 부신속질에서뿐만 아니라 교감신경 끝부분에서도 분비되기 때문에 이들 호르몬을 특히 교감신경부신호르몬(sympatho-adrenal hormone)이라고 한다.

10.4.6.2 카테콜아민의 생리작용과 운동

에피네프린과 노르에피네프린의 작용은 유사하다. 그런데 에피네프린은 주로 심장기능을 촉진시키는 작용이 강하고, 간 및 근육에서의 당원분해, 혈중으로의 글루코스 방출에 의한 혈당 상승작용이 강하다. 노르에피네프린은 혈관 수축작용에 의한 혈압 상승작용이 강하다.

한편 이들 호르몬은 다같이 지방조직으로부터 유리지방산을 동원하는 강한 작용을 갖고 있으며, 이자로부터 인슐린 분비를 억제하는 인슐린 길항작용을 갖고 있다.

에피네프린과 노르에피네프린의 이러한 생리적 작용은 외적 자극에 대한 생체 내의 투쟁-도피반응(fight or flight response)을 가능하게 만든다. 물론 운동 시 다량의 에너지수요에 대응하여 인체의 심장혈관계통 및 에너지대사계의 조정은 이들 호르몬에 크게

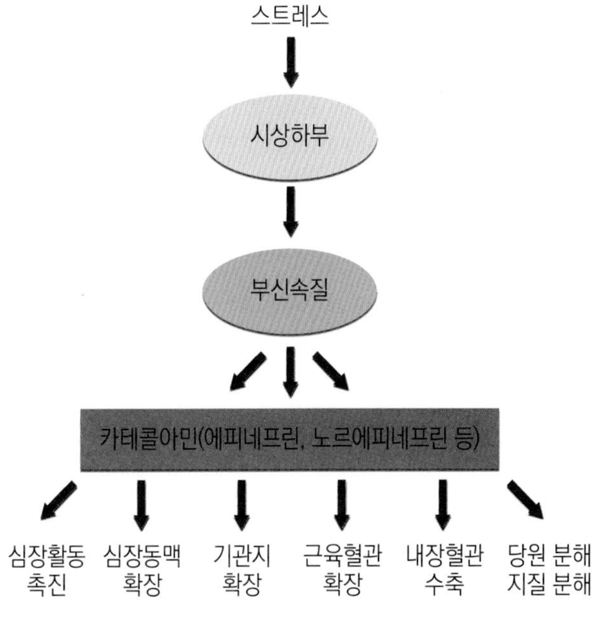

그림 10-24. 교감신경-부신속질계 호르몬의 작용

의존한다.

에피네프린과 노르에피네프린은 분비된 직후 신속히 제거되기 때문에 각 기관에서 지속적인 효과를 갖지 않는다. 일회적 운동에 대한 이들 호르몬 반응에 대해 보고한 많은 연구들을 종합하면 가벼운 운동 시에는 심리적 스트레스가 없다면 혈중 수준에 변화가 나타나지 않고, 운동강도가 최대산소섭취량의 약 60% 수준을 초과할 때 혈중 수준이 상승한다. 그 이상으로 운동강도를 점증시키면 급격한 증가 양상을 나타내어 탈진 시에는 휴식 시의 6~15배 수준까지 증가한다.

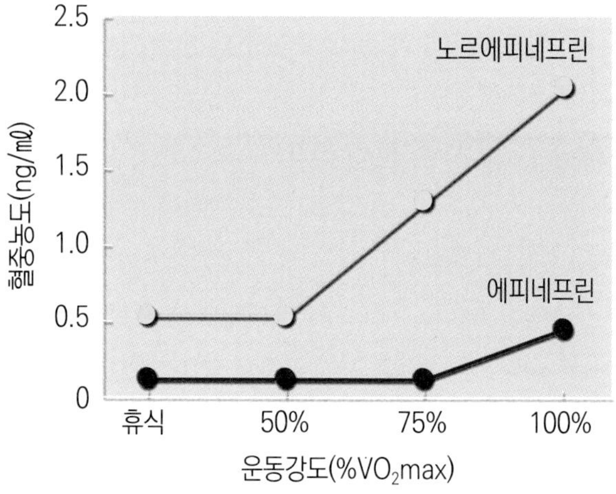

그림 10-25. 점증부하 운동강도에 대한 카테콜아민의 반응

노르에피네프린은 에피네프린보다 분비역치가 낮고, 증가폭이 크다는 사실로 미루어볼 때 부신속질보다는 교감신경 끝부분에서의 분비가 혈중 수준의 상승에 더 크게 기여한다고 볼 수 있다[그림 10-25].

10.4.6.3 스포츠부신속질(부신수질)

신체적 훈련에 대한 카테콜아민(catecholamine)의 반응은 훈련된 사람이 좌업적인 사람에 비해서 똑같은 운동을 수행할 때, 혈액 중 수준이 더 낮은 것으로 나타난다. 즉 훈련자와 일반인이 똑같은 속도로 달리기를 하면 단련자는 혈액 중 에피네프린과 노르에피네프린의 수준이 더 낮게 나타난다.

이처럼 훈련자가 동일한 절대 운동강도에 대한 카테콜아민 수준이 더 낮은 이유는 훈련자는 수행능력이 증가함에 따라 같은 운동에 대한 신체적·생리적 스트레스 자체가 더 적어지기 때문이라고 할 수 있다. 즉 동일한 강도로 운동할 때 훈련자는 교감신경계통에 대한 자극 자체가 더 낮으며 그로 인해 동일한 운동에 대한 심박수 반응 등도 더 낮게 나타나는 것으로 설명할 수 있다.

그러나 상대 운동강도로 나타낼 때에는 오히려 훈련자의 카테콜아민 반응이 더 크게 나타난다. 즉 똑같은 상대 운동강도(%$\dot{V}O_2$max)에서 에피네프린과 노르에피네프린의 혈중 수준은 훈련자에게서 더 높게 나타난다. 이처럼 상대 운동강도에 대해 훈련자의 부신수질은 더 큰 반응성을 보인다. 동물실험에서는 훈련시킨 동물의 부신수질의 크기가 더 증가한 것이 확인되는데, 이러한 현상을 '스포츠부신속질(sports adrenal medulla)'이라고 부른다.

사람을 대상으로 한 실험에서도 지구력 선수나 스프린터 선수를 일반인과 비교하면 똑같은 상대 운동강도에서, 그리고 탈진(all-out)될 때까지 운동할 때 훈련자가 일반인보다 에피네프린과 노르에피네프린의 분비량이 더 크다는 것을 확인할 수 있다(Zouhal, H. et al., 2008).

또 동일한 상대 운동강도에서 운동을 할 때 스프린터는 에피네프린/노르에피네프린의 비율이 일반인에 비해서 더 높게 나타난다. 이는 동일한 자극에 대해서 훈련에 따른 적응이 교감신경 말단보다는 부신속질의 반응성이 높아지는 결과로 볼 수 있다.

이같이 상대 운동강도에 대한 부신의 반응성을 증가시키는 운동 훈련이 운동수행력뿐만 아니라 노화(aging)와 관련한 생물학적인 원기회복(biological rejuvenation) 효과와 관련된다고 해석된다(Michael, K. Jr., 1997).

스포츠 부신속질과 관련되어 동일한 상대 운동강도에서의 부신수질의 반응성이 증가하는 현상은 남자에게서는 잘 확인되고 있다. 그러나 여성을 대상으로 한 연구는 상대적으로 적고, 그 결과도 명확하게 일치하지 않고 있다.

plus+

아드레날린 수용체

카테콜아민의 작용은 목표조직에 있는 에피네프린성 수용체와의 관계에 의해 결정된다. 이 수용체들은 α수용체와 β수용체의 두 종류로 나누어지고, 그 하부구조는 α_1과 α_2, 그리고 β_1과 β_2의 네 종류로 나뉜다.

목표 조직세포에서 이들 호르몬이 어느 정도로 작용하는지, 그리고 억제성으로 작용하는지 흥분성으로 작용하는지는 수용체의 종류와 그 호르몬의 종류(에피네프린 또는 노르에피네프린)에 달려 있다. 다음 표 10-2는 수용체의 종류에 따른 에피네프린(아드레날린)과 노르에피네프린(노르아드레날린)의 작용을 요약한 것이다.

수용체의 종류에 따라 세포 내에서 순환AMP(cAMP) 또는 칼슘이온농도가 증가되거나 감소되며, 그로 인해 세포 활동에 차이가 나타나게 된다. 예를 들어 특정 세포에서 β_1수용체의 수가 감소한 반면 α_2수용체의 수가 증가하였다면 혈중에 피네프린의 농도가 동일하더라도 그 세포에 미치는 영향은 매우 다르게 나타난다.

표 10-2. 카테콜아민에 대한 생리적 반응 : 수용체 종류에 따른 영향

수용체 종류	E/NE의 상대적 효과	세포막결합단백질	세포 내 2차메신저	여러 조직에서의 작용
β_1	E=NE	adenylate cyclase	cAMP↑	심박수↑, 당원 분해↑, 지질 분해↑
β_2	E>NE	adenylate cyclase	cAMP↑	기관 확장↑, 혈관 확장↑
α_1	E≥NE	phospholipase C	Ca^{++}↑	cAMP 불활성화↑, 혈관 수축↑
α_2	E≥NE	adenylate cyclase	cAMP↓	β_1과 β_2수용체의 반대 작용

자료 : Powers, S. K. & Howley, E. T.(1999).

10.4.7 이자호르몬

이자에는 랑게르한스섬(Langerhan's island)이라는 내분비기관이 있는데, 여기에서 분비되는 주호르몬은 인슐린(insulin)과 글루카곤(glucagon)이다. 인슐린은 랑게르한스섬의 β세포에서, 글루카곤은 α세포에서 분비된다. 인슐린과 글루카곤은 모두 혈당을 조절하는데, 이들 작용은 상호 길항적이다.

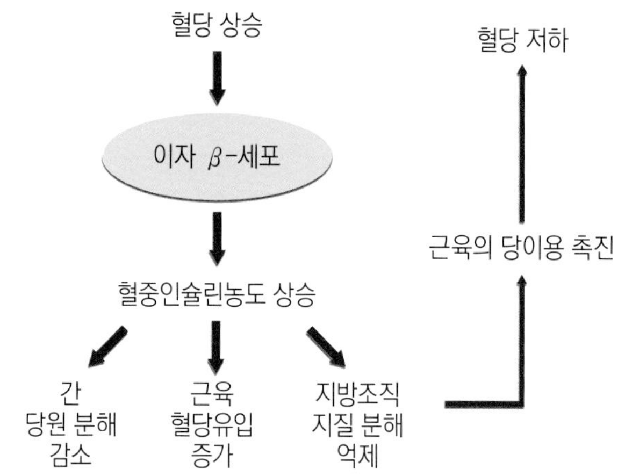

그림 10-26. 인슐린의 혈당조절 기전

10.4.7.1 인슐린

① 인슐린의 작용

인슐린은 혈당(glucose)이 뼈대근육 등 여러 조직세포의 세포막을 통해 세포 내로 유입되도록 하여 혈당 수준을 낮추는 작용을 한다. 인슐린은 혈중 포도당의 조직세포 내 유입을 촉진시키고, 간 및 근육세포에서 글리코겐(glycogen)의 합성을 촉진한다. 동시에 인슐린은 지방조직에서 호르몬감수성 리파제(lipase) 활성을 억제하며, 중성지방으로부터 유리지방산(FFA) 동원을 억제한다.

따라서 인슐린의 기본적인 작용은 카테콜아민, 성장호르몬, 당질코르티코이드, 글루카곤과 길항적이다. 그림 10-27은 인슐린이 혈당 상승에 의해 이자로부터 분비가 자극되어 인체의 여러 조직에 광범위한 동화작용을 하며, 간과 콩팥에 의해 제거되는 경로를 보여주고 있다.

혈당의 상승은 인슐린 분비에 대한 강력한 자극이 되고, 혈중 지방산이나 아미노산 수준의 상승

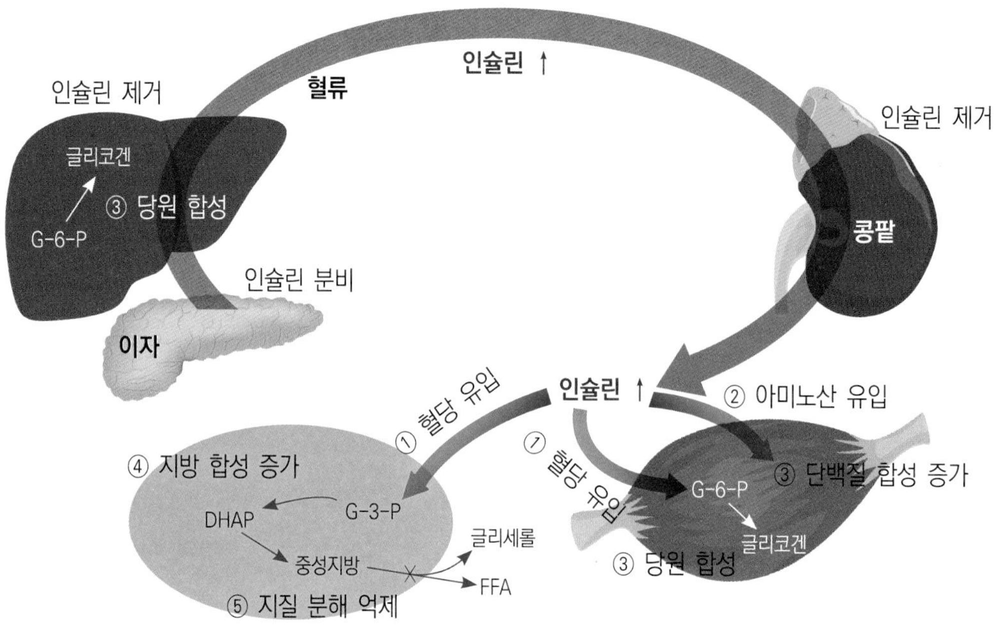

그림 10-27. 인슐린의 분비와 대사작용

도 인슐린 분비를 자극한다. 식사에 의해 혈당 수준이 상승하면 이자의 인슐린 분비량이 증가하고, 반대로 공복에 의해 혈당이 저하되면 인슐린 분비량이 저하된다.

② 운동과 인슐린

운동으로 인해 혈중 인슐린 농도는 휴식 시 수준의 50% 이하로 감소하며, 운동강도와 시간이 증가할수록 감소폭은 커진다. 운동 시 혈중 인슐린 농도가 감소되는 것은 교감신경계통의 흥분도가 증가되어 인슐린 분비를 억제하기 때문이다.

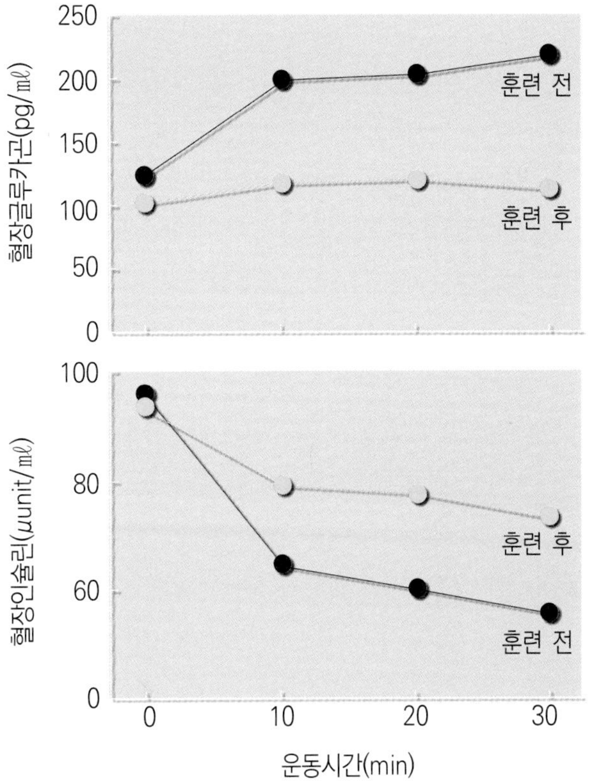

그림 10-28. 훈련 후 일회적 운동에 대한 혈중인슐린과 글루카곤 반응

장기간의 훈련으로 단련된 사람의 경우에는 동일한 절대 운동강도에서 인슐린 감소폭이 상대적으로 적게 나타난다[그림 10-28]. 이러한 현상은 단련자들은 인슐린 분비 억제작용을 하는 카테콜아민의 혈중 수준도 적게 나타나기 때문이다.

운동 중 인슐린 농도가 감소하더라도 작업 근육으로의 글루코스 유입이 감소되지는 않는데, 그 이유는 운동 중에는 작업근육으로 보다 많은 혈액이 공급되기 때문이다. 또한 간으로의 혈류는 운동 중 감소되기 때문에 간으로 순환하는 인슐린량은 더욱 적어지고, 간으로부터 혈류로 글루코스가 방출되는 것을 막는 인슐린의 영향은 최소화된다. 운동이 장시간 지속될 때 인슐린의 저하는 지방조직에서 유리지방산을 동원하는 데 더욱 유리하게 작용한다.

한편 신체적 훈련은 인슐린에 대한 말초조직세포의 민감도를 증가시킨다. 이것은 혈당 수준의 상승을 조절하는 데 필요한 인슐린수요량이 훈련 후 감소된다는 것을 의미한다. 이는 당뇨병환자에게 운동이 매우 훌륭한 치료수단이 될 수 있다는 것을 말해준다.

③ 당뇨병과 운동

당뇨병은 인슐린을 생산·분비하는 이자 β세포의 기능이 저하되거나(제Ⅰ형 당뇨), 말초조직에서 인슐린을 받아들이는 인슐린 수용체의 민감도가 저하됨으로써(제Ⅱ형 당뇨) 말초조직으로의 혈당유입이 저하되는 것을 말한다. 말초조직으로의 혈당유입이 저하되면 식후 고혈당이 오랫동안 지속된다. 혈당이 180mg 이상 높아진 상태가 지속되면 콩팥에서 형성되는 소변에 당이 포함되어 배출되는 당뇨(糖尿) 증세가 나타나게 된다.

제 I 형당뇨병 환자는 이자의 인슐린 분비 기능이 약화되어 인슐린 주사 등을 통해 인슐린을 공급받아야 한다. 혈중 인슐린 수준이 저하되면 고혈당(hyperglycemia)이 되고, 반대로 혈중 인슐린 수준이 지나치게 높으면 저혈당(hypoglycemia)이 된다.

당뇨병환자는 혈당의 급격한 상승이나 감소 현상을 피해야 한다. 인슐린 수준이 저하되어 고혈당이 되면 혈액의 삼투질 농도 증가로 인한 삼투성 이뇨작용이 촉진되어 소변으로 다량의 수분과 전해질이 배출되는 탈수상태가 초래된다.

또 인슐린 분비에 장애가 있으면 근육과 지방조직에서는 지질 분해가 촉진되어 혈중 유리지방산 농도가 상승하여 간으로의 유입이 증가하기 쉽다. 간으로 유입된 유리지방산은 케톤체로 전환되어 케톤혈증(ketosis)이 초래할 수 도 있다. 만일 케톤체의 생성이 과잉되면 혈액이 정상범위 밖으로 산성화되는 케톤산혈증(ketoacidosis)이 초래되기 쉽다. 케톤혈증이란 당대사의 이상으로 지방산이나 일부 아미노산이 불완전연소산물인 케톤체(keton body)로 전환되어 혈액 중에 축적되는 현상인데, 과잉축적되면 산성증(acidosis)을 초래하고, 심하면 혼수 등을 초래한다.

그림 10-29는 인슐린 결핍에 의해 지방조직에서 지질 분해가 촉진된 결과 혈중 유리지방산(FFA)의 농도가 상승하게 되고, 이어서 과도한 혈중 유리지방산은 간에 의해 흡수되는 과정을 나타내고 있다. 과도하게 간으로 유입된 지방산은 저밀도지질단백질이나 중성지방을 합성하는 데 쓰이거나 케톤체의 생성을 촉진하게 된다.

운동 시 인슐린 주사량이 부족할 때는 혈중 글루코스가 근육으로 유입되는 속도보다 간에서 혈액으로 글루코스가 방출되는 속도가 더 빨라지기 때문에 고혈당이 초래된다.

반면 인슐린 주사량이 과잉일 때는 근육으로의 글루코스 유입이 촉진되고, 간에서는 글루코스 방

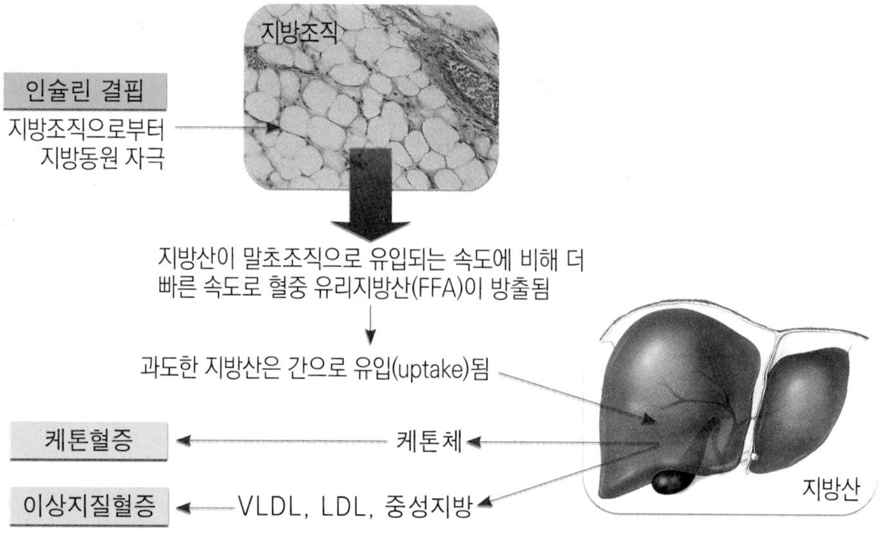

그림 10-29. 제 I 형 당뇨에서 인슐린 결핍으로 인한 케톤혈증과 이상지질혈증 발생

출이 억제되어 저혈당이 초래된다. 저혈당이 초래되어도 신경계통 기능부전에 의한 쇼크(shock)가 발생할 위험이 있다. 그러므로 운동 시 인슐린을 주사할 때는 비활동 부위에 하여야 한다.

운동에 앞서 활동 부위에 인슐린을 주사하면 인슐린이 지나치게 빨리 혈류로 유입되어 저혈당이 초래된다. 복부 운동을 하는 경우가 아니라면 배 부위에 인슐린 주사를 놓는 것이 가장 좋다.

정기적인 운동은 인슐린 주사량을 감소시키는 효과가 있다. 그 이유는 휴식 시보다 운동 시에 혈중 글루코스가 활동근육으로 더욱 신속하게 유입되기 때문이다. 또한 운동은 체지방을 감소시킴으로써 인슐린 수요량을 감소시키고, 당뇨병으로 인한 심장혈관계통의 합병증을 예방하는 이차적 효과도 있다.

plus+

운동의 인슐린 절약작용과 당수송단백체(GLUT)

안정 시에는 반드시 인슐린이 있을 때만 혈당이 근육으로 유입되지만, 운동 시에는 운동하는 근육으로의 혈류량이 크게 증가하는 동시에 근세포막의 당투과도가 증가하기 때문에 인슐린의 도움이 없이 혈당이 근육세포로 유입되는 비율이 높아진다.

그림 10-30은 말초조직에서 혈당이 세포 내로 유입되는 두 가지 과정을 보여주고 있다.

그 하나는 인슐린이 세포막에 존재하는 인슐린 수용체와 결합하고, 이후에 일련의 신호과정에 의해 글루코스를 받아들이는 통로역할을 하는 세포 내 특수한 당수송단백체(GLUT: Glucose Transporter)가 세포막으로 이동하여 혈당(글루코스)를 받아들이는 과정이다. 이 과정은 인슐린을 매개로 하여 이루

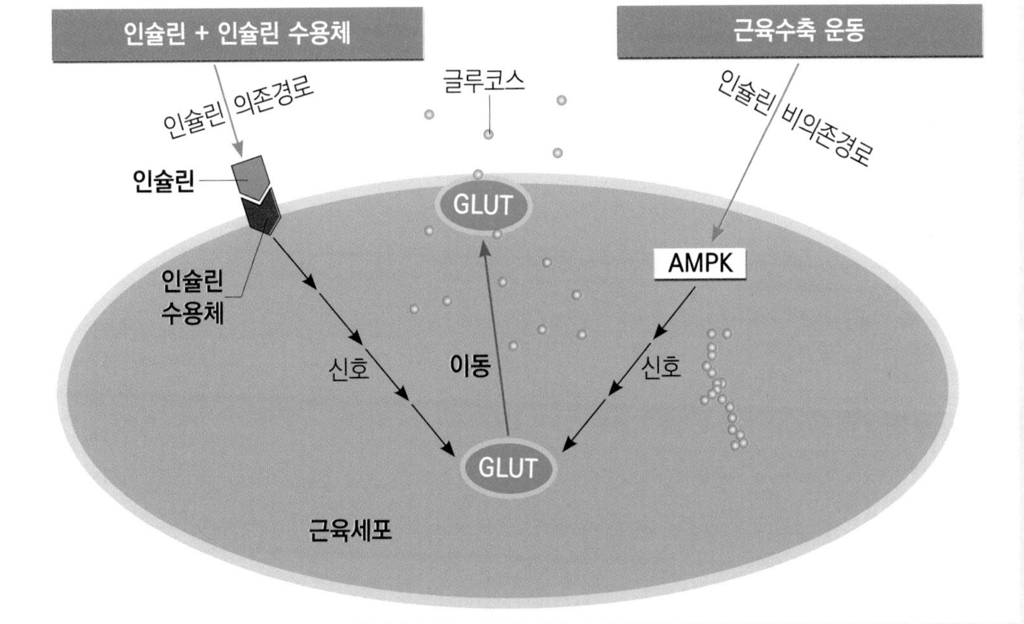

그림 10-30. 근육수축 운동과 인슐린 비의존 경로

어지므로 인슐린의존형 경로(insulin-dependant pathway)라고 한다. GLUT는 혈당이 세포 안으로 들어가는 문(gate) 역할을 한다.

또 한 과정은 운동할 때 활동근육의 수축은 근육세포 내에 존재하는 AMPK라고 하는 효소를 활성화시키며, 이후 일련의 반응에 의해 당수송단백체(GLUT)의 세포막 이동을 촉진함으로써 혈당의 세포 내 유입을 촉진시킨다.

그림 10-31은 인슐린 의존형의 경로와 비의존형의 경로를 보다 자세히 보여주고 있다. 운동과 근육수축에 의한 비의존형 경로는 GLUT4의 세포막으로의 이동을 촉진할 뿐만 아니라 근육세포핵 내 GLUT4의 mRNA의 전사(transcription)를 촉진하여 GLUT4 양 자체를 증가시키는 효과가 있다.

이렇게 되면 인체의 인슐린 수요량이 감소하여 혈당의 증가에 맞추어 인슐린을 생성하는 췌장 베타세포의 부담이 덜어지게 된다. 췌장 베타세포가 완전히 기능을 상실한 인슐린의존형 당뇨병의 경우에도 운동을 통해서 파괴된 베타세포의 기능 자체를 회복시킬 수는 없지만, 인슐린 수요량을 감소시키고, 당뇨병에 의해 초래되는 각종 합병증을 예방하는데 큰 효과를 볼 수 있다. 인슐린 수요량을 감소시키는 이러한 운동의 효과를 '인슐린 절약작용(insulin sparing effect)'라고 한다.

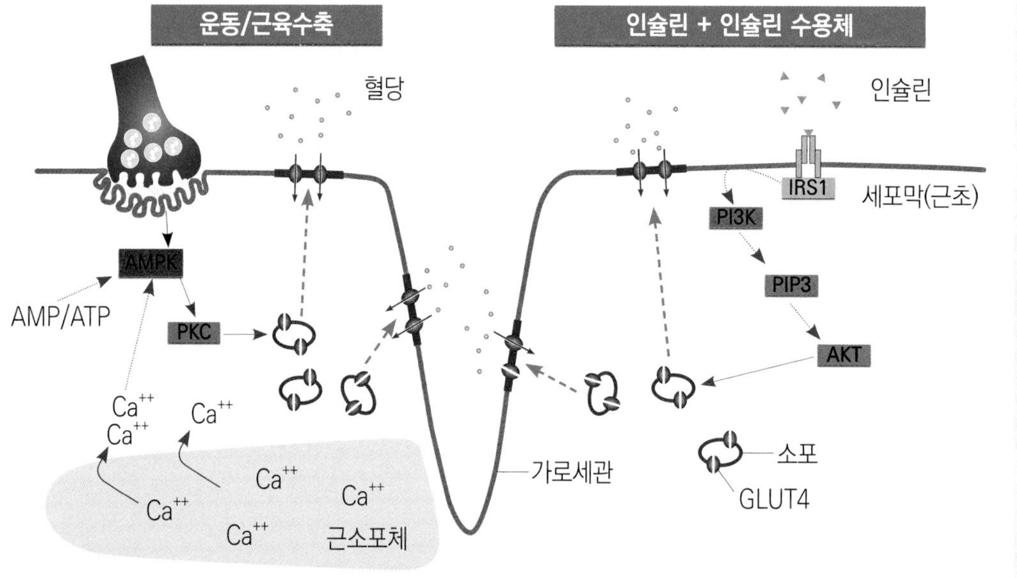

그림 10-31. 인슐린과 근수축에 의한 GLUT4의 세포막 이동

10.4.7.2 글루카곤

이자 랑게르한스섬의 α세포에서 분비되는 글루카곤(glucagon)은 간에 저장된 글리코겐으로부터 혈중으로의 글루코스 방출을 촉진하는 작용을 한다. 따라서 글루카곤은 인슐린과 반대로 혈당을 증가시키는 작용을 한다. 또한 지방조직에 저장된 중성지방을 분해하여 지방산을 방출시키는 효소인 리파제(lipase)를 활성화시킨다. 이러한 작용으로 인해 글루카곤은 카테콜아민, 성장호르몬, 당질코르티코이드 등과 함께 지질 분해호르몬(lipolysis hormone)이라고 불린다.

단시간의 운동이 혈중 글루카곤 농도를 변화시키지 않거나 약간 감소시키기도 하지만, 최대산소섭취량의 50% 수준에서 운동하거나 1시간 또는 그 이상의 운동 시에는 혈중 글루카곤 수준이 30~300%까지 증가한다.

글루카곤은 혈당 감소에 영향을 받아 혈당 수준이 감소되기 시작하는 1시간 이상의 운동을 할 때 분비되기 시작한다. 운동 시 글루코스를 주입하여 혈중 글루코스 수준을 일정하게 유지하면 운동에 대한 글루카곤의 반응은 감소한다.

신체 훈련은 운동에 대한 글루카곤의 반응을 현저히 감소시킨다. 즉 동일한 절대 운동 및 상대 운동강도에서 글루카곤의증가량은 훈련 후 훨씬 적다[그림 10-32]. 이러한 적응이 단련자에게 나타나는 이유는 단련자의 카테콜아민 수준이 더 낮기 때문이라 생각하기 쉽다. 그러나 약물을 이용하여 카테콜아민의 효과를 차단하여도 운동에 대한 글루카곤의 반응에는 변화가 없는 것으로 미루어볼 때 이는 교감신경계통의 영향에 의한 것이 아님을 알 수 있다. 훈련에 따른 글루카곤 반응의 감소를 일으키는 보다 명확한 기전은 아직 밝혀지지 않고 있다.

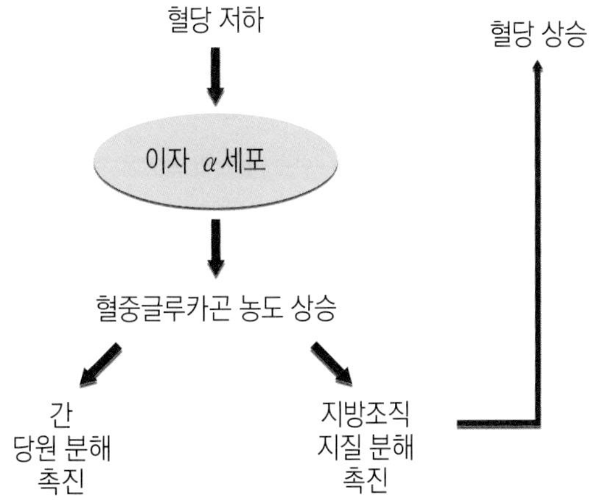

그림 10-32. 글루카곤의 혈당조절 기전

10.4.8 생식샘호르몬

생식샘(gonads)은 내분비기능을 갖는 생식기관으로, 남성은 고환, 여성은 난소이다. 고환에서 분비되는 주호르몬인 테스토스테론(testosterone)을 포함하여 남성호르몬 기능을 하는 호르몬은 여러 종류가 있지만, 총칭하여 안드로겐(androgen)이라고 한다.

난소에서는 에스트로겐(난포호르몬)과 프로게스테론(황체형성호르몬)을 분비한다. 난포호르몬에는 에스트로겐, 에스트리올 및 에스트라디올이 있는데, 이들을 총칭해서 에스트로겐(estrogen)이라고 한다. 그중 에스트라디올(estradiol)이 가장 중요한 호르몬이다.

10.4.8.1 테스토스테론

테스토스테론은 고환의 사이세포(interstitial cells)에서 분비되며, 사이세포는 뇌하수체앞엽에서 분비되는 황체호르몬(LH)의 지배를 받는다. 한편 고환의 수정관에서 생산되는 정자는 난포자극호르몬(FSH)과 테스토스테론의 영향을 받는다.

테스토스테론은 단백질 합성을 촉진하는 아나볼릭스테로이드(anabolic steroid)와 남성의 성적 특성을 나타나게 해주는 안드로제닉스테로이드(androgenic steroid)의 특성을 갖고 있다. 스포츠현장에서는 테스토스테론에서 안드로제닉 특성을 제거하고 아나볼릭(단백동화) 특성을 강화시킨 합성 스테로이드의 이용이 문제가 되고 있다. 역도나 포환 던지기와 같이 근력 및 순발력에 크게 의존하는 종목일수록 아나볼릭스테로이드의 복용을 통해 근력이나 파워를 증가시키기 위한 유혹을 받기 쉽다. 여자 선수들의 경우에도 이 합성 스테로이드 제재의 복용이 문제가 되기도 한다.

그러나 이러한 호르몬제재의 만성적인 사용은 고밀도지질단백질을 현저히 저하시키고, 그로 인하여 심장질환과 간질환의 위험성을 높인다. 또한 고환 위축과 정자수 감소, 전립샘 비대 등의 부작용도 보고되고 있다.

10.4.8.2 에스트로겐

에스트로겐은 에스트라디올(estradiol), 에스트론(estrone), 에스트리올(estriol) 등 유사한 생리적 작용을 하는 일군의 호르몬을 일컫는다. 에스트로겐은 뇌하수체앞엽의 난포자극호르몬(FSH)과 황체호르몬(LH)의 영향하에 난소로부터 분비된다.

배란이 일어난 후 월경 후기에 운동하면 난소의 가장 중요한 호르몬인 에스트라디올(estradiol)과 프로게스테론(progesterone)의 혈중 농도는

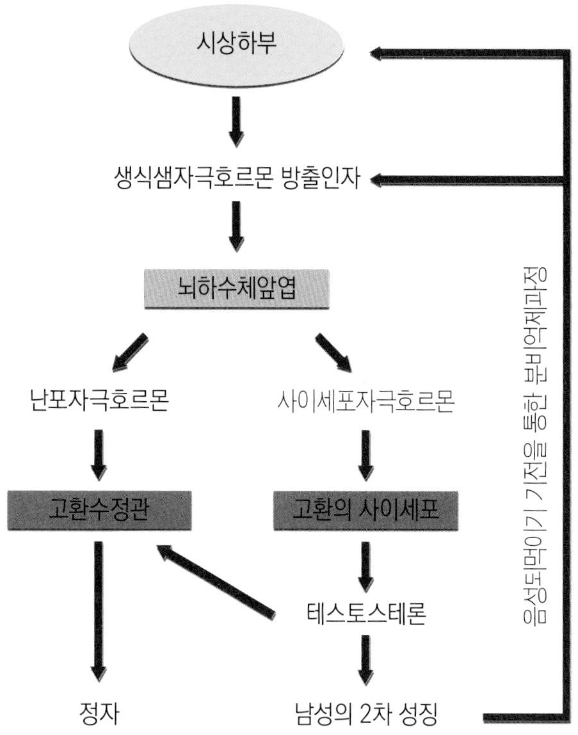

그림 10-33. 테스토스테론의 분비 조절 기전

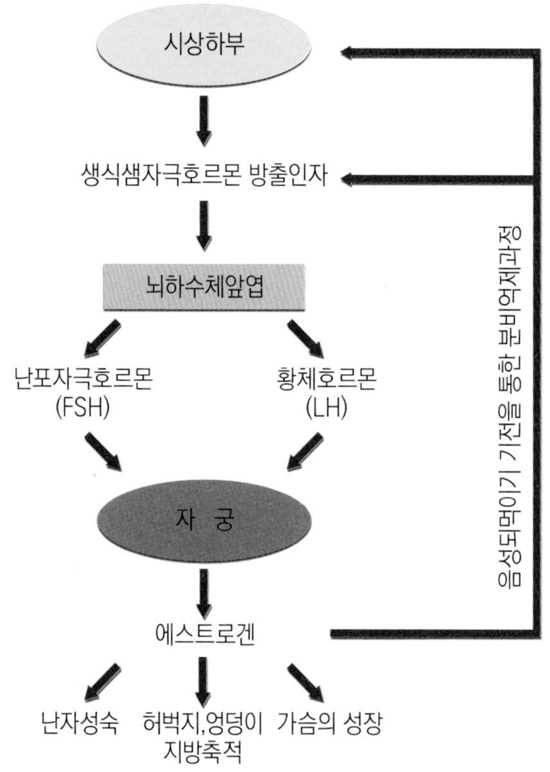

그림 10-34. 에스트로겐의 분비 조절 기전

15~50% 정도 증가한다. 월경주기의 초반에 운동했을 때는 에스트라디올의 증가를 발견하기 어렵지만, 프로게스테론 농도는 운동강도와 함께 현저하게 증가한다. 이 두 가지 호르몬의 수준이 가장 높은 월경 후기에 1~3분 내의 강한 운동에 대한 지구력이 증가된다고 보고하고 있는데, 이는 월경 후기 운동 시 혈중젖산 수준이 낮은 것과 관련이 있다고 한다. 즉 에스트라디올 및 프로게스테론은 안정 시 글리코겐 저장량을 증가시키고, 운동 중 글리코겐이 젖산으로 분해되는 속도를 지연시킨다고 설명되고 있다.

한편 고강도운동을 하는 중장거리달리기 여자선수나 운동과 식이제한을 병행하는 여자 체조선수나 리듬체조선수, 발레리나 등에게서 2차성 무월경(secondary amenorrhea)이 보고되고 있는데, 이를 운동유발성 무월경(exercise-induced amenorrhea)이라고도 한다. 이러한 2차성 무월경은 낮은 에스트라디올 수준과 관련이 있다. 이는 체중 감소, 체지방 감소, 총칼로리 섭취 중 단백질 섭취량 감소 및 심리적 스트레스가 원인으로 추정된다[그림 10-35].

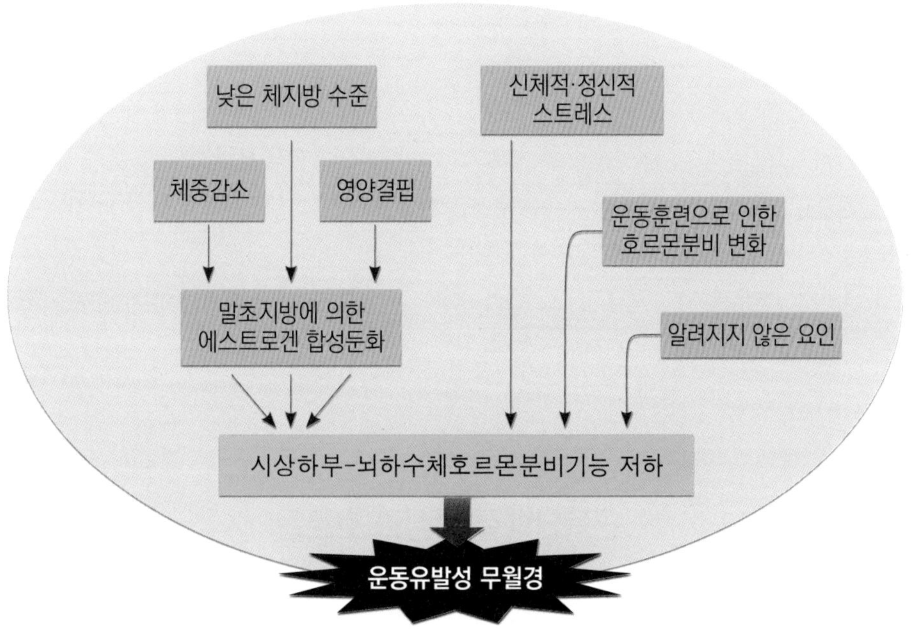

그림 10-35 2차성 무월경의 여러 원인들

※ 정일규(2009). 휴먼퍼포먼스와 운동영양학.

혈중 에스트라디올의 농도가 낮은 것은 뼈밀도 감소와 밀접한 관련이 있다. 즉 지나치게 심한 식이 제한이나 극심한 에너지 소비를 요구하는 고강도운동을 지속할 경우 체지방의 감소와 함께 2차성 무월경이 나타나기 쉬운데, 이는 에스트로겐의 뼈형성 작용을 방해함으로써 뼈밀도를 감소시키고 피로골절 등 부상의 위험을 높인다.

표 10-3. 운동 및 훈련에 따른 내분비 반응 요약

호 르 몬	운동 시 반응	훈련후 적응
항이뇨호르몬(ADH)	증가	운동 시 더 적은 증가
성장호르몬(GH)	지속운동 시 증가	〃
갑상샘자극호르몬(TSH)	무변화	불명확
부신겉질자극호르몬(ACTH)	증가	운동 시 더 큰 증가
FSH, LH	무변화	불명확
프롤락틴(PRL)	증가	〃
베타엔도르핀	증가	〃
갑상샘호르몬(T_3, T_4)	총량무변화	총량은 약간 감소
	유리 T_4 증가	유리 T_4 증가
부갑상샘호르몬	무변화	불명확
칼시토닌	불명확	불명확
코티졸	고강도운동 시 증가	현저한 증가 없음
알도스테론	증가	무변화
카테콜아민	증가	동일 부하 시 더 적은 증가
인슐린	감소	휴식 시 감소, 동일 부하 시 더 적은 감소
글루카곤	지속운동 시 증가	동일 부하 시 더 적은 증가
테스토스테론	약간 증가	무변화
에스트라디올, 프로게스테론	증가	동일 부하 시 더 적은 증가

plus+

근육단백질 합성과 호르몬

저항성 훈련에 의해 근육에서 나타나는 가장 주목할 만한 적응은 근육의 수축성단백질(액틴과 미오신)의 수가 증가하는 것이다. 또한 비수축성 단백질의 합성이 근절 내 수축단백질의 구조적 통합과 적응을 위해 필요하게 된다. 이러한 비수축성 단백질의 변화는 근육 증대의 균형 있는 발달을 뒷받침해준다.

고강도 저항훈련에 의한 단백질 합성의 자극은 유전자 수준에서 시작된다. 저항훈련은 근육의 질과 양 모두를 변화시키는데, 이러한 발달의 진행 과정에는 호르몬이 관련되어 있다. 일반적으로 단백질 합성의 증가와 단백질 분해의 감소는 근육 성장의 첫 번째 단계이다. 이 과정에서 인슐린, 인슐린유사성장인자 I (IGF-I : insulin-like growth factor I), 테스토스테론(testosterone), 성장호르몬과 같이 동화작용호르몬을 포함한 여러 호르몬이 단백질 합성의 여러 단계에서 작용한다.

갑상샘(thyroid)호르몬은 다른 호르몬들의 작용을 증대시키는 증식허용(permissive)호르몬으로 활동한다. 조직의 생성과 증대작용을 갖는 동화작용호르몬은 코티졸(cortisol), 프로게스테론(progesterone)과 같은 이화작용 호르몬의 단백질 대사작용에 의해 일어나는 역효과를 차단한다.

근육섬유의 재형성(remodeling)은 운동 후 회복기 동안 일어나는 단백질 합성 속도와 단백질의 구조적 변화와 관련되어 있다. 운동에 동원되는 근육섬유의 수가 많으면 많을수록 전체 근육에서 잠재적인 재형성의 범위는 더욱 커진다.

대체로 단백동화작용을 갖는 테스토스테론의 반응을 최대화시킬 수 있는 저항운동의 예는 다음과 같다.

① 대근육군운동(예 : deadlift, power clean, squats)
② 고강도운동(1RM의 85~95%)
③ 많은 세트, 많은 운동을 성취하거나 두 가지 모두를 성취하기 위한 고강도운동 조절
④ 짧은 휴식 간격(30초에서 1분)
⑤ 저항성 운동 경험 2년 이상

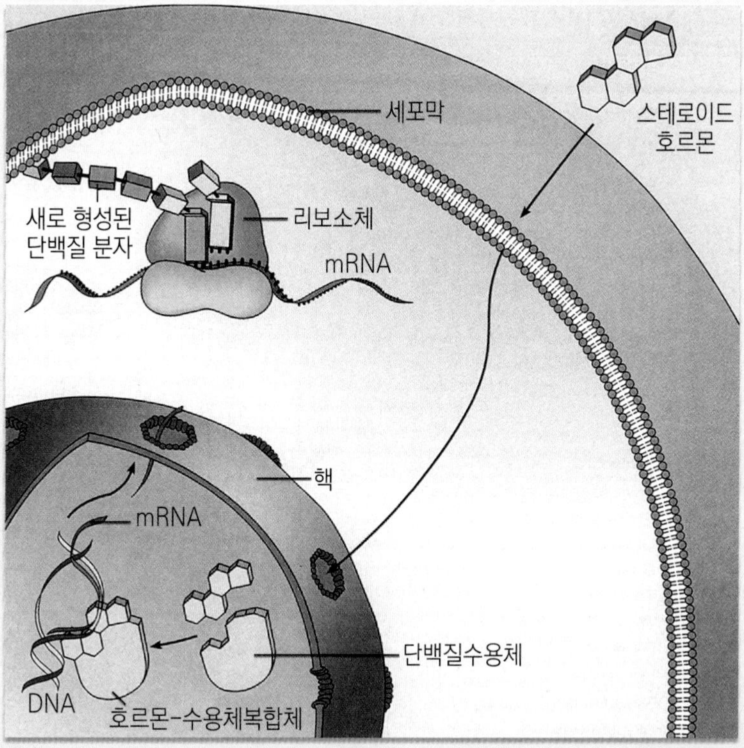

그림 10-36. 스테로이드호르몬에 의한 mRNA와 단백질 합성 작용

plus+

월경전증후군

월경전증후군(premenstrual syndrome : PMS)은 월경 시작 7일에서 14일 전에 발생하여 월경 시작과 함께 또는 월경 중에 사라지는 주기적으로 발생하는 정서, 행동, 신체적 변화를 일컫는 증상이다. 이러한 증상은 약 200개 이상으로 다양하며, 그 정도도 개인에 따라 매우 다르다. O'brien 등의 연

구(1993)에 의하면 가임여성의 약 95%가 가벼운 PMS 증상을 갖고 있고, 약 5%는 생활에 큰 지장을 줄 정도로 여러 증상을 호소한다고 보고하고 있다. PMS의 원인이나 영향을 주는 요인으로는 호르몬의 불균형이나 염분 축적, 영양의 불균형, 스트레스, 성격 특성 등이 지목되고 있다.

PMS 증상은 일반적으로 ① 통증군(근육강직, 두통, 경련, 요통, 피로, 전신통증), ② 정신집중장애군(불면증, 건망증, 집중곤란, 현기증, 판단력 저하 등), ③ 행동변화군(작업, 학업효율저하, 사회활동기피, 칩거 등), ④ 자율성 반응군(달거나 짠 음식 등 자극적인 음식에 대한 욕구증가, 카페인·알코올에 대한 욕구, 구토, 홍조 등), ⑤ 체액저류군(체중증가, 피부이상, 유방통, 부종, 변비 등), ⑥ 정서장애군(심한 감정 변화, 고독감, 불안, 신경과민, 우울 등)으로 구분된다.

특히 월경 전에 분비되는 에스트로겐이 체내 수분을 축적시키고 프로게스테론(유즙분비자극호르몬)과 부신겉질자극호르몬(ACTH)에 의하여 2차적으로 고알도스테론혈증을 유발하고, 염분과 함께 수분의 흡수를 촉진함으로써 세포사이질액이 증가되어 부종이 유발되고, 유방 등에 압통을 초래한다는 가설이 제기되고 있다. PMS는 여성 운동선수들에게 경기를 앞두고 운동수행력을 저해하는 매우 중요한 요인이 되고 있다.

한편 약물요법이나 식이요법 외에 운동요법이 엔도르핀 분비 증가와 항이뇨호르몬(ADH) 분비 감소를 통해 PMS 증상을 완화시키고 저강도의 운동보다 고강도의 운동이 PMS 증상을 감소시키는데 더욱 효과적이었다는 보고(Lemon, 1991)가 있다.

한편 적당한 운동이 월경 전 발생하는 복통, 요통, 두통 등을 줄일 수 있다는 연구(Dale, 1997) 등이 있으나, 이와는 상반된 연구도 보고되고 있어 월경전증후군(PMS)에 대한 다양한 연령과 증세의 종류와 정도에 따른 여러 유형의 운동효과를 입증하기 위해서는 앞으로 더 많은 연구가 필요하다.

단원요약

- 내분비계통은 신경계통과 함께 인체의 생리적 조절기능을 담당한다. 내분비샘이 명령을 내리는 명령기관이라면 호르몬은 표적기관에 명령을 전달하는 전령이며, 표적기관은 명령을 직접 수행하는 곳이다.
- 인체의 내분비기관으로는 시상하부, 뇌하수체, 갑상샘 및 덧(부)갑상샘, 부신, 이자, 생식샘이 있다.
- 시상하부에는 내분비기능을 갖는 특수한 종류의 신경세포군이 있는데, 이를 신경분비세포라고 한다. 이들은 시상하부에서 시작하여 뇌하수체뒤엽과 뇌하수체문맥계에 분포한다. 뇌하수체뒤엽에 분포하고 있는 신경분비세포는 뒤엽에서 혈액으로 직접 호르몬을 방출하고(뇌하수체뒤엽호르몬), 뇌하수체문맥계에 분포된 신경세포의 끝에서 분비된 호르몬방출인자 또는 억제인자는 뇌하수체전엽샘에서 호르몬 분비를 자극한다.
- 호르몬의 작용기전은 세포막에서 물질운반의 속도를 조절하거나, 핵내 DNA를 활성화시키거나, 2차메신저(the second messenger)를 통해 이루어진다.
- 호르몬의 효과는 호르몬의 혈장농도와 수용체수에 의해 결정되는데, 호르몬의 혈장농도는 분비율과 제거율, 운반단백질의 양, 그리고 혈장량의 변화 등에 의한 영향을 받는다.

>> 방출인자에 의해 뇌하수체앞엽에서 분비되는 주요 호르몬은 성장호르몬(GH), 갑상샘자극호르몬(TSH), 부신겉질자극호르몬(ACTH) 등이고, 뇌하수체뒤엽에서 신경분비세포에 의해 직접 분비되는 호르몬은 항이뇨호르몬(ADH)이다.

>> 성장호르몬(growth hormone)은 운동 시작 15~20분 후 증가하기 시작하여 지방조직에서 지방산의 동원에 관여하기 때문에 장시간 운동 시에 중요한 역할을 한다.

>> 성장호르몬은 간에서 소마토메딘(somatomedin) 분비를 촉진한다. 소마토메딘은 인슐린유사성장인자(insulin-like growth factor : IGF)라고도 하며, 여러 말초조직에서 단백질 합성을 촉진하는 작용을 한다.

>> 뇌하수체뒤엽에서 분비되는 항이뇨호르몬(ADH)은 콩팥에서 수분의 재흡수를 촉진하여 체내 수분의 보유에 주된 역할을 한다. 열환경에서의 운동으로 인해 체내 수분이 다량 손실되면 항이뇨호르몬분비가 더욱 증가되어 체내수분을 보존하려는 반응을 보인다. 운동수행에 앞서 미리 수분을 섭취하면 운동 시 항이뇨호르몬의 분비증가율이 작아진다.

>> 부신은 양쪽 콩팥의 윗부분에 있는 작은 내분비기관으로서 겉질(cortex)과 속질(medulla)로 나누어진다. 부신겉질에서 분비되는 호르몬은 뇌하수체앞엽에서 분비되는 부신겉질자극호르몬(ACTH)에 의해 분비가 자극된다.

>> 부신겉질호르몬은 두 가지 주요 호르몬을 분비하는데, 그것은 당질코르티코이드인 코티졸과 전해질코르티코이드인 알도스테론이다.

>> 코티졸은 내외적 스트레스에 대해 인체가 반응하는 경로인 시상하부-뇌하수체앞엽-부신겉질계(HPA축)의 최종호르몬이라고 할 수 있다. 코티졸은 당신생과 지방산동원을 촉진하는 역할을 하며, 부신속질에서 분비되는 에피네프린(에피네프린) 등과 함께 심한 운동과 같은 스트레스상황에 대응하는 데 필수적인 역할을 한다.

>> 장기적인 신체훈련에 의한 운동스트레스는 부신겉질로부터의 반복적인 호르몬분비를 촉진하여 결국 부신의 비대를 유발하는데, 이를 스포츠부신이라는 말로 표현하기도 한다.

>> 코티졸과 함께 부신겉질에서 분비되는 알도스테론은 항이뇨호르몬과 같이 인체 체액과 전해질을 조절하는 역할을 한다. 즉 알도스테론은 콩팥에서 Na^+과 수분의 재흡수를 촉진하고, K^+이나 수소 이온(H^+)의 분비를 촉진시킨다. 따라서 운동 시 알도스테론 분비량은 증가되며, 인체가 수분손실로 탈수상태가 되면 분비량이 더욱 많아진다.

>> 혈액량이 감소하면 콩팥의 토리곁세포(JG세포)에서는 레닌(renin)을 분비하고, 레닌은 안지오텐시노겐을 안지오텐신으로 전환시킨다. 이어서 안지오텐신은 부신겉질로부터 알도스테론의 분비를 촉진함으로써 콩팥으로부터 소듐(Na^+)과 수분의 재흡수를 촉진한다. 이를 레닌-안지오텐신-알도스테론계라고 한다.

>> 부신속질에는 교감신경이 분포되어 있어 교감신경의 흥분도가 증가하면 호르몬을 분비하는데 이 호르몬을 카테콜아민이라고 한다. 카테콜아민은 대부분이 에피네프린이고, 그다음으로 노르에피네프린, 그리고 매우 소량의 도파민으로 구성된다.

>> 에피네프린과 노르에피네프린은 부신속질 이외에도 전신에 분포된 교감신경의 말단에서 분비되기 때문에 이 두 호르몬을 교감신경부신호르몬(sympatho-adrenal hormone)이라고 한다.

>> 카테콜아민의 작용은 인체기관에 따라 그 효과가 차이가 있으나 심장운동을 촉진하고 근육 및 간에서는 당원 분해를, 지방조직에서는 지방산동원을 촉진하기 때문에 외적 스트레스에 대해 인

체가 대응반응을 할 수 있게 해준다.

〉〉 이자에서 분비되는 호르몬에는 인슐린과 글루카곤이 있는데, 이들 호르몬의 주요 역할은 혈중 글루코스(혈당) 농도를 조절하는 것이다. 인슐린은 혈당이 조직세포막을 통해 유입되도록 함으로써 혈당을 낮추는 역할을 한다. 또한 간 및 근육세포에서 글리코겐의 합성(glucose→glycogen)을 촉진하고, 지방조직에서는 지방산의 동원을 억제한다.

〉〉 글루카곤은 간에서 당원 분해(glycogen→glucose)를 촉진하여 혈중으로의 글루코스 방출을 촉진함으로써 혈당을 상승시키는 작용을 하고, 지방조직에서는 지방산의 동원을 촉진하는 역할을 한다. 글루카곤의 이러한 작용은 카테콜아민, 성장호르몬, 코티졸 등과 협조적으로 이루어진다.

〉〉 일회적 운동 시 일반적으로 관찰되는 현상은 인슐린 분비는 억제되는 반면 글루카곤, 카테콜아민, 성장호르몬, 코티졸 등의 혈중농도는 운동강도와 시간에 따라 차이가 있지만 증가되는 양상을 보인다. 이러한 현상은 운동 중 급격하게 증가하는 대사수요에 대해 인체의 내분비계통이 적절히 대처하고 있음을 보여준다.

연습문제

1. 인체의 생리적 조절에서 신경계통과 내분비계통의 유사점과 차이점을 설명하라.
2. 호르몬의 작용기전에서 2차메신저(cyclic AMP)의 역할에 대하여 설명하라.
3. 호르몬의 반감기(half-life)에 대해 설명하라.
4. 호르몬의 효과에 영향을 미치는 요인에 대해 설명하라.
5. 시상하부의 신경분비세포에 대해서 설명하라.
6. 성장호르몬의 일반적 기능과 운동과의 관계를 설명하라.
7. 엔도르핀(endorphin)에 대해 운동에 따른 심리정서적 효과와 관련해서 설명하라.
8. 항이뇨호르몬(ADH)의 체액조절 기전 및 다량의 탈수 시 일어나는 반응을 설명하라.
9. 부신겉질호르몬의 구성에 대해 설명하라.
10. 스트레스에 대처하기 위한 시상하부-뇌하수체-부신겉질계(HPA축)의 반응을 설명하라.
11. 체액량 감소에 의한 레닌-안지오텐신Ⅱ-알도스테론의 분비반응을 설명하라.
12. 교감신경부신호르몬(sympatho-adrenal hormone)에 대해 설명하라.
13. 혈당조절과 인슐린의 관계, 그리고 운동 시 인슐린의 반응을 설명하라.
14. 혈당조절과 글루카곤의 관계, 그리고 운동에 따른 반응을 설명하라.
15. 운동과 인슐린절약효과, 그리고 정기적 운동이 당뇨병에 어떠한 영향을 미치는지 설명하라.

Memo

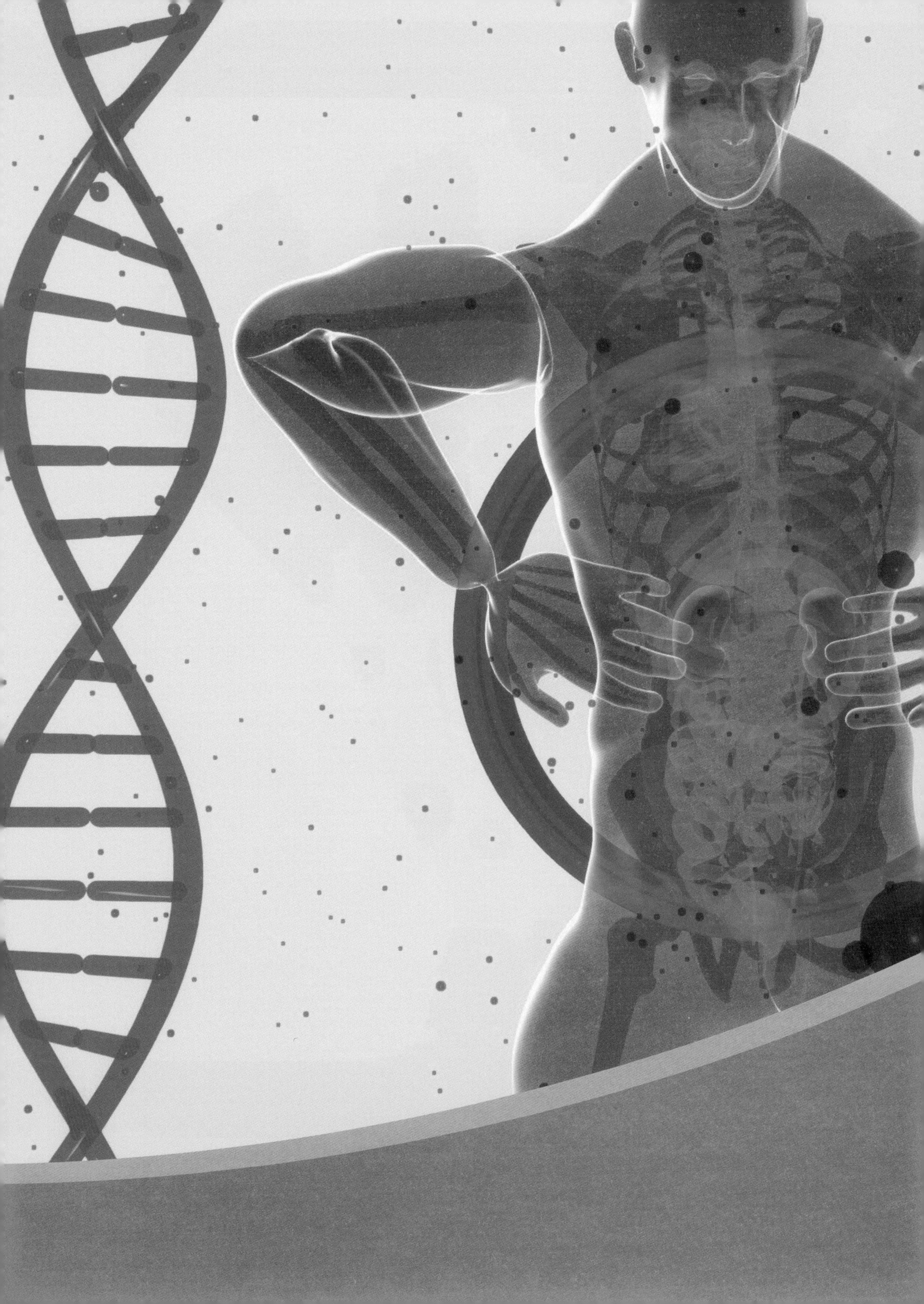

CHAPTER 11
콩팥과 산·염기평형

이 장에서는 콩팥을 이루고 있는 네프론(nephron, 콩팥단위)의 구조와 세 가지 기능(여과, 재흡수, pH 조절)에 대해 공부한다. 그리고 산성물질과 염기성물질의 구분에 대해서는 완전히 이해한다. 생리학을 처음 접하는 사람은 이 부분을 먼저 읽는 것이 바람직하다.

그리고 운동과 함께 나타나는 콩팥 혈류량, 토리 여과율, 소변 생성량, 소변 중 물질의 변화에 대한 원인과 생리적 의미를 공부한다.

인체 체액의 산도는 pH 7.4의 약알칼리로 일정하게 유지되고 있다. 인체의 산·염기평형이 장기간 교란되면 인체의 항상성이 깨져 생존할 수 없게 된다.

운동은 체액을 일시적으로 산성화시킨다. 즉 운동으로 인해 인체의 에너지원이 대사될 때 수소이온(H^+)이 생성되기 때문에 체액은 산성화되는데, 심한 운동 시 근육의 pH는 6.4~6.8까지 감소하게 된다. 인체는 이러한 산성화에 대처하여 체내에서 생성된 산성물질을 중화제를 이용하여 완충시키거나 호흡 또는 콩팥을 통해 배출함으로써 체액의 산도를 일정하게 유지하는 작용을 한다.

체액의 산성화는 인체 세포 내에서 진행되는 대사 과정을 비롯한 여러 가지 화학반응에 촉매작용을 하는 효소들의 활성도를 저하시킨다. 그로 인해 인체 내의 화학적 반응은 저해되고, 인체의 에너지 생성 과정 역시 더 이상 진행되지 못하게 된다. 이러한 현상은 운동수행 시 나타나는 피로의 가장 큰 원인이라고 할 수 있다.

따라서 장기적인 훈련이 인체의 완충능력을 개선시킬 수 있을 것으로 기대되고 있다. 그러나 장기적인 훈련이 콩팥기능을 비롯한 인체의 완충능력에 어떠한 영향을 미치는가에 대해서는 많이 알려지지 않고 있다. 이 장에서는 콩팥의 구조와 기능, 운동에 대한 콩팥의 반응 및 산·염기평형을 위한 인체의 조절작용에 대해 살펴보기로 한다.

11.1 콩팥의 구조

콩팥은 인체의 등쪽가로막 바로 밑 척추 양쪽에 위치하는 완두콩 모양의 크기가 자기 주먹만한 기관이다. 콩팥을 세로로 잘라보면 바깥쪽의 겉질과 안쪽의 속질로 구별된다. 속질 안쪽에는 생성된 소변이 방출되는 콩팥깔대기(신우, renal pelvis)가 있어서 요관으로 이어져 있다[그림 11-1, 2].

콩팥의 여과기능을 수행하는 기능적 최소단위는 네프론(nephron, 콩팥단위)인데, 한쪽 콩팥은 약 100만 개의 네프론으로 구성되어 있고, 겉질에서 속질쪽으로 배열되어 있다. 네프론은 콩팥소체(renal corpuscle)와 세관(tubule)으로 되어 있다. 콩팥소체는 혈액을 여과하는 모세혈관덩어리인 토리(glomerulus)와 토리를 둥글게 감싸고 있다. 여과된 혈장을 받아들이는 보우만주머니(Bowman's capsule)로 되어 있다

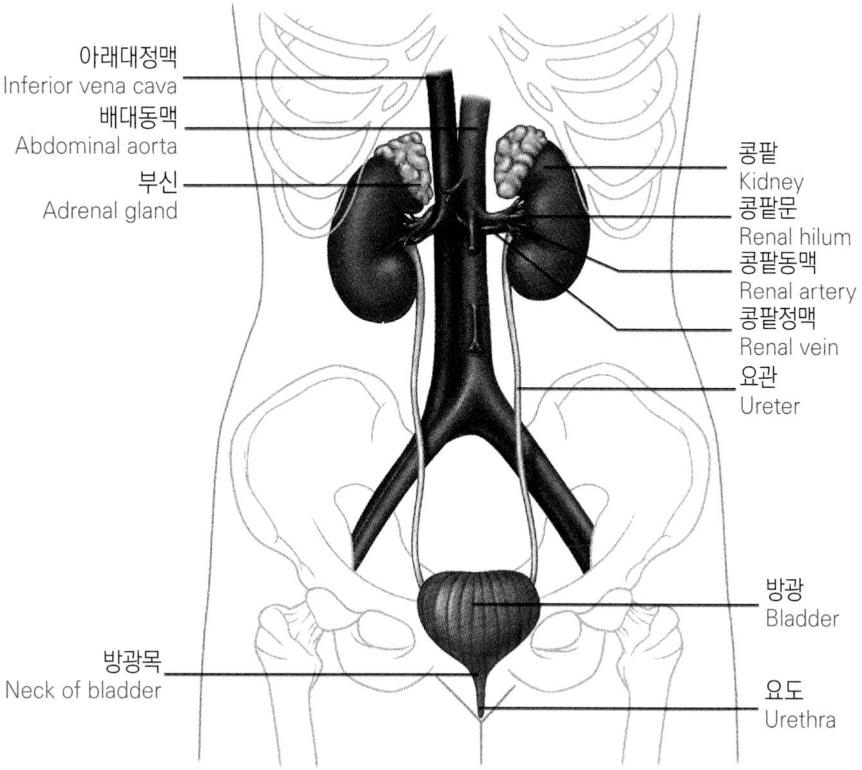

그림 11-1. 비뇨기계통과 콩팥

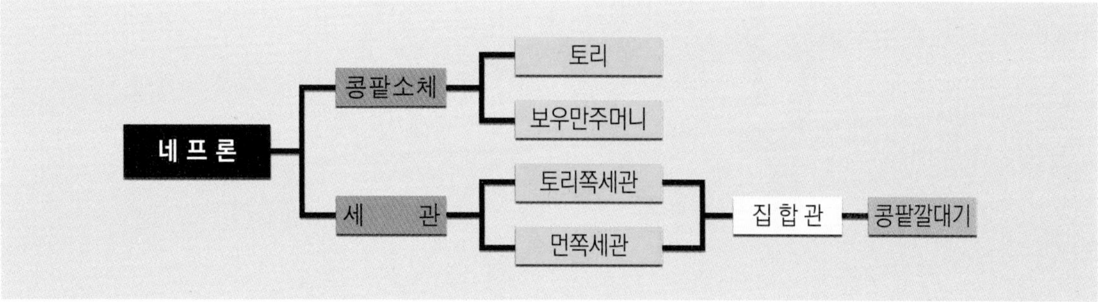

[그림 11-3].

보우만주머니에 직접 연결된 세관을 토리쪽세관(proximal tubule)이라고 한다. 이 토리쪽세관은 콩팥의 겉질부분에서 속질쪽으로 박혀 있으며, 속질 부분에서 가늘어져 머리핀과 같이 구부러진 헨레고리(Henle's loop)가 된다.

헨레고리를 통해 다시 겉질쪽으로 올라가면서 굵어지는 부분을 먼쪽세관(distal tubule)이라고 한다. 먼쪽세관이 모여서 집합관(collecting duct)을 이루고, 겉질부분에서 속질부분으로 내려간다. 이 집합관이 모여서 콩팥깔대기(renal pelvis)를 만든다. 그러므로 속질에는 헨레고리와 집합관 일부가 있고, 겉질에는 토리, 토리쪽세관 및 먼쪽세관이 있다.

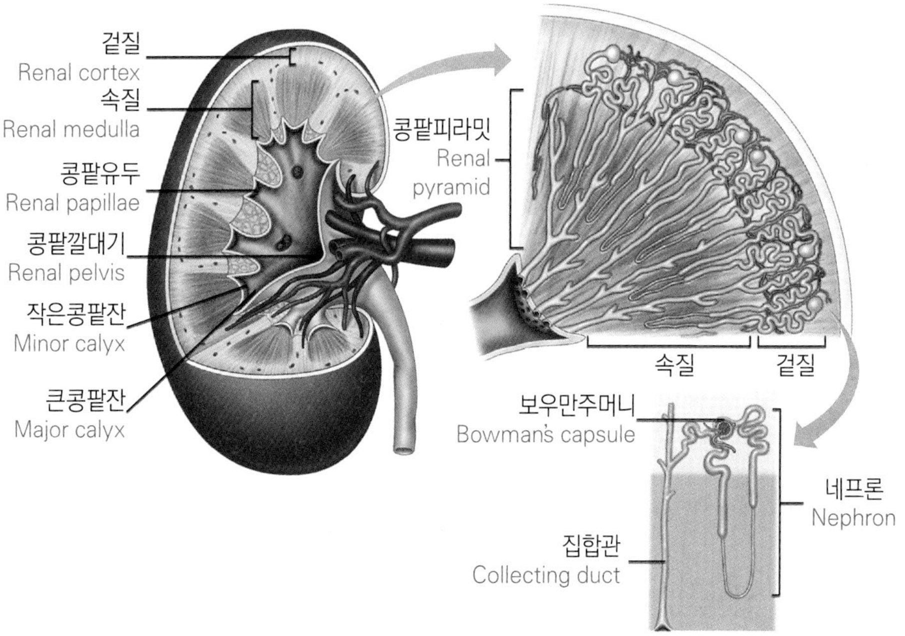

그림 11-2. 콩팥의 단면과 세부구조

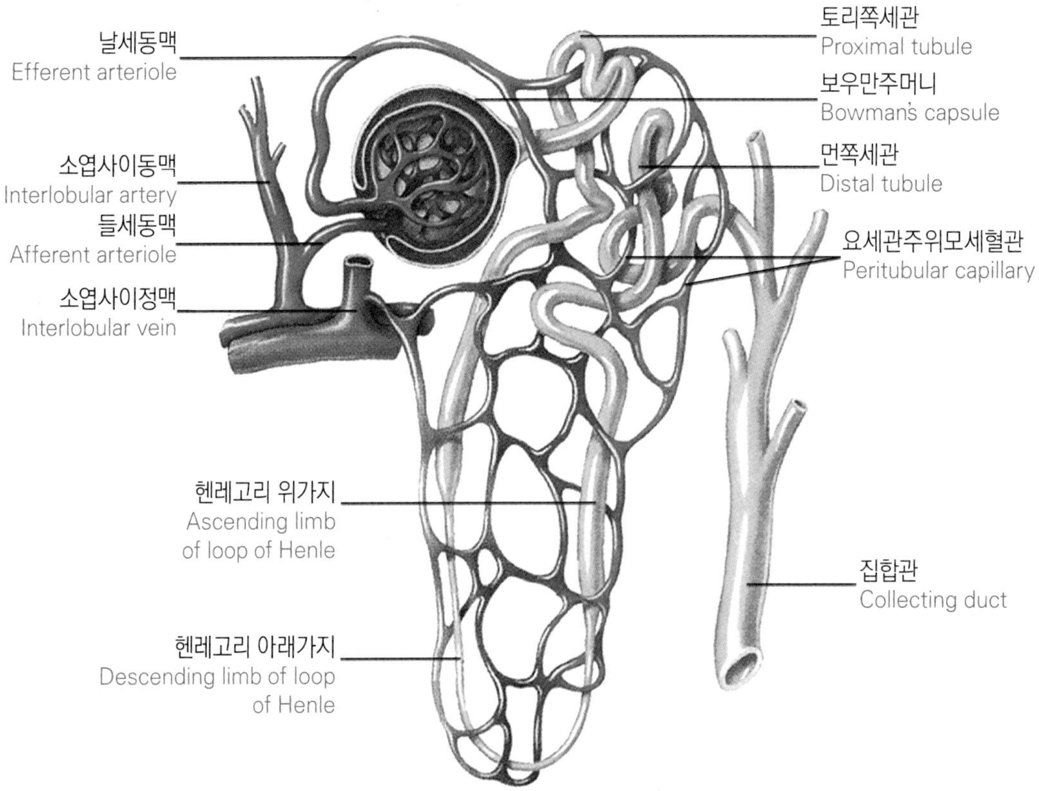

그림 11-3. 토리의 관 및 혈관구조

11.2 콩팥의 기능

콩팥은 일차적으로 몸 속에 축적된 과잉수분과 노폐물을 걸러내어 체액의 성분과 농도를 일정하게 유지시키는 인체의 여과기 역할을 한다. 인체의 구성세포들이 살아서 그 기능을 효과적으로 수행하기 위해서는 체액의 환경이 항상성을 유지하여야 한다. 콩팥은 체액 중 과잉된 수분이나 전해질, 요소 등의 노폐물을 걸러내어 소변을 통해 배출함으로써 체내의 수분, 전해질, pH 등 체액 환경이 일정한 범위 내에서 유지되도록 한다.

11.2.1 콩팥 토리에서의 여과

콩팥은 안정 시 심장에서 보내지는 혈액의 약 1/4을 공급받고, 분당 120㎖ 정도의 혈액이 토리(사구체)에서 여과된다. 들세동맥(afferent arteriole)에서 모세혈관덩어리인 토리를 지나면서 여과된 혈장은 보우만주머니 → 토리쪽세관 → 헨레고리 → 먼쪽세관 → 집합관을 지나는 동안 대부분 재흡수되고, 불필요한 물질들은 계속해서 집합관 → 요관 → 방광을 통해 소변으로 배출된다[그림 11-3].

토리(사구체)는 긴 모세혈관이 복잡하게 엉켜 있기 때문에 여과되는 표면적이 넓다. 또한 토리에서 나가는 날세동맥의 지름이 들세동맥보다 작고, 날세동맥은 다시 모세혈관이 되어 세관둘레에서 모세혈관그물을 이루기 때문에 혈류저항이 커지므로 토리의 모세혈관 내압은 매우 높다. 즉 토리의 혈압은 60~70mmHg로 체내 다른 모세혈관 내압인 35mmHg보다 높고, 토리여과막의 투과성도 높아서 단위면적당 여과량이 많다.

토리 여과량은 토리의 혈압이 상승하면 증가한다. 토리의 혈압은 들세동맥의 수축 및 확장에 의해 조절된다. 정상적인 상태에서 분자량이 70,000 이상인 물질 분자는 토리를 통하여 거의 여과되

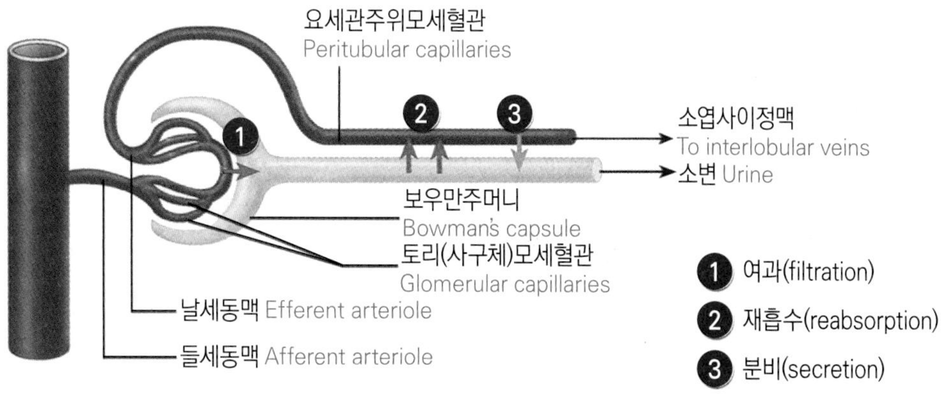

그림 11-4. 콩팥의 세 가지 기능

지 않는다. 즉 혈청알부민(분자량 6,900), 헤모글로빈(분자량 6,800)은 약간 여과되고, 그 이상의 큰 분자량을 갖는 단백질이나 적혈구 등의 세포는 투과되지 않는다.

혈장이 토리를 지나면서 여과되는 양을 토리 여과량(사구체여과량, glomerular filtration rate : GFR)이라고 하는데, 양쪽 콩팥을 합하여 약 120㎖로서 토리를 흐르는 혈장의 약 20%가 여과된다. 토리의 1일 여과량은 약 180ℓ 정도로, 전신혈장량의 50배 이상이다. 이 정도의 수분량이 그대로 소변으로 배설된다면 수시간 후 인체의 수분은 완전히 고갈될 것이다.

그러나 토리에서 여과되는 혈장량의 99% 이상은 세관 및 집합관을 지나면서 세관과 집합관막 → 사이질액 → 세관주변 모세혈관으로의 경로로 재흡수되어 콩팥정맥을 통해 다시 순환계통으로 되돌려지며, 나머지 집합관 → 콩팥깔대기 → 요관을 통해 배설되는 소변은 1일 약 1~2ℓ 정도이다.

11.2.2 세관, 집합관에서의 재흡수

토리(사구체)를 통해 여과된 물질이 세관막을 통해 사이질액쪽으로 재흡수되는 기전에는 능동적 재흡수와 수동적 재흡수의 두 가지가 있다.

능동적 재흡수는 세관막을 구성하는 세포가 에너지(ATP)를 소모하면서 물질을 통과시키는 것을 말하는데, 소듐(Na^+)은 세관의 모든 부위에서 재흡수되고 포도당, 아미노산은 토리쪽세관에서 재흡수된다.

수동적 재흡수는 에너지를 필요로 하지 않는 확산, 삼투 및 전기적 경사에 의한 흡수를 말한다. 확산이란 용액 속에 있는 물질의 분자운동에 의해 그 물질의 농도가 높은 곳에서 낮은 곳으로 이동하는 것을 말한다. 삼투는 막이 반투과막으로 어떤 용질의 통과를 허용하지 않을 경우 그 용질의 농도가 높은 곳에서 용매, 즉 수분이 이동하는 것을 말한다. 예를 들어 세관의 Na^+이 능동적 운반에 의해 사이질액 쪽으로 이동함에 따라 세관 안의 삼투압이 사이질액보다 낮아지며, 이 삼투압 차이에 따라 세관 안의 물도 사이질액쪽으로 확산되어 재흡수된다.

양이온인 Na^+이 능동적으로 재흡수됨에 따라 세관 안쪽은 음(-)이 되어 세관 안팎의 전기적 경사가 발생하게 된다. 이러한 전기적 차이에 따라 세관 안의 음이온인 Cl^-가 Na^+에 뒤이어 사이질액쪽으로 이동하게 된다.

11.2.3 콩팥과 호르몬

토리에서 여과된 물질의 재흡수율을 증가시키는 호르몬은 알도스테론(aldosterone)과 항이뇨호르몬(antidiuretic hormone, vasopressin)이다. 알도스테론은 부신겉질에서 분비되는 호르몬으로, 먼쪽세관에서 Na^+ 재흡수를 촉진한다. 알도스테론은 2차적으로 Cl^-과 중탄산염(HCO_3^-), 물의 수동적인 재흡수를 촉진시킨다.

따라서 알도스테론은 체내 Na^+ 및 수분의 보유에 중요한 역할을 수행한다. 즉 알도스테론은 혈중 Na^+ 농도가 낮거나 K^+ 농도가 높을 때 분비가 촉진되는데, 예를 들어 Na^+이 결핍되면서 혈장량이 떨어지면 콩팥의 토리곁세포군(juxtaglomerular apparatus : JGA)에서 레닌(renin)이라는 물질이 분비된다. 레닌은 활성단백질인 안지오텐신 II(angiotensin II)의 생성에 중요한 역할을 한다. 안지오텐신 II는 강력한 승압작용을 갖는 물질인 동시에 부신겉질을 자극하여 알도스테론의 분비를 자극함으로써 체내 Na^+ 및 수분의 재흡수를 촉진한다(레닌-안지오텐신 II-알도스테론계).

항이뇨호르몬은 뇌하수체뒤엽에서 분비되는 호르몬으로서 먼쪽세관 및 집합관의 구멍을 확장시키는 작용을 하는 것으로 생각된다. 그럼으로써 삼투압에 의한 수분의 수동적인 재흡수 속도를 증가시킨다.

혈중 포도당의 농도가 100mg%이면 토리에서 여과된 포도당은 전부 재흡수된다. 만일 혈중 포도당의 농도가 180~200mg%로 상승하면 세관에서 완전히 재흡수 기능을 발휘하고도 나머지가 소변으로 배설되는데, 이 농도를 포도당의 콩팥역치(renal threshold)라고 한다.

당뇨병에 걸리면 다량의 포도당이 소변 중에 섞여 배출된다. 이는 콩팥의 기능이상으로 인한 것이 아니라 혈중 포도당 농도가 정상 이상으로 높아져 포도당의 콩팥역치를 초과하는 포도당이 재흡수되지 못하고 배설되기 때문이다. 반면 토리쪽세관의 재흡수 구조에 이상이 있어 콩팥역치가 낮아

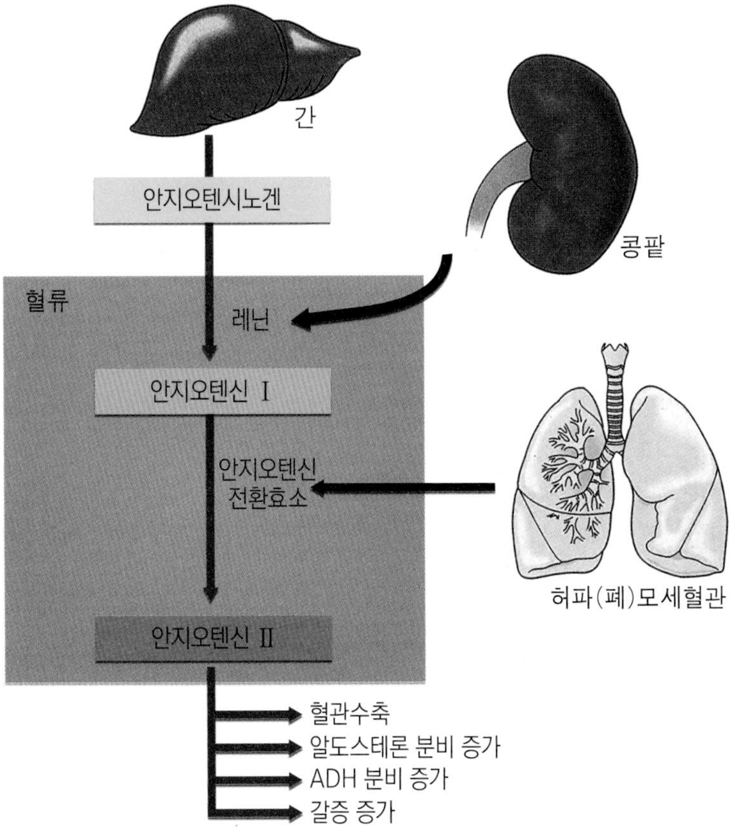

그림 11-5. 레닌-안지오텐신-알도스테론계를 통한 혈압 유지와 체액(혈액량) 유지 기전

지면 혈중 포도당 농도가 정상임에도 소변을 통해서 당이 빠져나오는 경우가 있는데, 이를 신장성 당뇨(renal diabetes)라고 한다.

한편 요산(uric acid), 요소(urea), 크레아티닌(creatinine) 등은 세관 재흡수가 거의 없고 집합관으로의 배설만 이루어진다. 수분 및 전해질의 재흡수와는 관계 없이 콩팥의 토리곁세포군(JGA)에서 분비되는 호르몬은 에리스로포이에틴(erythropoietin)인데, 이 호르몬은 골수에서 적혈구 생성을 촉진하는 작용을 한다.

plus+

항이뇨호르몬과 알도스테론의 작용

그림 11-6은 항이뇨호르몬과 레닌-안지오텐신 Ⅱ-알도스테론 경로에 의한 체내 수분 조절을 전체적으로 상세히 나타낸 것이다. 예를 들어 더운 환경에서 운동할 때와 같이 많은 양의 땀을 흘리고 탈수상태가 진행되었을 때를 생각해 보자. 탈수가 진행되면서 혈압이 감소하고 혈액의 삼투질 농도가 증가하게 된다.

이 경우 인체는 체내수분을 최대한 보유하려는 반응을 보이는데, 그 과정을 그림의 순서대로 설명하면 다음과 같다.

① 체내 수분의 감소는 콩팥 토리곁세포(JG세포)로부터 레닌의 분비를 촉진하고, 레닌은 간에서 생산한 안지오텐시노겐이라는 단백질을 안지오텐신Ⅰ으로 전환시킨다. 안지오텐신Ⅰ은 허파(폐)에서 안지오텐신전환효소(ACE : angiotensin converting enzyme)의 작용에 의해서 안지오텐신Ⅱ로 전환된다.

② 안지오텐신Ⅱ는 혈관수축작용을 통해 혈압을 올리며, 부신겉질로부터 알도스테론의 분비를 자극한다. 한편 안지오텐신Ⅱ는 시상하부에 있는 갈증중추를 자극하여 갈증을 일으키고, 항이뇨호르몬(ADH)의 분비를 촉진한다. 참고로 혈압을 낮추는 고혈압약으로 쓰여지는 안지오텐신전환효소억제제(ACE inhibitor)는 혈관수축 기능이 있는 안지오텐신Ⅱ로의 전환을 막아서 혈관저항을 낮추고 혈압을 내리는 작용을 한다.

③ 부신겉질로부터 분비된 알도스테론은 콩팥의 먼쪽세관에서 나트륨과 수분의 재흡수를 촉진하여 소변의 생성을 막고 체내 수분을 보유하도록 한다.

④ 한편 혈압의 감소와 안지오텐신Ⅱ에 의해 갈증중추가 자극되면, 뇌하수체뒤엽에서 항이뇨호르몬(ADH)의 분비가 촉진된다.

⑤ 혈중으로 분비된 ADH는 콩팥의 집합관벽을 이루고 있는 집합관세포의 세포막에 존재하는 ADH수용체와 결합한다. 그로 인해 집합관세포 안에서는 아데닐사이클라제(AC : adenylate cyclase)와 프로테인키나제 A(PKA)의 경로를 통해 세포핵으로부터 아쿠아포린(aquaporin)이라는 단백질 합성이 촉진된다.

⑥ ADH에 의한 집합관 세포핵의 자극으로부터 생성되는 아쿠아포린(aquaporin)은 집합관 세포막에서 물의 통로(channel) 역할을 한다. 더 많은 아쿠아포린이 만들어져서 집합관 세포막에 플러그인(plug-in) 될수록 집합관으로 여과되어 나온 수분은 다시 재흡수된다.

⑦ 집합관에서 집합관 세포로 흡수된 물(H_2O)은 연쇄적으로 혈관 안으로 재흡수된다. 그로 인해 혈장량은 보존되고 혈압도 더 감소되지 않도록 한다.

⑧ 한편 뇌하수체로부터 분비된 항이뇨호르몬

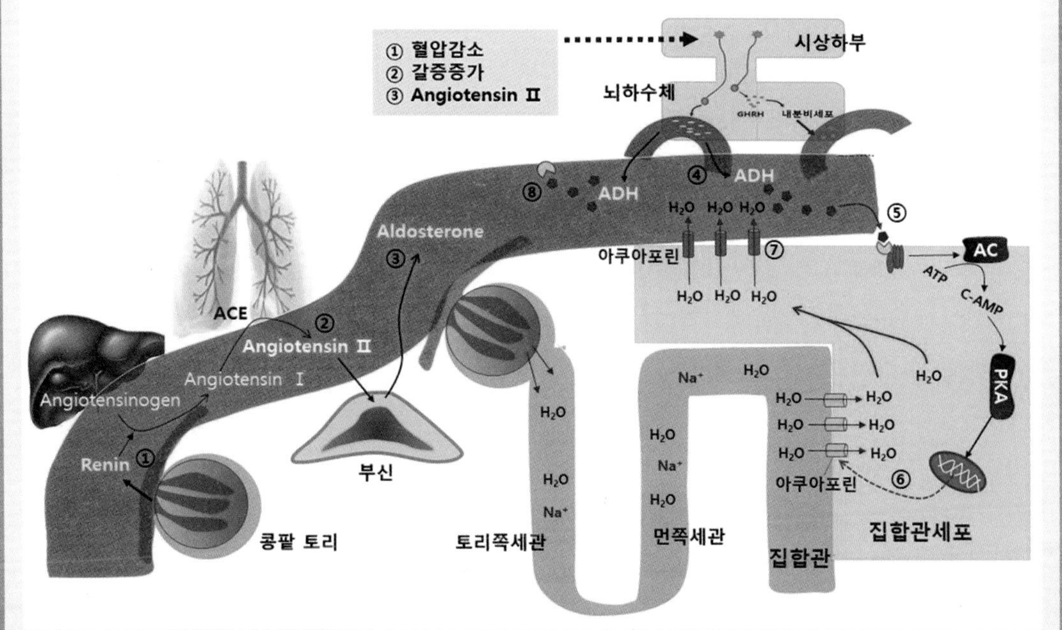

그림 11-6. 알도스테론과 항이뇨호르몬, 콩팥에서의 재흡수 과정

(ADH)은 혈관의 평활근에 있는 수용체와 결합하여 혈관을 수축시킴으로써 혈압을 다시 상승시킨다.

이는 혈압의 감소, 또는 혈액량의 감소에 대하여 최대한 수분을 보존하고, 혈관 수축을 통하여 혈압을 유지하려는 인체의 음성되먹이기 반응이라고 할 수 있다.

11.2.4 콩팥의 pH조절

콩팥의 주요 기능은 체액의 양과 농도를 일정하게 유지하는 것 외에 체액의 pH를 좁은 범위(약 7.4) 내로 유지하는 것이다. 콩팥은 일련의 복잡한 화학적 반응과 능동적 운반 기전을 통해 수소 이온(H^+) 농도를 조절한다. 콩팥이 수소 이온(H^+) 농도를 조절하는 주요 기전은 중탄산 이온(HCO_3^-)의 재흡수율을 높이거나 감소시키는 것이다. HCO_3^- 농도를 조절하는 콩팥의 기전은 그림 11-7에 제시하였다.

중탄산 이온(HCO_3^-)의 재흡수 기전은 다음과 같이 설명할 수 있다.

① 콩팥의 세관세포 내에서 CO_2와 H_2O는 탄산탈수효소(carbonic anhydrase : CA)의 도움으로 탄산(H_2CO_3)이 되면, 이는 곧 해리되어 H^++HCO_3^-으로 된다.

② 형성된 수소 이온(H^+)은 능동적으로 세관공간(tubular lumen)으로 분비된다. 이때 토리의 여과에 의해 세관으로 들어온 중탄산염($NaHCO_3$)은 Na^+과 HCO_3^-으로 해리된다.

③ 세관공간으로 분비된 수소 이온(H^+)은 HCO_3^-와 결합하여 완충되어 탄산(H_2CO_3)을 형성하고, 탄산탈수효소(CA)의 도움으로 CO_2와 H_2O가 된다. 따라서 세관공간과 세관세포 사이의 H^+ 농도

경사가 유지된다. 이때 CO_2는 세포막에 대한 투과도가 높으므로 세관세포로 확산되어 H_2CO_3 형성에 다시 이용된다.

④ 세관공간에서 Na^+은 분비된 H^+ 대신 농도차에 따라 세포 내로 확산되고, 세포 내에서 형성된 HCO_3^-와 결합하여 혈액으로 운반된다. 이 과정에서 H^+의 분비는 HCO_3^-의 재흡수에 필수적이다. 이렇게 형성된 HCO_3^-는 Na^+와 함께 혈액의 중요한 완충제($NaHCO_3^-$)로 이용된다.

HCO_3^-의 재흡수는 세포 내 이산화탄소분압(PCO_2)의 영향을 받는다. 즉 ①의 과정에서 볼 수 있듯이 대사 과정에 의해 생성된 CO_2가 많을수록 H^+의 분비가 촉진되어 HCO_3^- 재흡수가 증가한다. 반면 세포 내 H^+ 농도가 감소하면 세관공간으로 분비되는 H^+가 감소하고, 이어서 세관공간의 HCO_3^-는 H^+와 결합하여 탄산(H_2CO_3)을 형성하지 않고 배출되는 비율이 높아진다.

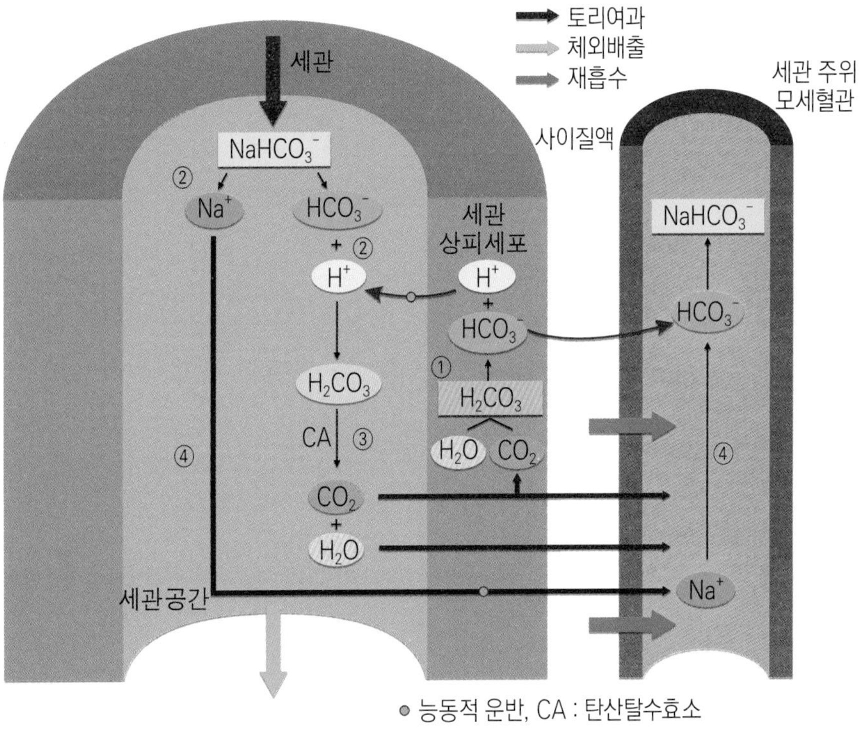

그림 11-7. 콩팥의 중탄산이온(HCO_3^-) 재흡수 기전

11.3 운동과 콩팥의 반응

일회적 운동에 따른 콩팥의 기능적 변화는 개인에 따라, 환경적 조건이나 각자의 생리적 상태에 따라 크게 변화하기 때문에 일관된 결과를 도출하기는 매우 어렵다. 그러므로 콩팥기능에 미치는 운

동의 영향을 평가할 때는 그 사람의 체력 수준, 운동의 강도와 시간, 환경, 기온 등 여러 가지 요인을 고려해야 한다.

11.3.1 콩팥 혈류량

콩팥의 기능은 네프론까지 전달된 혈액량에 크게 좌우되기 때문에 운동 중 콩팥 혈류량의 변화는 당연히 토리여과율(사구체여과율), 재흡수 및 분비, 그리고 소변 생성 등 콩팥의 작용에 영향을 미치게 된다. 심한 운동 중 콩팥 혈류량은 안정 시 수준의 65% 이상까지 감소된다. 이러한 콩팥 혈류량의 감소는 적어도 심박수가 약 135~140회/분, 최대산소섭취량의 50% 이상인 운동강도에서 나타난다.

그 이상의 강도에서는 콩팥 혈류량이 상대적 운동강도의 증가와 더불어 비례적으로 감소된다. 그러므로 분당 0.3ℓ의 산소섭취량이 요구되는 달리기나 수영운동 중 최대산소섭취량이 3ℓ/분인 일반인은 콩팥 혈류량은 70%까지 감소하지만, 최대산소섭취량이 5ℓ/분인 운동선수는 단지 40%만 감소되는 양상을 보인다.

운동강도가 높더라도 시간이 15분 이내라면 콩팥 혈류량의 감소폭은 그다지 크지 않다. 따라서 콩팥 혈류량은 운동강도 및 시간의 영향을 받는다. 따라서 달리기나 수영과 같은 유산소성 지구력 운동 시에 생리적인 의미를 갖게 된다.

운동 시 콩팥 혈류량의 감소는 활동근이나 체온조절을 위한 피부로의 혈류 전환에 기인한다. 운동 중의 콩팥 혈류량은 수분 섭취가 제한되었거나 열환경에서 과다한 수분 손실이 일어난 사람일수록 더욱 큰 폭으로 감소된다.

운동으로 인해 콩팥 혈류량이 감소되는 정확한 기전은 밝혀지지 않고 있으나, ① 교감신경의 흥분도 증가로 인해 네프론의 들세동맥(수입세동맥) 및 날세동맥(수출세동맥)이 수축하고, ② 부신으로부터 에피네프린과 노르에피네프린의 분비가 증가하며, ③ 강력한 혈관수축물질인 안지오텐신 II의 혈중농도가 상승하기 때문으로 생각된다.

교감신경계통은 비교적 단시간의 강한 운동 시에 콩팥 혈류량의 감소에 관여하고, 순환혈액 중 호르몬과 안지오텐신 농도는 보다 장시간의 활동 중 콩팥 혈류량 감소에 관여하는 것으로 보인다.

11.3.2 토리여과율(사구체여과율)

심한 운동 중 토리여과율(사구체여과율)은 콩팥 혈류량이 감소됨에 따라 감소되지만, 가벼운 운동 시에는 매우 다양한 변화를 보인다. 심한 운동 시의 토리여과율은 대체로 콩팥 혈류량보다는 적게 감소되는데, 그 이유는 들세동맥보다 날세동맥의 수축이 크게 일어나 토리 모세혈관압이 증가되기 때문이다. 즉 콩팥 혈류량의 감소에도 불구하고 여과량은 증가한다.

토리 여과율 역시 콩팥 혈류량과 마찬가지로 환경 기온이 높아서 수분손실이 커지거나 수분 섭취를 제한하거나 체력 수준이 낮을수록 크게 감소된다.

11.3.3 소변생성량

운동 시 소변생성량의 감소는 토리여과율(사구체여과율)이 감소된 결과로 나타난다. 또한 수분 섭취를 제한할 경우 항이뇨호르몬(ADH)의 분비증가는 세관에서의 수분 재흡수를 촉진시키기 때문에 소변생성량을 더욱 감소시킨다.

열환경에서 장시간 운동할 때는 발한에 의해 약 1~2ℓ의 체액이 손실된다. 수분손실이 증가하면서 인체의 발한반응은 점차 지연되고, 체온 발산 기전은 점차 비효율적으로 된다. 이러한 조건에서 나타나는 콩팥 혈류의 감소와 소변 생성량의 감소는 체액을 보존하기 위한 필수적인 반응이다.

11.3.4 소변 중 물질의 배출

일반적으로 힘든 운동 시에는 소변 중으로 배설되는 물질은 감소된다. 즉 Na^+나 Cl^-, Mg^{++}, 크레아티닌(creatinine)과 같은 물질의 배설은 운동 중에 감소되는데, 그것은 토리 여과율(사구체 여과율)의 감소 이외에도 세관에서의 재흡수가 휴식 시보다 증가하기 때문이다. 따라서 소변 중 물질의 농도를 나타내는 소변 비중은 운동 후에 오히려 감소한다. 이러한 현상은 심한 운동 중 부신에서의 알도스테론 분비가 증가되어 세관으로부터의 Na^+ 재흡수가 촉진되고, 이어서 Cl^-가 전기적 경사에 의해 재흡수되기 때문으로 생각된다.

더운 환경에서의 운동으로 다량의 체액 손실이 이루어질 때에는 정상적인 조건에서 운동할 때보다 레닌이나 알도스테론의 분비율이 급격히 증가하는 양상을 보인다. 이것은 발한으로 인한 체액량의 감소에 대해 수분을 보유하려는 내분비계통의 반응이 민감하게 이루어지고 있음을 나타낸다.

한편 단련자는 동일한 운동 시 콩팥 혈류량이나 토리 여과율, 소변 생성량의 감소폭이 적은 경향을 보인다. 이러한 적응은 주로 교감신경계통의 영향을 받는 토리의 들·날세동맥의 수축이 현저하지 않아 콩팥 혈류량이 크게 제한되지 않기 때문이다.

장시간의 고강도운동 시에는 건강한 사람의 80% 이상에서 요단백이나 소변 중 혈구세포의 출현이 관찰된다. 안정 시 다량의 요단백이나 혈구세포의 검출은 신장염(nephritis)와 같은 콩팥기능의 이상 시에 전형적으로 나타나는 증상이다. 그런데 심한 운동 후 소변 중에 나타나는 단백이나 혈구는 매우 소량인데, 이러한 현상을 운동성 의사신염(athletic pseudonephritis)이라고 한다.

근육세포 내에 존재하는 단백질인 미오글로빈이 심한 운동을 하고 24~48시간 후 소변 중으로 배설되기도 한다. 이는 운동 중 근육섬유의 손상을 반영하는 것으로, 심하면 횡문근융해증과 같은 매우 위험한 징후를 반영할 수도 있다[p.332 plus+ 참조].

운동성 의사신염의 정확한 원인은 밝혀지지 않았으나 ① 콩팥 혈류량 감소로 인한 저산소상태(hypoxia)가 토리 모세혈관의 투과도를 증가시키거나, ② 운동 중 혈장 단백질 농도의 증가가 토리에서의 단백질 여과를 증가시키는 원인이거나, ③ 콩팥 혈류량의 감소로 인해 단순히 토리 모세혈관에서의 혈류 속도가 감소되어 막을 통한 단백질 분자의 이동을 위한 시간적 여유가 길어졌기 때문으로 생각된다.

한편 운동강도와 비례적으로 심한 운동 중 혈중 암모니아(NH_3) 농도는 상승하여 회복기 30분까지 높은 수준을 유지한다. 이러한 증가는 활동 근육 내에서 아미노산으로부터 분리된 아미노기(NH_2)로부터 암모니아의 합성이 증가되었기 때문인데, 간에서 암모니아 분자는 요소(urea)를 형성한다.

운동 중 혈중 암모니아 수준의 증가는 암모니아 및 암모니아 이온(NH_4)의 소변을 통한 배출을 증가시킨다. 그러나 소변 중 암모니아의 대부분은 콩팥세관세포로부터 생성되는데, 콩팥세관세포는 아미노산으로부터 암모니아를 형성하는 능력이

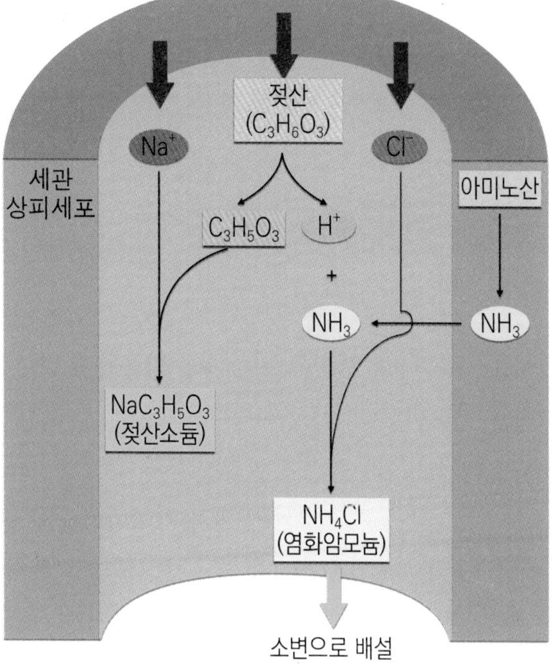

그림 11-8. 콩팥의 pH 조절 : 젖산의 완충

plus+

혈액에서의 젖산 완충

젖산(lactic acid)은 근육 내에서 형성되자마자 수소 이온(H^+)을 방출한다. H^+를 방출하는 젖산은 체액 중의 Na^+, K^+과 결합하여 젖산염(lactate)을 형성한다. 즉 체액 중의 중탄산염($NaHCO_3$) 등은 젖산으로 인한 혈액의 산성화를 완충시키는 작용을 하는데, 그 과정은 아래와 같다.

강산성인 젖산은 체액 중 중탄산염과 결합하여 강한 염기성인 젖산소듐(젖산염)과 약산성인 탄산을 형성한다. 따라서 젖산과 젖산염은 동일한 화합물이 아니다. 무산소성 해당과정 결과 생성된 젖산은 H^+를 빠르게 분리하면서 즉시 강한 염기성인 젖산염을 형성하기 때문에 이 두 가지는 흔히 같은 용어로 사용된다.

$$\underset{\text{(젖산 : 강산성)}}{LA\text{-}H} + \underset{\text{(중탄산염 : 완충제)}}{NaHCO_3} \longrightarrow \underset{\text{(젖산염 : 강한 염)}}{NaLA} + \underset{\text{(탄산 : 약산)}}{H_2CO_3}$$

$$\underset{\text{(탄산 : 약산)}}{H_2CO_3} \xrightarrow{\text{허파에서 이루어짐}} \underset{\text{(호흡을 통한 배출)}}{H_2O + CO_2}$$

뛰어나다[그림 11-8]. 이 암모니아는 능동적으로 세관공간으로 운반되어 염화암모늄(NH_4Cl)과 같은 암모니아염을 형성하여 H^+을 제거한다. 또한 이러한 방법으로 암모니아(NH_3)는 젖산의 수소 이온 및 Cl^-와 결합하여 중성염인 염화암모늄을 형성함으로써 소변의 산성도를 감소시킨다.

11. 4 운동과 산·염기평형

인체는 산도(pH)의 변화에 민감하게 반응하여 pH 7 이하(산성화) 또는 pH 8 이상(알칼리화)이 되면 생명 유지가 어려워진다. 인체가 소비하는 음식물의 대사산물에는 주로 산이 들어 있기 때문에 산증(acidosis)이 되기는 쉬우나 알칼리증이 되는 경우는 드물다. 운동 중에는 젖산과 같은 대사산물이 증가되므로 안정 시에 비해 체액이 더욱 산성화된다.

인체가 산·염기평형을 조절하는 기전으로는 다음의 세 가지가 있다.

① 체액 중의 완충제(buffer)를 이용한다. 체내의 가장 일반적인 완충제는 탄산(H_2CO_3)과 중탄산소듐($NaHCO_3$)으로 구성되어 있다.

② 호흡을 통해 CO_2 배출량을 조절함으로써 인체의 산·염기평형이 유지된다(호흡성 완충).

③ 콩팥은 산이나 염기를 배출하여 인체의 산도를 조절한다(대사성 완충).

콩팥을 통한 산·염기조절은 앞부분에 이미 설명하였으므로 여기에서는 완충제에 의한 조절과 호흡성 조절을 중심으로 설명하기로 한다.

11.4.1 산과 염기

산(acid)은 용액 내에서 수소 이온(H^+)을 내놓는 화학적 화합물이며, 염기(base)는 수산기 이온(OH^-)을 내놓는 화학적 화합물이다.

산

$$HCl \rightleftharpoons Cl^- + H^+$$
(염산)

$$H_2SO_4 \rightleftharpoons HSO_4^- + H^+$$
(황산)

염기

$$NaOH \rightleftharpoons Na^+ + OH^-$$
(수산화소듐)

$$KOH \rightleftharpoons K^+ + OH^-$$
(수산화포타슘)

강산은 약산보다 상대적으로 수소 이온(H^+)을 더 많이 내놓는다. 강염기는 약염기보다 더 많은 수산기 이온(OH^-)을 내놓는다. 물용액은 수소 이온과 수산기 이온을 함께 갖고 있다. 산성용액은 H^+을 더 많이 함유하고, 염기성 용액은 OH^-를 더 많이 함유하고 있다. 순수한 물은 H^+와 OH^-의 수를 똑같이 갖고 있기 때문에 중성이다.

$$H_2O \rightleftharpoons H^+ + OH^-$$

결국 어떤 용액이 산성인가 염기성인가는 그 용액에 포함된 수소 이온(H⁺)의 수 또는 농도에 의해 결정된다. H^+ 이온의 수가 OH^- 이온의 수보다 많으면 그 용액은 산성이 되고, OH^- 이온의 수가 H^+ 이온의 수보다 많으면 그 용액은 염기성이다. 용액의 산성도를 표현하기 위해 용액에 용해된 수소 이온의 수를 pH로 표현한다. 어떤 용액의 pH는 $-\log[H^+]$로 표현한다.

$$pH = -\log[H^+]$$

여기에서 $[H^+]$는 용액 1 ℓ 에 존재하는 H^+ 이온의 그램을 나타낸다. 순수한 물의 수소 이온 농도는 1 ℓ 당 약 10^{-7}mole이다. 그러므로 순수한 물의 pH는 7이다. pH가 7 이상이면 알칼리성, pH가 7이면 중성, 그리고 pH가 7 이하이면 산성이다.

$$\begin{aligned} pH &= -\log[10^{-7}] \\ &= -(-7) = 7 \end{aligned}$$

어떤 용액을 산에 첨가하면 유리 수소 이온의 수가 증가하기 때문에 그 용액의 pH는 낮아진다. 반면 알칼리(염기)를 첨가하면 H^+ 이온의 농도는 감소하고, OH^- 이온은 증가하기 때문에 pH는 높아진다.

생명을 유지할 수 있는 인체혈액의 pH 범위는 휴식 시 7.0~7.7 사이이다. 운동은 근육의 pH를 산성쪽으로 변화시킨다. 즉 탈진적인 운동 중 근육의 pH는 6.4~6.6까지 낮아진다. 이러한 pH의 감소는 일시적인 것이다. 왜냐하면 콩팥과 호흡계통을 포함하는 인체의 완충능력이 작용하여 pH를 곧 정상으로 회복시키기 때문이다.

11.4.2 수소 이온의 생성

체액 중 수소 이온은 대부분 대사작용의 부산물로 생성되고, 일부만이 소화관을 통해 흡수된다. 운동 시에는 대사작용이 활발하게 진행되어 다량의 수소 이온이 생성되고, 체액을 일시적으로 산성화시킨다. 수소 이온이 생성되는 근원은 다음과 같다.

11.4.2.1 ATP의 분해

ATP의 가수분해 과정은 수소 이온(H⁺)의 생성을 촉진한다. 제3장 에너지대사에서 수소 이온의 생성 과정은 표시하지 않았으나, 그 과정을 보다 정확히 표현하면 다음과 같다.

$$ATP + H_2O \longrightarrow ADP + HPO_4 + H^+$$

이러한 근수축 활동에 의해 촉진되는 ATP의 가수분해와 수반되는 수소 이온(H^+)의 증가는 사실상 다음 에너지원의 유산소적 또는 무산소적인 대사 과정이 증가된 결과이기도 하다.

11.4.2.2 글루코스의 유산소성 대사

글루코스($C_6H_{12}O_6$)는 유산소적으로 분해되어 최종대사산물로 H_2O와 CO_2를 생성한다. 생성된 CO_2는 물과 반응하여 탄산(H_2CO_3)을 형성하고, 이어서 탄산은 수소 이온(H^+)과 중탄산 이온(HCO_3^-)으로 이온화된다.

$$CO_2 + H_2O \longrightarrow H_2CO_3 \longrightarrow H^+ + HCO_3^-$$

11.4.2.3 글루코스의 무산소성 대사

글루코스가 무산소적으로 분해되면 젖산(lactic acid)이 생성되고, 젖산은 생성되면서 수소 이온(H^+)을 방출한다. 그러나 젖산의 생성이 실제로 근육의 pH를 감소시키는 주 원인인지에 대해서는 논쟁이 존재한다.

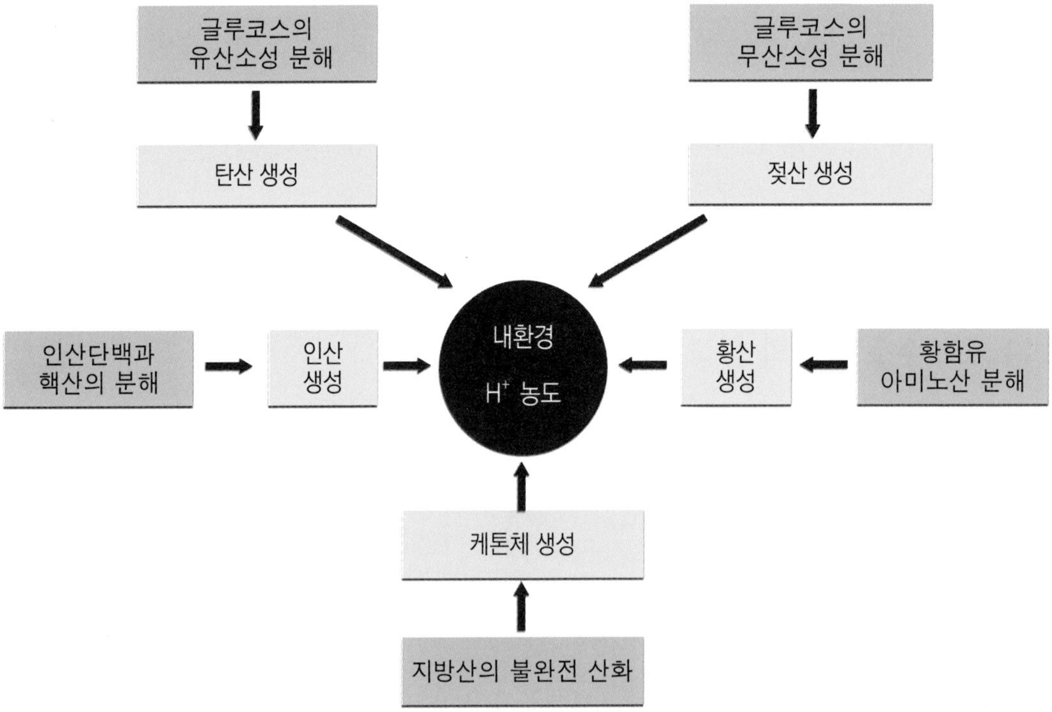

그림 11-9. 수소 이온을 생성하는 대사 과정 요약

11.4.2.4 지방산의 불완전 연소

지방산이 불완전하게 연소되면 산성의 케톤체(keton body)가 생성되고 그로 인해 H^+의 농도가 증가한다.

11.4.2.5 황(sulfur) 함유 아미노산

황함유 아미노산은 산화되면서 H_2SO_4를 생성하고, 생성과 동시에 H^+을 방출한다.

11.4.2.6 인산단백(phosphoprotein)과 핵산(nucleic acid) 분해

이들은 분해되면서 인산(H_3PO_4)을 생성하며, 생성과 동시에 H^+를 방출한다. 수소 이온은 효소들과 결합하여 이들의 크기와 모양을 변형시킴으로써 효소의 작용에 영향을 미친다. 심한 운동으로 인해 다량의 수소 이온이 생성되면 이들은 미오신 ATPase의 활성도를 감소시키거나, 무산소성 대사 과정 또는 유산소성 대사 과정에 작용하는 속도조절효소들의 작용을 억제함으로써 피로현상을 유발한다. 한편 근육원섬유의 트로포닌(troponin)의 교차결합 형성부위에서 칼슘(Ca^{++}) 대신 결합함으로써 교차결합 형성을 방해하고 근육의 수축력을 감소시킨다.

그림 11-10은 탄수화물의 무산소적 대사 과정에 작용하는 여러 효소들을 나타내고 있는데, 대사 과정 중 생성된 수소 이온(H^+)은 특히 해당과정의 속도조절 효소인 인산과당분해효소(PFK: phosphofructokinase)의 활성도를 감소시킨다.

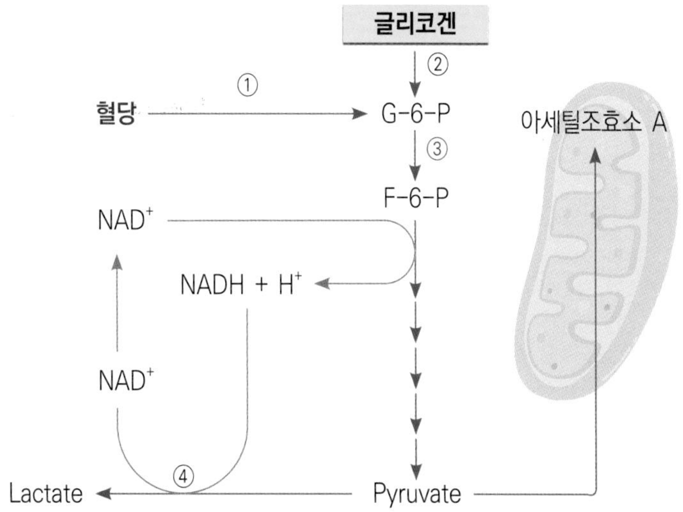

그림 11-10. 당원 분해, 해당과정 등에 관여하는 효소들

① 헥소키나제(hexokinase) ② 가인산분해효소(phosphorylase)
③ 인산과당분해효소(phosphofructokinase) ④ 젖산탈수소효소(lactate dehydrogenase)

또한 다량의 수소 이온(H^+)이 생성됨에 따라 NAD/NADH의 비율이 감소하게 된다. 이는 역시 해당과정의 속도를 감소시키는 원인이 되는데, 이를 아래와 같은 식으로 표현할 수 있다.

$$Pyruvate + NADH + H^+ \underset{}{\overset{LDH}{\rightleftharpoons}} Lactate + NAD^+$$

11.4.3 완충제

완충시스템은 두 가지로 나누어진다. 즉 약산과 약산의 염(salt)이다. 완충제의 우선적 역할은 일정하게 수소 이온(H^+)의 농도를 유지하는 것이다. 완충제의 예를 들면 초산(acetic acid : 약산), 탄산(carbonic acid : 약산), 중탄산염(sodium bicarbonate : 염)이 있다. 완충과정에서 산(acid)은 염과 반응하여 보다 강한 염을 만들고 보다 약한 산을 형성한다. 예를 들면 중탄산염(sodium bicarbonate ; $NaHCO_3$)과 반응한 젖산은 젖산염(sodium lactate ; NaLA)과 탄산(H_2CO_3)을 형성한다.

$$\underset{(강산)}{LA\text{-}H} + \underset{(염)}{NaHCO_3} \rightleftharpoons \underset{(강한\ 염)}{NaLA} + \underset{(약산)}{H_2CO_3}$$

혈중에서 탄산은 약산이므로 많은 H^+를 내놓지 않는다. 물론 탄산은 물과 이산화탄소로 분리되어 쉽게 체외로 배출시킬 수 있다.

$$H_2CO_3 \rightleftharpoons H_2O + CO_2$$

중탄산염($NaHCO_3$)은 강산인 염산(HCl)을 쉽게 완충시켜 강한 염(NaCl)과 약산(H_2CO_3)을 형성한다.

$$\underset{(중탄산염)}{NaHCO_3} + \underset{(강산)}{HCl} \rightleftharpoons \underset{(강한\ 염)}{NaCl} + \underset{(약산)}{H_2CO_3}$$

여기서 HCl로부터 분리된 과다한 수소 이온(H^+)은 탄산(H_2CO_3)을 형성하여 용액으로부터 대량으로 제거된다. 탄산은 약산이기 때문에 HCl만큼 쉽게 해리되지 않는다. 즉 다량의 H^+을 내놓지 않게 된다. 이러한 완충시스템은 체액이 지나치게 산성이나 염기성이 되지 않도록 하는 한 가지 방법이다.

중탄산염($NaHCO_3$) 완충시스템 이외에 인산(phosphate)과 단백질 완충시스템이 있다. 모든 시스템은 유사한 방법으로 작용한다.

인산완충제(disodium phosphate-Na_2HPO_4)는 콩팥에 집중되어 있으며, 단백질(즉 hemoglobin)은 적혈구와 혈장에 함유되어 있다. 대다수의 완충은 세포 내에서 이루어지며, 단백질 완충제는 특히 중요하다 [제8장 그림 8-19 참조].

표 11-1. 화학적 산·염기 완충시스템

완충시스템	완충제	작 용
중탄산시스템	중탄산소듐($NaHCO_3$) 탄산(H_2CO_3)	강산을 약산으로 전환
인산시스템	인산소듐($Na_2HPO_4^-$)	강산을 약산으로 전환
단백질시스템	분자의 COO^-기 분자의 NH_3기	수소 이온(H^+)을 받아들임

11.4.4 pH의 호흡성 조절

설명한 바와 같이 숨뇌의 호흡중추와 대동맥활의 화학수용기는 혈액의 수소 이온 농도의 변화에 민감하다. 체액 내 CO_2의 증가는 pH를 감소시킨다(CO_2는 H_2O와 결합하여 H_2CO_3을 형성한다). CO_2를 제거하면 pH는 증가한다. 즉 체액이 알칼리화된다.

$$CO_2 + H_2O \rightleftharpoons H_2CO_3 \rightleftharpoons H^+ + HCO_3^-$$

H^+ 이온 농도의 증가는 호흡계통을 자극하여 환기량을 증가시킴으로써 CO_2를 배출시킨다. 반대로 낮은 H^+의 이온 농도는 호흡기전을 억제한다. 호흡의 수와 깊이, 그리고 허파꽈리환기(폐포환기)의 변화는 즉각적으로 체액의 pH에 영향을 미친다. 예를 들어 혈중 pH가 안정 시의 정상수준(7.4) 이하로 감소하면 호흡이 강하게 자극되어 과환기(hyperventilation)가 일어난다.

과환기는 CO_2 배출을 증가시켜 체액의 pH가 상승하게 된다. 그림 11-11에서 휴식 시보다 폐포환기량(허파꽈리환기량)이 2배인 과환기가 이루어지면 혈액과 체액 pH는 0.25pH 단위만큼 증가한다.

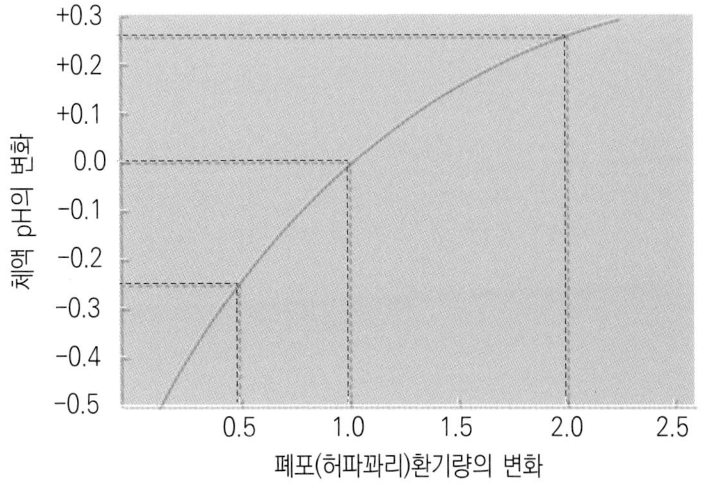

그림 11-11. 폐환기에 따른 체액 pH의 변화(휴식 시=0)

반면 폐포(허파꽈리)환기량이 정상의 절반으로 감소되면 pH는 0.25가 감소한다. 이러한 호흡성 완충력은 모든 화학적 완충시스템의 1~2배에 해당한다.

plus+

단백질의 과잉섭취

단백질의 과잉섭취는 상대적으로 많은 산성의 대사산물을 생성하여 체액을 산성화시킨다. 단백질의 과잉섭취는 단백질대사를 항진시켜 그 과정에서 많은 요산(uric acid), 인산, 황산을 생성한다. 그로 인해 체액이 일시적으로 산성화되면 인체는 이를 완충시킬 능력이 있으나, 장기적인 고단백식 위주의 식습관은 만성적으로 체액을 산성화시킴으로써 통풍(gout), 탈수, 골다공증 등의 문제를 야기시킨다. 그림 11-12는 단백질의 과잉섭취와 혈액의 산성화에 따른 인체조절과정을 보여준다.

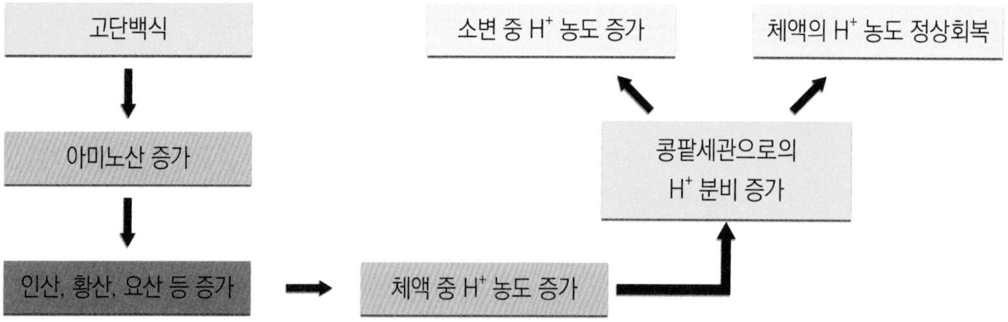

그림 11-12. 단백질 과잉섭취와 체액의 산성화에 대한 콩팥의 조절

11.4.5 염기예비량

체액의 pH가 CO_2 생성 및 뒤이은 탄산(H_2CO_3)의 생성에 의해 영향을 받는 정도는 이용 가능한 중탄산염(HCO_3^-)의 양에 좌우된다. 실제로 체액의 pH는 용해된 CO_2량에 대한 중탄산 이온 농도의 비율과 관계가 있다.

$$pH = pk + \log\left[\frac{HCO_3^-}{CO_2}\right]$$

pK라는 기호는 완충의 상수로서 중탄산염 완충시스템에서는 6.1이다. 만약 HCO_3^- 농도가 용해된 CO_2량과 같을 때 그 용액의 pH는 6.1이다. 안정 시 정상적인 CO_2에 대한 HCO_3^- 비율(HCO_3^- : CO_2)

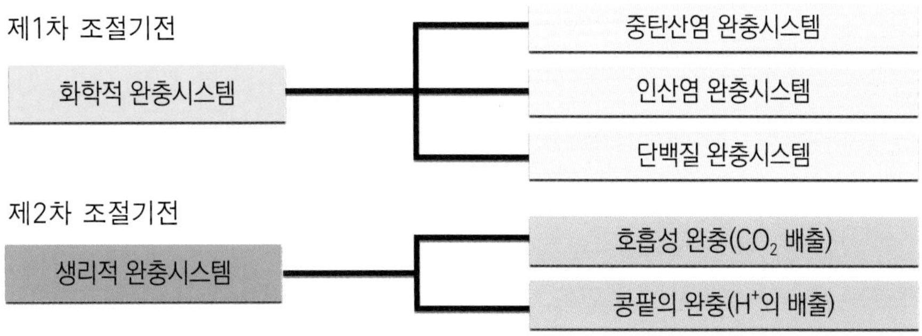

그림 11-13. 인체의 산-염기평형을 위한 조절 기전

은 20:1인데, 이때 pH는 7.4이다.

그림 11-13에서 보듯이 HCO_3^- 이온 농도의 증가(염기 첨가)는 pH를 상승시킨다. 반면 용해된 CO_2의 증가는 pH를 감소시킨다. 체내에서 완충을 위해 사용할 수 있는 중탄산 이온의 양을 염기 예비량(alkali reserve)이라고 한다.

염기예비량을 증가시키기 위해 중탄산염을 투여함으로써 고강도의 심한 운동 시 피로가 억제될 수 있을 것으로 기대되어 왔다. 즉 무산소성 운동 시 수소 이온의 축적과 그로 인한 체액의 pH 감소는 근육 피로의 가장 중요한 요인이다. 몇몇 연구에서는 운동전 중탄산염 투여가 pH 감소와 피로를 지연시킴으로써 운동 지속시간이 연장되는 결과를 보고하였다.

중탄산염의 경구투여에 의해 혈중중탄산염이 증가하더라도 중탄산염의 세포 내 농도에는 거의 영향을 미치지 않는다. 그러므로 2분 이내에 탈진되는 단시간의 운동수행 시 근육세포 내에 축적된

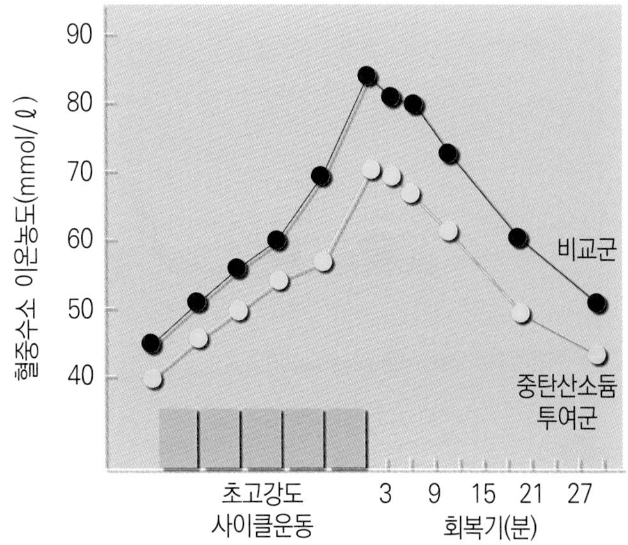

그림 11-14. 혈중 수소 이온 농도에 미치는 중탄산염 투여의 효과(Costill 등, 1984)

젖산이 사이질액과 혈장으로 미처 확산되지 못하기 때문에 중탄산염 투여에 의해 세포외액의 증가된 완충 능력에 의한 이점을 얻을 수 없다.

혈중 중탄산염 수준의 증가는 2~5분 또는 반복적인 단거리 달리기와 같은 무산소성 운동종목에서 보다 유리하게 작용할 것으로 생각된다. 그림 11-14에서는 1분간의 단거리 사이클링을 5회 반복할 때 중탄산염투여군에서 운동중과 회복기의 혈중 수소 이온 농도가 더 낮은 상태를 보여주고 있다.

한편 스프린트 훈련이나 지구성 훈련은 혈중 중탄산염의 농도에 영향을 미치지 않음에도 불구하고 스프린트 선수들에게서 근육의 완충능력이 증가되는 현상이 나타나는 것은 이론적으로 근육의 인산과 단백질에 기인하는 것으로 추측된다.

단원요약

- 콩팥은 인체의 여과기로서 작용하며, 여과작용은 약 100만 개의 네프론(nephron)이라는 기능적 최소단위가 수행한다.
- 네프론은 콩팥소체와 세관으로 이루어져 있으며, 콩팥소체는 혈관덩어리인 토리(사구체)와 토리를 둥글게 감싸고 있는 보우만주머니로 되어 있다. 혈액은 토리를 흐르면서 여과되고, 여과된 혈장은 보우만주머니-토리쪽세관-먼쪽세관-집합관-콩팥깔대기의 경로를 거쳐 소변으로 배출된다.
- 토리에서 여과된 수분과 물질들은 모두 소변으로 배출되는 것이 아니라 세관과 집합관을 거치면서 대부분 재흡수되고, 인체에 과잉된 수분과 불필요한 노폐물이 소변을 형성하여 배출된다.
- 토리에서 여과된 물질이 세관과 집합관을 통과하면서 다시 세관막이나 집합관막을 통해 재흡수되는 것은 확산 · 삼투 등 수동적 운반이나 능동적 운반에 의해 이루어진다. 혈장이 토리를 지나면서 여과되는 양을 토리여과량(사구체여과량, GFR)이라고 하는데, 양쪽 콩팥을 합하여 약 120㎖이다.
- 혈중 포도당 농도가 180~200㎎%로 상승하면, 세관에서 완전히 재흡수되지 않고 여과된 포도당 중 일부가 소변으로 배설된다. 소변으로 포도당이 배설되기 시작하는 혈중 포도당 농도의 상한선을 포도당의 콩팥역치(신장역치)라고 한다.
- 토리에서 여과된 물질의 재흡수를 증가시키는 호르몬은 알도스테론(aldosterone)과 항이뇨호르몬(ADH)이다. 알도스테론은 부신겉질에서 분비되는 호르몬으로 네프론의 먼쪽세관에 작용하여 Na^+과 수분의 재흡수를 촉진한다.
- 항이뇨호르몬은 뇌하수체호르몬으로서 먼쪽세관과 집합관에서 수분의 재흡수를 촉진하는 역할을 한다. 운동 시 다량의 발한으로 체내수분이 손실되었을 때 이들 호르몬의 분비가 증가되어 체내수분을 보유하려는 반응이 나타나게 된다.

〉〉 콩팥의 주요 기능은 체액의 양과 농도를 일정하게 유지하는 것 외에 수소 이온(H^+) 의 농도를 조절하여 체액의 pH를 일정하게 유지하는 것이다. H^+의 농도조절은 주로 중탄산이온(HCO_3^-)의 재흡수율을 높이거나 감소시킴으로써 이루어진다.

〉〉 일회적 운동 시 콩팥에는 기능적 변화가 나타나는데, 운동강도가 증가할수록 콩팥을 흐르는 콩팥혈류량은 감소한다. 운동 중 콩팥혈류량은 활동근육이나 피부로의 혈류 재분배에 의해 감소된다.

〉〉 운동중에는 콩팥혈류량의 감소와 더불어 토리여과율(GFR)도 감소하는데, 그 감소폭은 콩팥혈류량에 비해 적다. 그 이유는 토리로 들어가는 들세동맥보다 날세동맥의 수축이 크게 일어나서 토리모세혈관압이 높아지기 때문이다.

〉〉 운동 중 콩팥혈류량과 토리여과율이 감소함으로써 소변의 생성량도 감소하는데, 이는 항이뇨호르몬(ADH)의 분비가 운동 중 촉진되기 때문이다. 이러한 현상은 다량의 수분손실이 일어나는 열환경에서 지구성 운동을 할 때 더욱 뚜렷하게 나타난다.

〉〉 인체에서 체액의 산도조절은 ① 체액 중 중탄산소듐($NaHCO_3$)과 같은 완충제를 이용하거나, ② 호흡을 통해 CO_2를 배출하거나, ③ 콩팥을 통해 산이나 염기를 배출함으로써 이루어진다.

〉〉 산(acid)은 용액 내에서 수소 이온(H^+)을 내놓는 화학적 화합물이며, 염기(base)는 수산기이온(OH^-)을 내놓는 화학적 화합물이다.

〉〉 체내에서 수소 이온(H^+)은 글루코스의 유 · 무산소성 대사, 지방산의 불완전연소, 황함유아미노산이나 인산단백과 핵산의 대사에 의해 생성된다.

〉〉 인체의 완충제로는 중탄산소듐($NaHCO_3$)이나 인산소듐(Na_2HPO_4), 단백질 분자의 NH_3나 COO^-기가 있는데, 이러한 완충제들은 강산과 반응하여 약한 산(acid)과 강한 염(salt)을 형성한다.

〉〉 인체는 호흡을 통해 CO_2를 배출함으로써 혈중 수소 이온(H^+) 농도를 감소시키는데, 이를 호흡성 완충이라고 한다.

$$H^+ + HCO_3^- \rightarrow H_2CO_3 \rightarrow H_2O + CO_2$$

CO_2를 많이 배출할수록 위의 식에서 오른쪽 방향으로의 반응이 촉진되며, 체액 중 수소 이온(H^+)은 제거된다.

〉〉 중탄산염($NaHCO_3$)과 같은 완충제를 투여함으로써 고강도의 심한 운동 시 체내 산성화로 인한 피로를 억제할 수 있을 것이라는 기대하에 여러 연구가 진행되어 왔다. 그 결과 중탄산염의 투여로 인한 혈장중탄산염수준의 증가가 대체로 2~5분 사이의 최대운동이나 반복적인 무산소성 운동 시 유리하게 작용할 것으로 기대되고 있다.

연습문제

1. 네프론(nephron)의 구조와 세 가지 기능을 설명하시오.
2. 토리여과율(GFR)을 설명하시오.
3. 콩팥에서 여과된 물질의 재흡수를 촉진시키는 호르몬과 그 작용에 대하여 설명하시오.
4. 당뇨병에서 소변 중 포도당이 배출되는 기전을 설명하시오.
5. 운동 중 콩팥 혈류량, 토리여과율 및 소변 생성량의 변화를 설명하시오.
6. 열환경에서 운동으로 인해 다량의 수분손실이 일어날 때 발생할 수 있는 호르몬반응과 콩팥 기능의 변화를 설명하시오.
7. 운동성 의사신염(athletic pseudonephritis)을 설명하시오.
8. 체내에서 수소 이온(H^+)이 생성되는 근원에 대해 열거하고, 그에 따른 피로현상과의 관계를 설명하시오.
9. 인체의 산 · 염기조절을 위한 세 가지 시스템을 설명하시오.
10. 산성 물질과 염기성 물질의 구분에 대하여 설명하시오.
11. 젖산이 완충제인 중탄산염($NaHCO_3$)과 반응하는 과정을 설명하시오.
12. 환기량과 인체 pH의 관계를 설명하시오.
13. 중탄산염($NaHCO_3$)의 투여가 운동수행에 미치는 영향을 설명하시오.

Memo

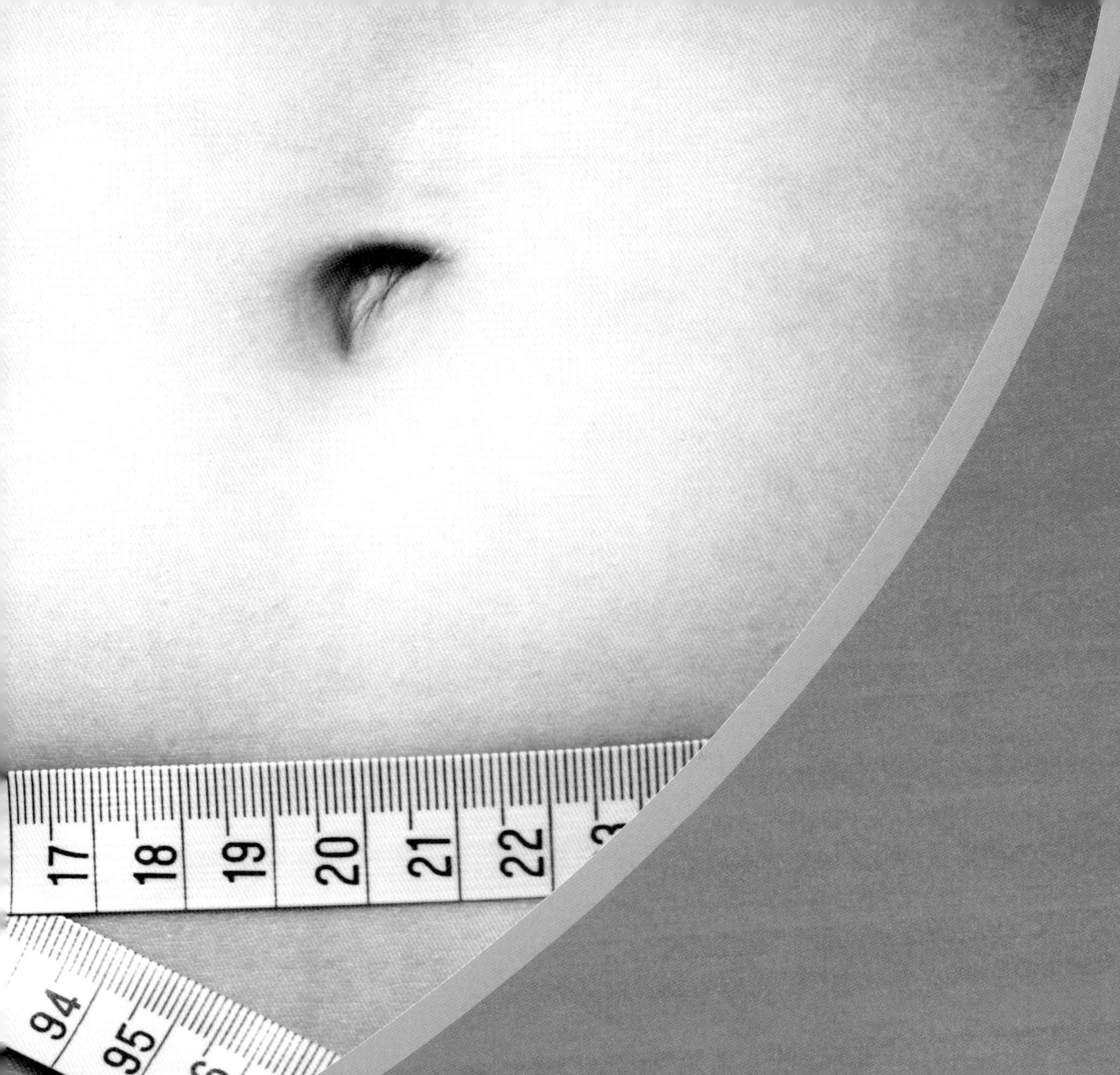

CHAPTER 12

체성분과 체지방

체지방률(%fat)과 제지방량(FFW)의 개념을 이해한다. 체지방률을 측정하는 방법인 액체정역학적 측정법과 피부두겹집기법, 생체전기저항법 등의 대체적인 원리와 측정과정을 배운다.

그리고 비만의 여러 가지 종류를 알고, 비만을 유발하는 유전적 인자와 환경적 인자들을 공부하고, 각종 질환과의 관계를 이해한다.

체중감량을 위한 식이제한과 운동이 체성분에 미치는 영향에 특히 중점을 두고 체중감량에 적합한 운동방법을 배운다

인체의 성분은 크게 지방과 지방 이외의 부분으로 나누어 생각해 볼 수 있다. 인체 내의 지방은 인체의 생리적 기능과 조절에 반드시 필요한 필수지방과 그 외의 저장지방으로 구분된다. 필수지방은 뇌조직, 신경의 말이집(myelin sheath), 골수, 간 및 여러 내분비조직, 자궁 및 기타 성(sex)과 관련된 지방조직의 지방이다. 남자는 3~4%, 여자는 10~12%의 필수지방량을 가지고 있다.

저장지방은 인체의 모든 부위에 걸쳐 지방조직 내에 저장되어 있는 지방을 말한다. 인체의 가장 큰 지방 저장고는 피부 아래에 위치한 피부밑(피하)지방층이다. 그밖의 지방은 복부나 가슴 부위의 공간에 위, 창자 등을 덮고 있는 내장지방이 있다. 저장지방은 에너지 저장고 역할뿐만 아니라 추위에 대한 단열재, 신체적 외상으로부터의 보호재 역할을 한다.

체지방량은 필수지방과 저장지방량을 통틀어 인체의 모든 지방 무게를 나타내는 것이고, 체지방률은 체중에 대한 체지방량의 비율을 백분율로 나타낸 것으로 %fat로 표시한다. 총체중에서 체지방량을 뺀 부분을 제지방량(fat-free weight : FFW)이라고 하는데, 이는 인체에서 지방을 제외한 나머지 부분, 즉 근육, 뼈, 피부 및 내장기관을 포함한 모든 신체조직을 일컫는 말이다. 그림 12-1은 성인남

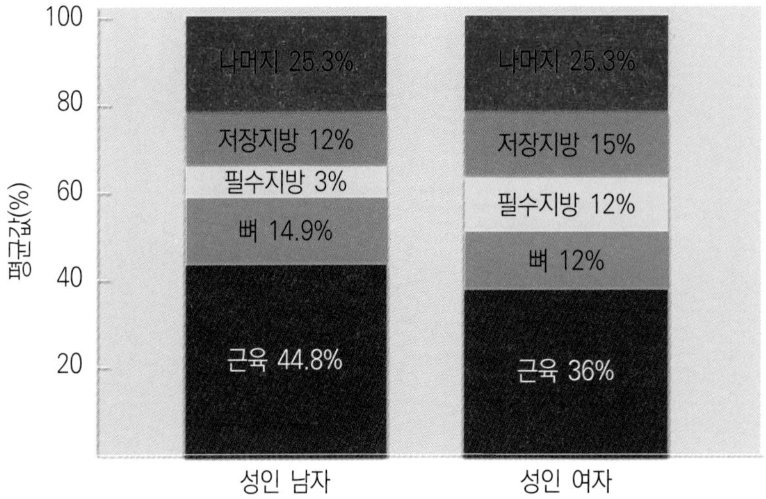

그림 12-1. 성인 남녀의 체성분 평균값

녀의 체성분 참조값(reference value)이다.

12.1 체성분의 측정

인체의 체지방량과 제지방체중을 측정하는 대표적인 방법은 수중체중측정법(hydrostatic weighing), 피부두겹집기법(skin fold technique), 생체전기저항측정법 등이다. 수중체중측정법은 주로 연구 목적을 위해 실험실에서 사용되며, 측정에 따른 많은 절차와 장비를 필요로 한다. 피부두겹집기법은 많은 사람들을 대상으로 체성분을 측정할 때 비교적 간편하게 이용할 수 있는 방법이다.

plus+

제지방체중 : FFW와 LBM

FFW와 LBM은 때때로 혼용되어 사용된다.

LBM(lean body mass)은 체내 필수지방량을 포함하는 용어이다. 필수지방은 주로 중추신경계통, 골수 및 내부 장기에 생리적으로 반드시 필요한 지방을 말한다.

FFW(fat-free weight)는 인체에서 추출 가능한 모든 지방을 제외한 몸무게를 의미한다.

FFW와 LBM의 유일한 차이점은 LBM에는 골수, 척수, 뇌 및 내부 장기에 포함된 필수지방을 포함한다는 점이다. 그러므로 LBM을 계산할 때 체중에서 지방 무게를 뺀다고 하더라도(LBM=총체중 - 체지방량) 소량의 필수지방은 여전히 포함된다.

동일한 성별 간의 필수지방량에는 차이가 비교적 적기 때문에 개인 간의 상대적 차이를 표현할 때 FFW와 LBM은 큰 차이가 나지 않는다. 그렇다고 해도 실제적으로는 필수지방량을 정확히 측정하기 어렵고, 모든 지방을 제외한 체중을 보다 정확하게 나타내기 위해 이 책에서는 제지방량(FFW)이라는 용어를 사용하기로 한다.

12.1.1 수중체중측정법

지방조직은 근육이나 뼈, 기타 조직에 비해 가볍다. 즉 지방조직은 인체의 다른 조직보다 밀도가 적다. 그러므로 체지방량이 많은 사람일수록 물에 잘 뜨고, 체지방량이 적은 극도로 마른 사람은 물에 가라앉기 쉽다. 왜냐하면 체지방량이 많을수록 인체의 밀도는 작아지고, 체지방량이 적으면 인체의 밀도가 커지기 때문이다.

사체를 화학적으로 분석하여 인체의 밀도를 체지방량으로 환산하는 공식이 만들어졌다. 따라서 인체의 밀도를 우선 측정한 다음 그 공식을 적용하여 체지방량을 구할 수 있다(Brozek J., 1961).

밀도는 단위 부피에 대한 그 물체의 무게를 의미하기 때문에 ℓ당 kg이나 cm^3당 g으로 나타낸다. 따라서 인체의 밀도를 구하려면 인체의 부피, 즉 체표면적을 측정하여야 한다. 체표면적은 아르키메데스의 원리를 이용하여 대기 중의 체중과 수중체중을 측정하여 구할 수 있다. 물에 잠긴 물체는 그 물체의 부피와 동일한 물의 무게만큼 부력을 받는다. 그러므로 그 물체의 부피와 동일한 물의 무게를 알기 위해서는 대기 중의 체중에서 수중체중을 빼야 한다.

예를 들어 대기 중에서 체중이 70kg인 사람의 체밀도를 구하기 위해 수온이 37℃인 물속에서의 체중을 측정하였더니 2kg이었다. 아르키메데스의 원리에 의하면 물의 저항력 또는 부력은 68kg이 되며, 물속에서 잃은 몸무게 68kg(68,000g)은 피검자의 체표면적에 해당되는 물의 무게와 정확히 같다.

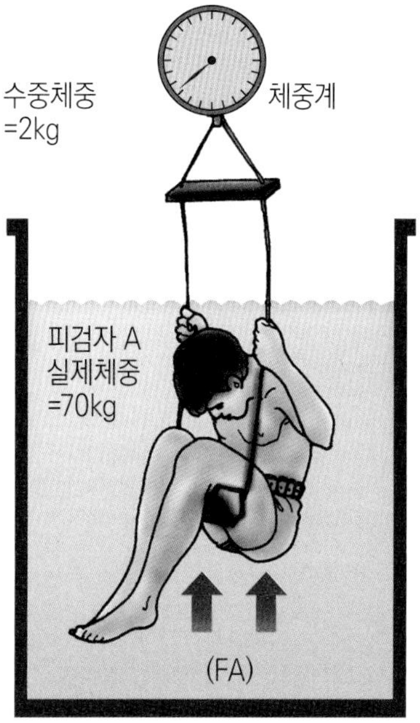

그림 12-2. 수중체중측정법

물의 밀도는 4℃의 차가운 물에서는 1이지만, 수온이 높아질수록 낮아진다. 수온이 37℃일 때의 밀도는 0.9933이다. 따라서 이 피검자의 체표 면적은 수중에서 잃은 체중 68,000g을 물의 밀도 0.9933으로 나눈 값(부피=무게÷밀도), 즉 68,000÷0.9933=68,458cm^3가 된다. 이렇게 구한 체표 면적은 최대의 날숨으로도 배출되지 않고 허파에 남아 있는 공기량인 잔기량과 소화기관 내의 공기(보통 100cc로 추정)를 감안하여 수정하여야 한다.

잔기량이 1,500cm^3이고 소화기관 내에 100cm^3의 공기가 있다면, 이것을 합한 양인 1,600cm^3를 체표 면적 68,458cm^3에서 빼야 한다. 즉 보정된 체표면적은 68,458-1,600=66,858cm^3이다. 이렇게 얻어진 보정된 체표 면적으로 체중을 나누면 피검자의 체밀도를 구할 수 있다. 즉 피검자의 체밀도는 70,000g÷66,858cm^3=1.047g/cm^3가 된다.

이러한 과정을 통해 얻어진 체밀도값을 체밀도와 체지방률의 방정식에 대입하여 체지방률을 산출할 수 있다. 가장 일반적으로 사용되는 방정식은 Seri(1961)와 Brozek(1963) 방정식이다(Katch, FI, 2013).

체지방률(%fat) = (495/체밀도) - 450 (Seri의 방정식)
체지방률(%fat) = (457/체밀도) - 414.2 (Brozek의 방정식)

따라서 이 피검자의 체지방률을 Seri의 방정식을 이용하여 구하면 다음과 같다.

%fat = (495 / 1.047) - 450 = 22.78%

총체지방량은 체중에 소수점으로 표현한 체지방률을 곱하여 간단히 구할 수 있다. 즉

총체지방량 = 70 × 0.2278 = 15.95kg

제지방량은 총체중에서 총체지방량을 빼면 된다. 즉

제지방체중(FFW) = 70 - 15.95 = 54.05kg

이상과 같이 체성분을 구하는 방정식을 요약하면 다음과 같다.

$$\text{체밀도(body density)} = \frac{\text{대기 중의 체중(g)}}{\dfrac{\text{대기 중의 체중(g)}-\text{수중체중(g)}}{\text{물의 밀도}(g/cm^3)} - (\text{잔기량}+100cc)}$$

체지방률(%fat) = (495/체밀도) - 450
총체지방량 = (체지방률/100) × 대기 중 체중
제지방량(FFW) = 대기 중 체중 - 총체지방량

잔기량은 산소재흡입법 등 여러 가지 방법을 통해 측정할 수 있다. 표 12-1에 의해 대략적인 잔기량 추정값을 얻을 수 있으나, 이 경우 다소의 오차는 피할 수 없다.

표 12-1. 허파의 잔기량 추정

연 령	잔기량(cc)	
	남 자	여 자
6~10	900	600
11~15	1,100	800
16~20	1,300	1,000
21~25	1,500	1,200
26~30	1,700	1,400

12.1.2 피부두겹집기법

인체의 총지방량 중 50%는 피부 바로 아래에 위치한 피부밑지방층에 저장되어 있다. 따라서 피부밑지방(피하지방)을 정확하게 측정할 수 있다면 총 체지방량의 유력한 지표로 사용될 수 있을 것이다. 인체피부밑지방의 두께를 측정하는 대표적인 방법이 피부두겹집기법이다. 이것은 특정 부위의 피부를 엄지와 집게손가락으로 잡아서 잡힌 피부의 두께를 집게형의 측정기(피지후계 ; skinfold caliper)를 이용하여 측정하는 것이다.

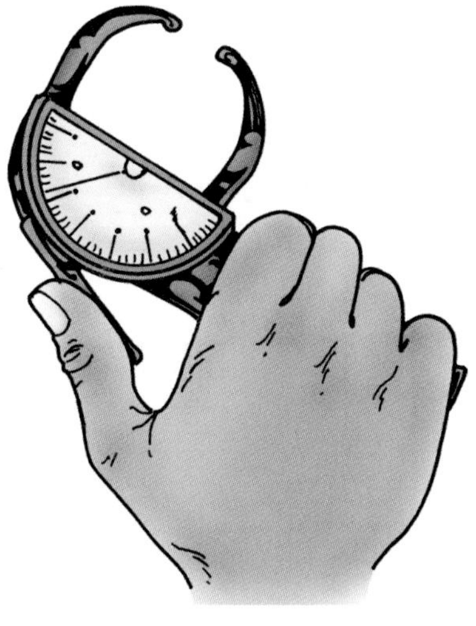

그림 12-3. 피지후계

이때 측정부위의 피부는 근육과 근육막을 제외한 표피와 피부밑지방(피하지방)만을 잡도록 견고하게 잡고

plus+

특수한 피검자들의 체지방률 산출 방법

어린이, 청소년의 체지방률 산출

지방조직과 제지방조직의 두 가지 밀도에 근거하여 체지방률을 산출하는 공식은 원래 성인을 대상으로 유도되었으므로 어린이에게는 적용할 수 없다. 왜냐하면 어린이들은 제지방조직 밀도가 성인에 비해 낮기 때문이다. 더욱이 동일한 연령의 어린이라 하더라도 체내 수분과 골격 무기질의 양은 개인 차이가 있기 때문에 제지방조직의 밀도가 어린이마다 서로 다를 수 있다.

따라서 어린이에게 적용할 수 있는 체지방률 산출 공식이 새로이 고안되었는데, 그것을 표 12-2에 제시하였다. 제지방조직의 밀도는 연령 및 성별 해당 어린이들을 대상으로 직접 측정하였으며, 지방조직의 밀도는 가정치 0.90g/cm^{3}을 적용하여 다음 공식들이 유도되었다.

근육질 남자의 체지방률 산출

장기적인 저항운동은 제지방(FFW)의 밀도를 변화시키기 때문에 체지방률을 추정하는 방식의 적용도 수정할 필요가 있다. 앞서 예시한 Seri의 체지방률 추정 방정식은 인체의 제지방 밀도를 1.1g/cm^{3}인 것으로 정하여 수립된 것이다.

그러나 실제로 장기간 웨이트 트레이닝을 통하여 단련된 사람은 실제 제지방의 밀도는 그보다 낮은 값(1.089g/cm^3)으로 보고되고 있다(Modlesky 등, 1996). 왜냐하면 더 많은 근육을 가질수록 상대적으로 더 많은 수분을 보유하게 되고, 상대적으로 무기질과 단백질이 차지하는 비율은 적어지기 때문이다.

반면 마른 사람은 제지방량 중에서 근육에 비해 상대적으로 뼈의 질량이 차지하는 비율이 높기 때문에 제지방량의 밀도가 더 높게 된다.

그러므로 근육질의 사람에게 Seri의 방정식을 적용하면 실제보다 체지방률이 높게 계산된다. 이러한 오차를 수정하기 위하여 장기간의 저항운동에 의해 근육이 매우 발달된 사람에게는 다음과 같은 수정방정식을 적용한다.

체지방률(%fat) = (521 / 체밀도) - 478

표 12-2. 어린이의 체지방률 산출공식(D=체밀도)

연령(만 세)	체지방률 산출공식	
	소 년	소 녀
7~8	체지방률=(5.38/D-4.97)×100	체지방률=(5.43/D-5.03)×100
9~10	체지방률=(5.30/D-4.89)×100	체지방률=(5.35/D-4.95)×100
11~12	체지방률=(5.23/D-4.81)×100	체지방률=(5.25/D-4.84)×100
13~14	체지방률=(5.07/D-4.64)×100	체지방률=(5.12/D-4.69)×100
15~17	체지방률=(5.03/D-4.59)×100	체지방률=(5.07/D-4.64)×100

※ Lohman(1989). Pediatric Exercise Science 1:19-30.

서서히 들어올린 후 피지후계를 손가락으로 잡고 있는 부위에서 1cm 떨어진 부위에 대고 피지후계의 손잡이를 서서히 놓으면 피지후계의 집게가 두겹의 피부 양쪽에 일정한 힘을 가하게 되는데, 이때 피지후계의 눈금이 피하지방의 두께가 된다.

피부두겹집기의 측정부위는 대개 남자는 가슴(chest), 배 부위(abdomen)와 넙다리 앞면(anterior thigh)이고, 여자는 위팔세갈래근(triceps), 위엉덩뼈(suprailiac), 넙다리 앞면이다. 그러나 추정 방정식에 따라 어깨뼈(견갑골) 아래끝(subscapula), 중간겨드랑선(midaxillary line) 등으로 측정부위를 바꿀 수도 있다.

측정부위의 해부학적 위치는 다음과 같다.

1. 가슴(chest) : 남자는 유두와 겨드랑이주름 사이의 중간 지점, 여자는 유두에서 2/3지점을 대각으로 잡는다.
2. 배(abdomen) : 배꼽 오른쪽 2.5cm 지점을 수직으로 잡는다.
3. 세갈래근(triceps) : 팔을 자연스럽게 내린 상태에서 어깨와 팔꿈치돌기 사이 가운데 지점을 수직으로 잡는다.
4. 위엉덩뼈(suprailliac) : 겨드랑이선과 엉덩뼈능선이 이어지는 지점을 대각으로 잡는다.
5. 넙다리(thigh) : 엉덩관절과 무릎관절 사이에서 넙다리 가운데 앞면을 수직으로 잡는다.
6. 중간겨드랑선(midaxillary line) : 중간겨드랑선을 따라 다섯째갈비뼈 높이 부위를 수직으로 잡는다.
7. 어깨뼈아래끝(subscapula) : 어깨뼈의 안쪽모서리를 따라 바로 아래 피부를 대각으로 잡는다.
8. 종아리(calf) : 의자에 앉은 상태에서 종아리의 둘레가 가장 큰 지점을 수직으로 잡는다.

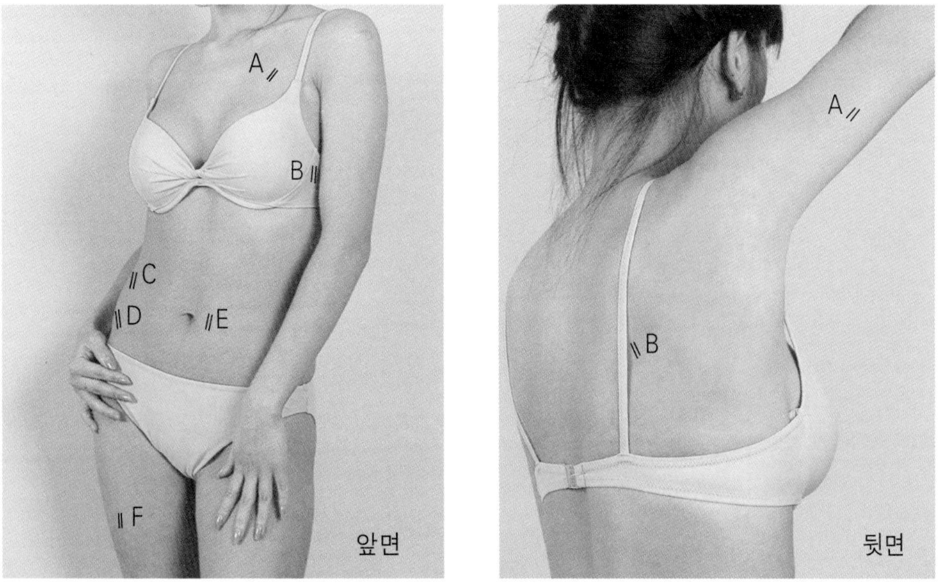

그림 12-4. 피부두겹집기법의 측정부위

앞면…… A : 가슴, B : 중간겨드랑선, C :허리, D : 위엉덩뼈, E : 배 부위, F : 넙다리 부위
뒷면…… A : 위팔세갈래근, B : 어깨뼈(견갑골) 아래끝

피부두겹집기의 측정은 측정부위와 측정과정이 표준화되어야만 신뢰성 있는 결과를 얻을 수 있다. 즉 정확한 측정값을 얻기 위해서는 올바른 기술과 경험을 필요로 한다. 경험이 있는 측정자 간에도 약 3%의 오차가 발생할 수 있다. 따라서 피부두겹집기법을 통해 얻어진 측정값을 사용하는 추정방정식은 일정 기간의 트레이닝이나 비활동에 따른 체지방의 미세한 변화를 감지하기에는 미흡하다는 문제가 있다.

그러나 체성분이 다양한 많은 사람들을 대상으로 비교적 간편하게 체지방량을 측정하고 피검자 중 비만자나 지나치게 여윈 사람을 찾아내는 데 유용하며, 체육이나 운동프로그램을 실시하는 데 효과적인 동기유발의 방법으로 이용될 수 있다.

12.1.3 체성분의 추정방정식

액체정역학적 측정이나 피부두겹집기법은 모두 체지방의 간접적인 측정방법이다. 액체정역학적 측정은 피부두겹집기법에 비해 정확한 체밀도측정값을 얻을 수 있다. 그러나 체밀도측정값은 다시 체지방률추정방정식에 대입해야 한다. 체지방률추정방정식은 사체를 직접적으로 분석하여 얻은 체밀도와 체지방률측정치로부터 도출해낸 것이다. 사체에 대한 직접적인 분석은 분석대상이 한정되어 있고, 더구나 백인만을 대상으로 하였다는 제한점이 있어 체밀도를 정확하게 측정하더라도 체지방률추정에는 어느 정도의 오차가 발생할 것이라는 점을 감안해야 한다.

피부두겹집기 측정을 통한 체밀도와 체지방률 추정에 대해서는 여러 가지 측정방법과 추정 방정식이 연구되어 왔으나, 여기에서는 일반적으로 이용되는 Jackson과 Pollock(1978)의 방정식을 소개한다.

우선 이 방정식은 18~55세의 여성을 대상으로 얻어졌으며, 측정부위는 위팔세갈래근, 넙다리 앞면, 위엉덩뼈로서 측정값을 mm로 표시한다. 세 부위의 측정값을 합한 값(a)과 피검자의 나이(b)를 이용하여 체밀도(body density)를 구한다.

체밀도(BD) = 1.0994921 − 0.0009929a + 0.0000023a2 − 0.0001392b

예를 들어 20세의 여자로서 체중이 50kg이고, 위팔세갈래근의 측정값이 8mm, 넙다리 앞면이 10mm, 위엉덩뼈가 20mm라고 한다면 세 측정값의 합(a)은 38mm가 된다. 따라서 방정식에 대입하여 체밀도(BD)를 구하면 다음과 같이 된다.

BD = 1.099492 − (0.0009929 × 38) + (0.0000023 × 382) − (0.0001392 × 20) = 1.0622991

이렇게 구한 체밀도값을 Seri의 방정식에 대입하여 구한 체지방률(%fat)은 다음과 같다.

$$\%fat = (495 / 1.0622991) - 450 = 15.97\%$$

따라서 이 여자선수의 체지방량과 제지방량은 다음과 같이 구할 수 있다.

$$\text{체지방량(kg)} = (15.97 / 100) \times 50 = 7.987\text{kg}$$
$$\text{제지방량(kg)} = 50 - 7.9875 = 42.015\text{kg}$$

plus+

신장과 체중만으로 비만을 판정할 수 있을까

아래 그림에서 럭비선수 A는 체지방률이 10%로 외견상으로도 전혀 비만해 보이지 않는다. 그러나 중년 남성 B는 신장과 체중이 A와 같음에도 불구하고 외견상 비만해 보이는 것을 알 수 있다. 그 이유는 B의 체성분은 밀도가 낮은 체지방의 비율이 상대적으로 매우 높은 상태이기 때문이다.

신장과 체중을 이용하여 비만도를 산출하는 일반적인 방법(Broca's method)을 이용하여 A의 비만도를 측정하면 A는 표준체중을 무려 10.7kg이나 초과하는 과체중(overweight)으로 평가된다.

즉 표준체중=(신장cm − 100) × 0.9에서

A의 표준체중=(177 − 100) × 0.9=69.3kg

과체중량=현체중−표준체중에서

A의 과체중량=80kg − 69.3kg=10.7kg

이상과 같은 방법에 의하면 A의 체중은 소위 표준체중에 10.7kg이나 넘는 것으로 평가된다. 그러나 A의 총체지방량은 8kg(체지방량=체중×체지방률)에 불과하며, 여기에는 생존에 필수적인 필수지방이 3~4kg 정도 포함되어 있다.

그러므로 단련된 근육질의 사람은 신장과 체중만을 이용할 경우 비만도가 과대평가될 위험성이 높다.

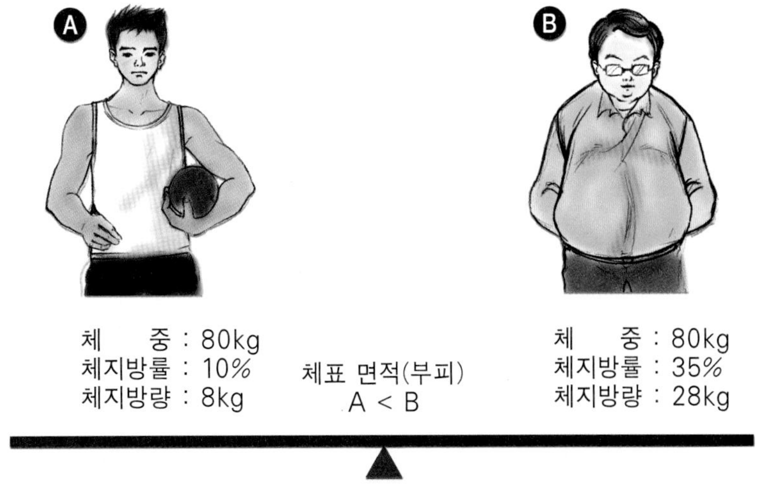

그림 12-5. 체지방률에 따른 체표 면적의 차이

남자(18~61세)를 대상으로 할 경우 피하지방의 측정부위는 넙다리 앞면, 배 부위와 중간겨드랑선으로 세 부위의 측정값을 합한 값을 a, 연령을 b로 할 때 신체밀도를 구하는 방정식은 다음과 같다.

$$BD = 1.1093800 - 0.0008267a + 0.00000016a2 - 0.0002574b$$

이 방정식을 통해 체밀도를 구하면 여자와 마찬가지로 Seri의 방정식에 의해 체지방률, 체지방량 및 제지방량을 구할 수 있다.

12.1.4 생체전기저항측정법

생체전기저항측정법(bioelectric impedance analysis : BIA)은 제지방조직이나 세포외액에서는 전류의 흐름이 촉진되지만, 지방조직은 전류의 절연체로 작용하기 때문에 전기저항(electric resistance)이 높아진다는 원리를 이용한다. 결국 인체의 전기저항은 체지방 수준과 직접적인 관련이 있다.

생체전기저항측정법(BIA)은 손과 발에 전극을 부착하여 미세한 전류를 흐르게 한 다음 인체의 전기저항을 측정하는 방법이다. 저항값은 체밀도로 전환되고, Seri나 Brozek의 방정식에 의해 체지방률을 결정한다. 이 방법은 체내의 수분 보유상태의 영향을 받는다. 탈수상태나 체내에 과다한 수분을 보유하면 체내 전해질 농도에 영향을 미쳐서 정확도에 문제가 생기게 된다. 따라서 피검자는 측정 4시간 이내에 식사나 수분 섭취, 알코올이나 커피 등 이뇨성 물질의 섭취를 금하고, 12시간 이내에는 중간 강도 이상의 운동을 금하여야 한다. 피부온도 역시 BIA에 의한 체지방량 측정에 영향을 미친다. 즉 추운 환경에서보다 따뜻한 환경에서 측정했을 때 체지방률 측정치가 현저히 낮게 나타난

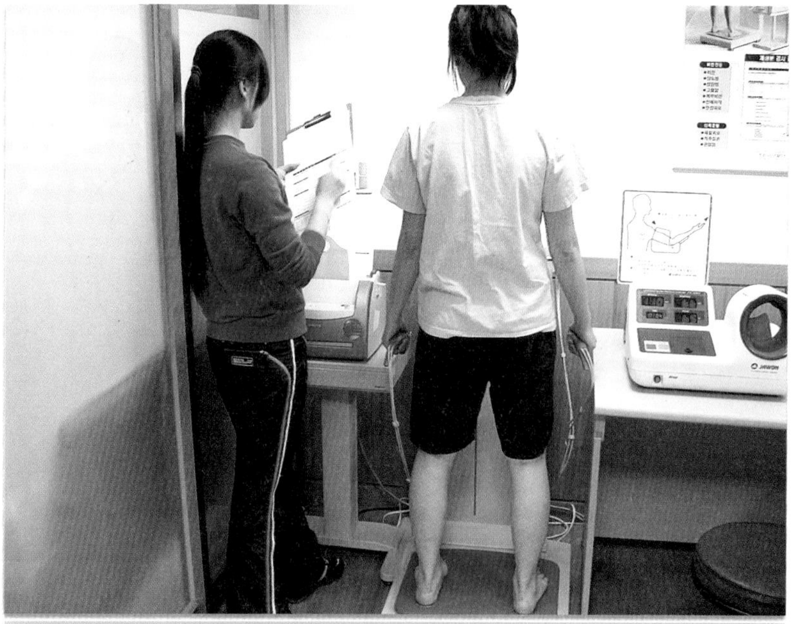

그림 12-6. 생체전기저항측정법

다. 따라서 실험실의 온도를 20~22℃로 일정하게 유지하여야 한다.

BIA측정법은 체지방률을 측정할 경우에 표준화된 엄격한 실험조건에서 측정이 실시된다면 체성분을 측정하는 간편하고 비교적 쉬운 측정방법으로서 타당성을 갖고 있다.

12.1.5 초음파측정방법

가벼운 휴대용 초음파측정기가 상업적으로 개발되어 사용되고 있다. 이 장비는 피부와 지방-근육층 사이, 그리고 지방-근육층과 뼈 사이의 거리를 측정한다. 초음파측정기는 피부를 관통하는 고주파의 음파를 발사하는데, 이 음파는 지방조직을 통과하여 근육층에 도달한 후 지방-근육 사이의 경계에서 메아리(echo)를 반사한다. 이때 음파가 지방조직을 통해 수신기까지 되돌아오는 시간을 측정하여 거리를 산출하는데, 그 거리가 피하지방의 두께이다. 이 측정방법은 반복측정에 따른 타당성이 높으며, 피부지방두께를 측정하는 방법과 상관도가 높다.

초음파측정방법(ultrasound method)은 특히 비만한 사람에게 유용하다. 왜냐하면 비만인은 피하지방의 압축도 차이가 최대이기 때문이다. 또한 여러 부위의 지방분포의 변화를 양적으로 측정할 뿐만 아니라 지방 및 근육 두께의 인체지도를 작성하는 방법으로도 사용될 수 있다.

12.1.6 적외선반응법

적외선반응법(infrared light interactance)은 광섬유 탐침(probe)을 피부에 대고 적외선을 발사시켜 측정하는 방법이다. 탐침을 통해 발사된 적외선은 피부밑(피하)지방, 근육, 뼈까지 침투한 다음 반사되어 다시 탐침의 광섬유다발로 흡수되고, 광섬유에 흡수된 에너지는 분광광도계를 통과하여 측정되는데, 이 에너지의 크기가 밀도 측정에 이용된다. 이 측정법은 위팔두갈래근 한 부위에서만 측정되며, 신체조직을 침해하지 않고 신속하고 편리하다는 장점이 있다.

최근의 연구에서 적외선반응법과 수중체중측정법 간의 유의한 상관도가 입증되었으나 이들 두 가지 기법에 의한 측정치 사이에 유의한 차이가 있는 것도 확인되었다. 즉 적외선반응법은 수중체중측정법에 비하여 체지방비율을 상당히 저평가하고 있다. 적외선측정법의 또 다른 문제점으로 측정치의 변이(측정치의 표준오차)가 크다는 점, 또는 분산이 크다는 점을 지적할 수 있다.

신체 여러 부위에서의 측정수치를 활용하고, 피검자의 운동 수준에 영향받지 않는 신뢰도와 타당도가 인정되기 위해서는 보다 많은 연구가 필요하다.

12.1.7 전산단층조영술

전산단층조영술(computerized tomography : CT)은 X-ray광선이 밀도가 다른 여러 조직을 통과할 때 가로절단면의 방사성 이미지를 이차원으로 얻는 방법이다. CT스캔의 장점은 배나 넙다리 등 인체 모

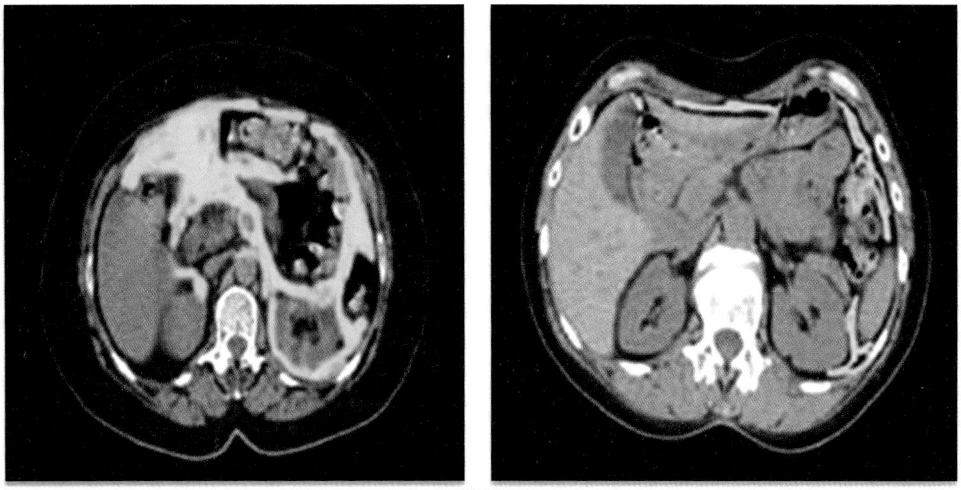

그림 12-7. 전산단층조영술(CT)로부터 얻은 배안 지방사진

든 부위의 가로절단면에서의 총 조직량과 지방조직, 근육조직의 두께와 양, 특정기관 내의 지방량과 같은 정보를 비교적 정확하게 얻을 수 있다는 점이다. 예를 들어 특정 운동 프로그램 전후 넙다리의 근육량과 지방량의 변화를 측정할 수 있다. 또한 배 부위의 피하 지방량과 배안의 내장 지방량(viseral adipose tissue) 변화도 정량적으로 측정할 수 있다는 장점이 있다. 그러나 CT스캔을 통하여 인체의 총 체지방률(%fat)을 결정하는 방법은 아직 확립되어 있지 않다.

12.1.8 핵자기영상공명법

핵자기영상공명법(magnetic resonance imaging : MRI)은 강한 자기장(magnetic field)을 형성한 가운데 전자자기장의 방출(electromagnetic radiation)이 인체 수분과 지질분자의 핵을 자극하면 자극된 핵들이 재배치되면서 감지 가능한 신호를 사출하고, 컴퓨터의 조절에 의해 인체 여러 조직을 시각적으로 나타내게 된다.

MRI는 비만도가 다양한 사람들의 총 지방조직량과 피부밑지방량을 효과적으로 정량화할 수 있다. 인체의 여러 부위, 즉 위팔, 아래팔, 종아리, 몸통 윗부분, 넙다리, 배 등의 MRI스캔을 통하여 얻어진 총체지방률은 수중체중측정법을 통해 얻어진 기준값과 매우 높은 상관이 있는 것으로 밝혀지고 있다. 이처럼 MRI는 인체 각 부위의 체성분에 대한 정보를 얻는 데 유익할 뿐만 아니라 총체지방률을 추정하는 데도 비교적 정확한 방법이라고 할 수 있다.

12.1.9 이중에너지흡수계측법

이중에너지흡수계측법(dual-energy X-ray absorptiometry : DEXA)은 수중체중측정법과 함께 체지방률을 추정하는 가장 신뢰할 수 있는 방법으로 알려지고 있다. 이 방법은 지방과 연부제지방량(뼈와 지방을 제외한 조직량), 그리고 뼈의 무기질 농도 등을 양적으로 측정할 수 있다. 낮은 에너지를 갖는 X-ray 광선은 약 30cm의 깊이까지 뼈와 연부조직을 관통한다. 피검자가 누워 있는 상태에서 탐침(detector probes)이 인체를 초당 1cm의 속도로 가로질러 지나가는데, DEXA스캔은 대략 12분 정도 소요된다. 컴퓨터소프트웨어는 X-ray 광선이 생성한 이미지를 재구성하여 뼈의 무기질 농도, 총지방량, 제지방량 등을 정량화한다.

이중에너지흡수계측법을 통해 얻어진 체지방률은 수중체중측정법과 가장 높은 상관도를 갖는 것으로 밝혀지고 있다.

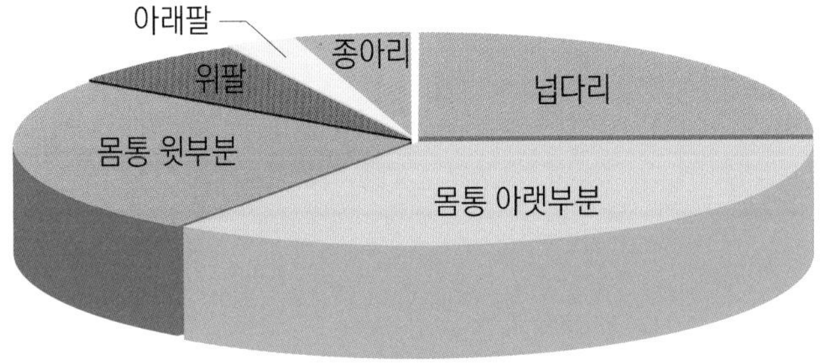

그림 12-8. 인체 각 부위의 체지방량

12.1.10 BOD POD법

최근 유아에서 성인, 운동선수에 이르기까지 밀도법을 대신하여 적용할 수 있는 방법으로 인체부피(체표 면적)를 측정하는 BOD POD법(상업적으로 개발된 장비 : Life Measurement Instrument, Concord, CA)이 이용되고 있다.

이 장비는 공기를 치환하여 인체부피를 측정하는 원리로서 그림 12-9와 같은 챔버 형태로 되어 있다. 우선 피검자는 750ℓ의 챔버 안에 편안하게 앉아 측정에 임하는데, 측정에 소요되는 시간은 3~5분 정도이다. 이 방법은 우선 비어있는 챔버의 부피를 측정하고, 이어서 사람이 그 안에 들어간 상태에서의 부피를 측정한다. 정확한 측정을 위해 피검자는 가볍고 얇은 수영복만 입으며, 사람의 부피는 처음 챔버의 부피에서 사람이 들어갔을 때의 감소된 챔버의 부피를 빼서 얻게 된다. 사람이 호흡하는 공기량도 측정하여 얻어진 사람의 부피에서 뺄 때 최종적인 사람의 체표 면적을 얻게 되며, 피검자의 체중을 구해진 체표 면적으로 나누면 체밀도를 얻고, Seri 등의 방정식을 이용하여 체지방률을 산출할 수 있다.

비록 이 방법을 통해 얻어진 체지방률이 수충체중측정법과 높은 상관을 보인다고 보고되고 있으나, 이 방법은 수중체중측정법이나 이중에너지흡수계측법(DEXA)에 의해 얻어진 기준값보다 대체로 과소평가되는 경향을 보인다. 이 방법에 의한 체밀도 측정은 비침습적이고 간편한 방법으로 점차 그 신뢰도를 확립하여 가고 있다. 그러나 장비가 매우 고가라는 점이 보급상 제한점이 되고 있다.

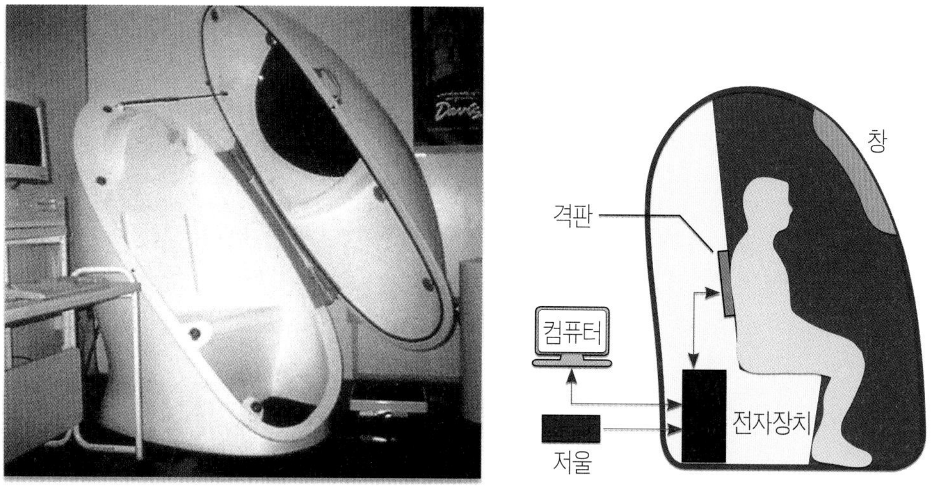

그림 12-9. BOD POD를 통한 체표 면적의 측정

12.2 비만

12.2.1 체지방률과 비만

비만(obesity)이란 피부밑지방을 비롯한 체내 지방저장량이 비정상적으로 많아진 상태를 뜻한다. 원래 체내 저장지방, 특히 피부밑지방은 체온을 유지하고 외부의 충격을 완충하는 물리적 기능과 함께 인체의 에너지저장고로서 생리적 기능을 수행한다.

그러나 이 저장지방이 본래 역할을 수행하기 위해 필요한 양 이상으로 지나치게 많아지면 여러 가지 건강상의 장애를 일으키게 된다. 신장과 체중을 기준으로 판단하는 과체중(over weight)은 비만상태를 간접적으로 나타내지만, 그것만으로 정확하게 비만 여부를 판단할 수 없다. 웨이트 트레이닝 등으로 근육이 발달된 사람은 신장에 비해 상대적으로 체중이 무거운 과체중 경향을 보인다. 그것은 동일한 양의 지방 무게에 비해 근육조직을 포함하는 제지방의 무게가 더욱 무겁기 때문이다. 따라서 단순히 상대적인 체중만으로는 비만이라고 판단할 수 없고, 보다 정확한 비만 여부는 체지방률을 기준으로 판정한다.

여러 연구에서 16~25세 연령층의 평균체지방률이 남자는 12~15%, 여자는 22~27%, 30~60세 연령층에서는 남자가 22~33%, 여자가 28~35%인 것으로 보고하고 있다. 이러한 평균체지방률이 이상적인 체지방률을 의미하는 것은 아니다. 대체로 체지방률이 남자는 25%, 여자는 30% 이상일 때 비만으로 판정한다.

최근 연구에서 한국인을 비롯한 아시아인은 서구인과 같은 체지방률을 갖더라도 당뇨병과 같은 성인병의 발생 위험이 훨씬 높기 때문에 아시아인에 대해서는 이 기준값을 낮추어야 한다는 주장이 제기되고 있다.

한편 만약 20세 남녀의 체지방률이 각각 15%와 25%라면 이들은 중년기 이후 이 수준을 유지하거나 감소시켜야 한다. 나이가 많아질수록 평균체지방률이 증가하는 경향이 있는데, 이러한 증가 경향은 당연한 것이 아니라 건강상 큰 위협이 되기 때문에 비만 기준치는 일생을 통해 유지해야 하는 한계치로 설정하는 것이 바람직하다.

12.2.2 비만의 종류

12.2.2.1 세포비대형과 세포증식형 비만

체지방량의 증가는 지방조직의 세포수가 증가하거나(비후 : hyperplasia), 각 지방세포의 크기가 증대하여(비대 : hypertrophy) 세포 내에 저장된 지방량이 증대되어 나타나는 현상이다. 일반적으로 지방세포의 수는 약 16세까지 증가하고, 이후의 체지방량 증가는 이미 형성된 지방세포 크기의 증대에 의한 것이다.

세포증식형 비만은 유아기형 비만이라고도 하며, 지방세포의 수가 증식되는 형태의 비만이다. 정상인보다 지방조직세포의 크기는 작지만 그 수가 4~5배에 많으며, 지방세포가 전신적으로 분포한다는 특징이 있다. 지방조직이 비후된 유아기형 비만은 치료가 힘들고, 비록 감량에 성공하더라도 그 효과를 지속시키기 어렵기 때문에 성인기에도 비만이 될 가능성이 매우 높다.

세포비대형 비만은 성인형 비만이라고도 하며, 지방세포의 수에는 변화 없이 크기가 증대된다는 특징이 있다. 또한 지방조직의 분포형태는 남성은 주로 배부위에, 여성은 엉덩이와 넓다리에 집중되는 특징을 보인다. 성인형 비만은 유아기형 비만보다 식이조절이나 운동을 통한 감량 효과가 훨씬 만족스럽게 나타나는 경향이 있다.

12.2.2.2 안드로이드형과 지노이드형 비만

지방조직의 분포패턴에 따라 비만을 구분하기도 한다. 주로 배부위에 지방이 축적되는 중심성 비만 또는 안드로이드형 비만(android-type obesity)은 남성에게 많으며, 심장질환과 당뇨병 등 성인병과 매우 밀접한 관련이 있다. 엉덩이나 넓다리 부위에 지방이 축적되는 말초형 비만 또는 지노

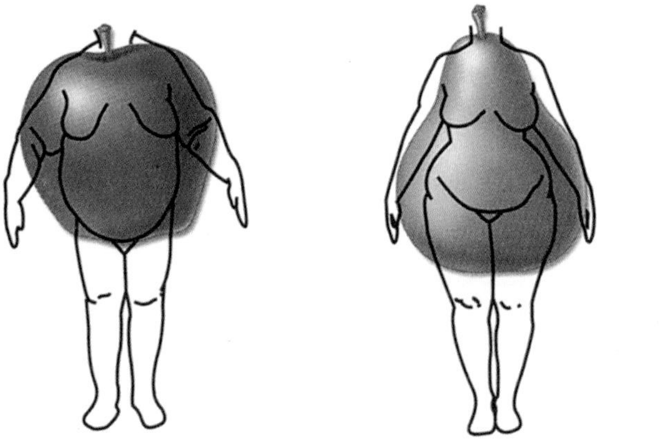

그림 12-10. 안드로이드형(사과형)과 지노이드형(배형) 비만

plus+

지방세포 수의 결정

지방세포 수는 피하지방으로부터 생검법을 통해 얻은 지방조직을 분석하여 결정한다. 조직 샘플을 화학적으로 처리하여 각각의 지방세포를 분리하여 그 수를 세는데, 지방량을 지방세포 수로 나누면 각각의 지방세포당 평균지방량을 산출할 수 있다.

수중체중측정법과 같은 기준값을 얻는 방법으로 총체지방량을 얻으면 총지방세포 수를 산정할 수 있게 된다. 예를 들어 80kg인 피검자를 수중체중측정법에 의해 측정한 결과 체지방률(%fat)이 15%였다면, 총체지방량은 12kg(80×0.15)이 된다. 총 체지방량 12kg을 세포당 평균지방량으로 나누면 총지방세포 수를 산출할 수 있게 된다. 예를 들어 지방세포당 평균지방함량이 0.60μg이라면 이 사람의 총지방세포 수는 20억 개(12kg÷0.6μg)가 된다.

대체로 비만한 사람은 지방세포의 크기가 50% 정도 더 크고, 지방세포의 수는 3배 이상인 경우가 많다. 이는 심각한 비만인과 정상인의 가장 큰 차이가 지방세포 수의 차이라는 것을 말해준다. 지방세포의 크기가 점점 커져서 마침내 생물학적 상한선에 도달하면 지방세포 수가 향후 어느 정도까지 비만하게 될 것인지 결정하는 주요인이 된다.

이드형 비만(gynoid-type obesity)은 여성에게 많이 나타난다.

12.2.2.3 복부비만 : 피부밑지방형 vs 내장지방형

배 부위에 지방이 축적된 중심성 비만 중에서도 내장 부위, 즉 배안에 축적된 지방이 40%를 넘는 내장지방형 비만은 피부밑지방형 비만에 비해 대사적 반응성이 매우 커서 카테콜아민 등의 자극에 의해 가장 쉽게 지질 분해가 일어나며, 대사질환을 유발할 위험성이 매우 크다. 인슐린 저항성(고인슐린혈증), 당내성장애(내당능장애), 제2형당뇨병, 이상지질혈증, 고혈압, 동맥경화 등이 발생하기 쉽다.

보통 엉덩이둘레에 대한 허리둘레비율(waist-hip ratio : WHR)이 여자는 0.8 이상, 남자는 0.95 이상일 때 각종 성인병에 의한 사망률이 급격히 증가한다.

이러한 지방의 분포는 어느 정도까지는 유전적 특성의 영향을 받다. 가장 중요한 특성 차이는 카테콜아민수용체의 분포 양상이다. 예를 들면 신체부위에 따른 베타수용체(β-receptor) 또는 알파수용체(α-receptor) 분포의 개인 간, 성별 간 차이이다. 이에 대해서는 plus+의 '살이 찌고 빠지는 순서'를 참조하기 바란다.

신체부위별 지질단백질분해효소(lipoprotein lipase : LPL)의 활성의 개인 간, 인종 간 차이도 발견된다. LPL의 활성도는 중년기나 임신기의 지방분포에 영향을 미친다. 성별 간에도 차이가 있어서 여성은 엉덩이, 넙다리, 가슴 부위의 LPL활성도가 높은 반면, 남성은 배부위의 LPL 활성도가 높다.

plus+

살이 찌고 빠지는 순서: 알파, 베타수용체

살이 찌거나 빠지면서 사람에 따라 신체부위별로 일정한 패턴을 보인다. 살이 찌면서 인체부위별로 체지방이 분포하는 패턴은 성별과 인종, 나이, 식습관과 스트레스의 영향을 받는다. 특히 성별에 따른 영향을 많이 받는데, 그 이유는 성호르몬의 영향 때문이다. 여성의 경우에는 여성호르몬인 에스트로겐의 영향에 의해서 엉덩이나 넓적다리 부위에 체지방이 발달하기 쉽다. 남성은 테스토스테론의 영향을 많이 받기 때문에 허리와 복부 부위에 지방이 더 많이 축적된다.

식이조절과 운동에 의해서 지방이 빠지는 양상은 마치 양파가 벗겨지듯이 몸 전체의 피부밑지방층이 얇아지면서 이루어진다. 그런데 양파가 바깥쪽부터 벗겨지는 것처럼 지방이 빠진다고 해도 몸 전체에서 전체적으로 균일하게 빠지는 것은 아닙니다. 어떤 부위가 상대적으로 더 많이 빠지는 것을 볼 수 있다. 체중이 증가할 때 상대적으로 체지방이 더 많이 붙거나, 체중이 줄 때 상대적으로 지방이 더 잘 빠지는 부위가 있는 이유는 지방조직에 있는 아드레날린성 수용체의 종류 때문이다. 예를 들어 베타수용체가 많은 부위에서는 지방이 더 쉽게 분해되고, 알파수용체가 많은 부위에서는 지방이 더 쉽게 축적된다. 그리고 이러한 수용체의 분포와 수효는 에스트로겐과 같은 성호르몬과 유전적인 영향을 많이 받는다.

특히 지방조직세포에 존재하는 $\beta3$수용체는 지질 분해의 작용을 촉진하는 반면에 신경시냅스전막에 있는 $\alpha2$수용체는 음성되먹이기 기전을 통해 노르에피네프린의 작용을 감소시키므로 지질 분해를 감소시키는 작용을 한다[그림 12-11].

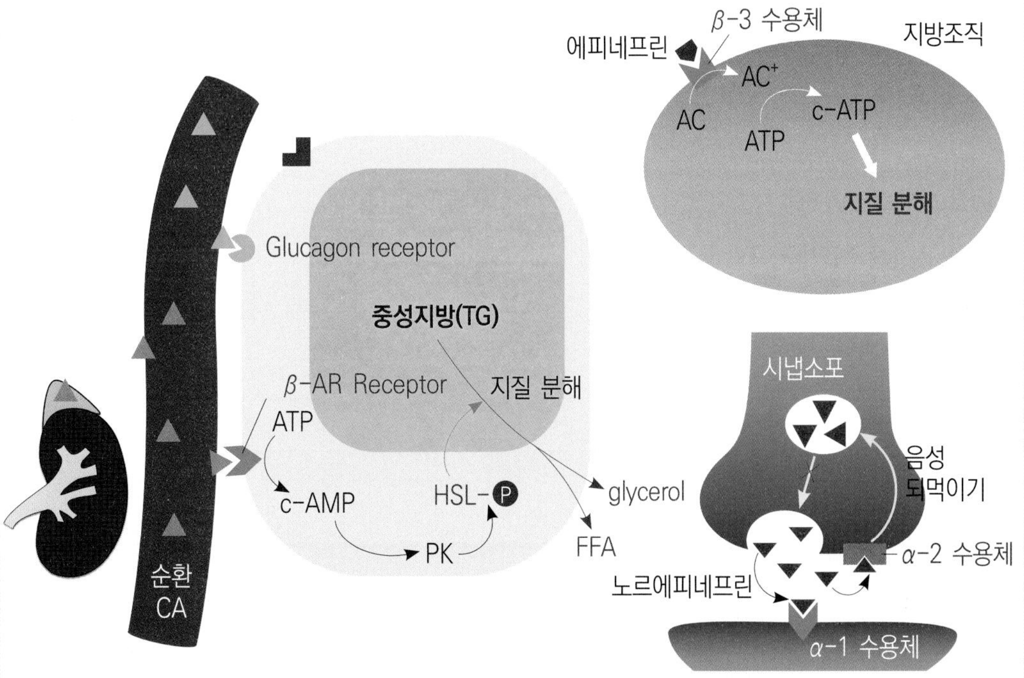

그림 12-11. 순환카테콜아민과 수용체의 작용

Lafontan M, et al., Alpha-2 adrenoceptors in lipolysis, Am. J. Clin.Nutr., 1992 Jan:55(1suppl)

몸에서 피부밑지방이 빠지는 패턴은 가장 최근에 지방이 축적된 부위에서 더 먼저 빠지는 경향이 있다. 지방 분해가 이루어지면서 양파가 벗겨지듯이 피부밑지방층이 얇아지지만, 가장 나중에 지방이 축적된 부위에서 우선적으로 지방이 빠진다. 예를 들어 몸통과 팔다리, 그리고 얼굴 순으로 지방이 축적되었던 것과는 역순으로 체지방이 빠지면서 얼굴 부위의 체지방이 먼저 빠져서 얼굴에 주름이 잡히고 탄성을 잃는 것처럼 보일 경우도 있다.

식사조절과 함께 운동을 병행하면 피부밑지방이 빠지는 것에 앞서서 내장지방이 더욱 효과적으로 감소한다. 이 내장지방은 혈당과 혈중 중성지방, 그리고 염증 수치가 높아지는 데 직접적으로 영향을 미친다.

12.2.3 비만의 발달 특성

비교적 어렸을 때부터 비만이 시작된 사람은 지방세포의 크기보다는 지방세포 수의 증가가 현저한 경향이 있다. 1살 이전에 비만이 된 사람과 소년기에 비만이 시작된 사람은 일반인과 비교할 때 지방세포 수가 현저히 많다고 보고되고 있다. 이러한 발달과정에 대한 이해를 기초로 성장과정에서 비만발생에 중요한 세 시기가 지적되고 있다. 그 세 시기는 태아기, 지방량이 다시 급격히 증가하는 4~6세 전후, 사춘기이다. 사춘기까지는 지방세포 수의 증가(hyperplasia)에 의해 체지방이 증가하지만, 사춘기 이후부터는 지방세포 그 자체의 크기가 비대(hypertrophy)해져서 비만이 초래된다.

정상인의 지방세포수는 약 300~500억 개 정도인데, 세포증식형 비만인의 지방세포 수는 600~1,000억 개로 2배 이상이다. 그러나 최근에는 일생 중 어느 시기든지 섬유모세포유사 지방전구세포(fibroblastic-like preadipocyte)에서 지방세포로 분화할 수 있음이 밝혀져 성인기에도 고도의 세포비대형 비만에서는 지방세포 수의 증가 현상이 나타날 수 있다고 보고되고 있다.

한편 아동기에 비만한 사람은 성인이 되어서도 비만 또는 과체중이 될 확률이 현저히 높아진다는 사실이 여러 종단적 연구에 의해 밝혀지고 있으므로, 이 시기를 전후한 비만 관리의 중요성은 아무리 강조하여도 지나치지 않다.

12.2.4 식욕 조절에 관여하는 호르몬과 신경전달물질들

뇌의 식욕중추의 기능에 상반된 작용을 하는 대표적인 두 호르몬이 있다. 하나는 지방조직에서 분비되는 렙틴(leptin)으로, 식욕중추에 작용해서 식욕을 억제하는 역할을 한다. 다른 하나는 위에서 분비되는 그렐린(ghrelin)으로, 30분 정도마다 분비되어 배고픔을 느끼게 한다[그림 12-12].

한편 뇌의 시상하부에 있는 식욕중추(또는 포만중추)에서도 서로 상반된 역할을 하는 신경전달물질이 분비된다. 하나는 CART(cocaine amphetamine regulatory transcript)로서, 식욕을 억제하고 포만감을 느끼게 한다. 다른 하나는 신경펩타이드 Y(NPY: neuropeptide Y)로서, CART와는 정반대로 식욕을 촉진시키는 역할을 한다. 지방조직이나 장에서 분비되는 렙틴은 CART의 분비를 촉진시켜 식욕을 억제시킨다. 반대로 위에서 분비되는 그렐린은 위가 채워질 때까지 30분 간격으로 지속적으로 분비되어 시상하부에서 NPY 분비를 자극하여 식욕을 촉진한다. 그렐린의 분비 간격은 위가 비어 있는 상태일수록 더욱 짧아지고 많이 분비된다.

포만감에 작용하는 하나의 물질은 위의 하부에서 분비되는 콜레시스토키닌(CCK: cholecystokinin)이라는 물질이다. CCK는 혈액을 통하지 않고 직접 미주신경을 통해 뇌에 포만감의 메시지를 전달하는 역할을 한다. 음식물이 위를 떠나서 샘창자(십이지장)를 거쳐 작은창자에 도달하면, 위에서 샘창자로 연결되는 부위인 날문(유문)이 닫히게 된다. 이와 동시에 위의 하부에서 CCK가 분비되는데, 이 CCK는 배가 차서 더 이상 음식이 들어올 수 없다는 신호를 뇌의 포만중추에 보내는 역할을 한다.

식욕중추에 작용하는 호르몬과 신경전달물질을 정리하면 다음과 같다.

① 렙틴(leptin) : 지방조직과 장에서 분비되는 호르몬으로서, 지방조직에 에너지원이 저장되면 이에 자극을 받아 혈액 중으로 분비된다. 뇌의 시상하부에서 CART의 분비를 자극하여 포만감을 주고 신진대사를 촉진하는 작용을 한다.

② 그렐린(ghrelin) : 위에서 분비되는 호르몬으로서, 역시 혈액 중으로 분비되어 뇌 시상하부에서 신경펩타이드 Y(NPY: neuropeptide Y)의 분비를 촉진하여 배고픔을 느끼게 한다. 또 신진대사를 떨어뜨리는 작용도 한다. 위에 음식물이 채워지면 그렐린의 분비가 감소하고, 이어서 NPY의 분비가 억제됨으로써 포만감을 느끼게 된다.

③ CART(cocaine amphetamine regulatory transcript) : 뇌의 신경전달물질로서, 시상하부에 있는 포만중추에 신호를 보내 포만감을 느끼게 한다. 렙틴은 이 신경전달물질의 분비를 촉진시키는데, 그로

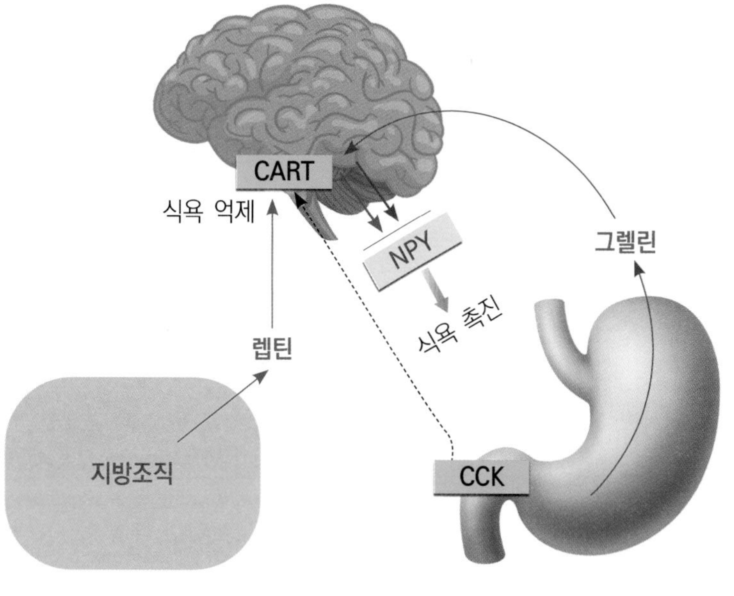

그림 12-12. 식욕조절 과정과 렙틴, 그렐린 호르몬

인해 식욕이 억제되며 신진대사가 촉진된다.

④ 신경펩타이드 Y(NPY : neuropeptide Y) : 뇌 포만중추의 작용을 억제하여 배고픔을 유발시키는 신경전달물질로서, CART와 상반된 작용을 한다. 위에서 분비되는 그렐린은 NPY 분비를 자극하며, 기타 스트레스나 갈증, 추위에 의해서도 분비가 자극될 수 있다.

⑤ 콜레시스토키닌(CCK : cholecystokinin) : 위에 들어온 음식이 샘창자를 거쳐 작은창자로 넘어갈 즈음이면 위 하부에서 분비된다. 미주신경을 활성화시켜 뇌의 포만중추에 신호를 보내 포만감을 느끼게 한다.

⑥ 펩타이드YY(Peptide YY) : 소장의 L세포로부터 분비되어 뇌줄기(뇌간)에 작용하여 식욕을 감소시키고, 위에서 음식물이 배출되는 속도(gastric emptying rate)를 감소시켜서 포만감을 준다.

⑦ GLP-1(Glucagon-like peptide) : 30개 아미노산 길이의 펩타이드호르몬으로서, 역시 소장의 L세포와 뇌줄기의 연수 고립로핵(고속핵, solitary tract nucleus)에서 분비되어 식욕조절에 관여한다. 또한 GLP-1은 혈당의존성(glucose dependent)으로서 췌장의 β-세포로부터 인슐린 분비를 자극하여 혈당을 조절하는 작용을 갖고 있어서 제2형 당뇨환자에게 혈장조절약으로 처방되고 있다.

뇌줄기(뇌간)과 시상하부에서 GLP-1 수용체의 발현이 증가하면 포만감을 촉진하고, 음식 섭취를 감소시킨다. 또 위에서는 위배출속도(gastric emptying rate)를 감소시키고 위산 분비를 감소시킴으로써 결과적으로 식욕을 감소시키는 역할을 한다.

12.2.5 비만의 원인

사람에 따라 비만의 원인은 매우 다양하고 복합적이다. 비만의 원인은 유전적 요인과 함께 과식 등의 식습관, 심리적 요인, 내분비계통의 이상, 활동부족 등이다. 이처럼 지방의 축적 및 체중 변화에는 여러 요소가 관계되고 있으나 기본적인 원칙은 에너지 섭취와 소비 간의 불균형에 의해 초래된다는 점이다. 즉 어느 경우든 체지방의 과다한 축적은 섭취한 에너지량이 활동을 통한 에너지소비량을 초과할 때 일어난다.

12.2.5.1 유전적 요인

여러 학자들은 비만의 유전 가능성을 약 25~40%로 추정하였다. 기본적으로 비만유전자는 에너지 소비를 감소시키는 대사에 영향을 주거나 에너지 섭취를 증가시키는 식욕에 영향을 미침으로써 비만을 유발시킨다. 최근에는 정상적인 체중조절 과정을 설명하는 피드백 이론으로 시상하부의 식욕중추 조절 기전과 관련하여 '세트포인트'이론이 제시되고 있다(Schwartz & Seeley, 1997). 그것은 국부호르몬인 렙틴(leptin)이 체지방량에 비례하여 생성되고, 체지방량이 증가할 때마다 더 많은 렙틴이 순환 혈류로 방출되어 시상하부에서 신경펩타이드 Y(neuropeptide Y : NPY)의 생성과 방출을 억제한다는 것이다[그림 12-13]. NPY는 식욕중추를 자극하여 식욕을 항진시키고 에너지 소비를 억제하는 작용을 한다.

그러므로 렙틴은 어느 수준 이상의 체지방형성을 억제하는 피드백 조절에 관여한다. 따라서 렙

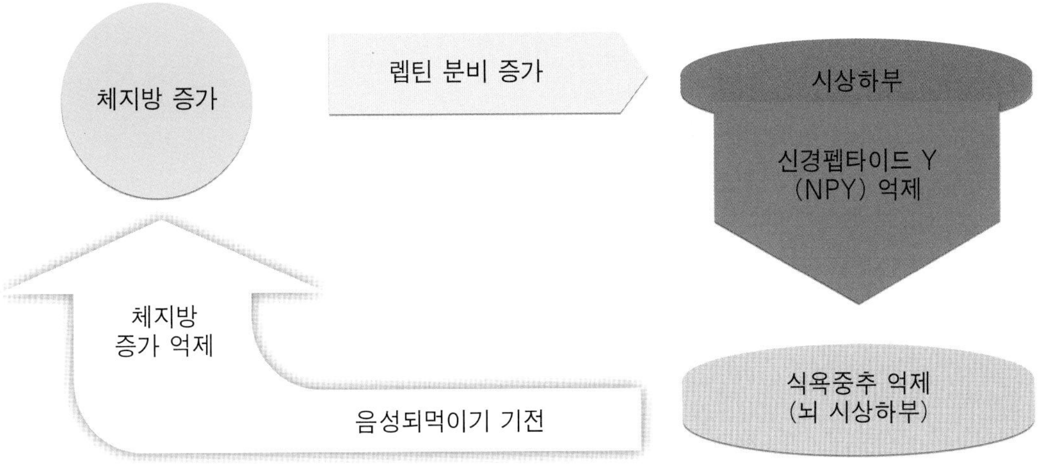

그림 12-13. 정상인의 렙틴 분비에 따른 식욕조절 기전

틴(leptin)에 대한 시상하부의 단백질수용체 수가 유전적으로 감소되어 있거나 감수성이 저하되어 있다면 NPY의 생성과 방출이 억제되지 못하여 비만이 촉진될 수 있다.

그림 12-14는 렙틴수용체의 감수성이 저하되어 렙틴저항성이 매우 높은 비만인은 혈중 렙틴 농도가 항상 높은 수준임을 나타낸다.

유전적 요인에 대한 또 다른 유력한 설명은 결합저지질단백질(uncoupling protein : UCP)과 관련된 것이다. UCP1은 갈색지방(brown fat)에서의 열발생을 촉진하고, UCP2는 백색지방과 근육조직에서의 열발생을 촉진하는데, 이 결합저지질단백질(UCP) 생성유전자의 결함은 비만을 초래할 수 있다. 이처럼 에너지보존 효율을 높게 만드는 유전적 요인을 '절약 유전자'라고 한다.

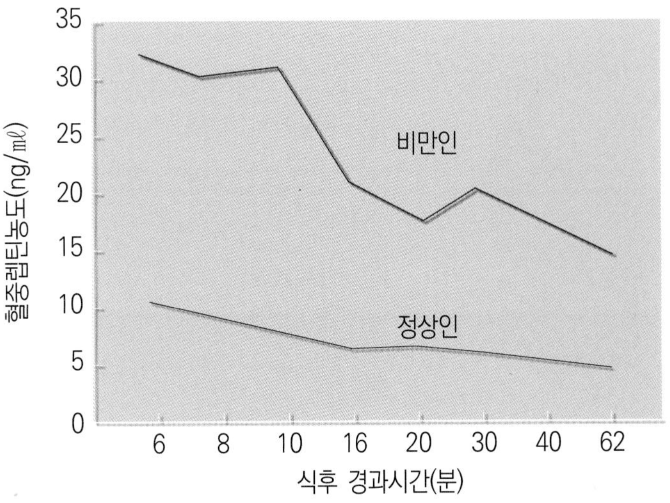

그림 12-14. 비만인의 식후 시간 경과에 따른 혈중 렙틴 농도의 변화

비만인은 시상하부의 렙틴에 대한 감수성이 저하된 결과 혈중 렙틴 수준이 높은 경향을 보인다.

plus+

FTO 유전자와 식욕조절

최근 식욕과 관련하여 가장 주목받고 있는 유전자는 FTO 유전자이다. 이 유전자는 제16번째 염색체에 위치하여 FTO(fat mass and obesity associated protein)라는 효소를 생성한다. 이 유전자(FTO gene)가 정상적인 사람은 식사 후에 혈중 그렐린의 수준이 낮은 상태를 보이지만, 이 유전자의 변이를 갖고 있는 사람은 식사 후에도 그렐린수준이 높게 유지된다.

예를 들어 두 개의 FTO 유전자 변이를 갖고 있는 사람은 평균적으로 더 무거운 체중을 갖고 있는데, 신체활동은 이 유전자변이의 영향을 감소시킬 수 있다고 보고되었다(Mitchel J. A., 2012 ; Leonska-Duniec, 2016).

이 유전자변이들 두 개 모두 갖고 있는 사람은 유럽의 백인 6명 중 1명이며, 이들은 다른 사람보다 하루에 5%나 더 많은 칼로리를 섭취하고 있다고 한다. 5%는 적은 것 같지만 매일 이 정도의 칼로리가 누적된다면 몇 년 후 체지방 증가 효과는 매우 크게 나타난다.

그런데 운동은 이러한 유전자변이를 갖고 있는 사람의 유전자 영향을 30% 정도까지 감소시킨다고 평가되고 있다. 흥미 있는 연구 결과는 유전자변이를 갖고 있는 비만한 사람에게 변이를 갖고 있는지 여부에 대한 검사 결과를 알려줄 때 확연히 식사량을 줄이는 경향을 보인다는 것이다. 즉 자신이 FTO 유전자변이를 갖고 있다는 정보를 알게 될 때 스스로 식사량을 더 잘 조절하기 때문에 다이어트의 성공 가능성을 높여준다고 할 수 있다.

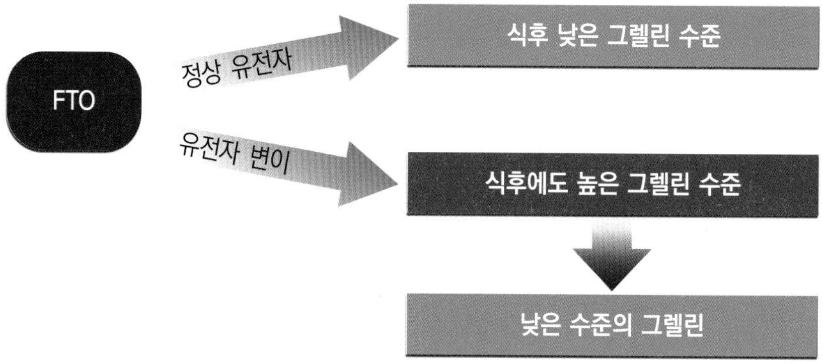

그림 12-15. FTO 유전자 변이와 식후 그렐린 수준과 신체활동

12.2.5.2 잘못된 식습관

비만인의 공통적인 섭식 특징은 ① 식사 횟수가 적거나 불규칙하고, ② 한 번에 많은 양의 칼로리를 섭취하는 과식 습관이 있으며, ③ 튀긴 음식과 같은 고지방 식품과 단맛이 있는 고당질 식품을 선호하고, ④ 간식과 야식을 먹는 습관이 있고, ⑤ 씹는 횟수가 적고, 식사시간이 짧다는 것이다.

초등학생들의 식품 선호도를 조사하였더니 햄버거, 피자, 프라이드 치킨, 핫도그 등을 가장 선호하였고, 김치나 나물은 가장 기피하는 식품이라고 하였다. 이런 식의 패스트푸드 위주의 서구형 건식문화가 급격히 확산되고 있기 때문에 비만을 비롯한 질병 패턴의 서구화가 가속화되고 있다.

성장기에 형성된 잘못된 식습관은 단순히 습관의 문제가 아니라 인체의 생리적 조절기능 자체에 장기적 변화를 초래할 수 있다는 데 문제의 심각성이 있다. 인체의 식욕조절은 뇌의 시상하부에 있는 기아중추(hunger center)와 포만중추(satiety center)가 한다. 그런데 이들 식욕중추에 대한 자극의 크기는 위 압력수용기에서 신경 경로를 통해 직접적으로 보내지는 자극과 혈중 포도당, 아미노산 및 지방산의 수준에 의해 주로 결정된다. 포만중추에는 혈당 수준에 의해 자극받는 혈당기준치가 있는데, 아동기의 습관적 과식은 포만중추에 설정된 이 혈당기준값(set point)을 더 높은 수준으로 재설정하게 된다. 더구나 고지방식의 만성 섭취는 시상하부에서 렙틴 저항성을 높이는 원인이 될 수 있음을 시사하는 연구가 보고되고 있다(정일규 등, 2004).

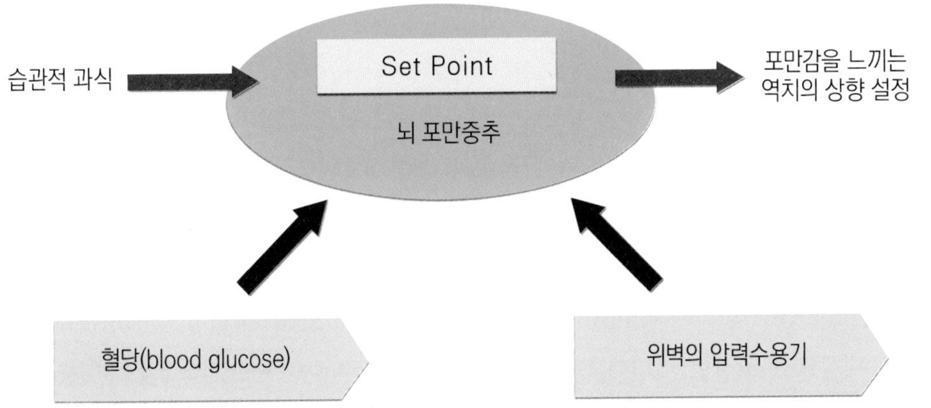

그림 12-16. 포만중추의 혈당기준값

12.2.5.3 운동부족

이미 오래전 많은 연구자들은 비만아동이나 청소년의 식습관과 행동특성을 분석한 결과 칼로리 과다섭취나 과식보다는 비활동성(inactivity)이 비만의 보다 중요한 요인임을 발견하였다. 이 연구들은 초등학교 비만 아동과 정상 아동의 칼로리 섭취량 및 신체활동 유형을 분석한 결과 두 집단은 같은 에너지량을 섭취하지만 비만집단의 활동 정도가 현저히 낮음을 발견하였다. 예를 들어 여름 캠프에서 여학생들을 대상으로 3가지 스포츠를 실시하는 동안 3초 간격으로 약 3만 장의 사진을 촬영하여 분석한 결과 정상체중 학생들에 비해 비만 여학생들은 활동에 매우 소극적인 모습을 보인 것으로 보고하였다(이규성, 1989 재인용).

이러한 결과를 더욱 지지하는 것으로 비만 아동은 같은 연령의 아동에 비해 오히려 일일에너지 섭취량은 낮았지만, 좌업 활동에 51%나 더 많은 시간을 소모하고 신체활동에는 30% 더 적은 시간을 소비하는 것으로 보고되고 있다.

Epstein 등(2002)은 8~12세의 정상 아동을 대상으로 한 연구에서 일일 좌업 활동이 증가하였을 때 에너지섭취량이 250.9kcal 증가하는 반면 에너지소비량은 99.8kcal가 감소하여 결과적으로 일일 350.8kcal의 부가적 에너지가 축적된다는 사실을 보고하여 좌업 활동이 에너지 섭취의 증가와 소비 감소에 양면적으로 영향을 미친다고 하였다. 어린이의 활동을 관찰하면 노느라고 바빠서 먹을 것을 잘 안 먹는 경향을 볼 수 있는데, 이와 일맥상통하는 결과라 생각된다.

일단 비만아가 되면 과도한 체중으로 행동이 둔해져서 점점 운동을 기피하고, 자신의 몸을 부끄러워하여 친구들과 어울리는 것을 기피하거나 친구들이 운동에 끼워주지 않아 점점 더 운동량이 줄어들게 되어 비만이 더욱 심해지는 경우가 많다.

더구나 오늘날 인터넷 중독증상, 컴퓨터 게임의 보급, TV 시청시간 증가, 아파트 생활로 인한 놀이공간 부족 등으로 운동의 환경은 점차 불리해지는 반면 이를 교정해야 할 학교 체육수업의 역할과 비중은 오히려 감소되고 있어 교육현장에서 신체 활동을 통한 교육의 중요성, 건강교육의 중요성에 대해 심각하게 고려해야 할 시점으로 보인다.

12.2.5.4 심리적 요인

사람들은 욕구불만이나 스트레스 상황을 먹는 행위를 통해 해소하려는 심리적 경향이 있는데, 이는 주로 유아기에 형성된다. 즉 성장기에 음식과 관련 없는 모든 욕구불만이나 불안을 먹을 것을 통해 해소시키는 잘못된 보상교육을 받은 아동은 이러한 심리적 경향이 강화되어 성인이 되어도 유지되는 경우가 많다.

한편 흥미로운 연구 결과는 California Health Maintenance Organization에서 환자(19~92세) 13,177명을 대상으로 조사한 것인데, 아동기에 학대(성적·언어적·신체적 폭력의 위협, 신체적 학대)를 받은 사람은 그렇지 않은 사람보다 비만이 될 확률이 현저히 높은 것으로 보고되고 있다(Williamson 등, 2002).

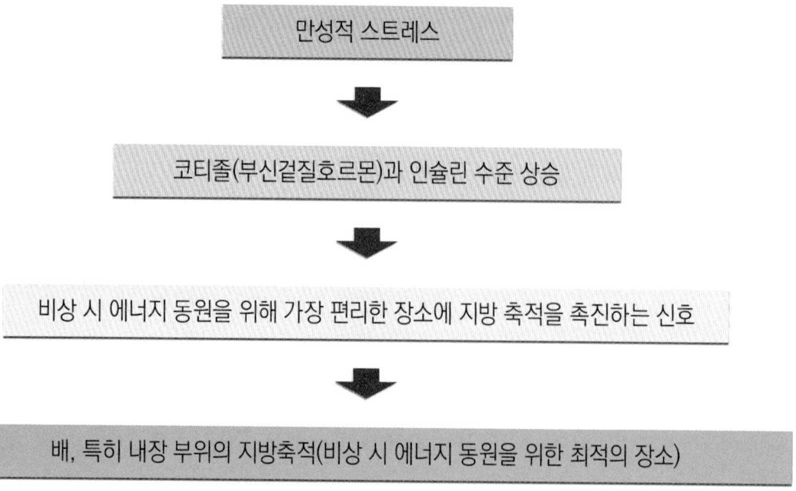

그림 12-17. 만성적 스트레스와 배 부위의 내장지방 축적

12.2.6 질병 위험인자로서의 비만

비만은 그 자체로는 질병이라고 할 수 없지만, 각종 질병의 주된 원인으로 작용할 뿐만 아니라 광범위한 질병과 밀접한 관련을 갖고 있다. 비만과 가장 밀접한 관련이 있는 질환은 고혈압, 당뇨병, 이상지질혈증, 심장질환 등이며, 그밖에 호흡이상, 허파질환, 쓸개질환, 관절질환, 유방암, 대장암, 전립샘암 등의 발병위험이 높다.

인체 내 지방조직이 증가하면 그 지방조직에 혈류를 공급해야 하는 심장에 부담을 줌으로써 그 결과 혈압을 상승시키게 된다. 또한 지방조직의 증가는 체내 인슐린 수요량을 증가시켜 인슐린을 생산하는 이자에 더 큰 부담을 주며, 결국 장기적으로는 이자의 인슐린 생성 및 분비 기능을 저하시키는 원인이 된다. 또한 비만증이 있으면 인슐린 분비량이 증가되어도 간·근육 및 지방조직 등 말초조직의 인슐린에 대한 민감도가 저하되어 고혈당이 나타나게 된다. 비만으로 인한 고혈압과 고혈당은 체중을 감량함으로써 효과적으로 혈압을 감소시키고, 혈당을 조절할 수 있다.

또한 비만은 이상지질혈증(고지혈증, hyperlipidemia)과 밀접한 관련이 있다. 이상지질혈증은 동맥경화와 그로 인한 각종 심장질환, 뇌졸중의 주된 원인이다. 비만은 호흡계통에도 영향을 미치는데, 비만하면 대사총량이 증가하여 호흡에 필요한 호흡근육의 작업량은 증가되지만 가슴벽조직의 지방층에 의해 가슴벽 및 가로막의 호흡운동은 제한을 받게 된다. 그 결과 호흡효율 저하로 인한 허파꽈리 내 환기 감소 및 체내 CO_2 축적에 의한 혼몽, 만성피로, 수면이상, 수면성무호흡증(sleep apnea) 등의 증상을 보이게 된다.

비만 중에서도 복부비만은 인슐린 저항성 상승, 고혈압, 당뇨병, 심장질환 등과 더욱 깊은 관련을 갖고 있다. 그리고 복부비만 중에서도 피부밑지방형(subcutaneous fat type)보다 내장지방형(visceral fat type)일 때 지질대사이상이 발생할 위험성이 높으며, 내장지방/피하지방의 비율이 높을수록 혈중 중

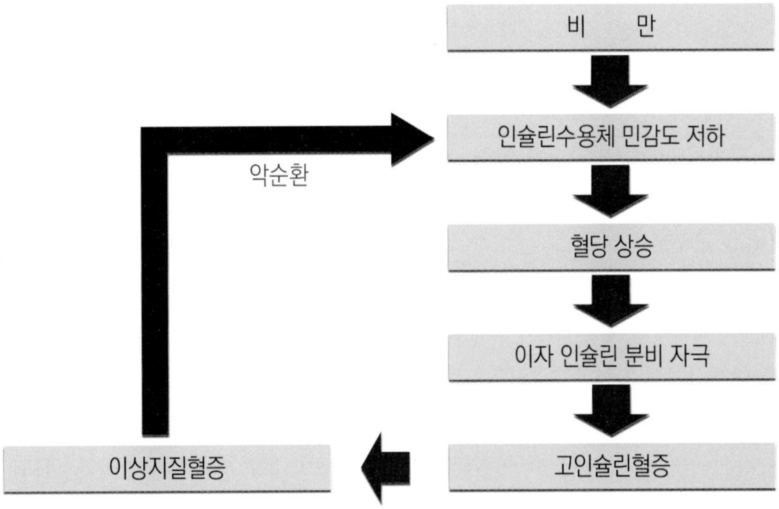

그림 12-18. 비만 시 인슐린 수용체의 민감도 저하와 이자 기능 저하의 악순환

성지방 농도가 높을 가능성이 크다고 한다(대한비만학회, 2001).

또한 내장지방은 피부밑지방에 비해 카테콜아민(catecholamin)에 대한 감수성이 높기 때문에 중성지방으로부터 유리지방산을 급격히 분비시킴으로써 증가된 유리지방산이 간문맥을 통해 간으로 유입되어 간기능에 영향을 미친다. 또한 증가된 유리지방산은 간에서 아세틸조효소A로 산화되어 피루브산카르복실라제(pyruvate carboxylase)를 자극하여 간에서의 포도당 생산을 증가시키고 인슐린 처리를 억제하여 고인슐린혈증을 더욱 악화시킨다.

한편 이 시기의 비만은 이러한 건강상 문제보다 더 심각한 자존감의 상실, 우울, 부정적 자기신체상 등의 정신사회적 문제(psychosocial problem)와 학교생활에서 학우들로부터의 소외감, 열등감, 사회성 결여, 학업성취도 부진 등을 초래할 위험성이 높다.

plus+

백색지방의 갈색화, 갈색지방과 베이지색지방

체질을 과학적으로 설명하는 것은 여전히 어려운 과제이다. 왜냐하면 체질에는 기초대사량에 영향을 주는 호르몬이나 효소, 소화기관의 상태, 식욕중추의 민감도 등 매우 여러 요인들이 관여하고 있기 때문이다. 그리고 어느 한 요인이 그러한 차이를 결정적으로 설명하지는 못한다.

그중에 많은 관심을 받고 있는 것이 갈색지방이다. 지방을 저장하는 역할을 하는 백색지방과는 달리 갈색지방은 열을 발생시키는 역할을 한다. 갈색지방조직은 곰이나 다람쥐와 같이 동면하는 동물이 많이 갖고 있다. 이 지방조직은 동면하는 작은 포유류나 설치류에 많으며, 그림 12-19에서 보듯이 겨드랑이 부위, 견갑골 사이, 목 부위, 그리고 콩팥의 지방피막에도 발달되어 있다. 가을철에 이 동물들은 동면을 준비하기 위하여 연료로서 지방을 최대한 비축하려고 한다. 그리고 겨울철에 동굴이나 땅속에 들어가 동면을 취하게 되는데, 이때 비축했던 체지방을 갈색지방조직에서 연소시켜서 열을 발생시켜서 자는 동안 체온을 유지한다.

갈색지방조직은 열생산을 높일 수 있도록 미토콘드리아 밀도가 높고, 미토콘드리아 내막에서 실질적으로 열생산을 돕는 효소인 UCP1(uncoupled protein-1)의 활성도가 높다. 또 모세혈관의 분포가 많고 교감신경도 많이 분포되어 있어서 열 생산을 잘할 수 있는 인프라를 갖추고 있는 셈이다. 이 갈색지방은 동시에 미토콘드리아에 많은 전자전달 작용을 하는 시토크롬(cytochrome)이라는 효소가 많은데, 이 효소의 주성분이 철분이어서 지방조직을 갈색을 띠게 한다.

또 비교적 최근에는 베이지색지방세포(beige adipocyte)가 발견되었는데, 이 베이지색지방은 피부밑지방의 백색지방조직 사이사이에 흩어져 존재하며, 쥐와 같은 동물의 샅부위(서혜부) 백색지방 조직 사이에도 발견된다. 신생아는 아직 근육이 발달되지 않아서 스스로 근육을 떨어서(shivering) 열을 생산하지 못한다. 그래서 반드시 이 갈색지방이 필요하다. 신생아는 가슴과 겨드랑이, 그리고 등 뒤의 날개뼈 주변에 약 150g 정도의 갈색지방을 갖고 있다.

과거에는 이 갈색지방이 성인이 됨에 따라 사라지는 것으로 생각했지만, 이 갈색지방은 없어진 것이 아니라 성인에게서 비활성화된 상태로 존재한다는 것이 밝혀졌다(Cypess A.M., 2009; Virtanen K.A.,

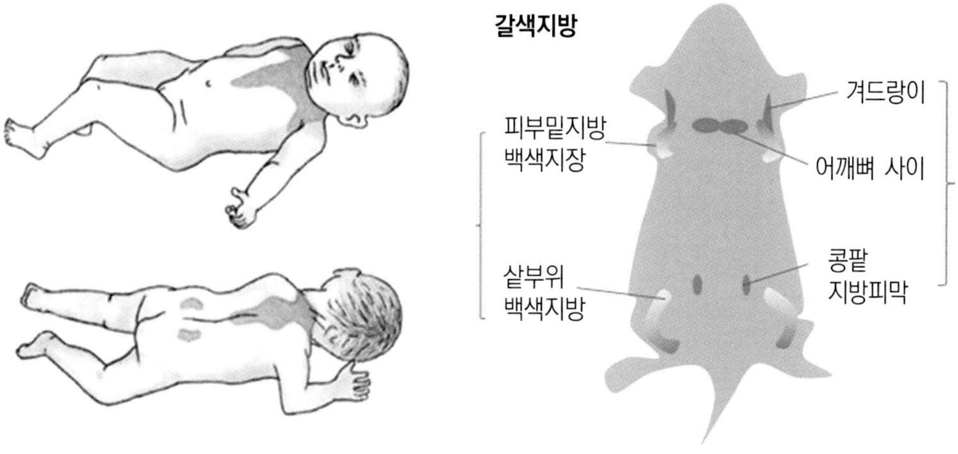

그림 12-19. 신생아와 설치동물의 갈색지방 분포

베이지색 지방세포 : 피부밑의 백색지방조직 사이에 흩어져 있음.

2009). 이 잠재된 갈색지방은 추위에 노출될 때 활성화되는 특성을 보인다.

그런데 마른 사람과 비만한 사람을 대상으로 하는 열적외선 연구에서 추위에 대한 이 갈색지방조직의 반응에 차이가 있다는 사실이 밝혀졌다. 즉 상체를 벗은 상태로 섭씨 4도 정도의 추운 날씨에 노출시켰을 때, 마른 사람은 갈색지방이 뚜렷하게 활성화되지만 비만한 사람은 갈색지방조직이 잘 활성화되지 않는 것으로 나타났다.

즉 마르고 건강한 사람은 추위로 유도한 일일

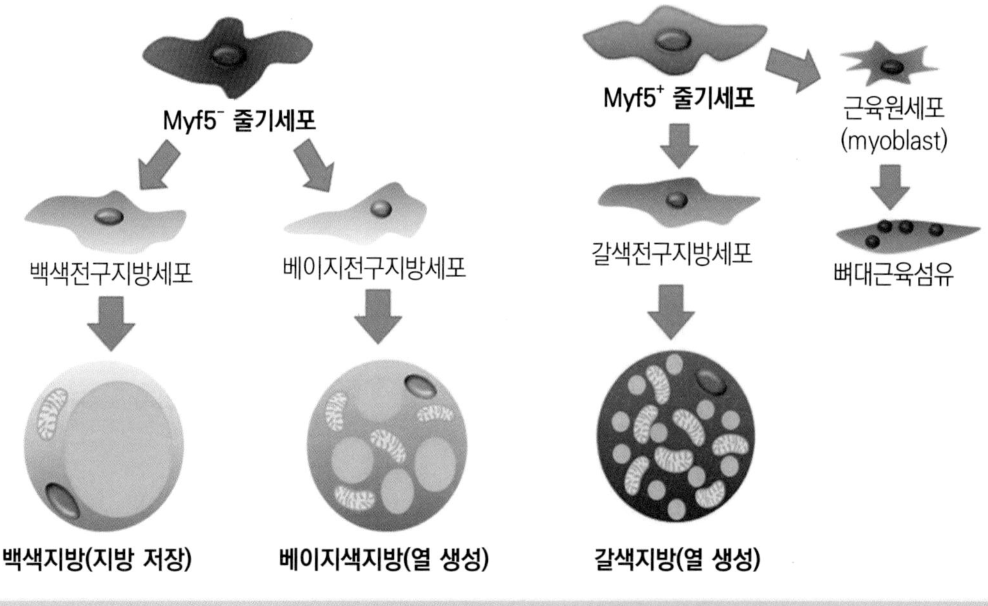

그림 12-20. 백색지방, 베이지색지방, 갈색지방의 줄기세포

백색지방과 베이지색지방, 갈색지방세포와 골격근 섬유는 같은 줄기세포로부터 유래됨 최대 열생산량은 25~400kcal에 이른다고 평가되는데, 매우 개인차가 크다고 볼 수 있다. 또 베이지색지방을 고려한다면 그 열 생산량은 더 많을 수도 있다고 주장되고 있다(Bartelt A. et al., 2011).

처음에는 갈색지방세포와 베이지색지방세포를 같은 줄기세포에서 유래한 것으로 생각하였지만, 최근에는 다른 줄기세포에서 유래되었다는 것이 밝혀졌다. 즉 갈색지방세포는 $Myf5^{+}$(Myogenic Factor 5^{+}) 줄기세포로 골격근지방세포와 같은 줄기세포에서 유래되고, 베이지색지방세포는 $Myf5^{-}$ 줄기세포로 백색지방세포와 같은 줄기세포에서 유래되는 것으로 밝혀졌다[그림 12-20]. 즉 $Myf5^{-}$ 줄기세포는 각각 백색전구지방세포와 베이지색전구지방세포로 분화되어 각각 백색지방세포와 베이지색지방세포로 발달하게 된다(Reddy N.L. et al., 2014).

반면에 $Myf5^{+}$줄기세포는 각각 근육원세포(myoblast)와 갈색전구지방세포로 분화되고, 이어서 각각 골격근육섬유와 갈색지방세포로 발달한다. 갈색지방세포는 그림 12-20에서 보듯이 미토콘드리아가 많고, 작은 지방 저장입자(depot)를 많이 갖고 있으며, 교감신경의 분포가 많다. 또한 혈관의 분포가 많으며, UCP1의 활성도가 높은 특성을 갖는다. 이는 갈색지방세포가 대사적인 측면에서 훨씬 활성화된 조직이라는 것을 말해준다. 반면에 백색지방은 지방저장을 하는 역할을 하므로 훨씬 더 큰 지방입자(depot)를 갖고 있다.

그림 12-21은 추위에 의해 교감신경(SNS)의 흥분이 증가하고 그로 인해 갈색지방 또는 베이지색지방에서 지질 분해가 증가하는 동시에 대사 과정이 증가하는 모습을 보여주고 있다. 즉 미토콘드리아 내막에서 이루어지는 유산소적 대사 과정인 베타산화과정, 크렙스사이클 등에 의해 발생한 수소와 전자는 NADH, FAD와 같은 전자전달자에 의해 전자전달시스템에 전달되고, 미토콘드리아 내막의 Complex Ⅰ, Ⅱ, Ⅲ, Ⅳ를 통해 수소 이온

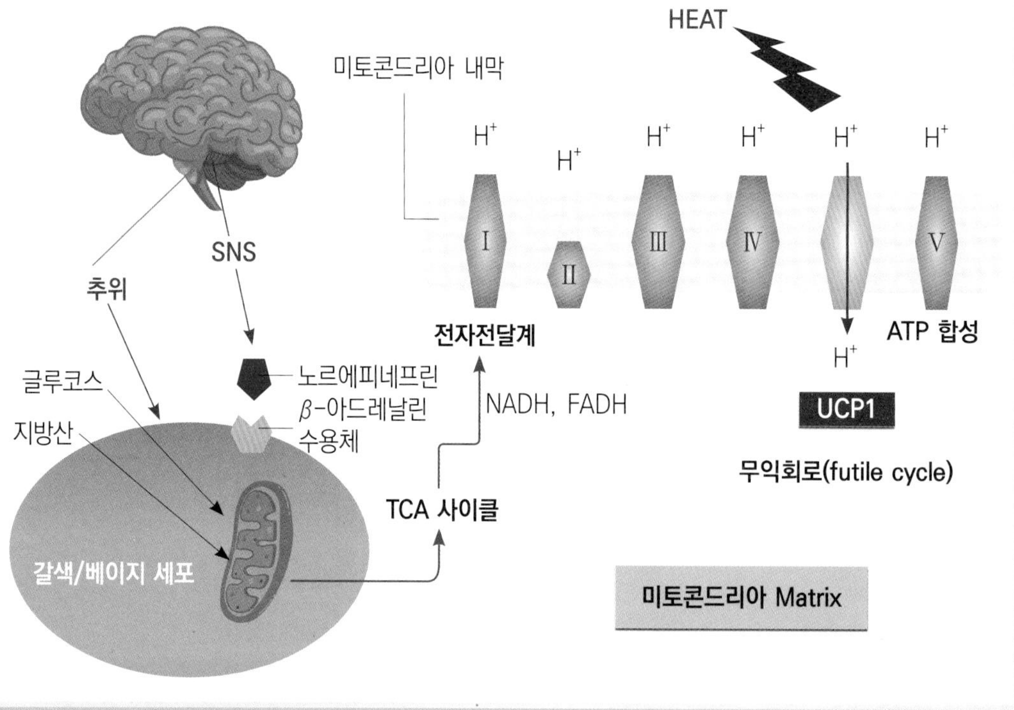

그림 12-21. 갈색지방에서 전자전달계와 무익회로, UCP1의 작용

(H+)이 방출된다.

이렇게 되면 내막을 기준으로 내막 밖의 수소 이온 농도가 상대적으로 안쪽보다 높아져서 내막을 사이에 두고 전기화학적 경사가 발생한다. 이때 UCP1은 밖으로 나온 수소 이온을 안쪽으로 다시 끌어들이는데(proton leakage), 이런 과정에서는 ATP 합성이 이루어지지 않고 대신 열에너지가 발생하기 때문에 이를 무익회로(無益回路, futile cycle)라고 한다. 즉 ATP 합성을 하지 않으므로 실제로 생물학적인 일(physiological work)을 하지는 않기 때문에 무익회로(futile cycle)라는 이름을 갖게 되었다.

그래서 열생성을 증가시켜 에너지 소비를 높이는 다이어트 약물 등을 개발하기 위한 표적으로서 이 UCP1에 의한 무익회로의 활성화에 관심이 집중되어 왔다.

흥미롭게도 갈색지방은 운동에 의해서도 활성화되는데, 이를 백색지방의 갈색화(browning)라고 한다. 그것은 근육에서 분비되는 호르몬인 아이리신(Irisin) 등 마이오카인(myokines)과 간에서 분비되는 FGF-21 등에 의해서 촉진된다(Severinsen Mai C.K., et al., 2020). 아이리신은 근육이 일정한 저항을 이기며 수축할 때 근세포로부터 분비된다. 이러한 백색지방의 갈색화(browning)는 비만이나 당뇨, 이상지질혈증과 같은 문제를 해결하기 위한 연구들이 표적이 되고 있다.

한편 일부 상업적 광고에서 갈색지방조직을 활성화시키는 약물이나 특별한 식품, 스트레칭 방법 등이 소개되기도 하는데, 현재로서는 과학적인 증거가 매우 불충분하다.

12.3 체중조절 시 고려사항

일정한 체중감량 목표를 달성하기 위해서는 에너지섭취를 얼마나 제한하고 에너지소비량을 얼마나 증가시킬지 결정하여야 할 것이다. 그러나 실제로는 체중의 변화가 운동 및 식이조절을 통한 에너지 섭취의 감소나 소비 증대와 정확하게 일치하지 않는 경우가 많다.

운동 및 식이조절에 따른 에너지 섭취와 소비량의 변화가 체중의 변화와 일치하지 않는 이유는 다음과 같은 요인이 복합적으로 작용하기 때문이다.

12.3.1 수분균형의 문제

주로 단시간에 나타나는 급격한 체중의 변화는 에너지 균형상의 변화보다는 체액의 변화에 의해 일어날 수 있다. 예를 들어 단식 초기에 일어나는 체중손실은 대부분 지방의 제거가 아닌 수분의 손실에 의한 것이다. 이 경우 1kg의 체중 감소에 필요한 에너지 감소는 7,700kcal가 아니라 단지 4,400kcal 미만이 된다.

식이제한보다 운동으로 동일한 체중감량을 한다면 지방의 감소비율이 높아진다. 지방이 아닌 수분의 손실을 통한 체중감량은 그 효과가 일시적이고, 인체의 순환계통 등에 미치는 생리적 부담도 더욱 커진다.

12.3.2 기초 및 휴식 시 대사율의 변화

에너지 섭취를 제한하면 휴식대사율도 감소되기 쉽고, 칼로리를 과다섭취하면 휴식대사율이 증가되는 경향을 보인다. 체중감량을 위해 심한 단식을 하면 휴식대사율이 30% 정도 감소하고, 1일 활동량도 50%까지 감소하여 결국 체중감량에 실패할 수도 있다.

그런데 식이제한과 달리 운동은 대체로 휴식대사율을 증가시킨다. 탈진상태에 이를 때까지 장시간의 강한 운동을 수행한 후에는 휴식대사율이 운동 후 12~24시간까지 증가한다. 이는 에너지 소비 증가효과가 운동 후에도 장시간 지속되기 때문에 운동을 통한 체중감량이 보다 유리하다는 것을 말해준다.

12.3.3 섭취하는 영양소의 열효과

식사 후 1~2시간이 경과한 후와 12시간 동안 공복상태에서의 산소섭취량을 비교하면 식사 후의 산소섭취량이 10~35% 가량 크게 나타난다. 즉 공복상태일 때보다 식사 후에 기초대사율이 증가한다. 또한 식사 후 운동할 때의 에너지 소비가 공복상태에서 운동할 때보다 10% 정도 높다. 이렇게 음식을 섭취한 후 추가로 소비되는 산소섭취량은 섭취한 음식의 소화·흡수작용, 이화작용, 단백질 합성 등에 쓰이는데, 이러한 현상을 영양소의 열효과(thermic effect)라고 한다. 인체의 에너지원이 되는 3대 영양소(탄수화물, 지방, 단백질) 중 단백질의 열효과가 가장 크다. 왜냐하면 단백질의 소화 및 흡수, 인체세포 내에서의 단백질 합성, 단백질을 지방이나 탄수화물로 전환하는 데 따르는 에너지소비량이 더욱 크기 때문이다.

plus+

비만인을 물살이라고 부르는 이유는 체내 수분량이 더 많아서일까?

비만인은 더운 날 땀을 많이 흘리기 때문에 체격이 보통인 사람보다 체내 수분량이 많다고 생각할 수 있다. 반대로 비만인들은 체내 수분량이 적다. 비만인이 더운 날 땀을 많이 흘리는 이유는 열전도를 차단하는 두꺼운 피부밑지방층 때문에 날씨가 더워도 열을 쉽게 발산하지 못하여 체온이 잘 상승하기 때문이지 몸에 수분이 많기 때문이 아니다.

오히려 비만인은 체중에 비해 수분량이 적다. 왜냐하면 지방조직에서 수분이 차지하는 비율은 25% 내외에 불과하지만, 근육조직은 70% 이상이 물로 구성되어 있기 때문이다. 그러므로 비만인보다는 근육이 잘 발달된 사람이 오히려 체내수분량이 많다.

12.3.4 환경 기온이 대사율에 미치는 영향

인체의 열생산은 추운 환경에서는 크게 증가하고, 덥고 습한 환경에서는 약간 증가하는 경향이 있인다. 따라서 운동과 식이를 통한 체중감량 프로그램을 진행할 때 환경 기온에 따라 체중감량 효과가 예상보다 크거나 작게 나타날 수 있다. 예를 들어 겨울철에 일정한 체중을 유지하게 위해 3,000kcal의 에너지 섭취가 필요하던 사람이 여름철에는 동일한 체중을 유지하는 데 필요한 에너지섭취량은 2,700kcal로 줄어들 수도 있다.

요약하면 체중감량을 위한 에너지소비량의 양적인 산출은 지방조직 1g을 제거에는 7.7kcal의 에너지 소비가 필요하다는 설정을 바탕으로 한다. 그러나 이 경우에는 체중감량에 영향을 주는 요인으로 수분의 손실, 기초대사율의 변화, 섭취하는 음식의 열효과, 환경 기온의 영향 등을 고려하여야 한다.

12.4 체중조절과 운동

대부분의 비만인이 장기간 체중감량 프로그램을 유지하는 것은 매우 어려운 일이다. 식이제한을 통한 체중감량을 시도하는 사람들은 대부분 1년 이내에 포기하는 경우가 많으며, 체중감량 목표에 도달하였다고 해도 감량한 체중을 지속적으로 유지하지 못하는 경우도 많다. 식이제한과 함께 운동을 병행할 때 체중감량의 효과가 클 뿐만 아니라, 그 효과가 보다 지속적이라는 충분한 이론적 근거가 제시되고 있다.

체중감량 시 다음과 같은 측면에서 운동의 긍정적인 역할을 살펴볼 수 있다.

12.4.1 운동과 식욕

일반적으로 운동은 식욕을 증가시키기 때문에 운동을 통한 추가적인 에너지 소비 및 체중감량의 효과는 추가적인 에너지 섭취로 인해 상실되는 것으로 알려졌다. 그런데 이러한 생각은 어느 정도 특수한 사례에만 적용시킬 수 있다.

실제로 정기적인 운동이나 작업은 체내 에너지 수요량을 증가시켜 좌업생활만 할 때보다는 더 많은 에너지섭취를 유발한다. 그렇지만 이 경우 추가적인 에너지섭취가 체중이나 체지방의 증가를 초래하지는 않는다. 왜냐하면 식욕의 증가와 추가적인 에너지섭취량은 운동으로 인한 에너지소비량과 균형을 이루거나 더 적기 때문이다.

한편 탈진적인 고강도의 운동 수행은 오히려 식욕을 상대적으로 감소시킨다. 무산소성 대사과정에 의해 생성된 젖산은 식욕중추를 억제하는 작용을 하기 때문이다. 그러므로 정기적인 신체활동으로 증가된 에너지소비가 에너지섭취량을 증가시켜 체중감량이나 체지방 감소 효과를 완전히 상쇄시킬 것이라는 생각은 전혀 근거가 없다.

그림 12-22는 운동을 정기적으로 할 때 운동강도에 따른 에너지섭취량의 변화를 보여준다. 일회적 운동이 아니고 정기적인 운동을 하면 당연히 에너지소비량이 늘어나 음식섭취량도 늘어나지만, 음식섭취를 통한 에너지섭취량에 비해 소비량이 많거나 균형을 이루게 된다.

이는 규칙적인 운동에 의해 포만감을 느끼는 뇌의 신호과정이 개선된다는 것을 뜻한다. 반면에 막연한 예상과는 달리 좌업적인 생활을 할수록 음식물의 섭취가 줄지 않고 늘어남을 보여준다. 즉 비활동적인 생활을 한다고 해서 우리 몸은 자연적으로 음식섭취량을 조절하여 줄이는 것이 아니라, 오히려 섭취량을 늘리는 경향을 보인다.

정기적인 운동이 식욕을 잘 조절하게 한다면, 과연 왜 일부 사람들은 정기적인 운동 프로그램에 참여하면서 기대만큼의 체중감량에 성공하지 못하는 것일까? 그 이유는 다음과 같이 설명할 수 있다.

① 일부 사람들은 운동에 대한 심리적 반응이 일어나서 보상적인 음식섭취를 하는 경우가 있다.
② 운동 후 보상적으로 섭취하는 음식은 단음식이나 고지방식품인 경우가 많다.
③ 일부 사람은 음식물섭취량 자체는 늘지 않지만, 하루 중 그 외의 신체적 활동이 줄어드는 경우가 있다.
④ 연구들에 따르면 운동에 따른 보상적인 음식섭취 행위는 개인적 차이가 매우 크다.

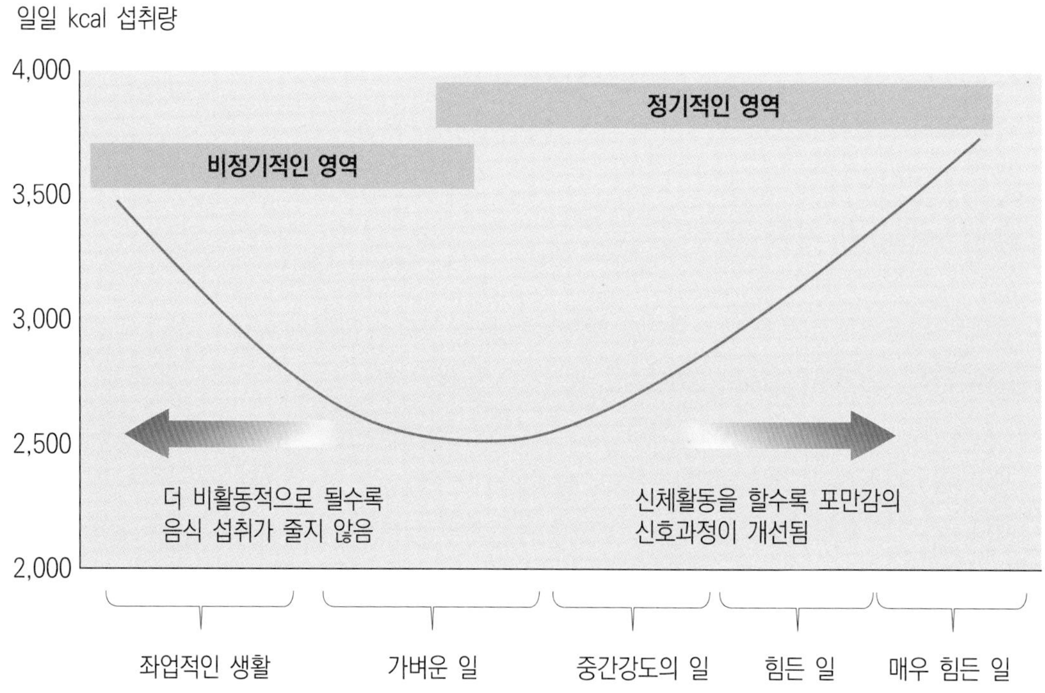

그림 12-22. 활동의 수준과 식욕의 상관관계

12.4.2 운동과 식이제한에 따른 감량 시의 체성분

운동은 하지 않고 식이제한만으로 체중을 감량하면 식이제한 초기에 대량의 수분 손실과 제지방량(lean body mass)의 손실로 체중이 감량되는 경우가 많다. 심한 식이제한으로 하루 0.5~0.8kg의 체중을 감량할 수 있으나, 그중 약 70%는 수분, 25%는 지방, 5%는 단백질의 손실에 의해 이루어진다.

이처럼 식이제한 초기에 다량의 수분 손실이 일어나는 이유는 간 및 근육에서 글리코겐이 고갈되기 때문이다. 즉 1g의 글리코겐은 약 3g의 수분과 결합된 형태로 저장되어 있기 때문에 글리코겐의 고갈은 다량의 수분 손실을 수반한다.

운동을 통한 체중감량의 이점은 제지방조직은 유지하거나 오히려 증가시키면서 체지방량을 감소시키기 때문에 전체 체중의 감량을 꾀할 수 있다는 점이다. 제지방조직 또는 근육조직의 증가는 체중감량의 효과를 보다 장기적으로 지속시키는 데 중요하다. 왜냐하면 장기적으로 볼 때 근육의 증대는 에너지소비자의 증대를 의미하기 때문이다.

반대로 근육의 위축은 장기적으로 에너지 소비의 감소를 뜻하며, 결국 더욱 심각한 비만을 초래할 위험이 높아진다. 따라서 체중을 감량할 때는 제지방조직이나 근육의 손실 없이 체지방만 제거해야 보다 건강한 상태를 유지하고 체중감량의 효과를 오래 지속시킬 수 있다는 점을 명심해야 한다.

그러나 체지방률이 40%가 넘는 고도의 비만인은 근육 및 관절의 통증이나 체력의 저하로 인해 달성할 수 있는 총에너지소비량이 매우 적기 때문에 운동만으로는 체중감량 효과가 나타나지 않는 경우가 많다. 예를 들어 고도의 비만인은 1일 에너지섭취량의 1,000~2,000kcal 감소는 견딜 수 있으나 1일 500kcal의 에너지가 소비되는 운동은 감당할 수 없는 경우가 많다. 이 경우에는 운동과 함께 적절한 식이제한이 체중감량의 필수요건이 된다.

그림 12-23에 식이제한만 행할 때와 운동과 식이제한을 병행할 때 체중감량의 구성분을 비교하여 제시하였다. 그림에서 알 수 있듯이 체중감량 기간이 체지방의 감소량을 결정하는 중요 요인이 된다. 특히 에너지섭취량만을 제한하는 경우 체지방의 감소 효과를 거두기 위해서는 더 많은 기간이 소요된다. 왜냐하면 식이조절 초기에는 지방이 아니라 다량의 수분 손실에 의한 체중 감소를 경험하게 되기 때문이다. 식이제한의 기간이 길어질수록 수분 손실은 적어지고 지방 손실이 증가됨을 알 수 있다.

그림 12-23은 단식이나 저탄수화물식이를 통해 체중을 감량하고자 할 때 근육 글리코겐의 감소로 인해 대체연료로서 지방이나 단백질대사의 중간산물인 케톤체나 요산의 생성이 증가하고, 이러한 물질들을 배설하기 위한 콩팥에서의 소변 생성량이 증가하면서 탈수가 일어나는 과정을 나타낸다. 단식 또는 황제 다이어트와 같은 고단백식은 이러한 경로를 통한 다량의 탈수를 초래하고, 결국 단기간에 많은 체중이 감소하게 된다. 그러나 이러한 방법은 그 효과가 일시적이며, 고요산혈증, 통풍(gout) 등을 초래할 위험성을 높여준다.

한편 운동 프로그램에 참가하여 체중을 감량하고자 할 때 고려해야 할 사항은 제지방량의 증가이다. 때로는 제지방의 증가량이 체지방의 손실량을 상쇄하여 체중이 그대로 유지되기도 하는데, 이러

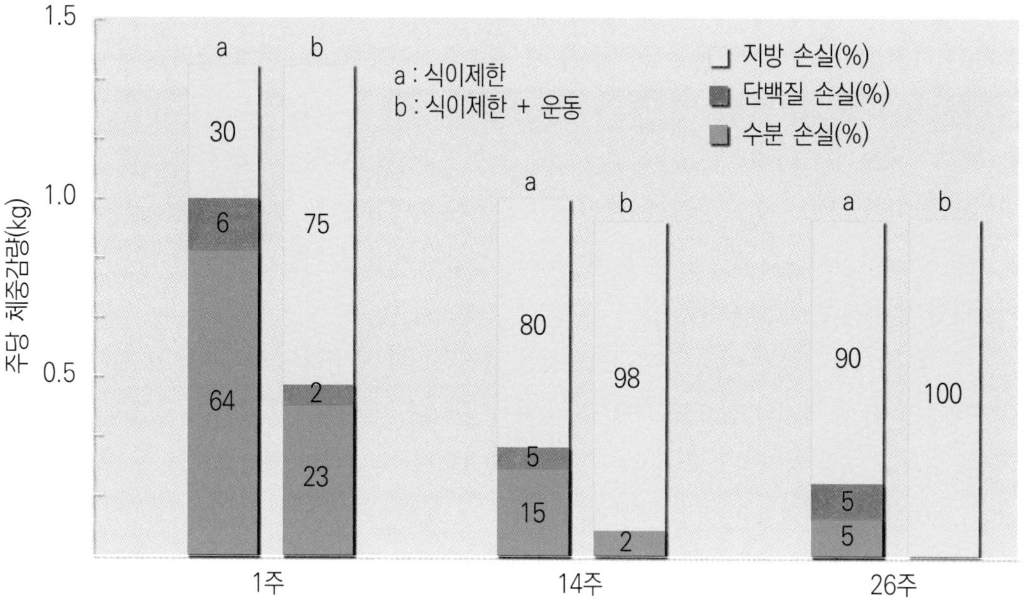

그림 12-23. 1일 1,000kcal의 추가손실 시 체중감량의 구성분

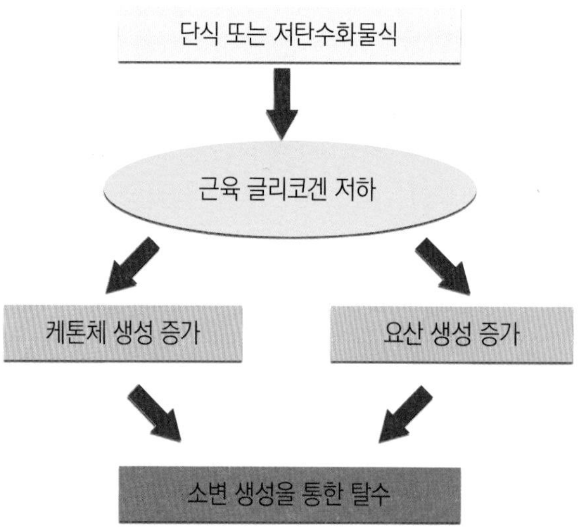

그림 12-24. 식이제한에 의해 탈수가 발생하는 기전

한 현상은 체중감량을 위해 운동프로그램에 참가하는 사람들을 실망시키는 원인이 된다.

대체로 신체적 단련 수준이 낮은 사람들은 조깅이나 러닝에 의해서도 제지방량이 증가하기도 한다. 그런데 이미 적응된 사람은 중량부하 운동 등 고강도 저항운동에 의해서만 제지방량이 증가한다. 웨이트 트레이닝으로 단련된 사람은 신장이 같은 일반인보다 체중이 20~30% 이상 많이 나간다고 보고되고 있는데, 이러한 초과체중은 체지방이 아닌 근육량의 증가로 인한 것이다. 따라서 운동은 체지방을 감소시킬 뿐만 아니라 제지방량을 증가시켜 체성분을 변화시킨다.

12.4.3 체중보다는 체력이 중요

일정 수준 이상의 체력을 유지하는 것은 질병 예방과 건강 유지에서 체중을 유지하는 것 이상으로 중요하다. 그림 12-25는 체지방률이 25% 이상으로 과체중이지만 체력 수준이 어느 수준 이상인 사람은 정상체중이거나 저체중이지만 체력이 낮은 사람보다 사망률이 현저히 낮다는 것을 보여주고 있다. 이는 운동 프로그램에 참여하는 목적을 지나치게 체중감량에만 둔 나머지 그 결과에 쉽게 실망하거나 운동 참여로 얻을 수 있는 많은 건강상 이점을 간과하기 쉬운데, 체중감량에 일차적인 목적을 두기보다는 체력향상을 우선시하는 것이 바람직하며, 장기적으로 체중감량에 성공하는 길이라는 점을 말해준다. 왜냐하면 체력이 개선될 때 운동을 통해 달성할 수 있는 총에너지 소비 수준도 증가시킬 수 있기 때문이다.

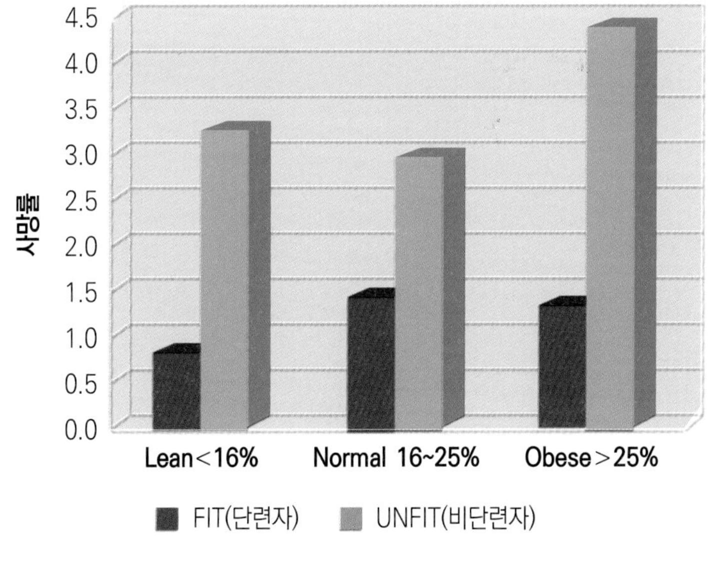

그림 12-25. 체중과 체력 수준에 따른 사망률

12.5 운동과 국부지방

특정 부위의 근육운동을 하면 그 부위의 지방만 선택적으로 제거할 수 있다고 믿는 경우가 있다. 그래서 배 부위의 지방을 감소시키기 위해 윗몸일으키기를 하거나 넓다리의 지방을 제거하기 위해 다리 운동을 하기도 한다. 그러나 특정 부위의 지방분포는 유전에 의해 이미 결정되어 있을 뿐만 아니라 특정 부위의 근육 운동에 필요한 에너지원은 그 부위의 지방조직뿐만 아니라 전신의 여러 지방조직으로부터 동원된다.

윗몸일으키기를 위한 연료는 팔이나 간의 저장지방으로부터 동원될 수 있고, 배 주위의 피부밑지방에만 전적으로 의존하는 것이 아니다. 즉 운동을 수행할 때 교감신경계의 흥분은 지질분해(lipolysis) 작용을 하는 카테콜아민, 성장호르몬, 코티졸 등의 호르몬 분비를 자극한다. 이들 호르몬은 국부적으로 작용하는 것이 아니라 순환혈액을 통해 전신의 저장지방조직에 영향을 미친다.

최근에는 근육 운동이 면역물질인 인터루킨-6(IL-6)를 통해 비만을 방지하는 작용을 한다는 이론이 제시되고 있다. 작업근육에 의해 IL-6의 생성량이 증가되면 IL-6는 교감신경 흥분을 촉진시켜 에너지소비량을 증대시키고 지질분해를 촉진한다는 이론이다. 이는 운동을 통해 체지방 감소 기전

plus+

체중감량 보조운동기구

시중에서 판매되는 소위 체중감량보조 운동기구 중에는 지나치게 허황된 선전을 하는 경우가 많다. 그러한 운동기구 중에는 운동기구의 기계적 특성에 의존하여 인체를 수동적으로 움직이게 하는 기구들이 많다. 이러한 기구들은 매일 5~10분 정도 그 기구를 이용하여 운동하면 체내지방이 연소되어 체중이 쉽게 감량되는 효과를 얻을 수 있다고 선전한다.

그러나 체중감량 시 가장 명심해야 할 대원칙은 “근육이 스스로 움직이지 않으면 에너지가 거의 또는 전혀 소모되지 않으며, 에너지소모가 없으면 체중은 감량되지 않는다.”이다. 근육을 진동(vibration)시키거나 수동적으로 움직이기 쉬운 방법으로 체중을 감량할 수 있다면 얼마나 좋을까? 하지만 이러한 방법은 근육의 이완이나 관절의 유연도를 향상시키는 데는 도움을 주겠지만 에너지소모 측면에서는 매우 비효율적인 운동방법에 불과하다.

또한 근육이 스스로 움직이는 운동은 순환계통, 즉 심장이나 혈관계통, 내분비계통 등 인체 모든 계통에 매우 활발한 영향을 미친다. 즉 근육이 능동적으로 움직이는 운동은 그 자체의 에너지소모량도 높을 뿐만 아니라 인체의 생리적 기능을 개선시키는 효과를 얻을 수 있다. 그러나 수동적 운동을 통해서는 이러한 효과를 얻기는 힘들다. 가령 그러한 효과가 있다고 하더라도 그것은 능동적 운동을 통해 얻을 수 있는 효과에 비하면 아주 미약하다.

plus+

국부지방 제거를 위한 특수체조?

TV에서 가끔 인체 특정 부위의 지방을 제거한다는 체조가 소개되기도 한다. 그러나 인체 특정 부위의 지방만을 제거할 수 있는 운동은 존재하지 않는다. 왜냐하면 운동을 통해 지방을 제거할 수는 있지만, 이때 에너지원으로 이용되는 지방은 그 운동으로 소비한 총에너지소비량에 비례하여 인체 전신에 분포된 지방조직으로부터 동원되기 때문이다.

간혹 배 운동을 열심히 하니 배 지방이 현저히 감소하는 효과를 얻었다는 사람이 있는데, 그것은 배에 상대적으로 더 많은 지방의 축적이 이루어지므로 지방의 감소효과도 외관상 배에서 더 뚜렷하게 나타나는 것이지, 배 운동으로 배의 지방만 선택적으로 감소시킨 결과는 아니다.

실제로 많은 연구에서 국부 운동으로 인한 특정 부위 지방조직의 감소효과를 발견할 수 없었다. 예를 들어 오른손잡이 테니스 선수의 오른팔과 왼팔의 체성분을 비교해 본 결과 오른팔이 왼팔보다 뼈밀도와 근육은 매우 발달되어 있지만, 지방세포의 크기는 차이가 없었다. 직업적으로 운동하는 사람도 그 특정 부위의 지방조직을 감소시킬 수 없는데, 간단히 몸을 푸는 정도의 국부 운동으로 그 부위의 지방만을 선택적으로 제거할 수 있다는 것은 어처구니 없는 넌센스에 불과하다.

이 전신적인 수준에서 작용한다는 것을 말해준다. 그러므로 특정 부위의 체지방량 감소는 운동부위와 관련되어 있는 것이 아니라 운동을 통한 총에너지소비량에 의해 결정된다.

연구들은 국부적인 운동으로 그 부위에서 특이적인 지방세포 크기의 변화가 나타나지 않음을 보여준다. 오히려 특정 부위의 국부적인 운동은 지방제거의 측면에서 비효율적이라고 할 수 있다. 왜냐하면 국부적인 운동은 운동근육의 조기 피로를 초래하여 결국 달성할 수 있는 총에너지소비량이 적은 경향을 보이기 때문이다. 물론 윗몸일으키기 운동은 배 둘레를 약간 감소시킬 수 있지만, 그 효과는 배 근육의 긴장이 증가된 결과에 기인하는 것이지 배 부위 지방의 감소로 인한 것은 아니다. 윗몸일으키기는 배 근육을 강화하고 척주주위의 근육을 강화시켜 요통을 예방하는 등 그 자체로 좋은 운동이 될 수 있지만 배 지방만을 선택적으로 제거하는 운동으로는 비효율적이라고 할 수 있다.

배지방을 포함하여 체지방을 감소시키기 위한 가장 좋은 방법은 달리기, 사이클, 걷기, 수영과 같이 대근육군이 참여하는 전신운동과 식이조절을 병행하는 것이다.

12.6 체중감량을 위한 운동강도

체중감량 및 체지방 감소를 달성하기 위한 적정운동강도를 설정하려면 체력 수준을 우선적으로 고려해야 한다. 체력 수준이 낮은 사람의 적정운동강도는 낮고, 단련자들은 보다 고강도의 운동을 통해 소기의 목표를 달성할 수 있다.

체력 수준이 낮은 사람이 고강도 운동을 실시하면 시간적 소요는 적어지겠지만 조기 피로에 의해 달성할 수 있는 총에너지소비량이 감소하게 된다. 또한 고강도 운동 시에는 대부분의 연료를 탄수화물(글루코스나 글리코겐)로부터 공급받고, 지방분해에 의한 에너지공급이 상대적으로 적어진다. 그러므로 체력 수준이 낮은 사람은 운동의 강도를 낮추고 운동지속시간을 길게 하여 총에너지소비량을 증가시키는 데 역점을 두어야 한다. 운동지속시간이 길수록 총에너지소비량이 증가하고 지방이 에너지원으로 참여하는 비율도 높아진다.

그러나 운동강도가 낮을수록 지방의 연소비율이 높아진다고 해서 운동강도를 무조건 낮추는 것은 잘못된 방법이다. 운동강도가 낮으면 지방의 상대적 연소비율은 높지만, 총에너지소비량이 낮아져서 지방연소의 효과가 적기 때문이다[그림 12-26]. 그러므로 특별한 위험요인이 없다면 체력 수준에 따라 운동강도를 정하는 것이 바람직하며, 체력 수준이 높다면 고강도의 운동이 체지방 감소에 더 효과적일 수 있다.

최근에는 높은 강도의 운동과 유산소운동을 번갈아 행하는 고강도 인터벌훈련(HIIT, high intensity interval exercise)이 다이어트(체중감량)에 효과적이라는 것이 밝혀지고 있다. 또 심폐순환운동과 저항운동을 번갈아 하는 서킷운동(circuit exercise)도 지방의 연소에 매우 효과적인 운동으로 권장되고 있다. 이러한 형태의 운동은 상대적으로 피로를 늦추면서 많은 운동량을 달성시킬 수 있고, '운동 후 연소효과(afterburn effect)'가 높다고 볼 수 있다. 운동 후 연소효과란 전신에 자극을 주는 운동에 의해서 운동이 끝난 여러 시간 후에도 체내 대사 수준이 높은 수준으로 지속되는 현상을 말한다.

또한 최근의 연구들은 좌업적인 생활습관을 갖고 있는 사람도 하루 중 짧게 시간을 나누어 운동하는 것이 더욱 효과적이라는 결과를 보고하고 있다. 예를 들어 비만 여성을 대상으로 주 5일 운동을 하도록 하였는데, 하루 한 번 40분간 운동한 집단보다 하루에 4번 10분씩 나누어 운동한 집단이 20주 후에 더 많은 체중을 감량하였고, 더 자주 신체적 활동을 수행하는 경향을 보였다는 것이다.

체중감량을 위한 운동을 계획할 때에는 다음과 같은 사항을 고려해야 한다.

① 일반적으로 체중감량을 위한 적정운동강도는 40~65%$\dot{V}O_2max$ 수준이 권장되고 있다.

② 운동강도는 낮은 수준에서 주 단위 또는 2주 단위로 점증시키고, 빈도는 주당 3~5회가 바람직하다.

③ 운동은 최소한 30분 이상 지속할 수 있어야 하며, 그러기 위해서는 자신의 체력 수준에 맞는 적정강도를 결정하여야 한다.

④ 평소 좌업적인 생활습관을 갖고 있다면 하루 중 여러 차례로 나누어 짧은 시간(10여 분)의 운동을 하는 것도 체중감량에 도움이 된다.

⑤ 국부적인 근육피로를 유발하지 않고 에너지소비량이 많은 대근육군을 사용하는 전신적 운동이 바람직하다.

⑥ 관절에 지나친 부담을 주는 체중부하운동보다는 부력이나 안장에 의해 체중부하로 인한 관절부담이 적은 수영·자전거 타기가 특히 권장된다.

⑦ 저항운동(resistance exercise)을 적절히 이용한다. 저항운동을 통해 근육의 양을 증가시키는 것이 에너지 소비를 늘려 장기적으로 체중조절에 성공하기 쉽다. 전체 운동시간의 약 30~40%는 저항운동에 할애하도록 한다.

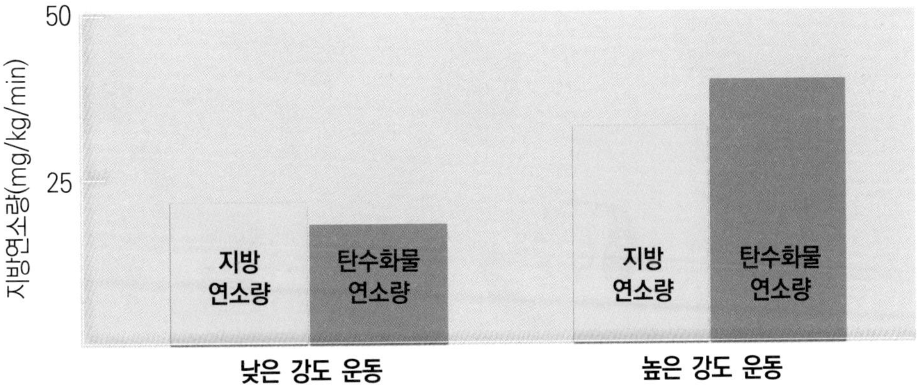

그림 12-26. 운동강도에 따른 지방의 절대연소량

plus+

체중감량을 위한 저항운동

"다이어트에 유산소운동이 필요하다."는 생각은 매우 널리 퍼진 개념이다. 이때의 유산소운동은 걷기, 달리기, 줄넘기, 수영, 자전거, 각종 구기운동과 같은 심폐순환계통에 자극을 주는 운동이다. 이런 형태의 운동은 주로 전신의 큰근육을 이용하여 신체를 이동시키는 운동으로, 에너지소비량을 높이는 데 효과적이다.

그런데 사실 다이어트 효과를 더욱 높이기 위해서는 여기에 더하여 근력운동 즉 저항운동을 하는 것이 바람직하다. 왜냐면 적정량 이상의 근육을 유지하는 것은 평소의 에너지소비량을 높이는 좋은 방법이기 때문이다. 일부 사람은 기초대사량 중에서 근육에 의한 에너지소비량이 19%에 불과하므로 생각만큼 근육량이 에너지소비에 크게 기여하지는 않는다고 주장한다.

그림 12-28은 인체 각 기관이 기초대사량에 기여하는 비율을 나타내고 있다. 그런데 여기서 기초대사량이란 완전한 휴식상태에서 근육이 소비하는 에너지비율이 그렇다는 의미이다. 기초대사량을 정확히 측정하기 위해서는 밤에 잠을 자고 일어난 아침에 바로 움직이지 않고, 어두운 실내에서 30분 정도 누운 상태에서 온도를 18℃로 일정하게 유지한 상태로 측정한다.

그러나 사람은 매일 침대에 누워 완전한 휴식상태로 지내지 않는다. 일상생활 중 앉아 있거나 서 있을 때에도 근육은 몸을 중력에 대항하는 작용을 하면서 에너지를 소비하며, 신체를 이동시키면 근육이 소비하는 에너지비율은 늘어난다. 그래서 몸을 잠시도 가만히 있지 못하는 것을 영어로 피드겟(fidget)이라고 하는데, 이렇게 평소 몸을 부

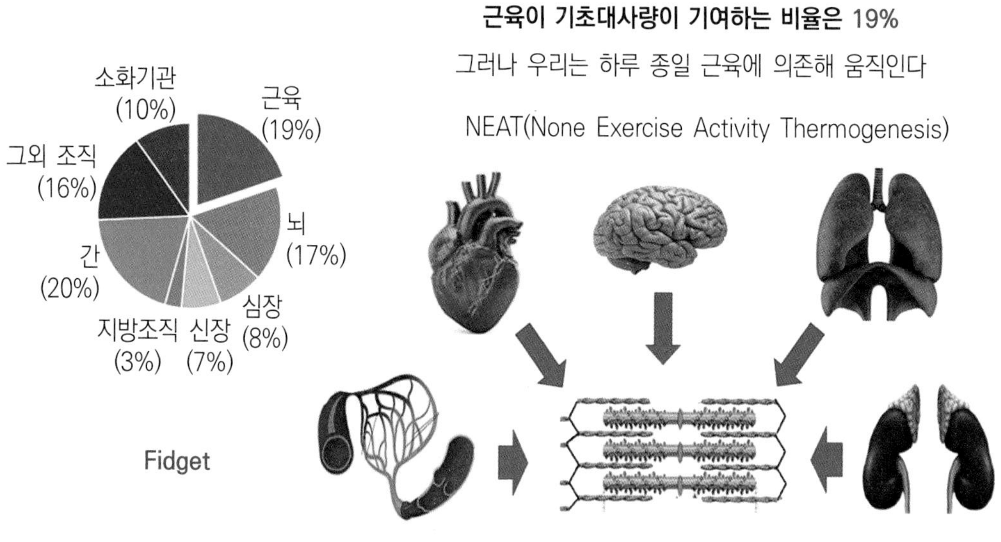

그림 12-27. 인체 각 기관의 기초대사량에 대한 기여도

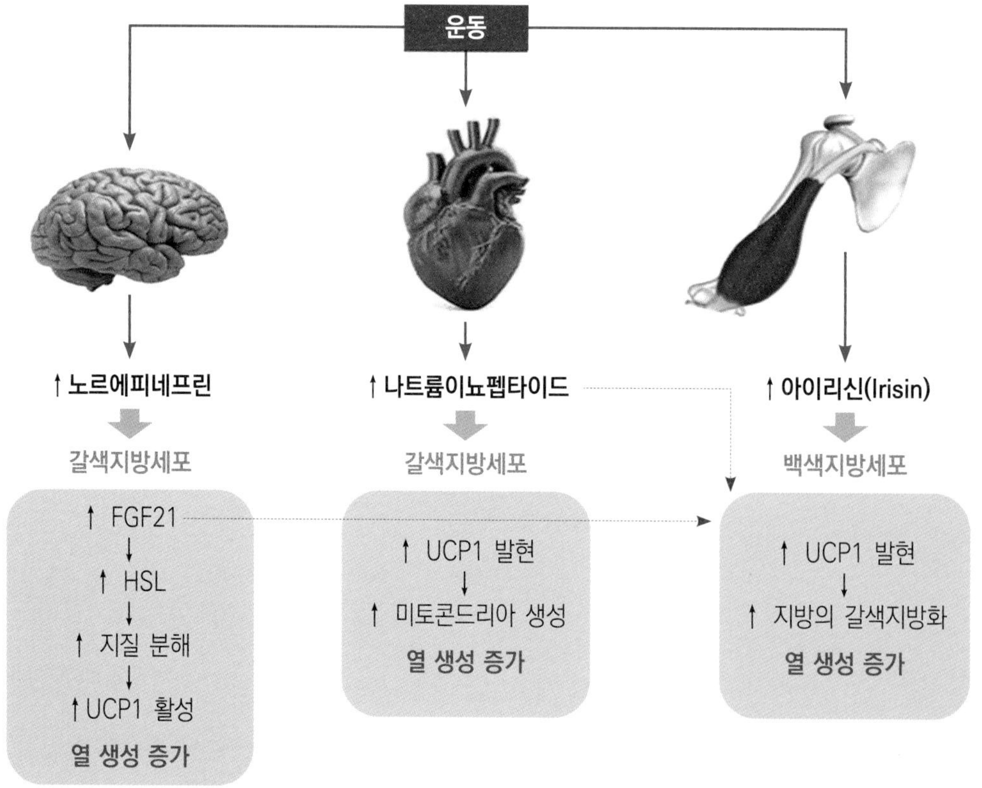

그림 12-28. 운동에 의한 열생성 증가 기전

지런히 움직이는 사람일수록 대부분 살이 찌지 않는 것을 볼 수 있다. 그림 12-28에서 보듯이 근육이 움직일수록 인체의 나머지 기관들은 움직이는 근육에 보조를 맞추어 에너지원을 보급하기 위하여 에너지소비 수준을 높이게 된다.

근육은 그 자체가 혈당을 받아들여서 혈당을 낮추고, 운동하는 근육에서 분비되는 항염증성 사이토카인의 작용에 의해 과도한 염증 반응을 억제하고, 결과적으로 인슐린 저항성을 낮추어주는 작용을 한다. 결국 근육 자체는 당뇨병이나 비만에 대한 예방적 작용이 있다고 볼 수 있다.

최근에는 근육이 신체를 이동시키는 역할을 하는 것뿐만 아니라 매우 많은 종류의 유익한 작용을 하는 물질들을 분비시키는 것으로 밝혀지고 있다. 예를 들어 운동을 하면 근육으로부터 근성장과 관련된 IGF-1과 신경 성장인자인 BDNF 분비가 국부적으로 자극된다.

그림 12-29는 운동할 때 생성되는 물질들이 어떻게 갈색지방조직(brown fat tissue)에서 UCP1의 활성화를 통해 열 생성 반응을 증가시키는지를 보여주고 있다. 근육에서 생성되는 아이리신(Irisin)은 지방을 저장하는 역할을 하는 백색지방을 갈색지방으로 전환시키는데, 그 과정에서 미토콘드리아에서 열 생성 반응을 일으키는 단백질인 UCP1이라는 효소의 활성도가 크게 증가하는 현상이 나타난다.

이와 함께 교감신경계가 자극되어 부신수질에서 분비되는 에피네프린이나 심장의 심방으로부터 분비되는 나트륨이뇨펩타이드(ANP: atrial natriuretic peptide)는 UCP1의 활성도를 높임으로써 갈색지방세포에서 지질연소에 의한 열생성반응을 촉진하는 작용을 한다. UCP1의 증가와 함께 지질연소와 열 생성 반응이 증가함으로써 효과적으로 에너지 소비를 늘리는 효과를 갖는다. 이들 물질들은 심폐순환계에 자극을 주는 운동(cadio-exercise)과 함께 근력운동(저항운동)을 병행할 때 더 크게 분비가 자극된다.

이러한 점을 종합할 때 다이어트를 위한 운동 프로그램으로서 심폐계에 자극을 주는 전신운동과 함께 저항운동을 적절히 배합하는 것이 장기적인 체중감량에 매우 효과적임을 알 수 있다.

12.7 체중감량을 위한 운동계획 수립

체중감량을 위한 운동 계획을 수립할 때에는 우선적으로 목표 체중을 결정하고 그것을 달성하는 데 필요한 소요기간을 산정한다. 운동 프로그램 중 식이의 변화가 없다고 가정할 때 체중감량의 계획은 다음과 같은 단계에 의해 시행한다.

12.7.1 목표 체중의 결정

목표 체중을 정하는 절차는 우선 자신의 제지방량(FFW)을 결정하여 목표 체지방률(%fat)을 결정한 다음, 체중의 손실은 모두 지방으로 인한 것이라는 가정하에 목표 체중을 계산한다.

그 공식은 다음과 같다.

$$\text{목표 체중} = \frac{100 \times FFW}{100 - \%fat}$$

예를 들어 현재 체중이 90kg이고 체지방률이 20%인 사람의 체지방량은 90 × 0.2 = 18kg이고, 제지방량(FFW)은 90 - 18 = 72kg이 된다. 이 사람이 13% 수준(목표체지방률)으로 체지방률을 낮추려고 한다면 목표 체중은 다음과 같이 구할 수 있다.

$$\text{목표 체중} = \frac{100 \times 72}{100 - 13} = 82.8kg$$

따라서 이 사람은 현재 체중 90kg에서 7.2kg을 감량하여야 목표 체지방률을 달성할 수 있다. 목표 체지방률은 대체로 보통 성인 남녀의 기준치와 현재 자신의 체지방률을 고려하여 결정한다.

12.7.2 체중감량의 적정속도

체급별 종목의 운동선수들은 단기간에 큰 폭으로 체중을 감량시켜야 하는 경우도 있다. 그러나 일반인들의 체중감량 기준치는 주당 0.45kg이 바람직하며, 주당 체중감량폭이 0.9kg을 넘지 말 것을 권장하고 있다. 따라서 앞의 예에서 주당 0.45kg의 감량속도로 7.2kg의 감량 목표를 달성하기 위한 총소요기간은 적어도 16주로 계획하여야 한다.

12.7.3 1일 추가 에너지소비량

주당 0.45kg의 감량 시 1g의 지방조직이 7.7kcal의 에너지를 발생시킨다고 할 때 추가적으로 소비해야 할 주당 에너지소비량은 450 × 7.7 = 3,465kcal이다. 이 사람이 매일 운동을 한다면 1일 추가 에너지소비량은 3,465/7 = 495kcal가 되며, 주당 5회의 빈도로 운동한다면 1일 추가 에너지소비량은 3,465/5 = 693kcal가 된다. 운동을 통한 추가적인 에너지소비량을 달성하기 위해서는 다양한 유형의 운동을 선택할 수 있다. 운동을 즐기고 기본적인 체력이 있는 사람은 운동만으로 적당한 1일 추가 칼로리 소비량(300~600kcal)을 달성할 수 있다.

그러나 운동에 참여하는 습관이나 여유가 없고, 체력 수준이 낮은 사람은 식이제한을 병행하거나 운동에 대한 적응기간(1~6개월)을 갖는 것이 좋다. 만일 운동시간을 줄이고 싶다면 시간당 에너지소비가 높은 활동을 택하여야 한다. 그러나 시간 제한이 없다면 걷기와 같은 저강도운동이 바람직하

plus+

수영을 통해서 체중조절하는 것은 힘들다?

수영을 하였더니 체중이 줄지 않고 오히려 증가했다는 사람들이 적지 않다. 이것은 체온과 식욕의 관계 때문에 주로 발생하는 현상이다. 체온이 상승하면 식욕이 감퇴하고, 체온이 감소하면 식욕이 증가한다. 그래서 무더운 날 운동을 하면 식욕이 감퇴된다.

수영을 하면 수온에 의해 체온이 감소되기 쉽다. 대부분 체중이 전혀 감소하지 않거나 심지어 증가한 경우는 실제로 수영을 통해 소비된 에너지량은 적으면서 풀에 머물러 있는 동안 체온이 감소되어 식욕이 촉진되었기 때문이다. 그러므로 수영을 통해 체중을 감소시키기 위해서는 수영 실력이 어느 정도 되어 지속적으로 수영을 즐길 수 있어야 한다.

즉 지속적으로 충분한 거리를 유영하는 수준이 되어야 충분한 에너지소비를 달성할 수 있게 된다. 그런데 수영 수준이 어느 단계 이상 올라선 사람이 매일 수영을 해도 살이 빠지지 않는다고 하소연하는 경우가 많다. 이 경우는 대부분 천천히 유영하는 것이 원인이다. 수영이 숙달된 사람에게는 천천히 유영하면 에너지소비량이 그다지 크지 않다. 그렇기 때문에 속도를 높일 필요가 있다.

수영은 조금만 속도를 높여도 물의 저항에 의해 에너지소비량이 급격히 증가하는 특성이 있다. 일정 거리를 속도를 높여서 수영하고, 이어서 서서히 유영하는 인터벌 운동은 에너지소비량을 높이는 효과적인 방법이다.

수영은 분명히 전신의 대근육을 이용하는 체중감량에 매우 효과적인 운동이다.

며, 그 외에 조깅, 사이클, 수영, 테니스, 라켓볼 등의 활동이 체중조절에 매우 유용하다는 것이 입증되었다.

체중감량을 위한 이러한 운동계획의 수립이 반드시 정확하다고는 할 수 없다. 왜냐하면 앞서 설명한 바와 체액의 손실, 기초대사율의 변화, 환경 기온 등 여러 요인이 체중감량에 영향을 미치기 때문이다. 그러나 이러한 체중감량을 위한 운동계획은 자신의 성취도를 비교하며 운동방법을 수정할 수 있도록 해주고, 지속적으로 운동계획을 실천할 수 있는 동기를 부여해 주어야 한다.

12.8 체중감량을 위한 운동의 이점

운동요법과 식이조절법 중 어느 방법이 체중감량에 더 효과적이라고 단언할 수는 없다. 왜냐하면 각 개인이 갖고 있는 취향, 생활습관, 체력 수준이나 비만도 등 여러 특성에 따라 체중감량에 맞는 방법이 다르기 때문이다. 일반적으로는 운동과 식이제한을 병행하는 것이 체중조절을 위한 최선의 방법이라고 인식되고 있으며, 체력 수준이 매우 낮거나 고도의 비만인일수록 식이제한의 비중을 높일 필요가 있다.

plus+

전직 운동선수는 살찌기 쉽다?

흔히 과거에 선수 생활을 했던 사람이 상대적으로 몸이 뚱뚱해지기 쉽다고 생각한다. 과연 그것은 사실일까? 어느 정도는 사실이라 할 수 있다. 그러면 왜 과거에 운동을 한 경우에 살이 더 찌는 것일까?

우리는 무심코 그 원인이 과거에 운동을 했다는 사실 자체에 있다고 생각하지만, 그것이 아니라 식생활이나 생활 패턴의 변화에 그 원인이 있음을 알아야 한다. 또, 우리가 쉽게 착각하는 것은 오랫동안 전문적으로 운동을 했다면 그 효과가 영원히 지속될 것이라 생각하는 것이다. 그러나 아무리 오랫동안 전문적으로 운동을 했다 하더라도 그 효과는 운동을 중지한 후에는 시간이 지남에 따라 소멸되고 만다.

과거 운동을 했던 사람들은 대체로 자신의 건강에 대해 과신하는 경우가 많다. 운동을 중지한 후에는 전혀 운동을 하지 않고, 술·담배에 노출된 생활을 하며, 불규칙한 생활 패턴을 갖는 사람들이 허다하다.

운동선수 출신이 살이 찌기 쉬운 또 다른 이유는 선수 시절의 식습관이나 칼로리 섭취량을 그대로 유지하려 하기 때문이다. 운동선수가 운동을 중지하면 일일 에너지소비량이 무려 50% 정도 감소한다. 그러면 에너지 섭취량도 그만큼 줄어야 에너지 균형을 맞출 수 있는데 식습관의 패턴이나 칼로리 소비는 거의 변화가 없으므로 그만큼 쉽게 살이 찌는 것이다.

항간의 속설처럼 운동선수 출신들은 운동을 오랫동안 했기 때문에 살이 찌기 쉬운 체질로 변한다는 말은 넌센스이다. 오히려 운동을 오래 하면 살이 잘 찌지 않는 체질로 변하게 된다. 저항운동(중량을 드는 운동)의 경우 지방의 축적 때문이 아니라 근육량의 증가로 인해 체중이 증가하게 되는데, 이는 장기적으로 체중조절에 유리하게 작용한다.

여기에서는 체중감량을 위한 방법으로 식이제한에 비해 운동이 갖는 장점을 열거한다.

12.8.1 체중감량의 효과가 식이제한보다 지속적이다

식이제한만을 할 경우에는 체지방뿐만 아니라 제지방(근육과 뼈 등)의 손실을 초래하기 쉽고, 초기 감량의 많은 부분은 주로 수분의 손실에 의해 이루어지기 때문에 그 효과가 일시적인 경우가 많다. 체중감량의 주된 목적은 단지 체중뿐만 아니라 체지방량의 제거에 두어야 한다. 운동을 통한 체중감량은 체지방 제거에 보다 효과적이고, 따라서 그 효과가 더욱 지속적이라고 할 수 있다.

12.8.2 제지방 및 근육의 위축을 초래하지 않고 근육량을 유지 또는 발달시킨다

근육의 위축은 에너지 소비자의 감소를 의미한다. 장기적으로 볼 때 근육 위축은 더욱 심각한 체지방축적을 초래할 수 있다. 따라서 에너지 소비자인 근육을 유지·증대하면서 체지방량을 감소시키

plus+

체중감량에 실패해도 의미가 있다!

운동을 통해 체중감량을 했더라도 시간이 지나면서 다시 체중이 증가하는 경우가 많다는 것은 통계적으로 잘 나타나 있다. 그러하면 체중감량을 할 필요가 없다는 것일까? Field 등(2001)에 의한 대규모 종단적 연구는 그렇지 않다는 것을 보여준다[그림 12-29]. 이 조사에서 BMI가 25~29.9인 여성 경우 8%와 30 이상인 여성 1%가 2년 동안(1989~1991년 사이) 체중의 5%를 감량하였다. 이들은 다음 4년 후에 체중이 다시 증가하였지만 대조군(6년간 체중감량을 한 적이 없는 여성)에 비해 심혈관계 위험 요인이 적었으며 총체중 증가량도 적었다.

그림 12-30은 같은 연구에서 BMI가 22~25인 여성 13,349명을 대상으로 한 결과로서 마찬가지의 결과를 보여주고 있다.

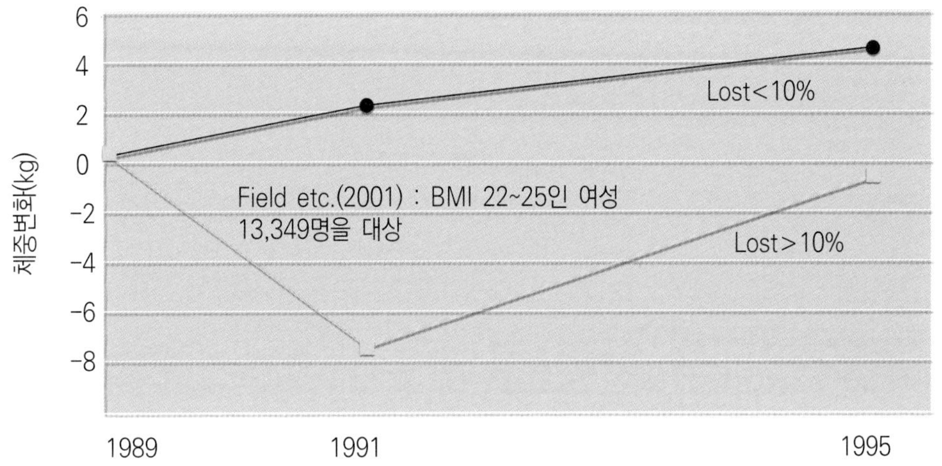

그림 12-29. 체중감량 6년 후 체중의 변화

는 것이 장기적으로 보다 효과적인 체중감량방법이다.

12.8.3 운동을 통해 심혈관계통 기능, 근력 및 근지구력 개선, 대사기능의 개선 등 생리기능의 개선효과를 거둘 수 있다

비만은 협심증이나 심근경색과 같은 허혈성 심장질환, 고혈압 등 순환계통 질환이나 당뇨병과 같은 대사질환, 호흡기능 이상 등과 깊은 관련을 갖고 있다. 운동은 심장동맥경화로 인한 허혈성 심장질환을 예방하고, 혈압을 안정적으로 유지해주는 효과를 갖고 있다. 또한 운동은 말초조직의 인슐린에 대한 민감도를 높이는 등 당뇨병에 대한 예방적·치료적 수단으로서 유용하다. 즉 운동은 인체의 여러 계통의 기능적 개선과 함께 비만으로 인한 여러 가지 합병증을 예방하고 개선하는 효과를 갖고 있다.

12.8.4 운동은 체중감량을 지속시키도록 하는 동기 부여 면에서 식이제한보다 우월하다

식이제한만을 통한 체중감량은 참여자에게 많은 인내를 요구하기 때문에 중도에 포기하게 되기 쉽다. 운동은 본래 레크리에이션적 활동이기 때문에 체중감량 시도를 지속시키는 강한 동기를 부여해준다. 즉 활동에 따른 즐거움을 배가시킬 수 있도록 신중하게 활동을 편성한다면 체중감량 목표를 보다 쉽게 달성할 수 있을 것이다.

12.8.5 정기적인 운동은 생활습관을 규칙적으로 만들고, 건강에 대한 전반적인 관심 제고와 태도 변화에 도움을 준다

비만인의 식습관과 활동 양태를 조사한 여러 연구에서 비만인들이 공통적으로 갖고 있는 특성은 과다 칼로리의 섭취보다는 불규칙한 식습관과 '비활동성'이라고 보고하고 있다. 운동 프로그램에의 정기적 참여는 식습관을 포함한 전반적인 생활 습관을 규칙적으로 만드는 데 도움을 주고 비활동적인 행동 특성을 수정할 수 있는 기회를 제공한다.

단원요약

- 》 인체의 지방량을 체중에 대한 퍼센트로 나타낸 것을 체지방률(%fat)이라고 하며, 총체중에서 체지방량을 제외한 것을 제지방량(free fat weight : FFW)이라고 한다.
- 》 인체 체지방률을 측정하는 방법으로는 수중체중측정법과 피부두겹집기법을 대표적으로 들 수 있다. 두 가지 방법 모두 우선 체밀도(body density)를 구하고, 체밀도를 방정식에 대입하여 체지방률을 구하도록 되어 있다. 피부두겹집기법은 수중체중을 측정하는 방법에 비해 오차가 크지만 비교적 간편하게 측정할 수 있고, 비만을 찾아내거나 운동의 동기를 유발하는 데 효과적으로 이용될 수 있다.
- 》 비만은 단지 체중만으로는 정확하게 판단하기 어려우며, 체지방률(%fat)에 의해서 비만 여부가 결정된다. 체지방률이 남자는 25% 이상, 여자는 30% 이상일 때 비만이라고 한다.
- 》 비만의 종류는 유아기형과 성인형으로 구분할 수 있는데, 유아기형 비만은 지방세포의 수가 비정상적으로 증식되어 있고, 지방의 분포가 전신적이라는 특징이 있다.
- 》 성인형 비만은 지방세포의 수보다는 크기가 증대되며, 주로 배와 엉덩이, 넙다리에 지방조직의 분포가 집중되어 있다는 특징이 있다. 따라서 성인형 비만에 비해 유아기형 비만의 치료가 더욱 힘들고 체중감량의 효과도 지속적이지 못한 경우가 많다.
- 》 비만을 초래하는 요인으로는 식습관, 운동부족, 심리적 요인, 유전적 요인 등 여러 가지가 있으나 단적으로는 에너지섭취와 소비의 불균형에 의해 초대된다고 할 수 있다.

- 인체의 식욕조절에 관여하는 대표적인 호르몬으로 지방조직에서 분비되는 렙틴(leptin)과 그렐린(ghrelin)이 있다. 렙틴은 식욕중추에 작용하여 포만감을 유발하는 반면 그렐린은 위하부에서 분비되어 신경펩타이드Y의 분비를 자극하고, 허기증을 유발한다.
- 순수한 지방 1g은 9.4kcal의 에너지를 발생시키지만, 실제로 지방조직 1g을 제거하는 데는 약 7.7kcal의 에너지 소비를 필요로 한다. 왜냐하면 체내 지방조직에는 수분 및 결합조직이 포함되어 있기 때문이다. 따라서 지방조직 1kg을 감소시키기 위해서는 7,700kcal의 에너지를 추가적으로 소비해야 한다.
- 에너지소비량이 반드시 체중감량과 일치되지는 않는데, 여기에는 여러 가지 요인이 복합적으로 작용하기 때문이다. 그 요인들로는 수분 균형의 문제, 기초대사율의 변화, 섭취영양소의 열효과, 환경기온 등을 들 수 있다.
- 운동이 식욕을 자극하여 체중감량이나 체지방감소 효과를 상쇄하는 경우는 그 운동이 비정기적이고 간헐적인 경우에 주로 나타나며, 일반적으로는 정기적이고 규칙적인 운동을 통한 에너지소비량은 식욕촉진에 의한 추가적인 에너지섭취량을 초과한다.
- 운동을 통한 체중감량은 제지방량을 유지하거나 증가시키면서 체지방량을 감소시킨다는 이점을 갖고 있다. 반면 식이제한만을 할 경우 식이제한의 초기에는 체중감량의 많은 부분이 수분손실에 의해 비롯되고, 제지방의 손실 가능성이 높아진다.
- 인체 특정 부위의 운동에 의해 그 부위만의 지방을 선택적으로 제거할 수는 없다. 왜냐하면 지방의 제거는 총에너지소비량에 비례하여 전신적으로 분포된 지방조직에서 이루어지기 때문이다.
- 국부적인 운동은 지방제거의 측면에서 비효율적이다. 그 이유는 국부적인 운동은 소근육만을 동원하는 형태의 운동이므로 달성할 수 있는 총에너지소비량은 상대적으로 적기 때문이다.
- 체중감량의 적정 운동강도는 일반적으로 최대산소섭취량의 50~70% 정도의 중정도 운동을 장시간 행하는 것이 바람직하다고 알려져 왔다. 그러나 건강 및 체력 수준이 허용된다면 고강도인터벌 운동이 매우 에너지소비량을 크게 증가시켜서 체중을 감량하는 효과적인 방법이다.
- 체중감량을 위한 운동계획을 수립할 때에는 우선 목표체지방률과 목표체중을 결정하고, 적정 감량속도에 의해 그 목표를 달성하기 위한 총소요기간을 산정하도록 한다. 그리고 이를 바탕으로 하루에 운동을 통해 달성해야 할 에너지소비량을 구하고, 해당되는 운동종목을 자신의 체력 수준과 취미 등의 여건을 고려하여 택한다.

연습문제

1. 체지방률(%fat)을 설명하라.
2. FFW(free fat weight)와 LBM(lean body mass)을 비교하여 설명하라.
3. 대기 중 체중이 65kg, 수중체중이 2.5kg인 사람의 체밀도와 체지방률(%fat)을 구하라. 다만 다른 조건은 본문에서 제시된 것과 같다고 본다.
4. 피부두겹집기법에 의해 넙다리앞면이 5mm, 배가 10mm, 중간겨드랑선이 5mm인 남자의 신체밀도와 체지방률을 본문에 제시된 방법을 이용해 구하라.
5. 생체전기저항측정법(BIA)의 측정원리와 측정 시 주의해야 할 사항에 대해 설명하라.
6. 유아기형 비만과 성인형 비만을 비교 설명하라.
7. 비만을 판단하는 정확한 기준을 설명하라.
8. 안드로이드형(android-type) 비만과 지노이드형(gynoid-type) 비만을 비교 설명하라.
9. 복부비만, 내장형과 피하지방형 비만을 설명하라.
10. 지방의 분포와 축적 그리고 지방의 제거순서에 영향을 미치는 요인은 무엇인지 설명하라.
11. 체중조절에 영향을 미치는 유전적 요인들을 설명하라.
12. 식욕조절에 영향을 미치는 호르몬 또는 신경전달물질에 대해 설명하라.
13. 운동과 식욕의 관계를 설명하라.
14. 식이제한만을 행할 때와 식이제한과 운동을 병행할 때 나타나는 체성분의 변화를 비교 설명하라.
15. 특정 부위의 운동이 그 부위의 국부적인 지방제거에 어떠한 영향을 미치는가?
16. 갈색지방과 베이지색지방에 대해 운동과 관련지어 설명하라.
17. 체중감량을 위한 운동계획 수립의 절차를 설명하라.
18. 체중이 75kg이고, 체지방률이 25%인 사람이 체지방률을 18% 수준으로 낮추려고 할 때 목표체중을 산출하라.
19. 위 사람이 주당 0.5kg을 감량속도로 정하고, 주당 5회의 운동을 하기로 결심했을 때, 총소요기간과 달성해야 할 1일 추가 에너지소비량을 구하라.
20. 체중감량 시 식이제한에 비해 운동이 갖는 장점을 열거하라.

Memo

CHAPTER 13
운동과 환경조건

인체가 열 환경이나 추운 환경에 노출될 때 나타나는 체온조절 반응, 다량의 수분 손실에 대해 체액량을 보존하기 위한 반응 및 적절한 수분 섭취방법에 대해 이해한다.

고지환경에서 대기압의 감소가 유산소성 지구력에 미치는 영향, 고지 트레이닝이 경기수행력에 미치는 영향, 잠수할 때 압력의 증가로 인해 초래되는 위험성 및 적절한 대처 방안을 이해한다. 특히 열 적응과 고지 적응에 따른 인체의 생리적 변화에 대해 중점을 두고 학습한다.

인간은 다양한 환경에서 활동할 수밖에 없다. 너무 덥거나 추운 날씨, 고지대 등의 환경은 매우 광범위한 생리적 변화를 요구한다. 평상시 이러한 환경에 익숙하지 않은 사람들에게 이러한 환경 자극은 커다란 생리적 부담으로 작용한다. 따라서 외부 환경에 대한 적응도는 수행력에 커다란 영향을 미치게 된다. 예를 들어 평지에서만 운동하던 선수가 고지대에서 경기를 수행하면 수행능력이 현저히 저하되는 경우가 많다. 또한 서늘한 환경에서 연습하던 선수가 갑자기 극심한 무더위 속에서 경기를 수행하면 여러 가지 신체적 이상을 경험하게 된다.

여러 가지 불리한 환경 조건 속에서 운동을 수행하면 인체의 여러 계통은 평상시와는 다른 반응을 보인다. 운동과 색다른 환경이라는 복합적 자극에 대해 인체가 적절하게 대처하지 못하면 수행력 저하뿐만 아니라 항상성 조절도 불가능해져 심각한 위험을 초래할 수 있다.

다양한 환경에서 불가피하게 운동을 수행하게 될 때 여러 가지 환경 자극이 인체에 미치는 생리적 변화를 이해하고 있으면 큰 도움이 될 것이다. 그리고 특정 환경자극에 보다 쉽게 적응하기 위한 방법도 알아둘 필요가 있다.

이 장에서는 열 환경, 추운 환경, 고지환경, 수중 환경, 대기오염 환경 등에서 운동을 수행할 때 나타날 수 있는 생리적 반응과 적응을 위한 여러 가지 고려사항을 설명한다.

13.1 체온조절

인체를 구성하는 여러 세포의 생존과 기능 유지에 가장 적합한 온도는 37℃ 전후이다. 이 온도에서 세포 내에서 일어나는 여러 가지 생화학적 반응을 촉매하는 효소들의 활성도가 최적상태를 유지한다.

인체는 체내의 열을 발산하거나 열의 소모를 억제 또는 생산하는 체온조절반응을 통하여 내부 온도를 일정하게 유지한다. 체온이 35.4℃까지 떨어지면 뇌 및 기타 조직의 효소 활성도가 현저히 떨어지고, 결국 세포 내 대사활동이 억제되어 호흡 및 심장기능이 저하된다. 대체로 인체 심부체온이 26℃ 이하이면 심부전으로 사망하며, 43℃ 이상이면 인체를 구성하는 신경세포가 변성되어 생명을 잃거나 영구적인 손상을 입게 된다.

체온은 인체의 부위에 따라 다르게 나타난다. 손이나 발과 같은 끝부분의 피부온도는 몸통이나 얼굴의 피부온도에 비해 낮으며, 외부의 환경 온도에 따라 크게 변화한다. 그러나 심부온도는 사람의 입안에서는 37℃, 곧창자(직장)에서는 37.6℃로 측정되어 주위 온도가 변해도 거의 일정하게 유지된다.

13.2 열전도의 물리적 기전

인체는 지속적으로 외부의 환경과 열에너지를 교환한다. 인체가 열을 얻거나 손실하는 물리적 열전도 기전에는 복사(radiation), 전도(conduction), 대류(convection), 증발(evaporation)의 네 가지가 있다.

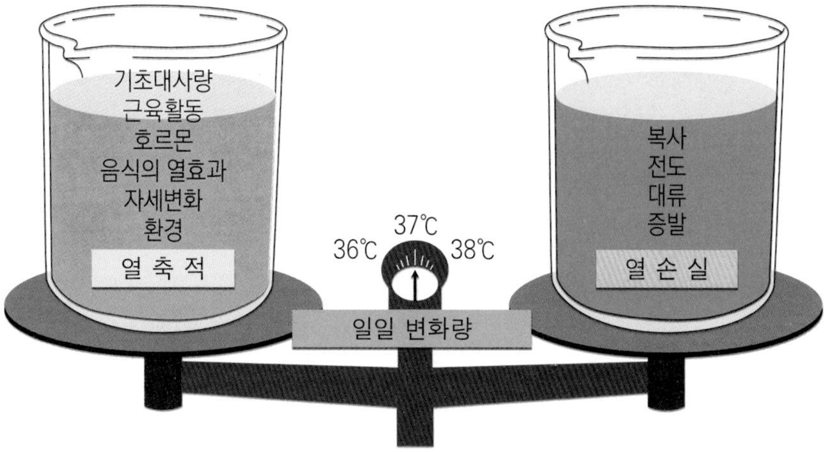

그림 13-1. 열손실과 열축적 간의 평형상태

13.2.1 복 사

복사(radiation)는 인체와 다른 물체 사이의 공간을 통해서 열파(heat wave)에 의해 열을 교환하는 현상이다. 환경온도가 체표온도보다 낮으면 체열이 외부로 방출되어 체온이 저하되며, 반대로 체표온도보다 환경온도가 높으면 주위에서 열을 받기 때문에 체온이 상승한다.

복사에 의한 열손실이나 열 축적은 사람의 피부와 환경 사이의 온도차에 의해 이루어진다. 피부와 외부 물체의 온도차가 클수록 복사에 의한 열 교환이 활발하게 이루어진다. 햇볕에 앉아 있을 때 흰옷을 입은 사람은 벗은 사람이나 검은 옷을 입은 사람보다 체온이 덜 상승한다. 왜냐하면 피부를 노출시키거나 검정 옷을 입을 때는 흰옷을 입을 때보다 더 많은 태양 복사열을 흡수하기 때문이다.

13.2.2 전 도

전도(conduction)는 서로 다른 온도를 갖는 두 표면이 직접 접촉할 때 열의 이동이 일어나는 현상을 말한다. 사람이 차가운 마루바닥에 앉아 있으면 체표면에서 마루로 열이 전도되어 체온이 떨어지게 되고, 따뜻한 온돌방에서는 온돌바닥에서 체표면으로 열이 전도되어 체온을 상승시킨다. 전도에 의해 냉수 속에서는 체온이 떨어지고, 온수 속에서는 체온이 상승한다. 물은 공기에 비해 훨씬 큰 열전도율을 갖고 있다.

지방조직은 근육조직보다 더 훌륭한 절연체(열을 잘 전도하지 않는 물질)이기 때문에 뚱뚱한 사람은 추운 환경에서 열 손실이 적은 반면 더운 환경 하에서는 열 방출이 잘되지 않는다. 해협을 횡단하는 수영 선수의 경우에는 체온의 유지가 성공의 관건이 되기 때문에 체지방을 더 많이 가질수록 유리하다.

13.2.3 대 류

대류(convection)는 체표면과 접하고 있는 유체(공기나 물) 사이에 열이 전달되는 것으로, 피부에 접하는 공기나 물분자의 순환에 의해 일어난다. 예를 들어 인체를 둘러싼 차가운 공기가 완전히 움직이지 않고 사람도 움직이지 않는다면 피부와 인접한 공기분자 사이에 전도에 의해 열이 전달되며, 결국 인체와 접하는 공기는 데워지게 된다.

그러나 바람이 분다면 따뜻한 공기는 차가운 공기로 대체되어 전도에 의해 더 많은 체열이 방출된다. 왜냐하면 피부와 이웃한 공기 또는 물분자 간의 온도차가 클수록 열 전달은 커지기 때문이다. 공기 중 대류에 의한 열 손실은 기류속도의 제곱에 비례한다. 그러므로 바람의 속도가 두 배라면 열 손실은 4배가 된다.

13.2.4 증 발

인체 표면에서 수분이 기화되어 날아갈 때에 많은 열 손실을 동반하게 되며, 이와 같은 현상에 의해 체열을 잃는 것을 증발에 의한 열 손실이라고 한다. 피부표면에서 1ℓ의 땀이 증발(evaporation)되면 인체로부터 약 580kcal의 열 에너지가 손실된다. 무더운 환경일수록 복사, 대류, 전도에 의한 열 발산이 어려워지기 때문에 이러한 환경하에서는 증발을 통한 체열의 발산이 더욱 중요해진다.

증발은 피부로부터 공기 중으로의 물분자가 확산되는 현상이기 때문에 공기가 수증기로 포화되어 있다면 증발이 잘 이루어지지 않는다. 따라서 상대습도가 높은 무더운 날에 운동을 하면 증발을 통한 열 발산이 저해되어서 열 질환의 위험이 높아진다.

13.3 체온조절기전

인체는 체온을 일정하게 유지하기 위해 열 생산과 열 손실이 언제나 같아지도록 조절하고 있다. 체내의 체온조절기구는 온도수용기(thermoreceptor), 체온조절중추(thermoregulator center), 효과기(effect organ)로 구성된다.

온도수용기는 피부에 있는 말초온도수용기와 시상하부의 앞부분에 있는 심부온도수용기가 있는데, 이들 온도수용기에 감지된 피부온이나 심부체온의 변동에 대한 정보는 구심성 뉴런을 통해 시상하부의 체온조절중추에 전달된다.

체온조절중추는 난방기구의 자동온도조절기(autothermostat)와 같은 구실을 하며, 체내 온도에 대한 기준값(set point)이 설정되어 있다는 것이 유력한 이론이다. 즉 체온조절중추에서는 말초 및 중추의 온도수용기로부터 전달된 정보를 기준점(set point : 37℃)과 비교하여 열 손실을 할 것인지, 열 생산을 할 것인지에 대한 적절한 원심성 명령을 해당 효과기에 내리게 된다.

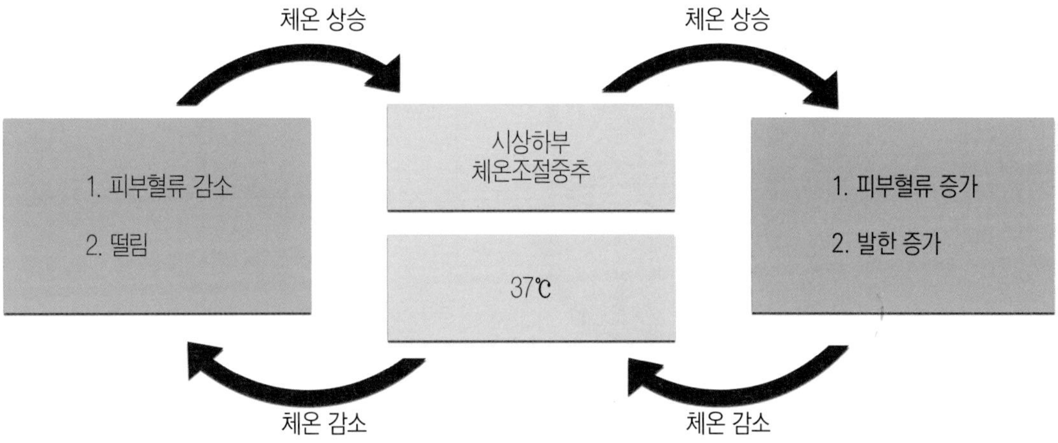

그림 13-2. 체온조절의 음성되먹이기 기전

예를 들어 외부의 열자극이나 운동에 의해 체온이 상승할 경우 주로 심부온도 특히 시상하부를 관류하는 혈액온도에 대한 정보가 체온조절중추에 전달되면 체온조절중추에서는 기준점(set point)과 비교하여 체온을 설정 온도로 낮추기 위해 열방출 기구를 가동시킨다. 즉 체온조절중추에서는 원심성 명령을 내려 피부의 혈관을 확장시키고 땀샘을 자극하여 발한량을 증가시킴으로써 열 손실을 증가시킨다.

반대로 체온이 내려갈 때에는 온도수용기, 주로 피부의 온도수용기로부터의 구심성 흥분이 시상하부의 체온조절중추에 전달되고, 그 결과 시상하부는 피부혈관을 수축시키고 땀의 분비를 감소시켜 열 손실을 감소시키는 한편 뼈대근육의 떨림(shivering)에 의한 열 생산을 증가시킨다.

사람의 체온은 대체로 37℃를 유지하지만 이 기준점은 완전히 고정된 것이 아니고 상황에 따라 약간씩 변동한다. 수면 시에는 기준점이 낮아지고, 활동 시에는 높아지며, 체내 열 생산이 극심한 운동 시에는 더욱 높아진다. 또한 월경주기에 따라서 기준점이 다소 변화하여 월경주기의 후반부에 체온이 더욱 높아진다.

체온이 상승하는 경우에는 심부온도의 변화, 특히 뇌내 혈류온도의 변화가 체온조절중추에 큰 영향을 미치며, 체온이 내려가는 경우에는 피부의 온도수용기 중에서도 얼굴의 피부에 있는 온도수용기가 다른 부위의 수용기보다 온도 변화에 훨씬 민감하다. 더운 날 거리 달리기 중 물을 마시는 것보다 머리에 물을 뿌리거나, 얼굴에 차가운 바람을 맞으면 더욱 시원함을 느끼게 된다.

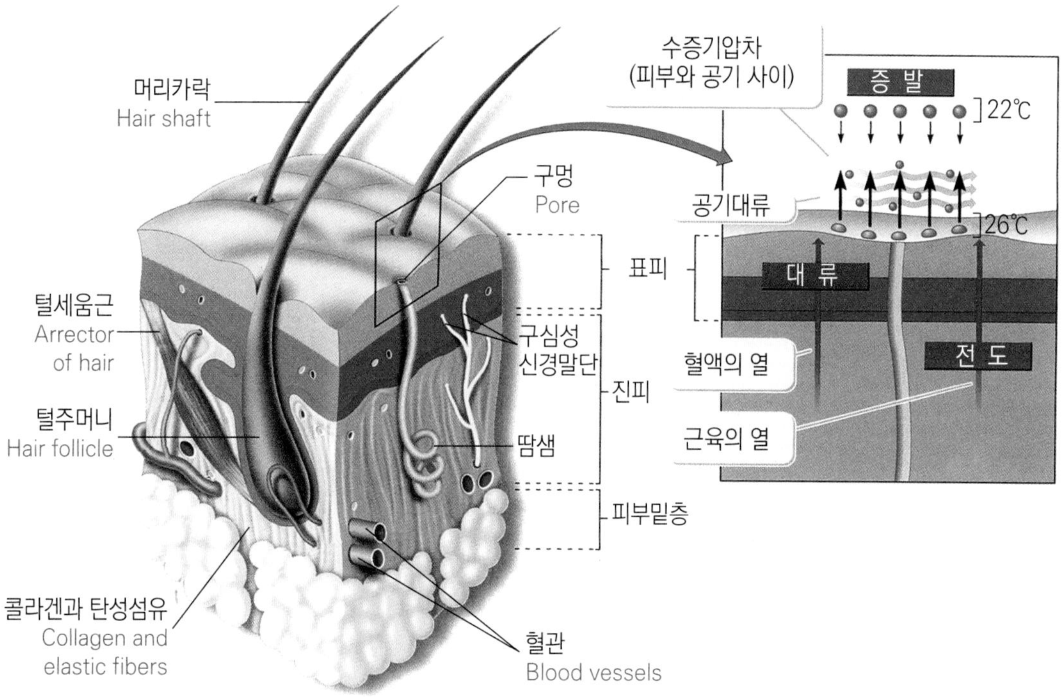

그림 13-3. 피부에서의 열전도

13.4 열 환경에서의 운동

13.4.1 열손실 기전

무더운 환경에서의 지구성 운동은 체내 열 생산의 증가와 체열 발산의 저해로 인해 체내에 과도한 열 축적이 일어날 수 있다. 과도한 열에 의해 인체조직, 특히 신경조직은 심각한 손상을 입기 쉽다. 따라서 효과적으로 체온을 조절하는 능력은 열질환을 예방하고 수행력을 좌우하는 중요한 요인이다. 인체가 체열을 발산시키는 가장 중요한 두 가지 기전은 피부혈관의 확장과 증발을 위해 수분을 분비하는 발한(sweating)이다.

13.4.1.1 피부혈관의 확장

피부혈관의 확장을 통한 피부혈류의 증가는 인체 심부로부터 대기로의 열 전도율을 높인다. 운동으로 인해 인체 심부의 작업근육에서 발생한 열에 의해 따뜻해진 혈액은 피부로 이동하여 복사, 전도 및 대류에 의해 대기 중으로 열을 방출시킨다. 피부혈류량은 세동맥의 개폐와 동정맥 연결의 개폐에 좌우되는데, 더운 환경에서는 세동맥과 동정맥 연결이 모두 열려 피부혈관 저항이 낮아지고, 순환혈액량 중 피부로 가는 혈류량의 비율이 높아진다[그림 13-4].

열 손실률에 영향을 미치는 가장 큰 요인은 심부온도 또는 혈액온도와 말초의 피부온도 사이, 그리고 피부와 주변 환경 사이의 온도차이다. 말초조직의 온도가 심부조직의 온도보다 낮을수록 혈액의 순환 전도 및 순환 대류에 의한 체열의 손실량이 커진다. 또한 피부 온도보다 외부의 환경 온도가 낮을수록 복사, 전도, 대류를 통하여 열 손실이 쉽게 일어난다.

그러나 외부의 환경 온도가 매우 높아서 피부의 온도가 상승하면 체표면과 외부 환경과의 온도차가 감소되기 때문에 복사나 전도와 같은 물리적인 열 손실이 감소되어 인체의 체온조절기구는 상당한 부담을 느끼게 된다.

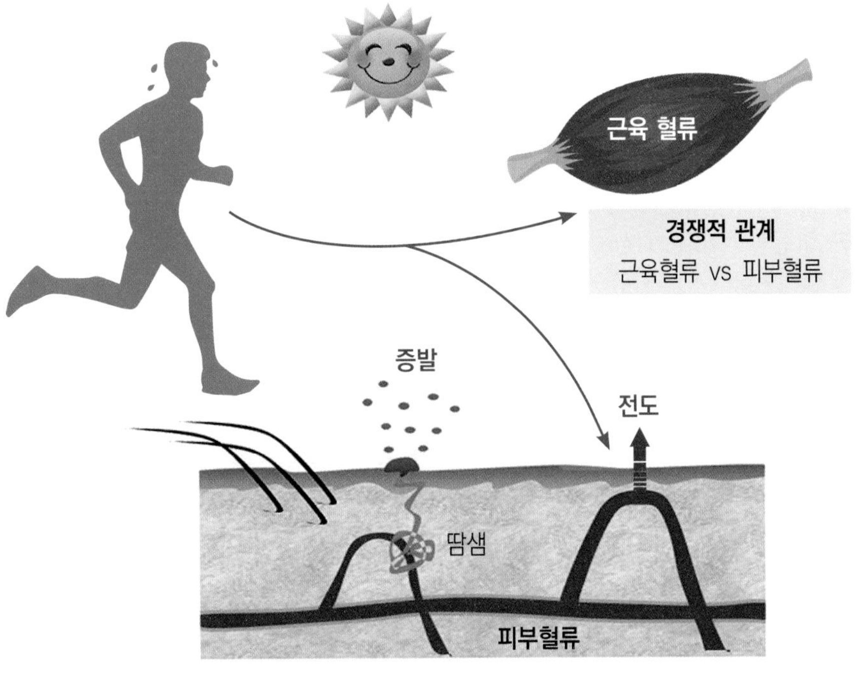

그림 13-4. 열 환경 운동 시 피부혈류와 근육혈류의 경쟁 관계

더운 환경일수록 인체가 증발을 통한 열 손실에 의존하는 비율은 높아진다. 더구나 주위 온도가 피부 온도보다 높아질 때 복사, 전도, 대류는 열 손실이 아니라 열 축적에 기여한다. 이 경우 증발이 인체가 체열을 발산시키는 유일한 방법이 된다.

13.4.1.2 발 한

발한(sweating)은 체온이 상승할 때 적극적으로 증발에 의한 방열량을 증대시키는 작용이다. 심부 온도가 일정 수준 이상 상승하면 땀의 분비가 급속히 증가하는데, 이때의 체온을 발한역치(sweating threshold)라고 한다.

분비된 땀은 증발을 통해 피부온도를 낮춘다. 땀의 기화열은 1㎖당 0.58kcal로서, 100㎖의 땀이 증발하면 체중이 70kg인 사람의 체온은 1℃ 낮아진다.

체열을 발산시키는 데 가장 불리한 환경 조건은 기온이 높으면서 동시에 습도가 높을 때이다. 왜냐하면 이 경우 유력한 체온 발산방법이라고 할 수 있는 증발이 저해되기 때문이다. 즉 습도가 높은 날에는 피부 표면과 대기 간의 수증기압 차이가 감소하여 땀의 기화로 인한 열 손실이 크게 감소한다. 반대로 기온이 높다고 해도 상대 습도가 낮으면 땀이 보다 쉽게 증발되기 때문에 체열 발산을 위한 인체의 생리적 스트레스가 감소된다.

13.4.2 열환경과 운동수행력

기온과 습도가 높은 환경하에서는 인체수행력, 특히 지구력이 저하된다. 더운 환경에서는 체열발산을 위한 피부 혈류에 대한 요구가 증대하여 활동근육으로의 혈류와 경쟁적인 관계를 갖게 된다. 즉 더운 환경에서는 활동을 계속하기 위해 근육으로의 혈류 요구량이 증대되는 한편 체온의 발산을 위한 피부혈류량의 필요성도 증가한다.

인체의 총혈액량은 근육과 피부의 최대용량에 비해 적을 뿐만 아니라 피부에 분포된 정맥 내 혈액의 저류(venous pooling)에 의해 심장으로 돌아오는 정맥환류량(venous return)이 감소하게 된다. 정맥 환류량이 감소하면 심실충만압(filling pressure)도 감소하며, 이어서 심장의 1회박출량(stroke volume)이 감소한다. 심장의 1회박출량이 감소하면 심박출량을 유지하기 위한 보상반응으로서 심박수가 증가하는 현상이 나타난다. 이러한 심박수의 증가는 동일한 작업 부하에 대한 심장의 작업 부하가 증가된 것으로 해석된다.

한편 다량의 발한에 의한 체내 수분 손실은 혈액의 농축(hemoconcentration)을 심화시켜 인체의 순환 및 체온조절 부담을 가중시킬 수 있다. 즉 혈액의 손실에 의해 피부로의 체온조절성 혈류와 작업 근육으로의 활동을 위한 혈류에 대한 수분 여유력은 더욱 부족하게 된다. 이 경우 활동근육의 혈류 감소로 인해 근육 피로현상이 나타나거나 피부혈류의 감소로 인한 체온의 과도한 상승이라는 두 가지 국면에 직면하게 된다.

열 환경에서 운동 중 근육혈류량의 감소는 그 운동을 무산소성 에너지대사 과정에 더욱 의존케

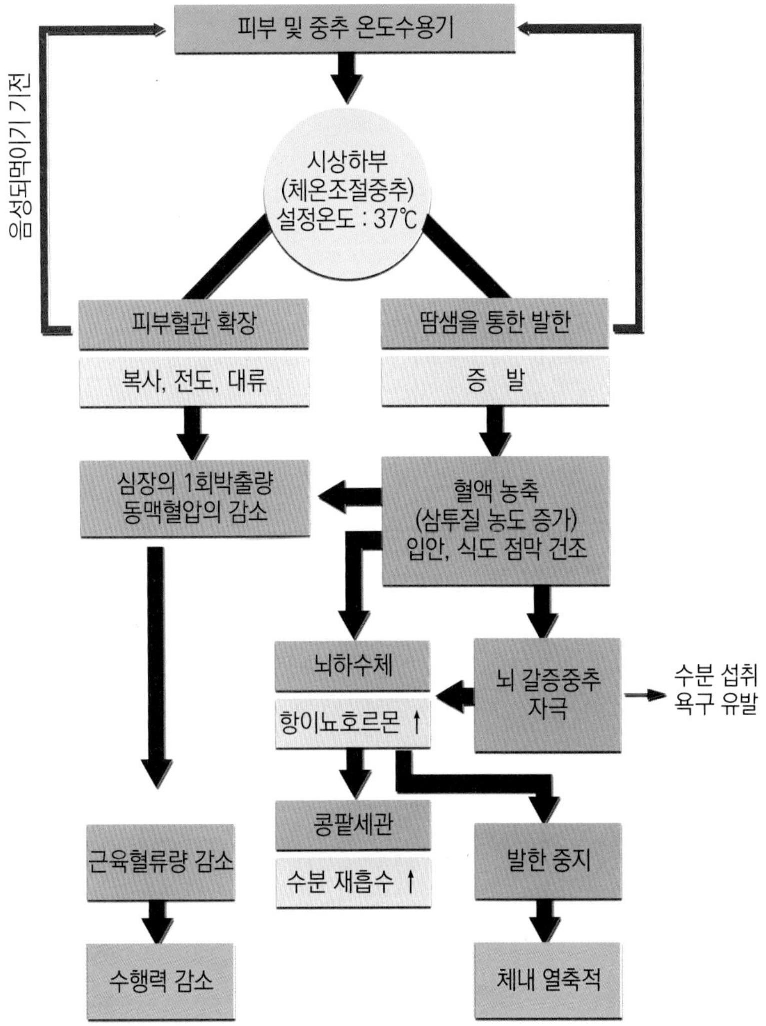

그림 13-5. 열 환경 운동 시 탈수(dehydration)에 의한 순환 및 체온조절상 문제

하는 한편, 내장 혈류를 더욱 감소시켜 젖산제거율을 감소시킴으로써 동일한 최대하 운동강도에서 혈중젖산 농도를 상승시킨다고 보고되고 있다.

한편 체중의 3%에 달하는 발한에 의해 혈장량이 6~7% 정도 손실되고, 그 결과 지구력과 열내성(heat tolerance)이 감퇴한다. 열 환경에서 1시간 이상의 운동 후 최대산소섭취량이 3~8% 감소하는 현상이 일반적으로 알려지고 있다. 이것은 피부혈관의 혈액저류에 의해 심장으로의 정맥환류량이 감소하는 것에 기인하며, 한편으로는 작업 근육혈류량의 감소로 인해 동정맥산소차가 감소되는 것을 그 원인으로 보고 있다.

대체로 열 환경에서의 수행력 저하 현상은 15분 이상 지속되는 운동이나 장시간 반복되는 간헐적인 운동 시 나타난다. 열 환경에서의 고강도 운동 시 운동 초기에는 1회박출량이 감소하더라도 심박수가 증가하기 때문에 심박출량이 유지되지만, 최대심박수에 도달하면 1회박출량이 감소된 결

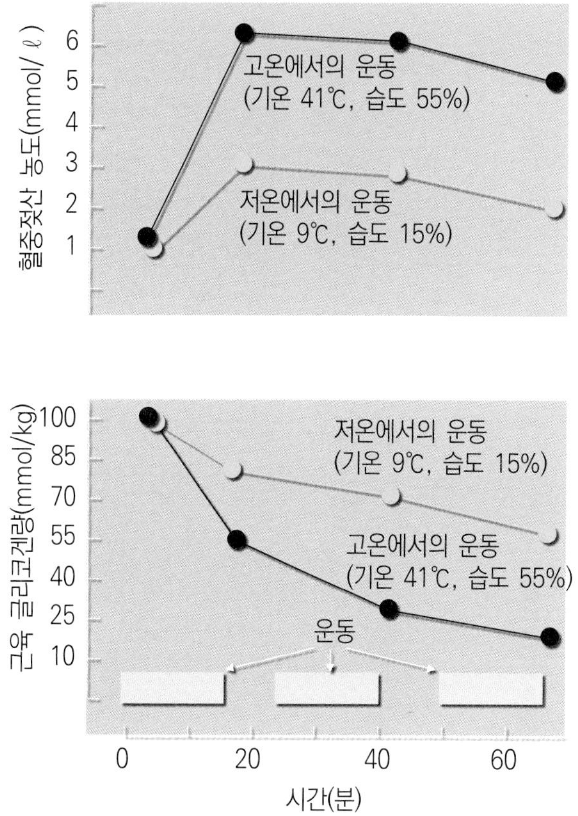

그림 13-6. 두 가지 환경 기온에서 운동 시 가쪽넓은근의 글리코겐량과 젖산 농도 변화

과로 인해 최대심박출량과 최대산소섭취량이 감소하게 된다. 탈진 상태에서는 심박출량이 감소하고 피부혈관이 확장됨에 따라 혈압은 때때로 약 40mmHg의 급격한 하락을 보이는 경우도 있다. 심박출량과 혈압이 급격히 감소하는 시점은 심각한 순환계통 기능 부전과 열 질환이 발생하는 시점이다. 탈수로 인해 혈액량이 감소될 때 이러한 현상이 나타날 위험성은 더욱 커진다.

13.4.3 체액과 운동

13.4.3.1 체액과 수분 균형

체액은 세포의 내·외환경을 구성하며, 대사 반응 및 물질 이동의 매체 등 중요한 역할을 통해 유기체의 항상성 유지에 관여한다. 인체 내 수분의 함량은 체중의 약 50~70%(약 35~45ℓ)로서, 몸의 구성성분 중 가장 많은 부분을 차지한다.

체액은 크게 세포내액(intracellular fluid : ICF)과 세포외액(extracellular fluid : ECF)으로 구분된다. 세포외액은 혈장(plasma)과 사이질액(interstitial fluid)으로 구분되는데, 혈장은 혈관 속에 있는 세포외액이고, 사이질액은 세포와 세포 사이에 위치하여 세포를 직접 둘러싸고 있는 액체인데, 림프(lymph)도 여기에 속한다. 세포외액량은 남녀 모두 체중의 15%이며, 그중에서 혈장은 체중의 5% 정도(약 3ℓ)이다. 세포내액량은 남자가 체중의 약 45%, 여자가 약 35%로 여자의 양이 적은데, 그 이유는 여자가 남자보다 지방조직이 많기 때문이다. 근육, 피부, 심장, 간 등 체내 대부분 조직의 수분함량은 70% 이상인 데 비해 지방조직의 수분함량은 20% 미만이므로 체내 지방함량이 증가할수록 상대적으로 체내 수분함량은 감소한다.

우리가 느끼지 못하는 사이에 피부와 허파(호흡)를 통해 배설되는 수분을 불감손실량(insensible loss)이라고 한다. 인체가 필요로 하는 1일 수분섭취량은 최소 약 1,500㎖인데, 이 양은 허파와 피부를 통한 불감손실량 1,000㎖와 대사활동 결과 생성된 노폐물을 배출시키기 위해 필요한 최저 소변량 500㎖를 합한 것이다.

더운 환경에 노출되거나 운동 시에는 허파와 피부를 통한 불감손실량이 증가하며, 추가로 수분 보충을 하지 않으면 탈수(dehydration)가 올 수 있다. 체액량이 8% 정도 손실되는 탈수 상태에서는 심박수와 체온 상승이 초래되며, 20% 이상 손실될 경우에는 심부전, 순환부전, 신부전 및 세포 내 삼투질농도 증가로 인한 세포 손상으로 사망하게 된다.

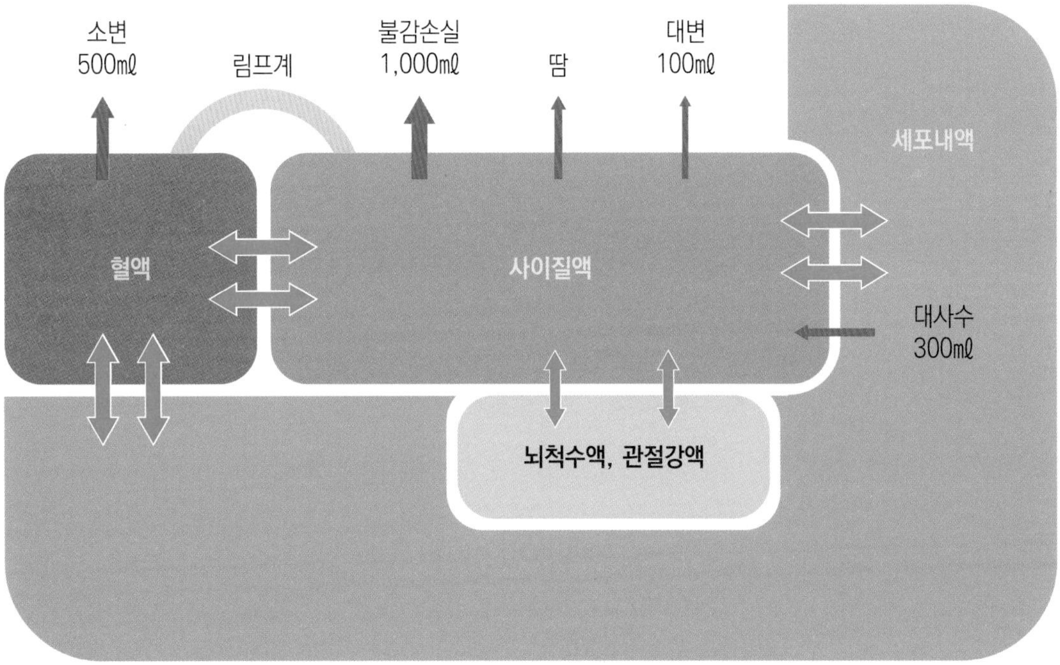

그림 13-7. 인체 내외 환경 간 수분 교환(위의 수치는 최소값)

13.4.3.2 운동과 체내 수분 균형을 위한 조절 반응

열 환경에서 마라톤과 같은 장시간의 운동을 수행할 때 주로 발한을 통해 이루어지는 수분의 손실량은 대략 시간당 2ℓ 이상으로, 총체중의 7~8%에 해당된다. 이러한 수분의 손실은 대부분 사이질액으로부터 비롯된 것이지만, 운동을 계속하면 결국 혈장량이 감소하게 된다. 그 이유는 사이질액의 수분감소로 삼투질 농도가 증가하여 혈관 내에서 사이질액쪽으로 혈장의 이동이 일어나기 때문이다.

혈장량의 감소는 결국 활동근육으로의 혈류 증대와 함께 체온조절을 위해 필요한 피부혈류 증대 요구에 대한 부담을 더욱 가중시키며, 나아가 1회박출량과 심박출량, 혈압을 감소시키는 원인이 된다. 운동 중 체액이 2~3 ℓ 손실된다면 체내 수분 보유를 위한 인체반응기구가 작동하여 땀 분비가 감소되며, 그 결과 체온이 상승하게 된다. 그러므로 발한을 지속시키고 체온을 낮은 수준으로 유지하기 위해서는 체액의 보충이 필수적이다.

혈장량이 10% 이상 감소되거나 혈장 삼투질 농도가 1~2% 이상 증가되는 탈수가 일어나면 수분섭취 욕구가 유발된다. 그것은 입안이나 식도점막에 있는 말초수용기와 시상하부에 있는 삼투질 농도의 변화를 감지하는 수용기에 의한 정보가 시상하부의 갈증중추를 자극하기 때문이다. 갈증중추의 흥분은 수분섭취 욕구를 증가시키는 한편 뇌하수체뒤엽에 전달되어 항이뇨호르몬(vasopressin : ADH) 분비를 촉진시킴으로써 콩팥의 먼쪽세뇨관과 집합관에서의 수분 재흡수를 통해 체액의 삼투질 농도를 정상으로 회복시킨다.

운동으로 인한 심한 탈수 후에 갈증기전에 의해 손실된 수분을 완전히 재보충하는 데는 수일이

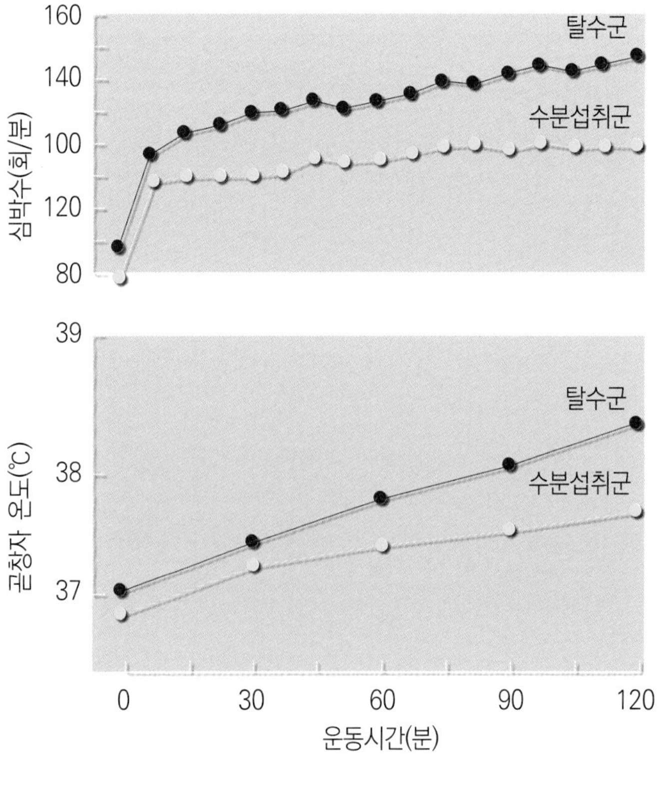

그림 13-8 장시간 운동 중 수분섭취가 심박수 및 곧창자(직장) 온도에 미치는 영향(D. Costill, 1977)

plus+

허약한 사람일수록 열사병 위험이 높다

만일 열 환경에서 물을 보급하지 않고 계속 운동을 수행한다면 어떻게 될까? 더위와 갈증을 무릅쓰고 계속 운동을 한다면 혈액의 수분 성분은 현저히 감소하고, 혈액 농축은 심화된다. 이러한 상황에 대해 뇌의 갈증중추는 뇌하수체에 명령을 내려 항이뇨호르몬(ADH)을 분비하도록 한다. 이어서 항이뇨호르몬은 콩팥에서 수분재흡수를 통해 소변생성량을 감소시키고, 땀샘을 막아 땀 분비량을 감소시켜서 체내 수분을 보존하려고 한다.

앞서 이야기했듯이 심한 혈액 농축이 진행되는 상황에서 인체는 두 가지 커다란 과제에 봉착하게 된다. 즉 체온조절을 위한 혈액(피부혈류와 땀분비를 위한 혈류)과 운동을 계속하기 위해 근육으로 보내야 하는 혈액을 동시에 충족시켜야 한다. 혈액이 농축되어 피가 모자란 상황에서는 이 두 가지 경쟁적인 과제를 함께 만족시키기 어렵게 된다.

만일 수분의 적절한 보충 없이 계속 운동을 수행한다면 쇼크(shock)가 발생할 수 있다. 즉 인체의 생명 유지에 절대적으로 필요한 심장 등의 내장혈류와 뇌혈류를 확보하기 위한 피부혈관이 갑자기 경련성 수축을 하고 땀샘이 닫히게 된다. 과거에는 운동 중 물을 섭취하지 않음으로써 신체를 단련시킬 수 있다는 막연한 믿음으로 운동선수들의 훈련이나 경기 중 수분 섭취를 금하는 경우가 많았다. 그러나 체온조절능력 차원에서 수분 섭취를 금하는 것은 전혀 도움이 되지 않으며, 열사병의 위험만 가중시키는 어리석은 일이라 할 수 있다.

훈련을 통해 얻을 수 있는 뚜렷한 인체 기능 중 하나로 체온조절능력을 들 수 있다. 체온조절능력이 개선되는 가장 큰 이유는 체내 수분 보유량과 혈액량이 증가한다는 점이다. 앞서 심한 땀 분비가 초래되는 더운 환경에서 운동 시 체내 수분보유량이 많다는 것은 그만큼 탈수와 혈액 농축으로 인해 초래되는 혈류 순환과 체온조절 상의 부담을 덜 느끼게 된다는 것을 의미한다.

또 한 가지 주목할만한 사실은 운동을 평소에 하지 않던 사람이 더운 날 운동을 할 때 흘리는 땀을 통해 손실되는 전해질이 더 많다는 점이다. 소듐(Na^+), 포타슘(K^+), 칼슘, 마그네슘 등 인체의 신경자극 전달에 중요한 역할을 하는 전해질을 일시에 많이 손실하면 인체의 전해질 균형이 깨지게 되어 심장기능을 비롯한 여러 가지 인체 기능에 문제가 발생할 위험성이 높아진다.

소요된다. 즉 운동 후 체액 보충을 위해 충분한 수분을 자발적으로 섭취하지 않으면 체액을 정상수준까지 회복하는 데 1~2일이 소요된다. 그러므로 가능한 탈수를 지연시키기 위해서는 갈증을 느끼기 전이라도 수분을 섭취하여야 한다. 열 환경에서 장시간 운동할 경우 운동 전에 미리 500㎖ 정도의 물을 섭취하고, 운동 중에는 10~15분마다 한 컵의 물을 섭취하면 순환 및 체온조절상의 여러 문제를 피할 수 있을 것이다.

13.4.3.3 운동과 전해질 손실

훈련 시작 초기에 다량의 염화소듐(NaCl)이 땀을 통해 손실된다. 만일 식사나 음료를 통해 손실된 전해질, 특히 식염을 섭취하지 않는다면 열경련(heat cramp)이 초래되기 쉽다. 즉 근육섬유막 내외의

Na^+, K^+ 및 Cl^- 농도 변화는 근육경련의 주된 원인이 된다.

땀을 통한 식염 손실의 또 다른 부작용은 땀 중 수분이 증발됨에 따라 피부 표면에 잔류 소금막이 형성되어 뒤이은 발한 시 땀의 소금 농도를 상승시킨다. 땀의 소금 농도가 증가함에 따라 땀을 증발시키기 어렵게 된다. 그러므로 피부 표면의 잔류 소금을 제거하기 위해 땀을 씻어내는 것이 증발을 보다 효과적으로 이루어지게 하는 데 도움이 된다. 땀은 체액에 대해 저장성이기 때문에 지속적인 발한은 체액의 삼투질 농도를 증가시킨다. 그러므로 운동 전후 다량의 식염 섭취는 바람직하지 못하다.

1일 6~10시간 열 환경에서 작업하거나 장시간 행군 시에는 하루에 몇 개의 식염정제를 섭취하는 것이 도움이 될 수 있으나 전형적인 열 환경 운동 시에는 전해질 음료를 섭취하는 것이 바람직하다. 식염정제의 섭취는 열 환경 운동 시 오히려 수행력을 저해하고 탈수 상태를 심화시킨다. 즉 식염정제나 고장성 용액의 섭취는 삼투압에 의해 체액을 위로 역행시켜 복통이나 구토를 유발하고 세포의 탈수 상태를 더욱 악화시킨다.

13.4.4 열 환경 운동 시 수분 섭취 지침

열 환경 운동 시 나타날 수 있는 수행력 감소와 열질환의 위험을 최소화하기 위한 수분 섭취 방법은 다음과 같다.

plus+

식염정제와 수분 섭취

장시간의 행군 또는 노동은 작업강도가 높지 않기 때문에 체온 발산을 위한 피부 혈류에 대한 요구와 활동근육 혈류에 대한 요구 수준이 운동 시만큼 급격히 증가하지 않으며, 땀 분비에 의한 수분 손실이 강도높은 운동 시만큼 빠르게 일어나지 않는다. 그러므로 땀과 함께 손실된 식염을 보충하는 것이 체내 전해질 균형의 파괴로 인한 장애를 예방하는 데 도움이 될 수 있다. 그러나 이 경우에도 식염이 첨가된 음료를 섭취하는 것이 보다 바람직하다.

열 환경에서 그보다 높은 강도로 운동을 수행할 때 식염정제의 섭취는 매우 위험하다. 왜냐하면 이 경우 작업근육에 의한 산소소비량이 급격히 증가하면 체내 열생산 역시 10~20배까지 증가하여 체온 발산을 위한 피부혈류와 산소 공급을 위한 작업근육 혈류에 대한 요구가 급격히 증가되기 때문이다.

이러한 혈류의 수요 증가에 대처하기 위해 최우선적으로 고려되어야 할 사항은 신속한 수분의 보충이다. 이 경우 식염만 보충하면 체액은 창자로 역행하여 탈수상태를 더욱 진행시켜 열질환의 위험이 더욱 높아진다.

이같은 내용을 보다 쉽게 이해하기 위해 망망대해에서 표류하는 경우를 생각해 보자. 항해 도중 식수가 떨어졌을 때 아무리 갈증에 시달려도 바닷물을 마시지는 못한다. 왜냐하면 바닷물은 소금의 농도가 지나치게 높은 고장성 용액이기 때문이다.

plus+

소듐(Na^+)의 공동운반작용(cotransport)

작은창자 상피세포나 콩팥의 토리쪽세뇨관에서는 당이나 아미노산을 능동적으로 강하게 운반하는데, 이때 Na^+은 이들 물질의 능동적 운반을 촉진하는 역할을 한다. 떼어낸 조직을 당이나 아미노산이 포함된 용액에 넣으면 조직 내 이들 유기물질의 농도가 외액보다 현저히 높아진다.

이처럼 삼투경사에 역행하여 유기물질을 조직 내로 끌어들이는 능동적 축적은 세포외액에 Na^+이 없으면 전혀 일어나지 않는다. Na^+의 운반촉진작용은 Na^+만의 특수작용으로 다른 이온으로 대치될 수 없다. 이러한 Na^+의 운반 촉진 작용을 설명하는 것이 Na^+의 공동 운반이다.

그림 13-8과 같이 유기물질(S)이 세포막에 존재하는 운반체(담체, carrier)와 결합할 때에는 반드시 Na^+이 필요하고, Na^+이 운반체와 결합하여 유기물질-담체-Na^+의 3중복합체를 형성하여 막 안을 통과한다. 유기물질과 Na^+이 이러한 방식으로 서로 같은 방향으로의 이동을 촉진하므로 이것을 Na^+의 공동 운반이라고 한다.

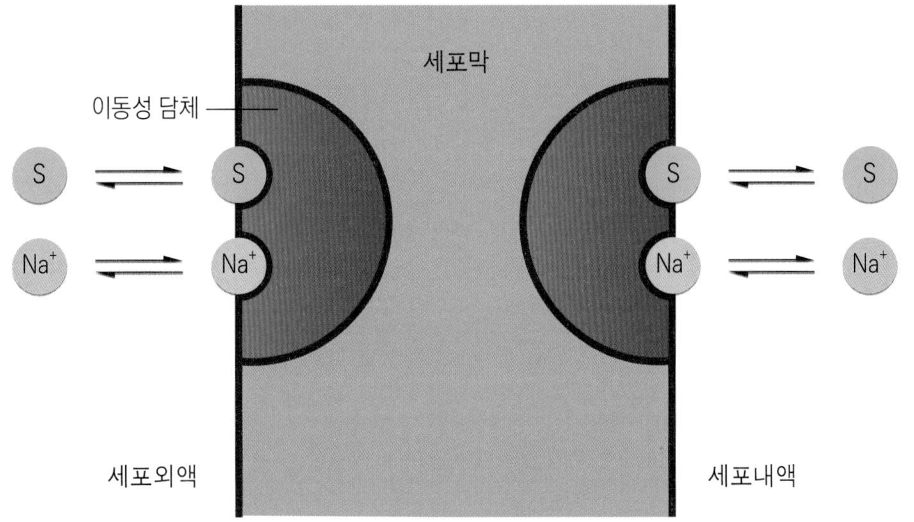

그림 13-9. Na^+의 공동 운반 작용

13.4.4.1 운동 시작 20~30분 전 8~10℃의 수분을 400~500㎖ 정도 미리 섭취한다

운동을 수행하기 전 수분을 미리 섭취하면 운동 중 수분 손실로 인한 탈수를 완화시킬 수 있다. 갈증이 유발된 상태에서 수분을 섭취하면 그만큼 체액 보충에 시간적 소요가 발생한다. 지나치게 차가운 음료가 위경련을 일으킨다는 증거는 없으나, 과다한 섭취는 위경련의 직접적인 원인이 된다고 알려져 있다. 위에서의 통증이 발생할 위험을 최소화시키고, 음료의 저온특성에 따른 체온 감소 효과를 충분히 얻기 위한 섭취 온도는 8~10℃가 적절하다.

13.4.4.2 섭취음료는 Na^+, K^+ 등의 전해질과 포도당이 포함된 저장성 또는 등장성 음료가 바람직하다

이상적인 음료의 조건은 짧은 위배출시간(gastric emptying rate)과 높은 흡수율이다. 고장성 음료나 식염정제는 일단 체액이 창자로 역행하여 창자에서 등장성이 된 후 흡수되기 때문에 흡수속도가 느릴 뿐 아니라 복통 등을 유발할 수 있고, 체내 탈수상태를 심화시킨다. 또한 일반적인 물(plain water)보다는 약간의 전해질과 포도당이 포함된 음료가 창자로 더욱 빠르게 흡수되는데, 그 이유는 Na^+은 능동적인 운반(active transport)으로 창자상피세포를 통해 운반되고, 포도당은 Na^+과 함께 공동 운반(co-transport)으로 운반되기 때문이다.

미국 스포츠의학회(American College of Sports Medicine : ACSM)에서는 소량의 전해질(Na^+ 230mEq/ℓ 이하, K^+ 195mEq/ℓ 이하)과 포도당(2.5g/100㎖ 이하)이 포함된 음료의 섭취를 권장하고 있다.

plus+

운동수행 전 수분섭취(prehydration)

많은 연구를 통해 땀을 많이 흘릴 것 같은 더운 환경에서 운동을 시작하기 전에 적정량의 물을 미리 마시는 것은 두 가지 측면에서 운동 수행에 도움을 준다는 것이 밝혀졌다. 운동 전에 미리 물을 마셔두는 것은 체온조절기능과 순환기능 측면에서 인체의 부담을 덜어주는 역할을 한다. 물을 마셔두면 발한역치가 낮아져서 조기에 땀을 분비하도록 하여 체온을 보다 낮은 상태로 유지하면서 운동을 수행할 수 있도록 해준다.

더운 날 체온의 효과적인 발산은 운동수행력을 좌우하는 가장 중요한 요인 중 하나이다. 마라톤경기에서 온도가 15℃에서 3~4℃만 높아져도 경기기록에 커다란 영향을 미치는 것만 보아도 체온의 효과적인 조절 능력이 경기력의 중요한 관건임을 알 수 있다.

또 하나는 탈수로 인해 혈액량이 손실되고 농축되는 상황이 되면 혈류 순환에 커다란 장애가 되며, 운동근육으로의 순조로운 혈류 공급에 장애가 된다는 점이다. 더운 환경에서 초기에 발생하는 혈액농축(hemoconcentration)은 운동수행에 치명적인 손상을 초래한다. 그 이유는 운동하는 뼈대근육으로의 근육혈류량이 감소되고, 그로 인해 운동이 무산소성 대사에 더욱 의존하게 되기 때문이다. 또한 운동결과 생성되는 젖산, CO_2와 같은 대사산물의 처리가 지연되어 피로감을 가중시킨다. 실제로 체중의 4~5%에 달하는 수분이 손실될 경우 최대유산소능력은 20~30% 정도까지 감소된다고 알려져 있다.

그러므로 특별히 목이 마르지 않더라도 더운 날 장시간 운동을 하기 위해서는 운동시작 20~30분 전에 약 8~10℃의 물을 400~500㎖ 정도 미리 섭취하는 것이 좋다. 이때 준비운동과 함께 조금씩 물을 나누어 마시면 운동으로 인한 복부팽만감이나 복통을 예방할 수 있다.

13.4.4.3 운동 중에는 약 15분마다 100~200㎖의 전해질과 포도당 혼합액을 섭취한다

운동 중 수분 섭취는 손실된 체액량을 보충함으로써 체온 및 심박수를 감소시키고 지구성 수행력 및 열 내성을 증가시킨다. 갈증이 유발된 장시간의 탈수 상태에서 다량의 수분을 한꺼번에 마신

다면 과거에 수분섭 취를 금하도록 하였던 여러 가지 부작용, 즉 위의 불쾌감, 출렁거림 및 구토 등을 경험할 수 있다. 그러므로 소량의 수분을 수시로 나누어서 마시는 것이 바람직하다.

13.4.4.4 체중의 3% 이상 손실되는 탈수 시에는 그날 중에는 다시 운동하지 않는 것이 바람직하다

체중이 3% 이상 손실되면 혈장량은 약 10% 감소된다. 이 경우 체내 수분 및 전해질 감소로 인

plus+

이차탈수(secondary dehydration)

더운 날 땀을 많이 흘리면서 운동을 하다가 심한 갈증 때문에 한꺼번에 많은 물을 들이킨 후 현기증이나 눈앞이 아른거리는 현상을 경험한 적이 있을 것이다. 이러한 현상을 이차탈수(secondary dehydration)라고 하는데, 체내 수분 및 염분 손실이 있을 때 염분을 함께 보급하지 않고 다량의 물만을 일시에 섭취할 경우에 흔히 나타난다.

이러한 현상이 나타나는 이유는 염분이 포함되지 않은 물이 한꺼번에 많이 체내에 흡수되면 세포외액(혈액과 사이질액)이 일시에 너무 묽어지기 때문이다. 즉 삼투질 농도가 떨어지기 때문이다. 그렇게 되면 혈액으로부터 사이질액으로, 사이질액에서 세포로 수분이 연쇄적으로 이동하는 삼투현상이 일어나는 한편 항이뇨호르몬의 분비가 중지되고, 콩팥의 혈류량이 급격히 증가하면서 저장성 소변(상대적으로 물이 많은 묽은 소변)을 많이 형성하게 된다. 그로 인해 혈액량이 재차 감소하고 혈압도 일시적으로 감소되어 순환부전을 일으킨다[그림 13-10]. 이 경우 뇌빈혈로 인해 현기증이나 눈앞에 어른거리는 증세가 나타나기도 한다.

이러한 현상을 예방하기 위해서는 적정량의 염분이 포함된 수분을 조금씩 나누어 마시는 것이 바람직하다.

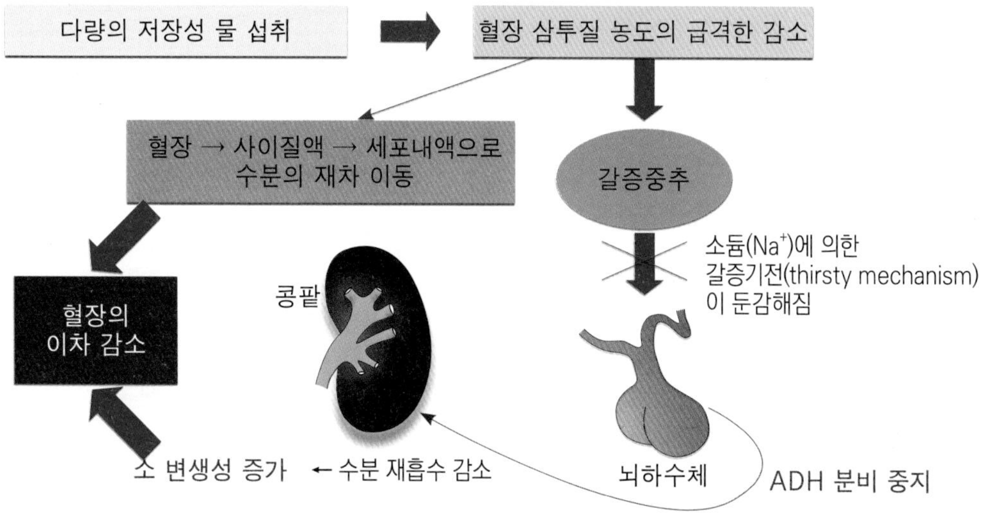

그림 13-10. 이차탈수(secondary dehydration)의 발생 기전

한 열질환의 위험이 높아진다. 체내 수분 손실을 보충하기 위한 자의적인 수분 섭취의 필요성을 알기 위해 운동 전후 체중 변화를 기록하는 것이 바람직하다. 만성적인 탈수는 수행력을 저하시키고, 열질환을 초래하기 쉽다.

13.4.5 열 환경 운동의 금지영역과 위험영역

열 환경에서 장시간의 운동은 심혈관계통의 기능이나 체온조절 기능의 장애를 초래할 수도 있다. 인체에 가해지는 열 스트레스의 정도는 온도와 상대습도 간의 상호 작용에 따라 정해진다. 온도가 높다 하더라도 습도가 낮으면 증발을 통한 체열 발산이 활발하게 일어나기 때문에 열질환의 위험은 비교적 적다고 볼 수 있다. 그러나 온도와 습도가 모두 높은 환경에서는 복사, 전도, 대류에 의한 체열발산뿐만 아니라 증발을 통한 체열 발산이 저해된다.

그림 13-11은 열질환의 위험영역을 나타내는 온도와 습도의 관계를 보여주고 있다. 그림에서 온도와 상대습도의 교차점이 '금지영역'에 속하는 기후조건에서는 장시간의 운동을 피해야 하고, 교차점이 '위험영역'에 속할 때는 운동 중 수분 섭취와 휴식을 자주 해야 하며, 열 발산이 쉽게 이루어질 수 있는 피부가 많이 드러나는 간편한 복장을 하는 것이 좋다.

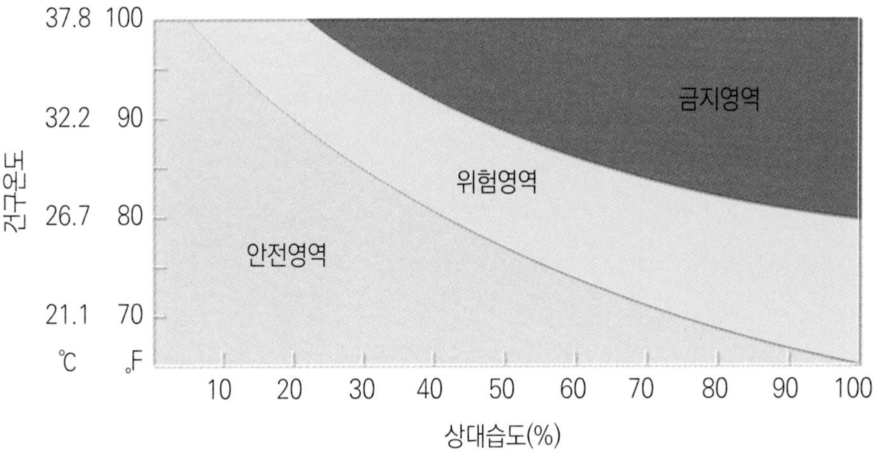

그림 13-11. 운동 시 온도와 습도의 위험영역과 금지영역

미국 스포츠의학회(ACSM)에서는 습구온도(wet-bulb temperature)가 28℃가 넘는 기후 조건에서는 장거리 경기(16km)를 실시하지 않도록 하고, 낮의 온도가 27℃가 넘는 계절에는 장거리 달리기를 오전 9시 이전이나 오후 4시 이후에 실시할 것을 권장하고 있다.

13.4.6 열적응

더운 환경에서 운동을 수행할 수 있는 능력은 열적응(heat acclimatization)를 통해 증가한다. 열 환경에서의 운동에 익숙하지 않은 초보자들은 비록 장시간의 운동 중 수분을 충분히 섭취하더라도 열질환이 발생할 위험이 높다. 그러므로 덥고 습도가 높은 조건에서 장거리 달리기 경주를 한다면 적어도 1주일 전부터 열환경 적응훈련이 필요하다. 열환경에서 열적응에 따른 생리적 변화는 초기 4일간의 운동 시에 나타나기 시작하여 12~14일만에 변화가 완료된다. 이러한 열적응 과정은 반드시 적절한 수분 섭취가 뒷받침되어야 한다. 열적응에 따른 인체적응현상은 다음과 같다.

13.4.6.1 발한반응 개선

열적응 훈련은 발한역치를 낮추고 땀 분비율을 증가시킨다. 즉 훈련 전보다 땀을 일찍 분비하기 시작하고, 더욱 많은 땀샘이 확장되어 땀을 신속히 증발시킬 수 있게 된다. 이러한 발한적응에 의해 열적응된 사람은 동일한 작업부하에서 피부온도나 심부온도가 더 낮은 수준으로 유지된다. 발한적응은 운동효과와 열적응효과 모두에 의해 달성된다. 즉 신체 훈련은 뇌로부터의 신호에 대한 땀샘의 민감도를 높이고 체내 열 축적에 대한 중추성 온도수용기의 민감도를 높여준다.

한편 열적응에 의해 분비되는 땀 중의 Na^+ 등 전해질 농도가 현저히 감소한다. 이는 열적응된 사람의 땀은 수분손실에 따른 전해질 손실이 상대적으로 적다는 것을 의미하며, 피부 표면에 남은 식염에 의한 증발 저해 현상도 상대적으로 적게 일어난다는 것을 뜻한다.

13.4.6.2 혈장량 증가

열환경 운동 시 특히 중요한 생리적 적응은 혈장량 증가이다. 혈장량의 증가는 열환경 운동 시 경쟁적 관계를 갖는 피부혈류와 활동근육혈류 공급에 필요한 체내 수분 여유력을 갖게 해준다는 점에

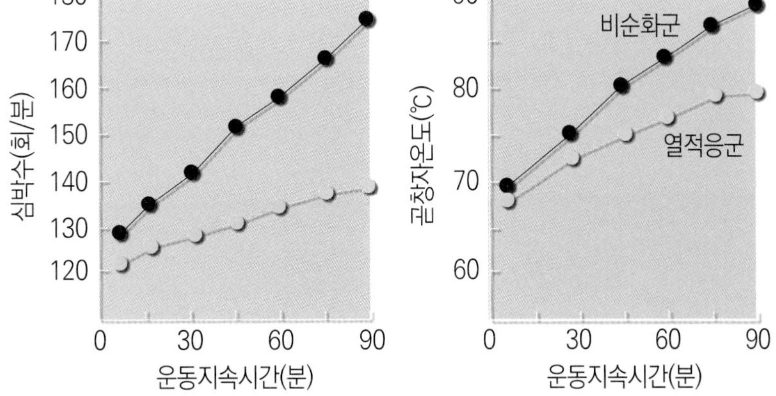

그림 13-12. 열적응 운동(8일 간) 후 심박수와 곧창자(직장) 온도의 변화

표 13-1. 열적응에 따른 열환경 운동 시 생리적 적응

	생리기전	생리적 반응
순환계	심박수 1회박출량 혈장량 혈압 피부혈류	감소 증가 증가 안정적 조절 감소, 반응의 적절성
발한 기전	분비율 발한역치 땀 중 염분농도	증가 감소 감소

서 중요하다. 단련자는 발한반응을 통한 체열발산 능력이 크기 때문에 비단련자에 비해 피부혈류가 상대적으로 적다. 혈장단백은 피부혈관을 통해 혈관 밖으로 누출되는 경향이 있기 때문에 같은 작업 부하에서 피부혈류량이 상대적으로 작은 단련자는 비단련자보다 사이질액쪽으로 혈장단백질의 손실률이 적다. 또한 단련자는 림프액으로부터 혈관으로의 단백질 회귀량 역시 높다고 알려져 있다.

이처럼 단련자는 피부혈관에서의 단백질 손실량이 적고 림프액에서 단백질의 혈장유입이 크기 때문에 비단련자에 비해 더 많은 혈장단백질을 보유하게 된다. 혈장 단백질의 증가는 삼투압의 혈장량이 증가시키는데, 이러한 혈장량 증대는 단련자들이 발한역치의 감소와 발한량 증대에도 불구하고 체내 수분의 여유력을 갖게 해준다. 그림 13-13은 열적응된 단련자가 비적응자에 비해 더 많은 체내 수분량을 갖고 있어서 동일한 양의 수분을 땀을 통해 손실할 때 비적응자는 탈수상태(dehydration)를 경험하지만, 열적응 단련자는 여전히 체내 수분량에 여유력이 있어 운동수행을 위해 운동근육으로 보내는 혈액과 체온조절을 위해 혈액을 보내야 할 생리적 부담이 적어진다.

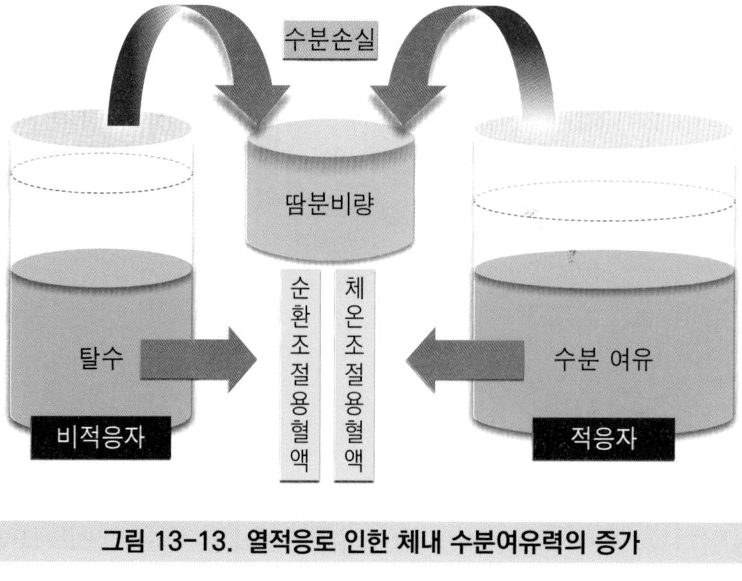

그림 13-13. 열적응로 인한 체내 수분여유력의 증가

plus+

열충격 단백질(heat shock protein : HSP)

최근 운동과 관련하여 활발하게 연구되고 있는 단백질로서, 여러 가지 환경 스트레스에 노출될 때 인체 세포가 발현시키는 폴리펩타이드인 HSP(heat shock protein)가 주목받고 있다.

운동과 관련하여 많이 연구되는 HSP는 HSP70로서, 고온, 저산소, 글루코겐 등의 고갈, 젖산 생성에 따른 산성화, Ca^{++} 농도의 증가, 유리기(free radical)의 생성과 같은 생화학적 변화에 대응하여 발현량이 증가된다. HSP70은 주로 3차원 구조를 갖는 단백질 구조를 안정화시키고 변형이 일어나는 것을 억제하는 역할을 하며, 체온상승(36.5℃보다 3~5℃ 높은 환경)이나 기타 스트레스 요인에 의해 조직이나 세포 내의 발현량이 증가하게 된다. 그러므로 HSP70는 스트레스 요인에 의해 3차원 구조가 풀리거나 변성된 단백질을 원래의 상태로 활성화시키는 작용에 의해 신체 내의 항상성을 유지하기 위한 방어 기전으로 합성된다.

여러 연구를 종합하면 고온환경에서의 운동이나 탈진적 운동은 HSP70의 발현을 급격히 증가시키는데, 이는 고강도의 탈진적 운동에 의한 근육원섬유의 손상(damage)과 체내 열축적에 의한 단백질 변성을 방어하기 위한 작용이다. 앞으로 HSP에 대한 연구에서 운동 시 나타나는 HSP가 과훈련의 경고 지표(warning marker)나 훈련 적응의 지표로 활용될 수 있는지의 여부에 관심이 모아지고 있다.

13.4.6.3 1회박출량 증가

열적응에 따른 1회박출량 증가의 정확한 기전은 알려지지 않고 있으나 혈장량의 증대가 한 가지 원인으로 생각된다. 또한 심박수의 감소현상이 열적응 결과 나타나는데, 이는 피부온도나 심부 온도가 감소하는 데 따르는 반사적 반응(reflex response)으로 생각된다. 심박수의 감소 역시 1회박출량의 증가와 관련되어 있을 것으로 생각된다.

열적응 훈련 후 최대하 운동 시의 혈압 변화가 보다 안정적으로 나타나는데, 그것은 피부혈류가 감소하는 대신 간이나 콩팥으로의 혈류가 열적응 전보다 증가하기 때문이다. 간이나 콩팥으로의 혈류 증대는 피부혈류가 감소하기 때문에 가능하다. 열적응된 단련자는 열발산 기전에서 피부혈류보다는 땀의 증발에 더욱 의존한다.

plus+

아플 때 흘리는 땀, 사우나의 땀, 운동할 때의 땀

몸에 세균이나 바이러스가 침입했을 때 체온이 올라가는 현상이 일어난다. 몸안으로 세균이나 바이러스가 들어오면 뇌의 체온조절중추에서는 36.5℃ 정도인 체온의 기준값을 더 올려서 설정한다. 이렇게 되면 인체는 오한을 느끼고 올라간 기준값에 맞추어 체온을 올리는 반응을 일으킨다. 즉 피부혈관을 수축시켜 열이 발산되는 것을 막고, 근육을 떨어서 열생산을 증가시켜서 체온을 높이려고 한다. 그 이유는 인체의 면역시스템이 높은 체온에서 더 활성화되기 때문이다. 즉 백혈구, 림프구, 큰포식세포와 같은 면역세포와 이들이 분비하는 항체는 온도가 높을 때 더욱 활발해져 병원체와 효과적으로 싸울 수 있다.

그런데 병원체를 물리치고 나서는 높였던 체온의 기준값이 원래대로 36.5℃로 낮추어 설정되고, 이 기준값에 맞추어 올라갔던 체온을 다시 낮추는 과정에서 땀을 흘리게 된다. 흔히 '땀을 흘려야 병이 낫는다'고 하는 말이 있는데, 이 말은 땀 자체가 병을 낫게 하기 때문이 아니라 병원체와 싸우느라 올렸던 체온을 다시 원래대로 낮추기 위한 반응으로서 땀을 흘리게 되는 현상 때문에 나온 말이라고 할 수 있다.

한편 운동과 같은 신체적인 활동에 의해서도 체온은 상승한다. 운동할 때 근육세포 내에서는 탄수화물이나 지방과 같은 연료를 활발하게 연소시킨다. 이렇게 연료를 연소시킬 때 발생하는 에너지의 약 75% 정도는 열에너지이다. 근육은 이 열에너지를 제외한 나머지 에너지를 이용해서 수축작용을 한다.

그러므로 격렬하게 운동할수록 근육세포 안에서는 더 많은 열에너지가 발생한다. 이 열에너지는 결국 인접한 혈액으로 전달되고, 데워진 혈액은 온몸을 순환하면서 심장을 포함한 몸 전체를 덥히게 된다. 이렇게 되면 열을 발산하기 위한 반응으로 피부혈관이 확장되고 피부층 아래에 무수히 많은 땀샘에서 땀을 생성하고 분비한다.

이처럼 병원체가 침입했을 때나 운동을 할 때나 흘리는 땀은 모두 체온상승의 결과로서 나타나는 필연적인 반응이다. 그렇지만 체온 상승을 일으키는 원인이나 과정이 전혀 다르다는 것을 알 수 있다.

그렇다면 사우나에서 땀을 흘리는 것은 어떠할까? 사우나를 통해 심리적 긴장 완화나 근육의 이완, 온열효과, 피부혈류의 증가 등 긍정적인 효과를 기대할 수 있다. 그러나 땀을 흘리는 원인이 된 체온상승의 과정이 운동과는 완전히 다르다. 운동은 근육세포 내부에서 발생한 열에너지가 온몸을 덥히는 반면, 사우나는 외부의 더운

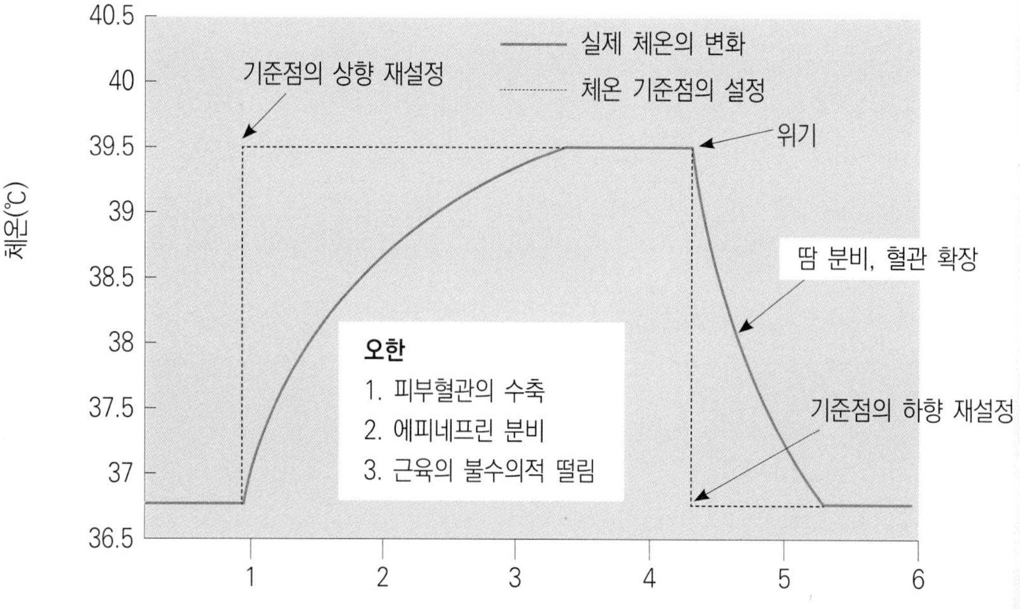

그림 13-14. 체내 병균의 침입으로 인한 반응과 체온 변화

공기가 피부를 통해 몸안으로 열을 전달한다.

운동을 통해 땀을 흘리게 된 원인과 과정은 단순히 체온상승에 대한 반응일 뿐만 아니라, 근육의 수축, 신경계통의 전달, 호르몬의 분비, 혈관의 파동과 혈액의 배분, 심장과 호흡계통의 활동과 같은 광범위한 변화를 수반한다. 즉 사우나에서는 주로 체온을 낮추기 위한 반응으로서 땀을 흘리는 것이지만, 운동할 때 땀을 흘리는 것은 체온의 조절뿐만 아니라 인체 계통의 전반에 매우 큰 변화를 일으키는 것이다.

그러므로 똑같이 땀을 흘린다고 해서 사우나가 운동을 대신할 수 있다는 것은 착각이다. 그러한 착각을 일으키는 이유 중 하나는 땀을 통해서 몸안의 노폐물을 제거한다는 생각이지만, 사실 땀을 통해서 노폐물을 제거하는 효과는 기대할 수 없다.

땀을 흘리는 것은 체온상승에 수반되는 인체 반응이며, 그 실제적인 효과는 체온을 상승시키는 원인과 과정에 달려 있다. 더 구체적으로 말하자면 땀이 그 가치를 더욱 발하는 것은 그 근본원인이 심장과 근육, 그리고 특히 뇌와 신경의 움직임에서 비롯될 때이다.

13.5 추운 환경에서의 운동

추운 환경에서 운동을 수행할 때는 대체로 열환경에서 운동하는 데 따르는 체온조절상의 문제만큼 심각한 문제가 야기되지는 않는다. 그것은 열보존을 위한 의복의 착용과 운동으로 인한 열생성의 증가로 인해 열손실의 문제가 어느 정도 해소되기 때문이다. 그러나 추운 환경에서 간헐적인 운동과 휴식을 반복할 때 충분한 워밍업이나 의복에 대한 충분한 주의가 필요하다.

13.5.1 추위에 대한 생리적 반응

인체가 추위에 노출될 때 체내 열 손실을 줄이기 위한 생리적 반응은 피부혈관을 수축시켜 체온이 외부로 발산되지 못하게 하는 한편 불수의적인 뼈대근육의 떨림(shivering)을 통해 열생산을 증가시키는 것이다. 떨림은 어떠한 일도 수반하지 않으므로 100% 모두 열로 전환되어 체온상승에 도움을 준다. 떨림에 의한 열발생은 안정 시 대사를 3배 정도 증가시킬 수 있다.

피부혈관의 수축에 의해 보다 많은 혈액이 인체의 심부로 흐르게 되는데, 그로 인해 외부온도와 신체심부 사이에 단열효과가 증가하게 된다. 심부혈류의 증가로 인해 심장으로 돌아가는 정맥환류량이 증가하고 심장의 1회박출량은 증가한다. 이 경우 심박수는 감소하기 때문에 심박출량은 변하지 않는다. 피부혈관의 수축은 말초혈관의 저항을 높이고 혈압을 증가시킨다. 심박수의 감소는 증가된 혈압 때문으로 생각된다. 혈압의 상승은 대동맥활과 목동맥에 위치하고 있는 압력수용기를 자극하여 반사적으로 심장의 활동을 억제한다.

13.5.2 추운 환경에서의 운동 시 고려사항

격렬한 운동을 할 때 중 열 생산은 20배까지 증가하기 때문에 0℃ 이하의 추운 환경에서도 지속적으로 운동한다면 체온을 쉽게 유지할 수 있다. 그러나 복사에 의해 피부온도가 극도로 낮아져서 말초의 피부조직이 얼어버리지 않도록 적절한 단열조치를 취해야 한다. 특히 손가락, 발가락, 귀 등에 동상이 걸리기 쉽기 때문에 장갑이나 단열효과가 있는 신발, 털모자 등을 착용하는 것이 바람직하다. 머리의 피부에 분포된 혈관은 혈관수축 반응이 약하기 때문에 다량의 열손실이 일어나기 쉽다.

동상에 걸린 부위가 다시 얼 가능성이 있으면 그 부분을 녹여서는 안 된다. 즉 동상에 걸린 부위가 녹았다가 다시 얼면 영구적인 손상을 입게 된다. 동상 부위를 따뜻하게 하기 위해서는 마사지를 하지 않고 45℃의 뜨거운 물에 담그는 것이 좋다. 이렇게 언 부분을 빠르게 녹이는 것은 큰 고통을 유발하지만, 영구적인 손상을 예방하는 가장 효과적인 방법이다.

하이킹이나 스키, 오리엔티어링, 등산 등의 활동을 장시간 수행할 때 동상의 위험이 높아진다. 왜냐하면 땀이나 비, 눈 등으로 의복이 젖은 채 장시간 추위에 노출될 위험이 있기 때문이다. 젖은 옷은 마른 옷에 비해 20배나 빠르게 열을 손실시킨다. 그러므로 운동 시 의복이 젖으면 그 의복, 특히 양말과 장갑을 바꾸어 착용하도록 한다. 의복은 방수와 방풍이 잘 되는 겉옷을 입고, 안에는 운동으로 인한 땀의 증발이 잘 되는 옷을 입는다.

13.5.3 추위와 운동수행력

대체로 추운 환경에서 운동할 경우 적절한 의복에 의해 열손실을 방지하면 대사열이 증가되어 체온이 저하되지 않는다. 그러나 추운 환경하에서 장시간 운동 시에는 심부 및 근육의 온도가 저하될 수 있다. 최대유산소능력은 심부 및 근육의 온도 감소에 의해 저해된다. 외부의 한랭 자극에 의해 근육 및 심부온이 감소된 상태에서 운동을 수행하면 심박수가 감소하기 때문에 결국 최대심박출량도 감소한다.

혈액온도의 감소는 산소해리곡선(oxygen dissociation curve)을 왼쪽으로 이동시키는데[그림 8-18], 이는 조직으로의 산소 유입이 감소됨을 의미한다. 그 결과 최대산소섭취량($\dot{V}O_2max$)이 감소하게 된다.

한편 근육온도의 저하는 순발력 저하를 초래하는데, 이는 근육온도의 저하로 인해 근육세포 내 수분의 점도가 증가하여 교차결합과 액틴(actin)의 움직임에 대한 물리적 저항을 증대시키거나 근육세포 내 ATP 합성을 위한 화학반응의 속도가 감소하거나 최대근육수축에 이르기까지의 시간이 증가되기 때문으로 볼 수 있다.

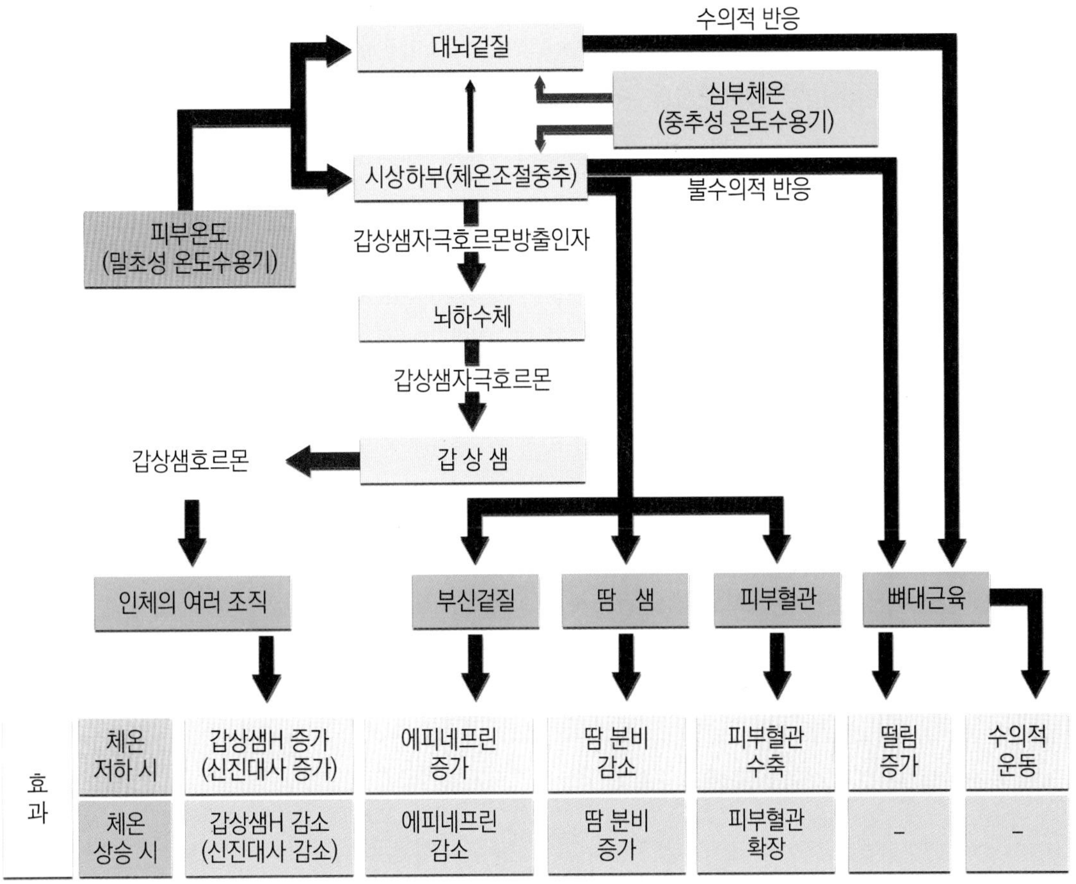

그림 13-15. 체온 변화에 따른 인체의 반응 경로

13. 6 고지환경과 운동

1968년 해발 2,250m의 고지대에서 치러진 멕시코올림픽을 계기로 고지환경이 경기력과 인체의 생리적 기능에 미치는 영향에 대한 연구가 활발하게 진행되어 왔다. 고지환경이 인체의 생리적 반응에 영향을 미치는 주요인은 기압의 저하와 그로 인한 산소분압(PO_2)의 감소이다. 기압 및 산소분압의 감소는 일회적 운동에 대한 인체반응을 변화시킬 뿐 아니라 장기적으로 인체 기능의 변화를 초래한다.

13.6.1 고지환경과 산소공급

고지환경에서 운동을 수행할 때 가장 큰 문제점은 산소분압(PO_2)이 감소하여 충분한 산소를 받아들일 수 없다는 점이다. 공기 중에 포함된 산소의 비율은 평지와 같이 20.93%로 변화가 없지만, 전체 공기압(기압)은 감소하기 때문에 산소분압(PO_2)은 고도가 높아질수록 낮아진다.

대기압이 760mmHg인 평지에서의 산소분압은 159mmHg(760×0.2093)이지만, 해발 3,000m 높이에서는 대기압이 523mmHg로 낮아지기 때문에 산소분압도 109mmHg(523×0.2093)로 감소된다[그림 13-16]. 해발 3,000m에서는 산소분압이 109mmHg로 낮아져 헤모글로빈의 산소포화도(%SO_2)는 평지의 97%에서 90%로 감소하게 된다.

동맥혈 중 헤모글로빈의 산소포화도(%SO_2)가 감소하는 동시에 동맥혈의 산소분압(PO_2)도 평지의 100mmHg에서 67mmHg로 감소하며, 그로 인해 최대산소섭취량이 15~20% 정도 감소한다. 특히 동맥혈의 산소분압이 최대산소섭취량을 감소시키는 보다 중요한 요인으로 작용한다. 왜냐하면 격렬한 신체활동 시 세포내 산소분압을 10mmHg라고 가정하면, 평지에서는 동맥혈(PO_2=100mmHg)과 세포 간의 산소분압차가 90mmHg인 반면 고지대에서는 동맥혈(PO_2=67mmHg)과 세포 간의 산소분압차가 57mmHg로 감소되기 때문이다.

동맥혈과 조직세포 간 산소분압차가 감소하면 동맥혈로부터 세포 내로 산소의 확산이 저해된다. 따라서 고도가 높아져서 대기압이 감소될수록 인체 조직세포로의 산소공급은 감소하게 된다.

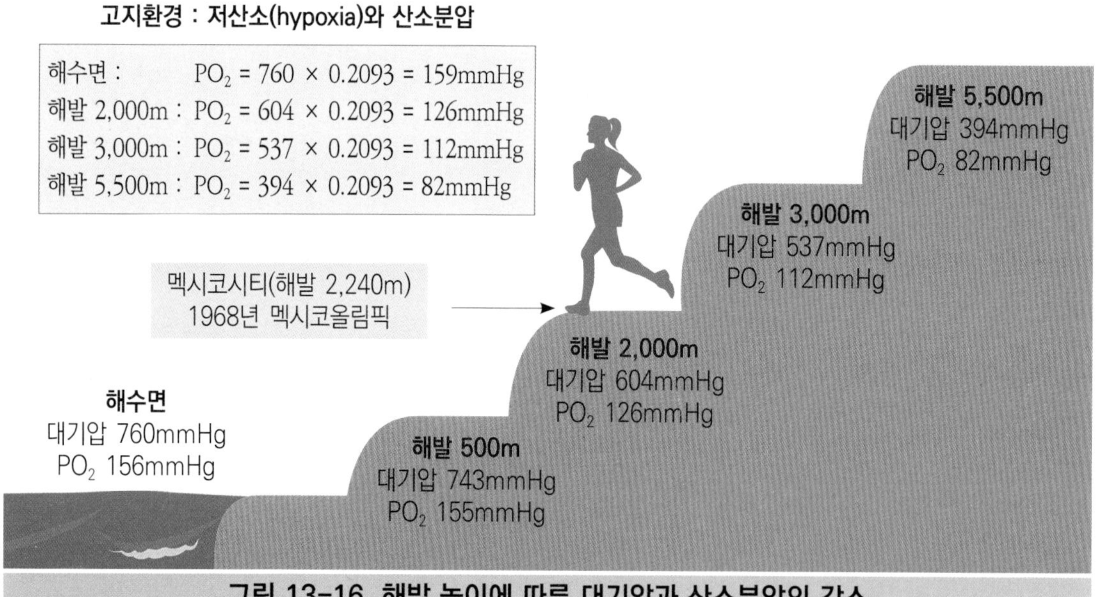

그림 13-16. 해발 높이에 따른 대기압과 산소분압의 감소

13.6.2 고지환경과 경기력

단거리를 전력 질주하는 경기 또는 무산소적 신체활동은 고지환경의 영향을 크게 받지 않는다. 이러한 종목은 인체의 산소운반계통에 크게 의존하지 않기 때문에 고지환경의 영향을 상대적으로 적게 받는다. 오히려 고지환경에서는 공기밀도가 낮아져 공기저항이 수행기록에 영향을 미치는 단거리 달리기, 도약, 던지기 등의 종목에서는 유리하게 작용한다. 그러나 시합기간 중 일정 기간을 고지에서 체류하게 되기 때문에 이러한 종목의 선수들 역시 장시간 고지 노출에 따른 생리적 장애를 줄이기 위한 적응기간이 필요할 것으로 생각된다. 지구성 종목과 같이 유산소성 에너지 생성에 크게 의존하는 종목일수록 고지환경에 따른 영향을 크게 받으며, 고도가 높아질수록 경기력은 감소하게 된다. 지구성 종목의 경기력 저하는 최대산소섭취량의 감소와 거의 비례한다.

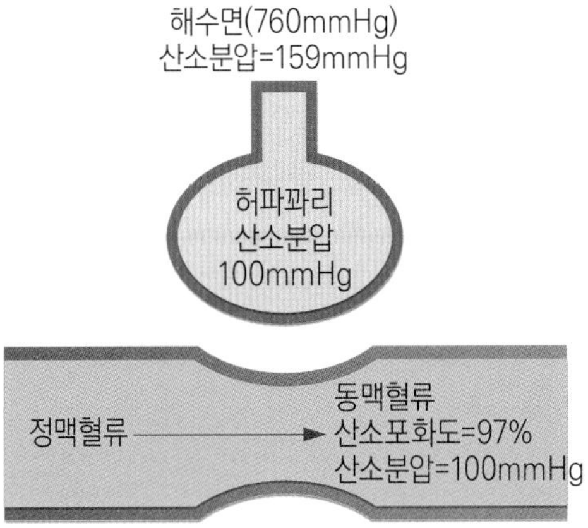

그림 13-17. 해수면과 고지대에서 산소분압과 동맥혈의 산소포화도, 동맥혈의 산소분압

13.6.3 고지환경과 생리적 반응

고지환경에서는 산소분압이 낮기 때문에 평지와 동일한 양의 산소를 섭취하기 위해서는 더 많은 공기를 들이마셔야 한다. 즉 평지와 동일한 강도로 운동을 수행할 때 환기량이 평지보다 증가하게 된다.

앞서 설명하였듯이 고지환경하에서는 최대산소섭취량이 감소하게 되는데, 이것은 특정한 운동부하로 운동할 때 평지보다 더 높은 상대운동강도(%$\dot{V}O_2$max)로 운동하게 됨을 말한다. 따라서 고지환경에서는 평지에서와 같은 일을 하더라도 더욱 힘들게 느껴질 것이다. 고지환경에서 나타나는 생리적 반응은 다음과 같다.

그림 13-18은 5,800m의 고지에서 운동을 수행할 때의 환기량과 호흡교환율의 변화를 해수면에서 운동할 때와 비교한 그래프이다. 고지환경에서 운동할 때의 혈중젖산 농도는 해수면에 비해 상대적으로 높은데, 이는 혈중 CO_2 농도의 증가와 환기량의 증가, 호흡교환율의 증가를 초래한다. 한편 고지에서 동맥혈의 산소분압(PO_2)이 감소하면 즉시 대동맥활과 목동맥가지에 있는 화학수용기를 자극하는데, 대체로 2,000m 이상의 고지에서부터 이 수용기들에 대한 자극이 증가한다.

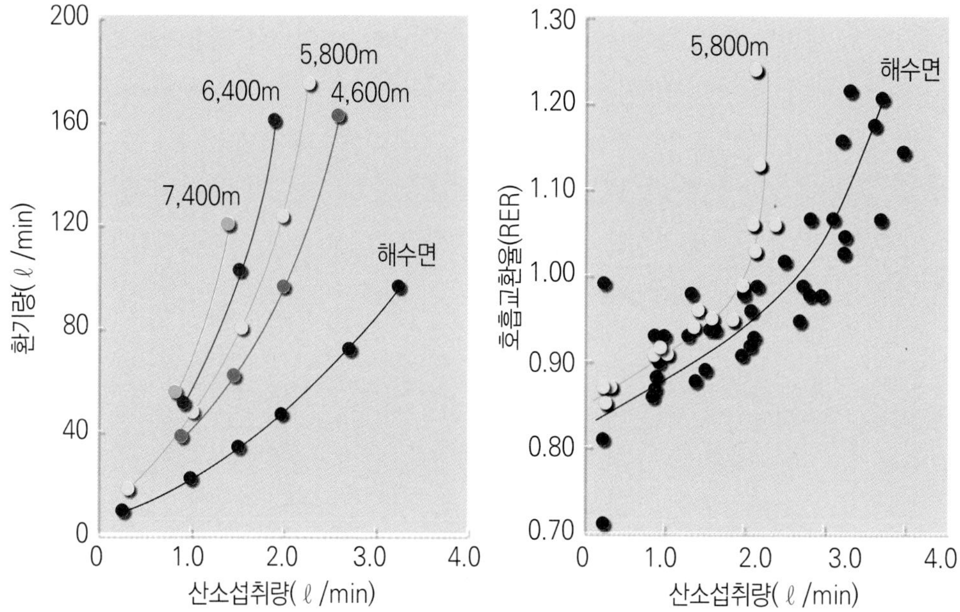

그림 13-18. 해수면과 고지환경에서 운동 시 환기량, 호흡교환율

13.6.3.1 최대산소섭취량

일반적으로 해발 1,200~1,500m 이상의 고도에서는 최대산소섭취량($\dot{V}O_2max$)의 감소 현상이 나타난다. 최대산소섭취량의 감소는 1,500m 이상에서부터 나타나서 그 이상의 높이에서는 300m 당 약 3.2% 정도가 감소된다(Buskirk 등, 1967). 따라서 해발 4,300m의 고도에서 최대산소섭취량은 27~30% 정도 감소하게 된다.

고지환경에서 최대산소섭취량이 감소하는 것은 앞서 설명했듯이 ① 동맥혈의 산소분압 감소로 인한 말초조직에서의 산소확산 농도차의 감소, ② 헤모글로빈의 산소포화도 감소가 주요인이다.

그림 13-19는 해수면과 고지대에서 100watts의 최대하 자전거에르고미터 운동을 수행할 때 산소소비량은 2.0 ℓ /min으로 변화가 없지만, 상대적 운동강도는 해수면에서 50%$\dot{V}O_2max$인 반면 4,3000m의 고지대에서는 70%$\dot{V}O_2max$로 증가하는 것을 나타낸다.

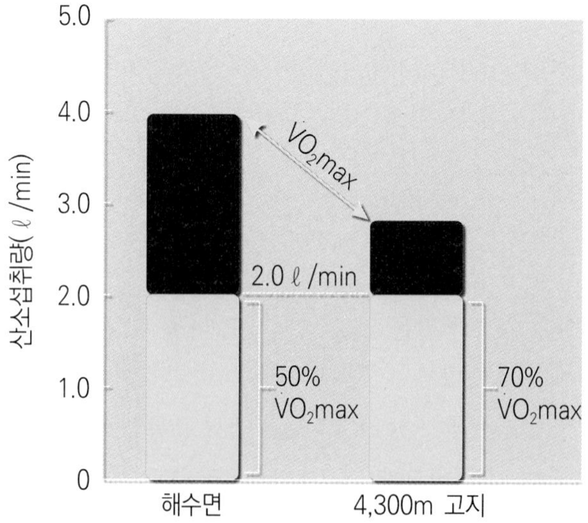

그림 13-19. 고지대와 해수면에서의 상대적 운동강도

13.6.3.2 심장혈관계의 반응

고지환경에서는 최대하운동 시 심박수는 동일한 운동부하에 대해 평지보다 증가한다. 이에 따라 고지대에서 최대하 운동 시 심박출량은 약 50%까지 증가하는 반면 심장의 1회박출량은 변화를 보이지 않는다고 보고되고 있다. 고지에서의 심박수 증가는 혈중 산소분압의 감소를 보상하기 위한 반응으로 생각되고 있다. 즉 안정 시나 최대하운동 시 심박출량이 10% 증가하는 것은 동맥혈의 산소포화도가 10% 감소하는 것과 관련되어 있다.

최대운동 시에는 심장의 1회박출량에는 변화가 나타나지 않지만, 최대심박수는 감소되는 양상을 보인다. 이에 따라 최대심박출량 역시 감소하는 것으로 알려져 있다. 혈중산소분압의 감소와 함께 최대심박출량의 감소는 최대산소섭취량 저하의 원인이 된다. 하지만 고지환경에서의 심박출량과 1회박출량의 변화는 연구자들 사이에서도 많은 이견이 있는데, 그것은 운동을 수행하는 고도가 제각기 다르고, 피검자의 체력 수준이나 운동수행방법, 심박출량 측정방법 등 많은 변인이 작용하기 때문으로 생각된다. 표 13-2는 해수면과 고지대에서 운동을 수행할 때 각종 생리적 지표의 변화를 비교한 것이다.

표 13-2. 해수면과 해발 4,000m에서 운동할 때 생리적 지표의 변화

운동강도	VO_2(ℓ/min)		VE(ℓ/min, BTPS)		SaO_2(%)	
	0	4,000m	0	4,000m	0	4,000m
100watts	1.50	1.56	39.6	53.7	96	71
150watts	2.17	2.23	59.0	93.7	95	69
최대	3.46	2.50	123.5	118.0	94	70

운동강도	Q(ℓ/min)		H.R(bpm)		a-$\bar{v}$ O_2 diff.	
	0	4,000m	0	4,000m	0	4,000m
100watts	13.0	16.7	115	148	10.8	9.4
150watts	19.2	21.6	154	176	11.4	10.4
최대	23.7	23.2	186	184	14.6	10.8

※ SaO_2(%)=동맥혈 산소포화도, Q(ℓ/min)=환기당량(VE/VO_2)

13.6.3.3 카테콜아민의 반응

노르에피네프린은 고지대에서 휴식 시와 운동 시 시간경과에 따라 점차 증가한다. 고지대에서 혈압과 심박수의 증가는 혈중 노르에피네프린의 증가와 일치하게 된다. 노르에피네프린은 고지대에서 약 6일 정도 머물 때 최대값을 보이며, 이후 높은 상태를 지속적으로 유지한다.

그림 13-20은 해수면과 고지대 도착 후 시간경과에 따른 소변 중 에피네프린과 노르에피네프린의 변화를 나타낸 것이다. 에피네프린은 고지대에서도 비교적 변화가 나타나지 않으나 노르에피네프린은 4일째까지 현저하게 증가하는 현상을 보인다. 고지대에서 증가된 노르에피네프린 수준은 해

수면에 돌아와서도 약 1주일간 상승된 상태를 유지한다.

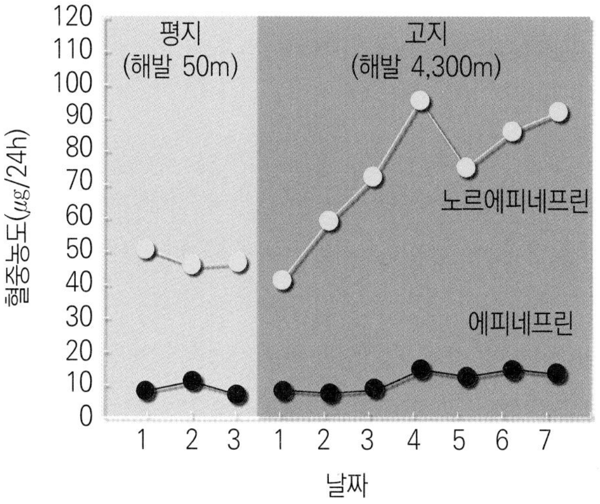

그림 13-20. 해수면과 고지대에서 혈중 카테콜아민의 변화

13.6.3.4 산-염기평형

고지환경에서는 환기량이 평지에서보다 증가하게 된다. 이러한 과환기(hyperventilation)에 의해 혈액 속의 CO_2가 과도하게 배출되고, 그 결과 혈액의 pH가 상승하는데, 이러한 현상을 호흡성 염기화(respiratory alkalosis)라고 한다. 예를 들어 3,048m의 고지에서 허파꽈리 내의 이산화탄소분압(PCO_2)은 해수면에서의 40mmHg으로부터 24mmHg까지 떨어지게 된다.

혈중 이산화탄소분압의 감소는 탄산(H_2CO_3)의 감소에 의해 초래된다. 즉 허파모세혈관 내에서 중탄산이온(HCO_3^-)과 수소 이온(H^+)은 재결합하여 탄산을 형성하며, 이어서 물(H_2O)과 이산화탄소(CO_2)로 분해되고, 이산화탄소는 혈액에서 허파꽈리 안으로 확산되어 배출된다. 그러므로 과호흡에 의한 CO_2의 배출 증가는 혈중 탄산(H_2CO_3)의 감소를 초래하고, 이어서 체액을 염기화시킨다[그림 13-21].

이러한 호흡성 염기화는 호흡중추의 반응성(responsiveness)을 감소시키게 된다. 염기화된 체액을

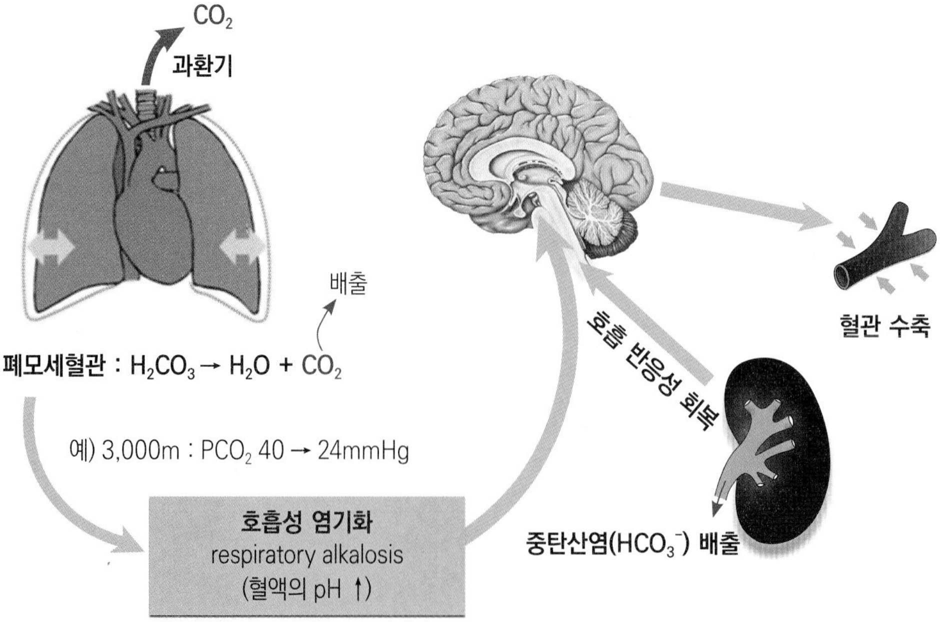

그림 13-21. 고지환경에서의 과호흡과 호흡성 염기화에 대한 반응

정상으로 회복시키기 위해 콩팥에서는 염(HCO_3^-)의 배출을 증가시키고, 이어서 호흡중추의 반응성을 회복시킴으로써 고지대 저산소상태에 반응하여 더 큰 과호흡을 할 수 있도록 한다.

13.6.4 고지적응

일반적으로 고지환경에 인체가 완전히 적응하기 위해서는 최소한 4~6주의 기간이 필요한 것으로 알려져 있다. 그러나 고지적응(altitude acclimatization)에 필요한 기간은 고도에 따라 다르다. 즉 2,700m이면 약 7~10일, 3,600m이면 15~21일 정도가 걸리고, 4,600m이면 21~25 정도가 소요된다. 그러나 고지에 따른 인체적응은 개인에 따라 매우 차이가 커서 사람에 따라서는 전혀 적응되지 않아 고산병에 걸리는 경우도 있다. 고산병의 증세는 멀미, 구토, 두통, 식욕감퇴 등이며, 3,000m 이상에서는 폐렴 증세가 나타나기도 한다.

고지환경에 따른 가장 뚜렷한 적응현상으로는 적혈구 수의 증가와 그로 인한 헤모글로빈 농도의 증가를 들 수 있다. 혈중 산소분압의 감소에 의해 초래된 장기적인 체내 저산소 상태(hypoxia)는 콩팥으로부터 에리스로포이에틴(erythropoietin)이라는 호르몬의 분비를 자극하는데, 이 호르몬은 적색골수에서 적혈구 생성을 촉진한다. 또한 적혈구 내에서 헤모글로빈으로부터 산소의 해리를 촉매하는 역할을 하는 효소인 2, 3-DPG의 활성도가 증가한다. 고지대에 도착하자마자 혈장량의 감소현상이 일어나서 혈액농축(hemoconcentration) 현상을 초래한다. 이러한 혈장량의 감소는 일시적인 것으로, 대체로 1~2주일 정도 고지대에 머물면 평지수준으로 회복된다.

한편 보다 장기적인 고지적응의 결과로 조직에서의 변화가 나타나는데, 그것은 조직 내 모세혈관 밀도의 증가, 미오글로빈(myoglobin) 농도의 증가, 미토콘드리아 밀도의 증가 및 세포 내 산화효소의 활성도 증가 등이다. 이러한 변화는 저산소 상태하에서 산소 공급과 산소 이용의 감소를 보상하기 위한

표 13-3. 고지환경에서의 생리적 변화와 적응

생리기능	단기간의 변화	장기간의 변화
호흡	과호흡	과호흡
최대심박수	감소	감소
최대하 운동심박수	증가	증가
최대심박출량	감소	감소
혈장량	감소	평지수준
적혈구수	증가	증가
모세혈관 밀도	–	증가
미오글로빈 함량	–	증가
미토콘드리아수	–	증가
산화효소 활성도	–	증가

반응이라고 할 수 있다.

고지적응기간이 길어질수록 이러한 적응의 결과로 고지에서의 수행력이 점차 개선되지만, 평지 수준까지 도달하지는 못하는 것으로 알려져 있다. 즉 4,300m의 고지에서 2주간의 적응 후 동맥의 산소분압은 19%까지 증가하였으나, 감소되었던 최대산소섭취량은 10%만이 증가하였다. 이처럼 고지적응 후에도 최대산소섭취량이 평지 수준까지 완전히 회복되지 않는 것은 최대심박출량의 감소가 주된 원인일 것으로 생각된다.

plus+

젖산 패러독스(lactate paradox)

고지대에 일회적으로 노출되었을 때 최대하운동에서의 혈중젖산 농도는 해수면에서 보다 높게 나타난다. 이러한 결과는 고지대 저산소분압 조건에서는 무산소성 해당과정에 더 크게 의존하기 때문이다.

그러나 고지대 거주자나 평지에 사는 사람이 몇 주간 고지환경에 노출되었을 경우 최대산소섭취량(VO_2max)이 증가하지 않음에도 불구하고 최대하 및 최대운동 시의 혈중젖산 농도가 감소하는 현상을 보인다. 이러한 생리적 모순을 표현하는 용어로 '젖산 패러독스(lactate paradox)'라는 말이 쓰이고 있다. 젖산 패러독스란 고지대의 저산소상태가 젖산 축적을 촉진할 것이라는 예상과는 다르게, 고지대에서는 조직의 산소포화도가 증가되지 않는데도 불구하고 운동 시 젖산 축적이 감소되는 현상을 일컫는 말이다. 젖산 패러독스의 기전에 대해 설명하는 이론들은 현재까지도 명확한 결론이 나지 않고 있다.

초기에는 고지대에 머무는 과정에서 산을 완충하는 예비력이 감소하기 때문으로 생각하였다. 즉 고지대에서 산-염기평형을 유지하는 과정은 알칼리 예비력(alkaline reserve)을 손실하는 대가로 이루어진다. 고지대에서는 호흡성 염기화를 보상하기 위해 콩팥에서 중탄산 이온(HCO_3^-)을 배출시킴으로써 산-염기평형을 유지한다. 그 결과 혈액의 산(acid)을 완충시키는 능력이 감소하게 된다. 그로 인해 4,000m 이상의 고지대에서 최대운동 시 최대 혈중젖산 농도는 명백히 감소하게 되는데, 이것이 젖산 패러독스의 주된 원인으로 설명되었다. 그러나 이후 연구들을 통해 고지적응과 더불어 나타나는 최대운동 시 혈중젖산 농도의 감소 현상은 명백히 산-염기 완충능력의 감소와는 관련이 없는 것으로 밝혀졌다.

또 다른 이론으로서 글루코스 동원작용(glucose-mobilizing)을 갖고 있는 에피네프린의 수준이 장기간의 고지대 적응에 의해 감소되는 현상을 들고 있다. 글루코스 동원의 감소는 젖산 형성의 능력을 감소시킨다. 왜냐하면 글루코스나 글리코겐은 3대 영양소 중 무산소성 에너지대사 과정의 유일한 에너지원이기 때문이다. 또는 고지적응 시 최대운동 중 젖산 축적의 감소는 부분적으로 최대의 탈진 운동을 수행하는 능력과 관련하여 중추신경계통의 흥분도가 감소된 현상을 반영하는 것으로 설명되기도 한다.

젖산 패러독스에 대한 보다 설득력 있는 설명으로서 산소공급이 제한되는 상황에 대응하여 세포 내 ATP 수요와 공급 경로의 상향 조절(upregulation)이 일어나기 때문으로 설명되고 있다(Matheson 등, 1991; Lundby 등, 2000). 즉 젖산의 생성은 산소의 공급이 제한되지 않더라도 해당과정(glycolysis)이 높은 속도로 진행되는 유산소성의 높은 작업강도에서도 증가하는데, 이러한 대사속도

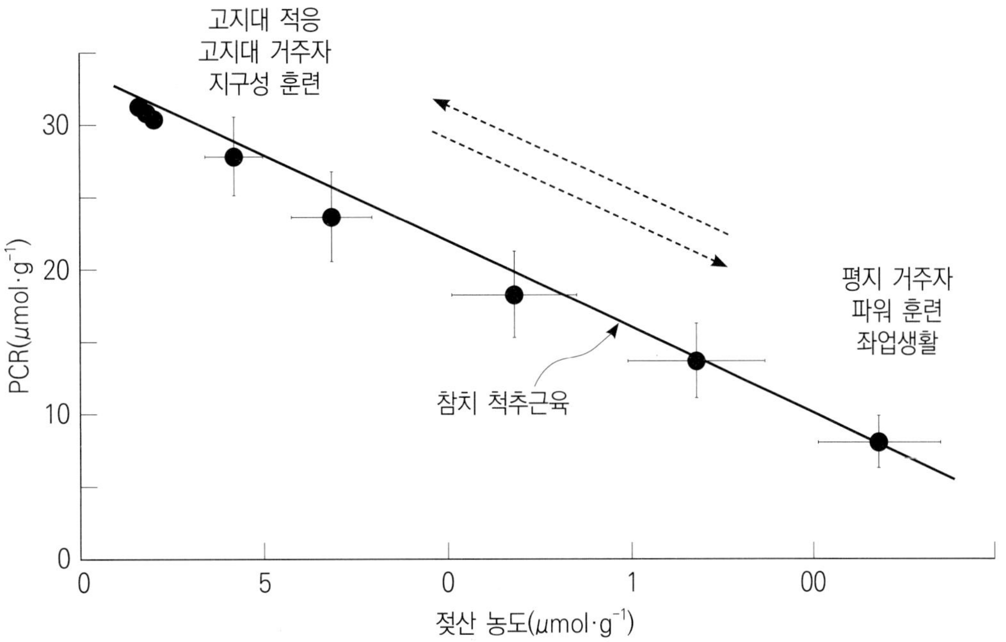

그림 13-22. 젖산 패러독스를 설명하기 위한 그림

출처 : 최대운동 후 회복기 PCr과 젖산의 역의 관계(Hochachka, PW, et al., 2002)

는 ADP나 칼슘(Ca^{++})에 의해 촉진된다. 여러 연구들에 따르면 고지대 거주자의 경우 세포 내 ADP가 감소하는 것으로 나타나는데, 이는 해당과정의 속도를 감소시키고 결국 최대 젖산 농도가 낮은 것과 관계가 있는 것으로 보인다.

보다 최근에는 크레아틴인산 분해효소(CPK: creatin phosphokinase)가 여기에 관련된 것으로 생각되고 있는데, 즉 PCr의 가수분해는 수소 이온(H$^+$) 뿐만 아니라 ADP와 ATP를 통해 해당과정에 결합되어 있다(즉, H$^+$ + PCr + ADP ↔ ATP + Creatin). 그러므로 젖산은 ADP와 직접적인 양의 관계를 보이며, 크레아틴인산(PCr)과는 역의 관계를 보인다. 고지대 거주자나 고지대 저산소에 대한 적응자의 경우에 평지 거주자에 비해서 저산소상태에서 최대운동 후 더 높은 크레아틴(PCr)수준을 보이는데, 이는 최대운동 후 더 빠른 피로로부터의 회복과 더 낮은 젖산 수준과 관련되어 있다(Hochachka 등, 2002).

그림 13-22는 참치의 척추근육을 샘플로서 젖산 패러독스를 설명하기 위한 그림으로서, 사람의 근육에 적용시켜 설명하고 있다. 이 그림에서 피로를 유발하고 그로부터 회복하는 과정에서 고지 거주자, 고지대 적응자, 지구성 트레이닝을 받은 사람의 경우 평지 거주자나 비훈련자에 비해 최대운동 후 더 높은 크레아틴인산(PCr) 수준을 보이며, 더 낮은 젖산 축적을 보인다는 것을 보여준다(Arthur 등, 1992).

요약하면 젖산 패러독스란 고지대 거주자나 고지대 적응 후 최대운동 후 더 낮은 젖산 수준을 보이는 현상을 말한다. 그러한 현상을 여전히 명확하게 밝혀져 있지 않으나, 저산소 환경에서 운동수행으로 높아진 ATP 수요와 공급의 대사경로에 변화가 나타난 것으로 볼 수 있으며, 이때 세포 내 ADP 수준이 낮고, 크레아틴인산(PCr)의 수준은 높은 특징이 나타난다.

13.6.5 고지 트레이닝

고지훈련 후 평지로 돌아왔을 때 예전의 평지에서보다 수행력이 향상될 것인지의 여부는 흥미로운 문제이다. 이론적으로 고지적응은 체내 산소운반 및 이용체계를 개선시키기 때문에 경기수행에 보다 유리하게 작용할 것으로 기대된다. 또한 이디오피아나 케냐, 중국 등의 고지에서 훈련한 세계적인 마라토너나 장거리 달리기 선수들이 이러한 고지훈련의 효과를 입증하는 것으로 보인다. 이러한 생각에 바탕을 두고 현재 우리나라를 비롯한 많은 나라의 장거리 달리기 선수들이 고지에서 훈련을 수행하고 있다. 그러나 엘리트 운동선수들을 대상으로 고지훈련 효과를 관찰한 대다수의 연구결과에 의하면 고지훈련이 고지대에서의 수행력은 증가시키지만 평지에서의 경기력은 향상시키지 못하는 것으로 나타났다.

전형적인 한 연구(Adams 등, 1975)를 소개하면, 6명의 중장거리 달리기 선수를 대상으로 해수면에서 최대산소섭취량의 75% 수준에서 3주간 훈련을 시키고, 또 다른 6명의 선수들은 2,300m 고지에서 최대산소섭취량의 75% 수준으로 3주간 고지대훈련을 수행하였다. 3주 후 이들 두 집단의 훈련 장소를 교대하여 똑같은 운동강도로 3주간 운동을 실시하였다. 두 집단 모두 그림 13-24와 같이 고지대에 처음 올라갔을 때 최대산소섭취량은 17.4%나 감소하였다. 20일 간의 고지훈련 후 고지대에서의 최대산소섭취량은 약간만 개선되었으며, 해수면에서의 최대산소섭취량 역시 고지훈련 전후에 비해 차이가 나타나지 않았다.

이상과 같은 결과는 잘 훈련된 사람의 경우 고지에서의 훈련이 평지에서의 운동수행력에 영향을 미치지 못하는 것으로 해석된다. 이러한 결과에 대해 고지에서는 평지에서와 같은 훈련의 질과 양을 유지할 수 없었던 것이 주된 원인일 것으로 생각되고 있으나, 현재까지 고지훈련이 평지에서의 경기수행력에 미치는 영향에 대해서는 정확히 규명되지 않고 있다.

고지에서의 적응훈련 시 고려해야 할 가장 중요한 사항은 훈련을 수행하는 고도와 훈련기간이다. 고지훈련에 따른 생리적 적응을 기대할 수 있는 최소한의 고도는 1,500m이다. 또한 효과적인

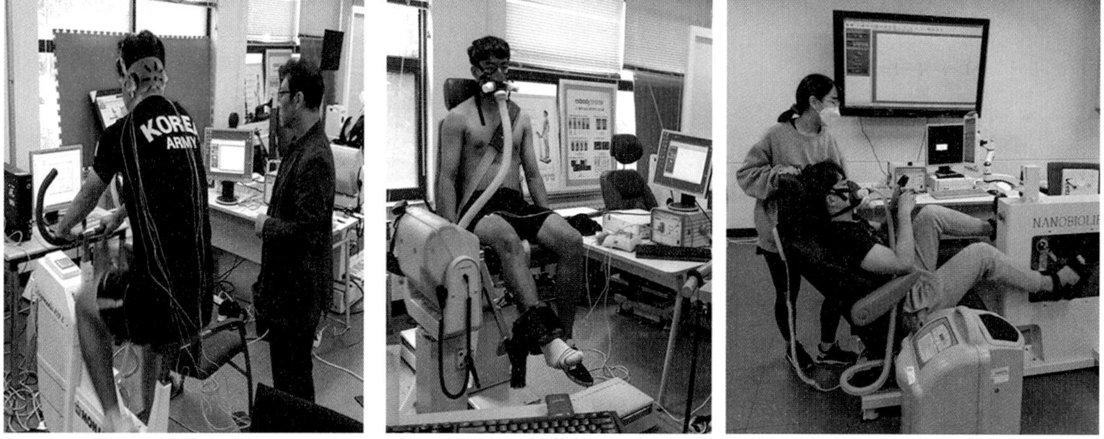

그림 13-23. 저산소 고지환경에서의 심장반응, 뇌파와 뇌혈류 등 반응에 대한 실험

훈련을 수행하기 위해서는 가급적 3,000m 이하에서 적응훈련을 하는 것이 바람직하다. 그 이상의 고도에서는 헤모글로빈의 산소포화도 및 동맥혈의 산소분압이 급격히 낮아지고, 그 결과 격렬한 운동은 물론 중간 정도의 운동도 오래 지속할 수 없게 된다. 즉 3,000m 이상의 고도에서는 충분한 훈련량을 달성할 수 없다. 고지대에 도착한 초기에는 연습량을 평지의 60~70% 수준으로 하고, 점차 연습량을 증가시켜 10~14일이 경과되었을 때 평지 수준에 도달되도록 한다.

고지훈련에 따르는 적응효과가 평지에서 5~11일까지 유지된다는 사실을 토대로 고지대와 평지에서 교대로 머무르면서 훈련을 실시하는 것이 수행력 개선에 가장 좋은 효과를 거둘 수 있을 것으로 제안되었다(Daniels 등, 1972). 즉 고지대에서 7~14일간, 평지에서 5~11일간의 훈련을 교대로 반복함으로써 충분한 고지적응의 성과를 거둘 수 있다고 하였다.

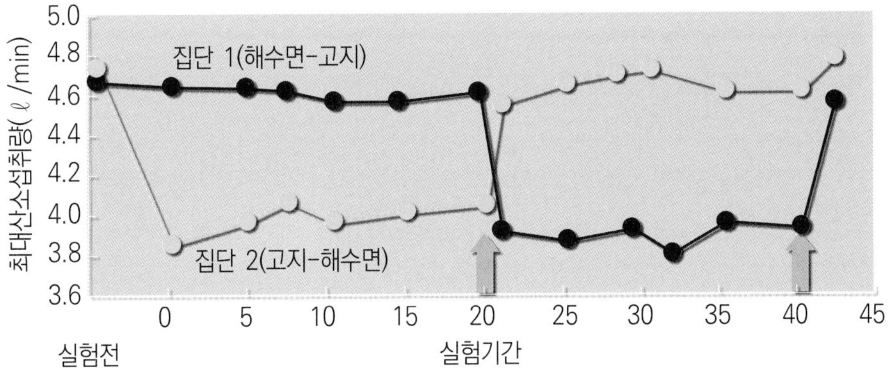

그림 13-24. 고지와 해수면에서의 훈련에 따른 최대산소섭취량의 변화

출처 : Adams, W C et al., 1975

13.6.6 고지 저산소훈련장비

평지에서 고지적응에 따른 혈액학적 이점을 얻기 위한 시도로 저기압 챔버(hypobaric chamber) 안에서 생활하거나 운동하는 방법이 이용되고 있다. 예를 들어 고지환경(저기압+저산소분압)으로 조절된 챔버 안에서 일정 기간 생활하거나 운동함으로써 총적혈구 수, 헤모글로빈 농도, 적혈구 내 평균혈색소 농도를 증가시킬 수 있다고 보고되고 있다. 또한 특수한 장비를 통하여 텐트 내의 환경을 특정한 고지에서의 저산소분압 조건으로 조절하는 Wallace Altitude Tent

그림 13-25. 저기압·저산소 조절장치

나 특수한 저산소 발생 장치를 통해 공기를 흡입하면서 운동을 수행할 수 있도록 고안된 장비도 소개되고 있다[그림 13-25].

평지에서 이러한 장비들을 활용하여 운동을 수행할 때 지구성 능력이 개선될 것인지에 대해서는 현재 여러 연구들이 수행되고 있으나 그 효용성이 입증되기 위해서는 더 많은 잘 고안된 연구결과들이 필요하다.

13.7 수중에서의 운동

수중에서는 공기 중과는 전혀 다른 물리적·생리적 환경에 접하게 되므로 수중 스포츠를 수행할 때 그러한 변화를 충분히 이해하고 있어야 한다.

여기에서는 스쿠버 다이빙(scuba diving)과 같은 수중운동을 수행할 때의 여러 가지 고려사항에 대해 알아본다.

13.7.1 다이빙 깊이와 압력

수면 밑으로 내려갈수록 압력은 점차 증가한다. 해수면에서 33피트(약 10m) 내려간 지점에서 물의 압력은 1대기압(14.7psi)과 같기 때문에 해수면에서 33피트 아래에서 잠수하고 있는 사람에게 가해지는 총압력은 대기압 14.7psi와 물의 압력 14.7psi를 합하여 29.4psi가 된다. 즉 수면 33피트 아래에서는 지면에서보다 2배의 압력이 가해지고, 66피트 아래에서는 3배의 압력이 가해지며, 99피트에서는 4기압의 압력이 가해진다. 그림 13-26은 수중에 잠수했을 때 깊이에 따른 압력을 나타내고 있다.

인체조직은 대부분 물로 이루어져 있어서 다이빙하는 동안 외부 압력의 증가에 의해 압축되지 않고 원형을 유지한다. 그러나 인체는 허파, 기도, 귀의 통로와 같이 공기로 채워진 부분(cavity)이 있어서 잠수 깊이에 따라 그 공간 내의 공기들이 압축되거나 팽창한다. 잠수할 때 나타나는 이러한 현상은 적절히 대처하지 않으면 심각한 건강상의 위협이 되고, 심지어 생명을 위협하는 요인이 된다.

13.7.2 잠수반사

물속에 몸을 담글 때 나타나는 반응을 총칭하여 잠수반사(diving reflex)라고 하는데, 이러한 반사 작용은 수중환경에서 나타나는 일종의 적응현상으로 볼 수 있다. 잠수반사로는 ① 서맥현상(bradycardia), ② 심박출량 감소, ③ 말초혈관 수축, ④ 근육으로의 관류 저하와 젖산 축적 등이 있다.

특히 차가운 물에 입수할 경우 미주신경(부교감신경)의 흥분도가 증가하며, 65m의 수심에서는 단지 안정 시 수준보다 약간 높은 에너지 수준에서도 근육혈류량의 감소로 인한 산소 공급의 감소로 인해 젖산 수준이 상승하게 된다. 1회박출량은 변화가 없기 때문에 잠수할 때 나타나는 심박출량의 감소는 주로 심박수 감소 현상에 의해 발생하는 것이다. 동맥혈압은 매우 크게 증가하는데, 이는 말초혈관의 수축을 반영하는 것이며, 혈중젖산 농도의 현저한 증가현상은 무산소성 대사 과정에 대한 의존도가 증가함을 의미한다. 또한 부정맥(arrhythmia)이 서맥현상과 동반하여 자주 나타나는데, 이러한 반응은 심장질환자나 고혈압환자의 잠수활동에는 제한이 필요함을 의미한다.

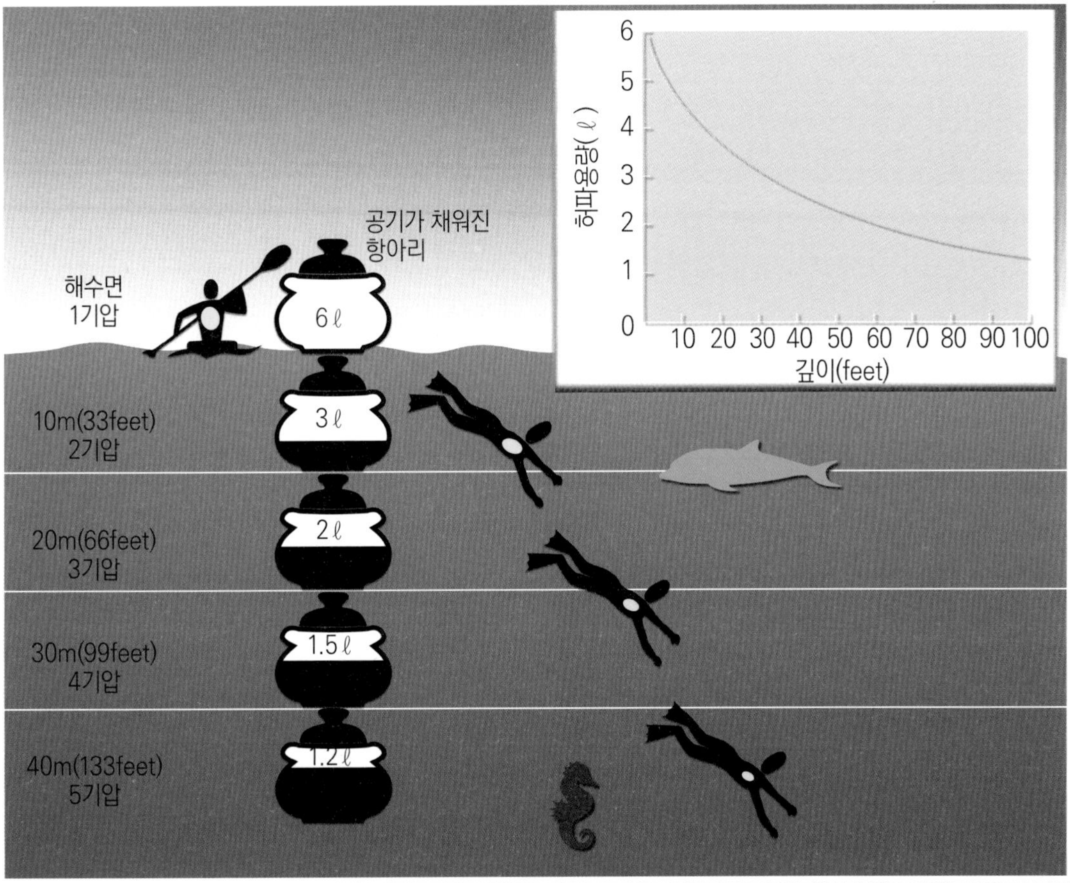

그림 13-26. 물의 깊이에 따른 압력의 변화

13.7.3 심호흡다이빙

13.7.3.1 잠수 전 과호흡

잠수하기 전에 과호흡(hyperventilation)하는 것은 수중에서 숨을 참는 시간을 증가시키지만, 수중에서 의식을 잃게 되는 위험성이 높아진다. 의식 손상은 동맥혈의 산소분압(PO_2)이 기준값 이하로 감소될 때 나타난다. 숨참기 시간의 한계점은 동맥혈의 이산화탄소분압(PCO_2)이 50mmHg에 도달할 때이다. 잠수하기 전에 과호흡을 하면 동맥혈의 이산화탄소분압은 정상값인 40mmHg에서 15mmHg 수준까지 감소하게 된다. 이처럼 동맥혈의 이산화탄소분압이 낮추어지면 이산화탄소분압이 숨참기의 한계점인 50mmHg에 도달할 때까지의 시간이 연장된다[제8장 그림 8-20 참조].

다이버가 과호흡 상태에서 잠수할 때 일어날 수 있는 상황을 생각해 보자. 잠수한 상태에서는 과호흡의 효과에 의해 동맥혈의 이산화탄소분압이 낮은 상태를 유지하며, 다이버는 더 깊이 잠수할 수 있게 된다. 더 깊이 잠수할수록 수압이 증가하여 가슴안을 압박하고, 가슴안의 공기압도 증가하게 된다. 가슴안 공간의 내압이 증가함에 따라 상대적으로 허파꽈리 내 산소분압(PO_2)은 높은 상태를 유지한다. 결국 깊이 잠수하는 동안 지속적으로 허파꽈리 내의 실제적인 산소량은 감소하지만 허파꽈리 내의 산소분압은 높은 상태를 유지하면서 혈액 중으로 확산된다.

마침내 다이버의 혈중 이산화탄소 농도가 숨참기의 한계점까지 증가되어 수면 위로 올라갈 때는 가슴안 공간의 내압이 다시 감소하고 허파용량이 증가하면서 허파꽈리 내의 산소분압(PO_2)도 감소하는 현상이 일어난다. 이처럼 산소분압이 감소하면 동맥혈액과 허파꽈리 내의 산소분압은 차이가 없어져 허파꽈리 내에서 혈액 중으로 산소가 더 이상 확산되지 않는다. 수면 가까이에 도달할 때에는 산소분압이 매우 낮은 수준에 이르러서 오히려 혈액 중의 산소가 허파꽈리 내로 역행하여 확산된다. 그로 인해 뇌로의 산소 공급이 중단되면 다이버가 수면에 도달하기 전에 의식을 잃는 위험한 상황이 초래될 수 있다.

13.7.3.2 심호흡 잠수 깊이의 한계

잠수하는 깊이가 늘어날수록 가슴안에 가해지는 압력이 커져서 허파조직에 광범위한 손상을 초래할 수 있다. 일반적으로 폐용량(lung volume)이 1.0~1.5 ℓ (잔기량 수준) 이하로 압박되면 허파압착(lung squeeze)현상이 일어난다. 허파압착현상은 40~60m 깊이에서 나타나기 때문에 일반적으로 30m 이상의 깊이까지 잠수하지는 않는다. 그러나 개인차가 매우 커서 숨참기 다이빙의 세계 기록은 무려 127m이다. 이 깊이에서는 수압에 의해 가슴우리의 둘레가 120cm에서 50cm로 감소된다.

일반적으로 해수면에서 다이버의 잔기량(RLV)에 대한 총폐용량(TLC)의 비율이 허파압착을 경험하지 않고 잠수할 수 있는 최대한의 잠수 깊이를 결정한다. 이 비율(TLC : RLV)은 평균적으로 4 : 1 정도이다. 예를 들어 총폐용량이 6 ℓ 이고 잔기량이 1.5 ℓ 인 사람의 비율은 4 : 1이다. 총폐용량은 30m의 수심(4기압)에서 잔기량 수준까지 압축된다. 만일 폐용량이 잔기량 이상의 수준으로 유지되면 허파압착에 따른 손상 위험이 없다. 왜냐하면 허파와 기도 내에 남아 있는 충분한 공기량에 의해 압력이 동일하게 균형을 유지할 수 있어 압력에 따른 손상을 방지하기 때문이다.

만일 잠수 중 총폐용량(TLC)이 잔기량(RLV) 이하로 감소될 때에는 허파 속의 공기압력이 외부의 수압보다 작아진다. 그로 인해 허파 속에 상대적인 진공 상태가 형성된다. 심한 허파압착의 경우에는 허파모세혈관으로부터 혈액이 터져나와 허파꽈리 안으로 흘러들어 가게 된다. 이러한 상황에서 다이버는 자기 자신의 혈액에 익사하게 된다. 더 깊이 잠수하면 외부 압력에 의해 가슴이 안으로 압축되면서 늑골 골절이 일어난다.

13.7.3.3 잠수 중 기타 문제

스노클링(snorkeling)은 장비를 이용하기는 하지만 기본적으로 다이버의 숨참기 능력에 의해 활동 수준이 결정된다. 초보자들은 스노클의 길이가 길면 더 깊은 곳에서 오랫동안 호흡하면서 머물 수 있을 것이라 생각하기 쉽다.

그러나 다음 두 가지 요인에 의해 스노클의 크기와 길이는 제한될 수밖에 없다. 첫째, 수면 밑으로 내려갈수록 가슴안에 가해지는 수압이 증가한다. 둘째, 스노클의 크기가 커질수록 허파의 무효공간(dead space)이 증가한다. 스노클을 통해 호흡할 때에는 대기압에서 공기를 들이마시게 된다. 그러나 수면 1m의 깊이에서 가슴안에 가해지는 압력은 매우 커져서 호흡 근육이 외부 압력을 이겨내면서 가슴안을 확장시킬 수 없게 된다.

한편 무효공간(dead space)이란 공기를 들이마실 때 허파꽈리 안으로 들어와서 직접 가스교환에 참여하지 않고 코안이나 기관지와 같은 기도 안에 머무는 공기로서, 약 150㎖ 정도이다. 스노클을 이용하면 해부학적인 무효공간이 증가하게 된다. 그러므로 스노클의 크기는 평균 길이 38cm, 지름 약 2.1~2.5cm가 이상적이다. 그 이상의 길이와 지름은 해부학적 무효공간을 지나치게 증가시켜 허파꽈리(폐포)환기량을 감소시킨다.

13.7.4 스쿠버 다이빙

스쿠버(SCUBA)는 1943년 프랑스인 Jacques-Yves Costeau가 고안한 것으로, 'self-contained underwater breathing apparatus'의 약자이다.

그림 13-27은 전형적인 개방형 스쿠버(open-circuit scuba)장비이다. 탱크 안에는 보통 약 3,000psi까지 압축된 2,000ℓ의 공기가 있으며, 더 깊이 더 오랫동안 수중에 머물기 위해서는 3,500ℓ의 압축공기가 필요하다. 즉 깊이 잠수할수록 수압을 보상하기 위해 더 많은 공기를 압축시켜야 한다. 잠수하려는 깊이에 따라 필요로 하는 공기량이 다르기 때문에 깊이 잠수할수록 스쿠버 탱크 하나로 수중에서 머물 수 있는 시간은 짧아지게 된다. 탱크 하나는 중간 정도의 수심에서 30분~1시간 정도 잠수할 수 있는 공기를 공급한다.

압축공기는 2단계 조절밸브를 통해 공급되는데, 첫단계는 탱크압력을 특정 수심에서 호흡가능한 압력까지 낮추는 역할을 하고, 두 번째 단계에서는 대기 중과 같은 압력으로 공기를 방출하여 어려움 없이 공기를 흡입할 수 있도록 한다.

스쿠버 다이빙을 할 때에는 여러 가지 건강상의 위험이 따르며, 적절히 대처하지 않으면 생명을 잃게 될 수도 있다.

그림 13-27. 스쿠버 장비

13.7.4.1 기흉과 공기색전

수면에서 허파 안으로 흡입한 공기는 수면 밑 33피트의 깊이에서는 부피가 절반으로 감소된다. 반대로 수면으로 올라올 때 스쿠버 장비로 호흡한 공기는 부피가 2배가 되는데, 이는 기체의 용적이 압력에 반비례하기 때문이다. 만일 수면 밑 33피트의 깊이에서 산소 탱크로부터 공기를 들이마신 다음 숨을 참고 해수면에서 올라오면 허파 안의 공기가 2배로 급격히 팽창하여 허파꽈리가 파열할 것이다. 허파꽈리의 파열이 심하게 일어나면 허파조직, 모세혈관, 정맥혈관 등이 함께 손상된다. 이러한 손상으로 인해 공기방울이 혈관 내로 유입되어 심장의 심장동맥이나 뇌동맥에 들어가 혈류 순환을 차단하면 생명이 위험한 상황이 된다.

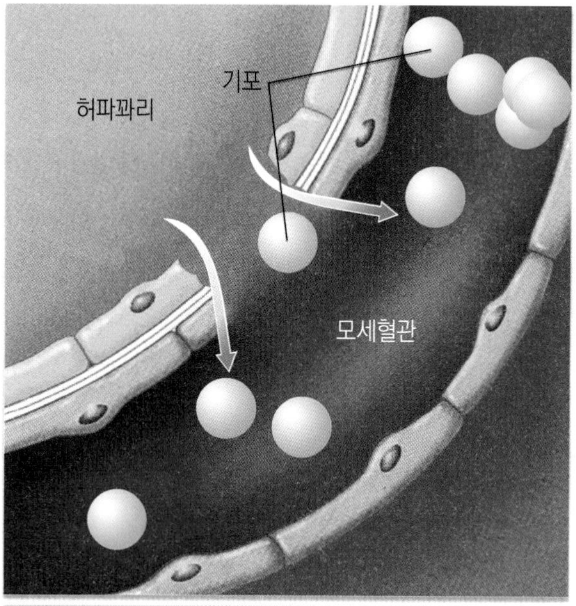

그림 13-28. 공기색전의 발생

파열된 허파꽈리 밖으로 나온 기포가 혈관 내로 유입되어 혈류를 차단하게 된다.

색전(embolus)은 혈관 내에서 혈류의 흐름을 차단하는 물질을 의미하는 것으로, 이 경우에 공기색전(air embolus)이라고 한다.

기흉(pneumothorax)은 허파조직의 파열로 가슴막공간으로 공기가 유입되는 현상을 말한다. 잠수부가 물 위로 계속 오르면 압력이 저하되어 가슴막공간 내로 유입된 공기가 계속적으로 팽창하면서 파열된 허파를 움츠러들게 만든다[그림 13-28b]. 또한 공기의 팽창에 의해 심장을 가슴우리 내의 반대쪽으로 밀어내게 된다. 기흉이 심해지면 심부전이나 호흡장애를 일으켜 생명이 위험한 상태가 된다.

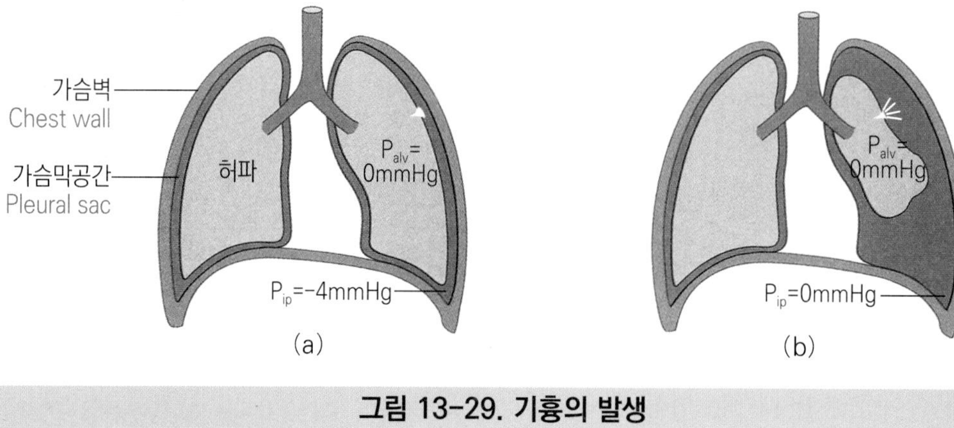

그림 13-29. 기흉의 발생

허파조직의 파열에 의해 가슴막안으로 유입된 공기가 왼쪽 허파와 심장에 압박을 가하게 된다.

이처럼 허파꽈리 내 공기의 팽창과 허파꽈리 파열에 따른 공기색전이나 기흉을 예방하기 위해서는 잠수했다가 수면으로 올라올 때 항상 숨을 내쉬는 것이 중요하다.

13.7.4.2 벤드증상

가장 잘 알려진 감압증(dysbarism) 형태가 벤드증상(bends)이다. 질소는 호흡에 참여하지 않기 때문에 들이마시는 질소량과 내쉬는 질소량이 같다. 수중으로 잠수하여 압력이 증가함에 따라 혈액 중에 용해되는 질소량이 많아진다. 즉 압력이 증가할수록 액체 중에 용해되는 기체의 양이 많아진다. 탄산음료가 이러한 원리를 이용하여 만들어진 것이다. 즉 이산화탄소(CO_2)를 고압하에서 액체 중에 넣은 다음 병마개로 닫으면 마개를 땄을 때 압력이 급격히 감소되기 때문에 액체 중에 용해된 기체(CO_2)가 기포를 형성하여 공기 중으로 나가게 된다.

마찬가지 원리로 잠수한 상태에서 너무 빨리 압력이 낮은 수면으로 올라오면 혈액 중에 용해되어 있던 기체, 즉 질소가 기포를 형성하여 나오게 된다. 이러한 기포에 의해 야기되는 증상을 벤드증상(bends)이라고 한다. 이 기포는 혈류순환을 저해하여 조직손상을 유발한다. 기포가 형성된 후 보통 24시간 이내에 관절, 인대, 힘줄 등에 통증을 일으키며, 통증의 85%는 4~6시간 내에 나타난다. 만일 기포가 중추신경에 들어가면 심각한 장애를 초래할 수 있다.

이러한 감압증을 치료하는 방법은 압력이 높은 실내에 다시 들어가도록 하여 기포가 다시 용해되도록 하는 것이다. 그 후 압력을 서서히 낮추면 질소는 기포를 형성하지 않고 서서히 체액으로부터 나와 날숨을 통해 체외로 배출된다. 수중에서 수면으로 나오는 속도는 분당 18.3m(60feet)를 초과해서는 안 되며, 그 이상의 속도로 올라올 경우에는 감압실이 필요하다.

13.7.4.3 산소중독

100%의 산소를 흡입하면 잠수에 따른 압력의 증가로 상당량의 산소가 혈액 중에 용해된다. 대기 중에서 혈액 중에 용해되는 산소는 0.3%에 불과하지만 수중에서는 깊이 잠수할수록 용해되는 산소량이 급격히 증가한다. 체내 조직에서는 적혈구에 의해 운반되는 산소보다 더욱 쉽게 이용할 수 있는 용해된 형태의 산소를 우선적으로 이용하게 된다. 그로 인해 적혈구는 산소와 포화된 상태가 되어 산소를 쉽게 제거할 수 없기 때문에 체내 조직에서 발생하는 이산화탄소와 결합할 수 없게 된다. 그 결과 체내에 이산화탄소 축적 현상이 발생한다.

체내에 산소와 이산화탄소가 과다하게 축적되면 말초조직에서 얼얼한 감각, 시각장애와 환청증세, 근육경련, 호흡장애, 현기증 등이 나타나는데, 이를 산소중독(oxygen poisoning)이라고 한다.

13.7.4.4 질소마취

질소마취(nitrogen narcosis)는 보통 3기압 이상의 압력에서 흡입된 질소가 중추신경계통에 작용하여 알코올중독 증세와 비슷한 환각, 현기증, 도취감, 그리고 집중력 감퇴 현상을 일으키는 것을 말한다. 헬륨과 산소의 혼합기체를 사용함으로써 벤드증상, 질소마취 및 산소중독의 위험을 줄일 수 있다. 산소와 헬륨의 혼합비율은 잠수하는 깊이에 따라 조절되어야 한다. 산소분압은 해수면에서의 분압 정도로 한다(760×0.209≒159mmHg). 30m 깊이의 수중에서는 산소가 약 5%, 나머지 95%는 헬륨으로 구성되어야 하며, 200m의 깊이에서는 산소 1%, 헬륨 99%로 된 혼합공기를 사용한다.

13.7.4.5 중이염

고실과 후두를 연결하는 유스타키오관(eustachian tube)은 귀속의 압력과 외부 압력을 같게 해주는 역할을 한다. 고지대를 오르거나 내릴 때 귀에 갑자기 펑하는 소리를 느낄 수 있는데, 이는 외부압력의 변화에 대처하여 귀속의 압력을 조절하는 데 따르는 현상이다. 항공성 중이염(aerotitis)은 이와 같이 급격한 기압의 변화에 의해 초래되는 고막외상이나 연조직 혈관의 손상으로 인한 중이염을 말한다.

중이염 등 상부 호흡기질환이 있으면 유스타키오관이 점액에 의해 막혀 압력의 평형이 깨질 수 있다. 계속 잠수해서 내려가면 통증, 점막출혈, 중이내출혈 및 고막파열 등의 가능성이 높아진다. 따라서 이러한 질환이 있을 경우 잠수는 피해야 하며, 잠수 중 귀에 통증을 느낄 때는 잠수를 포기하고 수면으로 올라와야 한다.

13.8 대기오염과 운동

대기환경이 점차 악화되면서 오염된 대기조건 하에서 운동할 때 발생할 수 있는 부정적인 영향에 대한 우려가 높아지고 있다. 현재 여러 지역, 특히 도시 지역에서 오염물질의 농도가 운동수행이나 건강에 장애를 줄 수 있는 수준까지 초과되는 경우가 많아지고 있다. 예를 들어 안정 시에는 분당환기량이 5~6ℓ 정도이지만 심한 운동을 수행할 경우 분당환기량은 80~160ℓ까지 이른다. 이는 대기 중에 포함되어 있을 수 있는 대기오염물질의 흡입량도 그만큼 증가할 수 있음을 뜻한다. 이러한 오염물질의 대량흡입은 자유기(free radical)로 작용하여 호흡계통을 비롯한 인체 전반에 영향을 미칠 수 있다. 대기 중 주된 오염물질로는 일산화탄소(CO), 오존, 이산화황 등을 들 수 있다.

13.8.1 일산화탄소

일산화탄소(CO)는 냄새가 없는 기체이며, 헤모글로빈과의 결합력이 매우 강하기 때문에 호흡을 통해 쉽게 인체 내로 들어온다. 일산화탄소는 헤모글로빈과의 결합력이 이산화탄소의 240배에 달한다. 대기 중 일산화탄소 농도는 혈중 일산화탄소 농도와 직접적인 관련을 갖고 있으며, 여러 연구에 의하면 혈중 일산화탄소 농도가 4.3%를 초과할 때 최대산소섭취량은 감소하기 시작한다. 러시아워에 도심을 달리면 혈중 일산화탄소 농도가 4~5%로 증가될 수 있다. 따라서 사이클이나 마라톤 경주 시 CO의 농도가 높은 대기환경은 수행력을 감소시킬 수 있는 요인이 될 수 있다.

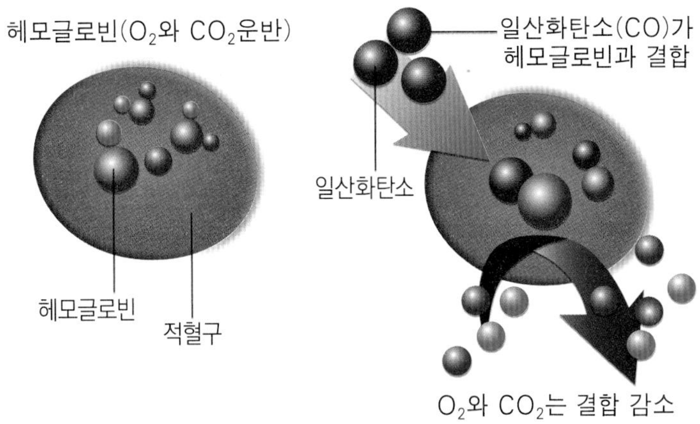

그림 13-30. 일산화탄소(CO) 중독과 산소포화도의 감소

실내에서의 흡연은 공기 중 일산화탄소의 농도를 상승시키는 주 요인이 되기 때문에 수영장, 탈의실, 실내체육관 관람석에서의 흡연은 금지되어야 한다.

13.8.2 오　존

환기량이 급격히 증가하는 운동 시 가장 많은 영향을 초래하는 오염물질은 오존(ozone)이다. 환기량이 증가할수록 흡입하는 오존의 양은 증가하며, 입으로 호흡하게 되는 심한 운동 시에는 코를 통해 오존을 제거하는 효과가 감소된다.

최대산소섭취량의 65%로 운동을 수행할 때 대기 중 오존이 0.3ppm이라면 이는 호흡계통에 영향을 미칠 수 있는 역치 수준이라고 할 수 있다. 오존의 흡입이 허파의 기능에 미치는 영향은 일초량(FEV_1) 및 최대수의적 환기량(MVV)의 감소 등 기능적 환기용량의 저하 현상을 들 수 있다. 또한 최대운동 시 최대환기량(VEmax)의 감소 현상이 나타나는데, 이러한 변화는 오존에 의해 기도 저항이 증가하기 때문에 초래된다. 오존은 허파와 기관지에 가장 큰 자극을 준다. 오존에 노출될 때 나타나는 증상은 눈이 따갑고, 가슴이 답답하고, 기침이 나며 구토할 것 같은 메스꺼운 느낌 등이다.

13.8.3 이산화황

운동 시 환기량 증가와 입을 통한 호흡에 의해 이산화황(SO_2) 흡입량이 증가하게 된다. 건강한 사람은 0.4ppm 이하의 이산화황에 노출되면 허파기능에 거의 영향을 받지 않는다. 그러나 천식환자의 경우에는 이산화황에 매우 민감하여 그 이하의 농도에서 운동을 수행할 경우라도 기관지 수축이 크게 촉진된다. 공기 중 이산화황의 농도가 1.0ppm 이상이면 건강한 사람의 경우에도 일초량(FEV_1)이 감소하게 된다. 오존은 정오에 최고치를 보이고 해가 뜨기 전이나 해가 진 후 감소하는 반면 일산화탄소와 이산화황은 아침과 저녁의 러시아워에 최대치에 이른다. 또한 계절적으로는 오존이 여름과 초가을에 가장 높은 경향을 보이는데 비해, 일산화탄소와 이산화황은 겨울에 최고치에 이른다. 그러므로 도심 지역에서 운동을 할 때 대기오염의 측면에서 가장 적합한 시간대는 해뜨는 시간을 전후로 하여 러시아워가 시작되기 전의 새벽 시간이 적합하다고 생각된다.

단원요약

》 열 환경, 추운 환경, 고지환경 등 여러 가지 환경에 대한 인체적응도는 수행력과 항상성 유지에 커다란 영향을 미친다. 인체는 무덥거나 추운 환경하에서 효과적으로 체온을 조절하고 있는데, 그것은 시상하부에 있는 체온조절중추라고 하는 온도조절기에 의해서 이루어진다.

》 피부의 말초온도수용기와 시상하부의 심부온도수용기에 의해서 감지된 인체 각 부위의 체온에 대한 정보는 체온조절중추에 보내지게 되고, 체온조절중추는 이를 기준값(37℃)과 비교하여 열손실 반응을 증가시키거나 열생산 반응을 증가시키도록 하는 명령을 내린다.

》 열 환경에서의 운동으로 인해 체온이 상승하면 피부혈관의 확장과 발한이라는 두 가지 주요 반응에 의해 열손실이 증대된다. 열손실 반응에 가장 장애가 되는 조건은 무덥고 동시에 습도가 높은 환경인데, 이는 대기 중의 높은 습도로 인해 피부로부터 땀의 증발이 저해되기 때문이다.

》 열 환경에서 운동 시에는 피부혈관의 확장에 의한 정맥저류로 인해 심장의 1회박출량이 감소하고 심박수가 증가하는 등 심장 부담이 가중되고, 수분손실로 인한 혈액 농축은 순환 및 체온조절에 따르는 부담을 증가시킨다.

》 열환경에서 운동 시에는 활동근육혈류와 피부혈류에 대한 수요는 증가하는 반면 혈액 손실로 인해 수행력의 감퇴나 체내 열 축적의 위험성이 높아지게 된다. 따라서 손실된 체액량을 보충하기 위한 수분 섭취의 필요성이 강조된다.

》 수분 섭취 방법은 소량의 전해질과 글루코스가 포함된 저장성 용액을 운동 수행 전에 미리 500㎖ 정도 마시도록 하는 것이다. 또한 운동 수행 중에는 수시로 소량의 수분을 마시는 것이 바람직하다.

》 열적응 적응 훈련에 의해 더운 환경에서 운동할 수 있는 능력은 증가하게 된다. 열적응에 따르는 생리적 적응 현상으로는 체온을 발산시키는 발한 반응이 개선되고 혈장량이 증가되어 활동 근육 및 피부 혈류공급을 위한 수분 여유력을 갖게 되며, 1회박출량이 증가된다.

》 추운 환경에 노출될 때 인체는 피부혈관을 수축시켜 열의 전도를 막고 근육을 떨어서 열생산을 증가시키는 반응을 보인다. 체온이 저하될 때 최대심박출량의 감소, 최대산소섭취량의 감소 및 순발력 저하 등 수행력이 저하되는 현상이 나타난다.

》 추운 환경에서 운동할 때는 휴식기에 체온이 저하되는 것을 막기 위해 단열효과가 높은 동시에 수분의 배출이 잘되는 의복을 입도록 한다. 또한 땀으로 젖은 상태로 장시간 추위에

노출되지 않도로 한다.

- 고지환경에서는 대기 중 산소분압이 감소하게 되는데, 이는 동맥혈 중 산소분압(PO_2)과 헤모글로빈의 산소포화도(%SO_2)를 감소시키는 원인이 된다. 이 두 가지 현상은 최대산소섭취량을 감소시키는 가장 중요한 요인이다. 그로 인해 고지환경에서는 유산소성 지구성 능력이 가장 큰 영향을 받게 된다.
- 고지환경에 대한 적응, 즉 고지적응의 생리적 변화로는 적혈구수와 모세혈관의 밀도가 증가하며, 조직세포 내에서는 미오글로빈 함량의 증가, 미토콘드리아수의 증가 및 각종 산화효소들의 활성도가 증가한다는 점을 들 수 있다.
- 고지훈련의 효과에 대한 여러 연구들을 보면, 대체로 고지대에서의 운동수행력은 증가시키지만, 평지에서의 운동수행력은 증가시키지 못하는 것으로 나타났다. 그러나 이러한 결과는 고지에서 달성할 수 있는 훈련량이 평지에서보다 적기 때문에 비롯된 것일 수도 있다.
- 수중으로 잠수할 때 나타날 수 있는 위험은 주로 인체에 가해지는 압력의 증가 때문에 발생한다. 예를 들어 수심 10m 정도로 잠수할 때 압력은 대기압의 2배가 되며 호흡 장비를 통해 허파안에 받아들인 기체의 용적은 압력에 반비례하여 절반으로 줄어들게 된다. 이는 수심 10m 아래에서 수면으로 상승할 때 기체의 용적이 다시 2배로 증가하게 됨을 의미하며, 갑작스런 기체의 팽창으로 허파꽈리가 파열될 수 있음을 뜻한다.
- 공기색전은 파열된 허파꽈리로부터 나온 공기방울이 혈관 내로 들어가 혈류를 차단하는 것을 말한다. 기흉이란 허파조직이 파열되어 가슴막공간으로 공기가 유입되는 것을 말하며, 그로 인해 심부전이나 호흡장애가 일어나게 된다. 그밖에 잠수할 때 일어날 수 있는 위험으로는 산소중독, 질소마취 등을 들 수 있다.
- 대기가 오염된 환경에서의 운동은 인체에 해로운 영향을 미칠 수 있다. 인체에 해로운 영향을 미칠 수 있는 오염물질로는 일산화탄소, 오존, 이산화황을 대표적으로 들 수 있다. 이러한 물질들은 환기량이 급격히 증가하고 코안 외에 입을 통한 호흡량이 증가하는 운동을 할 때 더욱 나쁜 영향을 미칠 수 있다. 대기오염이 심한 도심지역에서 운동할 때 가장 적합한 시간대는 해 뜰 무렵 러시아워가 시작되기 전이다.

연습문제

1. 열전도의 네 가지 물리적 기전을 설명하라.
2. 인체의 체온조절 기전을 설명하라.
3. 열환경에서 운동할 때 열발산을 위한 인체의 생리적 반응을 설명하라.
4. 습도가 높다면 운동 시 체온조절에 어떠한 영향을 미치는가?
5. 열환경에서 운동할 때 인체순환계에 나타나는 변화를 설명하라.
6. 열환경에서의 운동으로 인해 다량의 수분이 손실될 때 인체의 체액량을 보존하기 위한 반응은 어떻게 이루어지는가?
7. 열환경에서의 운동 시 식염정제의 섭취를 금지해야 하는 이유를 설명하라.
8. 열환경에서의 운동 시 바람직한 수분 섭취 방법에 대해 설명하라.
9. 열적응로 인한 생리적 변화를 설명하라.
10. 추운 기후에서 노출될 때 인체가 체온을 보존하기 위해 일으키는 반응을 설명하라.
11. 추운 환경에서 운동할 때 어떠한 요소에 주의를 기울여야 하는가?
12. 대기 중 산소분압의 감소가 유산소성 지구력의 감소를 초래하는 기전을 설명하라.
13. 고지환경에 대한 인체의 급성적인 생리적 반응을 요약하여 설명하라.
14. 고지적응에 따른 인체 적응 현상을 설명하라.
15. 젖산 패러독스(lactate paradox)를 설명하라.
16. 고지훈련이 평지에서의 수행력에 어떠한 영향을 미치는가?
17. 공기색전이나 기흉의 원인을 설명하라.
18. 잠수반사(diving reflex)를 설명하라.
19. 잠수하기 전에 과호흡(hyperventilation)을 하면 어떠한 문제가 있는지 설명하라.
20. 벤드증상(bends)의 원인과 증세를 설명하라.
21. 감압증을 예방하기 위해 수중에서 수심으로 올라올 때 어떠한 조치가 필요한가?
22. 항공성 중이염을 설명하라.
23. 대기오염이 인체의 허파기능에 어떠한 영향을 미치는가?
24. 대기오염이 심한 도심에서의 운동을 할 때 어떠한 시간대가 적합한가? 그리고 그 이유는 무엇인가?

Memo

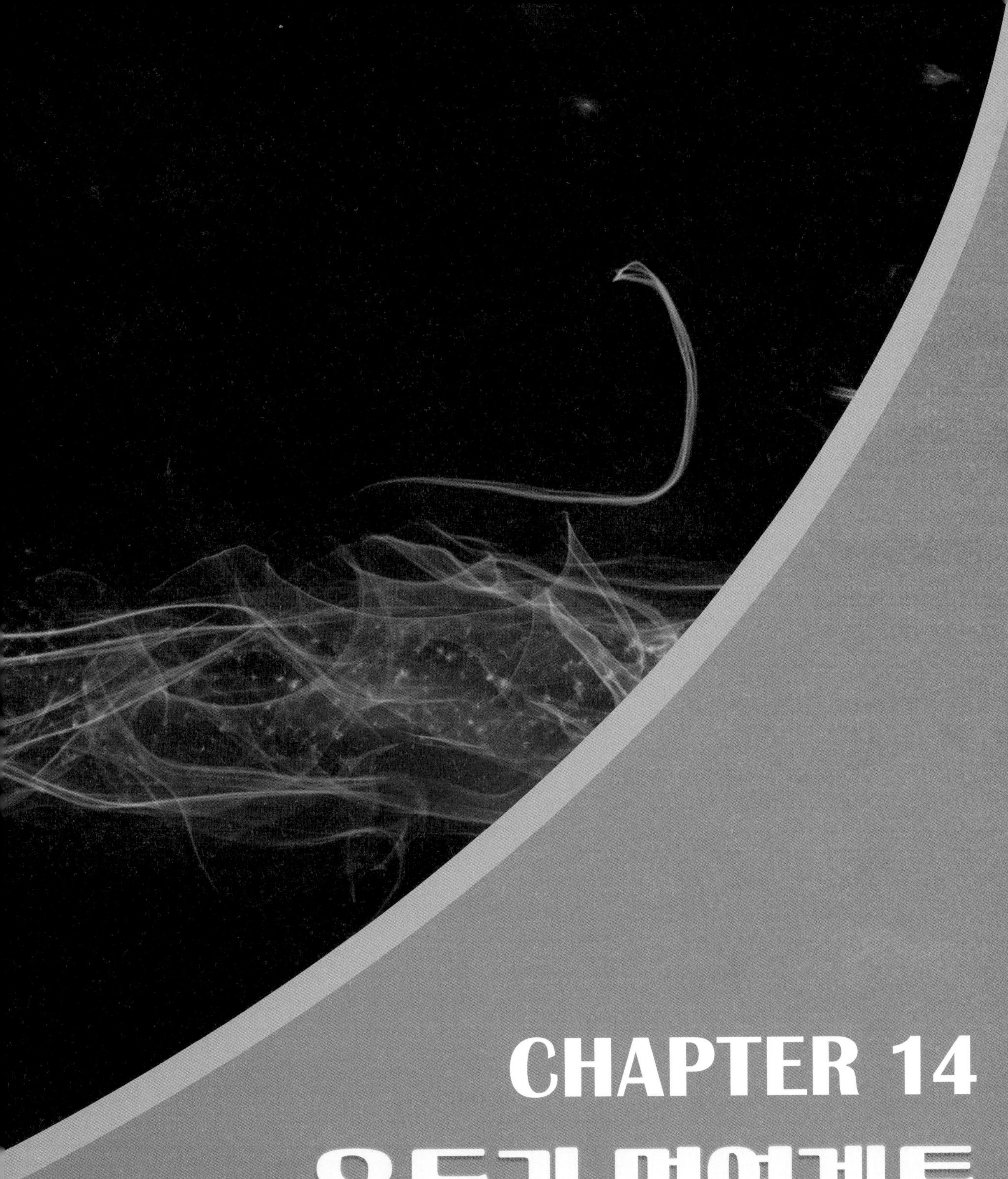

CHAPTER 14
운동과 면역계통

이 장에서는 림프계통의 구성에 대한 개관을 알고, 특이적 저항과 비특이적 저항, 세포성 면역과 체액성 면역의 정의와 차이점에 대해 학습한다. 그리고 세포성 면역과 체액성 면역에서 각각 T림프구와 B림프구의 작용과정과 종류, 항체 생산반응의 과정을 배운다. 또한 사이토카인(cytokine)의 정의와 기능, 항체(면역글로불린)의 종류와 작용, 보체(complement)에 대해 알아본다.

면역세포와 항체 사이토카인에 미치는 일회적 운동과 훈련의 영향, 운동강도와 면역기능과의 관계를 알고, 운동에 의해 유발되는 신경내분비계통 반응이 면역계통에 어떠한 영향을 미치는지 이해한다.

한 걸음 더 나아가 운동이 어떻게 암 발생을 억제하며, 암 관련 피로(CRF)의 경감 등 암치료 과정에 도움을 주는지 알아본다.

인체는 공기·음식·물과 함께 들어오거나 성행위 또는 피부의 상처를 통하여 들어와서 질병을 일으키는 미생물에 대항하여 자신을 보호하는 놀라운 방어기전을 갖고 있다. 세균, 바이러스, 곰팡이, 원충(protozoa) 등을 포함하는 병원성 미생물을 병원체(pathogen)라고 부른다. 그밖에도 인체는 인체로 들어오는 외부세포 등의 외부인자, 암세포 등에 대항하여 스스로를 보호하는 기능을 가지고 있다.

인체의 방어시스템은 림프계통(lymphatic system)을 중심으로 해서 이루어진다. 림프계통은 림프, 림프구, 림프관, 림프샘, 편도, 지라, 가슴샘을 포함한다.

림프계통은 다음 세 가지의 기본적인 기능을 수행한다.

① 림프계통은 조직 내 체액균형 유지를 돕는다. 약 30ℓ의 체액이 모세혈관에서 조직의 공간으로 매일 이동하는데, 그중에서 27ℓ만이 조직의 공간에서 다시 모세혈관으로 돌아간다. 만약 3ℓ나 되는 여분의 조직액이 조직공간에 남으면 조직손상을 야기하여 결국에는 사망에 이르게 하는 부종을 일으킬 것이다. 결국 이 여분의 3ℓ는 림프모세관으로 들어간다. 림프모세관의 체액을 림프액이라 하는데, 림프액은 림프관을 돌아 혈액으로 돌아간다.

② 림프계통은 소화관으로부터 지방과 다른 물질을 흡수한다. 특별한 림프혈관인 유미관(chyle duct)은 작은창자의 속벽에 있다. 지방은 유미관을 통해 흡수되어 림프관을 통해 정맥순환으로 이동한다. 림프관을 통과하는 림프액은 지방을 함유하고 있어서 우유와 같은 모습을 나타내는데, 이것을 유미혈이라고 한다.

③ 림프계통은 인체의 방어시스템 역할을 한다. 림프절과 같은 림프기관은 림프액을 여과하며, 지라(비장)는 혈액을 여과하여 미생물과 다른 외부물질을 제거한다. 또한 림프기관은 미생물과 외부물질을 파괴시키는 능력이 있는 림프구를 가지고 있다.

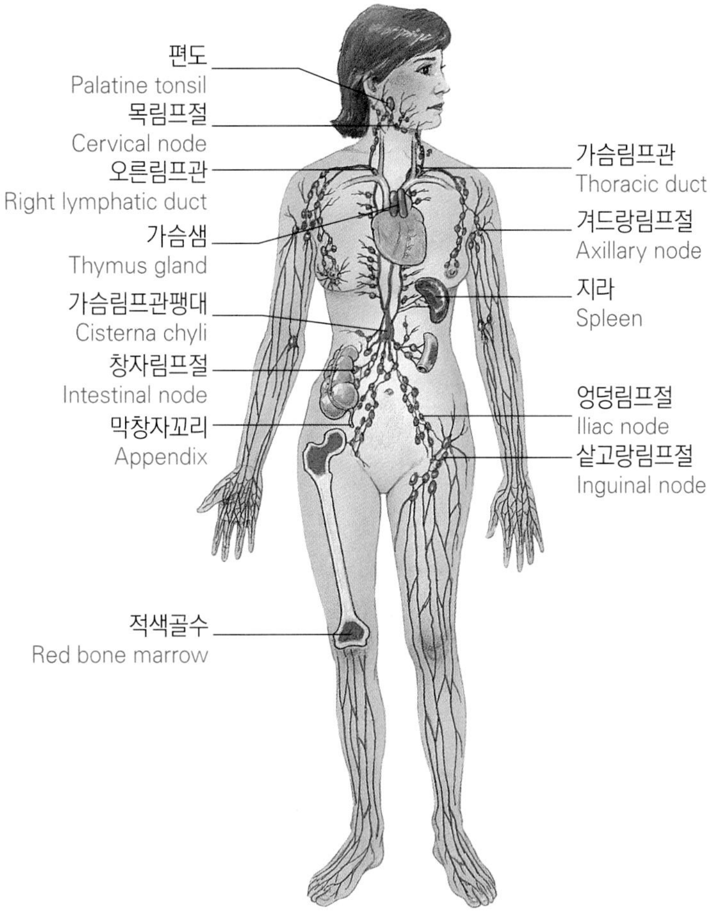

그림 14-1. 인체의 림프계통

14.1 림프계통

14.1.1 림프관

림프계통(lymphatic system)은 순환계통과는 달리 조직으로부터 체액을 운반해 나가기만 하고 들여오지는 않는다. 림프계통은 아주 미세하며, 단순한 비늘모양의 상피조직으로 이루어진 폐쇄된 혈관인 조직 내 림프모세관에서 시작한다. 체액은 모세혈관으로 나온 뒤 조직공간으로 이동하는 경향이 있고, 그 후 조직공간에서 나와 림프모세관으로 이동한다.

림프모세관은 합쳐져서 보다 큰 림프관을 형성한다. 작은 림프관은 정맥과 같이 한 방향으로만 열리는 밸브를 가지고 있다. 이 밸브에 의해 림프관이 압축되었을 때 림프모세관으로 림프액이 역행하는 것이 방지된다. 결국 림프액은 림프관을 통하여 앞으로만 이동한다.

림프관을 통한 림프액의 이동을 돕는 세 가지 요소는 ① 활동 중인 주변 뼈대근육의 수축, ② 림프관벽의 민무늬근육수축, ③ 호흡 시 나타나는 가슴의 압력 변화이다.

림프관은 한곳으로 모여서 결국 인체 내의 두 장소에서 혈액 내로 림프액을 보낸다. 그중 하나는 오른림프관으로, 오른팔 전부와 머리·목, 가슴의 오른쪽 반은 오른빗장밑정맥(우쇄골하정맥)으로 림프액을 보낸다. 다른 하나는 가슴관으로, 나머지 신체부위에서 오는 림프액을 왼빗장정맥(좌쇄골하정맥)으로 보낸다[그림 14-2]. 이 두 정맥으로 들어온 림프액은 오른심방으로 들어가서 결국 혈류순환계통에 합류한다.

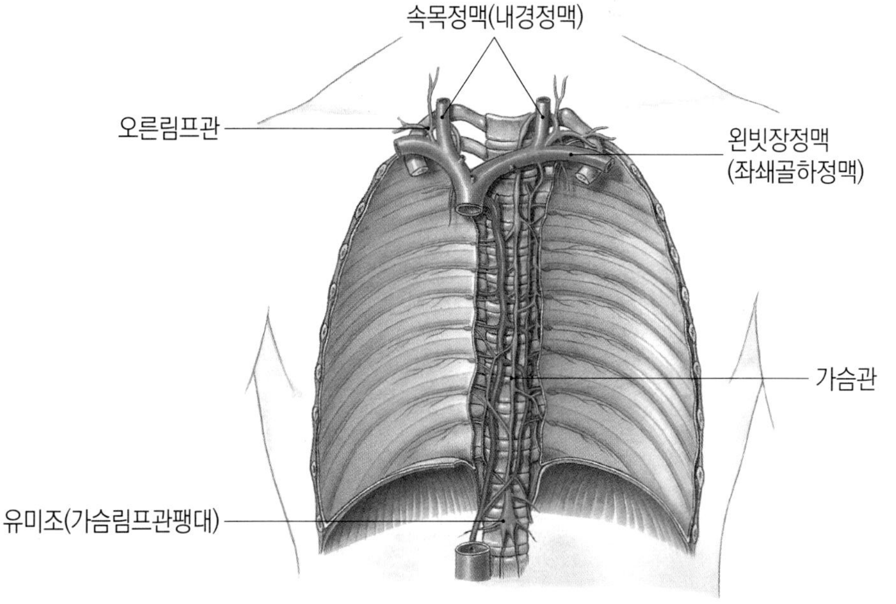

그림 14-2. 림프관과 정맥의 연결(가슴관-왼빗장정맥, 오른림프관-오른빗장정맥)

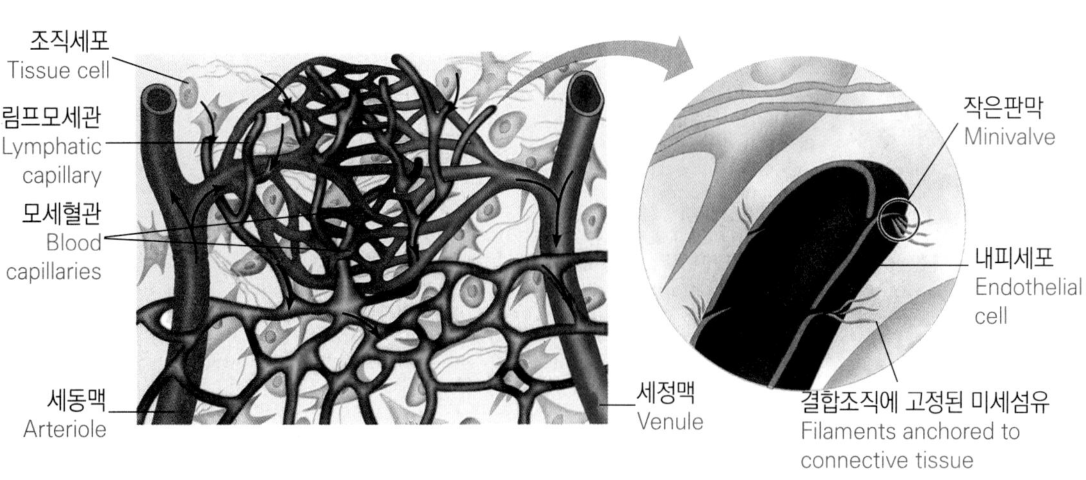

그림 14-3. 림프모세관과 혈관, 조직세포의 관계

14.1.2 림프기관

림프기관(lymphatic organs)은 많은 림프구, 큰포식세포와 그밖의 세포들로 이루어진 림프조직이다. 림프구는 적색골수에서 나오며, 혈액을 통해 림프기관으로 이동한다. 인체가 미생물이나 외부물질에 노출되면 림프구는 분화하여 수적으로 증가한다. 림프구는 미생물이나 외부 물질을 파괴하는 면역시스템 반응의 한 예이다.

14.1.3 편 도

세 그룹의 편도가 있다. 목구멍편도(palatine tonsil)는 보통의 편도를 의미하며, 입안 뒷부분 입구의 양옆에 위치한다. 인두편도(pharyngeal tonsil)는 코안 내부의 입구 근처에 있다. 비대한 인두편도를 아데노이드(adenoid)라고 하는데, 이것은 정상 호흡을 방해할 수 있다. 혀편도(lingual tonsil)는 혀 뒷부분의 가장자리 근처에 있다.

편도는 병원균이나 기타 코와 입을 통해 들어올 수 있는 물질에 대한 방어기능을 한다. 종종 편도 또는 아데노이드(adenoid)가 만성적으로 감염되기도 하는데, 그렇게 되면 반드시 제거해야 한다. 성인은 편도의 크기가 감소하여 결국은 사라진다.

14.1.4 림프절

림프절(lymph node)은 작고 둥근 형태로 여러 림프관에 분포되어 있다. 대부분의 림프액은 혈액으로 들어가기 전에 적어도 한 번은 림프절을 통과한다. 림프절은 몸 전체에 분포되어 있지만, 그중에서

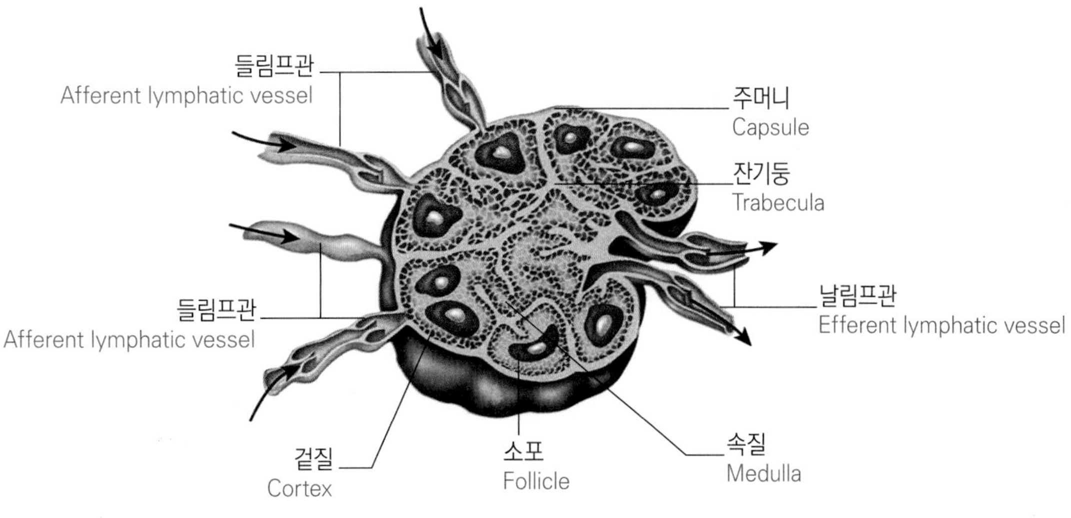

그림 14-4. 림프절의 구조

도 인체 피부 가까운 곳에 림프절이 모여 있는 주요 부위는 샅굴부위(서혜부)의 샅고랑림프절, 겨드랑이 부위의 겨드랑림프절, 목의 목림프절이다.

림프액은 들림프관을 통해 림프절로 들어가서 림프조직을 지나서 날림프관을 통해 배출된다[그림 14-4]. 림프액이 림프절을 통과할 때 다음 두 가지 기능을 수행한다.

① 면역시스템을 활성화시킨다. 림프액 내의 미생물이나 다른 외부 물질은 림프조직 내에서 림프구의 분화를 촉진시킨다. 림프구가 급속히 분화하는 부분을 종자중심(germinal center)이라고 한다. 새롭게 생성된 림프구는 림프액으로 유입되어 결국 순환하는 혈액으로 들어가 다른 림프조직으로 들어간다. 림프구는 미생물이나 다른 외부 물질을 파괴할 수 있는 능력이 있다.

② 림프액에 들어 있는 미생물이나 외부 물질을 큰포식세포에 의해서 제거(식균작용)한다.

14.1.5 지라

지라(비장, spleen)는 주먹 정도의 크기로, 배안 위쪽에 위치한다. 지라의 림프구는 림프절에서와 같은 방법으로 자극된다. 지라는 미생물과 외부 물질에 반응하여 면역시스템을 활성화시키는 역할을 한다. 지라에 있는 큰포식세포는 미생물과 외부 물질, 오래된 적혈구를 식균작용을 통해 제거한다.

한편 지라는 소량의 혈액을 비축하는 혈액 저장기관 기능도 한다. 대량 출혈과 같은 비상 상황에서는 혈관 내부와 지라 외부를 형성하는 민무늬근육이 수축한다. 이렇게 해서 지라 안에 저장된 혈액을 일반 혈류 순환으로 보내준다.

지라는 갈비뼈의 보호를 받지만 배 부위의 외상에 의해 종종 파열된다. 지라의 손상은 심한 출혈, 쇼크, 심지어 죽음에까지 이르게 할 수 있다. 다른 림프조직과 간은 지라의 기능 상실에 대한 보상을 한다.

14.1.6 가슴샘

가슴샘(흉선, thymus)은 삼각형의 두 엽으로 된 샘(bilobed gland)으로, 복장뼈(sternum) 윗부분에 위치하며, 가슴안을 좌·우 부분으로 분리시킨다. 가슴샘의 크기는 나이에 따라 매우 다르다. 신생아의 가슴샘은 가슴우리 길이의 반 정도까지 위치해 있고, 신체의 다른 기관처럼 급속하게 자라지는 않지만 사춘기까지 자란다. 그러나 사춘기 이후에는 크기가 작아지고, 노년기의 성인에게서는 찾기 힘들 정도로 작아질 수도 있다.

많은 수의 림프구가 가슴샘에서 만들어지지만 알려지지 않은 이유로 대부분의 림프구가 쇠퇴된다. 가슴샘은 림프구의 성숙과 가공을 하는 장소 기능을 한다. 가슴샘에서 림프구는 외부 물질에 대해 반응하지 않는다. 그러나 가슴샘림프구가 성숙되면 혈액으로 유입된 후 다른 림프조직으로 이동되어 그곳에서 미생물이나 외부 물질에 대한 보호작용을 돕게 된다.

plus+

뇌청소 : 글림프 시스템과 뇌경질막림프관

뇌는 인체에서도 가장 많은 에너지를 소비하는 기관이다. 뇌조직이 생산하는 대사물질들이 어떻게 처리되는지는 지금까지 풀리지 않는 의문이었다. 중추신경조직은 림프계와 완전히 분리된 것으로 오랫동안 믿어져 왔기 때문이다.

그런데 비교적 가까운 과거인 2012년 미 로체스터(Rochester)대학의 네더가드(M. Medergaard) 교수 팀이 이끄는 연구팀은 생체 내에 형광물질을 주입하여 이광자 레이저 현미경(two-photon laser microscopy)을 통해 거미막밑 뇌척수액(CSF)이 뇌실질(brain parenchyma)을 통하여 유입되는 현상을 관찰하였다. 뇌척수액(CSF, cerebral spinal fluid)은 색이 없는 투명한 액체로서 뇌와 척수는 뇌척수액에 잠겨 있는 상태라고 할 수 있다. 뇌척수액의 일차적인 기능은 두개골과 더불어 중추신경을 충격으로부터 보호하는 완충작용을 하며, 혈액으로부터 여과된 여러 영양물질과 화학물질을 순환시키고, 뇌세포로부터 만들어진 노폐물(waste product)을 제거하는 역할을 한다.

로체스터대학 팀의 연구를 통해 거미막밑 뇌척수액(subarachnoid CSF)이 혈관을 둘러싸고 있는 혈관주위공간(paravascular spaces)을 따라서 빠르게 뇌로 들어가고, 주변의 사이질액(interstitial fluid)과 교환된다는 것을 알게 되었다. 비슷하게 사이질액은 정맥주변을 둘러싸고 있는 혈관주위공간을 통해서 뇌로부터 청소된다.

이 과정에는 뇌의 별아교세포(astrocyte glia cell)와 림프시스템이 작용한다고 해서 아교세포(glia)와 림프(lymph)의 합성어로서 글림프시스템(Glymphatic system)이라고 명명하였다.

뇌척수액의 이동(가쪽뇌실→거미막밑공간)

그림 14-5는 글림프 시스템이 어떻게 뇌척수액(CSF : cerebral spinal fluid)이 대사물질(waste)을 청소하는지 구조적으로 보여주고 있다. 그림 14-5

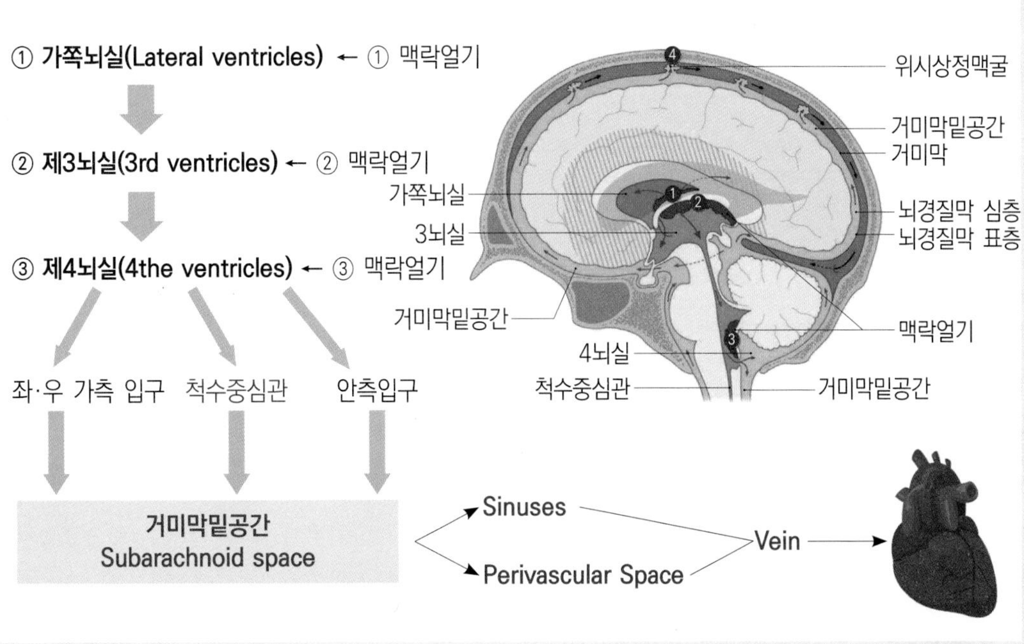

그림 14-5. 글림프 시스템의 림프액의 이동 경로

는 뇌를 시상단면으로 절단해서 볼 때 오른쪽 가쪽뇌실(lateral ventricle)을 볼 수 있는데, 이 가쪽뇌실은 뇌의 가장 큰 공간으로 제1뇌실과 제2뇌실이라고 할 수 있다. 그 아래로 제3뇌실과 제4뇌실이 연결되어 있는데, 이 뇌실은 뇌척수액(CSF)으로 채워져 있다.

그림 14-5에서 각 뇌실과 접하여 빨간색으로 표시한 부분이 맥락얼기(choroid plexus)이다. 맥락총은 촘촘한 혈관망으로서 뇌실의 연질막에 존재하고 있으면서 동맥혈액을 여과하여 뇌실로 보내주는 역할을 한다. 즉 뇌실은 맥락얼기를 통해서 뇌척수액(CSF)을 얻게 되며, 일정한 상태로 물질을 유지하여 뇌 조직을 위한 적절한 영양을 공급하는 역할을 한다.

가쪽뇌실에서 시작되는 뇌척수액을 흘려 내보내는 과정(drainage), 즉 글림프 시스템의 경로를 보다 구체적으로 설명하면 다음과 같다.

① 맥락얼기에 의해 여과된 뇌척수액이 가쪽뇌실(lateral ventricle)로 들어간다[뇌그림 ①번 화살표 참조].

② 가쪽뇌실의 뇌척수액은 뇌실간공(interventricle foramen)을 통해 제3뇌실(3rd ventricle)로 흐른다. 여기에 더하여 제3뇌실은 역시 맥락얼기로부터 뇌척수액을 받는다[②번 화살표 참조].

③ 제3뇌실의 뇌척수액은 계속해서 대뇌도수관(cerebral aqueduct)를 통해서 제4뇌실(4th ventricle)로 흐른다. 제4뇌실도 맥락얼기로부터 뇌척수액을 받는다[③번 화살표 참조].

이렇게 뇌줄기(brain stem)에 있는 제4뇌실에 도달한 뇌척수액은 왼쪽 및 오른쪽, 안측입구(aperture)와 척수중심관(central canal of spinal cord)의 네 경로를 통해 거미막밑공간(subarachnoid space)로 들어간다. 거미막밑공간은 세층(연질막, 거미막, 경질막)으로 되어 있는 수막 중에서 연질막과 거미막 사이에 존재하는 공간으로 뇌척수액(CSF)으로 채워져 있다. 이곳은 뇌동맥과 뇌정맥이 존재하고 있다.

뇌척수액의 이동(거미막밑공간→혈관주위공간 → 정맥)

그리고 거미막밑공간으로 들어간 뇌척수액은 그림 14-5에서 보여지는 화살표와 같은 흐름을 통하여 배출되는데, 이렇게 배출되는 경로는 크게 두 가지가 있다.

첫째는 사이너스라고 불리는 동(sinus) 또는 동굴들을 통해서 배출되는 것으로 위 그림에서는 ④ 위시상정맥굴(superior sagittal sinus)을 통해 거미막밑공간으로부터 뇌척수액이 두 겹의 뇌경막(dura matter) 사이로 배출되는 모습을 볼 수 있다.

둘째는 혈관주위공간(perivascular space)을 통해서인데, 이 경로는 그림 14-6을 통해 설명되고 있다.

그림 14-6에서 보듯이 별아교세포(astrocyte)는 여러 돌기를 뻗어서 다른 신경세포와 시냅스를 형성하거나, 그 말단(astrocyte foot)이 모세혈관과 같은 작은 혈관을 둘러싸고 있다. 그림의 오른편은 성상교세포의 뻗친 말단(astrocyte foot)이 모세혈관을 둘러싸고 있는 구조를 보여주고 있다.

그리고 그림 14-6의 왼편은 모세혈관을 둘러싸고 있는 별아교세포의 말단이 모세혈관을 둘러싸고 있는 모습을 구조적으로 나타내고 있다. 거미막밑공간(subarachnoid space)으로 흐르는 뇌척수액은 혈관주위공간(perivascular space)을 통해 흐르다가 별아교세포와 신경조직을 통해서 정맥으로 들어가고 결국 혈액순환계통를 통해서 배출된다. 물론 궁극적으로는 콩팥(kidney)을 통해 배설된다.

뇌척수액의 전체 이동경로

그림 14-7은 이 과정을 좀더 전체적으로 상세히 보여주고 있다. 그림에서 거미막밑공간을 통해 흐르는 뇌척수액은 혈관주위공간, 즉 동맥혈

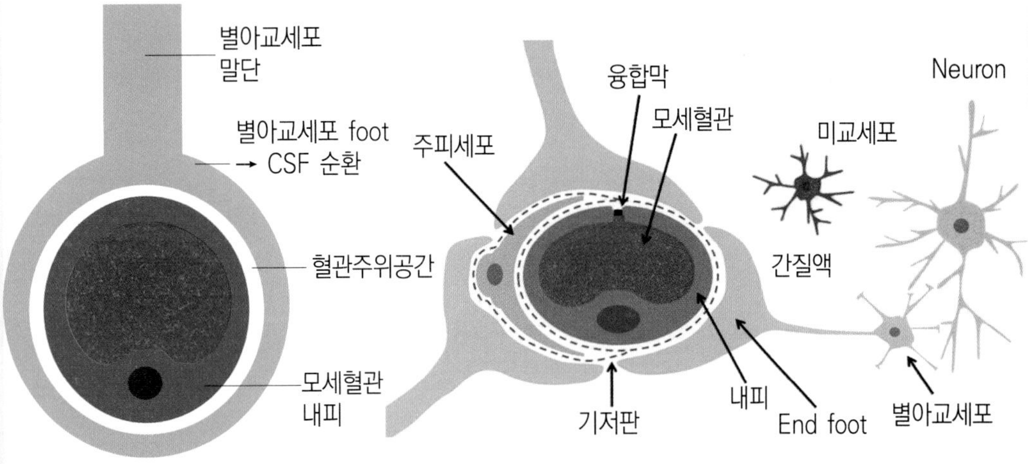

그림 14-6. 글림프시스템, 별아교세포와 혈관주위공간을 통한 뇌척수액의 배출

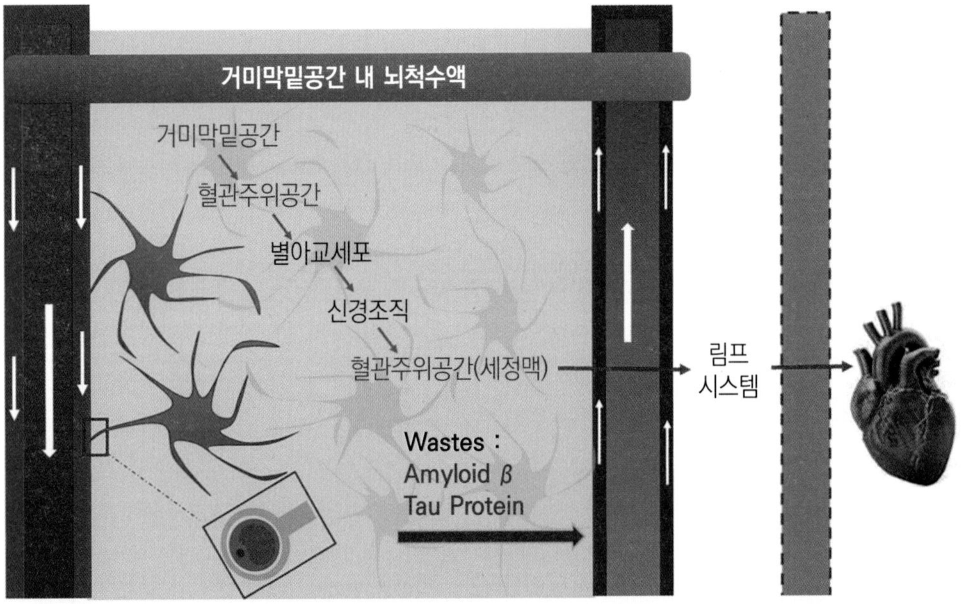

그림 14-7. 글림프시스템, 거미막밑공간과 혈관주위공간을 통한 뇌청소과정

관주위공간(periarterial space)을 통해서 흐르다가 별아교세포로 들어간다. 이때 뇌가 생산한 노폐물을 씻어내면서 정맥주위공간(perivenous space)을 통해서 림프계(lympathic system)로 들어가게 된다. 림프계로 들어간 대사물은 결국 좌우빗장밑정맥을 통해 대정맥과 심장으로 들어가서 콩팥과 간에 의해 처리된다. 지금까지 설명한 림프액의 배액(drainage) 과정을 글림프 시스템(glymphatic system)이라고 한다.

애초에 이러한 흐름을 만들어내는 동력은 심장의 수축에 의해 일어나는 동맥의 맥파(pulse wave)라고 할 수 있다. 그러므로 동맥벽이 딱딱해지는 동맥경화 등이 일어난다면 이러한 흐름이 순조롭지 못할 것으로 예상할 수 있다. 그림 14-7은 거미막밑공간(subarachnoid space)을 흐르는 뇌척수액이 동맥혈관주위공간(para-arterial space)과 별아교세포를 통해 뇌세포에 의해 생산된 대사노폐물들(waste)을 운반하여 정맥주위공간을 통해 정맥과 림프시스템으로 운반하는 전체 과정을 보여주고 있다.

경막 림프관의 발견과 알츠하이머병

그런데 2015년에는 미국 Virginia 대학의 Jonathan Kipnis 교수 연구팀이 오랜 기간 뇌막에는 존재하지 않는 것으로 알고 있었던 림프관을 쥐에서 발견하고, 이어서 사람에게도 이러한 림프관이 존재한다는 것을 발견하게 되었다(Louveau A 등, 2015; Aspelund A 등, 2015). 이 경질막 림프관(dura matter lymphatics)은 구멍이 뚫린 정맥동굴(sinus)의 바로 옆에 위치하고 있어서 혈액과 뇌막기질 사이의 물질 분자와 세포(순환면역세포 등)의 활발한 교환이 가능하다.

이 경질막 림프관은 경추 림프절(cervical lymph nods)로 이어져서 대사물질의 배출의 중요한 경로로 이용된다. 즉 글림프 시스템과 뇌막 림프관(또는 경질막림프관)은 뇌에서 생산되는 노폐물을 청소하는 두 개의 중요한 경로라고 할 수 있다.

중추신경계통에서 작용하는 글림프 시스템의 기능이상, 그리고 뇌척수액 생성의 결함은 노화의 중요한 원인이라는 점은 잘 알려져 있다. 특히 알츠하이머병(Alzheimer's disease)은 아밀로이드베타(amyloid β)나 타우단백질(Tau protein)이 잘 처리되지 못하고 뇌실질에 축적되면서 뇌세포를 죽이는 것이 원인이라고 밝혀졌다. 즉 수막림프계를 통한 아밀로이드베타나 타우단백질의 배수장애가 이들 물질의 축적을 촉진하고 이는 시냅스 결손, 신경 활동의 변화, 신경망의 기능장애 등을 일으켜서 결국 질병의 중증도와 인지능력의 저하에 영향을 미친다는 것이다

사실 아밀로이드 베타의 제거는 효소에 의한 분해, 미세아교세포(microglia)와 별아교세포(astrocyte)에 의한 식균작용, 혈관-뇌관문(BBB)을 통한 수용체 매개 배출(receptor-mediate drainage), 거미막밑공간과 혈관주위공간을 통한 배출(글림프 시스템), 뇌막림프관을 통한 배출 등 여러 기전이 있다. 또 비교적 최근에는 유전적으로 AQP4 gene을 결손시킨 쥐의 경우 아밀로이드베타의 배출이 거의 55%나 감소하였다고 보고되었다.

그중에서 글림프 시스템과 뇌막림프관을 통한 배출은 가장 주목받고 있지만, 최근에는 인위적으로 혈관내피세포성장인자(VEGF-C, Vascular endothelial growth factor C)의 과발현을 유도했을 때 수막림프 기능이 강화되었고, 늙은 쥐의 인지행동이 개선되었다는 보고 등이 있어 주목되고 있다.

앞서 글림프 시스템을 발견한 로체스터대학 연구팀은 이어서 수면 상태와 깨어 있는 상태에서 뇌척수액(CSF)와 사이질액(ISF) 사이에 물질교환의 효율성에 있어 커다란 변화가 나타난다는 것을 발견하여 보고하였다. 즉 이러한 교환은 수면 중 세포바깥 공간의 확장과 수축에 의해 이루어지는데, 세포바깥 공간의 확장과 수축에 의해 아밀로이드베타와 같은 사이질액의 노폐물 제거가 60%까지 증가한다는 것이다. 특히 서파 수면에서 글림프 시스템의 활동이 더욱 활발해진다는 것이다. 이러한 발견을 토대로 깨어 있는 동안 신경활동에 의해 생산된 대사 노폐물을 제거하는 글림프 시스템 기능 개선이 수면의 회복력과 밀접한 관련이 있다는 것을 말해 준다.

14.2 면역계통

14.2.1 자연면역과 획득면역의 개념

면역은 자연면역(선천성 면역)과 획득면역으로 구분할 수 있다.

자연면역은 태어나면서 갖고 있는 방어기구인데, 외부로부터 침입한 바이러스나 세균을 감지하고 공격하는 장치를 말한다. 사람을 포함한 포유류는 외적이 침입하면 이를 감지할 수 있는 톨유사 수용체(TLR: toll-like receptor)를 갖고 있다. TLR은 외부로부터 침입한 세균이나 바이러스가 갖는 미생물 특유의 분자 특징 또는 패턴을 인식하는 수용체로서 사람에게는 약 10여 종이 있다고 한다.

이 수용체는 전신의 피부와 점막 등을 구성하는 상피세포와 백혈구 등이 가지고 있다. 예를 들어 상피세포의 TLR이 외적의 침입을 감지하면 상피세포는 침입을 알리는 화학물질을 방출하여 호중구와 같은 백혈구를 불러들인다. 또 피부와 점막에 있는 큰포식세포(대식세포, macrophage)나 가지세포(수지상세포, dendritic cell)는 각각의 TLR로 외적을 감지해서 잡아먹는다. 이처럼 자연면역은 상피세포나 식균작용을 하는 호중구, 큰포식세포, 가지세포 등으로 구성된다. 자연면역은 침입한 외적의 미세구조를 특정하지 않고 공격하는 방어 시스템이므로 비특이적 저항(nonspecific resistance)이라고 한다.

한편 외적을 잡아먹은 가지세포나 대식세포는 림프절로 이동하여 그곳에 있는 T세포(T림프구)에 보고한다. 보고를 받은 T세포는 활성화되어 B세포(B림프구)에게 공격무기인 항체(anti-body)를 생산하도록 지시하여 외적을 공격하도록 한다. 외적을 섬멸하면 대부분의 T세포는 죽어버리지만, 일부 T세포는 장기간 살아 남아서 외적을 기억하고, 다음에 침입할 때를 대비한다. T세포와 B세포에 의해서 이루어지는 이러한 방어과정을 획득면역이라고 하는데, 이는 특정 외적에 대한 특이적인 생체방어이기 때문에 특이적 저항(specific resistance)이라고 한다.

이처럼 비특이적 저항과 특이적 저항 간의 구분은 특이성과 기억 작용에 관계된다. 비특이적 저항에서는 인체가 어떤 물질에 노출될 때마다 그 반응이 동일하다. 예를 들어 세균세포가 인체에 침입할 때마다 동일한 속도와 효율로 식균된다.

반면 특이적 저항에서는 두 번째 노출 시의 반응이 첫 번째 반응보다 더욱 빠르고 효율적이다. 예를 들어 어떠한 바이러스에 대한 첫 번째 노출에서는 그 바이러스를 제거하는 데 며칠이 걸리기 때문에 그동안 바이러스는 조직을 파괴하여 병의 증상을 나타낸다. 하지만 동일한 바이러스에 대한 두 번째 노출에서는 면역시스템이 특정 바이러스를 인식하여 파괴할 수 있기 때문에 반응이 매우 빠르고 효율적이다. 그 바이러스는 병으로 인한 증상이 나타나기 전에 제거되므로 면역을 지니게 된다. 특이성과 기억작용, 즉 특정물질을 기억하고 인식하는 면역시스템의 능력이 있기 때문에 특이적 저항이 가능하다. 특이적 저항에는 세포성 면역과 체액성 면역이 있으며, 이 두 가지가 면역의 중요한 근간을 이룬다.

세포성 면역은 T림프구에 의해 면역반응이 일어날 때 항원에 의해 자극받은 T림프구가 사이토카인(cytokine)을 분비하면 큰포식세포가 활성화되어 살균능을 갖게 되는 일련의 반응을 말한다. 사이토카인 중에서 면역반응과 관련하여 림프구에 의해 분비되는 단백질성 인자를 림포카인(lympokine)이라고 한다.

세포성 면역은 세포 내의 기생세균, 바이러스, 암세포, 알러지반응, 자기면역질환 등에 관여한다. 체액성 면역은 B림프구가 주관하여 이루어지는 반응으로 B림프구가 항체(면역글로불린)를 만들면 항체가 항원을 공격하여 제거하는 반응이다.

14.2.2 자연면역(비특이적 저항)의 구성

비특이적 저항(nonspecific resistance)은 기계적 장벽, 화학적 매개물, 세포, 염증성 반응 등을 포함한다.

14.2.2.1 기계적 장벽

기계적 장벽(mechanical barrier)은 미생물의 인체 내 진입을 막는 것이다. 미생물이 인체에 들어오지 못하면 질병을 일으킬 수 없다. 피부와 점막층은 미생물의 진입을 막는 막을 형성한다. 눈물·침·소변은 체내로 침입한 미생물을 배출하는 역할을 한다. 호흡기관의 점막층은 섬모층으로 되어 있으며, 미생물을 점액에 가두어 목 뒤로 이동하거나 삼켜버린다. 기침이나 재채기 역시 호흡기관에서 미생물을 제거하는 작업이다.

14.2.2.2 화학적 매개물

화학적 매개물은 면역시스템의 반응을 유발시키는 물질이다. 세포 표면에서 발견되는 몇몇 화학적 매개물은 미생물을 죽인다. 눈물이나 침 속에 있는 라이소자임(lysozyme)이 그 예이다. 예를 들어 히스타민(histamine)과 같은 화학적 매개물은 혈관 확장과 혈관 삼투성을 증가시켜 염증을 촉진한다.

14.2.2.3 보　체

보체(complement)는 혈장에서 발견되는 적어도 11개 정도 되는 단백질 그룹이다. 일반적으로 보체 단백질은 비활동성 형태로 혈액 내를 순환한다. 어떤 보체는 외부 물질 또는 항체와의 결합에 의해 활성화될 수 있다. 보체가 활성화되면 연속반응이 일어나는데, 그 과정에서 각각의 보체는 옆에 있는 보체를 활성화시킨다. 활성화된 보체는 염증과 식균작용을 촉진하고, 직접적으로 세균세포를 파열시킬 수 있다.

인터페론(interferons)은 바이러스 감염에 대해 인체를 보호하는 단백질이다. 바이러스가 어떤 세포에 침입하면 그 세포는 자신을 침입한 바이러스와 비슷한 바이러스핵산(viral nucleic acid)과 단백질을 복제하게 된다. 이어서 바이러스는 감염된 세포에서 방출되어 다른 세포를 감염시킨다. 감염된 세포는 일반적으로 바이러스 복제 시에 정상적인 기능을 중지하거나 사멸되지만, 한편으로는 다행스럽게도 인터페론 생산을 촉진한다.

인터페론은 자신들을 생산한 세포를 보호하는 것이 아니라 이웃에 있는 세포 표면에 결합하여 항바이러스단백질을 생산하도록 촉진한다. 이러한 항바이러스단백질은 다양한 바이러스핵산과 단백질의 생산을 막음으로써 이웃한 세포 내에서 바이러스 복제가 일어나지 못하도록 한다. 이러한 인터페론의 작용은 비특이적이다. 또한 인터페론은 식균작용을 자극하며, 종양의 성장이나 감염에 대항하는 다른 세포들의 활성을 증가시켜준다.

14.2.2.4 열

열(fever)은 강력한 보호작용을 한다. 바이러스나 박테리아 감염은 림프구의 증식을 촉진하고, 인터루킨-1(IL-1)이라는 발열인자를 분비하는 세포들을 생산하도록 한다.

내인성 발열인자(endogenous pyrogen)는 뇌의 시상하부에 있는 체온조절중추의 기준값(set point)을 상승시켜 체온을 높게 유지시킨다. 체온이 높아지면 간이나 지라가 철분(iron)을 거두어들여 혈중 철분 수준을 감소시켜 간접적으로 미생물의 성장을 억제시킨다. 왜냐하면 박테리아 등은 온도가 오르면 더 많은 철분을 필요로 하기 때문에 체온이 오르면 철분 부족으로 인해 성장이나 증식이 늦추어지거나 정지되기 때문이다.

반면 식균성 세포(호중구, 큰포식세포)는 온도가 상승하면 더 높은 활성을 갖는다.

14.2.2.5 세　포

백혈구와 백혈구에서 유도된 세포는 면역시스템에서 가장 중요한 세포의 구성요소이다. 백혈구는 적색골수와 림프조직에서 생산되며, 혈액으로 유입된다. 미생물이나 손상된 조직으로부터 분비된 화학물질은 백혈구를 유인하고, 백혈구는 혈액에서 나와 감염된 조직으로 들어간다. 이때 보체단백질과 같은 화학적 중재자는 백혈구를 감염된 조직으로 유도한다.

호중구(neutrophils)는 혈액에서 감염된 조직으로 이동하는 첫 번째 세포인 작은 식균세포이다. 호중구는 미생물을 식균한 후 사멸한다. 고름(pus)은 대부분 감염된 부위에서 죽은 호중구의 축적물이다.

단핵구(monocyte)는 감염되면 혈액에서 조직으로 나와 5배 정도 커져서 아메바와 같은 큰포식세포(대식세포, macrophage)로 전환된다. 큰포식세포는 호중구보다 더욱 큰 것을 더욱 많이 먹을 수 있다. 큰포식세포는 감염된 부위에서 호중구가 나타난 후에 나타나며, 죽은 호중구의 처리를 포함한 감염의 마지막 단계에서 식균작용의 대부분을 담당한다.

호염기구(basophils)는 염증을 촉진하는 히스타민과 같은 화학적 중재자를 방출한다. 또한 염증성 화학물질을 방출하는 비만세포(mast cell)라 불리는 결합조직 내에서 발견되는 세포가 있다. 반면 호산구(eosinophils)는 염증성 화학물질을 분해하는 화학물질을 방출한다. 염증이 시작되는 동시에 호산구는 염증성 반응을 감소시켜 염증을 처리하는 역할을 한다. 염증은 미생물에 대항하여 싸우는 과정에서 유익한 것이지만 너무 많으면 해로울 수 있다. 미생물은 물론 건강한 조직까지 불필요하게 손상시킬 수 있기 때문이다.

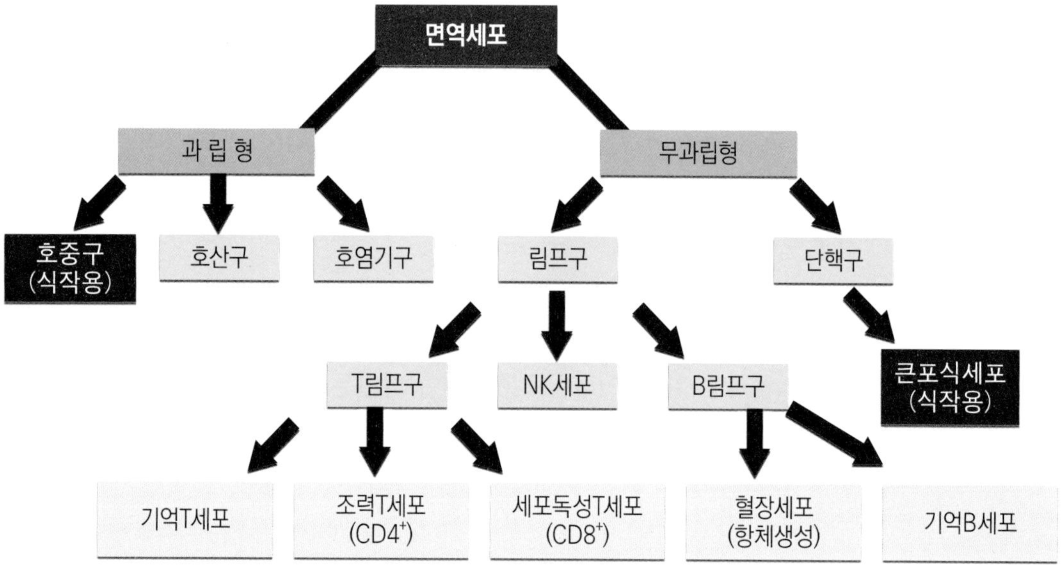

그림 14-8. 면역세포의 개관

그림 14-8은 인체에서 생성되는 면역세포를 개관하고 있다. 면역을 담당하는 면역세포는 크게 과립형 백혈구와 무과립형 세포로 구분할 수 있으며, 무과립형 세포는 다시 림프구와 단핵구로 나누어진다.

14.2.2.6 염증성 반응

염증성 반응(inflammatory response)은 앞에서 논의된 많은 화학적 매개물과 세포가 연관된 사건의 복잡한 결과이다.

염증성 반응을 설명하기 위하여 세균성 감염의 예를 들어보기로 한다. 박테리아 또는 손상된 조직은 히스타민, 프로스타글란딘(prostaglandin), 보체 등과 같은 화학적 매개물을 활성화시키거나 방출한다. 화학적 매개물은 다음과 같은 효과를 나타낸다. 즉 ① 혈관확장(vosodilation)을 통하여 혈액순환을 증가시켜 식균세포와 백혈구를 감염 부위로 이동시키고, ② 식균세포를 혈액으로부터 조직으로 나오도록 유도하며, ③ 섬유소(fibrin)와 보체가 혈액에서 나와 조직으로 유입되도록 혈관의 투과성을 증가시킨다.

섬유소는 감염된 부위를 둘러쌈으로써 감염이 퍼지는 것을 방지한다. 보체는 염증성 반응을 증가시키고 식균세포를 추가적으로 유도한다. 화학적 매개물의 방출과 식균세포와 백혈구의 유도 과정은 박테리아가 파괴될 때까지 계속된다. 식균세포(주로 큰포식세포)가 미생물과 죽은 조직을 제거함으로써 손상된 조직은 회복된다.

일반적으로 염증은 붉어짐, 열, 부종, 통증, 기능부전 등의 증상을 일으킨다. 혈관확장과 혈관 투과성의 증가는 붉어짐, 열, 부종 등의 원인이 된다. 염증성 화학적 매개물과 부어서 발생한 압력은

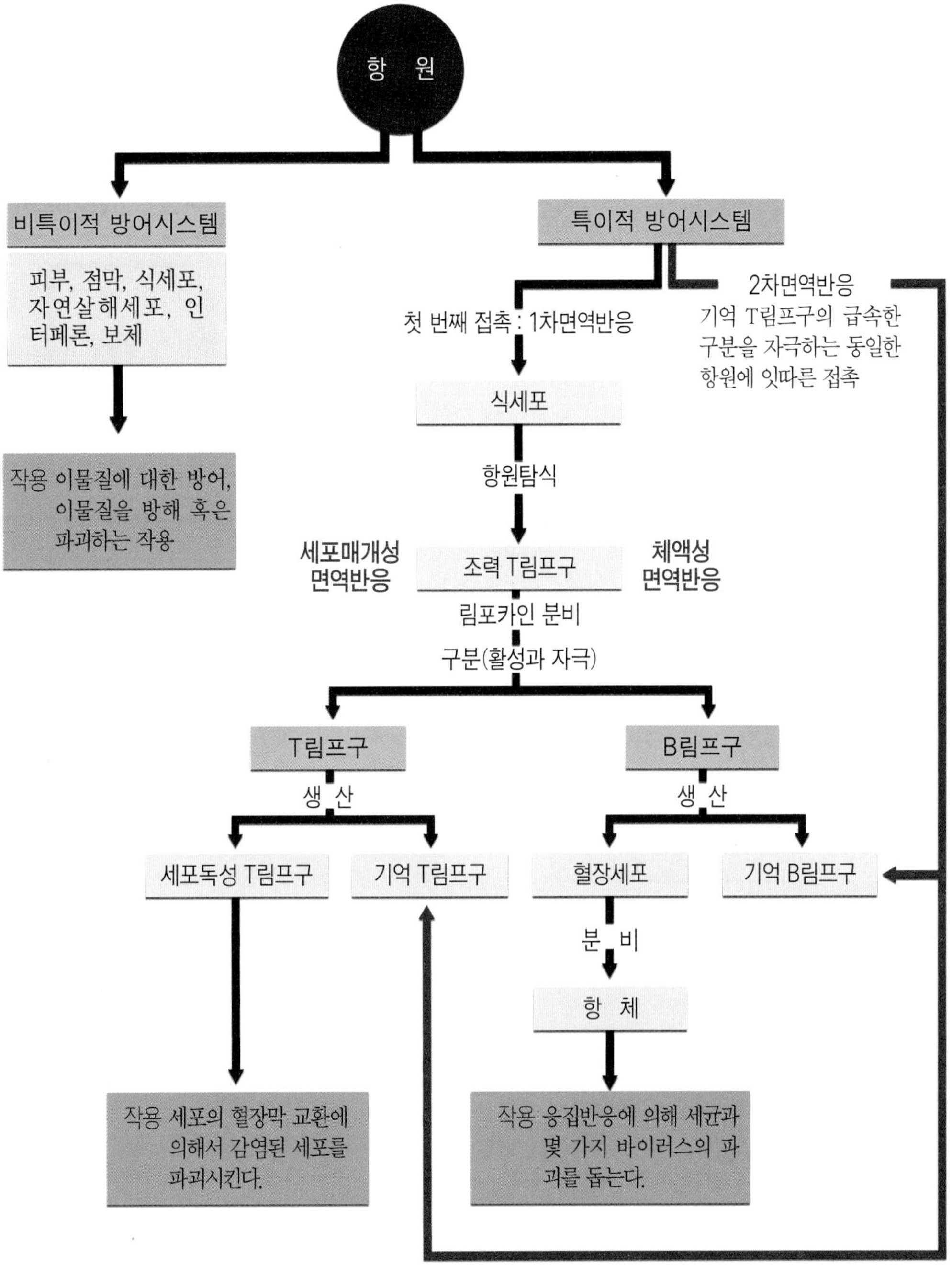

그림 14-9. 생체방어 기전의 개관

기능 부전을 수반하는 통증의 원인이다.

14.2.2.7 식균작용

가장 활발한 식균작용을 하는 면역세포는 호중구와 단핵구(monocyte)이다. 이들 세포들은 혈관벽

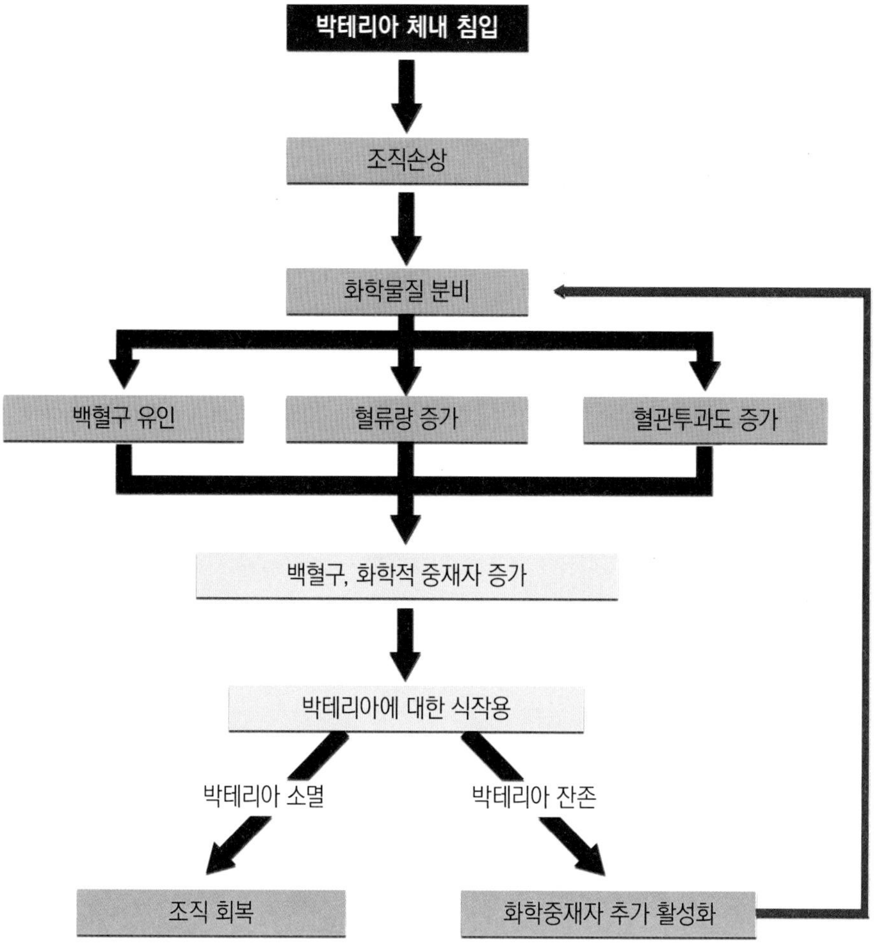

그림 14-10. 인체의 염증반응

상피세포 사이를 빠져나올 수 있으며, 손상된 조직에서 분비된 화학물질에 의해 유도된다. 호중구는 상대적으로 작은 입자를 삼키며, 단핵구는 보다 큰 입자의 식작용을 담당한다. 단핵구는 혈관 밖으로 나오면서 큰포식세포(대식세포, macrophage)가 된다. 호중구가 20여 개 정도의 박테리아를 삼킬 수 있는 데 비해 큰포식세포는 100여 개의 박테리아를 삼킬 수 있다.

또 하나 식균능력을 갖고 있는 면역세포로 가지세포(수지상세포, dentritic cell)가 있다. 가지세포라는 명칭은 나뭇가지 모양으로 성숙과정에서 뻗어나가는 모습을 갖고 있기 때문에 붙여졌으며 피부, 코속공간(비강), 허파, 위장 등 외부 환경과 접촉이 있는 조직에 존재한다. 피부에 존재하는 가지세포는 발견자의 이름을 따서 랑게르한스 세포(Langerhans cell)라고도 불린다.

가지세포의 주된 기능은 병원균을 잡아먹는 식균기능이 있지만, 가장 먼저 림프절로 이동하여 T 세포에 외적의 침입을 보고하는 역할을 하는 것이다. 이렇게 외적의 침입을 보고하는 방식을 항원제시라고 하며, 그러한 이유로 가지세포는 프로페셔널 항원제시세포라고 불린다. 즉 가지세포는 선천성 면역반응과 후천성 면역반응 사이의 매개체로서 기능한다고 할 수 있다. 항원 표시 또는 항원 제시를 통하여 외적의 침입을 T세포에 보고하는 과정은 다음 페이지에서 설명하기로 한다.

14.2.3 획득면역(특이적 저항)의 구성

14.2.3.1 체액성 면역과 세포성 면역

특이적 저항(specific resistance)은 특정물질을 인식하고 반응하며 기억하는 능력을 포함한다. 특이적 저항은 림프구의 활성 때문에 나타난다. 특이적 저항에는 T세포(T림프구)의 작용에 의한 세포성 면역과 B세포(B림프구)의 작용에 의한 체액성 면역이 있다.

체액성 면역은 B세포가 만드는 항체를 이용하여 외적을 물리치는 방법이다. 항체는 단백질(면역글로블린)로 이루어져 있으므며 혈액, 타액(침), 점액과 같은 체액에 섞인 상태로 존재하므로 체액성 면역이라고 한다. 외적이 침입했다는 보고를 받은 T세포는 B세포에게 항체를 만들도록 지시하는데, B세포에서 방출된 항체는 외적에게 달라붙어서 외적을 무력화하거나, 식작용을 가진 면역세포들이 잡아먹도록 하는 표식이 된다.

한편 세포성 면역은 바이러스, 결핵균 등 사람의 세포에 들어와 증식하는 형태의 외적에 대해 공격하는 구조이다. 즉 세포가 자신 안에 외적이 들어왔다는 신호를 내보내면, 세포독성T세포 등이 감염된 세포를 파괴한다. 이미 세포 안으로 들어온 외적에 대해서는 항체가 달라붙을 수 없으므로 직접 감염된 세포를 파괴하여 감염이 확산되는 것을 막는다.

14.2.3.2 림프구의 분화와 성숙

림프구는 백혈구 전체의 20~40%를 차지한다. 림프구는 과립구와 같은 과립을 갖고 있지 않고, 크기가 작으며, 세포질이 적은 특징을 갖고 있다. 기능에 따라 T세포, B세포, NK세포(자연살해세포, natural killer cell)로 나뉜다.

T세포나 B세포는 모두 적색골수의 미분화된 림프구로부터 분화된 것이다. 태아기에 적색골수는 미분화된 림프구를 순환계통으로 방출한다. 이들 림프구 중 절반은 가슴샘(흉선)에 도달하여 한동안 머무르게 된다. 여기서 가슴샘림프구(thymocyte)는 T림프구로 성장한다. T림프구는 림프조직에 머무는데, 특히 림프절, 가슴관, 지라에 많이 있다.

그 외의 림프구는 B림프구로 분화되기까지 적색골수에 머무르거나 간, 지라, 위점막으로 이동하여 B림프구로 분화된다. 순환림프구의 70~80%는 T림프구, 20~30%는 B림프구로 구성되어 있다. B림프구는 T림프구와 같이 림프조직에 머물며, 림프절, 지라, 골수, 창자의 속벽에 많이 존재한다.

14.2.3.3 항원과 항원수용체

항원은 인체에 침입해 면역반응을 일으키는 병원성 미생물(세균, 바이러스), 특정 단백질과 당류, 독소 등을 지칭한다. 이식받은 타인의 장기나 혈액형이 다른 혈액 등도 항원이 된다. 면역은 이들 항원이 면역을 담당하는 T세포와 B세포가 갖고 있는 항원수용체와 결합하면서 시작된다. 항원수용체는 T

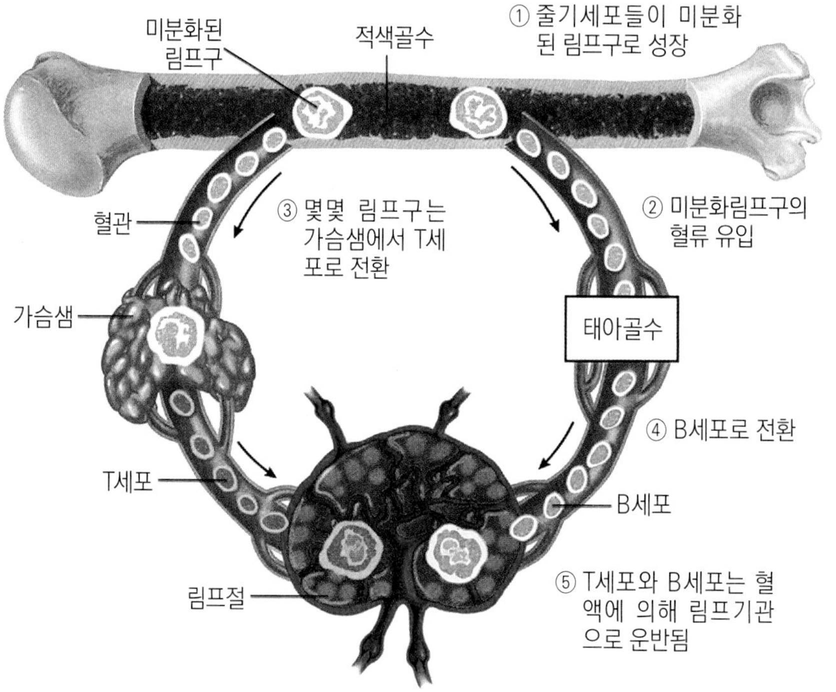

그림 14-11. 림프구의 분화

세포와 B세포의 표면에 위치하고 있는 단백질 구조를 지칭하는데, 각각 TCR(T cell receptor)과 BCR(B cell receptor)이라고 표시한다.

T세포의 항원수용체(TCR)는 가지세포나 큰포식세포가 외적의 침입에 대해 보고하는 것을 받아들

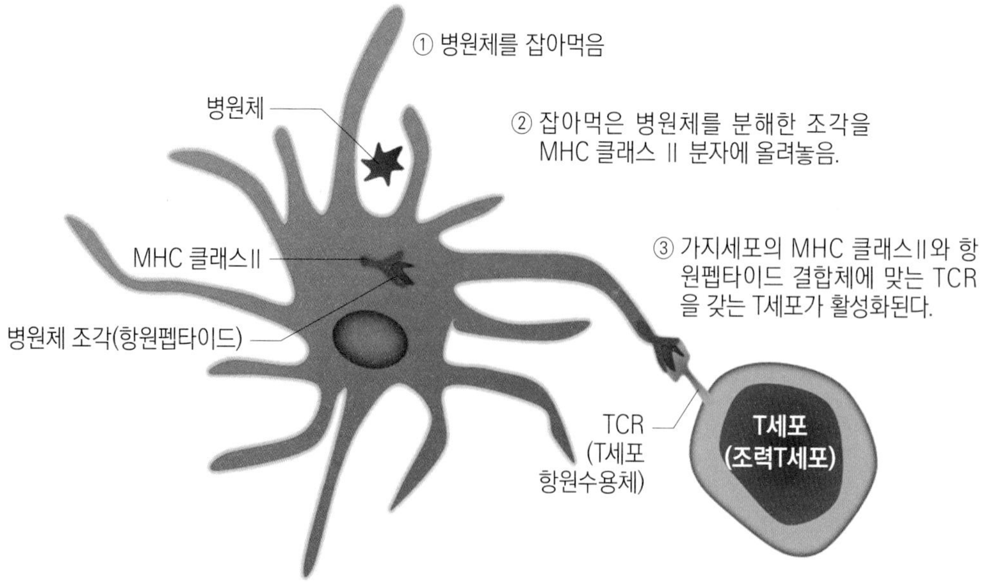

그림 14-12. 가지세포의 식작용과 항원 제시 과정

이는 수신기라고도 할 수 있다. 그 과정을 설명하면 다음과 같다.

① 가지세포나 큰포식세포가 외적을 잡아먹고 분해한 조각(항원펩타이드)을 세포표면에 내밀어서 감염되었다는 것을 표시한다[그림 14-12].

② 항원펩타이드를 세포표면에 내보낼 때에는 세포막의 '주요조직 적합항원(MHC) 클래스 II 분자'에 올려놓고 제시한다.

③ 제시된 항원펩타이드와 MHC 클래스II 복합체가 T세포 표면에 있는 TCR(T세포 항원수용체)에 딱 맞는 T세포와 만나게 되면, 그 T세포는 활성화된다.

④ 제시된 항원펩타이드와 MHC class II 복합체와 TCR이 결합하여 활성화되는 T세포는 조력T세포(helper T cell)로서 조력T세포는 사이토카인을 분비하여 B세포가 항체를 생산하여 방출하도록 하며, 한편으로는 감염된 세포나 암세포를 직접 공격하여 죽이는 세포독성T세포(cytotoxic T cell)를 활성화시킨다.

한 개의 T세포가 갖고 있는 항원수용체(TCR)는 한가지 뿐이어서 오직 하나의 항원밖에는 인식할 수 없다. 또한 TCR은 외적을 직접 인식할 수 없으며, 반드시 MHC와 복합체를 형성한 상태로 인식한다.

14.2.3.4 자기관용

골수에서 만들어져 가슴샘으로 보내진 T세포가 성숙할 때는 한 가지 항원수용체를 갖게 되면서 외부로부터 침입한 적(항원)을 제대로 인식할 수 있는지, 그리고 자가항원에 반응하지는 않는지를 테스트하는 과정을 거치게 된다. 자가항원이란 자기 자신이 가진 물질에 항체가 생기는 것과 항원이 될 수 있는 물질을 가르킨다. 따라서 만일 자기 자신을 적으로 간주하는 항원수용체를 갖는 T세포는 가슴샘의 선발 과정에서 실격처리되어 배제된다. 이처럼 자기 자신을 적으로 간주하는 T세포를 자가반응성 T세포라고 한다.

그런데 가슴샘에서의 선발 과정에서 빠져나온 자가반응성 T세포 중 일부는 흉선에서 빠져 나오는 일이 생긴다. 이렇게 빠져 나온 자가반응성 T세포가 자기 자신을 공격하는 자가면역 질환이 생길 수도 있다. 이 경우에는 제어 T세포가 자가반응성 T세포의 기능을 억제하여 면역반응을 일으키지 못하도록 한다. 이처럼 면역세포가 자기 자신을 공격하지 못하게 하는 것을 '자기관용'이라고 한다.

14.2.3.5 나이브 T세포와 이펙터 T세포, CD4, CD8 단백질

T세포는 가슴샘(흉선)에 머무는 동안 선발되는데, 이 경우에는 자신을 정확하게 인식하는 힘을 가진 T세포만 선발되어 살아남게 된다. 여기서 선발된 후 어떤 항원도 경험하지 않은 상태로 있는 T세포를 나이브 T세포(naive T cell)이라고 하며, 항원을 인식해서 활성화된 T세포는 이펙터 T세포(effector T cell)라고 한다.

나이브 T세포 중에서 세포 표면에 CD4라는 단백질을 갖는 T세포가 항원을 인식하는 경험을 통해 활성화되면 조력 T세포(helper T cell)나 면역작용을 종료시키는 제어 T세포가 된다[그림 14-13].

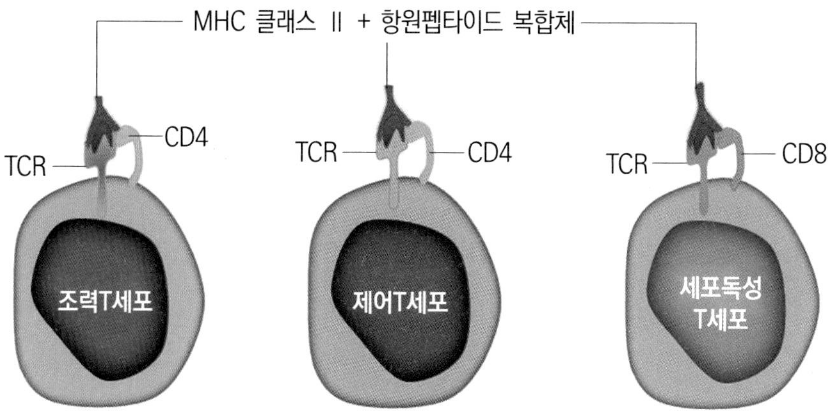

그림 14-13. CD4와 CD8을 갖는 T세포의 분화

① 세포표면에 CD4분자를 갖는 나이브 T세포는 활성화되면 조력T세포(헬퍼T세포, Th)나 제어T 세포(Treg)가 된다.
② CD8분자를 갖는 나이브 T세포는 활성화되면 세포독성T세포(Tc)가 된다.

조력 T 세포는 면역의 사령탑이라고 할 수 있으며, CD4⁺ T세포 또는 Th cell로 표시한다. 활성화된 조력 T세포는 항원제시세포가 분비하는 사이토카인의 종류에 따라 Th1, Th2, Th17 그리고 제어 T세포(Treg)와 같이 역할이 다른 조력 T세포로 분화한다. 예를 들어 바이러스에 감염되었을 경우 $CD4^+$ T세포는 Th1세포가 되어 세포독성 T세포(Tc)에 감염세포를 파괴하도록 지시하고, B세포에 항체를 생성시켜 바이러스에 대항하도록 한다. 또 기생충에 감염된 경우에는 $CD4^+$ T세포는 Th2세포가 되어 호산구와 대식세포를 활성화시키는 사이토카인을 분비하고, B세포에는 항체 IgE를 생성시켜 기생충에 대항하도록 한다.

제어 T세포는 면역작용이 완수된 후 그 작용을 멈추게 하는 역할을 하여 자가면역질환을 방지하는 기능을 하는데 Treg로 표시한다.

또 세포막 표면에 CD8이라는 단백질을 갖는 나이브 T세포가 항원을 인식하여 이펙터 T세포가 되면 감염된 세포나 암세포를 직접 공격하여 죽이는 세포독성 T세포(cytotoxic T cell)가 되는데, 이것은 $CD8^+$ T세포 또는 Tc cell 등으로 표시한다. T세포의 표면에 있는 CD4나 CD8단백질 분자는 항원수용체(TCR)의 인식능력을 보조하는 역할을 한다.

즉 조력 T세포는 MHC 클래스II 결합체와 결합하는 TCR을 갖고 있으며, 이 결합을 돕는 CD4 단백질을 갖고 있다. 그리고 세포독성 T세포는 MHC 클래스 I 결합체와 결합할 수 있는 TCR을 갖고 있으며, 세포막 표면에 그 결합을 돕는 CD8 단백질을 갖고 있다.

14.2.3.6 T세포와 사이토카인

T세포는 세포성 면역을 담당하는 세포로서 박테리아와 같은 외부항원을 갖는 세포와 직접 접촉하여 이를 처리하는 역할을 한다. 또한 T세포(그리고 일부 큰포식세포)는 사이토카인(cytokine)이라는 폴리펩타

이드(단백질)를 합성하여 분비한다. 사이토카인은 특정 세포의 반응을 강화시켜서 항원(antigen)에 더욱 효율적으로 대항하도록 한다. 사이토카인을 보다 특정지어 림포카인(lymphokine)이라고 부르기도 한다.

대표적인 사이토카인인 인터루킨-1과 인터루킨-2는 다른 T세포들이 여러 사이토카인을 합성하도록 자극한다. 즉 인터루킨-1은 T세포들을 활성화시키고, 인터루킨-2는 T세포의 증식을 자극하고, 세포독성T세포를 활성화시킨다. 집락자극인자(colony-stimulating factors : CSFs)라는 사이토카인은 적색골수 내에서 백혈구 생성을 자극하며, B세포의 성장과 성숙, 큰포식세포의 활성화를 유발시킨다. 인터페론(interferon)은 종양괴사인자(tumor necrosis factor : TNF)와 함께 암세포의 성장 억제에 중요한 역할을 하는 사이토카인이다.

표 14-1에 사이토카인의 종류를 소개하였다.

표 14-1. 사이토카인의 종류

사이토카인	기 능
집락자극인자(CSF)	림프구를 생산하는 골수 자극/바이러스 복제 차단, 큰포식세포의 식균작용 촉진
인터페론	B세포의 항체생성 자극, 암세포 공격
인터루킨	림프구 증식과 성장의 조절
종양괴사인자(TNF)	암세포 성장 억제, 박테리아 감염에 수반되는 열(fever) 생성, 림프구 증식 자극

14.2.3.7 T세포의 종류와 활성화

항원의 일부가 항원표지세포(antigen-presenting cell)라는 세포의 표면에 부착되어 나타날 때 T세포가 활성화된다. 큰포식세포(대식세포), 가지세포, B세포 등을 항원표지세포라고 한다.

T세포에는 몇 가지 주요 유형이 있는데, 그것은 조력T세포, 기억T세포, 세포독성T세포, 억제T세포이다.

첫째, 조력T세포(helper T cell)는 여러 단계를 통해 면역시스템을 움직여 박테리아의 감염을 막는다. 우선 가지세포나 큰포식세포(대식세포)가 식작용으로 박테리아를 삼키고, 라이소솜(lysosome) 내에서 소화시킨다. 박테리아가 분해된 항원펩타이드가 라이소솜에서 나와서 가지세포 또는 큰포식세포의 세포막 표면으로 이동한다. 이 항원펩타이드가 세포막의 MHC class Ⅱ(the major histocompatibility complex : MHC) 위에 올려져 나타나게 된다. 그러면 조력T세포는 가지세포 또는 큰포식세포의 세포막 표면에 나타난 항원펩타이드와 MHC classⅡ 복합체와 접촉한다. 만일 표지된 항원이 조력T세포의 항원수용체와 잘 맞아 결합되면 조력T세포는 활성화된다[그림 14-12]. 조력T세포의 역할은 B세포를 활성화시키는 한편 세포독성 T세포도 활성화시킨다. 조력T세포는 $CD4^{+}$ T세포로도 표시되며, HIV(AIDS의 원인 바이러스)의 주목표가 된다.

둘째, 세포독성T세포(cytotoxic T cell)는 암세포 또는 감염된 세포가 자신의 세포막 표면 위의 MHC 단백질 가까이에 비자기항원(nonself antigen)을 나타내면 이를 인식하는 작용을 한다. 세포독성T세포는 자신의 항원수용체와 맞는 항원과 결합하면 활성화되고, 이어서 증식하기 시작한다. 세포독성T세포가 항원을 갖고 있는 세포와 결합하면 퍼포린(perforin)이라는 단백질을 분비한다. 퍼포린은 이들 항원을 보유한 세포에 구멍을 내서 파괴한다.

셋째, 제어T세포(regulatory T cell)는 가지세포 등이 항원을 제시하는 것을 방해하거나 T세포 자체의 활성화를 제어하는 작용을 통해 외적이 침입한 후 면역 활동을 종료하는 역할을 한다. 또한 지나친 면역기능을 방지하는 역할을 통해서 자가면역질환을 방지하는 기능을 하는 것으로 알려져 있다.

그밖에 T세포나 B세포와 구별되는 NK세포가 있다. NK세포는 T세포나 B세포가 갖고 있는 외적을 인식하는 항원수용체를 갖고 있지 않다. 그러므로 항원에 특이적으로 반응하지 않으므로 자연면역세포라고 볼 수 있다. NK세포는 암세포와 감염된 세포를 죽이는 역할을 하는데, 세포독성 T세포와 유사한 방법으로 표적세포막에 구멍을 뚫고 독성 물질을 주입하여 죽이는 방법을 사용한다.

넷째, 기억T세포(memory T cell)는 항원에 처음 노출될 때 생성되는 많은 T세포 중 일부로서 항원에 직접 반응하지 않는 세포들이다. 이 세포들은 그 후 동일한 항원에 노출되면 즉각적으로 반응하여 세포독성T세포(cytotoxic T cell)로 분화된다. 이러한 반응을 통하여 침입한 유기체는 신체가 질병의 증세를 나타내기 전에 파괴된다.

14.2.3.8 B세포와 항체생성

B세포는 항체를 방출하는 체액성 면역의 중심적인 역할을 한다. B세포는 T세포와는 달리 여러 면에서 다양한 방법으로 외부 항원을 공격한다. B세포는 조력 T세포가 분비하는 사이토카인에 의해 활성화되면 형질세포(plasma cell)로 분화되며, 형질세포는 항체(antibody) 또는 면역글로불린(immunoglobulin)이라는 커다란 구형 단백질을 분비한다. 형질세포는 커다란 골지체(Golgi apparatus)를 가진 실질적인 항체생산공장이다. 감염이 최대한에 이르렀을 때 형질세포는 초당 2,000개의 항체를 생산·분비한다. 분비된 항체는 체액에 의해 운반되고, 항체는 여러 가지 방법으로 작용하여 특정 항원이나 항원을 보유한 입자를 파괴한다.

B세포는 자신의 항원수용체 모양과 적합한 항원을 만나면 활성화된다. 즉 T세포의 항원수용체(TCR)는 항원펩타이드와 MHC의 복합체와 결합하지만, B세포의 항원수용체(BCR)은 항원과 직접 결합할 수 있다. 수용체와 항원이 결합하면 B세포는 반복적으로 복제·증식된다. 그러나 대부분의 B세포들이 항원에 의해 활성화되려면 T세포의 도움이 필요하다[그림 14-14].

조력T세포(helper T cell)는 항원과 결합하고 있는 B세포를 만나면 특정 사이토카인을 분비하는데, 이 사이토카인은 B세포의 증식을 촉진한다. T세포는 B세포의 기능을 억제하는 사이토카인을 분비하여 항체생산을 억제할 수도 있다. 항원이 B세포의 세포막 표면에 있는 항원수용체(BCR)와 결합하면 B세포는 여러 번의 분화를 거쳐 형질세포(plasma cell)와 기억B세포(memory B cell)로 분화된다. 형질세포는 항체를 생산한다. 항원에 대해 효과적으로 대항할 수 있을 만큼 충분한 항체가 생산되기 위한 주요 반응은 약 3~14일 정도 걸리는데, 그동안 항원이 조직 손상을 일으킬 수 있어서 사람은 대개 질병증상을 나타내게 된다.

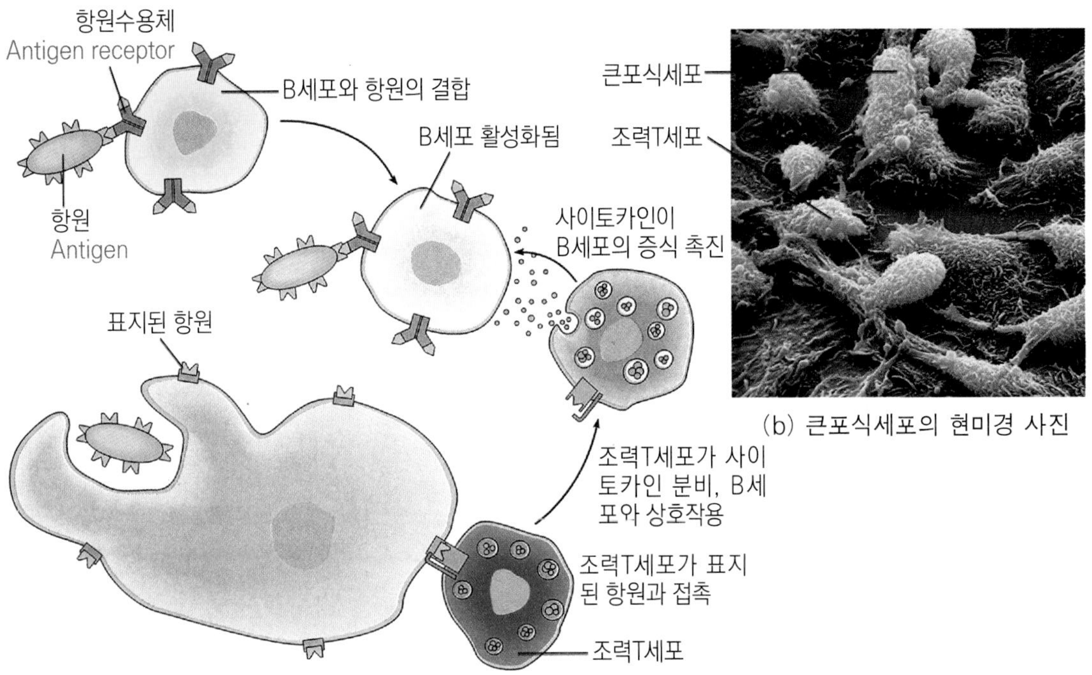

(a) 큰포식세포의 항원표지 과정

(b) 큰포식세포의 현미경 사진

그림 14-14. 큰포식세포(대식세포), 조력T세포, B세포의 상호 작용

표 14-2. 항체 생산 단계

B세포 활성
1. 항원보유체(antigen-bearing agent)의 인체 내 침입
2. B세포가 자신의 항원수용체의 모양과 같은 항원보유체를 만났을 때 활성화됨
3. B세포는 증식하고 성장함
4. 새로 형성된 B세포 중 일부는 형질세포(plasma cell)로 분화됨
5. 형질세포는 항체를 생산하여 분비함
6. 항체는 항원보유세포와 결합하여 이를 파괴시킴
T세포 활성
1. 항원보유체의 인체 내 침입
2. 가지세포, 큰포식세포와 같은 식균작용이 있는 항원표지세포(antigen-presenting cell)는 항원보유체를 삼키고, 라이소솜에 의해 소화됨
3. 분해된 항원보유체에서 나온 항원이 항원표지세포의 세포막 표면에 나타남
4. 조력T세포가 자신의 항원수용체와 모양이 같은 표지된 항원을 만났을 때 조력T세포는 활성화됨
5. 활성화된 조력T세포는 사이토카인을 분비함
6. 사이토카인은 B세포의 증식을 촉진함

기억B세포는 면역시스템이 이미 한 번 노출되었던 항원에 대해 두 번째 반응을 담당한다. 항원에 다시 노출되었을 때 기억B세포는 항체를 생성하는 형질세포를 만들기 위해 빠르게 분화한다.

두 번째 반응은 첫 번째 반응보다 다음과 같은 두 가지 면에서 더욱 개선되었다고 할 수 있다.

① 항체를 생산하기 시작하는 데 걸리는 시간이 줄어들고, ② 보다 많은 항체를 생산할 수 있다. 그 결과 항원은 빨리 파괴되고, 어떠한 질병증상도 나타내지 않게 된다. 즉 그 사람은 면역이 생긴 것이다.

면역기억세포는 특이성 저항의 기초이다. 항원을 파괴시킨 후 형질세포는 사멸하고, 그들이 방출한 항체는 퇴화하며, 항체의 수준은 더 이상 적절한 보호를 제공하지 못하는 수준까지 떨어진다. 그러나 면역기억세포는 경우에 따라 계속해서 살거나 몇 년 동안 잔존하기도 한다. 만약 면역기억세포의 생산이 자극되지 않거나 생산된 면역기억세포가 오래 살지 못하면 같은 질병의 반복적인 감염도 가능하다. 예를 들어 동종의 감기 바이러스는 동일인에게서 한 번 이상 일반적인 감기를 일으킬 수 있다.

14.2.3.9 항체(면역글로불린)와 보체

항체는 혈장단백질의 감마글로불린 분획을 구성하는 구형의 수용성 단백질로서 면역글로불린(immuno-globulin : Ig)이라고도 한다. 항체는 삼차원의 입체 구조로 되어 있어 특정 항원과 결합할 수 있는 항원결합부위가 있는데, 그 결합부위를 이디오타입(idiotype)이라고 한다.

면역글로불린의 5가지 종류 중에서 특히 3가지가 순환항체의 대부분을 차지한다. 면역글로불린G(IgG)는 항체의 80%를 차지하고, 면역글로불린A(IgA)는 13%, 면역글로불린M(IgM)은 6%를 차지한다. 나머지 면역글로불린D(IgD)와 면역글로불린E(IgE)는 소량으로 나머지 부분을 구성한다.

① 면역글로불린G(IgG)는 혈장과 체액 내에 존재하며, 박테리아나 바이러스, 독성물질에 대한 저항에 특히 효과적이다. IgG는 또한 보체(complement)라는 효소군을 활성화시킨다.

② 면역글로불린A(IgA)는 외분비액에서 발견된다. 즉 모유, 눈물, 콧물, 위액, 창자액, 쓸개즙과 소변 중에 존재한다.

③ 면역글로불린M(IgM)은 박테리아나 음식 내의 특정 항원과 접촉하였을 때 생성되며, 보체(complement)를 활성화시키는 역할을 한다.

④ 면역글로불린D(IgD)는 대부분의 B세포 표면, 특히 어린이의 B세포에서 발견되며, B세포를 활성화시키는 작용을 한다.

⑤ 면역글로불린E(IgE)는 IgA와 함께 외분비액에서 발견되며, 알러지반응(allergic reaction)에 관여한다. 표 14-3에서는 이들 면역글로불린의 작용을 요약하였다.

일반적으로 항체는 세 가지 방법으로 항원과 반응한다. 항체는 직접 항원을 공격하거나, 항원을 공격하는 보체(complement)를 활성화시키거나, 항원이 확산되는 것을 막기 위해 특정 부위의 변화를 유발시킨다.

항체의 직접적인 공격방법은 항원과 결합하여 항원이 서로 엉겨붙게 하거나 불용성 물질을 형성하게 하는 것이다. 이러한 작용은 식작용세포들이 항원보유체를 보다 쉽게 삼킬 수 있도록 한다. 또 다른 예는 항체가 항원분자의 독성 부분을 덮어서 독성을 중화시키는 것이다.

그러나 항체의 가장 중요한 기능은 보체를 활성화시키는 작용에 의해 이루어진다. 보체는 혈장

표 14-3. 면역글로불린의 종류와 작용

종 류	발 생 지	주 요 기 능
IgG	조직액과 혈장	박테리아, 바이러스, 독성물질에 대한 저항, 보체(complement) 활성화
IgA	외분비액	박테리아, 바이러스에 대한 저항
IgM	혈장	특정 혈액 수혈에 뒤이어서 적혈구막에서 자연적으로 발생하는 항원에 반응, 보체 활성화
IgD	대부분 B세포	B세포 활성화
IgE	외분비액	알러지 반응을 촉진

과 체액에 존재하는 일군의 단백질이다. IgG나 IgM 항체가 항원과 결합하면 이들 항체는 항체로부터 반응부위(reactive site)를 노출시킨다. 그로 인해 보체단백질을 활성화시키는 일련의 반응이 촉발된다. 즉 항원-항체복합체를 코팅하여 이 복합체가 보다 쉽게 식작용에 의해 처리될 수 있도록 하며, 큰포식세포와 호중구를 감염부위로 인도하고, 항원보유체를 응집시키며, 외부세포의 세포막을 파열시키고, 바이러스 분자구조를 변화시키기도 한다. 또는 염증반응을 촉진하여 감염체(infectious agent)가 번지는 것을 막기도 한다[그림 14-15].

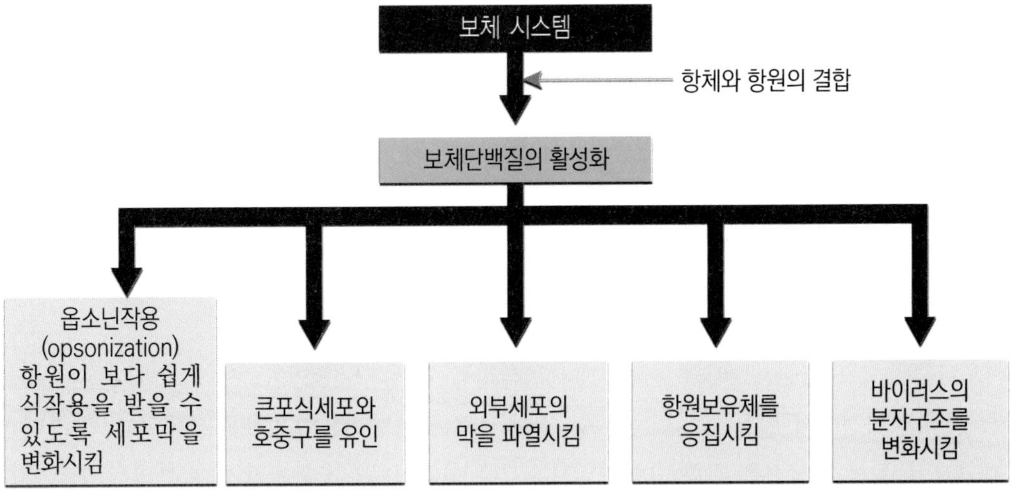

그림 14-15. 보체 시스템의 작용

IgE는 염증 반응을 촉진하는데, 때로는 너무 반응이 강해서 조직 손상이 유발되기도 한다. 이 항체는 광범위하게 분포되어 있는 비만세포(mast cell)를 자극하여 히스타민(hitamine)을 분비하게 한다. 히스타민은 혈관 확장과 부종과 같은 염증반응과 관련된 변화를 일으킨다.

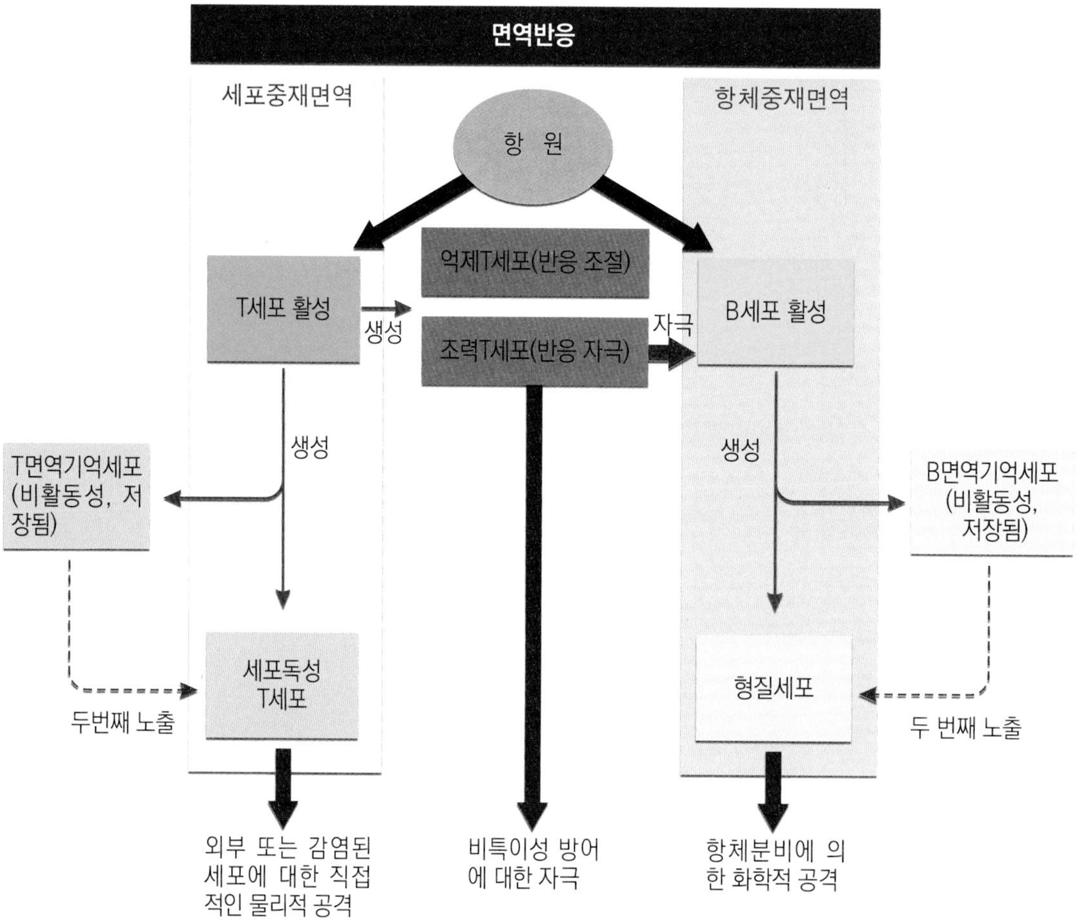

그림 14-16. 면역반응의 개요

14.2.4 면역반응

B세포나 T세포가 항원(antigen)을 처음 만나 활성화될 때 일차면역반응(primary immune response)이 일어난다. 이러한 과정에서 형질세포(plsma cell)는 항체(IgG에 뒤이어 IgM)를 림프액에 분비한다. 그러면 항체들은 혈액으로 들어가 전신을 순환하며 항원보유체를 파괴한다. 항체의 생산과 분비는 수주일간 지속된다.

일차면역반응에 뒤이어 증식된 B세포 중 일부는 휴면(비활성)상태로 남아 기억세포(memory cell) 기능을 한다. 만일 이후에 동일한 항원이 침입하였을 때 이 기억세포들의 복제가 가속화됨으로써 그 항원에 대해 IgG를 분비하여 신속하게 대응할 수 있게 된다. 앞서 설명한 기억T세포와 함께 기억B세포는 이차면역반응(secondary immune response)을 담당한다.

모낭가지세포(follicular dendritic cell)와 같은 림프절에 있는 특수한 세포들은 첫 번째 감염 이후 바이러스항원을 서서히 분비함으로써 계속적인 기억을 돕는다. 이러한 과정은 계속해서 기억B세포를 자

plus+

결합조직세포와 비만세포

결합조직은 다양한 종류의 세포를 갖고 있다. 이들 세포는 섬유모세포(fibroblast)나 비만세포처럼 그 수가 안정적으로 유지되기도 하고, 큰포식세포처럼 손상이나 감염에 반응하여 조직에 일시적으로 나타나기도 하는데, 이를 자유세포(wandering cell)이라고도 한다.

섬유모세포는 결합조직 내에서 가장 보편적인 고정세포로서, 결합조직의 바탕질에 단백질을 분비하여 섬유(fiber)를 생산한다.

큰포식세포(macrophage)는 단핵구로부터 유래하며, 보통은 섬유에 붙어 있다. 그러나 감염이나 손상이 일어날 때 섬유로부터 떨어져 나와 활발하게 이동할 수 있으며, 식작용(phagocytosis)과 항원표지세포로서의 기능을 통해 면역작용을 한다.

비만세포(mast cell)는 결합조직에 널리 분포하는 커다란 세포로서 혈관 근처에 위치한다. 비만세포는 혈액응고를 막는 헤파린(heparin)을 분비하며, 히스타민(histamine) 분비기능도 있다.

히스타민은 천식이나 고초열(알러지성 비염 : hay fever)과 같은 알러지반응 및 염증반응과 관련된 반응을 촉진한다. 히스타민은 비만세포 외에도 호염기구에 의해 분비되며, 모세혈관의 투과성을 증가시키거나 허파·기관지벽의 민무늬근육을 수축시키고, 위액과 점액분비를 증가시키는 등의 역할을 한다.

극하고 T세포에 항원을 제공하여 면역(immunity)이 유지되도록 한다.

14.2.5 알러지반응

알러지반응(allergic reaction)과 면역반응(immune response)은 림프구의 인식과정 또는 항체와 항원의 결합을 수반한다. 그러나 알러지반응은 해롭지 않은 물질에 대한 면역계통의 공격이며, 조직에 손상을 초래할 수 있다. 알러지반응을 유발하는 항원을 알러젠(allergen) 또는 알러지항원이라고 한다.

지연반응알러지(delayed-reaction allergy : Type Ⅳ)는 누구에게나 영향을 줄 수 있다. 이 알러지반응은 집안이나 작업장에서 흔히 접촉할 수 있는 화학물질에 반복적으로 피부가 노출될 때 초래된다. 반복적으로 접촉한 후 외부물질은 T세포를 활성화시키고 많은 T세포들이 피부에 모여들게 된다. 이어서 T세포와 큰포식세포는 화학인자들을 분비함으로써 피부의 발진과 염증을 유발한다. 이러한 반응은 약 48시간이 걸리므로 지연반응알러지라고 한다.

자가면역반응(autoimmunity)은 자기항원을 용납하는 능력이 상실된 것으로, 일종의 과민성 반응이다. 때때로 면역시스템은 자기(self)와 비자기(nonself)를 구분하지 못하고 자가항체(autoantibody)라는 항체를 생산한다. 이어서 세포독성T세포는 신체의 정상적인 조직과 기관을 공격한다.

이러한 일이 발생하는 원인은 바이러스가 인체세포 내에서 복제되는 동안 세포막 표면으로부터 특정 단백질을 빌려서 자신의 표면으로 덮어쓰기 때문에 일어나는 것으로 생각된다. 일단 면역시스템이 변장한 바이러스의 표면 단백질을 학습하여 바이러스를 파괴하면 그다음부터 그 특정 단백질을 갖고 있는 정상세포들을 공격하여 파괴하기 시작한다. 또 다른 설명으로는 일부 가슴샘에서 탈출하여 자기와 비자기를 구분하는 학습을 받지 않은 T세포들이 자기면역반응을 일으키는 것으로 설명되고 있다. 또는 비자기항원이 우연하게도 자기항원과 닮았을 때 일어나기도 한다.

즉각반응알러지(immediate-reaction : Type I)는 알러젠과 접촉한 지 수분 만에 일어난다. 이러한 종류의 알러지를 가진 사람은 특정 알러젠에 반응하여 IgE항체를 과다 생산하는 유전적 형질이 있다. 즉각반응알러지는 알러젠을 처음 접촉할 때 B세포를 활성화시키고 인지하도록 한다. 그 후에 알러젠에 노출될 때 알러지반응을 유발한다. 처음 항원에 접촉할 때 IgE는 광범위하게 분포되어 있는 비만세포(mast cell)와 호염구의 세포막에 붙게 된다. 뒤이은 알러젠-항체반응이 일어날 때 이들 세포들은 히스타민, 프로스타글란딘 D2(prostaglandin D2), 류코트라이인(leukotriene)과 같은 알러지반응 매개물을 분비한다. 이들 물질은 혈관확장, 혈관 투과도 증가, 기관지와 내장근육의 수축, 점액분비 증가와 같은 다양한 생리적 반응을 유발한다.

아나필락시쇼크(anaphylactic shock)는 심각한 형태의 즉각반응알러지로서 비만세포가 알러지 매개물을 인체 전반에 걸쳐 분비한다. 그러면 우선 설명할 수 없는 불안감을 느끼고, 갑자기 전신이 가렵고 빨간 두드러기가 나타나게 된다. 구토와 설사가 뒤이어 나타날 수 있고, 얼굴·혀·후두가 부어올라 숨쉬기 힘들게 된다. 에피네프린 주사를 맞거나 기관 절개로 호흡할 수 있게 하지 않으면 의식을 잃고 5분 이내에 사망할 수 있다. 아나필락시쇼크는 페니실린이나 벌침 등에 대한 알러지반응으로 유발될 수도 있다.

표 14-4. 면역반응세포의 요약

세 포	기 능
큰포식세포	식균작용, 외부항원을 처리하여 T세포에 내보임 T세포 성장을 자극하는 단백질 성장인자(protein growth factors)를 분비
조력T세포	세포독성T세포 활성화, 식균세포 유인, B세포의 형질세포로 전환을 촉진
세포독성T세포	표적세포의 용해를 유발하는 화학물질 분비, 표적세포의 DNA 파괴, 큰포식세포 유인과 식균활성 강화
억제T세포	조력T세포와 세포독성T세포의 활성 억제, 식균작용 억제, 형질세포에 의한 항체보호작용 감소, 자가면역반응 차단
기억T세포	림프조직에 남아서 최초에 침입한 항원 기억
자연살해(NK)세포	용해에 의해 외부세포 파괴
B세포	항체생성 형질세포로 전환
형질세포	B세포가 전환되어 생성, 항체의 생산
기억B세포	초기 항원에 노출될 때보다 동일한 항원이 재차 침입할 때 더욱 빠르고 강력하게 반응
가지세포	식균과 항원 제시, 항원을 삼키고 분해한 조작을 세포 표면에 발현하여 T세포를 제시

14.2.6 조직이식과 거부반응

조직이나 장기이식수술에서 가장 위험한 것은 장기나 조직을 이식받은 사람의 면역시스템이 이식된 장기나 조직을 비자기(nonself)로 인식하여 공격·파괴하는 것이다. 이러한 반응을 조직 거부반응(tissue rejection reaction)이라고 한다.

한편 이식된 조직은 이식받은 사람의 다른 조직에 해를 끼칠 수 있는 물질을 생산할 수 있는데, 이를 공급-수용자질병(graft-versus-host disease)이라고 한다. 조직 거부는 비자기항원에 대항하는 세포매개성 반응과 유사하다. 공급과 수용자 사이의 조직항원의 차이가 클수록 거부반응이 더욱 빠르고 심각하게 일어난다.

면역억제제는 이식된 조직에 대한 거부반응을 감소시키기 위해 사용된다. 면역억제제는 T세포의 생산 또는 항체생성을 억제하여 세포성 또는 체액성 면역반응을 감소시킨다. 불행하게도 면역 억제제는 수용자의 면역시스템을 약화시켜 감염에 대해 취약한 상태가 되도록 한다.

14.3 운동과 면역

운동과 면역계통의 관계에 대해서는 과거 십수년간 매우 광범위한 연구가 이루어져 왔고, 질적·양적으로 증가하는 추세이다. 현재까지의 연구 결과를 살펴보면 대체적으로 운동에 따른 면역계통의 반응에서 상반된 결과가 보고되는 경우가 많아 일관된 결론을 도출하기 힘든 상황이다. 그 이유는 면역계통에 포함되는 연구의 범위가 매우 광범위하여 운동으로 유발되는 일부의 변화가 인체저항력이라는 포괄적 개념에 어떠한 의미를 갖고 있는지 해석하기 쉽지 않다는 점에 있다. 더구나 그러한 변화 조차도 대상자의 연령, 체력 수준, 운동강도와 지속시간, 운동기간, 운동형태, 계절적 요인 등에 따라 매우 다양하다.

따라서 이 장에서는 운동과 면역계통의 관계를 설명할 때 다음 두 가지 관점을 구분짓기로 한다.

① 일회적 운동 시에 따라 나타나는 면역계통의 급성 반응으로, 운동 전에 비해 운동 중과 운동 후 시간 경과에 따른 변화의 고찰이다. 또한 저강도에서 고강도의 최대운동에 따른 일회성 변화에 대해 살펴보는 것이다.

② 일정 기간 동안 반복적으로 운동을 수행하였을 때 보다 장기적으로 나타나는 면역계통의 변화를 고찰하는 것이다.

면역계통의 변화를 설명하기 위해서는 면역계통의 여러 구성 요인을 다음과 같이 나누어 고찰하여야 한다.

1) 과립형 백혈구(호중구, 호산구, 호염기구)에 미치는 운동의 영향

2) 무과립형 백혈구에 미치는 운동의 영향

① 단핵구와 큰포식세포에 미치는 영향
② 자연살해세포(NK cell)에 미치는 영향
③ T림프구에 미치는 영향
④ B림프구에 미치는 영향
3) 면역글로불린(항체)에 미치는 운동의 영향
4) 사이토카인에 미치는 운동의 영향
5) 면역과 신경내분비 계통의 반응에 미치는 운동의 영향

14.3.1 과립형 백혈구에 미치는 운동의 영향

일회적 운동 중과 운동 후 백혈구수의 증가 현상을 운동유발성 백혈구증가증(exercise-induced leukocytosis)이라고 한다. 운동으로 인한 일시적인 백혈구 증가 현상은 ① 심박출량의 증가와 같은 혈행의 변화, ② 수분 손실에 따른 혈액농축(hemoconcentration), ③ 에피네프린의 기능 등이 상호 작용한 결과로 생각된다. 이러한 운동유발성 백혈구 증가 양상은 운동 초반부의 카테콜아민 의존성 림프구 증가와 후반부의 코티졸 의존성 과립구 증가에 의한 것으로 밝혀지고 있다.

과립구 중 특히 운동에 반응하여 수가 증가하는 백혈구는 호중구이다. 호중구는 순환백혈구 중에서 가장 많은 비율을 차지한다. 이것은 식균작용뿐만 아니라 자연살해세포(NK cell)와 더불어 인체의 최전선을 방어하는 역할을 하며, T세포와 B세포의 활성에 영향을 미치는 사이토카인(cytokine)의 합성과 분비를 담당한다. 이러한 호중구 증가의 기전은 운동으로 인해 분비가 증가하는 코티졸과 카테콜아민에 의한 것으로 볼 수 있다.

한편 호중구의 기능과 관련하여 대체로 중간 강도의 운동은 긍정적 영향을 보고하고 있는 반면, 탈진적인 지구성 운동은 부정적 영향을 보고하는 경우가 많다. 호중구의 기능 중에서 혈류로부터 빠져나오기 위해 혈관에 유착되는 능력(adherence capacity)은 보편적으로 변화가 없거나 감소하는 것으로 보고되고 있다. 그런데 화학적 매개물에 유도되어 백혈구가 이동하는 능력인 주화성(chemotaxis)과 식작용(phagocytosis), 그리고 살균성 활성은 중간 강도 이상의 운동에서 증가하는 것으로 보고되고 있다. 그러나 대상자와 수행한 운동의 강도에 따라서 많은 예외가 존재한다.

14.3.2 무과립형 백혈구에 미치는 운동의 영향

14.3.2.1 단핵구와 큰포식세포에 미치는 영향

전체 백혈구의 3~7%를 차지하는 단핵구(monocyte)는 식균작용을 갖고 있는 초기 면역반응에 중요한 백혈구이다. 주된 임무는 항원을 처리하고 조력T세포에 항원을 제공하는 것이다. 단핵구에서 분화된 큰포식세포는 비특이적 면역반응에 참가할 뿐만 아니라, 조력T세포를 통한 특이적 면역기전에 중요한 역할을 한다.

운동이 단핵구와 큰포식세포에 미치는 영향에 대한 연구는 상대적으로 적고 그 결과도 일관되지 않으나, 대체로 일회적 운동에 의해 큰포식세포의 살균능력이나 식작용(phagocytosis)을 증가시킨다. 그러나 운동 트레이닝에 의해 혈중 단핵구 수와 단핵구의 비율에는 변화가 없는 것으로 보고되고 있다.

14.3.2.2 자연살해세포(NK cell)에 미치는 영향

세 가지 중요한 림프구아형(T·B·NK세포) 중 하나인 자연살해세포(natural killer cell : NK cell)는 혈액림프구의 약 15%를 차지하며, 악성질환 확대에 대한 최일선 방어에서 중요한 역할을 하고, 운동에 대해 가장 높은 반응성을 보인다. 대체로 중간 강도의 운동은 NK 세포수와 비율을 증가시키는데, 이러한 반응은 운동 중 T림프구의 기능저하를 보상하는 것으로 해석되고 있다.

그러나 마라톤이나 철인 3종경기와 같은 지구성 운동 중에 NK세포의 절대수와 비율이 감소한다. 이처럼 격심한 운동에 따른 T세포와 NK세포의 기능 억제 현상은 면역계통의 취약성이 일시적으로 매우 높아져서 기회감염(opportunistic infection)의 위험성이 높아짐을 의미한다.

또한 자연살해세포의 독성활성(NK cytotoxic activity : NKCA)은 바이러스 감염에 대해 최일선 방어체계를 구성하는데, 대부분의 운동에 대해 40~100% 증가한다고 보고되고 있다[그림 14-17]. 그러나 마라톤과 같은 탈진적 운동이나 격렬한 트레이닝은 NKCA의 감소를 보고하고 있다. 한편 대체로 체력 수준이 높은 집단이 좌업집단에 비해 안정 시의 NKCA가 높다는 것이 일반적인 보고이다.

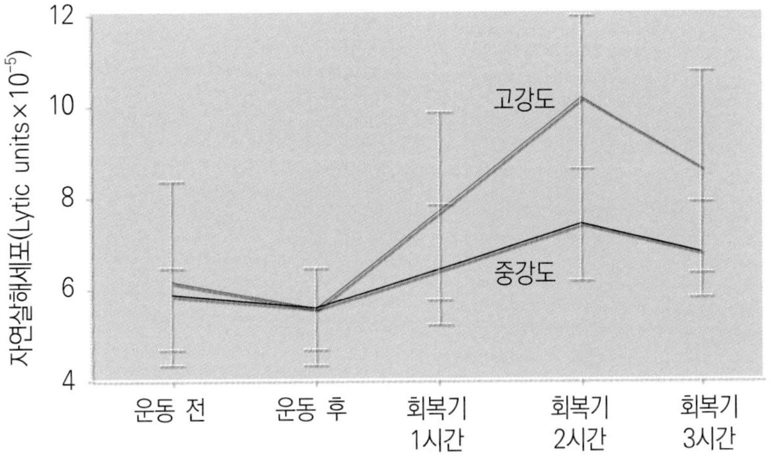

그림 14-17. 고강도와 중간 강도 운동에 대한 NK세포당 NKCA 반응

14.3.2.3 T림프구에 미치는 영향

림프구(lymphocyte)는 특이면역에 중심 역할을 하며, 세포성 면역을 담당하는 T세포와 체액성 면역을 담당하는 B림프구로 구분된다.

림프구는 운동의 초기에 증가하고 운동 후 회복기에 감소하는 것으로 보고되고 있다. 림프구 수와 비율은 지구성 운동 후 30분 이내에 안정 시 수준보다 30~50%가 감소하고, 3~6시간 동안 낮은 수치로 남아 있다.

T림프구아형 중에서 조력T림프구와 제어T림프구 등은 세포성 면역기능을 알아보는 좋은 지표가 된다. 조력T림프구는 TH1과 TH2아형으로 구성된다. TH1은 사이토카인인 인터루킨-2(IL-2)와 인터페론-γ(IFN-γ)를 생산하고 세포성 면역반응에 기여하는 반면, TH2는 인터루킨-4, 5, 6(IL-4, 5, 6)과 인터루킨-10(IL-10)을 생산하고 체액성 면역기능에 중요하다.

면역기능의 한 지표로서 제어T림프구에 대한 조력T림프구의 비율이 중요시되고 있다. 조력T림프구의 증가와 제어T림프구의 감소로 인한 이 비율의 증가는 면역반응의 향상으로 해석할 수 있다. 조력T세포/제어T세포 비율의 정상범위는 연구자에 따라 차이가 있으나 1.5~2.2 수준으로 제시되고 있다. 이 비율이 운동에 의해 임계치(critical value)인 1.5 이하로 떨어지면 면역기능이 약화되고 감염이나 질병의 위험성이 높아진다고 볼 수 있다.

대체로 최대산소섭취량($\dot{V}O_2max$)의 40~60%에 해당하는 저·중간 강도의 운동은 T림프구아형의 절대수와 비율에 긍정적 영향을 미친다. 마라톤, 철인3종경기와 같은 격렬한 운동 시에는 호르몬환경의 교란, 심리적 스트레스, 근육상해 등과 관련된 부정적 반응이 나타난다.

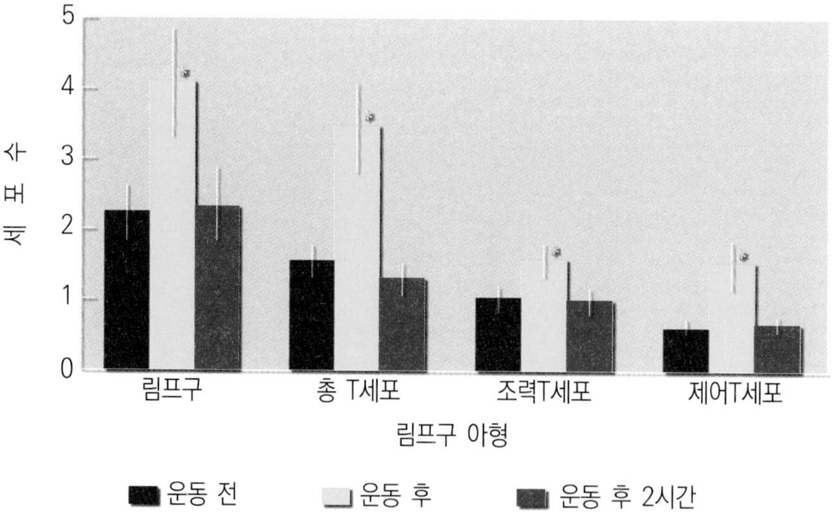

그림 14-18. 점증부하 사이클링 테스트 후 T세포아형 수의 변화(Lewicki 등, 1988)

14.3.2.4 B림프구에 미치는 영향

B림프구는 림프구의 15%를 차지하며 항체매개면역반응을 담당하는 항체(antibody)를 생산한다. B세포와 운동에 대한 연구는 많지 않으나 대체로 고강도의 지구성 운동에 의해서도 B세포의 수에 변화가 나타나지 않는다는 보고가 우세하다.

14.3.3 면역글로불린(항체)에 미치는 운동의 영향

총혈장단백질의 약 20%는 면역글로불린이다. 면역글로불린은 당단백질의 일종으로 세포막 표면에서 항원 수용체로 작용하기도 하고, 일부는 항체로서 혈청이나 림프액에 존재한다. 5종류의 면역글로불린(IgG, IgM, IgA, IgD, IgE)은 단시간의 운동에 의해서는 일관된 변화가 나타나지 않지만, 격렬한 탈진적 트레이닝에 의해 감소된다고 보고되고 있다.

운동과 관련해서 가장 뚜렷한 변화를 보이는 면역글로불린은 점액에서 발견되는 IgA이다. IgA는 점막상피에 대한 바이러스와 박테리아의 부착을 억제하고 바이러스 복제를 억제하여 상기도호흡감염(upper respiratory tract infections : URTI)을 예방하는 역할을 한다.

중간 강도의 운동은 타액 중 IgA에 영향을 주지 않지만, 마라톤, 노르딕스키, 장거리 사이클이나 수영과 같은 격심한 지구성운동은 타액 중 IgA를 감소시킨다. 특히 전형적인 실험실 조건에서 75%$\dot{V}O_2$max 이상으로 90분 동안 트레드밀운동을 한 육상선수들에게서 IgA 분비량이 20~50% 감소했고, 뒤이어 2, 3일째 현저히 감소하는 것으로 나타났다는 보고도 있다(Mackinnon 등, 1994).

이러한 보고들은 매일 격렬한 운동이 연속될 때 상기도호흡감염(URTI)의 위험성이 높아질 수 있음을 보여준다. 그림 14-19는 운동량과 운동강도가 상기도호흡감염과 갖는 관련을 나타내주는 일명 'J형 패턴'을 보여준다. 즉 여러 역학적 연구들은 중간 강도 운동은 상기도 호흡감염의 위험을 낮추어 주지만, 고강도의 격렬한 운동은 감염의 위험성을 증가시킨다는 것을 증명하고 있다. 이러한 J형 패턴은 단순히 상기도호흡감염뿐만 아니라, 전반적인 면역기능과 운동강도와의 관계에 적용될 수 있을 것으로 생각된다. 그림 14-20은 지나친 운동이 인체의 면역기능을 감소시키는 경로를 가설적으로 제시한 것이다.

14.3.4 사이토카인에 미치는 운동의 영향

사이토카인(cytokine)은 T세포, B세포, 큰포식세포 등의 면역세포에 의해 주로 분비되는 펩타이드(단백질)이다. 지금까지 발견된 사이토카이은 인터루킨(IL-1부터 IL-13), 집락자극인자(colony stimulating factor : CSF), 인터페론(IFN), 종양괴사인자(tumor necrosis factor : TNF) 등이다. 격렬한 신체활동은 근육통이나 손상을 초래하는데, 운동 후 조직손상에 대한 반응은 염증반응과 유사하게 나타난다. 즉 격렬한 운동은 IL-1, IL-2, IL-6, TNF-α와 같은 염증반응에 참여하는 몇 가지 사이토카인에 현저한 변화를 유발시킨다.

대체로 일회적 운동은 IL-1과 IL-6의 증가를 유발된다. 이 경우에는 단축성 운동에 비해 뼈대근육의 통증과 손상과 관련이 깊은 신장성 운동(eccentric exercise)에 의해 더욱 뚜렷한 증가가 유발된다. 반면 세포독성T세포와 NK세포의 활성을 유발하는 IL-2는 대체로 감소하는 양상을 보인다.

한편 인터페론은 일회적 운동이나 훈련에 따른 일관된 변화가 나타나지 않고 있으므로 잘 통제된 더욱 많은 연구가 필요하다.

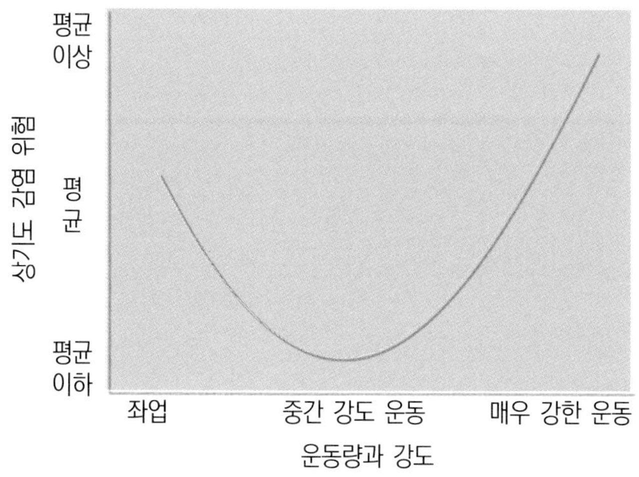

그림 14-19. J형 모델 : 운동강도와 상기도호흡감염(URTI)의 위험성

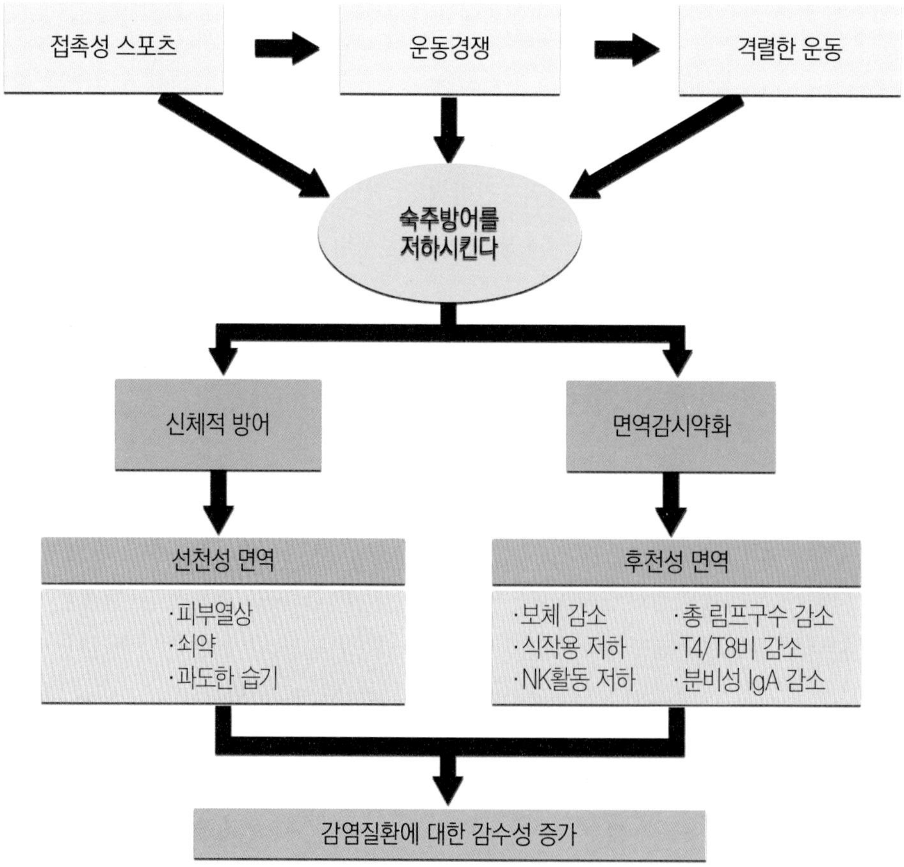

그림 14-20. 고강도의 연속적인 운동과 감염 간의 가설적 관계

이상과 같은 결과들은 대체로 저·중간 강도의 운동은 면역반응에 긍정적으로 작용하는 반면, 고강도의 장시간 운동은 오히려 면역기능 약화를 의미하는 여러 가지 부정적 반응이 나타남을 알 수 있다. 그러나 여기에서 의미하는 고강도의 운동이란 절대적인 운동강도가 아니라 체력 수준보다 지나치게 높은 강도의 운동을 의미한다.

표 14-5는 저·중간 강도의 운동과 고강도의 운동이 면역반응에 미치는 영향을 비교하고 있다. 지나치게 무리한 운동은 T림프구의 일시적 감소를 유발하며, 한편으로는 면역반응을 지나치게 항진시키기도 한다. 면역계통의 과잉활동 중에 큰포식세포(macrophage)의 과잉활동을 예로 들면, 큰포식세포가 염증유발인자인 종양괴사인자(TNF-α)를 과잉분비하면 여러 가지 신체반응이 유발된다. 즉 체온상승과 함께 땀을 분비하도록 하고, 식욕을 감퇴시키며, 체단백질 분해작용을 촉진시킨다.

표 14-5. 중간 강도 이하의 운동과 탈진적 운동이 면역반응에 미치는 일시적 영향

중간 강도 이하의 운동	탈진적 고강도운동
1. 백혈구수, 호중구수 증가	1. 림프구아형(T, B, NK세포) 절대수와 비율 감소
2. 호중구 기능의 활성	2. T4/T8 비율 감소
3. 큰포식세포기능의 활성	3. 항체합성 감소
4. NK세포수와 세포독성(NKCA) 증가	4. 타액 중 IgA 감소와 상기도호흡감염률 증가
5. 림프구 증식(유사분열 물질자극)	5. 종양성장에 대한 저항력 감소
6. 감염에 대한 저항력, 종양성장 억제	6. 자가면역질환 유발
7. 혈청면역글로불린 항진	7. 사이토카인의 면역조절기능 약화

14.3.5 면역계통과 신경내분비 반응에 미치는 운동의 영향

면역계통과 신경내분비계통이 관련되어 있다는 증거가 1980년대에 발견된 이후 면역계통을 신경내분비계통과 관련시켜 연구되고 있다. 신경내분비계통과 면역계통의 관련성은 다음과 같은 증거에 의해 증명되고 있다.

① 림프기관에 교감신경섬유가 존재하는데, 이는 면역계통의 세포에 신호를 전달할 수 있는 뇌와 면역계통에 해부학적 연결이 있음을 의미한다.

② 여러 가지 호르몬수용체들이 면역세포의 세포막에서 발견되고 있다. 즉 베타엔도르핀(β-endorphin)의 수용체, β-2 에피네프린수용체와 부신겉질자극호르몬(ACTH)의 수용체가 림프구에서 발견되고 있다. 그리고 이러한 수용체의 밀도는 림프구아형에 따라 다르다. 예를 들어 NK세포와 T8세포는 T4세포에 비해 β-2 아드레날린수용체를 2~3배 더 많이 갖고 있다.

③ 림프구에서 ACTH, 감마-엔도르핀(γ-endorphin)과 유사한 물질이 분비되고 있음이 발견되고 있다.

이러한 증거들은 면역계통과 신경내분비계통 사이에 완전한 조절회로, 즉 면역성 신경내분비조절회로(immunoneuroendocrine regulatory circuit)가 존재함을 말해준다.

면역계통과 신경내분비계통과의 관련은 스트레스 반응과 관련하여 연구되고 있다. 스트레스에 대한 인체의 대응 기제는 제9장 내분비계통에서 배웠듯이 시상하부-뇌하수체-부신겉질(HPA axis) 경로와 교감신경-부신속질 경로를 통해 이루어진다. HPA축에 의해 ACTH와 코티졸 등이 분비되며, 교감신경경로의 부신속질에서는 에피네프린과 노르에피네프린이 분비된다.

이들 호르몬은 일반적으로 면역반응의 억제자로 작용한다. 코티졸과 같은 부신겉질호르몬은 항원유발성 증식 반응이나 IL-2의 합성을 억제하고, 에피네프린은 제어T세포와 NK세포수는 증가시키는 반면 조력T세포와 T4/T8 세포 비율, NK세포독성(NKCA), 항체생산 감소와 관련되어 있다. 그림 14-21은 정상적인 상태에서 인체에 외부의 항원 스트레스가 작용하여 염증반응이 일어날 때 인체의 신경 및 내분비계통이 어떻게 반응하여 염증 반응을 억제하는지 보여주고 있다.

운동에 따른 스트레스호르몬의 반응은 대체로 일시적으로 면역기능을 감소시키는 방향으로 작용한다고 볼 수 있다. 그러나 운동 중에는 그 외에도 뇌하수체로부터 프로락틴(prolactin)과 베타엔도르핀을 비롯한 아편유사 펩타이드호르몬, 성장호르몬(growth hormone)의 분비가 촉진되고 갑상샘호르몬의 분비도 증가한다. 이들 호르몬들은 반대로 면역자극성 작용을 갖는 것으로 보인다[그림 14-22]. 즉 베타엔도르핀은 자연살해세포독성(NKCA)과 림프구를 증식시키며, 시험관 내에서 림프계통의 세포에 의한 IL-1 유발성 IL-2의 생산을 증가시키는 것으로 밝혀졌다. 그림 14-23은 운동 중 신경내분비계통과 면역계통 간의 상호작용을 나타내고 있다.

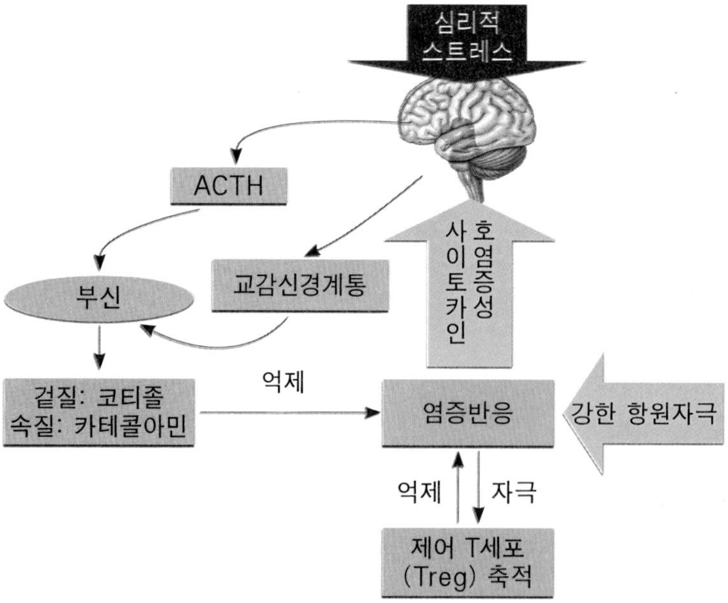

그림 14-21. 면역반응으로서 염증반응과 HPA 축의 활성화 관계

출처 : J. Neuroimmunology, 196 : 135, 2008

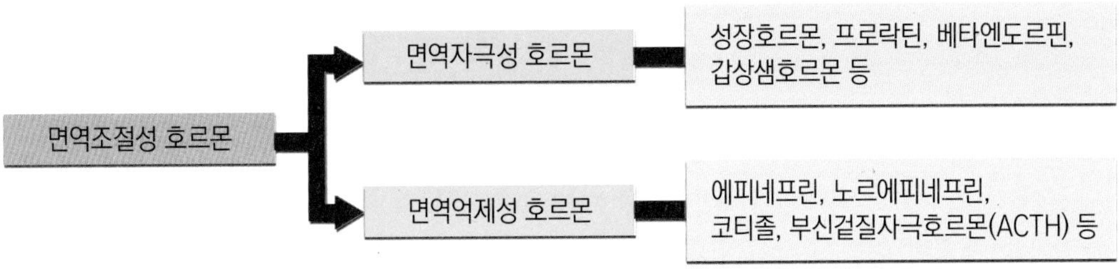

그림 14-22. 면역자극성 호르몬과 면역억제성 호르몬

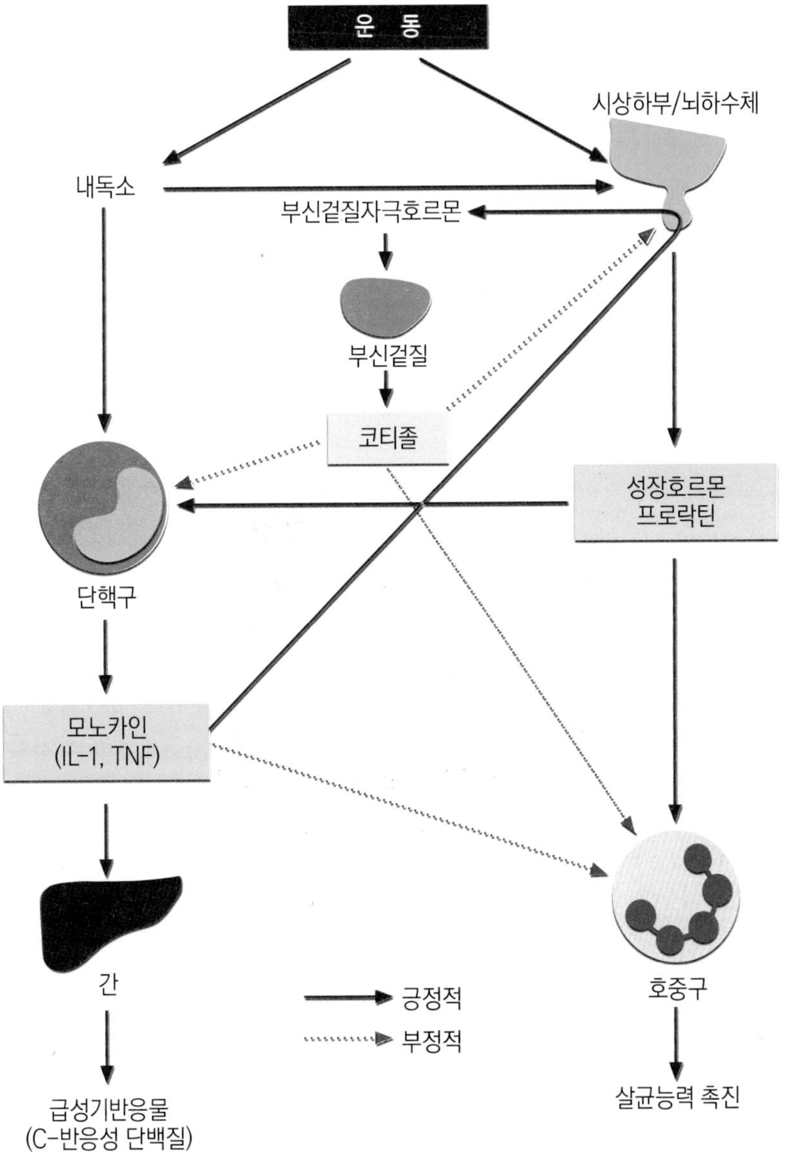

그림 14-23. 운동 중 신경내분비계통과 면역계통 간의 상호 작용

14.4 암과 운동

여러 역학적 연구들은 신체적 운동이 특정 암의 발병 위험을 낮추며, 암과 그 치료과정에서 비롯되는 부작용과 생리적 여러 증상을 완화킴으로써 결국 암의 재발률과 암에 의한 사망률, 그리고 모든 원인에 의한 사망률을 감소시키며 생존기간을 연장시키는 것과 관련이 있다고 보고하고 있다.

Kruk 등(2006)에 의해 이루어진 연구는 1992년 이래 190개의 연구와 10개 이상의 총설논문을 조사하여 유방암, 결장암, 직장암에 대한 운동의 예방적 효과가 매우 강하고 확증적인(strong and convincing) 증거가 있으며, 전립샘암, 폐암, 자궁내막암과는 어느 정도 관련이 있을 것으로 추정하였다.

전체적으로 모든 암에 대해 신체적으로 활동적인 사람이 암에 걸릴 확률(odds ratio)는 0.3~0.8의 범위라고 추정하였다. 또 많은 역학적·실험적·관찰적 연구를 통계적으로 조사한 한 연구(Jacqueline 등, 2008)는 운동에 의해 결장암은 40~50%, 유방암은 30~40%의 감소효과가 있는 것으로 평가하였다.

2010년대 이후 암과 운동의 관계에 대한 보다 축적된 연구들은 운동이 직장암이나 유방암 등 암의 진행 억제나 재발 감소에 매우 효과적이라는 확실한 역학적·실험적 증거들을 보고하고 있다 (Lemke et al, 2016; Lahart et al., 2015; Mohamad et al., 2020).

14.4.1 운동의 암억제 기전에 대한 연구

암을 유발하는 여러 요인들이 있지만 일반적인 질병의 발생과 마찬가지로 노화와 함께 암의 발생위험은 더욱 높아진다. 그러한 질병과 노화의 관계는 반응성산소종(ROS: reactive oxygen species)의 발생과 관련하여 설명할 수 있는데, 이를 그림 14-24에 나타내고 있다. 그림에서와 같이 노화와 함께 미토콘드리아의 기능이 감퇴하고, 미토콘드리아 내에서 이루어지는 에너지(ATP)의 생산과정 즉 산화과정(전자전달계)에서 더 많은 활성산소(ROS)가 발생한다. 활성산소의 발생은 증가하는 데 비해 이를 방어하는 항산화능력은 감퇴하기 때문에 이러한 활성산소의 발생증가는 세포를 구성하는 지질이나 단백질의 변성을 증가시킨다. 이러한 지질·단백질의 변성이 축적됨에 따라 세포막이나 세포 내 소기관의 기능을 감퇴시키고, 그와 함께 체내 염증성 반응이 증가하면서 동맥경화나 치매, 당뇨병, 비만 등의 발생위험을 높인다. 이러한 병리적 과정은 암의 발생위험에도 같이 적용된다고 할 수 있다.

여러 역학적 연구들은 운동이 암의 발생위험을 낮추는 데 일정 부분 역할을 하고 있음을 밝혔음에도 불구하고, 어떠한 기전을 통하여 암의 발생위험을 낮추는지에 대해서는 명확하지 않다. 운동이 종양의 생성을 어떻게 억제할 수 있는지에 대해 지금까지 제시된 여러 기전은 다음 네 가지로 요약할 수 있다.

① 운동유발성 반응성산소종(exercise-induced ROS)에 의한 세포자멸사(apoptosis)를 통한 종양세포의 억제

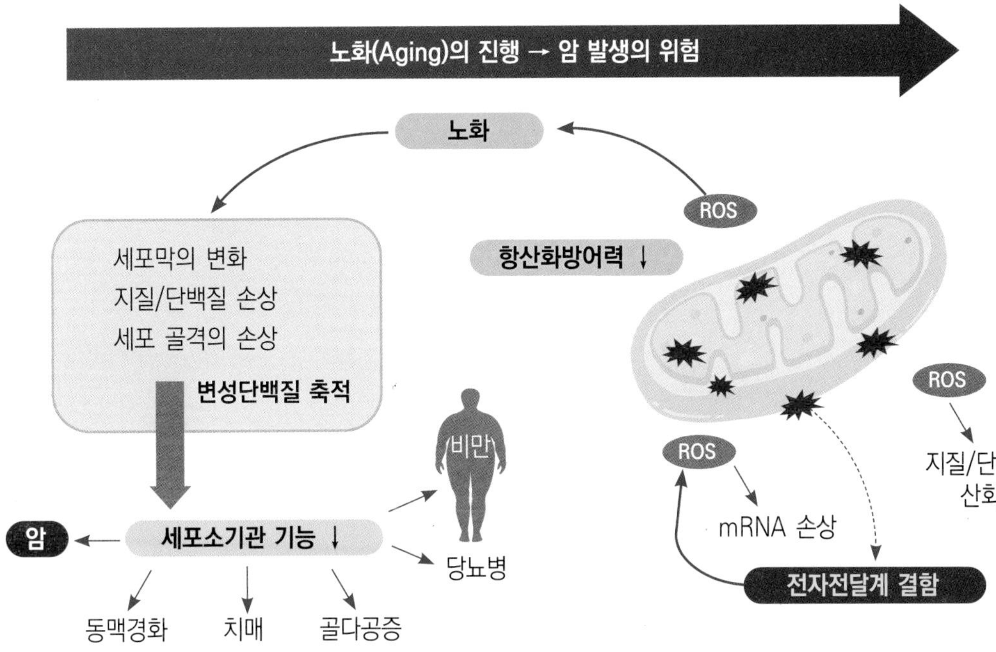

그림 14-24. 여러 질병과 노화, 그리고 암의 발생과 반응성산소종(ROS)의 관계

② 운동유발성 반응성산소종이나 사이토카인에 의한 내인성 항산화효소의 생성 자극
③ DNA 손상에 대한 복구시스템(repair system)의 개선
④ 면역세포의 주화성과 종양세포 조직으로의 침윤 증가

14.4.1.1 운동유발성 ROS에 의한 세포자멸사

운동 중 일시적으로 생성되는 반응성산소종(reactive oxygen species : ROS)이 돌연변이를 겪는 종양세포의 세포자멸사를 유도함으로써 암의 위험을 감소시킨다는 이론이다. 운동 중에 반응성산소종(ROS)이 주로 발생하는 경로는 다음과 같다.

① 미토콘드리아 전자전달계의 사이토크롬 b(cytochrome b, ubiquinone) 단계에서 전자의 누출(leak)이 일어나 과산화기(superoxide radical)가 생성된다.
② 운동 중 비활동조직이 허혈상태로 있다가 다시 재관류되어 재산소화(reoxygenation)가 일어날 때 반응성산소종이 급격히 증가한다.
③ 운동에 의해 호중구(neutrophils)가 산화적으로 파열되거나 카테콜아민이 자가산화(auto-oxidation)되는 비율이 증가함으로써 ROS가 증가하게 된다.

이렇게 증가된 반응성산소종은 내인성으로는 미토콘드리아막의 투과도를 변화시켜 사이토크롬 c를 세포질로 방출시킨다. 이어서 caspase 9의 활성화를 통해 세포의 자멸사(apoptosis)를 일으키거나, 외인성으로는 세포막에 존재하는 죽음수용체(death receptor)로 알려진 Fas(CD95)를 자극하여 세포 내에서 caspase 8의 활성화를 통한 세포자멸사(apoptosis)의 신호를 활성화시킨다[그림 14-25].

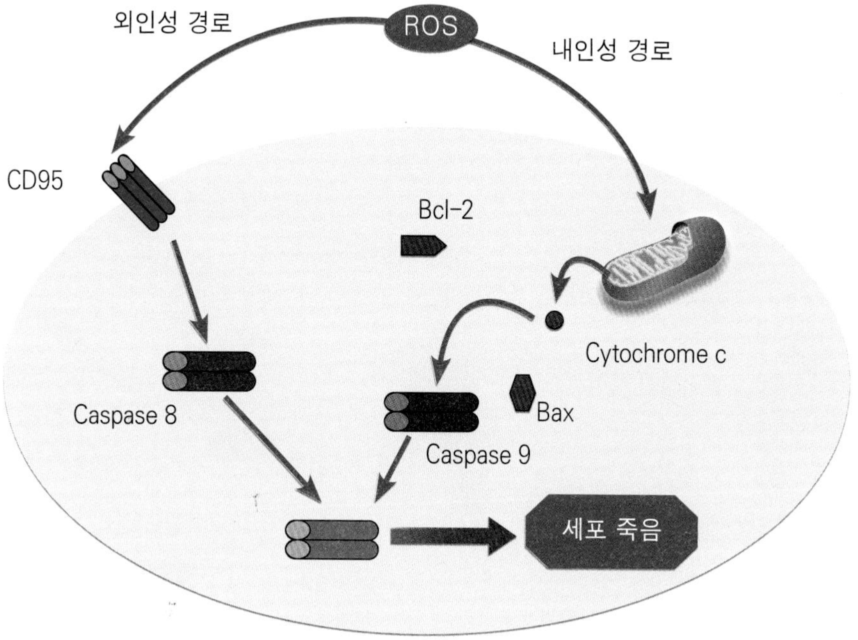

그림 14-25. 반응성산소종(ROS)에 의한 활성화된 세포 내 세포자멸사 신호 과정

14.4.1.2 내인성 항산화효소의 생성 자극

운동에 의해 증가된 반응성산소종이나 TNF-α와 같은 사이토카인이 세포막 표면의 수용체와 결합하면 세포 내에서 항산화효소의 전사를 촉진시키는 일련의 신호과정이 촉진된다. 즉 암에 대한 운동의 보호적 작용을 설명해주는 기전은 내인성 항산화효소들(superoxide dismutase : SOD, glutathione s-transferase : GSTs, glutathione peroxidase : GPX, catalase : CAT)의 활성도 증가라고 할 수 있다.

이러한 항산화방어의 상향 조절(up-regulation)은 자유기 생성이 전사활성인자인 NF-kβ(nuclear factor kβ) 결합부위를 활성화시키고, 뒤이어서 NF-kβ 신호경로를 활성화시킴으로써 이루어진다. 즉 반응성산소종(ROS)이나 종양괴사인자α(TNF-α)와 같은 사이토카인은 전사활성인자 NF-kβ를 활성화시키고, 활성화된 NF-kβ는 빠르게 핵 안으로 들어가서 미토콘드리아 Mn-SOD를 포함하여 여러 유전자들이 전사되는 과정이 시작되도록 한다[그림 14-26]. 이러한 NF-kβ의 활성화는 운동에 의해 증가하는 사이토카인(cytokines)인 interleukin-1β나 TNF-α가 세포를 자극할 때 보통 일어난다는 것은 잘 알려져 있다.

14.4.1.3 DNA복구시스템의 활성화 자극

반응성산소종(ROS)이 DNA 복구시스템(DNA repair system)을 활성화시키는 과정에 관여한다는 증거들이 축적되고 있다. 그것은 운동 훈련이 DNA 복구효소인 oxoguanine DNA glycosylase(OGG1)을 증가시킨다고 보고되었다. 네 개의 염기(base) 중 가장 낮은 산화 포텐셜을 갖고 있는 구아닌(guanine)은 산화의 결과 구아닌의 수산화(hydroxylation)가 일어나고, 8-OHdG(8-hydroxydeoxyguanosine)가 형성된다. 세

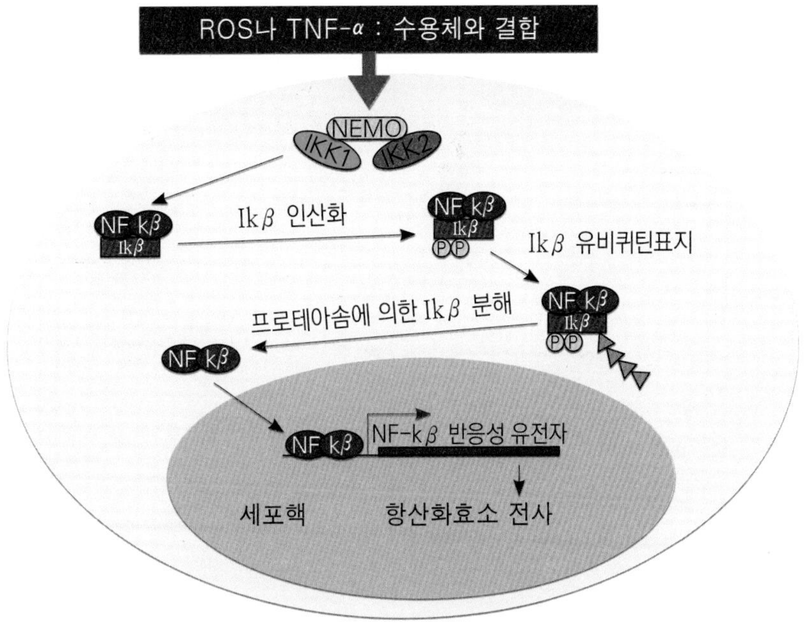

그림 14-26. ROS에 의해 유발된 세포 내 항산화효소 전사 촉진

포핵과 미토콘드리아 내 8-OHdG의 축적이 증가하는 것은 DNA의 산화적 손상의 지표로서 노화(aging)의 중요한 기전으로서 설명되고 있으며, 이로 인한 DNA의 산화적 변형은 돌연변이로 이어질 수 있다고 알려지고 있다.

포유류의 세포에서 ROS에 의해 매일 약 180개의 구아닌이 8-oxoguanosine으로 산화되는 것으로 측정된다. 이때 이 산화된 구아닌은 염기제거효소(base excision enzyme)인 OGG1에 의해 일차적으로 인지되어 제거된다. 이러한 DNA 병소가 나타날 때 이 병소를 갖는 세포는 세포자멸사(apoptosis)에 의해서 수리되거나 제거되어 영구적 손상이 일어나지 않게 될 수 있다. 반면 일차적인 DNA 손상을 입었을 때 이 세포는 유전자(genes)나 전체 염색체에 영향을 미치는 비가역적 영구적 변이(mutation)를 형성하면서 복제될 수도 있다[그림 14-27, 28].

또 한 가지 DNA 복구시스템을 구성하는 것은 프로테아솜복합체(proteasome complex)이다. 운동은 산화되어 변형된 단백질을 분해할 때 중요한 역할을 하는 프로테아솜 복합체의 활성을 유도한다. 프로테아솜 복합체의 활성도 증가는 단백질전환률(turnover)의 증가와 골격근 재형성에 영향을 미치는 주요한 인자이다. 운동 훈련과 함께 단백질 전환률이 증가하면 산화적 손상의 누적을 감소시키고, 단백질의 생리적 기능에 긍정적인 영향을 미친다. 이처럼 암과 운동의 관계는 주로 체내 산화-환원 항상성(redox homeostasis)의 변화와 관련된 일종의 호르미시스(hormesis)의 특성을 갖는 것으로 생각된다.

Radak 등(2005)은 준비되지 않은 신체에 과도한 운동은 세포의 항산성 능력을 초과하는 과도한 ROS의 생성으로 인해 해를 입을 수도 있는 반면에, 적절한 운동은 ROS의 적절한 증가를 유발하고, 이에 대한 적응성 반응을 유발하여 장차 더 큰 산화적 스트레스나 다른 종류의 스트레스에 접하게

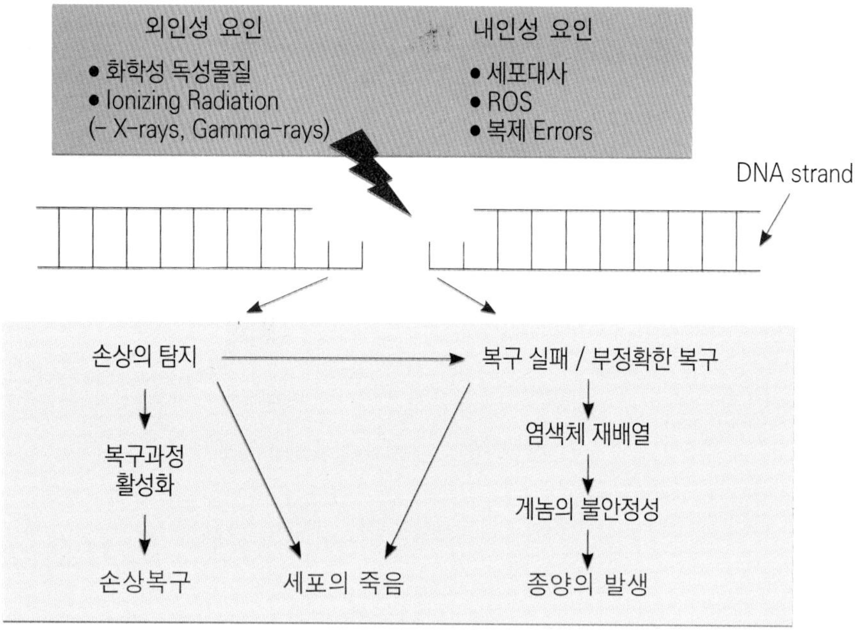

그림 14-27. DNA 손상에 대한 복구 시스템

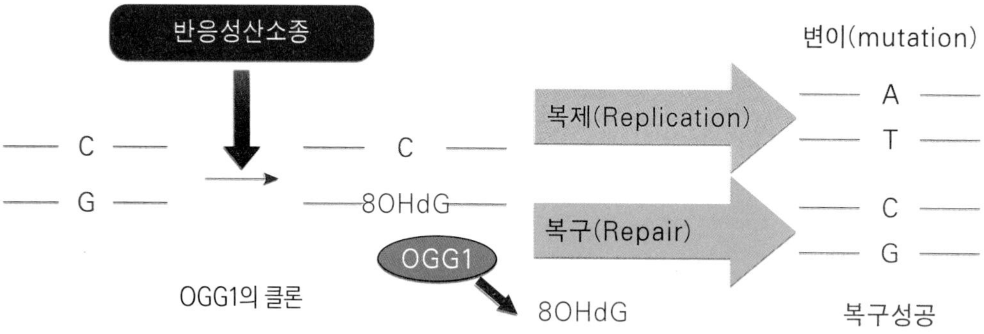

그림 14-28. 염기 제거 효소(OGG1)에 의한 DNA 병소의 복구(Repair)

될 때 대응하는 능력을 갖게 된다고 설명하고 있다. 이러한 운동의 효과는 계통적(systemic)인 것으로서, 운동에 의해 명백한 영향을 받는 뼈대근육과 심장 등에만 국한되어 있지 않고 미토콘드리아 호흡을 포함하는 모든 조직 내 유산소대사상태의 변화에 의해 초래된다고 할 수 있다.

14.4.1.4 면역세포의 주화성 개선과 종양세포로의 침윤

연구에 따르면 환자가 운동을 수행했을 때 환자의 종양조직으로 T세포나 B세포, 그리고 가지세포, NK세포와 같은 면역세포가 더욱 밀집하여 침윤되는 현상을 나타낸다(Ballard-Barbash R, 2012). 면역세포의 주화성(chemotaxis)이 개선된다는 것은 종양조직으로부터 분비되는 화학적 물질을 향하여 이동하는 움직임이 활발해진다는 것을 말한다.

운동요법은 면역요법과 복합요법으로 효과가 있어서 반응률을 높이고 완전 관해를 얻을 가능성을 높인다. 종양으로의 면역세포 침윤이 많을수록 면역관문억제제(immune checkpoint inhibitor)의 사용이 효과가 있다고 보고되고 있다(Spranger S, 2014). 그림 14-29는 운동을 수행할 때 자연살해세포(NK 세포) 등의 주화성이 높아지고, 면역세포들의 종양세포내 침윤이 증가하는 과정을 보여주며, 장기적으로는 면역세포의 세포독성이 증가하고 조직 내 관류가 개선되어서 암의 성장과 전이가 억제되는 데

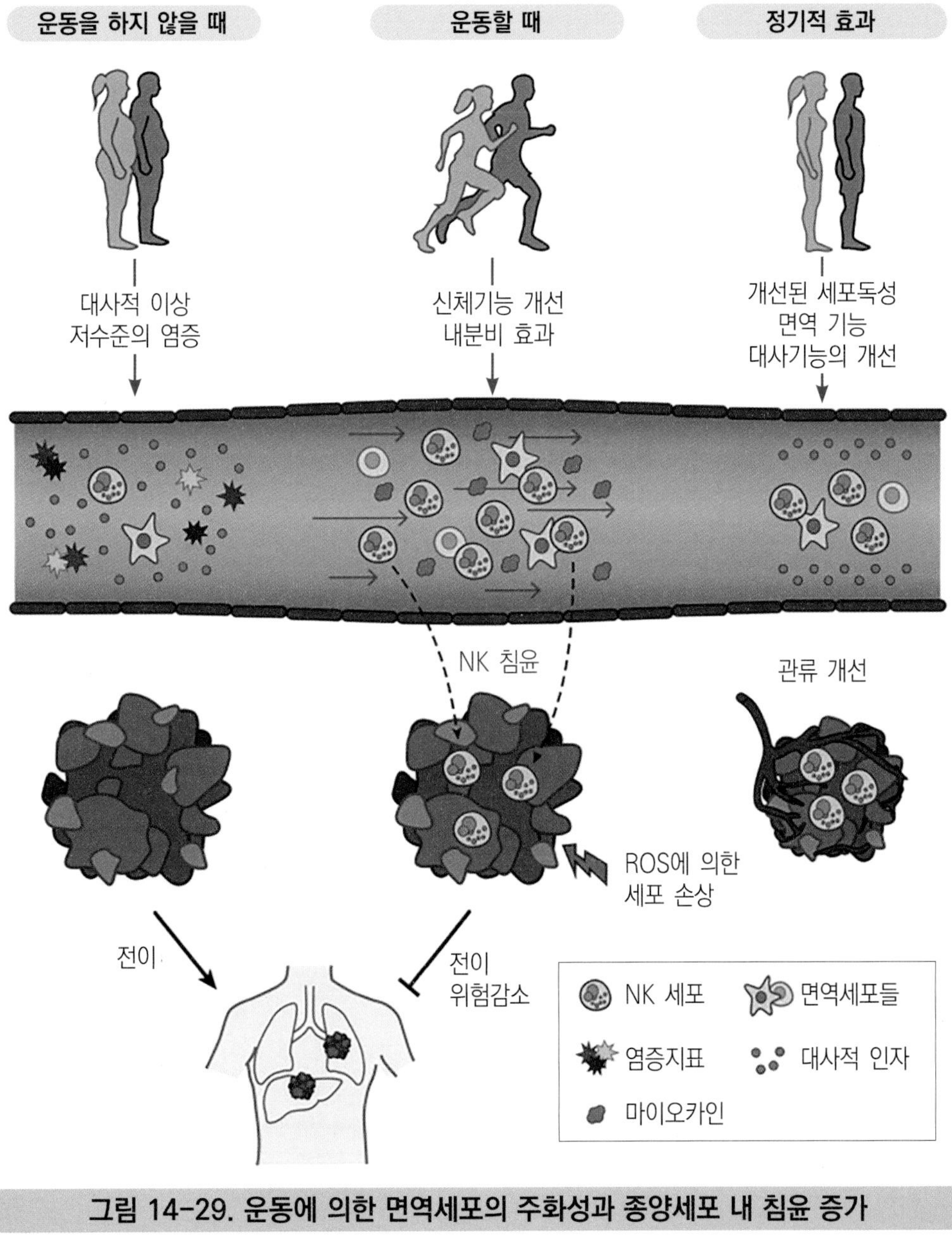

그림 14-29. 운동에 의한 면역세포의 주화성과 종양세포 내 침윤 증가

from Hojman, P. et al.(2018). Cell Metabolism Perspective 27(1) : 10-21.

도움을 주는 과정을 보여주고 있다. 즉 운동은 혈류량 증가, 혈관벽에 대한 전단력(shear stress), 온도 상승, 교감신경 활성화, 내분비(카테콜아민과 호르몬들, 마이오카인 분비) 조절을 통해서 종양의 관류(perfusion), 산소운반, 종양 내 대사적 스트레스, 세포손상, 그리고 ROS 생산을 초래한다. 이러한 급속한 변화는 전이를 예방하는 신호경로를 진행하도록 한다. 또한 만성적 훈련은 대사기능의 개선과 계통적인 염증의 감소에 기여하며, 종양 내 관류의 개선과 면역세포의 침윤과 같은 효과를 기대할 수 있다(Hojman P, et al.(2018).

면역관문억제제는 암 면역요법의 한 형태로, T세포와 같은 일부 면역세포 및 암세포에서 발현되는 면역관문(immune checkpoint)이라고 하는 수용체를 차단하여 T세포의 활성화를 유도하는 치료제를 뜻한다. 면역관문의 주된 기능은 과도한 면역반응이 일어나지 않도록 하는 것이지만, 종양세포는 이러한 세포의 면역관문과 결합하는 단백질을 발현시킴으로써 면역을 회피하기도 한다. 즉 종양세포는 PD-L1/2와 같은 면역관문에 대한 리간드(ligand, 配位子)를 발현하는 방법을 통하여 면역 회피를 한다.

또 골수유래억제세포(MDSCs : myeloid derived suppressor)나 종양연관큰포식세포(TAM : tumor-associated

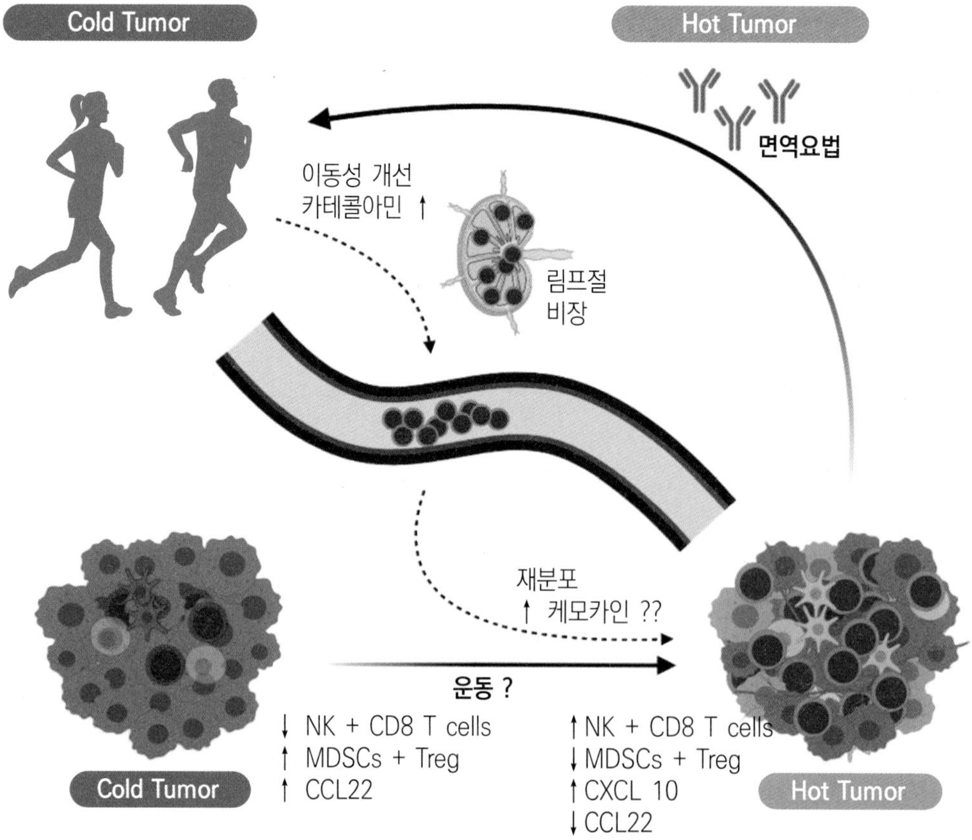

그림 14-30. 면역치료에서 Cold tumor의 Hot tumor으로의 전환, 그리고 운동요법의 가능성

from Gitte Holmen Olofsson et al.(2020). Int. J. Mol. Sci. 21:3816.

macrophage)의 세포막에 있는 면역관문 리간드의 발현도 종양의 면역 회피를 돕는다. 이렇게 면역관문 리간드가 발현되면 세포독성 T세포나 NK세포에서 퍼포린이나 그랜자임의 분비가 감소하고, 암세포를 공격하는 기능이 소실된다.

T세포 또는 암세포에서 발견되는 면역관문 단백질로는 PD-1/ PD-L1, CTLA-4 등이 있는데, 면역관문억제제는 이들 면역관문을 표적으로 하여 차단하여서 T세포의 활성화를 유도하고, 암세포

plus+

마이오카인(Myokine)과 종양세포

최근의 연구들은 근육에서 생성되는 다양한 마이오카인(myokine)이 세포에서 반응성 산소종(ROS)에 의한 산화적 손상을 감소시켜서 종양의 성장을 억제하는 데 도움을 줄 수 있다는 점을 제시하고 있다(Mohamad A 등, 2020; Rundqvist 등, 2013). 즉 암세포에서 분비하는 물질들은 근육의 위축을 초래하는 반면에 운동에 의해 근육에서는 마이오카인의 전사와 생산, 그리고 분비가 촉진되는데, 이 마이오카인은 종양세포와 일종의 누화(crosstalk)를 통해 암세포의 성장을 억제하는 효과가 있다는 것이다[그림 14-31].

근수축 활동에 의해 근육으로부터 분비되는 마이오카인의 종류는 매우 많은데 그중에서 잘 알려진 마이오카인은 IL-6로서 IL-6는 자연살해세포(NK세포)의 활성화시키는 작용을 하고, 종양 혈관의 변화를 통해 세포독성 T세포가 종양 내로 더 잘 이동하도록 한다. 근유래 Oncostatin M(OSM)이나 이리신(Irisin)은 유방암 세포의 성장을 억제하는 작용을 하는 것으로 밝혀졌다(Aoi W, 2013).

특히 최근에 발견된 SPARC(secreted protein acidic and rich in cysteine)는 종양 세포 내의 산화적 손상을 완화시키고, H_2O_2의 생성을 억제함으로써 항암(anti-cancer) 효과를 갖는다고 점이 주목되고 있다. 즉 SPARC는 세포 내에서 PGC-1β 경로를 통한 항산화제 유전자(gene)의 전사를 촉진한다(Sawada et al., 2019).

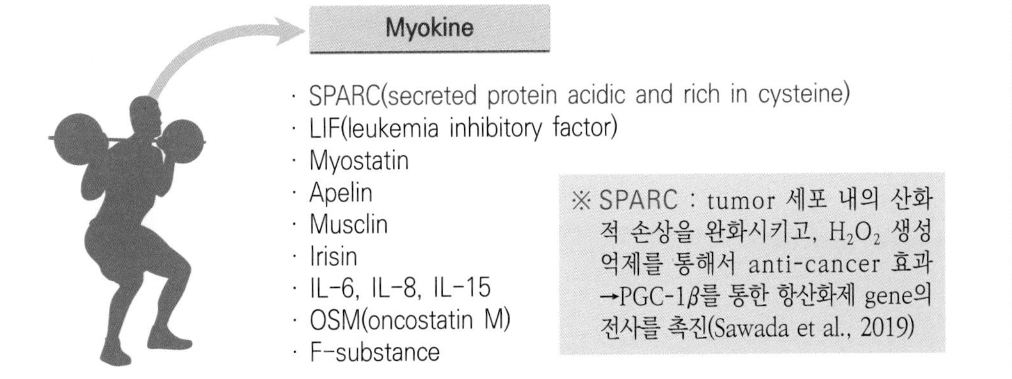

그림 14-31. 근육에서 분비되는 마이오카인

근육은 매우 많은 마이오카인을 분비하는 장소이며, 그중 많은 마이오카인은 면역과 관련을 갖고 있다.

를 공격하도록 한다. 예를 들어 암세포 표면에 PD-L1이 과발현되어 있어서 T세포의 공격을 억제할 수 있는 것으로 보이는데, 여기에 결합하는 항체를 이용하여 상호작용을 차단하면 T세포가 활성화되어 암세포를 죽일 수 있게 된다.

면역관문억제제를 사용하기 전에 운동을 함으로써 T세포, NK세포, 가지세포 등의 항종양면역세포의 침윤을 보이는 'hot tumor'로 바꾸고, 종양침윤림프구를 이용한 입양세포치료의 임상반응을 좋게 하기 위한 방법으로 운동요법이 활용되고 있다(Olofsson GH, 2020, 김영진, 2023에서 재인용). 즉 앞으로 면역요법은 면역세포가 침윤되지 않은 'cold tumor'를 면역세포가 많이 침윤하여 면역치료 효과에 효과가 높은 'hot tumor'로 바꾸는 것이 관건이다. 운동요법은 림프구의 침윤을 증가시키기 때문에 이에 활용할 수 있고, 특히 종양을 제거하는 수술을 하기 전에 운동요법을 하여 입양면역요법으로 종양특이 T세포, 즉 TIL(종양침윤림프구)세포의 침윤을 증가시킨 후에 수술하는 방법 등을 고려할 수 있다(김영진, 2023).

14.4.2 암 관련 피로의 원인

암을 치료 중이거나 치료 후 가장 자주 나타나는 부작용 중 하나는 피로이다. 암 관련 피로(cancer-related fatigue : CRF)는 휴식에 의해 경감되지 않고, 신체활동에 의해 일시적으로 유발되는 것이 아니라는 점에서 일반적인 피로와 구분된다.

암환자들은 피로에 대해 매우 심각하고, 만성적이고, 고통스러우며 휴식에 의해서 완화되지 않는다고 한다. 많은 연구들은 암 관련 부작용 중에서도 피로는 가장 삶의 질에 부정적 영향을 미치고 일상생활에 제한을 가져오는 것으로 보고하고 있다(Aghili et al., 2007).

암 치료 중의 CRF 발생률은 적용한 치료방법과 기간에 따라 다르지만, 거의 모든 암환자가 경험하는 것으로 보고되고 있다. 즉 치료를 받고 있지 않는 상태에서 있는 암환자의 CRF 발생률은 75% 정도이며, 화학요법이나 방사선요법을 받는 암환자의 CRF 발생률은 더욱 높은 것으로 보고되고 있다(Sod & Moynihan, 2005).

CRF를 비롯하여 암과 그 치료과정에서 비롯되는 여러 부작용 또는 여러 증상들(예 : 우울증, 불안, 통증, 메스꺼움, 구토와 불면증, 빈혈 등)은 과도한 휴식을 유발하고 근육쇠약, 근육위축, 근육기능 손상과 심폐기능 손상을 초래한다. 침상휴식 등으로 인한 비활동성(inactivity) 환자의 기본적인 일상생활 능력을 더욱 쇠퇴시킨다.

14.4.2.1 암 관련 피로(CRF)와 염증성 사이토카인

최근 화학요법이나 방사선요법을 받는 암환자에게 CRF가 나타나는 원인에 대해서 가장 유력하게 제기되고 있는 기전은 염증성(pro-inflammatory) 사이토카인의 활성도 증가와 관련된 것이다. 종양세포, 그리고 인접한 정상세포는 여러 사이토카인을 생성하여 큰포식세포, 가지세포, 림프구를 포함하는 여러 백혈구들을 끌어들임으로써 종양유발성 염증 환경을 조성한다.

피로와 염증성 사이토카인의 관련에 대해서는 비교적 많은 연구들이 그 연관성을 제시하고 있다. 방사선이나 화학요법과 같은 항암치료가 호염기성 사이토카인의 상승을 초래함으로써 이로 인해 피로를 유발시킨다는 증거들이 보고되고 있다.

염증성 사이토카인은 ① 간의 헵시딘(hepsidin) 생산을 통해 철의 가용성을 감소시키거나 콩팥에서 조혈호르몬인 에리스로포이에틴(erythropoietin)의 생성을 감소시켜서 빈혈을 유발하거나, ② 시상하부-뇌하수체-부신 축에 의한 스트레스 대응 반응을 장기적으로 둔화시키며, ③ 뇌에서 시냅스성 세로토닌의 수준에 변화를 초래함으로써 CRF를 유발시킨다는 것이 주요 기전으로 제시되고 있다.

한편 수술, 화학요법, 면역요법, 방사선요법 등의 치료과정에서 나타날 수 있는 심장과 근육조직의 손상, 허파 기능의 손상, 근육수축기전의 장애 등에 의해 피로가 유발될 수 있는데, 이는 체력 수준을 현저히 약화시킴으로써 신체적 활동을 제한하고 피로를 영속화시키는 악순환을 일으킨다[그림 14-32]. 이것은 암에 대한 치료효과를 더욱 떨어뜨리고 암으로부터의 생존 확률도 더욱 감소시킨다.

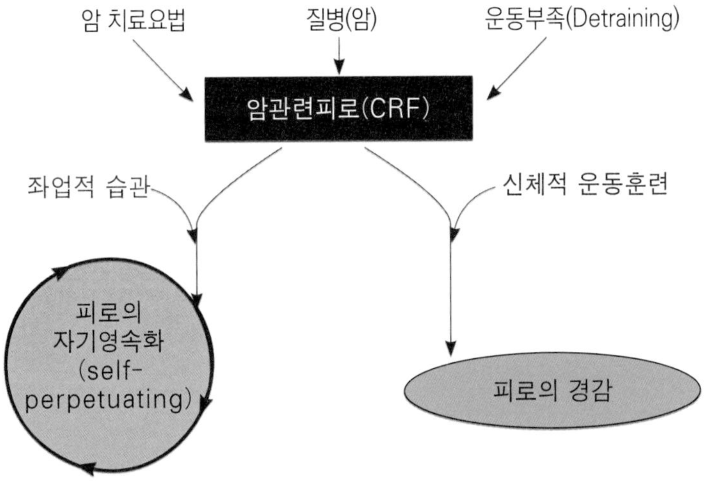

그림 14-32. 신체적 비활동이 피로의 영속화를 초래하는 경로

출처 : Lucia et al.(2003). The LANCET oncology 4:616-625)

좌업적 습관은 암관련 피로를 영속화(self-perpetuating)시킨다. 오직 신체적 운동만이 이러한 피로의 사이클을 깨트릴 수 있다.

14.4.2.2 암 관련 피로(CRF)와 심폐기능 및 혈액 변화

Lucia 등(2003)은 운동생리학의 관점에서 CRF의 병리생리적 기전을 ① 근육으로의 불충분한 산소공급을 초래하는 혈액과 심장의 기능 저하, ② 뼈대근육기능의 손상으로 설명하였다. 앞서 설명하였듯이 화학 및 방사선요법은 골수에 손상을 주고, 콩팥 독성을 일으켜서 조혈기능을 저하시키고, 이에 따라 빈혈을 초래한다.

특히 일차성이거나 전이성 폐암으로 인해 폐엽 절제수술 등을 받는 경우 폐량이 감소하게 되므로 환기/관류비가 현저히 감소하고 동맥혈의 산소포화도 역시 비례적으로 떨어지게 된다(Diemo, 2001). 장기간 방사선 치료를 받는 경우에도 폐섬유증(pulmonary fibrosis)이 유발될 수 있는데, 이는 조직을 복구하는 과정에서 일어날 수 있다.

허파섬유증과 함께 허파꽈리막과 허파모세혈관이 손상되면 허파관류량이 감소하게 되고 허파유순도(lung compliance)도 감소하게 되므로 결국 동맥혈의 산소포화도가 감소하게 되는 원인이 된다(Abratt & Morgan, 2002). 이와 더불어 심장독성을 갖고 있다고 알려진 일부 항암제들은 심장근육 손상을 유발하고 심박출량의 감소를 초래한다고 보고된 바 있다(Diemo, 2001). 치료과정에서 CRF에 의해 초래되는 장기간의 좌업적인 생활습관은 결국 심장의 기능을 약화시키고 근육기능의 쇠퇴를 초래한다.

14.4.2.3 암 관련 피로(CRF)와 뼈대근육의 손상

암환자의 경우 근육조직에서 염증성 반응을 일으키는 인자에 의해 근육 소모를 촉진하는 인자들의 생성 촉진이나 암의 치료과정에서 투여한 고용량의 면역억제제에 의해 근육의 미세구조와 기능에 손상이 나타날 수 있다. 이로 인해 근육원섬유의 감소, 미토콘드리아량의 감소와 기능이상, 모세혈관밀도의 감소가 초래되며, 이는 근육의 에너지대사능력의 현저한 감퇴로 나타날 수 있다(Lucia et al.,2003).

또한 암환자의 경우 근육의 흥분-수축 결합반응(excitation-contraction coupling)이 치료의 부작용에 의해 손상될 가능성이 제기되고 있다. 즉 방사선 조사(ionising radiation)는 근육섬유막에 영향을 미치고, 이어서 근소포체(SR)에서 칼슘 방출과 재흡수 기전에 변화를 초래할 수 있다(Monga et al., 1993). 또한 종양(tumour)이나 비만세포(mast cell)에서 분비되는 TNF-α와 같이 대사적 활성을 갖는 분자는 근육막을 괴사시킬 수 있으며, 이어서 근육의 흥분-수축 결합반응에 손상을 줄 수 있다는 가능성이 제시되고 있다(St Pierre BA et al., 1992).

이처럼 암환자는 근육의 수축력이 감소할 뿐만 아니라 실질적인 근육의 위축이 나타난다. 이러한 근육의 소실은 암세포로부터 방출되는 PTHrP나 마이오스타틴(myostatin)과 같은 물질이 근육단백질을 분해시킴으로써 초래된다고 보고되고 있다(Kir S, 2016). 근육의 소실은 항암치료에 의해서도 발생할 수 있다. 치료 중의 부작용인 심한 식욕감퇴, 피로에 따른 활동 저하, 그리고 자가포식의 증가로 인해 근육의 단백질이 현저히 분해하는 과정이 일어나게 된다. 이러한 근육손실에 대해 적극적으로 대처하지 않아 근육이 현저하게 손실되면 면역기능 저하의 직접적인 원인이 된다. 전체 근육의 40% 이상이 손실되면 사망하게 될 확률이 매우 높아진다.

14.4.3 암치료 과정에서 운동처치

CRF를 피하기 위해서 암환자들은 자주 휴식기를 갖거나 신체 활동량을 줄일 것을 권유받는 경우가 많다. 그러나 지난 십수 년 동안 이루어진 많은 암환자에 대한 운동요법의 효과를 본 연구들에 의해서 적절한 운동프로그램에의 참여가 암환자의 신체적 기능뿐만 아니라 CRF를 효과적으로 경감시킴으로써 삶의 질(Quality of Life)을 개선시킨다는 많은 과학적 증거가 축적되고 있다.

CRF에 대한 약물적 요법들은 대부분 원인에 대한 접근보다는 대증적인 효과를 목적으로 하는 경우가 많으며, 암치료의 과정에서 함께 나타나는 체력의 저하나 근육량과 근육기능의 쇠퇴와 같은 문제를 해결할 수 없게 된다. 운동은 CRF에 대해 가장 강력한 증거를 바탕으로 요법적 효과가 있는 비약물적 처치(non-pharmacological intervention)라는 점이 지적되고 있다(Dimeo, 2001).

14.4.3.1 암환자의 체력과 운동처방

암환자에게 있어 피로는 자기-지속형 조건(self-perpetuating condition)이 되어 스스로 생활활동을 제한함으로써 이러한 비활동적 생활 패턴을 더욱 고착·지속시킨다고 지적되고 있다(Lucia et al.,2003). 일반적으로 암 진단과 치료에 이어서 통상적인 신체활동의 감소는 많이 보고되고 있는 현상이다. 대부분 암환자들은 치료 후 운동을 할 수 있는 상태라고 하더라도 진단 이전의 수준까지 활동을 재개하지 않는다(Ingram & Visovsky, 2007).

암환자의 평균 최대산소섭취량은 약 14ml/kg/min로서 보고되고 있다(MacVicar et al., 1989). 이것은 가벼운 신체활동에 의해서도 최대능력에 가까운 수준에 도달하게 되어 심한 피로를 유발시킬 수 있음을 의미하며, 이로 인해 일상적인 생활도 크게 제한될 수 있다는 것을 말해준다.

암치료 중이거나 치료 후에 운동프로그램을 적용함으로써 CRF를 포함하여 암과 암 치료와 관련된 여러 부작용(side effect)을 완화시키고, 신체 적성 수준을 개선하며, 합병증의 발생 위험을 낮추었다는 보고는 매우 많다. 암 치료 중이거나 치료 후 운동처치(exercise intervention)를 적용한 연구들은 주로 유방암환자를 대상으로 하는 연구들이 많으나, 전립샘암, 폐암, 혈액암 등을 대상으로 운동처치의 효과가 보고되고 있다.

암환자를 대상으로 적용한 이러한 운동 훈련 프로그램에 의한 역효과는 거의 보고되지 않고 있으며, 신체적 기능의 개선과 부작용의 완화뿐만 아니라 피로의 정도를 완화시키고 삶의 질(Quality of Life)을 개선하는 효과를 보고하고 있다. 그러나 임상 현장에서는 종종 암환자들이 활동을 줄일 것과 휴식을 많이 취할 것을 권장하고 있다. 이러한 조언은 환자의 자기영속형 피로 상태를 더욱 진행시킬 수 있으므로 매우 신중히 이루어져야 하며, 오히려 CRF에 효과적으로 대처하기 위해서 대다수의 경우 적극적으로 신체활동에 참여하도록 격려해야 할 것이다.

14.4.3.2 암환자를 위한 운동처방지침

암환자를 대상으로 하는 운동처방 지침은 Courneya 등(2000)에 의해 발표된 이후 호주 AAESS (Australian Association for Exercise and Sport Science) 등에 의해서도 받아들여지고 있다. 이에 따르면 운동유형은 대근육군이 관여하는 걷기, 수영, 자전거 운동이 중심이 되어야 하고, 저항(근력) 운동도 고용량 글루코코르티코이드(glucocorticoids)에 의해 유발되는 근육 소실을 예방하기 위하여 반드시 포함되어야 한다. 그리고 근육과 관절의 유연성과 관절가동범위를 증가시키는 스트레칭과 유연성 운동도 일상생활의 활동능력을 개선하기 위해서 포함시켜야 한다. 훈련시간은 2~30분의 지속적인 운동이 권장되지만, 암치료를 받는 대부분의 환자에게는 훈련 초기 단계에서는 무리가 될 수 있다. 이 경우에는 휴식기를 두고 3-5분간의 운동으로 나누어 반복하는 것이 바람직하다.

연구에 따르면 이러한 운동의 효과는 누적된다는 것을 보여주고 있다. 즉 저항훈련은 주당 두 차례의 15~20분간의 운동에 의해서도 그 효과를 얻을 수 있으며, 체력 수준이 낮은 사람은 단지 1세트의 저중량부하의 운동(10~15RM)에 의해서도 현저한 효과를 얻는다고 보고되고 있다.

한편 최근의 여러 연구들은 암환자에 대해 저강도 운동만을 강조하던 과거와는 달리 항암적 측면에서 운동강도와 운동량이 중요하며,l 특히 6MET나 그 이상의 활기찬 운동(vigorous)이 암의 진행과 재발 감소에 보다 효과적이라는 점이 보고되고 있다.

보다 높은 강도의 운동이 암의 예방과 치료에 효과적이라는 점에 대한 이론적 배경은 그림 14-33에서 간단하게 나타내고 있다. 그림 14-33은 높은 강도의 운동(vigorous exercise)이 종양세포 내 산화-환원균형과 관련해서 암의 예방과 치료에 어떻게 영향을 미치는지 보여주고 있다. 운동 자체는 항산화반응을 통해서 종양의 증식을 억제하는 항증식 작용을 할 것으로 기대된다. 한편 방사선/화학요법과 운동요법을 병행함으로써 산화촉진 반응의 증폭을 통한 종양세포의 죽음을 유발한다는 것이다.

높은 강도의 운동이 암의 예방과 치료에 보다 효과적이라는 주장을 뒷받침하는 역학적 연구들은

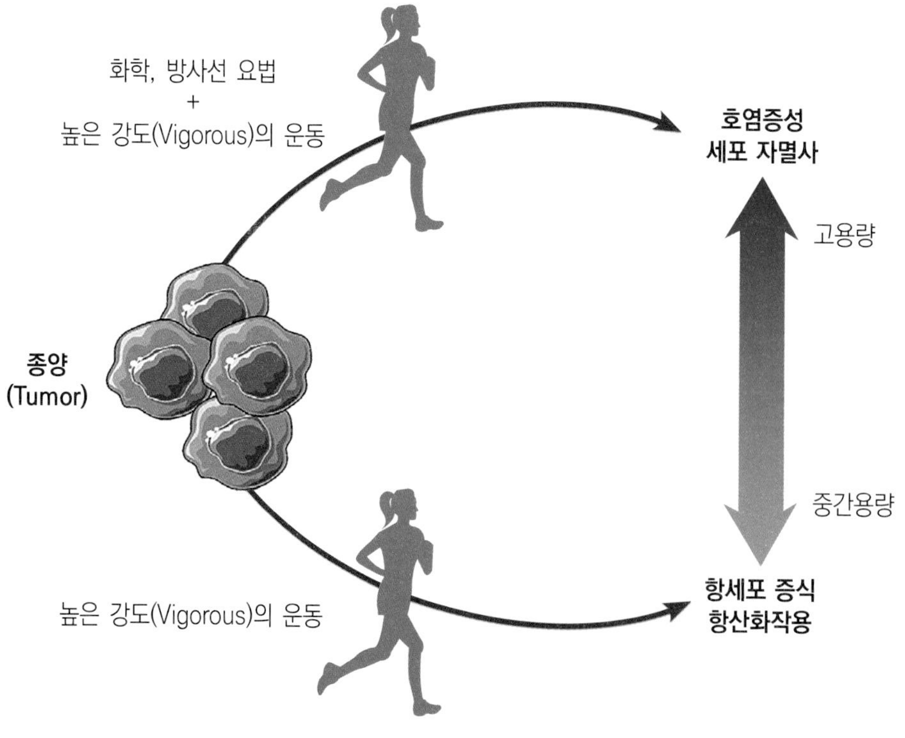

그림 14-33. 높은 강도의 운동과 화학/방사선 요법의 병행을 통한 호염증성 세포 자멸사 유도

from Mohamad Assi, et al.(2020). Redox Biology. 35.

다음과 같다. 6 METs 이상의 운동에 참여한 암환자 65,000명의 암에 의한 사망률이 현저히 감소하였다고 보고되었고(Ley Lopez et al.,2019), 전립샘암의 진행도가 높은 강도(6 MMTs 이상)의 운동에 참여한 사람들에게서 57%나 감소하였다(Richman et al., 2011). 그리고 Saeidifard 등(2019)의 11개 코호트 연구에서 37만 명의 환자를 대상으로 조사한 결과 모든 원인에 의한 사망률이 저항운동은 21%, 유산소운동과 병행할 때는 40%를 낮춘다고 하였다. 또 Hardee 등(2019)은 피부암환자 2,863명을 대상으로 한 연구에서 저항훈련이 모든 원인에 의한 사망률을 33%나 낮추었다고 하였다.

표 14-6. 암환자를 위한 유산소운동지침(Courneya, et al, 2000)

항목	초기 암환자와 건강한 암 생존자를 위한 운동지침 및 권장사항
운동유형	대근육군을 이용하는 운동, 걷기·고정자전거 등
빈도	최소 주당 3~5회, 저강도와 단시간 운동하는 체력이 낮은 사람은 매일 운동하는 것이 가장 바람직
강도	현재의 체격 수준과 치료에 따라 중간 강도의 운동 50~75%$\dot{V}O_2$max 또는 50~75%HRR, 60-80%HRmax, RPE 11~14 낮은 헤모글로빈 수준, 면역억제제 사용, 발열 시 고강도운동을 피할 것
시간	최소 20~30분의 지속적 운동, 그러나 체력 수준이 저하되어 있거나 치료의 부작용이 심한 사람은 하루 중 휴식기를 사이에 두고 3~5분의 운동을 여러 차례 실시
진행도	체력 수준이 낮거나 치료 부작용이 큰 사람은 진행도가 더욱 느리고 점진적으로 행할 것, 치료기간 중 활동 감소는 불가피하지만 운동 프로그램은 이러한 감소를 최소화시킴

14.4.3.3 치료 중 암환자의 운동 시 주의사항

치료 중인 암환자가 운동할 때 특별히 주의해야 할 일반적 사항은 다음과 같다.

① 운동 중 가슴통증, 현기증, 실신, 운동실조, 두근거림(심계항진), 청색증이나 창백, 현저한 피로, 호흡곤란, 다리경련 등이 나타나면 운동을 중지한다.

② 전립샘암 환자의 경우에는 피로가 근육신경의 효율성에 영향을 미치므로 기술과 조정력 또는 무거운 장비 이용이 요구되는 활동을 수행할 경우에는 각별한 주의가 필요하다.

③ 화학요법이나 방사선치료를 받고 난 후 2시간 이내에는 운동으로 인해 산화적 스트레스가 누적되어 조직손상의 위험을 증폭시키고 치료의 부작용을 악화시킬 가능성이 있으므로 운동을 금한다.

④ Ataxia(운동실조), 현기증, 말초신경병증환자는 균형감각이 요구되는 운동(트레드밀 걷기, 야외 자전기타기) 보다는 야외 걷기나 고정자전거 타기가 바람직하다

⑤ 운동금기에 해당되는 경우

ⓐ 심한 빈혈(헤모글로빈농도 8g/dl 이하), 발열(38℃ 이상), 체중손실이 35% 이상인 카헥시(종말증, cachexia) 환자

ⓑ 일차성 또는 전이성 골암환자, 혈소판수 50×10^9/L 이하는 심한 접촉이 있는 신체활동 참

표 14-7. 암환자를 위한 저항운동지침(Courneya, et al, 2000)

항목	초기 암환자와 건강한 암 생존자를 위한 운동지침 및 권장사항
운동유형	- 신장성·단축성 근수축이 교대로 이루어지는 동적 형태의 저항운동 - 주요 기능을 갖는 상하체의 근육군을 이용하는 운동 - Free-weight를 이용하는 경우 : 운동실조, 현기증, 말초신경장애가 나타날 경우에는 운동 중지
빈도	주당 1~3회로서 운동일 사이에 휴식일을 둘 것
강도	1RM의 50~80%로 최대 6~12회를 반복
시간	10~60분간의 운동, 근육군당 1~4세트
진행도	유산소운동과 동일

여 금지

ⓒ 중성구수가 0.5×10^9/L, urinary bladder tube, central venous acess 또는 뇨방광 카데터 사용 환자는 수영 금지

단 원 요 약

》 림프계통은 면역계통의 중심계통으로서 림프관과 림프세포, 림프절, 지라(비장), 편도 그리고 가슴샘으로 구성되어 있다. 림프절은 림프구의 분화와 성숙이 이루어지는 장소이다.

》 면역은 비특이적 저항(nonspecific resistance)과 특이적 저항(specific reisistance)으로 분류된다. 특이적 저항은 다시 세포성 면역과 체액성 면역에 의한 특이적 저항으로 구분된다.

》 세포성 면역은 세포매개면역반응이라고도 하며, T림프구가 주된 기능을 담당한다. 체액성 면역은 항체매개면역반응이라고도 하며, B림프구가 주관하여 면역반응이 이루어진다.

》 비특이적 저항은 기계적 장벽, 화학적 매개물, 열(fever), 염증성 반응, 식균작용 등에 이루어지는 방어시스템이다. 화학적 매개물은 라이소자임, 히스타민, 보체(complement), 사이토카인(cytokine) 등이다.

》 특이적 저항은 특정 물질을 인식하고 반응하며 기억하는 능력을 포함하는데, 이러한 반응을 자극하는 분자를 항원(antigen)이라고 한다. 특이적 저항은 주로 T세포에 의한 세포성 면역과 B세포에 의한 체액성 면역으로 이루어진다. T세포는 항원에 대항하는 특정 세포의 반응을 강화하는 사이토카인(cytokine)을 분비한다.

》 T세포는 조력T세포, 세포독성T세포, 기억T세포, 억제T세포가 있다. 조력T세포는 큰포식세포가 식균작용에 의해 박테리아를 삼키고 항원을 표시하면 이를 인식하여 사이토카인을 분비하고, 사이토카인은 이어서 B세포의 증식을 촉진한다.

- 기억T세포는 항원에 처음 노출될 때 생성되는 많은 T세포 중 일부로서 항원에 직접 반응하지 않은 세포들이다. 이들은 그 후 동일한 항원에 노출될 때 즉각적으로 반응하여 세포독성T세포(cytotoxic T cell)로 분화한다.
- 세포독성T세포는 암세포 또는 감염된 세포가 자신의 세포막 표면 위의 특정 MHC 단백질 가까이에 비자기항원(nonself antigen)을 표시하면 이와 결합하고, 이어서 활성화되어 증식하기 시작한다.
- 체액성 면역(항체중재면역)을 주관하는 B림프구는 항원에 노출될 때 형질세포(plasma cell)로 분화되며, 형질세포는 항체(antibody), 즉 면역글로불린(immunoglobulin)을 생산하여 분비한다.
- 항체는 직접 항원을 공격하거나 보체(complement)를 활성화시키거나 염증반응 등을 통해 항원이 확산되는 것을 막는 방법 등으로 항원에 대항한다.
- 일회적 운동에 의해 호중구와 자연살해세포(NK cell)는 가장 뚜렷한 증가를 보이며, 특히 자연살해세포의 독성활성(NKCA)은 훈련에 의해 증가한다.
- T4/T8 비율은 격렬한 탈진적 운동에 의해 감소하게 되는데, 이 비율의 저하는 면역기능의 일시적 약화를 의미하며 감염의 위험성을 높이는 것으로 해석된다.
- 중간 강도의 운동은 상기도호흡감염(URTI)의 위험성을 낮추는 반면 고강도의 운동은 URTI의 위험성을 높이는데, 운동강도와 면역기능의 이러한 관계는 'J형 모델'로서 그래프로 표현된다.
- 격심한 운동은 몇 가지 인터루킨(IL-1, 2, 6 등)이나 종양괴사인자(TNF-α)와 같은 염증반응에 참여하는 사이토카인을 증가시킨다.
- 면역계통과 신경내분비계통 사이에 밀접한 상호작용이 이루어지고 있음이 밝혀지고 있다. 특히 스트레스 반응과 관련하여 카테콜아민, 코티졸과 같은 호르몬의 분비증가는 면역반응에 억제적으로 작용하는 반면 엔도르핀, 엔케팔린과 같은 아편유사호르몬(opioid hormone)은 면역반응을 증진시키는 것으로 밝혀지고 있다.
- 여러 연구들은 신체적 운동이 유방암, 직장암, 폐암 등에 대한 예방적 효과가 있다는 확증적인 증거들을 제시하고 있다. 그 기전에 대해서는 완전히 규명되지 않고 있으나 반응성산소종(ROS)이나 사이토카인에 의해 종양세포의 세포자멸사(apoptosis)를 촉진하고, 내인성 항산화효소의 생성을 자극하며 DNA 손상에 대한 복구 능력을 개선하는 것, 그리고 면역세포가 종양 내로 이동하여 침윤하는 능력을 높이는 것을 유력한 기전으로 제시하고 있다.
- 암 치료과정에서 운동처치는 암과 그 치료에 의해 발생하는 가장 커다란 부작용인 암 관련 피로(CRF)에 대처하는 가장 효과적인 비약리적 치료방법이며, 암환자의 생존율을 높이는 데 기여한다.

연습문제

1. 림프계통의 순환을 혈관계통과 연결지어 설명하라.
2. 림프절의 기능을 설명하라.
3. 특이적 저항과 비특이적 저항을 구분하여 설명하라.
4. 비특이적 저항의 종류를 들고 간략하게 설명하라.
5. 열(fever)이 면역반응에 작용하는 기전을 설명하라.
6. 염증성 반응(inflammatory response)의 과정을 설명하라.
7. 세포성 면역과 체액성 면역의 차이를 설명하라.
8. T림프구의 종류와 각각의 기능을 설명하라.
9. 사이토카인(cytokine)의 정의와 기능에 대해 설명하라.
10. 조력T세포(helper T cell)에 의해 이루어지는 면역반응의 과정을 설명하라.
11. B세포에 의해 이루어지는 항체생산 과정을 설명하라.
12. 항체, 즉 면역글로불린의 종류와 기능을 설명하라.
13. 보체(complement)란 무엇인지 설명하라.
14. 알러지반응(allergic response)이란 무엇인지 설명하라.
15. 운동에 따른 자연살해세포(NK cell)의 반응을 설명하라.
16. 운동이 T림프구아형과 T4/T8 비율에 미치는 영향을 설명하라.
17. 소위 'J형 모델'이 나타내는 것이 무엇인지 설명하라.
18. 신경내분비계통과 면역계통을 연관지어 운동에 대한 반응을 설명하라.
19. 암에 대한 운동의 예방적 효과에 대해 설명하는 기전적 이론을 제시하라.
20. 암 관련 피로(CRF)에 대해 설명하고, 암치료 과정에서 운동처치와의 관련성을 설명하라.

Memo

CHAPTER 15
부록

참고문헌

[단행본]

강두희(1985). 생리학, 신광출판사.

고영규 외 12인 공역(Dee Unglaub Sliverthorn 저)(2017). 인체생리학, Human Physiology(7th ed.), 라이프사이언스.

김경훈 외 19인 공역(Clark M.A, Sutton B.G., Lucett S.C. 공저). NASM의 퍼스널트레이닝, NASM Essentials of Personal Fitness Training, 한미의학.

김광회, 남상남, 여남회, 옥정석, 전태원(1992). 운동생리학. 태근문화사.

김근일 외 8인 공역(Fox S.I., Rompolski K. 저)(2022). Fox 인체생리학, Human Physiology(6th ed.), 교문사.

김영진(2023). 암 면역치료의 이해(Immunological Treatment of Cancer). 바이오메디북

김용수 외(2005). 비주얼 인체해부학, 대경북스.

김정진(1985). 생리학, 고문사.

김창국, 진영완, 최기수(2004). 인간움직임을 이해하기 위한 인체해부학, 대경북스.

김창규 · 남상남(1990). 환경중심의 운동생리학, 한국학술자료사.

나재철(2002). 운동면역학, 대경북스.

노민희, 용준환, 이용덕(1993). 인체해부학, 정담출판사.

대한비만학회(2001). 임상비만학, 고려의학.

박인국 역(Stuart Ira Fox 저)(2020). 생리학, Physiology, 라이프사이언스.

백일영(2006). 운동과 에너지대사, 대한미디어.

백태강 역(Rolf Wirhed 저)(1991). 도해 운동기능해부학 : 스포츠에서의 운동과 신체 메카니즘, 해외과학출판사.

신경해부생리학 편찬위원회(2021). 신경해부생리학: 신경과학의 이해(2nd ed.), 현문사.

신문균(1992). 인체생리학, 현문사.

윤호 외 16인 공역(Martini, Bartholomew 저)(2020). Martini 핵심 해부생리학, Anatomy and Physiology(8th ed.), 바이오사이언스출판.

의학계열교수 32인 공역(John E Hall 저)(2012). Guyton and Hall 의학생리학, Textbook of Medical Physiology, 범문에듀케이션.

이명천 외 5인 공역(Williams M.H. 저). 스포츠영양학, Nutrition for Health, Fitness & Sport(5th ed.), 라이프사이언스.

이원택 외 9인 공역(Jahangir Moini 저)(2017). 인체생리학, Human Physiology(2nd ed.), 포널스출판사.

이인모, 이상목(1994). 인체생리학, 형설출판사.

임완기 외 28인 공역(Haff G.G., Triplett N.T. 저). NSCA-CPT, CSCS 대비 트레이닝의 정수, Essentials of Strength Training and Conditioning(4th ed.), Human Kinetics.

정영태(1994). 인체생리학, 청구문화사.

정일규(2004). 최신 운동영양학, 대경북스.

정일규(2009). 휴먼퍼포먼스와 운동영양학, 도서출판 대경북스(서울).

차영선(1983). 생리학, 연선출판사.

채윤원 외 공역(Neumann D.A. 저). 뉴만 키네시올로지, Kinesiology of the Musculoskeletal System: Foundations for Rehabilitation(3rd ed.), 범문에듀케이션

최명애 외 13인 공역(Hubert R.J., VanMeter K.C. 저)(2019). 보건의료인을 위한 병태생리학, Gould's Pathophysiology for the Health Professions(6th ed.), 계축문화사.

최명애, 김주현, 박미정, 최스미, 이경숙(1994). 생리학, 현문사.
한국근막이완치료학회 역(Luigi Stecco 저)(2019). 근막생리학, Atlas of Physiology of the Muscular Fascia.
한재희 외 7인 공역(Linda S. Costanzo 저)(2022). 생리학, Physiology(6th ed.), 범문에듀케이션.
홍해숙 역(Lachel Story 저)(2020). 병태생리학, Pathophysiology(2nd ed.), 포널스출판사.
황수관, 전세열, 조수열(1993). 생리학, 광문각.

ACSM(1988). Resource Manual for Guidelines for Exercise Testing and Prescription, Lea & Febiger.
ACSM(1995). ACSM's Guidelines for Testing and Prescription, 5th ed., Williams & Wilkins, A Waverly Co.
Albert W. Taylor(2021). Physiology of Exercise and Health Aging(2nd ed.), Human Kinetics Publishers.
American College of Sports Medicine(2019). ACSM's Clinical Exercise Physiology, Wolters Kluwer.
Appenzeller, O., Atkinson R.(1981). Sports Medicine, Urban & Schwarzenberg.
Astrand, P. O., K. Rodahl(1970). Textbook of Work Physiology, McGraw-Hill.
Balasekaran, G., Victor G.V., Ziyuan L.J.(2021). Applied Physiology of Exercise, World Scientific Publishing Company.
Berne, M. R., N. M. Levy, M. B. Koeppen, A. B. Stanton(1998). Physiology, Mosby, Inc.
Borer, T. K.(2003). Exercise Endocrinology, Human Kinetics.
Bouchard, C., R. J., Shephard, T. Stephens, J. R. Sutton, B. D. McPherson(1990). Exercise Fitness and Health, Human Kinetics Brooks.
Brooks, C. A., T. D. Fahey(1984). Exercise Physiology : Human Bioenergetics and Its Applications, John Wiley & Sons.
Bryner R.W., Donley D.A.(2016). Exercise Physiology, Kendall Hunt Pub Co.
Burke, E. J.(1980). Exercise, Science and Fitness, Movement Publications.
Carol, M. P., Glenn, M.(2009). Pathophysiology(8th Edition). Lippincott Williams & Wilkins(Philadelphia, PA).
Cooper, K. H.(1982). The Aerobics Program for Total Well-Being, Bantam Books.
Copstead, L. C., J. L. Banasik(2005). Pathophysiology, Elsevier Inc(St. Louis, Missouri).
Costill, D. L.(1986). Inside Running : Basics of Exercise Physiology.
Dee Silverthorn(2018). Human Physiology: An Integrated Approach(8th ed), Pearson Education Limited.
Despopoulos, A., S. Silbernagl(1986). Color Atlas of Physiology, Goerg Thieme Verlag Thieme Inc.
deVries, H. A.(1983). Physiology of Exercise, Wm. C. Brown company Pub.
Dirix, A., H. C. Knuttgen, K. Tittel(1988). The Olympic Book of Sports Medicine, Black well Scientific Publications.
Draper N., Marshall H.(2013). Exercise Physiology for Health and Sports Performance, Routledge.
Dunford M.(2010). Fundamentals of Sport and Exercise Nutrition, Human Kinetics Publishers.
Edington, D. W., V. R., Edgerton(1976). The Biology of Physical Activity, Houghton Mifflin Co.
Ehrman, J. K. , Gordon P., Visich P.(2022). Clinical Exercise Physiology(5th ed.), Human Kinetics Publishers.
Ehrman, K, J., M. P. Gordon, S. P. Visich, J. S. Keteyian(2003). Clinical Exercise Physiology, Human Kinetics.
Elaine Marieb & Suzanne Keller(2021). Essentials of Human Anatomy and Physiology(30th ed.), Pearson Education Limited.
Fagard, R. H., I. E. Bekaert(1986). Sports Cardiology, Martinus Nijhoff Publishers.
Fox, E. L., D. K. Mathews(1981). The Physiological Basis of Physical Education and Athletics, Saunders college Publishing.
Frank M., Klaus V.(2004). Molecular and Cellular Exercise Physiology, Human Kinetics Publisher.
Franklin, B. A., S. Gordon, G. C. Timmis(1989). Exercise Modern Medicine, Williams & Wilkins.
Gerald, J. T., Bryan, D.(2007). Introduction to the Humman Body: The Essentials of Anatomy and Physiology(7th Edition). John Wiley & Sons, Inc.(Danvers, MA).
Germann, W. J., C. L. Stanfield(2002). Principles of Human Physiology, Benjamin Cummings(San Francisco, CA).
Getchell, B.(1979). Physical Fitness : A Way of Life, John Wiley & Sons, Inc.
Gillian P., Christopher D., David A.(2018). Human Physiology(5th ed.), Oxford University Press.

Guyton, A. C.(1986). Textbook of Medical Physiology, W. B. Saunders Co.
Hansen, M.(1998). Pathophysiology, W. B. Saunders Co.
Hargreaves, M., Thompson, M.(1999). Biochemistry of Exercise, Human Kinetics.
Haycock, C.(1980). Sports Medicine for the Athletic Female, Medical Economics Co.
Hermansson, M. A.(1984). Arhletic Ability & the Anatomy of Motion, Wolfe Medical Publications Ltd.
Heyward, H. V.(1998). Advanced Fitness Assessment Exercise Prescription, Human Kinetics.
Howley, T. E., D. B. Franks(2003). Health Fitness Instructor's Handbook, Human Kinetics.
Huddleston E.(2020). Exercise and Nutrition, Essential Library.
Katch, F. L., W. D. McArdle(1988). Nutrition, Weight control, and Exercise, Lea & Febiger.
Katch, V.L., McArdle, W.D., Katch, F. I.(2014). Exercise Physiology: Nutrition, Energy, and Human Performance, Wolters Kluwer Health.
Kenney W.L., Wilmore J.H., Costill D.L.(2021). Physiology of Sport and Exercise(8th ed.), Human Kinetics Publishers.
Keul, J. D., D. Keppler(1972). Energy Metabolism of Human Muscle, Muskelstoffwechesl.
Lamb, D. R.(1984). Physiology of Exercise, MacMillan Publishing Co.
Livio Luzi(2011). Cellular Physiology and Metabolism of Physical Exercise, Springer.
Ludimar H., Arthur G.(2017). Elements of Human Physiology, Hansebooks.
MacDougall, J. D., H. A. Wenger, H. J. Green(1984). Physiological Testing of the Elite Athlete, Canadian Association of Sports Science Co.
Marieb E. N.(2001). Anatomy & Physiology, Benjamin Cummings(San Francisco).
Martini, F.(1989). Fundamentals of Anatomy and Physiology, Prentice-Hall, Inc.
McAdle, W. D., F. I. Katch, V. L. Katch(2001). Exercise Physiology :Energy, Nutrition, and Human Performance, Lea & Febiger(5th ed., Phildadelphia).
McArdle W.D., Katch V.L., Katch F.I(2019). Sports and Exercise Nutrition(5th ed.), Wolters Kluwer Health.
Melton S.(2016). Fundamentals of Exercise Physiology, Gardners Books.
Ober, W. C., C. W. Garrison, A. C. Silverthorn(2004). Human Physiology: An Integrated Approach(Third ed.), Peason: Benjamin Cummings(San Francisco, CA).
Plowman S., Smith D., Ormsbee M.(2022). Exercise Physiology for Health Fitness and Performance, Wolters Kluwer Health.
Powers S., Howley E., Quindry J.(2020). ISE Exercise Physiology: Theory and Application to Fitness and Performance, McGraw-Hill Education.
Powers, S. K, E. T. Howley(1999). Exercise Pyysiology, WCB/McGraw Hill.
Repovich W., Babcock, D.A., Pickering, R., Edwards, K. A.(2014). Clinical Exercise Physiology, Gardners Books.
Rosenzweig, S.(1982). Sports Fitness for Women, Happer & Row, Publishers.
Roy, S., R. Irvin(1983). Sports Medicine : Prevention, Evaluation, Management, and Rehabilitation, Prentice-Hall Inc.
Ryan, A., F. L. Allman(1989). Sports Medicine, Academic Press, Inc.
Seeley, R. R., T. D. Stephens, P. Tate.(2003). Anatomy & Physiology(Sixth ed.), McGraw Hill Co.(New York).
Shephard, R. J.(1982). Physiology and Biochemistry of Exercise, Praeger Publishers.
Shier D., J. Butler, R. Lewis(1999). Hole's Anatomy & Physiology, WCB McGraw-Hill(eighth ed., Boston).
Silvertborn, D. U.(2004). Human Physiology: An Integrated Approach(3rd Edition). Benjamin Cummings(San Francisco, CA).
Sperryn, P. N.(1983). Sport and Medicine, Butterworths.
Stuart, I. F.(2009). Human Physiology(11th Edition). McGraw Hill Higher Education(New York, NY).
Stunkard, A. J.(1980). Obesity, W, B. Saunders Co.
Sun David(2020). Exercise Physiology: Guidelines, Theory and Applications to Exercise and Physical Fitness, Independently Published.

Wasserman, K., J. E., Hansen, D. Y., Sue, B. J., Whipp(1987). Principles of Exercise Testing and Interpretation.
Wilmore, J. H., D. L. Costill(1994). Physiology of Sport and Exercise, Human Kinetic Publishers, Inc.
Wilmore, J., D. L. Costill(1988). Training for Sport and Activity, Wm. C. Brown Publishers.

[연구논문]

강형숙(2002). 여자축구선수의 혈액철분지표와 면역 글로블린 상태에 관한 연구, 한국사회체육학회지 18: 877-887.
강희성, 배숙진(2003). 유산소 운동과 무산소 운동이 NK-cell과 Helper T-cell/Suppressor T-cell Ratio에 미치는 영향, 한국체육학회지 42(1): 553-567.
고영호, 윤정수, 백인호, 김재철(2002). 지구성 트레이닝이 골격근 성장 유도 인자에 미치는 영향, 운동영양학회지 6(3): 253-257.
구정철, 이광식(2001). 스킨스쿠버 다이빙시 하강 중 발생하는 인체의 압력 손상, 운동과학 10(2): 199-208.
권소양, 전태원, 박익열, 박성태(2004). 중 · 고강도 운동시 IL-2, IL-6 반응 비교, '04 한국운동과학회 동계학술대회지, pp. 76-77.
김기진(2001). 사이클선수의 근육섬유구성 특성과 체내 산성화 완충능력의 관련성, 운동과학 10(2): 97-108.
김기진, 김유진, 천우광, 홍창배, 박주식, 오경숙, 신윤정, 김현영, 주성범, 박영미, 권정자, 한승완, 김홍수(2003). 비만인의 60분간 최대하운동시 기온차에 따른 혈중 렙틴 및 호르몬농도의 변화, '03 한국운동과학회 동계학술대회지, pp. 40-51.
김명기(2003). 단층촬영법에 의한 한국 성인의 성별, 연령 그리고 과체중 분류에 따른 복부부위의 체지방분포의 차이, 한국사회체육학회지 20(하): 969-980.
김문희(2002). 고온에서 일시적 최대하운동이 쥐의 심장근과 골격근의 HSP70 발현에 미치는 영향, 운동과학 11(1): 285-297.
김민정, 남윤신, 오기숙, 이청무(2003). 연령별에 따른 PMS(월경전증후군)에 관한 연구, 발육발달, 11(2): 13-26.
김성대, 김만성, 정일규(2016). 4650m의 평압 · 저산소 조건에서 근지구성운동이 심박변이도에 미치는 영향』 한국사회체육학회지 65: 639-649.
김성대, 김명화, 김수경, 정일규(2018). 리컴번트 자전거(recumbent bicycle)운동이 뇌혈류속도 및 혈압관련 동맥경화도지표에 미치는 영향" , 한국사회체육학회지 74: 587-598.
김성대, 김명화, 박종석, 정일규(2018). 전신진동(whole body vibration) 및 한쪽 다리 등속성 운동이 동맥경직도 및 대퇴직근 경직도에 미치는 영향. 한국사회체육학회지 71:583-594.
김성대, 김명화, 정일규(2019). 급성 저산소 노출에서의 자전거 에르고미터 운동이 중대뇌동맥 혈류속도와 뇌신경활성에 미치는 영향" 대한임상건강증진학회지 19(1): 59-67.
김성대, 김명화, 정일규(2019). 급성저산소노출에서의 에르고메터운동이 중대뇌동맥혈류속도와 뇌신경활성에 미치는 영향. 임상건강증진학회지, 19(1): 59-67.
김성대, 김상호, 박종석, 정일규(2018). 고강도 인터벌 운동이 심방세동환자의 심장 자율신경계에 미치는 영향" 2018 한국사회체육학회 추계학술대회(고려대 세종캠퍼스), , 2018. 11. 30.
김성대, 신영륜, 홍수화, 정일규(2017). 3150m 상당의 평압,저산소 조건에서의 Ergometer 운동이 동맥경직도에 미치는 영향. 제 98회 전국체육대회기념 제 55회 한국체육학회 학술발표회, 2017.10.19, 건국대 글로벌캠퍼스, p. 214.
김성대, 오명진, 이희혁, 정일규(2017). 4000m 상당의 평압 · 저산소 조건에서의 Ergometer 운동이 뇌혈류 및 뇌파에 미치는 영향. 2017 한국사회체육학회 추계학술대회: 평창올림픽과 Sport for All, 2017. 11. 24. 백석대학교, 112~118 p.
김성대, 오명진, 이희혁, 정일규(2018). '급성 평압 · 저산소 조건에서의 자전거 에르고메터 운동이 동맥경직도에 미치는 영향. 한국사회체육학회지 71:571-582.
김성대, 이상희, 이희혁, 정일규(2019). 리컴번트자전거 운동이 심방세동환자의 심박자율신경계 반응과 혈류역학적 변인에 미치는 영향", 대한임상건강증진학회지 19(4): 248-254.
김성대, 이희혁, 신영륜, 홍수화, 정일규(2017). 근활성도지표에 의해 설정된 등척성 운동강도가 중대뇌동맥의 뇌혈류속도에 미치는 영향. 2017 한국사회체육학회 추계학술대회: 평창올림픽과 Sport for All, 2017. 11. 24. 백석대학교, 169~174 p.
김성대, 이희혁, 신영륜, 홍수화, 정일규(2017). 상지 및 하지 등척성 운동이 동맥경직도에 미치는 영향. 2017 한국사회체육학회 추계학술대회: 평창올림픽과 Sport for All, 2017. 11. 24. 백석대학교, 163~168 p.
김성대, 이희혁, 유경석, 정일규, 김명화, 변재종(2018). "리컴번트 자전거(recumbent bicycle)운동이 뇌혈류속도 및 혈압관련 동맥경화도 지표에 미치는 영향, 2018 한국사회체육학회 춘계학술대회: 생활체육활성화를 위한 학교체육과의 연계방안, 한남대학교 56주년기념관, pp.111-116, 2018. 05. 25.
김성대, 정일규(2017). 중정도 · 저산소환경에서의 점진부하운동이 심근 자율신경계와 myotonometric 변인에 미치는 영향』 한국사회체육학회지 67: 583-595.
김성대, 정일규(2019). 3150m 상당의 평압,저산소 환경에서 Ergometer운동이 뇌파에 미치는 영향" 한국사회체육학회지 75: , 2019, 02.
김성대, 정일규, 고윤석, 이희혁(2019), "리컴번트각도가 운동과 회복기 중 뇌혈류와 심부담도에 미치는 영향. 대한임상건강증진학회지, 19(3): 155-160.
김성대, 홍수화, 김재화, 유경석, 정일규(2017). 목과 견갑골 부위의 교정운동이 정적자세균형과 근경직도에 미치는 영향』 한국사회체육학회지 68: 601-610.
김성수(1986). 철분 투여에 따른 혈액중의 제철분 지수와 운동수행능력의 변화, 대한의학협회지 29(12) : 1333-1345.
김성수, 김명기, 윤성진, 신말순, 김창주(2004). 트레드밀 운동이 절식 쥐의 시상하부 NPY 발현에 미치는 영향, '04 한국운동과학회 춘계학술대회, pp. 81-82.
김성수, 김영기, 정일규, 박호윤(1988). 탈수 및 수분섭취 내용에 따른 운동수행 능력의 변화에 관한연구, 대한의학협회지 31(2): 199-211.
김성수, 박정의, 김영기, 박준기, 정일규(1988). 에너지 대사 측면에서 본 점진운동 부하 시 glucagon, insulin 반응, 한국스포츠과학연구원 연구보고서.
김성수, 정일규(1987). 트레이닝에 따른 유산소성 운동능력과 혈액성분의 변화 - 혈중 제 철분지수와 지질을 중심으로, 대한스포츠의학회지 제 5권 1호, 제 6차 스포츠의학회 학술대회발표(서울 힐튼호텔).
김성수, 정일규, 박호윤(1988). 열환경 운동시 수분섭취조건에 따른 생리적 변화 - 혈장 전해질, 삼투질 농도, renin activity, aldosterone을 중심으로, 대한스포츠의학회지 제6권 1호, 제7차 스포츠의학회 학술대회 발표(서울 프라자호텔).
김성수, 최수철, 정일규(1988). 운동선수들의 철분함량에 관한 연구, 대한스포츠의학회지 제 6권 2호, 제 7차 하계 스포츠의학 심포지엄발표(여의도 성모병원 대강당), 1988. 7. 1.
김성수, 최수철, 정일규(1998). 운동선수들의 철분함량에 관한 연구, 대한스포츠의학회지 6(2): 143-149.
김아란, 김종오, 정일규(2014). 단기간 체중감량이 RDW와 Heinz body 형성에 미치는 영향. 한국사회체육학회지 58: 983-990.
김영준, 석재욱, 석혜경, 어경철, 최진관, 김주혁, 이윤관(2003). 유산소운동이 비만청소년의 렙틴 및 지질농도에 미치는 영향, 한국체육학회지 42(1): 583-592.
김영표, 윤진환, 정일규, 김종오, 김은경, 천병옥, 신말순, 김창주(2003). 지구성 훈련이 흰쥐의 혈액학적 성분에 미치는 영향, 한국사회체육학회지 19: 1083-1091.
김영표, 윤진환, 정일규, 김종오, 서태범, 김홍, 김창주, 채정룡(2004). 지구성 운동강도 차이가 streptozotocin 유발 당뇨쥐의 인슐린 및 골격근 제 4형 당수송체(GLUT-4) 발현에 미치는 영향, 한국운동과학회지 13(2): 211-222.
김영표, 윤진환, 정일규, 김홍, 신말순, 김창주(2003). 지구성 운동이 연령에 따른 흰쥐 해마의 치상회에서 신경세포 생성에 미치는 영향, 제 84회 전국체육대회기념 제41회 한국체육학회 학술발표회지, pp.254-261.

김영표, 윤진환, 정일규, 최덕구, 이계영,김성수,신말순, 김창주(2002). 지구성 운동이 흰쥐 해마에서 산화질소합성효소 발현에 미치는 영향, 한국운동과학회지 11(2): 359-370.

김영표, 정일규(1999). 장기간 에어로빅 댄스 트레이닝이 폐경기 여성의 골밀도에 미치는 영향, '99 한국사회체육학회 학술대회지, pp. 523-532.

김은경(2002). Caffeine투여가 지구성 운동수행중 에너지 기질 이용에 미치는 영향, 한국사회체육학회지 17: 159-168.

김재철, 박대령, 하경수, 윤정수(2003). 유산소 운동을 하는 동안 근육섬유특성에 따른 HSP 70 및 HSP60의 발현, 한국체육학회지 42(1): 593-600.

김재호, 김용안(2005). 운동강도에 따른 운동후 골격근에서의 NO 생성, 한국체육학회지 44(3): 389-394.

김종오, 김성수, 이희혁, 정일규, 윤진환, 김영표, 정경훈, 류성환, 장원민, 최덕구(2002). 8주간 운동이 노화 흰쥐 심근조직의 MDA와 SOD에 미치는 영향, 2002년 한국사회체육학회 학술대회, pp. 213-223.

김종오, 오광현, 윤재석, 오명진, 서태범, 윤진환, 정일규(2004). 지구성 운동 시 공복상태와 식사가 흰쥐의 혈중 대사기질과 Insulin, 가자미근의 GLUT-4발현에 미치는 영향, 한국운동영양학회지 8(3): 331-337.

김진항, 임인수(2003). 과다운동 후 멜라토닌 투여가 수면 중 뇌파 및 호르몬 변화에 미치는 영향, 운동과학 12(2): 297-306.

김효정(2003). 근생검에 의한 중년여성의 대퇴외측광근 근육섬유조성비와 무산소성 운동능력에 대한 연구, 한국체육학회지 42(6): 733-740.

박성태, 전태원(2004). 다양한 강도의 운동이 혈중 림프구와 스트레스 호르몬에 미치는 영향, '04 한국운동과학회 동계학술대회, pp. 58-60.

박익렬(2004). 복합 운동프로그램이 비만 여중생의 신체조성과 성장호르몬 및 IGF-Ⅰ에 미치는 영향, 한국체육학회지 43(6): 419-427.

백일영(1999). 탄수화물 전해질음료의 섭취가 장시간 고강도 운동수행과 혈중 피로요소들의 변화에 미치는 영향, 한국체육학회지 38(1): 233-249.

선우섭, 三森文行(1999). 장기간의 간헐적인 저압, 저산소 노출이 흰쥐의 하지근 인산에너지 대사 및 산소운반능력에 미치는 영향에 관한 31P-NMR 연구, 한국체육학회지 38(1): 250-263.

선우섭, 황경식(2004). 장기간의 간헐적인 저압, 저산소 훈련이 심폐기능 및 혈중 산소운반능력에 미치는 영향, 한국체육학회지 43(6): 441-455.

신말순(1998). 장기간의 지구성훈련이 혈중 항산화효소, GSH 및 지질과산화에 미치는 영향, 고려대학교 대학원 박사학위논문.

신말순, 정용락, 김성수, 이영식, 양혜영, 장현경, 김창주(2004). 뇌허혈 후의 트레드밀 운동시점이 해마 치상회에서 세포사멸, 세포생성, 그리고 단기기억에 미치는 영향, '04 한국운동과학회 춘계학술대회, pp. 69-70.

신영륜, 김성대, 정일규, 이희혁(2018). 급성ㆍ평압 저산소 조건에서 키네시오 테이핑 적용이 관절위치감각기능에 미치는 영향. 2018 한국사회체육학회 춘계학술대회: 생활체육활성화를 위한 학교체육과의 연계방안. 한남대학교 56주년기념관, pp.89-95.

신영륜, 김성대, 홍수화, 정일규(2017). 8주간 저항운동 중재가 폐경기 노인여성의 동맥경직도에 미치는 영향』제 98회 전국체육대회기념 제 55회 한국체육학회 학술발표회, 2017.10.19, 건국대 글로벌캠퍼스, p. 216.

안의수, 이지영(2005). 비만인의 UCP-2 유전자 다형에 따른 운동 중 지방대사의 변화, 운동과학 14(1): 11-20.

오명진, 강석훈, 김종오, 서태범, 김재진, 윤진환, 정일규(2007). 대학 레슬링 선수의 급성체중감량이 운동 후 체내 수분조절과 지질과산화물에 미치는 영향』, 한국체육학회지 46(3): 453-460

오명진, 서태범, 김종오, 남궁욱, 정일규(2010). 척수손상 후 트레드밀 운동이 손상된 부위에서 BDNF와 trkB mRNA 발현에 미치는 영향, 한국체육학회지 49(6): 613-621

오명진, 장문녀, 서태범, 김종오, 변재종, 윤진환, 정일규(2009). 척수타박손상 후 트레드밀운동이 근 위축지연과 기능적 회복에 미치는 효과, 생명과학회지 19(11): 1651-1657, 2009. 11.

오명진,서태범, 윤진환, 현광석, 서한교, 정일규(2010). 수영운동이 비만 zucker rat의 골격근 TNF-a 및 백색지방조직 UCP-2발현에 미치는 영향』, 한국생활환경학회 17(1).

오봉석(1998). 지구성 트레이닝 시 항산화제 투여가 항산화효소 및 면역기능에 미치는 영향, 고려대학교 대학원 박사학위논문.

오상덕, 김진항(1999). 운동량이 수면중 뇌파 변화에 미치는 영향, 한국체육학회지 38(3): 532-540.

윤성진, 이중철, 변용현, 유지민(2005). 해수면과 급성 저산소 상태에서의 무산소성 파워 및 혈중젖산농도에 관한 연구, 한국사회체육학회지 23: 367-378.

윤정수, 고영호, 조형식, 김재철(2002). 지구력 트레이닝시 근육섬유의 수축 특성에 따른 HSP70의 발현, 운동영양학회지 6(3): 259-263.

윤진환, 이희혁, 정경훈, 김종오, 류성환, 정일규, 김영표, 오봉석(2003). 운동이 노화된 흰쥐 췌장 랑게르한스섬의 형태학적 변화에 미치는 영향, 운동과학 12(1): 115-122.

윤진환, 정일규, 김영표, 김종오, 이희혁, 오봉석, 김창주(2003). Supine Bicycle Ergometer 운동이 뇌파와 기분상태에 미치는 영향, 대한스포츠의학회지 21(1):62-69.

윤진환, 정일규, 이희혁, 김영표(2005). 운동강도의 차이가 노화된 F344흰쥐 해마의 치상회에서 신경세포 생성과 항산화효소에 미치는 영향(Ⅱ), 발육발달 13(2): 83-93.

이규성, 김중언(1999). 탈진적인 스프린트성 운동이 쥐의 심장, 골격근의 조직손상과 항산화기능에 미치는 영향, 운동과학 8(3): 461-472.

이규성, 조준용, 최용어, 강명신, 강민완(1993). 비만국민학생들의 체지방율에 따른 체력 및 혈중 지질성분 비교분석, 한국체대 체육과학연구소 논문집, 12(1): 45-57.

이복환, 김정규(2002). 훈련이 운동시 Leptin과 5-HT분비 변화에 미치는 영향, 운동과학 11(1): 177-188.

이부용, 김동환, 오명진, 신영륜, 정일규(2013). 생애주기별 건강위험인자에 미치는 장기간 운동누적효과에 대한 추적연구, 한국사회체육학회지 51: 797-802.

이상학, 김성수, 정일규, 윤진환, 염정주(2005). 운동강도의 차이가 흰쥐의 근육, 심장 및 간조직 미토콘드리아 LDH 동위효소 변화에 미치는 영향, '05 한국운동과학회 동계 학술대회지, pp. 1-13.

이한, 안의수(1999). 다른 기후조건에서의 지구성 트레이닝이 백혈구와 NK세포에 미치는 영향, 운동과학 8(3): 437-446.

이희혁, 김성대, 박종석, 정일규(2017). "근전도(근활성도)지표에 의해 설정된 등척성운동강도가 심박변이도에 미치는 영향", 한국사회체육학회지 70: 603-612, 2017. 11.

이희혁, 김성대, 오명진, 정일규(2018). EMG지표로 설정된 등척성 운동강도에 따른 중대뇌동맥 혈류속도변화", 한국사회체육학회지 74: 609-618.

이희혁, 김성대, 정일규, 김상호, 박종석(2018). EMG활성도에 의해 설정된 신장성 및 단축성 운동이 자율신경계 활성에 미치는 영향", 2018 한국사회체육학회 춘계학술대회: 생활체육활성화를 위한 학교체육과의 연계방안, 한남대학교 56주년기념관, pp.187-192,, 2018. 05. 25.

이희혁, 김영표, 윤진환, 정일규, 김창주(2004). 파킨스씨병 흰쥐에서 트레드밀 운동이 흑질신경 세포손상과 해마치상회에서 신경 세포생성에 미치는 영향, 2004 한국운동과학회 춘계 학술대회, 13(1): s89.

이희혁, 오명진, 민대식, 김종오, 박성태, 윤진환, 정일규(2005). 장기간 트레드밀운동이 고지방식이 쥐의 혈중 지질성분과 렙틴농도에 미치는 영향. 한국체육학회지 44(5): 507-518.

이희혁, 오명진, 정일규(2012). 저항성 운동이 심박변이도에 미치는 영향, 한국사회체육학회지 47: 1023-1031, 2012. 02.

이희혁, 윤진환, 정일규, 김종오, 김보균, 서진희, 고일규, 신말순, 김성은, 김창주(2008). 트레드밀 운동이 외상성 뇌손상 흰쥐 해마에서 신경세포생성 및 BDNF발현에 미치는 영향, 운동과학 제17권 제3호, pp. 363-372.

이희혁, 윤진환, 최덕구, 정일규, 정경훈, 김종오(2002). 카페인 투여 후 운동이 수면에 미치는 영향, '02 한국운동과학회 동계학술대회(조선대학교 체육대학), pp. 7-19.

이희혁, 정일규(2013). 일내 시간대별 운동이 심근 자율신경계 반응에 미치는 영향, 한국사회체육학회지 51: 803-812.

이희혁, 정일규(2014). 스포츠마사지가 고유수용성 감각에 미치는 영향』, 한국사회체육학회지 55: 647-656, 2014. 02.

이희혁, 최덕구, 정일규, 윤진환, 김종오, 류성환(2002). 비만인의 걷기와 달리기시 에너지 소비와 근피로도 비교, '02 한국운동과학회 하계 국제학술대회(군산대학교), pp. 85-97.

임예현, 조준용, 정국현, 이규성, 오윤선(2003). 탈진적 1회성 수영운동과 단시간 금식 복합조건이 쥐의 심장근과 골격근의 GLUT-4와 GRP-78 발현에 미치는 영향, 한국사회체육학회지 19: 1385-1396.
임은미, 전종귀, 서태범, 김종오, 윤재석, 윤진환, 정일규(2005). 운동강도의 차이가 Streptozotocin-당뇨 유발 흰쥐의 췌장 β-세포 및 골격근 GLUT-4 단백질 발현에 미치는 영향, 운동과학 14(1): 43-52.
임인수(2002). 노화와 운동효과에 대한 항산화, 내분비, 면역학적 접근, 운동과학 11(1): 35-52.
장경태(2003). 조정선수들의 saliva-immunoglobulin A수준과 Upper Respiratory Tract Infection 발병, 한국체육학회지 42(6): 825-836.
장경태, 김영선(2005). 근대 5종 선수들의 s-IgA 수준과 URTI 발병 및 경기력과의 관계, 한국체육학회지 44(1): 265-276.
전태원, 이왕록(2002). 최대운동 중 체내 지질과산화물의 생성에 관한 연구, 운동과학 11(1): 277-284.
정일규(1992). 홍삼추출액의 장기간투여가 최대 및 최대하운동시 에너지대사, 효소활성도및 뇌하수체-부신계 호르몬 반응에 미치는 영향, 미간행 박사학위논문, 고려대학교 대학원
정일규(1993). The Response of Serum CPK, LDH, and LDH Isoenzyme for the Submaximal Exercise in Trained and Untrained Middle Aged Men, Sports Science(Korea University).
정일규(1995). 이중에너지 방사선 흡수계측법을 이용한 Cycling 운동수행 노인의 골밀도측정, 최신의학회지 38(11): 1-8.
정일규(2006). 고지혈증환자의 임상운동생리학적 기전, 2006년 대한임상건강증진학회 추계학술대회, 6(2): s369-373, 서울 아산병원, 2006. 10. 15.
정일규(2006). 지질대사: 운동 중 연료로서 지질의 이용기전, 제7회 운동사대회, 대한운동사회, pp. 163-167, 서울 AT Center 대회의실,
정일규(2009). 암관련 피로(CRF: Cancer-related fatigue)에 미치는 운동의 효과, 한국운동영양학회, 제24회 추계학술대회, 천안 상록리조트, 2009. 11. 28.
정일규(2009). 운동의 항암효과에 대한 최신 지견, 한국통합의학회지 제4권 제1호, 1-8,, 카톨릭의대(서울).
정일규(2012). 대장암 시술후 운동, 2012 대한임상건강증진학회 추계학술대회, p.67-71, 서울아산병원 동관 6층 소강당, 2012. 11. 18.
정일규(2012). 월경전증후군(Premenstrual syndrome:PMS)과 운동: 앞으로의 과제, 한국사회체육학회지 48: 973-980, 2012. 05.
정일규(2012). 키성장과 운동 - 오해와 진실, p.83-102, 2012 한국운동영양학회 추계학술대회, 한남대학교 56주년 기념관, 2012. 12. 07.
정일규, 강명희, 장현구(1999). 성인 남녀의 체지방분포 양상이 혈중 지질 및 지질단백질 수준에 미치는 영향, 한국사회체육학회지 12(상): 327-339.
정일규, 김명기, 김창국, 윤진환, 천병옥, 선정민(1998). Analysis of body composition by anthropometry, segmental bioelectrical impedance method and dual-energy x-ray absorptiometry, 한국사회체육학회지 9: 425-438.
정일규, 김명기, 윤진환, 김차용, 한종우, 김성수(1998). Development of new equation using anthropometry to predict the percentage of body fat in children, 제5회 환태평양 국제스포츠의학 학술대회.
정일규, 김명기, 이강우, 손정민, 최철승(1999). 성인여성의 연령에 따른 체구성 분포와 골 밀도에 미치는 체구성 요인의 영향, 한국 사회체육학회지, 11: 415-427.
정일규, 김성대, 오명진, 김명화(2018). 리컴번트자전거운동(recumbent bicycle)이 심방세동환자의 심박출량과 심근산소소비량에 미치는 영향. 2018 한국사회체육학회 추계학술대회(고려대 세종캠퍼스), 110-115, 2018. 11. 30.
정일규, 김차용, 김명기(1999). 한국 성인남자의 체구성 예측방정식 개발을 위한 인체계측학적 측정과 생체전기저항 측정법의 이용, '99 한국사회체육학회 학술대회지, pp. 561-569.
정일규, 오명진, 윤재석, 김종오, 이일우, 김명기, 강금숙(2005). 운동형태 및 valsalva maneuver가 뇌혈류에 미치는 영향, 한국사회체육학회지, 23: 403-409.
정일규, 오명진, 윤재석, 황인하, 오세열, 김명기, 강금숙(2005). 산소분압 조절장비를 이용한 저산소 훈련이 혈중 Erythropoietin과 혈액 구성분, 최대산소섭취량 및 무산소성 역치에 미치는 영향, 한국사회체육학회지 24: 321-332.
정일규, 오명진, 이장희(2006). 단기간 체중감량이 체내철분과 적혈구 용혈지표, 적혈구 형태에 미치는 영향, 한국사회체

육학회지, 28: 397-406
정일규, 오명진, 장문녀, 고윤석 Koh, Kyle D. Biggerstaff, David Nichols, Vic Ben-Ezra(2009). Effects of Dietary Caloric Restriction and Exercise on GLUT 2 in Liver and GLUT 4 and VAMP-2 in Muscle Tissue of Diabetic Rats, 운동영양학회지, 13(1): 1-7
정일규, 윤진환, 김영표, 김종오, 오명진, 서태범(2003). 단계적 점증부하 트레드밀 걷기운동시 하지부위 중량부하가 에너지소비량 및 심박수반응에 미치는 영향, 대한스포츠의학회지 21(2): 185-192.
정일규, 윤진환, 김종오, 김영표, 이미숙, 윤재석, 변재종(2003). 상하지의 등속성 굴근력과 신근력, 그리고 근육량과 골밀도의 상관관계, 대한스포츠의학회지 21(2): 177-184.
정일규, 윤진환, 신말순(1996). Effects of Acute Exposure to Hypobaric Chamber Simulated Altitude of 14,000ft on VO2max, SaO2 percent and Blood lactate Accumulation. 한국사회체육학회지, 6: 295-307.
정일규, 윤진환, 이희혁(1999). 환기역치 및 젖산역치와 IEMGFT와의 상관관계 연구, '99 한국사회체육학회 학술대회지, pp. 278-290.
정일규, 윤진환, 이희혁(2002). 혈중 Somatomedin-C, Calcitonin, Osteocalcin 수준이 중량부하 운동선수의 골밀도에 미치는 영향, 운동과학 11(2): 431-440.
정일규, 윤진환, 이희혁(2008). 사전운동이 알쯔하이머병 흰쥐에서 기억력과 해마 신경세포 생성에 미치는 영향, 생명과학회지 18(5): 631-638.
정일규, 윤진환, 이희혁, 김종오, 서태범, 오명진(2007). 운동훈련이 당뇨유발 흰쥐 뇌의 해마에서 GLUT1과 GLUT3 단백질 발현에 미치는 영향, 한국체육학회지 46(2): 359-367.
정일규, 윤진환, 이희혁, 김창주(2007). Effects of treadmill exercise on hippocampal cell proliferation and memory in streptozotocin rat model for sporadic Alzheimer's disease, 운동과학 16(1): 11-22.
정일규, 이강우(1999). 이중에너지 흡수계측법과 생체전기저항 측정법을 이용한 한국 성인 남녀의 체구성 예측방정식, 한국사회체육학회지 12(상): 341-354.
조성연, 이희혁, 이삼준, 신민철, 장현경, 양혜영, 김창주, 김영표, 윤진환, 정일규(2004). NMDA로 유도된 해마 CA1 손상 후 트레드밀 운동에 의한 손상 억제와 치상회에서의 신경세포생성 증가, '04 한국운동과학회 동계학술대회지, pp. 61-62.
조준용, 이규성, 양춘호. 습관적 운동과 스트레스가 T-세포, NK-세포 및 면역글로불린에 미치는 영향, 한국사회체육학회지 17: 365-378.
曾凡輝 等(1992). 運動員科學選材. 北京 : 人民體育出版社.
최대혁(1999). 일회성 운동 및 지구력 훈련이 HSP70 생성과 함량에 미치는 영향, 운동과학 8(3): 519-528.
황수관, 최건식, 김양수, 어은실, 백광세, 성동진, 육조영(1993). 하절기 및 동절기 운동 시 에너지소비량과 전해질 변화, 대한스포츠의학회지 11(1): 1-13.

Abe, D, Y. Sakaguchi, H. Tsuchimochi, M. Endo, K. Miyake, S. Miyahiro, K. Kanamaru, S. Niihata(1999). Assessment of long-distance running performance in elite male runners using onset of blood lactate accumulation. Appl Human Sci. 18(2): 25-9.
Abernethy, P. J., J. Jurimae, P. A. Logan, A. W. Taylor, R. E. Thayer(1994). Acute and chronic response of skeletal muscle to resistance exercise. Sports Med. 17(1): 22-38. Review.
Abratt, R. P., Morgan, G. W.(2002). Lung toxicity following chest irradiation in patients with lung cancer. Lung Cancer,35, 103-109.
Adams, W. C. et al.(1975). Effects of equivalent sea-level and altitude training on VO2max and running performance. J. Appl. Physiol., 39:262.
Aghili, M, Farhan, F, Rade, M(2007). A pilot study of the effects of programmed aerobic exercise on the severity of fatigue in cancer patients during radiotherapy, European Journal of Oncology Nursing, 11, 179-182.

Ahlborg, G. et al.(1974). Substrate turnover during prolonged exercise in man. J. Clin. Invest, 53: 1080.

Ahluwalia A, et al.(2014). Aging impairs transcriptional regulation of vascular endothelial growth factor in human microvascular endothelial cells: implications for angiogenesis and cell survival. J. Physiol. Pharmacol. 65: 209-215.

Aldiss P. et al.(2018). Exercise-induced 'browning' of adipose tissue. Metabolism 81:63-70.

Angeli A, M. Minetto, A. Dovio, P. Paccotti(2004). The overtraining syndrome in athletes: a stress-related disorder. J Endocrinol Invest. 27(6): 603-12.

Antoine Louveau, Igor Smirnov, Timothy J. Keyes, Jacob D. Eccles, Sherin J. Rouhani, J. David Peske, Noel C. Derecki, David Castle, James W. Mandell, Kevin S. Lee, Tajie H. Harris & Jonathan Kipnis(2015). Structural and functional features of central nervous system lymphatic vessels. Nature 523: 337–341.

Aoi W, Naito Y et al.(2013). A novel myokine, secreated protein acidic and rich in cysteine(SPARC), suppresses colon tumorigenesis via regular exercise, Gut. 62:882-889.

Ari, Z, N. Kutlu, B. S. Uyanik, F. Taneli, G. Buyukyazi, T. Tavli(2004). Serum testosterone, growth hormone, and insulin-like growth factor-1 levels, mental reaction time, and maximal aerobic exercise in sedentary and long-term physically trained elderly males. Int J Neurosci. 114(5): 623-37.

Arthur P. G., West T. G., Brill R. W. et al.(1992). Recovery metabolism in tuna white muscle: rapid and parallel changes of lactate and phosphocreatine after exercise. Can J Zool 70: 1230-1239.

Aspelund A, et al.(2015). A dural lymphatic vascular system that drains brain interstitial fluid and macromolecules. J. Experimental Med. 212: 991-999.

Ballard-Barbash R, Friedemreich CM, et al.(2012). Physical activity, biomarkers, and disease outcomes in cancer survivors: a systematic review, J. Natl Cancer Inst. 104: 815-840.

Baska RS, et al.(1990). Gastrointestinal bleeding during an ultramarathon, Dig Dis Sci. 35: 276-279.

Batch J.T. et al.(2020). Advantages and Disadvantages of the Ketogenic Diet: A Review Article. Cureus 12(8):e9639.

Bemben M.G & Lamont H.S.(2005). Creatine supplementation and exercise performance. Sports Medicine 35(2):107-125.

Berg U, P. Bang. Exercise and circulating insulin-like growth factor I.

Berglund, B.(1992). High-altitude training. Sports Med., 14: 289-303.

Bergstrom, J., et al.(1967). Diet Muscle glycogen and physical performance. Acta. Physiol. Scand., 71: 140.

Bevier. W. C., R. A. Wiswell, G. Pyka, K. C. Kozak, K. M. Newall, and R. Marcus(1989). Relationship of body composition, muscle strength, and aerobic capacity to bone mineral density in older men and women. Journal of Bone and Mineral Research. 4: 421-432.

Birch Karen(2005). Female athlete triad: ABC of sports and exercise medicine, BMJ 330(7485): 244-246.

Birzniece Vita(2019). Exercise and the growth hormone-insulin like growth factor axis. Current Opinion in Endocrine and Metablolic Research 9: 1-7.

Blazevich A. J., Giorgi A.(2001). Effect of testosterone administration and weight training on muscle architecture. Med Sci Sports Exerc. 33(10): 1688-93, 2001.

Boas, S. R., M. L. Joswiak, P. A. Nixon, et al.(1996). Effects of anaerobic exercise on the immune system in eight-to seventeen-year-old trained and untrained boys. J. Pediatr. 129: 846-855.

Borghouts, L. B., H. A. Keizer,(1999). Exercise and insulin sensitivity : A review. International Journal of Sports Medicine, 21: 1-12.

Bouchard, C., Dionne, F.T., Simoneau, J.A., & Boulay, M.R. (1992). Genetics of aerobic and anaerobic performance. Exer. Spt. Sci. Rev., 20, 27-58.

Boulet L. P., H. Turcotte, J. B. Langdeau, M. C. Bernier(2005). Lower airway inflammatory responses to high-intensity training in athletes. Clin Invest Med. 28(1): 15-22.

Brain B., P. C. Miller, S. P. Bailey, M. E. Barnes, S. J. Derr, E. E. Hall(2004). The effects of protease supplementation on skeletal muscle function and DOMS following downhill running. J Sports Sci. 22(4): 365-72.

Brown A. C., H. S. Macrae, N. S. Turner(2004). Tricarboxylic-acid-cycle intermediates and cycle endurance capacity, Int J Sport Nutr Exerc Metab. 14(6): 720-9.

Brozek J. & Henschel A.(1961). Technique for measuring body composition. Proceedings of a conference quartermaster research and engineering center, Lehigh Univ. pp.99-102.

Bueno N.B. et al.(2013). Very-low-carbohydrate ketogenic diet vs. low-fat-diet for long-term weight loss: a meta-analysis of randomised controlled trials. British Journal of Nutrition 110: 1178-1187.

Buskirk E.R. et al.(1967). Maximal performance at altitude and on return from altitude in conditioned runners. J. Appl. Physiol. 23(2): 259

Camera D.M. et al.(2016). Exercise-induced skeletal muscle signaling pathways and human athletic performance. Free Radical Biology and Medicine 98:131-143.

Cholewa J. et al.(2019). Effects of dietary sports supplements on metabolite accumulation, vasodilation and cellular swelling in relation to muscle hypertrophy: A focus on "secondary" physiological determinants. Nutrition 60: 241-251.

Christopher S.F. et al.(2017). Myogenic progenitor cells control extracellular matrix production by fibroblasts during skeletal muscle hypertrophy. Cell Stem Cell 20: 56-69.

Christ-Roberts C. Y., T. Pratipanawatr, W. Pratipanawatr, R. Berria, R. Belfort, S. Kashyap, L. J. Mandarino (2004). Exercise training increases glycogen synthase activity and GLUT4 expression but not insulin signaling in overweight nondiabetic and type 2 diabetic subjects. Metabolism. 53(9): 1233-42, 2004.

Close G. L., T. Ashton, T. Cable, D. Doran, D. P. MacLaren(2004). Eccentric exercise, isokinetic muscle torque and delayed onset muscle soreness: the role of reactive oxygen species. Eur J Appl Physiol. 91(5-6): 615-21.

Coates A et al.(2016). Incidence of iron deficiency and iron deficiency anemia in elite runners and triathletes. Clin. J Sport Med.

Cohen P. & Spiegelman B.M.(2015). Brown and Beige fat: Molecular parts of a thermogenic machin. Diabetes 64: 2345-2351.

Cooper R. et al.(2012). Creatine supplementation with specific view to exercise/sports performance: an update. J. Int. Society Sport Nutri. 9:33

Costill, D. L.(1977). Sweating : its composition and effect of body fluids. Annals of the New York Academy of Science, 301: 160-174.

Costill, D. L., B. Saltin(1974). Factors limiting gastric emptying during rest and exercise. J. Appl. Physiol., 37: 679-683.

Costill, D. L., Coyle, E. F., Fink, W. F., Lesmes, G. R., & Witzmann, F. A. (1979). Adaptations in skeletal muscle following strength training. J. Appl. Physiol., 46, 96-99.

Costill, D. L., et al.(1984). Acid-base balance during repeated bouts of exercise : Influence of HCO3. Int. J. Sports Med., 5: 228-231.

Costill, D. L., J. M. Miller(1981). Nutrition for endurance sport :Carbohydrate and fluid balance, Int. J. Sports Med., 1: 2-14.

Courneya, K. S., Mackey, J. R., Jones, L. W.(2000). Coping with cancer: can exercise help? Physician Sportmed, 28(5), 49-73.

Coyle, E. F., et al.(1983). Carbohydrate feeding during prolonged strenuous exercise can delay fatigue. J. Appl. Physiol., 55: 230-235.

Cypess A.M.(2009). Identification and importance of brown adipose tissue in adult humans. N. Engl. J. Med. 360: 1509-1517.

Dale, E, D. H. Gerlach(1997). Physical fitness profiles reproductive physiology of the female distance runner. Physician & Sportsmedicine, 7: 82.

Daniels, J.(1972). Effects of altitude on athletic accomplishment, Mod. Med., June 26, pp.73-76.

Daniels, J., N. Oldridge(1970). The Effects of alternate exposure to altitude and sea level on world-class middle-distance runners. Med. Sci. Sports, 2:107.

Davison, G. W., L. George, S. K. Jackson, I. S. Young, B. Davies, D. M. Bailey, J. R. Peters, T. Ashton(2002). Exercise, free radicals, and lipid peroxidation in type 1 diabetes mellitus. Free Radic Biol Med. 33(11): 1543-51.

Dimeo F, Schwartz S, Fietz T, Wanjura T, Boning D, Thiel E.(2003). Effects of endurance training on the physical performance of patients with hematological malignancies during chemotherapy. Support Care Cancer 11(10):623-628.

Dimeo F. Effects of exercise on cancer-related fatigue. Cancer 2001;92(suppl 6):1689-1693.

Dimeo FC(2001). Effects of exercise on cancer-related fatigue. Cancer, 92, 1689-1693.

Dook, J. E., C. James, N. K. Henderson, and R. I. Price(1997). Exercise and bone mineral density in mature female athletes. Med. Sci. Sports Exerc., 29(3): 291-296.

Dressendorfer KC, et al.(1992). Effect of shoe cushioning on the development of reticulocytosis in distance runners. Am J Sports Med. 20: 212-216.

Drubaxi I., et al.(1998). Preliminary data on the age-dependent decrease in basic fibroblast growth factor and platelet-derived growth factor in the human vein wall and in their influence on cell proliferation. Gerontology 44:9-14.

Dubnov, G., N. W. Constantini(2004). Prevalence of iron depletion and anemia in top-level basketball players. Int J Sport Nutr Exerc Metab. 14(1): 30-7.

Emtner, M, K. Larsson(2005). Post-exertional respiratory problems in asthma are reduced by exercise. Lakartidningen. 28-Mar 6 ; 102(9) : 654-5, 658-9.

Epstein, L. H., R. A. Paluch, A. Consalvi, K. Riordan, T. Scholl(2002). Effects of manipulating sedentary behavior on physical activity and food intake, The Journal of Pediatrics 140(3): 334-339.

Eriksson, P, S., E. Perfilieva, T. Björk-Eriksson A. M. Alborn, C. Nordborg, D. A. Peterson, and F. H. Gage(1998). Neurogenesis in the adult human hippocampus. Nat Med. 4(11): 1313-7.

Esbjrnsson M., C. Sylvn, J. Holm & E. Jansson(1993). Fast twitch fibers may predict anaerobic performance in both females and males. Int. J. Sports Med., 14, 257-263.

Felig, P. & J. Wahren(1975). Fuel homeostasis in exercise. Seminar in Medicine of the Beth Israel Hospital, Boston. N. Engl. J. Med., 293: 1078.

Field AE, Wing RR, Manson JE, Spiegelman DL and Willett WC(2001). Relationship of a large weight loss to long-term weight change among young and middle -aged US women. Int. J. Obesity. 25: 1113-1121.

Fink, W., et al.(1975). Leg muscle metabolism during exercise in the heat and cold. European J. Appl. Physiol., 34: 183-190.

Fletcher D. J.(1977). Athletic pseudonephritis. Lancet. 23;1(8017): 910-1.

Francesconi, R. P., et al.(1983). Hypohydration and heat acclimation, plasma renin and aldosterone during exercise. J. Appl. Physiol., 55(6): 1790-1794.

Fronera W.R. et al.(2000). Aging of skeletal muscle: a 12-yr longitudinal study. J Appl. Physiol. 88:1321-1326.

Gabrelsson, B.L., Carlsson, B., & Carlsson, L.M. (2000). Partial genome scale analysis of gene expression in human adipose tissue using DNA array. Obesity Res., 8(5), 374-384.

Gavin T.P., et al.(2007). No difference in the skeletal muscle angiogenic response to aerobic exercise training between young and aged men. J Physiol. 585:231-239.

Gavin T.P., et al.(2015). Aging and the skeletal muscle angiogenic response in women. J Gerontol A Biol. Sci. Med. Sci. 70:1189-1197.

Gmunder, F. K., G. Lorenzi, B. Bechler, et al.(1988). Effect of long-term physical exercise on lymphocyte reactivity : similarity to spaceflight reactions. Aviat. Spacd Environ. Med. 59: 146-151.

Goday A. et al.(2016). Short-term safety, tolerability and efficacy of a very low-calorie-ketogenic diet interventional weight loss program versus hypocaloric diet in patients with type 2 diabetes mellitus. Nutrition & Diabetes 6:e230.

Goforth H. W. Jr., D. Laurent, W. K. Prusaczyk, K. E. Schneider, K. F. Petersen, G. I. Shulman(2003). Effects of depletion exercise and light training on muscle glycogen supercompensation in men. Am J Physiol Endocrinol Metab. 285(6): E1304-11.

Gollnick, P.D., Armstrong, R.B., Saltin, B., Subert, C.W., Sembrowich, W.L., & Shepherd, R.E. (1973). Effect of training on enzyme activity and fiber composition of human skeletal muscle. J. Appl. Physiol., 34, 107-111.

Gould, E., A. J. Reeves, M. Fallah, P. Tanapat, C. G. Gross, and E. Fuchs(1999). Hippocampal neurogenesis in adult Old World primates. Proc Natl Acad Sci USA. 96(9): 5263-7.

Grgic J. et al.(2016). Inducing hypertrophic effects of type ⊠ skeletal muscle fibers: A hypothetical role of time under load in resistance training aimed at muscular hypertrophy. Medical Hypotheses 112: 40-42.

Grgic J. et al.(2019). Resistance training frequency and skeletal muscle hypertrophy: A review of available evidence. J. Science and Medicine in Sport 22:361-370.

Hakkinen, K., & A. Pakarinen(2002). Acute hormonal response to heavy resistance exercise in men and women at different ages. International Journal of Sports Medicine. 16(8): 507-512.

Hakkinen, K., A. Pakarinen, W. J. Kraemer, R. U. Newton, & M. Alen(2000). Basal concentrations and acute response of serum hormones and strength development during heavy resistance training in middle-aged and elderly men and women. J. Gerontol A. Biol. Sci., 55(2): 95-105.

Hamazki, N, et al.(2017). Respiratory muscle weakness increase dead-space ventilation ratio aggravating ventilation-perfusion mismatch during exercise in patients with chronic heart failure. Respirology 24:154-161.

Hardee J.P. et al.(2019). Understanding the role of exercise in cancer cachexia therapy. Am. J. Lifestyle Med. 13:46-60.

Hardee, J.P. et al.(2019). Understanding the role of exercise in cancer cachexia therapy. Am. J. Lifestyle Med. 13:46-60.

Hausswirth C., A. X. Bigard, R. Lepers, M. Berthelot, C. Y. Guezennec(1995). Sodium citrate ingestion and muscle performance in acute hypobaric hypoxia. Eur J Appl Physiol Occup Physiol. 71(4): 362-8.

Hawkins. S. A., E. T. Schroeder, R. A. Wiswell, S. V. Jaque, T. J. Marcell, K. Costa(1999). Eccentric muscle action increases site-specific osteogenic response. Medicine and Science in Sports and Exercise, 31(9): 1287-92.

Heehyuk Lee, Seongdae Kim, Ilgyu Jeong(2019). The influence o EMG-based MVC intensity on middle cerebral artery velocity, cardiac output, and respiratory variables" American College of Sports Medicine 66th Anual Meeting(Orlando, USA),131p. 2019. 05. 30

Heeyuk Lee, Seongdae Kim, Myungin Oh, Ilgyu Jeong(2018). The Influence of EMG-based Maximal Voluntary Contraction(MVCEMG) Intensity on Middle Cerebral Artery Velocity", 2018 ACSM Annual Meeting, Minneapolis(Minnesota, USA), Vol. 49(5):S276, #3403, 2018.06.02.

Hespel P, P. Lijnen, R. Fagard, R. Van Hoof, W. Goossens, A. Amery(1988). Effects of training on erythrocyte 2,3-diphosphoglycerate in normal men. Eur J Appl Physiol Occup Physiol. 57(4): 456-61.

Hess M.E., Bruning J.C.(2014). The fat mass and obesity-associated (FTO) gene: Obesity and beyond?, Biochimica et Biophysica Acta (BBA)-Molecular Basis of Disease 1842(10): 2039-2047

Hickey, M. S., R. V. Considine, R. G. Israel, T. L. Mahar, M. R. McCammon, G. L. Tyndall, J. A. Houmard, and J. F. Caro(1996). Leptin is related to body fat content in male distance runners. Am J Physiol, 271, E938.

Hirsch, J.(1971). Adipose cellularity in relation to human obesity. In Advances in International Medicine, Vol. 17. edited by G. H. Stollerman, Chicago, Year Book.

Hochachka P.W. et al.(2002). The lactate paradox in human high-altitude physiological performance. News Physiology Sci. 17:122-126.

Hochachka, P. W., C. Stanley, G. O. Matheson, D. C. Mckenzie, P. S. Allen, and W. S. Parkhouse(1991). Metabolic and Work efficiency during exercise in Andean natives. J. Appl. Physiol., 52 : 303-313.

Hojman,P., Gehl, J, et al.(2017). Molecular Mechanisms Linking Exercise to Cancer Prevention and Treatment. Cell Metabolism Perspective https://doi.org/10.1016/j.cmet.2017.09.015

Hoeg TB et al.(2018). We Run on Iron: Iron Deficiency and Anemia in Runners. A deep look at the science of iron defiency and anemia in runners. https://www.irunfar.com/we-run-on-iron-iron-deficiency-and-anemia-in-runners

Holloszy J. O.(2005). Exercise-induced increase in muscle insulin sensitivity. J Appl Physiol. 99(1): 338-43.

Holmer, I.(2004). Oxygen uptake during swimming in man. J. Appl. Physiol., 33: 502, Horm Res. 62 Suppl 1: 50-8.

Holmes MD, Chen WY, Feskanich D.(2005). Physical activity and survival after beast cancer diagnosis. JAMA 293:2479-2486.

Ilgyu Jeong, Heehyuk Lee, Seongdae Kim(2018). Cerebral Blood Flow Velocity and EEG Response during Ergometer Exercise in Normoxia and Hypoxia. 2018 ACSM Annual Meeting, Minneapolis(Minnesota, USA), Vol. 49(5):S276, #1379, 2018.05.31.

Ilgyu Jeong, Heehyuk Lee, Seongdae Kim(2019). The effects of recumbent angle on cardiac responses and hemodynamics during bicycle ergometer exercise in patients with atrial fibrillation", American College of Sports Medicine 66th Anual Meeting(Orlando, USA),131p. 2019. 05. 30.

Ilgyu Jeong, Jinhwan Yoon, Kyunghun Chung, Yongpyu Kim & Jongho Kim(2003). The Changes of Erythrocyte Morphology and Blood ammonia, Enzymes, Erythrocyte Sedimentation Rate after Long Distance Running, 2003 Daegu Universide Conference, Yeungnam University, Exercise physiological section, p. 387, 2003. 8.

Ilgyu Jeong, Jin-hwan Yoon, Young-pyo Kim, Kyung-hwan Chun, Jong-oh Kim, Jae-jong Byun(2004). The morphological changes of erythrocytes and blood indexes of footstrike hemolysis after 8km distance competitive running, Journal of Physical Growth and Motor Development, 12(1): 71-78, 2004, 2.

Ilgyu Jeong, Myungin Oho, Moonyeo Jang, Donghee Kim, Hayan Lee, Jinhwan Yoon(2009). Effects of Exercise on the Regeneration of Injured Nerves and Soleus Muscle after Spinal Cord Contusion In Rats, 09' ACSM Annual Meeting, Seattle, Washington, USA, 41(5): s590

Ilgyu Jeong, Myungjin Oho, Yunsuk Koh, Kyle D. Biggerstaff, David Nichols, Vic Ben-Ezra(2008). Effects of Dietary Caloric Restriction and Exercise on GLUT-2 in liver and GLUT-4 and VAMP-2 in Muscle Tissue of Diabetic Rats, ACSM's 55th Annual Meeting(Indianapolis, Indiana, USA), American College of Sports Medicine, Medicine & Science in Sports & Exercise, 40(5): s347.

Ilgyu Jeong, Oh, MJ., Seo TB, Kim, JO, Yoon, JH(2006). Effects of Exercise Training and Diet Caloric Restriction on Serum Lipid Profiles and GLUT2, GLUT4, VAMP2 protein Expression in the Liver and Muscle Tissue of STZ-induced Diabetic Rats, 13th International Conference Seoul, Olypic ParkTel, Biochemistry of Exercise, 133p.

Ilgyu Jeong, Sul-mi Jeong(2004). Effects of using hand-held weight device designed for rhythmic swing movement during treadmill walking and running on heart rate, energy expenditure and electromyogram in shoulder muscle groups, 대한스포츠의학회지, 22(2): 179-188, 2004. 08.

Ilgyu Jeong, Sungdae Kim(2019).. Effects of exercise based cardiac rehabilitation on exercise capacity and cardiac function in patients with atrial fibrillation, The 12th Asia-Pacific Heart Rhythm Society Scientific Session, Bangkok, ,AP19-00870, 2019.10.

Ilgyu Jeong, Sung-soo Kim(1988). The Effects of Dehydration and Components of Rehydration Fluid on the Performance, Seoul Olympic Scientific Congress(Diciplinary of Sports Physiology), 1988. 9.

Ilgyu Jeong, Sung-soo Kim(1988). The Effects of Iron Supplementation on the Changes of Iron Storage and Lactic acid after Submaximal Exercise, Seoul Olympic Scientific Congress(Diciplinary of Sports Physiology), 1988. 9.

Iliff JJ, Wang M, Liao Y, Plogg BA, Peng W, Gundersen GA, et al. (2012). A paravascular pathway facilitates CSF flow through the brain parenchyma and the clearance of interstitial solutes, including amyloid β. Science Translational Medicine. 4 (147): 147ra111.

Iliff JJ, Wang M, Liao Y, Plogg BA, Peng W, Gundersen GA, et al. (2012). A paravascular pathway facilitates CSF flow through the brain parenchyma and the clearance of interstitial solutes, including amyloid β. Science Translational Medicine. 4 (147): 147ra111.

Iliff JJ, Wang M, Liao Y, Plogg BA, Peng W, Gundersen GA, et al. (2012). A paravascular pathway facilitates CSF flow through the brain parenchyma and the clearance of interstitial solutes, including amyloid β. Science Translational Medicine. 4 (147): 147ra111.

Ingram C, Visovsky C(2007). Exercise intervention to modify physiologic risk factors in cancer survivors, Seminars in Oncology Nursing, 23(4), 275-284.

Ishii, T., T. Yamakita, K. Yamagami, T. Yamamoto, M. Miyamoto, K. Kawasaki, M. Hosoi, K. Yoshioka, T. Sata, S. Tanaka, S. Fujii(2001). Effect of exercise training on serum leptin levels in type 2 diabetic patients. Metabolism. 50: 1136-1140.

Iwaki. K., S. H. Chi, W. H. Dillman and Rj. Mestril(1993). Induction of HSP 70 in cultured rat neonatal cardiomyocytes by hypoxia and metabolic stress. Circulation. 87: 2023-2032.

Jackson A. S., Pollock M. L., Gettman L. A.(1978). Intertester Reliability of Selected Skinfold and Circumference Measurements and Percent Fat Estimates. Research Quarterly. American Alliance for Health, Physical Education and Recreation Volume 49(4). Published online.

Jacqueline S, Drouin PT, Jerome Beeler DPT(2008). Exercise and urologic cancers, Urologic Oncology: Seminars and Original Investigations 26: 205-212.

Ji, L. L. D.(1995). Exercise and oxidative stress : Role of the cellular antioxidant enzymes to hyperoxia, Am. Resp. Cell Moll. Bio. 6: 107-115.

Ji, L. L.(1994). Oxidative stress during exercise: implication of antioxidant nutrients. Free Radical Biol. and Med., 18(6): 1079-1086.

Johan Petersson & Robb W. Glenny(2014). Gas exchange and ventilation–perfusion relationships in the lung. Eur Respir J 44: 1023–1041

Joubert L. et al.(2022). Prevalence of amenorrhea in elite female competitive climbers. Front Sports Act Living. Aug 10:4: 895588.

Katch F. I.(2013). Apparent Body Density and Variability during Underwater Weighing. Research Quarterly. American Association for Health, Physical Education and Recreation. Volume 39(4). Published online.

Kaynar H., M. Akgun, L. Saglam, M. Meral, M. Gorguner, A. Mirici(2004). The prevalence of exercise-induced bronchoconstriction among symptomatic sportsmen. Asian Pac J Allergy Immunol.22(4): 191-6.

Kempermann, G., H. G. Kuhn, and F. H. Gage(1997). More hippocampal neurons in adult mice living in an enriched environment. Nature. 386(6624): 493-5.

Kennedy J. W., M. F. Hirshman, E. V. Gervino, J. V. Ocel, R. A. Forse, S. J. Hoenig, D. Aronson, L. J. Goodyear and E. S. Horton. Acute exercise induces GLUT4 translocation in skeletal muscle of normal human subjects and subjects with type 2 diabetes, Diabetes, 48(5): 1192-1197.

Kikuchi N. & Nakazato K.(2017). Low-load bench press and push-up induce similar muscle hypertrophy and strength gain. J. Exercise Science & Fitness 15:37-42.

Kim, S. E., I. G. Ko, B. K. Kim, M. S. Shin, S. Cho, C. J. Kim, S. H. Kim, S. S. Baek, E. K. Lee, and Y. S. Jee(2010). Treadmill exercise prevents aging-induced failure of memory through an increase in neurogenesis and suppression of apoptosis in rat hippocampus. Exp Gerontol. 45(5): 357-65.

Kim, Sung-soo, Il-gyu Jeong(1988). The Changes in RBC 2,3-DPG after Treadmill Run in Trained and Untrained Men, Seoul Olympic Scientific Congress(Diciplinary of Sports Physiology).

Kim, Sung-soo, Il-gyu Jeong(1988). The Changes in RBC 2,3-DPG after Treadmill Run in Trained and Untrained Men, 서울올림픽 국제스포츠과학학술대회(스포츠생리분과 발표).

Kim, Y. P., H. B. Kim, M. H. Jang, B. V. Lim, Y. J. Kim, H. Kim, S. S. Kim, E. H. Kim, and C. J. Kim(2003). Magnitude- and time-dependence of the effect of treadmill exercise on cell proliferation in the dentate gyrus of rats. Int J Sports Med. 24(2): 114-7.

Kim, Young-Pyo, Hee-Hyuk Lee, Jin-Hwan Yoon, Il-Gyu Jeong, Duck-Gu Choi, and Chang-Ju Kim(2003). Age-dependence of the Effect of Treadmill Exercise on Cell Proliferation in the Dentate Gyus of Rats, 55th Annual Meeting of The Korean Physiological Society(ISSN 1226-4512), The Korean Journal of Physiology and Pharmacology, Vol.7(suppl. Ⅱ): s115.

Kim, Young-Pyo, Hong Kim, Mal-Soon Shin, Hyun-Kyung Chang, Mi-Hyeon Jang, Min-Chul Shin, Sam-Jun Lee, Hee-

Hyuk Lee, Jin-Hwan Yoon, Il-Gyu Jeong, Chang-Ju Kim(2004). Age-dependence of the effect of treadmill exercise on cell proliferation in the dentate gyrus of rats, Neuroscience Letters 355(2004): 152-154.

Kimura N., T. Abe, Z. Q. Rong, S. Igawa, A. Horii, K. Hirota(1985). Effects of physical training on red blood cell properties, in particular erythrocyte 2,3-DPG. Ann Physiol Anthropol. 4(3): 239-44.

Kingwell, B. A.(2000). Nitric oxide as a metabolic regulator during exercise: effects of training in health and disease. Clin Exp Pharmacol Physiol. 27(4): 239-250.

Kir S, Komaba H, et al.(2016). PTH/PTHrP receptor mediates cachexia in models of kidney failure and cancer. Cell Metab. 23:315-323.

Komarova YA, et al.(2017). Protein interactions at endothelial junction and signaling mechanisms regulating endotheial pemeability. Circ Res. 120:179-206.

Kraemer W. J., N. A. Ratamess(2005). Hormonal responses and adaptations to resistance exercise and training. Sports Med. 35(4): 339-61.

Krause M. et al.(2019). The effects of a combined bodyweight-based and elastic bands resistance training, with or without protein supplementation, on muscle mass, signaling and heat shock response in healthy older people. Experimental Gerontology 115:104-113.

Kreider R.B.(2003). Effects of creatine supplementation on performance and training adaptation. Molecular and Cellular Biochemistry 244:89-94.

Kruk J, Aboul-Enein HY(2006). Physical activity in the prevention of cancer. Asian Pac J Cancer Prevent, 7:11-21.

Kuo C. H., H. Hwang, M. C. Lee, A. L. Castle, J. L. Ivy(2004). Role of insulin on exercise-induced GLUT-4 protein expression and glycogen supercompensation in rat skeletal muscle. J Appl Physiol. 96(2): 621-7.

Kwak S.E., Lee J.H, Zang D., Song W(2018). Angiogenesis: focusing on the effects of exercise in aging and cancer. J Exerc Nutri. Biochem. 22(3):021-026.

Lafontan M, et al.(1992). Alpha-2 adrenoceptors in lipolysis, Am J ClinNutr. Jan:55(1suppl)

Lahart I.M. et al.(2015). Physical activity, risk of death and recurrence in breast cancer suvivors: A systematic review and meta-analysis of epidemiological studies. Acta Oncol. 54:635-654.

Lahteenvuo, J et al.(2012). Effects of aging on angiogenesis. Circ. Res. 110:1252-64.

Lakier S.L.(2000). Cytokine hypothesis of overtraining : a physiological adaptation to excessive stress? Med. Sci. Sports Exerc. 32(2): 327-335.

Landt, M., G. M. Lawson, J. M. Helgeson, V. G. Davila-Roman, J. H. Ladenson, A. Jaffe & R. C. Hickner(1997). Prolonged exercise decreases serum leptin concentrations. Metabolism, 46: 1109-1112.

Langnase, K., M. Mast, M. J. Muller(2002). Social class difference in overweight of prepubertal children in northwest Germany, Inter. J. of Obes. & Related disorders 26(4): 566-572.

Laughlin, M. H. et al(1990). Skeletal muscle oxidative capacity, antioxidant enzymes and exercise training, J. Appl. Physiol. 68(6) : 2337-2343.

Leaf, D. A., M. T. Kleinman, M. Hamilton, & T. J. Barstow(1997). The effect of exercise intensity on lipid peroxidation. Med. Sci. Sports Exerc., 29: 1036-1038.

Lee CD, Blair SN, Jackson AS(1999). Cardiorespiratory fitness, body composition, and all-cause and cardiovascular disease mortality in men. Am J Clin Nutri. 69(3): 373-380.

Lee, Hee-Hyuk, Hong Kim, Myoung-Hwa Lee, Hyun-Kyung Chang, Taeck-Hyun Lee, Mi-Hyeon Jang, Min-Chul Shin, Baek-Vin Lim, Mal-Soon Shin, Young-Pyo Kim, Jin-Hwan Yoon, Il-Gyu Jeong, Chang-Ju Kim(2003). Treadmill exercise decreases intrastriatal hemorrhage-induced neuronal cell death via supression on caspase-3 expression in rats, Neuroscience Letters 352(2003): 33-36.

Lee, Hee-Hyuk, Myoung-Hwa Lee, Young-Pyo Kim, Jin-Hwan Yoon, Il-Gyu Jeong, and Chang-Ju Kim(2003). Treadmill Exercise Decreases Intrastriatal Hemorrhage-induced Neuronal Cell Death via Supression on Caspase-3 Expression in

Rats. 55th Annual Meeting of The Korean Physiological Society(ISSN 1226-4512), The Korean Journal of Physiology and Pharmacology, vol.7(suppl. Ⅱ): s117.

Lemke D. et al.(2016). Slowing down glioblastoma progression in mice by running or the anti-malarial drug dihydroartemisinin? Induction of oxidative stress in murine glioblastoma therapy. Oncotarget 7(35): 56713-56725.

Lemon, D.(1991). The effects of aerobic training on women who suffer from premenstrual syndrome. Dissertation Abstract International 52: 563.

Leońska-Duniec A. et al.(2016). Genetic variants influencing effectiveness of exercise training programmes in obesity- an overview of human studies. Biol Sport. 33(3): 207–214.

Levine, B. D., and J. Stray-Cyndersin(1997). Living High-training low : the effect of moderate-altitude acclimatization with low-altitude training on performance. J. Appl. Physiol. 83(1): 102-112.

Levine, B. D., and J. Stray-Gundersen(1992). A practical approach to altitude training : where the live and train for optimal performance enhancement. Int. J. Sports Med. 13(1): S209-S212.

Lewicki, R., H. Tchorzewski, E. Majewski, Z. Nowak, & Z. Baj(1998). Effect of maximal physical exercise on lymphocyte subpopuations and on interleukin 2(IL-2) production in vitro., Int. J. Sports Med., 9:114-117.

Liangyou Rui(2017). Brown and beige adipose tissue in health and disease. Compr. Physiol. 7(4): 1281–1306.

Lima L.V. et al.(2017). Does exercise increase or decrease pain? central mechanisms underlying these two phenomena. J Physiology 13:4141-4150.

Linossier M. T., D. Dormois, P. Bregere, A. Geyssant, C. Denis(1997). Effect of sodium citrate on performance and metabolism of human skeletal muscle during supramaximal cycling exercise. Eur J Appl Physiol Occup Physiol. 76(1): 48-54.

Lippi, G., Longo, U.G., & Maffulli, N. (2009) genetics and sports. British Medical Bulletin, 1-21.

Locke, M., E. G. Noble, and B. G. Atkinson(1991). Inducible isoform of HSP70 is constitutively expressed in a muscle fiber type specific pattern. Am. J. Physiol. 261: C774-C779.

Loenneke J.P. et al.(2012). The anabolic benefits of venous blood flow restriction training may be induced by muscle cell swelling. Medical Hypotheses 78: 151-154.

Lohman T. G.(1989). Assessment of body composition in children. Pediatric Exercise Science 1:19-30.

Louveau A, et al.(2015). Correction: Corrigendum: Structural and functional features of central nervous system lymphatic vessels. Nature 523: 337-341.

Lucia A, Earnest C, Perez M(2003). Cancer-related fatigue: Can exercise physiologist assist onologist?, The LANCET Oncology, 4, 616-625.

Ludwig D.S. et al.(2020). The Ketogenic Diet: Evidence for Optimism but High-Quality Research Needed, The Journal of Nutrition 150: 1354-1359.

Lundby C, et al.(2000). The lactate paradox, evidence for a transient change in the course of acclimatization to severe hypoxia in low-landers. Acta Physiol. Scand 170: 265-269.

Luo, Y. C., Q. W. Xiang(2005). Exercise induced asthma. Zhonghua Er Ke Za Zhi. 43(6): 423-5.

Mackinnon, L. T. and S. Hooper. Mucosal(secretory) immune system responses to exercise of varying intensity and during overtraining. Int. J. Sports Med., 15: s179-s183.

MacVicar, M. G., Winningham, M. L., Nickel, J. L.(1989). Effects of arobic interval training on cancer patients' functional capacity, Nurs Res, 38, 348-351.

Matheson G.O. et al.(1991). Skeletal muscle metabolism and work capacity: a 31P-NMR study of Andean natives and low-landers. J. Appl. Physiol. 70: 1963-1976.

Mattson M.P.(2010). Does brown fat protect against disease of aging?, Aging Res. Rev. 9(1): 69.

McArdle WD et al.(1991). Exercise physiology: Energy, Nutrition and Human Performance. Lee & Febiger.

McBride, J., W. J. Kraemer, T. Triplett-McBride, & W. S. Sebastianelli(1998). Effects of resistance exercise on free radical production, Med. and Sci. in Sports and Exerc., 30(1): 67-72.

McCall, G. E., W. C. Byrnes, A. Dickinson, P. M. Pattany, S. J. Fleck(1996). Muscle fiber hypertrophy, hyperplasia, and capillary density in college men after resistance training. J Appl Physiol. 81(5): 2004-12.

McCall, G. E., W. C. Byrnes, S. J. Fleck, A. Dickinoson & W. J. Kraemer(1999). Acute and chronic hormonal response to resistance training designed to promote muscle hypertrophy. Clin. Endocrinol, 49(5): 354-11.

McMahon et al.(2014). Muscular adaptions in insulin-like growth factor-1 response to resistance training are stretch-mediated. Muscle Nerve 49:108-119.

Menier, D. R. and L. G. C. E. Pugh(1968). The relation of oxygen intake and velocity of walking and running in competition walkers. J. Physiol., 197: 717.

Meyerhardt JA, Heseltine D, Niedzwiecki D.(2006). Impact of physical activity on cancer recurrence and survival in patients with stage Ⅲ colon cancer: findings from CALGB 89803. J Clin Oncol 24:3535-3541.

Michael Kjr(1997). Adrenal medulla and exercise training. European J of Applied Physiology.

Michael Kjr(1997). Adrenal medulla and exercise training. European J of Applied Physiology.

Michael, N. S., et al.(1984). Hydration and vascular fluid shifts during exercise in the heat. J. Appl. Physiol., 56(1): 91-96.

Michel Boileau M. D., Eugene Fuchs., John M. Barry . and Clarence V. Hodges(1980). Stress hematuria: Athletic pseudonephritis in marathoners. Urology 15(5): 471-474.

Mikesky A. E., C. J. Giddings, W. Matthews, W. J. Gonyea(1991). Changes in muscle fiber size and composition in response to heavy-resistance exercise. Med Sci Sports Exerc. 23(9): 1042-9.

Miller B, et al.(1988). Foot impact force and intravascular hemolysis during distance running. Int. J Sports Med. 9: 56-60.

Miller P. C., S. P. Bailey, M. E. Barnes, S. J. Derr(2004). Hall E.E., The effects of protease supplementation on skeletal muscle function and DOMS following downhill running. J Sports Sci. 22(4): 365-72.

Minetto M.A.(2019). Effects of exercise on skeletal muscle and tendons. Endocrine and Metabolic Research 9: 90-95.

Mitchell J. A., Church J. S., Rankinen T. et al.(2012). FTO Genotype and the weight loss benefits of moderate intensity exercise. Obesity 18(3): 641-643.

Miyazaki, H., S. Oh-ishi, T. Ookasare, T. Kizaki, K. Toshinai, S. Ha, S. Haga, L. L. Ji & H. Ohno(2001). Strenuous endurance training in humans reduces oxidative stress following exhausting exercise. Eur. J. Appl. Physiol., 84(1-2): 1-6.

Mock V, Atkinson A, Barsevick A.(2000). NCCN practice guidelines for cancer-related fatigue. Oncology 14:151-161.

Modlesky, C. M. et al.(1996). Density of the fat-free mass and estimates of body composition in male weight trainees, J. Appl. Physiol., 80:2085.

Mohamad A. et al.(2020). Exercise shapes redox signaling in cancer. Redox Biology. https://doi.org/10.1016/j.redox.

Monga U, Jaweed M, Kerrigan AI(1993). Neuromuscular fatigue in prostate cancer patients undergoing radiation therapy, Arch Phys Med Rehabil, 78, 961-966.

Moro T. et al.(2019). Low skeletal muscle capillarization limits muscle adaptation to resistance exercise training in older adults. Experimental Gerontology. 127:110723.

Morton R.W. et al.(2019). Training for strength and hypertrophy: an evidence-based approach. 10:90-95.

Murton A.J. & Greenhaff P.L.(2013). Resistance exercise and the mechanism of muscle mass regulation in humans: Acute effects on muscle protein turnover and the gaps in our understanding of chronic resistance exercise training adapation. The International Journal of Biochemistry & Cell Biology 45: 2209-2214.

Nattiv A. et al.(2007). American College of Sports Medicine position stand. The female athlete triad. Med. Sci. Sports Exerc. 39(10): 1867-82.

Nedergaard M(2013). Neuroscience, Garbage truck of the brain, Science 340:1529-1530

Nehlsen-Cabbarella, S. L., D. C. Nieman, A. J. Balk-Lamberton, et al.(1991). The effects of moderate exercise training on immune response. Med. Sci. Sports Exerc. 23: 64-70.

Nelson A. G., D. A. Arnall, J. Kokkonen, R. Day, J. Evans(2001). Muscle glycogen supercompensation is enhanced by prior creatine supplementation. Med Sci Sports Exerc. 33(7): 1096-100.

Nielsen J. N., J. F. Wojtaszewski(2004). Regulation of glycogen synthase activity and phosphorylation by exercise. Proc Nutr Soc. 63(2): 233-7. Review.

Nieman D. C., C. L. Dumke, D. A. Henson, S. R. McAnulty, S. J. Gross, R. H. Lind(2005). Muscle damage is linked to cytokine changes following a 160-km race. Brain Behav Immun. 19(5): 398-403.

Nieman, D. C. & S. L. Nehlsen-Cannarella(1992). Exercise and infection in exercise and disease. R.R. Watson & M. Eisinger(Eds) 122-148, Roca Raton, FL : CRC Press.

Nieman, D. C. & S. L. Nehlsen-Cannarella(1994). The immune response to exercise. Seminars in Hematogy, 31(2): 166-179.

Nieman, D. C.(1994). Exercise, upper respiratory tract infection, and the immune system. Med. Sci. Sports Exercise, 26: 128-139.

Nieman, D. C., D. A. Henson, G. Gusewitch, B. J. Warren, R. C. Dotson, D. E. Butterworth & S. L. Nehlsen-Cannarella(1993). Physical activity and immune function in elderly women, Med. Sci. Sports Exerc., 25(7): 823-831.

Nieman, D. C., D. A. Henson, O. R. Fagoga, A. C. Utter, D. M. Vinci, J. M. Davis, & S. L. Nehlsen-Cannarella(2002). Change in salivary IgA following a competitive marathon race. Int. J. Sports Med., 23: 69-75.

Nieman, D. C., D. A. Henson. Gray Gusewitch, et al.(1993). Physical activity and immune function in elderly women. Med. Sci. Sports Exerc. 25(7): 823-831.

Nieman, D. C., S. L. Nehlsen-Cannarella, K. M. Donogue, D. B. W. Chritton, B. L. Haddock, R. W. Stout & J. W. Lee(1991). The effect of acute moderate exercise on leukocyte and lymphocyte subpopulations. Med. Sci. Sports Exerc., 23(5): 578-585.

Niess, A., A. Hartmann, M. Fuchs-Grunert, B. Poch & G. Speit(1996). DNA damage after exhaustive treadmill running in trained and untrained men. Int. J. Sports Med., 17: 397-403.

Nymo S. et al.(2017). Timeline of changes in appetite during weight loss with a ketogenic diet. International Journal of Obesity 41: 1224-1231.

O'Brien(1993). Helping women with premenstrual syndrome, BMJ, 307: 141-145.

O'Donnell, C. P., C. G. Tankersley, V. P. Polotsky, A. R. Schwartz and P. L. Smith(2000). Leptin, obesity, and respiratory function. Physiol, 119, 163-170.

Ohno H. Shinoda K., Spiegelman B.M. Kajimura S.(2012). PPARγ agonists Induce a White-to-Brown Fat Conversion through Stabilization of PRDM16 Protein. Cell Metabolism. 15(3): 395-404.

Olofsson G. H, Jensen AWP, et al.(2020). Exercise oncology and immuno-oncology: A(future) Dynamic Duo. Int J Mol Sci. 2(11):3816.

Ostlund, R. E., et al.(1990). The ratio of waist-to-hip circumference, plasma insulin level, and glucose intolerance as independent predictors of the HDL2 cholesterol level in older adults. N. Engl. J. Med., 332: 229.

Otto JM et al.(2013). Haemoglobin concentration and mass as determinants of exercise performance and of surgical outcome. Extrem Physiol Med. 2(1): 33.

Ozcelik, O., H. Celik, A. Ayar, S. Serhatlioglu, H. Kelestimur(2004). Investigation of the influence of training status on the relationship between the acute exercise and serum leptin levels in obese females. Neuro Endocrinol Lett. 25(5): 381-5.

Ozcelik, O., H. Dogan, H. Celik, A. Ayar, S. Serhatlioglu, H. Kelestimur(2005). Effects of different weight loss protocols on serum leptin levels in obese females. Physiol Res. 54(3): 271-7.

Pallafacchina G. et al.(2013). Role of satellite cells in muscle growth and maintenance of muscle mass. Nutrition, Metabolism & Cardiovascular Disease 23:S12-S18.

Panerai R. B., S. L. Dawson, P. J. Eames, J. F. Potter(2001). Cerebral blood flow velocity response to induced and spontaneous sudden changes in arterial blood pressure. Am J Physiol Heart Circ Physiol. 280(5): H2162-74.

Paoli A. et al.(2013). Beyond weight loss: a review of the therapeutic use of very-low-carbohydrate(ketogenic) diets. European Journal of Clinical Nutrition 67: 789-796.

Paoli A. et al.(2014). Ketogenic Diet for Obesity: Friend or Foe? Int. J. Environ. Res. Public Health 11: 2092-2107.

Parks RB et al.(2017). Iron Deficiency and Anemia among Collegiate Athletes: A Retrospective Chart Review. Medicine & Science in Sports & Exercise 49(8): 1711-1715.

Pasman, W. J., M. S. Westerterp-Plantenga & W. H. M. Saris(1998). The effect of exercise training on leptin levels in obese males. American Journal of Physiology, 274(37): E280-286.

Pedrosa GF et al.(2022). Partial range of motion training elicits favorable improvements in muscular adaptions when carried out at long muscle lengths. Eur. J Sport Sci. 22:1250-1260.

Pedrosa GF et al.(2023). Training in the Initial Range of Motion Promotes Greater Muscle Adaptations Than at Final in the Arm Curl. Sports 11(2):39.

Pollock, M. L. and A. S. Jackson(1986). Research progress in validation of clinical methods of assessing body composition. Med. Sci. Sports Exerc., 16(6): 606-613.

Puhl, J. L., et al.(1981). Erythrocyte changes during training in high school women cross country runners. Res. Q. Exerc. Sport., 54: 484.

Qaisar R. et al.(2016). Muscle fiber type diversification during exercise and regeneration. Free Radical Biology and Medicine 98: 56-67.

Radak Z, Chung HY, Goto S(2005). Exercise and hormesis; oxidative stress-related adaptation for sucessful aging. Biogerontology. 6:71-75.

Radak Z, H. Naito, T, Kaneko, S. Tahara, H. Nakamoto, R. Takahashi, F. Cardozo-Pelaez, S. Goto(2002). Exercise training decreases DNA damage and increases DNA repair and resistance against oxidative stress of proteins in aged rat skeletal muscle. Pflugers Arch. 445(2): 273-8.

Reddy N.L. et al.(2014). Brown adipose tissue: endocrine determinants of function and therapeutic manipulation as a novel treatment strategy for obesity. BMC Obesity 1: 13.

Rey Lopez J.P., et al.(2019). Associations of vigorous physical activity with all-cause, cardiovascular and cancer mortality among 64913 adults. BMJ Open Sport Exerc. Med. 5:e00596.

Rey Lopez, JP et al.(2019). Associations of vigorous physical activity with all-cause, cardiovascular and cancer mortality among 64913 adults. BMJ Open Sport Exerc. Med. 5:e000596.

Rhine, S. G., P. N. Shek., S. Shinkai, & R. J. Shephard.(1996). Effects of moderate endurance exercise and training on in vitro lymphocyte proliferation, interleukin-2 production, and IL-2 receptor expression.

Richman E.L., et al.(2011). Physical activity after diagnosis and risk of prostate cancer progression: data from the cancer of the prostate strategic urologic research endeavor. Cancer Res. 71:3889-3895.

Richman, EL et al.(2011). Physical activity after diagnosis and risk of prostate cancer progression: data from the cancer of the prostate strategic urologic research endeavor. Cancer Res. 71: 3889-3895.

Ricken, K. H., T. Rieder, G. Hauck & W. Kindermann(1990). Changes in lymphocyte subpopulations after prolonged exercise. Int. J. Sports Med., 11(12): 132-135.

Roberto DKS Liu, Marijke JMC, Peter CH, Willem van M.(2009). Physical exercise interventions in haematological cancer patients, feasible to conduct but effectiveness to be established: A systematic literature review. Cancer Treatment Reviews 35:185-192.

Rundqvist H., et al.(2013). Effect of acute exercise on prostate cancer cell growth. PLoS One 8:e67579.

Ryan N.A et al.(2006). Lower skeletal muscle capillarization and VEGF expression in aged vs. young men. J Appl. Physiol. 100:175-185.

Ryan, A. S., D. Elahi(1996). The effects of acute hyperglycemia and hyperinsulemia on plasma leptin levels : Its relationships with body fat, visceral adiposity, and age in women. Journal of Clinical Endocrine and Metabolism, 81: 4433-4438.

Saeidifard F. et al.(2019). The association of resistance training with mortality: a systematic review and meta-analysis. Eur. J. Prev. Cardiol. 26:1647-1665.

Saeidifard, F. et al.(2019). The association of resistance training with mortality: a systematic review and meta-analysis. Eur. J.

Prev. Cardiol. 26: 1647-1665.

Santos R.D.S & Galdino G.(2018). Endogenous systems involved in exercise-induced analgesia. Review article/doi: 10.26402/jpp.2018.1.01.

Sartorio A., F. Agosti, A. De Col, P. G. Marinone, N. A. Maffiuletti(2004). Leptin levels do not change following acute exercise in healthy adults and in obese children. J Endocrinol Invest. 27(10): 992-3.

Sato et al.(2021). Elbow joint angles in elbow flexor unilateral resistance exercise training determine. Its effects on muscle strength and thickness of trained and non-trained arms. Front. Physiol. 12:734509.

Sawada M., et al.(2019). Beta-aminoiso-butyric acid protects against vascular inflammation through PGC-1beta-induced antioxidative properties. Biochem. Biophys. Res. Commun. 516:963-968.

Schmidt KN(1992). Endurance exercise training causes adrenal medullary hypertrophy in young and old Fischer 344 rats. Hormone and Metabolic Research 24(11): 511-515.

Schwartz M. W., Seeley R. J., Woods S. C. et al.(1997). Leptin increases hypothalamic pro-opiomelanocortin mRNA expression in the rostral arcuate nucleus. Diabetes 46:2119-2123.

Scott J., G. C. Phillips(2005). Erythropoietin in sports: a new look at an old problem. Curr Sports Med Rep. 4(4): 224-6.

Scott W. et al.(2001). Human skeletal muscle fiber type classifications. Phys. Ther. 81:1810-1816.

Scott, A., and R. T. Jung(1997). Plasma leptin concentrations and OB gene expression in subcutnaeous adipose tissue are not regulated acutely by physiological hyperinsulinaemia in lean and obses humans. International Journal Obesity Relat Metabolism Disord, 21, 179-83.

Segal RJ, Reid RD, Courneya KS.(2003). Resistance exercise in men receiving androgen deprivation therapy for prostate cancer. J Clin Oncol 2003;21:1653-1659.

Seo, T. I. Han, B. You, I. Jeong, J. Yoon, U. Namgung(2004). Induction of Cdc2 protein by sciatic nerve injury and up-regulation by exercise in rat, Society for Neuroscience 34th Annual Meeting(San Diego, CA), Final Program: Scientific session Listings Sessions 584-809.

Seo, Tae-beom, In-sun Han, Byoung-gun You, UK Namgung, Jong-ho Kim, Jae-suk Yoon, Young-pyo Kim, Il-gyu Jeong, Jin-Whan Yoon(2004). Effects of treadmill running on histological changes and growth-associated protein(GAP-43) expression following sciatic nerve injury in rats, 2004 International Scientific Congress(Choong-Nam Univ), pp.69-78 .

Seong dae Kim, Hak sin Lee, Soo hwa Hong, Hee hyuk Lee, Ilgyu Jeong(2017). The Effect of Exercise in the Mild hypoxia Condition on Arterial Stiffness. The 29th International Sport Science Congress in Commemoration of the 1988 Seoul Olympic Games, 22~23 June, 2017. p.148.

Seong dae Kim, Hee hyuk Lee, Ilgyu Jeong(2017). The Effect of Exercise and Normobaric Hypoxia Exposure Corresponding to 3150m Altitude on Electroencephalography. The 29th International Sport Science Congress in Commemoration of the 1988 Seoul Olympic Games, 22~23 June, 2017. p.125.

Seong dae Kim, Young ryun Shin, Myoung chul Shin, Ilgyu Jeong, Myung jin Oh(2017). The Changes of Arterial and Muscle Stiffness after Isokinetic Single Leg Exercise and Whole Body Vibration Application.The 29th International Sport Science Congress in Commemoration of the 1988 Seoul Olympic Games, 22~23 June, 2017. p.142

Seongdae Kim, Heehyuk Lee, Ilgyu Jeong(2018). Effect of Hypoxia on EEG during and after Cyclic Ergometer Exercise. 2018 ACSM Annual Meeting, Minneapolis(Minnesota, USA), Vol. 49(5):S276, #1380, 2018.05.31.

Seongdae Kim, Heehyuk Lee, Ilgyu Jeong(2019). The Effects of Hypoxia on cerebral blood flow velocity and hemodynamics during ergometer bicycle exercise. American College of Sports Medicine 66th Anual Meeting(Orlando, USA), 49p. 2019. 05. 30.

Seongdae Kim, Sanghee Lee, Dongsun Han, Ilgyu Jeong, Heehyuk Lee, Yunsuk Koh, Sun G Chung and Keewon Kim(2023). One-year aerobic interval training improves endothelial dysfunction in patients with atrial fibrillation: a randomized trial. Internal Medicine(DOI:10.2169/internalmedicine.0947-22)

Serrano A.L. et al.(2007). Interleukin-6 Is an essential regulator of satellite cell-mediated skeletal muscle hypertrophy. Cell

Metabolism 7:33-44.

Severinsen Mai C.K., et al.(2020). Exercise and browning of white adipose tissue- a translational perspective. Current Opinion in Pharmacology. 52:18-24.

Shek, P. N., B. H. Sabiston, A. Buguet & M. W. Radomski(1995). Strenuous exercise and immunological changes a multiple-time point analysis of leukocyte subsets, T4/T8 ratio, immunoglobulin production and NK cell response. Int. J. Sports Med., 16(7): 466-474.

Shephard, R. J., and P. N. Shek.(1999). Exercise, immunity, and subsceptibility to infection. - A J-shaped relationship-, The Physician and Sports Medicine, 27(6): 47-71.

Shephatd, B. J., T. J. Verde, S. G. Thomas & P. N. Shek(1991). Physical activity and the immune system. Canada Journal of Sports Science, 16: 163-185.

Sherman, W. M., et al.(1981). Effects of exercise-diet manipulation on muscle glycogen and its subsequent utilization during prtformance. Int. J. Spotrs Med., 2: 1-15.

Shin H. W., C. M. Rose-Gottron, D. M. Cooper, M. Hill, S. C. George(2003). Impact of high-intensity exercise on nitric oxide exchange in healthy adults, Med Sci Sports Exerc. 5(6): 995-1003.

Shin, Mal-Soon, Hong Kim, Hyun-Kyung Chang, Taeck-Hyun Lee, Mi-Hyeon Jang, Min-Chul Shin, Baek-Vin Lim, Hee-Hyuk Lee, Young-Pyo Kim, Jin-Hwan Yoon, Il-Gyu Jeong, Chang-Ju Kim(2003). Treadmill exercise suppresses diabetes-induced increment of neuropeptide Y expression in the hypothalamus of rats, Neuroscience Letters 346(2003): 157-160.

Shinoda K.(2015). Genetic and functional characterization of clonally derived adult human brown adipocytes. Nature Medicine 21: 389–394

Shouyu Xu, et al.(2016). Transcriptional profiling of rat skeletal muscle hypertrophy under restriction of blood flow. Gene 594:229-237.

Siri, W. E.(1956). Body composition from fluid spaces and density. Univ. Calif. Donner Lab. Med. Phys. Rep.

Siri, W. E.(1961). Body volume measurement by gas dilution. In Techniques for Measuring Body Composition, National Academy of Sciences Research Council, pp. 108-117.

Skidmore. R., J. A. Gutierrez., V. Guerriero Jr., and K. C. Kregel(1995). HSP 70 induction during exercise and heat stress in rats : role of internal temperature. Am. J. Physiol. 268: R92-R97.

Slaughter, M. H., et al.(1985). Anthropometric equation for estimation in body fatness in children and youth, Unpublished observation.

Slaughter, M. H., et al.(1988). Skinfold equations for estimation of body fatness in children and youth. Human Biology, 60: 709-723.

Sluka K.A. et al.(2018). Exercise-induced pain and analgesia? Underlying mechanisms and clinical translation. Pain 159: s91-97.

Smith L. L.(2004). Tissue trauma: the underlying cause of overtraining syndrome, J Strength Cond Res. 18(1): 185-93.

Snadra Manninen, et al.(2017). Social laughter Triggers Endogenous Opioid Release in Humans. The Journal of Neuroscience 37(25): 6125-6131

Sod A, Moynihan TJ(2005). Cancer-related fatigue : an update. Curr Oncol Rep., 7, 277-282.

Soppi E.T.(2018). Iron deficiency without anemia - a clinical challenge. Clin. Case Rep. 6(6): 1082-1086.

Souza M. S., A. L. Cardoso, P. Yasbek Jr., J. Faintuch(2004). Aerobic endurance, energy expenditure, and serum leptin response in obese, sedentary, prepubertal children and adolescents participating in a short-term treadmill protocol. Nutrition. 20(10): 900-4.

Speakman J.R.(2015). The 'Fat Mass and Obesity Related' (FTO) gene: Mechanisms of Impact on Obesity and Energy Balance. Current Obesity Reports 4: 73–91.

Spranger S, Koblish H.K., et al.(2014). Mechanism of tumor rejection with doublets of CTLA-4, PD-1/PD-L1, or IDO

blockade involves restored IL-2 production and proliferation of CD8(+) Tcells directly within the tumor microenvironment. J Immunother Cancer 2:3
St Pierre BA, Kasper CE, Lindsay AM(1992). Fatigue mechanism in patients with cancer: effects of tumor necrosis factor and exercise on skeletal muscle. Oncol Nurs Forum, 19,419-426.
Stalknecht B et al.(1990). Diminished epinephrine response to hypoglucemia despite enlarged adrenal medulla in trained rats. American J Physiology-Regulatory, Integrative and Comparative Physiology 259(5).
SungDae Kim, Ilgyu Jeong(2019). Effects of long term exercise training on endothelial function and arterial stiffness in patients with atrial fibrillation, The 12th Asia-Pacific Heart Rhythm Society Scientific Session, Bangkok, AP19-00872, 2019.10.
Tanapat, P., L. A. Galea, and E. Gould(1998). Stress inhibits the proliferation of granule cell precursors in the developing dentate gyrus. Int J Dev Neurosci. 16(3-4): 235-9.
Tanehata M., H. Adachi, S. Oshima, K. Taniguchi, H. Itoh, A. Hasegawa, R. Nagai(1999). The time from anaerobic threshold (AT) to respiratory compensation point reflects the rate of aerobic and anaerobic metabolism after the AT in chronic heart failure patients. Jpn Circ J. 63(4): 274-7.
Tanner, J.M. (1962) Growth at Adolescence. 2nd ed. Oxford : Blackwell Scientific Pub.
Tauler P., A. Aguilo, P. Guix, F. Jimenez, G. Villa, J. A. Tur, A. Cordova, A. Pons(2005). Pre-exercise antioxidant enzyme activities determine the antioxidant enzyme erythrocyte response to exercise, J Sports Sci. Jan ; 23(1) : 5-13.
Telford R, et al.(2003). Footstrike is the major cause of hemolysis during running. J. Appl. Physiol. 94: 38-42.
Terrados, N., J. Melichna, C. Sylven, E. Jannson and L. Kaijser(1988). Effects of training at stimulated altitude on performance and muscle. J. Appl. Physiol., 56: 1187-1190.
Thompson, D. A., et al.(1988). Acute effects of exercise intensity on appetite in young men. Med. Sci. Sports Exerc., 20: 227.
Torre-Villalvazo I. et al.(2019). Protein intake and amino acid supplementation regulate exercise recovery and performance through the modulation of mTOR, AMPK, FGF21, and immunity. J. Nutrition 2019.06.006.
Trejo, J. L., E. Carro, and I. Torres-Aleman(2001). Circulating insulin-like growth factor I mediates exercise-induced increases in the number of new neurons in the adult hippocampus. J Neurosci. 21(5): 1628-34.
Tremblay M. S., J. L. Copeland, W. Van Helder(2004). Effect of training status and exercise mode on endogenous steroid hormones in men. J Appl Physiol. 96(2): 531-9.
Tsalis G., M. G. Nikolaidis, V. Mougios(2004). Effects of iron intake through food or supplement on iron status and performance of healthy adolescent swimmers during a training season. Int J Sports Med. 25(4): 306-13.
van Marken Lichtenbelt W.D. et al.(2009). Cold-activated brown adipose tissue in healthy men. N. Engl. J. Med. 360: 1500-1508.
van Praag, H., B. R. Christie, T. J. Sejnowski, and F. H. Gage(1999). Running enhances neurogenesis, learning, and long-term potentiation in mice. Proc Natl Acad Sci USA. 96: 13427–13431.
van Praag, H., T. Shubert, C. Zhao, and F. H. Gage(2005). Exercise enhances learning and hippocampal neurogenesis in aged mice. J Neurosci. 25(38): 8680-5.
Van Roie E. et al.(2013). Strength training at high versus low external resistance in older adults: Effects on muscle volume, muscle strength, and force-velocity characteristics. Experimental Gerontology 48:1351-1361.
Varlet-Marie E., F. Maso, G. Lac, J. F. Brun(2004). Hemorheological disturbances in the overtraining syndrome. Clin Hemorheol Microcirc. 30(3-4): 211-8.
Virtanen K.A. et al.(2009). Functional brown adipose tissue in healthy adults. N. Engl. J. Med. 360: 1518-1525.
Walsh, N. P., N. C. Bishop, J. Blackwell, S. G. Wierzbicki & J. C. Montague(2002). Salivary IgA response to prolonged exercise in a cold envirinment in trained cyclists. Med. Sci. Sports Exerc., 34: 1632-1637.
Watanabe M. et al.(2020). Beneficial effects of the ketogenic diet on nonalcoholic fatty liver disease: A comprehensive review of the literature. Obesity Review 21:e13024.

Weidner T. G.(1994). Upper respiratory illness and sport and exercise. Int. J. Sports Med. 15: 1-9.

Weight LM, et al.(1991). Haemolytic effects of exercise. Clin. Sci. 81: 147-152.

Williamson, D. F., T. J. Thompson, R. F. Anda, W. H. Dietz, V. Felitti(2002). Body weight and obesity in adults and self-reported abuse in childhood, Int. J. of Obes. & Related Metab. Disorders, 26(8): 1075-1082.

Willmore, J. H.(1983). Appetite and body composition consequent to physical activity, Res. Q. Exerc., Sport., 54: 415.

Windsor PM, Nicol KF, Potter J. A.(2004) Randomized, controlled trial of aerobic exercise for treatment-related fatigue in men receiving radical external beam radiotherapy for localized prostate carcinoma. Cancer 101:550-557.

Windsor PM, Potter J, McAdam K, McCowan C.(2009). Evaluation of a fatigue Initiative: Information on exercise for patients receiving cancer treatment, Clinical Oncology, 21: 473-482.

Winett RA, Carpinelli RN.(2001). Potential health-related benefits of resistance training. Prev Med 2001;33:503-513.

Xie L, Kang H, Xu Q, Chen MJ, Liao Y, Thiyagarajan M, et al. (2013). Sleep dirives metabolite clearance from the adult brain. Science. 342 (6156): 373–7.

Yoon, Jae-Suk, Tae-Beom Seo, Jong-Oh Kim, Jin-Hwan Yoon, Il-Gyu Jeong, Young-Pyo Kim, Jeong-Ryong Chae(2004). Effects of acute different exercise intensities on GLUT-4 and GRP-78 protein in skeletal muscle of Streptozotocin-induced diabetic rats with caffeine administration, 2004 International Scientific Congress(Choong-Nam Univ), pp. 422-428.

Yoon, Jin-hwan, Kyung-hun Chung, Il-gyu Jeong, Jong-ho Kim, Young-pyo Kim, Hee-hyuk Lee & Chang-ju Kim(2003). Effects of Treadmill Exercise on Morphological Changes of Pancreatic in the Streptozotocin-induced Diabetic Rats, 2003 Daegu Universide Conference, Yeungnam University, Exercise physiological section, p. 275, 2003. 8.

Yoon, S. J., I. G. Jeong and D. D. Pascoe(2001). Efficacy of a Cooled Vest Wear on Thermal Responses during Cycling Exercise, Med. Sci and Sport. Exerc(supplement) 33(5): 162.

You T., R. Yang, M. F. Lyles, D. Gong, B. J. Nicklas(2005). Abdominal adipose tissue cytokine gene expression: relationship to obesity and metabolic risk factors. Am J Physiol Endocrinol Metab. 288(4): E741-7.

Yousif A Shamsaldeen 1, Louise S Mackenzie, Lisa A Lione, Christopher D Benham(2016). Methylglyoxal, A Metabolite Increased in Diabetes is Associated with Insulin Resistance, Vascular Dysfunction and Neuropathies, Review Curr Drug Metab 17(4):359-67.

Zajac A. et al.(2015). Central and peripheral fatigue during resistance exercise-A Critical Review. J. Human Kinetics 49:159-169.

Zhang R., C. G. Crandall, B. D. Levine(2004). Cerebral hemodynamics during the Valsalva maneuver: insights from ganglionic blockade. Stroke. 35(4): 843-7.

Zoladz J. A., D. Semik, B. Zawadowska, J. Majerczak, J. Karasinski, L. Kolodziejski, K. Duda, W. M. Kilarski (2005). Capillary density and capillary-to-fibre ratio in vastus lateralis muscle of untrained and trained men. Folia Histochem Cytobiol. 43(1): 11-7.

Zoller, H, W. Vogel(2004). Iron supplementation in athletes-first do no harm. Nutrition. 20(7-8): 615-9.

Zouhal H et al.(1998). Adrenal medulla responsiveness to the sympathetic nervous activity in sprinters and untrained subjects during a supramaximal exercise. Int. Sport Med. 19(3): 172-176

Zouhal H et al.(2008). Catecholamines and the effects of exercise training and gender. Sports Medicine 38: 401-423.

Zuti, W. B. and L. A. Golding(1976). Comparing diet and exercise as weight reduction tools. phys. Sportsmed., 4: 49-53.

찾아보기

국|문|편

【나】

【다】

【라】

【마】

【바】

【아】

【자】

【차】

【카】

【타】

【파】

【하】

영|문|편

【A】

【B】

【C】

【D】

【E】

【F】

【G】

【H】

【I】

【T】

【U】

【V】

【W】

표 차례

그림 차례

plus+ 차례